习仲勋文集

上卷

图书在版编目（CIP）数据

习仲勋文集 / 中共中央党史研究室编 .—北京：中共党史出版社，2013.10（2023.11 重印）

ISBN 978-7-5098-2312-5

Ⅰ.①习…Ⅱ.①中…Ⅲ.①习仲勋（1913 ~ 2002）—文集 Ⅳ.① D2—0

中国版本图书馆 CIP 数据核字（2013）第 209975 号

书　　名：习仲勋文集
作　　者：中共中央党史研究室

出版发行：中共党史出版社
责任编辑：王兵　黄艳
社　　址：北京市海淀区芙蓉里南街 6 号院 1 号楼　邮编：100080
网　　址：www.dscbs.com
经　　销：新华书店
印　　刷：北京盛通印刷股份有限公司
开　　本：680mm × 960mm　1/16
字　　数：931 千字
印　　张：84
版　　次：2013 年 10 月第 1 版
印　　次：2023 年 11 月第 7 次印刷
书　　号：ISBN 978-7-5098-2312-5
定　　价：138.00 元（上下册）

此书如有印装质量问题，请联系中共党史出版社读者服务部　电话：010-83072535

习仲勋

出版说明

这部文集分为上、下两卷，收入了习仲勋同志自一九四〇年至二〇〇二年的讲话、报告、文章、批示、电报、书信等文稿，共计二百一十篇。上卷收入了一九四〇年一月至一九八〇年十月的文稿九十四篇；下卷收入了一九八一年八月至二〇〇二年五月的文稿一百一十六篇。其中，七十七篇选自作者生前审定出版的《习仲勋文选》；其余一百三十三篇是新收入的文稿，多数为首次公开发表。

所有新收入的文稿，在保持原貌的前提下，编者对个别错讹的史实、错字作了订正，对明显有误的标点作了改正。新拟标题的，均在题解中注明。《习仲勋文选》的文稿收入本文集时，根据档案对个别文稿的时间和文字作了订正，恢复了个别文稿原来未收入的内容，并按照本书编辑体例，对少数文稿的标题作了规范。

本文集对文稿中的部分人物、事件、地名等作了简要注释，对选自《习仲勋文选》的文稿注释条目作了调整和史实校订。

中央党史研究室

二〇一三年十月

目　录

关于关中分区的反磨擦问题*

（一九四〇年一月二十一日）

（一）国民党的五届六中全会后，顽固派袭占了八路军[1]驻防的宁县和镇原县，由此关中分区的环境日趋恶化。在军事上，封锁陕甘宁边区[2]南线的国民党部队，除原驻淳化、旬邑县城及职田、马栏镇的，又在周围其他地方增加了许多新的队伍。陕西第七行政督察区保安队所编成之第四保安支队（一千余人），现已全部分驻乾县、永寿、彬县、长武及更接近边区之永洛（一个中队）、张洪（一个中队）、师店（一个中队）等镇。耀县新增一保安旅（一千五六百人），分驻小丘一个连（一百一十人）。正宁（山河）城内集中二百余保安队员和保甲[3]人员。靠新宁[4]之盘克一带仍为保安队据守。新宁县已遭保安队的两次袭击，第二区区政府驻地襄炉镇的合作社被抢劫。后在我三八五旅[5]警七团一营协助之下，已将早胜镇之反动武装、保甲全部摧毁。现双方相持。从表面上看，顽固派属防御，实际上是准备力量图作再次进攻，我当然亦从各方面准备。除上述军队增防调动外，对方在淳化、旬邑、宁县、正宁一带之各市镇，大肆构筑工事，修补城垛，并督领保甲，严酷训练壮丁。民众稍富者或种地够五十亩者，即勒逼买枪支，增其所谓防共力量。这是对方近来军事上的情况。在政治

---

* 这是习仲勋给陕甘宁边区政府的报告。

上，则是更加有组织、有计划地配合其军事上的进攻。第一是特务机关之增强扩大与到处密布。旬邑县国民党县政府最近新设了四个科（过去只有一个科），各科的工作人员均有五六名之多，较过去增加两倍，据悉这些人是专事反共之特务人员。在职田镇、太谷镇、张洪镇分设的官盐店、官膏局[6]、杂税局、民校里，安插的特务人员亦甚多，并实行具体的严密分工，多方进行破坏。有专门搜集材料，制造谣言的；有专门打入边区刺探情报的；还有的是专门在边区内做“点线”工作[7]的。他们中间不发生横的关系，直接受县特务机关的领导。在军队中（陕西保安第九团），亦同样地建立起了特务工作，他们专门瓦解我方部队，主要方式是收买利诱。第二，由于特务机关加强，因而一月来顽固派对我方在特务工作上的进攻亦大为活跃。除在马家堡对我独立一营进行破坏外，并在我内地，如新正县[8]的三区、四区，赤水县[9]的三区、四区，大肆建立“点线”，暗组保甲。最厉害的是谣言纷起，挑弄是非，如说“马家堡来队伍很多，马上要攻旬邑”，或讲“旬邑来了一个团，即日收复马家堡”。又云“边区拉兵征粮，拆庙伐树，无恶不作”。并以此呈请国民党彬县专署，要求收复关中地区。耀县县长到小丘镇演讲，叫嚣旧历年底收复耀县。小丘联保主任集中保甲，备好牲口，决定于一月四日进攻淳耀县[10]五区，抢劫仓库。后经某同情分子制止，遂致搁起。观以上情形可知，关中分区目前处在对方特务工作之层层包围中。第三，加上我们内部坏分子的叛变，更助长了对方特务工作的猖獗。

（二）为什么在此种复杂紧张的环境中，对方还未大举进攻呢？这当然有其原因。首先是对方的军事部署还未就绪，仅以现在所有兵力尚不足一举而“荡平”关中分区，因此还需再作准备。其次是特务工作虽较前活跃，但仍未有根深蒂固之基础，所以在配合方面还不得力，这也是眼下还未进攻的原因之一。最后就是对方本身存在有不可克服的困难，如士兵的逃跑，简直使其整天手忙脚乱。来耀县之保安旅及陕西保安第四支队每天都逃跑四五十人，班、排长相继逃跑。关中已临战争环境，而新宁县早已成战争局面。在目前，如对方再增兵，或再向前推进一步，那在淳耀、旬邑方面就会发生突然袭击，也可以说是双方游击战争大大展开的日子。因为在我关中地区，本身存在一些基本的弱点。首先在地理上是个突出部，与陕甘宁边区其他地方是隔离而无联系的，容易遭受包围。其次是历史上形成的不利因素。在关中自有群众斗争以来，革命的发展老是沿山伸张，一些大据点，至今仍在对方手中。如我有马家堡，对方有职田镇，中间仅相隔半里，人声互可传闻。在赤水，我有马家庄，对方靠前有土桥，后有通润镇，一距五里，一隔二十里。在淳耀，我有安社，对方有方里镇，相距不过十五里，另外靠南有小丘，近东有柳林镇，北临照金[11]镇。在新宁，有盘克、平子、早胜环抱相对。在新正，我有湫坡头，对方有太谷镇，我有底庙镇，对方有雨乐镇，我有湫头镇，对方有四村堡，我有刘家店，对方有马栏镇。整个来看，大的据点完全在对方控制中，对方之一举一动，四下可响应。因此到万急之时，我有顾前恐后之虑。最后就是我方兵力单薄，工作还有弱点。而对方靠近彬县、长武、耀县、三原，交通便利，运输迅速。上述是我们坚持反磨擦斗争中的基本困难。

（三）根据上述情况，摆在关中分区党政军面前的战斗任务，是用尽一切力量，争取时间准备战争，应付突然事变。我们的主要策略，还是依据下面三点：

第一，在任何情况中，都要坚持统一战线，坚持抗战。因为我们坚持反磨擦斗争，就是扩大和巩固抗日民族统一战线，坚持抗战到最后胜利的目的。

第二，反磨擦斗争，目前仍是以政治进攻为主，准备战争是在自卫原则下进行的。“人不犯我，我不犯人，人若犯我，我必犯人”的原则，仍应当作基本准绳。

第三，此次对方的进攻是有整个计划与组织的，因此，不能简单地与过去论比。如对方突然向我袭击，或占我某一地区，我则一定要派出兵力深入到其后的有利地区活动，为的是打垮反动基础与扶植进步力量，以达到保卫边区，保卫关中分区的目的。

根据上述原则，关中分区目前的中心工作应是：

第一，巩固自己。首先从党政军三方面做起，先由组织上、思想上和政治上巩固起来，然后再从各种工作中活跃下层，打下最巩固的能够战斗的基础。

第二，扩大自己。在武装力量方面，先完成扩兵计划。在财务准备上，先完成征粮工作。在统一战线方面（外部），先尽一切可能争取同情者，建立广泛的统一战线力量。我们也同样的要以内外部的力量粉碎反共分子、顽固分子取消陕甘宁边区的企图。

第三，动员群众。首先是自卫军的动员，每个区都得准备一部分坚强的基干自卫军，能在突然事变中随时调动，集中行动，保护该地区人民利益，并坚持游击战争。当地政府就跟着这部分队伍行动。其次则是在全体老百姓中，进行极广泛、极深入的政治动员，把老百姓都动员起来，成为坚持斗争中坚强的力量。再其次是各种群众工作，以目前党的新任务与方针，明确地确定自己的工作内容，以深入乡村的精神，把群众组织活跃起来与巩固起来。最后就是动员老百姓把一些必要的据点构筑坚固,以抵御对方小的袭击。还有一些没有安全保障的粮食仓库也要动员老百姓分散保存粮食。总之,在动员群众方面,不仅要深入,而且要妥善。

第四,加强锄奸保卫工作。首先配备强的干部到锄奸保卫战线上去。其次是从组织上动员全党同志、全体群众,提高警觉性,进行锄奸工作。最主要的是把力量放到外面去,摧毁他们的特务工作基础,同时巩固自己内部。

■ 注 释

[1]八路军,抗日战争时期中国共产党领导的人民军队的主力之一。一九三七年八月,中国共产党根据同国民党谈判所达成的协议,将土地革命战争时期创建的中国工农红军主力部队改称为国民革命军第八路军,下辖一一五师、一二〇师、一二九师等部。同年九月,八路军改为国民革命军第十八集团军,解放战争时期改编为中国人民解放军。

[2]陕甘宁边区,是一九三五年十月中共中央到达陕北后在西北革命根据地的基础上扩大、巩固和发展起来的,包括陕西、甘肃、宁夏三省交界的各一部分地区,人口约一百五十万。陕甘宁边区从一九三五年十月到一九四八年三月,是中共中央所在地、全国革命的指挥中心,在中国革命历史上占有特殊重要的地位。

[3]保甲,指保甲制度,是国民党政府实行统治的基层政治制度。

一九三二年八月，蒋介石在河南、湖北、安徽三省颁布《剿匪区内各县编查保甲户口条例》，其中规定“保甲之编组，以户为单位，户设户长，十户为甲，甲设甲长，十甲为保，保设保长”，实行各户互相监督和互相告发的联保连坐法，以及各项强迫劳役办法。一九三四年十一月七日，国民党政府正式决定在它所统治的各省市一律推行这种保甲制度。

[4]新宁，县名。一九三五年十一月，中共陕甘边南区区委、陕甘边南区革命委员会以甘肃宁县杨园子等地为辖区设置新宁县。一九三六年一月后属陕甘边关中特区，一九三七年十月后属陕甘宁边区关中分区，一九四九年七月撤销，其辖区复归宁县。

[5]三八五旅，八路军第一二九师一部。一九三七年九月，三八五旅七六九团、教导团、骑兵营开赴山西抗日前线，旅部及七七〇团留陕甘宁边区，在八路军留守兵团指挥下担负保卫边区的任务。

[6]官膏局，国民党政府以戒毒为名而实际出售鸦片的机构。膏，指用罂粟果的汁制成的鸦片烟膏。

[7]一九三九年后，国民党派遣特务间谍进入陕甘宁边区，秘密发展党员、特务，建立据点，设置情报网，并通过若干秘密交通线进行联系。这种活动被称为“点线”工作。

[8]一九三五年八月，中共陕甘边南区区委、陕甘边南区革命委员会以陕西旬邑县北部和甘肃正宁县南部地区为辖区设置新正县。一九三六年一月后属陕甘边关中特区，一九三七年十月后属陕甘宁边区关中分区，一九四九年六月撤销，其辖区分别复归原治。

[9]一九三五年十一月，中共陕甘边南区区委、陕甘边南区革命委员会以陕西旬邑县东部的清水原、丰泉和淳化县西部的中嘴、赵家

等地为辖区设置赤水县。一九三六年一月后属陕甘边关中特区，一九三七年十月后属陕甘宁边区关中分区，一九四九年二月撤销，复称淳化县，原属旬邑地域复归原治。

[10]一九三五年八月，中共陕甘边南区区委、陕甘边南区革命委员会以陕西淳化县东部的铁王、秦河、安子哇、南村和耀县西部的照金、柳林、庙湾、香山等地为辖区设置淳耀县。一九三六年一月后属陕甘边关中特区，一九三七年十月后属陕甘宁边区关中分区。一九四三年十月，陕甘宁边区政府将同宜耀县并入淳耀县，淳耀县原属淳化地域划归赤水县。一九四九年四月，淳耀县撤销，其辖区复划归原治。

[11]照金，是位于陕西耀县西北五十多公里处的一个小镇。土地革命战争时期，中国共产党以照金为中心区域创建了陕甘边革命根据地。后陕甘边革命根据地的中心转移到陇东的南梁地区。

关中分区反磨擦斗争的总策略*

（一九四〇年五月八日）

自从国民党顽固派制造职田镇军事磨擦事件以后，封锁陕甘宁边区[1]南线的国民党部队对我关中分区的进攻，由以前的偏重于政治方面，转向了主要的军事进攻。关中分区的反磨擦斗争进入了一个新形势。在目前，我们总的策略是，一方面发动全关中人民组织起来，进行深入的战争动员，提高群众保卫关中分区、保卫家乡的热忱，另一方面揭露反共顽固派的阴谋及其罪恶行为，以便孤立与打击之，完成保卫关中分区的总任务。

甲、进行深入的政治动员，展开普遍的政治斗争。顽固派虽然在今天对我们是以军事进攻为主，虽然我们在军事上也加紧准备，采取坚决的自卫立场，但我们在自卫原则下的反磨擦的军事斗争仍是服从于政治目的的，即为了团结进步，以便坚持抗战。所以对顽固派的斗争，仍是以政治为第一位。

1. 深入反对公开的汪精卫[2]及暗藏的汪精卫的宣传。说明汪精卫的伪国民党中央是想整个出卖中华民族予日寇作没世的牛马，其所谓“共同防共”正是达到这一罪恶目的的具体办法。因为共产党及其所领导下的八路军[3]、新四军[4]、陕甘宁边区和敌后根据地等，都

---

* 这是习仲勋关于关中分区反磨擦斗争情况给陕甘宁边区政府报告的一部分。

是最坚决抗日的；而国内顽固派的“防共”、“限共”、“溶共”、“反共”及所表现出的一切反动行为，正是做了敌寇和汉奸的应声虫，都是帮助了敌寇、汉奸，而这些顽固派的行动也就是他们自己准备投降的实际步骤。

2. 揭露顽固分子的欺骗宣传。说明其取消关中分区的企图，即是取消抗战与团结，取消人民既得利益的阴谋，不只对我边区有害，而且对周围友区[5]的群众也是有害的。因此，我们要求边区内的群众更加警觉与积极动员起来，坚决保卫边区，保卫家乡。我们要求友区广大群众不仅消极地不满于这个战争，而且要更加积极地行动起来，举行请愿，要求停止这个战争。

3. 开展广泛的统一战线工作，争取广大群众及进步人士围绕在我党提出的“坚持抗战，团结进步”口号周围，使其现在能间接帮助我们，于某种情况下可直接帮助我们。对于其中的观望者、怀疑者、动摇者，则争取之，帮助之，教育之，至少使其守善意的中立。同时要利用顽固派内部存在的矛盾，促其行动难于一致。

4. 为了达到以上的目标，在我区域内就需要干部到乡下去，深入工作。在友区就需要印发大量的传单、标语，设法张贴与寄出。

5. 一切这些政治的斗争与其他的各种斗争，都要求干部对环境的正确认识和对策略的正确掌握，才能做到胜利有保证。这也是反对顽固派的政治上的一个必要的对策。

乙、加紧军事上的动员，准备奠定战争的实力基础。

1. 加强各县保安队的战斗教育，提高其战斗力；加强政治教育，提高其战斗情绪和坚定胜利的信心；加强纪律教育，提高其执行群众纪律的自觉性，以更加巩固部队与更加取得群众的帮助与密切联系。

2. 加强整顿训练基干自卫军，并适当配备干部，以便于领导自卫战争。以区为单位组织二三十人的游击队，以乡为单位组织五至十五人的游击小组，现在就打下这个基础。应加强训练，一般的至少能扰乱敌人，侦探敌情，破坏交通，加紧盘查及帮助我们部队一切勤务工作等。

3. 加强锄奸工作。深入动员锄奸组织与全体党员、干部与群众，严格注意这一工作。坚决肃清隐藏在边区内之特工“点线”[6]分子及土匪等，整顿已有哨所，增设必须之哨所。

4. 进行边区人民的战争动员，教育克服其太平观念。

5. 抓紧时间进行春耕运动。

丙、加强战时的组织与领导。

1. 在顽固派军事直接进攻的区域，应组织军政委员会，统一领导反磨擦斗争和各项工作。

2. 在顽固派军队占领的地区，干部都要到游击队上去。

3. 适当配备区、乡干部，以便领导反磨擦的军事斗争。各地干部在未有调动命令前不得擅离职守，应与当地游击队一起保卫当地的政权和人民既得利益。

■ 注　释

[1]陕甘宁边区，见《关于关中分区的反磨擦问题》注[2]。

[2]汪精卫（一八八三——一九四四），浙江山阴（今绍兴）人。当时是国民党中亲日派的首领。从一九三一年九一八事变起，他对

于日本帝国主义的侵略,一贯主张妥协。一九三八年十二月离开重庆,公开投降日寇,组织南京傀儡政府。

[3]八路军,见本书《关于关中分区的反磨擦问题》注[1]。

[4]新四军,抗日战争时期中国共产党领导的人民军队的主力之一。一九三七年十月,中国共产党根据同国民党谈判所达成的协议,决定将江西、福建、广东、湖南、湖北、河南、浙江、安徽八省的红军游击队分别集中,改编为国民革命军陆军新编第四军。一九三七年十二月,新四军军部成立,下辖第一、第二、第三、第四四个支队。一九四一年一月,国民党制造皖南事变宣布取消新四军后,中共中央对国民党顽固派作了针锋相对的斗争,重建新四军,继续坚持抗战。解放战争时期改编为中国人民解放军。

[5]友区,指抗日战争时期与中国共产党领导的抗日根据地相邻的国民党统治区。

[6]“点线”,参见本书《关于关中分区的反磨擦问题》注[7]。

关中党史简述*

（一九四三年一月八日）

一、一九二八—— 一九三三年

在大革命[1]的时候，关中旬邑县即建立了党的支部。

一九二八年夏天，旬邑党的领导人许才升[2]同志组织了该县的规模较大的农民暴动，杀死了反动的国民党县长，分配没收了豪绅地主的粮食。但是由于斗争目标和行动纲领不明确，被统治阶级镇压下去，暴动失败了。

考其失败的原因，大约有如下几点：

1. 只知发动少数农民，而没有组织广大群众来参加，致暴动陷于孤立。

2. 打击目标不明确，和豪绅地主进行联合，要他们给群众散发粮食，豪绅感到不利就叛变了。

3. 统治阶级的基础没有打毁，只杀了一县长。

4. 自己没有建立政权，没有及时武装农民，发动游击战争。这就是暴动失败的主要原因。

大革命时代在彬县、淳化、耀县等地的农民协会[3]，这时期无形中没有了。以后只有淳化、旬邑、耀县等县的一些零星的党的组织，

* 这是习仲勋在西北局高干会议上的发言记录稿，个别史实收入本书时作了订正。

在秘密的环境下保存着。而整个关中的革命运动，随着大革命的失败处在低潮的时期。

一九三二年刘志丹[4]等同志领导的反帝同盟军，在新正[5]的二区三嘉原正式改编为工农红军陕甘游击队，举起苏维埃[6]的红色旗帜。这时候关中的革命运动，在红军游击队的直接领导之下，发动和组织了群众，建立了红军游击区域。

一九三二年三月间，新正一区即建立了苏维埃政权，组织了地方赤卫军和少先队，没收了地主豪绅的土地，分配给贫苦农民。当时因为是在一个地广人稀的区域里，农民对土地的要求情绪是不高的。八月间这很小一块根据地完全被敌人破坏，红军游击队转移到保安[7]一带去活动。

一九三三年三月，在耀县照金[8]建立了红军根据地。这时陕甘边特委由金理科[9]、习仲勋、师克寿[10]等同志组织，书记金理科。组织发动群众，开展游击运动。因李妙斋[11]对游击运动的领导犯了土匪路线——二十一个支队的成分大部是土匪出身，在行动中形成与群众的对立——即由二十六军党组织将李撤职，由黄子文[12]任照金苏区[13]游击队指挥，习任政委。遂将二十一个支队分别审查，组织了旬邑、耀县和淳化三个游击队，成为苏区红军的主要力量。苏区政权亦在当时成立，主席周冬至，副主席习仲勋。有计划地组织群众分配土地等工作，一度奠定了根据地的基础。

六月间，二十六军由杜衡[14]领导下失败。关中苏区只有三个游击队，人数百余，枪数十支，进行保卫苏区与扩大根据地的工作。六月间金理科调回省委，秦武山[15]任书记，高岗[16]由省委派来领导陕甘边区工作，加强了边区党的领导。七月，耀县杨虎城[17]部王泰吉[18]骑兵团在我党的兵运工作之下，组织了耀县兵变。但由于领导的错误及部队中党的力量薄弱，军事行动迟疑，士兵贪钱思家，因此辘辘把一战全军溃败，剩百余人退照金，和红军会合。八月间，高岗主持陈家坡会议，与右倾机会主义路线斗争胜利后，即决定以苏区游击队、义勇军和红二十六军第四团整编成立陕甘边红军临时总指挥部。

阴历八月二十六日，特委所在地薛家寨被杨虎城进占。

这时苏区的下层组织只有一个区委，但土地大部分分配，其政策是：没收豪绅地主土地，分配给贫雇农，并给土地不足的中农以补充。对豪绅地主没有采取肉体上的消灭政策。对一些来路不明的嫌疑分子杀害的不少。在群众组织方面有雇工会、贫农团、妇女会等，以及地方武装赤卫军、少先队等。中心任务是广泛的武装群众，扩大苏区，进行分粮斗争，开展群众运动。

薛家寨失败的原因主要是：

1. 没有广泛开展游击战争，扩大苏区和根据地，自己株守在一个很小的苏区内；

2. 距离国民党统治的中心区域很近，我们的群众很少；

3. 二十六军南下的失败，助长了敌人进攻苏区的气焰。

薛家寨的失败，给了我们一个很大的经验教训，领会了根据地的重要性和它对中国革命的重大意义。根据地红军的游击队更加扩大起来，给我们领导上的保守观念一个很大的教训。当地农民领袖王满堂、王万亮、周冬至同志牺牲了，下层党组织并没有遭到破坏。到了冬天，淳、耀一带的游击运动大大开展起来，平子游击队也成立起来。

二、一九三四—— 一九三六年

一九三四年一月间即在关中成立第三路游击指挥部，指挥王安民[19]，政委张仲良[20]，统一关中游击队的领导。当时关中有特务队、耀县游击队、平子游击队。五月，陕甘边特委在南梁[21]又正式成立，书记张秀山[22]，划关中为第三路游击区。七月即在五顷原一带建立了党的组织，并组织了农民联合会；在淳化蒋家山一带也建立了党的组织和群众组织。八月开始在新正湫头成立了党的支部。九月，在中部县的小石崖成立了南区革命委员会，主席黄子文，南区区委书记张邦英[23]。所有基干游击队改编为红军第一团，团长陈国栋，政委张仲良。

一九三五年春，新正、新宁[24]、淳化成立了革命办事处，但在三月后南区革命委员会就因为马鸿宾[25]的进攻而破坏了。八月间又成立了正、旬、彬革命委员会，主席郭廷藩[26]。九月间，正式成立了陕甘边南区区委，书记鲁贲；南区苏维埃政府主席秦善秀，副主席张邦英。当时领导有淳耀[27]、赤水[28]、新正、永红[29]、新宁等五个县苏维埃政府。同时各县县委也建立起来。

这时候，关中的革命运动正在高潮，但是由于肃反的错误，捕杀了关中许多干部，加之群众恐慌，使工作受到很大影响，以至趋于停止的阶段。

一九三六年一月，关中特委由中央派贾拓夫[30]任书记，习仲勋由中央派回关中任苏维埃政府副主席。当时由于在土地政策上侵犯了中农利益，在经济政策上没收了小商人的一些东西，以及“左”倾机会主义的肃反政策，造成了关中苏区群众的相当恐慌，对外则形成赤白对立。党中央到陕北后,即进行对错误政策的纠正,由于干部不能很好掌握政策,在土地政策上又犯了右的倾向,把已没收的地主土地退回给地主,分到土地的雇农和贫农感到地权不稳定,对革命发生了怀疑。于是又进行了第三次土地重新调整,按人口与劳动力的混合原则,平均分配土地。但是这引起人口少而已经多分了土地的贫农的不满。中农因为自己原有土地,又得不到分配的土地,同样对革命发生怀疑。因此这时争取中农的工作是一个很重要的问题。但是这个政策也没有彻底地在关中苏区实行,只是在新正、赤水、淳耀、新宁等县进行了部分的调整。

四月间,东北军以十一师之众,组织三路向关中苏区进行全面“围剿”,达一月之久。关中五个县的苏维埃政权,全被摧毁,红军主力第一团及一、二、三独立营全部北上与陕甘红军会合。特委决定,由习仲勋、唐洪澄[31]、汪锋[32]等组成关中工委,坚持关中游击战争(洪澄同志不日坚决要求回中央了)。在军事上划关中为两个作战区域,成立南北两路指挥部。当时关中五个县全被敌人占领,所有中心区域,敌人都建立据点,仅余新宁县的一个乡平道川敌人没有骚扰。红军游击队分散秘密活动。国民党则进行清查户口,编制保甲[33],收买利诱我党干部投诚叛变。

这时关中的革命运动处在非常困难的时期。如何的善于退却,如何的保存积蓄革命力量,是当时关中党的严重任务。党决定凡是外来干部和群众关系不很密切的人员,立即分散撤退。虽然个别干部(高乱娃)向敌人投诚,或个别干部(秦善秀)被敌人杀害,可是群众的革命热情没有被敌人镇压下去,而是始终站在革命方面的。军事上则是灵活的游击行动,避实就虚,保存自己,消灭敌人，而绝对不能和敌人打硬仗的。可是当时的军事负责同志则犯了军事上的冒险行动，把游击队的一半力量拼掉，给游击运动造成相当大的损失。

八月间，汪锋调回中央(保安)，派习仲勋再回关中主持工作。当时敌人的进攻策略则以军事缓和改为政治控制为主，加强保甲训练，进行对我内部瓦解破坏工作。十月，特委在赤水七界石召集了关中党的活动分子会议，到会三十多人，讨论坚持与恢复关中苏区和游击战争问题。决定：

1. 以县为单位整理与扩大游击队，行动上以“集中打仗，分散活动”为原则。成立关中游击队指挥部，指挥郭炳坤[34]，政委习仲勋兼，统一领导关中游击队。

2. 尽可能地进行统战工作，争取进步、中间的民团保甲，打击最反动的少数分子如郭相堂、雷同春、雷天一等。

3. 整理各地党的工作，健全党的组织生活。

4. 恢复各县苏维埃政权。

5. 在敌人后方开辟新苏区。

这样一来，敌人感觉了，革命的力量是没有“围剿”消灭下去的。随着就进行残酷的沿山一带的“搜剿”与“并村政策”。

关中党坚决地执行了十月会议的决议，即有了相当大的开展，对关中的民团保甲的统一战线工作也有了很大的开展。军事战斗上又有新正前马原、淳耀让牛村、赤水郭家掌等地的胜利。地方政权及党的组织都有相当部分恢复；泾河三区、淳耀小桥、同宜耀香山等地都建立了新的苏区；并肃清了关中苏区的大股土匪，武装了革命的队伍。

在我们工作的新形势下，敌人又采取了死守据点的政策，不像以前那样的骚扰了。于是我们开展对敌士兵的政治工作，尽量扩大游击队。这时赤水即有四个支队，淳耀有两个及第十九支队，新正四个大队，新宁三个支队，计十四个支队，近五百之众，革命的潮流又向上高涨了。

双十二事变[35]后，党发表了团结抗日的统一战线主张。因为关中交通不便，没有及时接到中央指示。为了不失时机，即决定各地以县为单位的红军、游击队向外出击，扩大恢复苏区，争取民团保甲自动交枪。于是在十天之内，整个关中苏区都恢复了，建立了淳耀、赤水、新正、新宁四个县苏维埃政府，全部恢复了党的工作。到中央红军南下以后，传达了党对西安事变的政策之后，关中党才停止了扩大苏区和消灭国民党部队的行动。

三、西安事变以后

一九三六年十二月，陕甘省委成立，加强对关中特委的领导，即成立关中分区和抗日救国政府。一九三七年二月，关中党即和国民党进行谈判，划分苏区与友区[36]的界限。当时关中四个县：赤水、新宁、淳耀三县划分了，新正县没有划清。这时国内和平统一[37]了，党的中心工作应该是：第一，开展统一战线工作；第二，整理内部组织；第三，扩大红军，加强整训；第四，大量发展党的组织。这时关中的党组织有四个县委，十九个区委，党员有七百左右。十月间，召集关中党代大会，检查过去党的工作，讨论开展关中统一战线以及苏区转变为边区问题。到会代表五十多人，选举习仲勋、郭炳坤、张仲良、霍维德[38]等同志为关中分委委员。党代大会后，关中处在一个统一战线胜利的环境中,对外设立了我们的工作机关——办事处,大量开展友区群众工作,发展党的组织;对内则消灭了任雨霖、苟鸿运、夏老幺等数股匪徒,安定了关中社会秩序,奠定了和平建设的基础。

我党大部分区乡干部对统一战线政策了解得不正确,一方面是认识不足,以为革命成功了,忽视统一战线中的斗争一面;另一方面则在统战工作中仍怀着阶级仇恨,不愿做统战工作,不与友方进行联合。

国内和平统一了,关中党为了大量培养干部,创办了关中党校,输送具有实际工作斗争经验的区乡干部学习。这对关中党以后的工作,具有很大的意义。

随着全国的反共高潮,关中周围的友方开始限制我们在友区的群众工作,驱逐我各县办事处,向我进行破坏暗杀。

一九三八年国民党的反共斗争更为加紧了。五月,友方的旬邑县长李笑然枪杀我方工作人员张科科。一九三九年初,在土桥原的我荣校[39]被国民党包围。五月二十五日,旬邑事件发生。国民党二十八师、预三师向边区武装骚扰等等。接二连三的反共磨擦,教育我们干部了解统一战线中是有斗争的。

九月间,关中党召集第二次党代大会,到会代表五十多人,代表党员四千多人。检查了两年来的工作,讨论了关中统一战线。在中央"人不犯我,我不犯人;人若犯我,我必犯人"的原则下,决定党在统战工作中必须进行斗争。只有斗争才能团结,是统一战线的必然规律。大会选出习仲勋、张仲良、郭炳坤、张凤岐[40]等十三人为分委委员。

一九四〇年国民党反共磨擦更加严重。二十八师、预三师向我进攻。三月间,预三师袭击看花宫;五月间,保安第四支队郭相堂部占领新正六区底庙村,随后四区亦被占领。及至六月间,井村战斗后，才予反共部队严重打击。在“集中主力，主动打击进攻边区的反共军队，敌人局部进攻，我则局部游击；全面进攻，我则全面游击”的政策下，一九四〇年九月间，我们先后占领了柳林、庙湾、瑶曲、马栏四个区，成立了关中分区东行政区。

在一年的反磨擦斗争中，我们基本上胜利了，边区更加扩大了。顽固分子转向对边区进行碉堡封锁政策，蚕食边区，建立特务“点线”[41]，组织破坏瓦解工作。

关中党的历史，概括来说，就是如此。

下面提几点经验：

1. 关中党经过大革命、苏维埃、统一战线三个时期，具有公开的、秘密的、武装的丰富斗争经验，领导着关中的广大群众，并和他们密切地结合着，进行了保卫关中、保卫边区的各种残酷斗争。

2. 关中党产生于大革命时代，但它的发展与壮大是在红军游击队的武装斗争中成长起来的，特别是二十六军的直接帮助与指导，给关中党的存在发展以有力支柱。

3. 关中党的发展，主要形式是武装斗争。从它的历史全部过程看，没有一天离开了武装斗争。中国革命武装斗争的特点，同样表现在关中的党里。

■ 注　释

[1]大革命，指一九二四年至一九二七年共产党和国民党合作领导的中国人民反对帝国主义、反对封建军阀的革命运动。

[2]许才升(一九〇三——一九二八),陕西旬邑人。一九二五年加入中国共产党。一九二六年九月任中共旬邑特支书记,一九二七年任中共渭南赤水区委代理书记、农民协会主席,一九二八年五月领导旬邑暴动,并任旬邑县苏维埃临时政府主席。五月底,被国民党政府逮捕杀害。

[3]指民主革命时期,中国共产党领导的以贫雇农为核心的农民群众组织,简称农会或农协。

[4]刘志丹(一九〇三——一九三六),陕西保安(今志丹)人。一九二四年加入中国社会主义青年团,一九二五年转为中国共产党党员。一九二八年五月与唐澍等领导由共产党员许权中任旅长的陕军一部起义,任工农革命军军事委员会主席。一九二八年秋后曾任中共陕北特委军委书记,中共陕西省委候补委员,红军陕甘游击队总指挥,中共陕甘边军委主席,红军第二十六军四十二师师长,中共西北工委委员,西北军委委员、西北军委主席(一说谢子长),红军第十五军团副军团长兼参谋长,中央革命军事委员会西北办事处副主任,红军第二十八军军长。一九三六年二月率部参加东征战役,四月攻打山西中阳县三交镇时牺牲。

[5]新正,见本书《关于关中分区的反磨擦问题》注[8]。

[6]苏维埃,俄文音译,即代表会议,是俄国工人阶级在一九〇五年革命时创造的一种政治制度。列宁根据马克思主义原理,从巴黎公社和一九〇五年俄国革命的经验中得出结论,苏维埃是工农革命政府最好的组织形式,是从资本主义到社会主义的过渡时期最适当的国家政权形式。一九一七年,俄国十月社会主义革命在布尔什维克党的领导下,第一次在世界上建立了无产阶级专政的社会主义的

苏维埃共和国。在中国，一九二七年大革命失败后，中国共产党以毛泽东为代表所领导的各地人民革命起义，即是以代表会议为工农民主政权的组织形式。

［7］保安，旧县名，即今陕西志丹县。

［8］照金，见本书《关于关中分区的反磨擦问题》注［11］。

［9］金理科(一九〇四——一九三五)，陕西三原人。一九二七年加入中国共产党。曾任中共渭北特委书记，中共陕甘边特委书记。一九三五年十月，在西北错误肃反时被杀害。后被追认为革命烈士。

［10］师克寿，时任中共陕甘边特委委员。

［11］李妙斋(一九〇三——一九三三)，山西汾西人。一九二八年加入中国共产党。开始在陕北高双成部从事兵运工作，后参加谢子长、刘志丹领导的红军陕甘游击队。参与领导创建陕甘边革命根据地。一九三三年三月任陕甘边区游击队总指挥。同年九月，在保卫薛家寨战斗中牺牲。

［12］黄子文（一九〇九——一九四七)，陕西三原人。一九二六年加入中国共产党。曾任渭北(原富耀)革命委员会主席，陕甘边区游击队总指挥，陕甘边区南区革命委员会主席。一九四七年春领导三原陵前乡起义。同年六月，在与国民党军队作战时牺牲。

［13］苏区，指土地革命战争时期中国共产党领导建立的以苏维埃政权为组织形式的地区。

［14］杜衡(一九〇七——一九六五)，陕西佳县人。一九二五年加入中国共产党。曾任中共陕北特委书记，中共陕西省委书记，红二十六军政治委员。一九三三年七月在西安被国民党逮捕叛变。

［15］秦武山(一九一四——一九七一)，陕西合阳人。一九三二

年加入中国共产党。一九三三年六月任中共陕甘边特委书记。新中国成立后，任宁夏省军区政治部主任。

[16]高岗（一九〇五——一九五四），陕西怀远（今横山）人。一九二六年加入中国共产党。一九三三年任陕甘边红军临时总指挥部政治委员，红二十六军四十二师政治委员。抗战胜利后赴东北，任中共中央东北局书记，东北人民政府主席，东北军区司令员兼政治委员。新中国成立后，任中共中央政治局委员，中共中央东北局书记，中央人民政府副主席。一九五三年调中央任国家计划委员会主席后，进行反党分裂活动。一九五四年二月，中共七届四中全会对其进行揭发和批判，同年八月在北京自杀身亡。一九五五年三月，被开除出党。

[17]杨虎城（一八九三——一九四九），陕西蒲城人。西北军爱国将领。曾任国民党第十七路军总指挥，西安绥靖公署主任。一九三六年十二月和张学良一起发动西安事变。西安事变和平解决后，被蒋介石逼迫于一九三七年四月辞职，六月出国"考察"。全面抗战爆发后回国准备参加抗日，不久即被蒋介石逮捕遭长期监禁。一九四九年九月被杀害。

[18]王泰吉（一九〇六——一九三四），陕西临潼人。一九二四年加入中国共产党。一九二八年率部先后举行麟游起义、渭华起义。一九三一年后在杨虎城部任骑兵团团长。一九三三年率部在耀县起义，成立西北民众抗日义勇军，任总司令。后任陕甘边红军临时总指挥部总指挥，红二十六军四十二师师长。一九三四年一月被国民党民团逮捕，三月英勇就义。

[19]王安民，一九三四年三月至四月，担任第三路陕甘边区工农

游击队总指挥。

[20]张仲良（一九〇七——一九八三），陕西耀县人。一九三一年加入中国共产党。曾任中共耀县委员会书记，第三路陕甘边区工农游击队总指挥部政治委员，红二十六军一团政治委员。后任陕甘宁晋绥联防军副政治委员，第一野战军第四纵队政治委员。新中国成立后，任中共青海省委书记，中共甘肃省委第一书记，中共江苏省委书记。

[21]南梁，位于甘肃华池县东约五十公里处的一个小镇。一九三四年至一九三五年四月为陕甘边革命根据地的中心。

[22]张秀山（一九一一——一九九六），陕西神木人。一九二九年加入中国共产党。曾任中共陕甘边特委书记，红二十六军四十二师政治委员，中共绥德地委书记，中共中央西北局组织部副部长，中共松江省委书记，中共辽宁省委书记。新中国成立后，任中共中央东北局常委、组织部部长、秘书长，东北军区副政治委员，中共中央东北局第二副书记兼纪委书记、监委主任，国家农委副主任。

[23]张邦英（一九一〇——二〇一〇），陕西耀县人。一九二七年加入中国共产主义青年团，同年转为中国共产党党员。曾任陕甘边南区革命委员会主席，关中特区苏维埃政府副主席，中共西北中央局组织部副部长。新中国成立后，任中共陕西省委副书记、陕西省人民政府副主席、陕西省政协副主席，中共中央新疆分局第三书记，民政部副部长。

[24]新宁，见本书《关于关中分区的反磨擦问题》注[4]。

[25]马鸿宾（一八八四——一九六〇），时任国民党军第三十五

师师长。

[26]郭廷藩(一九〇五——一九九三),甘肃正宁人。一九三三年加入中国共产党。曾任正旬彬革命委员会主席,中共新宁县委书记,中共新正县委书记,三原军分区党委书记。新中国成立后,任宝鸡专员公署代理专员,中共青海省委监察委员会副书记、青海省政协副主席。

[27]淳耀,见本书《关于关中分区的反磨擦问题》注[10]。

[28]赤水,见本书《关于关中分区的反磨擦问题》注[9]。

[29]一九三五年十月,陕甘边南区党委和陕甘边南区革命委员会以新正县六区底庙为中心设置永红县。一九三七年四月,永红县撤销,其辖区复划归新正县。

[30]贾拓夫(一九一二——一九六七),陕西神木人。一九二六年加入中国共产主义青年团,一九二八年转为中国共产党党员。曾任中共陕南特委书记,中共陕西省委常委,中华苏维埃共和国临时中央政府候补执行委员。一九三五年随中央主力红军长征到陕北后,曾任中共陕北省委宣传部部长,中共关中特委书记,中共三边特委书记,中共陕西省委书记,中共中央西北局常委,西安市军管会副主任,中共西安市委书记、西安市市长。新中国成立后,任西北军政委员会财经委员会主任,政务院财经委员会副主任,国务院第四办公室主任兼轻工业部部长,国家经委副主任,国家计委副主任。

[31]唐洪澄(一九〇八——一九六〇),陕西清涧人。一九二七年加入中国共产党。曾任中共陕甘边区南区委员会书记,中共关中特委组织部部长。新中国成立后,任中共陕西省委副书记,中共陕西省委书记处书记。

［32］汪锋（一九一〇——一九九八），陕西蓝田人。一九二七年加入中国共产党。曾任中共陕西省委军委书记，红二十六军代政治委员，中共关中特委书记兼司令员，中共陕西省工委书记，中共鄂豫陕边区委书记、边区政府主席兼军区政治委员，西北民主联军三十八军政治委员。新中国成立后，任中共中央统战部副部长，中共宁夏回族自治区委第一书记，中共中央西北局书记处书记，中共甘肃省委第一书记，中共新疆维吾尔自治区委第一书记，全国政协副主席。

［33］保甲，见本书《关于关中分区的反磨擦问题》注［3］。

［34］郭炳坤（一九一四——一九七七），陕西蒲城人。一九三三年加入中国共产党。曾任红二十六军四十二师一团政治委员，中共关中特委军事部副部长，第一野战军第四军十一师师长。新中国成立后，任中国人民解放军第四军政治委员，西北军区干部部部长，军委总干部部预备役干部动员部部长，国务院内务部副部长，海军北海舰队政治委员。

［35］双十二事变，即西安事变。在日本帝国主义加紧侵略中国的危急形势下，以张学良为首的国民党东北军和以杨虎城为首的国民党第十七路军，在中国共产党的抗日民族统一战线政策和全国人民抗日运动的影响下，要求蒋介石停止内战，一致抗日。蒋介石拒绝了这个要求，并亲自赶到西安部署“剿共”。一九三六年十二月十二日，张、杨联合行动，在西安附近的临潼扣押了蒋介石，这就是著名的西安事变。中国共产党坚持和平解决西安事变的方针，经过中共代表周恩来以及博古（秦邦宪）、叶剑英等的艰苦工作，终于同张学良、杨虎城等一道和平解决西安事变，促进了抗日民族统一战线的形成。

［36］友区，见本书《关中分区反磨擦斗争的总策略》注［5］。

［37］这里指西安事变和平解决后，国共两党十年内战的局面基本结束，国内和平初步实现。

［38］霍维德（一九〇二——一九七七），陕西绥德人。一九二四年加入中国社会主义青年团，次年转为中国共产党党员。曾任中共绥德县委书记，关中分区行政督察专员公署专员，陕甘宁边区财政厅厅长。新中国成立后，任中共甘肃省委第二书记，甘肃省副省长。

［39］荣校，是“抗日荣誉军人学校”的简称。

［40］张凤岐（一九一一——二〇一〇），陕西富平人。一九三三年参加革命，一九三五年加入中国共产党。曾任中共关中特委组织部部长，中共关中地委秘书长、组织部部长，关中分区行政督察专员公署副专员。新中国成立后，任中共新疆维吾尔自治区纪委书记，新疆维吾尔自治区人大常委会副主任。

［41］“点线”，参见本书《关于关中分区的反磨擦问题》注［7］。

贯彻司法工作的正确方向*

（一九四四年十一月五日）

一、把屁股端端地坐在老百姓这一方面

司法工作是人民政权中的一项重要建设，和其他行政工作一样，是替老百姓服务的。这样，就要一心一意老老实实把屁股放在老百姓这一方面，坐得端端的。旧司法机关的屁股就不是坐在老百姓这一方面的，是坐在少数统治者的怀里。他们可以贪赃枉法，鱼肉人民，认熟人，认面子，认亲戚朋友；有钱有势的，囤积居奇，贩卖毒品，反而逍遥法外；万千无辜老百姓，却充满着监狱。与其说他们是解决纠纷，不如说他们是制造纠纷。这是旧司法的一套。这一套在我们这里吃不开。我们的司法工作方针是要团结人民，教育人民，保护人民的正当权益。越是能使老百姓邻里和睦，守望相助，少打官司，不花钱，不误工，安心生产，这个司法工作就越算做得好。过去检讨警备区[1]司法工作，曾有个别司法人员，硬搬六法全书[2]，侵害过老百姓不少的利益，值得我们所有司法工作者大大的警惕。

二、不当“官”和“老爷”

我们司法工作者，既是为老百姓服务，就应该站在老百姓中间，

* 这是习仲勋在陕甘宁边区绥德分区司法会议上的讲话。

万不能站在老百姓头上。中国这个社会,老百姓怕“官”,怕“老爷”,是见惯了的(“官”和“老爷”也喜欢老百姓怕他们)。但在我们这里,假如有一个司法人员,仍然是“断官司”、“过堂”板起面孔,摆起架子,叫人家一看他,是个“官”,是个“老爷”,那就很糟糕。如果说,要怕的话,就只能是对于敌人汉奸是如此的,对于一般老百姓,我们是用和蔼的态度耐心地说服。当着一方有意见,有冤屈向你上诉时,应该细心地听,等到他讲完了,然后根据实际的情况,慢慢地向他解释。绝不能未调查,未研究,在主观上首先对于某一方面,就存有了一种成见。这种存有成见的做法,往往只看到表面,看不到实质,会把案情搞错。所谓秉公处理,不仅限制于观点上,尤应孜孜讲求于对人的态度。

三、走出“衙门”,深入乡村

司法工作,如果不从团结老百姓、教育老百姓方面着眼,只会“断官司”、“写判决书”的话,即使官司断得清楚,判决书写得漂亮(实际上不可能办到),则这个“断官司”和“判决书”的本身,仍将是失败的,因为它和多数人民的要求相差很远。要达到上述目的,必须普及民间调解运动。我们司法工作人员,必须有走出“衙门”,深入乡村的决心(但这不是说到乡村去睡觉,而是从思想上工作上去深入)。必须如此,才能把我们的司法政策贯彻得好,才能使司法工作同人民取得密切联系,才能把像王德彪、郭维德、刘玉厚、马相明等调解模范团结在自己周围,这样就不会对司法工作有棘手、忙迫或枯燥之感。千百事件整天发生在人民中,最适当的解决办法,也就在人民中。只有通过人民,才会解决得最快、最正确。如果不发挥人民本身力量,孤独地依靠我们司法干部去处理，那就需些年月！我们不要以为自己比老百姓高明，其实不然，新的创造要在老百姓中找寻。这次各县发现的十七位民间调解模范，他们的作风和调解艺术，有很多地方值得我们干部学习。

至于调解委员会，这个组织形式是很好的。县、区、乡、行政村，都可成立，但必须是“民办公助”。“公办”和无工作内容的，非但不能组织，已组织起来的，亦应取消，以防流弊。

四、有出息和没出息

我们个别司法干部，认为做司法工作进步慢，没出息。这种认识是极不正确的。进步快慢，有出息没出息，不在于做什么工作，而在于自己。政治没有抽象的，任何工作都要经过脚踏实地的做。工作做好了，自己也就进步；自己拖着不前进，没有能把工作做好的。我们司法干部首先应该着重于想问题，在业务上多花工夫，刻苦钻研。比如：对处理案件，应从历史上全面地分析，获得经验教训，克服主观主义、教条主义，这对于自己，那就是很好的锻炼。宋朝有位名法官包拯[3]，说会“过阴”[4]，其实还不是盖着被儿想问题。其次，在工作中应订出自己经常学习计划，从学习业务、学习文化、学习历史、学习社会常识各方面，不间断地提高自己。再其次应加强自己品质上的修养，把革命利益放在第一位，处处给他人做表率。果真如此做去，还说进步慢、没出息的话，是没有的事。

■注　释

[1]指绥米佳吴清警备区，简称绥德警备区。一九三七年十月，日本侵略军侵入山西柳林一带，并隔河炮击陕北宋家川等地，经国共双方商谈，决定以绥德、米脂、佳县、吴堡、清涧五县为八路军后方留守兵团警备区。一九四〇年二月，国民党绥德行政督察区专员何绍南哗变逃跑后，绥德警备区五县行政事宜隶属陕甘宁边区政府。

[2]六法全书，也称《六法大全》，是国民党政府的主要法规汇编，由宪法、民法、商法、刑法、民事诉讼法、刑事诉讼法等六部辑成。一九四九年二月中共中央发出指示，废除六法全书。

[3]包拯（九九九——一〇六二），北宋庐州合肥（今属安徽）人。仁宗时任监察御史、天章阁待制、龙图阁直学士、枢密副使。以廉洁奉公、执法严峻、不畏权贵著称，其事迹长期流传民间。

[4]陕西民间有种迷信传说，说包拯不仅能在白昼秉公断狱平冤案，而且能在黑夜“过阴”查阅阎王帝君记载人间众生善恶行为的簿记，并坐堂办案，细听屈死鬼呈诉被冤的详情，依此在“还阳”后严办人世的罪魁凶顽。

开展冬学运动应掌握的方针*

（一九四四年十一月二十三日）

今年办冬学要掌握如下方针：

一、坚决贯彻“民办公助”的方针。必须经过群众，把群众自觉自愿的积极性发动起来，才能把冬学办好。如果有同志提起办冬学，开头便是“经费困难、地址困难、教员困难、学生困难等”，总怪冬学不能如愿以偿，这是官办的强迫命令作风，势必办不好冬学，并会发生很多困难；或者认为要民办就不必管，让群众自己搞去，这是一种不加领导的自流现象，也必然会使冬学办不起来。上述两种认识都是不正确的，要知最大困难是没把群众发动起来，只要取得群众拥护，加上我们的正确领导，没有不能够克服的困难。

二、冬学运动首先要和群众的冬季生产相结合。今天边区的经济发展了，人民需要文化是事实，然而发展文化必须和发展生产相辅前进。特别在警备区[1]，今年谷多毁坏，收成不好，如果我们办冬学，忘记了群众冬季生产的问题，哪怕就是把其他问题都解决了，而这个冬学还是办不好，原因就是发展生产比学习文化更为重要。我们不能以为“现在是在办冬学时期，生产可以暂时停顿一下”。群众不乐意，反说“群众落后”。这样下去，就会造成脱离群众或出力不讨好的

---

* 这是习仲勋为推广子洲县周家圪塄冬学经验而写的文章的主要部分。

情景。

三、不能抄袭一套旧的教学方法，必须学用一致。群众做什么，我们就教什么，这不仅群众有兴趣，容易学，并能够学一下就会用，长期不会忘，同时还能够打下向前发展的基础，提高学习情绪，巩固学习信心。

四、冬学运动，要和冬季训练、闹秧歌、医药、卫生、组织妇纺、植树等，取得有机联系。这样使得冬学会更有内容，人民可在冬学内学到更多更有用的实际知识，并用以进行边区各种长期建设。

五、在开展冬学运动中，注意团结农村中参加冬学运动的一部分积极分子是非常重要的。他们是农村内成千上万的文教干部，假如把他们统统提高一步，对于长期开展边区经济，巩固边区，建设边区，是一支骨干力量。

六、对训练冬学教员，应采取开会形式，研究典型，交换经验，不要采取一般灌注式。教员到农村，尽可能由群众自愿聘请，不一定要由上面全派，实行民教民的方针。冬学课本，也应征求群众意见，愿意学什么就教什么。对于《千字文》、《百家姓》等书，如果群众要念，可以让群众去读。

七、在开展冬学运动中，必须普遍地建立若干个重点，而不是平均地分散力量。必须把计划放在群众力量、群众觉悟的基础上，而不是单纯地凭借于我们自己主观上的臆想。只要办好一处冬学，就可推广起来，办好许多处冬学。周家圪塄一揽子冬学就是我们今年开展冬学运动的正确方向。

■ 注　释

[1]警备区，见本书《贯彻司法工作的正确方向》注[1]。

关于渭北苏区*

（一九四五年七月十一日）

渭北苏区[1]处于三原北三十华里的武字区和心字区。大革命[2]时期乔国桢[3]同志在这一地区做群众工作。

一九二八年，为了援助渭华暴动[4]，这里发生过三万人的围城斗争。一九三〇年，成立了灾民自救军。以后隐蔽的游击运动从未停止过，其间并领导农民进行了分地、分粮、分牛羊的“三分”，与抗粮、抗款、抗捐、抗债、抗税的“五抗”等斗争，杀土豪反劣绅。是个“半红半白”[5]的环境。另一方面群众在斗争中也遭到国民党反动派的捕杀镇压。这就可以看出，革命的进程，不能以和平推进，而是在斗争中推进。这是渭北苏区的准备时期。

从一九三一年到一九三二年十月革命节[6]时，是渭北苏区的成立和失败的时期。一九三二年春，中共陕西省委发动关中二十四县农民围城斗争，这时红二十六军的前身陕甘游击队也开到渭北苏区。成立了工农兵代表会议、渭北革命委员会，领导农民分配土地，开展游击战争。成立了工、农、妇等群众团体及赤卫队、少先队等群众武装。在农民联合会里，不但有雇农、中农、贫农，也有富农，而妇女联合会里的中农、富农家庭妇女更是屡见不鲜的。革命运动蓬蓬勃勃，

---

* 这是习仲勋在中共西北历史问题座谈会上发言的一部分。

这样就威胁着三原、西安的敌人，敌人发动了六县民团“围剿”。另一方面，由于中共陕西省委“左”倾机会主义的领导，派去渭北苏区工作的李杰夫[7]、程建文[8]等人，把富农和地主一样看待。为了纪念十月革命节，他们发动万余群众在三原附近的马路上游行示威。在敌人“围剿”时，则又死守阵地击而不游。在失败时又束手无策，而这些“左”倾机会主义者们也就逃之夭夭了。就这样在敌人的“围剿”与“左”倾机会主义的领导下，使渭北苏区遭到失败。

从一九三二年冬到一九三三年夏是渭北苏区的最后时期，亦即恢复渭北苏区与成立红四团的时期。纪念十月革命节活动失败月余后，我与李豫章[9]同志到富平西区都村一带开展游击运动，半月后分粮群众发展到几千人。成立了游击队，建立了农民总会。不久国民党反动派发动五县民团“围剿”，这一区域又遭到破坏。留下来的人，一部分去照金[10]活动，一部分参加渭北游击队。一九三三年初，渭北苏区由于西面成立的泾阳游击队（苗家祥[11]部）、耀县南三堡由张仲良[12]同志领导的农民斗争发展了游击运动，而又恢复起来。这时从红二十六军也来了张秀山[13]等几个坚强的干部，加强了渭北游击队的领导，开展了积极进攻的游击战争，并直接配合了红二十六军的行动，经过半年就壮大成为红四团。而这时的中共陕西省委仍是“左”倾机会主义的领导，派杜衡[14]来过一次，强调分土地，反对苏区同志的所谓右倾机会主义，当时遭到了同志们在实际行动中的反对。到了同年夏天，在敌人三面“围剿”之下又失败了。此后渭北苏区再没有恢复起来。

我们从渭北苏区长期斗争的经验中，可以看出，在敌人统治的中心地区是不能建立根据地的。要采取灵活的进攻政策，保守一隅是要失败的。并且要有正确的政策，而“左”倾机会主义的路线被证明是条失败的路线。

■ 注　释

[1]苏区，见本书《关中党史简述》注[13]。

[2]大革命，见本书《关中党史简述》注[1]。

[3]乔国桢(一九〇七——一九四五)，陕西佳县人。一九二四年加入中国社会主义青年团，后转为中国共产党党员。一九二六年赴广州农民运动讲习所学习，回陕后在关中从事农民运动。一九二八年后曾任中共井陉县委书记，中共唐山市委委员兼职工运动委员会书记，中共顺直省委职工委员会书记。多次被捕，越狱后在赴苏联治病途中被新疆军阀盛世才投入监狱，一九四五年在狱中逝世。

[4]一九二八年五月，中共陕西省委领导渭南县东南原、华县西南原一带的农民和由中共党员许权中任旅长的陕军一部举行武装暴动，被称为渭华暴动。暴动后成立了工农革命军，唐澍任总司令，刘志丹任军事委员会主席。建立了四十八个区、村苏维埃政府。起义军民与冯玉祥部及反动民团激战多次，在暴动地区坚持武装割据近两个月。起义失败后，唐澍等英勇牺牲。

[5]土地革命战争时期，共产党领导的红军游击队和国民党的地方政权都不能完全控制的地区，群众称为“半红半白”。

[6]十月革命是俄国无产阶级在列宁和布尔什维克党的领导下，联合贫苦农民，为推翻资产阶级统治，建立无产阶级专政而举行的一

次武装革命。因其发生在一九一七年俄历十月二十五日(公历十一月七日),故名十月革命,十一月七日为十月革命节。

[7]李杰夫,又名高维翰,陕西长安人。一九三〇年十月后曾任中共陕西省委常委、军委书记、省委书记,西北反帝同盟军政治委员,中国工农红军陕甘游击队政治委员,中共渭北特委书记。后被捕投靠国民党。一九四九年去台湾。

[8]程建文,后改名陈建中,陕西富平人。一九三二年任中共渭北特委委员,一九三三年在中共陕西省委负责组织工作。后被捕投靠国民党。一九四九年去台湾。晚年曾赴大陆访问。

[9]李豫章,陕西渭南人。一九三二年任中共陕西省委军委常委。新中国成立后,任渭南市政协常委。

[10]照金,见本书《关于关中分区的反磨擦问题》注[11]。

[11]苗家祥(一九〇八——一九三三),陕西泾阳人。一九二七年加入中国共产党。曾任陕西泾阳桥底镇农民协会副主席、渭北第二游击大队大队长。一九三三年九月被国民党杀害。

[12]张仲良,见本书《关中党史简述》注[20]。

[13]张秀山,见本书《关中党史简述》注[22]。

[14]杜衡,见本书《关中党史简述》注[14]。

贯彻边区妇女运动的正确方针*

（一九四六年三月八日）

今天是“三八”节。今年这个“三八”节，是中国抗战胜利后第一个“三八”节，又是国内和平[1]取得后第一个“三八”节。大家很兴奋，要我讲话，我就讲一点关于和平以后陕甘宁边区[2]妇女运动怎样做的问题。其实我也不能多讲些什么，前年“三八”节，高岗[3]同志有一个很好的讲话，指出我们妇女工作的方向就是组织起来，大家动手，发展经济，做到家家丰衣足食。这是一九四二年底高干会[4]所规定的方向，是正确的方向。

这个方向是经过相当长的历史路程才摸索到的。边区妇女运动曾经走过不少弯路。国内革命战争时期，边区妇女有过很大成绩，在为人民的解放战争里，女人和男人一样广泛地动员和组织起来，每一斗争都有广大妇女参加。抗战时期，继续内战时期的基础，边区妇女工作也有成绩，在抗战动员上出了很大的力。但后来工作不前进了。为什么？短了一条方针，或者说这条方针提得不明确，未能引起足够的重视，那就是没有明确提出具体的领导妇女生产这条方针。那时只满足于内战时期的那一套做法，加上城市观点也来作怪，边区妇女工作是吃了不少主观主义和形

* 这是习仲勋在陕甘宁边区妇联召开的延安纪念三八国际妇女节大会上的讲话。

式主义的亏的。一直到一九四二年底高干会，才算把正确的方向摸到了。高干会规定了组织广大妇女发展生产是妇女工作的方针。这两三年边区妇女运动便有了一番新气象。几十万妇女和男人一道，在生产战线上努力，又有不少女同志在卫生、保育、治家、办学等等工作上努力，她们的精神和成绩都很好，出了好些女状元，大家叫劳动英雄，或者叫模范，有的已经是闻名全国，甚至外国人也知道了。这是大家都眼见的，不用我多讲。

现在，和平民主新时期来了，边区妇女工作的方向又是什么呢？还是组织生产，在发展生产的基础上讲文化，讲卫生。边区在和平以后，最主要的事情就是建设，就是生产，在发展生产的基础上提高文化，注意卫生。

方向有了，而且是正确的。那么还有什么问题呢？还有一个如何贯彻这个正确方针的问题。去年以来，我们在贯彻这个方针上没有做得很好，松劲了。其具体表现是：有些英雄不英雄，有些模范不模范了，就妇运本身来讲，是产生了比较普遍的自流主义现象。为什么？事情向前发展了，我们却还在原地站着。有些同志说，我们已经号召了妇女起来生产，我们选出了劳动英雄，还开了会，给戴了红花，并且给了奖，又组织了妇纺小组等等，那么，还有什么事情可做呢？我们有的同志似乎有这样的脾气，只喜欢大叫大喊，不怎么高兴细针细线。我说，你们女同志不应有这样一种脾气呀。号召是要的，但那不过是事情的开头，接下去就要具体组织，或者叫具体领导。人家已经起来生产了，你还在那里叫喊起来生产呀，起来生产呀，难怪又有些同志说，我们后来去了，群众反有点嫌麻烦。事情是很多的，而且事情越是向前发展，问题越是多，群众要求我们去帮助他们解决问题也就特别迫切。拿妇女纺织来说吧，一些纺织还不发展的地方，自然还要去推广；而许多已经搞起来纺织的地方，就应该提高技术了。怎样提高？都把城市的速织机器搬进来么？不是，办不到，行不通。都搞加速机或者搞平拉机么？有些地方可搞，有些地方一时还不能搞，有些地方只要去教会把纺车修理或改良一下，现时就够了。这就是说，要看某一个地方的具体情况，看群众的需要和意愿，一步一步地去提高。又比如组织妇女纺织，不是要把所有纺织妇女都编起组来，那样行不通，大家都是知道的。有的可以多几个人组织在一起变工[5]，有的只可以少几个人合起来，又有的用其他没有一定的形式联系起来搞。我们决不能只想步子迈得大，你步子大，跑得太快，群众就跟不上。也不要追求形式一致，都一般高，都一样齐。你硬要，就只有来个强迫命令。这是作风问题，又是思想问题、群众观点问题。我们有的同志还有一个不好的脾气，至今还没有完全去掉，就是作兴说自己是做大事的，不愿意做小事情。她们不懂得，有方向，还要有许多大大小小的实际工作，才能走到目的地。大事业是从小事情做起的，是许多小事情的集合成功的。我们天天喊群众观点，就要深入到群众中去，真正把群众看作自己的亲人，一点一滴脚踏实地替群众做些事情，为群众服务。说到这里，还想提及一点，去年“三八”节，《解放日报》社论上说要求妇女工作者学会一门本领，不论是纺织、医务、教学、办合作社及其他经济工作。这是很对的。我们在想，边区工作主要就是建设，区乡干部都得学会一门建设技术。妇女工作者更宜如此。你没有一门专长，首先就不能深入到群众中去，不能给群众解决生产、卫生等等问题。如果我们妇女工作者都有一门本领，分散在各个职业部门中，那我们就可以从各方面联系群众。

我们妇女工作同志先从思想上搞通，把作风转变过来，边区妇女工作的正确方针就好贯彻了。好好地把这几年的经验加以总结，学会正确的工作方法，把组织妇女生产、提高文化、注意卫生的方针坚持下去。

和平到来以后，边区妇女运动的具体内容，仍然是：一、把边区妇女组织起来，积极参加生产，纺线织布，喂猪养鸡，帮助男人种地和经营各种农村副业，提高技术，今年生产要超过以往任何一年。二、保养娃娃，提倡卫生，减少疾病死亡，财旺还要人旺。三、提倡妇女识字，宣传初步科学知识，破除迷信，提高文化。四、发展节约运动，学会治家，做到家家勤俭，家家和睦，边区人民经济才有切实的基础。

把上面的事办好，就是一个很大的妇女运动。如果没有广大妇女动员和组织起来，事情就会落空。这需要妇女工作同志努力，还要所有同志努力。不要以为这只是妇联会的工作，其他工作就不是妇女工作。其实，党的工作、政府工作、各种经济文化工作，同样也是为了妇女解放而工作。妇女工作是全党的工作，大家有责任，妇女同志更有责任。

这里再对机关部队的女同志、工作人员家属讲几句话。前两年我们提出了生产自给的方针。这个方针必须坚持下去。和平到来，我们机关部队准备还要精简一下，减轻人民的负担。但是我们不是统统把工作人员的家属甩出去不管了，而要把她们妥善安置，做到劳动自养。在革命队伍内不该有自己不劳动而要人家供养的观念，那是剥削阶级的东西。我们思想上要搞通，自食其力是光荣的，而那些不从事生产，坐在丈夫旁边，享受丰衣足食的生活是可耻的。希望我们工作人员家属好好酝酿一下，大家出来都找个职业，做一件生产事情，组织领导上也应该帮助大家，替大家找事。我看，延安就可以把大家组织起来，纺织、做衣服及进行其他生产等。

边区妇女在各个历史时期中，都起了很大的作用。国内革命战争时期，我们和边区妇女在一起创造了苏区[6]；抗战时期，我们又和边区妇女在一起，巩固边区，支援前线，赢得了抗战胜利。今后同样还要和边区妇女一起，共同为进一步建设边区而努力。边区一百五十万人，里面就有七十五万妇女，离开妇女，边区建设不可能搞好。

我们把边区妇女工作做好，使边区妇女都组织起来，共同把边区建设得更好，作出榜样，这也就是援助了全国的妇女运动。

■ 注　释

[1]国内和平，这里指抗日战争胜利后在国内出现的一段短时间的和平局面。

[2]陕甘宁边区，见本书《关于关中分区的反磨擦问题》注[2]。

[3]高岗，见本书《关中党史简述》注[16]。

[4]高干会，指一九四二年十月十九日至一九四三年一月十四日，在中共中央直接领导下，中共西北中央局在延安召开的高级干部会议。这次会议着重讨论了陕甘宁边区党的历史，肯定了第二次国内革命战争时期刘志丹、谢子长等人领导的陕北地区土地革命斗争，批评了原陕甘宁边区少数人执行“左”倾冒险主义路线和肃反的错误。会议明确了发展生产和教育、加强边区建设是边区党的基本

任务。

[5]变工，指建立在个体经济基础上的农业互助形式。在变工队内部主要采用人工换人工、畜工换畜工、人工换畜工的办法实行农民间的劳动力互助，农民把这种做法叫变工。参加变工的农民，各以自己的劳动力或者畜力，轮流给本队各家耕种。结算时，多出了人工或者畜工的由少出了的补给工钱。

[6]苏区，见本书《关中党史简述》注[13]。

庆贺《边区群众报》六周年

（一九四六年四月一日）

《边区群众报》[1]出满整百期了，值得大大庆贺。

这个报纸是陕甘宁边区[2]群众公认的好报纸，谁也喜欢它，谁也爱护它。为什么好？它不但容易读容易懂，并且说出了边区群众要说的话，讲出了边区群众要知道的事情。这就是为群众服务，当得起“群众报”这个光荣的称号。它过去是这样做的，今后还要这样做。

六年以来，这个报纸对边区人民是尽了最大的组织和指导作用的。它告诉边区群众和干部团结抗战、生产建设的任务，当边区的喇叭筒，而且教边区干部和群众怎样来工作，来动员，来生产，来完成这些任务。日本打败了，边区较前巩固了，《边区群众报》是有很大功劳的。

这个报纸要好好办下去。现在中国和平建设时期[3]开始了。这个报纸按照什么方针来办呢？边区的方针是继续紧紧团结，好好生产，和一切反民主势力作斗争，建设一个更繁荣的、更巩固的边区。这个报纸的方针也应该这样。

报纸是什么？是一种工具。边区干部一定要明白，《边区群众报》是指导工作的工具，也是指导干部学习的工具。有些干部说：我们曾经不知道要做些什么，或者不知道怎样去做，看罢群众报才知道的。我们干部进入和平建设时期，要学会新的更多的本领、新的更多的知识，从哪里来学？《边区群众报》是很好的一个学校。所以我们不论领导机关和干部，都要好好重视这个报纸。经过它交换经验，哪里有新的好的工作方法，做好了的新的工作范例，就写出来登在报上，别的地方也就读到了，大家来学；哪里有不好的事情、不好的作风，也写出来登在报上，批评一下，别的地方也就读到了，大家也就警惕了，不再犯同样的毛病。在这里，要提一句，我们要好好表扬工作做得好的，但也要批评工作做坏了的。我们革命同志是不怕而且要有自我批评的。

大家爱护《边区群众报》，大家替《边区群众报》写稿，继续把《边区群众报》办得更好更好。

■ 注　释

[1]《边区群众报》，一九四〇年三月二十五日在延安创刊。先后为中共陕甘宁边区委员会、中共陕甘宁边区中央局、中共中央西北局的机关报。一九四八年一月更名为《群众日报》。一九五四年十月十六日，《群众日报》改为中共陕西省委机关报，并更名为《陕西日报》。

[2]陕甘宁边区，见本书《关于关中分区的反磨擦问题》注[2]。

[3]抗日战争胜利后，国共双方停战协定和政治协商会议协议先后于一九四六年一月达成，中共中央在一九四六年二月一日发出的《关于目前形势与任务的指示》中，曾认为“从此中国即走上了和平民主建设的新阶段”。随着国民党破坏政协协议和停战协定的行动不断发展，中共中央改变了关于和平民主建设新阶段已经到来的估计，加强各项应变准备。

纪念我们的先驱*

（一九四六年四月十六日）

想写篇追记若飞[1]、博古[2]、叶挺[3]、邓发[4]几位同志的文章，然而手沉重到难于提笔。失去这十几位敬爱的同志和朋友，悲痛是无法自已的。

边区的同志认识若飞同志，还是在抗战初期的时候。那时，他到边区党委工作，记得是才出狱不久，说话有点讷讷的。他给大家的印象是：朴实，谦和。他有真正的原则性，对工作一丝不苟，而对同志却总是诚诚恳恳的。在当时边区党委的同志中，他是斗争历史较长的，工作经历也比大家多，但始终是那样的虚心。他常说自己学的不多，没有为党做多少工作。若飞同志生活很艰苦。他从小就过着刻苦的生活，依靠他舅父抚养长大。他是一生在苦难中奋斗出来的人民领袖。他的舅父就是这次一起遇难的黄齐生[5]先生。黄老来过边区两次，他热爱边区。他是边区和我党的要友。这位年近古稀的教育家，极富正义感，热情如青年。

博古同志和邓发同志，当一九三五年中央红军北来的时候，就到了边区。他们都是全国知名的人民的伟大战士，是边区人民很尊重

---

* 这是习仲勋为纪念一九四六年四月八日由重庆飞返延安时因飞机失事在山西兴县黑茶山遇难的烈士而写的文章。

的领导者。近年来,博古同志主办《解放日报》,他为边区培养出几百个报纸通讯员。他经过《解放日报》教育了边区的广大干部和人民。

邓发同志,曾经整月整日地住在边区工厂里,他亲自帮助边区工业建设,他亲自领导边区的工人。边区人民永远难以忘怀他为边区立下的业绩。

更使人悲痛的,我们竟不能再见我们最敬爱的叶挺同志一面。他只在就任新四军[6]军长前到过边区一次,相隔几年,其间又深陷国民党反动派牢狱中五年,边区人民无时不在遥念着这位人民的英雄。这次,大家总以为就可以重逢的,然而,如今我们所能一见的,只是他的遗容了。

既已献身于人民,死生原置度外,但昨天若飞他们的死,对中国人民,对中国革命事业,损失实在太大。

近百年来,历史充满无数人民重重淤积的凝血,这二十年间,我们也亲见我们同志不断流洒的鲜血。我们知道这些鲜血为什么而流。我们就是在这些先烈的血泊中奋然前行。

专制者以为流血会把人民吓退。然而人们流的血会把那些吃血者淹没的。中国人民已经走上胜利的道路,人民的战士仍将前赴后继,把悲痛立刻变成勇气,变成力量。人民的军队是无敌的。

我们知道若飞同志他们是为什么而死的。

边区人民和工作者,就以自己更加紧张的工作,更加亲密的团结,更高的勇气,更炽烈的斗争热情,来纪念我们的先驱者!

■注　释

[1]若飞即王若飞(一八九六——一九四六),贵州安顺人。一九二二年加入法国共产党,一九二三年转为中国共产党党员。曾任中共中央秘书长,中共江苏省委常委,中共驻共产国际代表。一九三一年回国,在绥远被国民党政府扣押,狱中坚持革命斗争。一九三七年夏出狱后任中共陕甘宁边区委宣传部部长,十八集团军副参谋长,中共中央华中工作委员会兼华北工作委员会秘书长,中共中央秘书长,中共中央研究局党务研究室主任。一九四六年一月代表中共方面出席在重庆召开的政治协商会议。

[2]博古即秦邦宪(一九〇七——一九四六),江苏无锡人。一九二五年加入中国共产党。一九三一年九月至一九三五年一月,曾是中共临时中央和中共六届五中全会后中共中央的主要负责人。在这期间,犯过严重的"左"倾冒险主义的错误。遵义会议后,被撤销了党和红军的最高领导职务。抗日战争初期,先后在中共中央长江局、南方局工作。一九四一年起在延安主持《解放日报》和新华通讯社。一九四六年二月作为中共代表团成员赴重庆参加同国民党的谈判。

[3]叶挺(一八九六——一九四六),广东归善(今惠阳)人。一九二四年加入中国共产党。一九二五年任国民革命军第四军参谋处处长和独立团团长。北伐战争中率部在湖北汀泗桥和贺胜桥两次战斗中获胜,为第四军赢得"铁军"的称号。一九二六年十月任第十一军二十四师师长兼武汉警备司令。一九二七年参加领导南昌起义,任前敌总指挥兼第十一军军长。同年十二月参加领导广州起义,任起义军总司令。广州起义失败后出国。抗日战争爆发后回国。一九

三七年底到延安，后任新四军军长。一九四一年一月在皖南事变中被俘。一九四六年三月四日出狱，七日由中共中央批准重新入党。四月八日与王若飞、秦邦宪、邓发等乘美机飞往延安，途中遇难。

[4]邓发（一九〇六——一九四六），广东云浮人。一九二五年加入中国共产党。一九二七年参加广州起义。一九二八年后任中共广州市委书记、广东省委组织部部长，中华苏维埃共和国临时中央政府政治保卫局局长。红军长征时任军委二纵队副司令员。一九三七年任八路军驻新疆办事处主任，一九四〇年后任中共中央党校校长，中共中央职工委员会书记。一九四五年九月出席在巴黎召开的世界职工代表大会。一九四六年四月八日与王若飞、秦邦宪、叶挺等乘美机飞往延安，途中遇难。

[5]黄齐生（一八七九——一九四六），贵州安顺人。教育家。曾任贵州达德学校校长，贵州省视学，遵义县省立第三中学校长。一九三一年九一八事变后，积极为抗日运动奔走。一九四五年举家到达延安。一九四六年二月重庆各界群众在较场口举行庆祝政协会议成功的集会，遭到国民党右翼势力的镇压。较场口事件发生后，代表延安各界赴重庆慰问被殴打的民主人士。

[6]新四军，见本书《关中分区反磨擦斗争的总策略》注[4]。

发展陕甘宁边区的生产*

（一九四六年五月十三日）

一、发展陕甘宁边区[1]的生产，要实事求是，从现有条件出发，要有远景规划，就是要看得远一点。这个远景不是我们等待着就会到来，而是要在现有的基础上、现有的条件上一步一步发展起来。我们的远景是什么呢？就是发展农业，加上边区若干工业建设，这就是将来边区的远景。过去我们发展生产的方针是正确的。如果说不以发展农业为主，那就是错误的。因为边区是以农业为主的地区，所以要以发展农业为主，但也要慢慢地发展工业，搞一些工业建设。如果没有这样的打算，就没有出路。我们不在发展农业的基础上建设一点工业，那我们将来就不得了，就拼不过人家。你光有粮食，粮食很便宜，一切工业必需品要从外边来，那时我们就搞不过人家，所以方针还是过去的方针。

二、发展农业为第一，对于农业的要求，就是增产粮食。现在边区的余粮还不是很多，去年一年有灾荒，今年春耕时的春荒就很严重。这说明我们的粮食还没有多余的，所以农业方面第一要增产粮食，第二是种棉花，争取棉花自给。同时，由于今后边区经济发展的趋向，我们还要加上某些工业原料和能换得外汇[2]的农产品。比如

---

* 这是习仲勋在陕甘宁边区高级干部会上所作总结报告的一部分。

种一些蓖麻、芝麻，可榨成油食用，也可作为工业润滑油。拿能换取外汇的农产品换回必需品。农业生产应该有计划性，从各地的具体情形出发来计划，这样才能发展农业。我们的办法，我觉得不外乎这样几条：提高技术，掌握技术。我们许多干部都要有指导生产的知识，懂得生产技术，不然不好领导生产。比如改良农作法、修地、修水田、上粪、锄草、除害虫等等，要因时因地制宜。要改良农作法，不是一下提高很多，而是在现有的基础上一步一步提高，慢慢地来。光华农场[3]所试验的一切，并不是要求全边区马上实行，那是很困难的。我们要贯彻群众路线，推广土生土长的好的农作法，先在村子里推广，然后推广到全乡全区，因地制宜。我们把土办法提高一步，在土的办法上进行一些科学研究和指导，然后再去指导农业。这也就是说，要先向农民学习，再去指导农民。其次是组织劳动力。毛主席曾提倡“组织起来”。我们这几年取得的生产成绩，“组织起来”是起了决定的作用的。所以组织劳动力的工作我们还要继续做。现在边区各地存在着很多变工队[4]，它是在群众自愿基础上组织起来的，确实在生产上起了很大的作用，但不能搞形式主义，只有数目字而无实际活动的变工队，不是我们所要求的。再其次是农业生产也要加强具体领导。在我们同志中间有种说法，农民自己会做庄稼，不需要领导。历年生产的发展证明，这种看法是不对的，还是要具体领导。固然一般号召能够动员群众掀起生产热潮，但光有这一套不成，要加上具体领导和解决具体问题。今年从春耕到现在，经过一般号召，具体解决问题，生产向前发展了一步。这种例子很多。

三、坚持发展农村家庭纺织业，发展手工业。穿衣自给是一件大事，发展家庭纺织业是实现“耕余”的依靠。如果不解决这个问题，要求农民耕几余几是空话，不会余多少粮食的。本来是有余粮的，但是一穿衣，这个余粮也就完了。所以我们一定要坚持发展家庭纺织业。近几年来，警备区[5]内的家庭纺织有很大的成绩，现在差不多有十几万纺织妇女，有很多人家，三分之一或一半的生活依靠纺织解决。这确实是一个很大的问题。但在西边几县，像志丹、吴旗[6]等地这个问题还没有解决，吃饭倒不成问题，穿衣问题还没有解决。另外还可以看到，虽然抗战结束了，第二次世界大战也结束了，但战后几年要一下恢复到战前状况还不可能，也不是外边工业品一下子都涌进来，所以农村纺织的家庭副业还要搞，甚至要坚持三五年，就是在七八年以后也还会有作用的。因为农民用闲余的劳动力，用自己的棉花，纺成线，织成布自己穿，虽然算起来比从外边买布吃亏，实际上还是赚了钱。贸易公司今后要调剂支持农民家庭的纺织业，而且可以提倡公家人穿土布或明令公家人必须穿自织布。外边的货即使进来了，但我们还是穿我们边区的布，这有什么不可以呢？另外，我们的毛毯和造纸也要发展。佳县峪口的造纸也是家庭副业，那里许多家庭可以造纸，我们要扶持他们发展。还有三边[7]的毛口袋、绥德的草帽也可以出口。我们要重视我们边区的手工业，我们就地取原料，就地搞成成品。我们要组织领导这些手工业，有计划地帮助民间手工业发展。

四、边区的畜牧业也要发展。今后我们能出口的东西，主要是牲口、皮毛，所以在这方面要发展。我们可以增加更多的牲口、皮毛向外出口，换回来外汇，换回来必需品。

五、合作社问题。南区合作社在延安的附近，靠近一个中心市场，来往的公家人很多，所以它的大规模是适宜的。如果把南区合作社这样大的规模搬到农村中办，到处这样办，是根本不可能的。所谓

“南区合作社方向”,是指它的群众路线和群众工作方法,不是把它的规模到处搬用,如果到处的合作社都要求和南区合作社一样,那就非犯错误不可。现在我们要有一个肯定的认识,就是合作社问题在边区还是一个严重的问题。过去办的合作社,在日本投降以前垮了一部分,在日本投降以后又垮了一部分,现在留下的合作社办不办?搞不搞?回答是,还要搞,要继续地整顿发展,不是不去办,不整顿。我们应以小型合作社为主,以群众需要自己办起来的合作社为主。我想有这两条就差不多了。事实上,边区合作社的方向,应该搞小型合作社,搞群众需要的合作社。我看了边区政府建设厅调查合作社的材料,现在警备区内的合作社多一点。今天能够存在的合作社都是有基础的、小型的,和群众的生活结合得非常密切,从群众自己的需要办起的,资本也不大,他们没有多少脱离生产的人办合作社,或者是半脱离生产的人员去照顾合作社。同时,他们不是专门搞消费业务,而且还搞生产,比如开粉房等。这种合作社今天搞得更好,有经济基础,虽然小,但不会跌跟头。所以我觉得边区办合作社,应该是这样一个方针:以小型为主,以群众需要自己办起来的为主。还要整顿发展,还要办。

六、谈一些工业问题,就是发展工业,建设工业的问题。边区要逐渐发展工业,这是朱总司令讲的。事实如此。我们现在要积累资金,在一定的经济基础上发展,上半年不能搞,下半年搞,今年不能搞,明年搞,现在只能以我们现有的基础与可能来办几样就对了。要继续办好我们现在的公营工厂。对我们现有的公营工厂,不是要它关门,而是要它继续办下去。比如火柴工厂、石油工厂、纺织工厂、皮革工厂、军工工厂等六个工厂,我们要用一切力量把它办下去,坚持下去，这是合乎我们今天的方针的，也是合乎今天边区发展经济的趋势的。这些公营工厂我们要坚持办好。各分区也可以办一个工厂。现在边区的工厂都集中在延安，但从边区的经济条件、交通条件等情况看，各分区也应有办一个工厂的计划，按当地可能发展的条件确定办一个什么工厂。如果我们只是在延安计划搞这个工厂，搞那个工厂，我看将来是不大合算的。在各分区搞一个工厂，作一个基础，将来继续扩大。比如警备区，可以搞一个纺织厂，和那里老百姓的手工业纺织结合起来，老百姓纺线，我收你的线，收来就织布。我看这是可以的，大家可以研究，看可不可以。比如关中分区，那里有做纸的材料马兰草，很多，我们可以搞一些技术人员集中力量在那里搞一个纸厂。三边的皮毛很多，可以搞皮革工厂，肥皂也可以搞，那里有油和碱，可以就地取原料。各分区的党政领导机关要把这个事办好，就是说，全党的同志要有搞工业的思想。中央的一些负责同志讲，要把这个问题看得远一点，要坚持下去。要把公营工业搞好，就得改善企业的管理。我们现在不能到外面人家的工厂中去研究学习管理经验，我们为什么不可以组织几个人，在延安研究我们的工厂企业搞得好的经验及存在的问题呢？应在研究中搞出一个方案来。同时现在边区的工厂要贯彻企业化的方向，改善劳资关系。也就是说劳资双方要合作，厂方和工人方面要合作，厂方和工会可以组织委员会，共同订出生产计划，共同为实现生产计划来奋斗。所以今后工会的工作主要是如何来发展生产。对于私营工厂，我们的一些工人，不能过分强调工资，如果把工资提得很高，工厂搞垮，就连少的工资也没有了。对私营工业，我们今后应大力地扶助，而不是不管。在工业这方面，我们要有远的眼光，我们要特别去注意节衣缩食，积累资本。应该使全党和全边区的人民认识到，这样做是于今后的经济大发展有益的。

■ 注　释

[1]陕甘宁边区，见本书《关于关中分区的反磨擦问题》注[2]。

[2]外汇，这里指陕甘宁边区以外的货币。

[3]光华农场，陕甘宁边区最早的农业科学技术研究试验农场之一。一九三九年冬筹建于延安近郊，一九四〇年投入生产。原由中共中央财政经济部领导，后改由边区政府建设厅领导。

[4]变工队，参见本书《贯彻边区妇女运动的正确方针》注[5]。

[5]警备区，见本书《贯彻司法工作的正确方向》注[1]。

[6]中央红军抵达时称为吴起镇，一九四二年八月改为吴旗县，二〇〇五年十月改为吴起县。

[7]三边，原是陕北定边、安边、靖边三地的统称。这里是指全国解放战争时期陕甘宁边区的一个分区，当时辖定边、盐池、靖边、吴旗、安边等县。

陕甘宁边区形势及加强备战问题*

（一九四六年七月八日）

（一）要不要备战？

在全国停停打打，打打停停的形势下，陕甘宁边区[1]处在不打不和的局面下，这就是所谓的一种相对的和平局面。这里抗战以来就没有什么大变，现在也是这样。所以能够如此，主要是由于客观形势的有利变化以及边区所处特殊环境所致。但今后这种情况就不一定原样不变，如果全国形势发生急骤的变化，蒋介石下了“讨伐令”[2]，或者中原部队[3]突围的影响牵连到边区，边区是可能发生战争的。

首先从内部来看。在群众中存在着普遍的对保卫边区无信心的现象。我来警备区[4]后，一些老先生对我说：“群众中传说很多，说中共要走，要离开边区，由二十二军[5]来接防。”这种传说很明显的是一种恶毒的谣言，却普遍地存在在群众心里。还有些群众（主要是地主阶级）盼望着国民党来，群众中“究竟依靠谁”的认识是糊涂的，这许多现象是非常危险的。特务分子在政协会[6]后，一周中曾徘徊不定，不知所措，过了这个时期即大搞了起来，配合着边区内部破坏分子，企图在机会到来时进行复辟。我们要胜利就要和边区一百六十万人民密切地结合起来。但我们本身存在着很多弱点，发生许多脱离群

* 这是习仲勋在陕甘宁边区绥德分区干部会议上所作报告的一部分。

众的思想和行为。军民关系上一般地说来比一九四二年时要强，可是在个别事情上如体罚群众，这是万分严重的。我们的广大的民兵，尚未普遍地健全地动员和整训。许多情况都说明我们本身存在很多空隙，利于敌人进攻，而不利于我方自卫。故全体人民和干部，应高度警惕起来，加强我们的认识和工作。

其次是外部情况。在军事上蒋介石在加强防御，调兵遣将，无论正规军、地方军、自卫军都这样做。在政治上发动反共宣传，在陇东举行各种各式反动的街头宣传，来造成进攻边区的社会舆论。在经济上则囤积粮草，在各地布置恢复补给囤粮区域。

在表面上看来是防御，而实际上却是准备进攻，我们针对敌人的进攻来作防御，就要有充分的准备，以便随时应付敌人的突然袭击，并能够很快地把他们打出去。倘若我们不能深刻认识此点，就会吃大亏的。因之，“争取时间，积极备战”已成为当前我们的紧急任务。

（二）有没有时间备战？

根据现在边区外部情况，敌人还没有按其计划布置就绪，兵力不足，北线不巩固。北线曾要胡宗南[7]增派军队，但胡始终抽不出队伍来，北线不巩固是他们重要的弱点。抗战以来北线曾数易长官，但均不得逞而走，而傅作义[8]在今天还没有力量增加实力。边区是中共中央所在地，在全国内战没有大规模爆发之前，敌人尚不可能冒险进攻。敌人知道陕甘宁边区是块难啃的骨头，搞不好，就会碰掉自己的牙齿的。因之，我觉得在两三个月内不致发生大规模战争，只要大家清楚认识到这些，紧急地动员起来，我们还是有时间来准备自卫的一切力量。今后的一时一刻，都是万分宝贵的，只要自己准备好了，什么严重情况到来都不怕。反之，睡两三个月的觉，那我们就会受到不可挽救的损失。所以今后的中心关键就在于不浪费一刻时间，在这两三个月内加强准备自卫。

（三）什么是当前的备战中心？

所谓备战决不是只限于准备后方，紧缩机关，轻便行装。而更重要的一方面，则为加强准备巩固内部，具体工作如下：

(1)用一切力量争取今后生产成绩超过以往任何一年。“经济是一切之本”，搞好生产，经济上有了基础，才能完成其他一切准备工作。今年警备区收成很好，夏田平均每亩七八斗，主要的还是要靠秋田，看起来雨水均匀，有丰收预兆，如抓紧时间领导群众好好锄草，收成不会减少的。有了吃的，军队才能打仗，民食也解决了，可以使战争胜利。

(2)利用一切空隙反复练兵。要能一个顶一个，甚至一个打几个，没有苦练的功夫，就不能达到这个目的，特别是在政治上练兵，更为重要。只有任务明确，纪律严明而与广大人民有联系的军队，才能百战百胜打垮敌人的任何进攻，达到胜利保卫边区的目的。

(3)加强整训民兵。为迎接新的形势，我们要精练三万民兵，才能有力配合正规军作战，因此我们要有中心动员和精心的组织工作。不是一般的搞，而是要具体抓住中心，分别在城市与边境公路线组织一定数量的民兵，下工夫苦练。要挑选大批有军事知识坚强的干部到民兵中工作。各级民兵的指挥机关应迅速坚强地建立起来，装备民兵，扩充民兵武器，加强步枪、爆炸技术的训练，使人和武器结合起来，人和技术结合起来，并开展更为广泛的群众性运动。

尚有其他内部工作，但上述三项是最主要的，另外，要教育干部，克服悲观情绪，巩固党内团结，为执行党的路线而奋斗到底。要教育群众，使群众对目前时局和政治形势有正确的认识。在巩固的基础上开展国民党区的工作，提倡高树勋运动[9]、曹又参运动[10]，欢迎国民党部队中不愿意打内战的官兵起义参加革命。只有发展才能巩固自己。我们总的任务是巩固自己，保卫自己。

上述备战如能保证百分之百的完成，即等于我们胜利地打垮了敌人的进攻，敌人见我们准备得好，就不敢轻举妄动。

（四）边区的前途

陕甘宁是老根据地，是党中央所在地，有经济基础，群众有斗争经验，群众和党有深厚的感情，这样的一块土地是不允许敌人占领的，也不会轻易放弃的，除非在中国没有了八路军[11]和共产党。只要我们还存在一人一枪，就要战斗到最后。这个道理要给全边区群众讲清楚。

我们有条件，有信心保卫边区，敌人的多少次进攻准备，都被我们压下去了，只要我们不失掉今后两三个月加强自己的准备，我们就有足够的力量来保卫边区。

边区是不会在敌人进攻之下越打越小的，而将是越打越强，最坏的前途也不过是“得此失彼”，是小换防，而不是大换防。只要大家努力，边区是会永远存在下去的。

■注　释

[1]陕甘宁边区,见本书《关于关中分区的反磨擦问题》注[2]。

[2]"讨伐令",指国民党军进攻陕甘宁边区的命令。

[3]中原部队,即中原解放军。抗日战争胜利后,由原新四军第五师、三五九旅南下支队、嵩岳军区部队、晋冀鲁豫军区水东部队组成。一九四六年六月,蒋介石以围攻中原解放区为起点,发动了对解放区的全面进攻。六月二十六日,中原部队遵照中共中央战略决策,举行中原突围战役,冲破国民党三十万军队的包围,进入陕南和鄂西北地区,分别组建鄂豫陕和鄂西北军区。

[4]警备区,见本书《贯彻司法工作的正确方向》注[1]。

[5]二十二军,指长期驻守榆林的国民党第二十二军。抗日战争期间,该军的主要领导人受民族大义感召,拥护中共抗日民族统一战线政策,与驻陕甘宁边区的八路军建立了友好关系。一九四九年五月起义后改编为中国人民解放军。

[6]指国民党、共产党、其他民主党派和无党派人士的代表于一九四六年一月十日至三十一日在重庆举行的政治协商会议。会议通过了和平建国纲领、关于政府组织问题、关于宪法草案问题、关于国民大会问题、关于军事问题等五项协议。蒋介石一方面表示承认这些协议,企图利用这些协议来进行和平欺骗,另一方面则积极备战,准备发动全国规模的内战。政协协议在不久之后被蒋介石撕毁。

[7]胡宗南(一八九六——一九六二),浙江孝丰(今安吉)人。一九四六年任国民党西北军政长官公署副长官兼西安绥靖公署主任,一九四七年率部进犯陕甘宁边区,遭到人民解放军的沉重打击。

一九四九年末去台湾。

[8]傅作义(一八九五——一九七四),山西荣河安昌村(今属临猗)人。曾任国民党绥远省政府主席,第三十五军军长,第八、第十二战区司令长官。抗日战争胜利后任国民党政府华北"剿匪"总司令,察哈尔省政府主席。一九四九年一月率部接受人民解放军的和平改编,对北平和绥远的和平解放作出了贡献。新中国成立后,任中央人民政府委员,国防委员会副主席,水利部部长,水利电力部部长,全国政协副主席。

[9]一九四五年十月三十日,国民党第十一战区副司令长官高树勋率新编第八军等部在邯郸战役中起义。后该部改编为民主建国军,高树勋任总司令。随后,中共中央、毛泽东分别作出指示,要求开展高树勋运动,号召大量国民党军队的官兵,依照高树勋榜样,站到人民方面来。这个运动被称为"高树勋运动"。

[10]一九四五年十月,国民党军新编十一旅旅长曹又参在陕西安边(今属定边县)率部起义,后编为中国人民解放军新十一旅,曹又参任旅长。中共中央为进一步分化、瓦解国民党军队和争取国民党军队起义,开展了宣传运动,号召国民党军队官兵学习曹又参部队的榜样,站到人民方面来。这个运动被称为"曹又参运动"。

[11]八路军,见本书《关于关中分区的反磨擦问题》注[1]。

在真武洞祝捷大会上的讲话

（一九四七年五月十四日）

陕甘宁边区[1]的自卫战争到现在不过两个月，已经取得了很大的胜利。我们除了消灭胡宗南[2]的三个旅之外，边区各地的人民自卫斗争、游击战争都大大小小地得到许多胜利。今天的祝捷大会[3]，就是我们两个月胜利的总结大会。这两个月的胜利是全体指战员的功劳，是全边区人民的功劳，是全边区军民共同努力取得的。

胡宗南进攻边区，妄想很快地就把边区侵占掉，把边区一百六十万人民踩在脚底下。他这个妄想已经被我们这两个月的坚决斗争打垮了，这两个月的胜利证明我们陕甘宁边区完全有力量粉碎胡宗南的进攻，有力量消灭胡宗南。

蒋介石在进攻解放区到处失败之后，企图最后挣扎，便把胡宗南这最后一宝搬出来打陕甘宁边区。但是并不能吓倒我们，我们是吓不倒的，只是越发证明他们就要很快的崩溃，很快的完蛋。胡宗南匪军侵入边区，破坏了边区的和平生活，使边区人民遭到空前的磨难。胡军所到之处，奸淫烧杀，无所不为，他们完全像禽兽一样，经过胡军蹂躏的地方，一片凄惨，使人目不忍睹，耳不忍闻。我们一定要很快地讨还这笔血债，消灭胡宗南！全边区人民紧张地动员起来，参加到游击队去，参加到人民解放军去，拿起枪杆、炸弹，去和胡宗南斗争，直至彻底消灭他。拿出过去创建陕甘宁边区的精神来，保卫自己，保卫自己的边区,保卫边区自由幸福的生活!

今天这个大会完全揭穿了两个月来敌人的造谣。他们说什么“中共中央走了,西北局走了,边区政府也走了”。这只是敌人说梦话。边区人民离不开他们的民主政府,离不开中国共产党。中国共产党、边区政府和边区人民已经是血肉相连。边区的党和政府统统始终在这里和边区人民共同奋斗。毛主席和中共中央仍然在边区领导着我们。我们有着毛主席和中共中央直接领导,我们更加信心百倍,更加勇气百倍,一定把胡宗南的军队消灭干净。

边区部队同志们:更加发扬勇敢精神,更加提高作战技术,更加严整纪律,紧密团结群众,继续争取更多更大的胜利,歼灭敌人!从蒋介石军队中解放出来的士兵同志们:你们都是中国受苦受难的劳动人民,我们热烈欢迎你们参加人民解放军,热烈欢迎你们和边区人民打成一片,手携手地共同打倒我们的共同敌人!游击队民兵同志们:更加广大地开展敌人侧后游击战争,更加积极地袭击敌人,围困敌人,坚持和敌人斗争,保卫自己的土地、牛羊和家庭,配合主力军歼灭敌人!后方工作的同志们:更加紧张地工作、生产,更好地完成每一个人承担的任务,用一切力量支援前线!农民们:加紧春耕,抢耕抢种,多打粮食!工人们:加紧生产,多造军火,多造手榴弹、地雷!前后方一致努力,为消灭胡宗南而奋斗!全边区的青年壮年:踊跃参加军队!全边区人民都要向吴满有[4]看齐,既做劳动英雄,又做保卫边区的英雄、参战英雄、民兵英雄、歼击敌人的英雄、战斗英雄!边区共产党员们:站在斗争的最前线,紧紧地团结人民,坚定地带领人民去和敌人斗争!

消灭胡宗南!

保卫边区！

西北人民解放军万岁！

边区自卫战争胜利万岁！

■ 注　释

[1]陕甘宁边区，见本书《关于关中分区的反磨擦问题》注[2]。

[2]胡宗南，见本书《陕甘宁边区形势及加强备战问题》注[7]。

[3]指边区五万军民在安塞县真武洞为三战三捷举行的祝捷大会。一九四七年三月十九日中共中央主动撤出延安后，在四十五天时间内，中国人民解放军西北野战兵团（后改称第一野战军）在青化砭、羊马河、蟠龙镇三战三捷，共歼灭国民党军队一万四千余人。

[4]吴满有，陕西横山人。一九二八年逃荒到延安。一九四二年在大生产运动中因开荒生产成绩显著，成为陕甘宁边区的劳动英雄。一九四三年边区开展“学习吴满有运动”，掀起开荒生产的热潮。一九四八年在西府战役中被俘。后被开除党籍。

关于陕甘宁边区老解放区的土地改革问题*

（一九四八年一月四日）

（一）毛主席报告[1]发表后，获得党内外热烈拥护。干部中正展开讨论，大大地安定了人心，把一切工作都推上了轨道。干部都觉得有了信心，增加了力量，都认为更有把握完成土地改革任务。

（二）苏维埃时期[2]的老区[3]，有许多问题与抗战时期的新区，情况有基本上的不同。如以一般概念进行老区土改，必犯原则错误。首先是老区的阶级成分，原来一般定得高，群众不满意。应重新评议，按新规矩办事。第二，中农多，贫雇农少。有些乡村（清涧地区）无一地主和旧富农存在。即真正少地或无地的贫雇农，最多尚不足总户数的百分之二十（还有不到百分之十的，当然亦有特殊现象）。如再平分，即有百分之八十的农民不同意。硬分下去，对我不利。像这样的老区可不平分。最好以抽补办法，解决少数无地或少地农民问题为有利。第三，地主、旧富农，也比新区少得多。地主、富农占中国农村百分之八左右的观念，在老区必须改变。如果老区的地主、富

* 这是习仲勋给中共中央西北局和中共中央的信。中共中央主席毛泽东于当年一月九日回复贺龙、习仲勋及西北局："完全同意仲勋同志所提各项意见，望照这些意见密切指导各分区及各县的土改工作，务使边区土改工作循正轨进行，少犯错误。"

农定得和新区一样，势必犯严重错误。可能在三种情况下发生错误：(1)把新升富农评成旧富农。(2)把没收过土地的地主、富农，而当真转化，并参加劳动最少在八年以上的，又定成地主、富农，再去斗争。(3)把富裕一点的农民，定成地主、富农。或把在我方任职之公教人员，其家中缺乏劳动力者，也定成地主、富农。如果再去斗争已经转化了的地主、富农，对农民的观感，就等于再动已分得土地的贫雇农。这在老区，是一个很重要的问题，必须慎重处理。第四，对老区地主，应查其剥削关系及是否参加劳动与时间长短来决定。光看表现，不一定合理。第五，在老区发动群众运动，要坚决反对小资产阶级的“左”倾形式主义。老区的群众，就是发动起来后，也不会在运动的形式上有新区那样的轰轰烈烈，这是由于老区的许多历史环境所决定的。因此，老区的群众运动，绝不能在形式上与新区一样要求（如崔区[4]有些乡村没有地主，硬去制造），否则，就是制造斗争，脱离群众。从几位同志的汇报中，知道陕甘宁边区[5]的老区（全国解放区的一块特殊地区）是有许多问题同新区有其基本上的区别，望能在土改方针及方式上，随时注意，适合当地的具体情况。

（三）绥属[6]领导上虽有明确决定，但在各县，凡是开始发动群众的地方，一般的都是过左。如在枣林坪街，把店铺大部查封。在延家岔，贫农会上规定谁斗地主不积极，就用乱石头打死。在辛店贺家石工作团所领导的农会[7]上，规定民兵吊地主，打干部。许多群众斗争会上，总是有几名打手，专门捆、打、吊、拷，弄得人心恐慌。再就是普遍地冷淡中农。斗争地主不让中农参加。即贫农团的组织，亦缩小在积极分子的小圈子里。其风气，不是中农被坚决联合，而是到处给中农以精神上的很大威胁。这种“左”的情绪，不是群众原来就有的，而是干部带去的。因此，要将运动引向正确的开展，这还是一件很艰苦的工作。

（四）枣林坪四乡安沟村的马受材是一个贫农党员，国内革命战争时期，曾任过区军事部长，在全村贫农中威信很高，都要选他当贫农团团长。派去的工作团同志，只强调在运动初期不能让能说会道的人参加领导，便在评成分中故意把他评为下中农，连贫农团也不能参加。这是一种代替包办方式。受群众拥护的好干部好党员，仍应坚决吸收其参加工作，否则，就易产生形式主义。又如在贫农团、农会中要保证，选谁负责也不能包办代替，主要的，要在本人能代表多数群众利益，并为全村、全乡群众所拥护的条件上来保证。实际上就是该人本身，就应具备当选的条件。否则，就是包办代替作风。也就是形式主义。这是运动初期很普遍的现象。

（五）许多地方，发现群众自发运动。实际上，这是为数不多的、盲目的，而为各种动机不纯的分子所鼓动起来的群众斗争（大部是旧干部和地主、富农领导的），让其发展下去，必将造成许多脱离群众的恶果。故对此种自发运动，应很快派得力干部参加进去，改造领导，以至完全掌握领导，使自发运动变为群众的自觉运动，而引向正确的发展。如无力顾及，就坚决制止。这种制止，十分必要。因是打击不良分子的破坏，而不是给群众泼冷水。这对将来继续发动正确的群众运动，毫无妨碍。

■ 注 释

[1]指一九四七年十二月二十五日至二十八日毛泽东在陕北米脂县杨家沟召开的中共中央扩大会议上作的《目前形势和我们的任务》的报告。

[2]土地革命战争时期，中国共产党在各地建立的革命政权称苏维埃政权，这个时期也被称为苏维埃时期。

[3]这里的老区指苏维埃时期由中国共产党领导的人民武装建立了根据地的地区。

[4]崔区，指陕西绥德县崔家湾区。

[5]陕甘宁边区，见本书《关于关中分区的反磨擦问题》注[2]。

[6]绥属，指陕甘宁边区绥德分区所辖的绥德、清涧、米脂、吴堡、佳县、子洲、横山等八县。

[7]农会，见本书《关中党史简述》注[3]。

要注意克服土地改革中“左”的情绪*

（一九四八年一月十九日）

（一）十四日晚回义合[1]，十五、十六两日开西北局会议，传达和讨论中央会议[2]精神，求得领导上思想一致，并按陕甘宁边区[3]实际情况，把中央决定的各项政策具体化，规定循正轨进行的步骤和办法，免得多走弯路。十七日召开边区级干部大会（六百四十人），传达毛主席报告，继即召集边区一级参加延家川[4]、义合两区土改之九十名干部开检讨会三天，为的求得中央精神首先在这两区贯彻，再去推动警备区[5]其他各地。

（二）遵照九日指示，明芳[6]去延属，文瑞[7]去三边[8]、陇东、关中，巡视一周，拟于日内动身。为更密切地指导各地土改和救灾，切实克服各级领导的官僚主义作风，特通知各分区和县负责同志经常分散下乡，到实际工作中发现问题，解决问题，反对坐在机关里发号施令。这种方法，既可提高领导，又可加强工作，为真正地树立一种

---

* 这是习仲勋给中共中央主席毛泽东的电报。毛泽东于当年一月二十日转发这个来电时批示：“完全同意习仲勋同志这些意见。华北、华中各老解放区有同样情形者，务须密切注意改正‘左’的错误，凡犯有‘左’的错误的地方，只要领导机关处理得法，几个星期即可纠正过来，不要拖延很久才去纠正。同时注意，不要使下面因为纠正‘左’而误解为不要动。”

踏实朴素的领导作风而努力。

(三)由于义合会议[9]潜伏一种"左"的情绪,由于晋绥[10]的直接影响,土改一到农村,就发生极左偏向。凡动起来的地区,多去强调"贫雇农路线",反对所谓"中农路线",都是少数群众(不是真正的基本群众)起来乱斗,乱扣,乱打,乱拷,乱没收财物,乱扫地出门。最严重的是佳县。有几个村庄,连贫农、中农的东西都一律没收。干部家属,幸免于斗者很少。张达志[11]家中也被斗,弟弟被吊打,索银洋。有的烈士家属也被扫地出门。佳县乱搞不到五天,竟一塌糊涂。我看一有"左"的偏向,不要半月,就可把一切破坏得精光。在机关学校中,也发生"左"的事件。如边保[12]的马夫起来斗争马夫班长,也叫贫雇农翻身。如绥德干小[13]把地主出身的校长夫妇(老党员)赶走,整出的十几名都是八九岁的干部子弟。虽则事不普遍,但影响所及,人心不安。闹得农村极度紧张,弄得大家都有顾虑。现在中央十二月会议的精神已经下达。各地正在转变。估计几日内就可全部走上轨道。

(四)我感到边区土改仍有下列问题值得注意:

(1)土地革命地区[14]的农民,由于"左"的影响,都不愿意当中农。实际上已都不是贫农,而是中农,但要改变成分那是很不容易的。此外,现在深入考察起来,边区的劳动英雄,还是好的多,真正勤苦劳动,热爱边区,因有余粮往往被当成斗争对象。这不只是目前问题,而是今后发展生产问题。这分明是对劳动致富方针有怀疑。如不从坚持贯彻正确政策中打破这一关,对党对人民都是莫大的损失。拟规定:凡劳动英雄与干部家庭在处理前必须经过超一级的批准。

(2)在土地革命地区,的确中农占优势。即减租地区[15],也起了基本上的变化。如不看到这个情况，必犯重大错误。如绥德的延、义两区这次所斗争过的地、富，实际上其中三分之二都已自己连续参加七年以上的劳动，其中有的还保留有多量底财或浮财。应该只将其保留的多量底财与浮财，分配给农民。其成分，应按现在情形改变，既不脱离群众，又不多树敌人。

(3)在老区[16]，有些乡村贫雇农很少。其中，有因偶然灾祸贫穷下来的，有是地、富成分下降但还未转化好的，有因好吃懒做、抽赌浪荡致贫的。故这些地区组织起的贫农团在群众中无威信，由他们起来领导土改，就等于把领导权交给坏人。因而出的乱子就很多，吓得区乡干部有逃跑的，有自杀的。群众中也同样发生此种现象。很多地区掌握不好，这也是其中一个很大原因。因之，老区就要不怕中农当道，真正的、基本的好群众在中农阶层及一部分贫农中。

(4)不应再算老账(特别是政治上的)。过去党的政策，对这些坏人，只要他诚心悔过，不咎既往。十年以来他们的确改好了，如把旧账一齐翻起，会引起社会上极大动荡，影响传播出去，更对我不利，故决定政治上不管重大或轻微的旧账，都一概不究，只对那些今天还进行反革命活动的，或帮助胡匪[17]作恶的，应发动群众严厉镇压。这才是正确地维护党的政策。否则，会减低党在群众中的威信。

(5)只有死心塌地跟敌人走，做敌人忠实走狗的，才叫做投敌分子。否则均采用感化争取政策。

(6)对恶霸，应有明确的定义。真正霸占一方，欺压群众者是恶霸。不能把在乡村说话好强的，或曾砍倒别人一棵树，或做过其他一二坏事的，统按恶霸惩办。也不应该丈夫是恶霸，把妻子也当成恶霸，甚至连小孩也当成小恶霸去斗争。这都会造成许多恶果的。

(7)老区因土地早经平分(有些地区甚至分过三四次),今天多数还是再加调剂问题。这些地区群众对民主与负担公平,要求更迫切。往往一开始便要斗干部。

(8)边区土改任务必须与生产救灾结合起来,不首先解决人民的生计,土改就无法进行。土改的一切工作都应该是对人民的生产有帮助。不然,群众连开会都不积极参加,叫“穷开会”、“开穷会”。这种批评是很对的。诉苦斗争,也不应准备一套形式进行。把诉苦教育贯穿在土改的一切问题上,并把反对胡匪对边区人民利益的破坏和蹂躏与诉苦教育密切结合起来。这更有其真实意义。

(9)救灾,各地已真正重视,且均采取细密组织与切实负责,由一人一户、一村一乡去具体解决问题的方针。这已开始产生了新的作风。救灾不至成为难事。

(五)上述各项问题,连同以前报告,中央如无不同意见时,准备发一文字指示,把一些重大问题明确起来。

■注　释

[1]义合,位于陕西绥德县。

[2]指中共中央一九四七年十二月二十五日至二十八日在陕北米脂县杨家沟召开的重要会议。

[3]陕甘宁边区,见本书《关于关中分区的反磨擦问题》注[2]。

[4]延家川,位于陕西绥德县。

[5]警备区,见本书《贯彻司法工作的正确方向》注[1]。

[6]明芳即马明方(一九〇五——一九七四),陕西米脂人。一九二五年加入中国共产党。曾任中共绥德、横山、米脂等县县委书记,中共陕北特委代理书记,陕北省苏维埃政府主席,中共陕北省委书记,陕甘宁边区政府民政厅厅长。一九四六年至一九四九年任中共中央西北局副书记。新中国成立后,任中共陕西省委书记、陕西省人民政府主席,中共中央组织部副部长,中共中央副秘书长,中央财政贸易工作部部长,中共中央东北局第三书记。

[7]文瑞即马文瑞(一九一二——二〇〇四),陕西子洲人。一九二六年加入中国共产主义青年团,一九二八年转为中国共产党党员。曾任中共安定县委书记,中共陕北省委秘书长,中共陇东地委书记,陕甘宁晋绥联防军三八五旅政治委员,中共中央西北局组织部部长,西北党校校长。新中国成立后,任中共中央西北局副书记,劳动部部长,国家计委副主任,中共陕西省委第一书记、陕西省人大常委会主任、陕西省军区第一政治委员,全国政协副主席。

[8]三边,见本书《发展陕甘宁边区的生产》注[7]。

[9]义合会议,指一九四七年十一月中共中央西北局在陕西绥德县义合镇召开的陕甘宁边区干部会议。会议传达全国土地会议精神,批评了工作中存在的右倾偏向,并作出彻底完成边区土地改革和认真进行整党的决议。

[10]晋绥,指抗日战争爆发后,中国共产党在山西西部和绥远西南部(今内蒙古自治区中、东部)领导创建的抗日民主根据地。一九四九年二月与陕甘宁边区合并,其辖区一部分划归绥远解放区。

[11]张达志(一九一一——一九九二),陕西佳县人。一九二七年加入中国共产主义青年团,一九二九年转为中国共产党党员。曾

任中共陕北特委委员，西北革命军事委员会委员，红军八十四师、八十一师、七十八师、独一师政治委员，八路军一二〇师警备六团政治委员。一九四七年起任绥德军分区司令员，第一野战军四军军长。新中国成立后，任兰州军区司令员，中共中央西北局书记处书记，解放军炮兵司令员。

[12]边保，指陕甘宁边区政府保安处。

[13]绥德干小，指绥德分区为招收干部子女读书而设立的小学。

[14]指在土地革命战争时期进行过土地改革的地区。

[15]指在抗日战争时期进行过减租减息的地区。

[16]这里的老区指抗日战争胜利前在中国共产党领导下建立根据地的地区。

[17]胡匪，指国民党军胡宗南部。

关于分三类地区进行土改问题给毛泽东的复电*

（一九四八年二月八日）

（一）二月六日指示悉。日本投降以前解放的地方为老解放区，日本投降以后至全国大反攻时两年内所占地方为半老解放区，大反攻以后所占地方为新解放区。此种分法，非常切合实际。因而在实行土改的内容与步骤上，应有所不同。即在贫农团与农会[1]的组织形式上，亦应有所不同。否则，费力不讨好。我们已深感过去两月来土改与组织贫农团、农会，不仅收效不大，反而增加麻烦甚多。陕甘宁边区[2]约有一百三十万人口的老区[3]，在去年十二月义合会议[4]前，土地都大体上平分了。现在这些地区，不是地主、富农占有土地多（土地革命地区[5]，地主、富农过去漏网的是极少数），而是中农占有土地多。故要平分，一般都是要动大部或全部中农的土地，甚至还要动百分之十贫农（户数）的土地。要分给的是一部分很少或无地的移民，或倒给地主、富农补进不足的土地。这会对农民土地所有权的信心发生动摇，普遍现象是农民都不愿积极生产，认为这次平分了，

---

* 一九四八年二月六日，中共中央主席毛泽东将老解放区、半老解放区及新解放区三种不同情况的地区，在实行土地法的内容、步骤及农会的组织形式方面应有所不同的初步意见电告李井泉、习仲勋等人，征求他们的意见。这是习仲勋给毛泽东的复电。

又不知几年之后,再来平分。我们虽于月前开始转变,但工作还未全部走上轨道。农民虽已开始注意生产,但还不是思想上最后解决问题。其原因,就是有些地区工作团同志,仍坚持组织贫农团领导一切的方针。事实上,老区贫农团,不能尽其领导一切的作用。因为贫农团本身很复杂。有的因为过去分的地坏、地远,或人口增加,经济不能发展;有的因为偶遭灾祸下降;有的是地、富还未转化;有的因为吃、喝、嫖、赌,不务正业而致贫者。后一种人,占贫农中四分之一,因而这种贫农团,在老区一组织起来,就是向中农身上打主意,“左”的偏向,亦由此而来。中农“欢迎地”[6],贫农不要地。在运动中犯“左”的错误的地方,甚至贫农也恐慌。发展下去,流行于农村的借贷、买卖、租佃、雇佣等关系,都停止了。土地再平分,农民都感到把农村圈死啦。真正劳动的贫雇农,也抱怨我们给他们造好多困难。贫农团除此作用外,就再少其他作用。至于生产,在农村,那倒是中农领导贫农。至于起领导作用,那又会变成少数不纯分子把持村、乡政权。因此,我完全同意在老解放区的土改方针,是调剂平补,再不能实行平分。贫农少的地方(在陕甘宁边区老区,有很多乡村,就很少有贫雇农),不组织贫农团。多的地方组织贫农小组,在乡农会之下,起其保护农村少数贫农利益的作用,不能使其起新区或半老区[7]那样领导一切的作用。贫农中的积极分子,在中农同意下,吸收其当选农会会长。政府村乡长,主要的吸收中农中公正积极分子做这些工作(因有很多中农就是以前的贫雇农)。老区的农会及政府委员会中,必须有贫农地位,以其占三分之一为适宜。老区的农村支部,经整党后,仍应是领导一切的组织。否则,将会发生农村工作混乱现象。

（二）边区的老区，地主、富农可一般的不扫地出门（其过去分配彻底者，后由自己真正参加劳动者，成为中农或新富农者，应不因其过去是地主、富农而再动其一部或大部）。没有这一条，下面同志就可做出许多麻烦。一是乞丐增加。二是实际等于肉体消灭，逼得一些人铤而走险。

（三）在老区，群众不论贫、雇、中农，普遍要求的是反对干部强迫命令作风，支部包办，负担不公平，故民主与土改生产结合，此是边区群众运动的主要内容。一年来战争频繁，负担奇重，如义合[8]一乡，去年交公粮将近五百石[9]（比往年多两三倍）。土改以来，各地强调满足贫雇农要求，负担又大，都完全落在中农身上。这一倾向，十分危险，有压倒中农破坏农村经济繁荣之势。请中央注意。我拟再作研究后，发一关于农村合理负担指示，改正这一偏向。详情后告。

■ 注　释

［1］农会，见本书《关中党史简述》注［3］。

［2］陕甘宁边区，见本书《关于关中分区的反磨擦问题》注［2］。

［3］老区，见本书《要注意克服土地改革中“左”的情绪》注［16］。

［4］义合会议，见本书《要注意克服土地改革中“左”的情绪》注［9］。

［5］土地革命地区，见本书《要注意克服土地改革中“左”的情绪》注［14］。

［6］解放战争初期，陕北一些地方在土地改革中曾提倡地主献交

土地，由人民政府分配给无地和少地的农民，群众把这种做法称为“欢迎地”。此处指的是有的中农向政府献交土地。这是在“左”倾政策影响下出现的一种非正常现象，及时得到了纠正。

[7]半老区，指一九四五年八月十五日日本投降后至一九四七年七月人民解放军转入战略反攻前人民武装所解放的地区。

[8]义合，见本书《要注意克服土地改革中“左”的情绪》注[1]。

[9]石，粮食容量单位，十斗为一石。陕甘宁边区政府规定，一百四十五市斤为一市石。

关于新解放区的工作问题*

（一九四八年七月十四日）

在老区[1]我们已有完整的一套，干部有经验，群众也有经验，领导上只要能抓紧组织，注意改变作风，全党同志不断学习，不断努力，则各项工作，便能逐步向前进展。但在新区[2]，则情形完全两样。五月以后，西北局便以很大力量注视新区的工作，我们虽然派出了大批干部去新区，领导上也很密切地注意，但执行政策上所产生的毛病仍然不少。基本原因是陕甘宁边区[3]党对新区情况生疏，思想上又缺乏充分的准备，过去所获的各种观念，到今天实际中竟全部皆非。如何把中央的路线、政策在全党同志中搞清楚搞一致，适当地解决新区各种问题，成为做好新区工作的关键。现拟提出以下问题，请示。

（一）蒋管区广大人民，不论任何阶层，在去年八月以后，对我党我军态度，比以往好得多了，就是一些中上层分子，虽仍有议论，但这些议论已不像过去以和反动分子特务一样的口气中伤我们。有批评我方缺点者，都是愿望我少犯错误，迅速推进革命胜利。甘肃情况亦大变。陇东甘边一带，听说是共产党八路军[4]，百姓都争着来掩护，甚至一些过去反共的分子，也多极力表示好感，或帮助掩护我方人

---

* 这是习仲勋给中共中央主席毛泽东的报告。中共中央同意这个报告所提出的各项方针，并于七月二十四日将这个报告印发各中央局、分局和前委。

员，这确是前所没有的革命形势。特别是甘肃如此。又如上月我路东四支队[5]在白水被围，两次突围未果，后发现城西北敌方士兵朝天放枪，又有数人挥臂西指，乃由此突出得脱。这些均是我军力量壮大的影响，而最主要的，是我党各项正确政策实行的结果，也就说明坚决贯彻中央政策的重要。蒋管区群众普遍的顾虑是我们能不能照宣布的政策办事到底，怕中途改变。这主要由于老区过去政策上犯的严重错误影响所致。西府（即泾渭[6]间）距边区较远，群众情绪一般安稳，对我军热情欢迎。黄龙则较差。中农以上，都怕我们以后斗争动刑，传言共产党要组织石头队、杠子队，要搞清算斗争。其中固然有特务故意散布，但老区出了“左”倾错误确给了口实。故求得老区再不犯政策错误，是顺利建设新区的一个重要条件。

（二）蒋管区另一情况，为我们长期忽视者，即农民生活并不像我们过去想象的那样无法活下去。黄龙、西府农村中，一般小农经济，都很发展。洛川中农户数，占百分之五十左右。人民生活据我初步了解，甚至比之边区战前的水平不差上下。这并不是说那里人民就不需要革命了。他们对蒋、马[7]抓丁、要粮、派款和贪污、特务统治，仍是恨得很，只要我之政策对头，就可以在解放后建立起很好的民主根据地，但我们思想上要去掉过高依靠客观条件的错觉。抗战期间，敌寇没有打进潼关，陕甘两省农村生产未遭大的破坏，壮丁也出得不多，这次内战一年多又是在边区打，对蒋管区的破坏也不大。这较之十年烽火不息的中原和晋绥[8]等区是不相同的。故我军进出这些地区，必须严格遵守党的政策，群众纪律也要十分严明。此次麟宝战役[9]，我军这方面做得好，凡安置在民家的伤病员，简直无损失，西府人民仍盼我军麦收后再去。

（三）新区解放后，首要任务，是建立革命秩序，宣布解散一切反动特务组织。趁敌人混乱，用大力清查特务，肃清土匪（但不是乱捕，而是经政府与群众结合瓦解分化，以至肃清之），力求缩短社会混乱时间，迅速安定人心，然后才在较巩固的条件下，有计划地转入发动群众，进行各种社会改革。如果我们不分先后缓急，没有步骤乱忙一通，就会把混乱时期拖长。黄龙在这上面是吃了亏的。混乱时期长，人民损失便大，对我今后经营这一地区，也增加了困难。新区人民要求很快转入安定，盼我们指示出一套办法。兹就黄龙这时期工作中几个问题一述所见：

（1）新区土改不应过早提出，毛主席致邓电[10]已指出不利之处。韩城解放之初，即提出“快定快分”，结果真正贫雇农并未得到若干果实，而乱打、乱斗、扫地出门十几家，弄得许多人逃走，恶果不小。因无充分准备，群众未觉悟，党的力量又不强，特别急于搞土改，反易为流氓分子所乘。现在新区以至蒋管区地富不是怕分地，而是怕乱打、乱杀、乱扫地出门。许多地主愿将土地拿出来，只望不乱斗，不打死。黄龙已决定一两年内，仍实行减租减息。就是靠边区的地区，也要看大多数群众觉悟程度如何，再定土改与否。群众反映“停租废债”口号，把农村搞死了，需要取消。黄龙区有大量荒地，规定公荒谁开归谁，私荒开垦三年不出租。经此番改变，社会人心安定了许多。但仍有地主要献出土地者，我意可由政府接收，调剂给无地农民，否则地主不安。等到将来再去斗争也不策略。是否这就是恩赐观点呢？我以为不然。既能如此，有何不好。过去对这些问题认识上有缺点，常不能从群众全面长久利益的观点去了解问题，总以为形式上的斗争都是革命的，其实是极不策略。

(2)黄龙共解放九个县城,一般进城政策都还搞得不坏,洛川尤为成功。洛川长久为敌特据点,敌退走时,全城居民逃避一空,我军进城当天,城内只有三个市民。我入城即组织进城委员会,统一管理城市,宣传纪律,设立纠察队维持秩序,城门封三留一,只准城内人回去,不准乡间或其他人进来。商号如无人看管者,均由政府封起,非本店人不得出入。公共物资收集交政府,民间寄藏的敌方物资暂时不动。同时进行必要的救济慰问工作。结果秩序良好,商民无损失,三日后城市开放,全城商人居民不几天均陆续返回。这种办法是对的。目前问题是每城均有数百小摊小铺要失业,纸烟无人买,饭馆少人去,每日所赚不足糊口。黄龙等九个县城的摊贩,共约三千多人,基本办法是:组织这批人转业生产。一般的大商号,连收复后的延安市在内,亦均日趋萧条。主要原因是:敌军在时,购用消费品多,我军到后,要向市场购买者少,加之乡村灾荒,农民购买力不强,消费品销不了。现在方针,应是如何加强发展生产,把消费的城市变为生产的城市,其繁荣的基础就会真正地稳固起来。

(3)新区政权初期不宜过急实行民主选举。过早地搞选举,好人不出来,坏人反易乘机混入,如此等于把政权交给一批坏人,给坏人合法地位。黄龙乡村政府中有的地方百分之六十是旧保甲[11]人员,现在注意改造。故新区建政,有党组织的地方,可发动党组织的力量,召开临时人民代表会议推选;无党组织的地方,一律暂行指派,俟半年之后,再实行普选。至如西府等地我军过后不能巩固者,可暂时利用旧的保甲。

(4)黄龙敌保安警察土匪武装共六千余,先后经我军事消灭,政治瓦解,现已进至肃清阶段。剿匪若不配合发动群众,单纯军事清剿,越剿越多。我采取政治瓦解为主,军事清剿为辅的方针,对起义者改造,缴械者从宽处理,有功者奖励,罪大恶极者法办,顽抗者坚决消灭等政策,匪势便形单薄,不久即全部消灭。民间枪支,在解放初期,仍应由政府协助收存,此为最妥办法,等群众组织起来后,再交回武装群众。原规定只登记的办法是不完备的,仍给特务活动留一便利条件。

(5)新区财政工作是我们最不熟悉的工作。黄龙解放后,三个月未收税。合阳十个市镇,每日可收二千万敌币[12]。韩城进口税,每日可收一亿农币[13]。白水六个煤矿公司,其中一家每天可收六百万敌币。这笔损失很大。最近方派人办理。韩城县即月收三十亿农币(主要是出入口货税,营业税已免)。今后新区解放后,税收一律维持原状,由原税收机关按原规定向民主政府交款,俟我有力管理时,再去接收,以免不必要的损失。征收公粮实行合理负担,其办法已有电报中央,甚为群众欢迎。

(6)新区学校教育政策,开始时注意不够。一切都想由我们另行办起。但又办不起,只好拖延置之,这对内外影响都不佳,以为共产党只会破坏,不会建设。故对学校应采取坚决保护政策,初解放时,一律维持现状。教职员除其中职业特务外,均应一律争取仍旧供职。我则先办好一处或几处,逐渐做到全部改造,不应多增加公费生,但也不要减低教职员薪金,尽量维持过去标准。黄龙完小以上学生,大部还是农民子弟,改造好了就是将来的后备干部。对他们的改造,思想上要严肃,方式上绝对禁用整风坦白一套,他们也最怕这一套。学生中的国民党员、三青团[14]员,不规定登记手续,如此更容易从思想上争取改造。他们无顾虑,就减少了抗拒性。这种方针,已在黄龙各县短训班(已有千余学员受训)经验中,证明是正确的。

(7)对统一战线方针,许多地方忽视了,把中上层分子不加分别一概不理,使新区工作中阻力很大。像洛川士绅有三派,一为蒋党党团派,党政军权全在这批人手里,应是坚决的打击对象,打击他们可得全县人民同情;一为地方派,他们只要能混饭吃就行了,群众对之尚无十分恶感;一为在野派,当然无职位,又受党团派的压迫,对我解放洛川表示赞助。后两派和党团派矛盾很大,统可争取与之合作,只对其中个别为群众痛恨的恶霸,才可发动群众斗争。其中的公正人士,尚可吸收参加工作。这样就会更加孤立坏人,和特务作斗争,就更有力。但党的这一总方针,偏为今天新区同志所忽视。在今天,我党不断胜利的形势下,敌人阵营内发生很大分化,确有很多过去反对我们的人,今天都表示愿向我靠近,我们如不主动地吸取过去经验,做好这个工作,这简直是错误。另一方面,黄龙地委不敢放手让群众斗争最坏的乡保长,结果群众自发去斗,反使人心不安。这又是在执行统一战线中的另一偏向。

总之,从上述问题中,我总感觉到新区执行各项政策上仍犯有“左”的错误,如能在党内思想上彻底克服此点,那么我们就能团结更广大的群众去战胜敌人。

(四)今年来,前后派出新区和蒋管区干部近千名。其优点,是都具有一定工作经验。其缺点,则是作风简单,好凭感想代政策。尤其是在今天胜利的局面下,深感这批同志理论水平惊人薄弱。老边区出去的,大都背有自满包袱,往往阻碍自己进步,在新区新的复杂的事物面前,显示一切不足,但他们却骄傲,表现为执行政策严重的不谨慎。老区干部出去,不仅错误的作风应该改掉,即是那些在老区是正确的东西，也不能完全搬去照办。前者易纠正，后者即所谓新区工作中的老区作风，不容易说服同志注意。总之，不创造一套适应新区环境的工作作风，要贯彻党在新区的正确政策是不可能的。现正在全党开展一次普遍的学习运动来克服上述缺点。

（五）义合会议[15]后，党的队伍，是比以前整齐了，党内思想，已不像以往那样庞杂了，党的政策，已被各级党委重视。如不久前，延安对敌占区工作的开展，以及三边[16]、陇东对敌占区群众工作和对敌斗争的加强，都因端正了政策，而工作也都转变了。过去由于乱捕、乱没收，把这些地区造成赤白对立，武工队、游击队出去活动，不是受打击，就是遭歼灭，形势十分危殆。现经转变，虽仍旧是敌占区，但群众人心向我，游击队也显得神通广大，没有主力也可把敌严密地制服住。这给各地领导同志的教育是深刻的。也有个别同志尚不觉悟，还不知道执行政策、遵守纪律的重要性，仍有在一些方针问题上事前不请示，事后不报告，甚至执行自以为是的东西，向党闹磨擦的事情。新区这种情形更严重。如黄龙一些错误措施，西北局事前不知道，不是他们自决自行，便是做了再报。黄龙各县随便颁发宣布施政方针的布告，甚至擅自更改上级的决定，任意捕人，自由决定土改方针和制定各种政策。此种极恶劣的自以为是、各自为政的无纪律无政府状态，是严重的，决以大力克服，拟在七月十七日西北局召开的干部会上展开讨论，力求转变。

以上意见有无错误，请示。

■注　释

[1]老区,见本书《要注意克服土地改革中"左"的情绪》注[16]。

[2]新区,这里指解放战争时期人民解放军新解放的地区。

[3]陕甘宁边区,见本书《关于关中分区的反磨擦问题》注[2]。

[4]八路军,见本书《关于关中分区的反磨擦问题》注[1]。

[5]指中共路东工委领导的路东总队第四支队,活动于陕西白水县等地。

[6]泾指泾河,发源于宁夏,流经甘肃东部在陕西高陵县注入渭河;渭指渭河,发源于甘肃,流经陕西关中,在潼关县注入黄河。

[7]蒋、马,指蒋介石、马步芳、马鸿逵的国民党部队。马步芳系青海军阀,马鸿逵系宁夏军阀。

[8]晋绥,见本书《要注意克服土地改革中"左"的情绪》注[10]。

[9]麟宝战役,即一九四八年四月中旬至五月中旬的麟游宝鸡战役,又称西府战役。西北人民解放军在该战役中解放了洛川、旬邑,并一度解放长武、彬县、永寿等十四个县城,歼敌二万余人。

[10]指一九四八年五月二十四日毛泽东给邓小平的电报。毛泽东指出:新解放区农村不立即实行分浮财、分土地的社会改革政策。过早地分浮财,只是少数勇敢分子欢迎,基本群众并未分得,因而会表示不满。而且,社会财富迅速分散,于军队亦不利。过早地分土地,使军需负担过早地全部落在农民身上,不是落在地主富农身上。不如不分浮财,不分土地,在社会改革上普遍实行减租减息,使农民得到实益;在财政政策上实行合理负担,使地主富农多出钱。这样,社会财富不分散,社会秩序较稳定,利于集中一切力量消灭国民党反

动派。

[11]保甲,见本书《关于关中分区的反磨擦问题》注[3]。

[12]敌币,指国民党政府通过其中央银行、中国银行、交通银行、中国农民银行发行的纸币。

[13]农币,指一九四八年一月陕甘宁边区银行与晋绥边区西北农民银行合并后所发行的货币。

[14]三青团,即三民主义青年团,国民党破坏民主青年运动、控制青年的反动组织,一九三八年成立,一九四七年并入国民党。

[15]义合会议,见本书《要注意克服土地改革中"左"的情绪》注[9]。

[16]三边,见本书《发展陕甘宁边区的生产》注[7]。

关于陕甘宁边区一九四八年的土地改革和整党工作*

（一九四八年七月）

一

在最近半年内，陕甘宁边区[1]的工作有了很大的进步。这就是：党内干部思想作风进行了整顿，完全改变了战争初期那些混乱状态；在对敌斗争、支援前线、生产、救灾和开展新区[2]工作上，均有显著成绩，因而有效地帮助了人民解放军收复延安，解放黄龙，并继续将战争推进到蒋管区去。同时，在基本区六十万人口的地区，发动了群众，彻底解决了土地问题。这是与去年十一月间召开的义合会议[3]分不开的。这个会议之前，在战争与土地改革工作中，已经逐渐暴露出干部思想作风上存在着若干严重现象：许多地方，经过十年和平生活，满足于现状，阶级观点模糊，长时期群众工作薄弱，对敌斗争思想准备不足，党和政府组织内存在着作风不纯和某种程度上成分不纯，许多领导机关存在着严重的自由主义与官僚主义倾向，军队中尚有军阀主义残余，使党的政策和统一领导不能很好贯彻，以致造成了工作中的不少损失。在这个会议上，彻底地将这些离开党的路线政策

* 这是习仲勋在中共中央西北局干部会议上的报告。

的严重现象和右倾思想揭发出来,进行了严正的批判;依据全国土地会议的精神,决定了彻底完成土地改革工作和认真进行整党工作的方针,并在各地坚决执行,使党在思想上、工作上向前推进了一大步。这是陕甘宁边区有重大历史意义的一次会议,如果没有这个会议,会妨害争取战争胜利。这个会议的缺点是,在土地改革工作问题上,没有按老区[4]、半老区[5]的实际情况,规定具体的工作方针,以及没有提醒大家防止“左”的倾向。这些缺点曾使以后工作中走了一些弯路。各地在土地改革工作初期都犯了若干“左”的错误。但不久我们便在中央指示下,依据陕甘宁边区实际情况,规定出具体工作方针和若干具体政策,改正了义合会议的缺点。不过一个多月,各地“左”的偏向都得到纠正,并将全部工作基本上纳入正轨。而在这样做了以后,我们对于解决老区、半老区的土地问题,便获得丰富的经验。正因为我们有了这些进步,今天就有更便利的条件,正确执行党中央五月二十五日的指示[6],在基本区发土地证确定地权,普遍进行整顿农村支部,恢复与发展生产,支援前线,加强新区工作,全党开展学习运动,克服党内思想上的经验主义倾向和组织上的无纪律、无政府倾向,加强党的统一领导。

二

陕甘宁边区有基本区、接敌区和新区三种地区。接敌区和新区应以对敌作军事斗争为中心任务,今年不进行土地改革工作。基本区包括老区、半老区的大部分(老区、半老区尚有一部分如三边[7]的定边、盐池、安边,陇东的庆阳、合水、镇原等尚为敌人占据),或者经过一九三七年以前分地,封建的土地制度早经消灭;或者经过减租减息和五四指示[8]以后的土地改革，封建的土地制度亦已基本消灭。不论今春经过调剂土地与否，均应不再提土地改革问题，而在今年秋冬两季，以确定地权发土地证为中心；今春调剂土地中“左”倾错误尚未全部改正的则必须认真改正，土地问题尚未彻底解决的则配合调剂土地，在此基础上进行整理农村党的支部组织，建立乡、市、县人民代表会议和政府委员会，以及调整农业税负担和加强支援前线工作，迅速将工作方向转入团结农村一切人民，准备和发动明年大生产运动这个基本任务上去。按照基本区内不同的情况，解决土地问题时应采取不同步骤进行工作。

（甲）经过今春调剂土地的地区，即绥德分区的大部和延属、陇东、三边分区各一部，土地问题已彻底解决，但今春工作中错误处理的问题尚未全部改正。此类地区，在继续改正错误后，即应发给土地证确定地权。改正错误必须认真，哪怕只余个别问题也不应马虎过去。一切被错定成分和因之错受打击者，其成分应立即订正；其被错误没收的土地、财物应予退还或适当补偿。工商业被错误侵犯的，同样应予补偿。被错误打死或逼死或弄成残废者的家庭，应由政府适当抚恤。某些地主、富农留给土地、财产过少的，亦应调整补足其应得的一份，或者从其他方面解决其生活和生产上的问题。退还或补偿错误没收的财物时，一方面要照顾被错斗户的利益，一方面又要照顾贫雇农的实际情况，决不可硬从贫雇农那里，硬要退回所有分配了的财物。如果被错斗户生活确有困难，还可以从负担和农贷以及其他方面适当照顾，如分年减征公粮或多借一部分农贷等。至于今春调剂土地中抽动中农的土地，已经取得本人同意且未因抽动结果致其土地不足自力耕种的，即不变更，否则应酌予退还。因退还错误处理的土地致分配上需作调整的，自应进行必要的调整。个别村、乡打乱平分动及很多中农甚至贫农的土地致多数人不满的，还应按照正确政策重新调剂。进行改正错误时，必须向干部和群众进行教育，召集他们开会，讲清政策，并展开适当的自我批评与批评，在提高他们的阶级觉悟、消除隔阂、加强农村团结的基础上，共同商量解决办法，避免片面处理，并防止少数人挑拨报复。

（乙）经过减租减息和五四指示以后的土地改革但未经今春调剂土地的地区，即绥德分区的小部分和延属分区的富县，尚有一部分地方，在去春分配土地时，地主、富农留了较多较好的土地，或者分配不公，某些干部党员或其他人得了较多较好的土地。此类地区，应按照实际情况进行适当抽补调剂后发给土地证，确定地权。抽补调剂的重点，应放到抽出地主、旧富农所留多出人口平均数以外的土地和改正去春分地不公现象上面，并应从公地、黑地等着眼。对于一部分中农多余的土地，必须在取得本人同意和不损害其原有经济地位的条件下方能抽动，决不可勉强。对于由贫苦农民在民主政权建立后上升为新富农的，待遇和中农相同。对于由地主、旧富农转为新式富农的，可抽出其自力耕种以外多余的土地，但不要动其其他财产。调剂土地时，实行先抽后补，依据抽集土地多少、好坏、远近，按照贫苦程度，搭配补给地少、地坏或地远的农民。对于二流子，应在分给土地时，经过群众给以批评教育，监督生产，并不准其任意出卖土地。凡过去土地改革尚不彻底的地区，都必须认真地充分地发动群众，使尚存在的土地问题获得使群众认为满意的解决。至如镇川[9]、横山和佳县的一部分地区，灾荒尚未完全过去，今年则不进行调剂土地和发土地证等工作，而集中力量去救灾和恢复生产。

（丙）经过一九三七年以前分地但未经今春调剂土地的地区，其中延属、陇东、三边和关中分区各一部地区，地广人稀，一般过去分地比较粗糙，公地荒地很多，分地后移去的移民约占户口百分之三十上下，多数未得土地。此类地区，应注意给移民调剂土地，并重新登记土地，发给土地证。这里调剂土地主要应从公地、荒地着手，此外还可从清查旧日地主、富农分地不彻底和过去老户登记土地以多报少的土地中，抽出长余土地，解决移民的土地问题。在抽动老户长余土地时，必须照顾其现有人口和耕种能力，并按当地耕作条件留给足够轮种的土地，长余很多的才去抽动，否则不动。对于从某些农民中抽出的土地，还可由政府或得地人付以适当代价。这些地区内的大荒山、大森林，原则上应收归公有，并应由政府加以很好管理。但有某些林地，曾为当地农民占有，费工保护培修，且为数不大的，可承认其所有权。至于绥德分区一小部和延属分区的子长、延川、延长等县地区，地狭人稠，过去分地比较彻底，公地、荒地极少，只有少数人或者是分地时不在或者是以后把分得的土地卖了，或者是后来移去的移民缺地或无地。这些地区，则只应在重新登记土地发土地证中，以公地、黑地、绝户地等，作个别调剂。其仍有少数人和移民土地问题不能解决的，则应组织移垦或经营副业等多方面去帮助他们发展生产。此外某些地区过去分地后，窑房的分配长时期未确定所有权的，可依实际情况登记确定之。又如延安、甘泉等地，敌占期间有某些旧日地主、富农非法夺去农民已分得的土地，应发动群众无条件地收回。对过去出外现在归来愿守法安居的地主、富农，则应另行调剂给和农民同等一份土地，使之获得生活和生产上的出路。

以上确定地权过程中的各项工作，均是很细致的群众工作。每一个问题的解决，都必须认真发动群众，经过群众充分讨论，取得绝大多数人同意，不能由少数人包办。关于登记土地和发土地证各项事务，可由农会[10]协同当地政府和上级派去的干部组织土地登记委员会办理之。原有农会应首先进行整理充实，原无农会的即组织之。农会委员会中，在老区一般的中农和其他劳动分子应占三分之二，贫雇农占三分之一；在半老区，则贫雇农应占三分之二。

为了正确解决土地工作上的问题，对于各阶级的划分和待遇，应一律以中央公布的一九三三年两个文件[11]和弼时[12]同志关于《土地改革中的几个问题》的讲话为准。这里并就陕甘宁边区具体情况补充作下列一些问题的规定：（子）民主政权成立以后雇用长工或短工，地广人稀地区的安庄稼[13]或伙种，劳动分子（包括新富农在内）以当时当地通常利息放账，均不要作封建剥削论。因为这些在一定条件下的雇工、安庄稼、借贷等，即在现在的情况下也是有利于发展生产的，如果加以打击，反于群众不利。（丑）西地区的份喂牛羊，在现在条件下有利于发展畜牧，也一般不要当作封建剥削去打击，只对份喂条件过于苛刻的进行合理调处。但在土地剥削上构成地主或富农成分的人，其牛羊牲畜则依地主、旧富农财产处理。（寅）确定地权后，所有人民中间雇用长工或短工、租佃土地、安庄稼和伙种、份喂牛羊以及互相借贷，在政府法令所规定的原则下，允许继续存在，并受到法律保护。（卯）新、旧富农的区别：富农中间，仅有雇工剥削或其他非封建性剥削而没有或很少封建剥削（如出租土地、放高利贷等）的，是新富农；反之，封建剥削很重，占其剥削收入一半以上的，则是旧富农。

三

农村整党工作，去年以来仅在少数地方试办，未曾普遍进行。依据各地了解，党的农村基层组织，在过去工作中，一般都完成了任务。但由于领导机关长时期对支部工作缺少检查和具体指导，对党员在实际行动中的思想教育异常薄弱，许多干部和党员发展了强迫命令作风和自私自利思想，党内生长了和混入了一些坏分子，存在脱离群众的严重现象。今年秋冬两季，必须在基本区内完成支部整理工作，以纯洁党的组织，密切党和群众的联系，提高党在农村中的领导作用，把农村工作推向前进。整理支部组织的重要步骤，是采取党员和党外群众代表结合开会的方法，审查干部和党员。其过程如下：事前在党内外说明整党意义、政策和方法，公开党的组织；先由党内开会，发动批评和自我批评，检讨支部和各人的工作，彻底揭发各种脱离群众的严重现象，使大家认识错误何在和如何改正错误；然后请群众选派代表参加党的会议，尽量提出批评意见；再依据群众意见，在党内作进一步的检讨，决定对犯错误的人的处理办法；最后又和群众代表共同开会，由干部和党员作自我批评，并宣布对犯有错误的人的处理办法，征求群众意见，同时表扬好的同志和吸收新党员。此项审查工作应由区委和上级党委的代表直接领导，但需经过原有支部进行。工作一开始，便必须首先注意团结支部内一切积极分子和较好分子作为骨干，经过他们把其他党员和一切可以教育改造的犯错误分子都团结起来。同时严格防止农村党内外那些旧有的宗派纠纷利用整党来作无原则斗争。在检讨工作中，上级领导机关代表应作必要的自我批评，说明领导方面的责任。对干部和党员所犯错误，亦应把那些属于领导方面负责的和那些应由犯错误者自己负责的问题区别清楚。如此才能使自我批评精神确实贯彻下去,使党内外群众掌握实事求是的方法。在处理干部和党员的问题时,必须采取谨慎严肃态度。对于那些阶级异己分子、叛变分子和不可救药的蜕化分子,应当坚决清除出党。对于个别作风极坏、为大多数群众憎恨的分子,亦应开除党籍。犯有重大罪恶的,还应送交法庭审判。对于犯了严重错误的干部和党员都应给以应有和公平的处理,但一般则不要处罚过多和过重。如果群众激于一时气愤,要求过多或过重地处罚一切犯错误分子,也应向群众作适当解释。总之,这样整党的结果,务使所有干部和党员的问题都得到彻底的正确的解决,迅速提高觉悟,真正认识错误和改正错误,增加工作的积极性,同时也使党外群众受到教育,加强干部、党员和群众之间的团结。支部经过和党外群众共同开会审查之后,即实行支部改选,建立必要的工作制度。应该指出,以上支部整理工作,只是给今后农村党的工作的继续提高打下一个必要的基础。为了保证党在农村中的领导作用,区以上党委必须切实加强对支部的经常领导和教育。还应该指出,现有农村党的组织长时期未曾有大的发展,党员数量仍小,许多村庄尚无党员,这种情况也使党在农村中的领导作用受到影响。今年至明年计划在基本区发展一倍党员,但吸收党员必须严格注意阶级成分,主要对象应是劳动群众中优秀的积极分子,并着重在没有党员和党员过少的村庄及城镇中发展。此外,今年决定在基本区内配合确定地权和整党工作,普遍建立乡、市、县人民代表会议,选举乡、市、县政府委员会,以便巩固乡村民主秩序。其选举法和组织法由边区政府制定颁布之。

四

在基本区进行确定地权等等工作，为的都是组织力量，恢复和发展生产，支援前线。这个生产、支前任务，就是基本区的基本任务。明年要在基本区内发动大生产运动，其目标，首先是恢复战前的耕地面积，并继续恢复农村各项副业、家庭纺织和其他家庭手工业，同时在此基础上继续恢复城镇工商业、运输业等，力求在今后几年内使基本区生产完全恢复到战前水平并提高一步。今年秋冬两季，必须充分完成对明年大生产运动的一切准备工作。这主要有以下几方面：

（甲）改订农业税（公粮）负担标准。在土地问题彻底解决后，一律改用无累进率的比例税收制，按土地常年平均产量减除一定的免征点后计算征收，征收公粮数量一般不要超过常年总产量百分之十五，以鼓励农民的生产情绪。今年灾重地区还应减征。并改善战勤和优待军属工属制度，使之更加合理。

（乙）灾荒和病疫尚未完全过去的地区，继续认真救灾治病。所有地区，在秋季组织农村人民多种冬麦，做好秋收，并争取秋翻一部分土地；在冬季，除组织农村人民拾粪、打柴等外，更要组织他们进行赶脚、驮盐、拉炭、熬硝和纺织等副业生产，使他们赚得一部分口粮和补充生产工具的资本。这些工作对明年春耕有极重要的关系。政府应组织公私商贩，帮助解决农村副业生产的原料，贩运种籽、粮食、农具、耕畜等，供给农村人民生活和生产上的需要品，并发放可能的和必要的农业贷款。

（丙）组织在自愿和等价交换两项原则基础上的变工队[14]和各种互助合作。这不但是发展生产所必需，尤为解决战争和灾荒之后农村人力、畜力和生产资料不足问题的必要办法。在今年秋冬两季生产中，应将现有互助合作组织，加以检查、改进并推广起来，准备开展明年的春耕运动。互助合作办法，不但在劳动上采用，而且要推广到朋伙购用牲口、农具、合作运销副业生产品等方面。此外，发动妇女参加农业生产，以补救劳动力之不足，也是应该重视的。

（丁）绥德地区继续组织移民到地广人稀地区开荒生产，移民区则应切实安置移民。这项移民工作应在今年冬季便组织好，并开始移去。生产工作必须有具体领导。这个具体领导方法已经提出很早，但仍未做好，必须领导干部亲自下去，具体帮助区、乡干部切实学会。基本区内的各地党委和政府应在今冬细心准备，依据实际情况，拟好明年生产计划，循此努力，求其实现。此后，务以一半以上的精力放到领导生产方面，并把工业生产摆在适当位置上，加以重视。

五

上述从土地工作和整党、建政到准备发动生产运动，是互相结合的工作过程。必须依照中央指示的程序，不失时机地在明年春耕前全部完成，并避免工作的片面性。所有直接从事土地工作和整党工作干部，必须在九月下半月到达乡村。每一个进行工作的乡，都要有一个有实际工作经验和掌握政策能力、相当区的主要干部的人去直接领导。如果干部不足，各县可以把全县工作分为两期或三期，先做好一小半乡村工作，并取得经验，带出徒弟，建立领导核心；然后把前一半乡村的干部抽出，去做好其余乡村的工作。为了做好今年秋冬两季各项工作，除各分区应在八月下旬开好地委扩大会议制定具体工作方案外，各县必须在九月上半月以十天到半个月时间开好干部会议。这种会议应是训练班性质，各区主要干部和各乡支部书记或乡长都应到会，由县委精心准备好报告，按照本县实际工作上的问题，详细讲解明白，并进行批评和自我批评，反对各种对土地工作和整党工作不正确的看法，使所有干部认识一致和透彻了解党的政策。在工作开始后，领导方面最主要的责任，便是经常检查下面工作进行的情况，密切掌握工作动态，及时地发现问题，加以分析研究，提出解决办法向上报告，向下指示，纠正错误，推广经验。必须认真按照中央指示所说的方法，克服过去工作进行中间领导机关和实际工作脱节现象，使工作正确地按步前进。

六

现在我们已有的新区，民主政权已经建立，内部反动武装已经大体肃清，大部地方社会秩序已经安定，但国民党军队还可能作挣扎性的进攻。因此，在这些新区的主要任务，就是联合和中立一切可能联合和中立的社会力量，帮助人民解放军消灭国民党军队。目前新区不进行分土地、分浮财，而把打击目标只限于反动武装力量和政治上最反动的恶霸分子，实行减租减息和合理负担政策。即是为此，这里减租减息，仍然应当在地区比较巩固、环境比较安定的条件下才去实行。如果当地还会有多次反复或接近敌人，则还不要操之过急。但当那些地区一经获得相对的巩固和安定，就必须毫不犹豫地发动和组织群众，进行减租减息工作，并配合反对反革命大恶霸、清查国民党特务的斗争，使基本群众的觉悟程度和组织程度逐步提高。只有这样，才能使这些新区更加巩固起来。今年秋冬两季，现有新区的中心地区和其他较稳定的地区，均应在准备战争中进行此项工作。那些只是在战勤行政工作的圈子里乱忙而放弃进行群众工作的现象，必须改变。在发动群众减租减息和实行合理负担中，还必须注意改造那些草率推选而成立的乡村政权，清除混进来的坏分子，并建立民兵等人民自卫武装。新区的巩固和发展，基本关键在于执行正确的政策。关于新区政策，中央和西北局已有很多指示。所有新区的领导机关和干部必须认真研究，十分严肃、十分谨慎地按照当地实际情况，正确实现之。新区中间有可能巩固地占领的地区和不可能巩固地占领的地区，有农村和城市，必须把这些不同地区区别开来对待；并且各个地区也还有各种不同的历史情况和社会情况，这些不同的情况也应在执行政策时仔细加以分析。每个干部必须随时随地留心了解和研究当地各种情况，总结经验。做好现有新区工作，使之成为执行党的政策的示范，对于解放大西北事业上，尤有重大意义。为了准备今后继续发展新区的需要，必须大批准备干部。各级党的组织部门应把自己的工作重心转到有计划的大批培养干部上去。共产党员应把到新区工作作为自己光荣的岗位。同时新区各级领导要有意识、有计划地培养本地干部，培养劳动人民中间的积极分子和教育改造青年知识分子，使他们成为建立新区工作的有力基础。

七

七月一日，西北局依据中央指示，发布了关于干部学习的指示，规定各级干部要认真学习中央文件。这是在义合会议后干部思想作风已获得进步的基础上，一个更全面、更深刻的学习运动。其目的在于克服党内思想上的经验主义倾向和组织上的无纪律、无政府倾向，贯彻党的统一领导，团结最广大的群众，坚决地、正确地、毫无保留地执行党中央的全部路线和政策,争取革命战争的彻底胜利。目前存在的无纪律、无政府倾向,主要有以下的事实表现:疲沓散漫作风极普遍,该办的事不办,可以快办的事办得很慢,能够办好的事办不好,把自己应负责任的当作没有责任;事前不请示,事后不报告;随意修改政策,制定政策,发表布告;对自己管理的地区内很多破坏政策的严重现象,既不检讨原因,又不坚决纠正;将我们解放的新区和战争中组织起来的人民武装,看成好像是独立国;个人不服从组织调动,不愿去新区工作。这些现象,给予革命利益的损害,极为巨大。而除了少数有意向党闹独立性、故意歪曲党的政策原则以遂其个人主义目的者外,经验主义常常是产生这些无纪律、无政府现象的思想基础。边区党虽有不少实际工作经验,但党内缺乏认真总结经验的风气,领导人很少亲自参加调查情况与研究问题,报告大半是数字堆砌,现象罗列,没有做到正确地分析问题与解决问题。很多担负领导工作的干部,自己不认真研究中央文件和上级指示,更不领导干部学习;不注意掌握干部思想动态,在政治上团结干部与提高干部;不善于依据当时当地实际情况决定工作方针,而盲目搬用过时了的或其他地方的零碎经验;尤其不善于将本地方、本部门的具体情况,联系党的总政策、党的全盘任务去负责地考虑自己的工作,因而在工作中发展了和正在发展着地方主义或分散主义的倾向。由此可见,我们正在进行着的学习运动,是完全正确的与必要的。这个运动必须在领导干部负责、理论与实际结合、提高觉悟、改进工作的方针下,正确地开展起来。一切担负领导工作的干部,都要亲自参加,并带领干部一同学习。提倡认真读书、反复钻研文件、多思考问题的风气。而最重要的是开展批评与自我批评,根据文件精神,检讨工作,检讨思想作风，把那些不遵守党的统一领导、经验主义工作方法，以及那些不坚决维护党的纪律的自由主义现象，认真地揭发出来。让大家认识清楚，然后实事求是地定出积极改正的办法。每个共产党员都应当明白：虚心冷静，勇于改正错误，才能进步；骄傲自满，就是落后。开展积极的思想斗争，是保证学习成功的主要条件。我们的党现在正担负着伟大的历史任务，我们的胜利已经不远了。我们的责任是重大的。全党干部必须努力学习马克思列宁主义、毛泽东思想，迅速地克服党内思想上的经验主义倾向和组织上的无纪律、无政府倾向，达到全党的政策与纪律的完全统一，以迎接解放大西北的胜利，争取革命战争在全国的胜利。

■ 注　释

[1]陕甘宁边区，见本书《关于关中分区的反磨擦问题》注[2]。

[2]新区，见本书《关于新解放区的工作问题》注[2]。

[3]义合会议，见本书《要注意克服土地改革中“左”的情绪》注[9]。

[4]老区，见本书《要注意克服土地改革中“左”的情绪》注[16]。

[5]半老区，见本书《关于分三类地区进行土改问题给毛泽东的复电》注[7]。

[6]即毛泽东起草的《一九四八年的土地改革工作和整党工作》的党内指示，对土地改革、整党、生产等工作，作了具体部署。

[7]三边，见本书《发展陕甘宁边区的生产》注[7]。

[8]五四指示，指中共中央于一九四六年五月四日发出的《关于土地问题的指示》，决定将党在抗日战争时期实行的减租减息的土地政策，改为没收地主土地分配给农民的土地政策。

[9]镇川，位于陕西榆林县与横山县交界处。一九四六年十月镇川解放，陕甘宁边区政府设镇川县，一九四九年撤销。

[10]农会，见本书《关中党史简述》注[3]。

[11]指《怎样分析阶级》和《关于土地斗争中一些问题的决定》。

[12]弼时即任弼时（一九〇四——一九五〇），湖南湘阴唐家桥（今属汨罗市）人。一九二二年加入中国共产党。曾任中共湘赣省委书记兼军区政治委员，红军第六军团军政委员会主席，中共湘鄂川黔省委书记兼军区政治委员，红军第二方面军政治委员，八路军政治部主任，中共中央军委总政治部主任。一九四五年在中共七届一中全会上被选为中共中央政治局委员和中共中央书记处书记。一九四七年三月起在与毛泽东、周恩来等转战陕北期间，主持中共中央工作，指导土地改革，指挥全国解放战争。

[13]安庄稼，又称招门客，指出租人将土地、生产工具、种子、肥料及窑洞、房屋等出租给承租人，庄稼收获时，按出租者高于承租者的比例分配粮食。

[14]变工队，参见本书《贯彻边区妇女运动的正确方针》注[5]。

关于土地改革和整党工作中的若干领导问题*

（一九四八年十二月四日）

大家已经知道，目前革命形势正飞速地发展着。我们做工作必须看清局势的发展，一切都要从发展的情况出发，紧紧把握时机，做好必要的准备。否则，我们就会落后，变成机会主义者，犯大错误。准备什么？首要的两件即干部和政策。我们这次会议讨论的各项问题，都是为此。时局发展得如此迅速，几个月等于过去多少年，我们要一天做几天的事，一个人做几个人的事，做好许多实际工作，才能赶得上。有些人常常喜欢争执鼻子尖下面的小事情，斤斤计较个人得失，这长那短，并不去想到千百万人的大事情。他们好像无事可做，而不知道等着我们去做的事情很大很多。有些领导机关也还不能通盘考虑问题，从远处大处着眼，考虑哪些是自己所管理的工作中的主要问题，如何去安排这些问题，仍然是来什么做什么，甚至老是在琐屑事务中间纠缠。这样下去就会永远堕落在事务主义的泥坑里，老是踏不上形势的脚步。现在我们党的许多的领导机关，老是跟

* 这是习仲勋在中共中央西北局组织工作会议上的讲话。中共中央书记处书记刘少奇于一九四九年一月八日在刊登这个讲话稿的新华社《电讯清样》上批示："此件很好，可以发表。"

在事务后面跑,代替了群众组织,代替了政府机关,代替了事务部门的事情。这实际是降低了党的领导水平,减弱了党的领导作用。党的领导就是去教育劳动人民的各种组织和积极分子,把党的政策变为人民大众的意志,给他们指出方向,带领和组织他们斗争,提高他们的斗争热情和工作能力。但我们许多党的领导组织往往不善于这样做。地委、县委的同志下到乡里,如果不是具体领导当地的组织和干部,帮助他们总结经验,有困难便和他们设法解决,有错误便给他们指拨过来,充分发挥当地的党、干部和群众的积极性,教育他们提高一步,并拿那里的经验去推广指导其他各地,而是事事包办代替,那不就是降低了自己的领导职责么?工作团下去,代替了农会[1]甚至农民积极分子的工作,也不就是减弱了自己的领导作用么?这就是现在我们一切事情中最大的弱点。既然如此,结果就一定是乱忙,甚至迷失了方向。好些地方的领导同志都大叫"今年工作繁忙,干部能力有限,做不过来",关中分区的领导同志们就是这样说的。因而提出老区[2]也不能全部办好结束土地改革和整党工作,只能说完成山地那一小部分。有些分区也都不打算在明年三月前完成结束土地改革工作和整党工作。试问,今年工作繁忙,到什么时候我们工作才不繁忙呢?如果我们不争取时间把老区这些工作做好,打下老区农村工作和明年大生产运动的基础,把农民群众确实发动起来,加强团结,并培养大批新的干部,又有什么可能抽出更大的力量去加强新区工作呢?我们必须不迷失方向,工作做得准确,以便适应客观形势的发展。

今冬要结束的土地改革工作和整党工作,已经开始将近三个月,为什么各地一直没有或者很少反映情况?现在有的只是一些如何布置工作的报告,或者只是提出如何计算剥削分量、土地等级之类的问题,究竟运动进行得如何,中间有什么问题,群众动态如何,却还反映得很少。我看,基本问题还是没有搞起一个真正群众性的运动。毛病何在?直到现在,各地都还停滞在小范围的“试办”里。好些地方怕完不成任务就把今年秋冬工作分成许多期,一期只在一部分地区进行。没有把结束土地改革、整党,召开乡、县人民代表会议,调整负担以及准备生产等项工作,看作是今年秋冬两季的一系列互相联结的工作,并且是要在基本区内普遍完成的。西北局七月会议上曾经照顾干部力量不足,同意了分作两期进行。但如果以为分期就是完成工作的主要办法,那就不恰当了。比如分三期甚至四期,从今年十月到明年三月六个月时间,分起来每期只有两个月甚至四十多天。这样短促的时间,如何能把这样一系列的工作做好?即使工作完成了,也只是形式上完成。分期越多就越容易产生形式主义。固然,土地改革、整党工作必须有确实懂得政策的坚强的干部去掌握,但并不等于由这些少数派去的干部大包办。只有少数干部去做,把其他大多数乡村干部(更不用说群众了)搁在一旁,又如何能打好农村工作的基础?重要的是把政策向所有干部讲清楚,领导机关适当地配合和密切地联系各地的运动,随时教给办法,并作具体的指导。开始从一部分地方做开之后,便应把运动普遍展开。领导机关可以有重点地亲自指导几处地方,作为典型,得出经验,随时用来指导其他地方。其实群众运动必须是也必然是通过群众亲身的经验,通过群众自己去展开。像延安县一里铺,运动搞开了,周围的乡村看见都想照办,那我们就应放手让运动展开,派人去领导。只要有正确领导,是不会出乱子的。但是有的同志却不那样做,而是硬要等一部分地方做完了再开始到其他地方去做,硬把自己在屋里想出来的死板计划，去代替活泼的群众运动。这次第一期“试办”，又叫典型“试办”，都是孤立地在那里做，可说是为典型而典型，使典型失掉了作用。米脂县委书记试办一个乡，副县长也试办一个乡，好几十天谁也不知道谁做得怎样，互不联系。这种不联系的情形，到处都有。有的把土改工作和整党工作分割开来，延安县第一期办十个乡，就有七个乡只办土改工作不做整党工作。有的把土改及整党工作和其他工作分割开来，像小炉匠一样，一件一件地零做。有些县一律规定宣传几天，调查几天，然后什么什么几天等等，看来好像很科学，其实并不是从群众实际要求出发的。他们机械地分开阶段做工作，在宣传阶段，群众提出要讨论干部问题，他们说“等一等，到整党时再提”，硬要群众等他们那个主观定好的计划，于是到后来群众的热情就凉了。这里不是说，我们工作不要有个计划，相反，我们要求各地要把今年秋冬有哪些工作，这些工作中间的关系如何，向所有干部讲清楚，各个乡村分别按当地实际情况，把要执行的工作有机地联系起来，使中心工作与次要工作密切配合进行，这样才不至于没有中心地乱做。但“按照当地实际情况办事”这点必须注意。每一乡村每一时期群众当前迫切要求的问题都不一样，绝不能拿一个计划到处去套，必须从解决当地群众最迫切的问题入手，同时按照群众运动发展随时修改已定的计划，把群众充分发动起来，去完成所有工作。现在许多地方干部所做的，不是发动群众，形成群众运动，而是包办代替，为了在形式上完成任务而工作。这就是基本错误的所在。延安李家渠开整党会议时，支部书记在一旁打瞌睡，并不晓得整党和他有什么关系，反说：“这一向工作都耽搁了。”这样不但群众没有发动起来，连党员和乡村干部都没有发动起来。各地工作进度很慢，简直有点裹足不前，正是领导方法错误的结果。产生这些错误领导方法的原因，主要是对土改、整党、建政和准备明年大生产这一系列工作的中心和其间的联系缺乏确切的了解。今年秋冬两季进行这一个工作为的是什么？一句话，发动和团结农村劳动人民恢复和发展生产，争取革命战争的胜利。比如整党，其目的在于密切党和群众的联系，加强党在农村群众中的领导工作。就是说，整党是为了有力地发动农民群众，解决土地问题、发展生产问题、支援战争问题、扩大农村民主问题、增加农村团结问题。不整党，这些问题都不可能很好地解决。这也就是说，如果不从这些问题上发动党内外群众，结合开展整党运动，整党也整不好。一里铺群众开始要求解决干部问题，我们就从这上面入手，结果群众很快就发动起来，提出一百八十多个问题，并由群众自己把它们统统解决了，而且解决得很好。群众的觉悟和热情大大提高，出现了不少积极分子，形成了核心。接着征粮、调剂土地、改造二流子、准备生产等等工作都进行得很好。这样就是既有中心又有配合。前面说的错误的领导方法的思想，实际上就是不相信群众，不懂得群众发动起来了便可以解决一切问题，不懂得群众就是一切力量的源泉。这种思想方法是违反马克思主义的思想方法，只看到现象，没有看到事物的本质；只孤立看问题，没有找出各种问题中间的联系；只看见现在，没有看见将来；只求形式上完成任务，没有想到更重要的是为工作前进打好基础。其根源又是经验主义在作怪。

很明显地，我们必须迅速扭转上述的领导思想，加强党的政治和组织工作。各地必须认真深刻检讨一番，改善工作的领导，这是有决定意义的一环。从现在起到明年三月约有四个月时间，必须普遍开展土改工作和整党工作，不要再分期，要教会每个干部都会进行土改工作和整党工作，要发动党内外广大群众起来办。依据老区情况，发动群众进行民主运动，是做好土改、整党以及其他一切工作的根本关键。检查工作应以群众发动的程度如何，农民群众中各种问题解决的程度如何为准绳。我们要从彻底地解决农村群众的一切问题中，改变农村的面貌，并提拔大批新的干部。所有工作都必须紧紧和恢复并发展生产工作结合。忽视生产，工作就会失去方向。为了及时指导运动的健康进行，在领导方法上，各地委和县委必须指派四五个到六七个能够代表地委和县委的负责干部，分头巡视，随时发现问题，解决问题，帮助各地总结经验，交流经验，这样使党的领导机关随时了解运动发展的情况，抓住当前运动的每一重要环节，有效地把运动推动前进。

■ 注　释

[1]农会，见本书《关中党史简述》注[3]。

[2]老区，见本书《要注意克服土地改革中“左”的情绪》注[16]。

关于接管城市的问题*

（一九四九年一月十七日）

这次第一野战军[1]党代表会议，把如何接管新解放的城市问题提出来讨论，是十分必要和适时的。

去年以来，我军解放了不少的小城市，并曾经解放过个别较大的城市。随着革命战争胜利发展，我军此后将要继续解放更多的城市，其中包括若干中等城市和较大的城市。我们必须准备接管这些城市。过去我们在接管新解放的城市中，执行了中央关于城市的各项政策和去年一月前委扩大会议[2]决议，一般均获得成功。如迅速建立了秩序，正确处理敌方人员和物资设备，保护了工商业，在短期内恢复市面营业和工业生产，保护了学校，及早地依据可能和需要继续开学，妥善地对待知识分子、技术人员和各种职员，并在群众中进行了一些必要的工作等等，因而团结了广大工人、学生和其他城市人民，并得到许多工商业者、公教人员的赞同，在陕甘许多城市和广大地区中扩大我党政策的影响和威信。但我们也曾经有过或多或少的缺点和错误，如在宝鸡不分公私地查封所有钱行，没收邮包中的洋瓷碗，在凤翔乱动教堂的罐头、咖啡等等，这些在经验缺少和准备不足的当时也是难免的。虽然如此，毕竟我们从此学到了接管城市的一

* 这是习仲勋在中国人民解放军第一野战军第一次党代表会议上的报告。

些经验，如像前委所总结的，必须有统一的接管机构，由部队上级指挥机关指派专人协同城防部队首长和当地党政负责干部组织之，统一管理接管城市的一切工作；其下配备各项必要工作的干部和组织，分别办理各项事情；这个组织应事先组织好，随同攻城部队进城，从准备攻城到入城都要有周密的准备和布置；战斗结束后，除城防部队外，其余部队均应迅即撤到城外，并禁止游击队、民兵和民夫等进入城市；凡入城机关部队人员，必须完全接受统一接管机构的管理和执行其一切命令；缴获的武器、物资，均应由统一接管机构接收、封存、转运或分配；严禁各部队机关入城抢购物资，由指定的组织统一采办……这些经验都是很宝贵的。现在我们又得到中央关于城市政策的许多指示和规定以及其他解放区接管城市的许多经验介绍，必须认真加以研究，以便正确掌握和执行中央这些政策。以下，我依据中央指示，提出接管城市的一些问题。

我们已经解放的和将要解放的一切城市，均是人民的或将是人民的城市，必须严格保护，不许破坏。旧的反动政治机构，如各级政府机关、保甲[3]、军队、警察、法庭以及反动党派等组织，必须彻底粉碎，不能利用，而代之以人民的政治机构；但其设备则要保护和保存，接收过来，其人员除首恶分子、破坏分子必须惩办外，对于一般旧的政府公务员也不是一律排斥，而是经过必要的改造后，可以酌量使用。这叫做“拆散机构，利用材料”。对旧统治阶级的文化教育组织制度，必须加以适当的改组，使之适合于人民的需要。但在接管初期，先禁止其属于反动的课程教材，撤换其中反动特务分子，而对这些文化教育机关则必须保护。至于工厂、企业、银行、邮电、铁路、医院等，不但其设备要利用，而且其机构都不能“粉碎”，不能破坏，必须保存起来，好好利用。对一切国民党的、官僚资本的经济机构，不要打乱，不要忙于去改组，更不能“粉碎”，而要它继续生产。是不是要改革？从官僚资本手中转到人民手中就是一个革命。原有官僚制度必须废除。旧的企业组织也有许多是不合理的，也要改革。但不要急，一定要慎重，不妨慢一点，必须首先了解、熟悉、精通以后，才根据一定可能的条件，逐渐地合理地去改革。这就是我们接管城市的基本方针。

我们入城之初，主要有三大工作，即接收、建立秩序和发动组织群众。这时发动组织群众，仍是为的更好地接收和建立秩序，不要急于进行各项社会改革，不要急于发动群众斗争。在秩序未很好稳定、情况未很好弄清之前，鲁莽地发动群众斗争，就会搞糟，反而被反革命分子钻进来利用。对某些人民生活改善问题，只有秩序已经稳定，群众组织已经有相当基础，经过调查研究，确须解决而又有妥善解决办法时，才可以按情况酌量解决。工会、学生会、青年团等都要逐渐组织起来，要防止被暗藏反革命分子和流氓分子钻入操纵。但对工人、职员、学生、知识分子、城市贫民和其他城市人民群众做宣传组织工作，无论如何是必要的；尤其是对工人，必须无限关心，很好地确实地把他们发动组织起来。工人是我们的本队，不能忘掉本队。职工是管理和建设城市的基本力量，我们要发动和组织他们认识自己的主人地位，协助接收国家财产，保护工厂商店，并继续加紧生产和恢复城市各项经济生活的工作。我们要依靠工人、职员、学生和各种劳动人民的组织，作为城市革命政权的可靠群众基础，还要从工人、职员和其他劳动群众中选拔一大批优秀分子来做管理城市、工厂、企业等等的干部。同时，对自由职业者、工商业者、开明士绅等，也要进行宣传,向他们说明、解释我党政策,要他们安心继续从事各自的业务,不要停顿或破坏生产,遵守法令,协助建设城市。只注意在资本家和上层人士中做工作,忘了或疏忽了在工人群众中工作,那就是轻重倒置。

接收办法是"各按系统,自上而下,原封不动,先接后分"。这个"各按系统",是按人家原来的系统,不是我们各单位"各按系统"大家乱抓,必须由统一组织接收,原封接过来再说分配。接收第一步是点收武器、弹药、资产、机器、设备、档案、卷宗等,第二步才是整理人事。我们一入城即应命令原有一切机构、旧有人员均照旧按原职上班,负责保管所有档案、卷宗、资产、设备,开列清册,办理点交,一切不准移走或破坏,听候我方派人接收处理。这样就有可能有秩序而完整地接收,并且来得快。接收后,旧有政治机关即宣布解散,由我们重新建立的国家机关进行工作,旧有敌方国家机关人员则分别处理。至于经济机构,如工矿、铁路、邮电等,还可先派军事代表进去监督,领导生产继续进行,防止怠工和破坏,其他一切(组织、人员、制度、待遇等)暂时一律照旧,继续开工。原来的负责人如非破坏分子应令其继续负责,受军事代表监督,发布命令要有军事代表共同签署。如原来的负责人已跑掉或不愿继续服务或不能令其继续负责,则由原来职工中挑选适当的人员代理职务,使企业能继续生产或营业。重说一句,不要急于改组和改革,这是为了生产、交通和各项经济活动不致停顿,使已中止的也迅速恢复起来,经济活动停顿一分钟都是人民的损失。以上指的是官僚资本企业,应由人民政府接收。但国民党员私人经营的工商业,除重要反动首领经西北局或前委批准没收其所有财产外,其余则不要去没收,而要允许和保护其所有权。对于有官僚资本股份的企业,接收其官股归为人民政府所有,承认私人股本的所有权。这些企业接收之初,不要一般提出增加工资减少工时,但必须保障职工原来的实际工资水准,不能降低,企业中原有对职工有利的一切奖励制度、劳动保险制度等,必须照旧保持,不得取消。这点对于一般私营企业也是适用的。

一进城市必须采取有效步骤迅速建立秩序,尽力缩短混乱时间,安定市面,恢复人民正常生活。有了秩序,一切才好办。建立城市秩序首要一项是收缴反动武装,肃清持枪抵抗和进行破坏的反动分子,收容散兵,处理俘虏,布置城防、市面治安和防空警戒,清理战时工事障碍物。公共机关以及邮电、铁路、工厂、库房和所有公共建筑设备都要派部队看守。俘虏散兵要迅速集中。战斗结束后,非卫戍部队迅速撤出城外。卫戍部队应依城市大小和情况需要,配备足够的兵力,这个部队短期内不要调动,并须事先经过挑选训练。城市治安机关亦须迅即建立起来。在我们力量还不及时,原有普通警察尤其是交通警察,仍可暂时令其徒手服务,维护交通秩序,但必须一律收缴武器。消防队等亦各守原职,听从指挥。其他所有警察均不宜过早遣散,先集中整训,然后分别处理。敌方人员,除武装抵抗或有破坏行动或继续进行反革命活动的必须立即逮捕,战争罪犯和首要特务分子必须紧急逮捕外,余均令其到人民政府登记,静候处理,不可多捉人。国民党、三青团[4]、青年党[5]、民社党[6]等反动党派组织,中国国民党中央执行委员会调查统计局(中统)、国民政府军事委员会调查统计局(军统)和第二厅所属的一切反动特务组织,其他反动党派、团体的组织和机关以及其他特务组织,应一律解散、封闭并没收其产业、设备、档案和文件。一切反动党派和特务组织的工作人员必须向人民政府公安机关登记,呈缴证件,但普通党员、团员则免做登记手续,而由其所属组织负责人交出全部名单,送由人民政府审查,不得隐瞒。对反动党派团体和特务组织的重要人员,还须规定办法加以管制。但这些办法在秩序未安定前不要忙于宣布,只在秩序已定,情况大体明了和我们已有相当准备时,才由军管会或市政府宣布之。肃清反动特务组织,是一个复杂的工作,要有准备,要有公开治安工作和秘密侦察工作结合,要抓紧时间,又不可性急,草率从事是有害的。对敌方监狱中的犯人,除先将革命的政治犯接出安置外,其余不要立即一律释放,待秩序安定后再分别处理。一般民事犯和普通刑事犯那时可以释放,惯匪却必须改造后才能放,汉奸尤不得宽赦。否则会增加治安上的困难和引起人民不满。

建立城市秩序另一要项是迅速恢复电力供应以及邮电、铁路、汽车交通,尤其是要迅速解决粮食、煤炭的需要。这些供应停了,城市人民一切生产和生活都难维持。前者,在保护利用原来机构继续开工外,还要很好发动和组织职工,发挥最大的积极性,加紧修复机器,迅速开工。后者,则采取组织运输、组织市场(适当处理城乡间粮价物价)、组织农村粮食、准备煤炭等办法,务使供应不断。这里,事前准备是十分重要的。

在恢复城市经济生活的同时,必须迅速解决金融物价问题。先要准备足够的货币,供给市场需要,迅即禁止敌币[7]使用。在初期,可依据情况规定适当牌价,限期收兑市民小量的敌币,并组织商人的大批敌币出口换回必需品。对私营银钱业,暂准其存在,但应严格管理,只准经营存款、放款、内地汇兑等正当营业,不准买卖金银、外汇和做投机买卖。入城后可通过原有商会和行业会召集商人开会,宣布我们的政策，通告速即开市。国家贸易机关和公营商店要起带头和组织调剂市场、稳定物价的作用。必须严格保护工商业，又必须严格取缔奸商投机操纵、囤积居奇，违者法办。

对学校必须一律保护，使其继续开学。公立学校，除确有证据的反动特务分子应加撤换外，其教职员一律欢迎照旧供职，照发原薪。私立学校则查明其政治背景，如确系反动党派团体所办，可接收过来，其余学校均令其依法向人民政府登记，遵守法令，继续开办，其教职员也依上述办法处理。反共反人民的课程应禁止讲授，一般课程暂仍可用旧教材，其中反共反人民部分则须删去。先继续开学，然后逐渐改造。

对报纸、刊物、通讯社、广播电台、出版事业，应分别处理。属于反动政府和其下各机关、反动军队各级组织以及反动党派、团体和特务机关所办的，一律查封接收。属于民主党派和民主人民团体所办的，则要保护，令其向人民政府依法登记。属于私人经营的，要以反动的、进步的和中间性的几种情况分别处理：进步的，保护登记；有反动背景的，没收；一时无法查明的，查明后经法庭判处；中间性的，令其依法申请登记听候审查。所有报刊都必须实行登记和事后审查制度。外国通讯社和外国人办的报纸刊物，非经中央许可不得发稿和出版。对全国性的报刊、通讯社、出版机关的处理也要请示中央。对旧有新闻工作者，撤换其反动者和特务分子，其余均采取争取改造方针，但不轻易使其担任编辑和外勤记者工作。最主要的还是办好我们自己的报纸、通讯社。我们要在入城前就准备好人员和入城后几天的稿件，一进城即可在一两天或两三天内发稿出报、广播。

对与外国有关系的问题，中央已有方针规定，必须严格遵守。凡处理这类问题必须向中央请示。谨慎,守纪律,是最重要的。在西北各城市还必须严格注意少数民族问题,严格尊重其风俗习惯,保护清真寺、喇嘛寺等。

所有城市解放后,都必须实行军事管制。其目的是在军事情况下有效地达成上述接收、建立秩序和发动组织群众的任务。军事管制机关即军事管制委员会,由军区或野战军司令部委派之,其下可成立临时市政府和卫戍司令部或城防司令部,并在会内依据情况需要分设若干处,在军管委员会统一领导下办理各项接收、处理、管理等事务。这个军管会就是军事管制时期的统一领导机关。

凡带紧急性、临时性或试验性的处理,均可以军管会的命令行之,有效者将来以法令手续肯定之,不妥者则以军管会命令修改或取消之,这样就能适应新接管的复杂的城市情况。此种军管时期愈到大城市愈因其复杂愈要延长。一般军管时期的长短,主要看实行军管的各项目的是否达到而定,不要以为取消得愈早愈好。十万人以上的城市和前线附近城市取消军事管制必须经中央批准。一些小县城,接管初期也还应实行军事管制,但组织形式可依据当时当地具体条件而定。比如当地原有党的组织基础较强,县政府便可即入城办公,可以不另组军管会,但开始仍是军事管制性质。

军管会必须在入城前及早组织好,周密准备,配备必要的各项工作干部,调查研究城内情况和工作办法。入城前还要广泛张贴、散发和连续广播我方的约法八章(野战军布告),并由军管会出布告宣告就职开始工作,宣布必要的措施,使城市各界人民及敌方人员明了我方政策,安守秩序和遵从命令,保护设备,准备移交。但入城后,我们的布告和宣传,必须谨慎,不可在条件未成熟前即宣布各种处理办法，也不可空喊各种在当时当地无实际意义的口号，尤不可轻发一时不可能实现的诺言，致陷自己于被动地位。

为了广泛联系群众，除组织工会、学生会、青年团、妇女联合会等组织外，在军管时期内，还可召开各界人民代表会议，由军管会和临时市政府出面邀请若干人为各界代表，成为联系群众、传达政策的协议机关。这些代表应具有团体代表性，并应以劳动人民和革命知识分子占多数；要多请原来与群众有密切联系的人，但拒绝反动分子参加。代表会每月开会一两次，军管会和市政府可向它作各项施政报告，请代表讨论和建议，再由军管会和市政府作出最后决定。各界代表会的职权是军管会和市政府赋予的。这是正式产生人民代表大会前的过渡形式。不过，在城市解放之初，情况尚未了解清楚，群众对我们也未有相当具体认识和初步组织起来之前，还不可能即行召集各界人民代表会议，这时只能召集工人座谈会、学生座谈会、各界座谈会等等，宣传解释政策，联系群众，协助群众组织起来，并物色可以邀请参加各界代表会的代表。

以上说的就是我们接管城市的一些必须遵守执行的政策和工作，这些，前委已写出系统的详细的草案。但是，这里还只提到接管城市初期的一些问题，至于管理和建设城市中的许多政策和工作问题则不能详及，仍有待我们今后在工作中不断研究和补充。在此，学习精神与谨慎态度又是最要紧的。

最后，我们提到干部问题，这是对政策贯彻与否的有决定性的问题。党的有关城市的政策，必须向所有部队和地方工作的干部深入传达，组织他们讨论，使他们充分明了。对所有部队战士，也须作必要的教育。第一野战军政治部所发的入城纪律守则十七条，必须为一切入城部队机关人员无例外地严格遵守。一切到城市工作的干部,必须高度自觉地提高责任心,积极奉公,勇敢而谨慎地进行工作。必须虚心学习,善于向各个方面学习,不断努力提高自己管理和建设城市的各种工作的知识和能力。必须更加团结,密切联系人民群众。一切共产党员必须坚定自己的无产阶级立场,十分警惕和防止资产阶级和其他非无产阶级的思想的侵蚀,十分警惕和击破人民敌人的各种阴谋蛊惑,严格保持严肃、切实、艰苦、朴素的工作作风。各级党的组织经常有系统地检查自己和所有党员干部的工作,加强纪律性,就是保持党在城市的领导的严肃性的保证。

■ 注　释

[1]第一野战军,中国人民解放军的主力之一。彭德怀时任司令员兼政治委员,习仲勋时任副政治委员。

[2]指一九四八年一月召开的中共西北野战军前线委员会扩大会议。

[3]保甲,见本书《关于关中分区的反磨擦问题》注[3]。

[4]三青团,见本书《关于新解放区的工作问题》注[14]。

[5]青年党,即中国青年党。一九二三年成立于法国。其主要成员是一些地主、资产阶级的政客和知识分子。它标榜国家主义,反对共产主义。抗日战争期间曾参加中国民主同盟,后依附国民党。一九四六年十一月参加国民党包办的国民大会,拥护会议通过的所谓“中华民国宪法”,支持蒋介石发动内战。一九四九年该党迁往台湾。

[6]民社党，即中国民主社会党。一九四六年由国家社会党与民主宪政党合并组成。其主要成员是地主、资产阶级的代表人物。同年十一月参加国民党包办的国民大会，拥护会议通过的所谓“中华民国宪法”，支持蒋介石发动内战。一九四九年该党迁往台湾。

[7]敌币，见本书《关于新解放区的工作问题》注[12]。

加强保卫工作*

（一九四九年四月十二日）

一

自国民党军队重点进攻陕甘宁边区[1]以来，整整两年零两个月了。这期间，保卫工作是有成绩的。配合军事的胜利进攻，肃清或打击了后方的特务、土匪和坏人，保障了支前工作。在黄龙新区[2]，摸索出一些经验，给今后新区保卫工作打下了基础，如肃匪工作，必须先在军事上给予痛击，然后才能谈到政治上的争取。没有前者，不能镇压下去；没有后者，就不能最后肃清。清查国民党的特务工作，应发动群众配合，先登记主要分子，然后再到次要的一般分子。对一贯道[3]问题，我们的政策很慎重，先搞清了它的性质，是一个落后的、封建的、带有反动性的迷信组织，其中有特务，但并非所有的成员都是特务。其所以能迅速发展的原因，一方面是特务分子的从中鼓动；另一方面，主要是反映了一部分农民在长期残酷斗争中的情绪，没有科学知识，再加上灾荒、没有饭吃，把希望寄托在迷信上。我们应使这些人有饭吃、有衣穿，应着重宣传，揭露特务分子的活动，对其首恶分子可以镇压几个，但不能操之过急，如果我们处理不慎，就会引起一些群众的反感与

* 这是习仲勋在陕甘宁边区政府召开的公安分处处长联席会上的讲话。

不满。在边沿区，最近一年来，到敌区去做隐蔽斗争的工作，也是有成绩的，取得了战略、战役性的情报，同时又团结了进步人士，争取了一些中立分子，孤立了许多反动分子，打下了向大西北进军的基础。这一方面，关中、西府做得较好。一年来，我们也培养了一大批保卫干部，因为我们接触的环境复杂了，干部从掌握政策到技术，一般的也都提高了一步。

但从另一方面来看，一年来，敌人是有计划的溃退，并在各方面事先作了准备，如布置电台、潜伏人员等。

总的说来，敌人是防御的，我们是进攻的。在此情况下，我们的缺点，是没有把成绩做得更大，还不能根据敌人的具体行动，一步紧接一步地把工作做得更好，在具体工作中，还有左右摇摆的现象。但在发现后，随即得到了纠正。

二

正由于我们将要取得全国胜利，大西北将要全部解放，今后保卫工作不是减弱，而应是加强。敌人的统治虽然濒于死亡，但不等于反动阶级的死亡。蒋介石集团的军事越失败，特务的破坏就越嚣张。军队被打完了，它还会派遣其特务分子钻到我们各部门来。因此，军事战争缩小或完结之后，应当从另一方面与敌人展开大规模的隐蔽斗争，包括政治、经济、文化各方面。我们只有从这方面取得胜利，才能巩固胜利，保证发展新民主主义的和平建设。我们的准备工作往往赶不上客观形势的发展，到六月以后，将有数十万野战军在西北作战，陕、甘、宁、青、新等省的大块地区和西安、宝鸡、天水、平凉、兰州等城市，将迅速解放。这些城市，人口集中，情况复杂，我们在这些城市中,要与隐蔽的敌人作斗争。如果没有充分准备,将不能应付这样复杂的局面。从这一点看,保卫工作,毫无疑问,是应该加强的。今后西北解决敌人,不仅是军事方式,具体情况要求我们将有若干地区,可以用和平方式解决。如现在就有一个榆林方式[4](这与北平、绥远方式[5]不尽相同),将来其他地方可能还有其他方式。在这种和平解决方式中,每一协议,都有斗争,麻烦很多。因此,保卫工作的任务也就更重大,工作也就更多。这种情况,也就要求我们加强保卫工作,而非减弱。

全国形势变了,保卫工作今后的任务与组织形式也都要变,但总的方针,即坚决与敌人斗争到底的方针是不改变的。这一点,必须向干部们说清楚,以免思想模糊。

老区[6]过去是战争环境,一切为了打仗。今天转入和平建设时期,百分之九十的力量要放在发展生产工作上,这就是一个转变。但是建设还是为了支援战争胜利,这是基本情况。具体情况是外回分子[7]加多了,其中有些是流亡回来的地主、富农分子,有些与敌人还吊有一根线,还有敌特人员、国民党军队的遣散人员等,这些人回来后不能都关起来,都需要我们进行甄别和安置工作。这说明今后老区情况仍很复杂。但在领导上、干部配备上,我们是着重新区,老区干部又大都是新提拔的,经验与警惕性不够,力量也就减弱,这就给坏人以更大的活动机会。因此,老区工作,应该好好研究。一般的说,在老区,除搞暴动及重大犯罪者外,一般的可从生产中改造,不必逮捕。关于哨站[8],应是逐渐减少的方针,因为它是适应战时需要的一种组织形式,但在今天情况下,交通要道、群众集会等地还应该建立哨站或临时哨站。治安小组的工作可放在党支部身上,所有党员、民兵均有维持治安的任务，因此，治安小组可以取消，但乡的治安委员会还是必要的，不能取消。总之，要根据新的斗争需要，建立起一套新的组织形式与制度来。

在新区，有中心区与边沿区之别，有城市与乡村之别。方针、步骤均因之有所不同。在这些新区，要展开隐蔽斗争，彻底摧毁国民党的特务组织，配合党组织发动群众，建立武装、政权，支援与保证战争的胜利。解放之初，必须乘敌混乱时期，有准备地连续发动几个攻势，不断地打击，使其一挫再挫，给我们以后工作打下基础，这就叫“大刀阔斧”，而不是“细吹细打”。新区的特点是敌人多，而我们的基础弱、工作忙、干部少，因此工作方针、步骤、方式与组织形式，和老区都不一样。如治安小组就一定要成立，给以一定任务，这种组织形式起码要存在两三年。工作要集中力量搞重点，这就是发动群众的具体内容之一。新区的反特工作，一定要有政策、有策略、有计划、有步骤、有领导地去进行，一方面防止搞乱，另一方面也不要停下不动。对敌情的估计，既不夸大，又不缩小，不慌不忙，按政策办事，反对幼稚行动。任何带有政策性的问题，都要请示（关于请示制度应有明确规定）。对敌情应有详细清楚的认识分析，夸大敌情，我们就会慌手慌脚，打不中敌人要害。这就叫“心中有数”。没有这个数，会同土改一样，造成恶果。逮捕人也应有数。第一次打西府，在彬县、旬邑捉的人就多了一些，造成人心惶惶。小桥畔的教堂里，现在什么也没有了，群众就很反对。总之，一切按政策办事，不懂政策，就要赶快请示。

反特斗争，不仅是全党的工作，而且也是一个广泛的群众运动，这就是专门机关与发动群众相结合，也就是反特与其他工作密切配合。关于如何配合的问题,各级党委要进行讨论。过去我们没有把反特斗争作为全党的工作来做,是不对的。各地的反特斗争,从当地解放第一天起到将来,都是发动群众的主要内容,经过这个斗争,才能开各界人民代表会议,建立与巩固政权。对地主阶级的当权派要斗争,但对一些罪轻的敌伪人员亦应适当地及时处理,否则更会引起不安。黄龙就发生过群众拿斧头砍这些人的现象。

部队保卫工作与地方保卫工作分不开。各级地方党的保卫部门,如何把部队保卫工作(地方部队、警卫部队等)搞好,就成为业务的主要内容之一。今后广大新区将成立很多地方部队,并将逐渐上升为正规军,应对他们加强管理审查,特别是地委社会部更应注意加强这方面的领导,把这项工作提到地委议事日程上来,使在大发展的情况下,不会发生问题。

三

加强学习,培养干部,改进领导。从新的情况发展看,我们的任务将更大。但我们的水平还不能适应今天的形势,要学习马列主义理论,学习党的总路线、总政策及党的各项具体政策,也要学习文化。学习这些不是为了钻书本,而是为了解决具体问题,总结经验。各级领导应对此加以督促检查。学习是领导工作的灵魂,工作积极性与创造性提高,事情就好办。培养干部应从两方面着手:一是在职干部,可在工作中培养提高,老干部带新干部,多设副职,做一件,教一件;另是从青年知识分子中选拔一批阶级成分好的及地下党的力量、积极分子等,来做保卫工作。现在干部数量绝不能适应今后形势,公安厅要提出计划，各公安分处也要有计划。过去一般的说保卫部门的领导很好，但上下关系不密切，还要改进。自反无纪律无政府状态后，虽已有改进，但还勉强，说明思想上并未解决这个问题。以后，像这样三五天的会议，某一工作、某些人员的会议，可多召开，时刻了解下情，给下边讲清一些道理。今后要及时抓住好坏典型、经验，随时宣传，提起全党注意。一件事，一点事，只要有其教育意义，都是应该这样做的。

■ 注　释

[1]陕甘宁边区，见本书《关于关中分区的反磨擦问题》注[2]。

[2]新区，见本书《关于新解放区的工作问题》注[2]。

[3]一贯道，反动封建迷信组织。抗日战争时期为日本特务机关所利用，日本侵略者投降后被国民党反动派所控制，并改名为“中华道德慈善会”。新中国成立后，继续进行破坏活动，被各地人民政府明令取缔。

[4]榆林方式，指和平解放陕西榆林的方式。一九四七年以后，西北人民解放军几度给榆林国民党驻军第二十二军以沉重打击，与此同时，向他们加紧开展政治攻势。经多次谈判，驻守榆林的国民党军愿意和平解决榆林问题。一九四九年五月二十九日双方达成协议，六月一日榆林和平解放，二十二军改编为中国人民解放军西北军区独立第二师。

[5]北平方式，指解决北平国民党军队的方式，即用和平的方法，

将国民党军改编为人民解放军；绥远方式，指解决绥远国民党军队的方式，即暂时原封不动地保留国民党军队的原有编制，待条件成熟后再按照人民解放军制度进行改编。

[6]老区，见本书《要注意克服土地改革中“左”的情绪》注[16]。

[7]外回分子，指战争年代为逃避革命运动的打击而从解放区潜逃到国民党统治区，后来又返回解放区的人员。

[8]哨站，指战争年代为防止敌军偷袭或敌特破坏而设置在边区的边境或要道的哨卡。

关中新区的工作方向*

（一九四九年八月四日）

由于我军英勇善战大量歼敌的结果，在两个多月的时间内将关中四十二个县全部解放。这样广大城乡的接管工作，有的已经完成，有的尚在进行中。这种迅速解放大块大块地区的情况在西北还是空前的。为了支援数十万大军继续胜利前进，更迅速、更健全地开展广大新区[1]各项民主改革和建设工作，要求我们在新解放地区的接管初期，把工作方向集中到消灭反动地方武装，安定秩序，恢复生产，支援前线这几项主要目标上面去。要做好这几件事，大概需要两三个月的时间，这是我们到达新区工作的第一步。

两个多月来，我们在关中地区的工作基本上完成了任务。第一，迅速和比较有秩序地、自上而下地接管了几十个城市和广大乡村，保护了铁路、邮电和工厂等国家财产，积极努力地恢复交通，恢复生产。第二，消灭和收编了地方反动团队和土匪将近两万人枪，初步开展了肃特工作，使境内成股的反动武装已近绝迹，零散土匪和潜伏敌特更加孤立。与此同时，各地积极努力地建立人民地方武装。这样，使整个关中地区在新解放初期就保持了大体安定的社会秩序。第三，因此，就有可能筹借军粮一百三十万石[2]，发动做军鞋五十万双，动员

* 这是习仲勋在陕西关中新解放区中共地委书记联席会议上总结报告的一部分。

大车二万七千辆、担架四千余副、运输牲口数千头等，支援我野战军取得扶眉战役[3]的胜利和迅速西进，造成解放整个西北的有利形势。这些成绩，是由于党在关中地区有长时期的工作和影响，在当前革命胜利形势下广大群众革命热情的空前高涨，再加上全体干部党员的积极努力而得来的。各分区、各县工作的发展，都充分证明：我们一到新区，必须掌握工作的方针、政策和步骤。第一步不是不适当地、过早地去进行这样或那样的社会改革，这样做，就会脱离实际，增加自己的困难。而是首先力求大块大块的地区迅速稳定下来，以安定人心，团结群众，支援战争。然后再去稳当地迈出第二步和第三步。这样做，于解放战争有利，于广大人民群众有利。这就是我们这一时期工作的主要经验。这个经验，对关中适用，对其他地方也会适用的。当然，我们这一时期的工作中，也还存在不少缺点，如：负担中的“抓大头”或平均摊派；收编反动地方武装未抓紧教育改造；有些地方存在坏人进入人民政权的现象，以及城市工作中未用最大力量去进行恢复与发展生产等。这些，都必须在今后工作中切实纠正。

经过这一时期的工作，我们对新区情况也有了更多的了解。首先关中地区，除西安、宝鸡有些现代工业外，余均为商业性的消费城市，工业生产在国民经济中的比重十分微小。其次，关中农村土地不很集中，地主占农村总户口不到百分之一，加上富农共占百分之六左右，共占土地百分之二十左右；中农占农村总户口百分之四十到五十，占土地百分之五十到六十。但广大农村还是在地主恶霸和反革命势力的统治下。这些封建统治者在政治上严重地压迫着农民，把许多赋税负担都转嫁到农民身上，并经过种种方式去残酷地掠夺和剥削农民。再是目前战争尚在继续，西北各省全部解放尚需一个时期，以及向西南进军、支援战争的任务，仍然是很繁重的。综合这三种情况：工业经济的微弱和商业性的消费城市，面对封建统治的农村，处于战争环境，这就是目前新区情况的基本特点，就是我们决定方针、政策和工作步骤所必须依据的出发点。从这种情况出发，我们在西北广大新区如何正确执行党的七届二中全会[4]决议，执行把工作重心从乡村移到城市，并由城市领导乡村的总方针呢？这就必须学习华中局实事求是的精神。华中局所提出的如下的工作步骤，即“第一步要把城乡接管好，特别要把城市接管好，同时以极大力量散布在必要地区，解决支援前线及城市必需的原料与供应问题。这一步结束之后，就立即将全党的工作重心在一定时间内先放在农村，肃清土匪特务及反革命残余势力，进行各种民主改革与社会改革，同时兼顾城市。当封建的农村改变成民主的农村以后，发展城市的条件具备了，再将工作重心移向城市，用最大力量发展城市，同时兼顾农村。在各个时期，都绝不能放松城市工作，更不能放松对战争和人民解放军的支援，这一点我们绝不能忽视，忽视了就要犯严重的错误”，等等，在我们这里是全部适用的。关中地区，除宝鸡、彬县两个分区解放稍迟外，大部地区，第一步接管城乡的工作已经完成，现在就要转入第二步，把全党的工作重心放在农村，同时兼顾城市。完成这一阶段的工作，是要几年的时间，实行中又须划分若干具体步骤。依据关中地区实际情况，我们决定从现在起到明年夏收以前近十个月的时间内，首先有步骤地开展反霸、剿匪、肃特等反地主阶级当权派的斗争，打倒农村里的主要敌人，树立农民的优势力量。其他一切工作，均围绕在开展这一斗争的群众基础上去进行，以达到削弱农村封建势力的目的，为将来进行土改即彻底实行农村民主改革准备条件。

这一时期的几项重要工作,分述如下:

(一)正确掌握政策,实行合理负担,用大力继续支援前线。战争越到最后,支援工作越加艰巨,以为战争推远了,支援任务就可减轻或放松的看法是不对的。我们要进一步组织和教育群众,建立各种合理制度与加强领导,以克服困难,做好支援前线的工作。征粮要坚决按《条例》[5]办事,以前借粮中所发生的不合理现象必须在正式征粮中予以改正。战勤动员应由政府颁布条例遵照执行,力求公平合理,节省民力,尽可能地做到战争和生产两利。

(二)积极建立人民武装,继续肃清反动武装。大量收编敌伪反动武装的时期,在关中已经过去了,现在的中心工作是整训改造。像吃饭一样,吃了要消化,光吃不消化,会得胃病,现在已经发生肠胃病象征,要注意治疗。同时光靠改造旧部队还不够,必须在发动群众中建立党直接创造和领导起来的军队。地方部队要在加强剿匪中提高战斗力,首先要求成为战斗队,然后再逐渐训练成为工作队。剿匪是当务之急。剿匪要有重点地追剿股匪,普遍清剿散匪,收缴反动武装,两者结合进行。剿匪要讲究战术,不要打击溃战,而要打歼灭战。要严密侦查,充分准备,长途奔袭,包围聚歼,已击溃者,要追歼搜捕,务求消灭干净。同时剿匪还必须军政结合,剿抚兼施,并与发动广大群众的反霸反匪反特的斗争结合起来。

(三)开展普遍的群众斗争,反对恶霸,反对土匪,反对特务。与特务、团队、土匪相结合的恶霸分子,仍然是农村的土皇帝,即地主阶级的当权派。而布置特务活动,繁殖土匪武装,进行反革命骚动,又成为国民党反动派垂死挣扎的一种重要阴谋。这样互相结合的恶霸、特务、土匪,就组成了农村中最主要的反革命残余势力,亦即农村人民的主要敌人，只有打倒这一恶势力，才能建立农村人民优势力量。反霸、反匪、反特斗争，可能而且必须组成农村中广泛的统一战线，依靠贫雇农，团结全体中农，争取和中立一切可能争取和中立的社会力量，有步骤、有秩序、有领导地开展这一斗争。必须分别具体对象，采取不同的斗争策略。应当把那些政治上坚决依附国民党特务，积极进行反革命活动的分子，和那些愿意向人民低头的分子区别开来，以及其他各种不同情况，采取不同的对待。关键在于，必须动员全体干部党员，深入到农村中去做艰苦的群众工作，有重点地波浪式地开展斗争，突破一点，推动全局，由点到面，面面生根。这是改变新区封建农村的第一个主要战斗，必须准备好，组织好，有把握地取得胜利。

（四）摧毁保甲[6]，清理国民党人员，初步建立乡村人民政权，就是让农民当政。在关中地区利用旧保甲阶段，应很快结束。在发动群众反霸、反匪、反特斗争中，配合进行清理敌方人员，初步建政。这样做，不是要把目标搞乱，把打击面放宽，而正是为了把那些在敌人统治时期，被强迫服役，或劣迹较小，愿向人民悔过自新的分子，经过群众适当处理，以安其心，而使少数怙恶不悛的罪大恶极分子更加孤立。如果硬把这一工作与反霸、反匪、反特斗争分开，就会使自己陷于被动，使反霸、反匪、反特斗争没有力量。农村敌方人员在清理后，一般令其回家生产，将农民群众中涌现出的积极分子大批地选举到政权机关中来，并加强教育，使整个农村工作面貌焕然一新。县级政权，可先采取召开各界代表会的形式，加强与群众的联系。

（五）组织农会[7]，建党、建团。各县自上而下地组织农会筹备会，发动各地成立农会。乡村农会要先有重点地组织，逐步发展，然后按发展情况及农民群众觉悟程度召开乡、区、县各级农民代表会，并在农会中注意培养贫雇农领导骨干，以加强领导。青年妇女群众都要组织在农会里边。地下党和青年团的组织要进行整理，加强阶级教育。老区[8]派去的干部要积极主动地与地方干部很好团结，互相学习，互相帮助，全心全意做好工作。各地都要把党、团的工作委员会建立起来，有计划地开展建党、建团工作。

（六）以上各项工作，都要在发动群众运动的基础上去完成。八九两月正值农忙，必须积极领导群众种冬麦，收棉花，完成夏征和必要的支前任务。十月后，转入以反霸、反匪、反特的群众运动为中心，配合进行建军、建政、建党及其他工作。依此精神，各地再根据当地情况制定自己的工作计划。

从现在起的一定时期内，党的工作重心放到农村，但要同时兼顾城市工作。城市党委的工作重心，依然是城市工作。在城市工作中，必须清醒地掌握工作方向，在一定时期内努力做好下列工作：(1)继续团结全体职工，恢复与发展生产，并以此为一切工作的中心。(2)加强肃特、清匪工作，巩固革命秩序。(3)用大力解决失业问题，抓紧改造与适当安置原有公教人员，组织无业劳动人民参加各种生产或到农村垦荒。(4)发展交通，稳定金融，发展合作事业，鼓励城乡物资交流。(5)动员大批共产党员、青年学生、进步分子到农村去，加强农村工作。这样做的目的是为了在目前时期有力地配合农村完成民主改革和进行支前，并使城市生产事业得到恢复，还争取再有一些发展，逐渐治疗城市中旧有的懒惰臃肿的病态现象，为下一步全力发展城市、建设人民的生产的新城市打好基础。

■ 注　释

[1]新区,见本书《关于新解放区的工作问题》注[2]。

[2]石,见本书《关于分三类地区进行土改问题给毛泽东的复电》注[9]。

[3]扶眉战役,即一九四九年七月第一野战军在陕西扶风至眉县间对国民党胡宗南、马步芳、马鸿逵部发动的战役。该役共歼敌四个军四万余人。

[4]党的七届二中全会,指一九四九年三月五日至十三日在河北省建屏西柏坡村(今属平山)召开的中国共产党第七届中央委员会第二次全体会议。毛泽东向全会作了报告。会议讨论了彻底摧毁国民党统治,夺取全国胜利,把党的工作重心从乡村转到城市,以生产建设为中心任务的问题。同时着重分析了当时中国经济各种成分的状况,确定了党所必须采取的正确政策,规定了党在全国胜利后,使中国由农业国转变为工业国、由新民主主义社会发展到社会主义社会的总任务和主要途径。全会号召,全党在胜利面前务必保持谦虚、谨慎、不骄、不躁和艰苦奋斗的作风。

[5]《条例》,这里指一九四九年七月二十二日陕甘宁边区政府颁布的《陕甘宁边区农业税暂行条例》。

[6]保甲,见本书《关于关中分区的反磨擦问题》注[3]。

[7]农会,见本书《关中党史简述》注[3]。

[8]老区,见本书《要注意克服土地改革中"左"的情绪》注[16]。

把企业管理与工会工作结合起来*

（一九四九年九月二十三日）

战争快要打完了，全西北快要解放了，所以摆在我们面前的任务，一面是要继续支援人民解放军将革命战争进行到底，一面是要准备开展西北大规模的经济建设。如何恢复生产与发展生产，推进我们的建设事业，就是这次两个会议所要共同解决的主要问题。

战争结束后我们的主要任务是建设，在建设事业中又是以工业建设为重心，以便经过一定时期，将西北由一个在经济上散漫、落后的农牧区，改变为工业经济起领导作用的先进地区。要达到这个目标，必须有正确的步骤。恢复与发展现有的公私企业，这是第一步；第二步是有计划地建设新的大规模的工业，这种新的大工业经济，必须是用最新式技术装备建立起来的，其中又以重工业为主。现在是走第一步，我们的任务就是要把企业管理和工会工作这两个方面的力量结合起来，使现在有利国计民生的一切公私企业，迅速恢复生产，在现有基础上求得发展，并在干部培养、经验积累等等方面，给下一步准备条件。现在我们工作中存在的问题，就是在这两方面都做得不很好。为什么现在工厂、企业中继续存在严重浪费现象和许多不合理现象呢？就是管理不好。我们工厂的产品成本高，如布匹就

* 这是习仲勋在西北工会工作会议暨公营企业联席会议上讲话的一部分。

地取棉，还不如上海运来的便宜，除我们的技术装备较陈旧外，管理得不好也是重要原因。为什么在有些工厂职工运动还表现消沉，有些工厂工人要求过高的工资，单纯强调工人福利等而影响劳资两利政策的贯彻呢？这就是我们对工人工作没有做好，没有广泛深入地发动工人群众，没有把多数工人觉悟提高起来，使他们懂得应当为整个工人阶级的长远利益打算，而不要光为眼前的一点利益，闹得企业倒闭，资本家关了门，生产停顿，工人自己的饭碗也就没有了。这些马列主义基本道理没有对工人很好地去进行教育，因此，工人现在还没有组织起来，组织起来的也是很少一部分。今后我们务必要把两方面的工作都搞好，我们才可以顺利地走上恢复与发展生产的道路。在公私企业中，行政管理、工会工作、党的工作以及其他一切工作，都是为生产服务的。我们为什么要把工人组织起来，为什么要教育工人？因为工人是生产的主力军，只有依靠广大工人群众的自觉性，依靠工人阶级的领导作用，才能使整个社会经济以最大速度向前发展。

目前我们在工人运动中的主要缺点是什么呢？就是关门主义。如西安解放已四个多月，工人群众大部分还没有组织起来，就是产业工人组织起来的也仅占十分之一。工会领导的许多活动，如宣传教育活动，还仅仅是吸收一小部分群众参加，而不敢放手吸收广大工人群众参加等等。这种现象是很严重的。我们光口喊“依靠工人阶级”，但工人都没有参加工会，没有成为有组织的队伍，怎样依靠呢？所以我们必须认真纠正这种偏向。产生这种关门主义现象的原因，就是许多同志对当前工人群众觉悟程度的发展估计不足，没有充分了解，今天是革命时期，是革命高潮。这样大的革命形势，把一切人物迅速推向前进了。广大群众每日每时在从革命同反革命进行斗争的活生生的事实中受到教育，在从亲身体验的政治事变中受到教育。他们进步的速度，现在的几十天，顶上过去平时的几年、十几年。必须善于了解这种日新月异的群众政治觉悟飞速提高的情况，不要把昨天的事情当作今天的事情。有些同志从形式上看问题，看到工人中的国民党员、三青团[1]员的数量，就夸大了敌人的力量，而不去分析他们过去参加国民党、三青团时，多数是被迫的，而这个国民党、三青团今天早已解体，其中多数人的思想状态、政治倾向，已发生了很大变化，已向前进步了。真正的潜伏特务分子是极少数，是个别的人。有些同志过去在老区[2]已习惯了那种精雕细刻的但是小脚小手的工作方式，这在彼时彼地，当然是对的，但在此时此地，情况已大大不同了，我们还是采取过去的那种工作方式，那就不对。今天我们要采取大刀阔斧的方式，才能迅速地与当地群众建立联系，团结和动员广大群众，积极参加当前的各种工作，比如有些工厂在我们没有去之前，里边就有积极分子，进行护厂、复工等，我们就召集这些积极分子，开临时工人代表会，成立工会筹备会，把党的政策向这些积极分子讲清楚，让他们到工人里头去工作，收效既快，干部问题也解决了。但有些同志却总希望上边派干部，而不积极地去发动群众中的积极分子，提拔当地的新干部，事实上这些干部有时比我们派去的干部在群众中的力量还更大。我们应该按照全国总工会的章程办事，把绝大多数工人组织到工会里来，使工会成为大体上包括全体工人阶级的群众组织，经过工会去教育和提高工人群众。有些工人在思想意识上有毛病，这是很自然的，他们大多数是从农村家庭出来，又长期处在反动派的欺骗统治之下，当然带有许许多多的落后意识，只有把他们组织在工会里边，在积极生产和各种活动中，进行长期的艰苦的马列主义的思想教育，才能够去旧换新，使广大工人群众具有自觉的领导阶级的思想，这就是党的职工运动部门、全体工运干部所要担负起来的重大任务。我们要争取在明年的五一前后，把全西北的工人群众基本上组织起来，召开全西北职工代表大会，正式成立西北总工会。这样，使工人阶级真正成为有组织的队伍，在恢复与发展生产中，起积极领导作用。只有生产发展了，适当地改善工人生活、增加工人福利才有了可靠的基础。

职工运动部门的干部，都要加紧学习，做好工作。各地党委应切实按照中央指示，加强对职工运动的领导，给工运干部以各种必要的帮助。我们的任务很重大，我们要依靠工人阶级，就必须做好工运工作。而工运工作是有远大前途的，因为工人阶级是先进的发展着的阶级，和一个人一样，要由小孩子成长到壮年，也就是随着工业的不断发展而发展，工人的组织也要逐渐地扩大，工会将来会成为全国最大的群众组织，成为国家政权最主要的支柱。为了担负起这个任务，必须培养和提拔大批的工运干部。主要办法是从提高现有干部和在工运中大量提拔新干部这两个方面去努力，来解决这个问题。要克服光靠上边派干部的消极思想。我们的眼睛要常常往前看，望着那些新的发展着的东西，我们的工作就永远是胜利的。

■ 注　释

[1]三青团，见本书《关于新解放区的工作问题》注[14]。

[2]老区，见本书《要注意克服土地改革中“左”的情绪》注[16]。

努力提高老干部，大量培养新干部*

（一九四九年十二月九日）

我们党校的任务就是培养和教育干部。现在是比之过去任何时候都要加强这一方面的工作了。我们不仅是要善于领导人民进行解放战争并取得胜利，还要善于领导人民从事建设。我们不仅要有一个经济建设的高潮，同时还要有一个文化建设的高潮，其中就包括有理论建设这个任务。如果不把全党干部的马列主义理论水平提高起来，我们党就不能担负起领导人民巩固胜利、从事建设的事业。全西北只有几个较大城市配备老干部比较多一点，绝大多数地区老干部不到百分之十，新干部则占百分之九十以上。我们党应当采取什么办法带领这广大的新老干部去完成所规定的任务呢？

带领广大新老干部完成所规定的任务，必须实行两条方针：努力提高老干部，大量培养新干部

第一条方针，就是要努力提高老干部。老干部数量很少，一般都经过斗争的考验，有一定的工作经验，有联系群众、艰苦朴素的作风，是我们革命队伍中的骨干。老干部有责任团结和教育新干部。在一切地方，老干部都要很快地和当地新干部团结起来，要有谦虚、诚恳

* 这是习仲勋在西北党校开学会上的讲话。

的态度，发扬民主作风，与新干部建立起和谐融洽的关系，并拿自己的斗争经验、思想意识的锻炼和政治修养，去帮助新干部确立革命的人生观，丢弃旧的思想作风，建立新的思想作风，解决工作中的困难等。但老干部中的绝大多数政治、理论水平还很不高，不会把自己的实际经验提高到理论原则上去认识并巩固起来，有些人还表现得朝气不大，进取心不强，或思想作风有毛病，这些情况就阻碍着老干部发挥应有的作用。这就向我们提出了努力提高老干部的任务。有些机关吸收了大批新干部工作，这些新干部才来时，都很热情、积极，但过些日子，工作摸不着头绪，找不上做法，就苦闷、消极起来。这就表现出那个地方的老干部没有很好地帮助新干部，或没有足够的能力去带领新干部前进。所有的老干部，要明白自己责任的重大，努力学习求进步，自己要走得快一点，给新干部带头。走得慢了，就会妨碍新干部前进，甚至自己有掉队的危险。领导机关要采取各种办法，提高老干部。办好党校是重要办法。有计划地分批抽调老干部到党校来，给他们一年、两年或三年的时间，有系统地学政策、学理论，有些人还须学文化。给他们较好的生活待遇和各种便利条件，使其能专心学习，并建立必要的制度，保证教育计划的执行。西北局准备这样办。过去我们想这样办，情况不允许，今天已经可以这样办了。

第二条方针，是大量培养新干部。培养的对象很多，首先是职工干部，要从工人阶级中间培养出大批人才，参加各方面的工作。还有大批新参加工作的青年知识分子、农民积极分子、留用的旧有公务人员及一切愿与我们合作的社会人士等，他们数量很多，大多数对参加革命工作热情、积极，其中很多人有各种专业知识，只有很好地团结、培养和使用他们，革命的事业才能办好。但一般说来这些新干部的革命人生观尚未确立，或已初步建立而尚未巩固；对革命与反革命在思想上的界限认识尚不明确；有些人沾染旧的思想作风很深；有些人虽然读了些革命书籍，但还不能消化，不能与实际结合，口里讲革命道理容易，但要按照所讲的见诸实行，就不容易。这说明要进行深刻的教育改造工作，才能使新干部向老干部看齐。我们对所有的新干部是采取负责的态度，不仅要他们有工作做，有饭吃，而且要帮助他们在政治上前进，有意识地培养他们。这是党的责任，也是人民政府的责任。

实现两条方针的办法，是开展学习运动，组织在职干部学习，举办专门干部学校

这两条方针是同时并重，而不能偏废。实现的办法就是开展学习运动。一九五〇年我们要把干部教育工作提到最重要的位置，当作我们理论建设的一个中心工作去做。要在全体干部中开展一个学习运动，造成学习热潮。要制定周密的干部教育计划。要有很好的领导。一般的说，凡有实际工作经验，又有相当的文化水准的中级、高级干部，要认真学习理论，将毛主席指定的十二本书[1]，从头学起。一般干部特别是广大的新干部，则应学习马列主义和中国革命经验的基本知识，结合改造思想，选定几本书，如《社会发展史》、《中国革命与中国共产党》等精读细研，作为思想武器，正确运用批评与自我批评，批判旧思想，建立新思想。有了这个基础，再去学习各种政策，就容易了。凡文化水准低不能自己阅读书报的干部，无论新老，都要先按部就班地提高文化。这样把全体新老干部都吸收到大规模的学习运动中来。这个运动不限于明年，而是要长期坚持下去，不断提高全体干部的思想、政治水平，这是我们胜利完成一切

任务的关键。

为实现这个任务,我们就要普遍组织在职干部的学习。但光有在职干部学习还不够,还必须有专门培养教育干部的学校。党校就是培养教育干部的最高学府。我们在工作繁重、干部不够分配的情况下,仍然抽调干部到学校学习,特别是分批抽调老干部来党校学习,在实际工作岗位上少了一部分人,骤然看来,好像是一种损失,但从整个革命事业的长远利益着想,则是十分必要的。只要我们提高干部的政治理论水平的目的确实达到了,这种暂时的实际工作上的损失,将来可以得到无数倍的补偿,这一点是毋庸怀疑的。

党校要切实办好,在这个发动全西北各方面干部都参加的、大规模的西北学习运动中起示范作用,起带头推动作用。这就要:第一,制定并实施正确的教育方针和周密的教育计划;第二,全体教职员积极工作,好好为同学服务;第三,全体同学努力学习。学习是党校同学的唯一任务。做好这三条,珍贵时间,不断改进工作方法,使在党校学习的干部,在规定的时间内,真正学到一些东西,陆续培养出大批在新形势下能胜任各方面工作的干部。再办好一个刊物,将学习中的经验,随时总结,有系统地介绍出去,供给各地采用,这样就是在整个学习运动中起示范作用,起带头推动作用。

■ 注　释

[1]指中共七届二中全会规定干部学习马列主义必读的十二本著作,即:《社会发展史》、《政治经济学》、《共产党宣言》、《社会主义

从空想到科学的发展》、《帝国主义是资本主义的最高阶段》、《国家与革命》、《共产主义运动中的"左派"幼稚病》、《论列宁主义基础》、《联共（布）党史》、《列宁斯大林论社会主义建设》、《列宁斯大林论中国》、《马恩列斯思想方法论》。

加强新解放区新老干部的团结和学习*

（一九四九年十二月二十三日）

在农村中，我们已明确规定的政策往往不能贯彻下去，一个主要原因，就是很多干部不懂政策，办法少，思想作风上的毛病多，甚至有曲解政策、各自为政的。这一点各地早已深切地感觉到了。这是不奇怪的。现在新区[1]的干部情况是，新干部占百分之九十。由于他们长期生活在旧社会的环境中，没有受到系统的马列主义教育，缺乏革命的锻炼，所以留有旧社会的生活习惯和思想作风，需要经过较长时期的教育，才能改造和提高。老干部只占百分之十，一般表现都很好，但因这一时期领导上没有抓紧教育工作，有些人没有起老干部的骨干作用，个别还有为旧社会思想作风所同化的，产生了腐化堕落行为。新老干部之间，根据地来的党员与当地地下党员之间，各个根据地来的党员之间，还存在有不团结现象，有的发展到了严重的程度。这就是我们干部中间存在的一个重大问题。必须重视并努力解决这些问题。解决的办法就是团结起来，努力学习。每个地区的一切工作干部，都首先要主动地互相团结起来，团结就是力量，团结才能做好工作。在这个干部互相关系的问题上，根据地来的老干部要负主

* 这是习仲勋在陕西关中新解放区中共地委书记会议上总结报告的一部分。

要责任,要主动地去团结地下党员和一切新干部。首先要对地下党的新老党员、干部采取正确态度,对他们的工作成绩要有足够估计。关中地区因解放以前有六七千地下党党员的活动,有长时期的地下工作影响,解放后的工作进展才能有如此顺利和如此迅速,否则是不可能的。要看到他们的缺点,又要看到他们的优点,特别是对他们的缺点要有历史唯物主义的观点,了解形成那些缺点的社会的和历史的原因,采取与人为善、热情帮助的态度。要反对对新干部盛气凌人、独断独行的粗鲁态度。对一切新干部应采取团结教育的方针。学习问题是党、政、军全体干部共同的迫切问题,明年要开展一个大规模的学习运动,提高老干部,培养新干部。干部学习,一般说来有两个方面:一个是实际工作中的学习,领导干部要当先生,每个县的领导干部都要亲自下乡,主持一区一乡的工作,或每做完某项工作或发现新问题,召集干部会议,总结经验,提出办法,教育全体干部。对干部中突出的好坏典型,要及时处理,表扬好的,批评坏的,对不可救药的坏分子应予洗刷。另一个方面就是马列主义和中国革命经验的基本教育,这对于新干部特别重要。选定几本书,熟读精研,作为思想武器,有系统地批判旧思想,建立新思想,确立革命的人生观。明年各分区的干部学校都要以轮训现有干部为主,好好进行干部教育工作。

■ 注　释

[1]新区,见本书《关于新解放区的工作问题》注[2]。

坚持与党外人士合作的统一战线政策*

（一九五〇年一月十日）

各位先生，各位同志：

中华人民共和国和中央人民政府成立以后，西北已迅速全部解放，即将由战争稳步转入和平建设时期。在陕西全境解放后，亟须成立全省的政权机关——陕西省人民政府。今天陕西省人民政府宣告成立了。这是一件大事，它对统一领导陕西人民加速医治战争创伤和恢复生产等工作是有重大意义的。

现在西北各省的省人民政府都已先后成立了。各省人民政府的工作，各地方的事情，我们是有信心办好的。有《共同纲领》[1]，有中央人民政府所颁布的政策法令，有毛主席经常的密切指导，就把许多重大问题都给我们解决了，事情就好办了。现在留待我们所要努力解决的问题，最感重要的就是在全西北，在各省，在各个地方加强并巩固人民的革命大团结，以便将《共同纲领》和中央所规定的任务、政策，与我们这个地区的具体情况结合起来，并贯彻下去。我们的地方政权，与中央政权一样，是工人阶级领导的、以工农联盟为基础的、团结各民主阶级和各民族的人民民主统一战线的政权。西北的事情，

---

* 这是习仲勋在陕西省人民政府成立大会上的讲话。

是包括占全人口百分之九十以上的各民族、各阶层、各党派的公事，不是任何一民族、一阶级、一党派的私事，只有团结大家的力量，才能办好，少数人的包办把持，就必然办不好。所以我们共产党就把与党外人士民主合作的统一战线政策，定为党的基本政策，而且这个同党外人士实现民主合作的原则，是坚定不移的，永远不变的。今天统一战线的基础，非常广泛，包括工人阶级、农民阶级、小资产阶级、民族资产阶级，还包括有各民族人民和一切愿与我们合作的爱国民主人士。吸收他们中的优秀代表人物到各地各级政府中来，分担负责工作，这就是统一战线政权或联合政权。陕西省人民政府就是这样一个地方性的联合政府，它包括了各阶层各党派的代表人物。这就使人民民主专政、人民民主统一战线在组织上确立起来了。今年我们还要召开全省各界人民代表会议。这样陕西各阶层、各党派的团结就更加完备和巩固了。我们要做的事情很多，任务很重，困难也很大，但是依靠我们的团结，就完全有办法做好我们所担负的工作，克服一切的困难。由于工人阶级和共产党在这个统一战线中的领导责任，共产党员对执行统一战线政策的态度和作风，就对这个人民的革命大团结的事业，做得好不好，有很大的关系。毛主席早在一九四一年陕甘宁边区[2]参议会的演说中，就向我们明确指示，共产党员只有对党外人士实行民主合作的义务，而无排斥别人、垄断一切的权力。我们不仅是在政府工作中，而且还经过其他许多组织形式和活动方法，去和广大党外人士合作。我们共产党员的责任，就在于我们对人民事业的无限忠诚，保持谦虚和老实态度，工作在前，享受在后。并以此去和各方面的党外人士密切地互相团结起来。在中央人民政府领导下，为贯彻《共同纲领》和建设大西北的事业奋斗。特别在西北地区，共产党员的数量很少，干部中政治理论水平不高，各种专业知识很缺乏，这就需要很好地学习和提高。任何一个共产党员，如果自以为是，盛气凌人，把持包办，一意孤行，觉得自己什么都好，看别人什么都不好，不积极和党外人士合作共事，不虚心学习，那就不管出自怎样的“好心肠”，其结果都是违背了党的政策，把革命的事业办不好。毛主席又曾谆谆告诫我们：“共产党员必须倾听党外人士的意见，给别人以讲话的机会。别人说得对的，我们应该欢迎，并要跟别人的长处学习；别人说得不对，也应该让别人说完，然后慢慢加以解释。”[3]我们要遵照毛主席的指示，认真克服自己的缺点，做到与党外人士的恳切合作。各位非党的委员先生们，各位各界人士们，大家都知道目前是人民民主专政的新时代，除开特务、反动分子以外的一切人，我们都应当团结起来，实行民主合作，建设人民民主的新中国。在西北，在各省，在各地，我们同广大党外人士的合作共事，不过刚开始。我们经验不足，过去时期与各方面的联系不多，我们的工作还有不少缺陷。希望大家知无不言，言无不尽，一切善意的批评和良好的建议，我们都热烈欢迎，诚恳采纳。我们大家都站在为人民办事的立场上，抱一样的态度，团结起来，共同努力，我们的事情就一定会办好。

陕西是西北人口最多、革命斗争历史最长久的地区，对人民解放事业有过极其重大的贡献，在今后西北的建设事业中更应担负起重要的责任。今天我很高兴来参加这个盛会，庆祝陕西省人民政府成立，并预祝陕西省人民政府委员会第一次会议完满成功！

■ 注　释

[1]《共同纲领》，即一九四九年九月二十九日中国人民政治协商会议第一届全体会议通过的《中国人民政治协商会议共同纲领》。它是在中国共产党领导下，各民主党派、各人民团体和各族各界人民的代表共同制定的建国纲领，是全国人民在一定时期内共同的奋斗目标和统一行动的政治基础。在一九五四年《中华人民共和国宪法》颁布前，起了临时宪法的作用。

[2]陕甘宁边区，见本书《关于关中分区的反磨擦问题》注[2]。

[3]见毛泽东《在陕甘宁边区参议会的演说》，《毛泽东选集》第三卷，人民出版社一九九一年版，第八〇九页。

当好西北人民的勤务员*

（一九五〇年一月十九日）

诸位委员先生们，诸位来宾先生们：

今天西北军政委员会成立了。这是全西北人民历史上空前的一件大事。我们热烈庆祝西北人民解放事业的伟大胜利！热烈庆祝西北军政委员会的成立！热烈庆祝西北人民革命大团结的成功！

西北人民已经赢得了解放战争的胜利，实现了自己的人民民主专政。我们深深感谢人民解放军的英勇奋战！感谢各族、各界人民的团结和努力！感谢各友邻地区兄弟般的援助！特别要感谢伟大的人民领袖——毛泽东英明而亲切的领导！

西北解放战争已经结束，我们就要进入一个和平建设的新时期。西北有三百三十九万平方公里的土地，有汉、回、维吾尔、藏、蒙古等十余个兄弟民族二千三百五十万人口，有广大的农、牧业和一定的工矿业基础，有丰富的地下蕴藏，这些都是建设新西北的极好条件。我们要做的事情是很多的，困难也很大，但依靠我们各族、各界人民的大团结，依靠我们正确地执行各项政策，依靠我们艰苦奋斗，我们就完全能够克服当前的各种困难，有步骤地进入经济建设高潮和文化

---

* 这是习仲勋在西北军政委员会成立大会上当选为西北军政委员会副主席时的就职讲话。

建设高潮。建设一个经济繁荣、文化昌盛的新西北。

在一切工作中,我们必须完全遵守《中国人民政治协商会议共同纲领》[1],坚决执行中央人民政府的政策法令和西北军政委员会的一切决议。特别是共产党员应成为执行政策法令的模范。要善于坚持真理和随时修正自己的错误,善于密切联系人民群众,善于和党外人士合作共事。我自己是一个共产党员,是一个普通的为人民办事的勤务员,这次蒙中央人民政府任命为本会副主席职务,深感责任重大。当一本过去为人民服务的精神,和全党同志一起,和各民族、各界党外人士一起,彼此共策共勉,当好西北人民的忠诚勤务员。在中央人民政府和毛主席的领导下,在本会彭主席[2]的直接领导下,和张副主席[3]以及全体委员共同努力,我们深信建设新的大西北的光荣事业是一定会成功的。

西北民主联合政府万岁!

西北人民大团结万岁!

■ 注　释

[1]《中国人民政治协商会议共同纲领》,见本书《坚持与党外人士合作的统一战线政策》注[1]。

[2]彭主席即彭德怀(一八九八——一九七四),湖南湘潭人。一九二八年加入中国共产党,同年参加并领导了平江起义。曾任红军第三军团军团长,中央革命军事委员会副主席,八路军副总指挥,中央军委副主席兼总参谋长,中国人民解放军副总司令,第一野战军司

令员兼政治委员。一九四九年六月起任中共中央西北局第一书记。新中国成立后，任西北军政委员会主席，西北行政委员会主席，西北军区司令员，中央革命军事委员会副主席，中国人民志愿军司令员兼政治委员，国务院副总理兼国防部部长，国防委员会副主席。中共第七、第八届中央政治局委员。一九五九年遭到错误批判。“文化大革命”中受到迫害，于一九七四年十一月二十九日含冤逝世。一九七八年十二月，中共十一届三中全会为他平反昭雪，恢复名誉。

[3]张副主席即张治中（一八九〇——一九六九），字文白，安徽巢县人。一九四五年任国民党政府西北行营主任兼新疆省政府主席。一九四六年代表国民党参加由国共和美国三方组成的军事三人小组。一九四九年春任国民党政府和平谈判代表团首席代表，同中国共产党代表团在北平进行谈判。国民党政府拒绝在国内和平协定上签字后，他被挽留在北平。新中国成立后，任中央人民政府委员，西北军政委员会副主席，西北行政委员会副主席，国防委员会副主席。第三届全国人大常委会副委员长。中国国民党革命委员会中央副主席。

把妇女运动再提高一步*

（一九五〇年三月八日）

各位妇女代表先生，各位同志：

今天欣逢西安市妇女代表大会第一次会议开幕，同时恰是国际劳动妇女节第四十一周年纪念日，这样的双重意义，促使我们每个与会者的心情，都是十分兴奋和愉快的。我代表中共中央西北局和西北军政委员会祝贺大会遵循国际劳动妇女所走的道路，坚决执行全国妇女代表大会决议，密切联系妇女群众，针对妇女群众呼声，解除妇女群众痛苦，吸收她们积极从事经济文化建设，逐步走向彻底解放！

西安自解放到现在已经九个多月了，九个多月来，西安各界民主妇女联合会筹委会在中共西安市委和西安市人民政府正确指导和帮助下做了很多工作，目前召开妇女代表大会，是非常切合时宜的。大会的召开，是西安市妇女工作各方面已逐渐开展的标志，特别是妇女群众已初步地组织起来了，这是很大的成果，这个成果是由于妇女群众觉悟的提高和许多妇女工作干部的努力所获得的。

斯大林曾经讲过："在人类的历史上，没有过任何一次被压迫群众的伟大运动，没有劳动妇女的参加竟而获得成功的。"又说："劳动

* 这是习仲勋在西安市第一次妇女代表大会暨纪念三八国际妇女节大会上的讲话。

妇女，是被压迫群众中的最受压迫者，从来未曾而且也不可能徘徊在解放运动的大路之外。”[1]是的，我们任何一项重要任务的完成，均离不开妇女群众的参加。就拿支前一项来说，西安市妇女在去年九月后，帮助军队做军袜五十万双、军被近三十万床、棉衣二十五万套、大衣六百件，假如没有她们积极热情的参加和工作，军队过冬就有困难，击败敌人就没有保证。因此，做好妇女工作是做好一切群众工作绝不可缺少的一个重要部分。我们有些同志，忽视妇女运动，认为做妇女工作没有意思，这是没有丝毫根据的。另外，在我们现存生活中，还有两种不正常现象必须纠正：一种是有些领导机关对妇女工作部门帮助不够。从工作到日常生活，以前是关心的少了一点，以后要关心的多一点。一种是有的机关，不愿意容纳结过婚生过孩子的女干部。这些人似乎不懂得女同志就是要结婚生孩子的，问题在于如何帮助她们，多组织几处托儿所，使工作与照应孩子的时间合理地调剂开来，只简单的拒绝是不行的。今后妇女们参加各方面的实际工作不是一天一天地少，而是一天一天地多。我们看看苏联社会主义建设中，妇女们所起的作用，就会懂得这个道理了。

由于旧中国几千年的封建统治，劳动妇女们除同全体劳动人民一样受着反动阶级的压迫和剥削以外，又多了一层：从很久很久以前，妇女即被排挤出社会生产事业的主要岗位，而处于家庭中的附属地位。这样使得妇女们遭遇的痛苦比起男子来更为深重：她们受到不平等的看待，被剥夺了应该受到教育的机会，为的是尽量造成她们的愚昧无知和盲目的驯服；她们平时不能走出家庭一步，厨房与生育消磨了她们的整个生命。这样就给了人们一种错觉，好像妇女生来就不如男子有用，应该成为男子的附属品。实际并不应该是这样，而是旧社会遗留下来的罪恶。现在虽是人民当政的新时代,但由于全国解放伊始,妇女们要享有自己的权利和幸福,务须配合国家建设长期奋斗!因此,需要我们各位代表先生们和所有做妇女工作的同志们,做更多的艰苦工作。

我认为西安市妇女运动在目前的任务应该是:

(一)开展妇女运动中的统一战线工作。目前一切群众运动,都是统一战线的群众运动,而妇女工作,更应是一个极其广泛的统一战线工作。如西安市这次妇女代表大会,就不仅有女工、女学生、女教师、女职员的代表,还包括有妇女界民主人士、家庭妇女、女艺人等等方面的代表,这样,就与西安市各界各阶层二十万妇女群众建立起了广泛联系,这就是最好的组织形式。这种组织形式是非常之宝贵与必要的,今后这样的会议是应定期召开的,经过这种会议,把广大妇女动员和组织起来,商量自己的问题,教育和提高妇女参加到祖国经济的、文化的、社会改革的各种伟大运动中去。只有把广大的妇女群众在各种运动中组织起来,妇女群众有了自己的组织,就有了力量,就能够为着自己的共同要求而奋斗。

(二)发动广大妇女群众积极地参加各项生产建设。现在西安市有女工一千三百余人,虽然占全市妇女人口的比例数不大,但她们是生产战线上的一支主力军,应该成为妇女群众中的领导成分。对女工们的工作,必须重视,以她们参加劳动的光荣模范事迹,号召全市各界妇女,从鄙视劳动的不正确观点,转变为崇尚劳动鄙视懒惰的正确观点,教育她们懂得劳动创造一切的道理,懂得只有妇女们在生产方面有了重要位置,社会地位就自然提高了,否则只能是空谈妇女解放。应该倡导家庭和睦、劳动致富的风气,帮助一些无正当职业的妇女群众们,同样能获得参加生产的机会,找到正常的生活出路。有些家有男劳动力而仍然无法在城市生活者,可鼓励其向政府登记移到垦区生产安家。劳动是每个人的天职,只有每个妇女都能参加劳动生产工作,我们的生活就会发生变化,就会为妇女彻底解放打下坚固的根基。

(三)组织妇女群众学文化、学科学。妇女群众们的彻底解放,第一要参加生产,第二就要和愚昧作斗争。西安市妇女知识分子较乡村为多,但仍是占总人数的极少数,科学知识更感不足,特别是关于社会科学。有的说,妇女可以不关心政治,这是很不对的。市妇联筹委会在这一时期曾经协助政府举办过几期教员座谈会、青训班,进行了妇女冬学识字运动和一次妇女卫生讲座,是很好的。今后应该继续有计划有组织地推广这样的学习运动。对妇女知识分子,仍应着重思想改造,扫除国民党时代的封建殖民地文化的残余影响,确定新的人生观,全心全意为人民服务。还有关于演戏、说书的旧艺人,对社会教育影响颇大,对她们的改造,也是不能忽视的,应该帮助其取缔封建迷信的内容,逐渐做到演新剧、说新书。

(四)城市妇女运动必须同乡村妇女运动密切结合。没有广大农村劳动妇女的翻身,城市妇女将会处于孤立无援的地位。今年秋后,西北好些地区要进行土地改革,目前正在发动群众做好各项准备工作。我们号召城市妇女知识分子深入到农村中去,帮助农村劳动妇女反封建分土地,农村劳动妇女一定会热情地接待大家的。到农村去的城市妇女知识分子,开始或许会感到生活有隔阂,不惯相处,过些时间,就慢慢体会到劳动人民真正是可钦可爱的。同样在经过这样的实践过程中,会把妇女知识分子本身锻炼得更坚强起来,她们将会感到群众运动对她们的改造比起读书本是更进一步了。妇联会经常关心的干部问题，也将会有新的改观。

（五）上述工作的完成，必须要有正确的工作态度和正确的工作作风。一切要从实际情况出发，从群众的迫切要求和群众的自觉基础出发。热情是要的，但如果没有调查，没有计划，盲目地依靠热情去办事，就会犯错误。例如，不管在城市做工作或者去乡村做工作，不可能一次把所有工作都做完，一个时期有一个时期的中心，同样不可能在一个时间内，不分地区环境、不分群众觉悟程度只做一般的动员，必须先从一个工厂，一个街道或者一个农村做起。又如关于婚姻问题，不能一进农村就大喊婚姻自由，那会脱离群众的，必须在土改后，群众觉悟提高了，婚姻纠纷自然不难处理。这些说明我们不仅要有明确的工作方针，还要有比较细致的工作步骤，否则方针虽然有了，仍不能解决问题。

各位代表先生，各位同志：积极地动员起来，从开好这次代表会起，把西安市妇女运动提高一步，为建设新西安而奋斗！

■ 注 释

[1] 见斯大林《庆祝国际妇女节》，《斯大林选集》上卷，人民出版社一九七九年版，第三一五页。新译文是："在人类历史上，被压迫者的任何一次伟大的运动都少不了劳动妇女的参加。劳动妇女，一切被压迫者中最受压迫的劳动妇女，从来没有而且也不会站在解放运动大道的旁边。"

为统一国家财政经济工作而斗争*

（一九五〇年三月十八日）

现在是“万事俱备，只待东风”了！

中央人民政府政务院颁布了《关于统一国家财政经济工作的决定》。我们今天在这里召开的西北财政会议，正是讨论这个决定。这就是说，方针已经有了，问题就在于如何贯彻这个方针，如何把政务院的决定，在西北地区全部实现。“祭东风”要做准备工作，我们今天必须首先整顿自己，搞通思想，然后才能扫除一切障碍，为统一国家财政经济而斗争。

西安财政经济方面的当前任务，贾拓夫[1]主任讲得很清楚。的确，统一国家财政经济是一个重大的政治问题，任何事业，离开这个主题都是走不通的。过去我们长期处于分散的环境中，收入支出形成“各自为政”、“独立国”，这在那个时候是需要的，否则就不能存在。但在今天全国已经统一，新的时期已经到来的形势下，如果仍然继续搞“各自为政”、“独立国”，就要犯严重错误。经济是政治的实际内容，财政经济不统一，我们的国家，就不可能真正的统一，已获得的胜利，也就不可能真正地巩固起来。我再重复一句，统一国家财政经济，不仅是财政经济本身的问题，而且是一个重大的政治问题，应该

---

* 这是习仲勋在西北财政会议上的讲话。

引起大家警惕！因而，中央人民政府政务院颁布的十条决定，不迟不早，恰是今年，这个时机之恰当，是异常英明和具有重大的历史意义的。

如何在西北地区贯彻这个决定呢？这就需要我们首先领会这个决定的基本精神是：“增加收入，缩减开支，统一领导。”为此在西北目前具体情况下，必须坚决做好以下几件工作：

第一，必须整编机构，核实人数。现在西北军政委员会已经建立了编制委员会，初步开始进行整编各个部门的机构和核实各个部门的人数。国民党官僚机构臃肿重叠，只管搜刮人民，不管人民死活，所以人民闹革命，推翻了它。我们就不能那样，我们要依照人民意志，实事求是地设立工作机构和配备一定人员。根据西北军政委员会最近切实进行整编机构与核实人数的结果看，在人员的配备上，已较各个部门的初步编制意见减少了百分之五十左右，就是一个明显的例证。正如一部机器一样，必须合理地配置零件。不必要的庞大机构，人浮于事的现象，反而会降低工作效率，起码对于他们的物质待遇、思想教育，还得设一批人专做此项工作，又增加了一层浪费。过去各单位在核实人数上普遍有错误，增加人员向上报告，减少人员不见报告。一个人全年须开支四千多斤小米，减人员不报告，不能不叫做贪污。这是集体贪污，但个人不能没有责任。这是本位主义思想在作怪，只图单位享受，不管国家大公吃亏，假如把这项开支移到建设方面，是要起好大作用的。每一个人都长一张口，天天要吃东西，因此必须首先从核实人数着手。

第二，必须进行普遍深入的清理调查工作。现在在西北军政委员会已经建立了仓库物资清理调配委员会，凡是国家的人民的公共财产，都要重新进行清理调查。根据中央人民政府铁道部清理车辆的经验，只要我们真正组织起来，行动起来，深入到各个角落去，定会作出很大成绩。拿仓库来说，多检查，就可防止雨淋、发霉和盗窃现象。而且更重要的，是要结合检查各个部门的管理经营制度与工作作风，只有这样，我们的清理检查工作才能深入和彻底，收到真正的效果。

第三，必须厉行节约，省人省钱。最近我们西北地区已经开展了这一运动，有些部门已经获得了初步成绩。根据几个部门的材料来看，虽非贪污，总有浪费，不是过去没有问题，而是熟视无睹。仅就某团一个营来说，进入西安以后，陆续打坏七十多只灯泡，这就是浪费。此外人也要节约，有些机关的卫生所，有医生，有护士，又有司机，结果病员仍需去医院治病，而卫生所却又闲着无事。每个人都有“二尺半”[2]和“斤半米”，五个人的供给等于一户富家的收入。拿浪费时间来说，时间就是生命，不珍惜大家的时间，等于不珍惜大家的生命。过去开会，少数人总是迟到。进入城市以后，这种现象虽然有所改进，但还没有做得很好。有些会议时间拖延太长，有些会议空洞没有内容，假如把这些时间用在工作和生产上，就能创造工作成绩和社会财富，而这种浪费之大，往往是无法计算的。由此可见，我们的厉行节约要从许多方面着手。贪污要反对，浪费更要反对，因为浪费往往是看不见的、不知不觉的。我们要从领导上展开思想斗争，严惩贪污，厉行节约，提倡精打细算，反对大少爷作风。拿钱和泥，不算本领。我们负责给人民办事，所要求的是用最少的人力、物力和时间，作出更多更好的工作成绩。

第四，必须扩大税源，完成今年税收任务。在进行税收工作中，我们要反对单纯的片面的“仁政”观点和轻视税收工作的观点。我们应该认识到人民政府的税收是“取之于民”而又“用之于民”的，这和过去国民党反动派政府，剥削广大人民血汗，中饱四大家族[3]私囊的税收政策，有着本质上的不同。我们为了建设繁荣富强的新中国，引导人民走向康乐社会，首先必须克服目前国家财政经济的困难。必须向广大人民征收部分生产盈余作为国家税收，以此积累资金来建设国家工业和从事人民的福利事业，目的在于帮助人民大众创造更多的财富。因此，政府向农民征粮、向工商业者征税是十分合理和必要的。征收公粮已有经验，征收工商业税经验还不多。甚至还有人认为征收各种货物税就是“苛捐杂税”，这完全是种糊涂的错误思想。这些人看不见国家建设的光明远景，他们不懂得交税就是公民的一种义务，必须提高他们对于国家责任与公民义务的认识，从而整顿国家的一切税收，做到凡是应该收税的，概不放弃，以增加国家收入，减少国家的困难。只有一切从国家建设出发，国家财政经济繁荣了，各行、各业、各个阶层的财富才能增加；否则，国家财政经济崩溃了，任何个人、集团、阶层、党派的利益也都无法保证。

第五，必须遵循中央人民政府政务院《关于统一国家财政经济工作的决定》，在新的基础上建立各方面的制度。只有如此，才能真正保证国家财政经济工作的统一。我想，要保证上述工作的实现，首先必须在思想上解决问题，这就是：一、树立巩固胜利的观念。我们必须清醒地认识到，统一财政经济是巩固胜利的头项重要工作。换句话说，财政经济真正做到全部统一，就是巩固了“万里长征第一步”，并给将来的第二步、第三步铺平了前进大道。二、要认识到统一国家财政经济工作，是我们大家共同的责任。有些糊涂的同志说：“全国财政经济统一不统一,是中央的事,与我个人无关。”这种“事不关己,高高挂起”的自由主义思想是极端错误的。事实上不是无关于已,而是有关于已,难道我们能够像小说里幻想的鲁滨逊一样,漂流到没有人烟的荒岛上,脱离社会的经济生活吗?不能的。我们每个人的责任不是少了,而是加重了,否则就是“饱食终日,无所用心”的官僚主义者。三、克服本位主义与地方主义的思想。坚决地确立部分服从全体,地方服从中央的思想。不要强调自己地区的特殊,不要强调本单位的特殊。强调自己,强调本单位,结果是没有自己,没有本单位,因为全国财政经济不统一,省、大行政区就不能存在,哪里还有你自己和你的单位呢?四、长痛不如短痛,忍受暂时困难,争取长远利益。今天有困难,但比之过去的困难要小得多,统一之后有困难,但比不统一的困难小得多,其后果也轻得多。这样,我们才有可能有计划、有重点地集中使用力量,否则,就是头痛治头,脚痛治脚,结果什么也搞不好。有些人觉得习惯不来,不懂得没有重点的恢复和发展,就没有全面的恢复和发展。有些共产党员还在闹情绪,这是不应该的,要从自己的党性上检讨,检讨自己在这一时期究竟做了多少工作,比过去在延安时做得多还是做得少?可以肯定地说,有些同志做的工作并不比过去多,生活反而腐化起来,更应该好好检讨自己。五、反对一切不合实际的设施。有些人孤立地强调正规化,而与当前政治生活脱节,是很危险的。他们说:“要适应城市生活。”这是一种抽象的模糊的错误说法。城市有多种多样的生活,究竟要适应哪一种?应该说,要适应城市工作情况,但城市的工作情况正是要定员定额,严密分工,更不许可有所浪费。他们所谓的“适应城市生活”,却是指适应旧时代上层社会的腐化生活。这样的人,如果不立即“悬崖勒马”,

那就可能被这种所谓的“城市生活”腐蚀，而陷入铺张浪费、贪污腐化的泥坑里去。六、必须重视并学会精打细算，管理家务。管家务就是管税收，管银行，管工厂，管合作社，我们会管家务的同志不是没有，而是太少。过去有些同志认为做财经工作是“十一门干部”，他们不懂得所有的党政工作，全是为着发展财政经济而服务的，做革命工作，不过问生产，就是想当革命队伍内的“二流子”。大家都要有从头学起的精神，提高政治水平，提高业务水平。

财政经济工作的统一，就是在新的环境下，将我们的工作作风纳入正轨的具体表现。我们要毫不留恋地丢掉过去那种不能适应今天工作需要的工作作风，创造出完全适合今天的新的现实情况的工作作风。过去的经验，只能当参考，不能当公式乱搬，乱搬就会出毛病的。

今天到会的同志，有党外人士，也有不少共产党员。特别是共产党员应本着批评与自我批评的精神，检举我们过去财政经济工作中的弊病。不管自己的，别人的，以及领导上的缺点，都应大胆地予以揭发，严肃地进行批评。以求得财政经济工作干部思想行动上的统一，拟定新的工作制度和方法，把政务院统一国家财政经济工作的决定和我们这次会议的决议，在全西北各地区迅速地贯彻下去，把这方面的各项工作迅速地开展起来。

■ 注　释

[1]贾拓夫，见本书《关中党史简述》注[30]。

[2]这里泛指抗日战争时期和解放战争时期人民军队、地方干部

享受供给制待遇所穿的制服。

[3]四大家族，指国民党统治时期形成的蒋介石、宋子文、孔祥熙和陈果夫、陈立夫兄弟等四大官僚买办家族。

充分发挥民主效能，在经济战线上打胜仗*

（一九五〇年四月二十五日）

各位先生，各位同志：

西安市各界人民代表会议第二届第一次会议，在解放后已经十一个月的今天开幕，这是非常切合时宜的。这次会议，即将代行人民代表大会的职权，即实行中央人民政府公布的《市各界人民代表会议组织通则》第七条所规定的：听取与审查市人民政府的工作报告，决定市的施政方针和政策；审查与通过市人民政府的预决算；选举市人民政府市长、副市长、委员，组成市人民政府委员会等五项职权。这就开始实现了我们国家政权的根本制度。《共同纲领》[1]中庄严宣告："中华人民共和国的国家政权属于人民。人民行使国家政权的机关为各级人民代表大会和各级人民政府。"现在，西安这样实行了，而且实行得好，对西北各地都有影响，他们就要跟这里学习，向这里看齐。这就是有力地推动了全西北人民的民主高潮。所以，开好这个会议，有极其重大的意义。

回顾西安市人民政府的工作，已经走过了两个阶段：从去年五月西安解放到八月召开各界人民代表会议，为第一阶段。那时情况严

---

* 这是习仲勋在西安市各界人民代表会议第二届第一次会议开幕式上的讲话。

重，外有敌军反扑，内则秩序混乱，军管会和市人民政府以全力安定秩序，动员群众进行支前和接管工作，完成了自己的任务。从去年八月到现在，是第二阶段。这时情况已有改变：敌军被打垮，特务遭受致命打击，接管完成，秩序稳定，人民群众政治觉悟逐步提高。我们就在这个基础上有重点地开展了恢复工作。主要是：恢复工业生产，活跃贸易市场，调剂金融，平稳物价，整理财政，以及整顿学校，巩固治安，教育和组织群众等。这些工作成绩的总和，就是开始改变了西安市的面貌：城市秩序由稳定走向巩固；人民群众已基本上组织起来；作为政府联系广大人民群众的各界人民代表会议已行之有效且日趋完善，以及随着全国财政状况开始好转而出现的币值巩固和物价稳定。有了这些条件，我们就有可能从现在起将西安市的工作推进到一个新的阶段。这就是：要集中力量发动群众，恢复和改进生产事业，办好财政经济工作，逐步地将消费城市转变为生产城市。其他各种必须举办的事情都要兼顾，但生产是压倒一切的中心任务。

我们已经在军事上、政治上取得胜利，还必须在经济战线上取得胜利。像西安这样的城市，只有在经济战线上获得大踏步地前进，才有可能根本改变自己的面貌。各阶层人民大众团结起来，在经济战线上打胜仗，这就是我们新的城市工作的基本方向。

为负担起新的任务，我们必须在各方面力求进步。以人民代表大会为根本制度的民主政治，必须健全地发展起来，并充分发挥其效能。各界人民代表会议依规定每三个月召开一次，如果事情多，又准备得好，可以多开，一般不能超过三个月不开。休会期间的协商委员会，依规定每月召开一次，必要时也可多开，一般不能超过一个月不开。每次会议要有充分的准备，准备政府工作报告，要开门见山，简明扼要，有情况，有分析，有检讨，有方针和办法。那种繁杂琐碎、包罗万象、冗长沉闷的报告是不好的。报好不报坏，报喜不报忧，是不对的。更重要的是准备会议所要解决的问题，这要大家去做，各位代表均有责任。而关键在于倾听群众的意见。要认定我们的工作，除担负国家交付的任务外，就是要解决群众中间的问题，要在每个时期满足各阶层人民大众一定的具体的政治经济要求。大家都是生活在群众中间，要经常接近群众，倾听群众的呼声，反映群众的意见，经过协商委员会将群众的意见集中起来，加以整理、分析，抓住一两个带普遍性的问题，作为提交会议讨论的中心议题，研究提出解决问题的初步意见，再经过代表们拿到群众中去，反复酝酿，反复集中群众的意见，力求作出研究成熟的决议草案，提交会议讨论。在开会时要很好地掌握领导，领导好的关键，第一是明确提出问题，充分发扬民主，认真讨论；第二是掌握政策，引导会议对所讨论的问题作出正确决议。每次会议只讨论一两个问题，不要太多。讨论问题不怕争论。代表们既然是来自不同的社会阶层，对问题有着不同的看法，争论是一定会有的。要采取正确的态度，欢迎代表对政府工作的批评。代表们以主人翁的资格来行使自己的职权，有检查政府工作的权利和义务。政府工作有成绩，他们要表扬；有缺点错误，他们应当批评，这种批评正是对群众负责的表现，是应当欢迎的。这正是每个代表的权利和义务，任何限制和压制批评的行为，是不允许的。问题在于会议领导者要善于依据《共同纲领》和中央人民政府所颁布的政策法令的原则，去分析各种不同意见，正确的必予采用，有偏差的须加修正，向会议进行耐心的解释说服工作，引导大家作出正确可行的决议案。此外，应该去掉那些陈旧的、无内容的、束缚与阻碍我们与群众密切联系的一套形式主义。对于会议所作的决议,必须认真地组织传达与贯彻执行。市人民政府所属各局、处,应积极进行传达、讨论并坚决执行。要知道,市各界人民代表会议所选出的市政府及其所有工作人员,必须把会议的决议看作是与上级政府所给予的任务或命令同样重要,只有努力完成,不许束之高阁。不执行各界人民代表会议决议,就是严重的违法渎职行为。当然,决议的贯彻,不是仅仅依靠政府工作人员去做,还有全体代表和协商委员会的协助。不是学旧衙门作风,发下一纸命令,叫群众照此行事,而是要和群众商量。就是将集中起来的群众的意见,又向群众宣传解释,化为群众的共同意志和自觉行动。群众中有无限的智慧和无穷的力量,只要我们把群众动员起来了,任何困难都是可以克服的,任何事情都是可以办成功的。这就是毛主席教导我们的"从群众中来,到群众中去","集中起来,坚持下去"的正确领导方法。只有真正学会这种方法,才能有保证地做好我们的工作,才能不断地教育和提高群众,使之觉悟到:人民是国家的主人,人民自己的力量,可以战胜一切。

正确指导西安的工业生产,渡过目前的困难,走上正常发展的道路,是当前最迫切的问题。西北的工业还会有很大发展,眼前的困难是带暂时性的。克服的办法,首先与主要的是改进企业管理。因为现有的这些工业是抗日战争时期在与沿海各地交通隔绝的环境中发展起来的,当时较大的公私企业差不多都处于垄断地位,享有高额利润,因而发展了极其严重的官僚主义的管理制度,表现在:人员多,浪费大,生产效率低。这种情况如不加以改变,要在今天全国统一、和平建设的环境中继续存在与发展,是不可能的。而只要认真改变这种情况,大部分企业还是可以站住脚,并进而再求发展的。改换更进步的机器装备好不好？很好。但是今天大部分的工厂自己没有力量去办，只有从现有基础上努力生产，积累资金，将来才会有新机器，否则空喊改良设备，是无用的。而先改良设备，不改进管理，还是要赔钱的。改进企业管理，需要工人和资本家两方面的共同努力，还须加上人民政府的有力指导。告诉资本家们，要认识发挥工人在协助生产管理方面的积极性和遵守劳动纪律的自觉性，改变旧的陈腐的生产管理方法，代之以新的真正有群众作依靠的生产管理方法，这是搞好生产，克服困难的主要环节。告诉工人群众们，要认识搞好生产也是私营工厂中工人的责任，只有生产发展，才能劳资两利。对于改进管理，工人们应积极地提出意见，和资本家协商解决，但不要因此去干涉资本家的行政权与用人权。总的来说，经过劳资协议，改进企业管理制度，并采取签订集体合同的办法，将新的劳资双方的正常关系固定起来，共同努力，搞好生产，这就是我们在私营企业中工作的方针和办法。国营企业的改进管理工作，更应积极进行。要从登记资财，清理仓库，进行反浪费斗争，开展创新纪录运动做起，逐步贯彻经济核算制。应该而且必须比私营企业做得更快、更好，以发挥国营企业的领导作用。由于中央人民政府的正确领导和英明措施，从三月份起全国财政状况开始好转，实现了币值巩固，物价稳定。这对于广大劳动人民和正当的工商业者是福音，但对于靠做投机生意过活的人则是噩耗。最近时期，有不少的人吃了亏，到处喊叫“生意不能做了”，其实生意还是可以做的，而且向前发展的希望是很大的，但投机生意是不能做了。旧中国十余年的通货膨胀时期已经过去了，新的和平建设时期已经到来了，要迎接新的时期，改变旧的做法，不是去做囤积居奇，兴风作浪，追求高额利润，供养奢侈生活，而是要做正常状态下的流通物资，老老实实，勤俭朴素，获取社会通常利润的报酬。我们工商业的前途是光明的，悲观论调是没有根据的。

还要切实改进我们的工作作风。中央号召我们反对辛辛苦苦的官僚主义，大家口头上都拥护，但实际行动中反掉的却很少。有这类毛病的人，表面上是成天开会、谈话、会客、看报告，跑的腿很多，讲话也不少，累得睡眠不足，身体衰弱，甚至星期天也不休息，确确实实是很辛苦的。但他们或是由于死记老经验，看不见新事物，学习不努力，用旧办法对待新问题，担子越担越重，困难越来越多；或是不善于与别人合作共事，喜欢包揽一切大小事情，自己忙碌不堪，别人闲得难受；或者是漫无方向，盲目乱干，碰见哪样做哪样，陷入事务主义泥坑，还有其他等等。以致当检查他们工作的结果时，发现他们总是把最主要的事情放弃或放松了。这就表明这些同志的群众观点不足，马列主义不多，实际也就是对革命事业的责任心不强。这种辛辛苦苦的官僚主义是与那种“饱食终日、无所用心”的官僚主义，在脱离实际、脱离群众的实质上并无区别，其对革命事业同样是有危害的，这不是很明显的么？我们不要常常想着自己的主观愿望，原谅工作中的缺点，而是要常常检查工作，看看工作的结果。我们一定要反掉这种辛辛苦苦的官僚主义。列宁教导我们说：“多谈些经济。”[2]这句话的意味是多么深长！多想想经济方面的问题，这就是今天政治生活的具体内容，就是我们的中心工作，在任何情况下都不能放弃或放松的中心工作。离开经济，离开群众生产活动的抽象政治，我们有很多人确实是谈得太多了。从那些抽象政治空谈中解放出来，面向经济，把生产事业办得更好一点，把关系群众生活的事情办得更好一点，这就是今天我们所要努力做到的。

祝会议胜利成功。加强团结，力求进步，迎接和平建设时期的新任务。

■ 注　释

[1]《共同纲领》，见本书《坚持与党外人士合作的统一战线政策》注[1]。

[2]见列宁《论我们报纸的性质》，《列宁选集》第三卷，人民出版社一九九五年版，第五七一页。

掌握情况，依法办事*

（一九五〇年五月四日）

在司法工作中掌握情况是非常重要的。掌握情况的前提是了解情况，只有把情况搞清楚才能掌握，掌握了情况才能依法办事，否则事情是不可能办好的。

法律要用到具体环境里，必须与具体事物相结合。我们国家制定的法令是完全正确的，是符合人民利益的。比如要公粮，有的人说："你们还不是和国民党一样的要！"对这种说法，我们就要分析：同样的都是征公粮，但是目的根本不同，国民党要的粮是用以进行反人民的战争，剥削压迫全国人民；而我们要的粮，是用以为人民搞建设、谋福利，也就是"取之于民，用之于民"，把我们穷困的国家建设成富强的国家。国民党征粮是横征暴敛，不顾人民死活；而我们征公粮力求公平合理，有的就出，没的不出，多的多出，少的少出，和国民党是根本不同的。当然，在执行的过程中也发生过一些偏差。有些同志虽然懂得公平合理的原则，但因为不善于掌握情况，因而在实际工作中发生了强迫命令、强迫摊派偏向。还有土改定成分问题，本来人家是富农错定成地主，本来是中农错定成富农。所以说了解情况、掌握情况是极其重要的，只有掌握了情况才能依法办事。不掌握情况，任

* 这是习仲勋在西北司法会议上讲话的一部分。

何事情都很难做好。

掌握了情况，还要依法办事。现在我们依什么法呢？我看我们现在的法，就是《共同纲领》[1]。《共同纲领》就是国家大法，是我们司法工作将来制定具体条例的根据。不管民事刑事，都要根据《共同纲领》的精神，以《共同纲领》作为根本法，来订立法律条文。所以我们司法工作人员必须好好学习、认真研究《共同纲领》。中央号召我们学习《共同纲领》、开国文件，我们有的同志还没有学好。比如做经济工作的一些同志，对公私关系问题，认为“先公后私”，这话听起来很好听，其实这样讲是不对的，违背了《共同纲领》，如果照这样办，必然对私人资本家限制太大，太厉害，资本家无利可图，工商业就要关门，这样连公家也救不了多久，反而会引起社会的混乱。所以《共同纲领》中只规定“公私兼顾”、“劳资两利”，并没有说“先公后私”。为什么举这样的例子，提这样的问题呢？因为不仅一般干部，甚至有些高级干部也存在这个倾向。所以，对《共同纲领》我们只能说学了一点，学得还不够，希望同志们再把它好好地研究一下。

司法工作并不是“找岔子”，也不是专为别人犯了法去处罚，那是不对的、消极的。我们不是惩办主义者，最积极的意义在于通过执法（当然也包括处罚）来教育广大人民，扫除各种障碍，以保证人民政府的各项政策法令畅通无阻地实施执行。

现在我们党已经成立了纪律检查委员会。如果共产党员犯了法，是一定要用党纪和国法双重来惩处他的。政府也有了监察委员会，看我们所有的工作人员工作是不是搞好了，是不是尽了责任，是不是遵守政府的法令。我们的司法部门对于违法的行为要依法进行严肃处理，我们要给人民当个青天，绝不要当个昏天，不能因为犯法者是干部、是共产党员，就可以逍遥法外，只要有人控告和检举，又有确凿的证据，我们就要依法处理。问题再说回来，就是要有调查研究，分别是非轻重，依法处理案子。这样才符合广大人民的利益。

■ 注　释

[1]《共同纲领》，见本书《坚持与党外人士合作的统一战线政策》注[1]。

反对官僚主义、命令主义*

（一九五〇年五月二十日）

同志们：

今天是西安解放的周年纪念日。正当今天，我们来回忆一年来的工作，分析情况，指出存在的问题，研究解决的办法，提起全党同志注意，是有意义的。今天要讲的，就是反对我们工作中的官僚主义、命令主义的思想作风。

一、我们工作中最大的危险

自去年进入新区[1]以来，我们的工作情况究竟起了什么变化？这首先是我们取得了伟大的胜利，解放了西北五省，建立了各级人民政权，并开始进行各项工作。这个胜利的到来，是迅速的、顺利的。但这个迅速、顺利到来的伟大胜利，也有其另一个方面，这就是我们的工作任务非常繁重，而领导进行这些工作的主观力量却不够坚强。我们地方工作中，新干部占百分之九十以上，还没有来得及进行教育和改造，其中不少人仍在用国民党时期的旧作风、旧办法来对待工作；老干部数量很少，又大部分不善于掌握新区情况，许多人在胜利情况下生长着骄傲情绪，以至沾染各种非无产阶级的思想。这样就

* 这是习仲勋在西安干部大会上的讲话。

使我们领导工作中发展了各种形态的官僚主义作风，下边执行工作中发展了严重的命令主义作风（也是官僚主义的一种表现形态），其结果，当然是损害了我们党与人民群众的紧密联系。这就成为我们工作中最大的危险。

自三月间，彭德怀[2]主席号召反对贪污腐化、铺张浪费、本位主义等不良倾向后，两月多以来，此间党、政、军、民各机关、团体、单位均开展了群众性的反不良倾向运动。各省各地也都积极响应。凡这个运动已经开展起来的地方，都有很大成绩，贪污腐化、违法乱纪的行为受到法律制裁，铺张浪费显著减少，教育了干部和群众，并开始改进工作。而最重要的，是从一般的反不良倾向，进到深入检查各专业部门、企业单位的领导工作，这才击中了要害，照到了我们工作中的最深处。无数活生生的事实证明：使贪污腐化、违法乱纪、铺张浪费等不良倾向能够存在和发展的，正是领导工作中的官僚主义；使国家财产、公私经济、群众生产蒙受重大损失的，也是领导机关的官僚主义和下级机关执行工作中的命令主义。

我们当前的任务，就是领导群众将反对不良倾向运动，继续普遍地开展起来，深入下去，并引导运动向着开展全面检查工作，反对官僚主义、命令主义的方向发展。有两种偏向，要注意防止和纠正：一种是领导者对反不良倾向采取官僚主义态度，对群众运动不作研究，不加引导，将已经揭发出来的事件，搁置起来，不去经过处理这些具体事件教育和提高群众，并吸取群众的意见，改进工作。有的甚至将“反铺张”作为拒绝改进工作的挡箭牌，使下边感到“不顶事”，“没办法”，消沉下去。一种是群众中的平均主义和极端民主化的情绪，无休止地追究生活细节。这样会使运动迷失方向，看不见前途，对工作没有好处。正确的原则，是按实际情况办事，凡非必办的事，哪怕是花一个钱，也是浪费；而必须办的事，即使需花百万千万，也是应当的。所以在群众运动发展过程中，必须密切注视群众思想动态，掌握方向，引导群众循着反官僚主义、命令主义的正确轨道前进，以达到联系群众，建立各项必需的工作制度，提高工作效率的目的。

二、揭发官僚主义、命令主义

官僚主义的特征，就是脱离实际、脱离群众。我们的事业之所以伟大，就因为我们是忠心耿耿地为全体人民群众的利益奋斗。也只有动员千百万群众在我们党的领导下行动起来，我们才会有胜利，才能巩固自己的胜利。如果我们的思想作风不对头，让官僚主义、命令主义的政治微生物将我们腐蚀，再不加警惕，不谋纠正，就会使我们的各项工作都做不好，就会丧失群众的爱戴，甚至会使群众离开我们，使已经获得的伟大胜利不能巩固，甚至遭受失败。

可惜，我们领导工作中各种形态的官僚主义，正是很多很多的。

看一看贷放优良棉种的问题吧！今年西北区农林部在关中地区贷放棉籽二百六十余万斤，共可播种十七万余亩。这是一项重大工作，也是关系百万群众生活的重大事件。可是我们没有做好，大部分地区的出苗情况很不好，最坏的只有一成苗，必须补种或翻种。据估计国家投资损失三十多亿元[3]，群众的损失更大，直接影响增产棉花的计划。人民政府在领导生产事业中的政治威信的损害更是不可计算。仔细研究一下这件事，可以说，从收购到储藏、试验、发放，都有一连串的官僚主义工作作风。去年收购时，检验不认真，将新、陈、好、坏参差不齐的棉籽收了进来。储藏又不注意，不顾秋雨多、棉籽湿，大堆积放，致使棉籽受潮发霉。这些情况，领导机关都没有好好检查过。今春各推广站试验，有的出苗率只有百分之三十，但不上报；有的报告百分之五十，便信以为真，作为一般标准，采取加倍播种方法，向下布置发放。又不去和有经验的农民群众研究，针对各地储藏棉籽霉坏的程度，及今春雨多地凉等实际情况，给农民以切合具体情况的技术指导。结果当然是非常糟糕的。又如汉中整修湑、褒、汉三渠水利工程，预算庞大，报告不实，水利部门没有好好审查便批准拨款。后经计划局发现漏洞，派人实地调查，才查出：原预算四百五十万斤小麦，实际最多二百几十万斤即够；湑惠渠拦河大坝坝基不坚固，刚修起又发生新的裂缝；工程方面的包工剥削，派别斗争，弊端重重。类似的事件还很多。这些事件说明，一些旧的技术人员仍然用国民党时代的旧作风、旧办法来对待我们的工作。他们不是将技术与政治结合、与群众结合，而是脱离政治，自以为是，瞧不起群众，结果也就必然使技术脱离实际，发挥不了它应有的作用，工作自然做不好。而我们担负领导责任的老干部，由于自己的知识不足，外行，不熟悉业务，却又盲目地崇拜旧的技术人员，思想上当了他们的俘虏，以致把事情弄坏。这可以说是一种庸碌无能的官僚主义。为了克服这种现象，就必须努力学习，尽快消灭自己的落后与无知，熟悉本身业务，逐渐地由外行变成内行、专门家，担负起全部领导责任。对于旧技术人员，我们要团结他们，向他们学习，这没有错误，今后还要这样做。但所谓学习，是指应用马列主义的立场、观点、方法，去研究、吸取别人所具有而自己所缺少的具体知识，任何时候、任何事情上，对旧技术人员都不要不加分析地盲目崇拜。同时，更重要的是要负责帮助他们改造思想，引导他们走上与政治结合、与群众结合的正确道路。

再看看粮食问题。最近财政部门认真检查了关中地区的公粮状况,暴露出我们对情况了解的不确实是极其惊人的。原来关中地区去年年底依据各地报告,计算下来,要吃到今年夏征,尚差七个月口粮。今年二月检查一次,多出三个月口粮,尚差四个月。三月份又检查一次,可以吃到夏征。最近财经工作会议后,因怕存粮发霉,责成各地实报,结果是吃到七月底还余四十余万石[4]。这是何等严重的官僚主义!由于对情况了解不确实,就大大影响我们掌握市场,调配物资的工作。去冬过分估计缺粮的程度,形成公私囤粮,粮价猛涨,还请求中央从河南运来两千万斤小麦;今春物价稳定后,大量存粮外吐,又形成粮价猛跌,至今西安还是全国各大城市中粮价的“盆地”,这是自己的错误加重了自己的困难。搞财经工作的同志,常表现有“只管数字,不问政策”的错误观点,但他们的数字,还是这样的不可靠,这就不能怪知识不够,而是对人民事业的负责精神不够,也就是党性不强。不深入下层,不接触实际,光向下面要报告,靠报告了解情况,又靠发指示决定去布置工作,这样就弄坏了我们的事业,使领导工作变成纸上空谈。报告为什么不可靠?这是因为我们党内说真话的人还少,说假话的人多。这又可分为两种人:一种是专门报告“坏消息”的人,他们对上级常是唉声叹气,困难重重,生怕加重自己的负担,粮食问题即其一例;另一种人是专门报告“好消息”的,他看着一切事情都容易,爱放空炮,沉溺在盲目乐观的情绪中。看到下边的“好消息”,都信以为真,赶紧上报;看到下边的“坏消息”,则表示怀疑,压下不管。

专门听“好消息”而弄坏事情的,可以举出贸易部门的典型例子。贸易公司从去年九月起,在关中各地采买粮食五百七十余万斤,棉花四十余万斤，本为供给市场，调节物价。但在最近切实检查了一下，才发现这一宗庞大的后备物资，原来多半是空中楼阁，钱放了出去，东西没有全部收回来，其中还有种种舞弊。如果不是迷信下面的报告，如何能让这种情况隐藏达半年之久呢？

要克服这种纸上空谈的官僚主义，首先不要在办公室里关起门来做领导工作。特别在目前情况下，各级领导机关的负责人员，只需有一部分人在家主持日常事情就行了，必须有一部分人员（甚至是大部）经常轮流到下边去，到县上、区上、乡上去，到工厂、学校去，认真检查工作执行情况，深入群众，钻研实际，帮助下边发现问题，解决问题。这样做下去，并成为一种制度，说假话的货色，就没有市场了，就会改变做法。这对于我们的事业和干部本身，都是有很大益处的。

我们特别要提到这样一种人。他有长久斗争历史，做工作也并非外行，不可说他无能，他在办公室里也坐不住，甚至成天不在家，也常到群众中去问长问短，作报告，讲演，解决问题，说他是空谈家，也冤枉。他成天忙得要命，但工作确实没有做好。毛病在哪里？在于不善于使用自己的力量。他谨小慎微，不放心别人，任何事情都管，爱做寺院里的忙和尚，每天起来，开门闭户，扫地打水，烧茶煮饭，敲罄撞钟，送往迎来，拜佛念经，忙个不停，把有限的精力，消耗到应付事务细故中去，工作推不动，进步很慢，愈来愈赶不上客观事物的发展。这种辛辛苦苦的官僚主义，实在是太多了。要知道领导工作是一种艺术，仅有热情是不够的，还要有办法。像打仗一样，光靠勇敢不行，要讲究战略、战术，要学会集中力量去解决当前工作中最重要的问题。每一时期只能有一个中心，为了抓住这个中心，就要将别的事丢开一些，放松一些，只要真正抓住这个中心问题，给以透彻解决，其他次要问题也会连带解决，或造成容易解决的条件。同时要善于组织全体工作人员的集体力量，使自己的工作部门成为一套完整的动作合拍的机器，这样才能使工作不断进步。

还有一些人，官僚主义的气味极其浓厚。他做的工作别人不能过问，墙堵得很厚，神圣不可侵犯。一听到批评，就疾言厉色，拒人于千里之外。或是专爱自吹自擂，自作聪明，满足于形式上的轰轰烈烈，不求工作的实际效果。他们都是以雷厉风行的外表，掩盖无组织、无纪律恶劣思想的实质，把许多事情弄坏了，自己还不知道。如西北局统战部最近收集到一些对税收方面的意见，派一位同志去西北区税务总局查对事实，看有无出入，但该局某负责人竟对这个同志大摆官僚架子，胡乱批评一顿，碰回来了。试想：这位同志对我们的干部尚且如此蛮横，群众还敢上门吗？又如陇海路郑州管理局西安分局，工作中发生不少严重问题，但那里党的组织，从不向西北局报告和请示。对于这些同志，首先要帮助他们丢掉无政府、无纪律的恶劣思想，然后才可以谈得到去帮助他们改变官僚主义作风的问题。

那种纯粹“饱食终日，无所用心”的官僚主义者，确实不多，因为大家都在忙着工作，环境对于这种人是很不利的。但我们工作中确实有一批标准的思想懒汉，他们对工作是一味消极，“当一天和尚撞一天钟”，“不求有功，但求无过”，等因奉此[5]，照例行事，不推不动，甚至推也不动，从来没有主动办好应办的事情；对陈旧腐朽的东西，恋恋不舍；对新鲜有益的意见，关在门外，避免麻烦；对各种恶劣现象，能有最大的容忍；对同志间的关系，是“人不犯我，我不犯人”；对党内的重大争论，都抱“好好先生”态度；而对自己私人的事情，却往往打算得很周到。不难想象，他领导下的工作是糟糕到极点的。对这种思想懒汉，在反对官僚主义斗争中也不应忘记，应该帮助他们打通脑筋，开动机器，好好学习，改正错误，向前进步，否则他们是会从领导岗位上跌下来的。

以上，就是我们领导工作中官僚主义作风的一些主要的表现形态，至于下边执行工作中的命令主义作风，那就更普遍了。

征粮、收税，是我们进入新区后第一项大规模的群众动员工作，任务大体完成了，但缺点、错误很多，群众对工作人员有很多批评，最主要的就是强迫命令作风。干部不做深入宣传解释工作，靠简单命令行事，由少数人把数目分派好，不让大家讲话，不听取各方面的意见，开会也是形式，只许人家赞成干部的意见，不许反对。没有实际的民主，弊端也就发生了，耍私情，包庇亲朋，挤大户，造成畸轻畸重现象。在城市中税收手续只顾工作人员便利，不管群众麻烦。按季征收的税款，要一次缴纳。验货要等几天。更恶劣的，是用打骂、处罚、威胁、拘押等办法推动工作，这是绝对错误的。要知道：除现行犯外，公安、司法机关以外的任何工作人员没有捕人权。特别是区、乡政府，税收机关，绝对没有因催收粮、款而逮捕人的权力。真正破坏征粮税收工作的坏分子，可以上告，由司法机关判处。依照税收条例规定给予处罚的人，应该是那极少数故意违抗税款负担的分子，而不是因我们工作没做到，尚有疑虑，或真有实际困难的人。西安市处罚了八百户工商业者和一千一百辆自行车的持有者，显然是个很大的错误。产生这些现象的原因，是我们在接收国民党留下的破烂家务时，很多留用人员将那种恶劣的官僚习气、保甲[6]作风也带过来了；有些老干部、新学生也受了这种作风的传染。群众批评我们说："宣传政策太少了！"很对。在新区多开些有准备的群众会议，结合布置工作,讲解各种具体政策,是非常需要的。其实很多工作人员自己对于政策就糊里糊涂。我们的税收与国民党税收的根本区别,在于我们是“取之于民,用之于民”,而国民党是“取之于民,用之于己”。形式上我们也是向人民要东西,但目的是为人民办一些大事情,办发展生产,繁荣经济的大事,是为了人民的长远利益。我们的税收政策是公平合理的,我们的征粮、征税是能够获得群众自觉拥护的。这些道理,很多工作人员都不了解,脑子里装满了旧思想:“向群众要东西非强迫不可”,“三句好话不如一马棒”。当然也不能全怪下边,领导机关没有好好向他们做教育工作,任务催得紧,政策又没有讲清楚,是有责任的。

领导群众生产,是确实注意了。从各地许多具体措施来看,都真正做到了以生产为中心,一切工作围绕生产任务进行。但工作方法仍然是命令主义多。华阴县有一家农民,没有种政府发的棉籽,而种了自己的棉籽(实际比政府发的棉籽出苗好),干部借口他没有采用优良品种,强迫他铲掉棉苗,处罚一年不准种棉花,真是岂有此理。宝鸡某地为防治畜瘟,命令群众登记鸡、猪数目,引起坏人造谣说:“喂鸡出税,鸡蛋贴印花。”关中各县组织劳动力,有不少形式主义。如渭南某乡共有十一种生产组织:变工队[7]、卖工队、打柴组、互助组、纺织组、编草帽组、卖凉粉组、卖粽子组、卖豆腐组、卖馍组、收鸡蛋组等,一看就知道是形式主义。有些干部是不懂实际,不懂农村,毫无生产知识,自己糊涂,还要把群众也弄糊涂。有些干部是不顾群众的觉悟水平,自己跑得太前了,把自己了解的东西误认为群众也了解。不知道农民是最实际的,一切事情都要经过他们的亲身体验才会相信。现在的技术改良,将来的集体化,都要经过深入宣传,典型示范,再逐步推广。任何急躁情绪,简单办法,都必定要失败的。

为着克服群众工作中严重的命令主义作风,必须普遍实行干部整训,改造思想,加强工作中的具体指导,并进行长期不断的教育工作。

三、克服缺点，向胜利前途迈进

在过去一年的具体工作环境中,上述种种脱离实际、脱离群众的恶劣现象,有些是可以避免的,有些则是很难避免的。因为我们的工作人员有百分之九十以上是新参加工作的,未经很好教育改造;少数老干部,很难迅速地与各地广大群众相结合,这样就难免或多或少地发生上述各种恶劣现象。问题在于这些现象,绝对不能代表我们党的思想和作风,而是我们革命事业前进发展中的缺点,是需要加以反对和克服的。现在到了提起全党警惕的时候了！我们已经有一切必要条件来着手清除这些现象了！而且不能再迟了！

我们有无把握克服自己工作中的缺点呢？是有把握的。

第一,有党的坚强领导。党中央已作了整顿干部思想作风的决定。西北局已经作出具体计划,要开展一个整顿干部思想作风的运动。这就是说,我们党已经及时地提起了警觉。这次整顿思想作风的主要内容,就是反对领导工作中的官僚主义和执行工作中的命令主义。必须首先克服领导上的官僚主义,才能有效地纠正底下的命令主义,二者要相互结合。我们这种反官僚主义的运动,全面检查工作,已经开始了。反对官僚主义、命令主义,不应与过去反不良倾向互相脱节,而是将过去已经揭发出来的事件,逐一具体处理,引导群众去开展全面检查工作;同时又在反对官僚主义、命令主义斗争中,更深入地揭发贪污腐化、铺张浪费、违法乱纪等等恶劣现象，加以彻底纠正。

第二，我们有马列主义、毛泽东思想的武器。我们已经选定了一些文件，经过学习文件，教育广大新、老干部迅速提高思想觉悟，用民主的方法，教育改造自己。丢掉那些不适合人民利益的思想、观点和方法，丢掉从旧社会得来的坏习气、坏思想，建立起正确的领导作风和工作作风。要做到学习文件与实际结合，必须开展自上而下与自下而上相结合的批评与自我批评。党的领导干部批评自己的工作是很重要的，这容易击中要害，推动全局。但少数人的眼睛是有局限性的。必须听取下边被领导者的批评，他们能够反映更丰富的生动事实，能够提出很多有益的意见，好比打开窗子才可以放进阳光，呼吸到新鲜空气。我们是非常需要阳光和新鲜空气的。

第三，有广大人民群众的合作。一年来党内、党外均有很大进步，各阶层人民群众的政治积极性已大大提高，敢于批评我们的缺点，要求我们改进。这是极好的现象。我们对群众的批评，要采取热诚欢迎的态度。经过报纸、各界人民代表会议、各种群众代表会议等等方式，吸引广大群众，特别是劳动人民来检查和监督我们的工作。在整顿思想作风运动中，要积极吸收非党干部和民主人士参加，倾听他们的意见，同时又帮助他们学习，共同进步，办好人民的事业。

第四，我们已经取得许多新的历史经验。无论在统一战线、民族团结、恢复生产、民主改革等等方面，我们工作中都有许多好的范例。这些范例，都是贯穿着群众路线的工作方法，充满创造性的活动，是真正代表我们党的路线和政策，真正代表我们党的思想和作风的，也是真正代表着人民革命事业向前发展的光明前途的。我们要善于发现这些范例，总结经验，教育全党，使之成为改进思想作风的榜样。随着反官僚主义、命令主义运动的开展和深入，将这些好的经验，正确的思想作风，推广开来，逐步地普及到我们的全部工作中去。

我们和国民党的根本不同之处，就在于国民党是代表没落的、反动的阶级，它本身就是一具腐朽的肌体，它身上长的脓疮是生了根的，只有溃烂扩展，直到死亡。我们则是代表工人阶级和全体人民群众的利益的，本身是个健康的肌体，我们有毛病，也有脓疮，但这是比较轻微的，而且是外界（国民党、旧社会）传染来的，是容易治疗的。大家知道：我们共产党就是在不断克服自己的缺点、错误中发展壮大起来的。党内正常思想斗争是推动我们党前进的动力。每一次大规模的思想斗争或学习运动，都必然会使我们更加坚强起来。我们党和人民事业的前途，是无限光明的。

同志们：只要我们认真开展整顿干部思想作风的运动，治好官僚主义、命令主义的病害，我们就可以和全西北各族、各界人民更进一步地团结起来，增加无数倍的力量，有保证地做好当前要做的工作。这些意见，希望同志们好好考虑一番。如果大家都同意，我们就一致行动起来。

■ 注　释

[1]新区，见本书《关于新解放区的工作问题》注[2]。

[2]彭德怀，见本书《当好西北人民的勤务员》注[2]。

[3]这里指当时流通的旧人民币。中国人民银行自一九五五年

三月一日起发行新的人民币，代替原来流通的旧人民币，规定人民币新币一元等于旧币一万元。

[4]石，见本书《关于分三类地区进行土改问题给毛泽东的复电》注[9]。

[5]等因奉此，“等因”、“奉此”是旧时公文用语。前者结束上文，后者引起下文。这里比喻形式主义的工作，按照惯例办事。

[6]保甲，见本书《关于关中分区的反磨擦问题》注[3]。

[7]变工队，参见本书《贯彻边区妇女运动的正确方针》注[5]。

动员起来做好农村改革工作*

（一九五〇年八月二日）

我们陕西农民从辛亥革命[1]起以至大革命[2]时期，曾有过许多轰轰烈烈光荣斗争历史的，特别是十年土地革命、八年抗战和人民解放战争中，更创造了许多可歌可泣的奇迹，远如渭华暴动[3]、旬邑暴动[4]，近如解放战争中农民热烈的参军支前盛况，没有过去的历史，就不会有今天的胜利。现在距辛亥革命快四十年了，今天才算真正胜利了。我们必须抚今思昔，对全陕西在多次革命战争中牺牲的英雄们烈士们，永远地追念；他们的功绩，将永垂不朽！

大家有来自陕北老区[5]的，有来自关中和陕南新区[6]的。新老区农民十余年来被蒋胡匪帮分割着，称解放区为“匪区”，称解放区农民为“匪民”，今天大家到一起了，可以互谈心事了，因此这个会，也可以叫做新老区农民大会师，使我们分外感到亲切。老区已经过土地革命和多年来战争的考验，农民觉悟较高；关中和陕南新区，虽解放时间较短，经过年余来剿匪、肃特、反恶霸斗争，以及各县均召开过各界人民代表会议，不少县召开过县以下各级农民代表会议，进行了减租和生产救灾运动，农民觉悟迅速提高。这次省农民代表会议，即是

---

* 这是习仲勋在陕西省第一届农民代表大会开幕式上的讲话。

在这样的基础上召开的。

西北军政委员会第二次会议决定本年秋后在关中四十一县和榆林分区部分新区内，进行土地改革，以便在这些地区彻底消灭封建剥削制度，这是广大农民群众所最关切的大事。我觉得这次省农民代表会议，应把如何搞好关中土地改革和在陕北老区集中力量进行生产，陕南地区继续进行剿匪、肃特、减租、反恶霸等，当作讨论的中心议题。陕北老区虽已完成了土改，陕南本年不进行土改，但均应积极支援关中农民胜利翻身。

土地改革是农民阶级向封建地主阶级所进行的一场剧烈斗争，斗争能否取得胜利，首先要看我们准备工作做得怎样。准备工作分两方面，一为干部准备，一为群众准备。目前省人民政府及关中各专员公署所开办的干部训练班，各级党政军正在进行的反对官僚主义、命令主义的整风运动，都是属于干部准备方面。群众准备，首先是要整顿农民队伍，队伍未整顿好，是不能打胜仗的。我们各个地方的农会[7]多已组织起来了，据检查缺点还是很多的，有的缺点甚至很严重，如不迅速加以克服，是难以胜任执行土改任务的。最普遍的情形是农会圈子太小，有关门主义倾向。如有的地方的农会会员仅占全人口百分之零点五七，说对解放战争有功绩的才能入会；有的地方把农会会员叫“官人”，由大众轮流选举少数人充当会员；有的地方对中农采取排斥态度，说中农不坚决，入会条件要严。另外有的是由于领导成分不纯，甚至由于少数坏人篡夺权位，作威作福，形成农会和多数农民对立。当然，以上这些例子，只是个别突出的典型，不是说我们的农会都是那个样子，农会办得好的也有很多，不过把这些例子提出来，引起大家注意。希望大家好好研究中央政务院颁布的农会组织通则,按照通则内的规定,检查我们各地农会工作,研究如何吸收广大农民参加农会,如何坚固地团结中农,如何使农会和广大农民群众联系得更密切,如何经过农会善于联系农会以外其他赞成反对封建分子,扩大农村内反封建统一战线。

其次,关于保存富农经济[8]政策,在广大农民群众的认识上甚至包括很多干部在内,还没有完全搞得很清楚的。据说不动富农的消息开始传播到农村之后,农会干部会员情绪普遍低落,说"这是干啥哩,再过几天还要不动地主哩",有的农会会员要求退会,有的农会干部说"不干了",准备捆起铺盖卷回家,有的农会干部回到家内还受到老婆的批评。我们大家必须懂得土改的极终目的,将是如何搞好生产。今天保存富农经济,对发展农村生产有好处,特别是对稳定中农生产情绪有好处。解放初期农村内不是传说有这样一些口号吗?"吃饱些,穿烂些,走路走慢些","穿的烂,吃的好,买个老牛慢慢搞"。这说明大家对生产没心劲儿,这样不仅对整个发展生产不利,对贫雇农本身也增加了困难。但是现在情况就不同了,农村内生产情绪提高了,富农有的把土地转移了后悔了,连卖大粪的生意也红火了。同时要懂得政治上中立富农,虽然少分一点土地,以便集中力量消灭地主阶级,换得的好处,比多分一点地的好处要大得多。现在富农还怀疑:"是不是刻下不动,再过三五年还要动。"我们可以明白告诉,保存富农经济,是在新民主主义阶段内都将不变,是长时期的,不是暂时的。另外,对富农的出租地动不动,也以不动为好。富农在此之前,自动出卖、出典、献出、赠送给别人的土地怎么办?我们说,已经转移过的不得变更。至于老区土改中已经分配过富农的土地更不得借口翻案。

再其次，在我们农会干部中还有一种情绪是轻视关中地区的土地改革。他们说:“关中土地分散，有的乡找不到什么地主，再加上不动富农，没有什么土地可分上的。”有的甚至说:“我们那里没有土地改革。”这种认识都是不正确的。没有地主并不等于完全没有可分配的土地，根据关中实际情况，没有地主的乡确实是有，没有一点土地可分配的乡很少有。即使没有土地可分配，并不等于说，那个地方已经没有了封建势力。我们在整个土改运动中，教育农民，提高农民阶级觉悟，发动本乡农民参加外乡说理斗争大会，援助外乡农民打倒地主阶级，仍然不是没有意义的。

再其次，关于严肃地对待政策问题，必须强调。我们目前已渡过了战争环境，完全有把握地做到有步骤、有计划、有领导、有秩序地进行土地改革，不许可任何违反法纪乱搞一气的现象。要警告地主分子，要他们服从人民政府法令，服从农民，向农民低头，农民可以考虑宽待他们，予以生活与改造之路，对罪大恶极的反革命分子和顽抗土地改革分子，必须交由人民法庭依法惩处。但是必须严禁乱打、乱杀、乱捆、乱扣行为。

最后一个问题是目前区、乡、村政权存在着严重的脱离群众现象。随便打人、捆人、押人的风气还没有改变过来，贪污受贿、包庇、耍私情、瞒上不瞒下，在各地也还是严重地存在着。这些作风都是很坏的，它的本身就是违法的，群众极不满，认为仍然和国民党一样。的确，群众的批评很对的，这是国民党作风，不是人民政府应有的作风。发生这些毛病的原因，一方面是对干部教育不够，他们不懂得新的一套，模仿旧的一套，过去别人打他，他今天又学的打人;另一方面政权内混进来个别坏人专做坏事的，在土改中必须将这些不可救药的坏分子从政权中清除掉。我们各级农会必须把监督各级人民政府的责任,切实地担负起来。

我们大家是全陕西农民选派自己来这里开会的,这是多么辉煌的事,这是中国历史上空前未有过的。旧社会内的庄稼汉人,除过纳粮纳草挨打受气而外,是没有任何社会地位的,谁还会召集大家来这里开会。我们必须懂得,这样的新鲜事物,是和全国人民在人民英明领袖毛主席的领导下,特别是农民群众踊跃参军,积极支援前线,赢得了革命战争的胜利分不开的。人民的胜利,不是历史上什么“改朝换帝”,而是打垮帝国主义、封建主义、官僚资本主义的大翻身。我们的胜利必须巩固,必须继续,这就是我们为要建设一个自由、民主、繁荣、幸福、富强的新中国而奋斗的共同方向。

■ 注　释

[1]辛亥革命是以孙中山为首的资产阶级革命政党同盟会所领导的推翻清朝专制王朝的革命。一九一一年(辛亥年)十月十日,革命党人发动新军在湖北武昌举行起义。接着,各省热烈响应。外国帝国主义所支持的清朝反动统治迅速瓦解。一九一二年一月在南京成立了中华民国临时政府,孙中山就任临时大总统。两千多年的中国封建帝制从此结束。但由于资产阶级革命派力量很弱并具妥协性,辛亥革命的成果后被北洋军阀袁世凯篡夺。

[2]大革命,见本书《关中党史简述》注[1]。

[3]渭华暴动,见本书《关于渭北苏区》注[4]。

[4]旬邑暴动,也称旬邑农民起义。一九二八年五月六日,在中共陕西省委领导下,中共旬邑党组织发动旬邑清水原农民举行起义。十二日,旬邑临时苏维埃政府成立,许才升任主席,程永盛任红军总指挥。苏维埃政府成立后,打土豪、分粮食,起义烈火遍及旬邑、彬县、淳化、永寿等地。五月底,许才升等起义领导人被国民党政府逮捕杀害,起义失败。

[5]老区,见本书《要注意克服土地改革中“左”的情绪》注[16]。

[6]新区,见本书《关于新解放区的工作问题》注[2]。

[7]农会,见本书《关中党史简述》注[3]。

[8]保存富农经济,是新中国成立后土地改革运动中的新政策。一九五〇年六月颁布的《中华人民共和国土地改革法》规定:“保护富农所有自耕和雇人耕种的土地及其他财产,不得侵犯。富农所有之出租的小量土地,亦予保留不动;但在某些特殊地区,经省以上人民政府的批准,得征收其出租土地的一部或全部。”

结合实际解决问题*

（一九五〇年八月五日）

经过两月来的动员和学习，我们的整风运动已经展开了。这一时期运动的特点，是各部门、各单位都有先有后地普遍进行了学习文件，组织酝酿，发扬民主，掌握和使用了批评与自我批评的武器检查工作，揭发和暴露了工作中的很多问题。目前，整风学习即将深入一步，即依据文件精神，解决这些已经发现的和还要继续发现的实际问题，切实改进工作。这次会议，就是研究和解决如何进入下一期整风学习有关的一些问题。

这次整风运动的目的，就是要反对在我们工作中实际存在的官僚主义、命令主义。这就是整风的基本内容。离开了这一实际的整风，亦都将是没有结果或者不会有好的结果的。对于官僚主义，必须有明确的认识。不了解下情，固然是官僚主义的表现；但是，光是了解情况，睡在事情的旁边，不去处理，同样是官僚主义作风。我们所要求的，是既要了解情况，又要有真正对群众负责的态度，积极地去处理问题。有些问题，是要经过反复酝酿，慎重周详的考虑，然后作出决定；有些问题，则必须及时迅速处理。只要将问题处理得适时而合理就都是正确的。有些同志不去分析实际情况，光看表面现象，看

---

* 这是习仲勋在西北大行政区以及机关总学委扩大会议上的讲话。

到事情办得慢了，批评是官僚主义；看到事情办得快了，又说不民主，也是官僚主义。这种乱戴帽子的现象，实际还是以不正确的态度对待整风学习，结果不过是放了一些空炮，对改进工作毫无益处。有的机关虽然是表面上联系了实际，但他们是被杂乱的现象所迷惑，是在千头万绪的现象中盲目地游泳，他们也是不去分析实际，不会发掘问题的本质、抓住问题的关键去解决问题。这种还没有从繁琐的生活细节中钻出来的整风学习，是没有前途的，越整细节越多，找不出病根，没有信心，疲倦不堪。这些都是不好的。

整风学习是对事不对人，是用正确的思想作风克服和反对错误的思想作风，从改进工作中去教育和提高干部，达到"惩前毖后，治病救人"的目的。有些机关一开始就从检查个人着手，找岔子，翻陈账，发展下去，容易使整风学习失去中心，对改进工作与提高干部，都是不利的。

领导整风运动的步骤，应是由上而下，先整好领导，然后再深入到下边去。这样才能使整风运动有中心、有方向、有范围地进行，结合实际更紧。这样发展下去，下边整风就会有所依据，少走弯路，事半功倍。要先整党内，再及党外，以党内整风学习的模范行动，去影响和推动党外干部进步。这就要善于用民主的启发诱导的方法，开展深入的整风运动，使大家懂得整风对每个人都是有好处的事，发动大家自觉地参加学习，避免强迫命令的又追又逼的现象！

第一阶段整风学习的重点，是发扬民主，发现问题；但也应当随时抓紧解决那些能够解决的问题，以解除下边干部的顾虑，提高信心，使问题揭发得更多更彻底。揭发问题的目的，是为的解决问题与改进工作。如果完全不解决问题，那揭发出来的东西，就无意义和无作用，对全党整风学习、检查工作，都是不利的。下一阶段的整风学习，要以解决问题为重点；但也要注意继续发扬民主，发现问题。这里着重讲今后整风学习中应注意的几个问题。

整风是为的巩固成绩，改正缺点。成绩哪怕很小，也要加以发扬和巩固。领导上要善于发现新鲜事物。巩固成绩与改正缺点同样重要，有了成绩不巩固与有了缺点不改正，同样是损失。所以，总结前期整风学习的经验，是推动深入下期整风学习的有力保证。总学委要切实加强对各单位学习的领导，具体帮助他们总结经验，选择解决问题的重点，研究深入整风学习的方法，避免一般化的领导方法。

今后整风学习的重点，是解决揭发出来的各项重大问题，以达到提高干部，加强团结（新、老干部，党与非党干部，各部门、各单位之间等），建立制度与确立工作中的合理关系，改进工作之目的。现在西北区一级机关领导工作中最普遍的现象，是忙、乱、慢。新的一套尚未建立，旧的过时的经验仍在到处搬用。各部门、各单位少数领导工作者被各方面拥来的大小事故挤得喘不过气；而一般的工作人员，则大多数是事无定额，或闲着无事，或有事而不会办事，又都得不到应有的帮助和提高。这就要求我们必须从旧的环境中跳出来。从那些杂乱琐碎的、茫无头绪的事务中解放出来，实行统一领导下的分工负责，建立新的制度和办事方法，使领导干部能够安静地考虑全盘工作，多想一些方针性、原则性的问题；也能够有时间和精力去帮助别人，培养干部。培养干部是当前的一个重要的政治任务，又是一个很细致的工作。老干部有百分之十，不为少，问题是政治水平不高，进步不快，需要给以帮助。百分之九十的新干部大部分在工作中摸不上头绪，不会工作，要更多地给以帮助。每个干部都要放手地给他工作做。在做的过程中，给各个人以不同程度、不同分量的恰当的帮助，使他们能作出成绩，不断地积累经验，得到提高。只有提高干部，工作才能开展。这是目前改进领导工作的中心问题。

整风运动，必须围绕当前的主要工作，贯彻党的基本政策。因此，检查工作，解决问题，每个部门、单位都要有重点，有具体计划。反对零乱无计划及有计划又一般化的毛病。拿什么标准去检查工作？就是毛主席在三中全会[1]上的报告，这是目前一切工作的指针，应以此作为检查和总结各项工作的依据。人民政府系统各部门的检查工作，一般的以《中国人民政治协商会议共同纲领》[2]及最近政协全国委员会第二次会议中的报告和决议、经中央人民政府颁布的《土地改革法》等重要法令为依据。特别是要以人民政协《共同纲领》为普遍准则，凡违背《共同纲领》的思想和作风，均应进行纠正。因为《共同纲领》是现阶段全国人民共同奋斗的总目标，违背了《共同纲领》，就是违背了全国人民的最高利益。在整风学习中，要欢迎和鼓励党外人士参加，不应消极放任，更不应予以拒绝。但在学习方法上，对党外人士应特别注意启发自觉，反对任何形式的强迫。党员干部还必须依据党纲、党章来检查自己的思想和作风，党的领导机关要根据党纲、党章去评定党员干部的功过和是非，要求一切党员干部按照党章办事。

在检查工作中，必须掌握从全面检查工作，联系到改造个人，提高干部，而不是以检查个人为重点，再联系到全面的检查工作，这样势必妨害了全面检查工作。只要大家认识了工作中哪些是正确的部分，哪些是错误的部分，研究出错误的根源和改正的办法，个人的功过是非，自会随着工作问题的解决而判明。在改进工作中提高干部，这就是结合工作实际而进行干部整风学习的最好办法。经验证明这是正确的方针。

■ 注 释

[1]三中全会，指一九五〇年六月六日至九日在北京召开的中国共产党第七届中央委员会第三次全体会议。会上，毛泽东作了《为争取国家财政经济状况的基本好转而斗争》的书面报告并讲了话；刘少奇、周恩来、陈云和聂荣臻分别就土改、外交与统战、财经、军事等问题作了报告。会议确定，要做好土改、稳定物价、调整工商业、肃清反革命、整党等八项工作，争取在三年的时间内，实现国家财政经济状况的基本好转，为有计划的经济建设创造条件。

[2]《中国人民政治协商会议共同纲领》，见本书《坚持与党外人士合作的统一战线政策》注[1]。

给郝家桥村民的回信*

（一九五〇年十月二十一日）

刘永宽、郝思睿[1]两同志转交郝家桥[2]全村男女同胞们：

谢谢你们写给了我的信！

看到这封信，好像见了大家的面，又好像走进了郝家桥村，看到了满山遍野将要收割的庄稼。

郝家桥是一个勤劳生产的模范村，全村男女老幼团结友爱，像一个和睦幸福的大家庭。这种新面貌、新气象，是土地改革后的农村必然要走的康庄大道。老区[3]里类似这样的村庄，不只郝家桥一个，而是千千万万个。不要忘记：这是我们敬爱的毛主席的英明领导和大家努力的结果。

谁料当一九四七年的秋天，你们这样美满的生活，在蒋胡匪帮发动滔天罪恶的内战下破坏了，全村遭到巨大浩劫。这种罪行，同样是每个人所永远不能忘记的。很使我感到兴奋的是，时间仅两年，你们竟能够恢复得这样快，这个成绩，不能不算惊人的。

现在好了，全国除台湾、西藏外，全部解放了，中华人民共和国真的出现了，这是多么值得庆幸的事！今后的中心任务只有一条：搞好

---

* 郝家桥村村民于一九五〇年国庆节写信给习仲勋报告该村生产情况。这是习仲勋的回信。

生产，过好光景。再不会有敌人来骚扰，请大家安心罢。眼前虽是剩下一个敌人，叫做美帝国主义，近日来张牙舞爪，向我挑衅，但这个敌人，不过是一只“纸老虎”，没有什么可怕的。

祝你们好！

习仲勋

十月二十一日

■ 注　释

［1］刘永宽、郝思睿都是郝家桥村的村民。

［2］郝家桥是陕甘宁边区大生产运动中涌现出来的模范村，属绥德。习仲勋曾于一九四三年春在这个村作过调查。

［3］老区，见本书《要注意克服土地改革中“左”的情绪》注［16］。

悼任弼时同志

（一九五〇年十月三十一日）

我党最卓越的领导人之一任弼时[1]同志，于本月二十七日十二时三十六分在北京逝世了。听到这个不幸的消息，我们每个同志，都感到万分的悲恸。

弼时同志，从一九四〇年以来，就直接领导西北党的工作。一九四三年，在弼时同志亲切领导下，开了有重大历史意义的边区高干会议[2]。这个会议不仅解决了西北党的历史问题，最重要的，还解决了当时在全国范围内都需要加以解决的如何建设根据地的问题。他说："在我们掌握政权之后的基本任务，除开保持这一政权，使之不受敌人侵袭以外，就是组织人民的经济生活和文化生活，特别重要的是经济生活。"他谆谆告诫我们必须紧紧抓住经济建设这个中心环节，围绕这个中心环节，进行各种工作。这样，才有了一九四三年以后的大生产运动和各项建设工作，使陕甘宁边区[3]成为模范的抗日民主根据地。

弼时同志十分重视端正和贯彻党的政策。无论是对"三三制"[4]政权政策，公粮负担政策，办合作社的政策等等，他都是经常密切注视实际执行的状况，及时地指导我们纠正偏向和作出新的适应发展情况的规定。他是真正体会了毛主席所说的政策和策略是党的生命。特别是一九四七年冬，他在米脂杨家沟具体研究了晋绥[5]和陕北地区的土地改革运动，作了《土地改革中的几个问题》的报告，对纠正各地土地改革中的“左”的偏向，起了很大的作用。

弼时同志在领导工作中，充满原则性和实际精神。他对于方针、政策性和思想性的原则问题，是十分严肃，一丝不苟。他在指导实际工作时，又善于深入到每一细节中去，求得对于实际情况，获得透彻的、准确的了解。他在会议上，常常要求谈工作问题的同志：“请说得具体些！”他曾亲自找领导运盐的乡村干部谈话，搜集、整理材料，解决如何组织延安附近群众去三边[6]运盐能获得利润的问题。这样类似的事情，实在是很多很多的。

弼时同志逝世了，他和我们永别了！但他对西北党的工作长期亲切的指导，是我们永远怀念的。他那模范的共产主义战士的榜样，将永远活在我们的心里。我们恸悼弼时同志！我们永远怀念他，学习他。我们特别发表了弼时同志在一九四三年一月陕甘宁边区党高干会上讲话的一段“关于领导工作和工作作风问题”。他在那时教导我们的话，对于我们今天的工作仍然都是很新鲜的。我们全体同志都要好好学习。我们要将悲恸化为力量，要学习弼时同志那样善于抓紧工作中的中心环节，学习他那样重视端正和贯彻党的政策，学习他那样充满原则性和实际精神的作风，更迅速地提高自己，在党中央和毛主席领导下，把西北的事情办好，把全中国的事情办好。用这样的实际行动，来悼念弼时同志。

■ 注　释

[1]任弼时，见本书《关于陕甘宁边区一九四八年的土地改革和

整党工作》注[12]。

[2]见本书《贯彻边区妇女运动的正确方针》注[4]。

[3]陕甘宁边区,见本书《关于关中分区的反磨擦问题》注[2]。

[4]“三三制”,是中国共产党在抗日战争时期的统一战线的政权政策。根据这一政策,抗日民主政权中人员的分配,共产党员大体占三分之一,左派进步分子大体占三分之一,中间分子和其他分子大体占三分之一。

[5]晋绥,见本书《要注意克服土地改革中“左”的情绪》注[10]。

[6]三边,见本书《发展陕甘宁边区的生产》注[7]。

新闻工作就是群众工作*

（一九五一年一月）

西北的报纸工作和新闻工作，自去年四月全国新闻工作会议以来有着显著进步，主要表现在开展批评与自我批评，时事宣传，联系群众，结合党政中心工作进行宣传等方面。但各地各报的进步不平衡，还赶不上客观要求。目前存在的共同缺点，主要的是群众性不够。所以我完全同意这次会议强调提出增强报纸群众性的基本精神。

怎样实现报纸的群众化呢？会议中研究了很多办法。最重要的，就是靠我们的新闻工作者改进工作方法和工作作风。为此，特提出几点意见，供大家参考。

“为干部办报？还是为群众办报？”这个认识问题在理论上早已解决了。报纸名曰：《人民日报》、《群众日报》，没有一个叫“干部日报”的。列宁说：“报纸不仅是集体的宣传员和集体的鼓动员而且是集体的组织者。”[1]乔木[2]同志说：“任何报纸都应力求成为群众的报纸。”问题是过去我们贯彻不力，思想上对满足群众要求与满足干部要求的一致性认识不清。今天干部最需要的，正是当时当地群众生活、群众运动的生动形象和真实情况；群众的抗美援朝、土地改革、减

* 这是习仲勋在西北区报纸工作会议上的讲话。

租、清匪、反特、生产建设、学习等等活动，发展趋势，存在问题，新鲜经验，这些就是指导工作的基础。这些又必须主要依靠办好报纸来解决，只有真正办得群众化了的报纸，才能满足干部的要求。所以报纸群众化的方针，应该十分明确地在思想上肯定下来。

思想上明确之后，要使报纸群众化，就首先必须使新闻工作者的工作方法群众化。在这方面，我们还存在不少缺点，应当认真改进。

新闻工作就是群众工作，新闻工作者就是群众工作者，是比工会、青年团、妇联、农会[3]等更加广泛，更多方面的群众工作。

为要忠实地反映群众生产、群众运动，就必须深入群众，去了解群众，熟悉群众。编辑人员要轮流到群众中去，记者要经常到群众中去。到群众中去要有一定的阵地，在某些农村、工厂、学校中多联系，多了解，多熟悉。到处都要交几个知心朋友，特别是要同工人、农民多交朋友，慢慢熟悉起来，地方多了，朋友多了，记者和编辑就成为社会活动家了。只有这样，记者和编辑才有可能写出好的报道和评论；也只有这样的记者和编辑，才能团结更多的写稿积极分子。这样，报纸才能办好，才能培养出群众爱戴的名记者、名编辑。

读者来信、通讯网办好了，可以求得稿件来源的面广、量多，而且更可以系统地、深刻地反映群众运动。读者来信和通讯网是报纸联系群众的基本方式，所以要使报纸群众化，除了主要地依靠新闻工作者本身多努力，积极改进自己的工作方法外，还要大力开展读者来信和通讯网工作。

反映群众的活动和群众的创造，其作用就在于教育群众。群众运动中一点一滴的新创造，都要及时反映；不要一下求全面、求系统，积累多了，就会形成全面的、系统的东西。

大的运动,要经常地有计划地报道,不要繁琐,不要中断。要不断发现和报道新的动态、新的问题和解决问题的办法,以推动运动前进。报纸的指导作用,决定于文章的内容。凡真正写出了群众的呼声,群众的热情,群众的力量,群众的创造,群众的要求,群众运动的经验……那么,不论是通讯还是评论,都具有真实的指导性。新闻工作者应当主要依靠通讯、报道典型事例实现指导工作。这方面,现在还做得太少。真正写得好的典型报道还不多。评论要有,如材料不充实,就不必写得太长。目前应先求多写好的通讯。因为评论是群众运动的总结,是把群众的创造集中起来的更提高一步的东西。我们要提倡大家都动手写,并且要推动别人写。但是,写文章也要提倡对群众负责任的作风,要多看一看,多了解一下,多研究研究,然后再写。有多写多,有少写少。在新闻工作中,容易产生"走马观花"的作品,但这种作品,决不能满足群众的要求,所以我们必须反对。毛主席说过,认识要深化,写东西是要影响别人的,总要求写得比较成熟、比较有把握一点,力求写得好些,要不断进步。每篇文章都应有一定的作用,写前要估计这个作用,写后要检查这个作用,如果没有起到预期的作用,就要研究、改进。

任何地方,任何时候,写任何文章,只能遵循党的统一方针;违背党的统一方针,就不会有好的结果,我们必须牢记。

目前,我们领导方法中的经验主义的东西还多。领导很粗糙,喜欢罗列现象,不加分析,满足一星一点,不求甚解。我们的新闻工作者必须多加注意,推动大家逐渐改掉这个毛病。

工作方面,工作作风获得正确解决之后,群众的、通俗的语言、文字就是重要问题了。有人说,我们的报纸,"群众看了面目生疏,很难亲近”。这是一个大问题,必须认真努力学习,学习群众中、干部中那些富有智慧的生动的语言,来充实我们的作品。也就是说,用群众的语言写群众的东西,群众的报纸就要用群众的语言去办,那样群众就会欢迎了。

■ 注　释

[1]见列宁《从何着手》,《列宁全集》第五卷,人民出版社一九八六年版,第八页。

[2]乔木即胡乔木(一九一二——一九九二),江苏盐城人。一九三〇年加入中国共产主义青年团,一九三二年转为中国共产党党员。曾任中共中央政治局秘书,新华通讯社社长。新中国成立后,任新闻总署署长,中共中央宣传部副部长,中共中央副秘书长,中共中央书记处书记,中共中央政治局委员,中共中央顾问委员会常委。

[3]农会,见本书《关中党史简述》注[3]。

依靠和团结职工办好人民铁路*

（一九五一年二月）

西安铁路分局在这一年来，各方面的工作都有进步，有成绩。不仅完成了一般任务，而且有很多新创造、新纪录，涌现出了很多新的模范人物。这些成绩，是由于全体职工的政治觉悟提高和积极努力所得来的。这是必须肯定的。不肯定这一条，我们的工作就没有前途，我们做事就没有信心。

现在来看，依靠职工办好铁路工作的思想，是否完全解决了呢？还没有。我们对职工的教育，利用一切机会去提高职工的觉悟，都还做得不好。重视职工的意见、重视职工的创造和智慧，也还都没有提到应有的高度。对于职工的切身利益和要求，哪怕是很小的问题，我们都应该去关心，只要现时条件可能办到的，均应设法解决。我们固然有权力要求职工做好工作，但也有义务去为职工服务，这就是我所感觉到的，我们还没有把依靠职工的思想，贯彻到一切问题中去。

现在要求我们领导上要做的一件很重要的事情，就是要多做群众工作，要学会更科学、更细致的领导方法。一切问题都不能够用“大概”、“一般”去解决，都必须有研究、有分析和采取一系列的有效

---

* 这是习仲勋在郑州铁路管理局西安分局干部扩大会议上讲话的一部分。

办法去解决。原因就是一切事物都在不断地向着复杂和高级的方面发展,这就要求我们去掌握更高的领导艺术,这就需要我们从领导的各个环节上,首先求得改进,去掉官僚主义。

爱国主义的生产竞赛,就是以生产为内容的群众运动。我们不能光在劳动的强度上去要求,而必须在管理上、制度上和技术上去改进,也就是在职工的劳动热情的基础上再加智慧,才会有更多的创造。必须注意启发多数职工的觉悟,才不至于发生模范孤立、光荣孤立、积极分子孤立和领导上软弱无力的现象。过去的缺点,就在于只靠领导上的觉悟和积极分子的觉悟去办事。技术人员在今天更为重要,技术就是本钱,没有技术,就不能很好地去建设。那些有技术的职工,就是今天工人阶级中的优秀分子,我们对他们,不仅要尊重和爱护,而且要向他们学习。每个人都要掌握一定的技术,特别是从别的岗位调来的同志,必须注意这一条。要提高政治觉悟,与政治相结合的技术,才是最有价值的技术,才能成为有创造性的技术,才能发挥高度的作用,才能更好地为人民服务。这又是一切已经掌握一定技术的职工所应注意的问题。

要教育职工有高度的警觉性。因为国内还有阶级敌人,国外还有帝国主义。要有敌情观念,要时刻同隐蔽的进行暗地破坏的敌人作斗争。没有这一点,一个革命的人员就等于放下了武器。但这只是和敌人作斗争,绝不能与改造职工中的落后思想和错误思想相混淆。在职工中有加入帮会[1]或一贯道[2]的,也有过去加入过国民党和三青团[3]而今天已经没有联系、没有活动的,这些都只是历史问题或思想上的毛病,仍然是我们的职工同志,而不是反革命分子。对自己人和对敌人必须有两种态度:对敌人是坚决斗争；对自己人是团结和帮助进步。共产党要向广大的优秀职工开门，要向那些虽然过去落后而现在思想进步了的、具备了党员条件的分子开门，只要他们愿意成为一个无产阶级的先锋队员，均应采取欢迎的态度。

党和行政、工会、青年团的工作，应该是在党组织的统一领导下分工合作，而不是相互掣肘，平分秋色，否则就会造成纠缠不清和步调不一。我们的共同目的是一个，就是把生产搞好，把铁路工作做好，一切相互掣肘、步调不一的现象，都是不应该有的。

最后，再讲一下团结问题。西安铁路分局的同志基本上是团结的，新干部和老干部是团结的，管理干部和技术干部是团结的，有了这个团结，我们才有上述的成绩。我们还要更好地团结，才能创造出更好的成绩。这里最重要的一条，就是大家都学习，都进步，都提高，这样团结才有保证。这里，特别是共产党员在团结非党员同志时，更要大力克服简单急躁作风，虚心倾听和考虑党外同志每一个意见，每一个有益的建议，积极热情地帮助党外同志进步，并诚恳坦率地接受党外同志的批评，严格改正自己的缺点。

只要我们注意了这些问题，我想西安铁路分局的工作，会有很快很大的进步。祝同志们身体健康！

■ 注　释

[1]帮会，旧中国对封建性的民间团体的总称。此处指旧中国存在的青帮、红帮、哥老会等组织。这些组织的成分主要是破产农民、

失业手工业者、流氓无产者等。他们以宗教迷信为联系纽带，有时还拥有武装。一些帮会曾进行过反抗官僚、地主压迫的斗争，但因其具有封建性和落后性，往往容易被反动统治阶级和帝国主义势力所利用。

［2］一贯道，见本书《加强保卫工作》注［3］。

［3］三青团，见本书《关于新解放区的工作问题》注［14］。

巩固成绩，克服缺点，争取更大的胜利*

（一九五一年三月三十一日）

各位委员、各位同志：

我们这次会议，始终是在团结愉快的气氛中进行着。七天的历程中，不论大会与小会，从检查工作到总结经验与商定计划，大家都热烈地发表意见，反复研究，这是我们西北军政委员会成立以后几次会议中内容最丰富的一次会议。

这次会议上，我们深深感到，没有一个人不在进步，并且进步很大、很快，不论老年人青年人都在进步，很多党外人士的进步并不比共产党人差。如果过去有些党外人士还有某些作客态度，那么现在很多人都挑起担子来了。我们有了共产党员与非党人士的巩固团结，做好一切工作就有了保证。我们要在巩固团结的基础上继续前进。

会议一致认为我们一年来的工作，是有很大成绩的。这些成绩表现在多方面，特别是在关于民族团结、土地改革、减租、反恶霸、剿匪、肃清特务、抗美援朝及争取财政经济状况好转和文化教育事业的恢复与发展上，尤为显著。我们人民政府这一年来的工作在历史上

* 这是习仲勋在西北军政委员会第三次会议闭幕时的讲话。

是空前的，过去几十年没有做好的事情，我们在很短的时间内就做好了。这些成绩是伟大的，是值得大大庆贺的。我们也还有缺点，但成绩是主要的。这些成绩，是由于毛主席和中央人民政府的正确领导，全西北各族各界广大人民以及人民解放军和各级干部努力的结果。我们今后的奋斗方向应该是巩固成绩，克服缺点，争取更大的胜利。

为了把一些问题在我们的认识上更加明确起来，我想就以下的问题，再讲几点意见：

第一，镇压反革命，在我们西北地区已经做了一些工作，但不是已经做得很好了，已经镇压够了。现在仅仅是在领导思想上，把“宽大无边”的偏向，大体纠正过来了，但是工作还缺乏具体深入，尤其对广大群众进行宣传，发动广大群众起来镇压反革命，还感到劲头不足。必须总结我们现在已有的镇压反革命的经验，采取展览会、公审会、座谈会、控诉与坦白相结合的办法，动员大家一齐动手。要掀起一个普遍的、深入的镇压反革命活动的群众运动。要懂得与反革命活动作斗争，在今后还是长期的任务，只要国内外尚有反动势力存在，这个斗争也就存在。而且当反动势力愈接近死亡，其斗争也就愈尖锐、愈惨酷；凡是反革命活动已遭到打击的地方，他们的活动，也势必愈加隐蔽和愈加疯狂。哪里群众发动不足，哪里就成为他们的防空洞；哪里我们疏忽大意了，就会遭到他们严重的危害。所以，凡是狠狠地镇压了反革命活动的地区，绝不要盲目乐观起来，以为敌人已经完全消灭了，这是不对的。如果因为取得小胜，就麻痹起来，松懈起来，就要吃大亏。最近陕西华县发生了一件不幸的事，在审讯反革命罪犯时，被犯人夺去手枪，死伤干部战士四人，这能说不够严重吗？对敌人采取马虎大意的态度是绝对错误的，应该引为教训。今后继续加强镇压反革命活动，会不会发生错误呢？只要我们在领导思想上贯彻两条，就可不犯错误。一条是严厉镇压，坚决执行《惩治反革命条例》[1]，没有这一条，镇压反革命的工作就推动不开；再一条是严格控制，没有这一条，就会搞错、搞乱。也只有这两条相结合的指导思想，才可以把镇压反革命工作做好。

第二，土地改革工作，应当注意以下几点问题。这就是：一、不论尚未进行土地改革的地区或已进行过土地改革的地区，在生产季节，均应以发动农民搞好生产，为农村工作中压倒一切的中心任务。农村工作干部，应多和群众商量，多想办法。解决种子、吃粮、劳力及其他生产中的具体困难，继续宣传谁种谁收，自由借贷，允许雇人耕种等具体政策，避免违误农时妨碍生产。二、凡计划要在今年冬季进行土地改革的地区，应即抓紧时机，继续搞好减租，反恶霸，整顿乡村农会[2]、政权，训练培养干部，为今冬明春土地改革准备条件。三、经验证明：土地改革中群众斗争愈激烈，则反封建就愈彻底，花多大代价，必有多大收获。企求和平土改，势必为封建势力保留阵地。土地改革是一个基本的社会改革，是旧的社会制度改变为新的社会制度的跃进和突变，因而势必震动很大，这种震动是必然的。直至今天仍有些人看不惯这种样子，经不起这种震动，以为土地改革开始和平是好的，以后不和平了，就不好了。实际是群众运动前进了，群众是正确的；指责群众运动不和平的人，则是自觉或不自觉地犯了错误。四、在少数民族地区，已经积极准备条件，或条件也已具备的，都应进行土地改革。但条件不成熟的，不要勉强。对清真寺、喇嘛寺的土地，一般的还是要根据当地本民族广大群众的意见，决定是否征收，或征收而加以照顾，以及应当如何照顾等。五、切实注意鼓励和组织各方面的人士，参加到土地改革或减租斗争中去，各级人民政府要给以充分的协助，让大家去到做得好的地方看，也让大家去到那些做得不好的地方看，对他们本人都有好处，对整个工作也有好处。要彻底克服干部中的闭门主义思想作风。

第三，抗美援朝运动，这一时期，在我们西北各地，不分民族、职业、信仰，都开展起来，形成广泛的群众运动，这是很好的。这个运动又推动了各方面的工作前进，这就使抗美援朝运动更加有力和更有丰富的内容。目前最重要的问题是总结以往运动中的经验，紧紧结合各项实际工作，更有计划、有领导地深入与普及这一运动，使每一地区每一个人都受到这种爱国教育。在开展抗美援朝运动中有很多工作要做，如以人力、物力支援前线，以及做好后方的优待军属及其他等项工作。切戒形式主义，不要只求表面，停止在一般号召上面，缺乏生动的实在的工作内容，那就不能得到教育群众的效果，反而浪费力量，疲劳群众。只要注意了这些，我们就会把这个运动坚持下去，巩固起来。

目前我们的抗美援朝、镇压反革命、土地改革三大运动，其目的，都是为我们的经济建设工作，扫除障碍，铺平道路。经济建设，是我们建设新民主主义国家最根本的工作，必须引起所有人们的重视。我们要动员一切力量，尽最大努力，为争取在这方面创造更大的成绩和更大的胜利而奋斗。今年在经济建设方面，应当掌握以下三个重点：

（一）发展农业生产，争取本年丰收。假如没有去年的丰收，就不会有今年这样情况，今年再丰收了，就更有利于各方面工作的开展，就打好了今年进行各项工作的物质基础。

（二）组织物资交流，大力运销土产。组织土产的畅流，是目前振兴国民经济的中心环节。今年上半年内，应由财经委员会召开一次专门研究运销土产的会议，吸收各省、市工、商、贸易部门的负责干部及工商界代表参加，研究出运销土产的切实计划和具体办法。各级人民政府也要同样开一次土产会议。

（三）进一步地做好现有各公、私工厂、企业的工作，开展马恒昌[3]式小组生产竞赛，完成生产计划，并保证做好规定的基本建设工作。

各级人民政府必须掌握这三个重点，组织力量，加强领导，为完成今年的经济建设任务而奋斗。

经过去年的努力，给我们今年的工作创造了有利条件，经验积累了一些，情况熟悉了一些，盲目性减少了一些，这样，我们本身的力量就增加起来。但是，又要认清：我们懂得的东西还不够多，经验还有限，而形势正不断向前发展，任务又这样艰巨，困难还是有的。我们必须努力学习，多总结经验，不断提高自己，争取不犯错误或少犯错误，一步一步把工作做好，走一步巩固一步，有阵地地向前推进。要贯彻毛主席的思想方法：当我们愈胜利的时候，应愈加谨慎，不骄不躁，稳步前进。做对了越多越好，弄错了哪怕是一件事也要不得。比如拿划分农村阶级成分说，搞错一户，就会影响农村土地改革工作的顺利推动，就会影响群众的生产情绪。杀百个千个应当杀掉的反革命分子不要紧，但错杀一个不应该杀的人，就会产生不良影响。所以，一切事先要准备妥当了再去办，不办则已，一办就要办好。要教育我们全体干部都有这样实事求是的精神。

要继续重视在职干部学习；各机关、各部门今后都应利用一定时间进行整风。去年整风以后,对于密切领导与群众的关系,改进工作,提高工作效率,收到了良好效果。但洗脸扫地要天天做,不能有任何间断。为了使我们的工作不停地前进,今后还要经常结合学习政策文件,开展批评与自我批评。反铺张浪费要从大处着眼,不是纠缠于或斤斤计较于生活细节,而是注意各种事业上可能发生的浪费。乡间有句俗话说:"吃不穷,穿不穷,计划不到,一世穷。"计划不对头,核算不精确,损失数目往往不可计算。反对官僚主义、命令主义,要更深入,联系到反对思想懒汉,克服经验主义作风。

根据新的情况发展,建立合理的工作制度,统一领导与分工负责,是极其必要的。今天的毛病是上面头多不统一,乱发指示,意见不一致。一个中心,往往一到下面变成了几个中心,闹得下面喘不过气来,这也是官僚主义领导的一种甚为普遍的现象。填塞这个漏洞的有效办法,就是减少那些不必要的指示和命令;确实需要的,亦应抱着谨慎负责的态度,考虑下面是否能做到,估计能收到什么效果,再同有关部门酝酿成熟,然后发下去。要在工作过程中,勤检查,勤督促,多给下边交办法,多表扬底下好的创造,推广好的办法,多解决底下的实际问题,这就是具体指导,这是今天最需要的。

最后,要做好上述各方面工作,都要深入发动群众。我们过去所做的,属于搭架子方面居多,属于打基础方面较少,架子要搭,但紧接着必须打基础,否则架子不巩固。我们人民政府的基础,就是全西北各族、各界的广大人民,人民是拥护我们的,因为人民看到了:现在的政府,是比过去历史上任何一个政府都好得多的政府。

但是,我们还要向人民群众做工作,要用百分之九十的力量,在人民群众中,结合各种实际任务,做组织、教育的工作,务使每一城市、乡村的人民群众，都要有热烈的爱国主义思想，都认识到人民政府是专门为人民服务而不做任何别的事情的政府，都能巩固地团结起来，在人民政府的领导下，自觉地为实现当前的各项任务而努力奋斗。这就是我们取得更大的胜利，以至永远胜利的基础。

■ 注　释

[1] 指一九五一年二月中央人民政府颁布的《中华人民共和国惩治反革命条例》。

[2] 农会，见本书《关中党史简述》注[3]。

[3] 马恒昌（一九〇七——一九八五），辽宁辽阳人。全国劳动模范。一九四九年四月二十八日，马恒昌任组长的小组获得沈阳第五机器厂"生产竞赛模范班"红旗，并被正式命名为"马恒昌小组"。抗美援朝战争爆发后，该小组向全国各条战线发出开展爱国主义劳动竞赛的倡议，得到一万八千多个小组的响应。

关于民族区域自治和少数民族地区工作问题*

（一九五一年四月）

我想对民族区域自治问题和少数民族地区工作问题，讲一点意见，和大家商量。

这次会议，大家着重讨论区域自治问题，我认为很必要。实行民族的区域自治是《共同纲领》[1]规定了的政策，我们已经把积极地推行这个政策作为当前一个重要任务，并且已经在一些地区着手办起来。但是这方面的经验还待总结，尤其是今后具体应当怎样办，更要好好地研究，希望多听到各兄弟民族同志的意见。

解放以来，我们在各民族杂居的地区，陆续召开了各民族人民代表会议，各民族都有相当名额的代表，经过这个会议建立由各民族代表组成的协商委员会，大批地吸收当地各民族的人员参加政府机关工作。各省和许多民族杂居的县份都普遍这样做了。这是一种民族的民主联合政府。西北军政委员会也是这样性质的机构。大家都已经看到，这是十分合理而适当的政策和方式。应当指出，这个政策和方式还不是所有地方都实行得很好了，有些地方还做得不够，有些地方对当地民族干部培养提拔得还少，少数地方还未曾能够组织正式

* 这是习仲勋在西北军政委员会民族事务委员会第二次委员会议上的讲话。

的各民族人民代表会议。做好这些工作还需要一定的时间和条件，但是必须积极创造条件，力求早日做得更好。

去年，我们还在甘肃的夏河（拉卜楞）、东乡、卓尼、武坪[2]、天祝、肃北等县和宁夏的阿拉善旗[3]、额济纳旗[4]等蒙古、藏和东乡等民族聚居的地区实行了民族区域自治。青海等省某些少数民族聚居的区、乡也这样做了，情形都很好。现在的问题是，实行民族区域自治是不是需要一定的准备，一定的步骤？这个步骤应当是怎样的？

我们的态度是积极的，又是负责的，要办就办妥善，反对草率。因此，实行民族区域自治必须采取有准备、有步骤的方针。要有一些什么准备呢？一个是干部准备，一个是群众准备。经验证明，实行民族区域自治应当采取由下而上、由小到大的步骤。再则，自治区域的地理界线，必须按各族人民的分布情况，由当地民族人民自己依照经济生活等条件来决定。应当承认，过去留下来的行政区划有不少是不合理的。但是，大家也曾看到一个事实，就是大多数地区仍然是几个民族杂居的，虽然某些民族在一定范围内分别聚居。而居住的情形却又是很复杂的。这些情形，也使我们不得不先采取由下而上、由小到大这样的步骤。

像新疆，有十几个民族，是多民族杂居的地区，自然应当在省上组织民族的民主联合政府。现在那里省以下的各级人民政府也是各民族的民主联合政府。这些政府既然实行各民族人民代表会议制度，发动各民族各阶层人民参加管理自己的事务，吸收当地各民族的积极分子参加行政机关和各种建设事业的工作，就实际替那里的民族区域自治准备了条件。我们现在就积极着手，求得在两三年内，在各个民族聚居的大多数乡、大多数区和大多数县普遍推行民族区域自治。那里的某些民族聚居地区，如果是连成一片的，还可以联结成更大的范围的自治区域，建立相当于专区以至行署范围的自治机关。如果在这个自治区内还有其他少数民族居住，这个自治区的各族人民代表会议和自治机关又应当有其他少数民族相当名额的代表，并且在他们聚居的地区仍然分别建立各自的自治机关。由此可见，民族的区域自治和民族的民主联合政府并不是截然对立的两种方式，而是互相结合的。这个民族的民主联合政府和区域自治相结合的制度，在我们西北多民族地区是完全合适的，它最能够促进各民族团结，最能够适应民族复杂的情况，充分便利各民族自由发展而又合乎各民族的共同意志，取得各民族共同协助，并且是各民族人民和中央人民政府保持巩固关系的一种最好方式。

大家都很明白，民族团结是十分重要的事情。实行民族区域自治就是为在我们国内各民族之间确立一种真正平等和巩固团结的关系。因此，巩固各民族团结便成为实行民族区域自治的主要原则。历史和当前大势都已经证明，国内各民族的解放和整个中国革命斗争分不开。各民族的繁荣和发展，只有在巩固的中华人民共和国的大家庭内紧密团结合作，方能够实现。因此，实行民族区域自治，必须更有利于中国革命的整体利益。更有利于中华人民共和国这个各民族联合的大家庭的巩固和统一。

今天中国这个国家，在毛主席和中国共产党领导下，已经进入一个新的时代，和过去历史上任何一个时期都大不相同。民族压迫已经一去不复返了。我们内地和边疆各民族人民，曾经在解放战争中互相支援，赢得胜利，因而已经结成血肉不可分离的亲密关系。我们共同斗争，打倒了压迫边疆也压迫内地各民族人民的反动统治，我们已经走上了边疆和内地互相帮助、亲密合作的新道路。一年多以来，内地在帮助各少数民族发展经济，发展文化等方面做了一些工作，今后还要这样做，并且要做得更多更好，努力使各兄弟民族在经济上、文化上逐渐地赶上内地。这是民族平等团结确实的保证。一年以来，内地曾不断派遣大批干部到各兄弟民族地区工作，他们的任务主要就是帮助当地开展工作和培养本地的干部，这也是有显著成绩的。新解放地区，一般都需要有比较有经验的老干部去帮助去带领当地干部，几年之后，当地干部就可以很快地在工作中得到丰富的实际斗争经验，就可以愉快地担负起主要的领导工作了。这是中国革命一条重要的经验，在各少数民族区域也是必然适用并且行之有效的。毫无疑问，更加密切各民族人民的友爱合作和互相帮助，又是实行民族区域自治的重要条件和目的。

我们实行民族区域自治的基本保障，就在于我们有了中国共产党的领导和人民解放军的保护。人民解放军解放了祖国大陆的全部领土，巩固了边防，消灭了多年危害各民族人民的外国间谍和土匪，使我们各民族人民从此安居乐业。人民解放军又积极参加生产，减轻人民负担，协助地方建设，各民族人民都认识到人民解放军是自己最忠实的武装保卫者。

我想，弄清以上的几个问题，推行民族区域自治就明确了道路。我们有一个共同基本准则，就是《共同纲领》。一切工作都必须拿《共同纲领》做依据，努力实现，不许打折扣，也不许歪曲。离开《共同纲领》，就必须遭到反对。我们必须取得共同一致的认识，否则就会被国内反动派和帝国主义利用。帝国主义和国内反动派希望我们边疆各民族分裂，和中央人民政府隔离、和内地隔离，制造什么“独立”口号。这是因为他们企图打散中国革命的力量，使边疆各兄弟民族地区从祖国大家庭脱离出来，以便恢复他们的统治，继续实行剥削压迫。我们能够同意这样做吗？当然不能，凡是站在各民族人民利益立场的人都不能够同意这样做。我们的敌人，各民族人民的共同敌人——帝国主义和国内反动派正在实行这种阴谋，到处活动。所谓“大土耳其主义”[5]，就是敌人阴谋活动之一。对敌人这个阴谋，必须坚决打击，严厉镇压。但是对我们内部一时思想糊涂的人，就要采取同志式的态度耐心说服教育，帮助他们清醒过来。我们要把同志和敌人分清，绝对不可以混淆起来，不然就会犯很大的错误。

总之，实行民族区域自治要反对两种偏向：一种是不注意总结已有经验，不积极订出推行的计划；另一种是无准备地盲目去工作。我们不应当“为办区域自治而办区域自治”，而是要把各民族人民发动起来，挑起担子，把当地事情办好，使一切工作都得到改善。因此，民族区域自治又必须在逐渐改善和改革工作的基础上推行，才能够确实办好。盲目去办，就会光有形式，没有真实内容，甚至得到相反的结果。

关于民族区域自治问题，我就说这些。以下是对兄弟民族地区工作的意见。

一年多来，各民族的干部、广大群众以及民主人士，都在不断地进步、提高。他们和中国共产党、人民解放军以及内地去的干部协力合作，做出了不少成绩。但是，时间只有短短一年多，工作也只能做个开头，需要我们更加积极，更加努力，争取更大的胜利。

目前在兄弟民族地区到底还有哪些重大任务呢？我认为有以下

三件：

第一，深入进行抗美援朝、保家卫国的爱国主义教育运动，同时开展镇压反革命工作。只有把抗美援朝做到家喻户晓，人人皆知，才会提高各民族人民的政治认识，打下友爱合作的思想基础。只有把反革命分子和土匪严厉镇压下去，各民族人民才能安居乐业，进行建设。这本身就是一件重大的改革，做好这些，各地区的情况就会大大改变，我们才能沿着这条铺平的道路一步一步地向前迈进。

第二，集中一切可能使用的力量，发展兄弟民族地区的贸易和医疗工作。这些工作，是有关兄弟民族人旺、财旺两件最迫切、最重要的大事。做好了，就给实行民族区域自治充实了真正的内容。在兄弟民族的农业地区，只要有条件，就应该领导群众开展减租和土地改革运动。但是，条件不成熟的，不要勉强去办。这个改革是发展各民族的经济、文化的基本一环，没有这一步，群众不满，人心不安，其他工作也很难开展，早办比迟办好。

第三，有计划地培养兄弟民族的干部，培养各种人才。现在是有事无人办，或者人手很不够。要用最大决心在几年之内改变这个情况。但是，这个问题要根本解决，还得几年。因此，现在兄弟民族地区还十分需要党从内地派去的干部的帮助。他们不但是做好当地工作的有力帮手，而且是各兄弟民族培养自己的干部的最好帮手。内地去的干部必须谦虚谨慎，不骄不躁，积极向兄弟民族人民学习，各兄弟民族同志也要和他们亲密团结。大家互相学习，互相帮助，共同努力，完成各民族人民交给我们的重大任务。

■注　释

[1]《共同纲领》,见本书《坚持与党外人士合作的统一战线政策》注[1]。

[2]武坪,一九五四年六月前为西固县武坪区。今为甘肃甘南藏族自治州舟曲县所辖,乡政府所在地。

[3]阿拉善旗,旧旗名,在今内蒙古自治区阿拉善盟中东部。一九四九年九月和平解放后,隶属宁夏省。一九五〇年三月,成立阿拉善霍硕特旗自治区;同年八月,改为阿拉善自治区。一九五四年四月,改为阿拉善旗,先后属宁夏省和甘肃省。一九五六年划归内蒙古自治区。一九六一年撤销阿拉善旗,分设阿拉善左旗、阿拉善右旗。

[4]额济纳旗,位于内蒙古自治区阿拉善盟西部。一九四九年九月和平解放后,成立额济纳旗自治区,隶属甘肃省。一九五一年划归宁夏省。一九五四年划归甘肃省,一九五五年改为额济纳自治旗。一九五六年改为额济纳旗,同年划归内蒙古自治区。一九六九年划归甘肃省。一九七九年划归内蒙古自治区。

[5]“大土耳其主义”,是土耳其资产阶级地主集团反动的沙文主义,宣扬土耳其应当统治一切操突厥语的民族。形成于二十世纪初,第一次世界大战时广为传播,第二次世界大战时成为法西斯主义在土耳其的变种。

跟着毛泽东走就是胜利*

（一九五一年七月一日）

我们热烈庆祝中国共产党诞生三十周年，热烈庆祝毛泽东思想的胜利。

我们中国共产党人，所以能够经过三十年艰苦卓绝的革命斗争，取得现在这样的伟大胜利，是由于有了毛泽东的英明领导，有了马克思列宁主义理论与中国革命实践相结合的毛泽东思想。毛泽东思想，不是别的，就是马克思列宁主义在中国革命中的新发展，它创造了世界殖民地半殖民地半封建国家马克思主义运动的典型。自从有了这个理论，中国革命便大放光彩，中国人民革命的车轮便一直沿着胜利的道路前进。这个理论，教育了中国共产党人，也教育了中国人民。跟着毛泽东走，就是胜利。

我国西北地区的马克思主义教育运动，从一九二二年至一九二三年中间就开始了。起初，是由少数的共产党员和共产主义者，在关中、陕北等地的学校中，传播马克思主义思想，建立和发展了共产党。有了这个条件，就使一九二六年至一九二七年的大革命[1]期间，西北革命运动以西安为中心，有了很大发展。当时，我们曾与国民党进步势力结成统一战线，在军队、政权、文化教育和群众运动方面，都做了

* 这是习仲勋为纪念中国共产党诞生三十周年所写的文章。

很多工作,党员发展到几千人。但是,当时的领导者,不懂得国民党右派统治集团的反动本质,没有应付突然事变的准备,犯了右倾机会主义错误。郑州会议[2]一开,西北的国民党公开反革命了,对共产党人杀的杀、赶的赶,共产党和革命人民遭受了极严重的损失。

共产党人并不灰心丧气,重新集合起来与敌人战斗。而且以刘志丹[3]、谢子长[4]为首,从一九二七年大革命失败后到一九三五年的八个年头内,在与敌人斗争中,在与地方党内机会主义斗争中,在毛泽东和朱德在南方发展革命武装与建立革命根据地的号召下,使我们在摸索中,找到了正确的道路,锻炼出了一条正确的路线。

与敌人斗争,主要的是要采用什么方式?我们制定了主要采取武装斗争的方式,拿起枪杆子。为着长期地进行武装斗争,就要建立革命根据地。这种根据地,又必须是在乡村,在敌人统治力量薄弱的山区。开始是在陕、甘边的桥山中段建立了一处根据地,以后,为了在敌人优势兵力面前获得高度的回旋余地,便在陕北、关中建立了几处根据地。在根据地里,建立了革命政权,发动了农民,没收了地主的土地财产及富农的出租土地,加以分配;发动了农民斗争,开展广泛的游击战争,并建立了红军和赤卫队(即民兵),采取游击战争的战术,与敌人作战,不断地消灭敌人,壮大自己,取得胜利。但当时党内“左”倾机会主义者,却反对这种做法,认为打游击战是“逃跑上山”,认为创造游击根据地是“梢山主义”[5],要红军打正规战,向城市和平川出击,把陕、甘根据地和四川、青海、新疆的革命运动联系起来,打通国际路线。这在当时红军只有几千人,显然占劣势的情况下,简直是荒谬绝伦的。

为了胜利地进行武装斗争，就必须用最大力量，去争取同盟者，分化和孤立敌人，而避免自己陷于孤立。当时，我们曾经和受蒋介石排挤的杂牌军[6]、西北军[7]的许多部分有联络，有来往。对那些不坚决反对革命运动的地方团队、帮会[8]势力，做争取工作，使他们保持中立。这些都很有成效。但“左”倾机会主义者，却说这是“勾结军阀”。连在根据地内分配土地时，对待地主与富农加以区别的政策，也被他们认作是“富农路线”。他们是何等愚蠢，就可想而知了。

当时，绝大多数同志是团结在刘志丹领导的正确路线下，进行了英勇的胜利的斗争。其结果，是聚集了革命力量，建立了陕甘边和陕北的大块革命根据地，成为西北人民解放斗争的旗帜。可是当时是紧张的战斗环境，还没有可能把这些经验都系统地总结起来，并用以教育全党。这就使“左”倾机会主义者钻了空子，他们披着马克思列宁主义“理论”的外衣，几度占据了党内的领导地位，并采取极端宗派主义的作风，给了革命事业极严重的损害。

一九三五年毛泽东和党中央到了陕北，立即停止了“左”倾机会主义者的罪恶活动，挽救了西北的革命，并领导着我们继续胜利前进，扩大了陕甘宁边区[9]革命根据地。到了抗日战争时期，我党再次与国民党结成统一战线，原来的“左”倾机会主义者，却又犯了右倾投降主义错误。他们不仅听任国民党反动派把根据地的许多边沿地区劫去，而且提倡“一切经过统一战线”，即一切经过国民党、蒋介石，把自己束缚起来。毛泽东早就指出这个错误，领导我们把它彻底纠正了。随后毛泽东总结了全国的也包括西北的革命经验，在一九三九年给《共产党人》[10]写了一篇发刊词，提出统一战线、武装斗争、党的建设,是中国革命的三个法宝。一九四一年,毛泽东又领导我们召开了陕甘宁边区参议会,实现了“三三制”[11]的民主政权,并通过《陕甘宁边区施政纲领》,这是中国第一个新民主主义的具体的施政纲领。此后,经过了必要的思想准备、组织准备,于一九四二年在中共中央西北局领导下,召开了陕甘宁边区党政军高级干部会议,按照毛泽东的指示,对过去的历史,作出了系统的结论。做得对的,给西北人民立了功的,当然是由刘志丹所领导的正确路线。而反对这个路线的“左”倾机会主义者,当然是完全错误的。这个会议,把西北党的政治理论水平大大提高了一步。

从一九三五年秋季到一九四八年春季,这十三个年头内,毛泽东和党中央一直驻在陕甘宁边区。领导着我们,在这不足二百万人口的地区,教育人民,依靠人民,打破国民党的军事进攻和经济封锁,使人民的生产和文化教育事业都获得发展,支援了全国的革命。延安,成为世界闻名的民主圣地,成为中国革命的指导中心。毛泽东在这里,指挥了抗日战争走向胜利,又指挥了人民解放战争走向胜利。毛泽东那些丰富的理论著作,关于政治的、军事的、财政经济的、文化思想的以及哲学问题的,其大部分是在这里写出的。毛泽东热爱边区人民,当胡、马匪军进攻边区[12]的困难时期,毛泽东坚持留在陕北,常是在行军转移中指挥西北和全国的战争。这是当时全体军民经常有着旺盛斗志和胜利信心的源泉。直到一九四八年延安光复,胡、马匪军全线溃退之后,毛泽东才为了更好地指导全国工作,离开了陕北。毛泽东给我们西北地区党和人民的教育,真是太广阔了,太深刻了。

我国西北地区的人民解放战争,从一九四七年三月胡、马匪军进攻延安算起，到一九四九年十月新疆和平解放，共两年半的时间，是由彭德怀[13]同志领导的，是正确地执行了毛泽东的军事路线的，其中大部分的战役，如青化砭[14]、羊马河[15]、蟠龙[16]、沙家店[17]、清涧[18]、瓦子街[19]、荔北[20]等战役，都是在陕甘宁边区内部或边沿打的。进入西安后，打了一个扶眉战役[21]，再一个兰州战役[22]，便基本上解决了西北的问题。一九四九年十一月，由彭德怀同志亲自主持，在兰州召开中共中央西北局的扩大会议，对西北的胜利，是这样估计的："西北五省已基本解放。西北战场经过两年多伟大而艰苦的战争，已基本上胜利地完成了光荣的历史任务。这是由于毛泽东和党中央领导的正确，西北局和第一野战军[23]前委坚决执行党中央的路线和政策，全体指战员工作员的英勇顽强，后方支前工作的努力，战区和解放区人民的拥护，以及各解放区部队的配合所获得的成果。尤其是党的英明领袖毛泽东同志的正确领导，是取得人民解放战争胜利的决定因素。"这样的估计，是完全正确的。试想，如果没有毛泽东和党中央的正确领导，没有毛泽东的军事思想，没有十大军事原则[24]，没有历次重大战役中毛泽东的亲切指导，我们能够胜利吗？是绝对不能的。我们曾有个别的部分、个别的战役打得不好，不就是对于毛泽东的军事思想体会不深，掌握不紧的缘故吗？

解放后，我们按照毛泽东的理论，按照《共同纲领》[25]，在西北地区实施了人民民主专政。在两年左右的时间内，我们在毛泽东和党中央的领导下团结了各民族、各革命阶级，以及各方面的爱国民主人士，和他们一道，在财政经济工作方面，人民政权建设方面，推行各项民主改革方面，剿匪和镇压反革命方面，以及文化教育工作等等方面，都开展了切实的有效的工作，巩固了人民的胜利。今天，西北地区团结、进步的气象,是历史上从未有过的。西北的面貌是大大地改变了。各民族、各革命阶级和各方面的人们都已经深刻地感觉到了这种变化。

的确,我们的工作获得了很大的成绩。特别是经过抗美援朝、土地改革、镇压反革命三大运动,群众起来了,革命热情空前高涨,很多工作都进行得非常顺利。这说明什么呢?说明了:毛泽东思想,一经和群众结合,掌握了群众,就必然变成无穷无尽的革命力量。任何工作,凡是执行了毛泽东的指示,把党和人民政府的政策、任务拿到群众中去,广泛宣传,细心听取群众的呼声,相信群众力量,动员群众一块去做的,都胜利了,而和上面所说相反,采取强迫命令办法的,十个就有十个都走了弯路,跌了跟头。这些经验,教育了我们许多工作干部,思想作风有了进步。现在,工作向前发展,群众进步很快,给我们提出了很多新的情况,新的问题,要求我们解决。党的领导责任更加重了。但是,我们大多数干部没有经过系统的理论教育,对毛泽东思想领会不深。思想方法上,经验主义倾向极为普遍。工作上官僚主义、命令主义的毛病时常出现。此种状态,是与客观工作的需要十分不相称的。并不是人民要求我们做的事情都做好了,要求我们解决的问题都解决了。而是还有很多事情没做好,有很多重要问题没有及时地加以解决。

最重要的,首先,是城市工人工作方面。毛泽东一再指示我们,要重视城市工作,要明确依靠工人阶级的思想。我们在工人群众中,也做过不少工作,但成绩不大,主要的就是没有经过一个扎实的民主改革运动。现在必须补上这一课,才有可能在工厂企业管理工作中,在工会工作中,贯彻民主作风,逐步改革不合理的制度,不断提高工人思想觉悟，搞好生产，并在增加生产的基础上适当改善工人生活。

其次，是乡村农民工作方面。要领导农民获得解放，就必须实行土地改革，废除封建剥削制度。全西北的一切农业地区（包括少数民族地区的农业区在内），都要在一二年内，完成土地改革。这是确定的。但是，农村的工作，决不止于土地改革。一切完成了土地改革的地方，要立即转到领导农民发展生产上，以保证城市粮食和工业原料的供给，并改善农民自己的生活。这就要做好一系列的复杂的细致的具体工作。同时，也要一刻不停止地向农民群众进行政治教育，逐步提高他们的思想觉悟。毛泽东说："严重的问题是教育农民。"[26]这是一个长期的细致的工作，一点也放松不得。陕北老区[27]，我们进步慢了些，群众就批评了我们。

只有切实做好团结和教育工人、农民的工作，不断提高工人阶级觉悟，领导农民继续前进，同时，又切实做好其他工作，才能使我们的工农联盟获得前进，从而使人民民主统一战线获得前进。

在各少数民族地区的工作，是有其特点的。这就是，必须大量培养当地干部，依靠本民族的干部，去教育和发动本民族的人民；一切的工作，都要采用适合当地环境的具体步骤和方法；要组织最广泛的统一战线，对一切愿意跟着共产党走的人都要团结，不能轻易脱离一个不应脱离的人。这些，都是十分重要的。但是，最基本的工作，在城市及有工业经济的地区，必须是做好工人工作，依靠工人阶级，搞好生产。在农业经济地区，必须是发动农民实行土地改革，发展农业生产。在游牧区，也要积极改善牧民生活，向劳动群众进行长期的教育组织工作。经过这些工作，才能发展各少数民族的政治、经济及文化教育事业。这都是很明白的。

要使我们的工作不断地前进和提高，时刻认清前进的方向和道路，就必须努力提高全党的政治理论水平。提高的办法，就是学习，就是组织全党干部和所有革命积极分子系统地学习马克思列宁主义和毛泽东思想。

学习的敌人是自满，首先要认真清除党内已经存在的停顿起来不求进步的情绪，唤醒大家，认识学习的重要性。按照中央的规定，动员大家开始有计划地学习规定的马克思列宁主义理论书籍和即将出版的《毛泽东选集》。学习的基本方法，是理论与实际相联系。要大力提倡具体应用马克思列宁主义和毛泽东思想，去解决实际问题，肯定正确的东西，否定错误的东西。要针对工作中的缺点，开展必要的批评与自我批评。领导机关必须重视总结工作。要勤于总结，善于总结，经常用总结实际工作中的生动经验教育和提高全体党员。各级党委应立即加强对干部教育工作的领导。规定制度，指示办法，勤督促，勤检查，多多研究和解决这些方面的具体问题，推动全党的理论学习迅速高涨起来。

我们相信，只要全党政治理论水平不断地提高起来，党的干部和其他的革命积极分子对马克思列宁主义和毛泽东思想的领会程度不断地加深起来，就一定能够团结西北各族人民，继续做好西北地区的工作，与全国人民一起，向建设新民主主义社会的道路前进，向我们的远大目标——社会主义和共产主义社会前进。

马克思列宁主义毛泽东思想胜利万岁！

■注　释

[1]大革命,见本书《关中党史简述》注[1]。

[2]郑州会议,指一九二七年六月十日至十三日,武汉国民政府汪精卫等与国民革命军第二集团军总司令冯玉祥在郑州举行的反共会议。这次会议酝酿了武汉"分共"和宁汉合流(一九三三年五月,冯玉祥与共产党合作,组织民众抗日同盟军。晚年继续持与共产党合作的立场)。

[3]刘志丹,见本书《关中党史简述》注[4]。

[4]谢子长(一八九七——一九三五),陕西安定(今子长)人。一九二五年加入中国共产党。参加领导了清涧起义和渭华起义。曾任中共陕北特委军委委员、西北反帝同盟军总指挥、中共中央驻北方代表派驻西北军事特派员、红军陕北游击队总指挥、红军第二十六军四十二师政治委员、西北军委主席(一说刘志丹)。

[5]当时党内"左"倾教条主义者对开展游击战争的蔑称。意思是说红军和游击队不敢同敌军作战,逃跑到梢林(丛林)里面躲起来了。

[6]杂牌军,主要指国民党地方军阀的部队。杂牌军受蒋介石集团的歧视,他们的待遇与蒋介石集团的嫡系部队不同。

[7]指以杨虎城为总指挥的国民党第十七路军,因起源于西北又多驻守西北,故称西北军。

[8]帮会,见本书《依靠和团结职工办好人民铁路》注[1]。

[9]陕甘宁边区,见本书《关于关中分区的反磨擦问题》注[2]。

[10]《共产党人》,是中共中央主办的党内刊物,不定期。一九三

九年十月在延安创刊，毛泽东为其撰写发刊词。一九四一年八月停刊，共出十九期。

[11]“三三制”，见本书《悼任弼时同志》注[4]。

[12]胡指胡宗南，马指青海马步芳、宁夏马鸿逵。一九四七年三月，国民党集结胡宗南部十五个旅，马步芳、马鸿逵部十二个师等部，共三十四个旅二十五万人的兵力，向陕甘宁边区发动重点进攻，一年后败退出边区。

[13]彭德怀，见本书《当好西北人民的勤务员》注[2]。

[14]青化砭战役，一九四七年三月二十五日，西北野战军于延安东北青化砭，全歼国民党整编二十七师之三十一旅旅部和一个团，共三千余人。

[15]羊马河战役，一九四七年四月十四日，西北野战军于青化砭北之羊马河，全歼国民党整编十五师之一三五旅，共四千七百余人。

[16]蟠龙战役，一九四七年五月二日至四日，西北野战军攻克蟠龙国民党军补给兵站，全歼一六七旅旅部及一个团，共六千七百多人。

[17]沙家店战役，一九四七年八月十八日至二十日，西北野战军在米脂沙家店地区歼灭国民党整编三十六师两个旅，共六千余人。

[18]清涧战役，一九四七年十月二日，西北野战军主力发起延(川)清(涧)战役，收复延长、延川两县城，并在延清公路间十里铺击溃国民党整编七十六师辎重营，歼灭一千四百余人。十一日歼灭七十六师师部及二十四旅，俘四千余人。

[19]瓦子街战役，一九四八年二月二十四日至三月三日，西北野战军在瓦子街(今属黄龙)、宜川，全歼国民党一个整编军部、两个整

编师部、四个旅、一个旅部、一个团，共二万九千余人。

[20]荔北战役，一九四八年十月十二日至十三日，西北野战军于大荔以北地区，给国民党整编六十五师、三十八师、第一师之七十八旅以重大杀伤，共歼二万四千六百余人。

[21]扶眉战役，见本书《关中新区的工作方向》注[3]。

[22]兰州战役，一九四九年八月二十五日，第一野战军向兰州发动总攻，二十六日解放兰州，共歼国民党军二万七千余人。

[23]第一野战军，见本书《关于接管城市的问题》注[1]。

[24]十大军事原则，是毛泽东根据土地革命战争、抗日战争、解放战争前期的经验，于一九四七年十二月二十五日在《目前形势和我们的任务》的报告中提出的军事原则。即：①先打分散和孤立之敌，后打集中和强大之敌。②先取小城市、中等城市和广大乡村，后取大城市。③以歼灭敌人有生力量为主要目标，不以保守或夺取城市和地方为主要目标。④每战集中绝对优势兵力（两倍、三倍、四倍，有时甚至是五倍或六倍于敌人兵力），四面包围敌人，力求全歼，不使漏网。⑤不打无准备之仗，不打无把握之仗，每战都应力求有准备，力求在敌我条件对比下有胜利的把握。⑥发扬勇敢战斗、不怕牺牲、不怕疲劳和连续作战的作风。⑦力求在运动中歼灭敌人。同时，注重阵地攻击战术，夺取敌人的据点和城市。⑧在攻城问题上，一切敌人守备薄弱的据点和城市，坚决夺取之。一切敌人有中等程度的守备，而环境又许可加以夺取的据点和城市，相机夺取之。一切敌人守备强固的据点和城市，则等候条件成熟时然后夺取之。⑨以俘获敌人的全部武器和大部人员，补充自己。⑩善于利用两个战役之间的间隙，休息和整训部队。

[25]《共同纲领》，见本书《坚持与党外人士合作的统一战线政

策》注[1]。

[26]见毛泽东《论人民民主专政》,《毛泽东选集》第四卷,人民出版社一九九一年版,第一四七七页。

[27]老区,见本书《要注意克服土地改革中“左”的情绪》注[16]。

动员一切力量，为完成甘肃全省土地改革而斗争*

（一九五一年八月二十二日）

充分发动群众开展土地改革运动

今年甘肃全省完成土地改革的任务很重大，是今年西北地区土地改革的重心。这是解决一个带根本性质的问题，并连带着解决许多问题，给建设新民主主义社会打好基础。是既有经济内容，又有政治内容的一场系统的激烈的阶级斗争。今年甘肃土地改革的基本特点和优点，是经过两年的工作，经过了抗美援朝、镇压反革命、减租反恶霸运动，我们对完成全省土地改革的总任务，是完全有信心的，对消灭地主阶级，是完全有把握的。但是，对完成每一地区的土地改革，斗倒每一具体的敌人，则不可轻视。必须全党动员，各方配合，充分准备，紧张努力地去进行战斗。我们党和人民政府领导土地改革运动，是有丰富的经验的。今天的路线、政策和策略，较之任何时候都更加完备，并且已经为我们的领导机关牢牢地掌握住了。历史上土地改革斗争中所曾犯过的领导工作上的错误，肯定地说，是不会再发生了。只要我们善于总结历史经验，又善于在斗争中学习，向群众

---

* 这是习仲勋在中共甘肃省第二次代表会议上讲话的主要部分。

学习，把高度的革命热情和踏踏实实的工作作风结合起来，就一定能够领导全省的群众运动，从胜利走向胜利。

首先一个问题，是坚持放手发动群众的方针。中共甘肃省委和省人民政府对于领导群众运动，过去是放手的，今后还要继续放手。过去是削弱封建，今天是消灭封建土地剥削制度，是深入抗美援朝运动和镇压反革命运动，必须更加放手。是要领导群众起来自己分地，不是干部去分地。土地改革后，还要继续放手发动群众，进行生产建设。

放手发动群众，就是要不断提高群众的思想觉悟，就是依靠有了阶级觉悟的和团结起来的劳动人民的力量，作为进行一切民主改革和建设新社会的根本力量。

放手就是放正确之手，是在正确的路线和政策指导之下的放手。党和人民政府的路线和政策，是放手发动群众的指针和轨道。只有在党和人民政府的路线和政策的指导下，才能充分把群众发动起来。

不能放错误之手，乱打人，乱斗争，乱没收，降低或提高成分等，这些都是错误的。凡属错误的东西，都不能发动群众去干。农民要用“打人”的办法对付地主，这确实表现了农民的义愤，并且那些“打人”的办法，也不是农民发明的，而是向地主阶级过去压迫农民的办法中学来的。但是，必须劝告农民以不采取乱打乱斗争为有利。要向农民作宣传，今天的政府是人民的，天下也永远是人民的。对于那些违法的和罪恶重大的地主，可以不用少数人动手乱打的办法，而采取经过人民法庭解决的办法，给以严厉的制裁。究竟哪个办法更能显示人民的威力，对地主阶级打击得更狠呢？当然是人民法庭更有威力、更狠。农民是很容易懂得这个道理的。这就要用马克思列宁主义、毛泽东思想去说服教育农民。

领导干部要有防止和纠正偏向的观点。不论“左”的或右的，有偏必纠。什么时候发生了偏向就什么时候去纠正，哪里发生了偏向就到哪里去纠正。运动未开展时，需注意纠正不放手之偏；运动开展了之后，就要很好地掌握，注意纠正其他可能发生的偏向。群众运动开展起来，就好像一渠河水放下来，必须紧张地注意着两旁堤岸，随时随地堵塞漏洞，勿使决口，才能保证河水向着正确的方向奔流。纠偏是教育和提高干部，而不是打击干部。

其次，贯彻党和人民政府在土地改革工作中的总路线和总政策：“依靠贫农、雇农，团结中农，中立富农，有步骤地有分别地消灭封建剥削制度，发展农业生产。”这是一条完整的路线，不能加以割裂，如同一条链子，中间不能丢开任何一个环节，也不可以使某些环节联系不紧，不然便不能成为一条完整的链子。

怎样依靠贫农、雇农？并不是找见了贫农、雇农，就等于依靠了他们。最根本的，是要多做教育工作，提高贫农、雇农思想觉悟，才可以依靠上，并须紧接着就去团结中农。满足贫农、雇农的要求，不能只有一般的标准，还须依据各地具体情况，仔细研究，定出可能的、适当的界限，这是十分必要的。

不团结中农，便不能组成反封建的浩浩荡荡的大军，不能形成农民的优势。这是极其明显的。

中立富农，保存富农经济，不仅为了孤立地主，更重要的是为了稳定和保护中农。保护中农的积极生产情绪，使中农的生产情绪不因土地改革而降低，使全体农民的生产情绪都因经过土地改革而提高。

必须注意联合农村中其他一切反封建分子（如手工业工人、小商贩、知识分子等），组织广泛的统一战线。革命阵线是越扩大越好，不是越纯粹越好。

对地主斗争，也要区别对待。看他们的罪恶大小，民愤大小，守法和违法，恰当地加以区别，不加区别是不对的。斗争方式，最基本的是说理斗争，并须与人民法庭的判处相结合。这种方式，是完全适用于今天的情况并最有利于启发和提高群众思想觉悟的。对于毛主席的《湖南农民运动考察报告》，要领会其精神，就是放手发动群众，对地主阶级打得狠，打得准，反得彻底。但不要抄袭那时候的一切斗争方式，因为那时还不是人民政权，而今天是人民政权，这是根本不同的。

所以，在土地改革斗争中，必须有领导地、有组织地作战。不乱打、乱杀、乱斗争，不伤害中农，不侵犯工商业和保存富农经济等，是必须严格执行的。

再次，要开好三级干部会议、农民代表会议和各界人民代表会议，把政策交代清楚，动员群众，训练干部。在进入土地改革之前，整顿和教育干部，作用很大，必须重视。但又不可企求在进入土地改革前，把干部完全整顿好、教育好。更好地整顿和教育干部是在进入土地改革之后，在实际斗争中，考验、锻炼和培养干部是最有效的。

还有一个问题，要实行领导与群众相结合的方法。路线、政策、策略，是从群众中来的，是总结了过去的群众斗争的经验，用以指导今天的群众斗争。而今天的群众斗争不是完全重复过去的群众斗争，必定有许多新的经验、新的创造。领导机关要善于发现它、总结它、推广它，用以更好地指导今天的群众斗争。我们是群众的先生，又是群众的学生，要善于当群众的学生，才能更好地给群众当先生。各级党的领导机关，必须重视这一条，否则就会落在群众运动的后面。

土地改革运动必须与正在进行的各项工作相结合，与抗美援朝、镇压反革命、征粮、生产等工作相结合。土地改革运动开展了，会推动其他的工作。其他工作做好了，也会推动土地改革运动。关键在于充分发动群众，群众起来了，一切事情都好办了。

抗美援朝的爱国主义、国际主义教育，是推动一切工作的动力。任何时候都不能忽视。抗美援朝总会的三大号召[1]，必须认真推行，但要防止和纠正形式主义、命令主义的偏向。爱国公约应加以检查。捐献运动也要加以整理。游牧区，除富有者和寺院自动捐献外，牧民中可不普遍动员捐献。农村中的摊派捐献的现象要停止，已摊派者要纠正之。各地捐献运动中，必须坚持增产、自愿原则，掌握确实数目，免得伤害群众情绪或放空炮。

镇压反革命运动，应当正确地执行第三次全国公安会议的决定。最主要的，是努力巩固已有的成绩，继续坚决地打击反革命活动，并加强向人民群众的宣传教育工作，以继续深入镇压反革命运动。

土地改革最后一步，就是生产建设。土地改革中，领导上时刻都要看到这一步，处处照顾到这一步。

总之，反对“单打一”的工作方法，反对做完一样再做一样的方法。提倡抓住中心而又看到周围，看到下一步，照顾下一步的做法。本来做好这一步，也就是为的做好下一步，下一步是在上一步的基础上发展的。

临夏地区的土地改革问题

今冬明春全省都要进行土地改革，其他回、汉杂居地区也要进行土地改革，这就必然会影响和推动临夏地区的农民群众起来要求土地改革。我们必须有准备地及时地领导群众实行土地改革，如果拖延下去，会脱离群众，并且明年甘肃还得再来一次土地改革，于群众、于领导均不利。另外，临夏已分了战犯马步芳[2]、马鸿逵[3]的地，开展了抗美援朝和镇压反革命运动，民族关系改进了，秩序安定了。虽有困难，但可以进行土地改革，和全省一起做完，于群众、于领导均有利。

但是，临夏地区的土地改革，一定要和其他地区的做法有所区别。因为这是回、汉杂居地区，又不是一般的回、汉杂居地区，而是历史上回、汉冲突最尖锐的地区，是一个特殊的地区。

怎样区别呢？就是在进行工作的步骤和方法上加以区别。要更加谨慎，更加细致。每一区、乡，都要耐心地做好教育群众、组织群众的工作，一切均按群众的觉悟程度办事，反对简单急躁和包办代替的做法。对地主阶级的斗争，更要区别不同情况，提高群众斗争的策略性，切忌乱斗一气，而是要集中力量斗倒群众最痛恨的并已完全孤立了的恶霸地主。争取多数，打击少数，把打击面缩小到最小限度，才能保证土地改革的胜利。必须教育群众懂得这个道理。只要农民觉悟到要分地，这就是提高，就要领导农民实现这个要求。分了土地以后，再经过我们的努力工作，农民的觉悟便会很快地提高，回、汉人民也会更加团结。

所以，这个地区的土地改革，就其全过程说，仍然是必须充分发动群众的,这是不能变的。又必须是以促进和加强民族团结为前提的,这也是不能变的。是在民族团结的基础上,去开展反封建土地剥削制度的阶级斗争,又从深入反封建的阶级斗争中,去提高回、汉广大劳动人民的政治觉悟,以加强和巩固民族团结。凡与此相违反的政策和办法,都不能采用。

在土地改革中继续做好政府机关中的统一战线工作

我们的统一战线,是完成新民主主义革命、建设新中国的统一战线,当然也是进行土地改革的统一战线。

在政府机关中,一切非共产党员干部,包括一般的公务人员,新参加工作的知识分子、技术干部、专家、各民主党派的人士、无党派的民主人士、起义将领和各民族的代表人士等等,都是我们统一战线工作的对象。我们党对广大非党干部负有责任,即和人家团结好,并帮助人家进步的责任。这个工作要全党都去做。有些同志,把统一战线工作认作只是对少数人的工作,只是一部分党员要做的工作,是不对的。

一切工作,尤其是目前的土地改革工作,光靠共产党员干部是做不了的。必须和广大的非党干部团结好,鼓励他们过关,和他们一起进入土地改革运动,才能做得好。非党干部有些是地主家庭出身,有的本人还是地主成分,要进行教育,依本人的政治态度,区别对待。凡拥护土地改革,赞助土地改革,出于真心诚意,确有事实表现者,一律欢迎,不得拒绝,不得排斥。党外人士要求参加或参观土地改革运动者,必须热烈欢迎,诚恳帮助。只有对于那一种人,即屡经教育、毫不悔改、坚决站在地主阶级立场、反对和破坏土地改革运动的人,才得以对地主阶级的态度对待之。估计这种人在我们政府机关中，将是很少很少的。

目前非党干部抱做客思想、马马虎虎态度的，已经大大减少，甚至已经没有了。大家都要求做事，要求多做事，要求作出成绩，这是一个很大的进步。但有的共产党员干部对这一点认识不足，把持包办作风虽然克服了许多，又仍然保存了许多，不给予非党干部以履行其职务相当的权力，少给或不给工作做，或给工作做又不加帮助，使人家作不出应有的成绩。这些现象，还是普遍存在，还是主要偏向。

各级党委和政府机关，应当检查一下统一战线工作，总结经验，纠正缺点。放手地给予非党干部以履行其职务相当的权力，给人家工作做，并积极帮助人家作出成绩来。

领导人民政府的工作，我们共产党有整套的经验。而很多非党干部却没有这一套经验。他们需要学习，需要长时期的学习，才能学会这新的一套。非党干部愿意学习的，是普遍现象；不愿学习或拒绝学习的，已经很少或没有了。而党员干部注意积极帮助非党干部学习的，还很少；不注意帮助非党干部学习的还是普遍现象。

要知道，在政府机关中，共产党员干部光埋头做好自己本身的工作，只算完成了一半任务，必须帮助非党干部也都把工作做好，才算完成了全部任务。是否帮助非党干部做好工作，在今天看来，已经是衡量党员干部是否执行党的统一战线政策的具体标准了。在这个方面，必须有切实的改进。

共产党员干部在政府机关中的工作，是靠党的正确的路线和政策，靠正确的指导方针，采取说服方法，实现党的领导。而不是靠职位，靠权力，或实行命令主义的办法。这一条原则，任何时候都是不变的。

共产党员干部要和非党干部团结好，采取说服方法，帮助人家做好工作和不断进步。这是政府机关中共产党员干部与非党干部的正确关系。在土地改革中应当如此，在一切工作中都应当如此。

改善领导工作

中心一点，是要善于提高干部的思想政治水平。做好这一条才能使干部发挥积极性、创造性，并经常保持饱满的情绪。

现在简单急躁、强迫命令的作风，确实存在，并且不少。其主要原因，就是任务多、办法少。现在我们工作中的情况，是上边决定任务、中间要任务、下边交任务。有的说：上边作决定的时候，条条都是政治任务，下边做工作的时候，就光有任务，没有政治了。这确实是反映了我们工作中的一些偏向。

根源还是在领导上。现在各级党的领导骨干的思想状态，是经验主义倾向普遍存在，保持老一套，不注意研究和吸收新的东西，不会向干部做思想政治工作。另外有一些同志，又离开了实际工作，去做没有对象的空洞的思想政治工作。这两种办法，都不能很好地解决不断发展着的实际工作中的问题，不能有效地提高干部的思想政治水平。

注意解决工作方法问题，是领导机关重要的任务。毛主席说："我们不但要提出任务，而且要解决完成任务的方法问题。我们的任务是过河，但是没有桥或没有船就不能过。不解决桥或船的问题，过河就是一句空话。不解决方法问题，任务也只是瞎说一顿。"[4]提得多么尖锐啊！

完成任何任务，都不仅是把任务交给下边，而且要给干部讲道理、教方法。不仅开始时要讲、要教，更重要的，是在工作进行过程中，不断地讲、不断地教。这就是实际的政策、策略教育，就是最有效能的思想政治工作。这里，基本一环是领导机关和领导干部要克服经验主义思想，多多研究和吸收新的东西，才有东西讲、有东西教。新的东西不仅是有了，而且很多很多，等待我们去发现出来，加以提炼，用以丰富自己的领导经验。这是要下苦工夫的，认真地开动思想机器，克服懒惰习气，才能做到的。取得知识的道路，从来就不是平坦的。

向干部进行思想政治工作，必然会有思想斗争。有斗争才能达到真正的统一。这次会议也证明了这一点，不怕会上有争论，而是要正确地引导和发展争论。真理是愈辩愈明。批评与自我批评愈开展，我们进步愈快。会上争议多一点，实际工作中的缺点会少一点；会议中麻烦多一些，工作中的麻烦会少一些。

对待思想斗争的正确态度，是坚持真理，随时准备修正错误，服从真理。批评别人，必须实事求是，与人为善，注意分寸，不乱戴帽子，勿早作结论。要提高思想斗争中的思想性，时刻警惕着不要以错误对错误，不要以自己的这一片面道理去反对别人的另一片面道理。否则思想斗争本身就缺乏思想性，就不会有很好的收获。一切问题，凡从实际出发，就有准则，离开了实际，就没有准则。去掉个人成见，就容易是非分明；反之，就会走弯路。

领导和掌握党内思想斗争，是一种艺术。要解决问题，又要保持干部的饱满情绪。现在有些干部怕纠偏，就是因为过去纠偏中某些工作方法不当之故。今后还是有偏必纠，但要注意方法，要和风细雨，具体分析，以理服人，做得好了，干部会得到提高，就不会害怕。

领导机关重视并真正做好了提高干部思想政治水平的工作，可以说，我们的任务就解决了十分之九了。

■ 注　释

[1] 指推行爱国公约、捐献飞机大炮、优待烈属军属三大号召。

[2] 马步芳（一九〇三——一九七五），甘肃河州（今临夏）人，回族。曾任国民党青海省政府主席，长期统治青海。一九四九年任国民党西北军政长官公署长官，率部顽固阻击人民解放军进军甘肃、青海，所部被歼后去台湾。

[3] 马鸿逵（一八九二——一九七〇），甘肃河州（今临夏）人，回族。曾任国民党宁夏省政府主席，长期统治宁夏。一九四九年任国民党西北军政长官公署副长官兼甘肃省政府主席。后去台湾。

[4] 见毛泽东《关心群众生活，注意工作方法》，《毛泽东选集》第一卷，人民出版社一九九一年版，第一三九页。

文化工作要为经济建设服务*

（一九五一年九月二十二日）

这次西北地区文化行政会议，是解放后开的第一次文化会议。这样的会议，和我们动员进行土地改革的会议、动员进行工业建设的会议有同等重要的意义。我认为这次会议，中心是要弄清西北文化工作的任务，弄清文化工作应该如何配合我们今冬明春在一千四百万人口的地区进行土地改革和在几百万人口的地区进行减租反恶霸的运动。我们应当在整个斗争里，把这支文化大军也配合上去，共同为取得这些斗争的胜利而努力。两年来，西北地区的文化文艺运动有很多进步和创造，取得了很大成绩。但重要的是今后，是今冬明春我们的文化文艺运动怎样去开展，我这里简要地讲几个问题。

第一，要重视文化工作。关于文化工作的重要性，毛主席在《新民主主义论》和《在延安文艺座谈会上的讲话》等著作中已解释得很清楚了，不需要我再多讲。现在我们西北要发展农业，发展工业，进行经济建设。我们为了要完成反封建的任务以及经济建设的任务，必须把文化工作加强起来。随着经济建设高潮的到来，新民主主义的文化要为新民主主义的政治、经济服务，并发挥推动社会进步的作用。只有用马列主义、毛泽东思想不断去教育和鼓舞广大人民，同时

* 这是习仲勋在西北区第一次文化行政会议上的讲话。

用新民主主义的文化不断地从精神上武装广大人民，才能保证我们向社会主义和共产主义社会发展和前进。离开了马列主义、毛泽东思想，缺少了文化事业的推动，建设新民主主义的社会是不可能的。

第二，解放以来文化工作取得了很大成绩。但从行政组织上来看，像刚才成部长[1]所讲的是有教无文或者重教轻文了。上边有个文化部，到省上叫个文教厅，把文削了一半，到了下边就根本不文了。但在实际运动里，有文无文呢？我们的文很多。两年来文艺运动有很大发展，在实际工作中文化工作是有很大成绩的。电影、戏剧、曲艺、秧歌、黑板报、音乐、小说、诗歌以及说书等等方面，都是我们文化运动的内容。科学普及工作在广阔的领域里，也都开始了活动。我们可以回想一下，文化工作在许多方面，用各种各样的形式，在广阔领域里，配合着镇压反革命、抗美援朝、土地改革以及生产运动，作出了很好的成绩，有很多很好的创造，并且已经形成了一支较大的文化工作队伍。今天这个队伍，比我们一九四九年发展了好几倍。那时我们只有几个团，今天我们就有几十个团，等于十几个师，过去我们柯老[2]领导一个民众剧团，把它叫做“野战兵团”，叫得很对。过去我们只有那一个“野战兵团”，现在我们有几十个这样的“野战兵团”，这是不可缺少的一支队伍。有了这个根基，就给我们将来的发展准备了重要条件。今后，随着经济建设的发展，必然要掀起一个文化建设的高潮，离开经济这个基础，文化是不可能发展的。

第三，文化行政部门到底要做些什么？旧的反动政权，是不重视提高人民文化的。他们不想叫老百姓有知识，不想叫老百姓懂得道理。群众越不懂道理越愚昧，越有利于他们的统治。我们呢？和他们相反。我们的一切制度和措施，都是为了如何使群众聪明，使群众有智慧,掌握科学知识。人民的文化水平越高,我们社会的发展进步就越快。所以人民政府设立了专门的文化行政机构,作为人民政府工作的一个重要部分,中央有,大区有,省上有,地县也有。这是一个新的政府工作部门。如何开展推动工作,我们缺少经验,还需要在实际工作中摸索创造。最重要的,我觉得是各级的文化工作领导机关应该经常给各方面的文化活动指出正确的方向。如果没有这一条,文化部就不成为一个思想领导部门了,它的水平就降低到一个文工团或一个文工队的水平,而不能够起领导思想、领导文化运动的作用了。现在大的方向只有一个,就是努力提高广大人民的爱国主义思想。用一切方法对广大人民进行爱国主义教育,结合抗美援朝、土地改革、镇压反革命、生产、民族团结等等,通过戏剧、音乐、诗歌、绘画、电影、说书、大鼓等形式去揭露帝国主义、封建主义、官僚资本主义的罪恶,启发人民的觉悟,提高广大人民的政治水平,使他们了解更多的问题。要宣传新中国建立以来的伟大成就,要歌唱人民的胜利,引导人民热爱我们的人民民主专政,热爱劳动,热爱祖国,拥护人民政府和毛主席的领导。总括起来,就是进行爱国主义和国际主义的教育。广大人民爱国主义思想的不断高涨,必然会推动经济建设更快地发展。我们检验文化工作成绩的大小,就看他们是否与群众相结合,为群众服务,只有这一个标准,不能有别的标准。具体地说,就是你写的剧本、演出的戏、举办的秧歌队,群众爱不爱看?受没受到教育?不在你演出的多,也不在你写的剧本多,如果对群众毫无影响,毫不起作用,就是写得演得再多,也是一文钱不值,也无成绩可言。因为我们是为工农兵服务的,如果我们离开这个原则,不管你讲得再好,文章写得再长,剧本写得再好,不管技巧如何,你这东西都是失败的，没有用处的，没有价值的，也许还是有害的。我们应当对好的表扬，对不好的给予批评，只有这一个标准，不能有别的标准。文学艺术工作、电影工作、科学普及工作都是如此，毫无例外。比如科学普及工作，决不是在房子里研究得很好，材料档案很多、很厚，就行了，而应当看给群众做了些什么事情，解决了些什么实际问题，起了多大作用。这次我们到兰州看了一下，科学馆的幻灯就搞得很好。三四十万元[3]的成本就可以搞出一部幻灯机子来，拿到农村里去演。这个土电影好得很，像这样就与我们当前的工作结合起来了。今天我们做任何一件事情，离开当前群众的实际，都是错误的。我们的一切工作都不能离开现实生活，不能离开今天的现实问题。我觉得我们在这一方面要很好地注意。

各民族的文化，要共同发展，要互相交流。特别要帮助各少数民族发展他们本民族的文化。如维吾尔族的文化、蒙古族的文化、藏族的文化、回族的文化，以及很多其他兄弟民族的文化，应该帮助他们发展。少数民族也应该吸收其他民族的精华，来充实自己民族的文化。这叫共同发展，互相发展，互相交流，取长补短。各民族文化的交流并不是原盘端过来，而是在原有的基础上，充实新的内容，把原有的水平加以提高和发挥，这就是创造。一个民族接受另一个民族的文化，要批判地吸收精华，去掉糟粕，这样才对。

西北是我国古代文化的发源地，西安是周秦汉唐等王朝的建都之地，因之在西北保护历史文物古迹有着重大的意义。比起外地来说，西安的文物古迹可以说非常丰富。另外，延安是全中国的民主圣地，革命文物也非常丰富，我们要用很大力量做保护文物古迹的工作。当然现在工作中存在许多困难，人力不足，经费不够，但是我们要下决心很快地克服这些困难，把这一工作开展起来。如果过几年再抓，那个损失就大了。我们所有的同志都应该好好地保护、爱护我们祖先给我们留下来的宝物。这方面的工作，我们要很快地抓起来。西北军政委员会已作出保护文物的决定，各地都要重视这一工作。文物搜集在我们西北各地都应该有个组织，组织个委员会，负责这项工作。今后在修铁路、修工厂时从地下挖出的东西，以及流散在民间的东西，都要想办法搜集起来，很好地加以管理。现在我们的军队还住在文庙[4]里，住在大雁塔[5]里，把有古迹的地方占用啦，要赶快往出搬！决定一出，马上就要兑现！因为你占在那里，别人连门都进不去！这样的事情，是不文明、没有文化的表现。在这方面我们要进行宣传，进行教育，加强管理。

第四，关于文化统一战线问题。西北的文化统一战线工作，在组织上有了“西北文学艺术界联合会”。有了这个组织，西北文艺工作者，无论他们从事何种形式的文艺工作，搞戏剧、搞曲艺、搞马戏、搞秧歌、搞自乐班，等等，都联合起来了，结成了一个广泛的文艺统一战线。但实际工作，我觉得做得还不够，应当引起我们各地同志的注意。统一战线工作的主要内容，就是团结改造和提高旧有的文化界、文艺界的一切人物和文化工作者。这些人物今天在各地都大量存在着，在人民群众中影响也很大。我们必须团结他们，帮助他们前进，才能组成浩浩荡荡的文化大军。对这些文化工作者、艺人，要耐心地给予帮助，教育提高他们。他们有专门知识、专门技能，有丰富的生活经验，只要在思想上帮助他们进步，就可以使他们作出贡献。像我们的民间艺人，过去延安的韩起祥[6]，关中的谢茂恭[7]、王老九[8]等等，他们生活丰富，整天在群众中，与群众息息相关，所以他们写出来的歌，写出来的词非常有内容，他们需要的就是在思想上不断地提高。团结他们，帮助他们在思想上进步，搞清楚今天工作是为什么人服务，也就是立场的问题、人生观的问题，把这些问题解决了，他们就可以创造出更多更好的作品来。对旧的艺术形式，如像眉户[9]啦，秦腔啦，河南戏啦，京戏啦，山西梆子啦，农村中的很多秧歌啦，都不能够取否定的态度，而是要研究，要改进，我看可以用竞赛的办法，看见他有缺点，要提出来，请他改正，他如果不改的话，别的好的艺术形式就会跑到头里去，群众都看人家的，不看你的，你不关门到哪里去？不用我们去强迫取消。用这样的办法，达到逐步提高的目的。现在我们对旧的戏剧指责太多，这也有毛病，那也有毛病，一切都不要演，那是错误的。对于旧艺人来说，这就是把他们的馍笼子挂到二梁上去了。他就靠这个生活，靠这个吃饭，你不让他去干，他不是没有职业啦？这就等于把他的伙食停止了！就是这么个问题。所以我们随便作个决定，这个戏不要演，那个戏不要演，在他们就是天大的事情，就牵扯他们的生活问题，能吃饭不能吃饭的问题！对有些老作家，包括各方面的作家（西安市就有这样一批人），一些老先生，比如西安这些秦腔老剧作家，应当引导他们用正确的观点方法去看待事物，改进作品，不能叫人家都转业。你想这些老先生搞了几十年了，今天叫他们从这个事业转到别的方面去，能不能办好，老先生们都没有信心啦！就是要帮助他们。同时我们不一定要求这些老先生都写现代的戏，他们写现代的戏很困难，因为现代的生活他们知道得少。他们可以写历史剧，只要有了正确的观点和方法，加以修改提高，这样的剧作还是可以的。就是这些老先生一下子创作不出来，也应该给他们的生活以保障，应该叫他们吃饭。听说这个问题还没有解决好，一定要解决好这个问题。写出好作品的要奖励,写不出来的也要养活他们。这里我再强调一下思想批评,不是只在搞文艺工作的共产党员中开展思想批评,应当在我们整个文化战线里开展思想批评。凡是一切不利于人民民主事业的思想,不利于人民民主事业的创作,都必须开展批评。批评为的是去掉不利于人民的部分,使得我们的文艺更加有利于教育人民,提高人民爱国主义的觉悟,否则我们便不能前进。批评就是思想斗争,我们不要怕批评、怕斗争。任何事物都是在批评中、斗争中、矛盾中不断前进的。在批评中改正了缺点,发扬了优点,就把事情做好了。所以我们不要害怕批评,要欢迎批评。批评不是整人,是帮助人,教育人。批评不是恶意的,是善意的,就像毛泽东同志说的,从团结的愿望出发,经过批评或者斗争使矛盾得到解决,从而在新的基础上达到新的团结。生活里要是没有批评,就没有朝气,就会暮气沉沉。最近在报纸上看到许多对于文艺作品方面的批评和对书画的批评,很好,有成绩。批评也要不断地改进,不断地提高,使之更能起积极作用,更能推动我们的工作前进。要总结经验,提高批评的思想性,使我们的批评和自我批评取得更大的成绩。批评要有分析,要区别被批评事情的性质,哪些是属于反动的,哪些是人民内部的问题,要对每一个批评对象全面地去看,具体地分析,力戒草率。批评要使人家心悦诚服,乐于接受,鼓励人家勇气,不是打击人家情绪。批评是要引导人家应用共产主义的观点方法,去对待问题,而不是要求别人个个都成为共产主义者。我们有些同志老是习惯于提出一个高不可攀的标准,对人家的一切都看不上眼,而不善于作具体分析。这些同志如果要使自己的批评得到更好的效果,就应该研究改进批评的方法。

最后一点就是学习问题。我们要不断提高人民的文化，文化工作队伍首先需要不断提高自己的文化。我们不高，怎么去把人民提高？今天我们对人民要拿出一套本领来服务，不然为人民服务就成为空谈了。对群众要有东西服务，而且要服务得更好。经过我们一连串、一系列的文化活动，真正把群众觉悟提高，推动新民主主义建设事业不断向前发展进步，文化工作者的责任非常重大。目前，首先要在文化工作队伍内部普遍树立为人民服务的思想。文化工作者必须解决好如何为人民服务的问题，也就是人生观的问题，立场、观点的问题，只有解决好这一条才能有坚固的团结，才能使文化工作获得迅速的发展和进步，才能改进我们文化战线今天的状况，这支队伍才能够更有力量。中心问题，就是要解决思想问题，为人民服务的思想问题。希望大家加以研究，采取各种适宜方式解决好这个中心问题。

■ 注　释

[1]成部长即成柏仁（一八八九——一九五八），陕西耀县人。曾任陕西靖国军参议。新中国成立后，任西北军政委员会委员兼文化部部长，西北行政委员会委员兼文教委员会副主任，陕西省副省长。

[2]柯老即柯仲平（一九〇二——一九六四），云南广南人。一九三〇年加入中国共产党。任陕甘宁边区文化协会副主任、主任，民众剧团团长。新中国成立后，任中国文联委员，中国作协副主席，西北文联主席。

[3]见本书《反对官僚主义、命令主义》注[3]。

[4]文庙,唐玄宗开元二十七年(公元七三九年)封孔子为文宣王,因称孔庙为文宣王庙,明朝以后称为文庙。这里指西安文庙。

[5]大雁塔,在陕西西安市城南大慈恩寺内。唐高宗永徽三年(公元六五二年),玄奘为贮藏从印度取回的经像而建。为西安市著名古迹,全国重点保护文物。

[6]韩起祥(一九一五——一九八九),陕西横山人。陕北说书艺人。热情编演新书说唱。代表作有《翻身记》等。新中国成立后,任西北曲艺改进会主任、中国曲艺家协会副主席。

[7]谢茂恭(一九〇五——一九六七),陕西三原人。民间艺人,擅长说唱艺术。

[8]王老九(一八九四——一九六九),原名王建禄,陕西临潼人。农民诗人。新中国成立后,任中国民间文学协会理事,中国作协理事。

[9]即眉户戏,也称"曲子"、"迷胡子",是流行于陕西、山西、宁夏、甘肃、青海等地的戏曲剧种。

为开展增产节约运动而奋斗*

（一九五一年十一月二十九日）

自西北军政委员会第三次会议以来，这八个月期间，我们开展了各方面的工作，有很大成绩。抗美援朝爱国主义运动在百分之八十人口的地区普及了，在各少数民族地区也开展了。经过大张旗鼓地镇压反革命，群众发动起来，严重打击了土匪、恶霸、特务、反动党团和反动会道门[1]等五类反革命分子，地方治安业已巩固。在今年春季完成了关中、关东等处八百万人口地区的土地改革之后，我们就积极准备并已在陕、甘、宁、青四省一千五百万人口的地区进行减租。这次会议批准了各省的计划。已经土地改革的地区，正集中力量进一步组织和教育农民，发展农业生产。六七月间，我们开始在一些工厂、矿山及企业进行民主改革运动，现在正向公、私工厂、矿山和交通部门等企业及某些行业继续推行这个运动，要在明年内在全区普遍做好此项工作。我们的文化教育事业已普遍恢复，并且有了发展。广大的知识分子一般的都有进步。此外，我们在推行各族各界人民代表会议制度方面，在培养民族干部方面，在各项财政经济工作方面，均有成绩，也都有进步。今年的粮食、棉花产量已超过了解放前的水平。工业生产也一般的超过了解放前的水平。畜牧业也大体接

---

* 这是习仲勋在西北军政委员会第四次会议闭幕时的总结报告。

近恢复解放前的水平。在铁路交通方面，西北铁路干线工程局开始克服了官僚主义作风和浪费现象，大大节约了国家资财，缩短了工程时限，在全体员工积极努力之下确定了争取明年通车兰州的任务。总之，这八个月的工作，是繁重的、紧张的。现在已经可以看明白，大体上再经过明年一年的工作，到后年我们就有可能进入大规模的、有计划的经济建设了。

毛泽东主席号召全国人民开展增加生产、厉行节约的运动，我们热烈响应这个号召，这是我们当前最大的政治任务。这个运动开展了，必将给国家积累大量财富，增加国防力量，支援中国人民志愿军获得抗美援朝斗争的胜利，也必然会大大推进我们各方面的工作，特别是经济建设工作。增产和节约都是积极的。增产必须节约，节约就是为了增产。我们要建设工业，就必须不断地积累大量的资金，资金的来源，主要的依靠全体人民用增产节约的办法来解决，不可能也不应该依靠别的办法解决。从这个意义上说，增产节约并不是解决某种困难的临时手段，而是建设我们国家的根本方法，是我们国家建设中一个经常性重要性的政策。有人说："西北经济落后，增产可能性不大。""西北地方穷，节约不出多少东西。""西北浪费不严重，贪污少，没有反头。"这些说法，都是不正确的，也是不合乎事实的。这是表现了一种带有自满情绪的保守观点。西北机械工业系统的设备利用率只有百分之二十九点三，这不是说明还有提高设备利用率的很大可能性吗？西北石油管理局所属单位，从七月到十月的四个月期间，已经给国家增产节约了三百零一亿六千万元[2]。西北电业管理总局及西安各直属单位，已经提出保证年底前增产节约粮食七百吨的计划。这些岂不都是很大的成绩吗？西北铁路干线工程局经过反复检查,发现各项工程预算平均剩余百分之十以上,有的重点工程竟还剩余百分之五十,并已从修改计划和预算中给国家节约几千亿元,这难道不是事实吗?中共中央西北局纪律检查委员会一年半来,在检查和处理贪污蜕化案件中,涉及的共产党员已达千余人;而在国家机关中,有一部分从旧的军政机关转来的带有浓厚的国民党作风又尚未认真改造的人员,在他们中间存在的贪污渎职现象,要比共产党员中发现的还更多些,更严重些。虽然去年我们曾开展了反对铺张浪费、反对官僚主义的整风运动,也有很大成效,但房子是要时常打扫的,脸是天天要洗的,今天提出继续反对官僚主义、反对贪污、反对浪费,以清除开展增产节约运动的障碍,岂不是同样很切合时宜吗?从西北地区经济发展比较落后的情况出发,应当得出结论说:正因为我们落后,就更要努力增产节约,尽快发展我们的经济,改善人民的生活,向全国其他先进地区看齐。从西北地区经济工作还比较落后的情况出发,应当得出结论说:正因为我们做经济工作经验还少,对工业、农业和畜牧业都还管得不多,我们工作中的漏洞还很多,增产节约的可能性就还很大很大,我们就更要积极地开展增产节约运动。这样的估计和结论,岂不是更正确些吗!岂不是更合乎实际,更合乎人民的利益吗!

关于在西北地区开展增产节约运动的方向和办法,贾拓夫[3]副主任已有详细的报告,又经过大会讨论和分组讨论,大家提出了很多很好的意见。最主要的就是实行以下六条:

一、各省人民政府应当把自己的注意力转到领导工业生产及经济事业上,管好现有企业,努力学习。各国营工厂、矿山及地方企业,都要在现有设备及原生产计划的基础上,从提高设备利用率,推广先进经验，改进操作方法，清理资财，节约资金、原料，减少管理费用，充分发挥一切潜在力量，提高生产数量和质量，减少废品和损耗等方面，加以研究，订出明年全年的增产节约计划，至迟于十二月中旬报告西北军政委员会批准，并发动和依靠全体职工为完成计划而奋斗。新建矿厂及原有矿厂的增加设备，须保证按期开工，并同样地推行增产节约运动。私营企业中也要开展增产节约运动。鼓励私人投资工、矿业，并给以指导。对地方企业应持积极发展的方针，但须防止盲目性，订出计划，然后去做。我们国家的有计划的经济建设时期很快就要到来了。西北将是国家经济建设重要基地之一，我们必须更加积极地加强西北区的资源勘察、调查统计并切实做好计划工作，以便有充分准备和有精确计划地开始大西北的经济建设工作。

二、发展农业，增产粮食，发展畜牧业、林业生产，仍然是我们长期努力的重要方面。在农业上，一般不再增开荒地，从提高单位面积产量上，争取明年增产粮食十亿斤、棉花六十万担。各级主管部门应即作出具体计划，并从指导群众的变工队[4]互助，积肥施肥，防治病虫害，改进和发展水利等几个方面，多做工作，保证这一任务的完成。畜牧业方面，明年争取增殖役畜三十五万头，羊子二百五十万只。林业方面，明年计划造林二十一万亩，封山育林二百万亩。均由西北军政委员会各主管部门作出具体计划，指导并协助各地实行。并须注意在农业地区，提倡农户养羊养猪积肥，种植护田林，使农、牧、林业生产互相结合。

三、金融贸易工作必须紧紧地与生产结合，为生产服务。特别是国营贸易系统，为适应公、私经济发展的需要，须保证明年收购总值较今年完成数增加百分之五十，销货总值增加一倍。应与各地供销合作社经营业务相结合，并大力扶助其发展，使明年合作社能达到发展社员两倍，扩大股金一倍。收购和推销的对象，主要的应是广大农村和游牧区人民的主副产品、生活必需品和生产资料。应当总结今年交流土产的经验，并根据新的情况，给各地群众的副业生产以正确指导，使之与市场需要相结合，克服盲目性。加强对私营商业的指导，并加强对市场的管理，更有力地稳定物价。

四、加强财政工作，保证公粮、税收任务完成。严格管理各种仓库，力求减少以至消灭损失。认真执行预算决算和各项财务制度。保证国防建设，稳定市场和经济建设方面的必需费用，其他各项事业则量力举办，凡可不办或缓办的事，即应不办或缓办。坚决克服不分轻重缓急、百废俱兴的平均主义思想。

五、调整机构，提高工作效能。依我们这里的具体情况，必须实行合理调整，精简上层，加强下层的原则。经过适当地调整和精简，大区可以缩减五分之一的人员，各省、市可以缩减十分之一的人员，专区一级也应按照全国编制规定加以缩减，但县以下则一般不应减少，而应合理调整并加强之。应减少层次，简化办事规程，发挥工作人员的积极性、创造性，以提高工作效能。这样，不但将大大减少由于机构重叠、臃肿所形成的人力、财力的浪费，而且对于尚存在的官僚主义作风，也将从组织上给以抵制。必须缩减下来的人员，必须尽量充实到基层组织，并保证陆续抽调足够的干部，切实加强经济建设方面的工作。

六、厉行节约，开展反对贪污浪费，反对官僚主义的斗争。首先是管好基本建设。学习西北铁路干线工程局的经验，分派干部深入下层，亲到工地，发动和依靠工人群众，团结工程技术人员，反复检查，发扬民主，奖励创造，打破保守观点，揭发并克服贪污、浪费现象，为提高工作效率和节约国家资财而斗争。其次，是加强各事业机关的财务管理工作。一方面是合理用钱，保证将现有的钱用到最必需的事业上去；另一方面是节约开支，提倡以最小限度的钱，办最大限度的事。对于那种浪费金钱又办不好事业的不负责任的官僚主义作风，必须开展批评并加以纠正。再次，是除对供给制、薪金制人员的生活给予必要的关注不使下降外，机关生活、办公费用力求节约，发扬我们艰苦朴素的优良传统。停止修建和购买住房，精减会议，废除不必要的请客、送礼等繁礼俗仪，严格执行各项制度，并大力提倡爱护公物。对于各个方面发现的贪污案件，必须彻底查清，严肃处理，开展必要的斗争，用以教育干部。对于严重损害国家财产的分子，必须给以严厉惩处。

我们这次会议后，各地都应进行一次以继续反对官僚主义、反对贪污、反对浪费为主要内容的整风学习运动，结合检查工作，发扬民主，开展批评与自我批评，发扬优点，纠正缺点，解决突出的问题，以提高干部思想，严肃国家法纪，改进作风，推动工作。这次整风，各地都应在短时期内集中力量进行，最多不超过一个月。时间大体可选择在今年十二月到明年一月之内，不可再迟。

在这个整风运动中间，并在这个整风运动的思想基础上，积极地、全面地开展增产节约运动。在开展增产节约运动中，领导机关必须抓住几个重点方面，深入发动群众，经常检查、指导，作出显著的成绩，取得经验。但又必须逐渐地将这个运动推广到最广泛的人民群众中去，使之成为人民群众自己的生活内容，成为新的社会风气。这样，这个运动才能够热烈地、紧张地、持久地发展下去。我们相信：这个运动开展起来，我们一定能够获得很大的成绩，我们也一定能够学会很多的东西，我们将得到新的更大的胜利。

■ 注 释

[1]会道门，泛指旧中国带有封建迷信、宗教色彩的民间组织，大多为地主阶级或其代理人所把持，成为反动统治阶级麻醉、统治人民的工具。此处指一贯道等反动组织。

[2]见本书《反对官僚主义、命令主义》注[3]。

[3]贾拓夫，见本书《关中党史简述》注[30]。

[4]变工队，参见本书《贯彻边区妇女运动的正确方针》注[5]。

对西藏工作的几点意见*

（一九五一年十二月十八日）

一、在西藏做工作，要采取“稳进慎重”方针，不能犯急性病。所谓“稳进”不是不进，而是多用思想，多考虑应办不应办；办了以后，后果如何。这样做，办一步就有一步成绩，并且可以巩固起来。这是搞好西藏工作的方针。在西藏有些事情宁可迟办，不可急办，不怕慢，只要搞对，否则反而要走弯路。

二、西藏目前主要应搞好统一战线工作。以我们为主体，首先搞好达赖[1]与班禅[2]之间的团结，然后搞民族之间的，宗教界的上层和下层，喇嘛和俗人，农民和牧人之间的团结，组成一个爱国反帝的统一战线。爱祖国、反帝国主义，这是西藏搞统一战线的基础。搞这个统一战线就是为了开展反帝斗争，在斗争中巩固扩大统一战线。在西藏反封建目前还为时过早。要争取达赖、班禅到反帝统一战线中来。这一点要在干部中讲清楚，思想上搞通，否则下边会出毛病（如不尊重风俗习惯，急欲改革，不愿与封建势力接近等）。

三、调查研究，了解和熟悉西藏各方面的各种情况（政治、军事、经济、文化、宗教、风俗、历史等）。要造成一种风气，这就是学习。了解不全面，就不可能得出正确的办法。在西藏目前做工作不要分工

---

* 这是习仲勋对西北区护送班禅进藏工作干部的谈话要点。中共西藏工委一九五二年五月十六日将这个要点印发西藏各地。

太细，每个同志都应了解全面的及多方面的情况，我们不是说“去粗取精”吗？粗是精的基础，无粗就没有精。

四、开始一个时期，我们不要急于派工作组、干部下到“宗”[3]上去。应多开代表会、座谈会、联谊会等，多让各地区的上层分子上来，讲解政策，建立关系。军政委员会[4]成立以后，多采取访问团、调查团、救济组、医疗队等名义，组织各方面的人下到各地去，搞完工作以后回来，采取反复的上来下去的工作方法。

五、对班禅集团要多帮助，多扶植，给他们出主意想办法。班禅他们在西藏是被压迫的，他们不靠我们是不可能的，会和我们长期合作的，我们应在合作中帮助他们进步。今天他们在大的方面和我们联合在一起，这就对了，对他们落后的方面不要要求太高，只要“大同”就可以，“小异”是要有的。有“小异”又有大同，这就是统一战线。遇到重要问题要争，不能马虎；小的问题不要争，要马虎，这就是我们共产党人的原则性和灵活性。

六、西北去的干部要和西南去的干部团结一致，同志间不要有丝毫隔阂，要特别亲密、特别团结才对。随班禅进藏的青海藏民同志还要注意，你们到日喀则后，应与西藏藏民团结一致，应该谦虚，不要骄傲，不要在西藏人民中产生不良的印象。

■ 注　释

[1]达赖，指十四世达赖喇嘛·丹增嘉措。一九三五年生，青海湟中县祁家川（今属平安县）人，藏族。原西藏地方宗教和政治领袖

之一。曾任西藏自治区筹备委员会主任委员。第一、第二届全国人大常委会副委员长。一九五九年西藏上层反动集团发动武装叛乱后出走印度。

[2]班禅,指十世班禅额尔德尼·确吉坚赞(一九三八——一九八九),青海循化人,藏族。曾任西藏自治区筹备委员会第一副主任委员、代理主任委员。第二、第五届全国政协副主席。第二、第五、第六、第七届全国人大常委会副委员长。

[3]"宗",藏语,意为寨落或城堡,旧籍也作营,是原西藏地方政府的一级地方行政区划,相当于县。设宗本(县官)一至二人,僧俗并用,掌管全宗粮赋差税等行政事务。

[4]后来西藏未成立军政委员会。

发动群众，深入开展反贪污反浪费反官僚主义斗争*

（一九五二年一月六日）

反对贪污、反对浪费、反对官僚主义的伟大斗争已在西北地区开展起来了。但是，这个运动的发展情况，还不能令人十分满意，运动还只能说是处在初期状态中，不仅发展得不平衡，而且是不深、不广，劲头不大。反对贪污、反对浪费、反对官僚主义的箭，还没有射中要害。

从西北区各地、各部门和各机关中情况来看，正如《群众日报》一月五日转载《人民日报》社论中所指出的那样，大体上也可分为三种：好的、较好的和不好的。区别这三种情况的基本标志，就是看群众发动的深度如何。有的单位把群众充分地发动起来了，运动就开展得健康而有力。但是，这种情况在目前还只是少数。有的单位，还只是一般的发动了群众，运动不是那样具有声势，而是缺乏内容，这种情况在目前还是多数。有的单位，群众基本上没有发动起来，那里的领导还在睡觉，群众没有人去领导，好像“世外桃源”，用军事术语来说，这是一些“死角”，这是最不好的情况，在目前还有不少单位是这样。为了深入开展整风运动，今后，凡属于第一种情况的，必须坚持正确

* 这是习仲勋在西北区区级机关处长以上干部大会上的讲话。

的领导，使运动继续深入，以求得迅速而彻底地解决这场战斗。属于第二种情况的，必须决心扫除障碍，端正态度，向好的榜样看齐。第三种情况，是很糟糕、很不好的情况，如果容忍这种情况继续存在下去，势必大大妨碍反对贪污、反对浪费、反对官僚主义运动的开展。如果不立即加以改变，就将使人民和国家的利益受到严重的损害。因此，我们必须紧急动员起来，在一切党的组织、一切政府部门和军事部门，一切国营和私营的工业、交通、银行、贸易的机关和事业部门，一切合作社组织、青年团组织和人民团体的各级领导机关，以及一切和上述各方面发生关系的私人工商业中，都应该毫无例外地充分发动群众，使反对贪污、反对浪费、反对官僚主义斗争，形成一个轰轰烈烈的并且有内容的群众运动，如同镇压反革命的运动一样，大张旗鼓地、雷厉风行地坚决进行到底。

从前一个时期运动中暴露出的问题来看，贪污、浪费现象和官僚主义现象，在我们西北地区是非常严重的，先就贪污来说，查出来的问题已经是很惊人的了。不进行这个运动，谁能知道在我们的干部中间，竟有这么一些人做了盗贼。他们穿着革命的服装，竟做盗窃国家财产的勾当。这些分子不仅可耻，而且有罪，他们的罪名就是盗窃国家财产的贪污犯。他们已经是陷在污泥之中，失去战斗意志，染上了剥削阶级的污毒，成了人民的敌人、革命的破坏分子了。我们不能对这种人采取容忍的态度。尤其值得我们警惕的是，从现在发现的问题中可以看出，大贪污不少，小贪污更多。许多大贪污都是从小贪污发展起来的。因此，我们决不能坐视我们队伍里的战士，一个又一个地倒下去，被阶级敌人所征服。我们必须挽救这些人，这是我们应有的革命意志，也是我们每一个革命干部所必须具有的革命职责。

铺张浪费现象较之贪污盗窃更为普遍，也更为严重，并且不为一般人所重视。有些浪费分子，甚至认为："贪污有罪、浪费无妨"，"为了完成任务，浪费是不可避免的"。因而，浪费对国家财富的损害远远超过贪污和盗窃。铺张浪费分子常常以为没有将国家的财产窃为私有而自得，这是很坏的思想。要知道，人民和国家是要我们用一个钱办一个钱的事，而不是让我们花费很多的钱而办很少的事，如果花费大笔款项而办坏了人民和国家的事业，难道也应该问心自安吗？这一种对国家财富的损害，比之于贪污和盗窃又有什么不同呢？因而，贪污可耻，浪费也可耻；贪污有罪，浪费也有罪，只不过后者的罪名是浪费罢了。

官僚主义是贪污、浪费之母。官僚主义分子，常常就是浪费行为的倡导者、批准者，是贪污行为的掩护者、纵容者。没有官僚主义，贪污浪费就不会滋长起来，或不会很多地滋长起来。官僚主义者，又常常以自己身上"干净"而自豪，殊不知正是由于官僚主义者这样整天闭着眼睛，才给敌人的侵袭开了大门。官僚主义者是受敌人的称道与拥护的，没有官僚主义者存在，万恶的"苍蝇"就会消灭。难道能说官僚主义者是正确的吗？他们对人民和国家的危害很难说会小于贪污、浪费吗？不是的。我们必须认识官僚主义的危害性，认识官僚主义的特点。官僚主义分子，首先是骄傲自满，无是非观念，没有明朗的态度，含糊其词，在新事物面前昏头昏脑，别人做得正确的，他们总看不到眼里，既不掌握材料，又不调查研究，手脚忙碌，头脑休息，感觉迟钝。他们是歪风邪气的保护伞。他们满足于事物形式上的平静，不去发掘事物的本质，或者陶醉于若干点滴的改革，反而对于阶级敌人变换方式的猛烈进攻丧失警惕，放任贪污、浪费，不积极设防和根本清除。其中,有些人自己手上就不干净,就有贪污腐化行为,因而,对反对贪污、反对浪费、反对官僚主义运动的斗争消极怠工,阳奉阴违。这样的官僚主义当然与我们战斗的马列主义无丝毫共同之点。因此,在反贪污、反浪费的同时,必须痛击官僚主义。这是我们为响应中央提出的"增产节约"号召,首先进行反对贪污、反对浪费、反对官僚主义斗争中,思想上、领导上的基本要求。必须认清,对于贪污、浪费和官僚主义现象,如果不加以彻底肃清,它们就会腐蚀我们的党、腐蚀我们的政府、军队及一切财经机构和一切革命的群众组织,使我们许多干部身败名裂,给我们的国家造成极大的灾害,一句话,就有亡国、亡党、亡头的危险。

如何进一步开展反对贪污、反对浪费、反对官僚主义的斗争呢?这个运动必须在全区党政军民、内外上下、城市乡村以及全体人民中同时开展起来,我们必须普遍动员,并实行重点检查。普遍动员为的是发动群众,大家都在思想上洗个澡;重点检查为的是深入揭发,根治我们的创伤。因此,我们应当以财政经济机关和事业部门为重点,在一般机关则以掌管财务的部门为重点。司法、公安机关,也要着重检查工作人员有无受贿、敲诈现象。各机关负责的干部也应检查自己个人的开支,以身作则,不但做到自己不浪费,而且使自己左右的人员也不浪费,以改变风气。斗争的锋芒应针对大的和一贯的贪污、浪费、腐化分子。对中、小贪污、浪费腐化分子,则经过教育改造,叫他们彻底坦白、反省,一次坦白清楚。对中、小贪污、浪费、腐化分子或一次坦白清楚的人,在处理上应该是有区别的。我们应根据他们的错误大小、悔改程度来分别处理。

鉴于许多机关干部中的贪污行为都是勾结奸商进行的或受奸商

引诱的,因此,我们必须同时在工商界开展这个运动,帮助工商联去推动这个运动,鼓励工商业者坦白行贿、漏税行为。对他们中间的犯罪行为也应该按情节轻重、悔改程度去分别处理。机关的坦白运动,将推动工商界的坦白运动;而工商界的坦白运动的开展,又会反过来推动机关的坦白运动。许多有贪污、受贿行为的人,害怕商人检举,因此,在开展坦白运动中,必须打击抗拒坦白的贪污分子,揭露他们以威胁利诱的手段阻碍他人坦白的行为。

但是问题的关键还是在于领导。根据一般情况了解,有的地方群众发动不起来,主要是领导上有问题。一种是官僚主义的领导,他们没有认识到反对贪污、反对浪费是一场严重的思想斗争和政治斗争,必须用严肃认真的态度去对待它,而是畏首畏尾,拖泥带水;不是积极主动地采取战斗姿态,亲自“上前线”,而是委托别人去做,自己高高在上。这种人必须把态度改变过来,不然,国家的法律就会找到他们的头上。另一种,是领导干部自己手上不干净,不敢正视这场斗争。但是他们没有想到,自己手上不干净,已经是错误的了,如果现在还不主动地坦白,积极地检讨,那就是一错再错,就会成为运动的阻碍者,就会变成群众斗争的对象。因此,对那些顽强抵抗、消极怠工的分子,我们必须坚决把他从现在的工作岗位上撤下来,给以纪律制裁。无论是哪一种类型的官僚主义分子,他们的正确道路只有一条,就是:改正错误,赶上运动,领导运动。任何别的道路,都是错误的,都将使国家利益遭受到损失并且葬送自己的前途。

开展反对贪污、反对浪费和反对官僚主义的斗争,对全体共产党员、各级领导干部以及全体干部,是一次严峻的考验,对共产党各级党委的领导,也是一次严峻的考验。在斗争中可以看出,谁是坚定地站在党和国家的立场上完全忠于党和国家的利益，谁是自由主义分子或自私自利分子。只要我们坚决、彻底地把这个运动贯彻下去，就一定可以把我们身体里的病菌——即严重的贪污腐化分子，诊断出来，清除出去。同志们：坚决地把侵蚀到我们肌体中的政治微生物来一次大清除、大洗涤，让阳光普晒一遍吧！这是一次巩固与加强共产党的战斗力，密切人民政府、每个革命干部与群众间联系的有历史意义的运动。让我们大家努力，把革命的队伍整顿得更坚强、更有战斗力！

西北地区的土地改革、统一战线和民族工作*

（一九五二年五月四日）

关于土地改革

西北地区关内四省的土地改革现已基本完成。去冬今春计划进行土改的地区，除陕西有九十八个乡，甘肃有三十八个乡要待麦收后再办外，其余陕西（主要是陕南）二千一百一十七个乡，甘肃三千一百八十六个乡，宁夏三百二十八个乡，青海二百三十一个乡，共五千八百六十二个乡，分含于一百零六个县、八个市，人口一千五百万，五月中即可全部做好土改工作。青海化隆、循化、贵德、门源四县有六十九个乡已经过减租，原拟今年五月继续进行土改，现推迟秋收后去办，年内即可办好。新疆减租斗争也已按计划完成，决定于今冬在全省范围内开展土改，计有六十二个县、二百八十三个区、一千六百个乡，总计人口约四百万。这样办了，到明年全西北土改就全部完成了。

去冬今春土改最大的成就，乃是成功地在少数民族多的地区进行了这样一个大改革。这也是去冬今春的特点。约有半数土改地区

---

* 这是习仲勋关于中共中央西北局委员会全体会议情况给中央的报告的一部分。

是有少数民族杂居或聚居的。我们取得了一些经验,使我们对民族问题的认识更深刻了,更丰富了。摘其要有以下三点:

一、在民族团结基础上去进行土改。它包含五个方面的意思。第一,要通过当地民族大多数群众的自觉;第二,要有当地民族干部参加工作;第三,要由其本民族群众为主去向少数民族地主进行斗争;第四,要尊重各民族宗教信仰和风俗习惯;第五,一定要先做好争取各民族上层、争取宗教方面人物的统一战线工作,然后去发动群众,不可颠倒过来。民族问题当前矛盾的主要方面在哪里?就在这些上层。联合这一部分封建势力来反对另一部分封建势力,可以说是那里的矛盾的特殊性。这一部分封建用赞助土改或不反对土改,来换取我们"改得和平些",以及在宗教方面,用关系他们自身某些方面的利益来换取我们的某种妥协。我们呢,就用"和平些"和某些必要的妥协,去换取发动群众的较好条件,保存一部分封建,搞掉大部分封建。不换是什么也得不着的。一切可以争取来帮助土改(至少不反对土改)的力量,都务必争取联合过来。用各种办法,如开代表会、座谈会、组织参观土改成果等,讲明政策,给以出路,争取少数民族上层和宗教方面的人物出来赞助土改,至少保持中立。这是甘、宁、青各地行之有效的经验。

二、一定要严格控制。必须筑几道防线:游牧区不宣传土改,也不提反恶霸,不清算;半农牧区暂不土改,靠近牧区的小块农业区也不土改以至不减租;严格保护牧畜业,牲畜一定不动,分别不清的也都不动;喇嘛寺土地一律不动,也不提减租,极力避免牧区震动,两面都动是很不利的;清真寺、拱北[1]、道堂土地暂时一律不动;必须排出各民族、各教派头人名单,坚决保护必须保护的人过关。甘肃坚决保护了马辅臣[2]等人，作用都很好。只要今天确实靠拢过来的都要照顾、保护，集中打击那些现在还搞反革命活动的，其余都不算旧账。那些有代表性而又和我们合作的人，即使历史上有恶迹，有血债，都不要去算。只要按照土地改革法把土地拿出来分了就好，不要硬性去搞面对面的斗争，背靠背的办法同样可以发动群众。上层高级人物甚至不必叫他写检讨书。不但各省要有大名单，各分区、各县还要有小名单。甘肃省上有了几十个人的保护名单，平凉下面却没有，便出了漏洞。

三、继续放手发动群众。甘肃临夏和青海很多地方，当群众提起民族间历史问题时，引导他们去找阶级根子，诉统治阶级之苦，结果很好，回、汉农民互相打招呼共同参与本庄分地。民族团结更好了，这是成功的。凡经过土改的地方，都团结了各民族群众，巩固了民族团结。但是，这些地区发动群众的工作，必须作为长期的、艰苦的工作，要准备多少年时间去逐步深入。以为一经土改便万事大吉的想法是错误的。领导上必须不为群众一时的表现（特别是少数积极分子的过激意见）所迷惑，永远保持清醒的头脑。在回族地区，“男女一齐发动”的口号不要提，宗教问题不要干涉。暂时行不通的事情都不要勉强去做，无益之举办了就是有害。这点在群众发动起来时十分重要。在汉族地区，同样也是如此，群众起来了，乱斗、乱算、报复、多搞点东西等倾向都必然要发生，凡是领导思想上不够清醒的都走了些弯路。

从整体来看，去冬今春各地土改一开始都强调了发动群众，并且是在去年减租、反恶霸和镇压反革命运动的基础上衔接进行的，群众发动都较深。但是，地区大了，干部情况也复杂，领导力量往往兼顾不过来，初期经验不足，后期又有赶急图快的情绪，工作粗糙的不在少数，还有空白点，某些地方工作组一走地主便反攻了。今年秋后复查,还要花大的力量去办好。

新疆今年土改计划,分局已有报告,并在积极准备中。当地与内地情况有很大不同,有很多的特殊问题,已请分局具体研究,订出必要的实施办法。并借张邦英[3]在西安之便,西北局专门讨论了一次,把一些具体方针明确肯定了下来,并报中央审查。

关于统一战线和民族工作

西北解放后,许多工作都是依据统一战线工作这个基础进行的。没有统一战线方面的成就,今年的工作情况是很难设想的。一个镇反,一个土改,又来一个"三反"[4]、"五反"[5],加上两年来工作有了某些成绩,就在某些同志中出现了"统一战线可有可无"的幼稚想法。前两年是斗争少了一些,后一年来又是团结少了一些。这两种情形都是缺点。凡我们合作了的人,就力争长期同他合作下去,丢掉一个合作了的人比之原来未曾团结那一个人的不良影响还大。陕西订出了一个对待民主人士、起义将领的办法,中央统战部批复规定得更明确了,各省都要这样办。西北地区的统一战线工作,就是在民族与宗教问题上和敌人竞争。在许多地方,例如青海等,原来就只有马步芳[6]留下的一摊子人,我们的统一战线工作就是要把这些人大部分分化和争取过来。如果看不到这点,不这样做,就要犯错误。因此,我们还必须有意识把各方面有代表性的人物再团结一批,把一切必须争取和安置的人争取和适当安置下来。各省、市将在五六月开一次统战工作会议,把县以上各方面人物来一次排队,确定具体对策。这次召开军政委员会会议,就改变了一下党外人士中间的紧张空气,听大家的意见,彼此通一通气。四天会议开得很好。各地同志对人民代表会议、协商委员会等组织是不大重视的，长期不开会，即使开也是形式地敷衍了事，还没有学会利用这个重要的政权形式去团结和推动各方面代表人物，这是一个大缺点。党外人士也多在这方面对我们有意见，有人说我们只要政府不要政权。现已初步决定今年十一月先由陕西省召开一次县长会议，专门讨论民主建政问题，各省也来人参加。明年召开一次西北区的县长会议。西北民族事务委员会也正在开会。这次会议范围更扩大了，牧区各部落都有人来，情绪都很积极。青海、甘肃几处办了民族区域自治，影响很大。今年在关内开展民族区域自治，并作出显著成绩，明年在新疆办。游牧区还有好些地方如青海黄河南四旗[7]、曲麻莱[8]、冈察[9]等，尚未开展工作。今年必须派工作干部进去，先求站住脚。果洛区已配好了干部，日内出发。少数民族地区工作，两年来摸到一条可贵经验，就是保持谨慎，稳步前进。任何疏忽大意或鲁莽蛮干，就必然出乱子。这教训是不少的。解放以来，经过几个大的运动，工作上确也有很大成绩。我们同志往往因而发生急躁情绪，要求过急，过高地估计所处条件，按不住步子。这在各方面工作中都表现得很多，也是最有害的。我们虽然做了许多工作，毕竟还不是已经确实巩固的，有些则甚至是很不巩固的。我们必须看出这一点，事事力求谨慎，力求做得实在，不冒进。这次会议特别提出了克服这种急躁情绪，各省同志也都有了深刻的体会。

■ 注　释

[1]拱北，阿拉伯文音译，意为圆顶建筑。此处指中国西北地区

伊斯兰教门宦在其教主的葬地和道堂建造的圆顶建筑物，是门宦的活动中心。

[2]马辅臣(一八八三——一九六八)，甘肃临夏人，回族。早年曾在冯玉祥部任团长。一九四九年迎接中国人民解放军入西宁。新中国成立后，任西北军政委员会委员兼财经委员会委员，工业部副部长，青海省人民政府副主席、青海省副省长。

[3]张邦英，见本书《关中党史简述》注[23]。

[4]“三反”，指一九五一年底至一九五二年十月在国家机关、部队和国营企业等单位中开展的反对贪污、反对浪费、反对官僚主义的斗争。

[5]“五反”，指一九五二年在全国资本主义工商业中开展的反对行贿、反对偷税漏税、反对盗骗国家财产、反对偷工减料和反对盗窃经济情报的斗争。

[6]马步芳，见本书《动员一切力量，为完成甘肃全省土地改革而斗争》注[2]。

[7]即青海省东南部南左中旗、前首旗、南右中旗、南前旗。一九五二年八月解放。南左中旗今属海南藏族自治州同德县，其余三旗属黄南自治州河南蒙古族自治县。

[8]在青海省玉树藏族自治州西北部。一九五二年设区，一九五三年设县。

[9]即刚察，属青海省海北藏族自治州刚察县。

关于西北地区农业互助合作运动*

（一九五二年六月六日）

一

西北地区关内陕西、甘肃、宁夏、青海四省的土地改革基本完成了。新疆从去年冬天起普遍进行了减租，今年秋后也要实行土地改革。解放以来农民不断提高起来的生产积极性，在土地改革之后，越发高涨了。农民的生产积极性同时也表现在劳动互助和生产合作方面。今年西北地区农业劳动互助组织发展很大。据西北五省一市的二百一十三个县的统计，已经有六十二万多个互助组织（其中生产合作社一百二十九个），有六百多万劳动力组织到互助组里来。陕西省关中地区组织起来的劳动力占所有劳动力的百分之十五左右；个别地方，像高陵县，几乎百分之八十的劳动力都组织到互助组里来了。甘肃、宁夏两省一般也是如此。青海省多些，一般在百分之八十左右。新区[1]农村的劳动互助运动，主要是去年和今年发展起来的。今年发展更大，各省比去年都发展一倍以上。

这个趋势是很自然的。土地改革解决了农民生产的主要条件，

---

* 这是习仲勋在中共中央西北局召开的农业互助合作工作会议上的总结报告。

即土地和一部分主要的生产资料，但是并未解决农民生产上的全部问题。这里有一个材料，据长安县高家湾村调查，全村一百六十七户农民，土地改革后，八户雇农还全无牲口；一百零七户贫农只有三十六户有牲口，还有七十一户没有牲口；五十二户中农也有五户缺少牲口。大车、水车都很缺，雇农两样都没有；贫农一百零七户只有两辆大车、三辆水车；中农也有缺的。很明白，组织互助来解决生产中的困难已经成为农民的迫切需要了。

再举一些例子。陕西白水县魏家村高三进互助组八个人，九天时间锄了一百九十四点六亩麦田，平均每人每天锄二亩七。同村未组织起来的十六个人，十天只锄了一百七十四亩，每人每天只锄一亩一。互助组的劳动效率一个人就顶两个多人。朝邑县三区五乡三千多亩棉田去年种了十一天，今年组织起九十六个互助组，四天半就种完了。淳化县高家村赵建台等九个互助组，组织起来余出一部分劳动力搞副业生产，两个月赚了十二石[2]粮食。许多地方打水井、修水渠都因为组织了互助组，很快便成功了。还有使用新式农具和农药器械，也都是组织起来才好办。这足以证明，组织起来有利于农业生产的迅速发展，并使之不断提高，较快摆脱落后的状态。

农村互助合作运动的大发展，是农民群众对党和人民政府高度信任的结果。农民们一听说是毛主席号召他们组织起来，都积极响应，说："毛主席的话没错。"农民群众是充分相信党的领导的。但是，我们许多党的组织和干部，在领导农民的过程中，在领导农村劳动互助和生产合作运动过程中，却存在很大的盲目性。这种盲目性对农民群众的积极性，对农村互助合作运动，都有很大的损害，并且将会严重地损害党的威信。

这种盲目性使互助合作运动出现了一些混乱和自流现象。如“好搭好，赖搭赖”，“拉撒合拉撒”[3]。许多互助组还缺少领导，发生问题没人解决，一些互助组甚至被富农以至地主分子把持。我们已经组织起来的这六十多万个互助组织并不都是牢靠的。有不少是形式的、凑数的，“硬编组”，“抄名单”，一个命令下来，一个村里一个早上就搞起十几个互助组，“出门是互助组，到地里都不见互助组了”。有些互助组确实组织在一起劳动了，但是，一不计工，二不算账，“吃亏的吃亏，占便宜的占便宜”。总之，问题很多。

现在已经到了必须改变这些混乱现象，消除运动的盲目状态的时候了。

土地改革后，我们在农村，一方面应当继续帮助农民个体经济的发展，另一方面又必须坚决引导个体经济经过劳动互助和生产合作逐步走向集体化。这是我们党确定的方针。毛主席在一九四三年一篇题目叫做《组织起来》的讲话里就说过：“在农民群众方面，几千年来都是个体经济，一家一户就是一个生产单位，这种分散的个体生产，就是封建统治的经济基础，而使农民自己陷于永远的穷苦。克服这种状况的唯一办法，就是逐渐地集体化；而达到集体化的唯一道路，依据列宁所说，就是经过合作社。”他在同年另一次题目叫做《论合作社》的讲话里又说：“如果不从个体劳动转移到集体劳动的生产方式的改革，则生产力还不能获得进一步的发展。因此，建设在以个体经济为基础（不破坏个体的私有财产基础）的劳动互助组织，即农民的农业生产合作社，就是非常需要了。只有这样，生产力才可以大大提高。”他说：“这样的改革……就是生产制度上的革命。”他把这个改革叫做破坏了封建剥削关系之后的“第二个革命”。《共同纲领》[4]

也在第三十四条上规定:“在一切已彻底实现土地改革的地区,人民政府应组织农民及一切可以从事农业的劳动力以发展农业生产及其副业为中心任务,并应引导农民逐步地按照自愿和互利的原则,组织各种形式的劳动互助和生产合作。”毛主席的这些指示和《共同纲领》这个规定,都是说得十分明白的。

解放后三年,农村变化很大,经过土地改革,农村经济更是从根本上起了变化。再从上面举过的长安县高家湾村调查材料看,那里是去年春天才完成土地改革的,今年一百零七户贫农中间有一百零四户都上升了,只有三户因为孤老或者有人害病未曾上升。土地改革才过了一年,贫农内有百分之三十现在上升成了中农了。估计今年两季庄稼都收了之后,贫农的总收入将比去年增加百分之二十到二十五,比土地改革前增加百分之四十。相当多的贫农将有力量在今年夏季或秋收后买牲口和添置农具。还有好几个调查材料,所说情况也大致相仿。到高家湾村调查的同志估计,今年秋后,贫农上升为中农的将要达到贫农总户数的百分之七十到八十。这个估计可能太高。大致像陕西关中地区,即完成土地改革有一年以上的地区再有两三年,其他今年刚完成土地改革的地区再有三五年,中农要变成农村人口的大多数,这点倒是可以预见的。但是,如果我们不去加以领导,任由农村经济自发地发展下去,那么还会有另外的情况,就是农村阶级重新分化,少数人变成富农,而大多数人又再行破产,农业生产依旧长期停在落后状态下难以提高,农村经济发展十分迟缓而且痛苦。在新民主主义国家里,富农经济虽然可以允许保存,但是它绝不是我们农民经济的发展方向,而且是要受到限制的。这当然不是说我们是什么“许穷不许富”,我们正是要求所有的农民都富裕起来，比富农更富裕。土地改革后，农民中间一定程度的阶级分化也固然还不可以完全避免，但是，只要采取组织农民互助合作的办法，加上国家经济上和技术上的帮助，大多数农民就可能保持中农地位，避免重新破产，而且一天天富裕起来。事情就是这样。

把农民组织起来实行劳动互助和生产合作或者任其自流发展，乃是两条道路的问题。斯大林同志在《论列宁主义的几个问题》那本书上说："在我们国家里，农民经济可能而且应当按什么道路发展呢？农民经济，按绝大多数农户来说，是小商品经济。而小商品经济又是什么呢？它是站在资本主义和社会主义的十字路口的经济。它既可能发展到资本主义方面去，如现在资本主义国家里的情况那样，也可能发展到社会主义方面去，如在我们国家里，在无产阶级专政条件下所要发生的情况那样。"他又在《论列宁主义基础》一书中说："列宁在他《论合作制》的论文中正确指出，我们俄国的农业应当按新道路去发展，即经过合作社吸收多数农民来参加社会主义的建设道路，将集体制原则灌输于农业，最初灌输于农产品销售方面，然后灌输于农产品生产方面的道路去发展。"发展农村劳动互助和生产合作，就是"将集体制原则灌输于农业"的一个重要办法（另一个办法即发展供销合作社，我们准备以后再讨论它），前途是农业经济集体化，是社会主义。如果任由农民经济自流发展，前途则是资本主义，对于大多数农民和国家人民又是苦难重重。后者就是放弃工人阶级领导，是右的倾向。在农业互助合作运动上的自流现象，其错误就在这里。

毛主席在《论人民民主专政》的文章里说："严重的问题是教育农民。农民的经济是分散的，根据苏联的经验，需要很长的时间和细心的工作，才能做到农业社会化。"列宁在《论合作制》一文里也说过：

"但是为要经过新经济政策做到使全体农民个个都参加合作社，这就需要一个较长的历史时代。在最好的情况下，我们也要花一二十年的工夫来通过这一历史时代。"那些不愿花"工夫"，不愿做"细心的工作"，不准备通过"较长的时间"，不准备"逐步地"去"吸引"农民参加集体化的人，是不了解农民的，必然脱离农民群众。群众哪里是可以去命令的呢？农民们说："秋后看。"要看事实，要经过他们自己切身的经验。很明白，对于农民只能"逐步""吸引"，这里我也暂且不去说其他条件等等了。劳动互助和生产合作，无论如何终归是由个体走向集体的一种过渡形式。这就是说，它们都是"以个体经济为基础"，是"不破坏个体的私有的财产基础"的。离开个体经济基础，它们也就不可能吸引农民过渡到集体化去。不照顾个体经济，过高过急地去要求农民，甚至粗暴地侵犯农民个体利益，当然是错误的。

以上就是西北地区目前农业互助合作运动的基本情况。

二

今后计划呢？根据我们的实际情况和经验，今后要求如何？采取什么方针呢？

按比较恰当的估算，去年，即一九五一年，我们西北全区农业生产总值，大约比解放前增加十分之一左右。我们要求，今后四五年内，争取全区农业生产总值比现在再增加二分之一左右。条件较好的地区，例如陕西关中等地区，还争取更高些。在现有条件下，这个要求大体是恰当的。到明年，西北五省农业地区土地改革就全部完成了。土地改革后，我们无疑地必须将农村的全部工作集中到发展农业生产和农村副业上面。西北地区目前的农业生产状况还是很落后的，某些条件短期内还难有大的改变。这就要求我们,必须努力去充分调动农民群众的生产积极性,发挥组织起来的力量,再加上其他必要的和可能的帮助,使农村现有的生产能力得到尽可能地提高,并使自身条件,逐渐得到改善。只要确实把我们农村的全副精力用到这方面,四五年内使西北农业生产水平在大体上提高百分之五十,完全是可能的。

在农业互助合作方面,我们计划,今后首先在两三年内,争取一般农业地区都有百分之六十到七十的劳动力确实地组织起来;在互助组中,常年互助组争取占到百分之二十左右;每县都试办一个到两三个农业生产合作社。期望依据这个基础,到五年后做到有一半以上农户组织在常年互助组内,每个乡都有一个农业生产合作社。按照经验,这个要求也大体是恰当的。

目前我们组织起来的六十多万个互助组,百分之八九十都是小型的、临时性的、简单的劳动互助组,即一般叫做“变工”[5]或“换工”之类。这是一种最初级的形式,但是适合农民原有的互助习惯,结合方便,也适应农民当前迫切需要,可以解决劳力或牲口或农具不够的困难,可以应急赶时耕种、锄草、灭虫或收割等等,也可以拿出一些劳动力去从事其他生产。事实已经证明,这样做大有好处,因此容易被最大多数的农民接受,便利大量发展。看不起这种互助组是不对的。在今后两三年内,我们仍然必须首先积极地、大量地在所有农村推广这种互助组,并且不怕麻烦、不怕反复地每年、每季都用很大的力量去进行工作,帮助它们解决各种困难。如果普遍地、确实地而不是形式地在两三年内做到百分之六七十的农户都组织到这种互助组来,就会给我们农业互助合作运动的继续前进打好基础。

常年互助组在陕北地区已经占到所有互助组的百分之三四十。

它比一般临时的和季节性的简单变工好处更大，可以进一步提高技术以及与经营某些副业结合，可以置办某些单个农户置不起或不能充分使用的新式农具或大牲口，可以办到某些农户办不到的事情，例如打坝、修渠等等。经过这种比较定型的互助组，就将把农民群众的集体劳动习惯逐渐巩固起来。目前这种互助组，在陕西多些，一般约占互助组数的百分之十到二十，但是还不稳固；其他各省都很少。四五年后，它应当成为互助组中的多数，否则不能适应农村生产的发展。但是，两年内，在一般新解放区组织这种常年互助组还是以稳步发展为宜。因为它内容较丰富，组织性较大，所以问题也较复杂、较多，它的成立和巩固，需要经过不断解决内部许多问题，并需要其中有一定的核心分子，要短时间内发展很多是不可能的。这种互助组仍然不宜太大，一般的以小型为好。其内容有较简单的和较复杂的，也一般的应当由简渐繁。长安县王莽村互助联组是一个新发展，目前还只宜试办。各地领导机关目前应当着重研究这种互助组的经验，密切帮助巩固已有的，带动其他。各地委、县委都要亲自指导一两个这种互助组，深入地、有系统地进行研究。

至于农业生产合作社，则一个时期还应当控制在试办范围内。这种农业生产合作社无疑地是将来由小农经济过渡到社会主义集体农庄的基本形式。若干年后，它也无疑地将是那时农业互助合作运动的主要形式。我们必须看到这点，必须作此准备。但是，发展这种农业生产合作社需要有一定的条件：群众在生产中的需要、互助运动的基础、领导的骨干、群众的积极性并有充分的酝酿等。而且，要普遍推广，还需要一定相适应的其他经济上技术上的条件。我们应当准备用三五年的时间，有领导地、依据条件有计划地加以试办。最好今年和明年各省委、各地委先直接试办一两处，然后指导各县都来试办。西北地区今年已办起一百二十九个农业生产合作社，少数是有某些基础的，或有计划试办的，大多数则是盲目办起的，缺少必要的基础和条件。米脂县今年一个春天就“发展”六十三个社，子洲县也是一办便是二十三个。这是盲目追求多，还有盲目追求大的。这一百多个农业生产合作社，即应分别整顿。有相当基础和条件的，列入试办计划内，加强领导，确实办好。无基础、无条件、勉强办起来又无力领导的，说服群众改成其他类型的互助组。

我们今后的计划、步骤、方针就是如此。

现在我们就着手，首先把现有的各种互助合作组织加以整顿，在今年种麦、秋收中努力帮助它们办好。这是给今后运动前进取得可靠阵地，必须认真去做。

依据可能条件，依据可靠阵地，有准备地、有领导地稳步前进，才是正确的。

三

在组织互助合作中，还有以下一些问题需要解决。

（一）组织互助合作，必须坚决巩固贫农、雇农和中农以及农村中一切劳动人民的紧密团结。在互助组内，不得排挤贫农、雇农，也不得挤压中农，应当切实帮助贫农、雇农解决各种生产困难，同时必须坚决保护中农利益。对互助组外的个体农民，不得歧视，更不得打击，应当教育互助组主动地去团结他们。分得了土地的贫农、雇农，无疑地是互助合作运动的最积极的部分。但是，在土地改革以后，中农将逐渐成为农村人口的大多数，坚持团结中农，无论何时都是我们党在考虑农村政策上最重要的一点。

（二）不计工算账就不能保证农民间的互利。畜工和人工交换比例以及使用其他牲口、农具的报酬，在目前许多地方缺少牲口、农具的情况下，不可定得低了，以免伤害农民照管和添置牲口、农具的积极性；也不可提得过高，使贫农、雇农吃亏。计算办法要适合当地农民习惯，简便易行，不要太繁太难。

（三）互助组一定要首先搞好生产，使参加者的收入比一般农户多。是否做到这点，是检查互助组工作好坏的标准。如果不是这样，如何能够把互助组巩固下来，又如何能够影响周围农民都组织起来呢？互助组又一定要首先搞好农业生产，好种多收。多余的劳动力，第一，用到土地加工上，如改进农作法、改良土壤以及修渠、打坝、增加水地和种果树、造林等等，这些事情是很多的。第二，按当地条件，进行拦羊、养猪、看牲口、打山货，搞手工业以至赶车、赶脚等各种副业，和农业生产结合起来。但是，互助组不要经营商业，不许进行雇佣劳动剥削（必要时雇短工和技术人员则是可以的），防止资本主义成分滋长。

（四）为了扩大生产需要，在互助组内，置备一些农具和牲口作为公共财产，是可以的。但主要应当是添置一些单个农户办不起的大型农具、新式农具或大的牲口。有些互助组把各家自有的一般农具都去折价归公，则是不对的。某些农户原有的牲口、大车等，如果使用上或计工上有问题，应当先去合理解决这些问题，也不要轻易地收买作公有。不论互助组和农业生产合作社，收获应当首先“归私”，其公共财产必须在增加了“私人财产”之后，经过全体成员的自愿，逐渐地聚积起来。过早地追求过多的公共财产，有害无益。

（五）在新区，原则上不应当吸收富农加入互助组或农业生产合作社。对现在已经入组入社的富农分子，如果是带雇工加入或者借机取巧剥削他人劳动的，必须坚决清洗出去；如果并未带雇工而且确实守规矩，计算换工和找补工资都还合理，群众也愿意，组内社内领导骨干又较坚强，也可不令其退出，但不得担任领导职务。在老区[6]中经过平分土地而现在已经不再有雇工剥削的富农分子，也确实守规矩，经过群众同意，可以允许他加入互助组或合作社，但同样不得担任领导职务。在互助组和合作社内，任何人都不得带雇工入组入社。互助组或合作社也不得雇长工耕种或做工。

（六）地主分子在未经群众同意改变成分时，一律不许加入互助组。至于农村中的自新了的土匪、伪军士兵、下级军官、伪职员、伪保长等，如果原是劳动人民出身，又不是管制对象，以及一般流氓和其他游民分子，只要他们愿意劳动生产，经过群众同意，可以允许他们加入互助组（但不能当领导人），以便帮助和监督他们劳动改造。

（七）对劳动力较弱的烈士家属和军人家属，互助组应当接收他们入组，积极帮助他们劳动生产改善生活条件。至于缺乏劳动力的烈属、军属要代耕的，则按照人民政府规定的办法办理；但是如果互助组的成员和烈属、军属双方都愿意用参加互助组的办法解决代耕问题，也是可以的。对孤、寡家户，也适用这个原则。此外，小土地出租者（或小土地经营者），如果有劳动力转入农业劳动的，可以允许他们加入互助组；但是如果无人参加农业劳动只出土地的，则不能加入。在互助组内，对妇女劳动力，应依据男女同工同酬原则，按其实际劳动情况，评工记分。有些地方把妇女一律按半劳动力计工是不对的。

（八）乡村干部在互助组内不应当要求任何特殊权利。农村中的共产党员和青年团员应当积极参加互助合作，并成为积极劳动、遵守纪律、办事公道的模范。

（九）互助组和供销合作社应当联系起来，可以采取订立“结合合同”办法，互相保证按计划进行供应和推销。这样，互助组可以经过供销社取得国家经济更有计划的帮助，并可以逐渐使自己的生产和国家计划相结合。

（十）现有国营农场应当进行整顿，办得很坏的立即彻底改造。明年每县都要办起一个国营农场，作为示范。各省需要增设农具工厂和农业技术推广站。目前在解决农具问题上应当先以大量地增补当地通用的农具为主，逐步地推广适合当地条件的新式农具。在推广农业技术上，也必须采取科学指导和群众经验相结合的方针。

（十一）关于农村教育方面，反对不向群众宣传或很少宣传，也反对只是抽象地、空洞地讲社会主义而不和实际联系、不具体解释党的目前政策。农村里开会太多，不解决群众实际问题的会议太多，应当改变。我们准备明年或后年，在西北农村中普遍开展识字运动，并期望在若干年内获得成功，使广大农民得以提高文化水平。

最后讲讲领导问题。一个互助组要办好，第一要有一个有力的、正确的核心；第二要有经常的政治工作，就是说，要有共产党和青年团进去工作。离开党的领导不行，那样互助组要起变化，走错路，以至瓦解。如果党不去领导，富农、地主和坏分子就要跑进去捣鬼的。党必须办好这样两件事：一件是在各个互助合作组织内，不断地注意发现积极分子，加以培养，作为骨干，并把他们中间一些优秀人物吸收作青年团员和共产党员；一件是对各地互助合作运动实行具体指导，经常深入群众，了解问题，帮助他们解决问题，只坐在机关指手画脚是不成的。开互助组代表会议也是训练干部、指导运动的一个办法，各县每年都要开一两次这样的会议，各区各乡最好每个季度都开一次，总结经验，研究问题。还有一个重要办法，叫做抓典型、推广开去。我们规定各地委、各县委都要亲自指导一两个互助组，就是这个意思。

在土地改革以后，发展农业生产便成了农村中压倒一切的工作。组织互助合作又是发展农业生产的中心环节。我们目前正在通过互助合作组织来发展一个热烈的爱国丰产运动。许多工作都可以通过这个运动去解决。例如建设人民民主专政的乡村政权问题，离开生产和互助合作这样和群众关系最大的事情，建设民主政治又有什么内容呢？农村的一切工作都要围绕发展农业生产、发展互助合作运动进行。我们各项工作都要按照这个新情况，使自己变得适合于这个新任务。做农村工作的同志都要学会组织互助合作运动，做经济工作的同志都要学习这门知识，并且到群众中间认真地工作起来。毛主席在《组织起来》一文中有一段话，说："我们共产党员，无论在什么问题上，一定要能够同群众相结合。如果我们的党员，一生一世坐在房子里不出去，不经风雨，不见世面，这种党员，对于中国人民究竟有什么好处没有呢？一点好处也没有的，我们不需要这样的人做党员。我们共产党员应该经风雨，见世面；这个风雨，就是群众斗争的大风雨，这个世面，就是群众斗争的大世面。"现在在西安的文艺战线上的同志们正在进行整风。为什么我们有些作家很久写不出东西呢？就是因为他把自己关在房子里"不见世面"，与群众斗争和群众的实际生活隔离了，哪里会有什么"新鲜事物的感觉"，哪里会写得出好作品来呢？我想，大家应当好好读一读上面毛主席那段话。全党同志都应当时刻记住这段话。

■ 注　释

[1]新区，见本书《关于新解放区的工作问题》注[2]。

[2]石，见本书《关于分三类地区进行土改问题给毛泽东的复电》注[9]。

[3]“拉撒合拉撒”，陕西方言，不利落、邋遢之意。这里指生产条件差的农民在一起组织互助组。这是一种不利于互助合作运动正常发展的自流现象。

[4]《共同纲领》，见本书《坚持与党外人士合作的统一战线政策》注[1]。

[5]变工，见本书《贯彻边区妇女运动的正确方针》注[5]。

[6]老区，见本书《要注意克服土地改革中“左”的情绪》注[16]。

为绿化西北而努力*

（一九五二年九月三日）

在我们国家财政经济情况已经根本好转的今天，林业工作，应该是我们即将进入大规模经济建设时期的一项重要工作。过去西北林业工作已经取得的显著成绩，虽然按工作规模和人民的需要来说还差得很远，但从在国民党反动统治下没人管，到现在有人管而且管出一些成绩来，就不能不说这是西北人民对绿化山河的重视。

今后林业工作的具体任务就是绿化西北。提出这个要求能不能办到呢？我们应该办到，也一定能办到。新中国的一切都在鼓舞着我们，三年来的成就使我们的信心大大增加了。在共产党的领导下，在千百万劳动人民的创造下，没有克服不了的困难，没有不可办成的事情。我们学习马克思列宁主义，不仅要用它来认识世界，而且要改造世界。我们现在做的事情，就是不仅要认识中国，而且要改造中国，建设一个更好更美丽的中国。西北的林业工作者，不仅要认识西北的自然环境，还要用森林作武器来改造西北的自然环境，把荒沙地变成森林，使没有树的地方能长起树来。绿化西北，就是西北林业工作者的理想、愿望和方向！

林业工作是全国经济建设中一项重要任务，在西北，更有它特殊

* 这是习仲勋在西北区首届林业工作会议上的讲话。

重大的意义。大家都知道,我们国家的风沙之害来源于西北,而甘肃、陕西的风沙又来源于西北的西北。西北是黄河之源,也是黄灾之源。过去的西北是五年一大旱,三年一小旱,这些水旱风沙的灾害为什么会这样逞凶呢?难道缺乏森林不是一个重要原因吗?千百万劳动人民正盼望我们去领导他们征服这些凶恶的敌人。过去我们是向统治我们的阶级敌人进行革命,今后我们就要拿出更多的力量来向自然灾害进行革命了。据说,流沙逐年向内地侵袭,情况是十分严重的。宁夏阿拉善旗[1]东部的流沙穿过贺兰山和狼山的缺口,正向东侵犯到平罗、磴口、中卫等地。风沙越过贺兰山、穿过长城,甚至侵犯到甘肃的景泰、民勤、武威、永登等县。那里每年都有上千亩的良田被埋没。绥远[2]伊克昭盟的大流沙,直到陕北榆林,成为“八百里金沙滩”。现在流沙已侵袭到内地,神木、府谷、横山、靖边一带,每年被风沙埋没的土地也是惊人的。榆林市的周围全部被沙包围着,甚至侵袭到米脂、绥德。在新疆和甘肃西部都有一望无际的大戈壁。据河南陕县水文站的记录:每年自黄河上游流下去的泥土就有四亿七千九百万立方米。上游在流出这样多的泥土后,农田就要被冲坏;下游带来了这样的泥土,就要沉积、泛滥,农田就被淹没。所以征服黄灾不仅是西北的问题,也是全国的问题。黄河下游千百万人民都注视着我们西北。中央对这个问题也很重视。我们现在就要订出计划,不仅是一个五年计划,还要订出几个五年计划。我们的目标是正本清源,不仅要治理黄河,对于泾河、渭河、洛河、无定河等几个大支流也要治理好。其次,在风沙的直接影响下,伴随而来的就是恶劣的气候,西北地区霜雹的灾害,也是十分严重的。

考查上述一切灾害的成因,主要是由于草原和森林的破坏。要消灭这一切灾害，就要恢复并且逐步发展森林。经验证明：哪里植树造林哪里就能制服风沙的侵袭，同时也能防止水土的流失。所以各级人民政府及林业工作者应该多动脑筋考虑这个重要问题，依靠广大的劳动群众，在西北地区开展一个大规模的逐年发展的植树造林运动。我们应该在三年来“普遍护林、重点造林、合理采伐”的基础上，结合西北情况，把造林和护林并重起来。什么时候能造，就什么时候造；什么地方能造，就什么地方造。有计划、有步骤地建造防风林、水源林、护堤护岸护路林。我们要在数千里的流沙线上，建造森林长城，要在滚滚河流的两岸和红土山上，到处种起树来。这样，我们的西北地区，就会变得绿荫遍地、青山绿水、气候良好，水旱风沙的灾害就会被我们逐渐征服。

毛主席在《中国革命和中国共产党》一书中说：“我们中国是世界上最大国家之一，它的领土和整个欧洲的面积差不多相等。在这个广大的领土之上，有广大的肥田沃地，给我们以衣食之源；有纵横全国的大小山脉，给我们生长了广大的森林，贮藏了丰富的矿产；有很多的江河湖泽，给我们以舟楫和灌溉之利；有很长的海岸线，给我们以交通海外各民族的方便。从很早的古代起，我们中华民族的祖先就劳动、生息、繁殖在这块广大的土地之上。”从毛主席的这段话里，可以看到我们的祖国实在是可爱。

我们的劳动祖先创造了沙漠中的绿洲，创造了青山绿水。我们的老先人从来是很喜欢种树的。据说：汉中有汉桂，相传是汉朝萧何种植的桂树，其他如唐槐汉柏，好些地方都有。这些树木是由于人民的爱护，经历了千百年才被保留下来的。所以林业工作的同志就要懂得我们祖先优秀的传统，在应该造林的地方都培植森林，并且让森林充分发挥它重大积极的作用。这一重任,首先落在我们这一代人,特别是做林业工作的人员身上了。

三年来,同志们在祖国西北的边疆,在流沙线上,在河流两岸,在风沙漫天的原野,在深山密林之中,为战胜自然灾害,为建设人民和平幸福的生活,联系群众,努力工作,是很辛苦的。在此,我特向大家致以慰问之意。

现在我只谈一谈关于林业工作今后发展中三个比较重要的问题:

第一,是贯彻林业工作的群众路线问题。西北林业工作已如上面所讲的那样重要,那样广阔,如果说仅仅依靠我们上千个林业干部去做,是不是能行呢? 那是绝对不行的。因此,林业工作者就必须把群众路线放到头等重要的位置,必须在各级人民政府领导下,依靠千百万群众的支持开展林业工作。

我们要教育群众懂得植树造林的利益及林业技术,通过群众造成声势,把林业建设向前大大地推进一步。如果说,林业工作者能够发动群众,切切实实地做到"一人一把种","一户一畦苗","家家育苗","人人种树",发动群众开展一个"自采、自育、自栽、自护"运动,那么育苗造林工作,就可以由群众自己来打下百年大计的基础了。因为这样的工作并不是一定需要强劳力,男女老少不分劳力强弱都可动手,又可以到处种植,不论房院周围,山坡沟渠,撒下种、栽下苗就能生长出来。为此,在目前农村中正日益发展的各种形式的劳动互助组织里,也可以增加采种育苗、植树造林这一项任务。

我们要做到,发动群众负责管理山林,严禁滥伐,防止山火,广泛建立护林组织，明确权利义务，增强群众护林的信心，使群众懂得靠山吃山、吃山养山的道理，真正做到“家喻户晓”，“老少皆知”，“村村防火”，“人人护林”。因此，林业工作者也有责任经常建议、督促各级人民政府订出具体办法，制止破坏森林的行为。如果林业工作者在这方面采取自由主义态度，那就会给人民带来灾害。

我们也可以做到，发动群众调查研究，由群众出主意，弄清哪些山林宜封或不宜封，哪些山林先封或后封，分别指定封山育林和打柴放牧的地区，民主订立“封山育林公约”，纠正“机械死封”、“明封暗不封”等偏向。

我们还应该做到，从群众中找能手，从西北的群众中找西北的米丘林[3]，把科学知识和劳动人民的宝贵经验结合起来，研究各种土壤和不同的气候，研究各种栽培方法加以总结推广。无论几小时的经验介绍，无论临时的短期训练班，都是从群众中培养干部、提高群众的好方法。要在配合农村各项工作特别是生产工作中，利用各种机会和方式积极宣传各项林业政策，从植树造林工作中同样也可以培养劳动人民热爱祖国、建设祖国的优良品质和美德。

第二，林业工作不仅是经济任务，而且也是一个政治任务。林业工作所以是一个政治任务，不仅因为它关系着千百万人民的生活，就西北来说，又特别是由于森林多分布在少数民族地区，需要通过林业工作，来进一步密切民族团结。因此，在少数民族地区的林业工作，正像少数民族地区的贸易、医疗工作一样，具有重要的政治意义。由于少数民族对于森林和他们生活上的相依关系，就必须重视他们在森林上的利益。事实证明，少数民族对森林不是破坏而是爱护。在新疆许多农民家庭都有花园果木园，他们是很重视栽培树木的。青海贵德县以上的黄河水流是清纯的,因为那里的蒙古、藏各族牧民不滥伐树木,所以山沟河畔都有苍翠的森林。如何才能在民族地区开展林业建设呢?如何才能使那里的森林对国家经济建设发挥更大的积极作用呢?在民族地区的林业工作者都应该很好考虑。为此,在那里的林业工作者必须学习民族的语言文字,进一步团结和培养少数民族中的林业干部,这是西北林业工作不可忽视的一环。通过林业工作以进一步加强民族团结,进而开展林业建设的政治意义就在这里。

第三,是林业工作者的思想建设问题。在经过各种社会改革,经过"三反"[4]、"五反"[5]运动,在一次接一次的伟大胜利的基础上,再加上这次林业会议上受到的教育,大家的思想觉悟一定会有显著的提高。三年来在造林护林方面的成绩,说明了大家是能够全心全意为人民服务的,能够以革命者的立场,抱着人类征服自然的精神,在那里艰苦奋斗。但是也有少数林业工作者不能安心工作,他们因为暂时的困难而犹豫,甚至有人说:"林业有前途,个人没前途。"这种说法当然是不对的。因为他们还没有正确理解什么是个人的前途。艰苦并不是断送个人前途的地方,反而正是创造个人前途最好的环境。整个革命的胜利,就是从艰苦中奋斗得来的,不跟随革命奋斗前进的人,还能设想什么个人前途呢?现在我们若能把森林护好造好,绿化西北,不仅对目前有利,而且也造福于我们的子子孙孙。难道人民事业有了前途而个人能没有前途吗?道理是很明白的。陕北靖边县是沙漠地区,碱性土壤,从前没有树木,在一九二零年有个姓丁的县长,提倡种树,竟发展了很多大块森林,打破老百姓"此地不能种树"的保守观点,现在那里老百姓已深深感到种树的好处。不管那个丁县长当时的出发点是什么,也许当时他是用强迫命令的方法来栽树,但老百姓总认为丁县长替靖边县的人民办了一件好事。古今中外许多科学家、事业家,只要在一件事上对人民有了贡献,人民就称颂他、爱戴他、拥护他。只要你对人民事业有贡献,人民就不会忘记你,个人的前途才真正能大放光明。应该认识到,革命事业胜利了,林业工作发展了,也就是我们每个人的胜利与发展。基本的问题,是要在思想上端正起来,要建立为新中国的人民林业服务的观点。我们不仅要关心林业工作者的物质生活,更重要的是关心同志们的思想政治生活,要使大家成为身心健康的人民林业工作者。

同志们回去以后,应该传达这个意见,督促各级人民政府把林业工作重视起来,在各级人民政府领导之下,召集有关方面进行座谈,订出这方面的计划,交有关上级审批。今年把计划订好,明年就开展一个广泛的群众造林运动。配合国家的经济建设计划,进一步地发展我们西北的林业。

■ 注　释

[1]阿拉善旗,见本书《关于民族区域自治和少数民族地区工作问题》注[3]。

[2]绥远,旧省名,一九五四年撤销,辖区划归内蒙古自治区。

[3]米丘林(一八五五——一九三五),苏联植物育种学家、农学家。自幼喜爱农艺,一生致力于果树改良栽培研究工作,培育了三百多个果树新品种。

[4]“三反”，见本书《西北地区的土地改革、统一战线和民族工作》注[4]。

[5]“五反”，见本书《西北地区的土地改革、统一战线和民族工作》注[5]。

关于西北地区的商业调整、人民生活状况和民族工作问题*

（一九五二年十二月二十一日）

我于十二月十六日回到北京。在西安期间，召开了中共中央西北局扩大会议和西北军政委员会第六次会议。西北地区的工作，在这两个会议上已作了通盘部署。兹将其中主要情况再报告如下：

第一，两个会议主要讨论了调整商业问题和改变大行政区机构与任务等问题，但更重要的，是就讨论以上问题而概括地总结了三年准备工作，并着重研究了在进入经济建设时期的领导作风问题，这对各省、市的领导同志来讲，是很有益处的。因为全党三年来着重完成社会改革任务，一般的习惯于“大刀阔斧”的工作方式，而不习惯于“精雕细刻”的工作作风，但在进入经济建设时期，领导思想上必须来个转变。三年来的工作成绩很大，缺点也很多，尤其是在过去看不出是毛病的，但在搞计划经济的时候就漏洞百出，特别在党内有一部分人满足于过去的成绩，看不见工作的缺点，更意识不到今后建设任务的繁重和艰苦，这是很危险的。

目前工作中的主要缺点是形式主义很多，追求数量，不讲质量，计划性很差，粗打冒算，盲目办事，形成到处紧张，疲惫不堪，浪费很

---

* 这是习仲勋给中共中央主席毛泽东的报告。

大。例如西安的中学学生水平，一般的不及解放前的程度，这是很惊人的。虽然经过“三反”[1]运动，但下边的官僚主义现象仍相当严重。这种情况如不加改变，就将造成今后发展中的很大困难。

为此，今后必须明确中心任务，不是进入建设时期什么都办，而是要有重点，有主要次要，有先后缓急地去办。今后一个最基本的中心任务就是经济建设，即城市以工业建设特别是重工业建设为主，农村以农业生产互助合作运动为主，并须稳步前进，讲究质量。其他一切工作都围绕这个中心，并为这个中心服务。明年的计划必须根据可能与需要，务求切实，不能太大，要有控制，做了一步再前进一步，不要平均主义地事事都办，齐头并进，而要集中主要力量使用到必要的地方去。

在这次西北局扩大会议上，大家都感到计划经济对于我们完全是个新课题，也是个大转变，要求领导的思想必须提高一步。会议虽然开得长了些（十天），但像这样比较深刻而认真地讨论财经工作问题，还是第一次，给予省、市领导同志的启示很大。

第二，关于调整商业问题，前面已有报告，这里再补充以下情况。首先是公私比重在一年内发生了很大变化。西北全区营业额如以去年第三季度为一百，则今年同期增加了百分之二十六点二六，其中公营比去年同期增加了百分之一百三十七点四（其中国家贸易增加百分之九十五点四，合作社增加百分之六百二十六点五），而私营则比去年同期减少了百分之零点四。公私比重即由去年第三季度公二私八，变为今年第三季度的公四私六，这是全区平均起来的情况。这种趋势，在西北比较大的中心城市（西安、兰州、迪化[2]）和经济作物区（如关中产棉区）表现尤为明显。比如西安市今年第三季度私商营业额为四千五百五十九亿元[3]，比去年同期减少了百分之二十九。公私比重也由去年第三季度的公四私六,变为今年第三季度的公六私四。又如关中产棉区的长安县新筑镇公私商业比重,公为百分之四十六点三,私为百分之五十三点七;临潼县雨金镇公占百分之六十八点五,私占百分之三十一点五。

从西安市三十五个行业营业额的增减变化来看,凡是公营商业插手经营的行业,私营营业额即显著下降,反之,私商即有发展。当然,其中有关国计民生作用最大的如棉花、粮食、建筑器材、五金等行业,国家贸易和合作社是必须掌握与控制的(其中也可以留下一定的余地,让私商经营),但如绸布、百货、医药等行业,公营比重占百分之四十到六十,的确是太多了。

至于在批零差价、地区差价以及批发起点等方面的规定,许多地方是不合理的,以致私商无利可图。好些地方利用工商行政管理职权,无理干涉私商经营,甚至禁止私商下乡收购小宗土产。有的地方老乡买了私商的货,回去后区乡干部还要叫作检讨。像这样的例子很多。当然在这种情况下,私商经营的积极性是不会起来的,随之而来会给我们增加很多困难。

根据中央关于调整商业的指导精神,结合西北情况,提出了调整商业的办法和步骤,主要是合理调整地区差价、批零差价、批发起点、经营范围,取缔某些地方对私商不适当的限制,并鼓励和组织私商经营工业品,特别是手工业品和土特产品。但是,必须注意,不要在调整商业中过分加重消费者,特别是农民消费者的负担,否则也会影响城乡、工农关系,也会妨碍生产的发展,我们在纠正"盲目冒进"的倾向时,也须防止"盲目冒退",该退的就退,该退几步就退几步,必须有计划地撤退,退到一定阵地,必须巩固起来。今后公营的发展必须给予适当控制，特别是零售营业额的比重，明年内，在西北的主要城市，一般的不突破百分之二十五，这在西北地区是很合适的。只有这样，才能更好地继续稳步前进。

第三，关于人民生活和公粮负担问题。西北地区自解放后，经过减租，特别自土地改革以后，互助合作运动发展了，农业生产增加了，所以农民生活改善了。但是这种改善是有限度的，还只是保证在灾荒年中不致饿死人，还只是把人民过去不稳定的生活，稳定在今天的水平上。就是说，人民的生活在今后只有逐年上升，而不会再下降了。至于旧社会遗留下来的贫困状态，在土改后仅一两年的今天，是不可能有很大改变的。特别是由于西北地区经济落后，生产条件差，山地多（约占全部耕地的半数），土壤贫瘠，生产工具和技术均较落后，产量低，副业也少，又加今年大部分地区收成不如去年，占全区公粮比重最大的陕西关中地区灾情较重，减产约二成以上；而部分地区又由于交通不便，运输困难，粮价低廉，工农产品剪刀差很大，农民虽有余粮，但经济情况很困难。比如新疆的南疆，陕西的陕南山区和甘肃的陇东山区，都是这种情况。因此，目前西北地区的农民富余的钱实在有限，明年除增加公债负担外，农业税收计划，拟将公粮任务稳定在十八亿四千五百四十八万八千斤，比今年（十七亿八千五百万斤）增加不了多少。如能这样确定下来，对西北农民生产是有好处的。

至于工商各税，计划任务为二万二千六百亿元，比今年增加约六千亿元，根据调整商业以后的情况估计，是没有多大问题而能够完成的。公债二千四百亿元，是根据全国八万亿元中西北占百分之三（全国公粮任务中西北所占比重）计算的，估计亦无问题。

第四，关于民族工作问题。三年来，西北民族工作成绩很大，各民族间的团结更加亲密了，特别是今年以来，由于正确贯彻了中央民族政策，而顺利地解决了新疆问题[4]，甘肃平凉西吉事件[5]，阿木企河事件[6]，特别是青海昂拉武装叛乱[7]，因而大大丰富了民族工作的经验。甘、青藏区今年也都派去访问团、工作团，做了很大的争取团结的工作，这些地区基本上是安定下来了。明年民族工作的中心即以推行民族区域自治运动为主。对于居留在柴达木盆地之哈萨克民族(约千余人)，由于我们在政策上坚持争取团结，及帮助其解决生活问题，现在他们已敢与我往来，也停止了抢劫，近数月相安无事。目前威胁最大，最感麻烦的是骚乱于甘南藏区的马家股匪[8]，由于台湾空投已聚集千余人，自派出以黄正清[9]为首的甘南访问团进入该区访问后，大部藏族部落已向我投靠，少数仍和匪特纠缠在一起，准备继续争取分化。该匪枪弹充足，人、粮缺乏。我之方针应是军事上积极防御，使之不致分股窜入内地，用一切办法把它封锁在藏区内。如果今冬明春能够这样做到，就胜利了一半，到了明年五月间再大举围歼。该匪在甘、青境内之回民区，由于民族宗教关系尚有一定社会基础，如让其分股流窜出来，势必壮大了敌人，增加我们的困难。这一股土匪是土生土长的，比之外来之傅秉勋股匪[10]就麻烦得多。因此我们必须严密注意，务求彻底肃清为止。

第五，经过三年来各项工作以后，西北民族民主统一战线也更加巩固和扩大了。这次军政委员会第六次会议虽然只开了两天，但收获很大。党外人士经过重新安排，除个别人尚需调整外，基本上使得大家都很满意，真正是皆大欢喜。这些人在今天确实在当家作主，都愿多做实际工作，所以完全安置在西北是比较容易的，张治中[11]本人也极安于在西北工作。

■注　释

[1]“三反”，见本书《西北地区的土地改革、统一战线和民族工作》注[4]。

[2]迪化，今乌鲁木齐市。

[3]见本书《反对官僚主义、命令主义》注[3]。

[4]一九五〇年三月起，原新疆省政府委员兼阿山地区专员乌斯满、国民党特务尧乐博斯和乌拉孜拜等勾结由国民党起义部队改编的骑兵第七师部分反动军官，相继发动武装叛乱，杀害人民解放军指战员和无辜群众，抢劫财物，挑拨民族关系。中共中央新疆分局、新疆军区立即组织剿匪部队，采取军事打击和政治争取相结合的方针，开展剿匪斗争。一九五二年十月，剿匪斗争取得全面胜利。

[5]一九五二年四月，甘肃西吉、海原、固原、隆德地区（今属宁夏），马国瑗、杨枝云等人纠集匪徒数千人发动叛乱。在人民解放军军事进剿和政治争取下，七月底叛乱平息。

[6]一九五二年四月，设在夏河的拉卜楞寺派往甘南牧区阿木企河（即阿木去乎）部落的代表吉哇煽惑群众起来叛乱，经采取和平谈判方式，解决了这个问题。

[7]一九五〇年至一九五二年春，青海昂拉地区封建世袭千户项谦受国民党残余势力蛊惑，网罗匪徒发动武装叛乱。中共中央和西北局指示青海省党政军领导机关以政治争取为首位，后又经人民解

放军进剿，一九五二年五月平息。

[8]指马良、马元祥股匪。一九五二年初，国民党台湾当局委任马良为“中华反共救国军第一〇三路司令”，马元祥为“第一〇二路司令”。该两部于一九五三年五月被人民解放军歼灭。

[9]黄正清(一九〇三——一九九七)，四川理塘人，藏族。曾任国民党军事参议院少将参议，西北军政长官公署少将参议。一九四九年在甘肃夏河县率部起义。新中国成立后，任西北军政委员会委员兼畜牧部副部长，西北行政委员会副主席，甘南藏族自治州州长，甘南军分区司令员，甘肃省人民政府副主席、甘肃省副省长、甘肃省政协副主席。一九五二年八月，甘肃省组织以黄正清为团长的访问团，到甘南各地宣传中国共产党和人民政府的政策，进行团结、争取工作，对瓦解马良股匪起了一定作用。

[10]流窜于青海地区的政治土匪，一九五二年五月被剿灭。

[11]张治中，见本书《当好西北人民的勤务员》注[3]。

关于政务院文委分党组布置反官僚主义斗争的报告*

（一九五三年三月二日）

政务院文化教育委员会分党组遵照毛主席的号召，已于二月九日至十日两次党的会议上，具体布置了如何在中央一级各文教机关和领导干部中开展反官僚主义斗争，并于近几天进行了初步检查。

中央一级文教机关在最近几个月来，特别是经过大区文委主任会议和在制定本年文教计划过程中，各单位负责同志都亲自参加“摸底”，工作情况已有转变。过去大家对文教工作中存在着严重缺点是有共同感觉的，但关键在哪里不十分明确。经毛主席号召反对官僚主义以后，不论党内、党外干部，大家的头脑都很快清醒过来了，认识一致了。教育部部长张奚若[1]说：“毛主席所讲的每一个字，都是铮铮有声，发人深省。”党内高级干部说：“要赶快检查工作，不检查就不得了！”有的说：“官僚主义不反掉，今后工作就难以做下去。”这都是好现象。我们要珍惜大家这股热劲，好好地引导，把文教机关中的官僚主义彻底翻一翻，整一整，这对于逐步收拢文教摊子，改进文教工

* 这是习仲勋给中共中央和毛泽东主席的报告。中共中央于当年三月三日将这个报告批转中共中央、中央军委和中央人民政府各部门党组，作为反对官僚主义斗争的参考。

作，争取完成今年文教计划，将会有决定的意义，官僚主义作风在中央一级文教机关和领导干部中，是极为普遍而严重。去年“三反”[2]时也反了一下，但不彻底。从近几天的检查材料中，可以看出以下一些问题：

首先，把我们过去的许多决议和指示审查一遍，是很重要的。因为这都是关系全国文教工作的问题。以扫除文盲工作为例：我们曾经希望在几年之内，完成全国扫盲任务，这个意图一传下去，好些地方计划很高，在教学方法上，把部队的一套搬进工厂，搬到农村，固定四十人编一班，以二百五十至三百个小时为突击完成阶段，这样便发现有假编班的，有假毕业的，有患神经病的，有自杀的。在高等学校教学改革方面，要求过急，有好多学校试图以四年时间，学完苏联五年制课程，这就形成在许多高等学校普遍紧张，翻译力量赶不及，教授支持不了，学生消化不了，每星期学生学习时间和教授工作时间有多至七十到九十个小时的，影响教授、学生健康，大家哇哇叫。对小学校，不管主观力量如何，就急于全部包揽起来；对实行“五年一贯制”也未正确估计现实条件，即全面推行；对小学教员薪资，去年八月前偏低，八月后又一次增加过高。在戏剧改革工作中，也发生了许多简单急躁和违法乱纪的现象。现在来看，过去发出的决议和指示，可分为三类：一类是做得对的；一类是完全弄错的；另一类是主观愿望很好，办法也对，就是目前不易办，不能办，需要再等一年或几年之后才可以办，实际上也是不对的。发生以上这些现象，都是由于领导机关不重视了解全面的真实的情况，不是严格地从客观实际出发，而往往是从主观愿望出发，不仅布置多，检查少，而且很多事情只有布置，没有检查，只交代任务不交办法，只问完成多少数目，不问这些数目是如何完成的。这样形成一种不好的风气，许多方面贪多、图快，到处铺摊子，好大喜功，不讲究实际工作效果。这就不可避免地要迫使下面发生强迫命令、形式主义，甚至把许多好事办成坏事。所有以上情形，均须在今后工作中加以改变。当然，在改变过程中也要有领导有步骤地进行，防止以急躁反急躁。对整顿文教摊子，必须先有妥善解决办法，然后再办，以免发生新的偏差。

其次，有些地方的组织机构和人员急需调整。在文委直接领导下有几个委员会，如学术名词统一工作委员会、少数民族语言文字研究委员会等，多是形同虚设，长期没有工作，领导上觉得是负担，党外人士意见又多得很，亦应逐渐加以整顿。

再次，各机关内工作忙乱、效率很低的现象是普遍的。一般真正“饱食终日”、一事不做的人，还是很少见的；多半属于辛辛苦苦的官僚主义或是糊糊涂涂的官僚主义。为什么大家都感到工作很紧张，很忙累，而工作效率又确实很低呢？主要原因有三：

（一）领导人不善于“打开脑筋”组织大家做事。形成上忙下闲，少数人忙，多数人闲；这些少数“忙人”又往往不是忙大事，而是忙于琐碎小事。大事没抓紧，不钻研，小事挤到手边就办，这样就不断出偏差，而机关内部事务也没办好。

（二）好些人陷在文牍主义圈子内拔不出来。常常有些事，只需跑几步路或者打一个电话，多联系，多商量，就可以解决了，而且解决得好，可是总习惯于公文往还（必要的公文一定要有，但今天确有一些公文是不必要的），经过好多手续，浪费好多人力和时间，事情还办不好。

（三）机关内有些应该减少的会议没有减少。会前应有的准备没有准备,会议时间应该短,可是开得很长,同样浪费好多人力和时间。这些落后的工作方法,绝不能适应今天这样任务繁重的局面,急需加以改变,才能使我们抽出更多的时间和人力,帮助下面工作和钻研更大的问题。

最后,文教机关党外人士特别多,做好统一战线工作是重要问题。这些人近来对于文委经常召集他们开会,要他们真正参与工作,表示很满意。但是新的意见还是有的。各部部长多是党外人士,党员副部长一般都很努力工作,这是好的,但有的光自己积极,而让党外人士坐冷板凳,这就是缺点。今后党员干部不仅要自己负起责任,而且要帮助党外干部担起担子,否则,人家就会感到有职无权。对于机关统一战线工作,今后各机关党员负责干部需要经常检查改善。

我们反对官僚主义的基本要求就是加强政治思想工作,改变工作作风,提高工作效率。因此,具体做法应该是:

第一,要把反官僚主义与当前各项实际工作相结合。不采取“暴风骤雨”的方式,而是采取“和风细雨”的方式。除对个别严重的官僚主义分子必须严肃处理外,对一般的官僚主义作风,都采取检查工作,教育提高的办法。方法应是自上而下,先从领导上检查起,再自下而上开展群众性的批评。时间要抓紧,但不作硬性规定,也不需天天开会,每周开一两次会议即可。争取三月二十日前在领导机关和领导干部内把检查官僚主义告一段落,然后抽出力量分批到下面检查和帮助工作。

第二,要正确认识官僚主义的实际,加以分析,对具体事、具体人,抓住关键问题,实事求是地加以解决。避免轰轰烈烈而又空空洞洞地乱戴帽子、乱找岔子,或“眉毛胡子一把抓”的做法,这样都是不能解决问题的。

第三,重点放在党内。党员干部应多作检讨,不要将做错事的责任推在别人身上。党外人士听其自愿,只学习文件,不作当众检讨,特别不去组织他们进行检讨。对他们不能要求过高。只要他们能够参加学习就好了。但是他们之中有些人要求进行自我检讨,亦表示欢迎,并帮助其提高认识。

第四,一面反对官僚主义,一面提倡和推行钻研实际、联系群众的工作作风。并注意实行合理分工,树立领导核心,建立必要的和考虑成熟的工作制度等。我们的一切工作如果缺乏正确的领导方法和科学的工作制度,是决然做不好的。

第五,目前在领导干部和领导机关内应是集中力量反对官僚主义。不能在反官僚主义的同时,提出很多口号,提出很多要解决的问题,这是办不到的。如卫生部反对官僚主义走在前面,有些经验也是好的,但他们要把反对自由主义与检查医疗事故和反官僚主义平列提出,则是不妥当的。

■ 注　释

[1]张奚若(一八八九——一九七三),陕西朝邑(今大荔)人。从抗日战争后期起,反对蒋介石的独裁统治,拥护中国共产党提出的成立民主联合政府的主张,积极参加国民党统治区的爱国民主运动。新中国成立后,任中央人民政府委员,教育部部长,对外文化联络委

员会主任。

[2]“三反”，见本书《西北地区的土地改革、统一战线和民族工作》注[4]。

党在文化教育方面的任务*

（一九五三年十一月）

为讲清这个问题，需要从党在过渡时期的总路线讲起，要讲经济恢复时期即过渡时期头三年的文化教育工作，要讲进入计划建设第一年的文化教育工作，要讲到当前任务和远景，也要讲讲党的领导的问题。

一、党在过渡时期的总路线

毛主席指示："从中华人民共和国成立，到社会主义改造基本完成，这是一个过渡时期。党在这个过渡时期的总路线和总任务，是要在一个相当长的时期内，逐步实现国家的社会主义工业化，并逐步实现国家对农业、对手工业和对资本主义工商业的社会主义改造。这条总路线是照耀我们各项工作的灯塔，各项工作离开它，就要犯右倾或'左'倾的错误。"[1]

根据党的总路线所制定的我国第一个五年计划[2]的基本任务是："集中主要力量发展重工业，建立国家工业化和国防现代化的基础；相应的培养建设人才，发展交通运输业、轻工业、农业和商业；有

* 这是习仲勋与马列学院学员谈话的主要内容。

步骤地促进农业、手工业的合作化，继续进行对私营工商业的改造，正确地发挥个体农业、手工业和私营工商业的作用；保证国民经济中社会主义成分的比重稳步增长，保证在发展生产的基础上逐步提高人民物质生活和文化生活的水平。”

党在过渡时期的总路线、总任务，规定了我们在文化教育方面的任务，必须是：在继续整顿和提高现有文化教育事业的基础上，按照国家经济建设的需要和可能的条件，集中主要力量，发展高等教育和技术教育，并相应地发展中等教育，保证源源不断地为国家供应建设人才；积极地发展各中心城市和主要工矿区的卫生事业和社会文化事业，开展科学研究事业；随着国民经济的发展，努力巩固和逐渐发展初等教育，逐渐地发展一般城市和广大农村的卫生事业和社会文化事业，以及逐渐扩大文化教育工作的队伍，用马克思列宁主义的思想教育干部，提高干部。

二、经济恢复时期的文化教育工作

三年中新中国的文教工作配合着各项社会改革运动和经济恢复工作，随着我国财政经济状况的根本好转，有了很大的恢复、改革和发展。三年中的工作，虽然还没有作全面的总结，但事实已经说明，由于文教工作基本上执行了党的二中全会[3]、三中全会[4]的决议及党中央和毛泽东同志的指示，以及全体文教工作者的共同努力，因而获得的成绩是显著的。这些成绩，也就是党在过渡时期总路线的胜利。

首先，我们从三年中文教工作恢复发展的数量上看，如果和解放前（最高水平）相比，就可看到这些成绩是惊人的。

在短短的三年中,新中国的文教事业,不仅经过恢复和很大的发展,更重要的是对旧有的文化教育事业开始了大规模的改革工作。我们的文教摊子,在老解放区发展起来的仅有一小部分,绝大部分是接收旧的。要使这些旧的文教摊子完全适应新社会的需要,就必须从内容、制度、组织、方法直到广大工作人员的思想进行一系列的改造,作长期的不间断的努力才能成功。

毛主席在党的七届三中全会上指示说:“有步骤地谨慎地进行旧有学校教育事业和旧有社会文化事业的改革工作,争取一切爱国的知识分子为人民服务。在这个问题上,拖延时间不愿改革的思想是不对的,过于性急、企图用粗暴方法进行改革的思想也是不对的。”[5]

过去三年,基本上遵照毛主席的指示开始进行了改革工作。

在教育工作方面:

在全国百分之九十以上的高等学校教师中,进行了思想改造的学习。有四分之三的高等学校进行了院系调整和专业设置工作,并在这个基础上开始普遍地进行了教学改革,在教学内容、方法,组织和教学制度等方面,都有了很大的改进,高等学校教师们学习苏联先进教学经验的热情日益高涨。旧时代院系庞杂、学非所用的情况已经根本改变。

中、小学的教师们,一般的也都参加过各种社会改革,一部分参加过思想改造学习,教学内容和方法也有初步改革。三年中,中、小学教师们参加各种社会改革,不仅对他们自己的思想改造有益,而且对当时各项中心工作,也有很大帮助。

各类学校都已逐步向工农开门,尤其是由于有计划地举办了工农速成中学和工农业余学校以及在职的青年干部文化学习,工农入学学文化的机会大大增加了。

在文化艺术工作方面：

新的人民的文化艺术在广大范围内代替了旧时帝国主义的、封建主义的、资产阶级的文化艺术。国家制片厂制作的影片及翻译苏联和各新民主主义国家的影片，完全掌握了影片市场；对旧有戏曲在内容和演出方面都有初步改革，特别是去秋和今春举行的地方戏剧和民间音乐舞蹈观摩会演，收效很大。文艺工作者中进行过的电影“武训传”批判和文艺界整风学习，更进一步地巩固了工人阶级思想在文艺工作中的领导。

在卫生体育方面：

首先是开展了群众性的爱国卫生运动，执行了预防为主和卫生工作与群众运动相结合的方针；显著地减少了疫病的流行，三年中未发现真性霍乱病；推行了新式接生法后，孕妇和婴儿的死亡率大大减低；取得了反对美帝细菌战的伟大胜利。

全国很多学校、机关、工厂实行了广播体操，在增强体质、提高生产、工作和学习的效率方面，已收相当效果。

在科学研究工作方面：

中国科学院各研究单位，经过几年来的整顿和研究人员的思想政治学习，对国家建设所需的自然条件及资源调查研究方面做了许多工作，并已开始配合经济建设和国防建设，进行了有效的研究工作。比如关于球墨铸铁[6]、合成橡胶、天气预报、水土保持、土壤改良、农作物病虫害防治、水产繁殖等方面，已有了相当成绩。

此外，如新闻出版工作、对外文化联络工作等等方面，对提高我国人民文化，推动各项工作，以及我国学习苏联和各人民民主国家的先进经验和相互文化交流上，都有很大帮助作用。

三年来的文教工作，由于量的恢复和发展，也结合着质的改革和提高，所以其成绩是十分显著的、巨大的，因而也是基本的。

但是，在这个时期内，我们的文教工作中，还是存在着很多缺点的。最主要的就是盲目冒进倾向，许多文教事业中都存在着很大的盲目性。比如：在这三年中，初等教育特别是农村小学的发展，农村民办小学全部由国家包下来，以及小学"五年一贯制"，不问城乡普遍推行等措施。其他如农村卫生院、所，不问主观条件（有否医生）大量建立；农村文化馆、站的普遍建立；大量书报向农村强迫摊派等等，都是不符合客观的实际情况的。其结果，把国家大量的人力和钱财，花费在这些不急需的方面，既脱离了国家经济恢复与发展的需要和可能，又造成了四面八方的紧张状态；不仅制造了许多劣货废品，而且还遭致群众的不满和反抗，以致造成对党和政府在政治上的损失。

我们高等教育的院系调整工作，由于要求过急，有些院校独立得过早，摊子摆得多了。各校专业设置有些也没有很好照顾到师资和设备的条件，全国院校专业设置的形式主义现象很严重。高等教育中教学改革方面，对学生程度低、师资质量差、教材缺乏等条件估计不足，准备工作不够，就全面开展，因而产生忙乱，严重影响师生健康。在戏剧改革中乱改剧本乱禁演，对旧有文艺作家的批评多、帮助少，以及对各方面高级知识分子的思想改造中，也都产生过性急、粗暴等不良现象。

盲目冒进，并不能真正地前进。各方面都齐头冒进，这就容易失掉重点，重点事业不能真正走在前头，其他事业就不能互相配合，无法平衡，产生混乱。光追求数量，不顾质量，就产生许多形式主义、虚假现象,还得用大力整顿。总之,得返工、走弯路。

产生盲目冒进的一般的原因,还是同志们对二中全会决议、毛主席在三中全会上的报告体会不深,对总路线体会不深。把文教工作孤立起来,离开国家经济发展的需要和可能条件,去追求数量上的发展。至于有些部门的负责干部,有深厚的个人主义,自满骄傲,好大喜功,脱离党的经常的监督和领导。那么,他所掌管的事业其盲目冒进的倾向和形式主义的恶劣状况也就更加严重了。

这就是这个时期内文教事业的一般状况。

三、进入第一个五年计划第一年的文化教育工作

今年,是我们国家进入经济建设时期,第一个五年计划的第一年。

这一年,在文化教育工作方面,可以说,是在过去工作基础上,发扬成绩,纠正缺点,逐渐走上计划发展轨道的一年。

这一年工作,是从一月间大区文委主任会议开始的。经过这个会议,针对着过去三年文化教育工作的实际状况,作了分析,肯定了成绩,批判盲目冒进的倾向;按照国家整个建设计划的需要与可能条件,确定了一九五三年文化教育工作的计划;并提出了“整顿巩固、重点发展、提高质量、稳步前进”的总的工作方针。

一九五三年的计划虽然还不十分完整,但大体上是比较切合实际的,基本上是符合党的总路线、总任务的原则精神的。虽如此,以后还在新三反[7]、一系列的专业会议、派人下去检查工作等措施中,又有若干局部的修正。从草拟计划、讨论计划,直到一年来不断修正补充,以及检查执行计划的过程中,使我们深刻地体会到:计划工作,

不仅在业务上是一门完全生疏的新课题，而且计划的制定过程是逐步摸清基本情况、明确方针任务的过程，是从方针到办法，从一般到具体，经过讨论逐步修改而逐步接近实际的过程，也是和各种不正确思想，首先是和脱离实际、盲目冒进的思想，及从局部观点出发的本位主义、地方主义等思想进行斗争的过程。概括地说，也就是有计划和无计划的斗争，先进和落后的斗争。

四、当前文教工作的任务和文教工作的远景

当前我们应该做什么？一九五四年快到了，明年我们应该做什么？也就是进入第一个五年计划的第二年的时候，特别是党在过渡时期的总路线、总任务更加明确具体地提了出来以后，我们的文教工作，应该做什么？循着这条总路线前进，五年之内，或者更长的时间内，我们文教工作的远景怎样？现在我们也不妨瞻望一下。

学习过渡时期的总路线，宣传这条总路线，并在实际行动中贯彻这条总路线，便是我们文教工作当前的任务和将来的远景不可分离的基本条件和唯一根据。

根据党在过渡时期的总路线和第一个五年计划的基本任务，目前可以大致提出明年的主要方面的任务：

（一）大力整顿和办好高等学校（特别是高等工业学校），继续完成全国高等学校的院系调整和中等技术学校的调整，稳步地进行各类学校的教学改革。适当发展高中和工农速成中学，以保证今后高等学校的新生来源，并增加高等学校中的工农成分。办好高级和中级师范学校，轮训现有师资，以提高质量，保证数量。

（二）适当发展初级中学，并在现有学校中充分发挥潜力（如二部

制[8]、夜中学等)，以增加招生人数，整顿和改进小学教育。提倡民办小学(包括完小)，鼓励私人办学，协助企业、机关、团体办学，以适当解决高小毕业生和学龄儿童入学的要求。扫盲工作与工农业余教育，应根据为生产服务和群众自愿与可能的原则，采用群众路线，依靠群众教师，采用速成识字法及其他一切有效办法，稳步地有重点地开展。

(三)继续开展群众爱国卫生运动，防止与控制疫病的流行。加强工矿医疗卫生工作，更好地团结中西医，改进公费医疗，首先改进大城市的医疗预防工作，并大力整顿县、区卫生院的工作。继续开展群众性的体育活动，有计划地培养运动员和体育工作干部。

(四)加强科学研究机构，着重培养科学工作干部和继续教育团结科学工作者，以提高科学研究工作的水平，有步骤地开展有关国家经济建设与国防建设的勘察与研究工作。

(五)提高影片质量，发展国产影片和科学技术教育影片，积极组织电影剧本创作，改进电影企业管理，整顿和有重点地发展电影放映队。整顿现有的国营剧团和私营公助剧团，加强对私营剧团的领导。加强文艺创作活动及对工农业群众艺术活动的指导。着重整顿县、区文化馆、站。

(六)加强报纸、杂志、书籍特别是通俗读物的编辑发行，加强马列主义理论书刊、各级各类学校教材及自然科学、生产技术书刊的出版工作，注重整顿巩固和改进现有的国营和地方国营新闻、出版、印刷、发行企业，对私营出版业有计划有步骤地进行社会主义改造。着重发展中央人民广播电台，整顿和提高各地广播收音网的组织与工作。新华通讯社要进一步提高新闻报道的质量。

今年八月中央关于增加生产、增加收入、厉行节约，紧缩开支、平衡国家预算的紧急指示中，曾特别指出：不应把紧缩开支的措施了解为消极的办法，我们坚决削减那些杂七杂八的项目及实际上可以精简的机构和人员，正是为了集中力量于主要的建设事业。对于我国工业建设起决定作用的那些基本建设工程和能够迅速增长生产能力的某些必要的工程，我们将不惜全力以赴，并以最大的坚忍和毅力，保证其完成。

一九五四年文教事业计划，基本上是符合中央这一指示精神的。但是，据最近检查来看，文教系统对增产节约（或称精简节约）运动没有普遍而深入地展开；对于管钱、管人的工作仍是比较薄弱的一环；很多部门在人员编制方面尚存在着层次多、冗员多、行政人员多、勤杂人员多等不合理的现象；开支方面仍有不少使用不当和浪费的现象。因此，精简机构、紧缩开支，不仅是文教部门厉行节约所必需，而且也是改进文教工作的重要环节之一。也只有这样，才能精打细算，集中人力、物力、财力，首先办好迫切的主要的事业，才能使我们的事业得到更健康的发展。

由此可以想见，只要我们紧紧依据党在过渡时期的总路线，正确掌握文教工作的方针政策，谦虚谨慎地稳步前进，那么，到一九五七年的时候，文教战线上即将出现一个灿烂光辉的新面貌。

五、关于党的领导的问题

为了不断克服我们工作中的缺点，很好地完成今后工作任务，中心关键在于遵循党在过渡时期的总路线，加强党对文教工作的领导。为此，必须：

（一）各地党委要具体领导文教工作，必须把文教工作管起来，而且要管好。方针、政策要管；制定计划和检查计划的执行也要加以帮助；文教事业费用的钱，文教工作的人，除了经济建设方面以外，就是最大量的了，也要管好。真正地把文教工作列进党委的议事日程中去。

过去经验教育我们：哪个部门、哪个地区工作中毛病大、错误多，哪里的党的领导一定很薄弱，哪里的事业就遭受损失。我们应该严肃地吸取这条教训。过去那种单纯地片面地强调业务技术，不顾政策，忽视政治思想领导，个人决定一切，阻塞言路，压制民主，既不请示又不报告等恶劣作风，必须坚决铲除，必须反对分散主义，坚决克服过去某些部门忽视党的领导和监督的倾向。

（二）加强集中统一，发扬地方与群众的积极性。由于我们的国家大，人口众多，事业范围遍布全国，目前又是进入国家计划建设时期，一件事情做得好坏，动辄影响全国，因而必须加强集中统一，特别是有关方针政策原则性的问题，尤应强调集中统一。但是又因为我国地广人多，各地有各地互不相同的情况，特殊的环境和条件，如果完全不顾情况，片面、过分而不恰当地强调集中统一，就会妨碍各个地方的群众的积极性和创造性，因而我们在集中统一的原则性下，并不取消因地制宜的灵活性。但是，我们又必须认识到，集中统一是基本的、主要的，因地制宜是从属的、次要的，那种不顾整体，只顾局部的分散主义观点，也是不利于国家的事业的。

（三）加强文教队伍中的统一战线工作。文教队伍中的统一战线是很广泛的。文教战线上已经有近三百万人，包括党和非党的文教工作人员，这支队伍基本上是团结的。几年来文教工作的成绩是和文教统一战线的工作分不开的。但是这一方面还存在着很多问题，在教育界、科学界、卫生界、文艺界中的共产党员对待非党人士,还不是很正常的。比如:在思想改造工作中仍有简单粗暴的做法,教学改革过快偏急,新老教师团结还不够密切,党外负责人士中有职有责有权的问题尚未很好解决,团结中西医的政策未被认真执行,对非党的文艺者和旧艺术人批评指责多、具体帮助少。这些问题归纳起来说,主要的还在于党员同志中仍有些人对于在过渡时期内党的统一战线工作的必要性、重要性、长期性的问题认识不足,没有看清文教战线中党外知识分子数量大、范围广、党员少这个基本情况,因而就不顾党的统战政策,光顾自己工作,不去很好团结党外人士,和他们一起把事情办好。为此,今后必须重视党的统战工作,继续团结非党的文教工作者,利用他们的积极作用,帮助他们改正缺点,经过教育,逐步地争取他们中的绝大部分服从或接受社会主义改造。各地各级文教各部门的党组织,必须把党的统一战线工作列入自己的议事日程,定期讨论、认真检查,加强文教战线中党的统一战线工作。

(四)认真学习。学习马列主义理论,学习苏联先进经验,学习党在过渡时期的总路线。我们对于建设国家的经验和知识太少了,必须老老实实地学习。我们要反对那些满足于眼前成绩不求前进的事务主义和经验主义,也要纠正那种脱离中国实际,形式主义地学习苏联的偏向。重视学习以后还要讲究学习方法,提高学习效果。必须掌握"理论联系实际"、"学习苏联先进经验与中国实际相结合"的原则,深刻地了解:马列主义不是教条,而是行动的指南。

■ 注　释

[1]见毛泽东《革命的转变和党在过渡时期的总路线》,《毛泽东文集》第六卷,人民出版社一九九九年版,第三一六页。

[2]第一个五年计划,是一九五三年到一九五七年中华人民共和国发展国民经济的第一个五年计划的简称。这一计划,从一九五一年开始准备,经过五次编制,到一九五五年七月由第一届全国人民代表大会第二次会议正式通过。计划执行的结果是,到一九五六年,基本上完成了对农业、手工业和资本主义工商业的社会主义改造;到一九五七年,计划规定的各项建设任务也胜利实现,许多指标超额完成,为国家工业化打下了初步基础,同时人民生活也得到了很大改善。

[3]二中全会,即中共七届二中全会,见本书《关中新区的工作方向》注[4]。

[4]三中全会,即中共七届三中全会,见本书《结合实际解决问题》注[1]。

[5]见毛泽东《为争取国家财政经济状况的基本好转而斗争》,《毛泽东文集》第六卷,人民出版社一九九九年版,第七十一页。

[6]二十世纪五十年代发展起来的一种高强度铸铁材料,其综合性能接近于钢。

[7]指一九五三年全国开展的以"反对官僚主义、反对命令主义、反对违法乱纪"为内容的运动。

[8]二部制,指把学生分成两部分轮流在学校上课的教学组织形式。

党的宣传工作为贯彻党的总路线和党的四中全会决议而斗争*

（一九五四年五月七日）

一、三年来党的宣传工作的基本情况

从一九五一年五月第一次全国宣传工作会议到现在，已经三年了。在这个时期内，党中央领导着全党和全国人民，在伟大的抗美援朝斗争中，在各项社会改革运动中，在巨大的经济恢复和建设的工作中，以及在其他各方面工作中，取得了一系列的胜利，使我们的国家从一九五三年起，稳步地进入大规模的有计划的经济建设的新时期。通过抗美援朝运动和各项社会改革运动，结合着巨大的经济恢复和建设的工作，党在全国范围内和全体规模上做了巨大而生动的思想工作，向人民群众进行了民主主义和社会主义的宣传，进行了爱国主义和国际主义的宣传，进行了增产节约、劳动竞赛、互助合作的宣传，进行了民族平等和民族友爱团结的宣传，进行了有关中苏友好合作、向苏联学习和拥护世界和平运动的宣传。在这个时期内，在职干部的马克思列宁主义教育工作也有了很大的发展。三年来，广大的党员干部学习了中国共产党历史、《毛泽东选集》、苏共十九次代表大会

---

* 这是习仲勋在中国共产党第二次全国宣传工作会议上所作的报告。

文件、《苏联社会主义经济问题》和《联共(布)党史简明教程》、党在过渡时期的总路线和党的七届四中全会[1]文件。党员干部学习理论的积极性也大大提高了。党对文学艺术、报刊、出版、学校教育、新闻广播、科学研究等工作的领导,也逐步加强了。党在宣传战线上的胜利,起了提高党员干部的思想水平和人民群众的政治觉悟的重大作用,起了推动党与国家的各项事业的重大作用。

一九五三年是我国进入国家经济建设的第一个五年计划[2]的第一年。在这一年里,党中央根据毛泽东同志的提议,宣布了党在我国过渡时期的总路线,宣布了党决心领导全国人民,在一个相当长的时间内,逐步实现国家的社会主义工业化,宣布完成国家对农业、手工业和资本主义工商业的社会主义改造。一九五三年冬和一九五四年春,我们党在全国范围内向全体党员和人民群众,大张旗鼓地进行了总路线的宣传和教育工作,使全党和工人阶级为实现社会主义而奋斗的政治积极性大为提高,促进了农民和其他劳动人民的社会主义觉悟,推动了互助合作运动和其他一切社会主义改造事业的向前发展。总路线的宣传表明了我们党的宣传工作已提高到一个新的水平。

党的宣传工作所以能够取得如此巨大的成绩,是由于马克思列宁主义思想的战无不胜的力量,是由于党的路线和政策的正确,也是以毛泽东同志为首的党中央领导着全党在思想战线上一致努力的结果。

在中国革命的新阶段,党的思想工作的根本任务是要对人民群众进行社会主义思想的教育,帮助他们了解党在这个阶段的对内对外政策,鼓舞他们对于社会主义建设事业的政治积极性和劳动积极性。检查我们过去的思想工作，不能不承认这一工作还落在这一任务的后面。这一工作还存在着许多缺点甚至错误。首先，由于过去对党的七届二中全会[3]决议认识不足，学习不够，因而在宣传工作上，常常不能及时而正确地阐明人民生活中的许多新的迫切的问题，不能及时而正确地对党的政策提出深刻的马克思列宁主义的解释。这在土地改革完成以后到党的总路线宣传以前的一段时期，在农村工作的某些问题的宣传上表现得特别严重。其次，由于对思想斗争还存在着某些自由主义和漠不关心的态度，因而对于资产阶级思想还批判得不够，对于工人阶级的领导作用还宣传得不够，在宣传党对待社会各阶级的政策特别是对待资产阶级的政策上常常发生“左”右摇摆现象。在许多地方和许多场合，容忍了歪曲我们党的政策的错误宣传和错误口号流行，而没有进行及时的批判和纠正。特别令人不能满意的是：无论在文字宣传或口头宣传中，都忽视了关于党和党的生活的宣传，对于作为国家的领导力量的党的作用和关于党的建设方面的重大问题很少进行宣传，对于反映到党内来的非无产阶级思想尤其是资产阶级思想也没有经常地充分地开展斗争。相反的，在许多地方和许多场合，容忍了个人主义、地方主义和宗派主义思想的传播。这些缺点和错误，经过党的四中全会的揭露和这次会议的继续揭发，使我们获得了有益的教训。必须记住这些教训，以便在今后的工作中努力克服这些缺点和错误。

上述这些缺点和错误以及其他没有提到的缺点和错误，和中央宣传部在领导和管理宣传工作上的缺点是分不开的。

中央宣传部作为中央的助手，几年来做了很多工作，也有很大成绩。但是，中央宣传部的领导工作是有重大缺点的。这些缺点就是：

一、对于党内外发生的一些重大思想问题，调查研究不够，嗅觉不敏锐，没有及时提出解决这些问题的思想工作方针。例如对于土地改革以后农村自发势力的增长没有足够的估计，在一段时期内在稳定农村生产情绪的宣传上犯了片面提倡“四大自由”[4]、“确保私有财产”等错误，而没有及时发觉和纠正；对于资产阶级思想对党和工人阶级的侵蚀，常常警惕不够，没有及时开展必要的思想斗争；对于违反马克思列宁主义原则的个人崇拜和违反党中央的统一领导和党的集体领导原则的错误宣传，在长时期内没有揭发和纠正；对于社会上以至党内某些干部轻视体力劳动和体力劳动者的思想和学校教育中长期缺乏劳动观点的教育，也没有及时批判和纠正。

二、对党的政策的宣传教育工作做得很不够。对中央的某些重大政策措施，没有能够及时提出宣传任务，制定宣传计划，部署宣传力量。例如对中央两次发布的关于农村互助合作运动的决议，就没有及时地有计划地进行宣传部署。这就使得关于党的政策的宣传教育，特别是在这方面对党员干部的教育，因缺乏计划性而表现不及时和做得不深不透。

三、对宣传文教工作缺乏经常检查和切实监督，领导工作上存在着相当严重的脱离实际和领导一般化的现象，这表现在：对下层宣传工作经验缺乏认真的研究和总结；对下级宣传部缺乏具体切实的帮助；对下面提出的问题缺乏认真的研究和处理；对党的宣传文教干部的培养提高缺乏应有的注意；对于宣传文教工作中的某些方针政策问题因调查研究不够，提出了一些不成熟的、不切实际的指导意见；对于在职干部理论教育，曾经要求过高过急；对于一些宣传工作经验的推广不够慎重；对建立宣传网的工作没有按照不同地区的特点认真研究开展工作的方法，对宣传员的发展数量要求不切实际；在文教工作中发生过不少急躁冒进的错误等等。

这些缺点证明：中央宣传部在自己的领导工作上存在着脱离实际的主观主义和不了解下情的官僚主义的毛病。

我们相信，在中央领导之下，在全党的监督之下，这些缺点和错误是一定能够克服的。

三年来，党的宣传工作已经积累了许多宝贵的经验。

三年来党的宣传工作有力地说明了党的思想工作的伟大力量，党组织领导思想工作的重要意义。只要党的正确思想真正掌握了群众，党就能够领导群众完成任何巨大、复杂和困难的任务。依靠正确的思想领导，启发广大群众的思想觉悟是我们党的工作的基本规律。任何不遵守这个规律，不努力加强党的思想工作和低估思想工作、不问政治和命令主义等倾向，都是必须纠正的。

三年来的宣传工作经验证明，为了宣传党的重大政策和重大任务，使之家喻户晓，深入人心，就要采取党委领导，全党动手，结合党在当前时期的中心工作，动员全部宣传力量，大张旗鼓地进行宣传教育的方法；就要采取由上到下，由党内到党外，由干部到群众，层层进行教育，层层打通思想的办法；就要采取首先加强党员和干部的教育，向他们讲明党的政策，交代工作方法，提高他们的政治觉悟，然后依靠他们去正确地教育人民的办法。三年来党的宣传工作的经验又证明：用社会主义思想来克服和代替人们头脑中的各种旧思想，是一个很艰巨的任务。因此，党的宣传工作不能满足于几个大张旗鼓的宣传，而必须建立起经常的宣传工作，消除宣传工作中的“一曝十寒”的状态。

三年来宣传工作的经验证明，党的宣传工作必须贯彻理论与实际相结合的原则，这是提高党的宣传工作的思想性和战斗性的基础。只有做到理论与实际相结合，才能避免或减少因脱离理论或因脱离实际而产生的片面性宣传，才能克服不从人民群众切身经验出发，不启发群众进行自我教育的偏向。

以上就是三年来宣传工作的主要情况。这次会议的任务之一，就是要充分发扬民主、开展批评和自我批评、认真揭发工作中的缺点错误。在总结过去工作的基础上，寻求改进工作的办法，进一步提高党的宣传工作水平，更好地执行党在宣传战线上的任务。

实现党的总路线是一个长时期的严重、复杂而且十分艰苦的任务，是一个尖锐的阶级斗争的过程。为了胜利地实现党的总路线，一九五四年二月党的七届四中全会的决议，指出了党的统一和团结在目前阶级斗争中的重大意义，要求全党为增强党的团结、反对党内的资产阶级思想倾向而斗争。因此，党的宣传工作在目前时期的主要任务，就是要进一步以马克思列宁主义的社会主义思想来教育全党和人民群众，动员全党和全国人民为实现党的总路线、完成国家建设的第一个五年计划和贯彻党的七届四中全会的决议而斗争。

二、党的宣传工作必须为贯彻党的总路线而斗争

党的总路线的实施，是我国历史上空前深刻的革命。它要消灭任何种类的剥削制度，基本上消灭生产资料的私有制度，因此它对于全国每个人的生活和思想都要引起从来未有的根本的变化，比民主革命的影响要广泛和强烈得多。社会主义建设和社会主义改造需要经过长期的斗争，在人们头脑中用社会主义思想来代替资本主义思

想需要经过更长期的斗争。在社会主义建设和社会主义改造过程中,将要陆续遇到各种复杂的问题,对于所有这些问题都需要向党员和人民群众作及时而有力的解释和教育。资产阶级分子对于社会主义事业的每一步进展都会作各种不同形式的抵抗,社会主义事业在发展过程中所遇到的任何困难都会被不满分子利用为造谣诽谤和煽动群众中的落后阶层的借口,帝国主义者和国内的反革命分子都在等着抓住我们的疏忽和错误向我们进攻。所有这些,都说明了我们在思想战线上面临着沉重的任务。

对于过去近一年来总路线宣传已经取得的胜利,对于以社会主义思想教育人民群众的工作已经取得的成就,决不能估计过高。不能设想经过一次总路线的宣传教育,所有的工人都已有了社会主义觉悟。事实上在许多工人中,还存在着相当浓厚的经济主义思想和对劳动、对国家财产的非社会主义态度。在不少工厂矿山中,劳动纪律还很松弛。虽然工人群众容易接受社会主义思想,但是社会主义思想是不能从工人群众中自发地产生出来的,而且我国工人和小生产者有着密切的联系,有很多工人昨天还是农民或其他小生产者,因此,教育和批判工人群众中的错误思想倾向,必然是一个长期的工作。也决不能设想,当参加农业生产合作社的农户才占全国农民总数的百分之一点六的时候,农业合作化的思想已经掌握了农民的多数。事实上至今有很多农民对参加互助合作还有疑虑,对粮食的统购统销还缺少正确的了解,已经参加互助合作的农民中,也有不少人思想还动荡不定。农民中间以平均主义观点来理解社会主义的某些错误想法也远远不能说是已经扫除了。由于农民的小私有者的观点非有一个长时期的实际生活的教育是不能根本改变的,农民中文化水平较低的状况也决不是短期所能改变的，所以对农民的社会主义教育不能不长时期地进行。在知识分子中，特别在高级知识分子中，资产阶级思想的影响是很深的，帮助他们逐步批判资产阶级思想，接受工人阶级思想，也需要作长期的努力。至于商人和工业资本家，如果说他们今天已经有多数拥护社会主义，那就是海外奇谈了。事实上，他们中间有不少人对于党的总路线仍在进行各种歪曲和诬蔑，散布对于党的总路线的种种怨言。他们说工业化并不是我国目前最急切的事，发展工业会把国家和人民弄穷了。他们说实行计划经济是降低了人民的生活水平，原来粮食多的现在变少了，原来有肉吃的现在没有了，可见社会主义是越来越苦。他们中有的人甚至把希望寄托在资本主义国家。另一方面，他们又竭力隐蔽阶级斗争的事实，对工人进行收买腐化的活动，企图麻痹工人阶级的阶级意识，挑拨工人阶级的内部团结。所有这些事实都告诉我们，决不能满足于总路线的宣传所已经取得的成就，而是必须继续长时期不间断地向人民群众进行社会主义思想的教育。

刘少奇同志受党中央政治局和毛泽东同志的委托向党的七届四中全会作报告说："党在今后的重要任务之一就是要按照中央所批准的中央宣传部《关于党在过渡时期总路线的学习和宣传提纲》，结合各项社会主义改造工作的进行，继续向全党和全国人民广泛地深入地反复地进行此项宣传教育工作，以便为实现党在过渡时期的总路线，为实现国家的第一个五年计划造成更加巩固的思想基础。"[5]我们必须很好地来执行这个任务。

为了真正深刻地有系统地宣传党的总路线，党必须大力地提高和加强思想工作，并且对目前的思想工作做一番全面的检查。如果过去几年党在集中力量于各项民主改革工作和生产改革工作时，只能比较着重于民主任务的宣传，而对于社会主义思想的宣传，对于党内的和社会上的资产阶级思想所作的斗争在范围上和程度上都比较有限的话，那么，在党的总路线宣布和开始实施以后，情形就根本改变了。今后，除少数民族地区应另作规定外，党的宣传工作必须结合各项社会主义建设和社会主义改造事业的进行，结合国内和国际生活中的重大事件，向全党和全国人民有系统地、经常地，生动地、切合实际需要地灌输工人阶级的社会主义思想，宣传社会主义建设，特别是宣传工业化建设，宣传社会主义改造，特别是宣传农业的社会主义改造，宣传国家的经济建设计划，宣传人民群众在实现总路线过程中的作用和任务，宣传工农联盟思想，宣传个人利益与国家利益一致以及个人利益服从国家利益的思想，宣传一切为着社会主义工业化和服从国家计划的思想，宣传以新的态度对待劳动、对待公共财产和对待社会主义建设事业的思想，宣传党的领导是实现总路线的基本保证。同时，必须对资产阶级思想进行坚决的斗争，尤其要经常地向人民群众进行对于国内外敌人提高警惕性的教育，进行热爱祖国的爱国主义教育和积极参加国际斗争的国际主义教育，进行巩固国防以保卫社会主义建设和保卫世界和平的教育。为着进行社会主义思想的教育，党在人民群众中宣传教育工作的质量必须提高。党的各级组织必须根据总路线宣传的已有经验，来整顿和改进在人民群众中的宣传鼓动工作，使党的宣传鼓动工作在为社会主义的斗争中经常发挥巨大的力量，鼓动人民努力完成和超额完成国家的计划，推动劳动者向先进的人物看齐，克服各种落后思想和落后习气，向妨碍社会主义建设和社会主义改造的资产阶级思想进行坚决的斗争。

在党内关于总路线的教育也必须继续进行,因为党的大多数党员对于社会主义特别是社会主义经济建设的了解仍然是很不充分的。目前党内还有不少人,对于实现社会主义过程中阶级斗争的十分尖锐和复杂的性质还缺乏足够的认识,对党的各项政策还缺乏深刻完整的理解,对当前的阶级关系和阶级斗争还缺乏正确的分析,因而,在执行党的政策中常常发生"左"右摇摆,在党的宣传工作中不断产生"左"右偏差,就是在总路线宣传中也仍然存在着这种偏差。党内也有不少人在国家的社会主义工业化问题上还有很多问题没有真正理解,在工农联盟问题上还有很多问题缺乏深刻的认识,在对待资产阶级的政策上还有很多问题模糊不清,特别是在实现总路线的具体步骤和策略问题上还有许多问题没有弄清楚,因而在接触到许多具体问题时就不断暴露出违反总路线的思想。长时期以来,广大党员很少能够用充分的时间来学习马克思列宁主义。现在许多党员都觉悟到时代变了,社会主义改造、社会主义经济、近代工业、集体农业这些生疏的事物都强迫着人们去熟悉它们,再不学习是很难照旧工作下去而不犯错误、不使人民利益遭受损失的了。因此,必须把党员教育提到一个新的水平。党的干部特别是领导干部必须认真地有系统地学习马克思列宁主义理论,必须认真地有系统地钻研党的决议和政策,必须切实改善过去不重视学习马克思列宁主义理论和不重视学习党的决议政策的状况。各级党的组织必须严格监督党员的学习,并且给党员各种尽可能充分的帮助。为了在党的宣传工作中贯彻党的总路线,各级党委宣传部今后应经常讨论如何贯彻总路线的宣传问题,中央宣传部今后应当每年召集会议,讨论总路线宣传中的一般问题和各项具体问题,检查工作,总结经验。目前,党的宣传教育部门有必要采取下列一些步骤:(一)对过去的宣传材料、宣传口号进行一次全面的检查,把不适合于总路线要求的加以修改,按照党的当前工作任务的要求编出适当的宣传材料,制定适当的宣传口号;(二)督促有关部门着手出版更多的书籍,办好各种刊物来科学地、生动地解答关于社会主义建设和社会主义改造的各个方面的问题,批驳各种反对社会主义的错误思想,详尽地答复至今还在人民群众中流行的对于社会主义的怀疑和误解;(三)对各级学校的课程、教材和各种教学活动进行检查,使学校能以社会主义的思想教育青年;(四)促使电影、戏剧、幻灯片,美术、艺术和文学作品根据各自的特点宣传社会主义;(五)改进党校教育,增设关于社会主义建设和社会主义改造的课程,并编写适当的教学材料。

三、宣传工作必须为贯彻党的七届四中全会的决议而斗争

党的七届四中全会决议的宣传,在目前党的宣传教育工作中占有特别重要的地位。

党的巩固是实现党的总路线的前提。没有党的坚强的领导,没有党的钢铁一样的统一和团结,就没有党的总路线的实现,就没有社会主义。社会主义改造是我国历史上空前深刻和广泛的革命,而社会主义的有计划的建设又需要全国范围内的严格的统一,因此,加强党的领导,加强党的统一和团结,在现在比在过去任何时候更加重要。

党的四中全会从国际国内的阶级斗争形势出发,从我们党的目前状况的具体分析出发,指出一切内外敌人破坏革命事业的最重要的方法之一就是首先破坏我们党的团结,并在我们党内寻找他们的

代理人。四中全会号召全党同志当此我国实行社会主义建设和社会主义改造的紧要历史关头，必须更加提高革命警惕性，更加增强党的团结。

党的四中全会决议指出，对于在我们党内已经和可能出现的个别的个人主义野心家必须进行无情的斗争，直至在必要时将他们驱逐出党。四中全会决议也使我们深刻地认识到，为反对各种非无产阶级思想，首先是资产阶级思想对于党的侵蚀而进行斗争的严重意义。自然，我们全党大多数党员、干部都是埋头工作，积极为人民服务的。但是必须指出，在中华人民共和国建立以后，就是在党已经成为国家的领导力量的时期，党内的资产阶级思想影响显著地滋长了起来，党内有相当多的一部分干部滋长着一种极端危险的骄傲情绪。党必须以很大的努力来克服党内的资产阶级思想，教育受资产阶级思想影响的党员克服由这种思想而引起的腐蚀和破坏党的危险。否则，我们就不能胜利地进行社会主义建设和社会主义改造的伟大任务。

我们党一开始成立就是工人阶级的共产主义的革命政党，这是毫无疑问的。但是这并不是说，资产阶级思想在我们党内就没有寄生的可能了。首先，我们党内出身于小生产者阶层的党员所占的比重很大，而党对于他们的马克思列宁主义的教育还很不足；其次，中国革命在过去的很长时期内是资产阶级性质的民主革命，许多抱着资产阶级民主纲领的人易于混进我们党的队伍里来，他们中间有些人可以参加民主革命的斗争，但是他们的终极目的，却不是社会主义而是资本主义；再其次，我们党现在既然还采取着和资产阶级联合的政策，资产阶级就能够通过各种方式向我们党员散布他们的思想影响;最后,帝国主义者和资产阶级中的反动分子为了破坏我国的革命事业,还会派遣奸细到我们党内,或者勾引我们党内的堕落分子作为他们的代理人。无论由于哪种来源,党内无产阶级与资产阶级的思想斗争是更加激烈起来了。

资产阶级思想对于党的侵蚀是无孔不入的,它在党内的反映也是各种各样的。事实上,有一些党员已经在不同程度上接受了资产阶级的影响,如有些人,认为革命已经成功了,今后再没有什么革命的任务了,因而解除斗志,居功骄傲,脱离群众,甚至要求党给他们以报酬,向党闹独立性。个人要求不能满足的时候,就要求休息,要求脱离革命的队伍。另有一些人,认为革命既然已经成功了,应该享受一下,因此就把各种资产阶级的生活方式,包括贪污、贿赂,生活上的浪费、道德上的糜烂等等,带到党和非党的革命组织里来。而最为危险的是个人主义野心家用资产阶级的观点来歪曲党的生活和党的历史,在党内制造派别活动,企图分裂党,篡夺党和国家的最高权力。这种人的罪恶活动是完全反映了资产阶级的破坏党、瓦解党、分裂党的要求的,如果任其发展下去,其最终结果必然是在我国实行反革命的复辟。资产阶级思想对于党的种种侵蚀现象都是对我们党和党的事业有极大的危害的,而按照资产阶级的要求来破坏党、瓦解党、分裂党,更是资产阶级思想对于党和工人阶级最猖狂的进攻,是我国革命事业的最危险的仇敌。党的宣传工作在目前最重要的任务,就是要提高全党和全国人民的警惕,首先是教育全体党员提高觉悟和战斗力,坚决抵抗和清除资产阶级的思想影响,向一切资产阶级思想展开严肃的斗争。这对于增强党的团结,对于保持党内马克思列宁主义的统一,对于保卫社会主义建设和社会主义改造的事业,都具有极大的重要性。

企图分裂党、篡夺党的资产阶级思想的代表们往往并不正式提出资本主义的政治纲领，相反，他们在表面上伪装得“非常正确”，这是他们的活动的特点之一。他们采取这样的策略是因为党的路线在全国人民中已经有了极高的威信，直接反对党的路线马上就要陷于孤立的缘故。因此他们就从旁的方面迂回进攻。他们竭力降低党的作用，使党由工人阶级争取社会主义和共产主义的最高司令部变为某些个人夺取权力的踏脚石和得到权力以后的装饰品。他们认为：不是党的组织在任何党员个人之上，而是某些“有权力”的党员个人在任何党的组织之上。他们认为：不是全党必须服从按民主集中制产生和工作的中央，而是某些“有权力”的党员个人以及他们所领导的工作部门和地方组织应当对中央实行独立。他们认为：党内民主、批评和自我批评对他们这些“有权力”的人是不能适用的，党的团结的原则、集体领导的原则和党的纪律对他们这些自称为“正确”的人也是不能适用的。很明显，他们的所有这些思想都是适合于资产阶级的社会秩序和世界观的，都是适合于资产阶级破坏、瓦解和分裂我们党的需要的；他们是混入党内的资产阶级个人主义野心家，是资产阶级在我们党内的代理人。如果党竟因为他们打着社会主义的旗帜而听任他们的活动自由发展，那么他们迟早只能走到一个目的地，这就是篡夺党而实行资本主义和殖民地统治的复辟。

值得注意的是，在我们党内还有一种人，他们表现着严重的个人主义、分散主义、宗派主义的倾向。他们在工作中也是尽力降低党的作用，忽视党的思想工作和组织工作，拒绝党的领导和监督，用个人领导来代替集体领导，把党和人民的利益放在个人的利益之下，他们为了个人的名誉、地位、权力和物质的享受，可以损害党和人民的利益，可以同党和人民对立起来。他们以为党的原则和国家的法律是为着对付老实人和普通人的，而他们是可以不遵守的。他们骄傲自满，拒绝学习，拒绝批评并且压制批评。这种人如果不提高马克思列宁主义的觉悟，不坚决改正他们的错误，就有可能成为党内的个人主义野心家的向往者、追随者和候补者的危险。

在过去一个时期中，党的宣传工作虽然曾经在反对党内资产阶级思想上进行过许多工作，获得一定的成绩，但是，在这方面显然还有许多严重的缺点和错误。对于资产阶级思想侵蚀到党内来的有些现象，我们没有能够及时地进行揭发和批判。我们也没有充分地进行有关党的生活和党的建设的宣传教育。在出版物中很少阐明马克思列宁主义的关于党的学说的书籍，在党的教育工作中也不重视“党的建设”课程，对党的决议更没有认真地学习和研究。特别严重的错误是：在不少党的报刊中没有着重宣传党中央的领导和党的集体领导，反而自觉或不自觉地散布了许多个人主义、分散主义、地方主义的思想影响，例如：不必要地登载许多用个人名义所作的指示和号召，过多地渲染党政负责干部的个人活动，夸大了个人的作用。个别地区的报刊，甚至还把党和国家的地方组织放在和中央分庭抗礼的地位，使地方威信超过中央威信。此外，在过去各种宣传工作中，十分缺少批评和自我批评，尤其是自下而上的批评，十分忽视向人民群众进行政治警惕性的教育。所有这些严重的缺点和错误，都是和党的利益，和总路线的要求不能相容的。各级党组织有必要根据四中全会决议，对于自己的全部宣传工作进行一次彻底的检查，并在今后的宣传工作中坚决纠正任何个人主义、分散主义、地方主义的错误倾向。

党的宣传工作,必须在进行党的总路线宣传的同时,有系统地展开马克思列宁主义关于党的理论、关于党的领导作用、关于党的建设的原则的宣传;在一切党的学校和党员的教育计划中必须进行关于党的建设的教育;在党的报刊和其他出版物中必须加强关于党的建设和党的生活的宣传。党的宣传工作应当向全党和人民群众详细地揭露和论证帝国主义、反革命分子和资产阶级在我国进行社会主义建设期间破坏我们党的团结的危险。党的宣传工作必须站在反对党内的资产阶级思想的斗争的最前线。它应当在任何条件下为坚持党的原则而斗争,对于党内的资产阶级思想在党的生活上和个人生活上的一切表现,一切个人主义、分散主义、宗派主义的倾向,一切骄傲情绪,一切妨碍和破坏党的团结的言论和行动,都应当负责加以揭发和批判。只有这样,党的宣传工作才能够完成自己的战斗任务,来为巩固党、增强党的团结,贯彻党的总路线而斗争。

四、加强党对宣传工作的领导

党在宣传工作上的巨大任务必须动员全党的力量才能做好。我们的党从来十分重视宣传工作,党中央和毛泽东同志是全党做宣传工作的模范。一切的党组织都应该时刻关心提高党员和干部的思想政治修养,并经常用社会主义思想教育广大人民群众。在党和国家的各个部门和各个环节中都有思想工作,也就都需要做宣传工作。宣传工作不能是"无的放矢",不能为宣传而宣传。做宣传工作,提高党员和人民群众的思想水平,就是为了做好党和国家的各种工作。

不断地进行思想工作是党的首要职责。各级党委必须加强对宣传工作的领导，各级党委应该经常了解和研究党员干部与群众中的思想状况，具体地布置切合实际需要的思想教育工作，统一领导和监督各个党组织所进行的宣传工作。党委能够把思想工作抓起来，就能使领导水平不断提高，并且使党的宣传工作真正能够发挥出推动国家建设事业的重大作用。

加强对干部和党员的政治理论教育是党的思想工作的最重要的环节之一。

在职干部的理论教育近年来已经有了不少进步。各级党组织必须继续注意改进学习领导，健全学习制度，使理论学习确实能够产生提高干部思想政治修养的效果。高级干部的政治理论学习应该特别重视。各级党的组织都必须监督高级干部养成认真读书、学习理论的习惯，应该指出：满足现状而不努力学习，是骄傲情绪的一种表现，是应当认真克服的。目前高级干部因为工作繁忙以致学习松懈和学习制度流于形式的现象应该引起警惕，并加以克服。各级党组织也要认真领导中级和初级组的政治理论学习。为了改进中级和初级组的政治理论学习，应该切实地培养理论教员和学习辅导员，重点办好并逐步推广业余政治学习，健全学习室的组织。必须特别指出，干部理论学习的目的是为了能够深刻领会和掌握党的政策，提高自己的党性，做好党的工作，所以理论学习和政策学习应当密切结合而不可偏废，不论哪一级干部都要认真学习和研究党的政策和决议；在理论学习中，也必须努力学习运用马克思列宁主义的立场、观点和方法来提高思想、改进工作。

党校是对干部比较有系统地进行政治理论教育的机关。各级党委应该注意办好党校和党训班。对党校、党训班缺少认真的经常的管理的状况必须彻底改变。

对工矿企业和农村中文化水平在初小以下的党员的政治教育和文化教育，对候补党员的党的基本知识教育，也应当大大加强。要求各省、市委认真做好各项准备工作，逐步建立起较有系统的党课教育制度，以“党在过渡时期的总路线”，“共产主义和共产党”为主要的教育内容。

为了改进马克思列宁主义的教育，也为了加强马克思列宁主义理论对于实践的指导作用，必须使目前过于薄弱的党的理论研究工作逐步加强起来。

加强党的思想工作的另一重要方面是要加强党在人民群众中的宣传工作。各级党委在进行任何一件工作时都应该领导进行必要的宣传，克服和防止违背说服教育的原则而用粗暴态度对待人民群众的命令主义倾向。各级党委应该经常注意提高宣传工作的质量，保证党的宣传能够起提高群众的社会主义觉悟的效果。围绕着党和国家的一定时期的中心任务和重大政策，动员全党，开展巨大规模的宣传运动，是各级党委已经熟练地运用着的一种宣传方式，今后仍然需要运用这种方式。但是，在群众的日常的经济生活和政治生活中，随时随地也都需要有宣传，党在人民群众中的宣传工作是应该而且可以经常不断地进行的。这就需要各级党委经常根据党的当前工作任务和群众中的思想状况，及时规定每一时期的群众宣传工作的内容，定期召开讨论宣传工作的会议，认真地挑选、培养和提高党的宣传员和报告员，督促党的宣传部加强对各种宣传工作的机关和工具的领导和管理。群众宣传工作的基础是党的支部。党的宣传网必须在支部的领导下，只有这样才能使群众宣传工作和支部的实际工作密切结合起来,使得在城市和乡村中的宣传工作能够经常进行,并为当地的实际工作服务。各级党委应当及时供应宣传材料,总结宣传工作经验,领导和帮助党的支部学会掌握党的宣传工具和宣传工作者的队伍,并建立起经常的宣传工作的制度。

报纸、书籍、刊物、广播是最广泛地影响着群众思想生活的武器。各级党委都应注意运用这些武器,给报社、通讯社、杂志社、出版社、广播电台充实能够掌握党的政策的适当的干部,经常给他们规定明确的宣传任务,给他们以具体帮助,并且定期地检查和讨论他们的工作。

党应当积极地领导文学艺术工作,鼓励和帮助作家和艺术家从事创作,正确地开展文艺批评,运用文学艺术的力量来鼓舞人民建设和斗争的热情,培养共产主义的道德思想。

党对于文化教育事业的领导也必须大大加强。各级党委应当按照中央所规定的当前文化教育工作的方针和任务,抓紧对文化教育部门工作的监督,定期讨论文教工作,检查方针政策贯彻的情况和计划执行的情况。党对文教事业的领导要保证在文教工作中贯彻党的总路线的精神,坚持用社会主义思想来教育人民群众。在这方面我们还有很多缺点,例如我们学校教育中关于建立正确的劳动观点的思想教育做得还很不够,我们的学校课本中也还有轻视体力劳动和体力劳动者的旧思想的影响,这是学校教育中的一个带有原则性的错误,必须坚决加以纠正。各级党委应当认真做好管理文教干部的工作,并督促各文教行政机关改善其工作作风和工作方法,提高其工作效率,加强文教工作者的团结,并督促各文教部门的党组织经常向党委报告自己的工作。

各级党委宣传部是党委领导宣传工作的重要助手机关。所以,为加强党对宣传工作的领导，就必须改善党委宣传部的工作。

要改善党委宣传部的工作，首先是要认真来培养和提高在职宣传干部，注意培养宣传干部的后备力量。为了担负日益繁重的工作任务，党的宣传干部必须努力提高马克思列宁主义的理论修养，提高为工作所必需的文化水平和业务知识，特别是要增强实际革命斗争的锻炼和党性锻炼。各级党委宣传部，首先是省、市委以上的宣传部，应该从现在起，按照实际状况，采取在职学习、举行工作会议、总结和交流工作经验以及离职训练等等方法来培养提高干部，并且切实作出成绩来。县区以及其他方面宣传干部大量缺额的现状，和宣传干部来源不足的现象，必须从各方面设法逐步加以改进。现有文教干部是一支拥有二百几十万人的大队伍，应当加强对他们的团结和教育工作，帮助他们提高政治觉悟，在他们中间发展党的组织和选拔宣传干部，同时应该注意从工矿农村中发现品质优秀、努力上进的工农干部，提拔出来担任宣传工作；注意从中学以上毕业学生中，选拔和训练党的宣传工作人员。

其次，县委宣传部、工矿党委宣传部是直接联系广大工农群众的机关，它们的业务建设应该受到特别的注意。现在各地县委宣传部和工矿党委宣传部的经常业务工作，很多都没有开展起来，一般都苦于宣传任务很重，战线很长，而组织不健全，干部力量薄弱。上级党委宣传部必须根据各种不同情况更多地去研究和帮助它们确立自己的业务，逐步明确其工作范围和工作职责；帮助它们通过各个时期的中心工作来建立经常的宣传业务；逐步做到内部的合理的分工，各种工作有专人负责，以便能够把党的教育工作，对群众的宣传工作和对文教工作的领导和监督工作等全盘业务管理起来。其中人力确属太少的,各级党委应该尽可能早日把干部配齐;在为工矿企业配备干部时,应该同时注意宣传干部的配备。但仅仅有了人力,如果不进行工作的整顿还是会处处遇到困难的。一般说来,任何一级的党委宣传部在建立业务中遇到的困难,只有靠改善工作组织,改进工作方法,提高工作质量,来逐步求得解决。

第三,也是最重要的一个方面,就是省、市委宣传部以及中央宣传部的领导工作,必须针对现有的缺点,切实改善。首先,省、市委以上宣传部应该把领导工作的中心放在思想工作上。应该全面地注意党内党外的思想动态,以便能够及时地把必须注意的重大思想问题反映给党委;应该对于任何一个部门,任何一个方面的思想工作实行党的监督,不懈地去揭露一切与马克思列宁主义和总路线背道而驰的错误思想。其次要加强具体领导。省、市委以上的宣传部必须进一步提倡联系实际,重视调查研究,重视总结经验,特别是要经常注意去总结基层党组织的宣传工作的经验,慎重地积累和推广成功的经验。必须力戒形式主义的作风和装腔作势、空话连篇的文风。必须加强工作的计划性,学会抓住工作的中心环节,并以此推动全盘,各级党委宣传部都应该在党委统一领导下做工作,反对一切分散主义现象。上级党委宣传部按时检查下级宣传部的工作,向它提出工作要求,给以具体帮助也是必要的。这样才能使各级党委宣传部的业务有系统地建立起来。再次,必须健全集体领导制度,不依靠集体的智慧而由个人决定一切的作风在任何党的工作中都不能容许,在宣传工作上更必然造成巨大危害。最后,在宣传工作中必须开展批评与自我批评,特别是自下而上的批评,加强组织性和纪律性,反对领导上的主观主义和官僚主义作风,反对宣传干部中任何骄傲自满、党性不纯的现象，这对于改进宣传部门的工作具有决定性的意义。

同志们，党的宣传战线上的任务是极其繁重的，但是我们的党有着全党做宣传工作的优良传统，党在过渡时期的总路线和党的七届四中全会已经明确规定了宣传工作的方针，我们完全相信，在宣传部门工作的一切同志只要戒骄戒躁，刻苦努力，认真学习，就一定能够在以毛泽东同志为首的党中央的领导下，在全党各方面力量的配合下，胜利地担负起党所要我们做的工作。

■ 注　释

[1]党的七届四中全会，即一九五四年二月六日至十日在北京召开的中国共产党第七届中央委员会第四次全体会议。刘少奇在会上作了《中共中央政治局向第七届第四次中央全会的报告》。会议肯定了七届二中全会以来各项工作中的成绩，批准了中央政治局提出的党在过渡时期的总路线和关于召开全国代表会议的决定，讨论了第一个五年计划纲要及有关问题。全会一致通过《关于增强党的团结的决议》。《决议》不点名地批评了高岗、饶漱石的非组织活动，向全党特别是中央委员和高级干部强调增强和维护党的团结的极端重要性。

[2]第一个五年计划，见本书《党在文化教育方面的任务》注[2]。

[3]党的七届二中全会，见本书《关中新区的工作方向》注[4]。

[4]“四大自由”，即土地租种自由，雇工自由，贸易自由，借贷自由。

[5]见刘少奇《为增强党的团结而斗争》，《建国以来刘少奇文稿》第六册，中央文献出版社二〇〇八年版，第六十九页。

在全国来信来访工作会议上的讲话

（一九五七年五月三十一日）

这次全国来信来访工作会议，讨论了很多问题，开得很好。

会议总的精神是对人民来信来访工作提高认识，加强领导，改进工作。提高认识是最根本的问题。所谓提高认识，就是解决没有群众观点，不关心群众疾苦和群众利益的思想问题。在整风运动中间，我们是边整边改，处理来信来访工作必须首先改，而且也能够马上改。我们在最近开这个会，也就是这个道理。我们有些领导机关和领导人，对人民来信来访工作置若罔闻，不当一回事，采取官僚主义态度，工作中缺点错误很多。因此，党内外对我们这项工作意见很多，人大常委会每次开会都提到这个问题，他们了解的只是几个专门案子，不了解很多情况，但是那个批评已经很严厉了。所以这个问题在整风中光讲不行，能改的问题就马上改，能够解决的问题就马上解决。

要做好人民来信来访工作，必须反对官僚主义。官僚主义表现在哪里呢？首先表现在从中央到地方，领导人管得少，只是少数人动手，多数人不动手。其次是照抄照转，错转、错办，处理草率，互相推诿的现象很严重。如把江苏的事情转到山东，有的信不仔细看内容，填个单子也填错了。上海崔兴国关于发明“阻声器”的来信，先后给周总理写了十几次信（这些信均未转给总理，是信访工作部门处理的），历时两年多没有结果，最后两次来信不写内容，只在信纸上划个大问号，表示不满。另外有一些是遗失了。这样对待人民来信，不仅没有解决矛盾，反而使矛盾更尖锐了。我看这些情况，主要是因为过去没有一个负责人来管，只交给那些专职做具体工作的人去办。这里我还要说一点，人民来信来访工作中官僚主义是主要的，但绝不只此，主观主义、宗派主义也是严重存在着的。老百姓写信给领导机关或领导人，不是一件容易事，是有很多困难的。就是机关干部写批评领导的信，也要再三斟酌和经过思想斗争的。遗憾的是，我们采取认真负责的态度办理群众来信的事，是太少了；而对于群众提出的问题，采取官僚主义、主观主义、宗派主义办法的具体事例，却是不胜枚举的。

产生这种现象的原因，主要是在主观方面。就是全国胜利，领导机关进城后，生活、工作环境发生了变化。这种变化，对我们干部的思想意识有一定的影响，也发生了变化。这种变化是什么呢？就是和群众离得远了，群众观点减弱了，对群众生活疾苦的关怀淡薄了。我想凡是参加革命时间稍微久一点的同志，都懂得过去群众为什么欢迎我们。因为那个时候，我们的生活环境比较艰苦，同群众一起劳动，一起生活，跟群众打成一片。群众很懂得我们不是为自己，而是为他们，因此，群众对我们非常拥护和爱戴。现在的情况就不同了。最近中央指示，提出要脑力劳动和体力劳动结合，最大的意义就在这里。国务院前些日子，一百多人去农业社参加搭西红柿架子，本来是个很简单的劳动，搞了四个小时，我的腰腿痛了好几天，你不劳动就不会尝到劳动的滋味。最近还常常听说有些人不愿意做群众工作，害怕接近群众，就是他们的语言也同群众不一样了，他们现在说的话官腔多了，群众语言少了。所以慢慢地有些人不愿意到乡下工作，愿意进城，光坐办公室，不深入了解下情。他们认为来信来访都是“鸡毛蒜皮的小事”，是“额外负担”，认为“告状没有好人”等。还有人顾虑来信来访工作做得好了，信访越来越多怎么办？不要紧，只要我们很好地、认真地去处理，就不会像现在这样拥成一大堆，好像一大河水。当然将来也有，那叫做细水长流。

在三大改造——农业、手工业和资本主义工商业的社会主义改造胜利以前，人民内部矛盾还处在从属地位。但三大改造胜利后，人民内部矛盾就突出了。社会改造本身就是矛盾，再加上我们工作上有些过失，矛盾就更加尖锐、明显。人民内部矛盾过去就是存在的，毛主席在最高国务会议和全国宣传工作会议上的报告，都阐明了这个问题，也提出解决的方针。现在矛盾多了，主要是官僚主义把问题积成了堆和我们工作中的过失造成的。拿农业合作社来说，有灾歉收的社有矛盾，丰收的社如果分配得不好也有矛盾。有了矛盾，就要揭发矛盾，解决问题。揭发出来，真正处理了，矛盾就会减少或缓和。但矛盾不会完全消灭。怕麻烦，或者想一劳永逸地解决一切问题，都是不实际的。

关于处理人民来信来访工作，大家听了杨尚昆[1]同志的报告，又经过会议讨论，思想上都明确了。这件工作不是小事，是大事；不是一般工作，是个重要的政治任务。据大家在会上反映的情况，全国各级机关，一年总会接到二三百万件信，这些信几乎全部是反映人民内部的矛盾。虽然他提了一个建议，这个建议就是一个矛盾，因为他认为他那个建议总是比你那个进步，比你那个好。所以，来信来访的内容，就是反映矛盾，暴露矛盾，当然也反映出各项政策的执行情况和各阶层的动态,领导机关可以从这里面了解很多情况,解决很多问题。比如一个运动来了,就集中反映了这个运动各方面的情况;政府的指示一下去,执行中出了什么偏差,马上就有反映。我们要重视这方面的问题,就可以随时知道社会上和群众的思想动态,以及发生了些什么问题。但是这一点过去没有被我们很好利用,人家花了钱,买了邮票,送上门的材料,我们不重视,愿意走弯路。这表现了我们是最蠢笨的官僚主义。

现在人民来信来访是一个什么形势呢?我看形势是越来越紧张,究竟会紧张到什么时候,现在还很难说。因为现在的形势,是矛盾大量涌现的时候,而且来信来访也起了一些变化,特别是来访。现在来的不光是一个一个的人了,经常有几个或者几十个人一齐来。形势所迫,不改进这项工作不行,领导上不管也不行了。有的人他就是要见省长,你说我不见,他仍旧要进你的办公室。因此,就不允许你再有官僚主义。这是新的变化,要看清这一点,要有这方面的准备,加强思想领导,挺身而出,负责解决问题,没有别的办法。否则日子过不下去。今天要根据整风精神,在新的形势、新的任务下,恢复和发扬我们固有的优良传统。这个传统是什么呢?就是密切联系群众,和群众同甘共苦,真正打成一片,全心全意为人民服务,贯彻群众路线的工作方法,以便调动一切积极因素建设社会主义。

同时我们也不要以为有了正确的领导,开了会,全国各机关都会重视起来,一切问题就迎刃而解,一切就容易了。要克服官僚主义作风,还要靠我们努力做很多思想工作和采取许多组织措施。我觉得,我们现在要:第一,以整风文件为武器,教育我们的干部;第二,发现了缺点和错误,要立即改正,发现了问题,能解决的要立即解决;第三，领导人和老干部要带头。我们有一千二百万党员，其中不少缺乏群众工作经验，或完全没有群众工作经验。这次整风运动就是一次马列主义教育运动，我们领导人和老干部有很大责任，要带动他们，使他们懂得什么叫联系群众，和群众打成一片有什么好处。这样，才能使我们党成为一个不脱离群众的党，不是高高在上而是在群众里面的党。我看这几点精神，不仅在来信来访工作方面可用，也适用于其他各项工作。

上面讲的就是对杨尚昆同志报告的一些补充。下面就会议讨论的问题，提几点意见：

一、来信来访工作，党委必须有一位书记管，省、自治区、直辖市人民委员会必须有一位省长、自治区主席、市长管。这一条讨论时大家都同意，那就算这次会议的决定，把它肯定下来。大家回去作传达，将来就不另行文了，只在报上发个消息。并希望在六月底把名单分别报中共中央办公厅和国务院秘书厅。

二、处理问题要争取主动，摆脱现在的被动局面。如何争取主动呢？最主要是解决问题，就是解决矛盾。处理问题要很好掌握政策，按原则办事，不能解决的问题，不要随便答应；要求不合理的，应该讲清楚。同时，必须加强综合研究工作，及时发现突出的或带普遍性的问题，研究出解决办法，并从中找出规律。

三、实行专职机构、专人负责与大家动手相结合的办法。光有专职机构和专人还不行，必须结合业务贯彻大家动手的精神，每个机关工作人员都负有责任，这样问题就容易处理。有关方面互相配合、协作，也很重要。前天有些工人到国务院请愿，总工会派北京市工会副主席来帮助处理，解决得很好。专职人员要增加，可以多配些干部，具体人数由各省、自治区、直辖市自行决定，并要重视干部质量，调配些强的干部，不要经常调动，使他们安心工作。专职机构的任务，除处理一部分来信来访外，主要应加强督促检查，总结交流经验。

四、转办方法。凡是应该中央机关处理的，而且中央机关容易处理的，一律由中央直接处理，不要下转；应该由地方处理的，转省、自治区、直辖市，转错了可以退回；少数的也可以直接转到县，并应分别情况抄告省、自治区、直辖市。必须实行层层负责的办法，避免一律照抄照转。同时要提高效率，需要转办的信件，一般的必须在三至七日内转出。

五、清理积案。积案有两方面，一个是没有转办的积案；另一个是已经转出但没有办结的积案。现在正在整编过程中，可以临时抽调一些人，突击一下这项工作。清理积案要先摸底，然后采取排队分别处理的办法。

六、控告干部案件的处理，应按管理干部名单范围的原则办理。就是归哪一级管理的干部的案件，就归哪一级党委和政府有关部门来管。控告县以下的党员干部，由县监委处理；控告非党干部，有监察机构的由监察部门处理，没有监察机构的由县人民委员会处理。

七、会议文件的处理。国务院的指示，准备根据会上提的意见进行补充、修改，经过国务院会议通过后发出。中共中央办公厅草拟的暂行办法，也要再作修改。希望大家把文件带回去提意见，在六月三十日前把意见报送中共中央办公厅和国务院秘书厅。

八、这次会议对中央各部门提出的批评意见，有一些，但不多。主要是各地同志客气，没有讲，或者没有时间讲。实际上意见并不少。已提出的意见，有些事情很值得中央各部门注意。准备把所提出的意见整理一下，分别送各部门参考。我们中央机关已注意到在整风中解决这些问题，也希望各省、自治区、直辖市如对中央各部门有意见及时向主管部门提出。必要时抄告国务院或党中央。

最后，对做来信来访工作的同志说几句话。过去这项工作没有人管，也没有人重视，上上下下做这项工作的同志都很辛苦。过去工作中的缺点，不应由他们负责，主要应由领导上负责，这样才公道。今后做好这项工作，关键在于领导。但对专职干部也要加强教育，因为他们直接与群众打交道，他们的言行对群众影响很大。因此，必须教育他们热情地、积极地、细致地、耐心地做好人民来信来访工作，成为一个很好的、模范的群众工作者，才能配合领导改变目前这种落后状态。

■ 注　释

[1] 杨尚昆（一九〇七——一九九八），四川潼南人。一九二五年加入中国共产主义青年团，一九二六年转为中国共产党党员。曾任中共中央宣传部部长，中央革命军事委员会总政治部副主任，中共中央北方局书记，中共中央军委秘书长，中共中央办公厅主任。新中国成立后，任中共中央副秘书长，中共中央办公厅主任，一九五六年任中共中央书记处候补书记。十一届三中全会后任中共广东省委第二书记、广东省副省长，全国人大常委会副委员长，中共中央政治局委员，中央军委常务副主席兼秘书长，中央军委第一副主席，中华人民共和国主席。

就赴河南、西北等地视察三门峡工程和农业生产等情况给周恩来的信

（一九五九年六月七日）

总理：

我于六月四日晚抵三门峡，第二天参观了截流和筑坝工程，并听取了汇报。我看三门峡工程[1]基本过了月可大功告成。六月份再上去十万混凝土方，即可起部分拦洪作用。所需材料能够跟上，明年六月底即可完成全部拦洪工程，并可争取于国庆节前安装好一台电机组。

三门峡截流围堰标高三百零八点五米，可承担部分拦洪作用，如遇一九三三年洪峰，则对围堰本身压力很大。因此，六月抢工，把主坝提高到三百一十米，作为第二道防线，以防万一。自三月份起，每月上坝混凝土都在十一万方至十二点三万方，六月份只上十万方混凝土，即可将主坝拦洪部分提至标高三百一十米。我看如遇较大洪峰，紧张一点，问题不会出。

三门峡水利工程在明年基本完工后，市区工业如何布局，水陆交通如何安排，特别是水运系统如何建立，以后港口的修建，后者早施工比拦洪后再施工，要方便得多，便宜得多。还有几万职工人员下一步如何转移的问题，都应早准备，迟一月两月就是很大浪费。这一支有现代装备的又经过严格锻炼的工程队伍，太宝贵了，国家应该把它

用在必要攻取的重点方面。这些问题,都应该在今年内拟出规划,建议中央指定专门机关全面考虑,早比迟好。

三门峡工程数量不成问题,质量也不坏,但今天的中心问题还是讲求质量,这是千年大计,必须保证质量是中国第一,甚至是世界第一,我反复和他们谈到了这一点。

安全问题,是当前厂矿应当普遍重视的一个问题。义马(渑池县境)煤矿于三日晨发生冒顶事故,死八十二人,抢救出九十一人,其中三十人情况严重。据悉这是明代开采过的煤矿,井下情况,十分复杂。为赶任务,节用坑木,不顾一切可疑情况继续开采,以致发生这样严重的死亡事故。像这样的煤矿,年产十几万吨,可露天开采,否则,一律停办。全国可借此次事件,由煤炭部全面检查一次,凡属此类煤矿,任务不大,办法不多,都可由地方考虑停下来,以保安全。在保安全方面,坑木是个大问题,以河南为例,如不在雨季前储备一个月的后备坑木,不仅影响生产,而且大大影响安全。这点我于月前即已打电话到北京,但解决问题效率很差,盼转主管部门大力催办。

曾记得防治小麦条锈病时,硫磺十分紧张,甚至动用出口的硫磺解决。我认为这是安排上的问题,不是不能增产硫磺,更重要的是缺少主管部门大抓。河南有三处硫磺矿,焦作年产一点一万吨,博爱年产一万吨,新安年产七千吨,但都是削减之后的生产指标。焦作市委书记张重同志谈,只要上边压一下,年产二万吨或者更多一些都可能,问题在于没有人抓,也就算了。如果能在今年投资五六百万,明年即可生产六七万吨。像这样既便出口又便内运的焦作、博爱硫磺矿,为什么不多搞一点,偏偏到需用的时候又那样忙迫呢。我真不懂。从下边来看，有一些失调和紧张情况，完全是人为的，不是什么客观原因，而是由于主观努力不够所致。拟返京后再详细面报。

目前带有全国性的突出问题有三：

一、劳动力很紧张，特别是农业战线上的劳力不足，所到之处，看见田间劳动的多是妇女，男劳力多不过十之二三。其原因，一是在工业、水利、修路、炼铁、挖小矿、运输、矿山等工程占用男劳力过多，二是公社非生产人员（炊事员、饲养员、保育员、缝纫业、服务业、社办工业用人等）所占比例过大，竟有占全人口百分之十四之多。如何合理安排劳动力是当前一个重要问题。

二、运输紧张，特别是短途运输很紧张。这个问题应由交通部门及早开会解决，否则，其趋势是越来越严重，会在三四季度影响生产和生活。

三、市场紧张。河南、陕西大致一样，想全国也不会例外。目前除加强控制社会购买力的治标办法之外，最重要的是发展生产，特别需要大抓手工业和副业生产，人们搞出的东西多了，初级市场活跃了，就会缓和这种局势。这里归根结底，我看还是劳动力问题。人们忙得不可开交，哪里还有时间搞副业生产呢？这就涉及“大集体、小自由”，“大集体”没有问题，“小自由”自由到什么程度，怎样才算“小自由”够了。现在的问题是“小自由”不够，我总觉得在所有制和算账问题解决之后，能跟着在“小自由”方面再放一下，可能在发动群众生产积极性方面更好一些，更落实一些，也更有利于大集体，促进公社之迅速巩固。

以上只是一些视察感觉，不一定对，先概要提出，谨供你参考。

昨夜抵渭南，陕西麦子很好，成长情况不弱河南。一般包产、报产都低于实产百分之二十左右。今年河南、陕西两省实产高的原因，一是麦前落了好雨，粒粒饱满，这比预估约高百分之十左右；一是收得干净，每亩多收百分之十左右。特别是后一点，只要稍不注意，一亩地抛撒十几斤粮食不算得什么。两省均于三日夜降落大雨，五日放晴，不仅对麦收无害，而且对夏种和大秋作物生长十分有利，特此报告。致以

敬礼！

习仲勋

六月七日于渭南

■ 注　释

[1]三门峡工程，是黄河干流上第一座大型水利工程。位于河南省三门峡市和山西省平陆县的边界河段。一九五七年四月动工修建，一九六〇年建成。

关于长葛调查的两个报告*

（一九六一年四月二十三日、五月九日）

一、四月二十三日的报告

我们下乡的头十几天，只是一般的了解情况，着重调查了食堂问题。

河南长葛县的和尚桥公社，是一个二类社。全社共有九千一百五十八户，四万零八百一十人。现将十几天来了解到的一些情况，简述如下。

（一）农村形势。中央十二条指示[1]下达以来，形势急骤好转。群众歌颂十二条指示说："毛主席派来了天兵天将，捉去了妖魔鬼怪，灵符降服了邪气，要回盗走的财宝。"外流的劳动力大部分已经回来，生产大队纷纷添购农具、牲畜、架子车等。广大农民都积极起来了，不光出勤率很高，干活质量也好。社员对自留地普遍感到满意，种得特别好。喂猪、喂鸡、养羊的人家正在逐日增多。有些干部害怕群众的这种积极性，这不对。在最近几年之内，有意识地让群众在"小自由"方面多生产些东西，只有好处，并无害处，何怕之有。更可喜的是群众的政治热情逐渐提高，民主空气开始发扬。群众发动好的地

* 这是习仲勋带领中央调查组在河南长葛县调查期间给中共中央和总书记邓小平的报告。

方，到处可以听到群众议论一些政策问题，批评起“五风”[2]来，话更长。

但是，当前农村在生产和生活上也还存在着相当大的困难。河南今年又遭大旱，夏粮肯定减产，春荒尚未完全度过，夏荒接踵又来。从长葛情况来看，整风搞得比较粗糙，十二条指示的贯彻也还不够深入，两个平均主义[3]没有认真解决，群众思想仍有顾虑，“怕政策再变”，加上人的体力很弱，牲口减少，农具缺乏等等，因之群众的热情还不稳定，生产积极性还没有充分调动起来。

无论社员和干部，听了“六十条”[4]都异常兴奋。一个老大娘说：“开这样的会，一点也不瞌睡，赶明天再开，俺和俺老汉都去。”有的说：“毛主席都知道了，这一下下了决心了。”樊楼大队第四生产队的干部自动讨论分配方法上的“三七开”[5]、“二八开”[6]，直到深夜两点钟。可以预料，“六十条”实施以后，群众的生产情绪将会出现一个新的高涨。宗寨大队党支部书记说：“只要你们不变，不再出点子，老老实实地搞下去，今年可以缓过气来，明年就可以恢复到以前的好光景。”

（二）公共食堂问题。这是目前农村广大群众最关心的一个问题。和尚桥公社的食堂大部分已经在三月初散伙。据了解，长葛县百分之七十以上的食堂也都相继停办。余下的一小部分食堂，群众都在观察等待，只要干部一松口，马上也会停办。近一两年来，在粮食少、菜不足的情况下，群众在食堂的生活确实过得不好，对食堂已经没有多大兴趣了，有些干部担心食堂散伙以后会影响出勤，实际情形恰恰相反。社员利用早晚时间推磨，并没有占去干活的时间，有辅助劳力的，连在家做饭的时间也不占，大大改善了过去在食堂排队吃饭和经常吃不到热饭热菜的现象。同时,让社员在家做饭,就可以把百分之三十左右的劳力从食堂节省下来,全部投入农业生产。食堂散伙以后,燃料和运输力量也不那么紧张了。宗寨大队十四个食堂平均每人每天烧煤一斤半,散伙以后,百分之六七十的人家拾柴烧饭,不再买煤,其余烧煤的也比过去节省了许多。更重要的是食堂散伙以后,由于伙食供给制取消了,剩下的只有粮食半供给制,这就大大地增加了工资部分,在食堂方面所存在的社员与社员之间的平均主义现象也就克服掉了。社员还感到满意的是,在家做饭能够吃够口粮标准。过去吃食堂,一天两顿就把粮吃完了,现在一天吃三顿饭,再掺上些野菜,比过去吃得稠,吃得饱,而且又熟又热,干净卫生。我们所在的三个大队,自从食堂散伙以来,浮肿病人显著减少。宗寨大队在食堂停办前,有浮肿病人一百四十五个,现在只剩下二十七个了。小孩的面色也好看了许多。大人干活也有劲了。

在过去一段时间,食堂问题所以没有得到及时的解决,主要是把办食堂的道理强调过分了,结果束缚了群众和干部的思想。群众和干部在实践中碰了钉子,吃了苦头,但是谁要反映真实情况,对食堂提出不同的意见,就被戴上"损害大集体,反对社会主义"的罪名,受到批判和打击。有些干部说贫雇农、下中农拥护食堂,中农、上中农不赞成办食堂,其实这都是假象。我们在樊楼大队第三生产队的四十九户人家中,除了三户地富分子外,逐户作了调查,不论贫农、中农,男女老少都不赞成再办食堂,只有几个"五保户"[7]和单身汉愿意在农忙时办小型食堂。实际调查证明,上述说法其实也是一种抽象的阶级观点。

停办食堂一定要慎重从事,不要一哄而散,即使群众要求停办,也要让群众做好充分准备，把炊具、燃料等安排妥当以后，再停办。食堂停办以后，一定要妥善处理善后工作。原来平调社员的房屋、家具、炊具等应当退回去，帮助社员解决在家做饭以后的一些困难。食堂本身购置的家具、炊具，修盖的房屋要妥加保管维护，以备将来使用。食堂的菜地由生产队经营，生产的菜可以按人口分配给社员吃，也可以作为商品菜出售给社员，出售所得归生产队所有，作为本队的积累，或者在以后分配给社员。伙食委员会应当扩大改组为生活管理委员会，实行民主管理。它的任务是安排群众生活，帮助群众解决生活问题，并继续担任每月发口粮、发菜的工作。

个别食堂有条件办得好的，并且群众也真正自愿继续办的，应当继续办下去；单身汉和在家做饭有困难的一些户，如果要求办食堂，干部应当帮助他们继续办，并且积极办好。今后办食堂可以搞小型的，多样的，而且一定要搞企业化，实行经济核算、自负盈亏。宗寨大队办的敬老院就是一个例子。他们组织老人种菜，养家禽家畜，所得的钱，不仅能够自给自足，一年内还上交给大队一千余元。

总之，从当前情况看，在低标准和办食堂非企业化的条件下，食堂不宜再办，还是把粮食分到户，是更便利群众，有利生产，争取更快地扭转农村困难局面的一个有效措施。

（三）劳动保护问题。最近农村外流和外调的劳动力已经陆续归队。我们所在的三个大队共外流了三百多人，已回来了一百五十多人，从县、社企业中也压回来了一部分。农业中学，初中一、二年级和小学四年级以上的学生，也都半日或短期放假回家生产。目前农村劳动力，从数量上说，已经基本上够用了。问题是人的体质普遍衰弱。由于口粮标准低，群众体力的恢复很慢。

但是，目前农村的劳动却非常紧张，抗旱浇麦，春播种菜，十分忙碌。由于最近两三年来牲口大量死亡（一般死掉百分之五十），就更加重了人力的负担。十几个人拉一辆大车，五六个人推一辆水车，人拉犁、人推磨的很多。春忙以来，有些社、队得浮肿病的多是壮年劳力，与去冬是老年的情况不同。因此，从长期着眼，在当前必须坚持劳逸结合，要强调少劳多逸，给群众足够的休息时间，以便休养生息。

（四）多劳多吃问题。长葛县最近普遍搞多劳多吃，办法有两种：第一种是有储备粮的社、队，从储备粮中拿出一部分，实行“工分带粮”，多增加了群众的口粮。有些社、队采取以劳动底分为标准，超过者才能多得的做法，缺点很大。实际上多数人超不过劳动底分，只有少数劳力强的才能多吃，而且人们为了超过劳动底分，就过分劳累，影响了身体健康。第二种是没有储备粮的社、队，从有劳动能力的人（老、幼、残疾除外）的口粮标准中，扣出百分之十，作为多劳多吃的奖励粮食，这样做实在不好。更不好的是，按人口扣出百分之五或百分之十的口粮，作为奖励粮。这种办法，实际上是降低了一般有劳力和无劳力的口粮标准，挖他们的口粮，去奖励他们，也是用自己的拳头打自己的眼睛，群众对此非常反感。有的生产队连讨论也没有讨论，并且不分男女老幼每人扣了百分之十的粮食，引起群众很大波动。樊楼大队第三生产队，十五天为一期，有的户就被扣了六斤多，有的户三四斤、二三斤不等。在实行口粮低标准的情况下，再扣几斤，群众哪能不慌？我们发现这些情况，在电话上商得吴芝圃[8]同志的同意，已经作了纠正。

通过十几天的调查了解，除了食堂和粮食问题外，还有“三七开”、评工记分、“三包一奖”[9]、“三定”[10]、调整社队规模、经营管理和一、二类社队整风等几个问题，都是群众和干部最关心的，也是调动群众积极性的几个重要问题。我们正在进一步深入调查研究，情况以后再报。

二、五月九日的报告

从四月二十四日起，我们在和尚桥公社宗寨大队结合划队工作，对粮食问题和“三包一奖”、分配、耕畜问题，作了比较深入的调查。这些问题都有专门材料，正在整理。现在先就一些重要情况和问题，简述如下：

（一）农村的情况和群众情绪越来越好。根据我们在这里的观察，凡是党的政策执行得比较好、群众生活安排妥善的地方，广大群众和干部的心情是真正舒畅的，干劲也很大。我们接触过的干部和群众，都是有说有笑，十分亲切。村子里几乎看不到什么闲人，能够劳动的老人和小孩也都参加了生产。社员白天在地里生产，晚上还披星戴月在自留地上劳动。这是广大群众迫切要求多种些地、多打些粮食的一种反映。这种情绪是好的，如果群众连这点兴趣也没有，就更谈不上对集体生产的积极性了。中央十二条指示下达后，仅仅几个月的时间，就出现了这样好的情况，如果今后再把“六十条”坚决地贯彻下去，把干部的工作作风好好转变一下，农村的情况将会更好，群众和干部的心情就会更加舒畅，生产积极性将会更加高涨。这种趋势已经看得很清楚了。

（二）退赔问题是中央十二条指示的中心内容，也是彻底根除“五风”、调动群众积极性的根本政策。只有彻底退赔，才能取信于民。这里退赔工作搞得很不彻底，如县直机关、工厂、学校和公社、生产队都占了许多土地和房屋，尚有一部分没有退，有的退了小部分，留了大部分。退赔的现金多，实物少。王庄大队一共退赔了三次，在退赔总额中，现金占百分之九十五点三，实物占百分之四点七。作价也不合理。三间草房实际价值一百四十五元，退赔时只作价三十到四十五元，低于实际价值的百分之七十。

退赔所以不彻底，首先是因为干部对退赔的决心不大，公社以上机关更差，他们就是舍不得退。最主要的原因是群众还没有充分发动起来。王庄大队最近发动群众大搞了一下退赔，效果很好，两三天内从社办工厂和附近的机关、学校、商店中，清理出大批的平调实物，退给了群众，群众情绪大为振奋。前几天召集群众开会，是干部等群众，现在开会是群众叫干部，他们纷纷表示坚决搞好生产，报答党和毛主席。退赔工作肯定要搞彻底，但是目前夏收即将到来，普遍搞有困难，可以在夏收之后，结合整风整社抓紧进行，一、二类社、队要把退赔作为主要内容。这对贯彻“六十条”有极其重要的意义。

（三）在生产队的权限问题上，许多群众和干部提出了不少意见和要求。中央十二条指示和“六十条”都规定了生产队的种植权，可是由于现在包产包工的办法，是按农作物逐项逐亩地包，麦子种多少，谷子、高粱、大豆等种多少，一一都规定死了，所以生产队的这项权利实际上并未落实。在研究“三包一奖”时，干部和群众对包总产的办法特别拥护，就是因为“一包总产，生产队就真正当家作主了”，生产队才真正有权因地制宜，合理地种植各种作物，从根本上杜绝生产上的瞎指挥。

在讨论“四固定”[11]时，生产队干部和社员都要求把牲畜所有权下放给生产队。过去牲畜归生产队使用，可是又归大队所有，还规定了保本保质等一套清规戒律。有些牲口老了,生产队无权处理,想用骡子换几头牛也不准,生下幼畜大队还要提成。生产队干部和社员心里很不踏实,常怕大队把好的牲口调走,这一切都影响了对牲畜的爱护和使用,影响了牲畜的繁殖和发展,不利于生产。有的社员说得好:"牛是种地用,地要俺种,工要俺派,牛归俺使,倒说不归俺有。"牲畜归生产队所有,至少有四条好处:(1)可以促进干部和社员爱畜保畜的积极性;(2)对繁殖幼畜有利;(3)可以鼓励生产队多买牲畜;(4)可以根据生产需要调换牲畜。从调查情况看来,把牲畜归生产队所有是必要的,这对迅速发展牲畜有很大好处,特别在最近几年更有其重要的现实意义。

群众对粮食保管和分配之权也有很大意见。过去在食堂吃饭,口粮不归群众自己支配,非常憋气。最近食堂已经散伙,群众要求:口粮不出队,指标分到户,大队、小队两把锁,群众监督,一月一发。对于超产粮的分配,干部和群众都主张:除了大队提成部分,余下的全部归生产队保管,一部分发给社员做口粮,一部分以工分带粮实行多劳多吃,一部分作为生产队的储备。

群众还要求休假权利得到保证。随着"三包一奖"的实行,生产队的"三权"[12]落实,最近群众要求把休假权利交给生产队掌握。这个要求是合理的。种植计划,农活安排由生产队作主后,只有生产队才能根据实际情况,灵活安排放假的时间。再过一二年,经营管理制度搞好、生产秩序正常后,一年四季,春夏秋冬,有忙有闲,成了十分自然的规律,劳逸结合的问题也就会得到合理的解决。

总之,生产队的权利越落实,就可以更加促进生产大队基本所有制的巩固,对农业生产的发展十分有利。害怕生产队权利过多,会影响大队所有制的顾虑，是没有必要的。

（四）从最近这一段的调查当中，我们十分清楚地看到，公社问题最根本的是个按劳分配问题。公社化以来，在大刮“五风”、什么都大办的情况下，由于没有认真地贯彻执行社会主义按劳分配的原则，把高级社时期行之有效的一套制度弃置不用，结果大大挫伤了群众的生产积极性。宗寨大队在高级社时期，粮食和工资都是按工分配，实行多劳多得的政策。那时工分分值很高，一个工分值一角二分钱，一个劳力做十个工分就收入一块多钱。这几年供给制部分太大造成了工分不值钱，一个工分合八厘，一天做十个工分才八分钱。群众说：“劳动一天，还不如母鸡下一个蛋。”“干不干两块半（指每月总工分值）。”大家对种地不感兴趣了，在农村待不住了。很多农民去搞副业，大量青壮年往城里跑。超龄学生也增加了。这就从根本上影响了农业生产的发展，还造成了思想上的混乱，使人们无心过日子。中央十二条指示下达以后，实行了“三七开”，这种情况已有改变，但是还不彻底。在讨论分配问题时，多数群众都倾向于实行除了包“五保户”、照顾困难户以外，一律按工分分配的办法。

（五）农村一切工作归根到底是一个“大办农业”、“大办粮食”问题。群众说得好：“十二条，六十条，七十二条，千条万条，都还不是为了多打粮食，吃饱肚子。”《农业发展纲要四十条》[13]在过去大刮“五风”的情况下，不可能落实，现在有了这“七十二条”后，情形就不同了。有的干部说：“‘六十条’加上‘四十条’正好一百条，这就彻底解决了农业生产的问题。”因此，每个社、队都应当在整风整社的基础上，结合当地情况，制定执行《农业发展纲要四十条》的具体规划，争取粮食早日过关。从长葛还看出了，水利是搞好农业、保证多打粮食的一个最重要的条件。全县有一百多万亩耕地，水浇地只有二十多万亩，如果三年之内把水浇地增加到全部耕地的一半，至少每人平均有一亩水浇地，就是天再旱，也能够基本上保住口粮。因此，必须把农田水利工作经常摆到议事日程上来，不能稍有松懈。“大跃进”[14]以来，在水利方面确实作出了很大的成绩，需要几年的时间来消化它。要下决心在今后一定时期不搞大的水利工程，而是踏踏实实地搞群众性的小型农田水利，主要是打土井，整修渠道，平整土地，增添排灌机械等，做到参加水利工程的劳力不出社，有的甚至不出队。只要把这项工作经常抓，抓到底，就给农业生产打下了牢靠的物质基础。

（六）干部作风问题。从这里的情况来看，经过整风整社，“五风”被狠狠地打击了一下，干部的作风确有很大的转变。但是这种转变还很不彻底，很不巩固。不好的作风破了，新的作风未立。许多干部工作方法一般化，靠打电话、听汇报、发指示、统计数字来指挥工作。有点像蜻蜓点水一样，飘浮得很，很少深入到群众中去调查研究，寻求真理。不关心群众疾苦，不倾听群众意见。任务来了，就由上往下布置，很少跟群众商量，不走群众路线。目前公社实行的派干部驻队、分片包干的办法，看来很有问题。一个驻队干部权力很大，什么事情都由他一个人包办，什么事都是他说了算，党委的集体领导和民主集中制都被他破坏了，队干部也难于提高，学不下独立工作的本领。现在一、二类社、队的问题反比三类社、队的问题多，群众的情绪也较差。对这两类社、队的整风绝不能忽视，而且越早进行越有利。在过去的“民主补课”[15]和整风整社当中，有一批干部被搬掉了，换上来的一批干部多数未经过整风教育，工作作风也不够纯，有的甚至很坏，至今社、队领导核心还没有真正形成。因此，在各级组织，特别是领导核心都需要无例外地进行一次严格的整风，只有经过长期的艰苦的工作，才能把干部的作风彻底转变过来，从而把我们的工作大大推向前进。

■ 注　释

[1]十二条指示，指一九六〇年十一月三日中共中央发出的《关于农村人民公社当前政策问题的紧急指示信》。指示信指出，一平二调的“共产风”严重地破坏农业生产力，必须坚决反对，彻底纠正。指示信规定：农村人民公社实行三级所有，队为基础；允许社员经营少量的自留地和小规模的家庭副业；坚持按劳分配原则等。指示信对纠正“共产风”，扭转农村局势起了积极作用。

[2]“五风”，指“大跃进”和人民公社化运动中发生的“共产风”、浮夸风、强迫命令风、干部特殊化风和对生产瞎指挥风。

[3]指生产大队内部生产队和生产队之间、生产队内部社员和社员之间的平均主义。

[4]“六十条”，指一九六一年三月中共中央制定的《农村人民公社工作条例（草案）》。条例草案对人民公社内部严重存在的队与队、社员与社员之间的平均主义，在纠正社、队规模偏大，公社对下级管得太多太死，民主制度和经营管理制度不健全等方面，作了比较系统的规定。同年五六月间，中共中央又对这个草案作了修改，制定了供讨论和试行用的《农村人民公社工作条例（修正草案）》，进一步规定取消分配上的供给制部分，停办公共食堂。一九六二年九月，中共八

届十中全会正式通过了《农村人民公社工作条例(修正草案)》。人民公社“六十条”的贯彻执行,对恢复农村经济起了重要的作用。

[5]“三七开”,指农村人民公社分配中工资制部分和供给制部分的比例。工资部分占三成,供给部分占七成。

[6]“二八开”,指农村人民公社分配中工资制部分和供给制部分的比例。工资部分占二成,供给部分占八成。

[7]“五保户”,《一九五六年到一九六七年全国农业发展纲要》规定:对农村中缺乏劳动力、生活没有依靠的鳏寡孤独的社员,生产队在生活上给以适当的照顾,做到保吃、保穿、保烧(燃料)、保教(儿童和少年)、保葬。享受这“五保”的社员户,称为“五保户”。

[8]吴芝圃(一九〇六——一九六七),河南杞县人。一九二五年加入中国共产党。曾任中共豫皖苏边区委书记,新四军第四师政治部主任。新中国成立后,任河南省人民政府主席,河南省省长,中共河南省委书记,中共中央中南局书记处书记。

[9]“三包一奖”,指包工、包产、包成本和超产奖励,是我国高级农业生产合作社实行的一项基本的生产责任制度。

[10]“三定”,指国家在农村实行粮食定产、定购、定销政策。

[11]高级农业生产合作社根据生产需要,把一定数量的土地、劳动力、耕畜和大型农具在一定时期相对固定地交给所属生产队使用,称“四固定”。

[12]“三权”,指农村人民公社生产队的生产资料所有权(又称产权)、生产经营自主权、收益分配权。

[13]《农业发展纲要四十条》,即《一九五六年到一九六七年全国农业发展纲要》,它是中共中央根据毛泽东的倡议提出的,一九六〇

年四月经二届全国人大二次会议通过公布施行。纲要提出了我国农业、畜牧业、林业、渔业、副业以及农村商业、信贷、交通、邮电、广播、科学、文化、教育、卫生等方面的发展规划。

[14]一九五八年五月，中共八大二次会议正式通过“鼓足干劲、力争上游、多快好省地建设社会主义”的总路线。会后，“大跃进”运动在全国展开，很快形成全民大炼钢铁和人民公社化运动的高潮。以高指标、瞎指挥、浮夸风和“共产风”为主要标志的“左”的错误严重地泛滥开来。

[15]即民主革命补课。河南省信阳地区由于“大跃进”发生了严重的“五风”问题，至一九六〇年底，出现了大量死人的严重事件。中共信阳地委于一九六〇年十二月召开会议检查工作，并向中共中央、中南局、河南省委报告说“信阳事件的性质是反革命复辟，是民主革命不彻底”，提出“要像土改一样大搞整风运动，进行民主革命补课”。中央肯定了信阳地委的报告，要求全国三类社队整风都应照此执行。一九六四年九月十八日，中共中央在《关于印发〈农村社会主义教育运动中一些具体政策的规定（修正草案）〉的通知》中提出：“民主革命不彻底的地区，都必须认真地进行民主革命的补课工作，在土地改革时漏划的地主、富农，必须清查出来。”中共十一届三中全会以后，对民主革命补课工作进行了复查，平反了错误补划的地主、富农。

关于中央机关精简情况的报告*

（一九六一年六月十九日）

自从去年九月中央批转了《关于中央各部门机构编制情况和精简意见的报告》以后，中央各部门进行了比较认真的精简。在人员方面，中央各部门在京单位原有二十四万余人，至今已经精简了八万余人，占原有人数的百分之三十三，即每三个工作人员减少一个。其中行政部门原有六万四千余人，精简了一万五千余人，占原有人数的百分之二十四，超过原定精简百分之十五到二十的要求；事业单位原有十七万六千余人，精简了六万五千余人，占原有人数的百分之三十七，达到了原定精减百分之三十到五十的要求。由于各部门的实际情况不同，精简的比例有高有低。如农林口各部门精简了百分之四十八，工业交通口各部门精简了百分之三十七，外事口各部门精简了百分之八点五。

在机构方面，中央各部门的司局机构，撤销、合并了八十九个，精简了百分之十五。事业机构（包括科学研究、勘察设计机构和出版社、印刷厂、文工团等）合并了一百一十一个，精简了百分之二十六。中央各部门的科学研究机构，除了少数已经撤销、合并或下放的以

* 这是习仲勋给中共中央的报告。中共中央于当年六月二十八日将这个报告转发各中央局及各省、市、自治区党委参照执行。

外，多数尚未定案，由于科学研究机构的全面调整问题比较复杂，牵涉面比较广，现正由以科委为主的专门小组进行研究。

到目前为止，中央各部门的精简工作虽然还没有全部结束，但已经取得了一定的成绩，主要表现在三个方面：

一、改善了工作作风，提高了工作效率。由于人员减少，公文、表报、会议及其他行政事务也大大减少，许多单位的领导干部能够摆脱事务，集中精力考虑工作中的主要问题和深入实际进行调查研究。同时，人少了，更发挥了工作人员的积极性。如冶金部地质矿山司过去有些干部有力无处使，长期闲着，精简后留下的人都有事做了。铁道部金属化学研究所过去辅助人员过多，有些人作用不大，工作不安心，领导干部和研究人员还要给他们做思想工作。辅助人员大量减少以后，研究人员和领导干部都能够腾出更多的时间参加科学研究工作。建筑工程部北京设计院人员精减了百分之四十，但完成的设计任务，比精简前还多。

二、充实了基层，加强了生产第一线。目前已经分配处理了干部三万八千余人，公勤人员和工人二万五千余人，这些人员主要是下放到农村基层和中央各部门直属的厂矿企业单位。下放到农业生产第一线的干部中，有七千八百余名都是经过严格挑选的，下去以后，绝大多数担任了公社和生产大队的领导职务。

三、纯洁了组织。由于清理了队伍，对防止泄露国家机密和发生政治事故，更加有了保证。

为了更好地完成精简工作任务，目前急需抓紧以下几项工作：

首先是中央各部门设在外地机构的精简工作。各部门在外地的机构共有十七万五千余人，其中科学研究和勘测设计机构十二万五千余人，约占百分之七十，物资供应办事机构和黄河、长江水利规划委员会及其他机构五万余人，约占百分之三十，到目前为止，基本上都没有进行精简。经我们对各部门驻上海、南京的若干单位的调查，机构臃肿、人浮于事、人员不纯的情况，较在京单位更为严重，亟需大力精简。过去由于中央部门迟迟不表示态度，地方党委不好抓这些单位的精简工作，现在应该以省、市、区党委为主，商同中央部门彻底进行精简。

其次是精简人员的处理。到目前为止，在精简的八万余人中，还有一万七千余人（干部一万一千余人、公勤人员和工人六千余人）尚待分配处理。其中比较难以处理的约五千余人，主要是有严重政治问题的、年老病弱不能坚持工作的、照顾夫妇关系难以调离北京的人员。对这些人员，将根据不同情况，分别加以妥善处理。凡能工作的干部，都尽量分配工作，一时不能分配工作的、能够搞体力劳动的，可以组织起来到机关生产基地或农村公社参加劳动生产。至于公勤人员和工人，绝大部分应该动员回乡生产。精简人员的家属虽然不占机关的编制，但是长期留在北京则增加了城市人口的比重。因此，凡是调离北京的人员及其家属都应该分期分批地迁到地方安置。

最后，根据中央关于大力压缩城市人口的精神，对中央各部门的机构和人员再作适当的精简，是完全必要的，也是可能的。目前中央各部门的机构编制虽经过一次精简，但一般的还是偏多偏大，特别是事业单位的机构编制，可以精简的更多。如有些业务不多，或者研究人员不多的科学研究机构，完全可以撤掉或者合并，非研究人员应该尽量减少。为了坚持贯彻中央的精简方针，可以考虑规定中央各部门的编制，在这次精简后，三五年内，只能减少，不许增加。个别需要增加的，也必须经过国务院编制委员会审核批准。

关于全国招待工作会议的报告*

（一九六二年二月十二日）

总理并中央：

根据中央的指示，去年十二月中旬召开了全国招待工作会议，对过去的工作进行了一次比较系统的检查；肯定了成绩，批判了缺点，总结了经验，提高了认识；拟定了《关于对内招待工作的规定》[1]；审查和修订了有关的规章制度。

从会议反映的情况看来，各地的招待工作成绩是很大的，对外招待工作尤为显著。但是，缺点和错误也确实不少。最主要的问题是近两三年来，在不少的干部中间，讲究排场，贪图享受，不能艰苦朴素，不能与群众同甘共苦的倾向，不精打细算，不爱护公共财物的风气有所滋长。讲究吃好住好的多了，讲究省吃俭用的少了。比生活待遇的多了，比克己奉公的少了。饭店、宾馆越修越多，标准越来越高，家具设备也很豪华。在这些地方很少看到旧的和有补丁的东西。经营管理上的大少爷作风也表现得比较严重。花钱不是算了再花，而是花了再算，花多少算多少。请客送礼已成为风气。一桌饭一二十个菜。一个客人一二十个人作陪。游览和晚会也搞得太多。人力

---

* 这是习仲勋就第三次全国招待工作会议的情况给中共中央和国务院总理周恩来的报告。

上的浪费更为普遍。机构重叠,人员过多。许多饭店、宾馆平均一个房间有一个到一个半服务人员,绝大多数是青年。更值得注意的是,有些同志住在饭店、宾馆,不是挑剔住的不好,就是抱怨吃的不好,甚至提出一些额外的要求,有制度也不遵守,使招待部门十分为难。广东和上海反映,近几年来,看病休养的人特别多,大部分不是住在医院和疗养院,而是长期住在饭店、宾馆。有些人带的家属和随员也过多。

上述种种显然是一种不健康的现象,是一种资产阶级思想作风在我们革命队伍中的反映,完全违背了党的艰苦朴素的优良传统。当然,就全党来说,我们的思想作风还是艰苦朴素的,群众中的影响是好的,就是招待部门的工作成绩也还是主要的。上边所说的只是少数人的问题和部分现象。但是,它造成的恶果却很严重。一般干部和群众对此颇有意见。特别是在灾荒严重的地方,更是脱离群众。因此,我们必须严肃对待,一定要把这种不良风气迅速扭转过来。

去年夏季以来,各地根据中央和少奇同志的指示,都进行了检查,这种不良风气有所收敛。可是,问题还没有彻底解决。主要是对贯彻党的艰苦朴素的优良传统和勤俭办一切事业的方针重视不够,对旧社会习惯势力的影响警惕不够,对招待工作中的缺点检查不够。艰苦朴素,厉行节约,勤俭办一切事业的精神,毛主席在延安的时候就讲起,全国胜利前夕在七届二中全会[2]上又专门讲过,胜利以来还是经常地提醒我们。关于不准请客、不准送礼等事,中央和国务院从一九五一年以来曾经三令五申。可是,这几年来有些地方和有些单位,却没有认真地贯彻执行。就拿最近的情况来说,中央一再批转文件和发指示，国务院派人进行检查和开会，而有些地方，饭店还在盖，客还在请，礼还在送，“后门”还在走。有些县以上的领导干部，还在盖宿舍、楼房，有的甚至拆群众的房子搞这种修建，这是绝对不能容许的。

这次会议一开始就进行了几天的座谈务虚，让到会同志畅所欲言，进行了批评和自我批评。陈毅[3]同志的讲话和我的总结报告，都着重地讲了发扬艰苦朴素、反对铺张浪费和特殊化的问题。划清了是非界限，明确了好坏的标准。确定了招待工作必须坚持勤俭建国、勤俭办一切事业的方针；坚持生产第一、生活第二和政治思想第一、物质招待第二的原则。这是一个根本的长期的方针，必须坚决地贯彻执行。在社会主义建设时期要这样做，社会主义社会建成了也还要这样做，在目前暂时困难的情况下更要这样做。否则，就会脱离群众，不利于社会主义建设。

在今年内，根据中央以调整为中心的“八字方针”[4]和“精兵简政”、增产节约的精神，对招待工作也必须进行一次彻底的整顿。主要做好以下几项工作：

第一，移风易俗，彻底放下架子。坚决反对讲排场，比享受，不能艰苦朴素，只能为官不能为民，不能与群众同甘共苦的国民党作风。凡是中央指示不准做的事，如不准新建非生产性建筑，不准请客，不准送礼，不准“走后门”等等，就坚决不做。坚决把铺张的架子拉下来，把不适当的标准降下来，把讲阔气和特殊风纠正过来。

第二，克勤克俭，厉行节约。招待部门基本上是一个消费性的部门，如果克勤克俭，就可以为国家节省大量的资金。否则，也可以造成很大的浪费。因此，必须精打细算，会过日子。无论花钱用物，都要有计划。要学会用很少的人力、物力、财力，办很多的事，收到良好的效果。要严格实行经济核算，健全财务制度。凡是不合理的、不按制度的开支，一律不得报销。大力压缩社会集团购买力。在最近几年内一律不准添置新的设备和家具。彻底清理仓库。凡是能用的设备和物资，要充分使用，破旧了的可以洗一洗、补一补再用，不要光用新的，多余的应当交给有关部门处理。

第三，厉行“精兵简政”。招待部门的机构和人员，必须大力裁减，经常保持精干得力。凡是不属于招待部门的事，就坚决不办；就是属于招待部门的事，少办些或者不办也不会有什么坏处。没有必要设立的机构坚决撤销，重叠的坚决合并。人员要根据实际工作需要，实行定员定额，把编制紧缩到最低限度。凡是年纪大的人可以做的工作，就不要用年轻力壮的人去做，把多余的和年轻力壮的人员调整出来，加强生产第一线。

第四，加强统一领导。招待工作是一项为政治服务而政策性很强的事务工作，涉及的面广，接触的人多。因此，必须加强统一领导，反对各自为政；必须建立严格的请示报告制度，反对无组织、无纪律的行为。各省、市、自治区应该成立专门委员会，把对内对外招待工作统一管理起来。

第五，加强思想政治工作。招待部门的任务很重，事情繁杂，所处的环境又比较优越。人员虽然比较纯洁，但是，这几年来由于思想政治工作薄弱，有些同志出了毛病，坏了一些人。因此，在招待部门一定要加强党的领导，要有专门的人员经常做思想政治工作。

这次会议拟定的《国务院关于对内招待工作的规定》，已经把上述的精神写了进去。这个文件拟请中央和国务院审查批准，下达执行。

招待工作光有方针是不行的，还必须有一套具体的规章制度，才能解决实际工作中的问题。这次会议根据既要厉行节约又要解决问题，既要有适当的照顾又不能与群众的生活水平相差悬殊，既要区别内宾和外宾又要区别党内和党外，既要有统一的规定又允许因地制宜等原则，审查和修定了有关出差旅费、会议费、干部疗养、出国人员和接待外宾生活补助费、节约旅费外汇等项规章制度。这些规章制度分别由国务院和主管部门下达执行。当然，有些规章制度还不可能一下子制定得十分合理，只能在今后实践中逐步地加以补充和改进。

在招待工作中发扬党的艰苦朴素的优良传统，反对资产阶级的庸俗作风，是一个长期的斗争，也是一个长期的教育过程。必须使所有工作人员懂得，招待部门是最容易受资产阶级思想作风侵袭的一个薄弱环节，如果我们稍有疏忽，就会沾染上旧习气和坏作风。这几年来由于我们有失警惕，疏于检查，就出了一些问题，这是一个很大的教训。因此，建议各级党委和各级人民委员会根据中央的指示和这次会议的精神，对招待工作进行一次认真的检查和整顿。在今后要加强对招待部门的领导，定期检查和总结工作，经常敲起警钟，教育所有工作人员，发扬艰苦朴素的优良传统，坚决同一切不良倾向作斗争。只要各级领导机关注意了，认真负责地把这项工作管起来，领导干部再能以身作则，问题就可以得到解决。

随报告送上《国务院关于对内招待工作的规定》，请中央和国务院审批。

■ 注 释

[1]指一九六一年十二月十一日至二十二日第三次全国招待工作会议拟定的《国务院关于对内招待工作的暂行规定》,作出厉行节约,反对铺张浪费;保持艰苦朴素的作风,严格遵守招待制度;不准用公款请客、送礼;不准迎送;停止修建非生产性建筑;禁止商品供应"走后门";进一步压缩社会集团购买力;严格实行经济核算;坚持收费制度;不要随便组织参观团等二十六条规定。

[2]七届二中全会,见本书《关中新区的工作方向》注[4]。

[3]陈毅(一九〇一——一九七二),四川乐至人。一九二三年加入中国共产党。曾任新四军军长,华东野战军、第三野战军司令员兼政治委员,上海市市长。新中国成立后,任中共中央华东局第二书记,中央人民政府人民革命军事委员会副主席,国防委员会副主席,中共中央军委副主席。一九六二年时任中共中央政治局委员、国务院副总理兼外交部部长、全国政协副主席。

[4]即一九六一年一月中共八届九中全会正式决定的在两三年内对国民经济实行"调整、巩固、充实、提高"的方针。

同心协力把广东工作做好*

（一九七八年四月六日）

这次华主席[1]、党中央分配我到广东工作，感到担子很重，恐怕不能完成党的托付。但我决心和同志们一起，在韦国清[2]同志和省委的集体领导下，努力做好工作。过去对广东的情况不了解，这次看了韦国清同志的讲话和省委工作报告，看了大会的简报，感到这次大会，开得很好，很成功，生动活泼，心情舒畅。大会认真落实党中央提出的新时期的总任务，结合广东的实际情况，制定了振奋人心的规划，提出了切实的措施。这是在广东党的历史上具有重大意义的大会，是一次团结的大会，胜利的大会。

这次来广东之前，华主席、叶副主席[3]、邓副主席[4]、李副主席[5]、汪副主席[6]和中央其他领导同志都曾予接见，对广东工作寄予很大希望，一再指出做好广东工作，对国内国际都具有十分重大的意义。一年多来，在韦国清同志和省委领导下，我省揭批“四人帮”[7]取得了重大的成绩，发展是健康的。工业、农业、财贸、文化、教育、科学技术、交通运输各条战线上，都取得了重大的成就，同全国一样，广东的形势是好的。对于实现社会主义的四个现代化，完成毛主席和周总理的遗愿，可以说已经有了一个良好的基础。

* 这是习仲勋在中国共产党广东省第四次代表大会上的讲话。标题为编者所加。

“文化大革命”前我到过广东。广东是具有光荣革命历史的地方。在第一次国内革命战争时期，毛主席、周总理、朱委员长和其他老一辈无产阶级革命家，在广东的伟大革命实践留下了永不磨灭的光辉。广东是叶副主席的家乡。叶副主席参加并领导了广州起义和解放广东的斗争，新中国成立初期又亲自领导了广东的工作。广东人民在党的领导下，在历次国内革命战争和抗日战争中是有光荣战功的。广东又是我们祖国的南大门。我海南岛[8]地居南海要冲。东南亚军事政治形势的变化，对我国和我省关系极为密切。越来越多来到广州的国际人士，越来越多回来探亲访友的港澳同胞和国外侨胞，他们踏上广东的大地，就是看见了社会主义的新中国。我们的责任十分重大。我们一定要振奋革命精神，把工作做得更好，不辜负党中央和五千多万广东人民对我们的信任和希望。

我完全同意韦国清同志的讲话和省委的工作报告。目前，必须大力宣传新时期的总任务，做到家喻户晓，人人明白；必须把揭批“四人帮”的斗争抓紧、抓好，抓到底，结合各部门、各地区的实际，抓住“四人帮”影响最深、造成危害最大的问题进行深入批判，分清路线是非，拨乱反正，把广大干部和群众的积极性充分调动起来。必须把被“四人帮”败坏了的党的优良传统恢复和发扬起来，坚持实事求是、群众路线、社会主义民主，密切联系群众，关心群众生活，艰苦奋斗，勤俭节约的优良作风。必须坚决落实党的干部政策、知识分子政策、统一战线政策、侨务政策、民族政策、对敌斗争政策，以及经济建设中的各项政策。必须赏罚严明，伸张正气，打击歪风，正确区分和处理两类不同性质的矛盾，调动一切积极因素，团结一切可以团结的力量。这样，才能在我省真正掀起一个经济建设高潮和文化建设高潮。要做好这一切，是要经过斗争的，决不是轻而易举的事，我们决不能把“四人帮”的流毒和影响估计小了。

要抓紧学习。我们大家有一个共同的学习任务。首先我应当向广东的同志们学习，向广东的人民群众学习。要完整地准确地学习、宣传马克思列宁主义、毛泽东思想，同时还要努力学习文化，学习现代科学知识，掌握现代化生产所必需的劳动技能和管理方法。尤其是各级领导干部，要起带头作用，提高领导方法和改进领导作风。这是我们完成新时期的总任务，完成新长征胜利的重要保证。来此以前，我向华主席表示，我想还可以为党工作十来年。我决心和同志们团结在一起，同心协力把广东工作做好。学习、学习、再学习，团结、团结、再团结，在党中央领导下，依靠全省人民的努力，广东一定能紧跟全国人民的步伐，战胜一切困难，以跃进的姿态，为实现新时期的总任务，作出应有的贡献。

■ 注　释

[1]华主席即华国锋(一九二一——二〇〇八)，山西交城人。一九三八年加入中国共产党。曾任中共交城县委书记，中共阳曲县委书记。新中国成立后，任中共湘潭地委书记，湖南省副省长，中共湖南省委书记处书记，湖南省革委会主任，中共湖南省委第一书记兼省军区第一政治委员。一九七一年起任国务院业务组副组长、国务院副总理、国务院代总理。一九七六年四月，根据毛泽东提议，中共中央政治局通过，任中共中央第一副主席、国务院总理。一九七六年十

月后任中共中央主席、中央军委主席、国务院总理。

[2]韦国清(一九一三——一九八九),广西东兰人。一九三一年加入中国共产党。曾任新四军第四师副师长,华东野战军第二纵队司令员兼政治委员,苏北兵团司令员。新中国成立后,任驻越南军事顾问团团长,中共广西壮族自治区委第一书记,中共中央中南局第二书记,广西壮族自治区革委会主任。一九七八年时任中共中央政治局委员,全国人大常委会副委员长,全国政协副主席,中国人民解放军总政治部主任,中共广东省委第一书记。

[3]叶副主席即叶剑英(一八九七——一九八六),广东梅县人。一九二七年加入中国共产党。曾任中央革命军事委员会总参谋部部长,福建军区、闽赣军区司令员,中国工农红军陕甘支队参谋长兼第三纵队司令员,八路军参谋长,中央军委参谋长,北平市军事管制委员会主任兼北平市市长,中共中央华南分局第一书记,广东军区司令员兼政治委员。新中国成立后,任广东省人民政府主席,中南军政委员会副主席,华南军区司令员,中南军区代理司令员,中共中央中南局代理第一书记,中央人民政府人民革命军事委员会副主席,国防委员会副主席,军事科学院院长,全国政协副主席。一九七八年时任中共中央副主席、中央军委副主席、全国人大常委会委员长。

[4]邓副主席即邓小平。

[5]李副主席即李先念(一九〇九——一九九二),湖北黄安(今红安)人。一九二七年加入中国共产党。曾任红四方面军第三十军政治委员,新四军豫鄂挺进纵队司令员,新四军第五师师长兼政治委员,鄂豫皖湘赣军区司令员兼政治委员,中共中央中原局第二副书记,中原军区兼中原野战军司令员,晋冀鲁豫野战军副司令员。新中

国成立后，任中共湖北省委书记、省政府主席、省军区司令员兼政治委员，中共中央中南局副书记，中南行政委员会副主席，国务院副总理。一九七七年起任中共中央副主席。后任中华人民共和国主席，全国政协主席。

[6]汪副主席即汪东兴，一九一六年生，江西弋阳人。一九三二年加入中国共产党。曾任中共中央书记处办公处副处长、警卫处处长、防空委员会副司令员。新中国成立后，任政务院秘书厅副主任，公安部八局副局长，中共中央办公厅警卫局局长，公安部九局局长，公安部副部长，中共江西省委常委、江西省副省长，中共中央办公厅主任兼中央警卫局局长，中共中央军委常委，中央党校第一副校长。一九七七年起任中共中央副主席。

[7]一九七三年中共十大召开后，中共中央政治局内江青、王洪文、张春桥、姚文元结成小帮派，进行宗派活动，毛泽东称之为“四人帮”。一九七六年九月毛泽东逝世后，“四人帮”加紧夺取党和国家最高领导权的活动。十月六日，中共中央政治局采取断然措施，对王洪文、张春桥、江青、姚文元实行隔离审查。此后，全国开展了揭批“四人帮”的群众运动。

[8]海南岛原为隶属于广东省的一个行政区。一九八八年四月，经七届全国人大一次会议批准，海南建省，管辖海南岛、西沙群岛、南沙群岛、中沙群岛及其海域。海南岛为经济特区。

切切实实改变工作作风*

（一九七八年四月十日）

为使党的路线、方针、政策落到实处，关键要切切实实地改变我们的作风。要实事求是，反对主观、武断、弄虚作假，提倡说真话，反对说假话、空话、大话。现在有一种情形，那些讲假话、空话、大话的人，犯大错误也不要紧，他老是在台上。那些埋头苦干，实实在在办事的人呢，老是受批评，挨整。广东有没有这种情况呢？我没有下去了解，我想可能有。我们要有一个好思想、好作风。要说到做到。韦国清[1]同志说，讲话要留有余地。我很赞成这句话。不要把话讲满了，不要说那些做不到的话。要一步一个脚印。要鼓实劲，老老实实做工作，不要鼓虚劲。有的人鼓虚劲，在那里唱高调，不做事情，在领导面前唱高调，来保住他的乌纱帽。这种人要坚决批评，要好好教育他。

要走群众路线，因为一切事情都要依靠群众做的。遇事要同群众商量。要深入群众，调查研究，发现问题，同群众一起商量解决。这是最好的办法。

我们要发扬社会主义民主，这已经写在宪法上。希望我们这些班长要注意，不要搞“一言堂”。要实行知无不言，言无不尽，言者无

* 这是习仲勋在广东省地市委书记会议上讲话的一部分。标题为编者所加。

罪，闻者足戒的原则。这个本事我们要学，但难学。过去我们听到了反面的意见，反对的意见，也是心里不舒服，不高兴。我们要听取反面意见，不同的意见。你要少犯错误，少做错事，就要听取别人的反面意见。不要因为人家提了不同的意见，就整人，成为仇人。我们不要像"四人帮"[2]那样，动不动就整人，就把人一棍子打死。"四人帮"扣帽子、打棍子，什么都来。帽子还不止一顶，帽子工厂，给一个人扣好几顶帽子。我们不能这样。另外，要特别告诉当班长的同志，我们自己要敢于替下级承担责任。不要一有错事都是下面干的，这样的班长当之也有愧。我们要当一个敢于对下级承担责任的班长。

有的同志讲现在仍然心有余悸，也真是心有余悸。要解除这个思想枷锁。"四人帮"把人们整怕了，怕以后弄不好又来一个反复，思想上有顾虑，要解除这个顾虑。我们不要心有余悸，怕什么呢？你只要按党的十一大精神，按照省委的具体决定去办，怕什么呢？符合党的政策、党的利益的，就办嘛，凡是不符合的，就反对嘛，坚决抵制嘛。

有的同志说，现在还是少做一点好，做多了，又弄错了。如果有哪一个同志跟我这样说，我就批评他。你这是对人民负责吗？够一个共产党员的格吗？我们都是共产党员，在座的同志又都是班长嘛，要以身作则，首先在这方面解放出来。如果我们这些人心里有个疙瘩，身上还背个包袱，那工作就做不好。不要怕说错话，犯错误。一个人老怕说错话，犯错误，你必然要犯错误，做错事。你怕犯错误而不做工作，这本身就是一个错误。你只要做工作，没有这样的错误，就有那样的错误，不在这件事上办得不适当，就在那件事上办得不适当。这样犯错误算得了什么呢？我们这些人是在错误中成长起来的。过去我们打游击仗，开头不懂，吃败仗，后来从失败中学到了本事，最后才会打仗，消灭了敌人。我们做工作也是这样，你不犯错误，不栽跟斗，不碰一鼻子灰，你就不知道哪条路不好走，走哪条路才对。毛主席也常讲，人有后知之明就很好。一个人谁有先知之明，先知之明的人很少。毛主席也说他自己没有先知之明。一个人办一件事办错了，知道这样对，那样不对，总结了经验教训，就好了，就了不得，这个干部就很行，很有希望，很有发展前途。

要精简那些不必要的会议，减少不必要的文件，要尽量写短文章。这是毛主席一贯提倡的。现在《人民日报》办得好，可作为我们学习的榜样。《南方日报》在这次会议后要研究这个问题。现在会议太多了。华主席[3]找我谈话时，我就提这个意见。我说会议多，能开出个现代化吗？华主席说，仲勋同志，你的话很好，很好。会议多，没有好处，花费太多了。现在开会跟过去又不一样了，特别到下边，一个企业开会吃的都要特殊供应，弄得工人很有意见。当然，有的会议也是必须开的，很多部门十几年没有认真开会了，都想开个会解决一下存在的问题，这个心情也是可以理解的。但会议一定要分轻重缓急，要安排在适当的时候，要结合生产，不要妨碍生产。

文件、报告也要少而精。不要以为送领导的报告很勤就很好，多了也没时间看。一个情况反映，一个请示报告，尽量简单一些，把问题说明白了就好了。也不要把问题积成一本，写成万言书上送。要经常请示报告，反映情况。经常请示反映了，就用不了多少个字。文件简短一些，你们省工夫，也省领导同志看文件的工夫。所以我说，不必要的会议，不必要的文件，都不要搞。要走出机关，走出办公室，到第一线去。农村到生产队去，企业单位到车间去。我当过半年副厂长[4]，我就总是去车间，办公室的沙发很漂亮，我就是不去。我半天在车间劳动,谁有事找我,就在车间解决。同工人在一起,工人高兴得很。我们要同群众在一起,与他们同呼吸,共命运,心连心。我们坚决反对那种高高在上、官僚主义的作风,不民主的作风,霸王作风。要发扬艰苦奋斗、勤俭节约的优良传统,反对铺张浪费、贪图享受的不正之风。

■ 注　释

[1]韦国清,见本书《同心协力把广东工作做好》注[2]。

[2]“四人帮”,见本书《同心协力把广东工作做好》注[7]。

[3]华主席即华国锋,见本书《同心协力把广东工作做好》注[1]。

[4]一九六五年十二月至一九六七年一月,习仲勋被下放到洛阳矿山机器厂,担任副厂长。

落实知识分子政策，加强党对教育工作的领导*

（一九七八年七月四日）

现在讲讲教育战线落实党的知识分子政策的问题。

首先要抓紧专案复查工作。我们广东过去搞“两退一插”[1]，把很多教师弄回家了，到目前仍有五千三百多人尚未复查处理，还在一边摆着。这个问题很严重，是严重违背党的政策的。现在首先要落实人家的工作，然后再复查。现在有的人有了工作，但是还有很多问题没有解决，如家属子女问题。有些人本来查不出什么问题，却硬要找些理由，给人家按个钉子。这很不好，不要这样搞。我们要落实政策，把一些同志很快解放出来，安排他们工作。我觉得只要是过去做了几年工作，有一定锻炼，有一定经验，思想作风还好的，就要安排工作。要使大家心情舒畅，他能干什么工作，就给什么工作做，能做多少工作就给多少工作做，不要把一些人在那里摆着。现在这也浪费，那也浪费，但最大的浪费还是人才的浪费。要把“文化大革命”以来本单位发生的案件一宗宗、一件件查清落实，凡是那些诬陷不实之词，都要统统加以推倒，错案、假案、冤案要坚决纠正，公开平反，彻底昭雪。同志们！搞“两退一插”已十一二年了，人家没有工作干，这不

* 这是习仲勋在广东省教育工作会议上讲话的一部分。

是最大的浪费吗？这五千多人，连家属子女，就是好多人呀！有关各部门必须抓紧复查，力争在今年年底前落实。

其次要提高广大教师的社会地位和政治地位。根据工作的需要，教师听报告、看文件必须给予照顾。教师不光是埋头教书，还要关心政治。人民教师是培养革命后代的园丁。要建立革命的尊师爱生关系，不但学生应当尊重教师，整个社会都应当尊重教师。“四人帮”[2]以反“师道尊严”为名，打着消灭差别的旗号，大搞形而上学，排斥迫害教师，把教师的职称都取消了。我们必须拨乱反正，恢复教师的业务职称，建立教师提升的正常制度。根据邓小平副主席在全国教育工作会议上的指示，对于优秀的教育工作者应当大张旗鼓地予以表扬和鼓励，一些有特殊贡献的中小学教师可评为特级教师。对这个工作，各地区都要作好调查研究，发现典型，实事求是地选好典型，为迎接明年全国教育大会的召开做好准备。

在抓好落实政策的同时，必须抓好教师队伍建设的工作。当前教师队伍的问题，主要是质量问题。青黄不接，后继乏人的现象十分严重。当然，这种状况是“四人帮”造成的，是和当前要提高教育质量的要求很不相适应的。各级领导要切实创造条件，特别要加强党的领导，通过整风学习，积极帮助教师提高政治和业务水平。省委决定今年内复办省教育学院，各地区也要恢复或新办教师进修学校，培训教学骨干。这是一件大事，一定要抓好。

再强调一下加强党对教育工作领导的问题。

毛主席对教育工作是十分重视的。一九五八年，毛主席指示我们，省、地、县三级党委第一书记要管教育，不管教育的现象是不能容许的。毛主席还建议我们省、地、县委书记到一个工厂、学校去兼任党委书记，指示我们当领导的要深入基层，取得经验，指导全盘。毛主席的教导，对我们每个领导干部在新时期转变领导作风是有很大现实意义的。现在，党中央对教育工作也极其重视。邓副主席自告奋勇管科学和教育，当后勤部长，为我们树立了榜样，使我们受到很大的教育。我们省委和各级党委都要重视教育，一年抓它几次，帮助教育部门和学校解决一些实际问题。那些认为“生产是硬任务，教学是软任务”，或认为教育与自己无关的看法，是十分错误的，必须加以纠正。

教育工作，决不只是教育部门的事，而是全党全国人民的大事。各行各业都有教育的问题，也都要抓，都要重视，对发展教育事业给予积极的支持。当前，学校要解决的问题很多。如校舍的问题，大、中、小学都很紧张。有关校舍问题，我接到很多人民来信。这是被林彪[3]、“四人帮”搞乱的，问题成了堆，只能分别缓急先后去办，不能慢，也急不得，这就是辩证法。在“文化大革命”期间被占用了的那一部分校舍，凡未退还的应坚决按照中央文件指示的精神迅速退还。一时退还有困难的，也要作出计划限期退还；退房确实有困难的单位，也允许退钱，或给基建材料。此外，基本建设单位，应把教育战线的基建纳入国家计划，保证施工力量和三大材料，尽快扩建一批校舍，以适应教育事业发展的需要。又如，教育经费和教师编制问题，有的地区和单位随便挪用教育经费和占用教师编制，这是一种恶劣现象，必须坚决纠正。把教师借去搞别的工作，也是不应该的。总之，发展教育事业，需要各条战线、各个部门的大力支持，离开各条战线、各个部门的支持，教育工作就很难搞好。教育工作搞不好，实现四个现代化，要快出人才、多出人才就会受到影响。为了实现四个现代化，全党同志都要十分重视教育工作，主动帮助教育部门解决困难，共同努力办好教育事业。

■ 注　释

[1]“两退一插”，指职工退休、退职和到农村插队。

[2]“四人帮”，见本书《同心协力把广东工作做好》注[7]。

[3]林彪(一九〇七——一九七一)，湖北黄冈人。一九二三年加入中国社会主义青年团，一九二五年转为中国共产党党员。曾任红四军军长，红一军团军团长，红军陕甘支队副司令员兼第一纵队司令员，八路军一一五师师长，中共中央东北局书记，东北军区兼东北野战军司令员、政治委员，第四野战军司令员。新中国成立后，任中南军政委员会主席、中南军区司令员，中央人民政府人民革命军事委员会副主席，中共中央副主席，中央军委副主席，国务院副总理兼国防部部长。在“文化大革命”期间，策动反革命政变，阴谋篡夺党和国家最高领导权。阴谋败露后，乘飞机外逃，摔死在蒙古温都尔汗。后被开除党籍。

要注意培养干部*

（一九七八年七月三十一日）

光用干部，不注意培养干部不行。要注意培养中青年干部，特别是青年干部。要把那些有觉悟、有能力、有文化的机关干部放到基层锻炼一段时间，到公社当几年书记，当好了，到县里当个县委书记也就能当得了，当得好。这是培养和提拔中青年干部的一个好办法。

培养干部，哪一级都有责任，不仅要看你能不能完成工作任务，还要看你能不能培养出接班人来，这是一个重要任务。干部要增长才干，还要注意适当变换环境。一个县委书记在一个地方工作没有几年不行，但时间太长了，也容易产生"什么也知道"，什么都觉得无所谓，那还有什么进步。到一个新的地方去，环境改变了，迫使你去学习，去调查研究，动脑筋，你就有新的提高。

要注意考察干部，做到知人善任。选拔干部不要只喜欢那些听话的。有些调皮的，你说什么他都敢提出不同意见，这怕什么呢？这些人往往有本事。特别作为一个领导者，身边有几个敢于提不同意见的人做朋友，很有好处，可以少犯错误。有些人，不管你说什么，他都说是、是、是，对、对、对。这样的人，起码是水平不高，是不动脑筋

---

* 这是习仲勋到汕头检查工作时对中共汕头地委常委谈话的一部分。标题为编者所加。

的懒汉，不会有大的作为。所以讲，敢提不同意见的，不一定是缺点，可能还是他的优点；不敢提意见的，不一定是优点，可能是他的缺点。作为领导，要创造条件，使下面干部敢讲话，让人能无拘无束地提意见。要带出一个好风气。有了这样的作风，我们的班子、干部队伍就有战斗力，毛主席提出的生动活泼的政治局面才能出现。

刹住行政机关会议多开支大量增加的不正之风*

（一九七八年八月二十二日）

现将新华通讯社《内部参考》第八十五期关于《近几年全国行政机关会议多开支大量增加》[1]的报道，印发到会同志一阅。报道中提出的问题，我省也严重存在，而且多数发生在省直的一些部门，必须认真检查纠正。请省财政局把我们在这方面的情况整理一个材料，提出几条措施、规定，并在会议上作一发言，以引起注意，刹住这股不正之风。

■ 注　释

[1]该文反映："据财政部统计，近几年来，会议费开支大幅度上升"，"今年中央和国务院各部门的会议费开支已达三千万元，比过去一般年份要多开支三四倍"，"估计今年全国的会议费开支可能达到五亿多元"。而且，"这些数字是从账面上计算的，实际开支还要多"。

*　习仲勋的这篇批语和新华社第八十五期《内部参考》是作为当时正在召开的广东省地委书记会议文件下发的。

“现在开会的特点，一是多，二是规模大，三是时间长。”该文指出了一些会议存在的问题：（一）大多数会议是经济部门和行业系统召开的。往往是国务院某部委召开了一个会议后，省、地、县一级级接着开下去，重复上级文件的内容，当“收发室”。（二）“四人帮”形而上学的余毒没有完全肃清，追求形式，总以为会越大越重要，对问题越重视。（三）有些会议不遵守财经制度，铺张浪费。有的领导部门擅自提高会议伙食补助标准，有的用提高房租的办法补充伙食，有的放电影、组织游览的费用也从会议费中开支。

贯彻落实党的民族政策，加强少数民族地区的经济建设和文化建设*

（一九七八年十月四日）

毛主席历来都很重视少数民族工作。在战争年代，毛主席亲自做民族工作，在延安时对民族工作作过很多指示。当时我也在陕北，一起工作的少数民族干部不少，有回、蒙古、维吾尔等民族干部。少数民族是聪明的，有的民族文化程度也很高。毛主席历来很重视培养少数民族干部，当时甘肃省就有几个省一级的回族领导干部。解放后，毛主席对民族工作也有一系列的指示。毛主席创造性地把马克思列宁主义关于民族问题的基本原理同革命的实践相结合，为我党解决民族问题制定了一系列的方针政策，使民族工作取得了很大成绩，民族地区的面貌发生了巨大的变化。林彪[1]、“四人帮”[2]对民族工作干扰破坏很大，但是粉碎“四人帮”后，党中央重申了党的民族政策，在新宪法[3]中重新作了明文规定，我们应该坚决贯彻落实党的民族政策。有的说，对落实少数民族干部政策不够重视，一些地方是有这种情况。如“四人帮”横行时，在内蒙搞了一个“新内人党”[4]，株连了十多万干部，打成反革命黑帮。新疆开始反对大汉族主义，后来

* 这是习仲勋在广东省少数民族国庆参观团座谈会上讲话的一部分。标题为编者所加。

又出现地方民族主义。省委最近有同志去连南[5]回来反映，连南现在有些少数民族干部在一起不敢讲话，怕人说地方民族主义，这说明人家还心有余悸嘛！因为“文化大革命”前，有一个瑶族干部写了一封信给国务院，署名“反对大汉族主义团结委员会”，就其本人来说，是有错误的，但也不能定敌我矛盾嘛！但在“文化大革命”中便被打成什么集团的假案，株连了一批瑶族的老干部，至今没有得到平反，那就不对了。今后，我们要重视培养少数民族干部。同志们的发言不过分，有的可能还没有把话讲完，只是讲了一部分。现在还心有余悸也不必要。有的说，“汉人压迫少数民族”，这是过去旧社会的情况，压迫少数民族的是汉族中的反动统治阶级。现在要认识到，汉族和少数民族的劳动人民过去都是受压迫的，都要团结起来。搞社会主义、共产主义是不分民族的，我们既反对大民族主义，也反对地方民族主义，当前主要是反对大民族主义，同时也要克服地方民族主义思想。因为两种倾向都是不对的，是违背马列主义、毛泽东思想的。凡是少数民族的地区，汉族同志当领导的，有问题，应该由汉族同志多负主要责任。

广东的少数民族，过去是受反动派、封建势力压迫，被赶到山区去的。广东百分之三十是平原，百分之七十是山区，客家人被赶到山区，少数民族就更不用说了，这是过去历史造成的结果。有的同志对发展山区信心不足，其实山区资源丰富，要看到山区到处都是宝。在山区要靠山吃山养山，将来是很有发展前途的。由于林彪、“四人帮”的干扰破坏，哪些是社会主义、哪些是资本主义都搞乱了。在这方面也要分清路线、政策是非，在民族地区同样要抓落实党在农村的各项经济政策。有的反映，木材价格降低了，这不好，对发展林业影响很大。我们要把林业搞好，要封山育林，发展山区。少数民族地区，由于历史原因，经济、文化建设比较落后，国家要拨些钱，帮助少数民族地区发展经济、文化建设，但我们也要自力更生，由小到大，土洋结合，逐步地搞起来。你们要根据山区特点，发展社队企业，发展山区，发展畜牧业、农副产品加工等。把多种经营搞起来，不但可以改善社员生活，而且还可以成为支援工业的重要基地。国家也要拨些钱帮助少数民族发展文化教育事业。广东民族学院准备搬来广州，校址问题，要研究解决。少数民族地区社队，也要发展文化教育事业。我们还要尊重少数民族的风俗习惯。有些落后的风俗习惯，要引导少数民族群众自觉地进行改革，不能用行政命令强迫改革，主要靠进行耐心教育。你们反映五指山公社没有社队企业，五指山资源丰富，可先搞些小水电，因地制宜逐步搞起来，也可搞沼气。顺德县有的公社大办沼气，成效很大，是一个好办法，建议你们去参观一下。办沼气好处很多，既可用来煮饭，又可发电照明；既解决了燃料，又增加了肥料；既改善了环境卫生，又有利于消灭病虫害，保障人民身体健康，促进生产的发展。我们要抓好以粮为纲，又要开展多种经营全面发展。山区要根据自己的特点，如林业区，就要以发展林业为主。总之，要加强少数民族地区的经济建设和文化建设，发展山区是大有前途的。希望你们回去后，把人家好的经验带回去，要大干快上，把少数民族地区的经济、文化建设搞上去。

最后，请省委统战部、省民委把同志们的意见收集整理出来，提出意见，报省委研究，分批逐步解决。以后，有什么重大问题，同志们也可直接给省委写信。

■ 注 释

[1]林彪，见本书《落实知识分子政策，加强党对教育工作的领导》注[3]。

[2]“四人帮”，见本书《同心协力把广东工作做好》注[7]。

[3]这里指一九七八年三月在五届全国人大一次会议上通过的《中华人民共和国宪法》。

[4]“新内人党”，是“文化大革命”期间康生、谢富治等人对内蒙古人民革命党的诬陷。内蒙古人民革命党是一九二五年建立的坚持反帝反封建革命纲领的具有统一战线性质的党，在中国共产党领导下发挥过积极作用，一九四六年解散。“文化大革命”期间，康生、谢富治多次提出“新内人党”问题，将其作为攻击内蒙古自治区党政军领导人的依据，造成“新内人党”冤案。这起冤案于一九七八年四月获得平反。

[5]连南，即连南瑶族自治县，位于广东省西北部。

打破思想僵化，敢于实事求是*

（一九七八年十月五日）

粉碎“四人帮”[1]以后，党中央把毛主席的实事求是的优良作风恢复了。但要做到实事求是，并不是那么容易。一个重要原因，就是林彪[2]、“四人帮”设了许多禁区，搞了不少迷信，把人们的头脑都禁锢起来，这就提出了解放思想的口号。所谓解放思想，就是要挣脱林彪、“四人帮”设置的种种精神囚笼，坚持实事求是、理论与实际相结合、一切从实际出发，也就是要尊重唯物论、辩证法。当前正在进行的关于检验真理标准问题的讨论，就是一次思想解放运动，意义十分重大。九月二十五日《人民日报》发表的《一切主观世界的东西都要受实践的检验》这篇特约评论员文章，很值得我们读一读，很值得学习。这篇文章从六个方面论述检验真理要靠实践，检验一切主观世界的东西都要靠实践这个马克思主义的基本原则。同样，我们这次市委整风是否必要，发言的同志是否实事求是，犯错误的同志检讨是否深刻，是否有诚意，是否真改，以及整风的效果，这一切也都要受实践的检验。比如我今天在这里讲话，讲得对不对，准不准，是否符合广州的实际，也要受实践的检验。实践是检验真理的唯一标准，这本来是个常识问题，但又是被林彪、“四人帮”搞得混乱不堪的问题。这

---

* 这是习仲勋在中共广州市委常委扩大会议上讲话的一部分。标题为编者所加。

个问题不解决，就不可能冲破禁区，揭批“四人帮”的第三战役也打不好，林彪、“四人帮”的流毒就肃清不了，更谈不上探讨新的问题，也谈不上安定团结，大干快上。

我感到，我们省、市领导干部中，思想不解放，精神不振作，不是那么生动活泼、生气勃勃，条条框框很多，左顾右盼。一句话，就是思想有点僵化。什么东西都是上面说的就算数，当书本、文件的收发室，一切都照着本本去办，自己不开动脑筋，不去思考，不去真正消化，不敢越雷池一步。思想僵化，就不可能拨乱反正，就不可能实现四个现代化。华主席[3]号召我们“思想再解放一点，胆子再大一点”。我们只有打破思想僵化，才能跟得上。

这里有一个很重要的问题，就是要真正敢于实事求是。要做到实事求是很不容易。有时候我们有些人，遇到了要紧的事，竟闭着眼睛说瞎话；或者自己明知事情错了，或与自己有牵连，他也可以闭口不说。这是完全违背实事求是的精神的。我们一定要高举毛主席的伟大旗帜，但是我们要真高举，不要假高举。我们不能认为毛主席过去讲过的话一点都不能动。怎么能够把毛主席说过的每一句话，做过的每一件事，生搬硬套地来解决今天的具体实际问题呢？这样做，并不是真正高举毛主席的旗帜，搞得不好，还会损害毛主席的光辉旗帜。像林彪、“四人帮”那样，口头上喊“高举”，实际上是在歪曲、篡改甚至伪造毛主席的话，割裂毛泽东思想体系，这决不是高举，而是反对毛泽东思想，破坏毛泽东思想体系。我们一定要完整地准确地领会和掌握毛泽东思想。毛泽东思想的基本点就是把马列主义同中国革命的具体实践相结合。毛主席思想最伟大的，就是“实事求是”四个字。这是马克思主义的精华。毛主席之所以能把中国革命引向胜利，就是靠这个。只要我们真正敢于实事求是，能够实事求是，也就是按客观规律办事，我们思想就没有束缚，就解放，就不至于僵化。

在我们干部中，有哪些思想僵化的表现呢？传达上面的精神和外地的经验一点不结合实际，照抄照转；不问情况有没有变化，对过去的经验原封不动地照搬照套；在采用思想教育结合经济手段的办法管理经济方面，心有余悸，缩手缩脚；骄傲自满，夜郎自大，对自己不一分为二，工作搞不好，只归咎于外因，怨天尤人，自己永远正确；因循守旧，故步自封，不读书，不看报，脑子里没有一点新鲜空气，没有思考任何新的问题，靠“等因奉此”[4]过日子；对如何利用我省靠近港澳这个有利条件，引进一些东西，多搞点门路，加速发展我们的经济，不敢想，不敢碰，束手无策，等等，都是思想僵化的表现。这个问题如果不解决，我们今后前进的步子就不可能大，甚至寸步难行。

要解放思想，解决思想僵化的问题，就要批判林彪、“四人帮”的唯心论、形而上学，打掉他们搞的现代迷信；就要努力学习，完整地准确地领会和掌握马列主义、毛泽东思想；就要真正发扬民主，实行不抓辫子、不打棍子、不戴帽子、不装袋子的“四不主义”。不然的话，就不可能做到开动脑筋想问题、出点子，多想办法，就不可能甩开膀子大干。

■ 注　释

[1]“四人帮”，见本书《同心协力把广东工作做好》注[7]。

[2]林彪，见本书《落实知识分子政策，加强党对教育工作的领

导》注[3]。

[3] 华主席即华国锋，见本书《同心协力把广东工作做好》注[1]。

[4]“等因奉此”，见本书《反对官僚主义、命令主义》注[5]。

在暨南大学开学典礼和成立二十周年校庆大会上的讲话

（一九七八年十月十五日）

今天，是暨南大学举行开学典礼，又是成立二十周年校庆。在这个大会上，我谨代表中共广东省委和省革委会[1]向大会表示热烈的祝贺！对支持和赞助办好暨南大学的各位董事以及各方面的知名人士表示衷心的感谢！对来自国外华侨、港澳同胞中的新同学和国内的新同学表示热烈的欢迎！

暨南大学是在毛主席、周总理的亲切关怀下，为了妥善解决华侨、港澳青年回国升学问题，于一九五八年在广州重建的。在不到十年的时间内，就发展成为拥有九个系、十几个专业、三千多在校学生和一千多教工的综合大学，培养了一大批各种专门人才。他们当中，许多人正在我国各条战线上工作，为社会主义革命和建设作出贡献。一些华侨、港澳同胞的子女毕业以后，回到原居住的国家和地区，运用自己学到的知识，为当地群众服务，受到侨居国人民、华侨和港澳同胞的赞扬。事实说明，“文化大革命”前创办暨南大学是正确的、必要的；暨南大学在办学过程中是认真贯彻执行了毛主席、党中央的路线、方针、政策的。但是，祸国殃民的林彪[2]、“四人帮”[3]，出于他们篡党夺权的反革命政治需要，把暨南大学污蔑为“为资本家服务的大学”，“培养红色资本家的黑窝”，并且停办这所大学。

打倒林彪、“四人帮”，暨南大学获得了新生。暨大的复办，凝聚着党中央对广大华侨和港澳同胞的亲切关怀。今年一月，以华主席[4]为首的党中央，作出了恢复暨南大学的决定。叶剑英[5]委员长亲笔为暨南大学题写了校名。廖承志[6]副委员长亲自担任暨大的董事长，并主持召开了复办后的第一次董事会议。省委对复办暨大很重视，迅速成立了复办暨大领导小组，动员各单位在人力、物力等方面给予大力支持。

复办暨南大学，是党中央交给我省的一项光荣的重要的任务。它对于团结几千万海外华侨、港澳同胞，扩大爱国统一战线和国际反霸统一战线，调动一切积极因素，培养各方面的人才，具有重要意义。办好暨南大学，对我省科学教育事业和其他各项工作必将起到很大的促进作用。我们一定要遵照华主席、党中央的指示，加强领导，努力把它办好。

同志们！大家知道，我们国家正在全力以赴地为实现四个现代化而奋斗。要实现四个现代化，就要培养大批专门人才，提高整个中华民族的科学文化水平。我们的暨大就是在这种新的形势下复办的。既然已经复办，就一定要办好，一定要办成具有先进水平的以文、理、医为主的综合大学。希望暨大根据学校的性质和特点，设置专业，安排课程，提出教学要求和培养目标，面向国内外。对教学的要求，一定要打好理论基础，培养的学生要高质量，要真正学到本领，使他们在国内、国外都能发挥所长，立足生根，开花结果，无愧为社会主义祖国培养出来的大学生。

同学们！你们回到祖国读书，我们是非常欢迎的。我们坚定地贯彻“一视同仁，不能歧视，根据特点，适当照顾”的十六字方针。考虑许多同学长期居住在海外，生活习惯等各方面同国内有所不同，我们要从实际出发,要承认差别,照顾特点,热情帮助,使同学们逐步适应国内的生活习惯。侨生、港澳生同国内生要互相学习,互相关心,互相促进,加强团结,共同进步,树立一个认真钻研,积极向上的好学风。

预祝同学们学习成功!

■注　释

[1]革委会是革命委员会的简称,是“文化大革命”期间(从一九六七年开始)和此后一段时间中国各级政权的组织形式。一九七九年五届全国人大二次会议审议通过《中华人民共和国各级人民代表大会和地方各级人民政府组织法》,规定地方各级革命委员会改为地方各级人民政府,修正了一九七八年五届全国人大一次会议通过的《中华人民共和国宪法》中关于设立地方各级革命委员会的条文。

[2]林彪,见本书《落实知识分子政策,加强党对教育工作的领导》注[3]。

[3]“四人帮”,见本书《同心协力把广东工作做好》注[7]。

[4]华主席即华国锋,见本书《同心协力把广东工作做好》注[1]。

[5]叶剑英,见本书《同心协力把广东工作做好》注[3]。

[6]廖承志(一九〇八——一九八三),广东惠阳人。一九二八年加入中国共产党。新中国成立后,任新民主主义青年团中央副书记、书记处书记,中共中央统战部副部长,中共中央对外联络部副部长,华侨事务委员会主任。一九七八年起,任全国人大常委会副委员长,国务院侨务办公室主任,中共中央政治局委员。

给广东省县以上党委和省直局以上单位负责同志的信

（一九七八年十月二十日）

广州市委，海南[1]区党委，各地（自治州）、市、县委，省直各部委办局负责同志：

惠阳地区检察分院麦子灿同志给我写了一封信[2]，对我提出了尖锐的批评，信中提出许多很好的意见。我复了他一封信[3]，表示诚恳接受。并委托刘田夫[4]同志趁去惠阳地委帮助整风之便，亲自接见来信同志，代我表示感谢。田夫同志十九日的电话中谈到了接见情况。现将这两封信和田夫同志的电话记录发给你们，请在党委中进行讨论。

麦子灿同志对我的批评，是对我们党内至今还严重存在的不实事求是、脱离群众等坏作风的有力针砭，应该使我们出一身冷汗，警醒过来。林彪[5]、“四人帮”[6]对我们党的干扰破坏是十分严重的。办事不从实际出发，不走群众路线，靠“长官意志”，靠行政命令，群众有不同意见就实行压制，一意孤行。这种坏作风，这些年来有了严重的发展。而我们一些同志却没有认识到这一问题的严重性，身有余毒而不知毒。这种情况压抑了广大干部和群众的社会主义积极性，严重障碍着我们抓纲治粤、大干快上、实现四个现代化的步伐，必须坚决克服。我们是辩证唯物主义者，必须实事求是，按照客观规律办事；我们是历史唯物主义者，坚信人民群众是创造世界历史的动力，必须充分走群众路线，倾听群众的呼声。希望各级党委在讨论时联系实际，看看在实事求是、发扬民主、走群众路线和处理群众来信来访等方面，存在什么问题，应当采取哪些有力的措施，纠正缺点，改进作风，把我们的工作做好，决不负华主席[7]为首的党中央对我们的委托，不负全省五千多万人民对我们的殷切期望。

习仲勋

一九七八年十月二十日

■注　释

［1］海南，见本书《同心协力把广东工作做好》注［8］。

［2］惠阳地区检察分院麦子灿在一九七八年九月二十五日写给广东省委第二书记习仲勋的信中，措辞比较激烈地提出两条“刺耳”的意见：一是省委领导不能光听汇报，爱听漂亮话，喜欢夸夸其谈的人，要认真下去听听群众的意见。一些地区的水利工程，要考虑农民利益，不能蛮干。二是重视群众来信来访，不能只是说一说，要有检查督促。

［3］一九七八年十月十八日习仲勋给麦子灿的复信如下：“麦子灿同志：你九月二十五日的来信很好，对我们各级领导班子特别是负责干部目前的精神状态和工作作风中存在的问题，提出了十分中肯的意见，我表示诚恳接受，并决定将你的来信转发各地，以便进一步把党内民主空气发扬起来。为了更充分地听取你的意见，现趁田夫

同志前来帮助惠阳地委整风之便，委托他和你面谈，并请田夫同志帮助地委切实解决你所反映的问题。此致敬礼！”

[4]刘田夫（一九〇八——二〇〇二），四川广安人。一九三七年加入中国共产党。曾任中共广东西江特委书记、中区特委书记，两广纵队政治部副主任。新中国成立后，任中共广东粤西区委书记，中共中央华南分局组织部副部长，中共广东省委常委、副省长兼秘书长，广东省革委会副主任，中共广东省委书记，广东省副省长、省长。

[5]林彪，见本书《落实知识分子政策，加强党对教育工作的领导》注[3]。

[6]“四人帮”，见本书《同心协力把广东工作做好》注[7]。

[7]华主席即华国锋，见本书《同心协力把广东工作做好》注[1]。

广东的建设如何大干快上*

（一九七八年十一月十六日）

广东的建设如何大干快上？我们认为，中心问题是把农业搞上去。只有把农业问题解决好，四个现代化才有扎实可靠的基础。近十年来，广东农业发展缓慢，农民吃不饱肚子，城市副食品供应紧张，可以说是到了怨声载道的地步。吃的问题不能很好解决，首先是农民，其次是工人和各行各业的人们的积极性调动不起来。这个沉痛的教训和现实，使我们深深感到，农业这个基础还很不牢靠，一定要抓紧抓好，任何时候都不能放松。因此，广东搞建设，我们打定主意集中力量抓农业，包括支农工业，其他各行各业也要搞，但是必须以促进农业大干快上，为农业现代化服务为前提。经过六月省委整风会议、九月地委书记会议，对于纠正被林彪[1]、“四人帮”[2]搞乱了的全党大办农业的思想，重视和重新安排“以农业为基础”的工作布局，已取得一定的成效，认识也比较一致了。在这里，一般的情况和问题不多说，着重讲讲我们省委的一些想法。

第一，重新认识农业问题。

首先，对“农”字要解放思想，放宽眼界。本来，农、林、牧、副、渔五业，统称农业，是众所周知的。但是，多年来为了解决粮食问题，把

---

* 这是习仲勋在中央工作会议中南组发言的一部分。

“农”看得狭窄了，至今在一些同志的思想中还不解放。按照马克思的观点，“食物的生产是直接生产者的生存和一切生产的首要条件”[3]，而食物的生产首先的和基本的是依靠农业。过去，省委的主要精力就是抓农业，重点又是抓锄头，抓种植，希望多搞点粮食。这样做是必要的，今后还是要下工夫抓粮食。但是，农、林、牧、副、渔五业之间，粮食和多种经营之间，是互相依赖、互相促进的，从搞食物来说，路子本来宽得很。如果只注意抓粮食，而对畜牧业、渔业、副业、经济作物和林业注意不够，安排不当，势必影响整个农业，影响包括粮食在内的食物生产。为什么这些年来我们花了很大力气，吃饭问题还是解决得不好，工作越来越被动，路子越来越窄？一个重要的原因，就是对农业理解得很片面，生产布局安排不当。这是个极其深刻的教训。一定要按照农、林、牧、副、渔五业同时并举，五业和农副产品加工业、商业同时并举的原则；按照农业以粮为纲，全面发展，因地制宜，适当集中的原则，制定好规划，特别要狠抓薄弱环节，把畜牧业、渔业提到重要位置上来，争取尽快作出成效，以提高群众的生活水平和增加国家的出口。

其次，在生产布局上，要大胆发挥广东的特点，广辟生产门路，把经济工作做活做好。广东这个地方，自然条件得天独厚，适宜于发展甘蔗、橡胶、黄麻等热带、亚热带经济作物。海岸线长达四千七百多公里，南海海产资源丰富，渔业可以大发展。商品经济历来比较发达，农副产品加工和各种轻工业很有基础。此外，这里又毗邻港澳，华侨众多，只要政策对头，多做工作，可以成为建设广东的一个有利因素。我们认为，广东农业的发展，必须从这些特点出发，作出妥善安排，只要对国家建设全局有利的东西，都要尽最大的努力多搞快搞。可否这样设想：在保证粮食自给的前提下，让广东放手发展经济作物、畜牧业和渔业，放手发展农副产品加工等社队企业，放手发展外贸出口工业，加强同港澳、华侨的各种经济合作。如果中央同意这个设想，我们决心动员全省人民作出成绩，为国家作出更大的贡献。

三是要坚决维护政策的严肃性。前两年，群众批评我们说："政策和策略是党的生命，但你们连命也不要了。"这个批评很深刻。我想，政策可以有千条万条，但一切政策都要有利于动员千军万马，有利于发挥九亿人民的智慧，有利于调动各方面的积极因素。农业要大干快上，主要的是政策问题，离开政策谈农业大干快上，必然流于空谈。讲政策，要抓大政策。从广东的情况来看，从办起人民公社到现在，农业生产力还没有发生很大的变化，绝大部分生产队还没有具备向大队核算过渡的经济条件。我们不赞成急急忙忙搞"过渡"[4]。从长远点看，在逐步实现农业现代化过程中，究竟怎么过渡，也还是个值得研究的问题。所以，省委认为在今后较长时期内，还是要发展生产队一级经济，维护和尊重生产队的自主权，公社、大队经济的发展，都不应损害生产队一级经济。当务之急是适当减少生产队的负担，中央对此已有专门指示，我们要坚决执行。还有，关于坚持按劳分配、多劳多得的原则，这也是一个大政策，必须用各种办法，保证实施。关于实行基本工分加奖励，严格生产责任制，关于社员家庭副业、自留地和集市贸易等问题，中央都讲得很清楚，这是有章可循，并且又是有过丰富的正反两个方面的经验的。总之，凡是行之有效的各项经济政策，都必须维护其严肃性，取信于民，长期坚持下去，不要轻易改变。

四是经济管理体制，要按照新形势、新任务的要求，果断而又迅速地作出相适应的改变，在中央的统一计划下，充分发挥各级、各部门、各企业的积极性。要普遍推行合同制度，严格按经济规律的要求办事。现在搞的统收统支和靠“长官意志”、单纯用行政办法这一套，既不利于提高经济效益，也不利于发挥各级的积极性。看来，省委对各级有这个问题，中央对地方也有这个问题，非改不可，否则就不能适应四个现代化的需要。从广东来看，要大干快上，当前面临的困难还很多，其中主要的是粮食压力大，电力、燃料紧张，钢铁等原材料供应不足。要克服这些困难，主要靠我们省委奋发图强，艰苦奋斗，靠调动广东各级的积极性。省委已作出决定，今后压缩其他方面的开支，每年从地方财政收入中拿出百分之七十用于农业和支农工业。我们也希望，中央能给广东更大的支持，同时多给地方处理问题的机动余地。比如农业机械化，如果中央允许我们吸收港澳、华侨资金，从香港引进一批先进设备和技术，购进电力，进口部分饲料，就可以一方面先把一些国营农场、畜牧场、海水养殖场等武装起来，作为示范，培养人才，取得经验；另一方面在近香港的地方搞拆船业，解决农机具制造缺少钢材的问题，建立强有力的支农工业。这对缺动力、缺钢铁的广东来说，农业机械化的问题也就可以比较迅速地得到解决。

第二，千方百计地创造条件，开辟新的生产门路。

广东的农业，过去有比较好的基础，特别是“文化大革命”前，全党抓农业，政策比较落实，农民有积极性，“八字宪法”[5]贯彻得较好，兴修了大批水利工程，农田基本建设很有成绩。但是，在经过林彪、“四人帮”的一场大浩劫之后，农业元气大伤，各项政策遭到破坏，加上原有底子毕竟还相当薄弱，经不起大的自然灾害的折磨，以至在现在还是年年为农业能不能增产而伤脑筋。比如今年晚稻，本来长势很好，可望丰收，谁料到十月中旬和下旬，连续受到两次强寒潮的袭击，给我们当头一棒，晚稻造成了很大的损失。可见，农业还是处在受老天爷摆布，离不开靠天吃饭的地步，问题还相当严重。我们工作的着眼点，必须面对现实，用最大的努力，扎扎实实工作，战胜一切困难，争取早日恢复元气。这样，我们就能争取主动权，加快农业发展的步伐。

首要的还是抓粮食，把发展农业的底子填高、培厚、加固，使群众的口粮能够逐年有所提高。最根本的一条，是靠党的政策，把农业劳动力组织好，有效地发挥群众的积极性，提高劳动生产率。与此同时，还要采取一系列有力措施，增强农业抗御自然灾害的能力。主要措施：一是要有计划地大搞农田基本建设，集中力量打歼灭战。从全省来讲，要尽快把珠江三角洲二十七个县（市），近一千二百万亩农田建成稳定高产的商品粮基地。二是要切实保证农民所必需的生产资料。首先是要多搞些化肥，这是农业现代化的第一条，是见效最快的措施。机械化，我们意见要集中武装重点。从面上来说，目前很重要的是充实、改进“常规武器”的供应。在广东，不少地方犁、耙、锄头等生产资料数量少、质量低、价钱又贵，农民很有意见。沙田地区罱泥用的小艇年久失修，木材却很少得到计划供应，在市场一斤木料高达一块钱。我到汕头地区的普宁县，还看到人拉犁。“常规武器”的供应尚且如此艰难，现代化、机械化就更不容易了。三是大力提倡探索和掌握自然规律，把科学种田的水平提高一步。在五十年代，广东从培育“矮脚南特”开始，培育了一系列早稻矮秆良种，改变了“早四晚六”的历史，使早造高产，超过了晚造。这些年来面临的现实问题是，晚造一直不稳定，经常受到台风、寒露风的侵袭，一遇灾害就大幅度减产。说到底,还是我们未能正确认识自然界的规律。要努力在培育晚稻良种、适当改革耕作制度和防治病虫害等方面进行科学研究,使水稻生产能顺应自然,确保增产。广东粮食生产的潜力还很大,去年粮食亩产全省平均才九百一十斤,而且各地很不平衡,只要措施扎实,下定决心切实抓紧,增产的潜力一定能够发挥出来。全省五千五百多万人口,四千八百五十多万亩耕地(其中水田三千六百五十多万亩),每人平均不到一亩,人多地少是个比较突出的矛盾。因此,今后几年内还是要积极开荒造田,扩大耕地面积。广东的大片荒地主要在海南岛[6],约七百万亩;在广东大陆上,雷州半岛有荒地七十万亩,珠江口一带可围垦造田约六十万亩。开发这些地方,都要修水利,改土质,搞机械化,需要大量投资。特别是海南岛,那里是干旱地带,要下力气建设才能种植作物。希望国家大力支持广东,给一定的财力、物力,分期开发,以解决人多地少的矛盾。

在挖掘生产潜力,解决粮食问题的同时,当前最重要的是必须发挥广东的特点,多搞畜牧业、渔业,多搞经济作物和副业生产,从各方面开辟门路,增加财富,为人民群众提供较多的食物,为国家建设和外贸出口作出新的更大的贡献。在当前国家财力、物力有限的情况下,如果能调动港澳、华侨的积极性,引进机械、设备、技术,集中使用,重点经营,畜牧业、渔业等生产很快就可以发展起来。下面分别谈几个具体问题:

关于畜牧业。广东四季常青,青饲料容易搞,群众有饲养习惯,出口又比较方便,发展畜牧业的条件很好,应该大搞特搞。香港九龙那个地方,有的人为了养牛赚钱,在石头缝里种牧草,而在广东各地,特别是海南岛、雷州半岛一带,漫山遍野都可以放牧养牛。养牛是一件少费粮食又多出肉的办法。条件这样好，为什么我们不可以大养其牛呢？发展畜牧业，除了养牛，可以尽快大量发展的是养猪、养羊、养兔、养“三鸟”[7]。关键是要解决精饲料。在五十年代，广东粮食比较充裕，畜牧业兴旺一时，一九五七年养的鸭子，在有的县简直多得成“灾”。为了争取在二三年内使畜牧业有个较大发展，我们打算引进必要的装备、技术和良种，重点经营几十个猪、鸡饲养场和菜牛牧场；需要的饲料（玉米），采取以进养出的办法解决。养一头猪需要玉米五百斤，约值二十二美元（每吨八十七美元），而出口活猪每头平均可得六十到七十美元，一进一出，不光赚了外汇，增加了收入，还可以增加人民的肉食，又能多得肥料。除重点经营一批饲养基地以外，还要发动群众普遍饲养，奖售玉米，养牛的政策必须研究调整，现在菜牛、耕牛不分，一律不让社员个人养牛，集体饲养又不准宰杀，这个政策应该改变。

关于经济作物。发展经济作物也要两条腿走路。凡是有种植习惯的公社、大队，都要安排一定数量的耕地种植经济作物，以经济作物促进粮食生产，使群众增加收入。光种粮食，收入很低，群众没有积极性，土地越种越瘦，粮食也保不住。广东有个黄厝尾大队，每人平均只有五分多地，他们实行水旱轮作和经济作物轮作，全年粮食亩产达二千六百多斤，经济作物也获得高产。还要有计划地建设各种类型的经济作物基地，逐步做到从整地、种植、收割到运输、加工，搞一条龙作业，实现机械化，把经济作物的生产提高到一个新水平。在广东，蔗糖生产一定要加速发展。吃糖要立足国内，尽快做到不吃进口糖，我们广东对此负有义不容辞的责任。广东现有甘蔗面积三百六十万亩，占地不算少，问题是亩产低，去年全省平均只有二吨半。

只要从化肥、水利、机械等方面给予帮助，并适当提高收购价格，即使不扩大种植面积，甘蔗产量也可以成倍增加。

这里要顺便提一下甘蔗的综合利用问题。江门甘化厂去年总产值七千二百七十多万元，其中利用“三废”[8]搞的“副产品”达到三千八百二十万元，副产品的产值超过作为主要产品的蔗糖。“三废”中有的还是生产饲料的好原料。希望国家在综合利用上搞点投资，帮助解决煤、电不足的困难，把“三废”充分利用起来。

关于海水养殖业和海洋捕鱼业。广东过去对渔业重视不够，财力、物力也不足，对海洋渔业资源没有很好利用开发，海洋捕鱼量多年在五十万吨至七十万吨之间徘徊。这种落后面貌要尽快改变。要建设几个现代化的海水养殖基地。广东沿海有一百七十多万亩滩涂，是养蚝、鱼、虾、蟹、珍珠和贝藻类的好地方。这些东西经济价值高，出口销路好。但是，由于生产技术落后，产品收购价格又低，群众没有积极性。有的县盲目搞围海造田，全省共搞掉二十一万多亩养殖场，结果粮食没有增产多少，却把养殖业破坏了，实在得不偿失。恢复和发展海水养殖业，必须提高养殖业技术，革新养殖工具。据说日本养蚝采用先进技术，亩产八吨至十吨，而目前广东亩产不到一吨。建议下决心派人到日本考察学习，引进技术和某些设备，在广东迅速建立十个左右的现代化养殖场，通过试点，训练人才，尽快实现海水养殖业现代化。这是多快好省增加外贸出口，增加人民副食品的重要门路。出口一吨蚝豉值七千五百美元，相当于出口一百一十八头猪，或三十三吨大米，多投点资是必要的。与此同时，还要建设几支具有先进水平的捕鱼船队，走深海、远洋作业的道路。目前广东渔业机械化程度低于全国水平，渔港建设落后，这些问题都有待从根本上解决。但是,实现渔业的现代化,需要大量的投资、设备,一条渔船投资要上百万元。目前国家投资有限,比较现实的办法是开展补偿贸易。近几个月来,日本、法国、香港等一些厂商,都主动提出用补偿贸易办法,为我提供资金、技术、设备,合作开发南海渔业资源。目前正在和日本丸红公司谈判,签订合同。我们觉得,这是加快我省渔业现代化的重大措施,我们决心办好这件事。

关于城市副食品供应的问题。广东市场供应特别是副食品供应一直比较紧张,主要原因是农业没有搞上去,但是确实也有不少实际问题。港澳市场鲜活副食品的供应,使广东负担很重;出口农副产品的收入和每年几亿美元的侨汇,也转变为对市场的压力;华侨、港澳同胞每年都有一百多万人回来探亲访友,这也给供应增加了负担。中央已尽量照顾到广东的困难,从外省调来副食品,这点恐怕还要维持一段时间。尽管如此,由于旅游事业的发展,进进出出的人还会增多,市场紧张局面还很难彻底扭转。我们意见,应该尽快在广东建设一批鲜活产品基地,除了猪、鸡饲养场外,要搞淡水鱼基地、蔬菜基地、水果基地等。港澳市场每天需要大量的新鲜塘鱼,大部分从广东供应。靠近港澳一带我们有鱼塘五十多万亩,产量一直停留在亩产三百五十斤左右,只要有充足的饲料,立即可以成倍增加(一吨玉米可以增产一吨鱼,而出口一吨鲩鱼值三千美元,可以换回三十多吨玉米)。所以,只要饲料有保障,就可以增加新鲜塘鱼出口和满足广州人民的需要。

第三,开发海南。

海南岛的面积三万二千二百多平方公里,比台湾才少三千平方公里,人口不及台湾三分之一,自然条件比台湾要好,又是革命老根据地，但目前经济建设落后，市场紧张，群众生活贫困，这不能不值得我们深思。建议国家把海南的开发作为重点，大力发展橡胶、剑麻等热带作物。但是，从解放以来，由于海南的粮食问题没有很好解决，大规模开发海南确有困难。海南东方、昌江一带（即海南的西南部）有连片荒地约一百万亩，长年无霜，日照好，不受台风侵袭，只要解决了水利问题，是个非常好的谷物和热带作物产区。当前压在海南头上的粮食账，每年约两亿斤。所以，我们设想：在今后几年内请国家专门调拨一些粮食给海南，在这个期间内，尽快把大广坝水库修建起来，把西南部那片荒地办成谷物和热带作物农场。那里草很多，头几年一面养牛，一面建场。建场后，如果用四十万亩种水稻，每亩如收获八百斤稻谷，总共就是三亿多斤粮食，海南今后无论是建设用粮或战备用粮，都可以解决。这样放手开发海南，有朝一日打起仗来也好，就有了可靠的物质基础。农场一动手就搞现代化的，不能再用移民的办法，最好是国家投资，也可以由海外华侨投一部分资，用以引进先进设备和技术。这一着棋走活了，开发海南问题也就基本解决了。

第四，加强对港澳的经济联系和调动华侨建设祖国的积极性。

根据中央的指示，从港澳引进技术、设备、资金、原材料，搞加工装配业务的工作，现在初步展开。到九月底止，签订协议合同近一百种产品，金额三千三百五十万美元。积极开展这项工作，不仅有利于开辟劳动力的出路，而且对提高技术、促进外贸、发展工业，也大有好处。但是现在思想很不解放，条条框框太多，机构运转不灵，办事效率太低，这种状况必须迅速改变，否则就做不好生意，甚至可能造成经济损失。省委已经决定设立一个专门机构，全权处理有关业务。

建议中央考虑：鉴于广东与港澳来往密切，希望能允许广东在香港设立一个办事处，加强调查研究，与港澳厂商建立直接的联系；凡是来料加工、补偿贸易等方面的经济业务，授权广东决断处理，以便减少不必要的层次和手续。

调动华侨建设侨乡的积极性，也是一件很重要的工作。今年以来，除华侨商人要求搞加工装配业以外，有些人还提出在广州、汕头、肇庆等地搞高级宾馆，协助开展旅游和华侨回国观光业务；有些人要捐款在侨乡县修建华侨学校，兴办社会福利事业；有些人打算投资盖住宅，在广州提出申请的已有八百多户；还有的提出要从香港、澳门修建高速公路直达广州、佛山等地。为了适应华侨建设祖国的需要，我们研究应采取以下措施：一是恢复华侨投资公司，资金统一筹措，单独核算，计划安排，合理使用。二是请国家优先安排，帮助广州的建筑行业尽快实现现代化。现在看来，建筑业落后是实现四个现代化的一大障碍，我们在这方面要下点本钱，下点工夫。三是对一些重点侨乡县，要帮助他们分别作出建设规划，以便利用华侨资金，有计划、有领导地开展工作。

上面这些，都是着重从农业方面来讲的，大部分是设想，有一些已经开始在办，看来都是应该办也可能办到的。

■ 注　释

[1]林彪，见本书《落实知识分子政策，加强党对教育工作的领导》注[3]。

[2]“四人帮”，见本书《同心协力把广东工作做好》注[7]。

[3]见马克思《资本论》，《马克思恩格斯选集》第二卷，人民出版社一九九五年版，第五四四页。

[4]这里指农村对集体所有制内部关系进行不适当的、过多过急的变动，急于向更高一级的所有制过渡。

[5]即农业“八字宪法”。这是毛泽东于一九五八年根据农民群众生产实际经验和科学技术成果提出的农作物增产措施的八个方面，即土（壤）、肥（料）、水（利）、种（子）、密（植）、保（植物保护）、管（田间管理）、工（具）。因地制宜地采取这些措施，对保证农作物的稳产高产是有效的。

[6]海南岛，见本书《同心协力把广东工作做好》注[8]。

[7]“三鸟”，指鸡、鸭、鹅。

[8]“三废”，指工业生产过程中排出的废水、废气、废渣。

红日照亮了陕甘高原*

（一九七八年十二月二十日）

一九三五年十月，毛主席率领中央红军胜利完成战略转移，长征[1]到达陕北。从这时到一九四八年三月，一共十三个年头，党中央和毛主席直接领导着陕甘宁边区[2]。毛主席运用马克思列宁主义的普遍真理指导中国革命具体实践，为我党制定了夺取抗日战争和解放战争胜利的政治路线、军事路线和经济建设、文化建设、党的建设等一整套方针和政策。毛主席在陕甘宁边区，直接领导广大党政军民建设模范的抗日民主根据地，成为光明的中国的雏形，为我党我军夺取全国胜利和建设新中国积累了丰富的经验，准备了干部。当时，我作为陕甘宁边区的负责人之一，有幸在毛主席的直接领导下工作，多次聆听他的教诲。这是一段令人难忘的岁月。今天，我们纪念毛主席诞生八十五周年，回忆毛主席在陕甘宁边区的伟大革命实践，如在目前，倍感亲切。

挽救了革命

陕甘革命根据地是在王明[3]路线失败后保留下来的最后一个根据地。毛主席到达陕北前，陕北的革命斗争几经起伏。早在大革

---

* 这是习仲勋为纪念毛泽东诞辰八十五周年而写的文章。

命[4]时期，在中国共产党领导下，陕西各地就曾经出现了蓬蓬勃勃的农民运动、工人运动、士兵运动和学生运动。大革命失败后，刘志丹[5]、谢子长[6]等同志坚持武装斗争，先后组织了西北反帝同盟军和工农红军陕甘游击队，并在陕、甘两省交界的照金[7]创立了小块的革命根据地。我于一九三二年春在甘肃两当发动兵变[8]，失败后转到照金。一九三二年冬，中国工农红军第二十六军正式成立。由于军政治委员杜衡[9]（后来叛变革命）推行王明“左”倾机会主义路线，诬蔑刘志丹同志所坚持的正确路线是什么“梢山主义”[10]、“土匪路线”，硬要红二十六军离开根据地，南下终南山，致使这支队伍受到严重损失。一九三三年八月，我们在照金陈家坡开会，克服了存在于一些同志中的失败主义思想，恢复了红二十六军。我们吸取过去的教训，决定分三路建立游击区：第一路陕北，以安定[11]为中心；第二路陇东，以南梁[12]为中心；第三路关中，以照金为中心。到一九三四年冬一九三五年春，我们分别建立和发展了陕甘边根据地和陕北根据地。陕甘边根据地把二、三路连接起来，北起定边、盐池，南抵三原，东至延安，西达陇东的庆阳、曲子、环县一带，建立了工农政权。陕北根据地在中共陕北特委领导下也建立了工农政权。这时，在陕北地区活动的红二十七军也建立起来了。两个根据地分别召开了工农兵代表大会，正式成立了陕甘边区苏维埃[13]政府和陕北省政府。为了统一党和红军的领导，一九三四年底，中共陕甘边特委派刘志丹等同志去延安地区和陕北特委开联席会议，成立了以刘志丹、马明方[14]等同志为核心的党的西北工作委员会，成立了西北革命军事委员会。刘志丹同志以军委名义发布了粉碎蒋介石第二次“围剿”的动员令，命令红二十六军主力北上陕北作战。一九三五年五月，刘志丹同志兼任前敌总指挥,彻底粉碎了敌人的二次“围剿”,根据地进一步扩大到二十几个县,陕甘边与陕北连成一片。后来红二十五军转战千里来到陕北。这一段,是革命根据地和人民武装力量大发展的时期。

不幸,王明“左”倾机会主义路线也影响到陕北。他们不作调查研究,不了解陕甘革命历史,不了解敌情、我情,全凭主观臆断,强调对外是一切斗争,否认联合;对内凡不同意他们错误观点的就残酷斗争,无情打击。他们指责刘志丹同志等只分川地,不分山地(陕甘边某些地方土地多,光川地平均每人就有十几亩、几十亩,群众只要川地不要山地),不全部没收富农的东西,不在游击区分配土地,是“不实行土地改革”;指责我们纠正一些违犯纪律的土匪行为是“镇压群众”;还说我们同杨虎城[15]有联系,是“勾结军阀”。他们无中生有,无限上纲,先说我们“右倾”,继而说我们“右倾取消主义”,更进而说我们是“右派”,诬陷我是“右派前线委员会书记”,诬蔑刘志丹同志“和杨虎城有勾结”,是“白军军官”。当时,蒋介石正在对陕甘边区进行第三次“围剿”。于是出现了这样的一种怪现象:红军在前方打仗,抵抗蒋介石的进攻,不断地取得胜利,“左”倾机会主义路线的执行者却在后方先夺权,后抓人,把刘志丹同志等一大批干部扣押起来,红二十六军营以上的主要干部,陕甘边县以上的主要干部,几乎无一幸免。白匪军乘机大举进攻,边区日益缩小,引起了群众的极大疑虑;地主、富农乘机挑拨煽动,以致保安[16]、安塞、定边、靖边等几个县都“反水”[17]了。根据地陷入严重的危机。

我被扣押了。起初关在王家坪,后来押到瓦窑堡,和刘志丹同志一起被关在一个旧当铺里。“左”倾机会主义路线的执行者搞法西斯审讯方式,天气很冷,不给我们被子盖,晚上睡觉绑着手脚,绳子上都长满虱子;一天只放两次风,有人拿着鞭子、大刀,看谁不顺眼就用鞭子抽,用刀背砍,在莫须有的罪名下,许多人被迫害致死。

千里雷声万里闪。在这十分危急的关头,党中央派的先遣联络员带来了令人无比高兴的喜讯:毛主席来了!一九三五年十月,毛主席率领中央红军进入陕甘边的吴起镇[18]。他立即向群众和地方干部进行调查。当时陕甘边特委的龚逢春[19]同志去迎接毛主席,向毛主席汇报了陕北苏区[20]和红军胜利发展的情况,又汇报了当时乱搞“肃反”,把刘志丹等红二十六军的干部抓起来的问题。毛主席马上下达指示:立即停止任何逮捕,所逮捕的干部全部交给中央处理,并派王首道[21]等同志去瓦窑堡办理此事。我们这一百多个幸存者被释放了。毛主席挽救了陕北的党,挽救了陕北革命,出现了团结战斗的新局面。在毛主席亲自指挥下,中央红军和西北红军在直罗镇歼敌一〇九师和一〇六师一个团,粉碎了蒋介石的第三次“围剿”,给党中央把全国革命大本营放在西北的任务,举行了一个奠基礼。

一九三五年十二月二十七日,在瓦窑堡党的活动分子会议上,我第一次见到毛主席。会上毛主席作了《论反对日本帝国主义的策略》的报告,系统地分析了当时的形势和任务,完整地阐述了我党的政治策略,批判了党内过去长期存在的“左”的倾向。我凝神谛听毛主席的报告,觉得他讲的完全合乎实际,路线完全正确。我感到迷雾顿散,信心倍增。这是我第一次听到毛主席的讲话,心里高兴极了。

抗日民主模范根据地的缔造者

陕甘根据地危机克服后,毛主席立即着手把陕甘根据地建成争取北上抗日的出发地。当时,蒋介石仍然坚持反共反人民的内战政策,陕甘一带,东有晋军和国民党中央军[22],北有地方军阀井岳秀[23]、高桂滋[24],西有甘、宁白军,南有东北军和十七路军,我们四面被包围。敌人侵占了根据地的许多县,地主反攻倒算,群众遭到残酷杀戮。国民党又在这些地方复辟了反动统治,建立保甲[25]制度,实行连环保。为了稳定陕甘根据地,在取得东征[26]的胜利之后,毛主席命令红军打退西面和北面的敌人。我也随军西征[27],在李富春[28]同志为首的中共陕甘宁省委领导下,在陇东的环县、曲子一带做群众工作。

随着日本帝国主义加紧侵华、民族危机日益深重的形势的发展,一九三六年九月,毛主席在保安召开了中央政治局会议。这次会议吸收了两个地方干部参加,我是其中之一。这是我第一次参加中央的会议。毛主席一见到我,便亲切地叫着名字,同我握手。这次会议,主要讨论《关于抗日救亡运动的新形势与民主共和国的决议》,争取张学良[29]的东北军和杨虎城的十七路军,反对党内"左"的关门主义倾向。会上,毛主席还总结了根据地建设的经验,指出,在中心区和边沿区、游击区,因情况不同,工作方针和任务也应有所不同。他还批评了王明路线的宗派主义,指出不应当把项英[30]等留在南方,因为他们同当地群众没有联系,留下他们,势必害了他们。参加这次会议,我受到一次深刻的路线教育,进一步懂得了:任何革命理论、原则的实行,都必须同当时当地的实际情况相结合,教条主义之所以错误,就因为它不问实际情况,完全从本本出发,生搬硬套;政治路线错了,组织路线也必然是错的,政治上搞"左"倾机会主义,必然在组织上搞宗派主义。同时,思想上也明确了:必须根据形势的发展,积极扩大抗日民族统一战线。会后,张闻天[31]同志同我谈工作,说对民团、保甲，都可以搞统一战线，可以先试试。

这次会议后，我被调到关中地区担任党的特委书记。关中地区包括苏区新设的新宁[32]、新正[33]和赤水[34]、淳耀[35]等县，像一把利剑插入国民党统治区，直逼它的战略重镇西安。我们的游击队只能隐蔽在深山里，活动很困难，生活很艰苦。我们一面恢复各种秘密组织，一面建立和发展各方面的统一战线关系。根据中央九月会议决议的精神，对于每一个人、每一个派别、每一个社会团体、每一支武装队伍，都根据他们不同的情况，在抗日救国的总方针下，同他们接洽、协商、谈判，以订立各种地方的、局部的、暂时的或长久的、成文的或口头的协议，同他们当中的一些人、一些单位，建立起各种不同程度的统一战线关系。有个国民党的县长同我们有老关系，我们也同他建立了联系。在四个县的保安团中，除了一股顽固的地主武装反对我们以外，其余的都和我们建立了统一战线关系，他们向我们提供了许多情报和枪支弹药。这样，到"双十二"西安事变[36]时，关中根据地就全部恢复了，我们的游击队也壮大了。虽然国民党的政权仍存在，但我们的政权组织也秘密地建立起来了，公开的名义叫做"抗日救国会"。

西安事变和平解决，国共合作后，党中央、毛主席十分注意陕甘宁边区的巩固和建设。首先纠正了王明的"一切经过统一战线"，把领导权拱手让给蒋介石的错误，克服了当时边区党委的某些领导人在统一战线中采取的机会主义立场。有一段时间，国民党顽固派乘机渗入根据地，进行破坏民主政权等阴谋活动；有的地方乘机反攻倒算，向农民追索分配了的土地、房屋和废除了的债务。针对这种情况，毛主席在一九三八年五月亲自写了边区政府和八路军[37]后方留守处布告，制止了顽固派和地主的破坏。同时，改组了边区党委。一九三八年十月，毛主席在六届六中全会上强调了统一战线中的独立自主问题，批判了王明的“一切经过统一战线”，纠正了右的倾向。以后，针对国民党顽固派对我搞磨擦、蚕食我边区的反动政策，毛主席制定了“有理、有利、有节”、“人不犯我，我不犯人；人若犯我，我必犯人”等一系列方针和政策，指导边区军民反磨擦，反蚕食，维护了抗日民族统一战线，粉碎了蒋介石的捣乱和破坏。

整个抗战时期，陕甘宁边区在毛主席的领导下，开始了政治、经济、军事、教育、文化等建设，逐步成为全国的模范抗日民主根据地。国内和海外的进步青年，不顾敌人的封锁拦截，纷纷投奔到这里来。陕甘宁根据地每前进一步，都是同毛主席的亲切关怀和直接指导分不开的。

一九四二年，在毛主席领导下，开始了延安整风运动。延安整风期间，在党中央、毛主席的直接指导下，从一九四二年十月到次年一月，召开了边区党政军高级干部会议[38]。会议运用整风精神，发扬党内民主，开展批评与自我批评，全面研究了边区的历史和现状，肯定了以刘志丹同志为代表的正确路线，批判了一些同志过去执行“左”倾机会主义路线的错误，正确地解决了边区历史上的是非问题。这样，从一九四一年毛主席亲自拟定陕甘宁边区施政纲领开始，边区进行民主建政，建立统一战线的民主政权和民主议会，制定抗战时期的经济建设方针，开展大规模的生产建设运动和文化教育运动，边区党政军民生活日益改善，真正做到了组织起来，“自己动手，丰衣足食”，“耕三余一”。文化教育也发展了。那时的边区，真是谷穗长又长，牛羊满山川，有吃又有穿，人民喜洋洋。一些中外人士来参观，不能不承认,边区真正是模范的抗日根据地。

是严师又是同志

在陕甘宁边区的建设中,毛主席十分注意在斗争中培养干部,特别是注意培养地方干部。他常说:地方干部熟悉情况,与当地群众有血肉联系。只有本地干部大批地成长并且提拔起来了,根据地才能巩固,我党在根据地才能生根。毛主席对陕甘宁根据地的创始人刘志丹同志十分关怀,非常爱护。毛主席把他从监狱里解救出来后,安排他担任中央革命军事委员会西北办事处副主任、北路军总指挥和红二十八军军长。一九三六年春,刘志丹同志渡黄河东征,不幸牺牲于山西中阳县的三交镇。毛主席题了挽词,称赞刘志丹同志是"群众领袖,民族英雄"。周恩来副主席也题了挽词:"上下五千年,英雄万万千,人民的英雄,要数刘志丹"。毛主席、周副主席给予刘志丹同志高度评价,使那些同刘志丹同志一起工作的干部也受到很大的鼓舞。

红军长征到达陕北以后,我们党各个时期的大批优秀干部集中到陕北来了,为培养地方干部提供了有利条件。毛主席一方面派外来干部到地方工作,以熟悉情况,帮助地方干部;另一方面,让地方干部到中央办的各种干部学校学习提高。我长期在地方工作,毛主席就让我到中央党校学习,以后相继在地方、党校、部队和领导机关工作。十余年间,我多次同毛主席接触,受到他的关怀、爱护。他有时吸收我参加中央有关会议,有时找我谈话,有时写信给我,以至题词勉励我,使我不断受到教育。毛主席在我们这些人身上倾注了许多心血,这鲜明地体现了他为党制定的爱护地方干部和广大干部的政策。

一九三九年，毛主席亲笔在一幅约一尺长、五寸宽的漂白布上写了“党的利益在第一位”八个大字，上款写“赠给习仲勋同志”，下署“毛泽东”。这个题词，我长期带在身边，成了鼓励我努力改造世界观的一面镜子。一九四三年春，党调我到绥德分区工作。这是边区最大的一个分区，政治情况比较复杂。毛主席找我谈话，鼓励我说：一个人在一个地方待久了，就没有那么敏感了，到新的地方去也是锻炼嘛！一九四五年冬，党为了适应抗战胜利后开拓新解放区的形势，从陕北调出一批干部，我被调到西北局机关工作。我对毛主席说：我长期在地方工作，没有在领导机关工作过，怕难于胜任。毛主席热情地鼓励说：正是因为你长期在下面，没有在上面，所以才调你到上面来工作。把你调动一下，放在新的岗位上，你就得动脑筋了，就得调查研究，想办法把工作做好。毛主席的话给了我无穷的力量，鞭策着我努力做好工作。

毛主席既放手让干部工作，又注意具体指导。一九四六年夏，国民党蒋介石撕掉和平伪装，发动全面内战，集中重兵向我各解放区大举进攻。我中原解放军，在李先念[39]、王震[40]等同志率领下，于六月底胜利突破国民党三十万军队的包围。王震同志率领一支队伍，向陕甘宁边区转移。毛主席把我叫去，问我路该怎么走，从哪里过渭河，并要我派人接应。这期间，毛主席不几天就来一封信，有时隔一天一封，一个多月的时间，共写了九封。毛主席在信中的指示十分具体，既谈到要派熟悉情况的得力干部去策应，又要我收集沿途敌人驻防和分布情形，还指示我如何配合开创新游击根据地，甚至连部队到达后要开群众欢迎会都想到了。这些都具体地反映了毛主席对革命高度负责，对下级关怀备至的革命精神和优良作风。

毛主席帮助我们在实践中总结提高。一九四六年八月底的一天,毛主席找我和王世泰[41]同志去谈话,向我们介绍了粟裕[42]、谭震林[43]同志率华东解放军十八个团,在苏中七战七捷的事例,教育我们学会集中优势兵力打歼灭战。一九四七年春边区集团军出击陇东,事前提出了一个方案,毛主席复信加以肯定,并作了具体指示。后来,我们在西华池附近同胡宗南[44]部队打了一仗,因情况摸得不够准,没有打好,打成了消耗战。这使我内心十分不安。事后,在一次谈话中,毛主席提起了这一仗,然后说:一个人难免要失败,失败一次就有了经验。又说:别人的经验,不通过自己的实践,还不会变成自己的。

最使我难忘的是,一九四七年十二月中央在米脂县杨家沟召开的那次会议期间,毛主席找我到他住处,他让我汇报了边区战争、生产和群众情绪等情况,询问我对土改政策和形势发展的看法,最后勉励我要认真学习理论。他说:你们长期做实际工作,没时间学习,这不要紧,没时间可以挤。我们现在钻山沟,将来要管城市。你一年读这么薄薄一本,两年不就两本了嘛!三年不就三本了嘛!这样,十几年就可以读十几本,不就可以逐步精通马列主义了吗?!又说:一个人的经验是狭隘的,它受时间、地点、条件的限制,要使经验上升到理论,就得学习。只凭老经验办事,不能适应新形势。他的教诲,像一团火,使我感到温暖,也使我心里亮堂了。

毛主席对下级干部,总是那样关怀爱护,态度谦和,十分亲切。我每次见到毛主席,总要约束自己少说,但接触到他那平易近人的态度,话也就多了。谈完后,我又总是怨自己说多了,有些话说错了。可是,毛主席从未责怪过。我深切地感受到,毛主席既是我们的伟大导师，又是我们的最亲爱的同志。

领袖和群众心连心

毛主席在陕北期间，一贯注意倾听群众呼声，关心群众疾苦，这给干部以深刻的教育。毛主席一再强调要尊重群众，依靠群众。地方的同志对中央的同志，下级对上级，群众对干部，都能够充分发表自己的意见，形成了生动活泼的政治局面，使革命队伍步调一致，做好工作。

一九四二年八月的一天，边区政府小礼堂正在开征粮会议，各县县长参加，边区政府主席林伯渠[45]同志主持会议。这时，天正下大雨，忽然一声雷响，礼堂的一根木柱子被劈断了，延川代县长刘彩云同志不幸触电而死。这件事传出后，有的群众说：为什么雷没有劈毛主席！？这话传到毛主席耳里，毛主席并没有叫人去追查骂自己的人，更没有去抓什么“反革命”，而是向干部了解“骂”的原因。原来，边区政府下达的征粮任务重，群众有意见，便借“霹雷”一事，发泄不满。毛主席知道原委后，指示有关部门将征收公粮任务从二十万担（每担三百市斤）减至十六万担。这件事的处理，使党群关系更加亲近，毛主席在群众中的威信更加提高。此后，毛主席还经常拿这件事教育干部要关心群众生产。

一九四二年十二月，边区整风运动正在开展，毛主席在陕甘宁边区高干会上，抽空写了《经济问题与财政问题》这篇文章，提出“发展经济，保障供给”的方针，号召开展全区的军民大生产运动，把整风和生产两件大事当作巩固根据地的重要措施。毛主席要求边区党政工作人员，在财政问题上“应以百分之九十的精力帮助农民增加生产，然后以百分之十的精力从农民取得税收”。毛主席还在《组织起来》一文中尖锐地指出：凡不注重研究生产，不用主要精力帮助农民解决“救民私粮”，只顾向农民要“救国公粮”，这就是“沾染上国民党的作风，沾染上了官僚主义的灰尘”，就不是好领导者。凡“不注意生产反而好吃懒做的，不算好军人、好公民”。

在党中央、毛主席的号召下，边区军民大生产运动蓬勃发展。毛主席、周副主席、朱总司令也抽出时间参加生产劳动。经过军民共同努力，边区工农业生产有了很大发展。到一九四五年，全边区耕地面积比一九三八年扩大了七成多，工农业产品大幅度增长。部队、机关、学校实现了粮食、副食、日用品等的自给或半自给。有的部队还向民主政府交了公粮。全边区的公粮任务，又由一九四二年的十六万担减至十二万担。群众增加了生产，又减轻了负担，生活得到了改善和提高。真是“前囤子凸堆，后囤子满”，为巩固边区，夺取抗日战争的胜利，以及后来在解放战争中支援前线，打下了可靠的物质基础。

领袖爱人民，人民爱领袖。在保卫延安的战斗中，“领袖群众心相连”、“军民团结齐奋战”的情景十分动人。一九四七年春，国民党集中二十五万军队，向边区发动重点进攻，直逼延安。有的同志担心毛主席的安危，劝他离开边区。毛主席说：这里的群众基础好，回旋余地大，还是留在这里好。群众坚持战斗，我们要同群众在一起。三月十八日，前委成立了，毛主席给彭德怀[46]同志和我一封信，指出：只要你们一个月能消灭敌人一个团，保证三年后一定能回到延安。这时国民党胡宗南的先头部队，在飞机的掩护下，已经进入延安郊区，毛主席还没走。十九日傍晚，太阳下山了，前委的同志到王家坪毛主席住处,只见他在院子里来回踱着,仿佛在思考什么。大家着急地催促道:主席,您走吧!毛主席连声说:走呀!?现在就走!?我说:当然要走,您不走我们不放心,敌人已进到延安附近,再不走,路被截断,就不好过去了。毛主席一直坚持到最后,才离开延安。敌人占领延安后,毛主席和周副主席,还有弼时[47]同志,指挥保卫边区和全国的解放战争,使群众受到极大鼓舞。毛主席原来预见三年打回延安。在毛主席的领导下,在西北野战军司令员彭德怀同志的组织指挥下,我们提前完成了任务。从一九四七年三月十九日夜间撤出延安,到一九四八年四月二十一日收复延安,只用了一年一个月零三天的时间。

一九四八年三月二十三日,毛主席要离开他生活、战斗了十三个年头的陕甘宁边区了。边区群众怎能舍得毛主席离去?当天上午,晴空万里,在黄河边宋家川的欢送会上,毛主席深情地说:陕北小米子我吃了十三年,实在不愿离开这个地方,但是为了全国的解放,我们又不得不离开。领袖和群众心心相印。群众说:主席呀,您在陕北是为了全国人民!您走吧!全国人民需要您离开这里!人们怀着恋恋不舍的心情,向毛主席告别。黄河的滔滔激浪,倾诉着人民同领袖离别的衷情。

毛主席离开了陕北,心中仍装着边区一百八十万群众。中华人民共和国成立后,延安和边区人民给毛主席发来贺函。毛主席及时复电,指出:“延安和陕甘宁边区,从一九三六年到一九四八年,曾经是中共中央的所在地,曾经是中国人民解放斗争的总后方。延安和陕甘宁边区的人民对于全国人民是有伟大贡献的。我庆祝延安和陕甘宁边区的人民继续团结一致,迅速恢复战争的创伤,发展经济建设和文化建设。我并且希望,全国一切革命工作人员永远保持过去十余年间在延安和陕甘宁边区的工作人员中所具有的艰苦奋斗的作风。”这个复电,一直在激励着延安和陕甘宁老根据地的人民。今天,在进行新的长征中,我们要高举毛主席的伟大旗帜,大力恢复和发扬毛主席亲手培育的延安和陕甘宁边区人民的革命精神和革命作风,在华国锋同志为首的党中央领导下,夺取新的更加伟大的胜利!

■ 注　释

[1]一九三三年九月,蒋介石调集约五十万兵力,对中央革命根据地发动第五次军事“围剿”。由于王明“左”倾冒险主义错误,第五次反“围剿”斗争遭受失败。一九三四年十月,红一方面军主力部队被迫撤出中央革命根据地进行长征。红二十五军、红四方面军、红二军团、红六军团,也分别退出原来的革命根据地进行长征。一九三五年一月中共中央在遵义召开政治局扩大会议,结束了王明“左”倾教条主义在中央的统治,确立了以毛泽东为代表的新的党中央的正确领导。从此,在毛泽东的领导下,红军打破了国民党几十万军队的围追堵截,战胜了张国焘分裂党、分裂红军的阴谋,爬雪山、过草地,克服了人间少有的艰难险阻。红一方面军行程两万余里,历经十一个省,一九三五年十月十九日胜利到达西北根据地的吴起镇。一九三六年十月,红二方面军和红四方面军经过长征到达甘肃会宁、将台堡(今属宁夏回族自治区隆德县)地区,同红一方面军会师。至此,红军长征胜利结束。

[2]陕甘宁边区，见本书《关于关中分区的反磨擦问题》注[2]。

[3]王明即陈绍禹(一九〇四——一九七四)，安徽金寨人。一九二五年加入中国共产党。曾任中共中央委员、政治局委员、驻共产国际代表、中共中央长江局书记。一九三一年一月至一九三五年一月遵义会议前是中国共产党内“左”倾教条主义错误的主要代表。抗日战争初期，又犯了右倾错误。他长期拒绝党的批评和帮助。一九五六年后一直滞留苏联，一九七四年去世。

[4]大革命，见本书《关中党史简述》注[1]。

[5]刘志丹，见本书《关中党史简述》注[4]。

[6]谢子长，见本书《跟着毛泽东走就是胜利》注[4]。

[7]照金，见本书《关于关中分区的反磨擦问题》注[11]。

[8]即“两当兵变”。一九三二年四月，在中共陕西省委领导下，习仲勋、刘林圃、吕剑人、李特生、许天洁等在甘肃省两当县发动士兵暴动，将部队改编为中国工农红军陕甘游击队第五支队，后遭国民党军队围攻而溃散。

[9]杜衡，见本书《关中党史简述》注[14]。

[10]“梢山主义”，见本书《跟着毛泽东走就是胜利》注[5]。

[11]安定，旧县名，即今陕西子长县。

[12]南梁，见本书《关中党史简述》注[21]。

[13]苏维埃，见本书《关中党史简述》注[6]。

[14]马明方，见本书《要注意克服土地改革中“左”的情绪》注[6]。

[15]杨虎城，见本书《关中党史简述》注[17]。

[16]保安，见本书《关中党史简述》注[7]。

[17]“反水”,意为叛变。

[18]吴起镇,见本书《发展陕甘宁边区的生产》注[6]。

[19]龚逢春(一九〇八——一九七八),陕西城固人。一九三〇年加入中国共产党。曾任红军第二十六军四十二师政治部主任,中共陕甘边特委宣传部部长。新中国成立后,任四川省政协副主席,中共中央西南局组织部第一副部长,中共中央党校副校长。

[20]苏区,见本书《关中党史简述》注[13]。

[21]王首道(一九〇六——一九九六),湖南浏阳人。一九二六年加入中国共产党。曾任中共湘赣省委书记。长征途中任中央军委第一野战纵队政治部主任,国家保卫局执行部部长。后任中共中央秘书长,八路军南下支队第一支队政治委员,中原军区副政治委员,东北行政委员会财经委员会主任。新中国成立后,任中共湖南省委第一副书记、湖南省人民政府主席,交通部部长,中共中央中南局书记处书记,中共广东省委书记、广东省政协主席,中共中央顾问委员会常委。

[22]国民党中央军,蒋介石嫡系部队的通称。

[23]井岳秀(一八七九——一九三六),陕西蒲城人。时任国民党军第八十六师师长。

[24]高桂滋(一八九一——一九五九),陕西定边人。时任国民党军第八十四师师长。新中国成立后,任西北军政委员会委员,陕西省政协副主席。

[25]保甲,见本书《关于关中分区的反磨擦问题》注[3]。

[26]中国共产党为了以实际行动促成全国抗日的实现,由红一军团和红十五军团组成中国人民红军抗日先锋军,在一九三六年二

月二十日东渡黄河抗日，进行东征，遭到蒋介石、阎锡山的武力阻拦。中华苏维埃共和国临时中央政府和中国人民红军革命军事委员会鉴于国难当头，以实现全国抗战为根本，不愿和阻拦人民红军抗日去路的国民党部队进行战斗，五月五日发表回师通电，将抗日先锋军撤回黄河西岸。

[27]一九三六年五月，蒋介石调集十六个师另三个旅的兵力，准备对陕甘根据地发动新的“进剿”。在万分危险的形势下，中共中央决定红军向陕、甘、宁三省边界国民党军事力量薄弱的地区西征，以巩固和发展西北根据地，扩大红军，首先争取西北抗日力量的联合。五月十八日，中共中央决定以红一方面军第一军团、红十五军团和红二十八军八十一师等一万五千余人组成西方野战军，彭德怀任司令员兼政治委员。五月下旬至六月上旬，西征部队相继出发。至七月底，给马鸿逵、马鸿宾等国民党军以沉重打击，攻占甘肃东部的阜城、曲子镇、环县、洪德城等地，陕西西北部和宁夏的盐池、豫旺、同心城等地，开辟了纵横四百余里的新根据地，并与西北根据地连成一片，红军和地方武装都得到发展，并为迎接红二、红四方面军北上作了积极准备。

[28]李富春（一九〇〇——一九七五），湖南长沙人。一九二三年加入中国共产党。曾任中共江西、江苏、广东省委代理书记，红军总政治部副主任，中共陕甘宁省委书记，中共中央组织部副部长，中共中央秘书长，中央财经委员会第一副主任，中共中央办公厅主任，中共中央东北局副书记、东北人民政府副主席、东北军区副政治委员。新中国成立后，任政务院财经委副主任，重工业部部长，国家计委主任，国务院副总理，中共中央政治局委员、书记处书记、政治局常委。

[29]张学良(一九〇一——二〇〇一),辽宁海城人。一九三五年十月起任国民党西北"剿匪总司令部"副司令。一九三六年十二月和杨虎城一起发动西安事变,扣留蒋介石,通电全国,提出抗日八项主张。西安事变后亲自送蒋回南京,被蒋介石扣留,长期软禁。后侨居美国。

[30]项英(一八九八——一九四一),湖北武汉人。一九二二年加入中国共产党。曾任中共中央职工运动委员会书记,中华全国总工会副委员长兼党团书记,中共中央政治局常委,中共中央长江局书记,中共苏区中央局代理书记兼中央革命军事委员会主席,中华苏维埃共和国临时中央政府副主席,中共苏区中央分局书记,中央军区司令员兼政治委员,新四军副军长,中共中央东南分局(后改为东南局)书记。一九四一年一月国民党发动皖南事变,在突围中被叛徒杀害。

[31]张闻天(一九〇〇——一九七六),江苏南汇(今属上海浦东新区)人。一九二五年加入中国共产党。曾任中共中央宣传部部长,中共临时中央政治局委员、常委,中华苏维埃共和国临时中央政府人民委员会主席。遵义会议指定他在中央负总的责任。之后,任中共中央政治局委员,中共中央东北局常委兼组织部部长,中共辽东省委书记。新中国成立后,任中国驻苏联大使,外交部第一副部长。一九五九年受到错误的批判和处理。中共十一届三中全会后为他平反昭雪,恢复名誉。

[32]新宁,见本书《关于关中分区的反磨擦问题》注[4]。

[33]新正,见本书《关于关中分区的反磨擦问题》注[8]。

[34]赤水,见本书《关于关中分区的反磨擦问题》注[9]。

[35]淳耀,见本书《关于关中分区的反磨擦问题》注[10]。

[36]西安事变,见本书《关中党史简述》注[35]。

[37]八路军，见本书《关于关中分区的反磨擦问题》注[1]。

[38]见本书《贯彻边区妇女运动的正确方针》注[4]。

[39]李先念，见本书《同心协力把广东工作做好》注[5]。

[40]王震(一九〇八——一九九三)，湖南浏阳人。一九二七年加入中国共产党。曾任红八军代理军长，红军第六军团政治委员，八路军第一二〇师三五九旅旅长兼政治委员，八路军南下支队第一支队司令员，中原军区副司令员兼参谋长，西北野战军第二纵队司令员兼政治委员，第一野战军第一兵团司令员兼政治委员。新中国成立后，任中共中央新疆分局第一书记、新疆军区代司令员兼政治委员，铁道兵司令员兼政治委员，人民解放军副总参谋长，农垦部部长，国务院副总理，中共中央政治局委员，中共中央党校校长，中华人民共和国副主席，中共中央顾问委员会副主任。

[41]王世泰(一九一〇——二〇〇八)，陕西洛川人。一九二九年加入中国共产党。曾任红军第二十六军二团团长、三团团长，陕甘宁边区庆环军分区司令员，八路军留守兵团警备第三旅政治委员，中共三边地委书记，陕甘宁晋绥联防军代司令员，陕甘宁边区保安司令部司令员，陕甘宁野战集团军副司令员，第一野战军第二兵团政治委员。新中国成立后，任甘肃省人民政府副主席，西北军区副司令员，铁道部副部长，国家建委副主任，国家计委副主任，中共甘肃省委书记处书记、甘肃省政协主席、甘肃省人大常委会主任。

[42]粟裕(一九〇七——一九八四)，湖南会同人。一九二六年加入中国共产主义青年团，一九二七年转为中国共产党党员。曾任红军第七军团参谋长，苏中军区司令员兼政治委员，苏浙军区司令员兼政治委员，华中军区副司令员，华中野战军司令员，华东野战军代

司令员、代政治委员，第三野战军副司令员。新中国成立后，任华东军区副司令员，人民解放军总参谋长，国防部副部长，全国人大常委会副委员长，中共中央顾问委员会常委。

[43]谭震林(一九〇二——一九八三)，湖南攸县人。一九二六年加入中国共产党。曾任中共湘赣边特委书记，福建军区司令员兼政治委员，新四军第六师师长兼政治委员，中共中央华中分局副书记，华中军区副政治委员、华中野战军政治委员，华东野战军副政治委员，第三野战军第一副政治委员，中共浙江省委书记、浙江省人民政府主席、军区政治委员。新中国成立后，任中共中央华东局第三书记，中共中央副秘书长，中共中央书记处书记，中共中央政治局委员，国务院副总理，全国人大常委会副委员长，中共中央顾问委员会副主任。

[44]胡宗南，见本书《陕甘宁边区形势及加强备战问题》注[7]。

[45]林伯渠(一八八六——一九六〇)，湖南安福(今临澧)人。一九二一年加入中国共产党。一九二七年参加南昌起义。曾任中华苏维埃共和国临时中央政府财政人民委员、西北办事处代理主席，八路军驻陕办事处主任，陕甘宁边区政府主席，中央政治局委员。新中国成立后，任中央人民政府秘书长，全国人大常委会副委员长，中共中央政治局委员。

[46]彭德怀，见本书《当好西北人民的勤务员》注[2]。

[47]弼时即任弼时，见本书《关于陕甘宁边区一九四八年的土地改革和整党工作》注[12]。

从组织上保证工作着重点的转移*

（一九七九年一月二十五日）

首先，必须整顿和加强各级领导班子。我省的干部绝大多数是好的和比较好的。我省各级党委的领导班子基本上也是好的。但是，十多年来，由于林彪[1]、“四人帮”[2]的干扰破坏，各级领导班子都或多或少地存在着思想不纯、作风不纯和组织不纯的问题。有的单位还很严重。经过两年多来的揭批“四人帮”群众运动，特别是去年省、地、县委三级整风，这些情况有所改变，但是问题还很多，同实现社会主义现代化的要求，还很不相适应。当前突出的问题是有些干部还心有余悸，心有余毒，思想僵化；有些干部官僚主义，高高在上，脱离群众；有的班子闹不团结，拧不成一股绳；有的班子人员很多，很不精干，办事效率很低；有的干部无视党纪国法，称王称霸，无法无天；还有少数的班子组织上不纯，有些“头上长角、身上长刺”，或者出卖灵魂、陷害同志的人物，尚未处理。因此，必须继续抓好各级领导班子的思想整顿和组织整顿，使各级党委真正成为能坚决执行党的路线、密切联系群众的坚强战斗指挥部。

我们各级领导班子，必须执行党的马克思主义路线，解放思想，

* 这是习仲勋在中共广东省委四届二次常委扩大会议上总结发言的一部分。标题为编者所加。

实事求是，从实际出发，敢讲真话，能把马克思主义的理论和自己工作地区的实际结合起来；必须充分发扬民主，走群众路线，密切联系群众，关心群众的疾苦，全心全意地为人民服务；必须坚持真理，修正错误，勇于批评和自我批评，善于团结同志；必须有革命的事业心，有科学态度和求实精神，善于学习，有把我国建设成为社会主义现代化强国的雄心壮志。要按照接班人五项条件[3]选拔干部，做到知人善任，任人唯贤，特别要注意提拔那些党性强，作风好，经过实践考验，有实际工作经验，有业务专长，年富力强的实干家，充实各级领导。基层的领导班子要加强，要发挥党支部的战斗堡垒作用。

整顿中，对于那些搞打砸抢的、帮派思想严重的、出卖灵魂陷害同志的、连党的最关紧要的利益都不顾的人，决不能重用。对于看风使舵、找靠山、不讲党的原则的人，也不能轻易信任，要警惕，要教育，要促使他们改造世界观。对于那些杀人升官、踩着别人的脊梁往上爬、政治品质很坏的人，要坚决拉下来，需要追究法律责任的，还要绳之以法。对于那些无法无天、违法乱纪、作风很坏，甚至有犯罪行为的人，也要坚决处理，决不能纵容姑息。省委纪律检查委员会早已成立，各级党委的纪检会也要很快建立和健全起来。纪检会的基本任务，就是要维护党规党法，整顿党风。要同各种违反党规党法、败坏党风的行为作斗争。

班子要充实加强，要调整和交流干部。办法可以有几种：一是调上。要把过去长期受林彪、“四人帮”压制迫害，表现好，有能力，能坚持工作的老干部安排到领导岗位，使用不当的要加以调整。要重视选拔、培养青年干部，搞好传帮带。二是调下。对于缺乏实际经验，提拔过快，群众有意见，但本质好，有培养前途的干部，可以带职下放锻炼。对于领导能力弱，不胜任现职的干部，可回原单位或分配其他适合的工作。三是调开。有些干部过去表现一贯比较好，后来犯有错误，群众意见较多，留在原单位工作有困难的，可以调开，易地闹革命。四是交流。有些干部在一个地方工作时间过长，或者领导干部之间长期闹矛盾，解决不好，作适当交流，可以帮助他们开阔眼界，促进学习，做好工作。所有的同志都要以大局为重，识大体，顾大局，从党的利益出发，能上能下。老干部是党的宝贵财富，要注意充分发挥他们的作用。能坚持正常工作的，应当参加领导班子。不能坚持正常工作的，有的可以当顾问，有的可以安排荣誉职务。体弱有病的，有的可以离职休养，有的可以退休，把他们安排好，政治、生活待遇不变。组织部门要坚决按照中央和国务院有关规定的精神，贯彻落实。

整顿领导班子和精简机构，要同搞好干部学习、轮训干部结合起来。所有干部都必须重新学习。要办好党校和各类干部学校，定期轮训干部，学理论（特别是经济理论），学技术，学管理，有的还要学文化，逐步做到使我们的干部既懂政治，又懂业务，又红又专，改变现在那种不少人不懂业务的状况。

第二，要坚决精简机构，改变目前机构臃肿、层次重叠、人浮于事的现象。

（一）党政要分工。现在，党政不分，党委包揽一切，陷入了严重的事务主义，不能集中精力抓大事。改变这种状况要从省委做起。现在省委和省革委会[4]机构已经分开，但是工作没有完全分开，今后省委要摆脱事务工作，抓中心、抓大事。省革委会党组要认真把政府部门的工作抓起来，政府各部门要向省革委会请示报告，不要事事报告省委。会后将具体拟制党政分工的实施办法。

（二）要裁减机构，减少层次。省直部、委、办和局，机构重叠，要进行裁并，除了必要的部、委、办外，多数委、办只作为省委、省革委会的办事机构，不作为一级。局的设置也不宜分工过细，有的要合并。随着各种公司的建立，局的设置和行政工作还要减少。

政治工作机构要精简裁并。省委初步意见，撤销工交政治部、财贸政治部和文教政治部，其所担负的工作，归并到有关部门。各单位的政工机构也应精简。所有临时机构要作一次清理，除了极少数确需保留的之外，其余一律撤销，工作交回各有关职能部门去做。地区是省的派出机关，不是一级，所属机构更应当精简。各地、市、县机构可根据实际情况进行调整，不必同上面对口。省直机构的精简，省委将同省直各口和有关单位共同研究，制定方案；在实施过程中，要认真做好思想工作。

（三）经济管理体制及其机构设置也要改革。要改变目前权力过于集中和单纯用行政办法管理经济的状况。上下级之间，计委、经委等综合部门和各专业部门之间，要适当分权，行政机关要尊重企业经营管理上的自主权。同一个地方管理机构重叠和机构设置不合理的，例如，航运管理机构设置不是按水系，而是按行政区域各管一段；邮电管理，同一个地方设有县局、市局、地区局等。这方面的改革，看准了的要马上改。还未看准的，今年各有关部门都要进行试点，以便摸索经验。

总之，我们要按照精简、统一、效能、节约、反对官僚主义的原则，精简上层，充实下层，精简党政机关，充实经济、科研、文教部门。精简中调配安排干部，要注意专业对口，内行归队。

第三，各级领导要认真改进工作作风，改进工作方法，提高领导艺术。目前要突出抓紧解决的是两个问题:一是党委要认真贯彻民主集中制;二是要坚决克服“五多”。

为了改进各级党委的工作,坚持党委的集体领导原则,我们要认真学习毛泽东同志的《党委会的工作方法》、《关于领导方法的若干问题》。领导班子内部要真正实行民主集中制,充分发扬民主。党委书记是“班长”,但首先是党委的一个成员,不能个人说了算。要善于集中正确的意见,结合本地区、本部门的实际,正确贯彻执行党中央的路线、方针、政策。一个好的书记,应当知人善任,从善如流,善于发挥党委全体成员的积极性和专长。

要切实克服“五多”。当前的“五多”主要表现在机构多,会议多,文件简报多,干部兼职多,领导浮在上面多。“五多”已经成为实现工作着重点转移的大障碍,必须采取革命措施,认真解决。除了精简机构前面已经说了以外,还必须:

(一)切实精减会议。各级党委都要有人把关,力求少开会、开小会、开短会。能够不开的会坚决不开。可由部门开的会就由有关的部门开,不要动不动都要党委书记、常委、革委会主任参加。一个单位、部门的业务会议要综合开,不要单项开。全省性的大型会议,要坚决少开。

(二)大力压缩文件、简报。省委、省革委会和各部门要尽量少发文件。部门召开业务工作会议的报告和文件,一般不要由省委、省革委会批转。要清理现有的简报,可办可不办的不办,可综合办的就不要单独办。

(三)各级党委、各级革委会和各单位都要建立工作责任制,集体领导,分工负责。要作出明确规定,做到事事有单位负责,有专人负责，要发挥革命积极性和主动性。对革命工作要抢着干，杜绝互相推诿扯皮现象。

（四）各级党委的负责人要深入工厂，深入农村，深入基层，每年应有一定的时间下到第一线调查研究、指导工作。每年省委负责人要有三个月以上，地委负责人要有四个月以上，县委负责人要有半年以上的时间，深入群众，联系实际，抓住中心，解决几个带关键性的问题，以点带面，推动本地区本部门的工作。

■ 注　释

[1]林彪，见本书《落实知识分子政策，加强党对教育工作的领导》注[3]。

[2]“四人帮”，见本书《同心协力把广东工作做好》注[7]。

[3]在一九六四年五六月间的中央工作会议上，毛泽东从防止“和平演变”、防止产生修正主义出发，提出培养无产阶级革命事业接班人的五项基本条件。即：必须是真正的马克思列宁主义者；必须是全心全意为中国和世界的绝大多数人服务的革命者；必须是能够团结绝大多数人一道工作的无产阶级政治家；必须是党的民主集中制的模范执行者；必须谦虚谨慎、戒骄戒躁，富于自我批评精神，勇于改正自己工作中的缺点和错误。

[4]革委会，见本书《在暨南大学开学典礼和成立二十周年校庆大会上的讲话》注[1]。

在肇庆地委常委扩大会议上的讲话

（一九七九年二月七日）

同志们：

我是第一次来到肇庆和同志们见面。到这里之后，和地委的同志，县、市委书记同志座谈了一天多，谈了不少问题，但还是粗线条的了解，对你们的情况知道不多。我这次是抱着学习态度来的。既然来了，就作一个发言罢。

大家都说，中央工作会议[1]和三中全会[2]开得很好，解决了很多大问题。究竟好在哪里？我看大家理解还不一样。有的同志说，这次中央工作会议和三中全会之所以开得好，就是发扬了民主，揭发了某些同志的严重错误，会议开得很活跃，大家敢讲话。我认为这种理解是对的，但还不完全。如果我们只停留在指名道姓地批评了一些人，甚至是批评了一些担负重要工作的负责同志，揭发了一些同志的错误，这样来理解这次会议所解决的问题，那是很不够的。在省委常委扩大会议上，大家都希望把中央会议的情况多讲一些。还有的同志不注意学习公报，认为其他文件重要，公报不重要。同志们关心会议情况是好事情，是关心国家大事，但光停留在这方面就会妨碍我们对中央工作会议和三中全会所解决的更重大问题的理解。中央工作会议和三中全会所解决的问题，在我看来，是解决了我们党和国家兴旺发达的一个带根本性的重大问题。这次会议也是粉碎“四人帮”[3]两年多以来影响最深远的一次会议。中央工作会议和三中全会的中心思想到底是什么？就是从今年开始，把全党工作的着重点转移到社会主义现代化建设上来，动员全党全军全国各族人民，同心同德，鼓足干劲，全力以赴，为加快我国社会主义现代化建设而奋斗。这是一个伟大的战略转变，是我党二十多年来想转而未有转成功的事情。在夺取全国政权后，特别是在生产资料所有制社会主义改造完成后，我们党领导人民向什么方向走？毛主席在一九五六年、一九五七年、一九五八年先后几次讲到了这个问题，要把工作着重点转移到搞社会主义建设上来。但这个问题提出二十多年了，我们却没有真正实现这个转变。

在我们党的历史上，曾经有过两次战略性的转变。一次是在七届二中全会[4]上提出的党的工作重点由农村转到城市的转变。这个转变是转得比较好的。当时，我们在农村干了多年，以后又进了大城市，既要接管城市，又要管理全国事务，这是一个新课题，我们不懂，全党也不懂，但是毛主席提出这个问题后，全党转得很好，很快就转过来了。一九五六年以后，毛主席又及时提出要从社会主义革命、社会主义改造转到以社会主义建设为主，这是第二个转变。现在看，搞了二十多年，基本上没有实现这个转变。二十多年来我们落后了，吃了苦头，就是因为我们没有真正实现这个转变。请看看二十多年来我们干了些什么事情，今天搞斗争，明天搞运动，一直没有停，忙得不亦乐乎。加上林彪[5]、“四人帮”的破坏，斗争就更为剧烈。直到今天，国家没有搞强盛，人民没有搞富庶，甚至还吃不饱肚子，这怎能说我们的工作重点已转到生产建设上来了呢？广东还有将近一千万人的口粮在“保护线”上下，就是每月三十斤，包括杂粮在内，这能吃饱肚子吗？农村劳动力一天没有二斤大米吃能行吗？那是干不了重活的。为什么没有实现这个转变？我们要总结经验教训，我看有我们工作上的错误，也有领导上的错误，坦率地说，包括以毛主席为首的党中央和各省、市的领导同志，连我这个人也在内，都有责任。过去我们搞什么“共产风”、浮夸风、高征购、高指标、瞎指挥。你说全国“大跃进”[6]之后形势很好，大家没有冷静下来好好分析一下，能不能这样干呀，怎样把这个形势纳入到健康的轨道上去。我们那时掌握的材料，现在回头看一下，都是口头上报的产量，哪里是地里长出来的呢？好像说“人有多大胆，地有多高产”，这完全是搞唯心主义。好像只要人敢干，不管客观条件如何，什么都可以干出来。还有“放卫星”，一直放到一亩地打一万斤以至十万斤粮，报纸上都登过，广东就放了一个亩产六万斤粮的“卫星”，这个“卫星”很大，这是一个空家伙，肥皂泡。现在回头一看，确实太幼稚了，马列主义知识一点也没有。当然在那时也不是所有同志都如此，也有人觉得这样不对，但不敢讲，也不能讲。讲了，右倾机会主义的帽子就来了。所以搞得我们很苦，我们确实是吃了苦头，全国人民吃了苦头。

十几年来，我们工作上是有很大错误的，但最根本的原因还是林彪、“四人帮”的破坏。对于林彪、“四人帮”对我们党、国家、民族所造成的危害和损失，许多同志是认识不足的。林彪、“四人帮”的破坏，就广东来说，内伤超过外伤，就是外伤也是十分严重的。内伤讲的是理论上、思想上、作风上受到的干扰和影响。林彪、“四人帮”把我们的党风，把我们整个群众的道德风貌破坏到这样严重的程度，这个伤确实重得很。对这个问题，我一来广东就同有些同志有斗争，有的人认为广东很稳定，问题不很大。问题到底大不大呀？现在来了十个月，特别是从去年六月整风以来，越看问题越严重。这些问题不解决，不仅工作搞不上去，特别是要实现工作着重点的转移，谈何容易！前段农村障碍很多，人们还有气，群众还有意见，你不叫他们出口气怎么行。我们要把工作做好，把许多问题真正搞落实，平反了并不等于问题落实了，还要把他们妥善安置好，把应该做的事情都做好，一点都不能粗心大意。林彪、"四人帮"破坏了十多年，所以要拨乱反正，要把全党、全国人民的风气扭转过来，把好党风重新恢复过来。请同志们想一想，"文化大革命"前，社会风气、道德风貌多么好啊！那时到处有活雷锋[7]，现在雷锋跑到哪里去了？过去坐公共汽车，只要是老年人，青壮年都给让坐，现在呢，青年人比谁都挤得快。今年广州市的花市，虽然花了很大力气防止出事，也还有一伙人在那里把港澳同胞包围起来，抢手表、捅刀子。我叫公安局要赶快查清这个案子，把这批坏家伙抓起来，对这些人就是要专政。民主要搞，另一面也要专政，民主才能有保障。所以，对林彪、"四人帮"的破坏和影响不要看轻了，看轻了对我们不利。这是客观存在的事实，并不是夸大。我们不能回避这些问题，要正视这些问题，要严肃对待这些问题，才能把工作着重点很顺利地、有保证地转过来。

党中央一举粉碎了"四人帮"，挽救了我们党和国家的命运，把党和国家从最危急、最严重的关头挽救过来，扭转了乾坤。当然，现在看来扭转乾坤还是一个开始，是乾坤初转。今后两三年，从一九七九年到一九八〇年、一九八一年，是关键时期，国民经济要搞上去，党的实事求是的优良传统作风要恢复过来，不转过来，光讲大话、空话，还是老一套，还是要犯大错误的。现在不是说空话的时候，在工作上说空话，说一些不可靠的话，说一些不解决问题的话，都不对。同志们有几句话概括得很好，如“政治措施很具体，经济措施不落实”，“看中央‘决定’很有办法，看行动冷冷清清”，“看前途无限光明，看当前困难不少”。说的就是这个问题。昨天同志们座谈，提出了当前有一个具体问题，就是薄膜问题还解决不了，现在育秧，急需薄膜，而仓库里却积压了一万吨，价钱很高，卖不出去，育秧季节很快就要过去，现在还不拿出来用有什么作用呢？昨天已打电话回去，请刘田夫[8]同志赶快给北京王任重[9]同志打电话，他现在是农委主任，就说我们要用，要求降价。今天省里来电报了，快得很，每吨从三千元降到二千元，降了三分之一。可见，问题在于抓紧，不抓紧是不行的。你们地区林业很重要，差不多占国民经济收入百分之十，其实搞好了不只百分之十，还要多，那群众就会富一点，多分几个钱。今年如果每人平均分配不增加十多二十元，你们的工作就没有做好。要千方百计使群众多分钱，有粮食吃，还要有一点东西，不要怕群众东西多了。要把手脚放开，首先我们各级领导干部思想要放开一点。我们是社会主义国家，与资本主义制度根本不一样，不怕群众富，富还是社会主义公民，当不了资本家和地主，因为土地都是集体和国家的，怕什么？民富国强嘛！自古以来就是这句话，过去如此，现在还如此，今后也如此。只要对人民有利，对国家有利，我们就干，胆子大一点。只要是这样，不算你闹独立性。这和闹独立性完全是两回事，两个范畴，两个概念，两种不同的事情。

今后两三年是关键时期，今年头一年转变特别重要。工作多得很，像过去那样拖拖沓沓、松松散散不行，一天要办一天的事，甚至要办两天的事。特别是我这个老头子，十多年没管事了，今后的时间也不长，那确实要一天顶两天用，争取为党和人民多做一点事情。大家都应有这种精神，特别是老同志更应有这种精神，不要天天搞些猫猫狗狗的事情，计较一些小事情，这就风格不高。这并不是说不管个人的事情，主要的精力要放在干革命，放在贯彻党的工作着重点的转移上。经济要搞上去，党的光荣传统要恢复过来。如果光讲大话，还是老一套，我们还要犯大错误的。

现在要下定决心，集中全党全国人民的力量搞社会主义四个现代化。我们广东是全国的一部分，当然也不例外。今后二十年、三十年甚至更长的时间，都要紧紧抓住这一点，搞四个现代化。只要大家认识了这一条，有了这个决心，经过一二十年的努力，四个现代化完全能够搞成功。我们广东搞四个现代化，条件是很好的。以旅游业来说，就可以大搞，增加收入。你们肇庆多好，七星岩多好，把那些岩洞、山山水水搞好，请他们来旅游。最近我告诉到香港去的同志，要他找一些资本家，谈旅游问题、引进问题。港澳同胞许多都是我们广东同胞，还有泰国、新加坡和其他国家，那里也有很多华侨，只要他们愿意，就给他们说，第一爱国，第二发财。光要人家爱国，不让人家发财，资本家不干，华侨也不干，要允许他们发财，保证他们有利可图。将来七星岩搞一个旅游公司，好好搞起来，要搞得更好些，更美一些，让港澳同胞、华侨、外国人来，我们可以赚钱，搞好了一年可收入几千万元。过去的办法不行，你搞了一点钱，上面都给拿走了。现在要讲清楚，开始几年不上交，以旅游业赚的钱用来搞旅游区的建设，过几年之后再谈分成。还有宝安、珠海县与港澳连接，只要你愿意，把工厂办到我们这里来也可以，但要给我们租金，产品也可以往外卖，一年给百分之二十、百分之三十、百分之四十，我们为什么不干？他们愿意这样干，过去就是我们态度不明朗，人家热得很，我们凉得很；一头热，一头凉，事情就难办，要两头热才行。办一个事情一转转到中央，中央再转回来，还不行，再转回去，一弄就是半年。他们时间就是金钱，一分钟、一小时能得多少钱，像这样办事情他们不愿干，觉得我们中国人太浪费，首先是时间的浪费。别的好条件不讲了，中国人口多，地大物博，是好地方。再一个最大的有利条件是，现在外国人愿意借给我们钱，愿意给我们投资，愿意把他们的精密设备、技术给我们引进来。中日建交特别是中美建交，影响很大。这次邓小平同志到美国访问，美国高规格接待。这说明美国也需要和中国友好，从他们的战略观点看，要和中国友好。

我们要集中主要精力搞四个现代化，对绝大多数同志来说是个崭新的问题。究竟四个现代化是什么样子？中央也不清楚，因为没有经过实践，不能光凭书本，所以派了很多人到日本去，到欧洲去。新加坡、南朝鲜、台湾、香港都能当经济“四小霸”，我们这样一个大国家还不行？当然，我们不搞霸权主义，但在搞经济方面我们要争一争。中国人民有最古老的文化，最聪明，最有智慧，为什么在这一点上搞不过人家？中美已建交了，台湾要回归祖国。当然一下子就回归不行，但这工作要做好。现在有一个问题，就是台湾的生活水平比我们高。所以现在我们对台湾的政策，就是要回归祖国，领土统一，外交统一，其他的一切都照旧，这样对我们有利。现在我们要努力，赶快搞好生产，提高生活，超过它，到那个时候，整个中国就真正地、完全地统一。所以搞四个现代化是一场空前的、广泛的、伟大的、深刻的革命。

要实现这个伟大的转变，必须好好地做实际工作，解决遗留的大量问题。搞四个现代化,是全党今天最大的实际工作。今天最大的革命,就是搞四个现代化。现在我们要把第一步迈好,要开个好头,就是要千方百计使工业、农业,使整个国民经济得到进一步的恢复和发展。现在拿计划来说,不平衡,有三个失调:一个是工业和农业比例失调。农业跟不上,这是最尖锐的问题。全国九亿多人都要吃饭,现在有一亿多人吃不饱肚子,九个人就有一个半人吃不饱。二是工业内部比例失调。特别是基建战线太长,扫尾、配套工程很多,好多年不能投产,浪费很大。昨天谈的广宁的造纸厂,机器是西德的,很好,一直摆在那里多年不投产,你看这个浪费多大,这是你们地区的例子,全省的例子不少,全国就更不用说了。三是先行工业,煤、电、运输(包括铁路、公路、海运、码头)、石油都跟不上,先行工业不先行。由于没有电,很多工厂不能开工,广州市就是停三开四,或停四开三,就是一星期只有一半时间机器能运转,你说搞什么四个现代化?在广东来说,把电搞好,把燃料搞好,有充足的电力供应,就可增加一倍产值。在全国来说,可提高百分之三十。还有管理体制,非改革不行。现在的管理体制许多是卡人家的。譬如,在马房有个木材检查站,就是专卡人家的,其实也并不是都卡住了。昨天林业局长他也承认卡不了,有些从西江那边走了。最根本的是靠群众管,别的那些关卡都是多余的、人为的,自造矛盾,而且给他们有"开后门"的权力,你给我送一两条鱼,送一点东西就给你放行,你不送就不放行,还要刁难,这都不好。所以管理体制非改革不可。现在有些事就是等、推、拖,无人负责。这是不对的。办一个文件,来回运行,有的一转就是十天半月,甚至半年一年,也不知转到哪里去了。我们要把各方面的积极性都调动起来,要把中央、地方、企业、个人的积极性都发挥出来，现在并没有解决好这个问题。我们要解决两条腿走路的问题，比如肥料，就不能光靠化肥，更重要的是要积土杂肥。你们把“赌注”都押在化肥上，那问题就很大，化肥越上得多地力越薄，只有土杂肥、人畜肥才能改造土壤，把地力越搞越肥。我们不能光靠工业搞化肥这条腿，还要发动群众搞土杂肥，这是最基本的。

现在说一下首先要把农业搞上去的问题。搞四个现代化，在广东来说，首先要把农业搞上去。中央的“决定”和新“六十条”这两个文件[10]，还有对地富摘帽的文件[11]，都是对农业有很大影响的。我们首先要把“决定”和摘帽这两个文件最迅速、最全面、最及时地传达到群众中去，不要停留在上面。这两个文件一直发到公社、大队、生产队，和群众见面，向群众宣讲，结合当地实际。还有党政机关所有人员都要学习，都要知道这件事。首先要抓好今年的春耕，争取早造丰收，早造丰收了，就给全年丰收创造了条件，争取广东农业打一个大胜仗。我看“决定”至少是十几年来最好的文件，真正总结了二十多年来农业生产方面的经验。“决定”的第一部分就是统一全国的认识，究竟二十年来有什么成绩，犯了什么错误，有什么经验教训。基本的经验教训讲了七条。我们不光看这七条，要结合这个总结我们的经验，看看二十年来我这个县、公社、大队、生产队到底搞了些什么成绩，有什么缺点，有什么经验教训，也总结几条。第二部分讲当前发展农业的二十五条重大措施，也可以叫政策，也可以叫方针。第三部分讲发展农业远景规划的八个问题。最后一部分讲加强党对农业的领导。怎样加强党的领导，就是要实事求是，总结经验教训，讲真话。我相信这个文件传达到群众中去，将会发生巨大的作用，可以鼓舞人心，鼓舞广大农民搞好农业生产。我看，只要我们把这个工作搞好，真正贯彻“决定”，农业就能大上快上，今年农业就能打一个大胜仗。如果搞不上去，影响就很坏，人民对我们不满意，要造我们的反。我这个话绝不是夸大。

上面所讲的都是为了巩固安定团结的政治局面，把工作着重点转移过来。这里想再讲讲，要千方百计巩固和发展安定团结的政治局面。

第一，要把揭批查搞好。一定要功过分明，是非分明，赏罚分明，对一些冤案、假案、错案必须坚决平反。昨天初步了解一下，肇庆也是一个重灾区，冤、假、错案很多。现已全部平反，工作做得很好。全区十一个县、市，有九个开了平反昭雪大会，给死者恢复名誉。这些政策遗留问题要争取在第一季度之内基本搞完。中央要求在一月份起开始转变。鉴于广东的特殊情况，广东是重灾区，我们决定在第一季度把群众性揭批查运动结束。结束不等于遗留问题解决了，还要继续解决，决不留隐患，只要有一件事、一个案件、一个人的问题，都要把它处理好，不然他不安心，群众也不满意，不利于团结。就全省来说，这方面的工作量还很大，要落实政策，特别是干部政策要落实，恐怕在农村很多基层干部政策还不落实。还有一个问题，对基层干部要保护，因为他们一向是受整的，什么错误都向下边推，这要改，长期如此不好。

第二，要恢复党内斗争[12]的好传统。毛主席创造的“团结——批评——团结”的公式，在全世界是很有名的，在国际共产主义运动中大家是很称赞的。后来我们自己搞坏了。所以今后党内斗争要拉回到正确轨道上来，拉回到毛泽东思想轨道上来，按毛泽东思想办事，按马克思主义办事……要严格的、及时的开展批评与自我批评，批评从严，处理人要非常非常谨慎，特别对戴帽、开除、法办这三条要非常谨慎，不要随便给戴右派、右倾机会主义、叛徒、特务、反革命分子的帽子。这些问题要紧紧抓住，不能掉以轻心，只要是一个人的问题，一个干部的问题，都要非常慎重，非常细致，要处理得公公道道，不能按个人的印象和感情用事，要完全按马克思主义、毛泽东思想办事，这样，我们党内的生活就正常了，气氛就好了。

第三，要把民主和法制搞好。过去有很多不正常现象。这次来到肇庆我感到很满意，第一不把我当客人、当上级，这个很好。我们搞民主搞法制，就是为了保证有正常的工作秩序、正常的社会秩序、正常的生产秩序。既要把民主搞好，又要把秩序搞好，不能搞乱了套。只有这样才是正确的。另外要把党规党法搞好，把国家法律搞好。在党纪国法轨道上，使民主得到健康发展，使我们的生产、工作、社会秩序不受损失。

第四，要把党的优良传统作风恢复起来，坚持实事求是，群众路线，调查研究。如果不实事求是，搞官僚主义，老百姓同样会造我们的反。党的作风搞不好，群众对领导干部会经常有气、有意见，怎么能实现安定团结呢？我们党是无产阶级的先锋队，是群众的核心，如果不把党整好，在一个大队来说不把党支部整好，那么队里的安定团结的政治局面怎么能搞好？现在我们党在农村的不少基层组织的作用很小，不能起领导全大队的作用。特别是有些县，群众要跑就跑，跑了他还不知道，群众把枪、手榴弹也带走了，轻机枪也带走了，他还不知道，你说这个党支部有什么用处？结果人家一去，又叫几个人把枪送回来，他并不是要你这个枪，就是为了要偷渡，你能说他是阶级敌人搞的吗？不能。过去一说偷渡，就说是阶级斗争规律，现在看来不是,就是他没有钱用,肚子吃不饱,基本是这个问题。如果你那里生产搞得很好,分的钱又很多,他为什么要跑呢?特别是广东人,地方观念很重,华侨到了外边去,死在外边,还要把尸骨运回来埋在家乡。问题在于我们对群众的吃饭、用钱问题没解决好。法,要看对什么人有用,必要用的一定要按法来办。要恢复和发扬党的光荣传统和作风,坚持实事求是,群众路线,调查研究。两年来,党的作风有很大的转变,但要恢复到延安时期、解放战争时期、解放初期,没有几年时间是不行的。

搞四个现代化,要有正确的思想方法、思想路线。现在党内真正解放思想的人是少数。其中有很多原因,不能完全归咎于个人。过去整个的习惯,整个框框,不说别的,就说你们所做的工作都是来自上面,不是自己独出心裁搞的。在广东都是来自省委,如基本路线[13]教育,现在回头看看,就是推行了林彪、“四人帮”的极左路线。基本路线教育运动越搞东西越少,鸡没有了,鸭没有了,副业也没有了。同志们都是很好的,他们是执行上面指示的,是上面叫他们干的,要保护他们。现在可以返回来检查,“四清”[14]也好,过去的大干也好,搞基本路线教育也好,错了的都可以批评。还有那些典型。任何一个典型,任何一个人都要一分为二,不要一好就好得了不得,谁都不能批评,一坏就坏得了不得,这个风气太坏了,使得我们的思想僵化、半僵化。其实有些人他心里并不见得没有一点怀疑。一直搞“过渡”[15],要“穷过渡”,以至影响了别的地方。这样翻来覆去,把农村搞得穷得很,这个教训实在对我们教育很深,我们要讲,不要怕。我们的典型也一样,也要一分为二。我们的大寨县也要很好研究一下,先进的还是先进,因为是客观存在,你不说先进,群众也说先进,群众会拥护;如果不实在的,确实不够条件的,就算了,你们不要在那里硬树立它的旗帜。徐闻县的大寨县称号,群众已经不要了,我们省还不敢取消。过去不敢碰的“禁区”现在敢碰了,不这样思想不能活泼。过去都给框死了,活泼不起来。多数人的思想现在还是不解放。思想方法是非常重要的一条。要实事求是,理论联系实际,坚持实践是检验真理的唯一标准,一切都用实践来检验。

最后,说几个零星意见。一个是领导班子要整顿,特别是县委如何领导工作,问题也很大,不光是县委,还有地委、省委,究竟如何做工作,这个问题都没有很好解决。县委班子如何搞工作?首先是一、二把手,要走在前面,要思想先行,给一班人作出榜样。这方面问题很多,你们是“班长”,首先要走在前面,“班长”不行,怎么去率领一班人?首先不要搞“一言堂”,要搞“群言堂”,要学会搞民主集中制,凡事都要商量,最后在民主的基础上把意见集中起来。一个县委如何去联系群众,如何知道群众的呼声、群众的疾苦,使全县群众脉搏跳动与县委脉搏跳动一致起来,这很不容易。现在在这方面很薄弱,群众观点薄弱,与群众联系不那么密切。再就是要善于搞调查研究,善于做群众工作。不要以为自己是做群众工作出身的,还不会做群众工作?不一定,有些人就是不会做。

不要一弄就是政治,就是命令,就是你指挥人家。要以实际行动去影响人家、教育人家,使得人家情愿乐意跟你去干,听你的话,愿意听党的指示,执行党的决定。要从这两个方面下工夫。要改变作风,改变思想,改造世界观。再就是班子内部问题可以争论,发表各种不同意见,争得脸红脖子粗都行,这是正常的,但最后决议一定要坚决执行。就个人来说要谦虚谨慎,不要骄傲自满。我们的知识少得很,特别是要搞四个现代化方面，一窍不通，懂得的东西太少了，要夹着尾巴做人。这是毛主席的话，就是不要那样狂妄。

现在，历史遗留下来的问题不少，反右派[16]、“四清”，广东还有反地方主义，都遗留一些问题。任何一个运动哪会没有一点问题？就看问题留下多少，我们的原则就是有错必纠。对遗留问题要注意解决，态度要积极，要热情积极对待这些问题，因为这些问题本身，都是群众性的问题。虽然是历史问题，但都要作为现实问题来解决。因为这些问题的解决，不是为了过去，而是为了今后向前进，都是为了调动人民的积极性。这些问题，都是人民内部的矛盾，采取的方法不能命令，只能说理，就是不能压人家，只能热情对待，不能采取冷淡态度。要学会做群众工作，最主要的是学会正确处理人民内部矛盾。现在看来百分之九十九都是人民内部矛盾，敌我矛盾有，但极个别。哪一样解决不好，都不能调动群众的积极性。上山下乡知青问题、城市人口疏散问题、“两退一插”[17]问题、复退军人问题，还有错案、冤案，一大堆，你做好了就安定，做不好就大乱。

还有一条解决问题的经验教训，就是解决群众性的问题，一定要群众赞成、满意，如果这个问题所涉及的群众，他不赞成、不满意，那就不可能解决好。比如解决复退军人的问题，就要使复退军人满意，当然不合理的要求我们可以不答应，可以解释，他们也是会听话的，通情达理的。再如对群众的生产生活问题，应该放在首位，经常考虑。今后我们安排人民生活，要先安排口粮、饲料、种子，然后才是征购、上调，要一反过去，过去不管群众生活安排如何，先把粮食拿来。今年为什么农村安定一些呢？就是这个问题解决得好，去年口粮安排得好。如果去年天老爷不捣乱，我们不会减产二三十亿。虽然减了产，但情况很好，很安定，当然我们不能盲目满足这一条，越是这样越要谨慎，生活越要安排好。救灾不能单纯救济，把钱主要用在生产自救，多搞些生产，那么两千万就不止两千万，搞得好就有四千万可用了。这就需要我们做工作。今后粮食安排，先人民后国家，这一点党和人民的利益是一致的，我们的干部和人民的利益也是一致的。我们处理问题，主要是看群众，看群众有没有解决问题。

■注　释

[1]即一九七八年十一月十日至十二月十五日在北京召开的中共中央工作会议。会议讨论了从一九七九年起把全党工作着重点转移到社会主义现代化建设上来等问题。陈云提出解决历史遗留问题的意见，得到与会者响应。十一月二十五日，中央政治局宣布为“天安门事件”等错案平反。十二月十三日，邓小平作《解放思想，实事求是，团结一致向前看》的讲话，实际上成为随后召开的十一届三中全会的主题报告，是开辟新时期新道路的宣言书。

[2]三中全会，即一九七八年十二月十八日至二十二日在北京召开的中国共产党第十一届中央委员会第三次全体会议。会议的中心议题是讨论全党工作着重点的转移问题。全会高度评价关于实践是检验真理的唯一标准的讨论，确定了解放思想、实事求是、团结一致向前看的指导方针；果断地停止使用“以阶级斗争为纲”这个不适用于社会主义社会的口号，作出了把工作重点转移到社会主义现代化建设上来、实行改革开放的历史性决策；制定了关于加快农业发展的

决定；提出了健全社会主义民主和加强社会主义法制的任务；审查和解决了党的历史上一批重大冤假错案和一些重要领导人的功过是非问题。全会还增选了中央领导机构的成员。这些在领导工作中具有重大意义的转变，标志着党重新确立了马克思主义的思想路线、政治路线和组织路线。十一届三中全会是新中国成立以来中国共产党历史上具有深远意义的伟大转折。

[3]“四人帮”，见本书《同心协力把广东工作做好》注[7]。

[4]七届二中全会，见本书《关中新区的工作方向》注[4]。

[5]林彪，见本书《落实知识分子政策，加强党对教育工作的领导》注[3]。

[6]“大跃进”，见本书《关于长葛调查的两个报告》注[14]。

[7]雷锋(一九四〇——一九六二)，湖南望城人。一九六〇年参加中国人民解放军，同年加入中国共产党。沈阳部队工程兵某部运输连班长。一九六二年因公殉职。一九六三年三月五日，毛泽东发出“向雷锋同志学习”的号召。全国掀起学习雷锋的热潮。一九七八年十月底，共青团中央提出在全国开展“学雷锋、树新风”活动，学雷锋活动深入开展。

[8]刘田夫，见本书《给广东省县以上党委和省直局以上单位负责同志的信》注[4]。

[9]王任重(一九一七——一九九二)，河北景县人。一九三三年加入中国共产党。曾任中共冀南区委组织部部长、宣传部部长，冀南行署主任、中共冀南区委代理书记。新中国成立后，任中共湖北省委常委、省政府副主席，中共武汉市委第一书记，中共湖北省委第一书记，中共中央中南局第一书记，中共陕西省委第一书记，国务院副总

理，国家农业委员会主任，中共中央宣传部部长，中共中央书记处书记，全国人大常委会副委员长兼财经委员会主任，全国政协副主席。

[10]“决定”指《中共中央关于加快农业发展若干问题的决定（草案）》，新“六十条”指《农村人民公社工作条例（试行草案）》。这两个文件在一九七八年十二月中共十一届三中全会通过后发到各省、市、自治区讨论和试行。第一个文件在一九七九年九月中共十一届四中全会正式通过后公布实行。第二个文件由于考虑到人民公社制度可能需要改变，没有提交十一届四中全会通过和公布。

[11]一九七九年一月十一日，中共中央作出《关于地主、富农分子摘帽问题和地、富子女成分问题的决定》。

[12]这里的“党内斗争”沿用了过去的提法，实际讲的是恢复正常的党内政治生活。

[13]基本路线，指一九六二年毛泽东提出的在社会主义这个历史阶段，“还存在着阶级、阶级矛盾和阶级斗争，存在着社会主义同资本主义两条道路的斗争，存在着资本主义复辟的危险性。要认识这种斗争的长期性和复杂性。要提高警惕。要进行社会主义教育”。“从现在起，必须年年讲，月月讲，天天讲，使我们对这个问题，有比较清醒的认识，有一条马克思列宁主义的路线。”这段话在“文化大革命”期间被概括为党在社会主义历史阶段的基本路线。

[14]“四清”，指二十世纪六十年代中期在城乡开展的以清政治、清经济、清组织、清思想为内容的社会主义教育运动，又称“四清运动”。

[15]见本书《广东的建设如何大干快上》注[4]。

[16]一九五七年四月，中共中央决定在全党开展一次反对官僚

主义、宗派主义、主观主义的整风运动。在整风中,发生了极少数右派向党进攻的复杂局面。六月,中共中央发出指示,决定开展反右派斗争。由于当时党对阶级斗争形势作了过分严重的判断,把一些明显错误的但不是从根本上反党反社会主义的言论,甚至把大量对党的工作的批评意见都看成是右派进攻,导致了反右派斗争严重扩大化的错误。一九七八年,中共中央决定对被划为右派分子的人进行复查,将错划的予以改正。

[17]“两退一插”,见本书《落实知识分子政策,加强党对教育工作的领导》注[1]。

在肇庆地区农村基层干部座谈会上的讲话*

（一九七九年二月）

你们的会议开得好，大家都说多年来没有开过这样心情舒畅的会，事情确实是这样。在座谈中，同志们的发言讲得很好，我学到了很多东西。你们是我的先生。这次各县的三级或四级干部会议开得好，还是靠中央工作会议[1]和三中全会[2]精神。我看如果没有中央工作会议和三中全会精神的武装，不仅是县的，就是省委和地委的会也不会开得好。这次会议恢复了党的优良传统，发扬了民主，大家有什么话都可以说，没有人压制、打击你们。党的民主集中制的恢复，党内生活的正常化，是十分重要的。我们的事情，是人民的事情。我们要把人民的事情办好，就要让人民当家作主，把群众的意见、要求反映出来，集中起来，然后再回到群众中去贯彻执行。离开了这条就没有什么方针、政策了。要发展生产，改善人民生活，都离不开这条。这就是政治，是最大的政治。

我这一路走了肇庆地区的大部分县，感到农村形势很好。虽然

---

* 一九七九年二月九日至十七日，习仲勋先后到肇庆地区的四会、广宁、怀集、封开、郁南、罗定、云浮等县考察，同各县的县委、公社党委书记及部分大队支部书记进行了座谈。这是习仲勋在郁南、罗定、云浮三县座谈时讲话的主要部分。

去年晚稻受灾减产，但群众情绪很稳定。去年省、地、县委的整风，对推动揭批林彪[3]、“四人帮”[4]斗争的深入，平反冤假错案，强调抓好农业，端正党的农村经济政策，起了积极的作用。不少地方都反映，去年晚造水稻减了产，但杂粮收成好，肇庆地区木薯大丰收，多种经营和农民家庭副业也有了恢复和发展，加上国家收购农副产品的价格作了一些调整，所以现金分配很多地方也不致减少，有的还超过前年。三中全会公报发表以后，农村形势发生了很大变化，今后农村不搞政治运动了，政策放宽了，各级领导关心基层干部了，农民负担减轻了，这些都是大得人心的事。大家心情比较舒畅，增强了信心，冬种和春耕备耕的情况都不错。稳定，高兴，充满希望——这就是当前农村形势的总的情况。当然，农村工作，包括思想上和实际工作中，遗留和存在的问题还很多，确实是问题成堆，麻烦成堆。领导班子的整顿，也还有不少工作要做。但不要怕，只要方针对头，问题就可以迎刃而解，一个一个地解决好。

从今年起，我们要实现工作重心的转移，抓什么呢？就是要抓国民经济最薄弱的环节——农业，要集中力量打好农业翻身仗，把农业搞上去，当前首先要抓好春耕，为夺取早造和全年的丰收打下基础。要完成这一任务，首先要使我们的思想来一个大转变。要扫除各种障碍。思想不转好，工作重点也转不好。当前农村工作最大的障碍是什么？是林彪、“四人帮”的流毒和影响，就是极左思潮，宁“左”勿右。长时期来，农村中的政治运动一个接着一个，一直都在批右，不批“左”；一直批资本主义，实际上是批了社会主义，把什么东西都批掉了，批得农民吃不饱肚子。你们天天没得闲，很辛苦，最后还挨批挨斗。这条极左路线造成的恶果是极其严重的，在干部群众思想上造成极其恶劣的影响,大家都给极左思潮搞苦了,实事求是、群众路线的优良传统给搞掉了。实现工作着重点的转移,首先要肃清极左的流毒,有些同志暴露出来的“恐右病”、“恐富病”,就是极左的流毒造成的。这次会议,大家不仅反映了当前农村的许多情况和问题,还提出了解决问题的办法,这很好。实践是检验真理的唯一标准。大家过去在农村做了很多工作,现在回过头来看看,哪些是做对了的,哪些是做错了的?我们过去做了不少错事,这首先要怪林彪、“四人帮”,其次责任在我们上面,不能怪大家。比如过去农村搞基本路线[5]教育,推行了极左的东西,结果搞得越彻底的地方越糟糕,这个责任在省委,不在同志们。大家要根据三中全会精神,把一个公社、一个大队、一个生产队,以至自己个人,好好回顾、总结一下。总结要同学习三中全会公报结合起来,领会就会更深刻。要分清哪些是过去极左的东西,有什么经验教训;识别什么是正确的,什么是错误的。“左”的风源是上边来的,你们执行了。“恐右病”是一种要命的病,不是一下子就可以改过来的。要有好的政策、作风,才能把这个病治好。我们有些同志过去总认为“左”保险,右危险。右了就要挨斗、撤职,甚至法办。因此,形成一种风气,形成一种习惯,总认为“左”比右好。有的人顺着搞,明知不对,但是为了保命、保官、保乌纱帽,还是这样搞,成为一种处世哲学。这样一来,就把农民搞苦了,当然工人也吃了苦头,但比农民少一点。现在还有不少地方,社队集体分配很少,农民生活很苦,他们批评我们,他们心里有气、有意见,这是可以理解的。我们对不起农民群众,也对不起你们。所以我们一定要转变思想作风,要从思想上、作风上、政策上来个大转变,这是最大的拨乱反正。至于“恐富病”,它同“恐右病”表现形式不一样,但实际是一个东西。医治这两种病的最有效药方，就是到实际中去，到群众中去。同志们虽然在农村，但是过去由于极左路线的干扰，缺乏正确的思想路线的指导，并没有真正了解实际，了解群众；现在我们拨乱反正，正本清源，必须以三中全会精神为武器，再到实际中去，到群众中去，依靠广大人民群众的实践来检验。到底哪个对哪个错，根子在什么地方，可以到群众中去，开座谈会，找老农，找土改、合作化时期的老根子、老干部，找吃苦头大的人开座谈会，用他们的亲身体会和实践经验，来治我们的“恐右病”、“恐富病”。

要搞好工作着重点的转移，搞好农业生产，还要把政策搞对头。这首先是干部政策、人的政策的落实，经济政策也要认真落实。从罗定的情况看，过去历次政治运动处理不当，“文化大革命”中乱打、乱杀、乱开除、乱批斗，牵涉到好几千人，这些问题不解决，政策不落实，就不可能安定团结，人的积极性也调动不起来。最近中央又发出了关于地富摘帽和地富子女定成分问题的指示[6]，这也是一个重大的政策。据封开县有的大队调查，地富已是第二代、第三代，地富及其子女占农村人口百分之十一，有的村子达到百分之十七。新中国成立快三十年了，地富摘帽问题应该加以解决，这不仅是当前我们调动一切积极因素，实现工作着重点转移的需要，也是促使台湾回归祖国的需要。郁南的同志反映，有些同志提出，现在这样搞法，是不是“阶级斗争熄灭论”？不能这样说，我们给地富摘帽，这不是“阶级斗争熄灭”，而是党的对地富分子改造的政策的胜利，是斗争的结果。地主阶级，早在土改时就被推翻，而改造地富分子，这是艰苦的斗争，不是容易的事，现在我们胜利了。当然，这并不是说，这些人的思想都很好了，一律没有什么仇恨的情绪了，但应当说，他们已改变成为自食其力的劳动者，应当摘掉地富的帽子。这样，对他们的继续改造是有利的，可以更好地改造他们。这是化消极因素为积极因素。如果今后他们当中有的坚持反动立场，干反革命勾当，国家有法律，可以对这样的人实行专政。所以，这不是“熄灭论”，不是不要阶级斗争。我们要打掉“恐右病”，坚持实事求是，不要像过去那样整天搞所谓“阶级斗争为纲”。过去有些“敌人”是自己制造出来的，搞扩大化。这个问题不解决，就不能安定团结，就无法实现工作着重点的转移。我们不否认斗争的存在，但不能搞扩大化。今后我们搞四个现代化，同样会有斗争。首先要肃清林彪、“四人帮”的流毒，要拨乱反正，这就是斗争。地富阶级不存在了，不等于没有阶级斗争。阶级的意识形态，传统的习惯势力，是十年、百年存在的。“四人帮”一个晚上几个钟头就抓起来了，但要肃清其影响，没有十年八年不行。

有一个重要的政策思想问题，就是我们在处理农村经济问题时，一定要正确解决国家、集体、个人三者的关系。在党的文件上，从来是按国家、集体、个人的顺序来排列的，国家、集体是排在个人前面的。我们不怕农民富裕起来，问题是怎么富法。要富，首先要把集体经济发展起来，是集体富裕，共同富裕。从全国来说，全民所有制是领导经济；在农村，集体经济是领导经济，个人的家庭副业只是集体经济的补充。如果忽视了发展集体经济，那不行。我们的政策措施是为了使集体富裕起来，是巩固和发展集体经济，这是社会主义在农村的经济基础。如果单使农民富，那不全面，方向也有问题。个人富集体不富，那我们的制度就会变。我们是社会主义国家，搞的是社会主义的四个现代化，我们要坚持这个大方向。这个思想必须明确，否则会犯大错误。过去农村集体经济发展缓慢，力量不大，它的优越性没有发挥出来。今天我们批判林彪、“四人帮”的极左路线，在政策上拨乱反正，就是为了巩固和发展集体经济，把这个基础搞巩固、搞好，同时也使农民的家庭副业发展起来，作为集体经济的补充。为什么过去农民对集体经济不感兴趣？就是因为它不能使大家吃饱肚子，改善生活。农民和在座的同志都吃了大苦头。如果集体经济发展了，能够给每个农民每年分一百元、二百元、三百元，他们对集体经济的态度就不同了，就会更加热爱集体、热爱社会主义。过去不能做到这样，就产生许多问题。今天我们鼓励社员发展家庭副业，把农贸市场搞活，但这些都是社会主义集体经济的补充，不是为主的。今天没有这个补充不行，即使是将来集体经济发展了，每年能分给社员二三百元了，还要有这个补充，今天就更需要有这个补充。现在有的地方社员私人收入可能多于集体分配部分，但集体经济一定要发展，并逐步做到占绝对优势。我们要有两本账，一本是集体经济收入的账，一本是农民私人收入的账。今后集体经济分配给社员部分所占的比重一定要大于社员的私人收入，否则就是方向有问题，就显示不出社会主义的优越性。从一开始，我们就要有这个观念，要不断巩固和发展集体经济，否则社会主义集体经济这个基础就会动摇和削弱。现在政策放宽了些，让农民喘口气，休养生息，发展家庭副业，多搞点收入，我们不要怕，不要看到农民私人收入多一点，就说人家搞单干。现在有人说集体上得慢，这反映了客观实际，这个状况一定要千方百计加以改变。过了若干年，我们把集体经济发展壮大了，成为社会主义在农村的强大阵地和物质基础，情况就不一样了，那时农民就会更加相信集体，依靠集体，集体经济也才能真正巩固。如果不是这样，就会出问题。郁南县提出可否分给社员一点自留山，如果有也可以分一点,但要由生产队统一管理。不能光砍树,还要造林、育林。山区分点自留山,解决农民的烧柴、盖房子用材问题,这也是一种补充。至于开荒,由生产队统一规划,让社员开点儿荒地,这是允许的,但要有制度,不能没有限制;否则,就有可能变成不搞集体生产,光搞个人的东西,这就是方向道路问题。我们的宽不是无限制的宽,我们的宽是为了发展集体经济,正确处理国家、集体、个人三者的关系。

还有一个干部群众普遍关心的问题,就是政策变不变的问题。现在政策放宽了,大家很欢迎,但就是怕变。其实,任何政策都会变,条件、环境发生变化了,党的政策也就要相应地改变。在不同的历史时期,党的路线也是要变的,如从新民主主义革命阶段进入社会主义革命阶段,党的路线就得变。我认为变是一个基本规律。正确地变,是正常现象,怕的是乱变。只要是一天天变好,不是变坏就行了。我们反对的是乱变一气。一个政策决定了,有一段稳定的时间,但不可能一成不变。只要是对发展生产有利,对处理国家、集体、个人三者关系有利,就应当变。这是正确的变,向好的方面变,本身就是革命。一个人也会变,从小孩到大人,再到老头,这就是变。我们要用辩证的观点看问题,不要搞形而上学。就以养猪政策来说,现在不是变了吗?变得很受农民欢迎了。但今后农民养的猪多了,要排队卖猪,甚至卖不出去,农贸市场猪肉价格降到接近甚至低于牌价了,到那时农民自己也会要求改变现在的收购政策,要求国家定个新的政策来保障他们不受损失。所以变是基本的,问题是要把不好的、落后的变好。有些政策五年、十年不变,五年、十年后变不变?还是会变的。我们对台湾的政策,现在和过去就不同,现在的提法是只要台湾回归祖国,就可以保持现状,再没有哪个文件提“解放台湾”了。只要是承认台湾是中华人民共和国的领土，同大陆保持外交上的统一，其他可以维持现状，这就是政策变了。现在大家担心政策改变，这是对目前实行的政策的欢迎态度，同时也由于过去林彪、“四人帮”的干扰破坏，政策多变，使农民吃了苦头，产生害怕心理。这是我们各级领导要很注意的，“政策和策略是党的生命”[7]，在这个问题上要吸取过去的经验教训，使得我们的政策能够很好地调动群众的积极性，而不是挫伤群众的积极性。

要爱护基层干部。农村基层干部长期战斗在农业生产第一线，是很辛苦的。省委曾经特别提到要关心和支持基层干部，要保护他们的积极性。现在要进行新长征，要把我们的农村建设成为社会主义现代化的新农村，基层干部担负着重大的责任，也能起重大的作用。要农民解放思想，首先要干部解放思想。要保护群众的积极性，首先要保护干部的积极性。要调动农民的积极性，首先要调动农村基层干部的积极性。如果不首先把干部的积极性调动起来，靠谁去带领群众战斗？我们要认真保护县以下基层干部的积极性。过去我们对他们指责太多，不少同志挨了批，挨了整，其实他们工作上的缺点、错误，主要是上面来的，我们要承担这个责任。当然，个别人违法乱纪则是另外一回事。我们要允许基层干部犯错误，对于犯了错误的干部，要批评教育，帮助他们认识和改正错误，而不是像林彪、“四人帮”那样，搞“残酷斗争，无情打击”，把人整死。这里，我要对挨了整、受了委屈的同志讲几句。要说委屈，我也是受了委屈的。把我关起来，监护起来，又当老百姓，一共十六年，要发牢骚是有很多可发的。但我把这个当作是对自己的锻炼。它使我懂得了很多东西，懂得什么叫革命，什么叫反革命；什么叫马列主义，什么叫修正主义。

我已六十多岁了，我要把一天当作两天用，尽量多做些工作，这才称得上是毛主席亲自教导出来的老干部。我希望受了委屈的农村干部，振作起来，好好总结一下十多年的正反两方面的经验，这是很好的学习。特别是土改、合作化时期的老根子、老干部，你们是党在农村最早的依靠力量和骨干，是光荣的战士，要保持旺盛的斗志，起模范带头作用，把工作做好。

我们要从政治上关心基层干部，帮助他们提高。现在有的基层干部说：干部难当。其实，只要方针、路线对头，干部就好当了。干部和群众完全合拍，大家想到一起，干部全心全意为群众服务，关心群众，一心为集体，群众也关心他、照顾他，这样工作就好做了，干部就好当了。我们干部总要给群众做点好事，关心群众的事情，群众才会关心你，把你当自己人。

我们农村基层干部也要努力学习，提高自己。随着党的工作着重点的转移，同志们要进一步学会做群众工作，学会解决人民内部矛盾。农民是非常讲实际的，你们要农民相信，就要帮他们解决实际问题。这个就是最好的政治工作，不是光口头讲一套马列。你们彻底地、正确地解决了群众中的实际问题，就是最大的政治。脱离实际讲政治，是空头政治，本身就否定了政治。过去惯于用行政命令办法，这不能做好群众工作。要使农民富裕起来，要实现农业现代化，这种政治工作我们不会做，或者说不善于做。但随着工作着重点的转移，它又强迫我们要学会这套本领。人民内部矛盾都是群众的问题，许多同志还不会做这种群众工作。我们要到实际中、群众中去学习。先当群众的学生，再当群众的先生。当了一段先生，老本吃光了，就要再到群众中去当学生，这样才有再当先生的资格。就农业生产而言，最有发言权的是农民。就农村工作而言，生产队、大队、公社和县的干部，最有发言权。你们比省的干部了解情况，有实践经验。这次我下来，就从同志们的发言中学到许多东西，你们是我的先生。

调动农村基层干部积极性，要解决好干部报酬问题。这是一个全省甚至全国性的问题，要好好研究。大队、生产队干部的待遇起码要相当于或稍高于一般农民的收入水平。工作做得出色，使集体经济发展快的，要给予奖励。新“六十条”[8]是个草案，对其中的规定可以提意见，报中央研究考虑。当然，我们当干部是为了干革命，不是为了个人私利，苦就苦些。我们要把干部报酬问题尽量搞得合理一些，但不是提倡斤斤计较。

解放思想问题。解放思想是为了把政策搞对头，把作风搞对头，把方法搞对头。这样，农村就会五业兴旺，经济繁荣。解放思想不是胡闹、胡来，把工作搞坏。凡不符合党的政策的都要制止。要做到既有民主，又有集中；既有自由，又有纪律。解放思想也要做政治思想工作，要用马列主义、毛泽东思想来领先。没有正确的政治领先，解放思想会解放到哪里去？比如乱砍乱伐山林、买卖婚姻、封建迷信等，就不是什么解放思想。所以，我们在农村要加强党的领导，要发挥农村基层党组织的战斗堡垒作用，要用党的十一大路线和新长征的精神，用三中全会精神来教育党员和群众，同心同德地搞四个现代化，这就是今天我们的基本路线教育。

科学种田问题。科学种田很重要。我省有的地方农民说：“广东农业要搞上去靠什么？政策、作风加科学。”这话讲得很对。为了把农业搞上去，要搞科学种田，提高单位面积产量。省里要考虑在适当时候开一个科学种田的经验交流会，总结、推广在这方面作出显著成绩的单位的经验。我们思想上要明确，种试验田是为了普及，为了推广。不推广、普及，搞试验田的意义就不大了。这是普及和提高的关系。看来要夺取水稻高产，主要靠土杂肥。土杂肥含有多种肥分，是有机质肥，有利于提高地力。解决肥料问题，要靠土杂肥、化肥两条腿走路，但土杂肥这条腿长，化肥腿短。我们要把“宝”押在土杂肥上，而不要押在化肥上。我们要发动群众大搞土杂肥，把积肥和搞环境卫生结合起来。要搞个合理的政策，调动群众的积极性，使大家都愿意积肥。我们还要种花生、黄豆和绿肥等，安排好作物茬口，搞好轮作，以提高地力。

要大养其猪。不仅个人养，集体也要养，而且要多养，要办集体猪场。要由集体猪场繁育良种猪苗。集体养猪要担负一定数量的供应国家猪肉的任务，保证城市、工矿的肉食供应，不能全部上农贸市场。要注意从各方面扶持贫苦的社员养猪，使社员之间的差距不要太大。这也是社会主义优越性的表现。

要大力发展社队企业。这个问题请你们好好研究。但是发展社队企业一定要就地取材，首先要为当地的农业生产、群众生活服务，然后才是搞些为大工业加工之类的东西。

最后，我代表省委向参加座谈会的同志，向全体农村基层干部表示慰问。同志们长年累月战斗在农村，风里来雨里去，工作很辛苦。现在要搞四个现代化，农业要搞上去，你们的责任是既光荣又重大的。希望大家鼓足干劲，继续前进！

■注　释

[1]中央工作会议，见本书《在肇庆地委常委扩大会议上的讲话》注[1]。

[2]三中全会，即中共十一届三中全会，见本书《在肇庆地委常委扩大会议上的讲话》注[2]。

[3]林彪，见本书《落实知识分子政策，加强党对教育工作的领导》注[3]。

[4]"四人帮"，见本书《同心协力把广东工作做好》注[7]。

[5]基本路线，见本书《在肇庆地委常委扩大会议上的讲话》注[13]。

[6]见本书《在肇庆地委常委扩大会议上的讲话》注[11]。

[7]见毛泽东《关于情况的通报》，《毛泽东选集》第四卷，人民出版社一九九一年版，第一二九八页。

[8]新"六十条"，见本书《在肇庆地委常委扩大会议上的讲话》注[10]。

永远难忘的怀念*

（一九七九年四月八日）

敬爱的周恩来总理离开我们已经三年多了。在这三年多里，想起在总理领导下工作的日子，想起总理为革命和建设建树的丰功伟绩，想起总理通宵达旦地为人民操劳，我就深切怀念，心潮澎湃。我总觉得总理没有离开我们，总理的革命精神，总理的崇高品质，总理的音容笑貌，总理的光辉形象，无时无刻不萦绕在我的脑海之中。

一九三五年十月，中央红军到达陕北不久，我参加在瓦窑堡举行的一个会议，听毛泽东同志的报告。远远望见一个人，穿着一身红军的黑布棉军服，胸前飘着长长的络腮胡子，两道浓黑的剑眉下面是炯炯两眼，那智慧的光芒好像可以洞察一切，令人肃然起敬，他就是周恩来同志。那时，他担任中央军委副主席，和毛泽东同志一起，领导红军胜利到达陕北。在陕甘宁[1]一带有不少关于周恩来同志神话般的传说。我很早就知道他的一些革命事迹，内心十分仰慕。这次因为是听报告，没有机会和他接触。

第一次和恩来同志正式接触是在一九三六年二月，党派我到关中苏区[2]去担任苏维埃[3]政府副主席、党团[4]书记。恩来同志在瓦窑堡找我和张仲良[5]同志谈话，从整个形势对我们讲了敌情，指出我

---

* 这是习仲勋为纪念周恩来逝世三周年而写的文章。

们的任务是发动群众，扩大和巩固陕甘苏区，开展游击战，配合中央整个战略部署，威胁西安，迎接将要到来的抗日高潮。恩来同志对敌情了如指掌，高瞻远瞩地制定战略部署，他那种卓越的军事才能，给我留下了极其深刻的印象。

二

一九三六年十二月十二日，张学良[6]和杨虎城[7]两位将军发动西安事变[8]，恩来同志作为中共中央首席代表和叶剑英[9]同志等一道，经过辛勤的工作和艰苦的斗争，促进了抗日民族统一战线的形成和发展，建立了伟大的功勋。

全国解放以后，第一届全国政治协商会议及其通过的《共同纲领》[10]，就是在毛泽东同志为首的党中央领导下，恩来同志具体筹备和主持起草的，为新中国建立打下了牢固的基础。

新中国成立以后，恩来同志一直担任总理职务，虽然肩负着领导党和国家艰巨而又繁重的任务，仍旧长期主管党中央统一战线工作。中央统战部许多重要文件报告，恩来同志都亲自审阅修改，遇到重要情况，便亲自报送中央、毛主席审阅。

党对民族资产阶级和资本主义工商业进行社会主义改造，国务院设立第八办公室主管其事，由中央统战部部长李维汉[11]同志兼主任。恩来同志亲自领导这一工作。工商界人士有了进步，就得到他的表扬和鼓励；工商界人士中发生了问题，他马上给予批评和帮助，并且经常向八办的同志敲起警钟：毛主席关于民族资产阶级两面性的分析，你们忘记了吗？统一战线的原则有两个，第一个是团结，第二个是批评、教育和改造。恩来同志善于在统战工作中执行团结和斗争相结合的方针,引导民族资产阶级分子和资本主义工商业走上社会主义改造的大道。一九五六年一月全国实行公私合营,解决了所有制的问题。

恩来同志十分注意发挥在政府中工作的党外朋友的作用,让他们有职有权。遇到重大问题,他事先与有关人士交换意见,或开座谈会听取意见,然后再在国务院例会上讨论通过。他要我以国务院秘书长身份同在政府中工作的党外朋友保持联系,像张治中[12]、傅作义[13]、邵力子[14]、马叙伦[15]、朱学范[16]、李烛尘[17]、蒋光鼐[18]、史良[19]、许德珩[20]、章乃器[21]、刘文辉[22]、龙云[23]、张奚若[24]和屈武[25]等先生,经常了解他们的工作、生活情况和对国际国内形势的意见,随时报告恩来同志,并且根据他的指示及时和他们交换意见。

恩来同志重视和发挥知识分子在社会主义建设中的重要作用,他同科学、教育、文化、艺术、体育、医药卫生等方面著名人士有广泛的联系,不仅在工作上、生活上关心他们,尤其关心他们政治上的进步。恩来同志经常用他的亲身经历引导知识分子走与工农兵相结合的道路,鼓励他们要过好政治、思想、生活、家庭和社会五关,不要恋旧,犯了错误就要忍痛割瘤子。恩来同志曾和我谈起:“我们要发展社会主义科学文化,必须有一支强大的工人阶级知识分子队伍。”“同时还必须注意在团结、使用中继续改造知识分子。”许多民主人士在他亲切的教导下,走上社会主义革命的道路,有的成为光荣的工人阶级的先锋战士,程砚秋[26]同志就是其中的一位。日本侵占时期,他保持民族气节,留须停演;解放后,政治上不断进步。恩来同志经常和程砚秋同志交往,不止一次到程砚秋同志家里促膝长谈,启发和提高他的阶级觉悟。在他提出入党要求时,恩来同志又亲自做他的入党介绍人。有的同志认为身为总理，国家大事那么繁忙，为什么还要花时间介绍一位京剧演员入党呢？恩来同志认为程砚秋同志是京剧著名表演艺术家，代表一个方面，在戏剧界有较大的影响，介绍程砚秋入党不是他个人的问题，这样做，给戏剧界指出他们努力的政治方向。恩来同志为程砚秋入党而写的那封语重心长的信，陈列在周恩来同志纪念展览厅里，这不仅是对程砚秋同志和文化界的鼓励和鞭策，也是对所有知识分子的鼓励和鞭策。

周恩来同志对贯彻执行党的民族政策特别注意，和平解放西藏地区就是他遵循党中央和毛主席的指示具体解决的。一九五九年，西藏地区发生叛乱，他立即想到少数民族居住比较集中的西北地区，派我到陕西、甘肃、宁夏、青海和内蒙古等省和自治区去，了解那些地区民族政策贯彻执行的情况。这些地方，基本上执行了民族政策，但有的地方执行得不好，甚至违反党的民族政策，尊重少数民族的风俗习惯不够，有的寺院遭到破坏，宗教信仰自由受到干扰，还有少数地方不按法律程序捕人、杀人，造成恶劣的后果，破坏了党的民族政策和革命统一战线政策。我回到北京向恩来同志汇报，他极其重视，让我打电话给有关地区，纠正执行民族政策中“左”的偏向，指出必须坚定不移地执行党的民族政策。

恩来同志自己还经常做少数民族上层人士的团结教育工作。一九六二年班禅[27]大师写了一份意见书，恩来同志让我研究后，找班禅大师先谈一次再向他汇报。以后，又要我陪他在人民大会堂福建厅会见班禅大师。班禅大师在反映西藏地区执行民族政策情况时，感情冲动，恩来同志耐心地向班禅大师做解释教育工作，指出执行民族政策不够好的现象是可以很快解决的，要相信党中央的方针、政策一定会贯彻下去;遇到问题,正确的态度是和当地党政领导交谈,也可以向中央反映,共同协商,把问题尽快妥善解决。班禅大师当即表示同意和拥护总理的意见。

恩来同志不仅对革命统一战线内部问题做团结教育工作,即使原来是敌我问题,也善于做转化工作,变消极因素为积极因素。他对于曾经是战犯的特赦人员做了大量工作。特赦释放时,他亲自接见,给予鼓励。一九五九年新中国成立十周年前夕,我陪恩来同志在中南海西花厅接见被特赦释放的杜聿明[28]、陈长捷[29]、宋希濂[30]等人。当时他们都很拘谨,还有些畏惧情绪。恩来同志为了缓和他们的紧张心情,指着我对杜聿明先生讲:“他是你的老乡!”(我和杜聿明先生都是陕西人)他一句话就缓和了当时的紧张气氛,然后问杜的年龄和健康情况。杜回答已经五十五岁,身体健康。恩来同志说:“你还年轻嘛,还可以为国家做不少事情。”杜聿明先生听到总理的勉励,态度自然一点了,谈起自己对人民犯有罪行,深感内疚。恩来同志接上去说:“你过去是有罪行的,认识了,愿意改就好嘛!说起来,我也有一定的责任,你是黄埔[31]的学生,我当老师的没有把你们教育好,你走上了另一条路。”说得杜聿明先生心情很激动,一再表示要继续认真改造,戴罪立功。陈长捷先生是在我军解放天津时曾和我们激战数十小时,然后被俘的。他的神情比杜聿明先生更显得紧张,他讲自己罪恶重大,受到中共宽大释放,十分羞愧。恩来同志指出:“你原来是国民党的军官,服从上级的命令,那是过去的事,现在可以立功赎罪嘛!”陈希望回到自己的家乡去。恩来同志立即表示同意,说:“可以嘛!主要根据你自己的意愿。”他对所有在座的特赦人员说:“爱国一家,爱国不分先后,来去自由。你们愿意的话,可以留在北京,想回台湾也可以,回去后,想再来也可以,要到别的国家去也可以。”恩来同志对他们的生活、工作、学习都作了妥善的安排,还提出让他们到各地参观,看一下祖国十年来的新变化。

对特赦释放前的末代皇帝溥仪[32],恩来同志曾让他在公安部的一个小楼上观看国庆游行,使他看到新中国的变化。在特赦释放时,又接见了他,他衣着朴素,彬彬有礼,见到总理很拘谨,说他是地主阶级的总头子,又做了日本帝国主义的傀儡,一再作检讨。恩来同志说:“你过去已经检讨很多,不要再检讨了,有时间可以写一些回忆录嘛,为祖国多做一些工作。”溥仪的情绪松弛下来了。讲起他释放回家时,他的家属和旧部下还给他跪拜,举行朝礼,他就讲:“你们的思想还是老样子,还不如我呢。”溥仪的思想改造是比较好的,他认真学习毛泽东思想,熟读《新民主主义论》等著作。后来日本朋友就曾经赞叹说:中国共产党真了不起,连皇帝都能改造过来。

在革命统一战线工作中,恩来同志坚持原则。团结一切可能团结的人。他主要看人们的长处和成绩,只要有一技之长,在某一方面能起一定作用,就充分发挥他们的积极性。但是,对于个别坚持反动立场,肆意攻击我党和政府政策的人,则对他们进行坚决斗争。

恩来同志直到身患重病,仍然非常关心统一战线工作。一九七五年一月,我在被监护期间,看到《人民日报》刊载周总理在四届人大《政府工作报告》中再次提出:“要全心全意依靠工人阶级、贫下中农,团结其他劳动群众和广大知识分子,进一步发展工人阶级领导的以工农联盟为基础的包括爱国民主党派、爱国人士、爱国侨胞和港澳同胞的革命统一战线。我们要团结百分之九十五以上的干部和群众,团结一切可以团结的力量,为建设伟大的社会主义祖国而共同奋斗。”林彪[33]、“四人帮”[34]肆意破坏革命统一战线,严重干扰四个现代化宏伟目标的实现,全国人民正忧心忡忡的时候,恩来同志坚持党的路线和政策,特别令人钦佩和感动。我反复读那份《政府工作报告》,好像听到恩来同志谆谆教导的亲切声音,仿佛又回到他身边工作一样。

二

党中央和毛主席早在一九四九年七届二中全会[35]上就提出,在全国夺取政权以后,中心任务是发展生产。一九五六年生产资料所有制的社会主义改造基本完成以后,毛主席又指出:“我们的根本任务已经由解放生产力变为在新的生产关系下面保护和发展生产力。”只有生产力发展起来,社会主义制度才能巩固和发展。为此,党中央、毛主席多次强调,我们的奋斗目标就是建设社会主义现代化强国。恩来同志不仅参与了这项战略决策的制定,而且具体组织和指挥了社会主义建设事业的伟大实践。

一九五五年,恩来同志和毛泽东、陈云、邓小平等中央负责同志共同听了国务院所属三十多个部委的工作汇报,耐心听取各单位负责同志的意见,提出问题和大家一同研究,教育大家要坚持唯物辩证法,反对形而上学,克服主观主义和片面性。在调查研究的基础上,并以苏联的经验教训为借鉴,毛主席在一九五六年作了《论十大关系》的重要讲话,精辟地论述了社会主义革命和建设中的十大关系,指出国民经济以农业为基础,工业为主导,定下了“农、轻、重”的投资顺序,提出了多快好省地建设社会主义总路线的基本思想。

在具体领导和组织社会主义建设事业中,恩来同志热情赞扬广大干部和群众的冲天干劲,又密切注意“大跃进”[36]的发展,调查研究“大跃进”中的经验和问题。他除亲自到一些省、市视察工厂和农村，及时解决出现的问题外，一九五八年八月，让我带领一批同志，到陕西、甘肃、宁夏、青海、内蒙古等省和自治区去实地考察，调查研究“大跃进”的经验和问题。我们看到了人民群众的干劲和智慧，看到许多基层干部与群众同甘共苦，也看到了一些浮夸和缺乏科学精神的现象。那年本来是大丰收，由于把劳动力分散去大办水利、大办钢铁等，粮食和棉花在地里无人收割。浮夸现象严重。兴办水利，盲目大干，缺乏实事求是的精神；大炼钢铁，盲目性更大，小高炉很多是用砖砌的，有的根本炼不出铁，即使炼出铁来也不合格，造成人力和物力很大的浪费。我们回到北京后，向恩来同志如实汇报，还向党中央、毛泽东同志写了书面报告。恩来同志反复强调必须调查研究，实事求是，制定出切实可行的规划，有步骤地实现一定目标。他还让我到北京市的怀柔水库去介绍在外地看到兴修水利中的经验教训。

经恩来等同志提议，党中央、毛泽东同志决定对大办水利和大炼钢铁等工作进行整顿。一九五九年六月，恩来、小平同志派出五个工作组，到一些地方进一步了解情况，派我带一个组到河南去。他们指示要整顿大炼钢铁的工作，小高炉要定点，具备条件又有发展前途的，就坚持搞下去，其他一律撤掉，把劳动力从钢铁、水利方面尽量抽下来，充实农业生产第一线，还让我们去了解人民公社化以后，人民生活的状况。恩来同志指出，群众的积极性越高，就越应加以保护，引导向正确的方向发挥。

以赫鲁晓夫[37]为首的苏共中央背信弃义，撕毁合同，撤走专家，加上三年自然灾害和我们工作中的缺点和错误，国民经济发展受到很大的破坏，人民生活颇为困难。一九六〇年秋，恩来同志在国务院小礼堂主持小型会议,陈云同志针对当时社会主义建设中存在的问题,作了具有远见卓识的报告,恩来同志完全赞同。

面对三年暂时困难时期造成的严重局面,党中央、毛泽东同志根据恩来等同志的提议,制定了“调整、巩固、充实、提高”的方针。在贯彻执行“八字方针”时,有许多企业要下马,有一些事要停办,大批职工要精简回乡,思想抵触是很大的,阻力也是不小的。恩来同志排除各种阻力,做了大量的思想工作,对重大项目亲自逐个落实,对基建战线过长的项目坚决压缩,正是由于他坚定不移地做了细致的调整巩固工作,实事求是地解决“大跃进”中出现的问题,才得以渡过三年严重困难时期,从一九六二年到一九六六年,我国社会主义建设又顺利发展了。

根据党中央和毛主席的决策,恩来同志在社会主义建设中既充分发挥群众的积极性,领导和组织人民群众,力争发展得更好一些,更省一些,更多一些,更快一些,又强调实事求是,反对“五风”[38],提倡科学精神,教导干部和群众按照客观规律办事。这些宝贵经验对于我们今天搞社会主义现代化建设有着极其重大的现实意义。

三

从一九五二年由西北局调到国务院工作起,我在恩来同志亲自领导下工作了十年左右,朝夕相处,耳提面命,亲聆教诲,获益良多,是我一生中受到教育和帮助最多的时期。

恩来同志无论到什么地方,总是和群众在一起,血肉相连,所以能够正确反映群众的情绪和集中群众正确的意见。一九五八年,他率领党中央和国务院以及各部委负责同志去十三陵水库工地。我和恩来同志一起劳动,运送石头和泥土。我在后面推车,他在前面拉车。我想走快点,怕累了他,可是,他的步子比我还快,车绳老是绷得紧紧的。在十三陵五天,他坚持和我们一起劳动,劳动以后,亲切地和群众谈话,关心他们生活。

三年经济困难时期,有一天,恩来同志要我和他一同到国务院机关食堂吃饭。他排队买了几个窝窝头和素炒白菜,我们与干部一道吃。他边吃边问干部食堂伙食的情况,还注意大家的脸色和健康情况。回来以后,他对我说:我们要关心群众生活,机关食堂的主食和副食都差,看上去每天热量是不够的,必须设法改善群众生活。根据恩来同志指示,机关食堂搞了生产基地,自己动手,种地、养猪、磨豆腐……生活很快得到改善。这个办法,迅速推广到中央各部委和各省市机关食堂,对渡过三年经济困难起了很大作用。

在新中国成立十周年的十大建筑[39]中,筹建部门曾经计划盖国务院办公大楼,恩来同志看到设计图纸,征求我的意见。我说:"人民大会堂是人民代表开会讨论国家大事的地方,需要建筑,中南海这个地方,过去袁世凯[40]、段祺瑞[41]他们都办过公,我们拾掇一下就可以办公了,不一定要盖国务院办公大楼。如果要盖办公大楼,府右街一片民房都要拆掉。"恩来同志马上说:"你的意见很好,和我想法一样,国务院不需要盖办公大楼。在我担任国务院总理职务期间,绝对不盖政府办公大楼!"他当机立断,把国务院办公大楼这项建筑计划撤销了。

一九六一年一次国务院办公会议上,当时那个负责主持公安部工作、后来在"文化大革命"中砸烂公检法的人,借口国家经济困难,粮食不足,提出在火车上吃饭要收粮票。在会上我和那个人激烈争论,我说:"中国自有火车历史以来,在火车上吃饭从来不收粮票,现在群众生活很艰苦,我们的票已经够多了,如果坐火车吃饭收粮票,会闹得更紧张,我们不能收。”经过讨论,恩来同志决定不收。

恩来同志考虑问题处理问题都是从群众利益出发,不利于群众利益的事坚决不做,有利于群众利益的事,即使有什么困难,也要下决心去做,并且在处理重大问题之前,多方听取意见,不管是负责干部还是一般干部的意见,他都十分重视。我常听他说:作为一个领导者,切忌“一言堂”。“一言堂”多了很危险。一个好的领导,要善于坚持正确意见,也要善于听取别人正确的意见,还要有勇气放弃自己的错误意见;要善于说服别人接受自己的正确意见,也要敢于接受别人的正确意见。这就有了民主,自己就能兼听多听,兼听则明嘛。

恩来同志就是这样身体力行的。我在他领导下工作,深深感到每一个人都可以在他面前发表不同的意见。他不喜欢唯唯诺诺的人,特别不高兴听这样的话:“总理的意见很正确,我完全拥护。”这时,他便说:“谈话、开会就是要研究不同的意见,集中正确的意见。我希望你们谈一些不同的看法,不要老讲赞成、拥护的话。”他就是这样主动造成下边同志敢于争论问题的风气,发扬民主,集中正确的意见,然后处理问题,作出决定。恩来同志是贯彻执行民主集中制的最好榜样。

恩来同志为中国革命和建设建立了丰功伟绩,但是从不居功,他经常对我们说:我是在党中央、毛主席领导下,做一点具体工作,一切归功于党中央和毛主席的领导。他处处突出党中央和毛主席的领导和作用。在工作中,如果发生什么问题或者有什么缺点错误,他自己总是首先承担责任,从不上推下卸。在他领导下,工作放手让我们去做,既有原则指示又有具体帮助,即使工作中出现缺点错误,也可以及时得到克服和纠正。因此,我们都感到心情舒畅,敢于负责,勇往直前。

我经常听到恩来同志讲他自己过去的缺点错误,他不仅同别人谈话时讲，而且在会议上也进行自我批评，解剖自己，讲他在党内路线斗争中的亲身经历，以此帮助干部提高自己的马列主义、毛泽东思想水平，提高执行以毛泽东同志为首的党中央革命路线的自觉性，他常常对党内同志和党外朋友说："要活到老，学到老，改造到老。"恩来同志这种光明磊落、严于律己的美德，使他在党和群众中享有崇高的威望。伟大的无产阶级革命导师和领袖对自己的缺点和错误公开作自我批评，不仅不会损害他们的伟大形象，恰恰相反，正说明他们对党、对人民、对革命事业高度负责，因而使得他们的光辉形象更加伟大。

恩来同志对自己的要求是非常严格的。为了执行和捍卫以毛泽东同志为首的党中央的革命路线，他大公无私，顾全大局，坚决维护党的团结统一，同一切破坏党的团结、分裂党的行为作坚决的斗争。他始终模范地遵守党的纪律，坚决执行党中央、毛主席的指示，即使有时他的正确意见不被采纳或被误解，他也服从组织决定，坚决执行。

新中国成立以来，恩来同志一直担任政府总理职务，可是他一直保持着过去战争年代的艰苦朴素的生活，从西柏坡进北平城后，他一直住在中南海西花厅旧平房里办公。

恩来同志经常工作到深夜，照例应该有一顿夜餐，但他不要，肚子饿了，有时只有一杯清茶、几块饼干，这就是我们总理的夜餐！恩来同志胸怀全国人民，面向世界，时时刻刻关心干部和群众，唯独忘记他自己，直到他临危的时候，还让给他治病的医生去照顾别的病人，不要管自己。古今中外，哪有这样的好总理啊！

四

恩来同志对我的关怀和帮助是说不完的，使我终生难忘。恩来同志日夜工作，从不知道休息，却不让我跟他一道熬夜。每逢假日，他自己照样工作，却总让我休息，有个星期天，我正在北京郊外团河农场，恩来同志来电话叫我回去，抱歉地说：星期天也不能让你好好休息，因为有急件要处理，又把你找了回来。我说：我应该回来和总理一道工作。

一九六二年夏天，中央在北戴河召开会议，我留在北京主持全国中等工业城市座谈会，恩来同志让我开完会到北戴河去休息。我去休息两天，便回京参加八届十中全会[42]。那个自命“理论权威”的人物，对我搞突然袭击，他在全会上利用某人提供的捕风捉影的材料，诬陷我“勾结”刘志丹[43]的弟弟刘景范[44]同志和他的爱人李建彤同志，授意炮制“反党小说”《刘志丹》为高岗[45]翻案，说我是“挂帅人物”，是什么“反党大阴谋家、大野心家”。那个“理论权威”还在会上给毛主席写了一个条子：“利用小说进行反党活动，是一大发明。”毛主席只不过在会上念了一下那个条子，那个“理论权威”后来就把这句话强加在毛主席头上，作为毛主席语录，广为流传。

这真是晴天霹雳，令人百思不得其解。李建彤同志要写长篇小说《刘志丹》，我是知道的。我对刘景范同志劝说过多次。希望不要写《刘志丹》小说，我对李建彤同志也表示“写对刘志丹同志的革命回忆录我是同意的”。后来，我听到中央宣传部有位负责同志赞扬她的创作。志丹同志的老战友马锡五[46]同志也多次劝我支持写小说《刘志丹》，刘景范同志还对我说：“陕北的领导干部死的死，坏的坏，《刘志丹》这本书，你不支持谁支持?”我因此改变了原来的态度，表示你们一定要出版也可以嘛。我并没有向出版社讲过什么意见。在作者多次催促之下，我也只是粗略地翻了一下小说的初稿，而且还没有看完，后来发表的那些章节,我根本没有看。事情的简单经过就是这样。

在全会上,那个“理论权威”欺骗和煽动一些人向我发动攻击,各种莫须有“帽子”,一齐向我抛来。在这种情况下,使出席全会的同志一时无法明了事实真相。我只好向恩来同志请假,说:“我最好不再参加会议,让我好好想想问题,花点时间准备一下,检查我的错误。”

正在我陷于极端苦恼的境地中,恩来同志受党中央、毛泽东同志委托,和陈毅[47]同志找我谈话。陈毅同志宽慰我说:“我犯的错误比你大,改了就好。要努力振作起来。”恩来同志亲切地握着我的手,语重心长地说:“党中央、毛主席对你是信任的,让你代表政府做了许多工作,即使出了《刘志丹》小说这个问题,错了就改嘛。我们还是好朋友。千万不要有一念之差。”这饱含着党的温暖和阶级友爱的语言,感动得我忍不住流出了眼泪。我向恩来同志表示我的决心:“总理,您放心,这点我还不会。我准备回农村去做个农民,革命也不是为了当官,种地同样可以革命。”

毛泽东同志、恩来同志的关怀使我受到很大鼓舞,深信我的问题最后是可以搞清楚的。

恩来同志让我的秘书,派车把我妻子齐心接回家来。她一到家,恩来同志就马上和她通电话,要她请假留在家里陪我,嘱咐她防备我有一念之差。我懂得恩来同志对我关怀至深,心里说:总理啊,听从你的教导,我要革命到底,为祖国社会主义事业贡献我的微末力量,我不会有一念之差的。

就在那些时候,毛主席还是很关心我,给我创造了学习环境,让我刻苦学习马列著作,还给我到基层锻炼的机会。一九六五年,党安排我到洛阳矿山机器厂[48]当副厂长。我每日到车间和工人一起劳动半天,拜工人为师,从工人身上学习到许多东西,对我世界观的改造有很大的帮助。

不久,“文化大革命”风暴席卷全国,这时那个“理论权威”已经当上了中央文革小组的“顾问”,窃据高位。他当然不会忘记我,又向我下毒手了。

一九六七年一月四日,我从洛阳矿山机器厂被揪到西安批斗。二月十七日,我给毛主席写了一封长信,大意说:现在斗老干部比我们当年斗地主老财还厉害,再发展下去,局面将会不可收拾。在那“高天滚滚寒流急”的日子里,曾经跟随党中央、毛主席过了几十年戎马生活的老战士,横遭林彪一伙的摧残,百般凌辱,甚至朝不保夕,我不能不讲出心里话。

毛主席没有看过小说《刘志丹》。后来,听张仲良同志说,毛主席曾经讲过:“仲勋是个好同志,为党做了很多工作,他有什么问题!那本小说还没有出版嘛,我的一句话,把问题弄大了。我那次说的话是泛指。”可是那个文革小组“顾问”和林彪、“四人帮”一伙对我和小说《刘志丹》一案大肆株连,因此而遭受迫害的党政军领导干部有三百多人,受害的一般干部和群众那就更多了。他们把个好端端的社会主义中国搞得乌烟瘴气,万马齐喑,大搞“逼、供、信”,制造许多冤案、错案和假案,多少元帅、副总理和革命老干部被残酷斗争,无情打击,乌云翻滚,暗无天日。林彪、陈伯达[49]和江青[50]一伙攻击的目标,实际也是对着恩来同志的。他们千方百计想从我身上捞到整恩来同志的材料,提出了许多乌七八糟莫须有的问题,都被我顶了回去。我在西安十分惦念总理,十分担心他的安危。如果在报上看到总理的消息,特别是登出他的照片,心里就得到无上的安慰和巨大的鼓舞。

恩来同志的处境虽然非常困难,但对我十分关怀,想方设法保护我。他看到我在西安被揪斗的照片后,就批评说:“我们都不知道,你们为什么随便把习仲勋抓到西安!”拿着照片又说:“这样,文化革命就变成武化革命,这是给‘文化大革命’抹黑,也是给我们国家脸上抹黑。”当西安的群众代表问起对我怎样处理时,恩来同志很严肃地说:“你们抓住一个习仲勋,以为如获至宝,那是一个刺猬!”恩来同志语义双关的意思我是领会的。接着,恩来同志下令把我军事管制起来,实际上是把我保护起来。但是,那个“顾问”仍然不肯放过我,阴谋把我揪到延安、兰州去批斗,被恩来同志制止了。

我的身体有些支持不住了,四月五日,不得不给恩来同志写信,告诉他,我的反面作用起完了,现在只是陪别人挨批挨斗。一九六八年一月三日,恩来同志采取特殊保护方式,用飞机把我从西安接回北京,交给卫戍区监护。

监护中的悠长岁月也是不容易过的,林彪、“四人帮”和那个“顾问”还不放过我,想方设法折磨我。我独处斗室,断绝了和一切人往来,连直系亲属也看不到,更不知道外边的真实情况。一天,专案组的人忽然把我带到城内一个地方,猛地看见齐心和孩子们坐在那里,一个孩子亲热地叫我爸爸,我一时愣住了。齐心给我说后,我才认出是最小的儿子。我离家的时候,他还是八岁的孩子,现在已是十六岁的青年了。我想起青年时候读过的唐朝诗人贺知章的名句:“少小离家老大回,乡音无改鬓毛衰。儿童相见不相识,笑问客从何处来。”那是描述老人回家的变化,这回是因为孩子长大而不认识了。当齐心告诉我,这次批准家属前来探望我的是恩来同志,我再也控制不住自己的感情,簌簌流下了泪珠。恩来同志处境困难,日理万机,还要和那些魑魅魍魉斗,却这样无微不至地关怀在监护中的革命老干部,让我和久别的家人相见。齐心带着孩子在外边处境十分困难,连住处也成了问题。她向总理提出了一点要求和希望,马上就批示解决,而且超出她的要求。恩来同志不仅关心革命老干部,也爱护年青一代,让他们在困难的环境里茁壮成长,这对在监护中的我是多么大的安慰和鼓舞啊!

当然,恩来同志对革命老干部的关怀,不仅是出于个人的感情,而主要是坚决执行党中央、毛主席关于分清敌我,团结同志,"惩前毖后,治病救人"的方针,同那个"理论权威"、林彪、"四人帮"搞"怀疑一切"、"打倒一切"的反革命阴谋进行坚决的斗争,挽救和保护了一大批中央和地方党政军革命老干部。正是因为恩来同志坚决执行以毛泽东同志为首的党中央的干部政策,保护了党的一部分精华,维系了亿万人心,才为粉碎"四人帮"奠定了基础。在"文化大革命"中,恩来同志力挽狂澜,使我们党和国家免于崩溃,建立了不朽的功勋。

周恩来同志是伟大的马克思主义者,是我们党和国家久经考验的卓越领导人,是毛泽东同志不可缺少的助手,是毛泽东同志最亲密的战友。他对中国革命和社会主义建设,对加强国际无产阶级和世界人民的团结,开展反对霸权主义的斗争,推动国际共产主义运动的发展,建立了不朽的丰功伟绩。

在恩来同志身上充分体现了我们党的优良传统和作风。他把自己全部精力无私地贡献给中国和世界人民革命事业,为全党、全军、全国各族人民歌颂不已,永远是我们学习的光辉典范。

周恩来同志离开我们三年多了，但是，他的光辉形象永远活在我们心中，激励我们为实现社会主义现代化强国奋勇前进！

■注　释

[1]陕甘宁，见本书《关于关中分区的反磨擦问题》注[2]。

[2]苏区，见本书《关中党史简述》注[13]。

[3]苏维埃，见本书《关中党史简述》注[6]。

[4]党团，中国共产党为加强领导、贯彻政策，在国家机关和人民团体中设立的党的领导机构。在中共七大以前称党团，之后称党组。

[5]张仲良，见本书《关中党史简述》注[20]。

[6]张学良，见本书《红日照亮了陕甘高原》注[29]。

[7]杨虎城，见本书《关中党史简述》注[17]。

[8]西安事变，见本书《关中党史简述》注[35]。

[9]叶剑英，见本书《同心协力把广东工作做好》注[3]。

[10]《共同纲领》，见本书《坚持与党外人士合作的统一战线政策》注[1]。

[11]李维汉(一八九六——一九八四)，湖南长沙人。一九二二年加入中国共产党。曾任中共中央临时政治局常委，中共中央组织部部长，军委二纵队司令员兼政治委员，中共中央党校校长，陕北公学校长，陕甘宁边区政府秘书长。新中国成立后，任中共中央统战部部长，政务院秘书长，民族事务委员会主任委员，全国人大常委会副委员长，全国政协副主席，中共中央顾问委员会副主任。

[12]张治中，见本书《当好西北人民的勤务员》注[3]。

[13]傅作义，见本书《陕甘宁边区形势及加强备战问题》注[8]。

[14]邵力子（一八八二——一九六七），浙江绍兴人。曾任国民党甘肃省政府主席、陕西省主席、驻苏联大使。一九四九年为国民党政府和平谈判代表团成员，国民党政府拒绝签订国共双方代表拟定的国内和平协定后，脱离国民党政府，留在北平，应邀出席中国人民政治协商会议第一届全体会议。新中国成立后，任中央人民政府政务院政务委员，全国人大常委，全国政协常委。中国国民党革命委员会中央常委。

[15]马叙伦（一八八五——一九七〇），浙江杭县（今余杭）人。抗日战争时期从事抗日反蒋活动。一九四六年在上海发起组织中国民主促进会。新中国成立后，任中央人民政府委员，政务院文化教育委员会副主任，教育部、高教部部长，全国政协副主席。中国民主促进会中央主席，中国民主同盟中央副主席。

[16]朱学范（一九〇五——一九九六），浙江嘉善（今属上海金山）人。大革命时期参加上海工人三次武装起义。曾任中国劳动协会理事长，世界工会联合会副主席。新中国成立后，任邮电部部长，中华全国总工会副主席，全国人大常委会副委员长。中国国民党革命委员会中央主席。

[17]李烛尘（一八八二——一九六八），湖南永顺人。曾任久大精盐公司厂长，永利制碱公司副总经理。抗战胜利后，参加发起组织中国民主建国会，任常务理事。新中国成立后，任中央人民政府委员，华北行政委员会副主席，食品工业部部长，轻工业部部长，全国人大常委，全国政协副主席。全国工商联副主任委员，中国民主建国会

中央代理主任委员。

[18]蒋光鼐(一八八七——一九六七),广东东莞人。曾任国民党第十九路军总指挥。一九三二年一月率十九路军和上海人民抗击日本帝国主义进攻。一九三三年十一月与李济深等发动反对蒋介石的政变,在福建成立"中华共和国人民革命政府",失败后去香港,进行抗日反蒋活动。一九四六年参与发起组织中国国民党民主促进会。新中国成立后,任纺织工业部部长,全国政协常委。中国国民党革命委员会中央常委。

[19]史良(一九〇〇——一九八五),江苏常州人。一九三五年参加发起成立上海妇女界救国会,任理事。一九三六年五月任全国各界救国会联合会执行委员,参加赴南京请愿和抗日救亡宣传活动。同年十一月被国民党政府逮捕,著名的七君子之一。抗战爆发后出狱。新中国成立后,任司法部部长,政务院政治法律委员会委员,全国妇联副主席,全国政协副主席,全国人大常委会副委员长。中国民主同盟中央主席。

[20]许德珩(一八九〇——一九九〇),江西九江人。一九七九年加入中国共产党。九一八事变后,积极参加抗日救国活动,反对国民党投降政策。发起组织九三学社。新中国成立后,任政务院法制委员会副主任委员,水产部部长,全国政协副主席,全国人大常委会副委员长。九三学社中央主席。

[21]章乃器(一八九七——一九七七),浙江青田人。一九三六年与沈钧儒等在上海组织成立全国各界救国联合会。新中国成立后,任全国政协常委,粮食部部长。全国工商联副主任委员,中国民主建国会中央副主任委员。

［22］刘文辉（一八九五——一九七六），四川大邑人。任国民党四川省主席、西康省主席。一九四九年十二月率部起义。新中国成立后，任西南军政委员会副主席，林业部部长。

［23］龙云（一八八四——一九六二），云南昭通人。任国民党云南省主席，黔滇绥靖公署主任。一九四九年八月在香港发表声明，宣布脱离国民党反动集团。新中国成立后，任中央人民政府委员，人民革命军事委员会委员，西南军政委员会副主席，国防委员会副主席，全国政协常委，全国人大常委。中国国民党革命委员会中央副主席。

［24］张奚若，见本书《关于政务院文委分党组布置反官僚主义斗争的报告》注［1］。

［25］屈武（一八九八——一九九二），陕西渭南人。曾任国民党陕西省政府、新疆省政府委员。一九四九年初任国民党政府和平谈判代表团顾问，同年九月参加策划新疆起义。新中国成立后，任西北军政委员会委员，新疆迪化（今乌鲁木齐）市市长，政务院副秘书长兼参事室副主任，对外文化联络委员会副主任，全国政协副主席。中国国民党革命委员会中央副主席、主席。

［26］程砚秋（一九〇四——一九五八），北京人。一九五七年加入中国共产党。京剧表演艺术家、京剧“程派”艺术的创立者。抗日战争期间拒绝为日伪演出，致力于戏曲理论的研究和戏曲教学工作。新中国成立后，任中国戏曲研究院副院长。

［27］班禅，见本书《对西藏工作的几点意见》注［2］。

［28］杜聿明（一九〇四——一九八一），陕西米脂人。曾任国民党东北保安司令长官、徐州“剿匪总司令部”副总司令，在淮海战役中被俘。一九五九年特赦后任全国政协常委。

[29]陈长捷(一八九二——一九六八),福建闽侯人。曾任国民党天津警备司令部司令,在平津战役中被俘。一九五九年特赦后任上海市政协专员。

[30]宋希濂(一九〇七——一九九三),湖南湘乡人。曾任国民党川湘鄂边区绥靖公署主任,在成都战役中被俘。一九五九年特赦后任全国政协常委。

[31]指黄埔军校,一九二四年孙中山在中国共产党和苏联的帮助下,在广州黄埔创办的陆军军官学校。孙中山兼任军校总理,廖仲恺任校党代表,蒋介石任校长。中国共产党派周恩来、恽代英、萧楚女、聂荣臻等在该校担任各种职务,学员中也有很多共产党员和共青团员。一九二七年蒋介石背叛革命以前,这是一所国共合作的革命军校。

[32]溥仪(一九〇六——一九六七),清朝末代皇帝。一九三一年九一八事变后被日本侵略者扶植为伪"满洲国皇帝"。一九四五年被苏联红军俘虏,后移交中华人民共和国中央人民政府。一九五九年特赦后任全国政协文史资料研究委员会专员、全国政协委员。

[33]林彪,见本书《落实知识分子政策,加强党对教育工作的领导》注[3]。

[34]"四人帮",见本书《同心协力把广东工作做好》注[7]。

[35]七届二中全会,见本书《关中新区的工作方向》注[4]。

[36]"大跃进",见本书《关于长葛调查的两个报告》注[14]。

[37]赫鲁晓夫(一八九四——一九七一),一九五三年九月起任苏共中央第一书记,一九五八年三月起兼任苏联部长会议主席,一九六四年十月被免去一切职务。

［38］“五风”，见本书《关于长葛调查的两个报告》注［2］。

［39］十大建筑，指一九五九年在北京建成的人民大会堂、中国历史博物馆、中国革命博物馆、北京火车站、北京饭店、首都体育馆、中国美术馆、全国农业展览馆、民族文化宫、中国人民革命军事博物馆。

［40］袁世凯（一八五九——一九一六），河南项城人。北洋军阀首领。一九一一年辛亥革命后窃取中华民国临时大总统职位，组织了代表大地主大买办阶级的第一个北洋军阀政府。一九一五年为了取得日本帝国主义的支持而承认日本旨在灭亡中国的“二十一条”，同年十二月称帝。在全国人民的反对下，于一九一六年三月被迫取消帝制。

［41］段祺瑞（一八六五——一九三六），安徽合肥人。北洋军阀皖系首领。一九一二年被袁世凯任命为陆军总长，自一九一六年袁世凯去世到一九二六年，曾任国务总理、中华民国临时执政，几度把持北京政府的实权。

［42］八届十中全会，即一九六二年九月二十四日至二十七日在北京召开的中国共产党第八届中央委员会第十次全体会议。会议讨论和通过了关于巩固集体经济发展农业生产、关于商业工作等几个决定以及人民公社“六十条”的修正草案，决定贯彻执行以农业为基础、以工业为主导的发展国民经济的总方针，继续贯彻执行调整国民经济的八字方针。但是，全会又错误地开展对所谓“黑暗风”、“单干风”和“翻案风”的批判，把社会主义社会一定范围内存在的阶级斗争进一步扩大化和绝对化，强调阶级斗争必须年年讲、月月讲、天天讲。这使党在阶级斗争问题上“左”的观点进一步系统化，为政治上“左”倾错误的再度发展作了理论准备。

［43］刘志丹，见本书《关中党史简述》注［4］。

［44］刘景范（一九一〇——一九九〇），陕西保安（今志丹）人。一九三〇年加入中国共产党。曾任中共陕甘边特委委员，红军第二十六军四十二师二团团长，陕甘边区革命军事委员会主席，中共陕甘宁省委书记，中共陕甘宁边区中央局和中央西北局常委，陕甘宁边区政府民政厅厅长、副主席、代理主席，中共西北野战军前委委员、后勤部司令员。新中国成立后，任政务院人民监察委员会副主任，监察部副部长，地质部副部长，民政部副部长，中共中央顾问委员会委员。

［45］高岗，见本书《关中党史简述》注［16］。

［46］马锡五（一八九八——一九六二），陕西保安（今志丹）人。一九三五年加入中国共产党，参加创建陕甘宁苏区的斗争。曾任陕甘边苏维埃政府粮食委员会委员长，陕甘省苏维埃政府国民经济部部长，陕甘宁省苏维埃主席，陕甘宁边区高等法院院长。新中国成立后，任最高人民法院西北分院院长，最高人民法院副院长。

［47］陈毅，见本书《关于全国招待工作会议的报告》注［3］。

［48］洛阳矿山机器厂，是“一五”期间苏联援建的以生产矿井提升和洗煤设备为主的重点建设项目。一九六五年十二月至一九六七年一月，习仲勋被下放该厂，担任副厂长。

［49］陈伯达（一九〇四——一九八九），福建惠安人。一九二七年加入中国共产党。新中国成立后，任政务院文化教育委员会副主任，中国科学院副院长，中共中央宣传部副部长，《红旗》杂志总编辑，国家计委副主任。“文化大革命”开始后，任中央文革小组组长，中共中央政治局常委。因参与林彪集团的活动，一九七三年中共十届一中全会决议开除其党籍。一九八一年一月被最高人民法院特别法庭判处有期徒刑十八年，剥夺政治权利五年。

［50］江青（一九一四——一九九一），山东诸城人。一九三三年加入中国共产党。新中国成立后，任文化部电影事业指导委员会委员。“文化大革命”开始后，任中央文革小组第一副组长，中共中央政治局委员，伙同张春桥等人结成阴谋篡党夺权的反革命集团。一九七七年中共十届三中全会决议开除其党籍。一九八一年一月被最高人民法院特别法庭判处死刑，缓期二年执行，剥夺政治权利终身。一九八三年一月依法减为无期徒刑，原判处剥夺政治权利终身不变。

在中央工作会议中南组的发言

（一九七九年四月八日、二十三日）

四月八日的发言

中央这次工作会议[1]非常重要。王全国[2]同志昨天的发言中，结合广东的情况谈了一些意见，我都同意。现在我再讲一点看法。

一、拥护先念[3]同志代表党中央、国务院所作的讲话。这个讲话，比之国务院务虚会[4]上的讲话大进了一步，是一个好文件。很重要一条，是有了半年多来的实践，并初步总结了这段时间的实践经验，同时对林彪[5]、“四人帮”[6]破坏国民经济的严重后果、比例失调的严重情况看得比较清楚了，各种矛盾暴露得比较充分了，这样，就比较切合实际，减少了盲目性。中央提出，必须在前两年经济恢复工作取得重大成就的基础上，集中三年时间搞好整个国民经济的调整工作，进一步为加快实现四个现代化奠定更稳固的基础，这个重大决策，是完全正确的。

二、有一个重要的问题，搞什么样的现代化，不能离开中国的社会经济的基础和条件。也就是说，我们只能搞中国式的现代化，走自己的现代化道路，学外国，只是借鉴人家的经验和引进先进科学技术。前段有一阵风，好像外国什么都好，他们什么都愿意帮我们的忙。其实并不是这么回事。还是要从中国的国情和基础出发,不能买一个现代化,也不能照搬一个现代化。中国的特点是:我们是一个九亿人口的大国,人多地少;我们的人民穷,底子薄。加上林彪、“四人帮”的严重破坏,我们是在重大比例失调的情况下着手四个现代化的。因此,中央决定用三年时间进行调整,使我们的计划工作,方针、政策、措施,更加符合中国的客观实际,是十分正确和必要的。中央负责同志提出“调整,整顿,改革,稳步前进”,很重要。现在出现的很多问题,是由于对林彪、“四人帮”那套批得不透,界限不清,正本清源不够,并不是政策放宽造成的。经济活跃中出点乱子不要紧,好解决。这次调整比六十年代初那一次调整困难要大,主要就是林彪、“四人帮”十年破坏,内伤、外伤太严重了,人民生活方面欠账太多了,问题成堆。但只要方针正确,措施得力,办法切合实际,困难一定可以克服,我们一定可以边调整边前进。要向前看,要有信心。

三、比例失调,工农业的失调最严重。在调整中首先要集中力量解决这个关键问题。现在农业还有个恢复问题。广东每人占有粮食还达不到“文化大革命”以前的水平。所以农业是恢复、发展。广东的基层干部说,现在要把农业搞上去,主要还是靠政策、作风加科研。我看这是对的。我们有的是劳动力,重要的是要把人的积极性充分调动起来,同时使大家在同自然作斗争中的本事更大一些。

农业内部的失调,主要是没有因地制宜,多种经营搞不好。一个地区有一个地区的因地制宜,一个省有一个省的因地制宜。如何按照各地的不同条件,发挥其长处,克服其短处,取得最大的经济效果,是大学问。这就有分工,有协作,使地区、省和全国的因地制宜能够衔接起来。像广东可以多搞糖、黄麻、蚕丝,海南岛[7]可以多搞橡胶,为国家多作贡献。当然,要有条件,如粮食问题、价格政策问题,要解决好。农业的布局要一下子调整好有困难,但一定要逐步调整好,才能促进农业的大发展,也才能显示出社会主义计划经济的优越性。

关于协作问题,过去设大区、协作区,也不是解决得很好,甚至弊多利少。现在搞四个现代化,协作问题更需要解决。是否可以由国务院统一派出工作组驻各经济区(大区),同有关的省、市和部门,主动协调解决问题。

工业的调整,有下有上,也就是有停有保。下是为了上,调整为了前进。该停的要坚决停,这样才能有所保。与支农关系密切的,要保。这次一定要体现农、轻、重的方针。保的也要整顿,否则也上不去。现在企业里存在的问题也很多,领导班子问题,群众思想政治工作问题,民主管理和运用经济手段管理企业等问题,都要很好加以解决。

四、我感到在计划问题上揭露矛盾不够。要充分揭露矛盾,总结经验教训。这是花了学费的。从粉碎"四人帮"以来,这一段经济工作的经验要很好总结,要把矛盾充分摆一摆,这更有现实意义。先念同志的讲话总结了这一段的工作,有针对性地讲了许多很好的意见。粉碎"四人帮"以来,总的形势是大好的,人民是高兴的,但对存在问题、矛盾揭得不够。计划上有缺口也不是不知道,但没有引起重视,或者不敢正视现实。不是留有余地,而是留有缺口,盲目干。还是怕讲缺点,不实事求是。并且还搞了些形式主义、劳民伤财的东西,比如参观多、会议多,省里经常要有一两个书记、常委来应付开会的事情。

有一个问题提出来,十一届三中全会[8]公报指出:"现在我国经济管理体制的一个严重缺点是权力过于集中,应该有领导地大胆下放,让地方和工农业企业在国家统一计划的指导下有更多的经营管理自主权。”还明确指出,要充分发挥中央部门、地方、企业和劳动者个人四个方面的主动性、积极性、创造性。这是很正确、很受拥护的。这次先念同志的讲话,没有这样明确指出权力过于集中的问题,没有讲这个“严重缺点”,而是一般的讲要发挥中央和地方两个积极性,并且强调要集中统一。注意发挥中央和地方两个积极性,这个原则是正确的,但当前的主要倾向是什么,应明确。从实际工作来看,我认为现在仍然是权力过于集中,这个问题并没有解决。经济管理体制问题,就是集权和分权的问题,要处理好这个关系。现在地方感到办事难,没有权,很难办。这个问题,光讲原则也不行,还要具体化一些。希望这次会上能够就改革经济管理体制问题,定出若干条,以便有所遵循。

广东邻近港澳,华侨众多,应充分利用这个有利条件,积极开展对外经济技术交流。这方面,希望中央给点权,让广东先走一步,放手干。看来,在计划、财政、外贸、外汇、物资、对外经济技术交流等方面,都有正确处理中央和地方的关系问题。“麻雀虽小,五脏俱全”,作为一个省,是个大麻雀,等于人家一个或几个国。但现在省的地方机动权力太小,国家和中央部门统得过死,不利于国民经济的发展。我们的要求是在全国的集中统一领导下,放手一点,搞活一点。这样做,对地方有利,对国家也有利,是一致的。当然,有一条原则,中央给了权,我们就要很好运用,真正搞好,对整个国民经济有利。广东电力严重不足,但由于重油没有保证,有的机组面临停产的危险。而茂名那里,国家却安排出口重油到香港,我们广东还得从香港那里买电进来。算了一笔账:香港的资本家买茂名十万吨重油,用来发电,然后转卖电给广东,转一圈,便可赚三百万美元。仅此一例,对我们国家来说,是十分不合理、不合算的。侨汇地方分成问题,我完全赞成廖承志[9]同志的意见,应提高到百分之三十,建筑侨汇要百分之四十,并允许进料。旅游外汇分成问题,也要解决。在开头几年,甚至可考虑大部或全部归地方,让地方以旅游养旅游,打好基础。广东侨务部门的同志说:“不要杀鸡取蛋,要喂点饲料让鸡多生蛋。”只要放活一点,广东可以给国家贡献更多外汇。这些都牵涉到体制问题,要很好解决。

五、搞好三年调整,一定要加强党的领导。要搞好机构的调整和精简。现在机构臃肿,分工又太细。广东省局一级七十多个单位,还有七八十个领导小组,办事效率很低,而且办不好事情。上层建筑不适应经济基础,甚至破坏经济基础,这个问题要解决。精简下来的人,搞什么,要赶快制定出解决办法。现在政治、业务分家,也要改。这是林彪、“四人帮”的产物。政治思想工作要加强,但这是全党的事情,各级领导都要抓,不是单独设一个政治机构就可以解决的。现在党的领导作用薄弱得很,不少基层党组织不起作用,缺乏战斗力。省里的干部要调下去,地委的干部要调上来,总之调出调进都不容易。现在凡是闹事的地方,都是缺乏党的领导。还要强调整顿领导班子,要配备好能搞四个现代化的领导班子。

四月二十三日的发言

一、小平同志代表中央在党的理论工作务虚会[10]上的讲话,是一个十分重要的文件,是党中央在重大的历史转折时期给全党同志和全国人民提供的一个强大的武器。我学习以后,感到很受教育和启发，表示完全拥护和赞成。广东在前些日子向省直机关领导干部和地、市委书记传达了小平同志的讲话，并组织学习和讨论，大家一致感到很好，认为中央及时给了我们武器，使我们头脑更清醒，方向更明确，信心更增强，一定要坚定不移地把三中全会精神贯彻下去，为搞好四个现代化而努力。

二、小平同志的报告，完全适合广东的情况，是我们认清形势、统一思想的有力武器。现在确实需要统一思想，首先是党的各级领导干部要统一思想。三中全会以来的形势怎么样？当前出现的一些问题是什么性质的问题？我们今后努力的方向是什么？都要作出正确的回答。小平同志在讲话中指出："对于粉碎'四人帮'特别是三中全会以来的形势，必须有足够的、全面的估计。"并从政治、思想、经济、军事、外交各个方面，说明我们国家的面貌已经发生了根本的变化，全党全军和全国各族人民，对于社会主义祖国的前途，重新充满了无限的希望和信心。小平同志特别强调指出，我们已获得一个安定团结的政治局面，党和政府恢复了一九六六年以前的正常秩序，这是我们前进的基地，是非常重大和非常来之不易的成就，谁要是不充分估计这一点，谁就要犯极大的错误。另一方面小平同志也告诉我们，要看到我们还有困难，而且有些困难是比较严重的。不看到这一点，也会犯大错误。这就使我们能够全面地、辩证地分析当前的形势，脚踏实地，充满信心，继续前进。

以广东来说，上次中央工作会议[11]和三中全会结束后，省委召开了常委扩大会议，各地委召开了县委书记会议，县也召开了三级或四级干部会议，三中全会精神迅速贯彻下去。省委常委同志分头下到地区和县，大家都感到农村形势很好。虽然去年晚造因受寒露风袭击，受灾减产达二十七亿斤，但群众情绪很稳定。去年六月以后省、地、县委的整风，对推动揭批林彪、“四人帮”斗争的深入，平反冤假错案，强调抓好农业，端正党的农村经济政策，起了积极的作用。关于实践是检验真理唯一标准问题的讨论，对于解放思想，打破禁区，解决思想僵化、半僵化问题，起了很好的作用。冬种开始前，省委强调要解放思想，尊重生产队自主权，坚决贯彻按劳分配政策，逐步推行“五定一奖”[12]的联系产量的生产责任制。这些收到了很好的效果。不少地方都反映，去年晚造水稻减了产，但杂粮收成好，有的地区甘薯、木薯大丰收，多种经营和农民家庭副业也有了恢复和发展，加上国家收购农副产品的价格作了一些调整，所以现金分配很多地方也不致减少，有的还超过前年。三中全会公报发表以后，农村形势发生了很大变化，今后农村不搞政治运动了，政策端正了，各级领导关心基层干部了，农民负担减轻了，这些都是大得人心的事。党内党外民主生活开始恢复了，大家心情比较舒畅，增强了信心。对于农村形势，我们用几句话来概括，叫做：稳定，高兴，充满希望。政治、思想、经济都比较活跃。当然，无论在干部群众思想和实际工作中，都还存在不少困难和问题。比如有少数人怀疑现在“政策右了”，“路线偏了”，“领导修了”。封建迷信、赌博、乱砍乱伐森林、偷渡外逃的情况也比较严重。社会治安也存在不少问题。但是，这些问题只是支流，并且决不是因为贯彻三中全会精神、批极左路线、落实政策“过了头”产生的，而是本来就存在的，只是在拨乱反正的过程中，进一步暴露了出来。这些问题只要暴露出来，认识到了，并且采取马克思主义的正确方针，是不难解决的。

总之，必须充分地、明确地肯定三中全会的方针和三个多月来的大好形势。三中全会的方针是完全正确的。上次中央工作会议和三中全会关于全党工作重点转移的重大决策，小平同志在上次中央工作会议上讲的要解放思想，开动机器，实事求是，团结一致向前看的方针，以及关于农村工作的各项政策，是对党的十一大路线的充实和发展，在我党历史上具有重大意义。我们一定要坚定不移地继续贯彻三中全会精神，而决不是什么“收”了。到底是“放”，还是“收”，实质上是坚持还是反对三中全会方针的问题。三中全会公报发表到现在，才四个月，许多精神才初步贯彻，今后还要认真贯彻执行，绝不能有任何摇摆。

另外，从我们这次工作会议讨论调整国民经济问题来看，也要继续贯彻三中全会关于坚持唯物主义的思想路线，解放思想，开动机器，实事求是的正确方针。我感到，这方面是存在着思想不够解放的问题的，有思想僵化、半僵化的情况。特别是关于经济管理体制问题，应当根据二十多年来的实践，来加以检验，并借鉴外国的经验，大胆地走一条中国式的道路。这个问题反映到我们的机构设置和规章制度上，也必须下决心改革。有的确实是官僚机构，权力过分集中，不了解下情，办事效率极低，上层建筑不适应经济基础。这个问题的解决，需要通盘规划，拿出切实可行的方案，但也不宜久拖下去，看准了的、可以先改的，就要早些动手。

三、小平同志讲的实现四个现代化，必须坚持四条原则，非常重要。这就使全党同志，从思想政治方面进一步得到了武装。小平同志说，这四条基本原则并不是新的东西，是我们党长期以来所一贯坚持的。我们粉碎“四人帮”是坚持这几条，十一大是坚持这几条，三中全会也是坚持这几条。但是，应当说，在我们干部中，前一段对这四个坚持，是不够明确的，或者虽然看到了问题却抓得不够紧。还有一些同志存在着思想混乱。所以，这次小平同志明确指出：“粉碎‘四人帮’以至三中全会以来，党中央实行的一系列方针政策，一直是坚持这四项基本原则的。”这对我们领会中央的精神，贯彻三中全会的方针，极为重要。从这一段的情况来看，更感到党中央明确提出四个坚持，具有迫切的现实意义。现在，一方面，林彪、“四人帮”的流毒还没有肃清，另一方面，存在着一些怀疑社会主义、怀疑无产阶级专政、怀疑党的领导、怀疑马列主义毛泽东思想的思潮。而且，这两个东西结合起来，在一小部分人中蔓延，这是影响安定团结的一个重要因素，对搞四个现代化十分不利。虽然这些人只是少数，没有多少人跟他们走，但要看到这些思潮的危害性，要与之作斗争。根据我们的体会，只要加强党的领导，坚决地而又耐心地做工作，开展对这些思潮的斗争，是可以收到成效的。对于这些错误思潮，我们的态度是：第一，这种思潮是客观存在，要正视它，不纠正不行，它会蔓延；第二，通过做工作和必要的斗争，体现和加强党的领导；第三，这些人都是青年，要通过积极的工作，尽可能把他们争取过来，引导到正确的轨道。把这些人争取过来，真正唯恐天下不乱的极少数坏人才乱不起来。我要团省委的同志多做他们的工作，敢于和善于同错误思潮作斗争。

在同错误思潮作斗争中，要树立正面典型。要扶植正气，压倒邪气。事实上，我们广大群众、青年、干部是好的。只要加强党的领导，立场坚定，态度鲜明，积极引导，正气就会上升，各种错误思潮就会遭到抵制。

四、回顾这一段的工作，必须肯定成绩，有些问题也可以总结一下，不断改进。关于宣传工作，我认为成绩是很大的。《人民日报》、

《光明日报》办得很好，有一些缺点，是属于前进中的问题，不能过于责备。值得注意的是，现在出现的一些煽动反动思潮的大字报、小字报、小册子，他们攻击我们的报纸，实际上是反对党中央的路线，反对三中全会所规定的解放思想，开动机器，实事求是，团结一致向前看的方针，反对四个现代化。对此，要保持清醒的头脑。

这一段我们对青少年进行艰苦奋斗的教育少了，对反对资产阶级思想腐蚀讲得少了，思想政治工作削弱了。要以小平同志的讲话为武器，总结经验教训，把工作做好。小平同志提出社会风气问题，很重要。对那些败坏社会风气的严重现象，要给予打击。

五、思想理论战线任务很重大，也很光荣。小平同志讲话中对思想理论工作提出了严格的要求，也有批评，但总的是满腔热情，语重心长的。中央及时把问题指出来，是爱护，是引导。这些，在党内讲清楚，加深认识，一定能够成为前进的动力。我认为，还要继续发扬民主，贯彻实事求是的唯物主义认识路线，活跃思想，团结一致向前看；要运用马列主义毛泽东思想的基本原理，研究实现四个现代化中的新情况，解决四个现代化的新问题。不要变成又不敢讲话了。

■ 注　释

[1] 指一九七九年四月五日至二十八日召开的中共中央工作会议。会议集中讨论调整国民经济和政治经济方面的一些重大问题，提出了对整个国民经济实行“调整、改革、整顿、提高”的方针，决定从一九七九年起用三年时间完成国民经济调整任务。

[2]王全国，一九一九年生，湖北襄阳人。一九三八年加入中国共产党。曾任桂林市市长，中共桂林市委代书记，广东省计划委员会主任，中共中央中南局经济委员会主任。一九七五年起任中共广东省委常委兼省革委会副主任，国家计划委员会副主任，中共广东省委副书记，中共广东省委书记兼广东省副省长，中共湖北省委常务书记。

[3]先念即李先念，见本书《同心协力把广东工作做好》注[5]。

[4]国务院务虚会于一九七八年七月六日至九月九日在北京举行。会议的主题是研究加快我国社会主义现代化建设的速度问题。会议强调要利用外国资金，引进国外先进技术设备。会议还讨论了经济管理体制的改革问题，指出要充分发挥经济手段和经济组织的作用，实行专业化，适当扩大企业自主权。

[5]林彪，见本书《落实知识分子政策，加强党对教育工作的领导》注[3]。

[6]“四人帮”，见本书《同心协力把广东工作做好》注[7]。

[7]海南岛，见本书《同心协力把广东工作做好》注[8]。

[8]十一届三中全会，见本书《在肇庆地委常委扩大会议上的讲话》注[2]。

[9]廖承志，见本书《在暨南大学开学典礼和成立二十周年校庆大会上的讲话》注[6]。

[10]理论工作务虚会于一九七九年一月十八日至四月三日在北京召开。其中，一月十八日至二月十五日，由中共中央宣传部和中国社会科学院召开前一阶段会议。三月下旬至四月三日，由中共中央主持召开后一阶段会议，称党的理论务虚会。三月十日，邓小平发表讲话，强调要坚持四项基本原则，即：坚持社会主义道路，坚

持无产阶级专政，坚持共产党的领导，坚持马列主义毛泽东思想；提出要适合中国情况，走出一条中国式的现代化道路。

[11]中央工作会议，见本书《在肇庆地委常委扩大会议上的讲话》注[1]。

[12]“五定一奖”，即定劳动力、定地段、定产量、定工分、定成本，超产奖励。

按照农轻重次序调整好广东国民经济*

（一九七九年六月十日）

党中央提出，从今年起，集中三年的时间，认真搞好国民经济的调整、改革、整顿、提高，把国民经济纳入持久的按比例的高速发展的轨道。这是实现四个现代化的第一个战役。这个战役一定要打好。

中央关于“调整、改革、整顿、提高”的方针，是完全正确的，非常及时的，是一个积极的方针、鼓劲的方针。这个方针的重点是调整。要把国民经济比例失调的情况调整好，就局部来说，有进有退，有上有下；就全局来说，要通过调整稳步前进。要在调整中改革，在调整中整顿，在调整中提高，在调整中前进。这一仗打好了，国民经济才能够持续地按比例地高速发展，我们的四个现代化建设才能够加快前进。

从广东的情况来看，国民经济比例严重失调，特别是农业同工业的状况很严重。农业发展缓慢，使吃饭成了问题。粮食上不去，发展经济作物和林牧副渔也受到限制，农业生产的合理布局遭到破坏，抗灾能力薄弱。森林砍伐过量，破坏严重，有的林区资源已临枯竭。由

* 这是习仲勋在中共广东省委四届三次常委扩大会议和省地县三级干部会议上总结发言的一部分。

于乱砍滥伐林木，严重影响了农业生产。沿海渔盐地区，困难很多，几乎连简单再生产也不能维持，有的已濒于破产的边缘。农业发展缓慢，市场供应十分紧张，国民经济出现一系列问题和困难。林彪[1]、“四人帮”[2]十年干扰破坏造成国民经济比例严重失调的恶果，已经越来越暴露出来。过去我们确实是对农民这个大头考虑得太少，没有根据农业的迫切需要来安排我们的经济工作，往往是就事论事，修修补补。有的部门甚至总想少给多拿，增加了农民的负担，增加了农业的困难。口头上是农、轻、重，行动上是重、轻、农。在工作上没有想农业之所想，急农业之所急，千方百计地支援农业，甚至自觉不自觉地干了不少挤农、伤农、坑农的事情。这次会上，大家对这方面的情况进行了充分揭露，但是有少数同志对比例失调的严重性和危害性还认识不够。这个认识问题不解决，就不可能自觉地贯彻农轻重方针。在实际工作中把农业放在首位，现在是到了觉悟的时候了！如果现在还不把农轻重这个比例关系处理好，再拖下去，后果是不堪设想的。我们要下最大的决心，上下左右，同心协力，步调一致，来个大转变，在实际行动上真正把国民经济严重失调的比例关系调整好，同时在改革经济管理体制方面，闯出一条路子来。

首先要全党动员，大办农业，集中力量把农业搞上去。

(一)要真正从行动上而不是口头上摆正农业的位置。全党都要从思想上、组织上、领导精力上、作风上和财力、物力的分配上，真正体现以农业为重点，上下左右扭成一股劲，把农业促上去。十一届三中全会[3]精神宣传贯彻后，广大干部、群众的积极性很高。现在的问题是，农业要上去还有许多实际困难，如果不全党动员，大办农业，真正把农业放到基础的位置上，从领导、政策、人力、物力、财力等各方面给予强有力的支持，农业要真正上去是不容易的。农业的问题，不能单纯看成是农业内部的问题，更不能单纯看成是下面的问题，关键在于省委没有真正集中主要精力抓农业。现在我们要下决心解决这个问题，首先省委要摆正农业的位置，各部门、各行业都要把支农工作摆到重要位置上，千方百计把农业搞上去。

要从实际出发，重新认识广东农业的特点。我已多次讲了广东经济的长处、优势和它的短处、弱点，这个问题今后还要继续注意，结合总结经验，进行深入的探讨。只有发挥长处，克服短处，全面权衡利弊，变不利条件为有利条件，我们在战天斗地、发展经济中才能收到事半功倍的效果。这正是我们共产党人运用辩证唯物主义观点来指导工作，充分发挥主观能动作用所要求的。单以广东农业的生产条件来说，确有气候温暖、雨水充沛、四季常青等得天独厚的一面，但也有人口多、耕地少、灾害多等不利的一面。过去，这个不利的一面在一定程度上被忽视了。今后，我们要加强对这个问题的研究，这是保证对农业实行正确领导的必要条件。

（二）要坚定不移地落实党在农村的方针和政策。农业要搞上去，主要还是要靠政策调动广大农民群众的积极性。农民群众的积极性调动起来了，再加上国家的支援，就可以依靠自己的辛勤劳动，有效地改天换地，丰产增收。十一届三中全会关于农业的两个文件[4]所规定的方针政策，是今后一个相当长的时期内指导农村工作方针的纲领性文件，要继续坚决贯彻落实。农业具体方针的制定，要经过深入调查研究，看准了就要采取一切有力措施，坚决实行，一抓到底；处理农村的经济政策，要十分慎重。这些年我们确实对农民要得多，支援少，今后一定要十分注意兼顾国家、集体和个人，不得以任何借口把亏损负担转嫁给农民，不得随意提价或压价。农产品价格的调整也不能马虎从事。同时也要教育农民，已经确定的政策，必须坚决执行，粮食、生猪和其他农副产品的交售任务，必须保证完成。

（三）要切实加强对农业的财力、物力支援。国民经济计划一定要真正体现以农业为基础、以工业为主导的方针，要充分发挥工业支援农业的作用。省上掌握的地方财力、物力要坚决按农、轻、重次序进行安排。虽然目前我们的财力、物力还有困难，但要尽一切可能多支援农业。省机动财力今年投放于农业的仍按五千五百万元不变（不包括支农工业），并安排必要的物资、器材。如果中央批准我省实行大包干的财政体制，明、后两年合计，要安排一亿八千多万元用于农业（不包括支农工业），其中明年至少要增加二千万元以上。外汇也要优先用于农业，中央批准广东实行新的管理体制后，明、后两年安排一亿美元，用于进口化肥和饲料。如果明年一下子达不到，先拿出八千万美元，不足部分后年补上。关于外汇留成问题，中央已初步决定，赡家侨汇地方留成部分分给市、县三分之一，待中央决定后，坚决照办。其他外汇收入的留成办法，待中央批准我省实行新的管理体制后再同各地商量决定。在这方面也要充分发挥两个积极性。

为了夺取今年晚造丰收，省委决定在今年外贸出口分成外汇中，安排一千万美元进口十二万吨标准肥，同时，努力增产本省地方生产的化肥（包括氨水）。争取进口加上本省增产的化肥，一共增加二十万吨标准肥。这些肥料原则上作为生产肥，归农委分配。各部门掌握的肥料都要及时分配下去，不要误了季节。电力、油料也要尽量多安排一些用于农业。特别是抗旱、排涝所需的电力和油料，要确保供应。同志们对调整小化肥的问题，提了不少意见。应当肯定，省上和各地想方设法办小化肥，对农业生产起了很大作用，小化肥是有功劳的。我们应当从当前肥料严重不足的实际情况出发，对小化肥采取积极的态度。小化肥所需的电、油和造气用煤，要积极安排；特别是六、七、八月，一定要保证供应，使之开足马力正常生产，力争多产化肥，以应晚造生产所急需。小化肥厂也要千方百计挖潜、改造、革新，降低消耗，夺取高产。总的来说，要采取保、促、改造的方针，只有个别确实布点不合理而又难于改造的，才分别情况考虑关、停、并、转。处理这个问题要十分慎重。

要改革农业资金和物资的管理体制。我们在这方面的现行办法弊病很多，不利于发展生产。按照中央对国家农委机构职能和任务的规定精神，省委决定，在统一计划下，农业的资金、外汇、物资、农业机械等，一律切块归农委统一管理和分配使用。

在国家加强对农业财力、物力支援的同时，必须继续发扬自力更生、艰苦奋斗精神，大搞农田基本建设，改善生产条件。要发动群众多种绿肥，大搞土杂肥，提高地力，使农业生产水平有个新的突破。今年秋冬的农田基本建设和冬种绿肥，现在就要做好规划，做好准备，要大搞，多搞，为夺取明年农业丰收打好基础。

要大办沼气。办沼气是科学地有效地利用生物能源，是能源建设的一个重要补充。沼气一能多用，既能解决农村的生活燃料和一部分农用机械动力问题，又能给农作物提供经过加工的有机肥料；还有利于管理污水、粪便，改善环境卫生。沼气池既是生物能源库，又是有机肥料库。这是一个新生事物。我省有的地方已经办了沼气，效果很好。今年省上拿出三百万元支持各地办沼气，地、市、县、公社和有关部门也应积极抓好这一工作。

（四）加强农科队伍建设。要抓紧恢复和健全农科机构，首先把四级农科网建立和健全起来，把地、县农科所列入事业编制，必需的科研经费要给予安排。要办好农业院校，注意培养科技人才。农科部门的劳动指标和干部指标也要适当给予安排。

三年调整期间，农科工作首先要根据广东灾害多，特别是早造低温阴雨，晚造台风、寒露风危害严重的特点，在趋利避害夺高产方面，尽快作出显著成效来。要大力选育和推广良种，改革耕作制度，提高作物栽培管理水平，为农业的加快发展多作贡献。

（五）要认真抓好两头。一头是商品基地建设，省、地、县都要建立商品生产基地。省上要采取得力措施支持珠江三角洲二十七个县（市）加速商品粮基地建设，同时要抓紧对海南岛[5]的开发。这个问题讲了多年，没有落实。这次会议之后，由省革命委员会[6]组织有关部门立即着手研究，今年之内拿出切实可行的方案来。另一头是山区、沿海地区（包括渔盐区）和少数民族地区。这些地区潜力很大，但是目前普遍较穷，困难不少。除了动员群众自力更生挖掘潜力外，还要尽量给予帮助，使他们能把生产搞上去。这里要特别提出的是，我省山地面积广阔，很多山区是革命老根据地和少数民族聚居地。但是现在山区普遍粮食少，分配水平低，森林资源破坏严重，加强山区建设是十分迫切的任务，必须从财力、物力和交通运输等方面给予大力支持，把林业搞上去，使山区经济繁荣起来。要成立老区[7]建设委员会。省上最近就要召开林区工作会议，首先解决林区的方针、政策、体制和粮食任务的调整等问题。同志们提出的其他许多有关农业的问题，都要抓紧时间解决，由农委负责，组织有关局分别轻重缓急，一个一个落实，决心要大，措施要扎实，步子要迈得快一点。

（六）要按照“以粮为纲，全面发展，因地制宜，适当集中”的方针，合理调整农业布局，大力开展多种经营。我省人口众多，今后随着人口的增加和建设事业的发展，粮食的压力会越来越大。解决粮食问题，除了要大力抓好改造低产田，提高粮食单位面积产量外，在有条件的地方还要有计划地开荒、围海造田，以扩大耕地面积。此外，从长远看，应当逐步改变食物构成，增加肉类食品。要大办养猪场、养牛场、养鸡场、养兔场。还可以大量养蜂。要有计划地进口饲料、良种和必要的技术设备。建立畜牧业和渔业基地。要积极发展海洋捕捞和海水养殖业。要搞好农业资源调查和农业区划，从实际情况出发，在保证完成粮食任务的前提下，合理安排林、牧、副、渔和经济作物生产，适当调整水稻和旱粮、粮食和经济作物的种植面积。除继续抓好甘蔗生产外，还要积极发展热带作物、水果和市郊蔬菜生产。要挖掘土地潜力，向荒山和丘陵进军，多种薯类和木本粮、油等作物。

要积极办好社队企业，从产、供、销、税收、信贷等方面，支援社队企业的发展。要把社队企业主要的产、供、销指标，逐步列入各级计划。

农业机械化问题，要认真总结经验和教训，积极搞好试点。要根据我省的特点，摸索农业机械化的道路，逐步提高农业机械化水平。要注意发挥现有农业机械的作用，抓好农机零配件的生产，积极改进提高小农具，并保证供应。农用艇所需的木材、桐油，以及其他生产资料，也要尽量多安排供应。

关于调整问题，除抓紧解决农业问题外，还要把燃料、电力、交通运输、建材工业和轻纺工业搞上去。我省工业有一定的基础，是大有作为的。农业要真正搞上去，是离不开工业支援的。

■ 注　释

[1]林彪，见本书《落实知识分子政策，加强党对教育工作的领导》注[3]。

[2]“四人帮”，见本书《同心协力把广东工作做好》注[7]。

[3]十一届三中全会，见本书《在肇庆地委常委扩大会议上的讲话》注[2]。

[4]见本书《在肇庆地委常委扩大会议上的讲话》注[10]。

[5]海南岛，见本书《同心协力把广东工作做好》注[8]。

[6]革命委员会，见本书《在暨南大学开学典礼和成立二十周年校庆大会上的讲话》注[1]。

[7]老区，这里指新中国成立前中国共产党领导的武装力量建立了革命根据地的地区。

坚决制止偷渡外逃*

（一九七九年六月二十日）

一、最近以来，我省边民偷渡外逃成风，坚决制止偷渡外逃，是当前我省的一件大事，特别是在靠近港澳的地区和市、县，更是一件重要工作。要把反偷渡外逃作为一个紧急的政治任务来抓。

最近，党中央、国务院专门要广东省委派负责同志去汇报，研究广东如何制止大量群众偷渡外逃问题。省委派了寇庆延[1]同志去。对于制止偷渡外逃问题，中央领导同志作了重要指示。这是中央对广东工作的关怀、支持和鞭策。我们坚决拥护中央的指示。因为我们省委没有抓好这件事，今天成了中央担心的问题。作为省委主要负责人，感到问心有愧。所以我说，不怨天，不怨地，只怨省委没重视。现在中央直接抓了，我们就要重视起来，坚决搞好。

为了贯彻中央的指示，省委专门开了两次常委会议研究贯彻。省委成立了反偷渡外逃领导小组，由我当组长，广州军区黄荣海[2]副司令员、寇庆延同志当副组长；用省革委会[3]名义颁发了布告；同时对开展这一斗争作了部署。省委决心把反偷渡外逃作为一个大战役来打，以三个月为期，打好这一战役。

二、今年的偷渡外逃风，情况十分严重，超过一九五七年和一九

---

* 这是习仲勋在中共惠阳地委反偷渡外逃会议上的讲话要点。标题为编者所加。

六二年两次大外逃。

这股偷渡外逃风,已造成了严重后果。它严重破坏我省安定团结的政治局面,严重影响生产,严重危害边防地区的社会治安,严重破坏社会秩序、生产秩序和工作秩序,严重损害我国的国际声誉。同时,大量偷渡外逃,也使港澳群众产生不满,那里的工人群众普遍感到职业、生活受到威胁,认为外逃人员抢了他们的饭碗,促使物价高涨,房租加价,工资压低。不少人对国内局势和政策产生了怀疑,思想混乱。如不坚决制止,就会妨碍我们实现工作着重点的转移,也妨碍我们在港澳的工作,并且会由国内问题变为国际问题。

三、这次偷渡外逃风未能及时制止下来,责任在省委。下面各级党委和广大干部是做了大量工作的。部队的同志、边境地区驻军和边防公安人员作了重大努力,是作出了贡献的。前一段省委对反偷渡外逃抓得不够紧,没有深思熟虑、认真对待,没有作深入的全面动员,没有采取有力措施,对下面的支持、撑腰也不够,所以,责任要由省委来负。我前段没有花大工夫来抓这件事,没有把注意力转过来,因而也就没有采取果断、有效的措施。但偷渡外逃风的日益蔓延,省委总感到是一个问题,再不抓紧还会出更大的问题。所以在六月十日省三级干部会议总结发言中,我专门讲了这个问题。这次中央领导同志对我们提出批评、作了指示后,我们的认识更清楚了,决心更大了,也完全有信心在最短时间把这股歪风制止下来,并且以此为转机,搞好边境地区的生产,改善人民的生活,巩固农村社会主义阵地。

事实上,省三级干部会议结束后的这几天,地委、市委、县委的同志迅速行动,正在认真抓这项工作。部队的同志也上去了,坚决堵截,成绩显著。这说明,我们的同志对制止偷渡外逃,态度是积极的,决心是大的，也是有信心的。省委完全相信，经过贯彻中央的指示，上下一致，共同努力，这一仗一定可以打好，决不会辜负党中央、国务院的期望。

四、开展反偷渡外逃的斗争，要同贯彻省三级干部会议精神结合起来，把反偷渡外逃作为贯彻会议精神的一项重要内容。这次省三级干部会议的重要议题之一，就是要按农轻重的次序，把我省的国民经济调整好，全党动员，大办农业，千方百计把我省农业搞上去。要结合这个精神的传达贯彻，把边境地区群众的积极性调动起来，团结一致，克服困难，艰苦奋斗，建设家园，一心奔向四个现代化。省、地、市、县都要拿出必要的物力、财力，扶植和支援边境地区（特别是渔盐区）搞好生产。光是堵截还不行。最根本的还是要把生产搞上去，使边境地区的落后面貌改变过来，使经济繁荣起来。农民是最讲现实的。如果不把生产搞上去，生活不能改善，他就安不下心来，就会跑。特别是青年人，没有吃过旧社会那些苦，我们只是口头上讲社会主义优越性，他们听不进去。

五、要进一步统一对偷渡外逃问题的认识。这有两层意思：其一是造成这次偷渡外逃风的原因；其二是问题的性质。

广东群众偷渡外逃到港澳，这是广东的一个特殊问题，也是一个老大难问题。只要有港澳这种特殊地区存在，而我国四化又未实现，就会有外逃问题。

至于偷渡外逃问题的性质，尽管情况已很严重，但总的来说，是属于人民内部矛盾问题，是非对抗性的，但是，其中有极少数坏人。这两个方面，都要注意到，才能保持清醒的头脑，做到严格区分和正确处理两类不同性质的矛盾。偷渡外逃的发生和成为一股风，其中是有阶级斗争问题的，我们既不要夸大它，也不要缩小它。

六、解决偷渡外逃问题的方针，要治标治本并举，以治本为主。治本，就是要从物质基础上、精神上和组织上，为巩固社会主义阵地和制止外逃创造牢固的条件。这就是：

（一）发展生产，改善人民生活，只要生产上去了，收入增加了，就是与香港那边还有相当差距，也可以稳定人心，大大减少外逃。

有两个材料可以说明：

1. 深圳市福田公社渔农村生产队，位于深圳界河边。一九七五年以前外逃一百七十多人，剩下二十三户一百二十多人。近年来，他们利用边境的有利条件，挖鱼塘一百多亩，开展小额贸易，迅速发展集体经济，到一九七八年人均分配已达五百多元。社员家庭副业也开展得比较好。一九七五年以后基本制止了外逃。

2. 沙头角镇解放以来外逃了一千零五十三人，其中去年上半年还外逃了七十三人。现有人口一千一百四十七人。去年下半年以来，大搞来料加工、小额贸易和家庭小手工业，壮大了集体经济，群众生活显著改善。现在，不仅没有人外逃，而且还有几户人要求回来定居。

从这两个例子就可看出，只要搞好生产，只要壮大和巩固了集体经济，有一定的物质基础，制止外逃才有可靠的保证。

（二）思想上牢固树立“只有社会主义能够救中国”的坚强信念，热爱党，热爱社会主义，热爱新中国。要确立“为祖国四个现代化出力光荣，外逃可耻”的社会风气，做到家喻户晓。

（三）要使我们的基层成为坚不可摧的社会主义阵地。基层工作必须下苦工夫搞好。要整顿基层党团组织和领导班子，整顿基层治保组织，整顿基层民兵组织。基层搞好了，敌人的破坏、坏人的煽动，都无法得逞；就是发生外逃，也能及时发现和制止。

治标，就是要在边沿大力搞好堵截、收容工作；要坚决打击煽动、组织、策划外逃的坏人。同时，要立即大力开展宣传攻势，造革命舆论，制止外逃，刹住歪风。省革委会的布告已发下来了，要迅速在基层召开大会宣读，要利用有线广播，广泛宣传，使每个人都知道，造成群众性的反偷渡外逃的革命声势。还要针对不同对象，把思想政治工作做活。这对当前生产将产生强大的推动作用。报纸上也将发消息，配合写点评论，但不能多搞。

虽然我们说堵截是治标的办法，但也要十分重视。这是打好制止偷渡外逃这个战役中的第一个十分重要的战斗。不刹住这股风，其他工作都很难做。要全力以赴，把偷渡外逃制止下来。

七、要十分注意政策。在反偷渡外逃斗争中，政策性很强，要注意发挥政策的威力。要严肃、慎重对待，不能掉以轻心。

（一）对于截回的外逃分子，总的说是人民内部矛盾，不要歧视他们，不要叫“偷渡犯”，要采取有效办法进行教育。对港英遣送回来的，与前沿堵截收容的应有区别，前者要严格审查。要教育和帮助外逃人员安心生产，重建家园。有的地方许多人跑了，在没有重新组织起来以前，允许个人在集体的耕地上种植作物，谁种谁收。

（二）外逃人员中少数屡教不改，情节特别恶劣的，要监督劳动一个时期。

（三）对于极少数煽动、组织、策划外逃的首恶分子和内外勾结进行引渡的首要分子，抢劫船只偷渡外逃的犯罪分子，行凶殴打民兵、边防民警、边防战士的犯罪分子，对边防执勤人员、反偷渡积极分子及其家属进行报复陷害的分子，以及打砸抢分子，要坚决打击，依法惩处。

（四）要认真改进收容、遣送和安置工作。要加强对外逃人员的思想教育，要改善收容站的卫生条件，一定要把他们当作自己的基本群众看待。

这就是要注意分清两类矛盾，要注意区别，以争取大多数，孤立和打击极少数。

八、各级党委要通观全局，在重大政策问题上要瞻前顾后，慎重对待。要注意政策的稳定性、连续性，不要翻来覆去。反偷渡外逃必须坚决，但也要注意其他方面的政策，不要产生副作用，如对台湾的政策、吸引外国投资的政策、边境小额贸易的政策等。

九、要组织强有力的工作组下去，协助基层贯彻省三级干部会议精神，坚决制止偷渡外逃。省里下来的同志，到地区归地委领导，到县归县委领导。

这次制止偷渡外逃，对我们的干部也是很好的学习和锻炼。要学会处理人民内部矛盾，善于处理人民内部矛盾；学会做群众工作，善于做群众工作；学会关心群众生产、生活问题，善于解决群众生产、生活问题。希望参加这次制止偷渡外逃斗争的所有同志，都重视这一工作，共同努力，胜利完成任务。

十、部队、民兵的部署。军民要互相配合，团结战斗。要发动广大基层干部、群众关心和支持反偷渡外逃斗争。公安部门要大力配合。

十一、侨务工作要大力加强。特别是华侨农场和有越南难侨[4]的农场，要做好工作，一定要稳住。

十二、要广开就业门路，搞好城镇的就业问题。知青工作要做好。

十三、要加强党员教育和党的纪律检查工作，大力整顿党风。要反对资产阶级思想的腐蚀。对干部中收礼受贿和送子女去港澳的问题，要加强教育和严肃处理。当然，主要还是教育。总的精神还是过去从宽，今后从严。要分清一般亲戚朋友正常的送点东西和违法乱纪的界限。就是犯有错误的，只要检讨得好，也可以不给处分。但对极少数情节恶劣、性质严重而又不认真检查的，一定要严肃处理，直至开除党籍。

十四、要大力整顿社会风气，树立正气，刹住歪风。要树立正面典型，发挥榜样的力量。

十五、搞好这次反偷渡外逃斗争，从各级领导来说，也是作风的大转变。要克服官僚主义，深入下去调查研究，具体解决问题。

■注　释

[1]寇庆延，一九一二年生，河南新县人。一九三一年加入中国共产党。新中国成立后，任广东省人民检察院检察长、省委政法委主任、省人民委员会副省长。一九七九年时任中共广东省委常委、省革委会副主任、省委边防口岸工作领导小组组长。

[2]黄荣海（一九一五——一九九六），江西万安人。一九三五年加入中国共产党。曾任第四野战军四十三军一二八师师长。新中国成立后，任广东省军区司令员。一九七九年时任广州军区副司令员。

[3]革委会，见本书《在暨南大学开学典礼和成立二十周年校庆大会上的讲话》注[1]。

[4]越南难侨，又称印支难侨。二十世纪七十年代，受越南排华政策及越南出兵柬埔寨等造成的影响，数十万华侨被迫从越南等中南半岛（旧称印度支那半岛）国家回国。

大力抓好工交生产，千方百计搞好增产节约*

（一九七九年八月十一日）

今年我省的工业生产，由于全省各级党委、各企业领导同志和广大职工做了许多工作，总的是保持了持续发展的形势，总产值比去年同期略有增加，主要产品多数产量增加，重点支农产品化肥、拖拉机增长较大，质量提高，花色品种增加，消耗降低。但是，存在的问题也不少。到七月底止，重工业比去年同期增长百分之八，轻工业不但没有增长，反而下降百分之一；全民所有制工业增长百分之六，集体所有制工业下降百分之二点六。一至七月累计，工业比去年同期增长百分之二点六二，不但低于全国增长百分之五的水平，也是我省历史上少有的情况。由于生产上得慢，工业盈利减少，亏损增加。交通运输的货运量也下降，特别是汽车货运量逐月减少。这种情况如不迅速扭转，今年工交生产计划就有完不成的危险。我省工交部门每年的税收和利润，占整个财政收入的百分之八十，工业生产的好坏，决定了财政收入的多少。今年上半年，全省财政收入完成得很不理想，如果现在不采取果断措施，把生产搞上去，坐失时机，就会完不成全年国民经济计划和财政收入计划，就会影响农业，影响市场供应和出

* 这是习仲勋在广东省工业交通增产节约工作会议上讲话的主要内容。标题为编者所加。

口，影响人民生活，影响调整国民经济工作的正常进行，也不利于巩固安定团结的政治局面。

在这里，我特别要强调一下，中共中央、国务院在七月十五日发出了今年第五十号文件[1]，批准广东、福建在改革经济管理体制方面先走一步，从明年起实行新体制。中央指示说："广东、福建两省靠近港澳，华侨多，资源比较丰富，具有加快经济发展的许多有利条件。中央确定，对两省对外经济活动实行特殊政策和灵活措施，给地方以更多的主动权，使之发挥优越条件，抓紧当前有利的国际形势，先走一步，把经济尽快搞上去。这是一个重要的决策，对加速我国的四个现代化建设，有重要的意义。"中央这个决定，是对我省各级党组织、全体干部和五千六百万人民群众的高度信任、热情鼓励和大力支持。我们决不可辜负中央对我们的期望。"千里之行，始于足下。"为了迎接明年实行新体制的光荣而又艰巨的任务，我们全党同志和全省人民，都要鼓足干劲，埋头苦干，把今年的工作做好，把国民经济搞上去，为明年的工作打好基础和创造条件。今年是打好四个现代化第一个战役的第一年，初战一定要打胜。我们要贯彻执行五届人大二次会议[2]通过的国民经济"调整、改革、整顿、提高"的方针和一系列重要政策，坚决打胜这第一个战役。省委经过认真研究，认为必须提请全党注意，一定要大力抓好工交生产，千方百计搞好增产节约。今年实际上只剩下四个多月时间了，要完成原定的下半年计划，还要把上半年的欠账补回来，时间非常紧迫，任务非常艰巨，必须拼命地抓，拼命地干才行。省委决定，原定九月份召开的省人代会，推迟到十一月召开，这段时间在继续抓紧晚造农业生产的同时，集中力量抓工业，抓经济工作，无论如何要把生产搞上去，完成今年国家计划。这也就是为省人代会的召开所做的最实际、最好的准备工作。

下面，我讲几点意见：

第一，以这次会议为起点，把领导的主要精力集中到经济工作上来。

今年头七个月，我省工业生产发展缓慢，原因何在呢？客观上不是没有困难，但我认为主要还是我们工作上的问题，领导的问题。前一个时期，省委重点抓了落实政策以及巩固安定团结的问题，抓了农业，这是完全必要的，是对的。但对工业抓得不够，有点顾不过来，有些问题可以解决的也没有及时加以解决，对经济工作所出现的一些新情况、新问题，缺乏深入系统的调查研究。这也说明，我们的工作着重点还没有很好地转移到社会主义现代化建设上来，对经济工作抓得不够落实，不够有力。省委一致认为，必须下决心改变这种状况，并以这次会议为起点，把工作重点真正转到经济工作上来。现在，形势逼人，我们要一天当作两天用，集中精力，抓好经济工作。各级领导都要切实转变思想和工作作风，加强调查研究，刻苦学习，克服官僚主义和脱离群众的作风。要从不必要的会议、文件和日常繁琐的事务中解脱出来。韶关市由于抓了企业整顿，加强了思想政治工作，一至七月全市工业产值比去年同期增长百分之九点四，是全省增长幅度最大的一个市。潮安县委领导深入基层，调查研究，采取有力措施，使全县工业生产由一季度净亏二十三万多元，到七月份变为盈利八十多万元。这次会议之后，各级领导要深入到生产第一线去，进行调查研究，检查督促，帮助基层解决实际问题。

实现四个现代化是一场广泛深刻的革命，是摆在我们面前的崭新的课题，这就要求我们遵循辩证唯物主义的思想路线，采取实事求是的态度,以四个现代化为中心,研究新情况,解决新问题。我们再也不能因循守旧,安于现状,安于当外行。“以其昏昏,使人昭昭”[3],是不行的。各级领导一定要以身作则,带头实践,带头学习,一切从实际出发,掌握经济规律,学会用经济办法管理经济,改变那种单靠行政组织、行政命令的领导经济工作方式。我们要紧跟华国锋[4]同志为首的党中央的战略部署,自觉地、聚精会神地搞建设,搞四化。各级领导干部必须严格要求自己,把精力转到抓经济建设上来,首先抓好今年的生产建设,开展增产节约运动,完成今年生产计划。

第二,解放思想,努力把工业生产搞活,把经济工作做活。

成都会议[5]有一个重要的精神,就是经济工作要注意一个“活”字。经济工作最怕做死了,或者半死不活。社会的经济活动,本来就是活的,是在矛盾运动中不断发展的。特别是社会主义制度下的经济工作,应该是生气勃勃的,充满生命力的。如果人为地卡死了,社会生产力就必然受压抑,受破坏。现在我们经济工作中存在的许多问题,正是由于没有把经济搞活,而是卡死了的缘故。实践证明,要把生产搞活,必须解放思想,打破僵化和半僵化,把思想搞活,把措施搞活,改革束缚生产力发展的管理体制。不打破僵化、半僵化的精神状态,不从林彪[6]、“四人帮”[7]极左路线影响下解放出来,要把生产搞上去是不可能的。我省今年早造农业丰收,根本原因是贯彻三中全会[8]精神,解放思想,坚持实践是检验真理的唯一标准,冲破了许多思想禁区,逐步落实了尊重生产队自主权、按劳分配、建立生产责任制等政策,农民可以因地制宜地搞生产了,不再怕挨批挨斗了,从而大大地调动了他们的社会主义积极性。工交部门也是一样,四川、北京等兄弟省、市和我省的一些试点经验,都说明了要把企业搞活,也要坚持实践是检验真理的唯一标准，端正思想路线，解放思想，同时必须扩大企业的自主权，必须落实按劳分配政策，必须改善企业的经营管理，把企业经营好坏同职工的切身利益，把国家、企业和个人利益密切联系起来，大大地调动了企业和职工的积极性，达到了增产增收，扭亏增盈。我省佛山市、江门市的许多企业，原来产品积压或吃不饱。他们采用了计划调节和市场调节相结合的办法，按照专业化协作的原则，调整生产方向，截长线，补短线，搞好革新、改造、挖潜，努力提高产品质量，大力发展适销对路的新产品，搞活了企业，打开了生产新局面，使“山穷水尽”的困境，一变而为“柳暗花明”的局面。江门市二轻[9]系统今年上半年的总产值，就比去年增长百分之十七点五六。相反的，有一些企业墨守成规，等米下锅，消极等待、观望，无所作为，不研究新情况、解决新问题，不去调查市场需要，或者不敢从实际出发去适应已经变化了的市场和供销关系，不敢采取积极果断措施抓好调整工作，因而生产被动，甚至处于停产、半停产状态。这就把工作做死了。这是当前各级党委、各个经济部门、各个企业必须认真解决的一个重大问题。

把企业搞活，要突出解决好扩大企业自主权的问题。这是像农业尊重生产队自主权那样的一项振奋人心的有力的措施。兄弟省市和我们自己的经验都已充分证明，这一条搞好了，在不增加投资，不增加设备，不增加劳动力的情况下，也可以做到大增产。我省从明年开始实行新的体制，我们更要积极地搞好扩大企业自主权的试点，步子要快一些，做到阔步前进。省委意见，按照国务院一七五号文件[10]进行扩大企业自主权的试点，全省可以搞一百个企业；另外，把企业基金、福利基金和奖金从工资总额中提取改为从企业利润中提取的小改试点,全省可以搞三百个企业。我们就是要通过扩大企业自主权,把企业和职工的积极性调动起来,克服盈利亏本一个样,干好干坏一个样的"吃大锅饭"现象,加快生产发展,提高经济效果。

把工业生产搞活的另一个重要方面,是要把产供销搞活。经济工作是一个整体,工交生产和商业、外贸、财政、银行、物资等各个部门息息相关,互相依存,如果各想各的,各干各的,互相推,互相卡,那就根本无法把生产搞上去。因此,各部门、各方面要大力协作,密切配合,把生产搞活。我们的经济工作一定要把生产和需要紧密结合起来,要做到按需要生产,搞好产销见面,以销促产。要研究和试行计划调节和市场调节相结合的办法。对计划内产品,商业和外贸部门要积极收购;商业部门不收购的和试制的新产品,可由工业企业按国家物价政策自行销售。

第三,要突出抓重点,保重点。

粉碎"四人帮"以后,我国进入了一个新的发展时期。在这个时期,其他各项工作都要服从社会主义现代化建设这个中心,并且围绕这个中心,结合这个中心来开展工作,下决心把工农业生产搞上去。农业是国民经济的基础,要摆在首位,要继续贯彻三中全会关于农业问题的两个文件[11],进一步落实农村的经济政策;动员各行各业加强支援农业。工交部门要大力增产农用化肥、农药等生产资料,并保证农业和支农产品生产的重点物资运输。商业供销部门要积极地为农副产品打开销路。务求在早造增产的基础上,夺取晚造更大丰收。工业方面,重点是轻纺工业,同时也要抓好煤、油、电和运输。轻纺工业不仅关系到人民生活的吃、穿、用问题,而且也是财政收入的重要来源;轻纺工业上不去,直接影响我省工业发展速度,影响市场供应、外贸出口和财政收入，这是关系全局的问题。因此，要把轻纺工业作为工业的重点，发挥我省轻纺工业的优势，采取特殊措施，把生产搞上去。计划、工交、基建、财贸、物资各部门和各行各业，都要为轻纺工业上去大开绿灯。在燃料、动力、原材料的安排上，要优先保证轻纺工业的需要。要充分挖掘库存物资潜力，同时要进口一批轻纺工业急需的原材料，生产国内市场短缺的产品和国外市场需要的出口产品。

要抓好重点地、市的生产。广州市、佛山、湛江、汕头地区和韶关市，是全省工业的重点地、市，应当为完成今年生产计划，加速发展我省四化建设多作贡献。省直各主管局、广州市和各地、市，要结合自己的实际，确定并抓好本地区的重点市、县，领导干部要经常深入下去，帮助解决生产上存在的问题。

要抓好重点企业和重点产品。凡是关系国计民生，影响全局的企业和产品，或同行业的先进企业，要作为重点抓好，努力增加产量，提高质量，降低消耗。在燃料动力、原材料供应上，要坚持保重点和择优供应的原则，保证这些企业能够开足马力生产更多更好的产品。汕头地区对七个小氮肥厂进行了调整，实行择优供应，停四保三，所产氮肥全区统一分配，上半年三个厂的产量，比去年同期七个厂的产量并不减少，而且降低了消耗，减少了亏损。

要抓重点问题。当前，工商关系存在问题很多，管理体制上也集中过多，卡得太死，以致工业生产活不起来。这里有产供销衔接问题，有产品品种、规格、质量问题，有价格问题、管理体制问题和经济立法问题。我们要加强调查研究，认真解决这些问题，研究如何实行计划调节与市场调节相结合，如何做到以需定产、以销促产，如何改革管理体制，使我们的经济工作符合客观规律的要求，充分发挥社会主义制度的优越性，加快四化的步伐。

第四，要充分发动和依靠群众，认真贯彻执行政策，切实搞好增产节约运动。

依靠群众，走群众路线，是我们党的根本路线。我们要立即在全省范围内掀起一个群众性的增产节约新高潮。目前我省工业生产的一个突出的薄弱环节，是煤、油、电和运输十分紧张，但另一方面又存在着严重的浪费现象，增产节约的潜力很大。因此，不仅要在经济战线而且要在全省党政军民中，广泛开展增产节约运动，同形形色色的铺张浪费现象作坚决的斗争。

要把群众性的增产节约运动开展起来，就要认真贯彻执行党的各项政策，靠政策去发动群众，去调动群众的积极性。最重要的是要贯彻按劳分配政策。要把经济责任、经济效果与经济利益紧密结合起来。现在许多企业的奖励办法，平均主义倾向仍然相当严重，要坚决纠正。要积极推广节约奖、技术革新奖，要制定奖罚制度，做到赏罚分明，真正体现多劳多得的原则。

对二轻系统的行业要正确执行党的政策。二轻行业是社会主义市场经济的重要组成部分。我省集体所有制工业产值占全部工业产值的百分之二十七点二；占全省轻纺工业产值的百分之四十一；二轻产品的出口总值约占全省工农业出口总值的百分之三十五。可见，二轻工业生产搞得好坏，对全省工业生产计划的完成，对改善市场供应，增加出口，安排就业，都有直接影响。各级党委一定要重视抓好二轻工业，要大力扶植和帮助它发展，充分发挥其作用。当前，要认真落实好对二轻和其他集体所有制企业的政策，决不容许搞平调，过去平调了的，要适当处理。集体所有制企业有强大的生命力，在政治上和经济上都不能歧视，要和全民所有制企业一视同仁。凡是经营好、收入多的集体所有制企业，在完成纳税和提取公积金之后，允许其职工的工资收入和集体福利相当于或超过同行业的全民所有制企业。省委决定恢复省二轻局，以加强对二轻工业的领导。

此外，还要进一步落实好关于人的各种政策，团结广大职工和工程技术人员，充分调动他们的积极性，特别要注意发挥老工人、老模范和技术专家的作用。只有这样，才能真正调动起千军万马，掀起一个既轰轰烈烈又扎扎实实的群众性增产节约运动。

同志们，今年只剩下最后一百四十天了，工作很多，任务艰巨，时间紧迫。我们一方面要开好这次会议，同时又不要等待会议结束才去抓，各地、市、县和省直各主管局、各企业单位，要立即紧急动员起来，按照成都会议精神和省委的意见，把增产节约运动切实开展起来。省委、省革委会[12]热切希望全省工交战线的共产党员和职工群众，在听完今天的广播大会以后都认真想一想，开会议一议，应当怎样把决心变为行动，为搞好增产节约，为完成今年的生产计划，为打好实现四化的第一个战役贡献自己的聪明才智。

■ 注　释

[1]五十号文件，指一九七九年七月十五日中共中央发布的《中共中央、国务院批转广东省委、福建省委关于对外经济活动实行特殊政策和灵活措施的两个报告》。

[2]五届人大二次会议，指一九七九年六月十八日至七月一日召开的第五届全国人民代表大会第二次会议。会议的主要任务是讨论和决定国民经济的调整、改革、整顿、提高，以及加强社会主义民主和社会主义法制的问题。决定从一九七九年起集中三年的时间，认真搞好国民经济的调整、改革、整顿、提高，并将其逐步纳入持久的按比例的高速度发展的轨道。

[3]见《孟子·尽心下》，意思是自己没有搞清楚，却想去使别人明白。

[4]华国锋，见本书《同心协力把广东工作做好》注[1]。

[5]成都会议，这里指一九七九年二月由四川省计划委员会、省物价委员会、省社会科学研究院在成都共同主持召开的四川省价值规律理论讨论会。会议总结了历史的经验教训，批判了“四人帮”对社会主义商品生产和价值规律的歪曲；讨论了计划经济与市场经济的关系、社会主义条件下价值规律的地位和作用等问题。会议提出在社会主义条件下，应当十分重视价值规律的作用，把计划调节与市场调节结合起来；把国营企业的所有权和经营权适当分开，使企业有一定的自主权。

[6]林彪，见本书《落实知识分子政策，加强党对教育工作的领导》注[3]。

[7]“四人帮”，见本书《同心协力把广东工作做好》注[7]。

[8]三中全会，即中共十一届三中全会，见本书《在肇庆地委常委扩大会议上的讲话》注[2]。

[9]二轻是第二轻工业的简称，指原第二轻工业部管辖的轻工业。主要生产日用工业品和工艺美术品，具有点多面广、适应性强等

特点。

[10]即《关于扩大国营工业企业经营管理自主权的若干规定》。

[11]见本书《在肇庆地委常委扩大会议上的讲话》注[10]。

[12]革委会,见本书《在暨南大学开学典礼和成立二十周年校庆大会上的讲话》注[1]。

关于农田基本建设问题*

（一九七九年八月二十一日）

农田基本建设的问题，这次会议都具体讨论了，盘子也基本定下来了，省委同意大家的意见，这里我只是在指导思想上再强调几点：

第一点，必须坚持大搞农田基本建设。我省耕地少，农业要发展，一要在现有耕地上做文章，靠高产吃饭，二要向丘陵和山区进军，开发山区和丘陵。不论前者或后者，都要大搞农田基本建设。农业生产是一种物质生产，是物质的转化，这就要靠不断改善生产条件，产量才能持续上升。我们现在的农业，总的还是“半由人力半由天”。往往是哪一年天时好，收成就好一点；哪一年天气坏，收成就差一点。我们搞农田基建，就是要从“老天爷”手里多争一点主动权，以便天气好时能尽量多收一点，天气坏时能尽量少减产或不减产。广东自然灾害多，水、旱、风、虫、病，不是这个灾害就是那个灾害，搞好农田基建，提高抗灾能力，增加旱涝保收面积，有特殊重要的意义。解放以来，特别是农业合作化以来，广东在水利建设等农田基本建设上取得了很大成绩，这是必须肯定的。但是我们也要看到我省的农业生产条件目前还不那么好，从农业要进一步大发展的要求上看，尤其是这样。我们水利建设的标准还不够高，抗击严重旱涝灾害的能力还不

---

* 这是习仲勋在广东省农田基本建设会议上讲话的一部分。标题为编者所加。

够强。全省四千八百多万亩耕地中,还有九百多万亩没有水利灌溉设施,三百多万亩经常受涝。我们的土肥建设一直是个薄弱环节,在耕作制度改变(一年二熟、三熟)以后,绝大部分耕地地力下降,有的甚至严重衰退。全省还有亩产八百斤以下的低产田一千五百多万亩有待改造,这些低产田严重地拖了农业大发展的后腿。因此,我们必须下定决心,把农田基本建设当作一项伟大的社会主义事业来办。

去年,我们贯彻让农民休养生息的方针,适当压缩了农田基建的规模。这样做,是根据农业遭到林彪[1]、"四人帮"[2]多年的严重破坏,我省去年晚造又因灾大减产的情况决定的。我们必须让农民缓一口气。这在全国说来也是普遍的情况。但是我们决不应当因此得出结论,以为农田基建不要搞了,或者认为不搞也能高产了。我们现在也还是要继续贯彻让农民休养生息的方针,农田基建不可超过农民的负担能力。但今年的情况毕竟已不同于去年,早造取得了丰收,群众的生活有了改善,为了农业更好更快地发展,我们必须从现在起就把农田基建与农民的切身利益紧密结合起来,继续大搞,并随着今后经济条件的改善,逐步扩大规模,把农田基本建设扎扎实实地、持续地坚持下去。

第二点,搞农田基建要坚持实事求是。我们不能一讲休养生息就不搞,也不能一讲大搞就不顾农民的负担能力,把规模搞得过大。过去的经验教训,要正确地总结和吸取。不问自己本地的实际情况,盲目照搬外地经验,或者搞劳民伤财的形式主义,动不动就来个什么"三十华里一条线"、"人造平原",这是不对的,我们一定要从实际出发,讲究实效。违反自然规律,是要受到惩罚的。农田基建的内容很多,我们一定要加强调查研究,做好规划,讲求科学,因地制宜,该搞什么就搞什么,缺什么就补什么。必须十分强调要多搞当年受益的项目,当年修建,当年见效。即使是所搞的都是必需的,也要量力而为,不能把摊子铺得太大,战线拉得过长。要集中力量打歼灭战,做一件成一件。现在国家正在进行国民经济调整,能用于农田基建的财力、物力有限,更要集中力量打歼灭战。农田基本建设要搬土方,但不完全都是搬土方,山、水、林、田、路、气(沼气)、电(小水电)都是农田基建的内容,应当从实际出发,妥善安排,有的还应当结合着经常性的生产活动来进行。例如,养猪积肥就是最好的土肥建设,植树造林就是治水的一项根本措施,有些土地可以通过耕作逐步平整,许多土壤可以通过合理轮作、改土和合理施肥得到改良,这些事,我们都应有意识有计划地结合进行。要十分爱惜耕地,绝不能随便浪费一寸耕地。

这里,我要特别讲讲小水电建设的问题。我省水力资源丰富,电力又特别紧张,山区有水就有电,平原有电就有水。有了小水电,不但能够增加排灌动力,而且可以活跃农村经济,促进农副产品加工机械化,发展社队企业。山区小水电多搞些,可缓和大电网的负荷,这对大粮产区、对工业是一种有力的支援。因此,小水电应作为我省农田基建的一个重要项目,特别是对暴雨中心地区和水力资源丰富的一些地区,更要大搞特搞。这次会上,大家反映了下面干部、群众对搞小水电的强烈要求,我十分赞同大家的主张。省委已决定用贷款或从省机动财力中拨出专款支持小水电建设,各地也应多方设法筹集必要的资金、材料支持这项建设。山区比较穷,但小水电建成后收回投资也比较快,我们加以大力支持,是应该的,经济上也是合算的。有些项目即使今年钱不够,上不了,我们也要作出规划,在三五年内作为一个歼灭战来打,搞它个几十万、上百万千瓦。韶关地委最近送来了一个计划,很有想头。省委准备听取他们一次汇报。

第三点,要注意政策。农田基建的政策,主要的就是“自愿互利,等价交换”。现在作为基本核算单位的生产队规模比较小,而稍大一点的农田基建工程往往都要超出一个生产队甚至大队的范围,不组织协作工程就搞不起来,但搞协作而不讲政策就会侵犯生产队的自主权和所有权,破坏生产。所谓“等价交换”,就是等量劳动相交换,农田基建的协作即使单是劳动换工,也应大体做到等量交换,不然就不叫互利,没有互利就不可能有真正的自愿和积极性。农田基建国家要有投资,但主要应靠劳动积累,不能完全由国家出钱来办。这里就要注意正确处理积累与消费的比例关系,长远利益与当前利益的关系。农田基建投入的劳力、资金少了,不利于农业生产条件的改变,过量也会影响当年收益,挫伤农民的积极性。因此,对待农田基建这样一项经济活动,也必须按经济规律办事,否则是办不好的。我们一定要把这个道理向县、社、队的同志讲明白,不要把大干同政策对立起来,而要把两者一致起来,这样,我们的农田基建新高潮,才能健康地开展起来,持续地发展下去。

■ 注　释

[1]林彪,见本书《落实知识分子政策,加强党对教育工作的领导》注[3]。

[2]“四人帮”,见本书《同心协力把广东工作做好》注[7]。

必须十分重视继续解决思想路线政治路线问题*

（一九七九年九月十三日）

小平同志明确指出三中全会[1]文件要重新学习，关于真理标准问题的讨论要补课。我们必须坚决这样办。我省对这个问题的讨论虽然开展得不算迟，但还不普遍、不深入，各级党委，包括省委，对此还抓得不够紧。党委抓大事，首先就要抓贯彻党的思想政治路线这件大事。特别是各级领导干部，要带头补上这一课，同时要迅速地把讨论推广到群众中、实际中去，把全党和全省人民的思想进一步统一到三中全会和五届人大二次会议[2]的精神上来。最近省委宣传部在中山县召开了真理标准问题讨论的现场会议，对这一工作进行了部署。现在地委书记来开会了，对此也要好好讨论一下。这次部署了，讨论了，还要抓落实，要及时总结交流经验。

不妨回顾一下，在今年春天，三中全会精神传达以后，广大干部、群众热烈拥护，但有一部分同志，包括一些领导干部，对三中全会精神理解得很差，甚至有抵触，思想上确实有僵化、半僵化的情况。说参差不齐，一点不错。五月省三级干部会议上，有一些同志对前段存

* 这是习仲勋在中共广东省地委书记和省直局以上领导干部报告会上讲话的一部分。标题为编者所加。

在的问题看得过重,诸多埋怨,不能正确估计形势。有的同志认为党中央的方针右了,路线偏了,思想解放过头了,发扬民主过多了,并且认为社会上出现的右的思潮来自上面,来自中央。当然,这些同志只是少数,在历史的重要转折关头产生这些现象也是难免的。当时,我代表省委作总结发言时,讲了看形势要抓住主流,决不应当一叶障目,错把支流当主流。我还说,有的同志对前段工作中存在的一些问题,缺乏正确的分析,把它们看作是三中全会精神的产物。他们只是出于朴素的阶级感情,缺乏马克思主义的科学态度,思想上有形而上学的观点,对三中全会精神又学习得不够,领会得不深,因而容易为"左"的思潮所迷惑。这属于认识问题。当时这个分析,现在看来也还是对的。有的同志确实认识跟不上,头脑给林彪[3]、"四人帮"[4]那一套极左的东西禁锢住了。他们也大讲"四个坚持",但他们是要用"四个坚持"来纠三中全会之"偏"。经过几个月的实践,有些同志已改变了原来的错误观点,但不能说都解决了。特别是,像小平同志指出的,那些反对三中全会的,是属于林彪、"四人帮"的思想体系。要转过来,是要经过斗争的,要下大力气才能肃清流毒。要充分估计到,怀疑甚至反对三中全会的人还有;思想僵化、半僵化问题并没有完全解决,工作着重点的转移,还转得不够快,转得不够自觉。有些同志在执行三中全会方针上还有点摇摇晃晃。少数同志还是认为三中全会以来的形势是小好,不是大好;是假好,不是真好;三中全会以后是乱了、右了、修了。这就说明我们必须十分重视继续解决政治路线、思想路线问题。这些对三中全会精神有抵触或怀疑的同志,并不是坏人,他们也不属"凡是"[5]派。在历史的转折关头,一些同志不理解,跟不上,是不奇怪的。对这些同志,要着眼于教育提高,要满腔热情地帮助他们，带着他们一道前进。所以，一定要抓好三中全会文件的重新学习，要认真补上真理标准问题讨论这一课。最近各地区分别召开了各种形式的会议来解决这个问题，总的说都做得不错。

要看到，由于对三中全会的态度不同，给实际工作带来的效果也就不一样。从全省来看，大体有三种情况。第一种是对三中全会的方针政策理解得好，联系实际，坚决贯彻，这样的单位形势发展比较快、比较好。第二种是对贯彻三中全会的方针曾经有过摇摆、犹豫，后来在实践过程中逐步提高了认识，态度也坚定起来，积极贯彻，形势发展也是好的。第三种是对三中全会的方针有怀疑，有抵触，不积极贯彻，这样的单位是少数，问题多一些，形势发展不那么快，不那么好。这三种情况，反映在生产和工作上就拉开了距离，有的单位形势很好，有的单位一般，有的单位问题比较多。作为领导，应当保持清醒的头脑，经常用实践来检验自己的工作，并总结先进的经验，用先进带动后进，促进落后向先进转化。

要继续解决思想路线、政治路线问题，当前要着重解决和抓好如下几点：

第一，要把对实践是检验真理的唯一标准这个马克思主义基本原则的认识提高到自觉的程度，脑子里要牢牢地树立这个观点。坚持实践是检验真理的唯一标准，就是坚持马列主义、毛泽东思想。这个原则是唯物的，又是辩证的，是辩证唯物主义的认识路线。它同林彪、“四人帮”的唯心主义、形而上学是根本对立的，同“两个凡是”也是根本对立的。要学会并自觉地运用实践这个标准、千百万群众的实践这个标准来检验是否是真理，而不能以为书上讲的就是真理，上级领导讲的就是真理，或者“有用的就是真理”。我们服从真理，就要尊重实践，把认识统一于实践，通过实践来检验；就要经常深入到群众中去，调查研究，了解群众的实践，总结群众的实践；就要在实现四个现代化的实践中统一思想，增强团结。我们对实践是检验真理的唯一标准这一原则的学习和运用越普遍、越自觉，我们的四化建设就能搞得越好。

第二，要正确认识当前阶级状况和阶级关系，妥善地处理阶级斗争问题，更加自觉地把四化建设作为工作的中心。要继续批判林彪、“四人帮”的极左路线，弄通阶级关系变化的道理。现在阶级斗争还是存在的，但不能再搞“阶级斗争为纲”，不能搞阶级斗争扩大化。对于这个问题，各种议论较多，有的同志一下子扭不过来。农村有些支部书记不愿参加地富分子摘帽的会议，就是由于对阶级关系的变化缺乏认识，思想不通。要把这个问题同真理标准的讨论结合起来，实事求是地分析阶级状况的变化，分析阶级斗争的现状，总结正反两方面的经验。有的地方过去长期落后，并不是不抓阶级斗争，而是阶级斗争扩大化，越整越落后。所以，在处理阶级斗争问题上，要考虑如何对四化有利，要实事求是。党中央关于阶级斗争的论断，既反对阶级斗争已经熄灭的观点，又反对阶级斗争扩大化的观点，明确指出不再搞急风暴雨式的阶级斗争了。这是付出很大代价得来的经验总结，是完全符合毛主席《关于正确处理人民内部矛盾的问题》的精神，完全符合现阶段阶级斗争的实际情况的。

第三，要认识当前的主要矛盾，自觉地、理直气壮地、全心全意地搞四化，促进生产力的高速度发展。随着剥削制度的消灭，社会主义革命的主要任务，就由抓阶级斗争转为大力发展社会生产力，充分发挥社会主义制度的优越性，加速现代化建设，改变我国经济落后的局面。一九五六年九月，党的八大根据我国社会主义改造已经取得了决定性的胜利的事实，及时地宣布：社会主义制度在我国已经基本上建立起来；国内主要矛盾，已经不再是工人阶级和资产阶级的矛盾，而是人民对于经济文化迅速发展的需要同当前经济文化不能满足人民需要的状况之间的矛盾。我认为，八大的这个论断是马克思主义的，是完全正确的。但是，这个正确观点后来没有很好坚持。虽然我国的社会主义改造已经胜利完成，但长期以来仍然说主要矛盾是社会主义与资本主义、无产阶级与资产阶级的矛盾。林彪、“四人帮”推行极左路线，胡说什么无产阶级革命派与走资派的矛盾是主要矛盾，更是搞得混乱极了。如果我们不解决对当前我国的主要矛盾的认识，就会对三中全会的路线、方针、政策产生抵触，就不可能真正自觉地把工作的着重点转到搞四化建设上来，工作上就放不开手脚。

第四，要把开展真理标准的讨论同实际紧密结合起来，并用实践是检验真理的唯一标准这个基本原则来指导各方面工作的开展。要自觉地运用实践提供的丰富、生动、具体的材料，并发动群众来参加讨论。这也就是用实践来检验，不断加深对三中全会精神的理解。

■ 注　释

[1]三中全会，即中共十一届三中全会，见本书《在肇庆地委常委扩大会议上的讲话》注[2]。

[2]五届人大二次会议，见本书《大力抓好工交生产，千方百计搞好增产节约》注[2]。

[3]林彪，见本书《落实知识分子政策，加强党对教育工作的领导》注[3]。

[4]“四人帮”，见本书《同心协力把广东工作做好》注[7]。

[5]一九七七年二月七日，《人民日报》、《红旗》杂志、《解放军报》发表题为《学好文件抓住纲》的社论，提出：“凡是毛主席作出的决策，我们都坚决维护，凡是毛主席的指示，我们都始终不渝地遵循”。“两个凡是”提出后，遭到邓小平、陈云等一批老同志的反对。一九七八年五月，经中央党校副校长胡耀邦审定的《实践是检验真理的唯一标准》一文发表，引发了一场关于真理标准问题的全国性大讨论。

要把广东体制改革的试点搞好*

（一九七九年九月二十一日）

中央决定对广东实行特殊政策，灵活措施。这一方面是省委向中央“要权”要来的；另一方面，也是更重要的一方面，是中央从搞好四化建设出发，对体制改革所作出的一个具体的、又是重要的决策。我国现行的经济管理体制，基本上是苏联的那一套模式，用行政办法搞经济，集中过多，统得过死，实践证明不改革不行，不改革十分不利于搞四化，所以这是势在必行的事情。

中央为什么同意广东在经济管理体制改革中先走一步？那是因为我们有毗邻港澳、华侨众多这个有利条件。所以我们一要求，中央领导同志很重视，很快就表态同意。这件事情的实质，就是中国如何搞好体制改革，以适应四化的需要。如果我们不提，中央也会提出来。广东要从全国的大局出发，把这件事搞好。现在不是搞不搞的问题，也不是小搞、中搞，而是要大搞、快搞，不能小脚女人走路。全国除广东、福建这种形式的试点外，还有其他形式的试验，目的都是为了摸索改革经济体制的规律。形势逼人，我们要全力以赴，一定要在如何把对外经济活动搞活和办好特区等方面闯出一条路子来，作为全国的参考。当然，在开步走时要慎重些，想得周到些、细致些，不

---

* 这是习仲勋在广东省地委书记会议上总结发言的一部分。标题为编者所加。

要出大毛病。出点小毛病是难免的，不要怕。因此，不要以为广东、福建的试点是一件冒叫一声、主观随意性的东西，不要在开步走的时候遇到一些困难就摇摆起来。马克思在《资本论》中说过，事情在开始时总是困难的。他以爬山作为比喻，鼓励人们要不怕崎岖，不畏艰险，去攀登高峰。他讲的是做学问，其实做一切事情都是如此，万事起头难。我早就说过，中央批准我省在对外经济活动中实行特殊体制和灵活措施后，"一则以喜，一则以惧"。但我们坚信路是人走出来的，实践能为我们开辟这样一条路。要相信中央会帮助我们解决实践中碰到的问题，同时也要相信广大干部、群众的智慧和力量。

对这个问题，在态度上我看要有"三要"和"三不要"：第一，要有决心有信心，不要打退堂鼓；第二，要有胆识，勇挑重担，不要怕犯错误，怕担风险；第三，要有务实精神，谦虚谨慎，不要冒失，不要出风头，不要怕否定自己。特别是我们各级领导干部，拼老命也要把广东这个体制改革的试点搞好。要下这样一个决心，即使是可能犯错误，也要干。我们是干革命的，现在搞四化就是革命，要发扬革命战争年代的那股拼命精神。同志们要团结起来，振作起来，工作要抓紧抓细。一方面，要有闯劲，要当孙悟空，解放思想，敢于创新，敢于改革，只要不背离四项基本原则[1]，就可以大胆试验，不要等。等，不符合唯物辩证法，不是我们共产党人的世界观。清远县扩大企业自主权的经验[2]之所以值得注意，就是他们不是坐等上级给他一个现成的好办法，而是勇于实践，去试验，去闯，上面有些部门提出不同意见时，他们也冷静地分析，继续认真搞试点。我认为这种精神是可贵的，可惜这种精神现在太少。另一方面，要有科学的态度和扎扎实实的作风，要调查研究，总结经验，多商量，多动脑筋，不要毛毛草草。

当我们开步走的时候,困难会很多,阻力会很大,甚至还可能挨一点骂,要有这个精神准备。现在重要的问题是要迅速行动起来,要抢时间,时间就是速度。但目前上层建筑很不适应,官僚主义严重,非下决心改变不可。我相信,在中央的领导下,只要我们认真对待,努力工作,五十号文件[3]一定能贯彻执行好,我们一定会在经济管理体制改革的试验中,走出一条路子来。

■注　释

[1]四项基本原则,见本书《在中央工作会议中南组的发言》注[10]。

[2]即清远经验,中共十一届三中全会召开前,中共广东清远县委在十七个国营企业中大胆推行“超计划利润提成奖”办法。一年后,总产值增长百分之八点五,利润增长两倍多,上缴税收增长百分之三十,工人增收百分之十八点三。与此同时,清远县委改革工业领导体制,取消县委工业部、县政府交通局等五个部门,成立县经济委员会,统管全县工交系统的人、财、物。广东省委对这一创造性的举措给予了肯定,广东省人民政府于一九八〇年七月作出推广清远经验的决定。《人民日报》对此作了报道。

[3]五十号文件,见本书《大力抓好工交生产,千方百计搞好增产节约》注[1]。

群众领袖，民族英雄*

（一九七九年十月十六日）

一

我很早就听说过刘志丹[1]同志的名字，也听到过他进行革命活动的许多传说。他原名刘景桂，渭华起义[2]失败后，回到陕北，领导饥民斗争，组织革命武装。一九三一年春天，我从敌人的通报中看到，他带队伍在旬邑一带打土豪，分粮财，闹共产。次年春天，我们在甘肃两当发动兵变[3]，把队伍改编为陕甘工农游击队第五支队。志丹同志奉陕西省委的指示，带队伍到礼泉、乾县一带，准备接应。当我们准备攻打永寿县城时，遭到当地的土匪头子王结子的包围，受到很大损失。失败后，我秘密回到家乡富平，党派我到照金[4]地区工作。我在照金南面的杨柳坪，才第一次见到刘志丹同志。在传说中，常把刘志丹描绘成一个神奇的人物，但是初次见面，我得到的印象，他却完全像一个普通战士。他质朴无华，平易近人，常同战士们坐在一起，吸着旱烟袋，谈笑风生。同志们都亲切地叫他“老刘”。他一见到我，就紧紧握着我的手。当时我只有十九岁，没有斗争经验，因为两当兵变失败，心情很沉重，也不知说什么好。志丹同

* 这是习仲勋为纪念刘志丹七十六岁诞辰而写的文章。

志很理解我的心情，鼓励说："干革命还能怕失败！失败了再干嘛。失败是成功之母。我失败的次数要比你多得多……"他的态度真诚坦率，好像有一种吸引力，立刻使人对他产生亲切的信任感。我们像久别重逢的老朋友那样，相视很久。他脸庞清瘦，鼻梁很高，目光深邃而温和，总带着笑意。他知道我搞兵变前担任过营委书记，又听别的同志说我坐过牢，还搞过群众运动，我们的谈话就更活跃了。他说："几年来，陕甘地区先后举行过大大小小七十多次兵变，都失败了。最根本的原因，就是军事运动没有同农民运动结合起来，没有建立起革命根据地。如果我们像毛泽东同志那样，以井冈山为依托，搞武装割据，建立根据地，逐步发展扩大游击区，即使严重局面到来，我们也有站脚的地方和回旋的余地。现在最根本的一条，是要有根据地。"

志丹同志的谈话，给了我们很大的启发，也给我们指明了今后革命的道路。我感到他有很高的理论水平，这不仅是从书本上来的，也是从实际斗争中总结出来的。几年来，志丹同志走遍陕甘边区，下决心要搞一块红色根据地。但是，由于省委"左"倾机会主义的错误领导，这个愿望始终没能实现。他走到哪里，就把建立根据地的道理说到哪里。苦口婆心，循循善诱，期望能说服他见到的每一个人。虽然是初次见面，但他那种坚韧不拔的信念，为真理献身的精神，给我留下了深刻难忘的印象。

不久，刘志丹和谢子长[5]同志领导的陕甘工农游击队，消灭了进攻照金的富平、铜川、耀县三县民团武装，打死了民团总指挥党谢芳。到了秋天，游击队出发游击，筹粮筹款，征集冬衣。我到照金北面的金刚庙向志丹同志汇报工作。他殷切地嘱咐说："你是关中人，还种过庄稼,能跟农民打成一片,你一定要做好根据地的开辟工作。队伍走了,你们会遇上很大困难,但只要政策对头,紧紧依靠群众,困难是可以克服的。”他还留下他的特务队,由我领导,开展游击运动,建立以照金为中心的陕甘边根据地。当时党任命我为陕甘边特委军委书记。我们按照志丹同志的嘱咐,一村一村作调查研究,一家一户做群众工作,相继组织起农会[6]、贫农团、赤卫队和游击队。在发动群众进行分粮斗争的基础上,建立了工农政权——陕甘边革命委员会,选举雇农周冬至为主席,我为副主席,并任党团[7]书记。我们和群众休戚相关,生死相依,血肉相连,受到广大农民的拥护。许多青年要求参军,陕甘边几支游击队如雨后春笋般建立起来了。至此,照金根据地才初具规模。

照金属耀县管,是桥山南端的一个小镇。因为靠近敌人统治的中心地区,敌人经常来“围剿”。照金西南的三原武字区,大革命[8]时期,农民运动风起云涌,还建立过农民协会和赤卫队。大革命失败后,这里还保存着党的组织和农民的革命武装。陕甘工农游击队成立后,在这一带打游击,三原武字区出人出枪,经常给游击队补充新战士,有力地支援了革命战争。志丹同志一心一意要走井冈山道路。他按照红四军第九次党代表大会[9]决议的精神,批判了部队的单纯军事观点、极端民主化、非组织观点、绝对平均主义、个人主义、流寇思想等错误思想;同时又努力争取同国民党政权有矛盾的地方武装。但是有的同志对志丹同志的正确主张很不理解,不断提出非难,志丹同志耐心解释说:“革命需要建立统一战线,敌人越少越好,朋友越多越好。我们增加一分力量,敌人就减少一分力量。”他们把这些忠告都当耳边风,不顾敌强我弱的客观条件,一定要打硬仗,去攻占敌人强固的城镇据点；刚打下一块地方，还没有很好把群众组织起来，就要马上平分土地，结果中农恐慌，富农逃跑。因为这些同志是按省委的指示办事的，志丹同志虽不同意这些做法，也不好违抗，所以处境很为难。

一九三二年冬，党中央决定把陕甘工农游击队改编为“中国工农红军第二十六军”。由于各地游击运动发展很快，也出现了新问题，不少地方游击队混进了坏人，组织严重不纯，犯了“土匪路线”的错误，屡次侵犯群众利益，遭到群众反对。一九三三年三月，侯家堡子战斗后，红二十六军决定改组陕甘边游击队总指挥部，任黄子文[10]同志为总指挥，我为政委。我们整编了各县游击队，加强了党的领导。以照金为中心的陕甘边根据地得到了进一步发展。

二

可惜这种大好的革命形势，后来被“左”倾机会主义者断送了。红二十六军成立时，中央派陕西省委书记杜衡[11]来担任军政委。杜衡是执行王明[12]路线的，把刘志丹看作眼中钉。他攻击刘志丹的正确主张是“游击主义”、“梢山主义”[13]、“土匪路线”、“右倾机会主义”、“逃跑路线”、“不懂马列主义”，还蛮横地撤销了刘志丹的一切职务。把谢子长也调出部队。面临这种“无情打击”，志丹同志表现出坚强的党性，他心地坦然，毫不计较，仍然积极协助王世泰[14]同志（他是红军战士选举的红二团团长。红二十六军只这一个主力团）做工作，帮助起草了《政治工作训令》和纪律条例。他尽一切可能来维护军队的团结，遇到战斗，则精心拟定作战计划，指挥作战，争取打胜仗，减少损失。他虽然没有正式职务，群众都亲切地称他为“我们的参谋长”。

杜衡一意孤行，一味蛮干，先打了庙湾夏老幺（原名夏玉山）民团，惹得附近民团联合起来同红军作对；后又烧了香山寺，一千多和尚也成了对头。敌人越打越多，地盘越打越小，只剩下一个薛家寨，处在敌人四面包围中，闹得伤员无处安置，粮食无人供应。在照金站不住脚，杜衡强令红军北上，要打通“国际路线”。结果碰了钉子。在杨柳坪会议上，杜衡又提出红军南下渭华一带，建立新的根据地。说什么那里人口稠密，物产丰富，秦岭山势险要，“一夫当关，万夫莫敌”。刘志丹同志坚决反对南下，他说：“渭华暴动失败后，那里的群众受到极大摧残，有失败情绪。我们费尽心血，才搞起这一块根据地，哪能轻易放弃！只要我们坚持创造和发展陕甘边苏区[15]，形势是会好转的！红军脱离根据地，就是自己毁灭自己。”杜衡不但不听，反而拿大帽子压人，诬蔑刘志丹是“老右倾机会主义”，吓得有不同意见的人也不敢说话了。在杜衡的错误决定下，红二十六军终于南下。到了三原武字区，杜衡以向省委汇报为名，私自离开部队。当我军进到蓝田时，被敌人重兵包围，敌众我寡，弹尽粮绝，全军覆没，而杜衡这个胆小鬼不久也被捕投敌，做了叛徒。刘志丹和军队主要干部王世泰等同志，在地方党的帮助下，相继化装突出重围。

当时陕西省委也被敌人破坏了。我因身负重伤，正在薛家寨休养，听到这些消息，只得带伤坚持工作。正如志丹同志预料的那样，照金根据地渡过了难关，又有了新的发展，国民党部队中的王泰吉[16]同志率领骑兵团在耀县起义，壮大了革命武装力量。陕甘边特委和部队党委在陈家坡举行了联席会议。当时有人主张分散活动，不打红旗，会议对这种错误倾向作了批判斗争，决定恢复红二十六军。

中秋节的夜晚，我们日夜盼望的刘志丹同志历尽千辛万苦，和王世泰等同志一起，回到照金。大难之后又重逢，个个心里都无比激动，彼此紧紧拉着手，眼里冒出泪花。经过这场折磨，刘志丹同志更瘦了，但他的意志更坚强了，仍然是那么精神抖擞，没有一点灰心丧气的样子。他拉着我的手说："你的伤好了么？这次我们又上了机会主义的大当，又吃了一次大亏！"我向他汇报了陈家坡会议的情况，他兴奋地说："这就好了！陈家坡会议总算清算了错误路线，回到正确路线上来了。现在需要把部队集中起来，统一领导，统一指挥。我们重新干起来，前途是光明的！"

根据志丹同志的提议，开始进行红二十六军的组建工作，决定先编一个红四十二师，由杨森[17]同志任师长。照金、耀县、淳化、旬邑等地区游击队编为红三团，渭北游击队编为红四团，王泰吉起义部队改编为西北抗日义勇军，共同组成一个指挥部，由王泰吉任总指挥，刘志丹任副总指挥兼参谋长。为了避开敌人"围剿"，刘志丹同志率军北上合水、庆阳、正宁、宁县一带。一九三三年冬天，红军横扫陕甘边的反动武装，以南梁[18]为中心的陕甘边根据地也建立起来了。当地小伙子见红军回来了，高兴地唱起了"信天游"："鸡娃子叫来狗娃子咬，当红军的哥哥回来了。"从此，以桥山中段为依托的红军游击战争，就以烈火燎原之势发展起来了。

三

我们回到南梁以后，刘志丹同志提出了巩固和扩大陕甘边根据地的方针。陕甘特委和四十二师师委决定以南梁为中心，广泛开展游击战争，按照"狡兔三窟"的设想，建立三路游击区，逐步把南梁同关中地区的根据地和陕北游击区连接起来。红二十六军主力和游击队配合作战，不到一年就解放了陕甘地区十多个县的广大农村，拔掉了敌人成百的据点，摧毁了敌人的保甲[19]制度，建立了工农兵政权。一九三四年秋，在荔园堡召开了陕甘边工农兵代表大会，正式选举成立了陕甘边苏维埃[20]政府，建立了陕甘边革命军事委员会，刘志丹同志任军委主席，我任苏维埃政府主席。贫农团、农会、赤卫军、工、青、妇、儿童团组织也相继建立起来，实行土地革命。边区党政军发布了一系列政策和法令，从政治、军事、经济、文化到关心群众生活都有明确的规定。还办了军政学校，刘志丹同志任校长，我任政委，马文瑞[21]、蔡子伟[22]、吴岱峰[23]等同志负责教学工作，培养军政干部，各乡办起了列宁小学，发展教育，扫除文盲。陕甘边银行发行了用布印的货币，建立了集市贸易，根据地经济日益稳定和繁荣起来。

志丹同志十分注意军政关系。旧社会谁有军权，谁就是霸王。志丹同志为了革除这种恶习，做了大量的工作。有一次，我经过军政学校操场时，他正领导学员作演习，见我来了，他喊了一声"立正"口令，向我敬礼报告，要我检阅学员队伍。这突如其来的场面，使我手足无措。我一向把他当作领导者，论年龄他也比我长十岁。但他却以身作则，尊重政委和政府的领导。他也特别重视军民关系，处处关心群众利益，要求红军战士做到秋毫无犯。因此军民亲如一家，如鱼得水。

我还清楚记得，在陕甘边苏维埃政府成立以后，他曾提出制定一条法律，凡一切党政军干部，如有贪污十元以上者枪毙，现在看起来这处分未免太重，但那时老百姓最恨贪官污吏，盼望有为民理政的"清官"，正因为刘志丹同志了解群众的心情，才制定严格的法规，以警戒自己的同志。而且，那时的十元也是一个不小的数目。有了这条法令，在干部中确实没有发生过贪污事件。对干部，特别是负责干部，要求更严格，犯了纪律，犯了严重的错误，都要受处分。高岗[24]犯过纪律，也受过撤职的处分。

志丹同志具有共产主义者的宽阔胸怀，能团结各种各样的人一起工作。凡是同情革命的，倾向革命的，他都热忱相待。在他的教育启发下，苍沟哥老会[25]头目马大爷、东坪冯大爷、小石岩民团团总罗连城，都为革命做过许多好事。原青海军区副司令员郭宝珊[26]同志本来是黄龙山的"大王"，经过刘志丹等同志多方面做工作，终于把他引上革命的道路。从红军时代直到解放战争时期，立了许多战功。

志丹同志作风十分民主，同志们有什么意见或建议都愿向他谈。他总是等人把话说完，再谈自己的意见。打了败仗，他首先承担责任，作自我批评，认真总结经验教训，绝不诿过于人。他善于团结同志，包括那些反对过他的正确主张而又认识了错误的同志。对不同意见的争论，他始终坚持以理服人，决不把自己的意志强加于人，或耍弄权术，暗地整人。即使自己受到误解，遭到打击排斥，也不急于辩白。他对所有的同志都开诚相见，一视同仁。

志丹同志很重视调查研究，从实际出发，不考虑成熟的话不说，没把握的事不做。每到一地，就访贫问苦，坐在炕头地角，找人拉话，了解民情。哪些村子有几孔窑洞，有几口铁锅，他都记得很清楚。因此行军打仗，从不用向导，人们都称他是"活地图"。

志丹同志对自己要求很严格，生活中没有一点特殊，经常自己动手做饭、炒菜、喂马、抬伤员。他的父亲刘培基老先生，是前清的秀才，开始不赞成儿子搞革命。一九三四年春，国民党抄了他的家，烧了石窑，刨了祖坟，还杀了他好几个亲属。逼得刘老先生和一家老小走投无路。我知道后，把他们接到根据地来。但刘志丹同志忙于工作，却顾不上去看望。我还以为他和父亲赌气，开玩笑说："刘老先生现在变成赤贫了。再说，还有刘嫂子和孩子，你快去看看他们吧！"志丹同志说："工作太忙，有空一定去。"他妻子同桂荣[27]同志一到革命队伍，他就叫她去给战士做被服。

四

这期间，陕北地区的革命武装斗争，也有了发展。从陕甘边派回来的同志，在安定[28]、清涧等县建立了游击队。一九三三年夏，以马明方[29]同志为首的新的陕北特委成立。第二年，刘志丹同志率红二十六军挺进到陕北，和谢子长同志率领的陕北游击队共同战斗。在河口战役中，谢子长同志身负重伤，不久牺牲。陕北游击队编为红二十七军，两支红军在刘志丹同志的领导下，并肩战斗，横扫顽敌，消灭和击溃了敌人好几个师，使陕甘和陕北连成一片。

一九三五年八月，徐海东[30]、程子华[31]等同志率红二十五军，由鄂豫皖苏区经陕南长征到陕北，我和陕甘边军委主席刘景范[32]同志前往永宁山迎接。陕北群众也像接待亲人一样，腾房子，碾米磨面，送猪羊，热情慰劳。这年九月，红二十五、二十六、二十七军合编为红十五军团，由徐海东同志任军团长，刘志丹同志任副军团长兼参谋长。当时，中央红军长征[33]已进入甘肃，越过六盘山。蒋介石调集十万之众，向陕甘和陕北根据地发动了空前规模的第三次大"围剿"，妄图一举摧毁这最后一块红色根据地，阻止中央红军和陕北红军会师。

徐海东、刘志丹同志亲密合作，率领红十五军团，在延安以南的劳山地区，消灭了敌人一个师又两个营，击毙了敌师长何立中，给敌人的第三次“围剿”以迎头痛击。

在这大敌当前的紧要关头，“左”倾机会主义分子竟然在革命队伍内进行所谓“肃反”。他们始则诬蔑刘志丹同志“右倾”，进而诬陷他是“右派”，“同国民党部队有秘密勾结”，最后干脆给他戴上“白军军官”、“反革命”的帽子。还使用欺骗手段，把他抓起来。凡是陕甘边根据地县以上干部、红二十六军营以上干部全都被抓了起来。我当时身为陕甘边苏维埃政府主席，也被他们抓了起来，别的同志更不用说。

“左”倾机会主义分子的手法是极为恶劣的，他们谎称要刘志丹同志去根据地首府瓦窑堡开会。刘志丹同志走到半路，碰上了从瓦窑堡来的通讯员。通讯员认识刘志丹，说有一封给十五军团的急信，顺手交给了他。刘志丹同志打开一看，原来是保卫局下命令逮捕自己。他对“左”倾机会主义分子这种不顾大局，搞阴谋诡计陷害同志的罪恶行径，非常气愤。但为了不使党分裂，不使红军自相残杀，不给敌人以可乘之机，他不顾个人安危，竭力避免发生冲突，镇定地把那封信交还给通讯员，说：“你快把信送到军团部，就说我自己去瓦窑堡了。”他翻身上马，一路飞驰，奔向瓦窑堡。他一到便被投入监狱，备受折磨。连他的战马也被押了起来。同时把他带着五岁女儿的妻子也打入了劳改队。面对着随时都可能被枪毙的残酷现实，刘志丹同志泰然处之，他向同狱的同志说：“我们死也不能说假话，黑云总遮不住太阳。”“左”倾机会主义分子的倒行逆施，使亲者痛仇者快。地主、富农、反革命分子乘机捣乱，一些县发生了“反水”[34]现象，根据地一天天缩小，出现了空前严重的危机。

“满天乌云风吹散，毛主席来了晴了天！”就在这千钧一发的时刻，一九三五年十月十九日，党中央和毛泽东、周恩来同志率领中央红军到了陕甘根据地吴旗镇[35]。当了解到根据地的严重形势后，毛主席立即下令“刀下留人”，“停止捕人”，并派出王首道[36]、刘向三[37]、贾拓夫[38]同志代表中央去瓦窑堡接管“左”倾机会主义分子控制的保卫局。后来，党中央和毛主席、周副主席一到瓦窑堡，立即释放了刘志丹同志和其他被捕的人，恢复了我们的工作。同时毛主席、周副主席严厉批判搞“左”倾机会主义的人害了“疯狂病”。我后来听说，周恩来副主席批评保卫局长戴季英[39]时，戴季英还狡辩，周副主席说：“像刘志丹这样的‘反革命’越多越好，像你这样的‘真革命’倒是一个没有才好。”中央决定撤销戴季英的职务，并给他以党内严重警告处分。

五

刘志丹同志出狱后，根据地军民欢欣鼓舞，奔走相告：“刘志丹释放了！”“陕北根据地得救了！”中央红军的同志说：“要是叫‘左’倾机会主义把这块根据地也搞掉，中央歇脚的地方也没得了。”

毛主席、周副主席亲切接见了刘志丹同志，毛主席安慰他说：“你和陕北的同志受委屈了！”刘志丹同志毫无怨言，激动地说：“中央来了，今后一切事都好办了。”他和毛主席、周副主席在窑洞的火炉旁进行了长时间的谈话。

不久，党中央任命刘志丹同志为西北革命军事委员会副主任（主任由周恩来副主席兼）、中央所在地瓦窑堡警备司令、红军北路总指挥、红二十八军军长。毛主席和刘志丹同志还联名发表了告根据地人民书。这时有些受迫害的同志，要求他向党中央、毛主席告状处理犯错误的人，刘志丹同志说："不要着急么，要相信中央和毛主席会分清是非，作出正确的结论。"他向部队讲话时，每次都强调指出，革命利益高于一切，要识大体顾大局。要绝对服从中央的领导，听从中央调遣，要向中央红军学习，要加强团结。在他的影响下，陕北红军同中央红军团结得亲密无间。周恩来同志当时常常向大家说："刘志丹同志对党忠贞不贰，很谦虚，最守纪律。他是一个真正具有共产主义品质的党员。"

一九三六年初，刘志丹同志率部队东征[40]抗日。那时我在党校任三班主任。在从安定回瓦窑堡途中，我碰到了正奔向前线的刘志丹、宋任穷[41]同志。他俩见到我，跳下马来，同我紧紧握手。志丹同志语重心长地说："仲勋，向受过整的同志都说说，过去了的事，都不要放在心上，这不是哪一个人的问题，是路线问题，要相信党中央、毛主席会解决好。要听从中央分配，到各自岗位上去，积极工作。后方的工作很重要，我们有了巩固的后方，前方才能打胜仗。你要带头做好地方工作。"我和他依依不舍地分了手。他上前线后，一路旗开得胜，捷报飞传，顺利地打过了黄河。

但是，没有想到，四月一日，在山西中阳县三交镇战役中，志丹同志在前线不幸中弹阵亡。三个月前我和他的那次告别，竟成了永诀。我们敬爱的刘志丹同志为国为民流尽了最后一滴血。那时我在陇东环县工作，噩耗传来，万分悲痛，许多同志都哭出了声。同志们告诉我，志丹同志牺牲时，衣袋里仅留下半截铅笔、两个烟头。他没有给后代留下遗产，却给我们留下了最宝贵的精神财富。

志丹同志牺牲时只有三十三岁，但他经历了那么多的艰辛和曲折，进行了那么多惊心动魄的斗争，建立了那么多的功勋。毛泽东同志称他是:“群众领袖,民族英雄”。周恩来同志题诗说:“上下五千年,英雄万万千,人民的英雄,要数刘志丹。”朱德同志称他是“红军模范”。这就是党和人民对他最崇高的评价。

志丹同志坚持理论和实际相结合的原则,坚持走井冈山道路,同广大干部、群众一起,创造了陕北红军和陕甘根据地,使这块根据地成为中央红军长征的落脚点。党中央和毛主席直接领导陕甘宁边区[42]以后,这里又成为夺取全国胜利的出发点。延安成为革命的大本营,成为闻名中外的革命圣地。我们今天纪念刘志丹同志,要学习他的革命精神,继承老一辈无产阶级革命家的遗志,在党中央的领导下,彻底批判林彪[43]、“四人帮”[44]两个反革命集团制造和推行的极左路线,在四个现代化的新长征中作出新的贡献!我想,这也就是我们向已去世的老一辈无产阶级革命家包括刘志丹同志在天之灵的最好告慰。

■ 注释

[1]刘志丹,见本书《关中党史简述》注[4]。

[2]即渭华暴动,见本书《关于渭北苏区》注[4]。

[3]即“两当兵变”,见本书《红日照亮了陕甘高原》注[8]。

[4]照金,见本书《关于关中分区的反磨擦问题》注[11]。

[5]谢子长,见本书《跟着毛泽东走就是胜利》注[4]。

[6]农会,见本书《关中党史简述》注[3]。

[7]党团,见本书《永远难忘的怀念》注[4]。

[8]大革命，见本书《关中党史简述》注[1]。

[9]即古田会议，一九二九年十二月下旬在福建上杭县古田村召开。会议通过毛泽东起草的《关于纠正党内的错误思想》的决议案即古田会议决议。明确规定了红军的性质、宗旨和任务，确立了党对红军的领导原则、制度和方法，强调加强党的思想建设的重要性。古田会议决议成为中国共产党和红军建设的纲领性文献。

[10]黄子文，见本书《关中党史简述》注[12]。

[11]杜衡，见本书《关中党史简述》注[14]。

[12]王明，见本书《红日照亮了陕甘高原》注[3]。

[13]“梢山主义”，见本书《跟着毛泽东走就是胜利》注[5]。

[14]王世泰，见本书《红日照亮了陕甘高原》注[41]。

[15]苏区，见本书《关中党史简述》注[13]。

[16]王泰吉，见本书《关中党史简述》注[18]。

[17]杨森(一九〇八——一九三六)，陕西乾县人。一九二七年加入中国共产党。曾任红二十六军四团政治委员，红二十六军四十二师政治委员、师长，红十五军团七十八师师长，红三十军参谋长。一九三六年参加红军东征，回师陕北途中牺牲。

[18]南梁，见本书《关中党史简述》注[21]。

[19]保甲，见本书《关于关中分区的反磨擦问题》注[3]。

[20]苏维埃，见本书《关中党史简述》注[6]。

[21]马文瑞，见本书《要注意克服土地改革中“左”的情绪》注[7]。

[22]蔡子伟(一九〇八——一九九〇)，陕西蓝田人。一九二七年加入中国共产党。曾任中共陕甘边特委组织部部长兼秘书长，陕

甘边苏维埃政府政治秘书长兼文化委员长，中华苏维埃西北办事处国民经济部秘书长。新中国成立后，任农业部副部长，全国政协常委，中国农业经济学会理事长。

[23]吴岱峰（一九〇三——二〇〇五），陕西安定（今子长）人。一九二七年加入中国共产党。曾任红军陕甘边游击队第二大队大队长，陕甘宁边区保安司令部警备第三旅副旅长，陕甘宁边区绥德军分区、榆林军分区司令员。新中国成立后，任陕西省军区副司令员，最高人民检察署西北分署检察长，中央纪律检查委员会中央监察员，全国政协常委。

[24]高岗，见本书《关中党史简述》注[16]。

[25]哥老会又称“哥弟会”。清民间秘密结社之一。称首领为表大哥或大爷，互称“袍哥”，最初以“反清复明”为宗旨。会员多属破产农民、手工业工人、退伍军人和游民，也掺杂有地主分子。曾参加农民起义和反洋教斗争。此后，往往为反动势力操纵和利用。

[26]郭宝珊（一九〇四——一九七一），河北大名（今河南南乐）人。一九三五年加入中国共产党。曾任西北抗日义勇军司令员，富（县）甘（泉）独立营营长，陕甘宁警备三旅八团团长，陕甘宁晋绥联防军三边军分区副司令员、延属军分区司令员，第一野战军四军十二师师长。新中国成立后，任西北公安部队副司令员，青海省军区副司令员。

[27]同桂荣（一九〇五——一九九九），陕西吴旗人。刘志丹夫人。一九三七年加入中国共产党。长期从事妇女儿童工作。曾任全国人大代表，全国政协委员。

[28]安定，见本书《红日照亮了陕甘高原》注[11]。

[29]马明方，见本书《要注意克服土地改革中“左”的情

绪》注[6]。

[30]徐海东(一九〇〇——一九七〇)，湖北大悟人。一九二五年加入中国共产党。曾任红二十八军军长，红二十五军军长，红十五军团军团长，八路军一一五师三四四旅旅长，新四军江北指挥部副总指挥兼新四军第四支队司令员，中共中央华中局委员。新中国成立后，任中央人民政府人民革命军事委员会委员，国防委员会委员。

[31]程子华(一九〇五——一九九一)，山西运城人。一九二六年加入中国共产党。曾任红二十五军军长、政治委员，红十五军团政治委员，冀察热辽中央分局书记、军区司令员兼政治委员，第四野战军十三兵团司令员。新中国成立后，任中共山西省委书记、省军区司令员兼政治委员，商业部部长，国家建委副主任，国家计委常务副主任，中共中央西南局书记处书记，民政部部长，全国政协副主席，中共中央顾问委员会常委。

[32]刘景范，见本书《永远难忘的怀念》注[44]。

[33]长征，见本书《红日照亮了陕甘高原》注[1]。

[34]“反水”，见本书《红日照亮了陕甘高原》注[17]。

[35]见本书《发展陕甘宁边区的生产》注[6]。

[36]王首道，见本书《红日照亮了陕甘高原》注[21]。

[37]刘向三(一九〇九——二〇〇七)，河南邓县人。一九三一年加入中国共产党。先后在中央军委保卫局、红五军团、红一方面军、中央纵队、西北保卫局从事保卫工作，担任科长、执行部部长。后任陕北红三十军特派员，八路军驻洛阳办事处处长，军委总政治部总务处处长，东北吉黑军区哈北军分区司令员。新中国成立后，任煤炭工业部副部长，水电部副部长，水利部第一副部长。

[38]贾拓夫，见本书《关中党史简述》注[30]。

[39]戴季英（一九〇六——一九九七），湖北黄安（今红安）人。一九二七年加入中国共产党。曾任红二十五军政治委员、参谋长。一九三五年任西北军委政治保卫局局长，一度执行“左”倾错误肃反方针。抗日战争时期，任新四军第四支队副司令员、政治委员兼政治部主任，八路军河南军区政治委员。解放战争时期，任中原军区副政治委员，中原军区第一纵队政治委员。新中国成立后，任中共河南省委委员兼开封市委书记。

[40]东征，见本书《红日照亮了陕甘高原》注[26]。

[41]宋任穷（一九〇九——二〇〇五），湖南浏阳人。一九二六年加入中国共产党。曾任中共浏阳县冲和区委宣传委员兼共青团区特支书记，红二十八军政治委员、军长，冀南军区司令员、政治委员，平原军区司令员，中共豫皖苏中央分局书记兼豫皖苏军区政治委员，华东野战军第三副政治委员。新中国成立后，任中共云南省委第一书记，中共中央西南局第一副书记、西南军政委员会副主席，中共中央副秘书长，中共中央组织部副部长，解放军总干部部第一副部长，第三机械工业部部长，中共中央东北局第一书记。一九七八年后任中共中央组织部部长，中共中央书记处书记，中共中央政治局委员，全国政协副主席，中共中央顾问委员会副主任。

[42]陕甘宁边区，见本书《关于关中分区的反磨擦问题》注[2]。

[43]林彪，见本书《落实知识分子政策，加强党对教育工作的领导》注[3]。

[44]“四人帮”，见本书《同心协力把广东工作做好》注[7]。

要把农业科学研究摆到重要的位置*

（一九七九年十一月九日）

一、要把农业科学研究工作摆到很重要的位置上

华主席[1]指出："农业现代化，也得靠科学技术的提高"。我们要在本世纪内实现四个现代化，没有科学技术是不行的。目前，我省的农业还处于落后状态。要把我省农业搞上去，除了要解决方针、政策和领导作风上的问题外，必须加强对农业科学的研究工作，用先进的科学技术武装农业。因为科学技术就是生产力，只有具备高度的科学技术，才能大大地提高农业生产率，才能提供更多的农林牧副渔产品，以满足人民生活和工业建设及外贸出口的需要。

"文化大革命"前的十七年，省委和各级党组织都很重视农业科研工作，重视农业科学家，并建立了相应的机构，提供了一定的设备，保证了必要的工作条件和生活条件。科研人员积极性也很高，专心致志搞科研。这段时间被称为广东的"农业科研的黄金时代"。那时广东农业科研的成果，在全国有一定的地位。譬如五十年代至六十年代中期，全省农业科研单位积极开展了改革耕作制度的研究，大搞

* 这是习仲勋在中共广东省委召开的农业专家座谈会上的讲话。标题为编者所加。

单造改双造和水旱轮作，并且进行了种子革命和种植绿肥。所有这些，都取得了显著的成绩。特别是研究水稻矮化育种获得成功，在国际上领先了七年。花生、甘蔗、黄麻、桑蚕等也培育了一批良种。在畜牧业方面，成功地研制了防治鸭瘟疫苗。在渔业方面，人工孵化家鱼也获得成功。水利、林业、气象等方面，以及大专院校的生物、地理等科研工作也获得了很大成绩。我省在五十年代、六十年代农林牧副渔生产发展较快，很重要的一条，就是我们在农业科研方面有许多重大的突破，并用这些科研成果促进了农业。

在林彪[2]、“四人帮”[3]横行的十年间，我省的农业科研事业和农业生产遭到了严重破坏。省农科院和各级农业研究所被撤销，绝大多数科技人员被下放到农村或改了行，许多农业科学家受到诬陷、打击和迫害，许多科技资料和仪器设备散失、损坏。华南农学院长期被迫迁，弄得人心不安定，教学和科研工作都受到严重干扰。但就在这十年动乱期间，广大农业科技人员仍然在十分艰苦的条件下坚持工作，并且取得一些成果，如林业育出桉树“雷林一号”[4]，桑蚕应用激素，家畜采用针麻，病虫害综合防治，改进化学农药使用技术，在水利建设上创造出双曲薄拱坝和少筋、无筋混凝土渡槽等。这些成绩的得来是很不容易的。

粉碎“四人帮”以后，我们迎来了“科学的春天”。在全国科学大会精神推动下，特别是在党的十一届三中全会[5]和五届人大二次会议[6]决定把全党全国工作着重点转移到社会主义现代化建设上来以后，各级党委加强了对农业科研工作的领导，逐步落实知识分子政策和科研政策。各级农科网重新健全起来。现在，全省三级农科研究所共有三百五十二个，其中省级农业研究所十五个，地区研究所四十九个，县研究所二百八十八个，拥有科研人员二千七百七十四人，职工一万三千多人。农业科研成果也不断出现，如水稻育种方面培育出“桂朝”[7]、“广二104”[8]等新品种，对全省今年水稻增产起到了很好的作用。

从这些情况可以看出，农业的发展是同农业科学技术工作息息相关的。什么时候农业科学技术工作受到重视，按照农业科学的规律指导生产，农业生产就发展；相反，什么时候农业科学技术工作被破坏，不讲农业科学的规律，搞瞎指挥，农业生产就下降。因此，我们全党都必须充分认识农业科学研究工作的重要性和必要性。要长期保持一个安定团结的政治局面，使科学技术人员能够不受干扰地专心致志搞科学技术工作；要明确科技人员是工人阶级的一部分，是我们的依靠力量，并充分地发挥他们的积极性，以保证农业科学研究事业的蓬勃发展。

二、当前农业科研工作的主要任务

当前我们各项工作的主要任务，就是坚决贯彻执行党的三中全会的决议。我们要认真学习和贯彻叶剑英[9]同志在建国三十周年庆祝大会上的重要讲话的精神，贯彻“调整、改革、整顿、提高”的方针，打好实现四化的第一个战役。在农业科学研究方面，要从我省的实际情况出发，在继续加强对粮食和经济作物的科研工作的同时，猛攻畜牧业、养殖业等薄弱环节，改善农业结构，做到农林牧副渔全面发展，克服农业内部比例失调的状况，并为改变工农业比例失调创造条件。为此，我们必须着重抓好以下几件工作：

（一）搞好农业自然资源调查和农业区域规划。

这是全国农业科学研究中最重要的课题，是发展农业生产的一项基本功。这项工作搞好了，就可以为今后合理利用和开发资源，调整农业布局，提供可靠的科学依据。广东地处热带和亚热带，有二十多万平方公里面积，自然资源是丰富的。但长期以来，我们对广东的自然资源的底子还摸不清。过去，广东曾经进行过一次亚热带的资源调查和土壤普查，但没有很好地利用这一调查成果。在这次会议上，许多专家对这项工作提出了很好的意见。现在已成立农业区划委员会，农业局也成立了土壤普查办公室，开始进行工作。当然，这项工作不光是农业部门的事，它与林业、气象、水产、畜牧、土壤和地理研究所等部门都有密切关系，要统一组织各方面的力量，要吸收各有关方面的专家协助，把这项工作做好。希望有关方面的专家们积极参加这一工作。

（二）贯彻正确的农业生产方针，搞好农科研究。

我们的农业，必须实行“农林牧副渔五业并举”和“以粮为纲，全面发展，因地制宜，适当集中”的方针。我们过去用形而上学的观点去看待这个方针，没有按照自然规律和经济规律办事，因而造成比例失调，不能形成一个合理的农业结构。这种状况是必须改变的。过去我们抓粮食生产是对的，但是忽视和损害了经济作物，特别是没有把林业、畜牧业和渔业放到应有的地位，没有采取相应的措施使多种经营发展起来，这是造成农业结构不合理的重要原因，也不利于农业的持续稳定发展。为了加快农业发展的步伐，我们在抓好粮食生产的同时，必须按照我省山多、水面大的特点，大力发展林业、畜牧业和养殖业。有些专家建议，要认真抓好畜牧业和水产，逐步改变食物构成。养猪主要提高猪的产肉量，不要盲目追求饲养量。还要大力发展牛、羊、兔和家禽。从地区上说，要做到宜农则农，宜牧则牧，宜林则林。这些意见是很对的。现在我省乱砍森林严重,已破坏水土保持和生态平衡。如果不迅速改变这种情况,后果不堪设想。必须坚决保护森林资源,制止滥砍乱伐,加速人工造林,提高森林覆盖率。要因地制宜地发展水果生产。有些专家提出要修改并重新颁布过去制定的《水土保持暂行办法》,这个意见很好,请有关部门抓紧办理。

我省人多田少,平均每人只有八分多耕地。粮食生产要发展,必须努力提高单位面积产量。现在全省粮食年平均亩产还停留在九百斤左右,还有很大的增产潜力。要提高单产,就必须抓好农业技术改革,抓好科学种田。水、土、肥是农业生产的物质基础。今后在继续兴修水利,解决旱涝保收、合理排灌的同时,要大力抓好土肥建设。近十年来各地的地力普遍下降,有机肥料减少,只抓用地,不抓养地,这是一种严重的偏向。有些专家谈到,我们没有很好利用光能,不注意种植绿肥,不注意生物固氮,甚至把铲草皮作为一项肥源,破坏了水土保持。这些情况表明我们在肥料工作上也是不大讲科学的。今后应当认真推广种植绿肥,提倡水旱轮作,花生与水稻、豆类与水稻轮种,采用多种办法提高土壤肥力。同时,还要进一步推广良种,抓好品种提纯复壮。农业科研单位要尽快培育出晚造早熟、高产、抗逆力强的品种。植保方面,要继续执行“以防为主、综合防治”的方针,改进化学农药的施用方法,注意保护害虫的“天敌”(青蛙、猫头鹰等),保障农业的好收成。

(三)认真抓好农业教育。

实现农业现代化,基础在教育,没有良好的农业教育,就不会有宏大的农业科技队伍,而这恰恰是我省农业工作的一个薄弱环节。许多科研单位都感到青黄不接,后继乏人。所以培养人才是当前农业发展中最迫切需要解决的问题。现在我省农业大专院校和中专的学生在校人数，仍然达不到“文化大革命”前的一半，农业教育正处在极大的困难之中。由于搞农业工作的工资待遇和劳保福利不如别的行业，许多人不愿意学农业科学，更不愿意搞农业工作。因此，华南农学院和其他高等农业专科学校都往往招生不足，农业中专问题更是严重。

为了搞好农业教育工作，我们必须尽最大努力，加强对农业教育的领导。华南农学院和其他农业高等专科学校要坚决办好，只要条件允许，应尽量扩大招生，加速培养人才。华南农学院应积极创造条件，扩大研究生班，继续培训县级农业领导干部；在有条件时，还要分期分批培训一些高级农业技术干部，帮助他们掌握农业现代化的知识。

学校的工作应以教学为中心，并且提高科研水平。在教学过程中，需要抓好政治思想工作，但政治思想工作的任务是保证教学计划的完成，不能脱离教学工作。今后对教师和科研人员的考核晋升工作要有计划地进行下去。要尽可能增购必要的图书和实验室设备，把农业院校办好。

（四）充分发挥老专家的作用。

我们的老专家都有渊博的学问和丰富的经验，是国家和人民极宝贵的财富。胡耀邦[10]同志最近说过，老科学家是攀登科学高峰的带头人，希望大家虚心向老科学家学习。现在老科学家、老专家数量并不多，他们拥护共产党，热爱社会主义，具有高度的爱国心和事业心。在过去一段时间里，林彪、“四人帮”横行霸道，对老专家们进行了残酷的迫害，使得不少老专家在精神上、身体上受到很大的损伤。

但大家能够识大体，顾大局，以国家的利益为重，经受了严峻的考验，数十年如一日地为我国的社会主义事业、为人民鞠躬尽瘁、呕心沥血，创造了许多重大成果。有的教授为了培养下一代，奋不顾身，把一切学识毫无保留地贡献出来，有的还日以继夜地编写学术著作，促进科学的繁荣。现在有的老专家的年纪已经很大了，我们应当尽一切可能给予工作上、生活上的照顾和支持，要给他们配备助手，增置图书资料，安排适当的住房。我们热切希望老专家都能在晚年出新成果，将自己多年的经验整理成书，尽量多带出一些“得意门生”，为实现四个现代化作出新贡献。我们一定要虚心地拜老专家为师，认真地学习科学技术，为加快实现我国的社会主义现代化而共同努力。

三、加强党对农业科研工作的领导

这个问题讲四点意见：

首先，从省委到各级党委，都要把农业科研工作摆到重要的议事日程上来，定期讨论和解决农业科研工作中存在的问题。当前，要认真落实党的知识分子政策和科技政策，切实解决好历次政治运动中的遗留问题。要做好科技人员的技术考核和晋升工作，充分调动科技人员的积极性。各级领导干部，都要虚心向专家学习，拜专家为师，认真学一点科学知识，下苦功学会按照农业客观规律领导农业生产的本领。有的专家提出，省农委应吸收专家参加成立顾问小组，这个意见很好，我们当研究照办。

第二，省、地、县都要依靠科技人员，发动群众，深入调查研究，经过充分的民主讨论，制定出积极而又可行的近期的和远期的农业科研规划,明确农业科研的方向和任务。

第三,要改革我省农业科研的管理体制。建立合理的科研体制,对于提高科研效率,做到人尽其才,物尽其用,有非常重要的作用。正如同志们说的,现在广东的科研体制存在着"一散二乱"的问题。在省一级,就有科委、科学院、农业局、农科院、华南农学院五头领导,各自布置科研任务,各自分配调拨经费、设备,以致科研项目重复多、矛盾多,人、财、物浪费多。在省、地、县各级科研单位之间这种情况也相当严重。这种体制一定要改革。我们要下决心在全省范围内建立一个统一领导、合理布局、学科配套、分工协作的适合广东农业特点的农业科研体系。初步设想,省拟成立一个有各有关部门负责同志参加的省农业科研领导小组,统一领导全省农业科研工作。华南农学院、省科学院主要负责教学和基础理论研究;省农科院主要负责应用科学研究,地区农科所的科研业务归农科院领导;省农业局主要负责技术推广工作,领导县以下四级农科网和各级技术推广站。根据大家的意见,我们将研究考虑增设省农业资源调查和区划研究所,省农业经济研究所,省甘蔗研究所。有的同志提出成立组织培养研究室的建议也是好的,应予考虑。总之,要把教学、科研、推广密切结合起来,以便把我省的农业科研工作提高到一个新的水平。

第四,要切实做好后勤工作。过去,我们帮助科研单位和农业院校解决困难不够,这些单位经费不足,各种仪器、设备购置更新不多,有不少设备还是四十年代或五十年代水平的。有的研究所连科研最基本的温室、网室也不足。这种情况一定要改变。各级党委都要当好科研工作的后勤部。要给各个研究所和院校必要的科研条件,拨给必需的经费,分期分批地补充急需的设备,建筑一些实验室、温网室，并且拨出一些外汇进口必要的精密仪器，逐步改善科研条件，使科研工作顺利开展起来。

同志们，我们这次会议是“文化大革命”后的第一次。这样的会今后还要开，而且要开得更专门一些，更深入一些。

同志们！我们的科学事业是大有希望的。只要我们坚持实践是检验真理的唯一标准的原则，善于向群众学习，向国外先进经验学习，同心同德，努力攀登科学技术高峰，我们就一定能取得一个又一个的胜利。

■ 注　释

[1] 华主席即华国锋，见本书《同心协力把广东工作做好》注[1]。

[2] 林彪，见本书《落实知识分子政策，加强党对教育工作的领导》注[3]。

[3]“四人帮”，见本书《同心协力把广东工作做好》注[7]。

[4]“雷林一号”，是雷州林业局选育的适合雷州半岛多风、干旱、土壤瘠薄条件的桉树良种，具有生长迅速、干形较通直、抗风性能较强、材性较好等特点。

[5] 十一届三中全会，见本书《在肇庆地委常委扩大会议上的讲话》注[2]。

[6] 五届人大二次会议，见本书《大力抓好工交生产，千方百计搞好增产节约》注[2]。

[7]“桂朝”,是广东省农业科学院培育的水稻品种,获一九七八年农业部技术改进一等奖。

[8]“广二104”,是广州市农业科学研究所选育的水稻良种。

[9]叶剑英,见本书《同心协力把广东工作做好》注[3]。

[10]胡耀邦(一九一五——一九八九),湖南浏阳人。一九三〇年加入中国共产主义青年团,一九三三年转为中国共产党党员。曾任共青团中央宣传部部长、组织部部长,中央军委总政治部组织部部长,第十八兵团政治部主任。新中国成立后,任共青团中央第一书记,中共中央西北局第二书记,中共陕西省委第一书记,中共中央政治局委员,中共中央政治局常委,中共中央主席,中共中央委员会总书记。

关于国外工作给中央的报告*

（一九八〇年一月二十一日）

耀邦[1]同志并党中央、国务院：

去年十一月二十三日至十二月六日，我带领广东省友好代表团出访澳大利亚新南威尔士州，回程又顺道访问了香港。这次出访是顺利的，达到了预期的目的。从这次出访来看，当前的国际形势，总的说来对我们非常有利。广东地处祖国南大门，毗邻港澳，更应按照去年中央五十号文件[2]的精神，充分利用这一大好形势，发展同海外的友好关系，加强对外经济活动，以加速四化建设的步伐。代表团回国后即进行了总结，并向省五届人大二次会议作了专题报告。现将这一报告另由机要交通送上，作为向中央的汇报，不再重复。

在此，关于国外工作，我有两点建议：

第一，十一届三中全会[3]以后，全党全国工作着重点开始转移到四化建设上来，尽管各地的步子快慢有所不同，但作为国内工作来说，从指导思想到实际工作，是在逐步转移了；而从我驻外机构来看，如何结合外事活动的特点，更好地为国内的四化建设服务，似乎还未很好解决。特别是对驻在发达国家和地区的外事机构来说，大力加强对所在国的经济发展和先进科学技术的分析研究，向国内提供有

* 这是习仲勋给中共中央秘书长胡耀邦并党中央、国务院的报告。标题为编者所加。

关的资料和建议，这对国内工作是很需要的，应该提到他们的重要议事日程上来。

第二，此次在国外，比较广泛地接触了各阶层的人士和在澳大利亚的许多华侨、华人，他们对我们的态度都很友好。包括一些从台湾去的人士，对我都表示热情、礼貌，愿意与我们接近。如何充分利用各种机会，广泛结交，多做这些人的工作，对推动台湾回归祖国，也是一个值得重视的问题。特别是在美、日、东南亚和大洋洲，还有香港、澳门，常有机会接触台湾去的人士，我认为都应当有计划地多开展这方面的工作，以推动爱国统一战线的开展。

以上报告，仅供参考。

习仲勋

一九八〇年一月二十一日

■ 注　释

［1］耀邦即胡耀邦，见本书《要把农业科学研究摆到重要的位置》注［10］。

［2］五十号文件，见本书《大力抓好工交生产，千方百计搞好增产节约》注［1］。

［3］十一届三中全会，见本书《在肇庆地委常委扩大会议上的讲话》注［2］。

彭总在西北战场*

（一九八〇年一月二十五日）

一、战斗的情谊

每当想起彭德怀[1]元帅艰苦征战的一生，我便心潮起伏，百感交集。远在一九三六年，中央红军长征[2]到达陕北之后不久，为了巩固和发展陕甘革命根据地，党中央组织工农红军野战军举行西征[3]。其时，我跟随彭总在戎马倥偬之中度过了好几个月，几乎每天都向他报告工作情况。他虽然长我十五岁，但完全用平等、亲切的态度对待我，外表严肃而内心热诚，在日常工作和战斗中，那种诚挚的关切之情，使我深为感动。一九四六年冬，蒋介石发动全面内战将近半年，西北地区的敌人也蠢蠢欲动。为了备战，彭总和我从延安动身，渡过黄河，赶到晋绥[4]边区临县的甘泉村，会见了陈赓[5]将军，共同研究如何配合作战，保卫党中央、保卫陕甘宁边区[6]。一九四七年初春，边区集团军在甘肃省东部的西华池和胡宗南[7]部队恶战一场。战后，彭总在富县和我们一道总结此次战斗。这一仗，虽然予敌人以重创，击毙敌四十八旅旅长何奇，可是这是一次消耗战。为此，身为边区集团军政治委员的我，深感不安，以为会受到彭总的严厉责备。可是他却亲切地说：“这是敌人

* 这是习仲勋为纪念彭德怀而写的文章。

大举进攻延安和陕甘宁边区的侦察作战。毛主席、周副主席、朱总司令和我们大家,一直在听着你们的消息。没打好,部队有伤亡,不要紧,打了这一仗,把敌人的底摸一摸,这对今后作战大有好处。也算是实战演习嘛!”这一席话,对我和其他同志鼓舞极大。

在整个西北解放战争期间,有时候我追随彭总在前方打仗,有时候和贺龙[8]元帅一道组织晋绥、陕甘宁边区的人力、物力支援部队,一直到大西北全部解放,西北军政委员会成立。彭总身上的硝烟味还未散尽,又受党和人民的重托,在富有历史风采的古城西安和我们热情地话别,率领中国人民志愿军赴朝作战。当他们征战数载凯旋归来时,我也调到北京工作,又有机会和他见面。回首当年,正是“创业艰难百战多”。在那漫长而困苦的年代里,我们共同闯过无数艰难险阻,也共同分享过无数次胜利的欢乐,在陕北千山万水的行军途中,在长城内外的宿营地里,在战火纷飞的生死搏斗的战场上,我们的情谊更加深厚而难忘。在收复延安,解放西安、兰州和祖国西北边疆的一系列战斗中,在肃清敌人残余势力和建立西北各省人民政权的日日夜夜里,作为严师益友的彭总,给了我深刻的教育和巨大的鼓舞。这位叱咤风云的一代英雄,对党、对人民、对共产主义事业无限忠诚的崇高品德,永远铭刻在我的心中。

二、杰出的将帅

在我党几十年艰苦卓绝的武装斗争中,彭总是国内外享有盛名的军事家,是中华民族引以为荣的杰出将帅。特别是在解放战争时期的西北战场上,他为保卫党中央,保卫毛主席,保卫延安,保卫陕甘宁边区，奋不顾身，勇往直前，在十倍于我之敌面前，在极端困苦的条件下，坚决贯彻中央的战略决策，依靠人民群众的全力支援，依靠广大指战员的浴血奋战，依靠他钢铁般的意志和卓越的指挥才能，奇迹似地克敌制胜，为中国革命战争史写下了极其光辉的篇章。因而，西北战场的艰苦卓绝的斗争，被人们誉为“威武雄壮的战争奇观”，受到党中央和中国人民高度的赞扬。

一九四六年六月，蒋介石发动全面内战，全中国又一次陷入腥风血雨之中，永不屈服的中国人民，挺起胸膛，奋起抗争。战争打了八个多月，歼敌七十一万，敌人被迫放弃全面进攻，改为实行重点进攻。这“重点”，一个在陕甘宁边区，一个在山东。当时的西北战场，敌人总兵力有三四十万，放在第一线的兵力二十五万余人。一九四七年三月战斗打响时，我仅有兵力不足一万五千人，到了三月十七日，王震[9]将军率领第二纵队从山西中部日夜兼程赶到延安附近地区之后，我全部兵力也不过两万多人。敌人有飞机、坦克、汽车和现代化装备，而我军就是“小米加步枪”；每个战士只有几发子弹。敌人占据着拥有好几千万人口的大西北，而我军所凭借的是仅有一百五十万人口的一小块贫瘠的山区。记得三月十六日，西华池战斗打完没有多久，党中央和毛主席发来急电，要我星夜返回延安。此时，北线榆林敌二十二军[10]等部从北向南进攻；马步芳[11]、马鸿逵[12]军从西面和西北面向我陇东分区和三边[13]分区步步进逼；而在南线进攻的胡宗南部，有十四五万之众，兵分几路直扑延安。枪炮声震耳欲聋，敌机轮番不息地轰炸延安，遍地烟火升腾。我飞马急驰，两天两夜赶回延安，到了中央军委和毛主席住的王家坪。我最担心的是党中央、毛主席和周副主席的安全。因此一见面，就劝毛主席和周副主席赶快离开延安。毛主席和周副主席从容不迫地说:这里群众基础好,地形好,回旋余地大,还是留在这里好,群众坚持战斗,我们要和群众在一起。这时,彭总交给我一封毛主席亲笔指示。党中央要德怀同志和我指挥西北野战军,并立即成立前委。还指出:延安我们不守,让敌人把这个包袱背上,把几十万敌人拖到边区,一直到把它拖垮。只要一个月能消灭敌人一个团,保证三年收复延安。我们正在毛主席的窑洞里商量成立前委的事,敌机又来轰炸,有些炸弹就落在我们附近。于是大家转移到王家坪一个防空的石洞里继续开会。毛主席、周副主席、弼时[14]同志和彭总等,大家全都席地而坐。毛主席和周副主席讲了全国战争形势、陕甘宁边区目前的情况,还要我们注意对那些对撤退延安想不通的干部、战士和群众多做工作。

黄昏后,敌人已经离延安很近了,枪炮声越来越猛烈,在彭总和我们大家再三催促下,毛主席于是日黄昏后才离开了延安。彭总和我们大家送毛主席到延河边,深情依依地望着他们向东驰去。

毛主席率领中央机关撤走之后,从前线撤退下来的苦战了七天七夜的指挥员,一批又一批挤到了彭总挂满地图的窑洞里。炮声隆隆,处处吃紧,战争形势,至为严重。可是彭总临危受命,镇定自若。他按照党中央和毛主席的意图,忙碌地调兵遣将;除派一支部队往延安西北的安塞县方向吸引敌人之外,主力部队统统向延安东北六七十里的青化砭地区集结,相机打击敌人。夜里枪炮声越来越紧,敌人的炮弹已经落到了延安城东的飞机场,顺大路往东撤走已经很难了。司令部的好多同志都焦急地催促彭总赶快撤退。彭总说:“你们不要催,看到敌人进了延安城我才走。延安不是平常的地方,这一撤退,对部队和群众都有很大影响。我们的指挥机关一定要坚持到最后才撤退，这样大家心里才稳当。”一直到深夜时分，彭总才率领西北野战军的指挥机关离开已是一片火海的延安，从王家坪后沟爬上山，顺小路悄然退去。这条出人意外的小路，平时没有人注意，彭总往日散步时调查过，并踩过好多遍。由此可见，这位久经征战的老军人深谋远虑和军事观察之细密。撤离延安，大家心情激愤而沉重。同时，敌人又这样嚣张，情况这样危急，可是身经百战、独具胆识的彭总，却一边徒步行军，一边轻蔑地嘲笑四面八方摸来的敌人：“同志们，不要看敌人这么疯狂，赶得我们丢了老家还得走夜路。我看嘛，黄河那边的阎锡山[15]，是瓮中之鳖，眼前的胡宗南，又愚又蠢，是个志大才疏的饭桶。至于马步芳、马鸿逵之流，小丑跳梁罢了！他们倒霉的日子不会太远。”他望着延安左前方远处山头上敌人烧起的火堆，又说：“没有什么了不起。我们还要回来。延安是我们的，全中国都是我们的。”

在那以后的艰苦岁月里，彭德怀同志总是坚定不移，信心百倍，遵照党中央和毛主席制定的“以歼灭敌人有生力量为主要目标”、“力求在运动中歼灭敌人”等军事原则，取得了一个又一个辉煌的胜利。彭总精心运筹，在青化砭设下口袋阵，诱敌深入，我军出其不意，以雷霆万钧之势伏击敌人，全歼敌三十一旅共三千余人，活捉旅长李纪云等三名少将和一名上校。当时，前总的指挥所设在青化砭西北的高山头上，枪炮声一响，我们正用望远镜观察时，只见尘土飞扬，战斗却结束了。没有想到结束得这样快，我好像觉得战斗只打了十几分钟。彭总说：“打了还不到一小时啊！敌人气势汹汹，可是在眼前这小小的战场上，我们以绝对优势的兵力压倒了它。在具体战斗中，就得杀鸡用牛刀噢！”这位以严肃著称的将军，这时也抑制不住内心的欢乐，喜形于色，神采奕奕地打着拍子，哼着歌曲。我军退出延安仅仅六天，就在青化砭初战告捷[16]，这是何等振奋人心啊！接着，彭总按照党中央毛主席制定的“蘑菇”战术，牵着十余万敌人的鼻子，让它在千山万壑之间“大游行”，等到敌人饥饿、疲劳和晕头转向之时，我军猛扑上去，打了羊马河一仗[17]，歼敌近五千人，活捉敌一三五旅旅长麦宗禹等。虽然敌之接应部队的重兵就在跟前，但彭总巧妙地让我军一部分把敌人主力九个多旅吸引到战场以西。因此，敌主力部队在距我军数里之遥的山头上，眼看我军缴枪、捉俘虏，也无可奈何。这一仗，离青化砭之捷不到二十天。其后，彭总为迎合敌人主力急于找我军决战的心理，来个投其所好，制造假象，让敌人再犯错误。敌人乖乖地听从彭总指挥，向数百里外的绥德地区扑去。敌人刚从我们身边过去，彭总即利用敌人后方空虚，以迅雷不及掩耳之势，率部队突然铁桶似地包围了距延安九十里的有重兵把守的战略补给站蟠龙镇[18]，强攻两昼夜，歼敌近七千，生擒了因首先率部侵入延安城而被敌人吹嘘为“名将”的一六七旅旅长李昆岗。缴获的服装、弹药、武器和面粉堆积如山。这是西北战场上，我军第一次获得的大量物资补充。当敌人主力部队从绥德地区返回蟠龙镇增援时，彭总早已指挥我们机警地跳在一边，补充了敌人送来的兵，补充了敌人送来的弹药，穿着敌人送来的夏衣，吃着敌人送来的“洋面”，整整休息了七天。边区人民和全体指战员真是心花怒放，满怀着尊敬的激情，赞颂党中央和毛主席的英明决策，赞颂彭德怀将军神奇的军事指挥艺术！

撤离延安以后，四十五天里三战三捷，我军声威大震，敌人连战皆败，损兵折将，风声鹤唳，草木皆兵。而我陕甘宁边区军民，则沉浸在胜利的欢乐中。五月中旬，在安塞县真武洞举行边区军民五万多人参加的祝捷大会。翻山越岭，飞马奔驰而来的周恩来副主席，在激荡群山的欢呼声中，登台讲话，他代表党中央和毛主席，高度评价了西北军民的战斗功勋；并宣布了党中央和毛主席继续留在陕北，指挥边区军民和全国人民与敌斗争，直到取得胜利。当时，彭总同战斗英雄、群众代表和游击队好汉们坐在一起，谦逊而深思，毫不引人注目，完全像普通一兵。“元帅兼士兵”，就是他作为无产阶级名将最好的写照。

接着，彭总指挥我军继续转战西北。收复陇东和三边地区之后，又根据党中央新的战略意图，率领我军越过沙漠，驰驱千里，突然包围了陕甘宁最北边的榆林城，要再一次调动敌主力部队北上，配合刘邓大军[19]挺进大别山，特别是为陈赓兵团挺进豫西造成良好的战机。果然，敌人上了圈套。蒋介石以为千载难逢的机会到了，飞到延安亲自指挥，要与我军“决一死战”。于是，十万敌军疯狂地向榆林方向逼近。此时，不知死亡将至的敌人，还在高喊一战消灭我军，“结束陕北战争”。诚然，我军在长城内外的沙漠地区连续行军，连续作战，十分艰苦，没有粮食，只能以野菜和宰杀战马充饥。党中央和我全部野战军都处于敌重兵包围之中，情况至为险恶，可是彭总在党中央和毛主席亲自指挥下，运筹帷幄，从容自如，首先击溃了西来增援的数万之众的马鸿逵部队，接着，又瞅准机会，反手一击——我军风驰电掣般地消灭了西北战场上敌“三大主力之一”的整编三十六师。此即我军战史上著名的“沙家店之役”[20]。这一仗，不仅转危为安，化险为夷，而且把整个陕北战局完全扭转了。与此同时，陈赓兵团挺进豫西，潼关吃紧，中原震动。骄横一时的胡宗南集团，全线退却，溃不成军。沙家店战斗大获全胜的次日，毛主席、周副主席等中央领导同志飞马来到前线指挥所里，向指战员热烈祝贺这一伟大胜利。毛主席说：

“这一仗打得好，侧水侧敌本是兵家所忌，而我们彭老总指挥的西北野战军英勇奋战，取得了前无古人的胜利。”毛主席、周副主席等中央领导同志，在彭总陪同下，还兴致勃勃地登上高山，视察了黄河和无定河之间的我军创奇迹的战场。此时此地，想起“谁敢横刀立马，唯我彭大将军”的壮丽诗句，是何等动人心魄啊！

此后，在党中央和毛主席的指挥下，在全国各战场密切配合下，彭总挥师南下，连战皆捷。一九四八年三月初，我大军离开陕北山区，从内线作战转入外线作战，在宜川打了第一仗，旗开得胜，一举歼敌五个旅近三万人，击毙敌前线指挥二十九军军长刘戡等。战后数日，毛主席写了《评西北大捷兼论解放军的新式整军运动》一文，热情地赞扬了这一西北战场上的空前大捷。从此以后，渭河两岸、兰州城下、青海高原、嘉峪关外，我军长驱万里，为中国人民解放事业建立了不朽的业绩。回顾这一段历史，可以看到彭总按照党中央和毛主席的战略意图，无私无畏，智勇兼备，一个一个地夺取敌人阵地，一点一点地积蓄自己的力量，由防御转入反攻，由内线作战转入外线作战。延安撤退后半年扭转战局；一年一个月又三天收复举世瞩目的革命圣地延安；两年又八个月，便解放了占祖国面积三分之一的西北五省，把胜利的旗帜插到祖国边疆帕米尔高原上。总计歼敌五十一万多，击毙和生擒的敌人将官数以百计。

最初，党中央根据西北战场兵力小等情况，要求彭总在开头三个月，每月消灭敌人一个团，目的是把蒋介石几十万机动兵力拖在陕甘宁边区，使这里成为一个战略钳制区。那时预期：如果按最理想的打算，每月消灭敌人一个团，那么三年可以回到延安。至于全西北的解放，在当时看来还是较遥远的事情。可是，我们的彭总受命之后，创造性地运用毛泽东军事思想，使胜利进程大大提前。记得他刚接受任务时，就语重心长地讲："中央把这样重的担子交给我们，倘若指挥不好，犯了错误，就有负中央的重托，那就对人民有罪。同时，带兵打仗是十分严肃而责任重大的事情，稍一不慎就要死人，性命关天呀！"正因为彭总对无产阶级革命事业具有这样强烈的责任心和革命胆识，所以能做到高瞻远瞩，全局在胸。他讲过："陕甘宁边区从过去到现在，都是敌人统治的空隙，几个军阀互有矛盾，所以刘志丹[21]同志率领的工农红军才能在这里存在。目前，敌人虽然强大，但指挥不统一，我们打胡宗南，马鸿逵、马步芳观望；我们打马鸿逵、马步芳，胡宗南不动。这是个很好的条件。但敌我力量悬殊特别大这一点，决定了斗争艰苦，决定了不能速胜，必须谨慎从事。"正因为如此，每次战斗之前，彭总都仔细掌握情况，连任何细小的地方也不放过。制定作战方案时，他不仅反复推敲，还要下级反复提意见，甚至交给全军讨论。特别是对不同的或相反的意见，他十分重视，认为这种意见能"医治"主观臆断和片面性的毛病。有时计划等完全搞好了，他还苦苦思索，不能成眠，半夜起来把我推醒问："你看，还有什么漏洞？"真是呕心沥血，废寝忘食。我看见他通宵达旦地站在地图下踱步沉思。有时抱着电话机，要前边的侦察员直接给他讲情况。有时参谋人员审问俘虏，他站在一边静听着，观察着。所以，他对我军情况了如指掌，就不用说了。他对敌人的兵力、火器、动向、部队素质以及指挥官的资历、能力、个性，也都非常熟悉。"知己知彼"，因此他多谋善断，作战决心来得快，而且一旦下了决心，就像钢打铁铸一般不可动摇。最使我难忘的是：打青化砭战斗时，埋伏了两天，敌人没来，天寒地冻，大家十分焦灼，说敌人恐怕不一定来吧？彭总说："你要掌握敌人的心理嘛。胡宗南是好大喜功的二杆子。他进了延安城，估计我中央机关的领导人都是中年以上的人，顺公路撤退怕他的汽车追，所以骑着马顺山沟向安塞方向去了，而我军主力隐蔽在延安东北，这是出其意料的。其次，胡宗南虽然是草包，但是占领延安之后要派兵保障侧翼这一点军事常识他还有，要不然他怎么能捞一个陆军上将当呢？何况，他有坦克，有汽车，这陕北唯一的一条公路，他能不要吗？更主要的是，他要捕捉我主力部队，到安塞方向没找到，必然转到这个方向来找。所以说，他一定要来。”接着，我们商量拟了个动员令，在战场上散发，鼓舞指战员必胜的信心。次日，敌人果然来了，确是料敌如神啊！

他能迅速抓住战机。只要发现情况，即使半夜三更他也一跃而起，打电话，查情况，找参谋人员，因而能不失时机。抓住战机，就狠打，猛打，连续打。在这种情况下，谁行动迟缓或畏缩不前，他十分严厉，毫不容情：“你不恨敌人，我就恨死了你。”这一仗还没打完，他就考虑下一仗。而且每战都拟定好几个方案，以便应付种种意外情况。因而不管在什么情况下，都能沉着镇定，泰然处之。他总是冷静而清醒的，总是机警地让我军处于有利态势，不因为敌人强大而失去主动，不因条件困难而失去信心。他善于发挥我军的长处，利用敌人的弱点，使敌人犯错误从而听从他的指挥。对整个敌人他非常轻蔑，但是在实战中对敌人一兵一卒都很重视。他的名言是：“新兵当老兵打，死老虎当活老虎打。”

为了准确无误地实施指挥，他毫不畏惧地冒着炮火、硝烟亲临前线，察看地形和敌情。有时候，敌机狂炸，流弹横飞，情况十分危险，我们不让他到前面去。他说：“同志，不到前面去，光靠电话和地图，谁也打不了胜仗。”可是，当我跳出工事要到前面去的时候，他却诙谐地说：“让我去，你不要冒险，何必多付出牺牲呢？革命还是多留下一个人好嘛！”然后他就向炮火激烈的地方走去，在浓烟烈火中指挥那一场恶战，使指战员得到巨大的鼓舞，从而产生了无敌力量。在阵地上，各级指挥员强行把他拉下阵地，或者用身体遮掩他的那种感人至深的情景，我多次见过。使我永远难忘的是，蟠龙镇战斗之前，敌主力部队摆成长宽几十里的方阵，铺天盖地向北扑去。而我野战军指挥机关，就驻扎在这“方阵”当中的一个小山沟里。我们周围山头四面八方都有狂呼乱叫的敌人，大家都很紧张，人人都持枪在手。侦察员和参谋们不断送来十万火急的报告，我焦灼地在窑洞里来回走动。而彭总却若无其事地躺在我身边的炕上，聚精会神地思考着马上就要进行的战斗如何打。敌人刚从头顶上过去，他立刻跳下炕，率领我们向蟠龙镇扑去。“敌人向北，咱们向南，各办各的事噢！”正因为他这样把个人安危置之度外，正因为他把自己一颗忠贞的心交给了党和中国人民的革命事业，所以干部、战士和人民群众，都对他充满尊敬与信任，都深受鼓舞，因而能舍生忘死，前赴后继，克服了难以想象的艰难险阻，战胜强大的敌人。

三、学习的楷模

“胜利，是党中央和毛主席的胜利。”彭总这位伟大的共产主义战士，他总是把胜利归功于党中央和毛主席。在彭总的讲话中以及他同我许多次交谈中，我们都对这一根本问题，感觉得最为深切：西北解放战争之所以能迅速取得胜利，其根基是很深厚的。首先是在党中央和毛主席率领下，各个战场配合作战而取得的。我们都清楚记得，早在重庆谈判[22]之后，党中央和毛主席，就指示边区军民准备打仗。解放战争从中原打响了，党中央和毛主席就要我边区党政军民，把工作重点转移到加强备战方面来。所以边区军民从政治、思想、物质上，早就作了准备。何况，党中央和毛主席十多年来领导人民群众建设边区，特别是一九四二年以后的大生产运动，人民丰衣足食，这都为战争胜利打下了很好的物质基础。西北解放战争开始我军只有两万多军队，党中央和毛主席却派来了许多重要的军事指挥员，其中最著名的就是彭德怀将军和贺龙将军。彭总在前方指挥，贺总做陕甘宁晋绥联防军区司令员，全力以赴支援战争。特别是晋绥军区，在贺总领导下，作出了不可磨灭的贡献。那时不仅陕甘宁的学校、机关、干部家属和兵工厂等等都搬到了晋绥，而且在兵源、物资、粮食、弹药方面，从晋绥源源不断地向陕甘宁边区输送。可以说，当时没有晋绥边区的支援，就没有西北战场的胜利。而且这两位深受中国人民尊敬的名将，不负党中央和毛主席重托，互相支援，共同写下了壮丽的历史篇章。至于党中央和毛主席制定战略计划，制定作战方针以及亲自指挥战斗的光辉业绩，更是为边区军民所熟知、所称颂和铭记不忘的。

作战过程中，任何一次大的战斗，彭总都要请示党中央和毛主席。战斗中，也不断报告情况。毛主席和周副主席发来指示，他都和同志们一道反复地逐字逐句地认真研究，坚决贯彻执行。此外，党中央和毛主席就在我们跟前，我们能亲自聆听毛主席、周副主席的指示和教诲，这是我们永远难忘的幸福。像沙家店战斗，彭总率领部队从榆林地区撤到沙家店周围地区时，毛主席和周副主席等中央领导同志，不顾长途行军的疲劳，立刻乘马赶到西北野战军指挥机关驻地——前东原村，举行一次会议，同彭总和前委的同志们一起研究确定了作战计划。战斗中，毛主席的电话线就通到彭总的指挥所里。彭总随时向毛主席、周副主席报告战斗进展情况，而毛主席和周副主席也不断地发出指示，因而才能在千钧一发之际，那么机智而巧妙地置敌于死地，获得伟大的胜利。

我军攻击蟠龙镇时，原来以为敌人只有一个旅，谁知一打起来敌兵力不只一个旅，还有两个指挥部，加上敌工事坚固，我军伤亡大，彭总一面让指挥员出谋献策，研究如何改变打法，一面给毛主席发了电报，报告情况。毛主席几分钟后就回了电报，彭总接到电报，大为振奋，立刻改变部署，重新发起攻击，把敌人分割开来打，结果进展迅速，很快取得胜利。彭总对党中央和毛主席的有力而及时的指挥，衷心感谢，坚决贯彻。在以后的战斗岁月里，他经常提起这件事情，赞颂党中央和毛主席的英明伟大。当彭总在事关革命大业或事关战略部署的问题上有不同看法时，他也坦率提出，从不考虑个人得失。记得，关于保卫延安的战略方针，曾有两种设想：一种是把陈赓将军的部队从山西调过来，加强西北的力量，在延安外围地区消灭敌人。后来确定了放弃延安，诱敌深入的作战方针。因而延安军民从一九四六年秋天就开始疏散人员、物资，进行紧张的备战。可是在敌人大举进攻前夕，彭总在南线视察了我军阵地回到延安以后，看到党中央机关报《解放日报》上发表了一篇社论《在延安大门外斩断魔爪》，社论中讲的和原来的战略设想完全相反。他勃然大怒："我们有几个兵嘛！王明[23]路线'御敌于国门之外'的苦头我们还没吃够？"彭总不休息，不吃饭，扔下报纸，翻身上马，到党中央去找毛主席陈明自己的看法。毛主席说：原来这样打算，现在也没有变，宣传上有错误可以纠正。我们的彭总就是这样一位刚正无私、光明磊落的共产党人。

一九四七年冬季的部队整训，曾被中央军委誉为新式整军运动，在全军推广。彭总多次谦虚地指出："不要因受表扬头脑发胀。这一运动是继续了红四军古田会议[24]的精神，是毛主席建军思想的坚持和继续。"他曾多少次讲过："大西北之所以能迅速获得解放，关键是党中央、中央军委和毛主席的正确领导。"有一次开会中，一位地方干部讲："打败胡宗南，咱彭总立下汗马功劳。"他严肃地纠正说："不对。那是毛主席指挥的功劳，陕北人民的功劳。我们这些人，只不过在党的领导下做一些具体的工作，做了一些自己应做的事情。"

毛主席、周副主席等中央领导同志深知彭总不顾个人安危的一贯作风，所以除了以中央名义写信之外，他们曾多次谆谆叮咛，要我和别的同志在作战时注意彭总的安全，在平时关心彭总的生活，要他为中国革命事业而珍惜自己。而彭总对毛主席、周副主席等中央领导同志，同样怀着强烈的无产阶级感情。不管在怎样紧急情况下，有人从毛主席身边来，他都要仔细问：毛主席和周副主席身体怎么样？生活怎样？只要知道中央机关到了什么地方，立刻派出一支部队出去，保卫中央机关的安全。每一次"野司"转移，他总要电台后走一步，收到中央指示后再动身。特别令我难忘的是：当一九四七年炎热的夏季，我军正在陇东分区与敌激战时，敌刘戡趁我主力部队远离延安地区，便率数万之众向靖边县王家湾一线猛扑，妄图打击我党中央机关。彭总得知这一情况，彻夜不眠，寝食俱废，在枪弹横飞的阵地上同我商量，要我发个电报，让靠近中央机关的地方军队，不计一切危险和牺牲，务必保证党中央的安全。在行军途中，他不顾敌机轰炸，要电台同志停下来，设法和中央联系。后来，当他得知中央机关转危为安时，欢乐之情，溢于言表，高唱《东方红》歌曲，还满怀激情兴奋地向周围同志讲述我党的历史，讲述我们付出了多么大的代价，走了多少曲折复杂的道路，才有了这样伟大的党中央，才有了这样英明的领袖。希望大家深切懂得和万分珍惜这种对中国人民说来是生死攸关的头等大事。岁月流逝，几十年过去了，但是当时彭总讲述这些情况时的动人神态，至今犹历历在目。回想起来，仍然十分激动。

“胜利，是人民的胜利。”彭总这位劳动人民忠诚的儿子，他总是把胜利和功劳归之于人民群众。延安、陕北，对我们许多老干部来说，是第二故乡，对彭总说来也是如此。他曾说：“这里是中央红军与陕北红军会师的地方，是党中央居住的老根据地。我们和人民群众在一起亲自建设这里的一草一木，创造了美好的生活。我们的血和汗洒遍了这里的每一个山头和每一条山沟。”这就充分表达出彭总对陕北、延安以及这里的人民群众，充满了发自内心的阶级之情。战争开始，形势严重，似乎是“黑云压城城欲摧”的时候，他满怀信心地指出：边区的一百五十万人民，就是一百五十万战斗员。敌人看起来强大，可是在人民群众面前，就显得微不足道。在会议上，或者在我俩交谈时，他不止一次分析过我军不可战胜这个问题，他总是强调：“紧密地依靠群众，这是我们胜利的根本。边区是个穷地方，但它是我们的铁桶江山。”事实确实如此，战争来了，一切都为战争。那时，我们每到一个地方，除了部署作战，就是找地方干部、群众和游击队员们了解情况，布置对敌斗争的事情，彭总总是和我一道，非常热情地给他们谈斗争形势，发给他们枪支弹药，以必胜的信念鼓舞他们坚持斗争。在党中央和毛主席的领导下，边区人民经过多年的艰苦奋斗，赢得了和平幸福的生活。可是，从和平环境转入了战争环境，开始时震动很大，但是仅仅两个月时间，就能适应对敌斗争的需要了。当时，所有的党政干部和青年都奔向战场，边区的男女老少紧急动员起来，配合我军英勇战斗，形成人民战争的汪洋大海。人民群众带路，运粮，抬担架，组织游击队，万众一心，以各种各样方式打击敌人，消灭敌人。敌人一动，群众立刻向我们报告，而敌人派出谍报侦察人员侦察，立刻被群众捉住送给我军。这样敌人就成为聋子和瞎子。有的群众被敌人捉住，他逃跑时还要设法打死敌人或者捞一件武器回来。敌人在全边区已占领的地方想成立伪政权，想组织“保警队”之类反动地方武装，以便巩固其统治和配合作战，可是敌人始终未能达到这一目的。由此可以看出，边区人民群众对党，对毛主席，对自己边区，对自己革命事业的正义性，怀着多么坚强的信念和强烈的思想感情。这无数至为感人的事实，使彭总深有感触，他说：“几十年来，我们党，我们军队，和陕北人民同甘共苦，建立起血肉不可分的联系。经过长征，我们人数很少了，到了陕北才得到休息和补充，后来打日本，这里成了我们的大后方。所以大家说，这里是我们落脚点和出发点。”青化砭战斗刚打完，敌人的飞机和援兵马上就来了。彭总命令我军立刻撤离公路，迅速转移，准备再战。我们大家站在高山上瞭望，只见每个山头上都有群众和游击队员的监视哨，敌人一动，他们就立刻发出信号，彭总兴奋地说：“这就是天罗地网噢！敌人弄不清我军为什么那么厉害，其实道理很简单，他们就是不懂。”后来他得到报告：有的群众因为不愿意暴露我军任何秘密，而被敌人砍了头。彭总听了这事，凝望着千山万岭，潸然泪下！刚打完蟠龙镇战斗，有几位老乡抬着一个重伤员走到司令部里来了。警卫人员大声喊叫，不让他们进来。彭总听了很气愤：“喊叫什么？这是一种野蛮行为，老乡们不知道冒着多大的生命危险才把伤员救下来，又不知道翻了多少山，走了多艰难的路程才赶到这里。你要是国民党司令部，用绳子捆着他们也拉不进来。”他让担架队员把担架抬到他的窑洞里，看了看伤员的伤势，又给每一位老乡倒一碗水，恭恭敬敬地递到他们手里，说：“老乡，伤员们忘不了你们，我们也忘不了你们。你们为革命立了大功劳。”然后派人把担架队员带到医院去。抬担架的老乡走后，他还久久地站在那里，望着他们走过的山间小径。一九四七年夏初，某旅一侦察员，因为严重地违犯群众纪律，造成极为恶劣的影响，已经决定枪毙。彭总愤怒地说：“从土地革命到现在，群众养活我们，支持我们，恩德如同父母，没有他们，哪有我们的今天？哪有什么胜利？可是有人竟然这样对待群众！”但是，他三番五次地看着那个报告，不忍签字。当他签了字后，把那报告摔到地上，跺着脚说：“这个侦察员，才二十三岁，现在犯了杀头罪！我们这些人是干什么的？”他喟然长叹，热泪纵横，周围的同志无不为之动容，无不感慨万端！

“胜利，是战士们的胜利。”彭总这位德威兼备、智勇双全的将军，他总是把胜利归功于站在斗争第一线的人民战士。他自己铭刻在心里的座右铭是：“学习劳动人民的正气、坚定勇敢和自我牺牲的精神。”他深沉严肃，不苟言笑，可是一听到战士们舍身忘我的英雄行为时，就很感动。他曾这样说过：“有些同志为了完成爆破任务，身绑炸药，自身与碉堡同时粉碎。这种英雄壮举，在我军中不是一起而是很多起。他们壮烈牺牲不是由于谁的命令，而是完全自觉自愿的行为。这些英雄为了人民事业粉身碎骨，这种英勇而光荣的自我牺牲精神，真是万世师表！”这出自肺腑的话语，最能表达彭总的崇高品德，是令人永远难以忘却的。记得我军刚退出延安在一次会议上，他听到汇报说，各部队的指战员听到放弃延安的消息，大家都哭了，要“誓死保卫党中央”、“誓死保卫毛主席”、“誓死保卫边区”。彭总深为所动。他说：“我们的战士深明大义，他们知道边区是我们的根本。他们懂得党中央和毛主席要在这里指挥全国的战争，新华社天天都要在这里广播。所以他们愿意作出一切牺牲。这正是我们要向他们学习的地方。”

“三战三捷”之后，我们刚住在一个小山沟里，有一副担架放在我们窑洞门口，一位伤员因为抢救不及时而流血很多。彭总听到以后很激动，他让人把担架抬到窑洞里，抱着伤员的头灌汤灌水。还说：“好同志，你要坚强。群众需要你们噢！”那位伤员挣扎着说：“你是彭老总领导下的好干部，你转告彭老总，我伤好了回来，一定好好作战。”已经把伤员抬走了，彭总还在那里自言自语地说：“没有他们的流血牺牲，阶级压迫的痛苦就永远不会结束噢！”西府战役[25]时，彭总看见三五九旅一个战士负了重伤，还爬着去赶部队。彭总问他伤这么重为什么不把机枪撂下走？战士说：我活着枪就不能丢。彭总立即给他洗脸、洗脚、包扎，然后派人把他抬到医院。以后好几年，他还经常给司令部的同志们讲述这个战士的忠诚感人的品德。看来，这些战士的英雄形象，是永远活在彭总心里的。

行军中，彭总有时静静地走在战士的行列里，听着他们的种种议论，同他们交谈，征求他们对领导上的意见。不认识的战士，以为他是政治机关的普通干部。在进军陇东的途中，看到战士们过河不方便，他就在水里搬石头垒起石头堆，让战士走过。在通过沙漠渴死人的时日，他把分给他的水让给战士喝。战士们看到这位上了年纪的人民解放军的副总司令，竟这样亲如手足地关怀他们，其激动的情怀是不难想象的。行军每到一个地方，他先看战士住好了没有，有时和参谋长挤到一个房子里，把房子腾出来给战士们住。看到饲养员没有房子住，他把司令部四科长叫来，说："白天我们骑马走，他走路。晚上我们睡觉，他喂牲口，这样的同志我们不关心他们，谁关心他们？眼里只看见首长，那是一种恶劣习气！"他对参谋、通讯员、警卫员、炊事员和所有在他身边工作的同志，都平等看待，和蔼可亲，问寒问暖。他不喝酒，不吸烟，除了下两盘象棋，没有任何个人嗜好。他把津贴省下来给小通讯员和警卫员买本子、买钢笔。"这些小同志是来革命的，他们是我们的阶级兄弟。"这就是出自他内心的朴素诚挚的语言。

四、崇高的品德

彭总出身贫苦，在旧社会，忍受过残酷的压迫、凌辱和饥饿。他的背微微有点驼，那是从幼年起给地主、资本家挖煤、担土压成那个样子的。旧世界的罪恶、不平、虚伪、污秽和尔虞我诈，使彭总心里深深地埋藏着对旧世界和剥削阶级的深仇大恨。他喜欢屈原的两句诗："路漫漫其修远兮，吾将上下而求索。"他说他自己是：前半生摸索人生道路，后半生才找到马克思列宁主义的真理。因此他觉得，最大的欢乐和幸福就是为革命献身，为真理献身，摧毁旧世界，建立新社会，甘愿为中国人民革命事业把自己的一切毫无保留地献出来。这就是为什么彭总对党、对同志、对战士、对人民那样尊敬和关切，那样满怀着赤诚与热爱的原因。

可是，彭总丝毫不关心自己，对自己很"苛刻"。他身居高位，但对特权却深恶痛绝，认为那是旧世界留给我们的最丑恶的东西。他常以"不忘本"来告诫自己。他总是拿战士和群众的生活水平来要求自己，觉得在艰苦的战斗中生活特殊是可耻的。的确，从生活方面也是可以充分地看到他赤胆忠心和鞠躬尽瘁的高尚人格。他的旧大衣,是从抗日战争时期的太行山带来的;他的衣服是补了又补;穿着陕北老乡做的厚布鞋;他的破洗脸盆用了七年还在继续使用;他骑着一头又瘦又乏的老骡子。蟠龙镇战斗中我们缴获了敌人很多高骡大马,同志们挑了一匹好马,要把彭总的“烂骡子”换下来。他断然拒绝:“烂骡子?陕北的贫雇农有几家能养起这样一头骡子?我彭德怀又有骡子,又有警卫员,抬脚动步就有许多银洋落地,拿人民的东西够多啰!”接着他就批评:我们有些同志,不是一打完仗就立刻考虑下一仗怎么打,而是比谁的马好,比谁的望远镜好,这是庸俗作风!然后他让后勤部把缴获的好骡马挑选出几头,驮上缴获的“洋面”,送给中央机关,其余的好马交给通讯员和侦察员去骑。司令部四科的同志们最作难,他们经常为了彭总的生活方面的问题向我“诉苦”说:管他吃饭难办,管他穿衣难办。就拿伙食来说,他吃的是小米饭、包米面、土豆丝、酸菜汤,就是这样,吃多少伙食钱,还要查账,多用公家一分钱也是不行的。要是超支了,他就问管伙食的人:“你家是什么成分?是地主富农资本家吧?要不然你从哪里弄这么多钱来花?”一九四七年夏天,部队通过大沙漠,在长城沿线休整。经过一场苦战和通过沙漠地带的艰苦行军,管理伙食的同志高高兴兴买了一些新上市的黄瓜,结果受到他的严厉批评:“战士们能吃到黄瓜吗?吃不到。那么,我们就应该吃吗?战争打得这样苦,二纵队过沙漠时就渴死了人,群众的负担也够重了,多浪费一分钱,我们也应当觉得惭愧!”沙家店战斗之前,已是初秋,长城内外夜里相当寒冷。司令部四科的同志看到彭总通夜站在窑洞里的地图下太冷,于是给他缝了个布门帘。彭总说:“部队有人连干粮袋都没有,还做什么门帘?我们要想着群众和战士正过着苦日子啊!”一九四八年秋季,在黄龙山麓作战,我们俘虏了不少敌人将校官员,彭总找来一个“中将军长”谈话。谈话完毕,警卫员端来一大盆面条,借来老乡的几个大粗瓷碗。彭总拿起个大粗碗舀面条,那位“中将军长”站在一旁不动,他惊讶地说:“早就听说彭副总司令生活简朴,万万想不到你就吃这样的饭!名不虚传,名不虚传!”彭总最厌恶那些拍马谄媚的人,他沉下脸,打量着那位“中将军长”,说:“这样的饭不好吗?中国老百姓吃不上这样饭的人有的是。我彭德怀能吃上这样的饭,证明我高高在上,特殊得很!你们这些达官显贵看到这样的饭大惊小怪,觉得难以下咽,这证明你们国民党腐朽透顶,注定要被人民打倒。”真是字字掷地作金石声啊!

“先天下之忧而忧,后天下之乐而乐”。我们的彭总光辉的一生就贯穿着这种感人至深的精神啊!

他生活方面如此简单,如此“清苦”,可是在思想、精神上,却非常富有。在万里征战中,他酷爱学习,首先是向伟大的中国革命的实践学习,向劳动人民学习,为劳动人民服务。用他的话说就是:“我们要像扫把一样供人民使用,而不要像泥菩萨一样让人民恭敬我们,称赞我们,抬高我们,害怕我们。菩萨看起来很威严、吓人,可是经不起一扫把打。扫把虽然是小物件,躺在屋角并不惹人注意,但是每一个家都离不了它。”这一席话,岂不是彭总全部战斗生活的最真切而深刻的写照吗?那时,我们行军打仗,住在任何一家老乡家里,他都像一个质朴的工人、农民或者老兵一样,和群众自自然然坐到一起交谈,群众哪里能想到他就是横扫千军、威震敌胆的彭大将军?“唯有英雄能本色”的话,说得何等好哇!战斗中,他除了公家发的被子、衣服和鞋袜之外,可以说身无长物。可是在那样艰苦的环境中,他总是在铁皮文件箱中装着马列和毛主席的著作、古代和现代的军事学著作、历史学著作、鲁迅[26]先生的作品以及其他我国古典文学名著。在深山的窑洞里,在平原上的茅舍里,在激烈的枪炮声中,在饥肠辘辘的日子里,他常秉烛夜读,手不释卷,“不知东方之既白”。他厌恶那些只会空喊政治口号而忽视提高技术水平的不学无术的人。他说:“鄙人是读了两年半书的‘大学生’,斗争这样艰苦、复杂,党的事业发展得这样快,不学习不行呀!”有时他骑在马上读书,有所领悟,就纵声大笑。有时他深有感触地说:“书上写得明白,不过任何一句话要变成自己的,可不容易啊!”他把从伟大的斗争生活中、从劳动人民身上和书本上学习到的东西,用来自觉地改造自己,使自己成为人民的勤务员和一个真正的共产主义战士。他说:“我做了些工作,可是也有不少错误、缺点。比如在西北战场,我们两次吃过马家骑兵的亏。人得有自知之明。可不能把自己看得了不起!我需要帮助,需要改造,因此,我希望和我一道工作的同志,敢于不顾情面地指出我的错误和缺点,这才能把事情办好。”的确,“人非圣贤,孰能无过”!在作战过程中,他有些主意出得不对,有些战斗没打好,有些事情你和他争执得脸红脖子粗,以致最后不得不报请党中央和毛主席解决。可是事实证明他错了,他就放弃自己的意见。他不仅从善如流,而且有错就改,光明磊落。他说:“‘吾日三省吾身’的老话,多少有些道理。即使做不到这一点,那么每星期、每个月,至少要拿出一天时间,切切实实反省一下:自己究竟给人民做了一些什么事?”他是这样说的,也是这样做的。他处理事情极快,解决问题极干脆。今天的事情决不拖到明天。重要电报、文件,他自己动手写。事实上,在他领导下,公文和电报极少。他每晚睡觉时总要坐在炕边沉思默想:今天做了些什么事情?

解决了哪些问题？哪些做对了？哪些做错了？他从来不进医院，不看病，也没有休息过。同志们知道他有胃病，劝他休息。他说："现在还不到休息的时候，没有完成任务，去了马克思也不要。到该休息的时候就休息了，这是自然规律。"他就是那种为了党的事业，把自己燃烧净尽、到死方休的人！他对己严，对人也严，特别是对干部，如果工作失职，他毫不客气给予批评甚至处分。他说过："我头上长着角，常常碰着人，使别人不高兴。"是的，他嫉恶如仇，刚正不阿，坦率爽直，说话绝不转弯抹角；对那些贪生怕死、工作不负责任的人，文过饰非或耍两面派的人，他严厉批评，毫不容情。正像陈赓将军曾经说过的一样："彭老总是暖水瓶，对人面冷内热！"是的，他对同志心里充满了阶级之情，充满了阶级之爱，能披肝沥胆，赤诚相见。因而同他一道工作的人，都喜爱他，尊敬他。

由于林彪[27]、"四人帮"[28]的疯狂迫害，彭总已含恨而逝。但他严于律己的种种言行，至今回忆起来，仍使我思潮汹涌，不能自已。一九四八年六月，西北野战军高级干部在黄龙山麓举行的一次会议上，我们敬爱的林伯渠[29]同志说过："彭德怀同志是有德可怀啊！"现在当盖棺论定的时候，我想，他之所以有德可怀，那是因为他无私无畏。他之所以无私无畏，那是因为他像我们那些老一辈无产阶级革命家一样，满心里装着人民群众啊！在这些老一辈无产阶级革命家身上，集中地体现了中国人民和中华民族的美德。

敬爱的彭总，你是不朽的。你曾经为之英勇奋战的中国人民，将会世世代代铭记着你的高大形象，传诵着你的战斗业绩，并以你为榜样，奋勇前进。

■注　释

[1]彭德怀,见本书《当好西北人民的勤务员》注[2]。

[2]长征,见本书《红日照亮了陕甘高原》注[1]。

[3]西征,见本书《红日照亮了陕甘高原》注[27]。

[4]晋绥,见本书《要注意克服土地改革中“左”的情绪》注[10]。

[5]陈赓(一九〇三——一九六一),湖南湘乡人。一九二二年加入中国共产党。一九二七年参加南昌起义。一九二八年起在上海参与主持中共中央特科情报工作,后任红四方面军四军十二师师长,红军第一军团一师师长,八路军一二九师三八六旅旅长,太岳军区司令员,太岳纵队司令员,晋冀鲁豫野战军第四纵队司令员,第二野战军第四兵团司令员兼政治委员。新中国成立后,任西南军区副司令员兼云南军区司令员,云南省人民政府主席,中国人民志愿军副司令员,中国人民解放军副总参谋长,国防部副部长。

[6]陕甘宁边区,见本书《关于关中分区的反磨擦问题》注[2]。

[7]胡宗南,见本书《陕甘宁边区形势及加强备战问题》注[7]。

[8]贺龙(一八九六——一九六九),湖南桑植人。一九二七年参加南昌起义,任总指挥,同年加入中国共产党。曾任中共湘西前敌委员会书记,红军第四军军长,红军第二军团总指挥,湘鄂川黔革命委员会主席和军区司令员,红军第二方面军总指挥,八路军一二〇师师长,晋西北军区司令员,晋绥军区司令员,西安市军事管制委员会主任,中共中央西北局第二书记,西北军区司令员。新中国成立后,任中央人民政府委员,中共中央西南局第三书记,西南军区司令员,西南军政委员会副主席,西南行政委员会副主席,人民革命军事委员会

副主席，国防委员会副主席，国务院副总理兼国家体育运动委员会主任，中共中央政治局委员，中共中央军委副主席。

[9]王震，见本书《红日照亮了陕甘高原》注[40]。

[10]敌二十二军，见本书《陕甘宁边区形势及加强备战问题》注[5]。

[11]马步芳，见本书《动员一切力量，为完成甘肃全省土地改革而斗争》注[2]。

[12]马鸿逵，见本书《动员一切力量，为完成甘肃全省土地改革而斗争》注[3]。

[13]三边，见本书《发展陕甘宁边区的生产》注[7]。

[14]弼时即任弼时，见本书《关于陕甘宁边区一九四八年的土地改革和整党工作》注[12]。

[15]阎锡山(一八八三——一九六〇)，山西五台河边村(今属定襄)人。辛亥革命后任山西都督，长期盘踞山西。曾任国民党山西省政府主席，太原绥靖公署主任，行政院院长。一九四九年去台湾。

[16]见本书《跟着毛泽东走就是胜利》注[14]。

[17]见本书《跟着毛泽东走就是胜利》注[15]。

[18]见本书《跟着毛泽东走就是胜利》注[16]。

[19]刘邓大军，是解放战争时期人民解放军的主力部队之一，刘伯承任司令员，邓小平任政治委员。它是由抗日战争时期八路军一二九师逐步发展而建立起来的。解放战争初期称晋冀鲁豫野战军，一九四八年五月改称中原野战军，一九四九年二月，改称第二野战军。一九五〇年四月中共中央决定撤销野战军和兵团番号，第二野战军所属部队归西南军区建制。

[20]见本书《跟着毛泽东走就是胜利》注[17]。

[21]刘志丹,见本书《关中党史简述》注[4]。

[22]抗日战争胜利后,蒋介石为了应付国内外和平民主的舆论,用“和谈”烟幕掩盖其内战和独裁行径,于一九四五年八月三次电邀毛泽东到重庆会谈。为了尽一切可能争取和平,并利用适当时机揭露美帝国主义和国民党反动派的阴谋,团结和教育广大人民,八月二十八日,毛泽东、周恩来、王若飞在国民党代表张治中和美国驻华大使赫尔利陪同下,从延安飞抵重庆,与蒋介石及其代表进行了长达四十三天的商谈。谈判中,蒋方坚持所谓“军令政令之统一”,拒不承认解放区,力图削弱人民军队。中国共产党为了争取和平民主,在不损害人民根本利益前提下,在解放区政权和人民军队问题上作了重要让步,但是未能取得一致意见。十月十日双方签订国共会谈纪要。十月十一日,毛泽东在张治中陪同下返回延安。周恩来等留在重庆继续同国民党商谈。这次谈判击破了美蒋反动派污蔑共产党不要和平、不要团结的谣言,揭露了他们假和平的阴谋。

[23]王明,见本书《红日照亮了陕甘高原》注[3]。

[24]古田会议,见本书《群众领袖,民族英雄》注[9]。

[25]西府战役,见本书《关于新解放区的工作问题》注[9]。

[26]鲁迅(一八八一——一九三六),原名周树人,浙江绍兴人。文学家、思想家、革命家。一九〇二年赴日本留学学医,后弃医从文。一九一八年五月,第一次以“鲁迅”为笔名发表白话小说《狂人日记》。曾参加《新青年》的编辑工作,领导新文化运动。先后在厦门大学、广州中山大学任教。一九三〇年参与发起成立中国左翼作家联盟。鲁

迅的作品包括杂文、短篇小说、评论、散文、翻译作品，对五四运动以后的中国文学产生了深刻的影响。

[27]林彪，见本书《落实知识分子政策，加强党对教育工作的领导》注[3]。

[28]“四人帮”，见本书《同心协力把广东工作做好》注[7]。

[29]林伯渠，见本书《红日照亮了陕甘高原》注[45]。

紧密结合实际，认真贯彻十一届五中全会精神*

（一九八〇年三月二十三日）

党的五中全会[1]着重解决了组织路线问题，对于加强和改善党的领导，从组织上保证党的政治路线和思想路线的贯彻，加快四个现代化建设的步伐，具有极为重要的意义。我们这次会议着重学习和讨论了这个问题，会议要求全省各级党组织、广大党员要认真学好五中全会的文件、决议、决定，领会会议精神，普遍深入地开展一次政治思想教育，采取措施，把我省各级党组织整顿好、建设好，使之适应全国形势的发展，适应我省四化建设的要求。

现在我讲几点意见。

（一）关于调整、充实各级领导核心，增强党的战斗力，提高工作效率的问题。

在这个问题上，中央给我们带了个好头，鼓舞了全党全军全国各族人民的信心，党中央政治局常委同志都教育全党要重视这个问题。他们语重心长地告诫我们，要注意交班和接班的问题。一方面对那

---

* 这是习仲勋在中共广东省委四届二次全会闭幕会上讲话的一部分。标题为编者所加。

些帮派体系人物一定要严肃处理，另一方面又必须从比较年轻的、身体比较好的、各方面表现比较好的同志里，选一批接班人。如果能够花三五年时间解决这么一个大问题，我们的事业就会越来越有希望。越往后，我们的各级领导班子越要更年轻一些。从我省各级领导班子的现状看来，年龄都超出党章草案的要求。党章修改草案提出省委常委平均年龄应当在五十到六十岁之间，我们省委常委现在的平均年龄是六十四点三岁；地委常委平均年龄规定不超过五十岁，我们省的地委常委现在平均年龄是五十六点二岁；县委常委平均年龄规定不超过四十五岁，我们省的县委常委现在平均年龄是四十九岁。都超过最高限度。按小平同志的说法，这都是不光彩的。这就说明各级党委都要把选拔优秀的中青年干部，作为党的建设的一项十分紧迫而又重要的战略任务来抓。

搞好各级领导班子的建设，挑选好接班人，不光是个年龄问题，而是要精心培养和选拔那些坚决拥护党的政治路线和思想路线，大公无私，坚持党性，有独立工作能力的比较年轻的干部，形成能够领导四化建设的坚强的领导集体。这件事，上下都要做，而首先在公社和县、市要先动起来，主要的应先从县上做起，使班子年轻化，并把优秀的干部输送到上一级领导班子里去。

现在，我们在选拔、配备干部方面，违反党的组织路线和组织原则的现象还不是个别的。在有的地方、部门和单位，以派作为标准来选拔、使用干部，“明无山头暗有礁”，派性的“幽灵”不散。有的是亲一部分人，疏一部分人，拉拢一部分人，排斥一部分人，抬一部分人，压一部分人，甚至把干部当成私人财产，培植个人势力。这些东西同无产阶级的党性原则是根本对立的。我们党是工人阶级的先进部队，不是封建帮会[2]，绝不容许在党内搞小圈子，搞宗派活动。一定要同这些现象进行不懈的斗争。对于那些坚持搞派性、搞个人势力又屡教不改的人，要严肃地采取纪律措施，不能让这种人进领导班子，已经进了的要坚决撤下来。本来，我们在干部路线问题上，应该搞五湖四海，不应该存在什么亲和疏的问题。但在实际生活中，或者由于工作历史，或者由于作风、兴趣，存在着“亲”和“疏”的实际状况。我们对于亲的同志，因为比较了解他，应该要求更严格一些；对于所谓疏（也就是不大了解）的同志，更应该关怀他们，想到他们，照顾他们，团结他们。这些问题的存在，应该说，同我们领导部门调查研究不够、掌握情况不够、坚持原则不够，也有一定的关系，致使一些人的问题或者没有发现，或者发现了，人家揭发了，也不严肃处理，不了了之。这方面，省委有责任。因此，我们在干部工作上，要下决心改变作风，经常走出去，在群众中了解干部，在工作中考察干部，严格要求干部，又关心干部。同时，要加强组织部门的建设，真正挑选一些党性强、有能力、同干部联系密切、在群众中享有威望的同志充实组织部门。现在我们强调的接班，是集体接班，中央提出了在三五年内解决这个大问题的要求。我们省里面也应该提出一个具体的奋斗目标。省委要带个好头。要做到这一点，就要立即动手，作出规划，逐步实现。

目前，在班子建设方面马上能做的，就要立即着手去做。

比如说，我们省委可以把一些比较年轻的优秀干部放到第一线，处理日常的重大事情，使得常委从繁琐的会议中解放出来，集中精力考虑主要问题，经常下去，多作调查研究。书记们实行集体办公，改变事事画圈圈来解决问题的办法。常委会一般半个月举行一次，不要事无巨细都拿到常委会来讨论。为了发挥政府的作用，政府的一些重大问题，拿到省政府党组去解决。那些不担任省委常委的副省长，不必每次都列席省委常委会，必要时请有关的同志参加。总之，核心领导机构就应该真正发挥核心作用，就应该做到精干、高效能，雷厉风行，解决问题要快要果断。如果要达到这样的要求，领导班子的人数就不宜太多。另外，同志们批评省委下去少了，这个意见很对、很好，我们诚恳接受，努力改进。

又比如，现在我们机构臃肿、人浮于事的现象也很严重。领导班子人员成班成排的现象相当普遍。省直有的部委办局，正副职多达十六人，有的地市委常委多达二十四人，正副书记达十二人。像这样的领导班子，力量互相抵消，怎么可能有工作的高效率呢？实践证明，在领导班子中不是人多好办事，而是人多办事难。当然，这些都是省委和各级党委通过任命的，解决这些问题也要靠省委和各级党委。这些问题讲过多次，还没有认真着手解决。组织部和人事部门要通过调查，进行试点，研究出一个解决的办法；今年应当在一定程度上或者在一部分部门和地区，把这个问题解决好。

再比如，在现有领导班子中，那些打砸抢分子，靠造反起家的，至今还没有显著的悔改表现，群众意见很大的，该处理的应该马上处理。革命意志严重衰退，根本不做什么工作的，应结合各级党代会的召开，进行适当处理。要特别强调一下，对那些“小舰队”[3]，决不能手软。

在调整、充实领导班子中，我们老同志负有重要责任。在五中全会上，小平同志就讲过，我们老同志还可以起作用嘛，这次放炮还不是老同志放炮？而且放得很好，一样可以起作用。这说明，我们的老同志是敢于战斗，而且善于战斗的。但是，年龄不饶人，这是个规律。我自己就感觉到，人过了六十岁，精力一年不如一年。人要是过了七十岁，可能就会一月不如一月，过了八十岁就会一天不如一天了。我这是就总的趋势来讲的，并不是说每个人都是如此。但生命总是从诞生、成长到衰老、死亡的。我们的老同志要尊重这个客观规律，要胸怀全局，珍惜时间，从党的长远利益出发，考虑交班接班问题，满腔热情地为党认真物色和负责推荐确实优秀的年轻干部，把他们放到第一线去培养、锻炼。该交班时，主动交班；能交班时，及早交班。老同志自己也要保重身体，就像叶帅[4]讲的，“老骥仍将万里行”，有一分热，发一分光，尽量为党多做一些工作。老干部退居第二线，并不意味着这是思想退坡，而是责任更重大。我们有个想法，除了党章草案关于如何安排老干部的规定以外，还可以增加一个办法，把一部分老同志组成巡视团，做一些力所能及的调查研究，听取群众的意见，发挥他们同群众有密切联系的长处，以利于加强党和群众的联系，解决一些群众中的问题。总之，我们的老同志要把培养接班人的问题看作是使我们党兴旺发达、后继有人的战略任务，满腔热情地去做好它。

（二）各级领导干部带头执行《准则》[5]，把党纪党风整顿好，这是党内外群众对我们的热切期望，是提高我们党的战斗力的根本条件。

这次公布的《准则》，是经过党内上上下下反复讨论、修改出来的。其中第一条就是坚持党的政治路线和思想路线。坚持正确的政治路线和思想路线，必须反对两种错误的思想倾向。一是要反对思想僵化，反对一切从本本出发。二是要反对和批判否定社会主义道路，否定无产阶级专政，否定党的领导，否定马列主义、毛泽东思想的错误观点和修正主义思潮。党的各级组织、各部门，每一个共产党员，都要自觉地、坚定不移地执行党的政治路线和组织路线。领导干部更要带头执行。对党的路线和党的领导采取对抗、消极抵制或阳奉阴违的两面派态度，是党的纪律所不容许的。过去一提到违反党纪，有的人往往理解为只是生活作风上的一些问题，比如违法乱纪、贪污盗窃、道德败坏等，而没有看到不执行党的路线、方针、政策和决议，甚至向党外发表对抗党的路线、方针、政策、决议和基本政治立场的言论，参加党外的非法组织，在党内组织秘密集团，进行派别活动等，更是严重的违反党纪。比如我们的一级党委作出的决议，作为党委的委员，可以向同级党委和上级党委提出不同意见，也可以保留自己的意见，但不能在党委没有改变这个决议之前拒不执行决议，也不能够在下面干部或群众中散布反对的言论，至于煽动群众来反对党委的决议，更是党的组织原则和党的纪律所不能容许的。

《准则》中提到的坚持集体领导，反对个人专断；发扬党内民主，正确对待不同意见；保障党员的权利不受侵犯，接受党和群众的监督，不准搞特权等，这些都是党内生活的起码准则，但是我们有的领导干部却自觉或不自觉地违反这些准则。比如，有的党员干部向上级机关反映了他那个地方工作中确实存在的一些问题，或对某些领导人的意见，这些意见并得到上级党委的赞许和支持，而那里的领导干部却采取各种办法刁难、批判人家，甚至于进行公开的打击报复。这就很错误了。在我们党内的民主生活不健全的情况下，那些从善意出发，敢于向领导提出批评意见的同志，他们维护党的利益的精神，是十分可贵的，即使意见不那么准确，也应该满腔热情地对他们采取帮助、爱护的态度，对他们进行教育。能不能用平等的态度对待同志，特别是对待下级和群众，这对领导干部来说，是一个原则问题。

要平等待人，不要拒人于千里之外。当然，我们也要注意有极少数人专门进行捣乱，以群众来信的面目写控告信，无中生有，颠倒是非，陷害、诬告好同志。对这些别有用心的人，必须提高警惕，情节恶劣的，要依法严肃处理。

《准则》和党章修改草案，以及中央领导同志讲话中，都提到领导干部要克服特殊化的问题。特殊化，群众非常反感，议论很多，它严重地损害党群关系，伤害党的威望，挫伤群众搞四化的积极性，必须加以克服。对情节严重、群众非常愤慨的，要揭露，要处理，以教育全党。我们的党员，特别是领导干部，更要自觉地保持和发扬党的艰苦奋斗的优良传统，保持同人民群众同甘共苦的政治本色；要自觉地遵守《准则》和党章的规定，接受党和群众的监督，不搞特权。在这方面，我们已经有很多好的事例。但是，应当承认，我们在这方面存在的问题还是很严重的。群众反映比较大的，有以下一些：有的不仅房子占得多，住得好，而且还在不断地"锦上添花"；有的利用地位、职权、关系，对自己的老婆、子女、亲友的工作作特殊的安排，生活上作特殊的照顾；滥批农村人口进城，安插工作；有的利用职权，以"试用"、"试看"、"试听"、"试吃"、"试穿"为名，多吃多占，化公为私，等等。关于干部生活待遇问题，中央和国务院去年发了八十三号文件[6]，今年又发了六号文件[7]，省委去年也发了一〇二号文件，最近还准备再作一些具体规定。现在是有章可循，并不是无章可循，就看是不是付诸实践的问题。我们要迅速行动起来，自觉地遵守执行。各级党政领导和纪检部门要认真督促检查，对违反规定的要管。

为了维护党的集中统一，维护党的纪律，每个共产党员和党的干部，都必须按照党的利益高于一切的原则来处理个人问题，自觉地服从党组织对自己工作的分配、调动和安排。现在有的同志并不是这样：能上不能下；怕艰苦，图安逸；留恋大城市；工作挑肥拣瘦；伸手向党要官，等等，已经成了相当严重的现象，必须坚决克服。当然，我们在调动干部的时候，应当考虑干部的具体情况；干部本人如果认为工作分配不适当，也可以提出意见，但经过党组织考虑作出最后决定时，必须服从。在调整、充实各级领导班子的过程中，总是会有一些人上上下下、进进出出，我们都应该以党的利益为重，多想一点国家的事，多想一点群众的事，不能只想自己的事。现在，有的同志，在工作分配问题上，个人利益第一，领导谈话多少次，大道理小道理，就是解决不了他的歪道理。服从组织分配，这是一个共产党员应当具有的起码条件，现在连这个也成了问题，可见党的组织纪律被破坏到了多么严重的程度！

关于防止和抵制资产阶级生活方式和思想影响的问题，去年以来，省委多次严肃地向全党提出了这个问题，敲了警钟，对个别人严重违反外事纪律，受贿收礼，送子女去港澳，甚至逃港，进行了严肃处理。在这方面，应该说有一些改进。但是，这个问题对广东的干部来讲，是一个经常的、需要不断注意解决的问题。目前这股歪风并没有完全刹住，在全国甚至对海外都造成了极坏的影响，给我们广东抹了黑，丢了脸，如果弄不好，我们在经济建设方面还没有先走一步，却在向往、追求资产阶级生活方式方面先走了一步。我们要切记叶帅的告诫，广东搞好了确实可以带动全国，搞不好会拖四化建设的后腿。

《准则》和党章修改草案，是我们必须遵循的党规党法。各级党组织要以这些为主要教材，采取办党校、办轮训班以及基层党支部采用“小整风”等各种形式，进行一次增强党性，整顿党风，严肃党纪，加强党的建设的教育。全体党员、干部都要按照《准则》的要求，联系自己的工作实际和思想实际，认真学习，对照检查，查思想、查工作、查作风、查纪律，找出差距，订出改进措施，坚决贯彻执行。至于组织整顿，除了瘫痪了的党支部要迅速进行外，今年不搞。

这里，我讲一下加强党的纪律检查工作的问题。省纪律检查委员会第二次全会同省委这次全会同时举行，这也是一次很重要的会议。对于党的纪律检查工作，黄克诚[8]同志曾经把它比喻为保健护士，就是要通过督促检查党的干部和党员执行党规党法，以保证我们党的肌体的健康，增强党的战斗力。林彪[9]、“四人帮”[10]对我们党的破坏极为严重，对这点要有足够的估计。黄克诚同志在中央纪律检查委员会的讲话中，讲到林彪、“四人帮”把我们的党、我们的国家、我们的军队、我们的人民都搞得够苦的了，“现在，我们党同一个人害了一场大病之后一样，这场病害得很重，头脑、五官、四肢、五脏、六腑、神经，连细胞都受到了影响”。我看这是符合实际的，不是危言耸听。五中全会紧紧抓住加强党的领导、改善党的领导、提高党的战斗力这一主题，完全正确，十分重要。其中，很重要的一条，就是要加强党的纪律检查工作。这次省纪律检查委员会根据中纪委的部署，结合我省的情况，提出今年省纪委在开展纪律检查工作中，要着重检查以下一些问题：违抗党的三中全会[11]以来的路线、方针、政策和省委的重大决策；无组织，无纪律，拉势力，闹派性，搞无政府主义，破坏安定团结和党的集中统一；有法不依，利用职权，搞严重特殊化；违背集体领导的原则，官僚主义，独断专行，破坏民主集中制；在对外经济活动中，不守纪律，营私舞弊，受贿勒索，出卖情报；违反规定，损公肥私，滥发奖金，大肆挥霍浪费，严重违反财经纪律，或不负责任，造成国家和人民生命财产的重大损失等案件。同时，对压制民主、打击报复，侵犯人权，破坏社会主义民主和法制，以及内外勾结，组织走私、偷渡、引渡等违法乱纪行为，也要抓住典型，严肃处理。我看这样做是完全必要的。今后党的纪律检查工作要加强，纪委会自身的建设首先要搞好。

■注　释

[1]五中全会，即一九八〇年二月二十三日至二十九日在北京召开的中国共产党第十一届中央委员会第五次全体会议。会议的主要议题是加强和改善党的领导，提高党的战斗力。全会决定重新设立中央书记处，讨论通过了《关于党内政治生活的若干准则》，讨论了《中国共产党章程（修改草案）》，通过了《关于召开党的第十二次全国代表大会的决议》，通过了《关于为刘少奇同志平反的决议》，并决定向全国人民代表大会建议修改宪法第四十五条，取消公民“有运用‘大鸣、大放、大辩论、大字报’的权利”的规定。

[2]帮会，见本书《依靠和团结职工办好人民铁路》注[1]。

[3]“小舰队”是林彪的儿子、空军司令部办公室副主任兼作战部副部长林立果在一九七〇年中共九届二中全会后组建的策划发动反革命政变的秘密组织。这里泛指在“文化大革命”中，搞打砸抢、拉帮结派、进行破坏活动的小集团。

[4]叶帅即叶剑英，见本书《同心协力把广东工作做好》注[3]。

[5]即《关于党内政治生活的若干准则》。一九八〇年二月中共

十一届五中全会通过，提出坚持党的政治路线和思想路线；坚持集体领导，反对个人专断；维护党的集中统一，严格遵守党的纪律；坚持党性，根绝派性；要讲真话，言行一致；发扬党内民主，正确对待不同意见；保障党员的权利不受侵犯；选举要充分体现选举人的意志；接受党和群众的监督，不准搞特权等十二条规定。

[6]即中共中央、国务院下发的《关于高级干部生活待遇的若干规定》。

[7]即中共中央、国务院下发的《关于节约非生产性开支、反对浪费的通知》。

[8]黄克诚（一九〇二——一九八六），湖南永兴人。一九二五年加入中国共产党。曾任红三军团第四师政治委员，八路军总政治部组织部长，新四军第三师师长兼政治委员，苏北军区司令员兼政治委员，东北民主联军副司令员兼后勤司令员，冀察热辽分局书记兼军区政治委员，天津市军管会主任，中共天津市委书记。新中国成立后，任中共湖南省委书记，人民解放军副总参谋长兼总后勤部部长，中共中央军委秘书长，国防部副部长，人民解放军总参谋长。一九五九年被错误批判。一九七八年后彻底平反，恢复名誉。后被选为中共中央纪律检查委员会常务书记、第二书记。

[9]林彪，见本书《落实知识分子政策，加强党对教育工作的领导》注[3]。

[10]“四人帮”，见本书《同心协力把广东工作做好》注[7]。

[11]三中全会，即中共十一届三中全会，见本书《在肇庆地委常委扩大会议上的讲话》注[2]。

关于加强和改善部队政治工作的几点意见*

（一九八〇年六月二日）

中国人民解放军是英雄的部队，是人民的子弟兵，历来是重视政治工作的。在十年动乱中，林彪[1]、“四人帮”[2]对部队政治工作破坏很严重。粉碎“四人帮”以来，我们广州部队和全国其他部队一样，政治工作和其他工作都是有成绩的。但是，也要看到，正如地方工作一样，我们部队除了成绩是主要的以外，还存在许多问题，既有过去遗留下来的问题，也有新产生的问题。这些问题的解决，都要求我们加强和改善部队政治工作。

一、部队政治工作就是党的工作

为什么要设政治机关？为什么要设政治委员制度？主要因为它是代表党和国家的，是为了保证党和国家的路线、方针、政策、法律、法令的贯彻执行。要加强和改善部队政治工作，最根本的是要继续坚决贯彻五中全会[3]精神，用五中全会精神来统帅政治工作，改进政治工作，达到加强党的领导，保证党的路线、方针、政策的贯彻执行，搞好部队建设的目的。我们党历来是强调党指挥枪的原则的。我们

* 这是习仲勋在广州军区政治工作会议上讲话的一部分。

部队的每个指战员，特别是政治工作人员，必须十分明确、十分自觉地把贯彻党中央的路线、方针、政策作为自己的最重要的任务。这同贯彻中央军委的指示是完全一致的。五中全会以后，我们部队对贯彻五中全会精神是积极的，做了大量工作，但还只是开始，要继续抓下去，要贯穿到部队的各项工作中去。比如贯彻执行《准则》[4]，现在部队也好、地方也好，都还刚刚开始，要真正贯彻得好，并不是容易的。这就要求我们的政治工作必须深入细致地去做。首先领导机关要带头，领导干部要带头，共产党员要带头，逐步形成一个好的风气。

还要估计到，对五中全会精神，并不是所有的人都坚决拥护的。还有极少数反对的势力。据我个人的看法，有三种人。一种人就是林彪、“四人帮”的残余势力，他们反对现在中央的路线。第二种人是“文化大革命”中造反的那些青年，有一部分人，在“文化大革命”中没捞到东西，现在千方百计地反对党的路线，甚至企图组织另一个政党。目前，这批人已经转入地下，他们彼此都有联系，不是一个广东省。这里，我顺便讲一下，我觉得我们部队的保卫工作很弱，不了解社会情况，不了解敌人在搞什么。要改变这种状况，要加强这方面的工作。现在，敌人千万只眼睛在瞅着我们，派了很多人来搞我们，甚至通过我们的家属、子女，利用一些小恩小惠，把我们不少机密都搞走了。这个问题很重要。所以，政治工作要加强、改进，首先要把要害部门加强起来，干部部门、组织部门、宣传部门的工作都要加强，像过去那样一般地做，不能适应今天的新形势。第三种人，就是在过去，在“文化大革命”中犯了错误，受了处分的同志，心怀不满。有些人认识了，转变很好，对这些同志组织上照样信任和重用。但是，有些人心怀不满，对中央现在的路线，对五中全会并不是那样满意，有的甚至咬牙切齿。当然这只是极少数，但能量很大，不可低估。所以部队政治工作的首要任务，就是要排除障碍，坚决贯彻党的路线。

二、要把我军政治工作的优良传统恢复起来

必须认识到，林彪、“四人帮”对我军政治工作的破坏是十分严重的，我军的威信和声望比过去大大降低了。三年多来，我们抓党风党纪，经历了几个历程：开始提倡实事求是，然后提出解放思想，去年抓了反对特殊化，中央发了八十三号文件[5]，五中全会又通过了《关于党内政治生活的若干准则》，印发了党章修改草案。这样一步步地走过来，现在，我们的党风确实有比较显著的好转，我军的威望也大大地提高了。但是另一方面，我党和我军的威信和声望，在国际上，在国内人民当中，都还远远没有恢复。粉碎“四人帮”以后，拨乱反正，现在部队的政治工作比十年动乱中好得多，但是问题还没有完全解决，还经常可以感觉到十年破坏遗留下来的问题，障碍着我们更好地前进。所以很有必要强调恢复我军政治工作的优良传统，清除林彪、“四人帮”的流毒。好作风，形成不容易，破坏却很容易。破坏了要恢复，也不是那么容易。要年年抓，月月抓，才能把部队的优良传统作风恢复起来，发扬光大。

对于林彪、“四人帮”对我军政治工作的严重破坏，大家的看法是否很一致呢？或者对破坏的严重性的认识是否很够了呢？我看不一定。原因是：(一)由于林彪、“四人帮”的长期破坏，影响太深了，许多同志对这种情况估计不足。(二)有些老同志对过去的老传统淡薄了，甚至忘记了，新同志又不熟悉，分辨不清什么是正确的，什么是错误的。(三)这几年来，拨乱反正，要解决的问题很多，对如何恢复老

传统，改善部队政治工作，抓得不够紧，因而有些同志感到好像问题不大，甚至还有人有委屈抱怨情绪。现在，我们许多老同志都还在，就是要注意引导，把部队的老传统、好作风恢复和发扬起来。当然，现在已经进入八十年代，工作重点转移到搞四化建设上了，同时又是经过十年浩劫之后，有许多新情况、新问题，我们在做政治工作时，必须注意这点。但是，我军政治工作的基本原则和方法，并没有变，也不应当改变，只是要同新的情况结合起来就是了。

就我们部队内部来说，要发扬官爱兵、兵爱官，官兵一致的好传统，上下级之间、同志之间要互相爱护，互相尊重。要发扬民主。最近我看了战士话剧团演出的话剧《欧阳海[6]》，感到很好，也感触很深。这是根据小说《欧阳海之歌》改编的，这本书是一部部队政治工作的教科书。演这出戏就是做政治工作。这个戏反映了我们部队政治工作的优良传统，对比之下，我们现在就差得多了。我们现在就是要大力恢复和发扬话剧《欧阳海》所反映和歌颂的我军政治工作的那些传统作风。要使我们的部队做到团结、紧张、严肃、活泼，打破死气沉沉的那一套。要大唱革命歌曲，使部队活跃起来。

就我们部队同群众的关系来说，要处理好军政、军民关系，真正做到军爱民、民拥军。十年动乱中，对军民、军政关系的破坏太严重了，要恢复过去那样的关系，需要双方都来做很多工作。作为我们部队的同志，做政治工作的同志，要自觉地做好这方面的工作。作为地方的同志，也要拿出很大的精力，做好这方面的工作。两方面都严格要求自己。“文化大革命”中有些遗留问题未处理好的，要认真处理好。

政治工作不光政治工作机关要做，其他机关也要做，其他同志也要做,大家都来做。我们做军事工作的同志,如果他不做政治工作,就不是一个好的军事干部;我们做后勤工作的同志,如果他不做政治工作,就不是一个好的后勤干部。

政治工作干部一定要讲原则,政治机关一定要讲原则,不能搞邪门歪道。这就是说,对政治工作人员本身也要做政治工作。政治工作干部的觉悟应该更高些,对自己的要求应该更严些。

政治工作要深入连队,深入到战士中去,了解实际,了解战士。我们的战士,绝大多数是好的。有一种说法,现在的年轻人是“生在红旗下,长在动乱中”,这是符合实际的。这就使得年轻人有受无政府主义、“造反有理”那一套影响的不好的一面,但他们又有对事物敏感,敢想敢说,文化水平、理解能力比较强的好的一面。到底能不能把这样的兵带好,就看领导上是否教育引导得好,也就是能否恢复我军政治工作的老传统,热情地、耐心地、有针对性地去启发教育他们,发挥他们的长处,克服他们的短处,带领他们前进。这就要求我们的政治工作人员必须学会做群众工作,学会正确处理人民内部矛盾。

三、搞好部队政治工作,一定要加强党的领导

这次全军各大单位政治部主任会议,根据党的五中全会和军委常委扩大会议精神,着重研究了在军队中加强党的建设、提高党的战斗力问题。这个问题抓得准,抓得好,确实是抓住了当前政治工作的关键,也是抓住了现代化革命军队建设的关键。

(一)加强党的领导首先要整顿和调整好各级领导班子。

现在领导班子中最突出的问题,是普遍年龄偏大,迫切需要选拔一批比较年轻的优秀干部来接班。军队要准备打仗,各级领导干部

在年龄上应比地方要求更严格一些，更年轻一些。这个问题，我们要想得深一点，想得远一点，否则会失掉时机，贻误我们的事业。

加强领导班子，要全面安排，统筹兼顾。一是要大胆选拔一大批年富力强的、坚持党的路线的、有专业知识和本领的、有培养前途的干部充实到各级各方面的领导班子中来。二是要认真负责地妥善安排一大批对党和人民有贡献的年老体弱的同志，退居到第二线或第三线，使他们既能延年益寿，又能更好地发挥传帮带的作用。三是要正确地解决经过三年多的考验，证明难以称职的同志的工作调整问题，让他们到合适的岗位上去，并且真诚地帮助他们继续进步。这三个问题是相互关联的，实际上是一个问题，就是怎么样把领导班子解决好。

调整领导班子的任务，是干部结构上的一项重大改革。正如任何改革都会引起各种不同看法一样，干部问题上的改革，也会引起各种不同的认识。但是，符合历史发展需要的改革，必然会得到绝大多数群众的赞同和拥护。所以，要实现这三项任务，既要树立起充分的信心，又要看到会遇到的困难，要充分估计到工作中的艰巨性。因此，各级党委除了首先要提高领导干部的思想认识外，还要在广大的党员、干部、群众中广为宣传，大造舆论，讲清道理，提高认识。

关于选拔优秀青年干部的问题，一是要解放思想，二是要大胆。毛主席一九四九年当国家主席是五十五岁，周恩来同志当总理是五十一岁，少奇同志当党的副主席是五十岁，小平同志一九五六年当总书记是五十二岁。在座的很多老同志，也是在很年轻的时候，就担任了很重要的工作。解放军是个大学校，有很多人才，思想解放了，干部就有了。不要担心年轻干部上来拿不起来工作。拿不起来，可以趁老同志健在的时候，进行帮助。也不要怕他犯错误，要允许他犯错误，犯错误是避免不了的，犯了错误老同志要及时帮助他。要给他担子挑，他开始只能挑八十斤，过些时候就能挑一百斤，再过些时候就可以挑一百二十斤、一百五十斤。陕北叫“压马”，马也是压出来的，你把它压一压就压出来了。我们过去开始革命的时候，是很年轻的嘛，是毛孩子嘛！但事情压在身上，他就要想办法，革命不想办法还行呀！住学校是个学习培养的办法，但不是唯一的办法，主要是在实际工作中去做，毛主席说在战争中学会战争，我们要在工作中学会工作。也不要怕选错，选错了不要紧，还可以调整，选一百个，有十个八个不合格，成绩还是主要的。

关于安排年老体弱的同志，特别要注意两条。一是在政治上要充分尊重他们。老同志、顾问同志有经验，应当尊重他们，发挥他们传帮带的作用，有些重大问题应请他们出主意，有的常委会请他们参加。二是在生活上要充分照顾他们，甚至比在职的还要多照顾一点。对老同志绝对不能嫌弃，绝对不能把他们当作包袱。

关于解决难以胜任现职的干部的调整问题，要注意给他们分配适当的工作，并且继续给以帮助。对于什么叫不称职，要有个界限。有些人中毒很深，直到现在还不改正，就属于这一类。

（二）要加强团结。

由于林彪、“四人帮”的破坏，我们党内的团结遭到极大破坏，造成了上下之间、同志之间的许多隔阂。我们现在处理许多问题，有一个很重要的指导思想，就是促进各方面的团结。处理历史遗留问题，既要分清是非，又要十分细致谨慎，宜粗不宜细，宜宽不宜严。中央的意图，对“四人帮”是要审判的，要判刑的，但又一个不杀，不是他们没有杀头之罪。对极少数林彪、“四人帮”的骨干，罪行重大的，也要判刑，要开除党籍的。但对绝大部分犯了错误甚至是犯了严重错误的人，要采取教育的方法。只要我们的政策正确，方法对头，他们是可以转化的。凡是变好了的同志，都要真心实意地欢迎他们。由于林彪篡党夺权是首先抓军队，所以部队的许多同志或多或少都执行了他那条路线，这就要用正确的、慎重的态度对待这些同志，帮助他们改正错误，团结起来。毛主席讲的“五湖四海”，应该包括犯过严重错误而又真正愿意改正的同志。不然，那个“五湖四海”就不够完全。这是我们党的老传统，是党兴旺发达的一个标志。

另一方面，犯了错误的同志，也应该把自己的问题说清楚，做个了结。要从中总结经验，吸取教训，提高觉悟。你有错误说出来好嘛，能取得大家的谅解，在重大问题上，你说清楚了，就是为人民立了功。我们每个同志都应该有这个觉悟。我们就是要搞五湖四海，我们军区党委也好，政治机关也好，都要搞五湖四海，不能偏袒哪一部分干部，又不喜欢哪一些干部，不能那样搞。只能从工作上，从本人的党性上来考虑，不能因为别的，即使他骂了我，过去整过我，今天他觉悟了，就应该团结。我就团结了好多这样的人。应该正确对待揭批查，正确对待同志们提出的意见。对于犯了严重错误而又长期不觉悟，长期耿耿于怀而顽固抵赖的人，也要有个是非，不能提拔，不能重用。不然，我们就得罪了群众，失掉了群众的信任、支持，这对党不利，对犯错误的同志本人也没有好处。

要坚决克服派性，增强党性。同时，在干部问题上，应该坚持党的原则，反对搞圈圈，搞亲亲疏疏的关系。应该是亲者疏，疏者亲；亲者严，疏者宽。

（三）要认真纠正不正之风。

不正之风的滋长，不但严重地损害了党的威信，削弱了党的战斗力，而且给整个社会风气带来不良影响。少数干部的生活特殊化，利用职权、走后门安排子女亲属的工作，违犯政府法令走私套汇等等不正之风，引起了群众、干部的强烈不满。对这个问题，应该引起我们的足够重视。我们要有决心，采取强有力的措施，制止和纠正不正之风，全面恢复和发扬党的优良传统。

纠正不正之风，也要领导带头。领导带了头，就有资格教育其他同志。我们每一个领导同志，都不能脱离群众，做官当老爷，而要当人民的勤务员，做人民的公仆，为人民服务。我名为第一政治委员、第一书记，但实际工作我是委托而且请求吴克华[7]同志来主持，我只是帮他一点忙，希望大家支持他的工作。人常说，一个好汉三个帮嘛，红花虽好，还要绿叶扶持嘛。

现在我们学习《关于党内政治生活的若干准则》和党章修改草案，要结合实际学习，结合部队英雄模范人物的先进事迹学习。我们广州部队，在各方面都有许多先进的人物和单位，应多总结、表扬、推广他们的经验。学习不结合实际，是没有什么用处的，也是学不好的。“四人帮”搞的所谓政治思想工作，是靠大批判开路，叫作七斗、八斗。现在，有的同志一谈政治思想工作，就只是上党课。上党课只是一种方法。讲党课如果不结合实际，没有针对性，不如不讲。要讲就要讲出效果。应当结合实际，对照检查，用小整风的方法，总结经验教训，端正思想路线，纠正不正之风。

（四）要讲究工作艺术，改进领导方法和工作方法。

改进工作方法的问题，是实现政治任务，培养人才的重大问题。

工作方法对不对头，与思想方法对不对头有密切的关系。落后的工作方法，也是一种落后的思想方法的反映。我看有四个关系问题，要注意解决好：

第一，要很好地解决认识事物的共同性和特殊性的关系问题。认识事物不能从概念出发，而要从实际情况出发；要先认识事物的特殊性，然后才能真正认识事物的普遍性，也就是真正掌握事物的共同的本质。我们部队工作，就要深入连队，深入实际，解剖典型，总结经验，推动全盘。对于上级的指示，不能照抄照转，照搬照套，而必须结合实际，研究贯彻。只有把立脚点放在研究事物的特殊性上，从实际出发，才能正确解决自己所在单位的问题，工作才能做好，工作效率才能提高。

第二，要弄清楚统一和独立、集中和分散的关系。集中与分散，统一与独立，是辩证的关系。军队是高度集中的，但在集中的前提下，也要有根据各个单位不同的具体情况作出不同决定的机动权力。统一与独立，也是这样。现在有集中过多的情况，也有分散过多的情况，这都是缺乏辩证的观点。应当是该集中的就集中，该分散的就分散。作为部队各级党委来说，要搞好民主集中制，解决好集体领导和分工负责的关系。要健全请示报告制度。重大问题一定要事先请示然后才能办，但不能事事都请示，都要第一把手点头；有些事情可以由有关同志自己决定，不必请示，但办了以后要报告。

第三，要解决组织性、纪律性同积极性、主动性、创造性的关系。“加强纪律性，革命无不胜”。林彪、“四人帮”对我军的组织性、纪律性的破坏很严重，现在要恢复。但这并不妨碍和排斥各级指战员正当的积极性、主动性、创造性的发挥。我们讲的组织性、纪律性，主要的是政治上的一致,按照党章办事,严格遵守党规党法。在这个基础上,要求大家最大限度地发挥积极性、主动性、创造性。现在有一种不正常的情况,就是什么事情都请示,什么事情都要第一把手解决,第一书记“拍板”,结果造成少数人空忙,主要领导人陷入事务主义,没有时间考虑大政方针问题。党委会也要议大事,不要鸡毛蒜皮的事都拿到党委会上讨论。

第四,要解决好务虚同务实的关系。毛主席历来讲,我们既要务虚,又要务实,要虚实结合。毛主席讲的务虚,就是要研究点理论,谈点思想,读点书。毛主席说的务实,就是搞调查研究,解决实际问题。这两方面,缺少哪一方面都不行。作为部队的一级党委,就要既会务虚,又会务实,善于虚实结合,既保持坚定正确的政治方向,又能够正确地、迅速地处理部队中的各种问题,带领部队前进。

同志们,我完全相信,经过这次会议,我们部队的政治工作,一定会出现新的面貌。我们广州军区担负着保卫祖国南大门的重大责任,全军指战员一定要紧密团结起来,加强部队政治工作,加强和改善党的领导,提高党的战斗力,为保卫祖国作出应有的贡献。

■ 注　释

[1]林彪,见本书《落实知识分子政策,加强党对教育工作的领导》注[3]。

[2]“四人帮”,见本书《同心协力把广东工作做好》注[7]。

[3]五中全会,即中共十一届五中全会,见本书《紧密结合实际,

认真贯彻十一届五中全会精神》注[1]。

[4]即《关于党内政治生活的若干准则》，见本书《紧密结合实际，认真贯彻十一届五中全会精神》注[5]。

[5]见本书《紧密结合实际，认真贯彻十一届五中全会精神》注[6]。

[6]欧阳海（一九四〇——一九六三），湖南桂阳人。一九五九年入伍，在广州部队某部任战士、班长。次年加入中国共产党。一九六三年十一月，在部队的野营训练中，他舍身将惊马推离铁轨，使正在行驶的火车和千余名乘客脱险，而自己却献出了年轻的生命。一九六四年，广州军区党委追授他“爱民模范”荣誉称号。

[7]吴克华（一九一三——一九八七），江西弋阳人。一九二九年加入中国共产党。曾任八路军山东纵队第二支队司令员，东北野战军第四纵队司令员，四十一军军长。新中国成立后，任华南军区参谋长，海南军区司令员，济南军区第一副司令员，军委炮兵司令员，国防委员会委员，铁道兵司令员，成都军区司令员，乌鲁木齐军区司令员，广州军区司令员。

关于京广铁路南段复线和广深铁路电气化建设问题的请示报告

（一九八〇年六月十四日）

国务院并报党中央抄铁道部：

京广铁路是我国贯穿南北的一条大动脉，是广东与全国交通的唯一主要陆上通道。建设京广铁路南段复线，是全国特别是南方经济发展和交流的迫切需要，是广东的命脉所在。目前，京广南段铁路，每天只能通过货物列车三十三对、客运列车八对，大量物资积压待运。一九八〇年上半年，需从铁路运进广东的各项物资，每天需要安排一千一百七十车，但一至五月实际每天平均只完成七百八十八车，仅占三分之二，有三分之一的物资无法通过。严重影响了生产建设、人民生活和进出口贸易。

根据上述情况，如果国家不下决心，争取尽早把京广南段复线及电气化和广州枢纽工程建设好，不仅对广东，甚至对全国四化建设，都将产生很大影响。一九八〇年国家只安排复线工程投资六千五百万元，勉强维持特大桥涵和大瑶山长隧道[1]的开工。这样下去，不知何年何月才能通车。我们意见，鉴于目前国家财政困难，建议先集中力量把衡阳至广州的复线修通，增强运输能力。广州枢纽和电气化工程，可全面设计，视货源情况，分期建设。总之，我们要求京广铁路南段复线一九八四年一定要建成通车。

广深铁路也越来越不适应对外贸易和旅游事业的发展。今年春节期间(前后四十天)由广深铁路入境旅客每日平均九千六百多人,最高达三万一千余人,加开旅客列车二十二对,影响百分之五十的货车停开。香港当局为了扩大铁路运输能力,对九龙至罗湖铁路已开始进行电气化建设,计划在一九八二年完成。并对广州至深圳铁路电气化建设甚为关注,并很感兴趣,多次表示愿与我进行经济、技术合作。为了适应我省经济特区、外贸运输、旅游事业和国际交往的发展,便于车辆直通,减少两种机型在深圳作不必要的更换,尽早将广深线改造为电气化行车是必要的。建议批准广深线电气化改造工程项目,以便及早与港英洽谈合作事宜并安排施工。

以上报告当否,请批示。

习仲勋

一九八〇年六月十四日

■ 注　释

[1]大瑶山长隧道,位于京广铁路广东省北部大瑶山的坪石至乐昌间,一九八一年开工,自北向南穿越大瑶山,全长一万四千二百九十五米,一九八八年实现全线双通。

继续解放思想，进一步把经济搞活*

（一九八〇年六月二十一日）

经过一年多来的摸索，我们广东省在国民经济调整和经济体制改革方面，迈出了可喜的一步。思想活跃起来了，经济开始搞活了，情况是好的。在这一点上，同全国形势大体一样，但是同一些先进省、市比较起来，我们还有差距。当前，我们自己也有好的经验，但是，“活”得还不够，或者说很不够。其根本原因还是思想不够解放。应该看到，我国的经济建设受林彪[1]、“四人帮”[2]极左路线的流毒和影响很深很广；如果说农业战线极左流毒已经有所肃清的话，那么在工业、财贸、金融领域里的极左流毒，还有待严肃认真地加以清除。所以，要继续批判极左路线，要强调进一步解放思想。

一、解放思想必须和深入实践统一起来。在解放思想过程中，必然会出现各种各样的思想和意见。究竟谁的对，谁的不对？光在机关、会议里争论，是不能真正统一起来的。实践是检验真理的唯一标准。应该到实践中去调查研究，到群众中去听取意见，在实践中辨明是非，统一认识。

比如，关于推广清远经验[3]问题。这个问题一直有争论。这次会议上反映还很强烈。去年八月省工交会议肯定了清远的经验，并

---

* 这是习仲勋在广东省工交系统增产节约增收节支工作会议上讲话的一部分。

提出全省的其他县办工业也可以结合实际进行推广。到今年三月份止，全省将近一千个企业推行了清远经验，都取得了增产增收的良好效果。实践证明，清远经验的方向是对的，把国家、企业和职工个人的利益结合起来，使企业和职工从企业经营的成果上来关心生产，注意节约，因而取得了显著的经济效果。当然，清远的做法也有不够完善的地方，如奖金多了一些，企业之间也存在苦乐不均的现象。这是必须改进的，需要进一步总结提高。省委肯定了清远经验，没有怀疑、动摇过。清远经验是我们自己创造的，土生土长的，大家熟悉，学起来也容易。不要老是墙里开花墙外香，要让墙里也香，家里也香。要重视和珍惜自己实践创造出来的好经验，同时也要认真学习兄弟省、市的经验。现在，我在这里重申，要认真推广清远经验，并帮助他们总结提高，规定出几条来，使之日益完善。当然，在推广中要结合自己的实际，不能一刀切，要吸取他们好的方面，改进不够完善的地方。在实践过程中，各地还应总结推广自己本地行之有效的好经验。我相信，我们广东绝不会只出一个清远经验，只要思想解放，把经济真正搞活，还会再出现第二个、第三个甚至第四个更好的经验。各地的经验，只要能增产增收，真正做到国家多收，企业多留，个人多得，就可以推广。用群众的话说，叫“国家发大财，企业发中财，职工发小财”。

二、解放思想必须和执行党的政策统一起来。党的政策是党的生命。十一届三中全会[4]以来党中央制定的一系列政策，是广大人民群众意志的反映，代表了广大群众的切身利益。我们要依靠党的政策，去调动群众的积极性、创造性，推动生产和各项事业的发展。

这次会上大家对奖金问题讨论比较多。自恢复奖励政策以来，由于贯彻了按劳分配、多劳多得的原则,调动了职工的积极性,提高了劳动生产率,促进了生产的发展。去年奖金的提成和发放,总的情况是好的。但是有的单位也出现了滥发奖金的倾向,甚至不顾及整个国家的利益和纪律。有的单位没有把物质奖励和精神鼓励结合起来,单纯从奖金上考虑问题,放松党的领导,忽视思想政治工作。有的单位在发放奖金中没有贯彻多劳多得的原则,搞平均主义。中央规定的奖励制度今后还要坚决贯彻执行,但要严格按规定的奖金来源提取奖金,坚持国家、企业、个人都有利,而国家得大头的原则。对滥发奖金要进行整顿,坚决制止。只有把奖励同经济效益联系起来,把物质奖励同加强思想政治工作结合起来,才能持久地促进生产发展,有利于团结。

这次会上,大家也谈了市场调节的政策问题。去年以来,各地通过市场调节,为企业广开生产门路,对解决任务不足,加强产销结合,提高产品竞争能力,起到很大的作用。实践证明,在社会主义条件下,不能只有计划调节,没有市场调节。应该把计划调节和市场调节结合起来,在国家计划指导下把市场调节进一步搞好。尤其是在国家任务不足的情况下,更要发挥市场调节的作用。现在我们搞市场调节也只是开头,步子迈得还不大。有的同志担心:搞市场调节,会不会导致资本主义?搞市场调节,会不会打乱国家计划?搞市场调节带来竞争,会不会滑到邪路上去?等等。所以,要解放思想,统一认识。我们的市场调节是建立在全民所有和集体所有两种公有制的基础上的,不是建立在私有制基础上的,不是为资本家谋利益的,不会产生资本主义。我们的市场调节是在国家计划指导下进行的,也不会打乱国家计划。社会主义市场调节带来的竞争与资本主义大鱼吃小鱼的竞争有本质的区别。社会主义的竞争，目的是要促进企业提高产品质量，增加花色品种，降低成本消耗，改善经营服务态度，同时也加快企业自身的发展。商业、外贸、物资、财政、工业等部门，要同心同德，互相配合，互相支持，共同把市场调节搞好，把经济搞活。

三、解放思想，把经济搞活，要从我省的实际出发，扬长避短，充分发挥自己的特点和优势。

农业上，发展热带、亚热带经济作物是我省的优势，这里主要是要研究解决同发展粮食相矛盾的问题。我省“七山一水二分田”。山多，发展林业，特别是经济林、畜牧业和中小水电是我们的优势，要研究解决各种有关的政策问题。我省海岸线长，水面多，发展渔业和养殖业也有优势，也要研究解决有关的政策问题。

工业上，我省的轻工业、手工业有着独特的传统技艺，“京广杂货”闻名全国，要发展这方面的特点和优势。

从地理和社会情况来说，广东毗邻港澳，华侨和港澳同胞众多，发展对外经济活动和旅游事业是我们的优势。

现在省里正在开长期计划座谈会，我们要从我省的实际出发，根据我省的长处和短处，扬长避短，趋利避害，变不利为有利，制定出切合实际、鼓舞人心的发展计划来。我希望我们全省各地、各行业的干部、群众开展一个谈优势、议优势，讨论研究如何发挥我省优势的群众性的大讨论，把我们的经济真正搞活，把我们的建设很快地促上去。

解放思想，要讲求经济效果。不要以为讲解放思想就可以搞高指标，这是有深刻教训的。既要思想解放，又要扎扎实实。要讲量力而行，计划要留有余地。经济工作要把讲求经济效益放在首位。过去把讲求经济效益当作资本主义来批是错误的。大至国家经济计划的制定、经济结构的调整、经济体制的改革，小至某项建设方案的选择、个别企业经营管理的改进，都必须以经济效益的有无、大小来权衡其是否可行。

■ 注 释

[1]林彪，见本书《落实知识分子政策，加强党对教育工作的领导》注[3]。

[2]“四人帮”，见本书《同心协力把广东工作做好》注[7]。

[3]清远经验，见本书《要把广东体制改革的试点搞好》注[2]。

[4]十一届三中全会，见本书《在肇庆地委常委扩大会议上的讲话》注[2]。

在广东省纪检干部学习班结业会上的讲话

（一九八〇年六月二十六日）

纪委的任务，最主要的抓什么？我看就是三个字：抓党风。抓好党风，促进安定团结，加速四化建设，为政治路线服务，这是纪委工作的纲，中央纪委的几位领导同志都早已讲清楚了。在中央和各级党委的领导下，各级纪委是维护党规党法，搞好党风，严肃党纪，保证党的路线、方针、政策贯彻执行的工作机构，责任很重大。省纪委是在省四届党代会上产生的，两年多来做了大量工作，是有显著成绩的，这也包括各地、县的同志在内。搞好党风是加强和改善党的领导，提高党的战斗力的一个重要方面。现在各地发生的问题，从领导方面来说，归根到底，还是党组织缺乏战斗力问题，是党风问题。

“文化大革命”前，我们的党风是好的。十年浩劫，党风被林彪[1]、“四人帮”[2]破坏得很严重。现在我们做的很多工作，都是恢复和发扬党的优良传统和作风。对《关于党内政治生活的若干准则》[3]，有人说要求太严太高了。其实，过去就是这样的要求，并不是今天要求严了，高了。因此，《准则》也是恢复党的优良传统和作风。社会风气不好，归根结底是党风不正。党风正了，社会风气也会随之好起来。抓党风，要抓影响全局性的党风。首先要抓党的路线、方针、政策贯彻执行的情况和问题，同违犯党纪、败坏党风的行为作坚决斗争。我们广东省,偷渡外逃、走私漏税、送子女去港澳等问题很突出。最近有署名“一群港澳同胞”的人给邓小平同志写了一封信,反映这方面的问题。小平同志批示:“此件转广东省委。要解决这种问题,没有决心,没有具体办法,对违法乱纪分子(特别是公职人员、干部子女亲属),处理如不从严,是不会有较大效果的。”这个问题,省委要全面研究一下,认真抓一抓。当然,多数是教育,要抓好的典型进行教育,但对个别带头干坏事的,一定要按党纪国法严肃处理。我们要用典型事例进行教育。奖励和惩罚相结合,以奖励为主;批评与自我批评相结合,以自我批评为主。有错误自己讲了就好么!有些人做了错事,做了坏事,就是不吭声,不觉悟,不愿把问题讲清楚,满不在乎,这是不行的。纪委的同志要走出去,到存在问题的地方去,了解情况,严肃处理。现在党风问题很多,我们要实事求是地严肃认真地逐个加以解决。解决这些问题要解放思想,要有群众观点,看群众拥护不拥护,群众不拥护就不好办。我们办事情不能从感情出发,要按政策办事。政策本身就是大感情,群众意见就是大感情,我们要这个大感情,不要那个小感情。

希望纪委的同志要铁面无私,按党的原则办事。这是党的利益,不怕得罪人,不怕打击报复。这样,党才有希望,党风才能搞好。应该肯定,粉碎“四人帮”以来,我们的党风已经有好转,要看到这一点,不然就会丧失信心。当然,这个好转还仅仅是初步的,还要做大量的工作,任务是很艰巨的。要培育一种好作风很不容易,破坏了要恢复也不是容易的。纪委就要抓这个工作。现在,各级纪委都有一些应该严肃处理的案子没有及时处理,这是不行的,不适应当前形势的急切需要。因此,必须加强各级纪委的班子,特别是领导班子,包括省纪委的班子在内，都要加强。纪委首先要有原则，要有坚强的党性，要有同广大群众同呼吸共命运的阶级感情，要坚定不移地贯彻执行三中全会[4]以来的路线、方针、政策。否则，就难以完成纪委的任务。纪委的同志要经常下去搞调查研究工作，不要光坐在家里办案。办案既要维护政策的严肃性，又要实事求是，谦虚谨慎，确保案情准确，处理适当。绝不能搞新的冤假错案，造成新的遗留问题。纪委要严格遵守这一条。另外，办事要公道，不公道就是没有原则，就不能取得群众的信任，所以纪委的同志责任非常重大。你们是执行党规党法的人，这是党和人民给的权力，你们要勇敢地去战斗。毛主席讲过五不怕精神：不怕撤职，不怕开除党籍，不怕坐牢，不怕杀头，不怕离婚。黄克诚[5]同志加了两条，不怕撕破脸皮，不怕打黑枪。我看还要不怕打击报复，不怕给小鞋穿。要坚信，在党的正确领导下，是非曲直总是可以弄清的，正气总是会伸张的。总之，一句话，就是不要怕这怕那。我们当领导的，做纪检工作的，都应该有这个觉悟，有这个认识。

纪检工作是思想政治领域的工作，属于上层建筑的范畴。纪检工作的好坏对转变党的作风、促进安定团结、实现四个现代化有很大关系。搞纪检工作的同志要继续解放思想，肃清林彪、“四人帮”极左路线的流毒。这对各条战线都适用。长期以来“左”的东西很多，林彪、“四人帮”把它推到了顶点。要继续深入批判林彪、“四人帮”的极左路线，抵制资产阶级思想和封建意识的影响。有的同志提出，现在思想战线上不仅是要反对资产阶级思想，而且也要反对封建意识。我同意这个意见。现在有很多不正之风是来源于封建主义思想，如终身制、个人迷信、任人唯亲、论资排辈、搞小圈子、亲者亲疏者疏、

“一言堂”、阿谀奉承、搞特权、搞特殊化，等等，都是封建主义的东西。一个领袖像到处贴，这不是偶像化？中国小生产社会搞了几千年，就是要有个头，一个皇帝，容易搞这些东西。封建意识渗透到各个方面，在我们干部身上也是不知不觉地沾有这个东西。回顾一下近代史，我们推翻了压在中国人民头上的三座大山[6]，地主阶级推翻了，但地主阶级的封建思想体系没有受过系统的批判，遗毒还大量存在。现在我们有些人就是这样，夫荣妻贵，丈夫官大了，夫人官也大了，不管这个夫人德才如何，尽量给她提拔，我看这个不好。升学走后门，年年反，年年走，群众来信说，今年还有这样搞的。要通知广州市及各地区大抓一下，不管什么领导干部，谁要违反这一条，就要严肃处理。

纪检干部要办事公道，铁面无私。在封建社会还有包公[7]这样一位清官，群众很拥护。现在我们的纪检干部如能铁面无私，群众也一定会很高兴。因此，纪检干部必须严格要求自己。贯彻五中全会[8]精神，学习《准则》，你们首先要学习好，要吃透它，要联系工作实际、思想实际，认真学习，成为执行党规党法的模范，成为执行《准则》的模范。

■ 注　释

[1]林彪，见本书《落实知识分子政策，加强党对教育工作的领导》注[3]。

[2]“四人帮”，见本书《同心协力把广东工作做好》注[7]。

[3]见本书《紧密结合实际，认真贯彻十一届五中全会精神》注[5]。

[4]三中全会，即中共十一届三中全会，见本书《在肇庆地委常委扩大会议上的讲话》注[2]。

[5]黄克诚，见本书《紧密结合实际，认真贯彻十一届五中全会精神》注[8]。

[6]三座大山，毛泽东曾把帝国主义、封建主义和官僚资本主义比喻为压在中国人民头上的三座大山。

[7]包公即包拯，见本书《贯彻司法工作的正确方向》注[3]。

[8]五中全会，即十一届五中全会，见本书《紧密结合实际，认真贯彻十一届五中全会精神》注[1]。

带头执行《准则》，做一个合格的共产党员*

（一九八〇年七月一日）

党中央提出要加强和改善党的领导，五中全会[1]通过了《关于党内政治生活的若干准则》[2]，提出了党章修改草案，都是要求我们从政治上、思想上和组织上加强党的建设，特别是要求我们从党风上把我们党搞好，要求我们每个党员做一个真正合格的党员。这不仅是一般党员有这个问题，担任领导干部的党员更应该认真考虑这个问题，到底自己合格不合格。决不能认为地位高了，官大了，就一定是本事也大了，党性也强了。也不能以为自己在十年浩劫中受过冲击，蹲过“牛棚”，就什么缺点也没有了，完全正确了，不用讲党性修养了。如果陷入这种盲目性，缺乏自知之明，就会放松对自己的要求，可以不过党的组织生活，也可以不努力学习，不积极改造世界观了，甚至可以不受党的纪律约束了，这样的领导干部能是个合格的党员吗？还要看到，领导干部手中有权，容易搞特殊。所以，党的领导干部，如果自以为不存在不合格的问题，不严格要求自己，那他就不可能成为一个合格的共产党员。下面，我想讲三个问题。

* 这是习仲勋就学习贯彻《关于党内政治生活的若干准则》给广东省和广州市机关党员干部讲党课的记录稿的主要部分。标题为编者所加。

第一个问题，领导干部要带头执行《准则》，做一个合格的共产党员，首要的一条是坚决执行党的路线

这一条，对我们领导干部是关键性的一条。做领导工作，首先要看你执行不执行党的路线。我们要求各级领导干部要模范带头执行党的路线、方针、政策和决议，这是对每个共产党员，特别是领导干部的党性的根本要求，也是党历来的传统。今天突出地强调这一点，更有现实的意义。各级领导干部负责一个地区、一个部门的领导工作，执行路线正确不正确，直接影响到一个地区、一个部门工作的成败。

党的十一届三中全会[3]决定将全党工作的着重点转移到社会主义现代化建设上来。这是我们党的政治路线。中央还批准我们广东实行特殊政策和灵活措施，在改革经济体制方面先走一步，这对发挥我们广东的优势，加速广东的四化建设有重要的意义。我们各级领导同志在贯彻执行党的路线、方针、政策方面，总的来看是积极的、努力的，在工作着重点转移到四化建设以后，取得了初步的成绩，迈开了可喜的一步。

但是，从现在的情况来看，主要的还是思想解放不够，框框很多。在受林彪[4]、“四人帮”[5]的流毒和影响方面，过去往往认为这主要是那些与“四人帮”有联系的人，或者在过去说了错话、做了错事的人，而在我们这些人身上，好像就一点影响都没有，一点流毒都没有。其实不是这么一回事。林彪、“四人帮”搞了十几年，在各方面都形成了一套，他们搞的那一条路线，我们不可能不受影响，就是一直到今天，拨乱反正我们也没有搞完。

现在有的同志对执行三中全会路线缺乏革命热情，安于现状，得

过且过；有的同志不把三中全会精神同本地区、本单位的实际结合起来，不认真研究本地区、本单位的实际情况，凭过时的甚至错误的老经验来解决新问题；有的甚至还没有完全摆脱林彪、“四人帮”的流毒和影响。还有的同志看到我们前进中出现的一些问题，遇到一些新的困难，我们在进行国民经济调整中出现一些新的矛盾，有些歪风邪气一时制止不下来，就怀疑党的路线是否正确，有的部门领导同志就怨这怨那，缺乏信心。

有些同志对我们破格选拔优秀的中青年干部、选拔搞四化的人才，很不理解，有的甚至说成是“用‘四人帮’的手法来打击老干部”。这些问题都是关系到执行路线的问题，虽然多是思想认识问题，但如果不解决，是不能坚定地执行党的路线的。当前在这个问题上，主要的是不放手，不放心，不敢破格提拔优秀的中青年干部，论资排辈的思想还没有完全打破。老同志要回想一下，自己过去还不是年纪很轻就挑起各种革命担子的吗？那时你有多少经验啊？其实，人的能力和经验都是在实践中锻炼出来的，我们要给年轻的同志锻炼成长的机会，并且允许他们犯错误，积极帮助他们从不断总结正反经验中成长起来。过去常讲要激流勇进，在困难面前应当这样；现在，在关系党的事业如何做到后继有人的问题上，我主张老干部要来个“勇退”，要退下来，主动荐贤和让贤，义不容辞地把挑选和培养接班人的任务担当起来。要懂得有时党把我们放在第一线挑重担，这是党的需要，现在要我们退下来担负能够担负的任务，也是党的需要，都是正确的。这是贯彻党的组织路线的重大问题，我们全体领导干部都要自觉地做。

我们还要看到，现在机构臃肿，人浮于事，军队有个“消肿”问题，地方上也有个“消肿”问题。如果像现在这样多的机构,像现在这样的各级领导班子,一个厅局多的有将近二十个领导人,这并不能说是“加强”,人多反而不能加强。只有精干才能提高办事效率,这是加快四化建设需要解决的一个重大问题。目前这个机构臃肿状况,就障碍着我们把一些工作搞得更好一些、更快一些,特别是障碍着四化建设的顺利进行,很不适应当前形势的需要。所以,我们要坚持实事求是的思想路线。在这个方面也要解放思想,今年我们规定了一条,先把“闸门”关起来,一个人不增加,一个新机构不成立,要成立一个新机构,就拆一个旧机构,“拆旧庙盖新庙”,反正还是这一摊子。

坚持实事求是的思想路线,要求各级领导干部要有老实的态度,对党老实,对人民老实,对自己也要老实。我们对自己就要老实。有同志会说,我对自己哪能不老实呢?其实不然,有些人就是对党不老实,对自己也不老实。明明事情办得不合原则,还要干;他那里的工作明明没有做好,问题不少,他总是遮遮掩掩,只讲成绩,不讲缺点;明明就那么大的本事,却吹得不得了。这种对自己的不老实,也就是对党的不老实,对人民的不老实,也是对同志的不老实,自欺欺人。这种态度就不是实事求是。我们每个同志要经常客观地衡量一下自己,看有多少分量,多少本事?我们办的事合不合党的原则,合不合群众的利益,合不合事物发展的客观规律?要经常动脑筋想想这些问题,用高度对人民负责的态度,想想自己出的主意、做的事情,是否对人民有利。有的人不是这样想,也不是这样做的,他们想的是一套,说的是一套,做的又是一套,特别是“文化大革命”中,这种表里不一的风气很盛行,至今还没有显著的改变。我们应该说了就做,说多少做多少,不要说得多做得少,更不要只说不做,甚至说假话。“假、大、空”，更是恶劣的作风。共产党员还是要靠实干。我们一切胜利成果，都是靠实事求是、老老实实干出来的。

第二个问题，执行《准则》，要发扬党的优良传统和优良作风

我们党在长期革命斗争中形成了一整套优良传统和优良作风，过去大家叫“老八路作风”、“延安作风”，这是我们的传家宝。著名的三大作风（理论和实践相结合，密切联系群众，批评和自我批评），就是我们党之所以能够战胜各种困难，取得革命胜利的保证。

在十年动乱中，我们党曾经有过的好传统好作风受到了林彪、“四人帮”的严重破坏。现在，我们党的优良传统和作风确实在逐步恢复，如实事求是地对待同志、从实际出发制定政策，就恢复和发扬得比较好。但是从严要求，林彪、“四人帮”的流毒还远远没有肃清。五中全会通过的《准则》正是适应这样的需要而制定的。其中心目的就是要发扬优良传统和作风，提高党的威信，提高党的战斗力，同心同德加快四化建设。

搞好党风，是提高党的威信，加强人们对实现四化的信心的关键一环和根本之计。《准则》的重要内容之一，就是重申了党的传统作风，把它作为党规党法肯定下来。这方面的内容很多，我只讲以下几点：

一、平等待人，发扬民主作风，密切联系群众。

现在，担任领导工作的党员，怎样平等待人，密切同群众的联系，这个问题大得很。比如，开会上主席台的事，也存在问题。本来，开一个大会，要有人主持，有人讲话，这就要有个主席台，这种必要的形

式总是会有的。但是有人却十分计较,好像不上主席台就低人一等。只要是领导干部、首长,就不得了,一切都要高人一等,这是很不好的。本来我们大家都是平等的,都是同志,只不过是职务不同、分工不同,何必要分台上、台下呢!我们有时对外报道,那当然有些人要登报,可排名次就成了大问题。今后,我看这方面也把它改改,开一般的会议,除主持会议和作报告的人外,其他领导同志都坐到台下,和大家一起听。这只是举例说的,不上主席台并不难,难的是从思想上到行动上,真正平等待人。

我们党的干部,特别是领导干部,如果自己一不警惕,就会成为高人一等的、特殊的共产党员。我们领导干部特别在这方面要严于律己。确实也有那样一些工作人员,你不特殊,他要叫你特殊,他帮你搞特殊,这个历史教训也很大。比如出门下乡,前呼后拥,浩浩荡荡。又比如警卫员,他是保卫首长安全的,他要执行警卫任务,他在前边开路,遇到旁边有群众,总要把人家推推、挡挡,这是给领导人帮倒忙,是最脱离群众的,群众对这些厌恶透了。所以我们领导干部可千万要警惕呵!

能不能做到真正平等待人,真正尊重群众,这是世界观问题。就是说,相信不相信群众是真正的英雄,相信不相信群众比自己高明。有些同志不能以平等待人,说到底,还是认为自己行,自己比别人高明,总是自以为是,而不是自以为非。往往有这种情况:对上级、对领导比较容易做到尊重,他们讲的话自己也比较听,相反,对下级、对群众就高傲得很,他们的意见就不听,就不予理睬;对与自己观点相同的话比较容易听,相反,对与自己不同的意见,就很难听得进去;对自己喜欢的干部就什么都好,一好百好,对自己不喜欢的干部就什么都不好，一坏百坏。古人说过："良药苦口利于病，忠言逆耳利于行。"作为一个领导干部，如果只愿听"顺耳"的话，不愿听"逆耳"的话，只愿听奉承的话，不愿听批评的话，那是很容易坏事的，是无法做到正确的领导的。有两种情况要注意：一种是有的人看领导的眼色行事，投其所好。这种人我们有的领导往往感到很顺手。在别人看起来，他缺点不少，在他这样的领导看起来，什么都好，没有问题。另一种人是敢于提出不同意见，而且往往有比较好的见解。但这往往引不起领导的重视，反而引起领导不高兴。我们应该给下边创造条件，特别是领导干部要叫人家敢于提出自己的意见，敢于发表不同的见解，发挥大家的积极性、创造性。

二、开展批评和自我批评。

批评和自我批评是我们党的三大作风之一，是我们无产阶级政党同资产阶级政党根本不同的重要标志之一。我们各级领导干部，要带头模范地遵循党内政治生活准则的规定，积极地开展批评和自我批评。首先是要把党内的民主生活健全起来，没有党内生动活泼的政治局面，社会上生动活泼的政治局面就不能出现，就不可能形成。

当前我们开展批评和自我批评的状况是怎样的呢？打倒"四人帮"，经过拨乱反正，可以说批评和自我批评这一优良传统，开始有了恢复。但是，现在有些同志，甚至一些领导干部，对批评和自我批评还很不习惯，思想状态、精神面貌还不够正常，批评开展不起来。

我们领导干部要带头开展批评，要为开展批评创造条件。我们要有"闻过则喜"的精神，要虚心听取人民的批评意见，听取干部的批评意见，要勇于自我批评，勇于改正错误，严于律己。在这里也有这样的人,虽然是极个别的,极少数的,他老作自我批评,就是老不改正。再不然,你要对他提出批评,就老作解释,他说他都对。这两种情况都是不好的。我们虚心接受群众的意见,欢迎群众的批评,向群众作自我批评,迅速改正错误,克服缺点,不会损害个人面子,只会获得人民的谅解、尊敬和爱戴。如果相反,甚至反对批评,压制批评,这样做,就脱离群众,最终都是要垮台的。

有的同志缺少作为领导干部应有的政治胸怀,“骄”、“娇”二气都有,受到领导的批评,总是耿耿于怀,闷闷不乐,消极疲沓,以为是同自己过不去,或者当面不反对,背后却发牢骚,散布不满情绪;受到群众的批评,则是无动于衷,或者老是想寻找机会给批评者“穿小鞋”。有的同志家长作风很严重,爱吹不爱批,听到别人给自己讲好话,或顺着自己讲假话,就喜形于色;听到不同意见或批评意见,就怒容满面,脸红脖子粗,把它一一顶回去,甚至疾言厉色,把人压服。有的人就是“老虎屁股摸不得”,一批评,他就发火,甚至追查批评者的动机和背景。必须指出,这是违背党内政治生活准则和违反党内民主制度的行为。

也有这样一种情况,同志间思想不见面,明明有意见却不摆到桌面上来,喜欢背后议论,形成疙瘩,结果批评和自我批评更加开展不起来。也有把批评和自我批评庸俗化,不是围绕执行党的路线、方针、政策和党性、党风等大问题来进行,而是抓住一些鸡毛蒜皮的小事,以致出现无原则的纠纷。还有极个别的人,假造一些现象,散布一些不好的影响,恶意攻击。这些都是不利于团结的,都会削弱党的战斗力的。

经得起别人的批评和勇于自我批评固然重要,而敢于批评别人,敢于同各种不良倾向作斗争也同样重要。《准则》的第九条,讲的就是这个问题。而我们有一部分领导干部却抱着“明哲保身”的自由主义态度，信奉“种花不种刺”的处世格言。他们在日常领导工作中，看到不合原则的事情，不表态，不插手，不介入，放弃原则；对不良倾向，不制止，不争辩，不斗争，躲闪回避，放弃了共产党员的战斗责任；对同坏人坏事作斗争，怕得罪人，怕撕破脸皮，怕受坏人报复，不敢挺身而出，该抓的不敢抓，该处理的不敢处理，该严办的不严办，总之是缺乏大无畏的革命精神。这也是缺乏党性的表现。我们想一想，一个领导干部如果这样去做领导工作，怎么能够使你所领导的地区和单位的错误倾向得到及时克服和纠正，使犯错误的人得到挽救，使坏人受到应有的惩罚呢？又怎能率领党组织和党员群众，在为端正党风、巩固无产阶级专政、树立良好的社会风尚、团结人民同心同德搞四化的斗争中发挥战斗堡垒作用呢？

三、顾大局，讲团结，坚持党性，根绝派性。

什么是大局？在新的历史时期，实现四化就是大局。共产党员必须识大体，顾大局，要在四化建设这个政治路线上，维护党的团结和统一。要真正做到同心同德，是不容易的。在同志之间，部门之间，地区之间，要讲互相谅解，互相支持，互相尊重，不要互相埋怨，互相指责，互相限制，互相拆台。“团结就是力量”，这在革命战争年代是真理，在社会主义革命斗争中是真理，在今后为实现四化的斗争中同样也是真理。

要反对派性，坚持党性。党内绝对禁止搞宗派活动。要看到，派性问题还没有完全解决，在有的地方，还是“明无山头暗有礁”，派性就像不散的“幽灵”。这个问题一定要彻底解决，否则祸害无穷。

在干部问题上，也不能搞亲亲疏疏那一套。当然，由于各种原因，会出现一些亲疏的情况，但不应由于亲疏而有不同的对待，相反，要做到亲者疏，疏者亲，亲者严，疏者宽。作为领导干部，更要自觉注意这点。

四、党的领导干部不仅要严格要求自己，而且要严格要求自己的亲属和子女。

正确处理亲属和子女的问题，对于领导干部来说，是很重要的问题。应当肯定，我们不少共产党员和领导干部是能够正确对待自己的亲属和严格教育自己的子女的。不少领导干部的子女，在老一辈革命干部的熏陶和严格教育下，能够继承革命传统，表现是比较好的。但是，也要指出，有一部分领导干部溺爱、纵容亲属子女，并且利用职权为自己的家属子女谋求特殊待遇，这是一种恶劣倾向，必须加以正视，认真解决。

《准则》明确规定，禁止利用职权为家属和子女在升学、转学、晋级、就业、出国等方面谋求特殊照顾。这一条，我们一定要严格遵守。干部子女是社会上普通一员，应同人民群众一视同仁。我们省有一些领导干部利用职权，或利用熟人和战友关系走后门，为子女入学、工作、参军、提干、调资提供方便，这是违反《准则》规定的行为，要坚决纠正。近年来，还发现有些领导干部利用职权或拉关系，将子女送到香港、澳门去。对这些错误行为，必须认真查清，严肃处理。不论谁人，如果你违反了有关规定，党组织就要严肃地对你进行批评教育，本人要认真作自我批评，并切实改正。

第三个问题，讲一讲学习问题

对于我们共产党人来说，努力学习，不断提高自己，以适应斗争形势的需要,更好地为党的事业作出贡献,这是天经地义的事情,可以说是共产党员的天职。

当前,首先要抓好《准则》和党章修改草案的学习。特别是要把学和用结合起来,要真正做到用《准则》来指导实际行动。不要走过场,不要搞形式,不要搞教条,要搞得生动活泼,理论联系实际。你既然要做一个共产党员,又不想对照党员的标准和《准则》,不知道哪些方面做得合格不合格,只图有个党员的虚名,这怎么能成为合格的共产党员呢?

要学好《准则》,特别重要的一点就是领导干部要把自己摆进去。我们不能只抓别人学《准则》,自己却摆出一副教训人的架子。或者口头讲学《准则》,思想不沾边,只要别人联系实际,自己可以不联系。我主张讲党课时,要把自己摆进去,不然就不要讲。人民群众看我们党,固然要"听其言",但更重要的是"观其行"。他不光听你的话,你的宣言再多,他不相信,他就看你的行动,看你是不是真心实意给他办事,真心实意给他谋利益,真心实意地叫他吃饱肚子。他就是看你这个,你讲的好话再多,作的决议再多,宣言再多,都不算数,他不信。对每个党员来说,应当以"从我做起"来要求自己,不应当消极地等待别人带头。但是,从全党范围来说,领导干部更应当"从我做起",起模范带头作用。

所以,学习《准则》,重要的是要执行《准则》。古语说:"不以规矩,不能成方圆"。《准则》就是"规"和"矩",我们把它拿到手里,就是为了用,为了画出"方"和"圆"来,也就是为了正党风,扶正气。只要认真想一想,我们是有不少事情同《准则》有差距的,这就要对照,要检查,要改正。我自己就有这种情况,有些事情,比如对一些领导班子存在的问题,是知道的,也想过、酝酿过做一些调整,但是决心下不了，总觉得又要照顾这面，又要照顾那面，所以决心不大就行动慢。有时候，在一定的条件下，应该是顺理成章，因势利导，抓紧解决一些问题，但是把这机会给丢掉了。不是有人给我起了个外号，叫“习以为常”嘛！不管这个说法是来自干部的，还是来自群众的，我看都很好嘛！又如，地、县委同志批评省委领导下去少，这个问题确实存在，我对如何组织和推动大家下去也做得不够。这个责任应该由我来负，我应当作检讨。我个人还没有完全从会议和文件中，从事务堆中解脱出来，这当然也会影响工作，影响我想大事情，影响我走出办公室，深入下层，了解下情，掌握第一手材料。

当前工作任务繁重，百废待兴，我没有做到善于“弹钢琴”[6]，有些部门、有些工作过问得不够，大家有意见是合理的。在这个方面我是欠账很多，不能够因为我身兼多职，就可以马马虎虎，就可以原谅自己。事情你总可以安排一下，分分主次、缓急，逐步解决嘛！

这里我还想提一下，现在我们有个带普遍性的问题，就是对干部、职工的生活关心不够。地方也好、军队也好，首先要关心一般干部的生活。

不光学习《准则》时要把自己摆进去，领导干部参加过组织生活，同样要把自己摆进去，主动接受党员同志的监督。有的同志是参加小组会了，但架子还没放下来。你参加小组会还摆什么架子，在小组会上就不是首长，不是领导人了，就是个普通党员了，大家一律平等。你在小组会上不要教训人，不是要你去给人家上课，要听听人家的意见，问问人家。不能把过组织生活当成一种形式，只是应付一下。

学习、贯彻《准则》，要加强和改善党的领导，克服“党不管党”的现象。最近有些单位改选，不少同志不愿意当支委，不愿意当支部书记，不愿意做基层党的工作，认为做党的工作容易得罪人，又要占去不少业余时间，费力不讨好。这些想法都是不对的，这本身就是党性不强的表现。党员不肯做党的工作，谁都不来做支部工作，那党组织不就瓦解了，还说什么加强和改善党的领导？我们各级领导要支持机关党的工作的开展。省直各部门、各单位的党组织，要改变那种长期不过问机关党的建设、不关心广大机关干部的状况，一定要把机关党的建设认真抓好，彻底克服那种“党不管党”的现象。

我们每个共产党员，都要努力改造世界观。在这里，我想讲讲批判封建思想，反对封建意识形态的问题。当然，在广东，要十分注意反对资产阶级思想的腐蚀和影响，特别是随着对外经济文化交流和来往的增多，这个问题更突出起来。至于克服封建思想的遗毒，也要注意做好。长期以来，我们对封建思想没有系统进行批判。我们的社会主义社会，是从半殖民地半封建的旧中国脱胎而来的，但封建主义的、小生产的思想及其影响，根深蒂固，封建的那一套东西，渗透在我们各个方面。我们不但要反对资产阶级思想，还要反对封建主义思想，前面我讲到的许多问题，都和封建主义思想有关系，它渗透到生活的各个方面。比如不能平等待人，听不进半点批评，家长式作风，搞生活特殊化，为子女打小算盘等，都和封建主义思想影响有关。当然，我们批判封建思想不要搞什么运动，在做法上一定要慎重，不要把正确的东西也当作封建的东西来批。

我们要学好党内政治生活准则，当然也要学好马列主义、毛泽东思想，学好其他方面的知识。我这里特别提一下，希望大家学一点辩证法。现在我们有很多问题，都是因为不讲辩证法造成的，形而上学的东西很多，这是不行的。我们就是要一分为二，要两点论，树立全局观点，克服主观主义，克服形而上学，克服片面性。这是我们搞好协同作战，加快四化建设步伐的一个重要方面，各级、各部门领导同志务必注意。我们有些单位、有些部门不大协调，有时是各执一端，各执己见，这不行。比如生产、流通、销售等部门不是也常常互相扯皮嘛，各有各的立场，这也是必然的，但是必须做到互相照顾，瞻前顾后，照顾到左邻右舍，照顾到全面。

学习问题，也不能理解得太窄，只是学政治理论。搞四个现代化建设，必须精通本行业务，具备专业知识。我们强调加强政治思想学习，加强世界观的改造，解决好“红”的问题，也要强调加强业务学习，提高业务能力，解决好“专”的问题。一定要努力做到又红又专。尤其对于领导干部来说，如果不钻研业务，不学习现代科学技术知识，不学习先进的经营管理方法，长期当外行，那是无法领导或者说没有资格领导四化建设的。我们要学管理，学会按自然规律和经济规律办事，要学会同外商、同资本家打交道。只要肯努力，肯下工夫，并讲究方法，总是可以尽快学会的。要经常组织一些干部下去蹲点，搞调查，到经济建设的第一线去学，就是到实践中去学。列宁提出的“学习，学习，再学习”的口号，过去是我们的座右铭，当前以至今后还应当是我们的座右铭。

■ 注　释

[1]五中全会，即中共十一届五中全会，见本书《紧密结合实际，认真贯彻十一届五中全会精神》注[1]。

[2] 见本书《紧密结合实际，认真贯彻十一届五中全会精神》注[5]。

[3]十一届三中全会，见本书《在肇庆地委常委扩大会议上的讲话》注[2]。

[4]林彪，见本书《落实知识分子政策，加强党对教育工作的领导》注[3]。

[5]"四人帮"，见本书《同心协力把广东工作做好》注[7]。

[6]毛泽东曾把既抓紧中心工作，又围绕中心工作同时开展其他方面的工作，比喻为"弹钢琴"，意即方方面面的工作都要照顾到，互相配合。

宝地就一定要出宝*

（一九八〇年七月二日）

珠江三角洲在我们广东是一块富饶的宝地，条件很好，宝地就一定要出宝。但宝地能不能献宝，能不能最大限度地献宝，这要靠我们奋发图强，去挖潜，去创造。我们决不要辜负大自然给予我们的优越条件，决不要辜负我们的前人艰苦创业打下的基础。一定要靠我们的努力把这块宝地开发出来。要建设好珠江三角洲，建设好佛山市，就需要有人才，要会干。有没有人才，会不会干，大不相同。现在有很多例子说明这个问题。同样的企业，同样的条件，那里有没有懂行的人，有没有会管理经营的人，那个班子好与不好，结果就不一样。今天我不可能说那么多，就是要解放思想，冲破那些旧框框，不仅要冲破林彪[1]、“四人帮”[2]加在我们身上的那些框框，甚至建国三十年来一切旧框框我们都要冲破。要解放思想，总结过去的正反两个方面的经验，哪个不行我们就来改，不然的话，我们的四化就搞不起来。

但要改革经济体制可不容易啊，会碰到许多阻力和困难的。中央给了我们省实行特殊政策和灵活措施的权力，就是要我们搞经济体制改革的试验。在这个方面，希望你们佛山市也先走一步。

---

* 这是习仲勋在中国共产党佛山市第四次代表大会闭幕会上讲话的一部分。标题为编者所加。

我到广东来以后，有同志告诉我，说珠江三角洲的人很精明，很会打算盘。我说这很好嘛，搞经济建设就是要精明，要会算账，要懂得动脑筋，想办法。做经济工作不会打算盘，不会算账还行！前两天华罗庚[3]同志给我们讲了统筹法[4]、优选法[5]。其中就讲到要“精统计”。你不要小看这个数目字，没有一个精确的数字，你是无法制定计划的。搞四化就是要“精”，要有朝思暮想的精神，这方面我们要向资本家学。当然我们不要当资本家，那些资本家为了赚钱把心思挖空了，喝茶的时候想，吃饭的时候也想，睡觉的时候也想。我们现在搞社会主义的四个现代化建设，能这样子就好了。我们现在就是要解放思想，按照自然规律和经济规律办事，把经济搞活，扬长避短，取得最大的经济效果。听说你们都有雄心壮志，暗暗下了决心，要同南海县比一比，我很赞成，我看这很好，要比赛嘛！你说你能行，我比你更行。我们要提倡这种精神，要保护这种竞争，我们的这种竞争是社会主义的竞争，社会主义没有竞争也不行啊，不竞争就是吃“大锅饭”。你竞争，你这个东西较好，利润多了，就可以多分一点。报纸上讲，辽宁有一个集体所有制单位，自负盈亏，他讲“国家发大财，企业发中财，个人发小财”，就是这个道理。国家、集体、个人三兼顾。你搞得好，盈利很多，就应该按正当的规定，可以多拿一些奖金。只要不是平均主义，不是滥发，不妨碍国家的统一计划，只要奖金来源正当，真正体现了按劳分配的原则，就是正确的。你搞得好多拿一点也可以，你搞不好连一个月的奖金也没有。我们要保护竞争，你追我赶，看谁在社会主义的道路上跑在前头，最快地富起来。要发动广大群众来做，群众的积极性调动起来了，就有办法，一切困难都可以克服。我相信，佛山市的党组织，一定能够带领全市人民展鸿图，闯新路，作出优异的成绩来！

■ 注　释

[1]林彪，见本书《落实知识分子政策，加强党对教育工作的领导》注[3]。

[2]“四人帮”，见本书《同心协力把广东工作做好》注[7]。

[3]华罗庚（一九一〇——一九八五），江苏金坛人。数学家。曾任西南联大教授，美国普林斯顿高等研究院研究员、伊利诺伊大学终身教授。新中国成立后，回国任清华大学教授，中国数学会理事长，中国科学技术大学数学系主任、副校长，中国科学院应用数学研究所所长，中国科学院副院长，中国优选法统筹法与经济数学研究会会长。全国政协副主席，中国民主同盟副主席。

[4]统筹法，又称网络计划法。它是以网络图呈现计划安排，并据以选择工作方案，组织协调和控制项目生产的进度和成本，使其达到预定目标，获得更佳效益的一种优化决策方法。

[5]优选法是根据数学原理，研究如何以较少的试验次数迅速找到生产和科学实验中最佳方案的一种科学方法。

祝广州解放纪念像落成揭幕*

（一九八〇年八月一日）

正当我们热烈庆祝中国人民解放军建军五十三周年的时候，重建的广州解放纪念像落成了。今天我们在这里举行纪念像的揭幕仪式，具有重大的意义。参加揭幕仪式的，有广东省、广州地区党政军民各方面的代表，其中有三十年前参与解放广东、解放广州的老战士、老干部，有各条战线的先进模范人物，还有青少年一代，我们革命事业的接班人。我们大家的心情都十分兴奋。

中国人民解放军在中国共产党的领导下，艰苦卓绝，英勇战斗，终于同全国人民一道，推翻了压在中国人民头上的三座大山[1]，为创建伟大的中华人民共和国立下了不朽的功勋。全国解放后，我们英雄的军队又肩负起保卫祖国、保卫社会主义建设的神圣任务。广州市人民为了表达对解放广州的先烈和英雄们的敬意，于一九五九年广州解放十周年之际，曾经在这里树立了解放广州的纪念像。但是，由于林彪[2]、“四人帮”[3]一伙蓄意通过宣传工作制造混乱，为他们的反革命阴谋服务，竭力煽动极左思潮，因而广州解放纪念像在一九六九年被拆毁了。粉碎“四人帮”后，广大群众纷纷要求重建广州解放纪念像。广东省委和广州市委支持人民群众的倡议，于一九七八年成立了修建广州解放纪念像领导小组，公开征求和评选设计方案，并

---

* 这是习仲勋在广州解放纪念像揭幕式上的讲话。

积极组织施工重建。叶剑英[4]同志对修建广州解放纪念像十分关心,亲笔题了字。参加设计和施工的美术家、设计人员、工程技术人员、专家和工人同志,夜以继日地辛勤劳动,终于使这座英雄塑像重新矗立在海珠广场上。这是纪念像的设计和建设者们的才华与心血的结晶,反映了广大人民的共同心愿。

纪念像是一座庄严的历史纪念碑,它充分表现出人民战士永远忠于党,忠于人民,坚决保卫祖国南大门的威武雄姿。全省和全广州市人民,永远不会忘记解放军北战南征,为人民解放事业建树的丰功伟绩。

纪念像是军民团结共同战斗的有力象征,它表达了解放军对人民的热爱,人民群众对子弟兵的支持。正是在广东人民革命武装和广大群众的支持配合下,人民解放军解放了广州城,并建立了人民政权,使人民成了城市的主人。这里有一条极为宝贵的经验,就是在共产党领导下,只要紧密团结,英勇奋斗,就能无往而不胜。今后我们要进一步加强军民团结,军政团结,夺取更大的胜利。

纪念像又是号召书,它歌颂了人民在战争岁月中的英雄业绩,更将激励人们发扬革命战争年代的那股革命热情和干劲,投入新的战斗,进行新的长征。让全省和全广州市人民,进一步团结起来,同心同德,互相帮助,互相支持,为实现四个现代化的宏伟事业,共同努力,并肩战斗。

我们坚信:胜利一定属于我们,我们的目标一定能够达到!

■ 注 释

[1]三座大山,见本书《在广东省纪检干部学习班结业会上的讲话》注[6]。

[2]林彪,见本书《落实知识分子政策,加强党对教育工作的领导》注[3]。

[3]“四人帮”,见本书《同心协力把广东工作做好》注[7]。

[4]叶剑英,见本书《同心协力把广东工作做好》注[3]。

加强党对教育工作领导的几点意见*

（一九八〇年八月五日）

我就加强党对教育工作的领导问题，讲几点意见。

第一，加强党的领导，必须提高对教育工作的认识。

教育直接关系到每个家庭，关系到千千万万个做父母的能否安心生产和工作的问题。学校办好了，既可以使青少年在德智体诸方面得到培养、发展，又可使广大职工减少后顾之忧，安心生产和工作，促进安定团结政治局面的发展。学校教育工作的一个更大的责任，就是转变社会风气。光说转变社会风气还不够，整个下一代接班人的培养，这个重任都在我们教育工作者的肩上。我们现在的青少年在“文化大革命”期间都是几岁的小孩子，所看见的是“文化大革命”的那一套。旧中国他们不懂得。什么是资本主义，什么是社会主义，什么是半封建半殖民地国家，三座大山[1]是怎样压在中国人民身上，搞得中国人民到了死亡的边缘，中国的社会主义是怎么来的，他们都不懂。这些问题都提到我们学校教育工作主要是政治思想工作上来。

我认为社会风气的好坏，我们学校起着很重要的作用。全省中小学生一千二百万，占人口的五分之一。把他们教育好，社会风气就

---

* 这是习仲勋在广东省教育工作会议上讲话的一部分。标题为编者所加。

会改变。当然,青少年教育有三个方面:家庭教育、社会教育、学校教育。社会教育、家庭教育都很重要,但主要是学校教育。我们要引导青少年都去学习,引导他们关心我们的祖国,热爱我们的祖国,发扬爱国主义精神,树立建设四化的雄心壮志。所以教育工作的责任非常重大。我们下一代接班人的成长,我们现在的社会风气的改变,安定团结的巩固,四个现代化的实现,责任主要在你们身上。特别说一下家庭教育。我觉得做父母的是革命的,应该教育我们的儿女也要革命。现在有些人不是那样子,而是溺爱子女;有的把子女往邪道上引,要他们偷渡,要他们搞投机倒把,要他们去干坏事。这能行吗?家庭要革命化嘛!要有民主团结空气,经常开家庭会议。当然我们现在是搞社会主义,在内容方面和过去有许多不同,学雷锋[2]、学先进人物的活动还要开展,可以请一些老红军、老干部做辅导员。将来有些老同志退休后,去学校当个顾问也好嘛!我老了,愿意到学校去当个顾问,讲讲过去的斗争史,讲讲革命史也好。青少年教育问题实在太重要了。你们负有光荣伟大的历史任务,要把下一代教育好。

第二,要调整好教育行政部门和学校的领导班子。

目前干部队伍的构成情况是个大问题。各级领导班子都"老化",哪个机构、哪个班子都是人不少,都是老态龙钟。现在机构这么庞大,层次这么多,人这么多,懂行的有多少呢?所以现在中等教育结构要来个改变,要逐步做到学生从学校出来就能办事,有本事,懂得那一行,就可以直接操作机器。

调整各部门的班子,年老体弱的,我们要爱护他们,政治经济待遇不变,甚至还可以多一点,让他们当顾问,量力而为。对那些不懂业务,干劲又不大的,就干脆把他们调开。不懂行的好同志要学习、提高,不愿学习的也要改行,也要调动。我鼓励一些好的同志,到教育战线来。如果今天能减少我别的职务,我倒愿意转干教育,我可以当个教育局长。教育工作是很重要的,要大胆选拔一批有专业知识的,有行政工作能力、领导能力,年富力强的同志,充实到教育部门和学校的领导班子里来。

第三,要继续落实党的知识分子政策。

我省知识分子的冤假错案和“文化大革命”中的遗留问题,基本上都平反和处理了。还要抓紧扫尾,做到善始善终。

现在主要的问题是,要进一步肃清“左”倾路线的流毒和影响,把绝大多数知识分子看成是工人阶级的一部分,信任他们,放手使用他们,选拔他们中间的一些优秀人才到适当的岗位上去。对解放后我们自己培养出来的知识分子,更要挑选多一些同志到领导岗位上去。过去长期把知识分子当作资产阶级一部分,把解放后我们自己培养的知识分子,也当作资产阶级一部分。知识分子最受歧视,受打击。所以一定要花大力气消除“四人帮”[3]在这个方面的流毒和影响。

要在党内、学校内、社会上大力提倡尊敬老师。尊师爱生,要成为风尚。凡是要求入党而又具备了党员条件的教师,要及时地采取积极热情的态度找他们谈话,吸收他们入党。要切实帮助他们解决一些生活上的实际困难。城建部门新建的职工住宅,要拨出一定比例优先安排教师中的住房困难户,从各方面为他们创造必要的工作条件。

第四,要逐步增加教育经费,提高教育投资的比例。

教育投资是培养人才、开发智力的投资,也可以看成是一种生产性投资。最近省委常委讨论中小学教育问题,一致认为当前我省教育经费和教育基建投资在全省财政总支出中占的比例太低,确定今后要逐步增加。大家认为,要舍得花钱办教育,要看得远一些,这些说法都很对。“十年树木,百年树人”,人才培养的周期很长,正像有的同志说,不像化肥那样很快见效,化肥一下去,粮食就增产了。今年全省的财政很困难,都已经作了安排。省委和省政府最近决定,除上半年省地方财政增加给普教经费一千二百五十万元以外,下半年再增拨一千万元。现在请你们回去转告各级党委和政府,凡是生产好的地方,都要从地方财政中拿一点钱办教育,这是有可能的。我们现在的教育局有没有经常下去视察呢?到一个学校去亲自看一看,听听教员怎样讲课。我觉得这个方面工作要改进。改善我们党对教育的领导,注意改善教育的领导方法。

我特别提一下,对现在在校的学生,你们要研究。今天的学生,不是十年以前、十几年前在校的学生,他们的思想、他们的生活习惯、他们所处的环境,都和过去不同。环境决定人的思想意识。大家看看现在社会上发生的犯罪情况,青少年最多。所以我们要把他们教育好,把这一代的风气扭过来。这个责任太大了,也是个最光荣最伟大的任务,关系到我们这个民族的优良传统能否千千万万年继承下去,关系到我们四个现代化能否很好搞起来。

■ 注　释

[1]三座大山,见本书《在广东省纪检干部学习班结业会上的讲

话》注[6]。

[2]雷锋,见本书《在肇庆地委常委扩大会议上的讲话》注[7]。

[3]“四人帮”,见本书《同心协力把广东工作做好》注[7]。

加快经济管理体制改革和经济发展的步伐*

（一九八〇年八月八日）

关于当前农村政策的问题

省委在今年五月召开的农村工作会议，确定了当前农村工作的基本方针和中心任务是使农村尽快富裕起来。我们总的方向应当是毫不动摇地大力发展集体经济，要依靠集体致富，同时对于部分集体经济很薄弱、群众生活很困难的穷队也允许搞包产到户，发挥农民的积极性，并强调搞好生产队的经营管理，健全生产责任制，稳定生产关系，坚决制止分田单干。经过这次会议的热烈讨论，问题更清楚了。根据广东的情况，我们必须坚决制止分田单干，这一点大家的看法是一致的。至于如何对待包产到户问题，则还需要多讲几句。

对包产到户问题，中央领导同志的指示很清楚：一是在困难、落后的地方可以搞，在边远山区的单家独户也可以搞；二是在那些生产比较正常、集体经济搞得比较好的地方，原则上不搞；三是对已经搞了包产到户的，也要逐步把它引导到搞专业化分工协作的责任制。

---

* 这是习仲勋在广东省地市委书记会议上总结讲话的部分内容。标题为编者所加。

我们既要看到包产到户能调动农民积极性，有利于渡过困难的一面，也要看到它会给集体经济和人们特别是农民的思想带来不良影响的另一面。同时，还要看到它并不是调动农民积极性、克服困难的唯一办法。所以，在生产搞得比较好的地方应当原则上不搞包产到户，而要下工夫搞好责任制，这是巩固集体经济的重大措施。

一些生产队一时找不到克服困难的其他办法，搞了包产到户，我们应当允许，不要因此去指责基层干部和党员，不要去硬扭。各级党委的主要责任在于深入调查研究，及时总结经验教训。对已经分田单干或正在闹分田单干的，在群众自愿的原则下，用包产到户的办法去取代它，是可以的。边远山区、深山老林的单家独户，硬要合在一起大排工，费时误事，对生产不利，由这些农户对生产队实行包产到户还不失为一种比较好的办法。对那些已分田单干的地方，也不允许单干户完全脱离生产队集体，他们还要对集体承担一定的责任。因为现在的单干同合作化前的单干是有所不同的。现在单干不能只交公购粮，必须同样交纳公益金、公积金，要向生产队提供一定的劳动积累，因为我们社会主义国家对农村进行了大量的经济和文化建设，单干户不能只顾自己，还应关心国家和集体，旧社会还要交“皇粮”嘛！

应当讲清楚，实行包产到户的地方，经济主体还是生产队。这些地方将来会怎么样？只要生产发展了，经济发展了，肯定会有所前进，会从低水平的集体化发展到高水平的集体化，集体化不巩固的会逐步变得巩固。不论在哪种地区，我们注意力的重点，都应放在加快生产力的发展上。生产力发展了，即使搞单干的，也会要求参加集体，包产到户的同样会改变做法。我们不应当离开生产和经济发展的具体条件去盲目追求高级的组织形式，这在我们农村工作的历史上，是有沉痛教训的。所以，省委在五月农村工作会议上强调把主要注意力放在集体生产和集体经济的发展上，把尽快使农村富裕起来定为农村工作的基本方针和中心任务，是正确的，这是我们要紧紧抓住的主要矛盾。我们应当一面帮助农民发展集体生产和集体经济，一面帮助他们提高经营管理水平，逐步变包产到户为“四专一联”（专业队、专业组、专业户、专业工，联系产量计算报酬）的生产责任制，或其他形式的专业化分工协作的生产责任制。我们全党都要下工夫研究总结这方面的经验，这是当前搞好农村工作的一个很重要的问题。

农村“三级所有，队为基础”的公社体制要稳定。体制不稳定，生产关系动荡，对生产是很不利的。二十多年来，农村体制人为地变来变去，使国家和农民都吃尽了苦头，要吸取这个深刻教训。关于要不要三级所有，要不要政社合一，这类问题作为理论研究在党内探讨一下是可以的，但在目前当作一个问题来谈论，或宣传工作不注意，都会成为一种不稳定的因素，造成人们思想上的混乱，更不能草率地改来改去。同时还要注意，在宣传上，我们应当强调从当地的实际条件出发，具体问题具体分析，不要只讲某一种办法绝对好，要求各地都照着做。任何一种典型，任何一种责任制，都有它的局限性。在一定的具体环境下，它是好的，能起促进群众搞好生产的作用，而在另一种情形下，就不一定是好的。这也是一条历史教训，应该记取。华罗庚[1]同志讲优选法[2]，农业经营管理的责任制也有个选择问题，哪种责任制形式比较好，要选择，要引导，不要一刀切。

继续解放思想，进一步把我省经济搞活

当前全省形势是好的。生产和市场供应情况都比我们预计的好。但是，同全国情况，特别是同先进省、市、区对比，我们经济发展的步子还比较慢。这就是说，我们既要肯定成绩，增强信心，又要看到差距和薄弱环节，不要有自满情绪。总的说来，我们前进的步子迈得还不大，我们的经济搞得还不够活。

还要看到，中央批准我省实行特殊政策和灵活措施，给了我们在改革经济管理体制方面先走一步的权力，这也是我们加快经济发展的很重要的有利条件。现在回过头来看，这一年来，我们还没有很好地充分运用和发挥这个有利条件，积极实践，大胆革新，领导机关落后于基层，领导落后于群众。这就是说，我们仍然面临着解放思想的严重任务。如果我们不解放思想，不敢大胆创新，不抓紧时机、发奋图强、艰苦奋斗，就肯定要落在先进省、市、区的后面，“先走一步”也将成为空话。当然，我们不能草率从事。解放思想就是实事求是地研究新情况，解决新问题，按照自然规律和经济规律办事。现在重要的是要认清形势，勇于实践，积极地通过实践、通过试验，去探索调整经济结构、改革经济管理体制的路子，使我们的经济真正活起来，加快前进的步伐。我们讲的是积极试验，先搞试点，而不是一哄而上，这就没有危险；即使试点不成功，也可取得经验教训，利于进一步试验。我们在实际工作上一定要力争做到“先走一步”，但在宣传上要留有余地，要少讲多做。省委批转清远改革企业管理制度的经验[3]，最主要的就是提倡清远解放思想，勇于创新的可贵精神，以及他们实事求是的科学态度。省委常委认为有必要把这个问题再讲一下，目的是为了使大家都保持清醒的头脑，努力搞好自己的工作。特别是各级、各部门的领导同志，要大力支持下面的创新精神，要尊重广大干部和群众的实践经验，凡是对发展生产力有利的改革，就要积极支持，对下面的好经验要及时帮助总结、推广。即使在改革中出了一点问题，也不要大惊小怪，更不要责备干部和群众。我们的正确认识，是从实践中来，到实践中去，实践、认识，再实践、再认识，不断深刻和完善。要敢于打破那些违背客观经济规律和自然规律的条条框框。要重视学习，要学习经济理论和科学管理知识，否则就无法开阔视野，提高分析和认识经济活动规律的能力。毛主席说过，价值规律是伟大的学校，我们不学习，就无法做好工作。

事实证明，即使在全国的经济管理体制没有大的改革以前，只要我们解放思想，放宽政策，还是有不少可以把经济搞活的门路的。所谓放宽政策，在当前无非就是生产队和工矿企业的自主权、按劳计酬、生产责任制、自留地、自留山、家庭副业、集市贸易、手工业、个体经营，还有林业、牧业、渔业的政策，等等。放宽政策的核心是调动一切积极因素，激发亿万工人、农民、知识分子和干部的创造能力，把经济搞活，把生产搞上去。至于哪些政策要放宽，放宽到什么程度，要到实际中认真调查研究，不要有成见，不要有框框，不能唯书、唯上，而要唯实。这样，我们就能坚持实事求是，通过实践去探索真理，去闯出一条路子。清远经验就是闯出来的。我们要勇于实践，要认真总结经验，探讨把经济搞活的办法，哪怕是小改小革也好。即使大改大革，也必须从小改小革做起，这也算是我们的一条经验吧！比如财政体制，非改革不可。有些兄弟省、区已实行“分灶吃饭”（即“划分收支，分级包干，比例分成，一定几年”）的财政体制，改变过去统收统支、吃大锅饭的状况,效果很好。省对广州市今年也是实行“分灶吃饭”的办法,实践证明情况不错,这样,既保证了省下达的财政任务的完成,又调动了市的积极性。省委有这样的设想,打算从明年起,在全省实行“分灶吃饭”的财政体制,现在就要积极进行调查研究,做好准备,拿出方案来。

要大力推动联合

经济联合是随着经济管理体制改革而出现的新事物。走联合之路,组织各种形式的经济联合体,是调整好国民经济和进一步改革经济体制的需要,是国民经济发展的必然趋势。国务院已发了一百七十二号文件[4],要按照这个文件的精神认真抓。

经济联合的路子很广。工业之间可以联合,工业和农业之间可以联合,工业、农业、商业、外贸之间可以联合,地区之间、上下之间、全民和集体之间、生产部门和科学技术、文化教育部门之间都可以联合。它不受所有制、隶属关系以至行业、地区的限制,只要生产需要,所有制不变,根据自愿、互利、平等的原则,兼顾各方的经济利益,各个企业都可以组织联合经营。联合起来,好处甚多。它可以扬长避短,发挥各个经济单位的优势,提高经济效果;可以把地方、企业的财力、物力吸引到国家建设急需的方面来,扩大企业的生产;可以按照经济规律沟通横向联系,打破地区封锁、部门分割;有助于按照专业化协作原则改组工业,避免以小挤大,重复建厂,盲目生产。

实现联合,首先要解放思想,冲破经济管理方面那些陈旧观念和习惯势力的束缚。比如,要打破地区、行业的界限,就必须反对地区、部门之间的本位主义的旧思想。要破除多年来形成的“官”办工业、

"官"办商业、"官"办外贸的习惯势力。要克服搞生产总喜欢"大而全"、"小而全",自给自足的小农经济思想。这些思想和习惯势力不去掉,联合就难以进行,经济也难以搞活。

其次,为了推动联合,必须改革现行经济管理体制和管理方法上妨碍联合的部分。这就要求有关单位和部门,要在制度、政策和办法上作出相应的改进,以促进联合的巩固和发展。凡属有利于发展生产,沟通供销,繁荣经济的联合,各地区、各部门都应该积极支持和鼓励,财政、物价、物资、商业、供销、外贸等部门,尤其要在各自职权范围内给予大力支持,而不要用行政办法去阻碍它。

组织经济联合,是一个新课题,我们还缺乏经验。在推行时,要逐步发展,并在实践中不断总结经验。各级党委和政府要加强对联合的领导,加强具体指导。对于联合中碰到的问题,要组织有关部门、单位主动地去解决,而不要推来推去,久拖不决。但联合要真正采取经济办法,有关领导机关的责任是扶植联合的发展,帮助他们解决问题,而不是搞行政干涉。

农工商综合经营,这是一种新的经济形式,也是一种联合。它是缩小城乡差别,使农民尽快富裕起来的一种好办法,各地应认真搞好试点。这件事我省抓得慢了,要放手去搞,加快步伐。

流通渠道要活起来

长期以来,我们经济工作中只注意生产,忽视流通。流通方面存在的问题比较多,只有一条流通渠道,关卡林立,画地为牢,搞得很死,严重地障碍了生产的发展。三中全会[5]以来,试行计划调节和市场调节相结合,在计划指导下,开始发挥市场调节的作用,流通渠道多起来了,生意开始做活了一些。但是,流通领域活得还不够,改革还只是开始。在经营项目和范围上,生产资料的计划分配和生活资料的统购包销还过多、过死。省准备把农副产品统购、派购的项目和范围缩小,放宽三类商品[6]的范围,增加议购议销的商品,一、二类商品在完成国家任务后,允许自行处理。要普遍推广合同制,把较大宗的产品纳入合同轨道。履行合同后的产品,允许生产者自行销售。

流通渠道还要放开。在保持社会主义公有制占绝对优势的情况下,允许多种经济成分、多种经营方式存在。要允许竞争,保护竞争。集体商业、服务行业还可以有计划地扩大;个体商业、服务业,包括夫妻店,还可以有计划地有领导地多搞一些。基层商店对有些产品可以直接从生产单位进货。要继续办好货栈和信托公司,想方设法为产品寻找销路。要允许农村社队有领导地进城设点推销自己生产的产品。要继续办好产品展销会、订货会,设立展销门市部,促进物资交流。

为了促使流通渠道活起来,省委决定,允许各县、市在广州市设立推销点,直接推销完成国家任务后的一、二类商品和其他土特产品;同时准备在广州市设立固定的全省物资展销交流会,每季度举办一次,包括生产资料、生活资料和外贸转内销的商品。各中、小城市也要允许公社进城设门市部推销产品。

外贸也要进一步搞活

发展对外贸易,是我省的优势之一。几年来,我省外贸有很大发展;去年开始改革外贸体制,做了不少工作,成绩是主要的。但外贸出口还少,体制改革也只是初步的,远不能适应外贸大发展的要求。

各地办外贸的积极性很高，这次会上，大家发表了很多很好的意见，总的感到外贸活得还不够，目前外贸体制统得过多过死，妨碍了发挥我省在这方面的优势。

也要承认，由于我们的经验不足，组织领导和管理水平跟不上，在外贸体制改革过程中出现了一些新问题，在最近的对外贸易活动中也有点乱。因此，要在统一领导、统一政策、统一计划、统一对外的前提下，充分调动各地、各部门、各企业的积极性。既要统一，又要照顾各方，两者既是对立的，又是统一的，不可偏废，要协调好。大家知道，对外经济活动是同外国和港澳资本家打交道，情况比较复杂。为了保护我们的权益，对外经济活动要在政策、法令和计划指导上统一对外，要在价格、客户、市场等问题上协同行动。我们要守纪律，不能搞分散主义，搞无政府主义，让资本家钻我们的空子。但是统一对外，不是统一经营、一家独办、不去发挥各方面的积极性。要在“活”的基础上统一，而不能统死。进出口工作也要采取发挥优势、保护竞争、推动联合的方针。当前外贸活动中主要还是活得不够，发动大家办外贸、把外贸办活办多办好不够。当然，又要活而不乱。要进一步贯彻落实鼓励出口的政策和继续推进外贸体制改革。要从商品经营分工上给地方一定的经营权限，要从外汇分成上给地方、企业合理的实际利益，要根据需要适当增设进出口岸和起运点。

外贸活动中可以搞联合经营，经营的项目有的以地方为主，外贸部门参加；有的以外贸部门为主，投资和扶植地方、企业。当前在工贸、农贸关系上，要认真做到“四联合、两公开”（联合办公，联合安排生产，联合对外洽谈，联合派小组出国考察；外贸出口商品价对工业部门公开，工业生产成本对外贸部门公开），密切双方关系，共同对外。

发展对外贸易,一方面要积极扩大出口货源,提高出口量,另一方面要提高出口商品的质量,增加花色品种,改进商品装潢,改变出口商品的构成,提高商品的竞争能力和换汇率。从明年起,我省实行五十号文件规定的外贸体制,外汇换算成本由省包干。这就更加要求我们必须加强对外贸易的经济核算,改善经营管理,降低换汇成本,减少出口亏损,增加外汇收入。

关于能源问题

能源紧张是我省要突出解决的一个大问题。最近,中央提出我国的能源方针是:实行开发和节约并重,近期要把节能放在优先地位;大力开展以节能为中心的技术改造和结构改革。这个方针也完全符合我省的实际情况。由于企业经营管理落后,由于工艺、技术落后,由于经济结构不合理,所以能源利用效率低,浪费大。现在我省能源有效利用率仅百分之二十八,如能提高百分之一,就相当于五十四万吨标准燃料。目前,我省有一半以上企业的能源消耗未达到本企业的历史较好水平;同时企业之间的差距也很大。因此,采用新技术,对现有设备进行技术改造,使之减少能源消耗,是节约能源的重要途径。要从财政、物资等方面,帮助企业有计划地解决技术改造的问题。

今后还要逐步改革我省的工业结构,发展节能的轻型工业,压缩耗能高的产品,这也是节约能源的重要方面。按照我省目前情况,轻工业比重上升百分之一,重工业比重下降百分之一,就可以减少耗煤二十一万吨。

当前的一个重要问题是,在开发和节约能源上要制定一套政策和措施,奖励和调动企业节能的积极性,限制和淘汰那些耗能多、经济效果小的企业和设备。要在投资和贷款上大力扶植中小型水电和余热发电。请计委、经委、水电等部门认真研究,尽快提出具体方案来。

农村也要重视节约能源。要大力推广办沼气。这是制止乱砍滥伐山林的一个积极措施。最近小平同志到四川看了沼气,他把沼气看成是解决农村能源的一个战略性问题。这也是农田基本建设的一个重要项目。我们省里要安排必要的贷款和物资供应,并要训练推广沼气的技术人员,搞好规划,扎扎实实地抓好这项工作。农村还要抓紧营造薪炭林,解决烧柴问题。

■注　释

[1]华罗庚,见本书《宝地就一定要出宝》注[3]。

[2]优选法,见本书《宝地就一定要出宝》注[5]。

[3]见本书《要把广东体制改革的试点搞好》注[2]。

[4]指国务院《关于推动经济联合的暂行规定》。文件要求各级政府要加强对经济联合的领导。凡是有利于发展生产、沟通供销、繁荣经济的联合,都应当积极支持和鼓励。

[5]三中全会,即中共十一届三中全会,见本书《在肇庆地委常委扩大会议上的讲话》注[2]。

[6]三类商品,指实行计划经济时期,国家按"统一计划,分级管

理”的原则，把商品划分为三大类，实行不同的购销政策和管理办法。一类商品是关系国计民生十分重要的商品，包括粮食、油料、棉花、棉纱、汽油、煤炭等。这类商品的计划由国务院管理，具体工作由国务院各有关部委办理。凡是由国务院管理的指标，非经国务院批准，不得变动。二类商品是关系国计民生比较重要的商品，或生产集中、供应面广或生产分散、需保重点及出口需要的重要商品。如生猪、鲜蛋、黄红麻、毛皮、毛竹、化肥、农药、铁丝、元钉、缝纫机、自行车、电视机和中药材等。这类商品收购、调拨、进出口等主要指标，由国务院有关部委管理，非经国务院有关部委批准，不得变动。对一、二类商品大多实行统一收购和派购等政策。三类商品是一、二类以外的其他商品，如小百货、水产品、干鲜果、土特产和一部分中药材等。这类商品品种繁多，产销复杂、变化快，由地方或企业自行生产和购销，国家对这类商品实行议购议销或由商业部门选购、生产单位自销政策。

要立志改革*

（一九八〇年十月十一日）

要贯彻执行好中央书记处对广东工作的指示，有一个很重要的问题，就是要立志改革。

中央书记处会议纪要讲得很清楚："在广东、福建两省实行特殊政策和灵活措施，中央是下了决心的，目的是要充分发挥广东、福建两省的优势，使广东、福建先行一步富裕起来，成为全国四化建设的先驱和排头兵，为全国社会主义经济建设和体制改革探索道路，积累经验，培养干部。"

中央对我们的希望很大，要求很高。如不立志改革，没有创新精神，根本无法先走一步，不可能探索道路，也就当不了先驱者和排头兵。

所以，省委诚恳接受中央的批评。一年多来，我们闯的精神的确不够，在经济体制改革方面没有做到先走一步。我们决心改变这种状况，立志改革。

另一方面，一年多来我们工作上所以还取得了一定的成绩，全省的形势总的是向好的方面发展，其中很重要的也是由于我们初步进行了一些改革，打破了一些旧框框、老章程，冲破了一些束缚，使经济

* 这是习仲勋在广东省地市委书记座谈会上讲话提纲的部分内容。标题为编者所加。

比较活了一些。

比如清远经验[1]，就是很好的例子。省委推广了清远经验。凡是认真推行的企业，情况都有了很大的好转和进步。比如，轻工业厅认真在全省轻纺工业系统推广清远经验，已经取得了显著的经济效果。全省九百七十户国营轻纺企业，今年一至八月，累计完成工业总产值三十二点六亿元，比去年同期增长百分之十二点零三，实现利润三点二亿元，比去年同期增长百分之二十九点六八，净增七千三百万元，比原订全年净增利润计划四千万元多三千三百万元；亏损减少百分之十五点七。

财政、商业、外贸等，也搞了一些改革，收到初步的效果。

农业方面加强和完善生产责任制，也是一种重要的改革，是革除过去生产指导上的主观主义和分配中的平均主义的弊病。

要改革，确实会碰到阻力。每前进一步都有斗争。这里有旧框框和习惯势力的束缚；也有对新事物的实践和认识的过程。

有阻力，有斗争，不奇怪。重要的是要对改革抱坚定的态度，踏实的作风，细致的方法；要坚持调查研究、实事求是。耀邦[2]同志讲，"要把调查研究和实事求是结合起来"。

要抓典型。要抓两头，从比较中鉴别、总结、提高。

今后改革的方面很广，从经济基础到上层建筑，都要进行。

农村工作要改革，城市工作要改革，经济体制要改革，政治体制要改革，领导作风要改革，文风要改革，会风要改革。

在改革方面，中央为我们作出了榜样：改革迎宾礼仪，得到广大群众欢迎和拥护。改革文风，群众称赞最近党中央致全体共产党员、共青团员的公开信文风好，认为写得简明扼要，实事求是，语言诚恳，观点清楚,以理服人,三千多字的信,从头到尾没有一句命令、训斥或批判的口气。新闻改革,今年十月一日国庆节的《人民日报》,一没有套红,二没有应景社论,只有一篇短评,但比老一套的社论更引人注目。

中央已明确指出,要增大广东的权力,省委有相当大的权力决定各种改革方案。

关于特区问题,讲三点意见:

(1)建设经济特区,这是广东实行特殊政策的一个重要组成部分,对摸索经济体制改革的经验,对熟悉资本主义的经营管理方法,对培养训练人才,对吸引外资,为国家多创外汇,都有重要意义。但现在特区建设的基础很差,没有经验,可以说是在空地上白手起家,困难不少。因此,各部门要大力给予支持和帮助。

(2)中央批准广东实行特殊政策,而经济特区在我省又有其特殊性。因此,各部门下达的指令和要求,对特区,要尽可能考虑到和照顾到它的特殊情况;如有同特区的情况不适合的,允许特区采取灵活办法,变通办理。特区和各部门之间,都要从互相支持、搞好工作出发,主动通气、商量,协商解决问题。

(3)广东的三个经济特区,不光是广东的特区,也是为全国创造经验的,中央很关心。重大问题,要多向中央和省委请示报告,最好能定期(例如每个季度)向中央、省委作一简单明了的汇报。

■ 注　释

[1]清远经验，见本书《要把广东体制改革的试点搞好》注[2]。

[2]耀邦即胡耀邦，见本书《要把农业科学研究摆到重要的位置》注[10]。

习仲勋文集

下卷

目　录

学校要加强思想政治教育工作*

（一九八一年八月十一日）

中央提出第一抓经济，第二抓思想。这两方面是互为因果的。过去在困难条件下要思想先行，现在条件好了，仍然是要思想先行。必须有一个正确的政治方向，要坚持四项基本原则[1]，这在十一届六中全会[2]决议中是已经讲清楚了的。

全国学校思想政治教育工作会议是和中央宣传部召开的思想战线问题座谈会同时举行的，同志们听了邓小平、胡耀邦[3]、胡乔木[4]同志的讲话，把许多问题搞清楚了。

资本主义国家就那么好吗？美国的经济走下坡路，他们的经济问题比我们大得多。我曾对美国人说：“你们有困难，我们也有困难。但我相信我们的制度好，困难会比你们解决得快。”不要光看那些表面现象。在我们国家，十亿人口人人有饭吃，可不简单。这是个大问题，是一个很实际的问题。我们都要有信念，同时要教育学生有信念，相信中国共产党一定能够把中国的事情办好。

教育战线的同志确实很辛苦，但是大家能体谅国家的困难，坚持工作，这是很不容易的，民办教师的困难就更不用说了。你们肩负着教育青少年的重大历史使命。现在犯罪的很多是青少年，十八九岁，

---

* 这是习仲勋会见出席全国学校思想政治教育工作会议部分代表时讲话的一部分。

二十几岁,看到这种现象,我们心里很难过。当然,从根本上说,这是“四人帮”[5]造成的恶果。我们对这个问题要有足够的估计。经济工作只要方针政策对头,振奋精神,就可能搞得快一点。但思想教育工作,要比经济工作费时更多,至少要多一倍的时间才能把青少年一代的风气搞好。首先是要把党风搞好,这就必须要有个好的党委领导班子。“文化大革命”中派性严重的人要调整。领导班子成员一定要是德才兼备,年富力强,能跟党走,团结在党中央周围,执行党的方针政策的同志。

党的工作本身就是政治工作。政治工作不仅党委要做,而且要发动人人去做,特别是教师都要做学生的思想教育工作。青少年的思想是要引导的。要重视这个问题,也不要把问题看成不能解决。现在的学生,与五十年代的、六十年代的不一样,与七十年代的也不一样。他们对旧社会一点不了解,对社会主义的优越性也不知道。他们以为社会主义、共产党就是“文化大革命”中那些坏的东西,有的人认为党内存在着一个官僚阶层,老家伙都不行,要下台。我们要摸清青少年的心理状态,了解他们到底想些什么,才能做到循循善诱,正确引导。

当然,社会教育、家庭教育也很重要,与学校教育是互相关联的。现在社会风气不好,有的地方是邪气上升,正气不能伸张,看到坏人坏事不敢管,家庭教育也有问题。小平同志指出,思想战线上存在涣散软弱的状态。不仅思想战线存在这个问题,各方面都存在这个问题。我们的学校,无论是党政领导干部,政治工作干部,还是教师,一定要立场坚定,旗帜鲜明,理直气壮地抓思想政治工作,同歪风邪气进行斗争。要克服软弱无力和涣散状态。过去我们的思想政治工作有缺点，应当改正。现在解决问题的关键还是要加强和改善党的领导。党委要深入到教学领域，发动教师把思想政治工作做到学生的心坎上去。

■ 注　释

[1]四项基本原则，参见本书《在中央工作会议中南组的发言》注[10]。

[2]十一届六中全会，即一九八一年六月二十七日至二十九日在北京召开的中国共产党第十一届中央委员会第六次全体会议。全会同意华国锋辞去中共中央主席和中共中央军委主席职务的请求。改选和增选胡耀邦为中共中央主席，赵紫阳、华国锋为中共中央副主席，邓小平为中共中央军委主席，习仲勋为中共中央书记处书记。中共中央政治局常务委员会由胡耀邦、叶剑英、邓小平、赵紫阳、李先念、陈云、华国锋组成。全会审议并通过了《关于建国以来党的若干历史问题的决议》。

[3]胡耀邦，见本书《要把农业科学研究摆到重要的位置》注[10]。

[4]胡乔木，见本书《新闻工作就是群众工作》注[2]。

[5]“四人帮”，见本书《同心协力把广东工作做好》注[7]。

在新华社建社五十周年纪念会上的讲话

（一九八一年十一月十日）

新华社的五十年，是从无到有，从小到大，艰苦奋斗，胜利发展的五十年。

新华社是党的重要宣传工具，是国家通讯社，是人民的喉舌。现在正在向现代化的世界性通讯社的方向迈进。

这五十年，在党中央领导下，新华社的工作是有很大成绩的，新华社的全体同志都是努力工作的。新华社在世界通讯社当中享有很高的威信。

我代表中央书记处向新华社全体工作人员表示热烈的祝贺，向帮助新华社工作的所有外国专家表示深切的感谢。

我们的任何纪念活动，都不是为纪念而纪念。纪念某一个节日，总是为了总结历史经验，更好地前进。新华社有什么历史经验应该吸取，当前有什么重要问题需要解决？这些是要由你们去讨论的，我只提一点希望。

新华社在延安清凉山驻了十年，这十年是新华社初具规模，逐步成长的十年。清凉山的老同志现在还在新华社的可能不多了，但是清凉山时期那种艰苦奋斗的革命精神，即延安精神，应该继承下来，发扬光大。这对编辑、记者、技术人员和行政工作人员，都是同样重要的。

对新华社的编辑业务工作我也提几点希望，也就是几个字：

一、真——真的对立面是假。新闻必须真实。延安时代就反对过“客里空[1]”，这几年又反对“假大空”，假字排在第一，所以首先要反假。

二、短——短的对立面是长。新闻、通讯、文章都要短，长了没人看。延安时期，乔木[2]同志就写了《短些，再短些》的文章，最近又重新发表了。

三、快——快的对立面是慢。新闻报道的时间性很强，不快就成了旧闻了。你们现在技术装备比延安时代强多了，但是仍然有一些新闻实际上不新，变成旧闻了。这说明我们的工作还不适应新的形势。

四、活——要生动活泼，不要老一套，老框框，老面孔，那些没有人看。

五、强——要做到思想性强，政策性强，针对性强。一篇新闻报道，总要给人一点有益的东西，使人们看了受到教育，受到鼓舞，精神振奋，斗志昂扬，团结一致干四化。做不到这一点就是出废品。

总之，希望新华社越办越好。我相信一定能够越办越好。

■注　释

[1]客里空，俄文音译，是苏联卫国战争期间柯涅楚克剧本《前

线》中塑造的一个惯于捕风捉影、捏造事实的记者形象。后来我国新闻界借以泛指那些脱离实际、虚构浮夸、说空话的新闻报道作风。

[2]乔木即胡乔木,见本书《新闻工作就是群众工作》注[2]。

新长征突击手要做青年的带头人*

（一九八一年十一月二十三日）

全国新长征突击手[1]、先进团支部代表会开幕了，这是我国青年生活和团的工作中一件很重要、很有意义的事情。我向你们这次会议表示热烈的祝贺！向你们并通过你们向全国各条战线的新长征突击手，向广大共青团员，向为祖国的社会主义现代化事业辛勤劳动的亿万青年，表示亲切的慰问！在这里我也顺便转达老一辈革命同志对你们的关心和问好，过几天他们还要接见你们。

你们这次代表会是在我们党的具有伟大历史意义的十一届六中全会[2]之后，在我们国家正处于拨乱反正、继往开来的重要历史时期召开的。你们这次代表会不仅是总结经验、表彰先进的大会，也是攀登社会主义现代化建设新的高峰的动员大会。粉碎"四人帮"[3]以来，特别是党的三中全会[4]以来，由于党的正确路线、方针和政策得到了有力的贯彻，全国政治上更加安定团结，经济调整逐步收到成效。我国社会主义现代化建设事业开始走上一条适合我国国情、符合全国人民心愿的新路子。这些成就，同在座的同志们，同全国各条战线的突击手，同广大青年的辛勤劳动是分不开的。可以说，我们国家的各项成就，都凝聚着你们的心血和汗水。

---

* 这是习仲勋在全国新长征突击手、先进团支部代表会上的讲话。标题为编者所加。

争当新长征突击手的活动,从一九七九年三月开展以来,仅仅只有两年多的时间。一九七九年九月,在团中央召开的全国新长征突击手命名表彰大会上,表彰了一万名突击手。现在,被命名为突击手的青年,已经有一百万人。从一万到一百万,这是一个飞跃。它说明,争当新长征突击手的活动,是符合社会主义现代化建设事业需要的,也是适合青年特点,为广大青年所欢迎,为全国人民所称赞,因而是具有强大生命力的。

人总是要有一点精神的。这就是革命的精神,顽强奋斗的精神。青年人富有理想,朝气蓬勃,是整个社会力量中最积极、最有生气的力量。新长征突击手更应该是青年中的带头人。你们积极响应党的号召,以身作则,不怕困难,不畏艰险,埋头苦干,像受到全国人民热爱和尊敬的中国女排一样,为祖国争光,为人民立功。你们同样是奋战在各条战线上的"主攻手"、"二传手"。你们的思想和行动,反映了我们这个时代的精神,正在成为影响和推动社会前进的强大力量。你们不愧为老一代共产主义战士的接班人。全国青年都应该向你们学习。

为了把争当新长征突击手的活动更加广泛更加深入地开展下去,现在向同志们提出几点希望:

第一,希望你们不仅在创造物质财富的斗争中争当英雄,而且要在改变社会风气、建设社会主义精神文明的斗争中争当模范。把国民经济搞上去,把精神文明建设好,是全国人民的迫切愿望。建设社会主义物质文明和精神文明,是紧密相连和互相促进的。我们不但要强调发展物质生产,而且要强调建设社会主义的精神文明,用这种精神文明去促进物质文明的发展。你们是新长征突击手,应该在这两个方面都作出贡献,都成为青年的模范、社会的模范。我相信,同志们是有这个觉悟,有这个决心,不但在建设物质文明,而且在建设精神文明中,成为社会前进的强大推动力量。

第二,希望你们不仅要当生产能手、工作模范,而且要当改革闯将。这几年我们调整国民经济有一条经验,就是要想经过调整把国民经济搞上去,不进行必要的改革是不行的。这一点,我想同志们是会有切身体会的。我们企业的管理、经济的体制,乃至国家机关的行政体制,都有需要改革的地方。改革势在必行。当然,改革需要多方论证,有计划、有领导地,积极而又稳妥地进行,决不能草率从事。最近,中央正在研究这个问题,并提出中央党、政、军机关要带头,作出表率。这是一件大事,全党都要关注。新长征突击手也要立志改革。你们是第一线上的生产实践者,对于改革企业管理、改革不合理的规章制度,最有发言权。通过改革,一定能够挖掘更多的生产潜力,开拓更广的技术途径,使你们的劳动产生更大的经济效益,使整个国民经济更快地健康发展。

第三,希望你们进一步密切联系群众,带领群众一起前进。突击手当然要突在前面,否则不成其为突击手。就像二万五千里长征[5]途中红军强渡大渡河一样,必须有十八勇士当突击队。突击队前进了,整个大军才能顺利前进。突击手应当深深扎根于群众之中,通过自己的典型示范,吸引、团结群众互相学习,互相帮助,取长补短,共同进步。要懂得任何个人的聪明才智,个人的本领,都不是从天上掉下来的,而是从生产实践中得来的。群众的生产活动是你们取之不尽的智慧和力量的源泉。俗话说:“根深才能叶茂,源远才能流长。”突击手只有密切联系群众,虚心听取群众的意见,时刻不忘向群众学习,才能有效地发挥作用,团结群众一起前进。我相信经过同志们的努力,再过一年、二年、三年……新长征突击手将会是几百万、上千万,将会成为一支政治觉悟高、技术业务精的浩浩荡荡的现代化建设大军。

最后,我想向各级党团组织提一点希望,就是要关心突击手及其他先进模范人物的健康成长,支持和帮助这些同志不断提高觉悟,搞好生产,做好工作。突击手要刻苦学习,学政治、学技术、学科学、学管理。没有别的捷径,只有勤学苦练,持之以恒,才能学到真本领。党、团、工会组织要在这方面给予更多的支持和帮助,也要帮助这些同志改进工作方法,解决工作中遇到的困难,引导这些同志发扬成绩,克服缺点。特别要注意发扬正气,打击邪气。我国青年历来有崇仰革命英雄、争当先进人物的传统美德。在五十年代和六十年代初期,比先进,学先进,赶先进,帮后进,曾经是普遍的人人赞颂的社会风尚。我们一定要恢复和发扬这种良好的社会风尚,使先进人物在祖国的灿烂阳光下茁壮成长。

祝同志们在新长征的光荣而艰苦的历程中,取得新的更大的胜利!

■ 注　释

[1]新长征突击手,指共青团组织开展的向社会主义现代化目标进军,争当新长征突击手活动中涌现的先进人物。

[2]十一届六中全会,见本书《学校要加强思想政治教育工作》

注[2]。

[3]“四人帮”，见本书《同心协力把广东工作做好》注[7]。

[4]三中全会，即中共十一届三中全会，见本书《在肇庆地委常委扩大会议上的讲话》注[2]。

[5]长征，见本书《红日照亮了陕甘高原》注[1]。

要提倡工人阶级主人翁的责任感*

（一九八一年十二月十一日）

今晚看了你们一场很好的戏，非常高兴。感谢你们给首都人民送来一台好戏。你们不要以为你们不是专业文艺工作者，你们工人自己的事情，自编自演，我看不比专业剧团的差，某些方面可能还要好过他们。专业剧团演工人的戏，演员还要到工厂里去体验生活，不然就演不像，演不好。这一点你们比他们强，生活熟悉，体会深刻，演得真实，效果更好。当然专业剧团也有它自己的优势，是你们比不了的。

首先，这个剧编得好，主题思想好，内容好，情节好，形式也好，语言朴实生动，生活气息浓厚；其次是演员演得好，亲切感人。

我们国家经历了一场“文化大革命”，十年动乱，这的确是一场大灾难，搞得千疮百孔，问题成堆。粉碎“四人帮”[1]以后，拨乱反正的问题很多，首先要平反大量的冤假错案。毫无疑问，这项工作我们做得是很成功的。还有许多遗留问题，当前突出的是住房和就业两大问题，矛盾也很尖锐。一方面，党和国家要想人民之所想，急人民之所急，积极创造条件逐步解决人民的这些困难，满足人民的要求；另

---

* 这是习仲勋观看了天津市第二电子仪器厂职工自编自演的话剧《分忧》后的谈话。标题为编者所加。

一方面,人民群众又要体谅党和国家目前的困难,不可要求过高、过急。解决这些问题,要有一个过程。有许多人不理解这一点,所以对党和政府产生了许多怨言。你们这个戏明确表达了这样一个主题,就是要为党分忧,为国分忧,为民分忧,同时批评了分忧的对立面——“分油”思想。这在目前来说,是很有现实教育意义的。我说的主题思想好就好在这个地方。工人是国家的主人,企业的主人。工人不仅是为国家分忧,也是在解决自己的问题。帮助国家解决困难,也是解决工人自己的困难。现在我们就是要提倡这种主人翁的责任感。《工人日报》要把这个戏大加宣传。工人阶级不但要为建设社会主义的物质文明作出贡献,也要为建设社会主义的精神文明作出贡献。现在我们就是要在这两个方面努力,一个是物质文明,把经济搞上去;一个是精神文明,把社会风尚、精神面貌搞好。

你们戏里有个金局长,还有个工会主席廉义明、工人郝伯虎,这几个都是正面人物。现在就是这样的人太少了。任何一个企业,领导班子好,管理好,生产就好。我在工厂当过一年副厂长,对工厂的事多少知道一些。五十年代到六十年代前期,工厂讲究文明生产,生产秩序很好,文化生活也很活跃,班前大唱革命歌曲,也有一套宣传鼓动工作,青年工人政治进取心都很强,争取入团入党,可惜这些都在“文化大革命”中间被破坏了。这次你们也算起了个带头作用。既生产,又演戏,能文能武,既教育了工人,教育了广大观众,你们自己也得到了提高。

你们这个戏来北京演出不久,已经得到了观众的好评。经过一段时间演出之后,听听各方面的意见,再加加工,搞得更细致一点,我看可以成为一个保留节目。各地像这样好的戏,将来都可以调演,互相学习,共同提高嘛!

职工业余演出,这个形式好,不占编制。现在我们的剧团,不管是军队的,地方的,人员都太多。有一个剧团,原来只有二百人,现在扩大到八百人,太多了,要大力精简。像你们这样,工人演工人自己的事,既不占编制,花钱又少,服装、布景都很简单,又符合实际情况,这很好嘛!有些剧团花钱太多,太讲究,是我们所不取的。

我们就是要有像你们这样一支工人队伍。没有这样一支队伍,四化建设搞不起来。就全国来说,现在工人已是一支很大的队伍,这当然是一件好事。但是很多工人或来自农村,或出身市民,他们大多又是在"文化大革命"中长大的,正面的教育接受的不多,相反,却接受了不少反面的东西,又不懂得旧社会工人阶级所受的苦难史,因此相当一部分青年工人还缺乏工人阶级应有的自觉性。刚才和总工会的几位同志讲,我们现在要保持工人阶级固有的本色,但是工人阶级的固有本色是什么?现在还没有看到哪一篇文章把它说清楚了。我出这个题目,你们可以研究,从理论上讲清楚。有些人虽然进了工厂,当了工人,但他们身上还保留着许多非无产阶级的东西,同当前我们进行的四化建设很不适应;而我们要搞四化建设,没有一支政治上有高度觉悟的、有文化的、有技术的队伍是不行的。当然,建设这样一支队伍,要做很艰苦的工作,只要我们把方向掌握住,就可以搞好。马克思、列宁讲过,毛主席也讲过,工人阶级不解放全人类就不能解放自己。我们要把农民,把其他人的生活搞好,不然,工人阶级也不能把自己的生活搞好。

■ 注 释

[1]“四人帮”，见本书《同心协力把广东工作做好》注[7]。

教育好青少年是带有战略意义的大事*

（一九八一年十二月二十六日）

这次全国教育工会召开中小学工会思想政治工作经验交流会，开得很好。教育工会的工作很重要，也取得了很大的成绩。把全国两亿多青少年教育好，这是带有战略意义的大事。教育青少年是全社会的责任，但是首先是中小学教师的责任。教师的工作，就是把下一代人教育好。接班，不是一个人接班，而是一代人接班。把一代人教育好了，我们的事业就大有希望。

这就要求教育工作者了解每一个学生，熟悉每一个人，然后才能有效地做他们的思想政治工作。你不清楚他，不知道他想些什么，你说你的，他想他的，那就起不到教育作用。北京师范学院李燕杰老师为什么那样受欢迎呢？他讲的不是空空洞洞的一些大道理，不是口号式的，而是能结合学生的实际进行教育，有好些思想不对头的学生都转变过来了。李燕杰同志这个做法值得推广。

也有另一面的例子。北京外语学院有个“学习尖子”叫冯大兴，后来偷盗杀人，被枪毙了。这是他罪有应得。但是，分析冯大兴走上

---

* 这是习仲勋在全国中小学工会思想政治工作经验交流会上讲话的主要内容。标题为编者所加。

犯罪道路的原因就可以看出，学校的老师、学校的党团组织，不了解这个“学习尖子”思想深处的东西，没有对他进行有针对性的思想政治工作。他作案以前不能没有异样的表现，但是没有人察觉，也就不可能制止。这不能说同学校思想政治工作薄弱没有关系。这只是一个例子，类似的事情还很多。现在的青年，一部分是“文化大革命”中长大的，那时候是“红卫兵”；还有一部分“文化大革命”时虽然年龄很小，但知道的也是“文化大革命”那一套。不抓紧对他们进行教育，即便是“学习尖子”，也会出问题。

现在全国中小学教师有一千多万人，这是一支浩浩荡荡的队伍。这支队伍绝大多数是好的。他们工作很辛苦，很努力，成绩也很大。当然也有极少数教师道德品质不好，在学校专门散布一些不好的东西，还有不少教师水平不高，政治水平、业务水平都需要提高，这就需要加强对教师的思想政治教育和业务教育。

中小学教师的思想政治工作谁来做呢？当然是党委、支部。我们要加强党的领导，还要改善党的领导。你不改善，怎么加强？现在有些学校的党委和支部工作做得很好，有些工作不那么得力，在工作方法上也有不少问题。通过工会对教师进行思想政治工作，这个方法就很好。可以采取各种各样的形式做很多工作，这就是群众工作。目前中小学党的力量比较薄弱，有很多教师不是党员。即使党的力量很强，思想政治工作也要靠群众去做，包括靠我们的群众组织工会去做。在这种情况下，教育工会注意做教师的思想政治工作，不仅是重要的，也是必要的，非这样做不可。

教育工会是多灾多难的。一九五〇年就建立了全国教育工会，吴老[1]是主席。在一九五七年反右派[2]以后被削弱了。在“文化大革命”中，教育工会被当作“全民工会”的典型来批判。当然喽，你是代表“臭老九”[3]的，那还行？属于资产阶级范畴嘛，成了敌我矛盾了。到一九七九年，教育工会才恢复了。现在教育工会还要进一步恢复、充实、发展。党委通过教育工会把教师工作做好，这是很重要的。教育工会提出来“从教育工会的特点出发，应该把做好教师的思想政治工作放在首要的地位”，这样提很好，很对，这也是教育工会的一个光荣传统嘛。一九五〇年教育工会成立之初，就注意做教师的思想政治工作。

明年的工作，中央已经定了。还是两手抓，一手抓社会主义的物质文明，一手抓社会主义的精神文明。从这次会议的材料中看，你们开展以爱生为中心的“五讲四美”[4]活动，很有成效。还有的进行“三热爱”活动，热爱教育事业，热爱学校，热爱学生。这些都很好。

这次会议上提出“建设一支具有高度精神文明的、又红又专的教师队伍”，“教师要成为建设精神文明的表率”，这个提法很好。你们教师很光荣，教育下一代，光荣就光荣在这里。我们的前人前赴后继，流血牺牲，英勇奋斗，就是为了建立一个没有人剥削人的社会主义社会，以后还要发展到共产主义社会。今天我们建设现代化的国家，更需要发扬这种革命精神。我们要把广大教师团结在党的周围，把我们国家建设得更加繁荣，更加强盛，也更加文明。

“五讲四美”活动是精神文明的一个方面，在中小学学生中开展“五讲四美”活动很重要，可以引导学生走上正路，分清什么是美，什么是丑。但是，要学生做到“五讲四美”，首先要求老师身体力行，作出榜样。因此，在教师中开展“五讲四美”活动，很有必要。教师的心灵美主要应表现在爱生上。现在体罚学生的现象在中学有，在小学有，在幼儿园也有。对学生要循循善诱，引导好了，都是好苗苗嘛。要使学生敬而爱之，不是敬而远之。对于表现不好的学生，也要爱，甚至要有点偏爱。不要不理，不要嫌弃。教师都要懂得心理学、教育学。爱学生的教师心灵是美的。当然，这种心灵美应当表现在行为上，不能说一套，做一套，要言行一致，表里如一。还有一个语言美。现在有个别的教师语言并不美，说粗话。有的上课语言美，下课就说粗话。有的在好学生面前语言美，在不好的学生面前就说粗话，这都是不对的。身教重于言教，为人师表就是模范作用、表率作用，学生要向你学习的。

教师的工作担子很重，但是教师的社会地位很低。我们历来提倡尊师爱生。老师要爱生，学生要尊师。不仅学生要尊师，整个社会都要尊师。要大造舆论，要写文章。你们教育工会要理直气壮地做这方面的工作。现在不要说中小学教师，就是大学教授，社会地位也不高。这一点，我们还不如资本主义国家。而我们在这方面是应该比资本主义国家做得更好的，因为我们是社会主义国家。

还要在力所能及的范围内帮助中学教师解决一些生活上的实际困难。中小学教师工资很低，工作很辛苦。这一点，谁都知道，中央也清楚。今年在财政很困难的情况下，还是下决心拿出一部分钱给中小学教师普遍提了一级。当然，提一级也解决不了很多问题。还有一些生活上的问题，虽是小事，例如住的地方离学校太远，孩子没有地方吃午饭，这些都影响教师的工作。教育工会和学校行政领导应该关心一下这方面的问题。在政治学习方面，也有一些具体问题需要帮助解决。据我了解，有的学校连报纸都没有，看文件，恐怕就更难了。又要教师政治思想进步，好去做学生的思想教育工作，又不给他们提供必要的条件，这怎么行呢？但是，尽管是在很困难的条件下，绝大多数教师还是任劳任怨、积极工作的。我们这个教师队伍确实是很好的。

最后，希望各级党委加强对教育工会的领导，把教师的思想政治工作认真抓起来。

■ 注　释

[1]吴老即吴玉章(一八七八——一九六六)，四川荣县人。一九二五年加入中国共产党。曾任延安鲁迅艺术学院院长，延安大学校长，陕甘宁边区政府文化委员会主任，中共四川省委书记，华北大学校长。新中国成立后，任中国人民大学校长，中国教育工会主席，中苏友好协会总会副会长，中国文字改革委员会主任。

[2]反右派，见本书《在肇庆地委常委扩大会议上的讲话》注[16]。

[3]"文化大革命"期间，"四人帮"把知识分子排在地、富、反、坏、右、叛徒、特务、"走资派"之后，诬蔑为"臭老九"。

[4]一九八一年二月二十五日，为响应中共中央关于加强社会主义精神文明建设的号召，全国总工会、共青团中央、全国妇联等九个单位在联合发出的《关于开展文明礼貌活动的倡议》中提出开展"五讲四美"活动。"五讲四美"即讲文明、讲礼貌、讲卫生、讲秩序、讲道德和心灵美、语言美、行为美、环境美。

在会见全国故事片电影创作会议代表时的讲话

（一九八一年十二月二十七日）

我看的电影不多。听了大家的发言，很受感动。我简单讲几句。

第一，我们的电影事业有进步。电影是一门综合艺术，是一种精神生产。精神生产同物质生产完全不一样，物质生产，比如生产机器是用一个一个零件组装起来的，电影也好比是用零件装配起来的，但这些零件往往是眼睛看不见的。我觉得，我们现在的电影，不管是从内容上来讲，还是从艺术上来讲，思想性、艺术性等许多方面，都超过了过去的水平。我们的电影事业正在蓬勃发展，这是很好的现象。应该肯定，主流是好的，成绩是主要的。

第二，有人才。从电影作品看，老艺术家更加成熟，新秀也涌现出不少。老人带新人，新人要学老人、超老人。可谓人才济济，人才辈出。

第三，有困难。刚才同志们已经讲了很多。关于钱的问题，确实，你们用的那一点点钱，只要把一个大的浪费堵死，就把你们的问题解决了。做财政工作的同志，对你们的困难不能说不关心，相信他们会关心的。电影是精神食粮，哪个不需要呀？精神食粮，搞得好可以教育一代乃至几代群众，影响深远。这是几十万、几千万元能买来的吗？买不来的！一部好的影片，可以教育千百万群众为四化奋斗；

一部不好的影片，带来一些消极因素，影响所及，损失也不是几十万、几千万元能够计算的。我觉得，电影局、文化部可以考虑在这方面规定一些制度，立一些规矩，也要立一点法。现在，这方面不如五十年代。五十年代还有点规矩，比如一个电影剧本，首先得有人去看它，审查它，征求意见。我看，《零点起飞》就缺少了这一点。驾机起义的人很多嘛，找他们先座谈座谈嘛，这样可能会写得更好一点。

第四，有缺点。现在，好的和比较好的影片大约占百分之七十，不好的，思想性、艺术性差一点的，大约占百分之三十。这个百分之三十里头也不是完全都不好。有缺点不要紧，大家来评论，群众来评论，专家来评论，评论了以后，还可以再改嘛。任何一个领导人不要随随便便把一部影片给"枪毙"了，这样不好。有缺点可以批评。批评和自我批评，任何时候都是我们前进的动力，没有批评和自我批评，我们的工作就不可能做好。拍电影也是一样，没有批评和自我批评，就拍不出好的片子。所以，有缺点并不可怕，怕的是我们不敢批评，也不敢作自我批评，或者是人家一批评，就害怕，就觉得不得了了，这个不好。现在，我们批评和自我批评的空气还不是那样浓，很淡薄。有缺点不要紧，关键是看会不会使用批评和自我批评这个武器，如果善于使用这个武器，我看这样那样的缺点都是能够克服的。

第五，有希望。电影事业是大有希望的。现在是英雄有用武之地，特别是大转变的时期，改变党风，改变社会风气，建设社会主义的物质文明和精神文明，很多事情，可以大做文章。整个社会生活确实是很复杂，也很矛盾，斗争也很激烈，那还不是英雄有了用武之地吗？拿教育方面来说，我在中小学工会思想政治工作经验交流会上曾经讲过，对表现不好的孩子要善于引导，越是调皮捣蛋的孩子，你越要热爱他,引导他,因为小孩子还不定型。学校不要搞什么快班慢班。搞快班慢班,快班的老师兴高采烈,学生也觉得他们好得不得了;慢班的老师灰溜溜,学生也觉得不光彩。这个不好。这里面有很多矛盾,很多动人的事迹,这还不可以大做文章?这不就是用武之地?我举这样一个例子。

我就讲这五句话。最后希望同志们在明年能出一大批思想性强、艺术水平高的故事片,希望同志们在建设社会主义精神文明方面作出更大的成绩。

要找出办法解决“大锅饭”造成的贫穷问题*

（一九八一年十二月三十一日）

王家斌一家，确属清样反映情况，很值得深思，也确是一场悲剧。这不是一个人的经历和遭遇，而是“左”的错误所造成的恶果。请文瑞[1]同志亲访一次，不是当作一个人去访，而是向他请教，看当前像这些地区的生产和经济采取什么办法才能搞上去。这是个大政策问题，似有必要在省委常委会上认真讨论一下。

习仲勋

十二月三十一日

---

* 这是习仲勋对一九八一年十二月二十六日新华社的一个刊物刊载的《“大锅饭”带来的悲剧——〈创业史〉中梁生宝的生活原型王家斌由富变穷记》一文所作的批语。标题为编者所加。该文反映，王家斌是《创业史》中梁生宝的生活原型。解放后，王家斌带领村民组织互助组、初级社，粮食产量和收入大幅度提高。自一九六四年“四清”运动后，王家斌所在的村子粮食产量和收入逐年减少，王家斌家成为全村生活最困难的一户，几乎到了要讨饭的地步。记者采访了王家斌及当年互助组成员，他们认为，造成生活困难的主要原因是生产队长期吃“大锅饭”。王家斌曾向当地县委领导请求包干到户获得批准，但未得到生产队干部的支持。王家斌说，如果生产队再继续吃“大锅饭”，明年春荒时将有更多农户发生生活困难。

■ 注　释

[1]文瑞即马文瑞，见本书《要注意克服土地改革中“左”的情绪》注[7]。

适应新的形势，努力搞好农村文化艺术工作*

（一九八二年一月三日）

开大会表彰农村文化先进集体和先进工作者，新中国成立以来这是第一次。这说明，党中央重视农村文化艺术工作，这说明同志们的工作很有成效。这个会，可以说是农村文化艺术工作的群英会，开得很必要，很好，也很成功！

解放前，中国农村长期处于愚昧落后状态，被称为文化沙漠。随着农民政治上的解放，农村经济的发展，随着你们工作的开展和深入，那种状况已经一去不复返了。你们把银幕挂到农民家门口，把戏曲歌舞送到乡下和地头，把图书报刊送到农民手中，你们给八亿农民带去了文化、艺术和科学知识，带去了精神食粮，你们是八亿农民社会主义精神文明的使者。应当说你们的工作很辛苦，也是很有成绩的，是值得表彰的。这是我要讲的第一点。

第二点，现在全国农村形势很好，不是少数地方好，而是普遍的好。去年十二月，中央书记处召开了各省、市、自治区党委第一书记座谈会，从汇报看，各地形势确实都很好，而且方兴未艾，也

---

* 这是习仲勋在全国农村文化艺术工作先进集体、先进工作者表彰大会闭幕式上的讲话。

就是说还会向更好的方面继续发展。拿粮食来讲，去年粮食的播种面积比前年少了五千万亩，预计产量增加一百四十多亿斤，可以说是新中国成立以来第二个大丰收年。经济作物普遍增产，多种经营也有很大发展。这一点你们比我们了解得更真实，因为你们都是来自基层，来自农村。农民的粮食多了，钱也多了，生活有了很大的改善，这说明十一届三中全会[1]以来关于农村工作的各项政策是完全正确的。

第三点，新形势下也出现了一些问题。其中很重要的一个问题就是农村有些地方的社会风气、社会治安还不那么好，还不那么安定。赌博的多，封建迷信活动多，偷盗行为多，个别地方甚至发生拐卖妇女、抢劫凶杀等犯罪活动。发生这些问题的原因，是多方面的，主要由于十年动乱造成的影响至今还在起作用，对这一点应当有足够的估计。

农民的物质生活水平提高了，对文化生活的要求也就迫切了。但是，现在农村的文化生活还比较贫乏，农民十分缺少精神食粮。有些地方，特别是边远山区，农民看不到电影，看不到戏，看不到书报，或者看得很少，更不用说看电视了。这是一个很大的问题。由于我们发展对外经济关系，实行对外开放政策，我们的经济搞活了，也大大地向前发展了，这项政策无疑是正确的。但也不可避免地带来了一些消极因素，不少淫秽的、黄色的书刊、图画和录像带等所谓西方文化被带进来了，有些走私贩子乘机而入，乘我们开放之机，就靠这个吃饭，靠这个挣钱，靠这个来腐蚀我们的人民群众。那些乌七八糟的东西进来以后又被辗转流传、复制、印刷，毒害着人们特别是青少年的心灵，破坏我们的社会主义精神文明。不能把这个问题看成是一般的问题，这是一场严肃的斗争，也是农村一个不安定的因素。我们一定要采取有力措施，堵绝那些东西渗入，禁止它在社会上流传。

农村文化工作，也就是思想政治工作。我看我们农村文化工作的主攻方向，就是要努力拿出足够的好的电影、好的戏曲歌舞、好的电视片和其他好的艺术作品，来满足广大农民在文化生活上的迫切要求，来影响农民，教育农民，提高农民的觉悟，用社会主义的文化艺术去占领农村这个阵地。也要帮助、辅导农民自己创作并演出一些文艺节目。旧社会陕西有“自乐班”，就是农民自己的事，自编自演。解放以后，农业合作化时期，我到陕西省长安县的一个村子里去，那里家家户户写诗，贴在门口。不要看不起农民，何况现在的农民已不同于那个时期的农民，觉悟高了，文化程度高了，要求也高了。农民写的诗，诗意可能少一点，但是起码感情真实，语言朴素，农民能懂。你说是打油诗也好，顺口溜也好，说的都是他们的事情、本地的事情，抒发的是他们自己的感情，这是别人不能代替的。一方面不要搞形式主义，不要搞强迫命令；一方面又要采用多种方法，结合各地情况，用群众喜闻乐见的形式去活跃和丰富农村的文化生活。你们都是搞文化中心、文化馆、文化站、广播站、电影放映队的，还有搞创作的，搞业余剧团的。你们就是宣传教育者、宣传鼓动者，就是思想工作者。要改变目前农村文化生活贫乏的状况，这个责任主要在你们肩上。

在这里我附带地说一下，现在，我们的农村经济有了发展，社会主义物质文明有了发展，在恢复和发扬社会主义精神文明方面，也作出了成绩。但是有些地方现在还有一些过了时的旧标语，特别是那些“左”的标语还在那儿，这就不好了。希望把它去掉，换上一些新的、适合我们当前形势的标语。去旧换新，切记不要浪费，不要搞形式主义。标语口号不要多，能够振奋精神，指出人们前进的方向就好，叫大家一看就看出希望，看出前景。用这样一些新的、鼓舞人心的标语，把农村的外观变一变。现在我们既然经济上出现了新气象，文化上也要有新气象，农村环境也要有新气象。

你们是做农村文化艺术工作的，当然首先要把本职工作做好。但是你们也不要局限于只搞农村文化艺术工作，也还要与农村其他各方面的工作互相配合，把农村的风气搞好。当然农村风气的好转根本在于搞好党风。要加强农村基层党政组织的建设，加强农村治安工作，在这方面，你们是一支重要力量。

第四点，希望你们适应新的形势，把农村文化艺术工作做得更好。文化艺术工作是建设社会主义精神文明的重要手段。人不仅要吃饭穿衣，而且要看报读书，要有文化娱乐。社会主义的精神文明和物质文明，是人们的两大需要，不可偏废。它们是互相联系、互相促进的。特别是吃饱穿暖以后，精神生活更重要，否则就是"四肢发达，头脑空空"，甚至是头脑肮脏。那就同我们建设社会主义的目标背道而驰了。我们的主要任务就是鼓舞和教育千百万农民，或者说千百万人民群众，热爱党，热爱祖国，热爱社会主义，热爱集体，热爱劳动，为建设物质富裕、精神高尚的社会主义新农村作出新贡献。

怎样才能把农村文化艺术工作做得更好呢？第一，"教育者必须先受教育"。毛主席讲过，你要当先生，就要先当学生，然后才能当先生。我们传播社会主义的精神文明，首先自己应该有这种文明。要农民热爱党，热爱社会主义，我们自己和我们的作品就应该表现出对党、对社会主义的热爱；要农民敢于向坏人坏事和封建迷信作斗争，我们自己和我们的作品就应该表现出这种斗争的勇气。所以要教育和提高农民，首先自己要先受教育和提高自己。第二，要深入生活，向农民学习。毛主席说过，人类的社会生活是文化艺术的唯一源泉。只有深入生活，熟悉农民，才能创作出农民喜欢的作品，才能教育农民。电影《喜盈门》的编剧辛显令同志是山东省平度县文化馆的副馆长，又是业余作者。听说《喜盈门》已经发行了三百多部拷贝。为什么这部影片能够受到这样广泛的欢迎呢？就是因为剧作者工作在基层，长期同农民生活在一起，熟悉农村，熟悉农民的生活，因而写出了一部人民大众特别是农民喜爱的现实主义的作品。向农民学习，向生活学习这是一头；还有一头就是学习理论，学习马列著作、毛主席著作，学习老一辈无产阶级革命家的著作。第三，要勇于开展批评和自我批评。最近报纸上发表了陈云同志在中国共产党第七次全国代表大会上讲话的一段，题目是《要讲真理，不要讲面子》[2]。这篇文章很重要。不但领导干部要学，建议同志们也认真地学一学。他的这个讲话，我当时是听过了的，今天重读，还觉得非常亲切。现在我们有一些同志有个毛病，就是喜欢捂疮疤，实际上是讲面子，不讲真理。疮疤捂住怎么行呢？有疮疤叫医生来治嘛！批评和自我批评是我们党的优良传统、优良作风，是我们前进的动力。我们的文化艺术要繁荣起来也离不开这个武器。但是十年动乱把这个优良传统完全给破坏了，现在还远没有恢复起来。在去年八月的思想战线问题座谈会上又强调提出这个问题，情况就好多了，但是要真正搞好也不是那么容易的。你要批评他，指出他的缺点和错误，他就和你结了疙瘩了。反正是批评不得。有些人也是很不容易作自我批评的：我有什么错误呀？我做得对呀！我一贯正确呀！实际上没有这回事，世上哪有一贯正确的道理，只有错误大小之分。因此，现在就是要大力提倡开展批评与自我批评。有了这个风气，我们的许多事情就可以搞得更好。要批评，主要的是要勇于作自我批评。曾子曰："吾日三省吾身。"[3]我们是共产党人，是搞社会主义的，更应该有这种精神。

最后，祝同志们在新的一年里取得更大的成绩，如同《人民日报》元旦社论所说的："一年更比一年好，定叫今年胜去年。"

■ 注　释

[1]十一届三中全会，见本书《在肇庆地委常委扩大会议上的讲话》注[2]。

[2]《陈云文选》第一卷，人民出版社一九九五年版，第二九一页。

[3]曾子，名参，孔子的学生。这里的引文见《论语·学而》。

在全国统战工作会议上的讲话

（一九八二年一月五日）

这几年，统战部门的同志辛辛苦苦，做了大量的工作，应该说统战工作是有很大成绩的。这一点要首先肯定。林彪[1]、“四人帮”[2]当权的那个时候，在他们的眼里社会上都是一窝“黑帮”，地、富、反、坏、右，“臭老九”[3]，反革命修正主义，连统战部的同志也被当作反革命、叛徒批斗，还有什么统战工作可言？没有。当然，这几年的工作也有不足之处，会议上的报告讲到了，但讲得还不够。统战部有自己的困难，不说这一点，也不公道。我历来认为，成绩在任何时候都不要讲过头了，宁可讲得少一点，缺点可以说得多一点、重一点，这对我们有好处。我还认为，一个人头上经常戴个紧箍咒好，在工作顺利的时候，想到会碰钉子，就会谨慎一点。

为什么叫统一战线？大家把毛主席一九三九年十月四日写的文章《〈共产党人〉发刊词》看一看，所谓党的三个基本问题，也是党的三个主要法宝，第一条就是统一战线，第二条是武装斗争，第三条是党的建设。这是毛主席总结了十八年的经验提出来的。现在我们有六十年的经验，我们面临的任务也不同于当年。八十年代的三大任务，一是实现四化建设，一是保卫世界和平，一是完成祖国统一大业。尽管时代不同了，任务不同了，但三大法宝不能丢。党的领导一定要坚持。四个坚持，核心是坚持党的领导。武装斗争，我们早已武装夺取了政权，现在是搞经济建设，好像不存在这个问题，你还跟谁斗去？但是，保卫祖国，保卫我国的社会主义建设，一天也离不开军队，军队还是我们的一大法宝。至于统一战线工作，包括发展爱国统一战线和加强国际反霸统一战线，不是事情少了，不是责任小了，而是工作量更大，责任更大，而且很多工作比过去更难做。这里面有一个特殊的历史条件，十年"文化大革命"是个大破坏，给我们遗留的问题很多。现在处在一个新时期，我们的统战工作更要适应新的历史时期的特点，作出新的贡献。

我头两年出了几次国，也看了一下我们的驻外使馆，感到一个最大的问题，就是箍得太紧，不放手，"左"的东西多。一九八〇年十月，我到了澳大利亚新南威尔士州的悉尼市，那里有二十五万华侨，大部分是台湾人，对我们非常友好。听说陈慕华[4]同志那一年去还有人打旗子反对，我这回去就没有发生这种情况。开始八十几个华人头头搞了一次午餐会，招待我们，接着又举行了一次晚宴，到了三百多华人。我们驻澳大利亚的大使馆在那里做对台工作，条件是很好的，尽是台湾人。很多人是从香港到台湾，又从台湾到澳大利亚的，有些青年华人常常利用星期六、星期天到餐馆去刷碗、端盘子，挣下工资在那里上大学。跟我的翻译，是两个广东姑娘，她们都加入了澳大利亚籍，是新南威尔士州总理的翻译，但对中国还是很好的。这就说明，爱国统一战线现在有广阔的天地，问题在于我们怎么做工作。

今年五月我到北欧去，也遇到这样的问题。我在瑞典的时候，台湾的毛松年正在那里开一个"欧洲华侨代表会议"。毛松年是什么人？他是台湾"行政院"侨务委员会的委员长。我给我们驻瑞典的大使讲，你先把我们联系的华侨请到大使馆来，我见见他们。他们找了五六十个人来,算个小型招待会,一面喝酒,一面漫谈,气氛亲切而又热烈。我在那里还见到了不久前从中国出去的几个人。一个是我们首都医院的一位主治大夫,还有他的爱人。他的爱人是跳芭蕾舞的。这个医生到那儿还需要上几年学,取得文凭后才能行医。他们见了我,特别是他的爱人见了我,眼泪都流出来了。人家那里的芭蕾舞演员,三十六岁就要退休,她没有事干,只好到餐厅去端盘刷碗。我说,这儿不好你们再回去嘛。两个原来在新疆的上海女青年,见了我和司马义·艾买提[5]同志也泪汪汪的,很怀念我们的祖国。她们说她们是在新疆最苦的地方培养出来的,她们对那里很有感情,她们还要回去。后来我跟使馆的同志讲,对这些人我们要正确对待,而且要积极去做工作。搞统一战线工作,要有诚意,说话不要用外交辞令。毛松年开的那个会,开始使馆只准备去几个爱国华侨参加,我说可以多去一些嘛,也不见得我们联系的都那样爱国,也不见得同我们没有联系的其中就没有人爱国,去去好嘛,后来他们就去得多了。我还让他们捎了个口信,我说这都是我们国家内部的事情,你们开你们的会,不要打着"青天白日"旗子到这儿来示威,这就好了。人家就没有来。我还说,如果毛松年先生愿意见我,我乐意和他谈。

再来说我们国内,说我们统战部,我看不仅有"左"的影响,甚至"左"的流毒还很深。我们的"左",也不是从"文化大革命"以来有的。"文化大革命"以前,从一九五七年反右派[6]以来,有些地方就"左",但那时还不那么严重。新中国成立初期,五十年代初期,整个统战工作情况是很好的。那时我接任政务院秘书长李维汉[7]同志的职务,接着又做国务院的秘书长,周总理把好多事情交给我做,叫我经常同党外朋友联系。那时党外的部长、副部长可不少,高教部长马叙伦[8]，教育部长张奚若[9]，卫生部长李德全[10]，交通部长章伯钧[11]，粮食部长章乃器[12]，水利部长傅作义[13]，还有罗隆基[14]等，特别是张治中[15]先生，还是西北军政委员会的老同事，还有好多在政协、人大、政府的党外人士，我们不仅同他们在一起很好地合作共事，而且都成了很好的朋友。这说明一个什么问题呢？还是李维汉同志讲的，我们统战部的同志，甚至于我们政府的负责同志，要做这个工作，这个工作是要我们负责同志亲自抓，不是一般人能够做好的。

在这一点上，我们要向党外人士学习。今天发了胡厥文[16]、胡子昂[17]两老写给耀邦[18]、紫阳[19]同志的一封信，信写得非常中肯，也切合当前我们统一战线工作的情况。他们非常谦虚，我们要学他们这个好作风。五十年代初，我们反对的就是我们有些共产党员盛气凌人，总觉得比人高一等，这是不好的。统战工作中所说的党外人士，多数是大知识分子。你不尊重他，他怎能尊重你呢？我接触的所有民主人士，都很好合作，虽然有时也有一些不同意见，甚至有些意见很尖锐，但只要我们的主张对，耐心地讲道理，很多事情都是能够商量好的。他们也有很多好的意见。陈叔通[20]经常到我家里来，我说你不要到我这里来，你有事，我到你那里去，但他还是经常来。张治中连招呼都不打，一下子就来了。他来一方面是了解情况，关心国家大事，同时也提一些意见，而且有些意见是很好的。那时候很多党外人士和我们都是好朋友。可不可以说，新中国成立初期，五十年代，是我们统战关系最好的年代，也是我们统战工作做得最出色、最有成绩的年代？我看可以这样说。现在远没有恢复到那个程度。我觉得统战部这方面，局面也没有完全打开。所谓统一战线，就是搞五湖四海。毛主席还讲过一句话，像打麻将一样，混一色赢得多，光搞清一色不行。我觉得,现在把政协的形象搞得不那么好,不能起到应有的作用。我算了一下,全国政协副主席,党外人士比较多一点,各省政协副主席,党外人士就少了。毛主席过去常讲,不要把党外人士当花瓶摆设。我们现在这种思想还是有的,把人家当个花瓶摆。当花瓶摆还好看些,有的连花瓶都说不上。他们的困难,也没有人帮助解决。在过去,这些党外朋友起码是统战部长、副部长经常联系的,经常登门拜访,促膝相谈。过去不仅是李维汉同志、徐冰[21]同志、平杰三[22]同志经常做他们的工作,周总理有时还亲自找他们谈谈心。在涉及一些重大问题的时候,我们过去总是经常和民主人士充分协商的。实践证明,凡是这样做了的,效果都好,民主人士也满意。我想今后我们还应该坚持这样做。

对现在的民主人士,我们要有一个新的、足够的认识。他们中有些人前些年受的苦,可能比我们共产党内有的干部受的苦还要大,也算经过了一次严峻的考验,这一点必须肯定。我以为现在可以把他们当作我们的同志看待。胡厥文先生提出看文件的问题,这是一个重要问题。请你们统战部同志的脑子里经常想着这些问题。这次我看了几位党外人士提出的意见,都非常之好,没有套话,而且意见非常中肯,关于经济方面的意见、其他方面的意见,想得很周到。所以,我提出来要向这些老民主人士学习,学习他们的谦虚精神,学习他们的爱国精神。他们都是八九十岁的人了,还这样关心国家大事,这一点很值得我们学习。统一战线本身就要有民主作风,就要搞五湖四海,特别是今天搞四化建设,大家一块干嘛。实践证明我们的方针是对的,很多人不是要求加入共产党吗?如果他对共产党没有信念,他为什么要求加入呢?虽然他们出身不好,但是他们和我们合作已经三四十年了,有些还不止三四十年。

民族问题、宗教问题,“左”的影响还是主要的,但是也有右的倾向。这个问题,中央书记处准备讨论一次。民族问题,方针政策都有了,主要是如何结合各地的实际贯彻执行的问题。宗教问题,一个是不敢管,一个是不放手,两种情况都有。其实民族和宗教是分不开的。有的民族,没有宗教也就不成为一个民族了。我们现在说的宗教狂热,要加以分析。为什么狂热?这些问题大都是“文化大革命”遗留下来的。“文化大革命”中,不准人家信教,一切都成了牛鬼蛇神。但是也有右的地方,值得我们注意。我今天提一下,这次会议也不能够完全解决这些问题。关于这方面的问题,李维汉同志讲得很多,廖承志[23]同志也讲了许多,他们的意见我都完全同意。

这里举几个例子。一九四九年五月西安解放,三年后西北地区就基本上安定了。这当中也出了一些问题。在甘肃,大规模的回民叛乱有两次,一次占了平凉城,一次我们伤亡将近两千人,最后怎么处理的?武的办法不行,还是由爱国的宗教上层人士组织代表团去出面和平解决。我们绝不要低估党外朋友的作用。问题在于我们怎样对待他们,把他们当作一个爱国的朋友去交,他就可以帮你解决很多问题。至于青海其他地方的大小叛乱,那就不知道有多少次,特别著名的是项谦[24],他是有名的千户,游而不定,放牧为生。你队伍开去了,他一下子就散了。因此,我同当时的中共青海省委第一书记张仲良[25]同志通电话,我说决不能打,请喜饶嘉措[26]大师去做工作。喜饶嘉措是青海的副省长,是我们的宗教上层爱国人士,确实爱国,先信国民党,后信共产党。蒋介石还给他一个银印、一个封号,我们没有给他封号,但他对我们比对国民党好得多。再比如天主教,那一阵通过虔信天主教的爱国教士去做其他教士的工作，效果一般都很好。

还有干部的问题。我们总的是有一个管理干部的组织部，但是统战部也要管干部，负责考核、挑选和推荐一些党外的、各民主党派的干部。现在在我们一些部门里，总觉得党员是最可靠的，总是高人一等。这就不好了。对党外人士，你们已经大量地搜集材料，整理他们的事迹，我觉得还不够，特别是对国外的统战对象，也要有计划地大量搞。现在不管搞经济的也好，搞文化科学的也好，搞其他方面的也好，大都是四五十岁的中年人。他们是骨干，真正办事的是这些人，我们的统一战线工作要向这个方面扩展。统一战线也有一个接替的问题，不然老的老了，死的死了，统一战线就持续不下去了。现在要广泛地交一些新朋友，年轻的朋友，这一条非常之要紧。

统战部的工作中有一些条条框框，我觉得应该来一个清理，凡是不合适的条条框框，都要根据新时期的新特点，重新理一理。李维汉同志特别强调要总结经验，他的意思就是要我们坚持和发展正确的经验，改正错误，记取教训，继续肃清在统战工作方面的一切“左”的流毒和影响。只有这样，我们才会有进步，才会把统战工作做得更好，打开统战工作的新局面。

民主人士也怕我们今后政策多变。我说统一战线政策不能变，长期共存，互相监督，这是多少年的事情，特别是争取台湾回归祖国，更增加了它的现实意义。大的政策不变，随着经济、政治形势的发展，具体政策总是要变的，不变就跟不上形势。变与不变要辩证地看，哪些不变，哪些要变，这也是原则性与灵活性相结合的问题。

对台工作，各部门都要做。不仅是统战部，外贸部也有这个工作，商业部也有这个工作，邮电部也有这个工作，外交部也有这个工作，其他各个部门都有这个工作。总之，统战工作，包括对台工作，要大家共同来做才能做得好，这里边实际上也有一个调动和发挥各方面积极性的问题。

现在我们统一战线工作要打开局面，条件很好，形势也很好。中央统战部要当好党中央的参谋和助手，各地区的统战部也要当好各地党委的参谋和助手，要经常深入调查研究，总结经验，推广好的经验，把统战工作进一步开展起来，调动一切积极因素，团结一切可以团结的力量，为实现四化建设而努力奋斗。过去毛主席很强调凡涉及统一战线、外事、对敌斗争的事，一定要先请示，不能先斩后奏。因为这些方面的事，政策性都很强，稍有不慎，考虑不周，就会出漏子。过去毛主席、周总理对这方面抓得很紧，我们一定要保持和发扬这个优良传统。

最后，希望各级统战部都要成为党外人士之家。像组织部是干部之家一样，使各民主党派人士、无党派人士、一切党外人士，觉得统战部是他们的家，什么话都可以说，什么问题都可以提出来，什么事都可以商量，他们有困难我们诚心诚意帮他们解决。这样，我们的工作就做到家了，就搞好了。

■ 注　释

［1］林彪，见本书《落实知识分子政策，加强党对教育工作的领导》注［3］。

[2]“四人帮”，见本书《同心协力把广东工作做好》注[7]。

[3]“臭老九”，见本书《教育好青少年是带有战略意义的大事》注[3]。

[4]陈慕华(一九二一——二〇一一)，浙江青田人。一九三八年加入中国共产党。新中国成立后，任对外经济联络部部长，中共中央政治局候补委员，国务院副总理，国务委员兼对外经济贸易部部长，国家计划生育委员会主任，中国人民银行行长，全国妇联主席，全国人大常委会副委员长。

[5]司马义·艾买提，一九三五年生，新疆策勒人。一九五三年加入中国共产党。曾任中共新疆维吾尔自治区委书记兼组织部部长、自治区人民政府主席，乌鲁木齐军区政治委员，国家民委主任，全国政协副主席，国务委员，全国人大常委会副委员长。

[6]反右派，见本书《在肇庆地委常委扩大会议上的讲话》注[16]。

[7]李维汉，见本书《永远难忘的怀念》注[11]。

[8]马叙伦，见本书《永远难忘的怀念》注[15]。

[9]张奚若，见本书《关于政务院文委分党组布置反官僚主义斗争的报告》注[1]。

[10]李德全(一八九六——一九七二)，河北通县(今属北京)人。一九五八年加入中国共产党。新中国成立后，任全国妇联副主席，卫生部部长，中国红十字会会长，全国政协副主席。

[11]章伯钧(一八九五——一九六九)，安徽桐城人。一九四一年参与组织中国民主政团同盟。新中国成立后，任中央人民政府委员，交通部部长，全国政协副主席。中国农工民主党中央主席，中国

民主同盟中央副主席。

[12]章乃器，见本书《永远难忘的怀念》注[21]。

[13]傅作义，见本书《陕甘宁边区形势及加强备战问题》注[8]。

[14]罗隆基（一八九六——一九六五），江西安福人。一九四一年参与组织中国民主政团同盟。新中国成立后，任政务院政务委员，森林工业部部长。中国民主同盟中央副主席。

[15]张治中，见本书《当好西北人民的勤务员》注[3]。

[16]胡厥文（一八九五——一九八九），江苏嘉定（今属上海）人。一九四五年发起组织中国民主建国会，任常务理事。新中国成立后，任政务院财经委员会委员，上海市副市长，全国人大常委会副委员长。中国民主建国会中央主席、名誉主席。

[17]胡子昂（一八九七——一九九一），重庆人。一九四五年参与酝酿筹组中国民主建国会。新中国成立后，任西南军政委员会委员，重庆市副市长，全国政协副主席。中国民主建国会中央副主任委员、副主席，全国工商联主席、名誉主席。

[18]耀邦即胡耀邦，见本书《要把农业科学研究摆到重要的位置》注[10]。

[19]紫阳即赵紫阳（一九一九——二〇〇五），河南滑县人。一九三八年加入中国共产党。新中国成立后，任中共广东省委第一书记，中共内蒙古自治区委书记，中共四川省委第一书记，全国政协副主席。十一届四中全会后，任中共中央政治局委员，国务院总理，中共中央副主席，中共中央总书记，中共中央军委第一副主席。一九八九年六月，中共十三届四中全会决定撤销他的职务。

[20]陈叔通（一八七六——一九六六），浙江杭州人。抗日战争

胜利前后参加筹组上海市各界人民团体联合会，进行民主运动。新中国成立后，任中央人民政府委员，全国工商联主任委员，全国政协副主席，全国人大常委会副委员长。

[21]徐冰（一九〇三——一九七二），河北南宫人。一九二四年加入中国共产党。曾任中共中央党报委员会秘书长，中共中央南方局文化宣传委员会秘书兼文化组组长，济南市副市长。新中国成立后，任北京市副市长，中共中央统战部部长，全国政协副主席。

[22]平杰三（一九〇六——二〇〇一），河南内黄人。一九二七年加入中国共产党。新中国成立后，任中共中央统战部副部长，全国政协秘书长。

[23]廖承志，见本书《在暨南大学开学典礼和成立二十周年校庆大会上的讲话》注[6]。

[24]项谦（一九〇六——一九五八），青海尖扎昂拉人，藏族。一九五〇年至一九五二年春，受国民党残余势力蛊惑，发动武装叛乱。共产党和人民政府采取政治争取为主、军事进剿为辅的方针，使其于一九五二年七月投诚。后任尖扎县人民政府县长、黄南藏族自治州副州长。

[25]张仲良，见本书《关中党史简述》注[20]。

[26]喜饶嘉措（一八八三——一九六八），青海循化人，藏族。新中国成立后，任青海省人民政府副主席，西北军政委员会委员兼民族事务委员会副主任，青海省副省长，全国政协常委，中国佛教协会会长。

提倡实事求是的恰如其分的宣传*

（一九八二年一月七日）

穆之[1]同志：

对一个先进人物，采取“招架不住”“一窝蜂”式的采访，相继不断地拍电视，拍影片，拍照片，使许多职工当“群众演员”，兴师动众，使职工群众不满，厂方接待单位应接不暇，影响生产；又使先进人物负担过重，脱离群众，脱离实际，也影响他们的工作和学习。这也是一股不正之风。回顾以往历史，常因这种情况毁掉一些劳模和先进人物。联系到近来欢迎女排和一些不必要的茶话会，接见照相等，把耀邦[2]同志一九八一年新年茶话会上“一杯清茶代酒”的好风气又忘得一干二净了。似应由中宣部拟订几条，通知全党注意这个问题，正确对待宣传工作，提倡实事求是的恰如其分的宣传，不搞形式主义，要讲究宣传教育效果，树立起一个好的风气。

习仲勋

一月七日

---

* 这是习仲勋对一九八一年十二月三十日北京日报社的一个刊物刊载的《先进人物招架不住一窝蜂式的采访》一文所作的批语。标题为编者所加。

■注　释

［1］穆之即朱穆之，一九一六年生，江苏江阴人。一九三八年加入中国共产党。新中国成立后，任新华社副社长、社长，一九七七年至一九八二年四月，任中共中央宣传部副部长。后任文化部部长，国务院新闻办公室主任。

［2］耀邦即胡耀邦，见本书《要把农业科学研究摆到重要的位置》注［10］。

在共青团省、市、自治区委书记座谈会上的讲话*

（一九八二年一月十三日）

怎样评价一九八一年团的工作

总的说，共青团十大以后三年来，特别是去年，工作有起色，有发展。你们做了很多工作，有很大成绩。从简报上看到陕西的赵含璘[1]同志有一个评价：“去年是团的工作比较活跃、取得较大成绩的一年，又是青年的思想有较大转变的一年。”一个是团的工作有较大的成绩，一个是青年思想有较大的转变，我觉得这样说比较恰当，是符合客观实际的。“文化大革命”时期，团的工作受林彪[2]、“四人帮”[3]破坏，中断了十二年，应该说是一场大浩劫。共青团十大以后，你们经历了一个恢复的过程，各级团委逐步建立健全起来，在各条战线都开展了工作，团员的队伍已有四千七百多万，这个成绩是应该肯定的。

关于你们的成绩，我不想多说了。我历来主张，对成绩不要说过了头，要留有余地，这样只有好处，没有坏处，可以防止骄傲自满。成

---

* 这是习仲勋讲话的主要部分。

绩是客观存在，大家都知道，谁也否定不了，你少说了，岂不是更好吗？相反，对缺点倒可以多说一点，说重一点，没有坏处，这同把成绩说得不要过头，是一个道理，可以引起思想上重视，勤勤恳恳地做好工作，少犯错误。这句话，还是一九五五年小平同志在全国党代表会议开会时给我讲的。我一直把这句话当作座右铭，对我大有好处。一个革命者多想想自己的缺点，宁可把它看得重一点，给自己头上戴个紧箍咒，这只能有利于警惕自己，少犯错误，做好工作。

对团中央领导工作的缺点，我也不可能讲得很具体、很准确，但是我愿意坦率地提出来，不对的大家可以提出意见。从几个月的接触中间，我有这样两点感觉：

第一点意见，你们的工作不够扎实、不够深入、不够细致，会议多，表面文章多，无关紧要的工作做得多，也就是前面说的“浮”。为什么我着重批评你们工作不扎实、不深入、不细致呢？因为你们是团中央，是团的领导机关。对一个领导机关来讲，最重要的就是深入细致地去搞调查研究，掌握真实情况，这才能制定正确的政策和措施。当然，深入下去调查研究也不那么容易。举例来说，一九五八年大炼钢铁的时候，群众的铁锅都被砸完了，可是你问他公共食堂好不好，他还不敢说不好。一九六一年我在河南长葛县蹲点调查，有一天我到一个叫王家屯的村里，同一个老农闲谈，看见他家里的秤只有一个秤杆摆在那里，我就问他秤砣和秤钩哪儿去了？他不讲。我说你跟我讲没关系，结果他说都炼了铁了。我又问他你还有没有锅？他说也没有了，也炼了铁了。可见下去搞调查，如果不做深入、细致的工作，也不容易掌握真实情况。

第二点，你们研究新情况、总结新经验不够。我感到，共青团对一些大的政治性的问题，包括群众的生产和生活问题（这实际上就是最大的政治问题），反应比较慢。共青团的同志总年轻些，对社会上一些问题的反应，应该是很敏锐的。现在我们处在一个伟大的历史转折关头，对外实行开放政策，对内搞活经济，阶级关系、政治形势、经济调整、体制改革等等有很多新的情况、新的矛盾。不研究新情况、总结新经验，我们就不可能做好工作，就搞不好现代化建设。共青团应当经常研究新的情况，提出新的见解，这样才有朝气，才能率领青年前进，才能当好党的助手。但是，团中央在这方面做得不够理想。现在农村的问题很多，城市的问题也不少。社会风气、社会治安，很多都同青年有关系。可是，你能简单地怪罪青年吗？青年犯罪，我们党和政府有没有责任？共青团有没有责任？怎么才能有效地防止青年犯罪？这些都是需要着重研究的问题。一月十日，首都汽车公司一个二十三岁的女司机，开车在天安门广场横冲直撞，当场轧死三个人，伤二十几个人，这是一起罕见的恶性案件。据说事情的起因是她缺了几天勤，公司扣了她的奖金，还扣了工资，她思想不通，领导上没有和她谈心，没有耐心地做她的思想工作，后来也不让她开车了，这就使矛盾激化，最后她就开上别人的车去自杀，结果轧死撞伤二十几个人。这是新中国成立以来没有过的事情啊！这个女司机驾车撞人的做法是完全错误的，它已构成了危害公共安全致人重伤死亡罪，肯定是要判刑的。但是我还想到问题的另一个方面，就是汽车公司有关领导在处理这个问题上有没有缺点呢？有没有值得汲取的经验教训呢？如果我们的政治思想工作和党团工作做得好，做得更细致一些，而不是简单生硬，经常了解她的思想情绪，经常和她谈心，事情总可以预先察觉和解决的，何至于发展到这么严重的地步！

类似这类事情你们要研究啊！不是有个青少年研究所吗？那个研究所是研究什么问题啊？抛开这些问题不研究，还研究什么呀！所以，我总主张你们共青团要研究新情况，研究新问题，自己都不了解青少年的情况，还怎么去做青少年的政治思想工作呢？

对于团中央的工作，我只说这两点意见，不一定对。团是党的助手，又是党的干部的预备队伍，或者说是后续部队也可以。现在的党政军很多领导人都是从青年团来的，是青年团输送给党的。耀邦[4]同志做过团中央的第一书记，陆定一[5]、宋任穷[6]同志也都是做共青团工作出身的，你们可以经常请一些老的、做过团的领导工作的同志同大家见见面，来座谈座谈，这就是很好的学习嘛。毛主席讲，青年是早晨八九点钟的太阳，大量的团的干部，包括在座的同志将来都是党和国家的接班人，自己要严格地要求自己，要有这种精神、这种理想，要有这样的抱负。你们的前程，就是奔向这个前程。不是要当官，而是要挑重担子，为党和国家多作贡献，为人民多作贡献。

今年的工作抓什么

今年的工作要两手抓，一手抓社会主义物质文明，一手抓社会主义精神文明。如果一定要问以哪个为主，那么我认为，结合团的工作的实际，应该更着重于动员和带领青年在建设社会主义物质文明上作出贡献。为什么呢？

第一，经济是基础，把经济搞上去，是全国人民的根本利益之所在，也是全体青年的根本利益之所在。共产党就是为全国十亿人民服务嘛！把全国十亿人民的生活搞好嘛！除此再没有别的目的。团的工作同样也是为全国人民服务，为全体青年服务，为他们的利益着想。所以,应当把物质文明建设摆在重要的位置上。今年中央的一号文件是关于农业方面的,你们一定要好好学习这个文件,不然你们就不懂得怎样领导农村的青年,怎样搞责任制。也要学习中央关于工业方面的文件,不然你们也就不知道怎样去做工厂的工作。我看在这方面,还没有引起你们团中央的足够重视。

第二,全党全国的工作重点都转移到经济建设上来,团的工作重点也应该转移到经济建设上来。这和以前你们有些同志说的那个转变不一样,不是要改变共青团的性质,不是要把你们共青团变成一个经济组织,是要你们把工作重点转过来,动员青年搞经济建设,搞四化。青年是经济建设的主力军,工矿企业的青年占百分之七十,农业生产青年也是主力军,不把他们的精神振作起来,不去率领他们在这个方面努力奋斗,经济怎样搞上去呢?青年不振奋精神,向着四个现代化奋勇前进,我们的四个现代化有什么希望呢?

第三,从团的本身工作来说,不抓经济建设这个中心,就脱离了我国当前的实际,也打不开新的局面。不仅打不开新的局面,而且离开了党的总的轨道,同党的中心任务脱了钩。所以,抓经济建设是关键,是中心,这就是最大的政治。这一点不能摇摆,必须坚定不移地为完成这个任务而奋斗。

在物质文明建设方面,共青团抓什么呢?我看就是广泛地深入地持久地把新长征突击手活动[7]开展下去,不是一年开一次会就完了,而是要扎扎实实地搞。工厂怎么搞,农村怎么搞,怎么展开竞赛,怎么评比,要分类指导。对于突击手应该有一个总的要求标准,在这个标准底下,允许各条战线、各个行业、各个单位结合自己的实际再提出一些具体要求。当然,首先的基本的要求是要思想好,作风好,其次才是在生产方面达到一个什么要求。你们跟工会、妇联都要配合,不配合不行,各做各的不好。妇女也有很多是青年嘛,工人也有很多是青年嘛。工人是老大哥,工会应该支持和帮助共青团。

强调物质文明建设的重要性,丝毫不意味着精神文明是次要的。现在这方面的问题很多,不抓不得了。物质文明和精神文明两方面是互相联系、互相促进、相辅相成的。物质基础搞好了可以促进精神文明的发展;精神文明搞好了反过来可以使物质文明更快地搞上去。精神文明的这种反作用很大。二万五千里长征[8]那个条件多么艰苦呀,爬雪山,过草地,吃草根,啃树皮,为什么还能完成二万五千里长征呢?就靠一种革命精神,靠大家都有一个远大的理想,要干革命,要为共产主义而奋斗,要为实现共产主义而献身。

你们会议上有同志提了,要为崇高的共产主义理想奋斗。这一点很重要,但是强调得还不够。现在对于青年来说,不光是进行社会主义教育,还应该明确提出来进行共产主义教育。不讲共产主义教育,不为这个理想奋斗,那还有什么信念?现在在青年中间,确实有一个腐蚀和反腐蚀的斗争,争夺和反争夺的斗争,我们一定要清醒地看到这个问题。

开展"五讲四美"[9]活动已经初步取得了成效,受到社会上的普遍赞扬,在国外也有好评。要深入持久地、扎扎实实地搞下去,使之经常化、制度化。社会主义的精神文明并不限于"五讲四美",如果那样,就降低了精神文明的标准。同志们的发言中介绍了一些学校进行"三热爱"教育的经验,爱党、爱国、爱社会主义,这是更高的精神文明。沈阳等地从讲史入手,讲近代史、党史、建国史,这也很好。由于林彪、"四人帮"的破坏,一部分青年不懂得旧中国,只知道"文化大革命”那段历史。相当多的青年对党、对我们祖国之所以失去信心，这是一条重要原因。所以要大讲中国的近代史、党史，理直气壮地讲。不懂得旧中国的历史，不懂得我们党的斗争史，怎么能知道新中国来之不易呢？怎么能懂得社会主义社会的优越呢？《参考消息》最近登了一篇稿子，题目叫《中国新移民的六大幻想》，是一位在美国的华侨写的。你们共青团可以把这个材料印成小册子，还可以收集一些别的文章，教育青年。有很多华侨用他们的亲身体会写了一些很好的文章，印出来，拿这些跟青年们讲，美国并不是天堂。

“三热爱”以外，还要加上爱科学、爱劳动、爱集体。“五讲四美”里没有包括这些内容，要把“五讲四美”活动更加丰富起来，各地可以根据不同的情况提出不同的要求。对青年特别要提出爱科学。北京市有一个青年自学成才当了科学家，各地自学成才的青年人一定很多，你们报刊上要多进行这方面的宣传，把广大青年引导到爱科学、学科学的道路上去。最近耀邦同志讲过两句话：“向科学要本领，拜行家为老师。”这话概括得很好，我们青年就应该这样做。在青年中不提倡爱科学，怎么培养人才呀？

共青团是青年学习之家。爱科学，加上学技术、学管理，只是青年学习的一个方面。还要学政治，学哲学，学马列主义，学毛主席著作和老一辈无产阶级革命家的著作，还要学习党中央的文件。现在，要着重学习六中全会[10]通过的《决议》，用这个《决议》来统一思想认识，加强对青年的政治思想教育。

团的工作要更加放手，要打开一个新的局面

我有这样一个感觉，现在有些地方，有些部门，看不到团的活动，

或者说团的活动还不那么活跃，团的作用发挥得不那么好，起不到党的助手作用。党从来不嫌你们的工作做多了，而是觉得你们的工作做少了。共青团本来应该是打冲锋的，最积极最活跃的，应该到处都能看到你们的活动。是不是在指导思想上还有一些什么问题？一九二七年“四一二”[11]以后，很多地方党组织被破坏了。于是青年团就在那里坚持斗争，天不怕、地不怕。你们常说“争取党委领导”，这个话当然没错。团是党的助手，是在党领导下工作的，团应该争取党的领导，而不应该企图摆脱党的领导，这是毫无疑问的。但是，团和党的关系，绝不只是争取领导的关系。如果是那样的话，那就太消极了，太被动了。而是党一有号召，团就毫不迟疑的一马当先，冲锋陷阵，争取打胜仗！党的每一个指示，每一个决定，就是要我们共青团去做的嘛！那就是领导嘛！你把领导二字片面理解，好像只有党组织专门讨论团的工作，专门作了几条指示，那才叫领导，不一定。实际上，党对团的工作可以多管一点，也可以少管一点，这不是主要的。主要的是党一有号召，一有决定，团就应该自觉地紧跟上来，去贯彻，去执行，并且是结合团的工作实际，创造性地去贯彻执行。这才是团和党应有的正确关系。

对团的工作，党委不放手，管得太具体，什么都要通过党委，就会束缚住团的手脚，妨碍团的主观能动性的发挥，这是应该避免的。另一方面，党当然要管团。一个党委，对团的工作一年都不讨论一次，不能认为是一个领导得力的党委，这是放弃领导。党对团的领导确也有个改善领导方法的问题。我在广东的时候，对青年中的问题，都是依靠共青团，要团省委去搞。要求他们游泳，又不叫他们下水，他们怎么能学会游泳呢？青年同青年最容易谈得来。我公开对团省委的同志说：你们就是要和那些“持不同政见”的人接触，我们有一条，出污泥而不染嘛！不仅不染，还要影响他们，争取他们，团结他们，怕什么呢？只要我们自己立场坚定，就不怕和他们交朋友。广东那几年为什么没有乱起来，其中团省委做了不少工作，这是一条重要经验。我的态度就是要敢于和那些人接触，你们团中央的书记，也要敢于和那些人接触。抱有诚意，耐心地做工作，并不是放弃原则，一味迁就他们，那对他们也不好。该批评的时候也要批评，有时候还要很严厉地批评。这方面共青团大有用武之地。

共青团更广阔的阵地在哪里

你们提出的那个阵地，青年宫、少年宫、青年之家等，这些要有，没有不行。而且，你们还没有说完全，有些地方还可以组织青年俱乐部嘛！到那里下下棋、打打乒乓球，看看书也好哇！讲故事也好哇！！农村里搞些业余演出也可以嘛！把这些场所搞活跃一点。

但是，我要向你们提一个问题：青年团更广阔的阵地在哪里？我觉得，你们真正的阵地，更大更广阔的阵地，一个在农村，一个在工厂，再一个是在学校。哪里有青年，哪里就是你们的阵地，就是共青团工作的阵地、战斗的阵地。

现在，宗教同我们争夺青年很厉害。这种现象五十年代初没有过。对于信教的青年，你也要去做工作，要他做一个爱国的教徒。他信教，又爱国，这不很好吗？还要教育他们提高警惕，以防那些披着宗教外衣的帝国主义分子插进手来。这个工作该不该做？当然应该做，包括去做那些宗教界的上层人士、领袖人物的工作。

青年专家、青年学者，也是你们工作的对象。要广泛地同他们交朋友，而且还要跟港澳的、台湾的、从国外回来的青年专家、青年学者交朋友。台湾回归祖国是八十年代三大任务之一。作为党的助手，共青团准备做些什么工作？你们应当更广泛地做青年的统战工作，同工会、妇联各个团体密切配合起来去做。从这些方面来看，团的视野还不是那样广阔。还有一个民族青年的工作，你们会上反映很少，也要加强。这些工作青年团都要去做。

整顿团的组织，核心是整顿团的领导班子

共青团在新时期担负着很繁重的任务，党对你们寄予很大的希望。怎么完成这个任务呢？你们提出加强团的自身建设，这很重要。在这方面，会上谈得比较多的，一个是创建先进团支部，一个是进行合格的共青团员教育。这也很重要。但是有一个问题你们谈得不多，就是团的组织要整顿，特别是领导班子要整顿，这是核心的问题。要求团员成为合格的团员，要求团支部成为先进的团支部，首先要求各级团的领导机关，特别是领导班子作表率，这里就有一个整顿的问题，改进工作作风、工作方法的问题。领导班子思想路线不端正、不团结、作风不正，甚至还有一些不好的人，怎么能作表率呢？

这件事决心要大，工作要细。整顿，首先是思想整顿，还要做大量的深入细致的思想工作。领导班子的问题大量的还是思想认识问题，只能用处理人民内部矛盾的方法去解决，把思想工作做到前面，不要把人民内部矛盾激化成敌我矛盾。组织也要整顿，领导班子要革命化、年轻化、知识化、专业化。今天我在这里问了几位同志，论年龄是都应该输送到党和政府机关去工作的。共青团是青年人的组织嘛，有些同志已经四十几岁、五十几岁了，继续做团的工作就不那么

合适了。但也不是一刀切,有些老团干还可以继续发挥传帮带作用。不要我这么一说,大家就人心惶惶,自谋出路。同党和政府部门一样,你们也有一个培养接班人的问题,解决老化的问题。这么多青年,我就不相信选不出一批好的参加各级领导班子。你们也有一个传帮带的任务,不能一走了事。你们走了,团的工作还要继续下去,要比你们在的时候干得还好,这种思想才对头。新干部要有一个向老干部虚心学习的态度,拜他们为师。

还有两句话,叫"依靠群众,相信地方"。团中央、团省委都有这个问题。依靠群众,就是相信群众。相信地方,就是相信地方党委。相信地方,许多问题就可以解决。团中央、团省委都要相信地方,依靠群众。群众绝大多数都是好的,团员绝大多数都是好的。现在不是讲有的地方组织瘫痪吗?组织瘫痪不见得每个团员都瘫痪了。一个支部瘫痪了,并不是这个支部的每一个团员都瘫痪了。我觉得我们团组织应该有这个信念,在那些组织瘫痪的地方,一定能重建团的支部,恢复团的活动。要相信,愿意继续当一名共青团员的还是多数。

工作作风、工作方法

第一点,要深入到基层去,到工厂、农村、学校,多搞几个点,搞出点经验来。各级团委都要这样做,要常到下边去,到基层去,不要泡在会议里,不要埋在文件堆里,不要每天坐在机关里办公。团中央要有个规定,所有团中央的干部、领导干部一年应该有几个月时间到实际工作中去,到下边去,搞调查研究。湖南同志的发言提了这个意见,说你们哪怕来半个月也好嘛。耀邦同志工作那么忙,去年一年两次挤时间下去搞调查研究，第一次走了河南、山西、河北，第二次到了东北。难道我们比他还忙吗？挤时间嘛！到底哪个重要呢？亲自到群众中去，取得第一手材料最重要。只有掌握了第一手材料，才能在脑子这个工厂里加工，才能出产品（思想、计划、方针、政策、办法，等等），不然脑子里就是空空如也。这样才能有效地进行领导工作。

第二点，要发扬延安精神。要提倡共青团员找苦吃，要向青年宣传找苦吃。只有在艰苦环境中，才能锻炼出真本领。一九三七年到一九四九年，延安的条件那么艰苦，那么多青年，不怕疲劳，不怕牺牲，不怕杀头，都往延安跑，住窑洞吃小米子。他们为了什么？他们都有个崇高的理想。你们看现在许多老干部，很多都是去过延安的，都喝过延河的水，吃过延安的小米子。我们现在就要提倡这个延安精神。什么是延安精神？就是：一个是革命，一个是艰苦奋斗。要把这个大加宣传，不提倡这个精神不行。人就是要有一股劲，这股劲就是革命的劲。现在，吃苦在先、享受在后很少提了。在这方面，要进行教育，特别是在报刊上要经常进行宣传，表扬这方面的先进人物和事例。“一不怕苦，二不怕死”的口号现在也很少提了，实际上现在也不像战争时期那样，天天都会有牺牲，不就是出点力流点汗吗？现在我们青年里好逸恶劳，就是好安逸图享受的现象多了，这要进行教育。还有一个风气，铺张浪费，例如结婚要搞多少桌，往往因结婚造成悲剧，这种事例多得很。我们大家都要去做工作，提倡勤俭节约，扭转这个风气。

■ 注　释

［1］赵含璘，一九三三年生，陕西岐山人。一九五〇年加入中国共产党。曾任共青团宝鸡市委书记，宝鸡县革委会主任。一九八〇年起任共青团陕西省委书记、省青联主席。

［2］林彪，见本书《落实知识分子政策，加强党对教育工作的领导》注［3］。

［3］“四人帮”，见本书《同心协力把广东工作做好》注［7］。

［4］耀邦即胡耀邦，见本书《要把农业科学研究摆到重要的位置》注［10］。

［5］陆定一（一九〇六——一九九六），江苏无锡人。一九二五年加入中国共产党。曾任共青团中央宣传部部长，共青团驻少共国际代表，少共国际执行委员，红军总政治部宣传部部长，八路军总政治部宣传部部长。新中国成立后，任中共中央宣传部部长，政务院文化教育委员会副主任，中共中央政治局候补委员，国务院副总理，中共中央书记处书记，全国政协副主席，中共中央顾问委员会常委。

［6］宋任穷，见本书《群众领袖，民族英雄》注［41］。

［7］新长征突击手活动，参见本书《新长征突击手要做青年的带头人》注［1］。

［8］长征，见本书《红日照亮了陕甘高原》注［1］。

［9］“五讲四美”，见本书《教育好青少年是带有战略意义的大事》注［4］。

［10］六中全会，即中共十一届六中全会，见本书《学校要加强思想政治教育工作》注［2］。

[11]“四一二”，指蒋介石于一九二七年四月十二日在上海发动的反革命政变。一九二七年三月，上海工人举行第三次武装起义并成功占领上海后，蒋介石密谋发动政变。四月十一日深夜，一千多名共产党员和工人群众被殖民当局逮捕。当晚，上海市总工会委员长汪寿华被杜月笙的流氓便衣队秘密杀害。十二日凌晨，一万五千名青红帮分子冒充工人，向上海总工会纠察队驻地发起攻击。随后，大批反动军队借口调解“工人内讧”，强行解除工人纠察队武装，打死打伤三百多人。十三日，上海二十多万名工人举行罢工游行，并向二十六军第二师司令部请愿。当游行队伍行至闸北宝山路时，再次遭到反动军队的屠杀。十四日，反动军队继续捕杀共产党人和革命群众，查封革命进步团体。到四月十五日，上海工人有三百多人被杀害，五百多人被捕，五千多人失踪。十八日，蒋介石在南京建立了代表帝国主义和地主买办阶级利益的国民政府。

学习徐特立同志为真理而斗争的精神*

（一九八二年二月六日）

今天，我们怀着崇高的敬意，纪念徐特立[1]同志诞辰一百零五周年。

徐特立同志是伟大的共产主义战士和人民教育家。他生前在我们党内，在我国教育界、思想界拥有很高的声望，很多党的干部、知识分子把他看作是学习的楷模。可惜他在一九六八年林彪[2]、康生[3]、江青[4]一伙肆虐的时候郁郁去世，没有得到应有的悼念和宣传。今天我们来补这一课，纪念他革命的一生，学习他革命的精神，是很有意义的。

徐特立同志生于一八七七年。他经历了清末、民初、北洋军阀[5]政府和国民党统治几个朝代，饱尝忧患，终于从一个民主主义者跃进为坚定的共产主义革命家。他的光辉的一生贯穿了为真理而斗争的精神，永远值得后人景仰。

在延安庆祝徐特立同志六十岁寿辰的时候，毛泽东同志曾经赞颂徐老是“革命第一，工作第一，他人第一”[6]，这是一个很好的实事求是的评价。今天，党中央号召全党和全国各族人民在建设物质文

---

* 这是习仲勋在纪念徐特立诞辰一百零五周年座谈会上的讲话。

明的同时，建设高度的社会主义精神文明，徐特立同志正是体现了这种精神文明的典范。我认为有三点需要特别提出来学习。

第一，崇高的共产主义理想。我们都知道，徐特立同志是在一九二七年蒋介石背叛革命，很多共产党员人头落地，不少动摇分子纷纷脱党和隐退的严重关头，毅然决然地走到我们党的队伍中来的。这不仅显示了他有惊人的革命胆略，更重要的是表明他有坚强的共产主义信念。这是难能可贵的。在革命低潮的时候能够看到光明的前景，当白色恐怖极其严重的时候，能够挺身而出，同党和人民一起去斗争，这是只有真正的共产党人才能做到的。徐特立同志就是这样的人。现在很有必要在我们的同志中间唤起这种精神，在青年中间发扬这种精神。我们的同志特别是青年们一定要有理想，有志气，富于自我牺牲精神，全心全意地为我国的社会主义现代化事业服务，绝不让追逐个人私利的庸俗习气侵蚀到我们的队伍里来。

第二，顽强的学习精神。徐特立同志光辉的一生，确实是“活到老，学到老，改造到老”。他上了年纪以后，并无半点懈怠，还是孜孜不倦地钻研新知识、新事物。他总是与时俱进，以“做一个进步的老人”自勉。四十几岁，他去西欧勤工俭学、考察教育四年以上。参加革命以后，在南昌起义部队负责政治工作，后来又出国学习马列主义理论。在中央苏区[7]和延安长期领导教育事业，又最先创办我们自己的自然科学研究机构。新中国成立以后，他主持编辑《中国通史》。七八十岁的高龄，又从头精攻中国语言学。徐老不论从事什么工作，总是以一种兢兢业业的态度学习，从不满足和停顿。他对“革命到顶”、“学习无用”的思想深恶痛绝。这一点，对我们一切正为建设社会主义现代化强国而奋斗的人们来说，是永远有深刻的教育意义的。

第三，非常质朴的作风。凡是同徐特立同志有过接触的人，都为他那种像真理一样质朴的气度所吸引。在中央苏区，他以教育人民委员部领导人的身份，创办列宁师范学院，既当校长，又任教员，既管行政工作，又编写教材，连摇铃、扫地、办伙食等杂务也做。二万五千里长征[8]路上，他是年龄最长的一个，却把组织专配的马匹让给体弱多病的同志骑用，自己步行了两万里。全国解放以后，他经常同二十岁左右的青年商讨问题，完全像平等的伙伴一样。在徐老身上体现了最优良的党风。我们每个共产党员都要以徐特立同志做榜样，增强党性锻炼，树立良好的党风，并且把它推广到广大青年和全国人民中间去。

最后，我建议我们要加强对徐特立同志的事迹、道德和文章的研究。徐老一生活动的主要领域在教育方面。在教育思想上他有很多卓越的创见，对人民教育事业，他作出了不可磨灭的贡献。我们要把这笔宝贵的精神财富很好地继承下来，在新的历史条件下发扬光大，进一步办好社会主义教育，在建设社会主义的物质文明和精神文明中作出更大的贡献。

■ 注　释

[1]徐特立(一八七七——一九六八)，湖南长沙人。教育家。一九二七年加入中国共产党。曾任南昌起义军第二十军三师党代表兼政治部主任，中华苏维埃共和国临时中央政府教育部代部长，中华苏维埃人民共和国中央政府西北办事处教育部部长，陕甘宁边区教育

厅厅长。新中国成立后，长期担任中共中央宣传部副部长，并兼任中宣部教育研究室主任、党史资料室主任。

[2]林彪，见本书《落实知识分子政策，加强党对教育工作的领导》注[3]。

[3]康生（一八九八——一九七五），山东胶南人。一九二五年加入中国共产党。曾任中共中央书记处书记，中共中央党校校长，中共中央社会部部长。新中国成立后，任山东省人民政府主席，中共中央书记处书记，中共中央文化革命小组顾问，中共中央副主席。“文化大革命”期间，直接参与林彪、江青等人篡党夺权的反革命阴谋活动。一九八〇年十月，中共中央决定开除其党籍。

[4]江青，见本书《永远难忘的怀念》注[50]。

[5]北洋军阀是清末袁世凯在北方几省首先建立的封建军阀集团。一八九五年清政府命袁世凯在天津小站编练“新建陆军”，归北洋大臣节制。一九〇一年，袁世凯任直隶总督兼北洋大臣后，培植党羽，自成派系。辛亥革命后袁世凯窃取大总统职位，开始了北洋军阀的反动统治时期。一九一六年袁世凯去世后，北洋军阀在帝国主义支持下分化为直、皖、奉三系。各系军阀争权夺利，不断发生混战。一九二六年皖系军阀段祺瑞下台。一九二七年直系军阀被北伐军消灭。一九二八年奉系军阀政府垮台。历时二十七年的北洋军阀统治从此覆灭。

[6]见毛泽东一九三七年一月三十日为徐特立六十岁生日写的贺信，《毛泽东文集》第一卷，人民出版社一九九三年版，第四七七页。

[7]苏区，见本书《关中党史简述》注[13]。

[8]长征，见本书《红日照亮了陕甘高原》注[1]。

对反映“三种人”掌权问题材料的批语*

（一九八二年五月六日）

请如冰[1]同志考虑并将情况摸清，妥善处理。现在有越来越多的干部和群众，敢于挺身而出揭发“三种人”[2]在有些单位掌权的情况，这是一件大好事情，说明自三中全会[3]以来党的路线、方针、政策，越来越深入人心，也是对党中央的信任。因此，不管反映的情况是否属实，其可靠性有多大，但都值得重视，深入调查，只要弄清了真相，看准一个就处理一个，当然要按具体情况分别对待，慎重处理，既不能手软，更不可留下后遗症。请你把这件事就近告知任穷[4]同志。

习仲勋

五月六日

---

* 这是习仲勋对国家信访局报送的《反映聊城地区一些单位至今仍是“三种人”掌权》材料所作的批语。标题为编者所加。

■ 注　释

［1］如冰即白如冰（一九一二——一九九四），陕西清涧人。一九二八年加入中国共产党。曾任中共三边特委书记，中共绥远省委书记，中共晋绥边区委书记，陕甘宁边区财政厅厅长。新中国成立后，任西北军政委员会财经委员会主任兼财政部部长，中央手工业管理局局长，中华全国手工业合作社总社主任。一九七四年至一九八二年十二月任中共山东省委第一书记。

［2］“三种人”，指“文化大革命”中追随林彪、江青反革命集团造反起家的人，帮派思想严重的人，打砸抢分子。

［3］三中全会，即中共十一届三中全会，见本书《在肇庆地委常委扩大会议上的讲话》注［2］。

［4］任穷即宋任穷，见本书《群众领袖，民族英雄》注［41］。

对妇女工作的几点希望*

（一九八二年五月十七日）

一、要积极培养、选拔妇女干部，特别是要把年富力强、有社会主义觉悟、有专业知识的妇女干部提拔到各级领导岗位上来。

我们现在的干部队伍都面临着老化的问题，妇女干部队伍也是这样。值得注意的是，各地各级领导班子中的女干部的比例有下降的趋势。例如，据全国妇联的调查，云南省在一九八一年提拔的九十名地委、厅局一级的干部中，女干部只有二人，占百分之二点零四。提拔的二千零一十七名县、处级干部中，妇女干部只有一百三十三人，占百分之六点五。在地、州、市委领导班子中，一九八〇年有妇女干部八十五人，一九八一年降到七十八人，下降了百分之八点二；在县委领导班子中，一九八〇年有妇女干部四百一十六人，一九八一年降到三百五十一人，下降了百分之十五点六。同志们担心在明年各地的机构改革中，女干部会更少。因此，大家要求各级党委要特别重视选拔德才兼备、年富力强的中青年女干部充实到领导班子里来，这个要求是合理的。中央已经注意到了这一点。在这次中央机关的机构改革中，就有四位女同志担任正部长，六位女同志担任副部长。卫生部还为女同志留了一个副部长名额。同志们回去以后，可以把中

---

* 这是习仲勋在全国妇联第四届执行委员会第四次扩大会议上讲话的一部分。

央重视选拔优秀中青年女干部的精神向各级党委汇报。

各地的妇联组织要向党和政府推荐、输送妇女干部。妇女中大有人才，有不少巾帼英雄。最近报纸上介绍了获得西德博士学位的南京工学院讲师韦钰同志；不顾身孕五个月还下河救人的上海市交通运输局的陈燕飞同志；研究乙型肝炎疫苗取得重大突破、拒绝美国高薪聘请、回国为人民造福的上海生物制品研究所副主任技师何葆光同志，等等，都是妇女群众新涌现的优秀人才。妇联要善于发现、挑选、培养优秀的中青年妇女干部，主动地、积极地向当地党委和政府推荐，使各级党政组织中的妇女领导干部能不断有所增加。从我们妇女干部本身来说，应努力学习马列主义、毛泽东思想，学习专业知识，在斗争实践中锻炼自己，不断提高思想政治觉悟和业务水平。

在今后的机构改革中，会有一批年老的妇女干部离休退休，对她们要妥善安排，我们老的妇女干部，在新民主主义革命和社会主义建设事业中，和全党的老干部一样，为党、为人民作出很大贡献，是党的宝贵财富。同志们提出对从事多年的妇女工作的老同志，要颁发荣誉证，我看这个意见是应该考虑的，中央有关部门正在研究，请全国妇联也积极提出意见。为妇女解放运动奋斗了大半辈子的同志，应该受到人民和妇女群众的尊重。

二、要继续贯彻中央提出的，全国妇联应把抚育、培养、教育三亿以上儿童和少年，作为自己工作的重点的指导思想。

这次讨论中，有的同志提出农村如何贯彻执行的问题。这就看我们如何理解“重点”。我们讲重点，就是要加强这方面的工作，从当地的实际情况出发，因地制宜，采取多种形式，把抚育、培养、教育儿童和少年的工作向前推进一步。城市的情况和农村的情况并不完全一样，有些少数民族地区的情况也不一样。康克清[1]同志引用了群众的话，说“一手抓棉花，一手抱娃娃”，这很通俗，很形象化，讲得很好嘛！抓棉花，意思是要抓生产，就是要抓物质文明的建设；抱娃娃，意思是要抓抚育、培养、教育儿童和少年的工作，就是要抓精神文明的建设。

要抚育、培养、教育好儿童和少年，其中一项重要工作就是抓好幼托工作。现在入托难的问题在有些地方还比较突出，妇联组织要主动配合有关部门切实加以解决。办幼托可以采取多种办法，不要都由国家包下来，可以搞民办公助和允许私人办幼托；把待业青年组织起来，加以培训后，再找一两间房子就可以解决一批幼儿的入托问题。这样搞了，不仅可以缓和入托难的问题，而且，还可以解决部分待业青年的就业问题，家长高兴，群众满意。中央在精简机构中，托幼领导小组及办公室虽然撤销了，但经费还是要保留的，工作由妇联来做。这不会影响幼托事业的发展，大家可以放心。

三、要切实保障妇女、儿童的合法权益。

现在妇女、儿童受虐待，受摧残和迫害的问题相当严重，恶性事件不断发生。重男轻女的封建思想和习惯势力，还在不少人的头脑里作祟。有的妇女生个女孩子，常遭到丈夫、婆婆的歧视、冷遇，甚至打骂。溺女婴的情况也经常发生。各级妇联组织要调查研究，及时向党和政府反映情况，并提出你们的意见，同这种行为进行坚决的斗争。宪法修改草案第四十六条，对保护妇女、儿童的利益，进一步作了明确规定。妇联要配合有关部门，维护法律的尊严，打击那些摧残迫害妇女、儿童的犯罪分子；同时，要深入广泛地做好思想政治工作。在这个问题上，听之任之、放任不管，那就是失职。

四、要配合工会做好女职工和职工家属的工作。

现在有些青年女职工缺乏远大理想和正确的人生观，因而在恋爱、婚姻、家庭三方面出现不少问题。这个问题处理不好，学习、生产、工作都不可能搞好。要学会善于解决人民内部矛盾，防止矛盾激化。为了搞好整个职工队伍的建设，各级妇联要主动配合工会做好这方面的工作，工会组织要欢迎妇联的同志来做这方面的工作。应该发挥工会和妇联两个积极性，双方密切联系，分工合作，共同做好女职工和职工家属的工作。

五、要实行妇联组织群众化。

全国及省、市、自治区两级妇联机关化的现象比较严重，很不利于联系群众，要逐步实行群众团体群众化，使妇联保持发扬密切联系妇女群众的优良传统，更好地成为党联系群众的纽带。

解决这个问题，主要是要求省、市以上的妇联改进思想作风、工作方法，深入基层，深入群众，搞好调查研究。现在妇女工作中的问题不少，甚至有些问题的性质很恶劣，情节很严重。各级妇联组织一定要到第一线去发现问题，研究问题，解决问题；一定要关心妇女的疾苦，倾听妇女的呼声，切实地为妇女、儿童办好事，把工作做到妇女群众的心坎上，使妇联真正成为妇女群众的代言人，妇女利益的重要代表者，真正成为妇女之家。

各级妇联组织还要组织妇女群众认真讨论宪法修改草案，特别要讨论宪法修改草案中有关尊重和保障妇女权益的部分，提高妇女群众的自尊心和责任感。

妇女“半边天”，妇女工作十分重要。希望全体从事妇女工作的同志，振奋精神，发扬妇女工作的光荣传统，在新的历史时期，把妇女工作提高到新的水平，在建设社会主义物质文明和精神文明中，作出自己应有的贡献。

■ 注 释

[1]康克清（一九一一——一九九二），江西万安人。一九二六年加入中国共产主义青年团，一九三一年转为中国共产党党员。曾任中华苏维埃共和国临时中央政府执行委员会候补委员，八路军总司令部直属队党总支书记，中共中央妇委会委员，解放区战时儿童保育会代主任。新中国成立后，任全国妇联主席、名誉主席，中国人民保卫儿童全国委员会主席，中国福利会名誉主席，宋庆龄基金会主席，中国儿童少年基金会会长，全国政协副主席。

总结社会主义建设的经验和教训*

（一九八二年六月五日）

我受胡耀邦[1]主席的委托，今天在这里欢迎马卡洛[2]兄弟率领的代表团，因为他的事情很多。我们要开十二大[3]，十二大之前要开中央全会。在我党六中全会[4]上有个决议，对党过去的工作，特别是新中国成立三十二年来的工作作了总结。这次十二大主要解决组织问题，要重新选举一个中央委员会。这个中央委员会要比九大、十大选出的都好，要真正成为实现社会主义现代化的核心。还有就是干部的老化问题。在这一点上，你们的党就比我们好一些。这个问题已经到了非解决不可的程度。不然虽然有一个宏伟蓝图，也实现不了。所以我们才提出干部要"四化"：革命化、年轻化、专业化、知识化。现在和过去时代不同了。我们虽然在过去很早就提出要进行现代化建设，但经过十年，不但没有进步，反而后退了。打倒"四人帮"[5]以后，这个问题又提到日程上来了。现在是一切都围绕着这个目标，打击经济犯罪，搞精神文明，最后，党还要整顿一下。几件事情，都是保证实现党在八十年代的基本任务：组成国际反霸统一战线；争取台湾回归祖国；实现四个现代化。其核心任务是实现四个现

* 这是习仲勋会见坦桑尼亚革命党代表团时谈话的主要内容。标题为编者所加。

代化。这就需要政治上的准备，要有一个好报告。还要有组织上的准备，把人选好，这就要走群众路线，搞“民意测验”，上来下去，几个来回才能算数，才能开全会、作决定，然后提交十二大讨论。

三中全会[6]以后，我党首先把政治路线搞端正了，同时又解决了思想路线和组织路线。政治路线就是我党六中全会决议。

“左”的这个问题很厉害，从思想上来讲，这个问题不那么容易得到解决。有的领导人干了这么多年，一下子不好改，不过现在情况好多了。所以光作个决议并不解决问题。过去经济上“左”的表现就是积累过多。从农民那里拿的太多，给农民的太少。这样一来，就不能把经济搞活。

毛泽东主席、中国共产党领导中国人民进行革命斗争，创建了社会主义新中国，这是一个很了不起的、具有世界意义的胜利。解放初期的一九四九年，我国人口不到五亿。吃饭这个问题国民党从未解决过，每年都有许多人饿死。解放以后，我们所做的最主要的工作就是保证十亿人都有饭吃，有衣穿。我可以举个例子。一九八〇年十月，我带了一个省长代表团去美国，当时我是广东省委第一书记兼任省长。我在很多场合对美国官员讲，到底是谁依靠谁？是你们依靠我们，还是我们依靠你们？如果我们依靠你们，十亿人口，你们把粮食都给了我们也解决不了问题。他们不断点头，还鼓掌。现在我们解决了吃饭这个问题。

今天上午甘肃省委第一书记来京汇报，说三中全会以后，落实了农村经济政策，农民都很高兴，因为现在不但有吃，有穿，还有钱了。他们再也不愁眉苦脸了。过去像这样的茶杯都买不起，现在电视机也不新鲜了。这个地区百分之九十以上实行了大包干，这也是一种责任制。他今天讲了这样一句话,群众身上有想象不到的干劲。这几年甘肃天气不好,今年五月下了一场大暴雪。但这不要紧,人民还是有饭吃。关键是靠正确的政策。现在打下了粮食,扣除了给国家的、集体的和公益金以外,其余都是社员自己的。是吃饱了干社会主义好,还是饿着肚子干好呢? 只有吃饱了肚子,社会主义的优越性才能够体现出来。饿着肚子是体现不出社会主义制度的优越性的。这一点是我们经过几十年的斗争学来的。现在我们在经济上有两条,一条是对外实行开放政策,尽量利用外国资本和它们先进的技术,一条是对内把经济搞活。第二条牵扯到一系列的问题,如比例失调、消费和积累之间的比例关系,等等。现在我们认为,积累以不超过百分之二十五为好,最好是百分之二十,只要不超过百分之二十五就可以。而在以前,积累都占百分之三十。当然,也要有一定的积累,我说这一点的意思是,不仅要让群众吃饱肚子,还要他们能生产。否则光能吃饱,不能搞别的,就没有积极性了。所以,现在我们主要还是抓农业。

将近三十年来,我们的口号是农、轻、重,其实是重、轻、农。不仅八亿农民要吃、要穿,两亿城市人口也要吃、要穿。还有工业原料,如棉花、油料等经济作物都要从农业上来。五十年代,有几年我们的农业收成不好,轻工业下降,许多纺织厂停工或半开工,从而影响了整个经济。当然工业也要搞一些,不搞不行。三十三年来,工业已经打下了比较好的基础。但是在过去,我们要求得太快太急,步子迈得太大,因而造成了不少经济上的消极因素。其结果,不仅浪费了很多钱,也没收到效益。直到今天,还有遗留问题。现在我们认识到,要以自力更生为主,共产党一贯是这样,从有中国共产党那天起,我们就是靠自力更生。这是毛主席一贯主张的政策。一九五九年至一九七二年,也就是从我们同美国开始日内瓦会谈到双方签署上海公报这段时间,我们想争取外援,但争取不到。苏联赫鲁晓夫[7]上台后,撕毁了所有的合同,撤走了所有的专家,给我们造成了很大的损失。但尽管这样,我们也过来了。美国更是如此,它的一切东西都不卖给我们。在这种情况下,不靠自力更生是渡不过这段难关的。一九五九年以后的这些年里,我们是完全孤立的,完全是靠自力更生搞起来的。不自己干不行嘛,这样一来,坏事倒变成了好事。以后,火箭、导弹、卫星我们都搞出来了。不幸的是,“文化大革命”期间,“左”的问题不但没有得到纠正,反而更加发展,变成了极左。关于这个问题,你们不太了解,可能会问:你们的党、你们的毛主席是不是犯错误了?党是犯了错误,毛主席也犯了错误。当然并不是他一个人犯了错误,包括我们这些当时在中央工作的人都犯了错误。关键是林彪[8]、江青[9]两个反革命集团利用了这个机会。毛主席在晚年被他们包围了,不能了解很多情况。他们执行的极左路线,我们在当时都不能过问。不仅如此,还要受他们的斗争。从一九五七年起,我们的工作中就存在“左”的问题,“大跃进”[10]中表现更为严重。一切都讲大办,大办水利、大办钢铁,工作上要大而全、小而全,盲目性很大。

另外,我们只找了一个老师,信了一个老师,这就是苏联,是我们的“老大哥”。一切都照它的模式办,一切都信它的,因为是老大哥呀。任何一个国家同别的国家相比,都有区别,有差异,有各自的特点。学习经验,要从自己的国情出发,只能参考,不能照搬。正面的经验固然要紧,反面的经验更重要,更有参考价值。当时我们想从缺点中进行学习也学不来,苏联不暴露自己的短处,什么在它那里都是世界第一。只有以后闹翻了,才有可能好好想一想,到底是不是真第一。

对你们国家的情况我们是很熟悉的。我们两国的命运差不多。你们受过殖民主义的统治,我们过去也是半殖民地、半封建国家。两国基本上走的是一条路。我们解放,你们独立。现在我们搞建设,你们也要搞建设。我们要以自力更生为主、争取外援为辅,你们也是以自力更生为主、争取外援为辅。坦桑尼亚人民是勤劳的,也是勇敢的。我们是个大国,有九百六十万平方公里的土地,不算少,但人口多,十亿啊！大国有大国的难处,人口多,就不好办,十亿人,不要说有一亿,有五千万人吃不饱就要造反,天下大乱。你们的优势就比我们的大。你们是小国,九十四万平方公里,比我们的十分之一稍少一点,人口一千七百五十五万,是十亿人口的百分之一点七。你们党有好的政策,但也走了一段弯路,好像也犯了和我们相似的错误。

我们党犯了错误,要自己纠正,任何人也纠正不了,只能靠自己总结经验教训,自己纠正。这是六中全会解决的最大问题。有错误不可怕,要告诉人民,人民并不愿意这样干,是上面让这么干。现在要改正"左"的错误,群众非常欢迎,抵触情绪不大。但是干部中有抵触情绪,好像一要改正错误就是反对毛主席。毛主席很伟大,但人民更伟大。我们的党就是要代表人民意愿行事。一切违背人民利益的事情都办不成,这是我党的又一重要经验。现在你们也要小心一点,不要觉得我们一切都对,要分析。我们搞一个开放政策,必然会带来外界一些不好的影响。但党要保持清醒的头脑,随时解决这个问题。我们目前正进行打击经济犯罪活动,就是要解决这个问题。有人说，你们又“收”了，又不搞民主了，政策又变了。不是这个问题。甘肃群众说，这两年政策总不会变吧，所以他们今年种的麦子特别多，比去年多了百分之十。人们问，你们的政策变不变？我们反问，是变好还是不变好？他们说不变好。我们又问几年不变好？他们说永远不变好。过去，我们对社会主义这个概念理解不够，看得很窄。现在政策有变化就不是社会主义了吗？还是社会主义。而且是更好的社会主义，有更坚实的经济基础、物质基础，一个社会主义国家没有强大的经济基础是不能维持的。凡是用本地原料，用农副产品为原料的东西，你们那里都可以自己干。也是应该先把农业搞上去。人民有了吃的，工业也有了原料。然后再搞自己的工业。我们的又一条经验是要量力而行，不要勉强。

从一九七六年粉碎“四人帮”之后到党的三中全会，我们也曾经犯了一些新的错误，引进了一些本来我们可以制造的大型成套设备，结果技术、原材料都跟不上，现在还放在那里。有些东西你们国内可以做的，中国会从技术上帮你们的忙。随着我国经济形势的真正好转，将来会对兄弟、朋友们在力所能及的范围内多提供一些帮助，包括经济、技术方面的帮助。不仅是对坦桑尼亚，对整个第三世界的朋友们都要多作一点贡献。

■注　释

［1］胡耀邦，见本书《要把农业科学研究摆到重要的位置》注［10］。

[2]马卡洛，时任坦桑尼亚革命党全国执行委员会委员。

[3]十二大，指一九八二年九月一日至十一日在北京召开的中国共产党第十二次全国代表大会。会上，邓小平致开幕词，胡耀邦作《全面开创社会主义现代化建设的新局面》的报告。大会制定了全面开创社会主义现代化建设新局面的纲领和方针政策，确定了到20世纪末争取工农业总产值翻两番的战略目标和具体步骤，同时提出了全党要力争实现国家财政经济状况的根本好转、社会风气的根本好转和党风的根本好转的任务。

[4]六中全会，即中共十一届六中全会，见本书《学校要加强思想政治教育工作》注[2]。

[5]“四人帮”，见本书《同心协力把广东工作做好》注[7]。

[6]三中全会，即中共十一届三中全会，见本书《在肇庆地委常委扩大会议上的讲话》注[2]。

[7]赫鲁晓夫，见本书《永远难忘的怀念》注[37]。

[8]林彪，见本书《落实知识分子政策，加强党对教育工作的领导》注[3]。

[9]江青，见本书《永远难忘的怀念》注[50]。

[10]“大跃进”，见本书《关于长葛调查的两个报告》注[14]。

关于工会机构改革和今后工会工作的几点意见*

（一九八二年八月三日）

机构改革是中央作出的一项重大战略决策。我们要通过机构改革，采取适当的过渡办法，逐步废除干部领导职务的终身制，建立有利于大量培养、选拔优秀的中青年干部到各级领导岗位的新制度，促进干部队伍革命化、年轻化、知识化和专业化，保证我们党和国家的事业顺利地继往开来、持续发展。同时，要通过机构改革，克服我们的党政机关目前普遍存在着的机构臃肿，人浮于事，职责不清，互相扯皮，办事拖拉等官僚主义现象，达到转变作风，改进工作，提高办事效率的目的，以保证党和国家的方针政策能够切实、有效地贯彻执行。因此，机构改革是适应历史发展的客观要求，合乎人民心愿的一场深刻的革命，决不是简单地为了撤并一些机构，减少几个干部。如果把机构改革看成仅仅是为了减少机构和工作人员，那就没有认识到这次改革的根本目的和深远意义。

对于工会这样的群众团体说来，进行机构改革还有它的特殊重

---

* 这是习仲勋在全国总工会第九届第四次执委会议上讲话的一部分。标题为编者所加。

要性。工会是职工自愿参加的工人阶级的群众组织，它的组织机构、人员配备、活动内容、工作制度、工作方法、工作作风，等等，都要有利于密切联系群众，充分反映群众的意愿和要求，维护群众的正当的权利和利益。工会要真正做到既代表职工群众，又带领职工群众朝着共产主义的远大目标不断前进。总而言之，工会要通过机构改革，更好地实现群众组织群众化，使工会真正成为职工群众自己的组织。解决好这个问题，在我国工人阶级已经掌握国家政权三十多年的今天，显得尤其突出，尤其重要。邓小平同志在今年初，在机构改革刚开始的时候就提出，工青妇[1]要通过这次改革搞一个精简的方案，搞一个精简的机构，造成一个好传统。

全总[2]党组根据党中央的统一部署，从工会工作和全总机关的实际出发，进行机构改革，工作是认真的，决心是大的。中央书记处听过全总党组关于全总机关机构改革方案的汇报，并作了具体指示。全总新的领导班子的人选，经过了反复酝酿，广泛征求意见，并且在机关干部中进行了民意测验，这种充分走群众路线的方法是好的。从现在看，全总机关机构的调整和设置，大体上是同当前的工作实际相适应的。今后随着经济体制的改革、形势的发展和实践经验的积累，还有可能作新的调整，有新的变化。组织形式总是为政治任务服务的，不能设想可以一成不变。当然，在这方面，我们应当尽可能增强预见性，减少盲目性，避免过于频繁的变动。在这次会议上，同志们以认真负责的态度，对今后工会机构改革问题，提了许多值得注意的意见和问题。其中有的需要统一解决的问题，请全总党组进一步研究，提出意见，报告中央；有的属于地方性的问题，请同志们回去后向有关党委请示报告。

全总的机构改革，同其他中央党政机关的机构改革一样，只是走了第一步，任务并没有全部完成，还有许多工作要做。要抓紧完成紧缩人员编制的任务；搞好干部轮训；继续抓好老干部的离休退休和妥善安排，新的机构和新的领导班子组成以后，要明确职责范围，制定工作制度，改进工作方法，转变工作作风，克服官僚主义，把工作效率大大提高一步。这些工作，比起精简机构，工作量还要大，还要艰巨，必须坚持不懈地抓下去，不能半途而废。要看到这次机构改革，是在体制还没有进行全面改革的情况下进行的，总会有不够完善和周到的地方，这个可以在今后工作中逐步解决。目前已经改革了的机构，不但会同多年的习惯势力发生矛盾，而且会同还没有改革的现行体制发生矛盾。工会组织与经济组织联系很密切，这种矛盾也会在工会工作中反映出来。遇到了困难是走回头路，还是克服困难、继续前进呢？这就像逆水行舟一样，不进则退。我们一定要坚持这样的精神：即不论遇到多大的矛盾和困难也不能后退。要用机构改革去促进体制和其他方面的改革，从改革中找出新路子，继续前进。对于这个问题，领导思想必须明确，领导态度必须坚定。

关于机构改革工作，今年下半年，有些省、市、自治区将开始进行；明年，各省、市、自治区都要进行。各地方在进行机构改革时，既要坚决贯彻执行中央关于机构改革的基本精神和改革原则，又必须从本地的实际情况出发。地方各级工会的改革工作，要在同级党委的统一领导下进行。地方工会的机构改革也必须考虑本地区的实际。新中国成立以来，工会曾经几经挫折，“文化大革命”中，各级工会组织遭到了林彪[3]、江青[4]反革命集团的严重破坏。一九七八年工会九大[5]以来,各地先后恢复了工会组织和工会工作,但进展很不平衡。目前有些地方和企业的工会工作还处于恢复阶段,工会组织有待于健全,干部有待于充实;许多地方工会的领导应当加强。当然,要本着精简的精神去健全、充实和加强。各地党委在进行机构改革时,要考虑到工会的这种历史和现状,区别不同情况,实事求是地确定工会机构改革的方案。那种认为机构改革会削弱工会工作,或者重演"工会消亡"[6],是没有根据的。

搞好机构改革的首要问题,是把领导班子建设好。企业基层工会领导班子的配备,去年中央二十四号文件[7]已经有了规定。工会的领导班子,同样要坚持革命化、年轻化、知识化、专业化的方向,领导班子的成员一定要有广泛的群众基础,经过民主选举产生。现在工会干部的老化问题也是比较突出的。虽然干部年轻化已经说了多年,大家都认为是一件大事,但是实际做起来很不容易。人才是有的,问题是我们平常同下面接触太少,还有个习惯思想,一谈选拔中青年干部,往往局限在领导同志和组织人事部门熟悉的人员中,甚至在与老同志相近年龄的人里面打圈圈。我们一定要坚决纠正这种思想和做法。我们还要注意在机构改革中,不要把工会等群众团体当作为一些老同志安排荣誉职务的地方,更不应该把工会作为安排离休退休同志的场所。基层工会干部应当主要从优秀职工中选拔;工会领导机关的干部,主要应当从下级工会干部中挑选。这些问题的解决,需要各级党政组织,尤其是组织、人事部门给工会以支持。选拔人才,把德才兼备、年轻优秀、受到群众拥护的同志尽快提到领导岗位上来,是我们经常的重要的工作,各级党政群领导机关都要认真地议、认真地抓。特别是现在,青年职工一般已占职工总数的百分之六七十，如果工会领导班子中年轻的同志太少，就会削弱工会同职工群众的联系。我们还要注意一个重要问题，就是由于工会在“文化大革命”中曾经遭到林彪、江青反革命集团的严重破坏，所以工会在机构改革中，一定要坚决防止“三种人”（跟随林彪、江青一伙造反起家的人，帮派思想严重的人，打砸抢分子）和近几年在政治上或经济上有严重违法乱纪行为的人混进新的领导班子；已经在领导岗位上的必须坚决撤下来。在这个问题上，切不能麻痹大意，掉以轻心。

下面，再对今后工会工作讲几点意见。

第一，动员和组织职工群众，积极参加企业整顿工作，在搞好当前生产、提高经济效益中，作出自己的贡献。我们国家的财政还存在困难，使许多应该做、想做的事情，没有财力去做。财政困难有多种因素，但主要原因在于工业的经济效益差，因为工业收入是国家财政收入的主要部分。现在，不少地方对企业整顿工作抓得不够紧，在提高经济效益上转变不大，许多企业的经济技术指标还没有达到历史最高水平，在改进企业经营管理、降低成本、减少消耗、提高产品质量等方面的问题还很多，致使工业利润上缴计划完成得不够好。要使广大职工群众知道，只有搞好了生产，发展了经济，特别是提高了经济效益，才能逐步改善工人的物质和文化生活。要发动群众广泛、深入地开展学先进、赶先进的活动，开展多种形式的劳动竞赛，千方百计为提高企业的、社会的经济效益而斗争。为了调动职工群众的积极性，动员职工群众以主人翁的态度对待劳动生产，在企业整顿中，要遵循党委集体领导、职工民主管理、厂长行政指挥的根本原则，全面贯彻执行《国营工业企业职工代表大会暂行条例》。要及时总结好的经验，加以推广。

第二，加强职工队伍的建设，特别是要把做好青年职工的工作放在重要位置上。据统计，一九六六年以来参加工作的、年龄在三十五岁以下的青年工人，到一九八一年底，全国已达六千多万，约占全国职工总数的百分之六十左右。我国工人阶级队伍的构成，近年来发生了新老更替的很大变化。青年工人中的绝大多数表现是好的和比较好的。他们在政治上积极进取，学习上刻苦努力，生产上处在第一线，已经或正在成为生产的骨干和主力。但由于长期以来，林彪、江青反革命集团流毒的影响，由于缺少政治和业务的培训，所以青年工人同老工人相比，许多方面的素质较差。最近发生的锦州铁路局一九三次列车颠覆的重大事故，就是由于一些青年工人纪律松弛、违反规章制度造成的。前几天从西安到上海的民航机上发生的劫机事件，五个歹徒有四个是青年工人。这说明加强青年职工的工作是何等的重要！在对青年工人进行教育时，要充分发挥老工人的作用。老工人的觉悟比较高，组织纪律性比较强，他们和青年工人劳动在一起，生活在一起，了解青年工人的喜怒哀乐，能掌握青年工人的思想脉搏，依靠老工人来做青年工人的工作，可以收到比较快、比较好的效果。

加强职工队伍建设的一项重要内容，就是向广大职工群众灌输共产主义思想，通过系统的教育和深入细致的思想政治工作，使广大职工提高对工人阶级历史使命的认识，保持和发扬工人阶级的优良传统和固有本色，牢固树立共产主义的世界观和人生观，自觉抵制资产阶级思想的侵蚀。同时，要配合企业行政加强对职工群众的文化教育、科学技术教育和纪律教育。要发动和组织工人积极参加到学先进、赶先进的群众活动中去，使先进思想，先进经验，先进技术，在职工群众中广泛传播，使越来越多的人向先进学习，向先进看齐，成为先进模范人物。近几年来开展“五讲四美”[8]活动、学雷锋[9]活动，以及今年三月开展的“文明礼貌月”[10]活动等，是向职工进行共产主义教育的好形式，要使这些活动经常化、制度化，长期坚持下去。从现在起，必须大大加强党在生产第一线的工作，动员符合条件的党员进到生产第一线，同时积极吸收具备党员条件的工人入党。

第三，党在工会中的工作必须大大加强，使工会成为联系党和工人群众的强大纽带，在思想教育、企业管理和改善工人日常生活中切实发挥重要的作用。我们党从来十分重视同人民群众建立密切的联系，在革命战争中，在敌人白色恐怖的环境里，宣传群众，组织群众，紧紧依靠群众进行革命斗争，是我们党最大量、最重要的工作，在掌握国家政权已经三十多年的今天，我们更需要宣传群众，组织群众，紧紧依靠群众进行社会主义现代化建设。工会工作人员特别是工会的领导人，一定要经常深入到职工群众当中去，了解他们的思想情绪，倾听他们的呼声要求，关心他们的生活疾苦，并且向群众宣传、解释党的方针政策，根据党的方针政策和广大群众的希望与要求开展工作，全心全意为职工群众服务。工人阶级最大公无私，是最革命、最有纪律性的阶级，为了保持和发扬工人阶级这个本色，各级工会干部要在这个方面起模范带头作用，做好表率。工会工作的任务繁重，内容丰富，只靠少数专职的工会工作者是很困难的，一定要善于依靠广大群众特别是不脱离生产的工会积极分子来做好工会工作。在这方面，工会过去创造和总结过许多好经验。在新的历史条件下，应当继承和发展这些好经验。只要这样办，工会工作就会有强大的群众后盾，工会组织就能成为一个为党所依靠的、为职工群众所欢迎的很有力量和很有作为的群众组织。

党中央殷切希望各级工会组织积极地、主动地发挥自己的作用，为坚持四项基本原则[11]和建设社会主义的物质文明与精神文明作出新的贡献。

■ 注　释

[1]指工会、青年团、妇联三个群众组织。

[2]全总，即中华全国总工会，又简称总工会。

[3]林彪，见本书《落实知识分子政策，加强党对教育工作的领导》注[3]。

[4]江青，见本书《永远难忘的怀念》注[50]。

[5]工会九大，指一九七八年十月十一日至二十一日在北京召开的中国工会第九次全国代表大会。大会总结了一九五七年以来我国工人运动和工会工作曲折发展的历史经验和教训，制定了新时期工人运动和工会工作的基本方针和任务。

[6]“工会消亡”，指“大跃进”期间工会系统提出的“为工会消亡而斗争”的口号。

[7]即《中共中央国务院关于转发〈国营工业企业职工代表大会暂行条例〉的通知》。《通知》规定：“为了使企业基层工会能很好地承担起职工代表大会工作机构的任务，要选调相当于企业党委副书记、副厂长一级的干部担任企业基层工会的主席”。

[8]“五讲四美”，见本书《教育好青少年是带有战略意义的大事》注[4]。

[9]雷锋,见本书《在肇庆地委常委扩大会议上的讲话》注[7]。

[10]一九八二年二月,中央宣传部在《关于深入开展"五讲四美"活动的报告》中规定:每年三月为"全民文明礼貌月"。每年"全民文明礼貌月"活动,可因时因地制宜,各有重点。

[11]四项基本原则,参见本书《在中央工作会议中南组的发言》注[10]。

制定政策要从自己的实际出发*

（一九八二年九月二十一日）

我代表中共中央和胡耀邦[1]总书记，对你们表示热烈欢迎。今天我能见到津巴布韦独立后民盟派出的第一个访华代表团，感到特别高兴。昨天下午看到了李淑铮[2]同志转呈的穆加贝主席给胡耀邦总书记的信[3]，在此我请你们向穆加贝主席同志转达谢意。

毛主席的教导谁都知道，主要是靠你们自己的斗争。我们有成功的经验，也有失败的教训。制定政策要从自己的实际出发，你们的政策是对的。不论在你们过去的斗争年代还是现在，你们都从本国实际出发，这很好。你们党从一九六三年建立到现在将近二十年。我们党有六十一岁，你们党二十岁，你们党虽然年青，但比我们党走的弯路少。

开始我们也学习人家，主要学习苏联，我们没有学得太好。照搬别国党的经验不行，要从实际出发，走自己的路，把革命建设引向胜利才算学到经验。理论原则不能照框框套。因为我们是大国，又是大党，还有英明领袖毛泽东同志，在世界人民中影响很大，但不能说我们就不犯错误。自己犯了错误，外国学我们也跟着犯错误。而你们把我们好的地方真正学到了，避免了我们的缺点。

---

* 这是习仲勋会见津巴布韦民盟代表团时谈话的主要内容。标题为编者所加。

还要有一个很好的党，要有一个以马列主义为指导的坚强的党。这就是我刚才所讲的一个主要意思。要了解中国党为什么犯错误，现在为什么又改正，你们在这方面比我们强。三年来从我所接触到的材料看来，你们的政策是明智的和现实的，是从你们的实际出发的。总的路线正确了，政策还要不断完善和补充，回顾我党六十一年的历史，最重要的经验是不能脱离现实情况，不要太急、太快。有些国家不团结，要广泛地团结人民。只要有党和团结，什么问题都能解决。干革命的人总是希望革命早日取得胜利。当然思想上可以着急，但实际行动上不能急。谁不想革命早成功，社会主义早建成？但要量力而行，客观上不可能办到的事，不要勉强。我们刚开过党的十二大[4]，你们会慢慢懂得为什么我们采取现在的政策，这些政策是对三中全会[5]以来的政策的发展、完善和补充。可以说，新中国成立三十三年来，我们主要犯的是"左"的性质的错误。你们如有时间可看一看十二大文件。

■ 注　释

［1］胡耀邦，见本书《要把农业科学研究摆到重要的位置》注［10］。

［2］李淑铮，一九二九年生，安徽当涂人。一九四五年加入中国共产党。一九八一年任中共中央对外联络部副部长。一九九三年任中共中央对外联络部部长。一九九八年任全国人大外事委员会副主任委员。

[3]穆加贝在信中祝贺中共十二大的召开和胡耀邦当选为中共中央总书记,并在信中介绍了津巴布韦民盟代表团的情况。

[4]十二大,见本书《总结社会主义建设的经验和教训》注[3]。

[5]三中全会,即中共十一届三中全会,见本书《在肇庆地委常委扩大会议上的讲话》注[2]。

纪念杜斌丞、杨明轩同志*

（一九八二年十月七日）

杜斌丞[1]同志和杨明轩[2]同志都是伟大的爱国者，卓越的教育家和民主运动的活动家，忠诚的共产主义战士。他们是西北教育界和爱国民主运动中最有威信、最有影响的代表人物；特别是在党中央长征[3]到达陕北以后，他们长期战斗在敌人反共反人民的中心——西安，为维护我党领导的抗日民族统一战线，反对国民党的反动统治，保卫陕甘宁边区[4]，立下了卓绝的功勋。他们的优秀品德和高风亮节，足以为人师表。

杜斌丞同志和杨明轩同志都具有不断学习、不断追求真理的精神，从激进的爱国主义、民主主义发展到为共产主义的伟大理想而献身。

一九二三年，杨明轩同志在上海大学任教时，就在瞿秋白[5]、邓中夏[6]、恽代英[7]等同志的影响下，学习了马克思主义的理论；一九二五年，他在魏野畴[8]、李子洲[9]等共产党人的帮助下，参加了第一次国内革命战争的实践，认识到在无产阶级和人民大众没有掌握政权以前，“教育救国”[10]的路子是走不通的。一九二六年，他加入了

* 这是习仲勋在民盟中央举行的纪念杜斌丞殉难三十五周年、杨明轩逝世十五周年大会上的讲话。标题为编者所加。

中国共产党，从此，他就忠心耿耿，兢兢业业，为中华民族和中国人民的解放，为共产主义事业奋斗了一生。

杜斌丞同志虽然不是共产党员，但他也是一个从革命民主主义走向共产主义的忠诚战士。一九二七年二月，他为了寻求革命真理，到西安、武汉、南京、上海、北京等地考察国内政情。共产党人的正确主张和革命行动，工农运动的巨大威力，和蒋介石背叛革命以后的血腥罪行，使他的思想发生了很大的变化。他得出结论说："中国革命的前途取决于人民大众的崛起，而人民大众的崛起，完全依赖于中国共产党的组织和领导。"一九三三年，他以杨虎城[11]将军决策者之一的身份向杨提出"联共反蒋抗日"的建议。一九三六年西安事变[12]时，他喊出了"跟着共产党走"的口号。一九四〇年，他精心阅读了《新民主主义论》以后，到处宣传"中国革命从此有了明确的道路和方针，这就是毛先生指出的新民主主义，除此别无路走"。他又说："社会主义、共产主义的道路是我国将来必然要走的，无可怀疑。"杜斌丞同志和杨明轩同志共同创建民盟[13]西北总支部的时候，就提出了"亲苏、友共、努力实现新民主主义"的政治纲领。当时有人提醒斌丞："杨明轩是共产党员。"他毫不犹豫地说："我就是要找一个共产党员来领导民盟的工作。"正因为这样，一九三七年毛泽东同志称赞杜斌丞同志是"中国共产党的忠实朋友"。一九四八年十二月，周恩来同志又称赞他是"鲁迅[14]式的共产党员"。

杜斌丞同志和杨明轩同志都是在社会上有地位的知名人士，他们富贵不淫、威武不屈，一心一意为祖国、为人民、为共产主义理想而斗争的英勇气概是十分感人的。早在五四运动中，明轩同志两次被捕仍然坚持斗争，直到取得胜利。一九二七年四月，蒋介石叛变革命以后，杨明轩、刘含初[15]等在国民党内任职的共产党员，以国民党陕西省执行委员会的名义通电声讨。蒋介石恼羞成怒，于五月间撤销了杨明轩同志的国民党西北政治分会委员、陕西省党部执行委员和教育厅长的职务，并开除了他的国民党党籍。六月，汪精卫[16]把持的武汉国民政府重新任命他为陕西省政府委员兼教育厅长，他拒不受命。一九二八年初，他被国民党政府逮捕，在狱中坚贞不屈，保持了共产党员的崇高气节。一九三〇年，国民党当局以重新加入国民党为条件，聘请他担任安徽大学教务长，他严词拒绝。抗日战争后期，胡宗南[17]秉承蒋介石的意旨，多次派人给他封官许愿，他又断然拒绝。

杜斌丞同志也是铮铮铁骨，大节凛然。一九三八年，蒋介石派胡宗南登门拜访，许以军事委员会参议的头衔，他断然拒绝。一九四五年，蒋介石在重庆一再接见，并许以军事委员会顾问的高官，他又拒绝收买，仗义执言，痛斥时弊。一九四六年二月，他在西安《秦风日报·工商日报联合版》发表谈话，揭露国民党当局对实施民主宪政的险恶用心，指出："今日的世界和中国，民主潮流正在汹涌澎湃，沛然莫之能御，只要大家一致促进民主宪政之实现，谁也阻止不住。"杜斌丞同志这个公开谈话，在西北和全国各界引起极大反响，蒋介石、胡宗南恐慌万状。一九四七年，胡宗南在侵占延安的第二天将他非法逮捕。他在敌人的法庭上和监狱中英勇斗争，慷慨陈词，公开宣布："民盟的政策是同共产党合作，以求达到和平统一的目的。"严正指出："内战之爆发，应由国民党负完全责任。"一九四七年十月七日，他为中国人民的解放事业壮烈牺牲。杜斌丞同志的一生是可歌可泣的一生。作为中国民主同盟的一位领导人，他和李公朴[18]、闻一多[19]

烈士一样，不仅是中国民主同盟的光荣，也是中国人民的光荣。

杜斌丞、杨明轩两位同志的战斗历程充分说明：我国老一辈革命知识分子走向革命，一般都是以爱国主义、民主主义为起点，经过不断的学习和革命实践，认清了历史发展的必然规律，最终树立了共产主义的世界观。我们新时期的知识分子，仍然应当以杜斌丞、杨明轩等同志为榜样，高举爱国主义的旗帜，高举共产主义的旗帜，不断学习，不断实践，不断前进。

杜斌丞、杨明轩同志的革命事迹还说明：对于共产主义和共产党，必须有坚定不移的信念和忠贞不贰的情操，必须有为真理而献身的精神。这是革命者的精神支柱。我们在革命时期需要这样的精神支柱，在社会主义建设时期仍然需要这样的精神支柱。

一九四八年，杨明轩同志在给杜斌丞同志所写的悼词中，满怀深情地说："余与斌丞先生初则同学北平高师，继则共事陕西教育，致力于西北民主革命运动，志同道合，早投契交，大节所在，终始弗移。"他们这种深厚的革命情谊，充分体现了共产党同各民主党派、共产党员同爱国民主人士之间"肝胆相照，荣辱与共"的亲密关系。在革命时期，我们党和非党朋友建立了这种关系，取得了革命的胜利。在社会主义建设时期，我们更要巩固和发展这种亲密合作的关系。

让我们团结起来，学习斌丞同志、明轩同志的革命精神和高尚品德，进一步巩固和加强党同各民主党派、无党派民主人士和一切爱国人士的合作，为全面开创社会主义现代化建设的新局面、完成祖国统一的神圣使命而奋斗！

■注　释

[1]杜斌丞(一八八八——一九四七),陕西米脂人。著名教育家和政治活动家,中国民主同盟早期领导人。一九一八年在陕北联合县立榆林中学任校长。支持学生爱国运动,鼓励学生为国效力。为发展地方教育,他还倡议、支持兴办了米脂高小、米脂三民二中、榆林女子师范、绥德省立第四师范、延安省立第四中学等学校。一九四七年三月被国民党政府逮捕,十月牺牲。

[2]杨明轩(一八九一——一九六七),陕西户县人。一九二六年加入中国共产党。曾任陕甘宁边区政府副主席、民盟西北临时工委主任委员。一九四九年出席中国人民政治协商会议第一届全体会议。新中国成立后,任西北军政委员会文教委员会主任,西北行政委员会副主席,全国人大常委会副委员长,光明日报社社长,中央社会主义学院副院长,民盟中央副主席、主席。

[3]长征,见本书《红日照亮了陕甘高原》注[1]。

[4]陕甘宁边区,见本书《关于关中分区的反磨擦问题》注[2]。

[5]瞿秋白(一八九九——一九三五),江苏常州人。一九二二年加入中国共产党,是党的早期领导人之一。一九二三年参与创办上海大学,任社会学系主任。一九二七年在大革命失败后的紧要关头主持召开八七会议,后任中共临时中央政治局常委,主持中央工作。在一九三一年中共六届四中全会上,受到王明"左"倾教条主义宗派主义分子的打击,被排斥于中共中央领导机关之外。此后在上海从事革命文化运动。一九三四年到中央革命根据地,任中华苏维埃共和国中央执行委员会教育人民委员。一九三五年二月从江西往福建

转移途中被国民党政府逮捕，六月十八日在福建长汀就义。

［6］邓中夏（一八九四——一九三三），湖南宜章人。一九二〇年十月参加北京的共产党早期组织。一九二二年任中国劳动组合书记部主任。一九二三年参与创办上海大学，任总务长。一九二五年任中华全国总工会秘书长兼宣传部部长。一九二七年任中共中央临时政治局候补委员、中央军事部代部长，一九二八年任中共广东省委书记，一九三〇年任中共湘鄂西特委书记、红二军团（后改为红三军）政治委员、前敌委员会书记。一九三二年任全国赤色互济会总会主任兼党团书记。一九三三年五月被国民党政府逮捕，九月就义。

［7］恽代英（一八九五——一九三一），江苏武进（今常州市武进区）人。一九二一年加入中国共产党。一九二三年曾在上海大学任教，后当选为中国社会主义青年团中央执委会委员、宣传部部长。一九二六年任黄埔军校政治主任教官兼中共党团干事。一九二七年七月，任中共中央前敌委员会委员，参与组织发动南昌起义。同年十二月参与领导广州起义，任广州苏维埃政府秘书长。一九二八年任中共中央宣传部秘书长。一九二九年调任中共中央组织部秘书长。一九三〇年被国民党政府逮捕，次年就义。

［8］魏野畴（一八九八——一九二八），陕西兴平人。一九二三年加入中国共产党。一九二四年参与建立西安市第一、第二青年团支部。一九二五年五月参与领导西安学生驱逐军阀吴新田的斗争，同年任中共西安特别支部委员。一九二六年任中共西安地方执行委员会委员。一九二七年任中共陕西省委委员，负责军事工作。一九二八年任中共皖北临时特委书记，后组织领导皖北暴动，率起义队伍转移途中被国民党政府逮捕牺牲。

[9]李子洲（一八九二——一九二九），陕西子洲（当时属绥德）人。一九二三年加入中国共产党。一九二四年任绥德陕西省立第四师范学校（绥师）校长。一九二六年领导建立中共绥德支部，任代理书记。一九二七年任中共陕西省委常委兼组织部部长。一九二八年任中共陕西省委代理书记。一九二九年二月被国民党政府逮捕，六月在狱中病逝。

[10]“教育救国”，指二十世纪二三十年代中国一批知识分子和开明人士主张以教育拯救中国社会的政治思潮，代表人物有黄炎培、陶行知等。他们认为，中国贫穷落后的根源是没有文化，缺少教育，科学落后，主张从教育入手，以教育来改造人，拯救国家。但“教育救国”论在当时历史条件下是一种无法实现的救国方案。

[11]杨虎城，见本书《关中党史简述》注[17]。

[12]西安事变，见本书《关中党史简述》注[35]。

[13]民盟即中国民主同盟。一九四一年三月十九日在重庆秘密成立，当时名称是中国民主政团同盟。同年十一月十六日，张澜在重庆公开宣布中国民主政团同盟成立。一九四四年九月，中国民主政团同盟在重庆召开全国代表会议，决定将中国民主政团同盟改为中国民主同盟。民盟主要由从事文化教育以及科学技术工作的高中级知识分子组成。

[14]鲁迅，见本书《彭总在西北战场》注[26]。

[15]刘含初（一八九五——一九二七），陕西中部（今黄陵）人。一九二三年到上海大学任教，不久加入中国共产党。一九二五年在西安参与发起成立国民党陕西党员俱乐部，后任国民党陕西省临时党部执行委员。一九二六年任中共西安地委委员。一九二七年任国

民党陕西省党部常务委员。同年八月被陕北军阀井岳秀杀害。

[16]汪精卫,见本书《关中分区反磨擦斗争的总策略》注[2]。

[17]胡宗南,见本书《陕甘宁边区形势及加强战备问题》注[7]。

[18]李公朴(一九〇二——一九四六),江苏武进(今常州市武进区)人。爱国民主人士。一九三一年九一八事变后积极参加抗日救国运动和群众文化教育工作。一九三六年参加全国各界救国联合会,被推为负责人之一。同年十一月与沈钧儒等一起被国民党反动派逮捕,是著名的七君子之一。抗战开始后获释。一九四五年任中国民主同盟中央委员。一九四六年七月十一日在昆明被国民党特务暗杀。

[19]闻一多(一八九九——一九四六),湖北浠水人。爱国民主人士。曾任清华大学、西南联合大学教授。抗日战争期间,痛恨国民党的独裁和腐败,积极参加争取民主的斗争。一九四五年任中国民主同盟中央委员。一九四六年七月十五日在昆明被国民党特务暗杀。

在中央办公厅颁发老干部离休荣誉证大会上的讲话要点

（一九八三年一月二十七日）

今天，中央办公厅为各单位第一批离休干部召开这样一个隆重的会议，我觉得很好，很有意义。我很高兴来参加你们的盛会。首先我向在座的第一批离休干部表示亲切的问候。同志们参加革命几十年，在我们党的领导下，积极战斗，勤奋学习，努力工作，为夺取革命战争的胜利，建立新中国，为国家的兴旺发达、人民的富裕幸福，付出了辛勤的劳动，献出了自己的青春和智慧。我们党的事业取得如此辉煌的胜利，是有同志们一份功劳的。党不会忘记你们，人民不会忘记你们。

从党的十一届三中全会[1]到十二大[2]，我们党在指导思想上已经胜利地完成了拨乱反正的任务。我们的工作中心已经转到四化建设上来了。现在，各条战线、各个部门、各个单位都在进行一系列的改革。这里有两个“改”，一是要在体制上、制度上、方法上、作风上进行改革，二是在人的思想认识上，在经济技术、设备上进行改造。人的思想要适应不断变化和前进的客观形势，就需要不断地学习。我们要精兵简政，就需要改革。中央机关从去年三月起进行了机构改革，其中重要的一项，就是有步骤有秩序地实行新老干部的合作和交替。这是干部制度根本改革的一个重要组成部分，是个伟大的、具有深远意义的革命。人总是要老的。这是一条不可抗拒的自然规律。我们的老干部在机构改革中,积极响应党的号召,从领导岗位上退下来,离职休养,带头进行新老干部的合作和交替,带头改革干部制度,这种先行者的革命精神是非常可贵的,是值得我们大家学习的。

我们的老干部从繁重的领导岗位上退下来,转到比较超脱的地位,对革命事业和老干部本身都是有利的。一、有利于休养身体,健康长寿。二、不在其位,仍谋其政。可以运用自己的丰富经验和政治智慧,帮助第一线的领导干部出主意,在力所能及的条件下,搞些调查研究和社会工作,发挥“余热”。特别是在目前正在进行的一系列改革中,还要发挥应有的作用。三、可以系统地读一点书,开拓眼界,增长知识,总结历史经验,为党的事业出谋划策,作出贡献。总之,干部离休退休,不是革命生涯的结束,而是像胡耀邦[3]同志在给原五机部副部长杨绍曾同志的信中所说的,是开始了一个“参加革命”的新阶段。作为一个共产党员、一个革命的老战士,要永远保持旺盛的革命意志,继续关心党的事业,为社会主义的物质文明和精神文明建设贡献力量。

在老干部离职休养的同时,有一批德才兼备、年富力强的优秀中青年干部被提拔到领导岗位上来,主持工作。实践证明,这些同志年轻、有干劲、有朝气、对新事物敏感、肯钻研问题,符合干部的“四化”[4]标准,是完全可以胜任自己所担负的领导工作的。党的希望就在他们身上,四化建设的希望就在他们身上。这也是我们党具有伟大生命力的表现。我们老同志为党的事业后继有人而感到由衷的高兴。我们一定要真心诚意地支持他们,帮助他们放手工作,在思想上、作风上对他们进行传帮带。中青年干部要严格要求自己,争取为党、为国家、为人民多挑重担，为全面开创四化建设的新局面而奋斗。

各单位对离休干部，一定要认真贯彻落实党和国家的有关规定，从政治上、生活待遇上好好照顾他们，尽可能采取各种方式，安排他们做一些力所能及的工作；要定期向他们通报情况，重要的情况要及时通报；要经常听取他们的意见，特别是正确的呼声和建议，以推动各单位的改革，开创工作新局面。

■ 注 释

[1]十一届三中全会，见本书《在肇庆地委常委扩大会议上的讲话》注[2]。

[2]十二大，见本书《总结社会主义建设的经验和教训》注[3]。

[3]胡耀邦，见本书《要把农业科学研究摆到重要的位置》注[10]。

[4]“四化”，即革命化、年轻化、知识化、专业化。

用改革的精神开创政协工作新局面*

（一九八三年二月二十六日）

听说这次会议开得生动活泼，提了许多好的意见和建议。借此机会，我向同志们表示春节的问候，并讲几句话。

第一点，要用改革的精神努力开创政协工作新局面。从这个角度说，担在同志们肩上的任务非常重大。特别是今年，是很重要的一年，是执行“六五”计划关键的一年，搞机构改革、经济体制改革，以及其他方面的改革，都要改出新气象、新局面来。正像耀邦[1]同志讲的，要通过改革达到出效益，出速度，出人才，出财源，出精神文明。

做实际工作的秘书长、办公室主任，还有做研究工作的同志，大家的工作都很重要，因此要能文能武，不仅要有知识，还要有组织能力。大家要把政协的工作搞好。特别是在政协工作的人，年龄一般都大了，对他们要照顾得好一点。我常对人讲，我们要走冷门，不要走热门，特别是要把各民主党派的同志、从国外回来的侨胞和港澳回来的同胞照顾好。对我们党内的同志也要照顾好。看病、坐车、住房，看起来是小事情，但影响很大，要注意安排好。

政协有些朋友提出的意见很好，我们党内有些同志不愿意听，我

* 这是习仲勋在全国各省、市、自治区政协秘书长座谈会闭幕会上讲话的主要部分。标题为编者所加。

说要坐下来，听进去，还要以身作则，加以解决。如有些朋友提出，对北京市的住房分配问题要检查一下。我赞成这个意见。确实，北京市住房分配中存在严重的不正之风，有很多不公道的做法。当然，北京的房子不够，虽然盖得也不少，但是，还有困难，也不是短期内可以解决的。有些朋友提出要检查一下，看看分配得合理不合理，我看是可以的。

有人说，统一战线工作现在是开国以来最好的时期，我认为不能这样估计。我看现在还没有恢复到开国之初的那种局面。一九五七年以前，毛主席很英明，很注意统战方面的问题。周总理在这方面更是以身作则，花了很多的精力来处理这方面的事情。所以说，那时的统战工作搞得是很出色的，党内外的关系是很融洽的。一九五七年以后，特别是十年动乱期间，统战工作就不是这个样子了。三中全会[2]以来，我们在政治思想上进行拨乱反正，纠正“左”的错误思想，统战工作才又走上了正轨，开始打开了局面。现在还需要我们继续努力，进一步做好工作，全面开创新局面。

再一点，乌兰夫[3]副委员长讲的改革问题的确很重要。我们的一些好传统在“文化大革命”中被破坏了，新的又没搞起来。现在统一战线工作方面，“左”还是主要的，而不是右了，“左”的流毒还没有肃清，在很多具体工作上还需要拨乱反正。落实政策就是一个大问题，今年能不能搞完？落实政策要靠各级党委和政府，靠有关部门。政协可以进行检查，搞些调查研究，如实地反映情况，提出意见和建议。现在已是八十年代，还用六十年代、七十年代的语言、办法，不行了。今天很多问题要重新研究和提出办法，不然，开创政协工作新局面的任务就无法落实。

现在对好多问题认识不完全一致，如宗教等问题。政协新老交替问题解决得不太好。政协不同于党和政府的机关，老的要多留，新的要多进。为什么呢？因为老的经过几个时代了，有广泛的代表性；新的要多进，眼光不能只放在老朋友身上。既不忘掉老朋友，还要多交新朋友。

香港有三万五到四万名清华、北大、交通、燕京、金陵等大学的学生，他们组织起同学会，每年开一两次会，国内外的都回来，影响很大。对这个问题要研究一下。政协、各民主党派不光要在国内做工作，可不可以有一些人经常去香港跑跑？不一定常年住在那里，不一定要等到开什么会，人家请我们的时候再去，我们自己就应该主动地安排，现在就可以办嘛。对香港我们并不了解，可以成立一个研究香港问题的组织，专门研究香港的政治、经济、社会等。

我们对大资本家搞统一战线，对外国人能不能？肯定要开展这方面的工作。在香港这个地方，要跟外国人打交道，对外国人也要搞统一战线。五十年代我国有一万多名苏联专家，大部分都很好，他们回国时把资料送给我们了。现在，我们同一些资本主义国家搞合营，请他们帮助我们搞建设，我们要同他们的人员交朋友，搞好关系。只有把关系搞好了，拜他们为师，他们才有可能把技术都教给我们。福建同日本搞合营，我们的同志跟他们的工程师、经理的关系搞得很好。在这方面视野要放宽一些。不仅要做好对港、澳、台的爱国统一战线工作，也要做国外的统一战线工作，开展友好往来。不论是对美国还是对日本，人民的友好往往是根本的，任何时候都不能断。

■ 注 释

[1]耀邦即胡耀邦，见本书《要把农业科学研究摆到重要的位置》注[10]。

[2]三中全会，即中共十一届三中全会，见本书《在肇庆地委常委扩大会议上的讲话》注[2]。

[3]乌兰夫(一九〇六——一九八八)，内蒙古土默特左旗人。一九二三年加入中国社会主义青年团，一九二五年转为中国共产党党员。曾任中共西蒙工委书记，陕甘宁边区民族事务委员会主任委员，内蒙古自治运动联合会主席，中共内蒙古工委书记、自治区政府主席、内蒙古军区司令员兼政治委员。新中国成立后，任中共中央内蒙古分局书记，国务院副总理兼民族事务委员会主任，中共内蒙古自治区委第一书记，中共中央华北局第二书记，全国人大常委会副委员长，中共中央统战部部长，中共中央政治局委员，全国政协副主席，国家副主席。

在各省、自治区、直辖市人大常委会负责人座谈会上的讲话要点

（一九八三年三月八日）

全国人大常委会的同志和各省、自治区、直辖市人大常委会的同志开座谈会，是个好经验。我谈几点意见：

第一点是关于六届人大代表的选举问题。对于经中央研究决定，分配到各省、自治区、直辖市的代表候选人，要在省、自治区、直辖市的人大代表中多做工作，尽量保证他们当选。十年动乱给我们遗留下不少问题，有一点同志们一定要注意，就是坚决不能让“三种人”[1]当选。

第二点是关于地方各级人大常委会的工作问题。应该说总的形势是好的。刚才有同志说，全国人大常委会快“三十岁”了，地方各级人大常委会才“三岁半”。不管怎样，地方各级人大过去没有设立常委会，现在有了，而且开展工作了，这就是好事情。地方设立人大常委会是一九七九年才提出来的，这也是党的十一届三中全会[2]路线的具体体现。总的说来，各级党委还是重视人大工作的。所以，尽管地方各级人大常委会只有“三岁半”，工作还是有成绩的，也取得了一些经验，形势是好的。特别是新宪法[3]公布实施后，人民代表大会制度加强了，地方各级人大常委会有根本大法作为自己的活动准则，工作会进一步开展起来。

第三点是关于全国人大与地方人大的关系问题。说联系关系也好,指导关系也好,领导关系也好,都只是个提法问题,我个人认为实质上是一样的。有了宪法,你按宪法办事就是了。不管关系如何定,总之,不能违宪。如果省、自治区、直辖市人大制定的地方性法规同宪法或者法律相抵触,全国人大就有权否定。现在党中央对下面也不多加干涉,只是在大的方针、政策上掌握方向。至于一些具体问题,都是让省里自己去解决。属于省里的权限,上面就不要多加干涉。这个精神也适用于全国人大和省、自治区、直辖市人大之间的关系。各省、自治区、直辖市人大的具体工作问题,有些可以由你们自己决定。比如要不要设立专门委员会,设几个,最好由地方自己定。因为我们现在都缺乏经验,要在实践中不断总结,不断完善。今后人大常委会开会时,对于各部门提出的议案,有的可以先由主管部门在会上作说明,等下次常委会开会时再审议通过,这样可以给委员们一个充分考虑的时间。不要刚提出来就让人家通过,连个研究文件的时间都没有,人家就会有意见。总之,各级人大常委会都要不断总结经验,把工作做得更好。

第四点是关于加强和改善党对人大的领导问题。我们的革命和建设都是在共产党领导下进行的。过去我们总是党委说了算。现在党对人大的领导,是要通过人大中的党员来实现的。这是一个领导方法问题,要加以改进。不能说党委决定了的,组织部决定了的,就一定完全正确。它们的决定也可能有不合适的,再经过人大把一道关不是更好吗?人大认为不合适的,可以提出来,这是正常的、应该的。所以,不能说加强党的领导就要撇开人大;或者党委决定的就要人大全部通过,人大与党委的意见不一致就不行。那样就可以不要人大了,人大不也就成了摆样子的吗?

对人大的领导方法,应当和对党的领导方法有区别。我们的党是要通过人大来实现党的决议的,这就有一个改进领导方法的问题。

■ 注　释

[1]“三种人”,见本书《对反映“三种人”掌权问题材料的批语》注[2]。

[2]十一届三中全会,见本书《在肇庆地委常委扩大会议上的讲话》注[2]。

[3]这里指一九八二年十二月四日五届全国人大五次会议通过的《中华人民共和国宪法》。

关于加强民主党派内部团结的批语*

（一九八三年三月二十九日）

同意你们的处理意见。我已经几次向你们谈过，做各民主党派工作的党员干部，凡事切忌陷入矛盾之中，更不能有所偏袒，只能居中公正地帮助他们调解纠纷，加强他们内部团结，这是一条基本原则，也就是加强和改善党的领导，请你们时时都记住这一条。请耀邦同志[1]阅批。

三月二十九日

■ 注　释

[1]耀邦即胡耀邦，见本书《要把农业科学研究摆到重要的位置》注[10]。

---

* 这是中共中央统战部向中央书记处反映民主党派内部存在的一些不团结问题时习仲勋所作的批语。标题为编者所加。中共中央总书记胡耀邦于一九八三年四月一日圈阅了中共中央统战部的报告和习仲勋的批语。

不要践踏农民的一寸农田*

（一九八三年四月十日）

为了省自己一脚之力，践踏大片农田，糟蹋庄稼，损害了农民的利益，给农业造成了损失，也影响军民、工农关系。请不要践踏农民的一寸农田。

* 这是习仲勋路经一个部队大院时，看到驻地附近农田被行人踩出一条便道后当场作的指示。标题为编者所加。该部即对习仲勋的指示进行了贯彻落实。

坚持走独立自主自办教会的道路*

（一九八三年四月二十三日）

今天，中国天主教爱国会[1]和中国天主教教务委员会集会庆祝中国天主教爱国会成立二十五周年，庆祝自选自圣主教[2]二十五周年。我谨向天主教界的朋友致以热烈的祝贺，并预祝正在召开的天主教两会委员扩大会议取得圆满成功。

中国天主教爱国会成立二十五年来，中国天主教的反帝爱国运动取得了很大成就，使天主教由帝国主义的侵略工具变为中国天主教徒自办的宗教事业。这是一个了不起的大变化，是天主教界的光荣。二十五年来，中国天主教爱国会在党和政府的领导下，在全国广大神职人员和信教群众的支持下，做了很多工作，成绩显著。现在广大神职人员和信教群众的爱国主义觉悟有了很大提高。爱国、走独立自主自办教会的道路已为广大神职人员和信教群众所接受，并涌现出一大批拥护党的领导、拥护社会主义，坚持走独立自主自办教会道路的爱国神职人员。在主教团[3]成员中，有罗马教廷[4]在旧中国时期祝圣[5]的老主教[6]，也有二十五年来自选自圣的主教，他们在爱

---

* 这是习仲勋在天主教庆祝爱国会成立和自选自圣主教二十五周年大会上的讲话要点。标题为编者所加。

国主义旗帜下，共同为中国天主教的独立自主自办教会事业作出了贡献。在反对罗马教廷的干涉和破坏，推进独立自主自办教会事业的斗争中，站起来的中国神职人员和信教群众表现出坚决维护民族尊严和教会主权的严正立场。

党的十一届三中全会[7]以来，天主教爱国会在协助政府贯彻宗教信仰自由政策，团结广大神职人员和信教群众参加四化建设等方面做了很多工作，有不少的人还被评为先进模范人物。

以上所讲的天主教界所取得的重大成就，是得来不易的。我们应当珍惜它，并加以总结，以便发扬成绩，纠正缺点，克服困难，继续前进。

下面我向天主教界的朋友提出几点希望和要求。

（一）要继续高举爱国主义的旗帜，在独立自主自办教会的道路上奋勇前进。

二十五年来，天主教界的朋友和广大信教群众的爱国主义觉悟有了很大的提高，在摆脱罗马教廷的控制，坚持独立自主自办教会的斗争中，已经取得了重大胜利。但是，国外反动势力，决不会甘心他们的失败，他们还将千方百计地进行渗透和破坏；妄想重返中国大陆，控制中国天主教会，改变我国的社会主义制度，国内还会有极少数人内应他们，因此今后的斗争任务仍然是艰巨的。我们希望天主教界的朋友，珍惜已经取得的成果，总结历史经验，不断地提高爱国主义的觉悟，坚持走独立自主自办教会的道路。

中国天主教独立自主自办教会，是正义的。中国天主教的事情，必须由中国神职人员和信教群众在自己的国内作出决定，任何外国势力都无权支配。如果天主教内有人甘愿接受外国势力的支配，这是与伟大的中国人民的民族尊严不相容的；如果触犯了法律，就要依法处理，这是政治问题，与宗教信仰无关。今后天主教界朋友在坚持独立自主自办教会的正义斗争中，都会得到宪法的保护，得到党和政府的关怀，得到全国人民的支持。

在这里必须明确指出，在社会主义的中国，代表中国天主教的合法组织是中国天主教爱国会、中国天主教教务委员会和中国天主教主教团。我们应当支持它们的正义事业。任何破坏行为都应当看成是违法行为，触犯刑律的，要依法惩处。

（二）要继续协助政府全面贯彻宗教信仰自由政策。党和政府的宗教信仰自由政策，是一项基本的长期的政策。只要有人信教，我们就要执行这一政策。过去天主教界在这方面做了很多工作。如修复、开放教堂，使神职人员和信教群众进行正常的宗教活动；向政府反映十年动乱中一些神职人员和信教群众的冤假错案，使受害者得到了平反；开办修道院和神哲学院；印刷宗教书籍；组织神职人员和信教群众学习党的政策，提高爱国主义、社会主义觉悟，等等，成绩是显著的。希望今后天主教界继续发挥积极作用，作出新的成绩。

另外，当前在一些地区落实各项宗教政策方面还存在不少问题，主要是宗教活动场所开放不够，教会房产政策的落实阻力甚多，影响自养，有的宗教职业人员的生活困难，培养年轻的爱国宗教职业人员还未切实解决，等等。这些问题，党和政府的有关部门应当进行深入的调查，从实际出发，按照中央一九八二年十九号文件[8]的精神逐步加以解决。

（三）要进一步团结广大神职人员和信教群众，积极参加四化建设。我们向来认为，人们信教与不信教，是思想上的差异。这是次要的。而大家在政治上、经济上的根本利益则是一致的。这是主要的。建设高度文明、高度民主的社会主义强国，是全国各族人民的共同任务。过去天主教界的许多朋友和广大信教群众，在社会主义建设中作出了积极的贡献，涌现出一批先进模范人物，受到了人们的好评和尊敬。今后希望进一步与广大神职人员和信教群众加强联系，增强团结，调动他们参加四化建设的积极性，努力开创新局面，出现更多的先进模范人物。

（四）要进一步办好教务。在这方面的事情很多，如办好宗教院校，出版宗教刊物，印刷宗教经典，等等，希望天主教界自己协商、探讨，努力办好。在前进当中有什么困难，政府宗教事务部门应认真切实地帮助解决。

■ 注　释

[1]一九五七年七月十五日至八月二日，第一次全国天主教会议在北京召开，来自二十六个省、自治区、直辖市的二百一十四位神职人员和教徒代表参加会议，正式成立中国天主教爱国会。它是天主教在中国的最高权力机构。

[2]新中国成立前，中国天主教绝大多数教区均由外国人担任主教。新中国成立后，外国传教士纷纷离境，全国的一百四十三个教区中有一百二十个教区主教空缺。在中国神职人员和教徒群众的要求下，中国天主教本着从宗教上“当信当行”的原则，实行独立自主、自办教会和自选自圣主教。一九五八年三月，汉口、武昌教区选举两位

主教上报罗马教廷而遭到“超级绝罚”威胁，于同年四月在汉口由中国神职人员为两位主教举行祝圣典礼。随后，成都、南京、济南、太原、开封、杭州、昆明等教区也纷纷自选自圣主教。

[3]指中国天主教主教团。一九八〇年五月二十二日至六月二日，中国天主教第三次全国代表会议在北京召开，决定成立中国天主教教务委员会和中国天主教主教团。它们是全国性的爱国宗教组织。

[4]罗马教廷，简称教廷。从古代罗马主教府发展而来，最初无固定机构。它是天主教会的中央行政机构，协助教皇处理整个教会的事务，管理普世天主教会的机构、梵蒂冈城国的政府。

[5]祝圣，是天主教开展的一项宗教活动，主要是传扬基督的福音。据天主教《旧约圣经》所记，“祝圣”是上帝定下的一种给人或物作上上帝标记（使人或物成为圣物或归于天主名下）或传授神权的方式。

[6]主教在希腊文中是“监督者”的意思，在《新约圣经》中指对一定区域教会进行监督管理的人。在实行主教制的教会中，主教是品位最高的神职人员，通常是一个教区的主管人，有祝圣神甫之权。

[7]十一届三中全会，见本书《在肇庆地委常委扩大会议上的讲话》注[2]。

[8]即一九八二年三月三十一日中共中央印发《关于我国社会主义时期宗教问题的基本观点和基本政策》的通知。这个文件比较系统地总结了新中国成立以来党在宗教问题上的正反两个方面的历史经验，阐明了党对宗教问题的基本观点和基本政策。

政协人事安排要适应新形势的需要*

（一九八三年四月二十四日）

五届全国政协常委会第二十三次会议将于明天开始。这次会议要协商决定六届全国政协的参加单位、委员名额和人选。这是一件大事。今天，我就中央关于六届政协人事安排的情况，向到会的同志作些介绍，同时也提点要求。我想着重讲四点。

第一点，中央对六届全国人大和全国政协的人事安排工作十分重视。为了做好这项工作，中央专门发出通知，提出了明确的指导原则和方针。人大和政协今年都要换届。考虑到换届的人事安排涉及的方面很广，特别是当前各条战线都面临着解决好新老交替和合作的问题，政策性很强，工作量很大，必须全面规划，统筹安排。去年九月，中央决定在中央书记处领导下成立六届人大和六届政协人事安排小组。这个小组根据中央提出的原则和方针，做了大量的工作，对六届人大和六届政协的人选进行了反复酝酿、讨论，并同有关方面进行了协商。在工作过程中，中央书记处和中央领导同志多次听取了汇报，对人事安排工作中的重要问题和提出的人选进行了讨论，及时给予指示。最后经政治局讨论通过。可以说，人大、政协这次换届的组织准备工作，做得比较充分，人事安排工作自始至终是按照中央的

* 这是习仲勋在五届全国政协常委中的中共党员会议上的讲话提纲。标题为编者所加。

要求顺利进行的。现在提出的六届全国政协委员人选为二千零三十人。这个数字同五届政协基本相同。

第二点，六届人大和六届政协的人事安排，总的要求是要体现大团结、大统一、开创新局面的精神。为此，新的一届人大和政协要囊括各方面的代表人物，在党内外比例、年龄构成等方面要对上届作必要的调整。具体情况有以下几点：

（一）合理调整了六届政协党员与非党员的比例，增加党外人士。五届政协委员中，中共党员的比例较高，占百分之六十。五届政协常委中，中共党员的比例又高一些，占百分之七十。形成这种状况，主要是因为落实干部政策，多安排了一些党内的老同志，这在当时是完全必要的。现在的情况发生了很大变化，中共党员比例偏高的状况需要作相应的改变。中央规定，六届政协委员中中共党员的比例最多不超过百分之四十，比五届减少了百分之二十；六届政协常委中中共党员的比例不超过百分之三十五，比五届减少了一半。这样就使在总名额不增加的情况下，尽可能多地安排各民主党派和无党派爱国民主人士以及其他非党人士。党员同非党员比例的这种变动，同政协的性质和任务相一致，也更好地体现了党的统一战线政策，是一项重大的政策调整，有利于进一步调动各方面的积极因素，推进社会主义现代化建设。

（二）对六届政协常委人选的年龄作了原则性规定，体现了新老交替和合作的精神。现有的政协常委，除保留少数国内外有影响、在常委内起领导作用的老同志（主席、副主席）和长期同我党合作的党外上层代表人物外，其他年龄超过八十二岁（不含八十二岁）的同志，一般的都退出。新进政协常委的，除极个别的以外，年龄在七十七岁

（不含七十七岁）以上的，一般不考虑。这两条年龄杠杠，比中央对六届人大党员常委确定的年龄杠杠（五届人大常委年龄超过八十岁的，一般都退出，新进六届人大常委的超过七十五岁的一般不考虑）增加了两岁。另外，对长期同我党合作的党外上层代表人物，只要他们健在，一般的还要保留政协的职务。对已办理离休退休手续和虽未办理手续但已确定离休退休的同志，不作安排。这样做，有利于多安排一些比较年轻的同志，有利于进一步开展政协的工作。这也是这次政协人事安排适应新形势需要的一项重要改革。

（三）减少了交叉、兼职和照顾性安排。交叉过多，兼职过多，是历届人大、政协存在的一个老问题。这次中央规定：凡当选十二届中委和候补中委、中顾委、中纪委委员的，原则上不再安排进六届人大常委或六届政协常委；人大常委、政协常委，原则上不交叉（不两头兼）；全国人大常委、全国政协常委和委员同省、市、自治区党委委员、党的顾问委员会、人大常委、政协常委和委员，原则上也不交叉；全国政协委员也不同全国人大代表交叉。在中央和地方党政军机关担任实职工作的，原则上不在政协中安排。另外，对一些虽有较大影响，但年高多病、生活不能自理的党内老同志，这次基本上不作照顾性安排。各地区、各部门的同志普遍认为这些规定符合新形势的要求，有利于加强人大和政协的工作。

从政协人选安排的实际情况看，变化比较大。五届政协常委和委员都将有一半不再继续担任六届政协常委和委员。其中基本上是党员同志。五届政协常委二百八十七人，其中有一半将不再留任六届政协常委。

（四）六届政协吸收了一大批新成员，使六届政协囊括了各个方面的有代表性的人物。这次政协常委候选人和政协委员协商名单新提名的各占一半。在党派、团体、农林、科技、文艺、教育、体育、卫生、新闻、少数民族、归国华侨、港澳台同胞、宗教、特邀等三十一界中，有各民主党派、无党派爱国民主人士的上层代表人物，有某些已故党外知名人士的遗孀、遗属；有旧民主主义革命时期重要人物的后代以及孔子的后代；还有一部分港澳知名人士和台湾国民党当局在大陆的亲属。此外，还有参加过我国民主革命的华籍外国人，如马海德[1]、爱泼斯坦[2]、李莎[3]（李立三同志的夫人）等；六届政协把各方面的知名人士吸收进来，使这一统一战线组织具有更加广泛的代表性，体现了人民大团结、开创新局面的精神。

（五）知识分子比重有了明显的增加，提高了六届政协委员的知识化、专业化程度。六届政协委员中，知识分子占一半以上。文化艺术界，五届只有六十一人，六届增加到一百三十多人；科学技术界从原来的八十三人增加到二百六十四人；社会科学界从二十四人增加到七十六人；教育界从五十九人增加到一百六十人；医药卫生界从四十四人增加到一百一十一人；新闻界从十二人增加到三十四人，等等。考虑知识分子人选时，特别注意吸收了一部分在四化建设中作出突出贡献的优秀中青年学者、专家。这样安排，体现了党和国家对知识分子的高度重视，提高了他们的政治地位，有利于进一步落实党的知识分子政策，充分发挥他们在社会主义建设事业中的重要作用。

（六）充分重视了对少数民族代表以及港澳地区和对台湾有较大影响的知名人士的安排。全国汉族以外的五十五个兄弟民族，在政协委员中有一百七十五人，在政协常委中有三十一人，占了相当的位置。为了适应加强港澳工作和对台工作的需要，政协委员中安排了港澳地区的和对台湾有较大影响的人物四十八人，比上届增加将近两倍。这样安排，在港澳台和海外一定会引起较好的反响。

第三点，希望五届政协常委中的每一个共产党员积极维护中央关于六届政协人事安排的方针、原则和中央通过的六届政协委员名单。大家看到这个名单后，有什么意见或建议，可以提出来供中央考虑。今天在座的同志，有些要退下来，不再参加六届政协了。退下来的同志，都为党的事业作出过很多的贡献。有许多同志，工作经验丰富，身体尚好，确实有资格有能力继续担任政协工作。但因形势和要求发生了变化，政协常委和委员中原来共产党员比例偏高的状况必须改变，而六届政协的名额又只有那么多，所以不可能把这些同志都安排进来。现在有一些同志主动提出了不再进六届政协的要求，我们要向他们表示衷心的敬意。应当认识到，就个人来说，无论退、留，都是我们党和人民事业的需要。中央相信，退下来的同志一定会顾全大局，愉快地服从中央的安排。

第四点，希望中央和地方党委的统战、组织部门以及其他有关部门的党政领导，对这次从政协中退下来的同志照顾好、安排好。在政治上要关心他们，在生活、医疗方面要及时帮助他们解决遇到的困难，还要注意发挥他们的作用。对身体尚好、愿意继续工作的，要给他们安排一些力所能及的工作。

总之，我们今天的党员会，主要是要求政协常委中的全体党员都要遵照党的十二大[4]的精神，积极支持政协的改革，把这次政协常委会开好。中央机关和省、市、自治区的机构改革进行得比较顺利，主要的就是党员特别是老同志发挥了重要作用。中央相信在这次政协的改革中，同志们一定也能够自觉地发挥这种作用。

■注　释

[1]马海德(一九一〇——一九八八),生于美国,祖籍黎巴嫩。一九三三年来到中国上海从事医疗工作。一九三六年到达陕北。一九三七年中国工农红军改编为八路军后,担任八路军总卫生部顾问。同年加入中国共产党。一九四六年任北平军事调处执行部中共代表团医疗顾问。新中国成立后,任卫生部顾问,全国政协常委。一九五〇年加入中国国籍。一九八八年卫生部授予他“新中国卫生事业的先驱”荣誉称号。

[2]爱泼斯坦(一九一五——二〇〇五),生于波兰。一九一七年随父母来到中国。一九四四年随中外记者西北参观团访问过延安。新中国成立后,在宋庆龄创办的《中国建设》(现名《今日中国》)杂志社工作,一九七九年任该社总编辑。一九八三年起任全国政协常委。一九九六年任宋庆龄基金会副主席。一九五七年加入中国国籍,一九六四年加入中国共产党。

[3]李莎,一九一四年生于俄罗斯。一九三六年与李立三结婚。一九四六年随李立三来到中国。长期从事俄语教学与翻译,有译著多部,是第六、第七届全国政协委员。一九六四年加入中国国籍。

[4]十二大,见本书《总结社会主义建设的经验和教训》注[3]。

在中国伊斯兰教协会成立三十周年庆祝会上的讲话

（一九八三年五月十一日）

今天是中国伊斯兰教协会[1]成立三十周年，在这个吉庆的日子里，我谨向伊斯兰教界的朋友们和各民族的穆斯林致以热烈的祝贺！并预祝即将召开的中国伊斯兰教协会四届三次常委扩大会议取得圆满成功。

中国伊斯兰教协会的成立，标志着我国信仰伊斯兰教的回、维吾尔、哈萨克、柯尔克孜、塔塔尔、乌孜别克、塔吉克、东乡、撒拉、保安等十个兄弟民族的穆斯林在爱国主义和社会主义的旗帜下的大团结。三十年来，中国伊斯兰教协会在党和人民政府的领导下，在广大伊斯兰教界人士和穆斯林群众的支持下，做了大量的工作，取得了显著的成绩。主要是协助人民政府贯彻了民族平等和宗教信仰自由政策，消除了历史上遗留下来的民族之间和教派之间的隔阂，加强了民族内部和民族之间的团结；一九五八年进行了宗教制度改革，废除了伊斯兰教中的封建特权和剥削、压迫制度，彻底完成了少数民族地区民主革命的任务，促进了各兄弟民族社会主义政治、经济和文化教育事业的发展；团结广大伊斯兰教界人士和穆斯林群众积极参加社会主义现代化建设，涌现了不少先进模范人物；开展了同世界各国穆斯林的友好往来，增进了彼此之间的了解和友谊，积极支持了各国穆斯林人民的正义斗争。

回顾三十年来中国伊斯兰教协会所走过的道路,应该肯定,是完全正确的。各民族的伊斯兰教界人士和穆斯林群众绝大多数是爱国守法、拥护党的领导、走社会主义道路的。我们希望伊斯兰教界的朋友们沿着这条正确的道路继续前进。同时,要认真地总结历史经验和教训,肯定成绩,克服缺点,进一步做好伊斯兰教的工作。在这里,我提几点意见。

一、加强各民族的大团结,为建设社会主义的强国而共同努力。我国是一个统一的多民族的社会主义国家,信仰伊斯兰教的有十个兄弟民族。因此,搞好民族团结,是一件十分重要的事情。各民族之间应该彼此尊重,互相帮助,共同前进。党的十二大[2]提出,在新的历史时期的总任务是:团结全国各族人民,自力更生,艰苦奋斗,逐步实现工业、农业、国防和科学技术现代化,把我国建设成为高度文明、高度民主的社会主义国家。这是全国各族人民的共同任务,希望广大伊斯兰教界人士和穆斯林群众进一步加强相互的联系和团结,充分发挥自己的聪明才智,共同为祖国的社会主义现代化建设作出新的更大的贡献。

二、继续协助政府全面贯彻宗教信仰自由政策。去年三月,党中央制定的《关于我国社会主义时期宗教问题的基本观点和基本政策》明确指出:尊重和保护宗教信仰自由,是党对宗教问题的基本政策。这是一项长期政策,是一直要贯彻执行到将来宗教自然消亡的时候为止的政策。第五届全国人民代表大会第五次会议通过并颁布实施的《中华人民共和国宪法》,是国家的根本大法,全国各族人民都必须遵守。宪法的第三十六条,对宗教信仰自由作了全面和明确的规定。公民有信教或不信教的自由;有信仰这种宗教或信仰那种宗教的自由。不准强迫别人信教，也不准强迫别人不信教；强迫别人信教或不信教，都是违反法律的。国家保护信教群众一切正常的宗教活动。当然，宗教活动也必须符合国家的政策、法令，不得干预行政、教育和婚姻。过去中国伊斯兰教协会和各地方伊斯兰教协会，在协助政府贯彻宗教信仰自由政策方面，做了很多工作。如恢复和开放清真寺，健全清真寺的民主管理制度，使穆斯林群众进行正常的宗教活动；恢复和开办全国和地方的伊斯兰教经学院；印制《古兰经》[3]及其他宗教书籍；出版发行《中国穆斯林》刊物、画册；收集整理伊斯兰教的文物史料，进行伊斯兰教学术研究和交流；组织朝觐；组织伊斯兰教界人士和穆斯林群众学习党的政策，提高爱国主义、社会主义觉悟，等等。希望今后伊斯兰教协会继续努力作出新的成绩。应该指出，在十年动乱中，党和国家的宗教政策受到了严重的干扰和破坏。粉碎“四人帮”[4]以后，特别是党的十一届三中全会[5]以来，各级党委和政府抓了宗教政策的贯彻落实，收到了良好的效果。但是还存在一些问题。今后要继续克服“左”的思想，采取切实的措施，把这方面的工作做好。伊斯兰教协会要发挥积极的作用，有什么意见和困难，可以随时向政府反映；主管部门应该认真研究，帮助解决。明天中国伊斯兰教协会四届三次常委扩大会议就要召开。希望通过这次会议制定出一个开创新局面的工作规划。

三、继续办好伊斯兰教经学院，有计划地培养和教育年轻一代的宗教职业人员。要办好进修班，对现有的阿訇[6]、毛拉[7]进行培训。不断提高他们的爱国主义和社会主义觉悟，提高文化水平和宗教学识，认真执行党和国家的宗教政策。为了把这项工作做好，伊斯兰教界的朋友们可以积极提出建议，供有关部门参考，政府应该大力支持。

四、进一步开展国际友好往来，坚决支持各国穆斯林人民的正义斗争。伊斯兰教是一个国际性的宗教，在亚非几十个国家中都有广泛的社会影响。我们的伊斯兰教界要加强同各国伊斯兰教界人士的相互访问和友好往来，开展宗教学术文化交流。这对我们同第三世界国家的友好合作，增进彼此间的了解和友谊，反对霸权主义、维护世界和平都有重要的意义。在国际交往中，一定要坚持独立自主、自办教会的原则，绝不允许任何外国宗教组织和个人插手我国宗教的内部事务；坚决同外国敌对势力企图分裂祖国统一、破坏民族团结的行为进行斗争。各民族的伊斯兰教界人士和穆斯林群众，要同全国人民一道，坚决支持阿拉伯和巴勒斯坦人民反对以色列扩张侵略、恢复民族权利的正义斗争，坚决支持阿富汗和各国穆斯林人民反对霸权主义、维护民族独立、国家主权和保卫世界和平的正义斗争。

当前，我们国家的政治经济形势很好。全国各族人民正在团结一致，努力开创社会主义现代化建设的新局面。

在新的历史时期，我们一定要坚定地贯彻执行党和国家的民族政策和宗教政策，加强各民族的大团结，加强同广大伊斯兰教界人士和穆斯林群众的团结，巩固和扩大同宗教界的爱国统一战线，为建设现代化的社会主义强国，为完成祖国统一大业，为反对霸权主义、维护世界和平而共同奋斗！

■ 注　释

[1] 中国伊斯兰教协会，是中国穆斯林全国性的宗教团体，一九

五三年五月在北京成立，第一届主任为包尔汉。该协会以爱国爱教，拥护党的基本路线，团结各族穆斯林积极参加社会主义建设等为宗旨。

[2]十二大，见本书《总结社会主义建设的经验和教训》注[3]。

[3]《古兰经》，是伊斯兰教的最高经典和最根本的立法依据。

[4]“四人帮”，见本书《同心协力把广东工作做好》注[7]。

[5]十一届三中全会，见本书《在肇庆地委常委扩大会议上的讲话》注[2]。

[6]阿訇，波斯语音译，指伊斯兰教主持教仪、讲授经典的人。

[7]毛拉，阿拉伯语音译，原意为“先生”、“主人”，后来成为一些国家穆斯林对伊斯兰教学者的尊称。新疆维吾尔自治区称伊斯兰教宗教职业者为毛拉。

为开创民族工作新局面贡献力量*

（一九八三年九月十四日）

国家民委第三次委员（扩大）会议已经开了十四天，今天就结束了。我借此机会来看望大家，并表示诚挚的问候！

这次会议的主要议题，是传达和学习耀邦[1]、紫阳[2]同志最近视察青海、甘肃和新疆时的重要讲话和指示精神，回顾国家民委恢复以来的五年工作，讨论今后工作的意见。我看了一些简报，昨天上午又听了杨静仁[3]、伍精华[4]同志的汇报。我认为这次会议是开得很好的。对会议的报告和总结，我完全同意。

下面，我简单地讲几点意见。

第一点，耀邦等中央领导同志关于加强民族团结、开发大西北和种草种树等一系列指示，非常重要。它是中央领导同志根据亲身的实际调查提出来的正确的方针政策和战略部署。它的基本精神，不仅适合于青海、甘肃和新疆，对于全国其他少数民族地区也具有普遍的指导意义，就是对汉族地区的干旱地区和山区也有指导意义。

耀邦同志在青海、甘肃的两次讲话[5]中提出，要念“草木经”，是很对的。甘肃也好，宁夏也好，陕北也好，新疆也好，都要念“草木经”。我们要在这上面动脑筋，大做文章。要一年一年地搞好规划，

---

* 这是习仲勋在国家民委第三次委员（扩大）会议上的讲话。

落实到每个户、每个人。凡是那个地方的人,工农商学兵,各行各业的人,都要种草种树,特别是种树,都要规定任务。只要我们立下这样一个志气,持之以恒,脚踏实地地干,那里的面貌没有不能改变的。

中央领导同志分别在青海、甘肃、新疆和内蒙古反复强调指出,一个要加强团结,一个要加快建设。我们必须认真贯彻执行。民族团结是四化建设的基础,四化建设又是民族团结的目的。只有加强各族人民的团结,共同奋斗,才能把本地区建设得富裕繁荣、文明昌盛。

党的十一届三中全会[6]以来,中央制定和实行了一系列的方针、政策,大大调动了广大干部和群众的积极性,无论政治形势,还是经济形势,都是一年比一年好。这个话现在没有人不承认了,特别是下面来的人。联产承包责任制是非常好的,现在还要大抓落实。将来的发展方向是搞专业户、专业承包责任制,搞生产专业化、社会化。这有多种多样的形式,要根据群众的意愿来办,如果群众不同意,就缓办,不要勉强。三中全会以来,农村实行生产责任制好几年了,当然会有一些新的情况、新的问题,大家都看到了,也提出来了,要系统地调查研究,妥善解决。

现在的中心问题是如何进一步把大好形势巩固和发展下去,关键就在于狠抓党的方针政策的落实。既然中央制定的方针政策已经证明是行之有效的,作为党委、政府和主管工作部门,就有责任采取措施具体落实,否则就是失职。检验我们落实还是不落实党的方针政策的标准,就是看那个地区的经济、文化和其他各项工作搞上去了没有,人民的生活改善了没有。标准只有这一条。搞四化建设,不能只停留在口头上,也不能满足于发文件、发决议,要紧的是要脚踏实地，见诸行动。无数事实证明，任何事情，只要有人去抓、去检查，问题就不难解决。

第二点，五年来民委做了很多的工作，成绩很大，现在就是要在此基础上，乘胜前进，打开新局面。民委所管的工作，具体事务比较多，但政策性很强，必须妥善处理，不能掉以轻心。有时候是一个人或一件事，本来很小，但解决不好，影响所及就很大。我的意见，在民族工作上、民族事务上，即使是很小的问题，都不能轻易来处理，都要深思熟虑，都要从宏观的方面考虑它的影响如何。当然，大的问题就不用说了，就更要细心一点地考虑啊！除了抓好具体事务工作外，民委要经常注意抓方针政策性的问题，并深入进行调查研究，总结经验，提出改进意见，把民族工作做得更好，以有利于加强民族团结，有利于促进少数民族地区经济文化事业的发展。

当前，民族工作的任务繁重，各地区在机构改革中，一定要注意不能削弱民族工作机构。凡是原来已设立民族工作机构的，工作确实需要的，原则上应当保留，其编制总额不再增加，人员可以在你那个省、自治区内部调剂。这个意见，请你们回去向你们那里的党委转达一下。现在我们的民族工作，从全部工作来说，占的数目并不大，但是很重要，需要有一个机构来专门管它。要说清楚道理，民族工作只能加强，不能削弱。党委、政府应该考虑这个问题。同时，各少数民族地区在调整领导班子中，要注意搞好新老交替和合作，要注意适当配备少数民族干部，把他们提拔到重要的职位上培养锻炼。现在我们把新的同志提起来了，进新的领导班子了，光“扶上马，送一程”还不够，还要一直帮下去，使他完全能够独立负责地工作。我觉得这才是关键的关键，战略的战略。最近中央组织部的一期简报上刊登了一篇文章，提倡退居二线的老同志多做具体的调查研究工作，并发表了一个老同志的调查报告。我介绍给你们看看，一定会从中得到有益的启发。民委和组织部门、统战部门，要抓紧研究如何加快培养和提拔少数民族干部的工作，并订出规划，逐步实施。

另外，有一个问题提一下。三十多年来，派到少数民族地区的汉族干部不少。少数民族同志学汉语都好，人数也多一些；倒是有些汉族干部，在那里工作了三年五年、十年八年，还不能讲一点少数民族的语言，这不行。我看还是要大大提倡学少数民族语言。否则，就不能沟通感情，不能交换意见。我们要提倡多到群众里边去，多作调查研究，多和群众交朋友，听取他们的意见，这样我们的事情就好办了。

第三点，希望同志们要加强对马列主义、毛泽东思想的学习，在当前就是要学好《邓小平文选》，不断提高政治思想水平，继续克服“左”的思想影响。右的影响在民族工作上有没有？也有，但不是主要的。要正确地贯彻执行党的方针政策，在政治上和党中央保持一致。同时，还要加强科学文化知识和专业知识的学习，提高业务工作能力，做到又红又专。还是要红，又要专，这个话是没有错的。我们要辩证地看这个问题，如果只专不红，那就会脱离政治，走到另一个方面去了；只红不专，空谈政治也不行，那样四化建设就没有希望了。

要继承和发扬党的优良传统和好的作风，在工作中要坚持实事求是的精神，坚持走群众路线，坚持实行民主集中制。要发扬民主，开展批评与自我批评。现在我们有些同志就是批评不得，特别是老一点的同志批评不得。这个不得了，这是一个人的致命伤。我们要能够听得进批评，有了批评就可以少走一点弯路，少犯一些错误呀！再一点，听人家的批评，屁股要能够坐得住，要听得进不同意见。听不得批评,听不得不好听的话,人家说他好就高兴,说他不好就厌烦,这个要克服。尤其是我们做民族工作的,更应该有这样的民主作风,要听取各方面的意见。有时,民族地区的同志有些意见比我们讲得深刻,因为他们本身是少数民族,或者是王越丰[7]那一个族,或者是其他那一个族,讲的是他们那个民族的事,我们有时不如他们体会得深,就得好好听听他们的意见。这个批评很要紧,就是要发扬民主么。我们的党今后再不要搞"一言堂"了,就是要搞集体领导,实行民主集中制。开始先尽量让大家发表意见,最后再集中起来嘛。当然,集体领导没有分工负责也不行,这里也要有个责任制、岗位制。你负责管这项工作,搞得不好就拿你是问。现在我们有些工作搞不好,主管的人好像没有那回事,一点也不承担责任,今后再不能这样做了。不管你担任什么职务,如果工作没有做好,就一定要退下来,叫别人干,不要再呆在那个位子上了。这方面的考核制度一定要有。

最近我们就要整党了。十月要开二中全会[8]。这次全会就是一个议题——整党。整党就是要解决思想、作风、组织等方面不纯的问题。首先从我们各级领导干部开始,然后才是干部、一般党员。主要是进行思想教育,不是简单地进行组织处理。但是,"三种人"[9]和有些太不像话的,还是请他出党就是了。

目前全国正在进行打击严重刑事犯罪活动的斗争。全国人大常委会已就这个问题作出了决定,打击的重点对象有七类,这是十分恰当的。在少数民族地区,对严重刑事犯罪分子一定要依法从重从快惩处,要搞准,要严格掌握政策界限,不能搞扩大化。

最后,希望大家要立志改革,勇于创新,振奋精神,艰苦奋斗,为开创民族工作的新局面贡献自己的力量!

■ 注　释

[1]耀邦即胡耀邦，见本书《要把农业科学研究摆到重要的位置》注[10]。

[2]紫阳即赵紫阳，见本书《在全国统战工作会议上的讲话》注[19]。

[3]杨静仁(一九一八——二〇〇一)，甘肃兰州人。一九三七年加入中国共产党。曾任陕甘宁边区联防司令部抗日回民骑兵团党代表和团政治委员，中共中央西北局统战部民族科科长。新中国成立后，任国家民委副主任，中共宁夏回族自治区委第一书记、自治区人民委员会主席、宁夏军区政治委员，国家民委主任，国务院副总理，中共中央统战部部长，全国政协副主席。

[4]伍精华(一九三一——二〇〇七)，四川冕宁人。一九四九年加入中国共产党。曾任四川省普格县县长，中共四川省昭觉县委第一书记，凉山彝族自治州副州长，四川省民委副主任，中共四川省委常委、省人大常委会副主任，国家民委副主任、党组副书记，中共西藏自治区委书记、西藏军区政治委员。

[5]指一九八三年七月中旬胡耀邦在甘肃天水、庆阳地区调研考察时的讲话，及同年七月三十一日胡耀邦向青海省领导干部发表的题为《立下愚公志，开拓青海省》的讲话。

[6]十一届三中全会，见本书《在肇庆地委常委扩大会议上的讲话》注[2]。

[7]王越丰(一九三〇——一九九九)，海南琼中人。黎族。一九五一年加入中国共产党。曾任中共白沙县委书记、白沙县革委会主

任,海南黎族苗族自治州州长,中共海南行政区委副书记、海南行政区人民政府负责人,中共海南省委常委、副省长,海南省政协副主席。

[8]二中全会,即一九八三年十月十一日至十二日在北京召开的中国共产党第十二届中央委员会第二次全体会议。全会通过《中共中央关于整党的决定》,明确规定了整党的基本方针、基本任务、基本政策和基本方法。选举产生中央整党工作指导委员会,胡耀邦任主任,万里、余秋里、薄一波、胡启立、王鹤寿为副主任,王震、杨尚昆、胡乔木、习仲勋、宋任穷为顾问。

[9]“三种人”,见本书《对反映“三种人”掌权问题材料的批语》注[2]。

在落实政策座谈会上的讲话

（一九八三年十二月二十八日）

今年九月，全国政协和中央统战部组织了八个调查组，参加的七十多个同志，到了除新疆以外的二十八个省市自治区，经过一个月左右的调查，对落实政策问题了解了大量情况，做了许多有成效的工作。可以说，起到了这样三个作用：一是使下面的同志感到党对落实政策的工作十分重视，起到了宣传贯彻、督促检查的作用；二是对地方党政领导机关进一步重视和做好落实政策工作，起到了积极的促进作用；三是解决了一些“老大难”问题，起到了坚定信心的作用。

这次组织的调查组是第一次党与非党共同检查落实政策的工作。这是党与非党合作共事的生动体现，是党与非党人士肝胆相照精神的生动体现。我认为，这也反映了现在我们国家政治生活中的一个生动景象：共产党领导，多党派合作，大家关心国家大事，大家参与和管理国家大事。所以说这件事办得好，是一个良好的开端，以后在许多事情上都可以、都应该这样办。

经过八个调查组的深入调查，经过有关同志的共同努力，全国政协和中央统战部最近又召开了这次落实政策座谈会，各省市自治区政协和统战部负责同志，中央和国务院有关部门同志，八个调查组的全体同志都参加了会议。大家以对国家和人民负责的态度，畅所欲言，各抒己见，对落实政策问题反映了情况，交流了经验，提出了建议。在这一基础上，全国政协、中央统战部抓紧研究，提出办法，报经中央和国务院批准后，一定会更有力地推动落实政策工作的深入开展和最后完成。所以，我认为这次会议开得很及时，很有意义。

按照中央规定的方针和原则，如何进一步做好落实政策工作，处理好历史遗留问题，善始善终地完成这一任务，是这次会议的主题，也是中央领导同志和同志们共同关心的问题。对这个问题，我想讲三句话，就是：要进一步从思想上高度重视，从工作上切实抓紧，从政策上作出具体规定。下面，我分别就这三句话，讲一些意见。

第一点，要进一步从思想上高度重视。人们的思想支配和指导人们的言行。有什么样的思想，就会说什么样的话，办什么样的事，这是大家都知道的道理。对于落实政策的重大意义，中央和中央领导同志讲得很多了。邓大姐[1]今年九月十三日在全国政协六届常委会第二次会议上的讲话中，就专门讲了这个问题，讲得很全面、很深刻。杨静仁[2]同志在这次会议开幕时的讲话中，也讲了这个问题，讲得也很好。

应该肯定，自党的十一届三中全会[3]以来，从总体说，我们全党、各级党政领导机关和各方面的领导同志，对落实政策工作是很重视的，是坚决按照中央规定的方针和原则办事的。这几年我们一直致力于拨乱反正，而拨乱反正的一项重要内容就是落实政策（当然拨乱反正还有思想、理论、组织、作风和实际工作等方面的问题）。同样应该肯定，经过几年的拨乱反正，我们在落实政策方面，已经做了大量工作，取得了很大成绩。这是大家公认的事实。但是，也应该看到，由于我们党内过去长期存在着“左”的偏差，又经过十年动乱，积累的问题很多，要全部解决这些问题，我看还有思想阻力，还要做艰苦的工作,还得一定时间。根据多方面的反映,对落实政策的重要性和紧迫性,有些地方和部门重视的程度还不够,有的还没有引起应有的重视,或者曾经很重视,后来由于各种各样的因素又不怎样重视了。因而对这一工作抓得不紧,对有些问题的处理一拖再拖,上面催一催动一动,有的催也不动,或者消极应付,敷衍了事,甚至百般辩解,顶着不办。最坏的是隐瞒实情,写假报告,上骗领导,下压群众,如果遇上一个官僚主义者就被蒙混过去了。这些都是领导思想没有高度重视,或者根本不重视,甚至有抵触的集中表现。所以要善始善终地完成落实政策的任务,就必须进一步从思想上引起高度重视,要根据工作的发展情况,解决好新出现的思想问题。

认真做好落实政策的工作,绝不仅仅是一般的具体工作问题,不是一件小事,而是一个重要的政治问题,是件大事;绝不仅仅是解决少数有关人员的个人问题,而是关系到调动和发挥千千万万人参加社会主义现代化建设积极性的问题;绝不仅仅是改善某一个地方、部门和单位的党群关系的问题,而是关系到党、政府的声望和信誉,关系到国内外的政治影响,关系到党风和社会风气根本好转的问题。我们一定要从这样的政治高度来认识进一步抓紧抓好落实政策工作的重大意义,充分认识这项工作的紧迫性。

这里,我想通过几个实例,进一步说明这个问题的重要性。比如共产党的一个干部,可能还是领导干部,在"文化大革命"查抄的财物中拿了人家一块表。你说这是大事还是小事呢? 我看这绝不是一件小事。这种行为是和共产党员的光荣称号水火不相容的,更不要说是党的干部,甚至是领导干部了。可是,我们有的党员和党的干部拿了别人的表或者别的什么东西,还心安理得,若无其事。要是我就睡不着觉，要赶快给人家送去；如果表坏了，就给人家买块新的。据说，确有一位相当负责的同志曾经在处理"文化大革命"查抄的财物时，用三百元买到一块高贵的手表。当他在一次偶然的机会中，得知这块手表是某位医生的以后，便立即奉还原主。这位同志做得很对，从而产生了很好的影响。而有些人却与此相反，他们竟然把自己从"文化大革命"查抄的财物中拿走的宝石、钻石一盘盘卖掉。这是严重的违法犯罪行为，必须彻底查明事实，依据党纪国法严肃处理。对于目前库存的查抄财物，要抓紧清点，逐一登记，严格管理。有些珍贵文物已经残损，要采取措施，妥为修补。这样，还可落实一些人的问题。不然的话，无论在经济上还是政治上都会造成更大的损失。另外，有的同志提出，有些查抄财物是国宝，要不要同样退还原主，能不能允许本人保存？我个人的想法是，不能说不让原主索要，也不能说不允许人家保存。要相信只要原主是爱国的，是尊重民族历史的，尊重祖国文化遗产的，他会把这些东西保存好。也确有一些人把自己的珍贵文物，无偿赠送给政府保管，但这一定要出于自愿。有的文物也可采取作价的办法，由国家文物管理部门收购保存。当然，这类问题，往往情况比较复杂，处理时不能简单从事，应当同文物管理等有关部门研究出一个妥善的具体办法来。总之，对落实政策要有时间观念，要有紧迫感。这次会议后，各省市自治区都要贵在行动，办一件实事比说一万句空话要好得多。现在倒卖文物的现象很多，有些东西已经被非法卖到国外去了。因此，对现存的，特别是散落的查抄文物，一定要抢救，一定要严加管理。

善始善终地做好落实政策的工作，在实际工作中最后完成拨乱反正的任务，必将有利于充分调动和发挥一切积极因素，团结一切可以团结的力量，并且化消极因素为积极因素；有利于进一步巩固安定团结的政治局面，加快社会主义现代化建设；有利于进一步发展和壮大最广泛的爱国统一战线，促进台湾回归祖国，完成祖国统一大业。反之，在这些方面都会产生消极影响。我们常说，一个人的政策落实没落实，可以影响许多人。我们落实政策工作做得好坏，在台湾同胞、港澳同胞和海外侨胞中，以至在国际人士中都会引起强烈反响，就是这个道理。这就是做好落实政策工作的重大意义。任何轻视这一工作，放松这一工作的思想表现都是错误的；消极应付，顶着不办的态度更是不能允许的。

第二点，从工作上切实抓紧。就是要抓住不放，一抓到底；要认真实干，注重成效。现在要做的事情，要解决的问题很多。只要思想上高度重视了，就能挤出时间，想出办法，组织力量，采取措施，抓紧抓好落实政策的工作。

从工作上切实抓紧，最重要的是要有具体的得力的措施，克服一般化的工作作风和领导方法。现在我们的许多工作是调查研究少，一般号召多；说得多，做得少；许多事情往往是大而化之，缺乏求实精神和督促检查。这种作风实在要不得，实在害死人，一定要彻底转变这种坏作风。小平同志、耀邦[4]同志最近一个时期一再提醒我们一定要解决好这个问题。耀邦同志今年九月十五日为落实政策问题写给我的一封短信中说："抓这件事，主要不是再发什么文件，而是要一个一个地方检查，发现一个解决一个，有些典型，要发通报。"我解释一下，好的坏的典型都要发通报，必要时可登报，好的多登，坏的少登，要有个限度。党内通报，可对全党进行教育。耀邦同志还说："抓这件事要有最大的务实精神，最大的魄力。"根据这一精神，我们在抓紧落实政策的工作中，一定要深入调查研究，随时掌握不断变化的情况，掌握第一手材料，把底摸清，对什么问题都要做到心中有数；作了计划，提了要求以后，要具体组织力量去贯彻执行，要明确责任，督促检查；要加强对下面同志的帮助和指导，随时发现问题，解决问题，总结典型经验，指导全局工作。绝不可把我们的工作停留在发文件、听汇报上，切忌空发议论，多做实际工作。要知道，落实政策的工作，经过几年的努力，凡是比较容易解决的问题一般都解决了，所以愈是往后，往往情况愈复杂，难度也愈大，遗留的问题多半是常说的“老大难”问题。还有些本来不是“老大难”问题，由于久拖不决，而变成了“老大难”。

落实政策的工作要和整党工作结合进行。党的组织、党员和党员干部违犯党纪国法，侵害群众利益的行为，都是党风不正的表现，正是在这次整党中要着重解决的一个重要问题。我们落实政策中要解决的许多问题，都和整顿党的思想、作风和组织有直接关系，有些实际上就是一回事。当然，我们不能要求把落实政策中的一切问题都在整党中得到解决，但凡是和整顿党的思想、作风和组织有直接关系的问题，和清理“三种人”[5]有直接关系的问题，凡是能够解决的问题都应该抓紧解决，不要拖延，不要等待，要做到边整边改，从解决一个一个实际问题中鼓舞和增强党内外群众的信心，努力把党整好，把落实政策工作做好，做到整党和落实政策两不误。

各级政协、统战部门和其他有关部门，在落实政策上担负着重要责任，过去已经做了大量有成效的工作，今后应认真地抓下去，要尽最大努力协助党和政府善始善终地完成这一任务。但是，落实政策绝不仅仅是政协、统战等几个部门的事情，而是全党的任务，是各级党政领导机关的一项重要工作，一定要加强领导，并且要落实具体措施。为了抓好这一工作，最近中央组成了一个落实政策小组。各级党委，特别是省、市、自治区党委和大中城市党委，都应根据自己的实际情况，确定加强对这一工作领导的具体措施。党委书记或常委中，要有人负责抓这一工作。党委要定期（每年至少两次）检查和讨论这一工作。要对整党和落实政策如何相结合，如何互相促进的问题，作出周密部署。要组织、督促和帮助政协、统战等有关部门做好这一工作，要支持他们，帮助他们解决实际问题。要下定这样的决心，不善始善终地完成落实政策的任务，决不罢手。

第三点，从政策上作出具体规定。总的方针、政策和原则，都是很明确的，中央和国务院都有文件规定。邓小平同志在为召开十一届三中全会作准备的中央工作会议[6]上的讲话中，讲到处理历史遗留问题、落实政策工作时说："我们的原则是'有错必纠'。凡是过去搞错了的东西，统统应该改正。""要尽快实事求是地解决，干脆利落地解决，不要拖泥带水。"小平同志讲的这段话，是我们做好落实政策工作的指导思想，所有到现在还没有解决的问题，都要按这个精神去办；虽然曾经解决过，但不符合这一精神的，要复查、纠正。

八个调查组下去了解到许多情况和问题，这次座谈会又反映了许多情况和问题，概括起来，主要是三个方面：一是对历次政治运动中处理错了的问题，虽然作了纠正，作了结论，但还留有这样那样的尾巴；二是"文化大革命"中被查抄的财物清退得不认真，情况复杂，问题较多；三是被侵占的房屋迟迟得不到解决，各地情况不同，但或多或少都有这个问题。天津在这方面的工作做得比较好，已经基本上解决了问题。中央对处理侵占房屋等问题虽然都有过原则规定，但随着工作的深入，有许多问题需要进一步作出具体规定，提出具体的解决办法,明确具体的政策界限。请全国政协和中央统战部根据这次调查和会议反映的情况和问题,抓紧综合研究,提出解决意见,报中央和国务院审批同意后,尽快下发,以便各地方、各部门有所遵循,务求实事求是地、合情合理地处理好遗留下来的各类问题。

但是,各地方、各部门不要等待。凡是中央已有原则规定,自己能够解决的问题就抓紧解决。对有些问题,地方和部门也可以按照中央规定的原则,制定一些具体办法,或提出解决意见报中央审批。实际上,过去几年就是这样办的。

我再说一遍,落实政策一定要坚持实事求是、有错必纠的原则。全部错全部改正,部分错部分改正,错多少改正多少,既不夸大也不缩小,努力做到思想和实际相符合,主观和客观相符合,这就是实事求是。总之,对落实政策一定要主动积极地办,不能怕麻烦,不能怕困难。该谁办的事,谁就主动、负责地办,决不能上推下卸。不能讲"关系学",不能搞邪门歪道。谁要是不负责任,不坚持实事求是的原则,该解决的问题不解决,不该解决的问题却解决了,即便能应付一时,蒙混一时,但终究是站不住脚的,终归是要受到有关组织和党内外群众的追究和惩罚的。我们整党,就要坚决揭露和纠正这类错误行为。

■ 注　释

[1]邓大姐即邓颖超(一九〇四——一九九二),原籍河南光山,生于广西南宁。一九二五年加入中国共产党。曾任中共天津地委妇女部部长、中共广东区委委员兼妇女部部长,中共中央妇女运动委员

会主任,中共中央妇女运动委员会代理书记,全国妇联副主席。新中国成立后,任中共中央妇女运动委员会副书记,全国妇联副主席、党组副书记、名誉主席,中国人民保卫儿童全国委员会副主席,中共中央政治局委员,中共中央纪律检查委员会第二书记,全国人大常委会副委员长,全国政协主席。

[2]杨静仁,见本书《为开创民族工作新局面贡献力量》注[3]。

[3]十一届三中全会,见本书《在肇庆地委常委扩大会议上的讲话》注[2]。

[4]耀邦即胡耀邦,见本书《要把农业科学研究摆到重要的位置》注[10]。

[5]"三种人",见本书《对反映"三种人"掌权问题材料的批语》注[2]。

[6]中央工作会议,见本书《在肇庆地委常委扩大会议上的讲话》注[1]。

深切怀念王泰吉同志

（一九八四年三月三日）

一九三四年三月三日，中国共产党的优秀党员、中国工农红军二十六军四十二师师长王泰吉[1]同志在西安英勇就义，至今已经五十年了。

五十年来，在中国共产党领导下，我们国家发生了天翻地覆的变化，赶走了帝国主义侵略者，推翻了蒋家王朝，建立了社会主义新中国，王泰吉同志的革命遗愿早已实现了。今天，全党、全军、全国各族人民为实现党在新时期的总任务，正在加紧步伐，向着四个现代化的宏伟目标前进。每当看到革命和建设事业蒸蒸日上、蓬勃发展，我们就更加怀念那些前赴后继、流血牺牲的先烈们。

据我所知，王泰吉同志在学生时期就追求进步，积极参加革命活动。一九二四年，他受马列主义宣传家、西北党组织的创建者魏野畴[2]同志的熏陶，立志革命，进入广州黄埔军校[3]学习，并加入了中国共产党。黄埔军校毕业后，他在陕军甄寿山[4]部任教导团一营营长。一九二八年春，他率部发动了麟游起义[5]，打算在陕甘边界建立游击根据地，发展革命武装力量，因遭敌阻击而失败。同年五月，在中共陕西省委领导下，他与唐澍[6]、刘志丹[7]、许权中[8]等同志一起，参加和领导了渭华起义[9]，被任命为西北工农革命军参谋长。渭华起义失败后，他只身到河南省南召县，给富户打长工，秘密从事革命活动,被敌人逮捕,押解到南京监狱,和党失去了联系。经杨虎城[10]将军具保营救出狱,暂时栖身于杨的部下,后任骑兵团长。在这段时间里,他孤身求索,一度离开了革命洪流。

九一八事变[11]后,日本侵略者占领我国东北,又向华北进犯,民族矛盾日益激化,全国掀起了抗日的高潮。一九三三年一月,中华苏维埃[12]临时中央政府、工农红军革命军事委员会发表宣言,提出在停止进攻红色区域、保障人民的自由权利、武装人民等条件下,和国内任何军队订立抗日作战协定。同年五月,冯玉祥[13]、方振武[14]和共产党员吉鸿昌[15]等合作,在张家口成立了察绥抗日同盟军。早年与王泰吉熟悉的许权中、谢子长[16]等同志,先后奔赴察绥前线,参加了抗日同盟军,守土保国,对王泰吉影响很大。他想奔上抗日前线,为国家、民族效力。但蒋介石不顾民族危亡,坚持"攘外必先安内"的反动政策,不许抗战。一九三三年初夏,王泰吉的骑兵团由三原县移防到耀县。党曾多次指示杨虎城部队的地下党员秘密进行组织起义的工作。王泰吉也主动派人与中共三原中心县委书记赵伯平[17]等同志联系,表示要发动骑兵团起义,参加抗日斗争。经中共陕西省委批准,一九三三年七月二十一日,王泰吉率领骑兵团近两千人,在耀县宣布起义,成立了西北民众抗日义勇军。王泰吉随即恢复了党的组织关系。起义部队迅速解除了全城的反动武装;打开监狱,释放了关押的全部犯人;组织宣传队,张贴抗日标语,召开群众大会;打开伪县政府和城里几家大地主的粮仓,发动贫苦农民进行分粮斗争并开展游击运动;又处决了几个罪大恶极的民团头子和恶霸地主,得到了广大人民的热烈拥护。

耀县起义,意义很大,影响深广。当时,我陕甘边主力部队红二十六军在政委杜衡[18]的“左”倾错误路线指导下，南下渭华在蓝田失败，几乎全军覆没。敌人调动大批武装，妄图一举荡平我陕甘边革命根据地。继之，杜衡又在西安被捕叛变，使陕西党组织遭到严重损失和破坏。在这种革命暂时受挫的形势下，王泰吉毅然决然率骑兵团起义，犹如石破天惊，在奄奄一息的革命火堆上加了一把干柴。它打击了国民党反动派卖国投降的嚣张气焰，激励了处于困难境地的西北革命活动，鼓舞了西北人民的抗日救国热情，对于后来加强壮大西北红军、巩固发展陕甘边苏区[19]都起了重大作用。

王泰吉率起义部队在耀县停留几天后，即向三原进发，想把那里驻防的杨竹荪团也拉过来参加起义，但行至辘辘把村时，突遭敌孙友仁团袭击，战斗失利，起义部队大部分溃散了。面对挫折，王泰吉毫不动摇，收集了余部三百余人，向陕甘边革命根据地中心照金[20]撤退。

当时，照金是中共陕甘边特委所在地。红二十六军南下后，我和张秀山[21]、李妙斋[22]等同志一起，领着红军游击队在这一地区活动。得知王泰吉率领起义部队在辘辘把作战失利的消息后，我们带领游击队前去迎接。途中，碰到一些溃散的士兵，才知道王泰吉率领一部分义勇军已从西边奔向照金。于是，我们又率领部队急向回赶。傍晚时候，我们在绣房沟见到了王泰吉和他带的部队，双方都很激动。我拉着泰吉的手说：“泰吉同志，欢迎你！党和同志们都欢迎你和抗日义勇军！”王泰吉紧紧握着我的手说：“是啊，不容易！今天，我们总算回到党和革命的怀抱里了！”我说：“在目前这样艰苦的形势下，你率部起义，难能可贵，意义很大。”王泰吉却以自责的心情指着正在休息的义勇军战士说：“你们看看，我才带来这么一点人！”我笑着宽慰他说:“兵不在多而在精。比起起义时,人数虽然少了,质量却高了。想跑的跑了,坚决革命的都跟来了。有了这个力量,咱们以后就好大发展了。”当时,陕甘边革命根据地的总部设在薛家寨,绣房沟就在薛家寨的山脚下。我们让义勇军和游击队在下边安营休息、整顿,我和张秀山、李妙斋、王泰吉以及义勇军的党代表刘映胜[23]同志一起上了寨子。

王泰吉对于辘辘把的失败很痛心。他说他原想带出来两三千人,可是,手下有些人,过去都是好朋友,到紧要关头就叛变了。我对泰吉说,你们过去的关系都建立在私人感情上,没有革命的政治思想基础。你起义为的是抗日救国,干革命,那些人跟着你起义是想发财。他们搞到了一笔钱,银元、元宝、大烟土,腰里装得满满的,哪有心思跟你为革命去拼命?! 王泰吉听后,长长地“嗨”了一声,说:“我现在才明白了!”随后,我们一起仔细探讨起义失败的原因,研究以后的战斗方案。

后来,耀县游击队、红二十六军第四团等几支革命武装力量,也相继来到照金。中共陕甘边特委决定成立中国工农红军游击队陕甘边临时总指挥部,统一指挥红二十六军第四团、西北民众抗日义勇军、少年先锋队和耀县、旬邑、淳化等几支游击队,任命王泰吉同志为总指挥。他带领部队向陕甘边游击。进军途中,机动灵活,消灭了一支民团,紧接着又将计就计,派战士化装成民团,深入敌穴,巧妙地打开了旬邑县伪县府所在地张洪镇。这时候,刘志丹同志南山脱险,回到照金,被任命为中国工农红军游击队陕甘边临时总指挥部参谋长。泰吉、志丹等同志带领部队,长途奔袭,打开了甘肃省合水县城,先后毙、伤、俘敌县长、县党部书记长、民团团长以下三百多人,处决了一批罪大恶极、民愤很大的土豪劣绅和反动官吏,缴获了大量的武器弹药和军用物资。红军游击队威名大震,陕甘边的贫苦人民欢欣鼓舞。

一九三三年深秋,王泰吉带领部队行至庆阳县的三十里铺,甘肃敌军杨子恒旅的赵文治团和谭世麟[24]的庆阳五属民团骑兵营跟踪追击,咬住不放,一连追了几天。我军因长途奔袭,连续作战,非常疲劳,甩开敌军后,宿营在庆阳县的毛家沟门村。拂晓时分,赵文治团突然袭击,猛攻我军总指挥部驻扎的北山坡。红军战士疲劳过度,正在酣睡,情势非常危急。王泰吉并不慌乱,他首先带领身边的警卫人员冲下山坡,涉过小河,顽强阻击,顶住了敌人的凌厉攻势,掩护总指挥部和部队向北山上转移。然后,他又赶到山顶上,组织部队,准备反击。他命令骑兵连全部下马,注意隐蔽,准备冲杀;命令义勇军和各路游击队抽调精兵,坚守山头;又命令把手榴弹全部收集起来,运上前沿,集中使用。一切准备停当,只见敌军一窝蜂似地向山上涌来。王泰吉手提匣子枪,坚定而沉着地说:“同志们!敌人已经追击我们好多天了!今天,我决心和大家一起冲锋,把这一股敌人消灭掉!”“要革命就要有不怕死的精神,敌人不到跟前不许乱放枪,听到冲锋号就要勇敢地冲锋,把敌人压下去!”敌人扑到跟前的时候,王泰吉一声令下,一阵手榴弹炸得敌人晕头转向,密集的排子枪和机枪打得敌人倒地一片,前面的敌军掉头鼠窜,后面的敌人不战自溃。冲锋号响了,王泰吉手挥匣子枪,高喊:“冲呀!”率领部队,冲下山坡。战士们见总指挥舍生忘死带头冲锋,一个个挺起刺刀,如猛虎下山,直扑敌群,顷刻之间,把多于我军三倍的赵文治团完全冲垮了。王泰吉、刘志丹带领红军战士,乘胜追击,杀得敌人四散逃跑,尸横遍野。谭世麟见势不妙,带着他的骑兵营仓皇逃跑了。

毛家沟门这一仗，王泰吉力挽狂澜，以少胜多，以他那坚定正确的政治方向，灵活机动的战略战术，英勇顽强的无畏风格，使红军转危为安，转败为胜，一举震惊陕甘，打出了军威！

一九三三年十一月七日，红二十六军四十二师在甘肃省合水县莲花寺宣告成立，王泰吉被任命为师长。春节前夕，得知刘桂堂（刘黑七）率领山东人民军武装近万人来到豫陕边境地区，王泰吉主动提出前去说服刘桂堂举起抗日旗帜，共同对敌。经党组织同意后，阴历正月初二，他改装易服秘密从师部出发，去执行这一重大的革命使命。当行至淳化县通润镇时，被旧友敌民团团总马云从出卖，将他扣押，解送西安。

王泰吉在监狱中，表现了一个共产党员的浩然正气。在被囚禁的十多天里，他写出了万余言气壮山河的诗词，总结了自己战斗的一生，抒发了献身革命的豪情，充分表现了一个共产党员铁骨铮铮、视死如归的大无畏精神。一九三四年三月三日，王泰吉在西安英勇就义。当时，年仅二十八岁。

王泰吉的一生，是革命和战斗的一生。他先后参与发动和领导了麟游、渭华、耀县三次起义，屡遭挫折仍然奋斗不息，为建立和壮大革命武装作出了重要贡献。他曾两次被国民党反动派关进监狱，受尽折磨，却坚强不屈，在狱中写诗言志，蔑视敌人不过是“虱蚤”一样的“丑类”。临刑前，他在《绝命词》中写道：

为圆寂，
将门儿掩，
谁也不见；

学秃陀参禅，
像睡佛咒天；
将孔孟抛在一边。
劳什子吓破几许英雄胆！
咱从来不说奈何天。
这头颅任你割断，
这肉体任你踏践，
一切听自然。

王泰吉这种为革命大义凛然、从容就义、勇于献身的精神，是特别值得我们敬仰和学习的。

王泰吉从学生时代就积极投身革命活动。在那风雨如晦、白色恐怖的日子里，他毅然宣布自己的革命目的在于“求解放”、“红旗飞”、“宇宙红”。麟游起义失败后，他给父母的信中写道：“男以身贡献社会，生死利害，在所不计。”后来，在敌人的监狱里，他以“不期大名垂宇宙”、“功名不必自我成”的诗句，表明自己投身革命没有任何“功名”、“利禄”的追求。相反的，他乐于用自己的生命为革命开路，把一切献给人类最壮丽的解放事业。这种崇高的毫不利己的革命情操和纯洁的品质，永远是每一个革命者学习的榜样。

王泰吉和历史上所有的英雄人物一样，在一生的征途中，有过缺点，也犯过错误。但是，他能认识错误和勇于承认错误。每次遭受挫折后，他都能回过头来冷静地反省自己，检查得失，总结经验教训。当起义失败后，他为革命事业“摧折零落”、“毛羽萎败”而自责，检讨自己“愧无良平智量深”。在失掉和党的联系暂寄杨虎城部下时，他观察形势，寻找时机，终于在党的领导下发动了耀县起义，把国民党的武装带入革命的营垒，用行动展示了急于回到母亲怀抱的赤子之心。当他被马云从出卖，身陷囹圄时，痛定思痛，呼出了“狐鸦结交吾有愧”的悔恨之声。王泰吉同志这种严于律己、勇于自我解剖的精神，是十分珍贵的。

王泰吉同志是早期投身革命的知识分子。学生时代，他刻苦攻读，博览群书，受到革命思想的启迪，即立志献身共产主义事业。在艰苦的革命斗争中，他始终不放松学习。他向书本学，向群众学，向实践学，使他从“屡经起义与愿违”的失败中，很快地总结经验，增长才干，取得了斗争的主动权。巧打张洪镇，奇袭合水城，毛家沟门力挽狂澜、转败为胜，都表现出他善于学习，善于集中群众智慧，善于从实际出发，克敌制胜的军事才能。在紧张的军事行动中，他还写诗言志，鼓舞士气。他的诗词，为无产阶级的文化园地，增添了一笔绚丽的光彩。

王泰吉同志是我党领导的西北红军和陕甘革命根据地的创建人之一，是优秀的共产党员和杰出的无产阶级革命战士。他在就义前的《绝命诗》中写道：

崤函振鼓山河动，
萧关频翻宇宙红。
系念袍泽千里外，
梦魂应知寄愁容。

我们知道，中国革命能够胜利，人民能够当家作主，建设社会主义祖国，是与无数革命先烈团结人民、英勇奋战、流血牺牲分不开的。今天，我们纪念王泰吉同志，就要学习他那崇高的品德和革命的精神，发扬优良传统，在党中央的领导下，自力更生，艰苦奋斗，勇于改革，开拓前进，为实现党的十二大[25]提出的宏伟目标，把我国建设成现代化的、高度文明、高度民主的社会主义国家而贡献自己的一切力量!

■注 释

[1]王泰吉,见本书《关中党史简述》注[18]。

[2]魏野畴,见本书《纪念杜斌丞、杨明轩同志》注[8]。

[3]黄埔军校,见本书《永远难忘的怀念》注[31]。

[4]甄寿山,当时陇东的地方军阀。

[5]麟游起义,指一九二八年春王泰吉所部驻陕西麟游时发动的有三百余人参加的起义。

[6]唐澍(一九〇三——一九二八),河北易县南贾庄(今属徐水县)人。一九二四年加入中国共产党。一九二七年底任西北工农革命军游击支队总指挥,参与领导清涧起义。一九二八年任工农革命军总司令,参与领导渭华起义,同年七月牺牲。

[7]刘志丹,见本书《关中党史简述》注[4]。

[8]许权中(一八九四——一九四三),陕西临潼(今西安市临潼区)人。一九二五年加入中国共产党。一九二八年任工农革命军顾问兼骑兵分队队长,参与领导渭华起义。一九三三年参加抗日同盟军,任副军长兼十八师师长。一九三六年参加西安事变,任国民党十七路军独立旅旅长。一九三七年参加忻口会战,后任国民党一七七师参谋长。一九四三年任国民党第四集团军高级参议。因长期从事中共地下工作,一九四三年年底被国民党特务暗杀。

[9]渭华起义,即渭华暴动,见本书《关于渭北苏区》注[4]。

［10］杨虎城，见本书《关中党史简述》注［17］。

［11］一九三一年九月十八日，驻中国东北的日本关东军自毁南满铁路沈阳北郊柳条湖一段路轨，反诬中国军队破坏，随即炮轰中国东北军驻地沈阳北大营，次日晨沈阳被日军占领。九一八事变是日本帝国主义蓄谋以武力征服中国的开端。

［12］苏维埃，见本书《关中党史简述》注［6］。

［13］冯玉祥（一八八二——一九四八），安徽巢县（今巢湖市）人。爱国将领。一九二四年发动北京政变，任国民军总司令、国民军联军总司令，参加北伐。一九二七年任国民革命军第二集团军总司令。一九三三年与共产党合作，在张家口组织抗日同盟军，任总司令。一九三六年任国民党政府革命军事委员会副委员长。抗战爆发后兼任第三、第六战区司令长官，不久被蒋介石解除职务。一九四六年以“考察”名义出国，反对内战、独裁，号召建立联合政府。一九四八年参加中国国民党革命委员会，任政治委员会主席。同年九月一日由美国返回中国参加新政协会议途中遭遇火灾逝世。

［14］方振武（一八八五——一九四一），安徽寿县人。一九二五年任国民军联军援陕副总指挥，第三方面军总司令。一九二八年任国民革命军第四军军长，第六路军总指挥兼安徽省政府主席。一九三三年在晋南组织抗日救国军，任总指挥。同年任抗日同盟军副总司令、北路前敌总司令。抗日同盟军在日蒋联合进攻下失败后，流亡海外。一九四一年在广东中山县被国民党特务杀害。

［15］吉鸿昌（一八九五——一九三四），河南扶沟人。一九三二年加入中国共产党。一九三三年任抗日同盟军北路军前敌总指挥。抗日同盟军在日蒋联合进攻下失败后，潜往天津继续从事抗日活动。

一九三四年参与组织中国人民反法西斯大同盟，被推为主任委员。同年十一月被国民党反动派杀害于北平陆军监狱。

[16]谢子长，见本书《跟着毛泽东走就是胜利》注[4]。

[17]赵伯平（一九〇二——一九九三），陕西蓝田人。一九二七年加入中国共产党。曾任中共陕北特委书记，中共三原中心县委书记，中共陕西省委常委兼宣传部部长、组织部部长，中共陕西省工委书记，中共关中地委书记兼关中军分区政治委员。新中国成立后，任中共西安市委书记，中共中央西北局常委兼宣传部部长，中共陕西省委第二书记，陕西省人民委员会党组书记、副省长，陕西省人民委员会省长，全国人大常委会副秘书长。

[18]杜衡，见本书《关中党史简述》注[14]。

[19]苏区，见本书《关中党史简述》注[13]。

[20]照金，见本书《关于关中分区的反磨擦问题》注[11]。

[21]张秀山，见本书《关中党史简述》注[22]。

[22]李妙斋，见本书《关中党史简述》注[11]。

[23]刘映胜（一九一〇——一九八八），陕西渭南人。一九二六年加入中国共产党。一九二八年参加渭华起义。一九三一年一月至一九三三年八月历任共青团陕西省委书记，中共陕西省委常委兼组织部部长，中共三原中心县委书记，渭北游击队总指挥部政治委员，西北民众抗日义勇军政治部主任，中共陕西临时省委书记。一九三三年九月被捕，从此脱离中共组织。先后在《工商日报》等报社任职。新中国成立后，长期从事教育工作，曾任西安市政协委员。

[24]谭世麟，当时陇东的地方军阀。

[25]十二大，见本书《总结社会主义建设的经验和教训》注[3]。

克服“左”的思想影响，开创侨务工作新局面*

（一九八四年四月二十一日）

根据中央书记处的指示精神，我就以下两个问题讲点意见。

第一个问题，坚决克服“左”的思想影响，全党都要重视侨务工作

我们党历来重视侨务工作。在我国革命和建设的每个时期，党都把做好华侨工作作为壮大统一战线，实现党的总任务和总路线中不可缺少的一个重要方面。同志们都知道，无论在我国的民主革命时期，还是社会主义革命和社会主义建设时期，广大华侨坚持发扬热爱祖国、关心国家大事、支援祖国发展经济文化事业的光荣传统，在各方面作出了重大的贡献。早的不说，在抗日战争和解放战争时期，由于党的重视，由于我们有正确的路线，许多华侨青年远涉重洋，不畏艰险，返回祖国，奔赴延安和其他革命根据地，学习革命理论，献身革命事业；许多爱国的、有正义感的华侨领袖和广大华侨拥护我们党的政治主张，在精神上和物质上都给了我党我军以很大的支持和帮助，为全国人民的解放和我们共同奋斗。陈嘉庚[1]老先生就是一位

* 这是习仲勋在省、自治区、直辖市侨办主任会议上的讲话。标题为编者所加。

最杰出的代表。新中国成立以后,党中央和人民政府对华侨更为关心,对侨务工作更加重视,毛泽东同志和周恩来同志始终亲自过问侨务工作,制定了一系列正确的方针政策,其中不少文件至今仍是指导侨务工作的重要依据。新中国成立初期,许多华侨抱着报效祖国的愿望回国参加经济建设。可惜的是,由于我们党的工作在指导方针上逐渐发生了严重的失误,"左"的思想不断发展,政治运动一个接着一个,广大归侨、侨眷因为有所谓"海外关系"或其他"问题",在历次政治运动中往往受到冲击,不少人甚至成为斗争对象。特别是在十年"文化大革命"的动乱期间,林彪[2]、江青[3]反革命集团疯狂破坏党的侨务政策,极左思潮到处泛滥,更是给广大归侨、侨眷带来了空前的灾难,使许多人蒙受冤屈,不少人被迫出走,重新去过海外游子的生活。这许多亲痛仇快的现象,严重伤害了广大华侨的感情,严重败坏了我们党和国家的声誉。教训实在深刻啊!

在党的十一届三中全会[4]以后,我们的党和国家很快恢复和发扬了一贯关心华侨、重视侨务工作的精神,党中央、国务院对侨务工作作过多次重要指示,明确规定了新的历史时期侨务工作的基本方针和基本政策,并且在实际工作中取得了很大成绩。我国的新宪法[5]明确规定:"中华人民共和国保护华侨的正当的权利和利益,保护归侨和侨眷的合法的权利和利益。"单以最近召开的第三次全国归侨代表大会和这次省市区侨办主任会议来说,中央书记处就分别开了两次会议,听取和讨论了国务院侨办党组的汇报,胡耀邦[6]等同志都讲了许多很重要的意见。两个会议开幕时,乌兰夫[7]同志代表党中央、国务院作了致词。在京的党和国家领导同志专门接见了参加两个会议的同志。这些情况都充分表明党中央、国务院对侨务工作是极为重视的。

我们必须看到，从党的十一届三中全会到党的十二大[8]期间，我们党在指导思想上完成了拨乱反正的艰巨任务，并且在各条战线的实际工作，包括侨务工作中，都取得了拨乱反正的重大胜利。但是，我们还必须看到，二三十年来，在政治路线和方针政策上长期形成的“左”的思想还没有完全清除，在各地方和各部门的实际工作中仍然不同程度地妨碍着党的路线、方针和政策的贯彻执行。这种情况，在侨务工作中表现得也很突出。如不少同志对侨务工作的重要性，至今还缺乏明确的认识。在工作中，首先想到的往往还是什么“海外关系”、“历史不清”、“背景复杂”等所谓的问题，因而心存疑虑，缩手缩脚。这种对“左”的思想熟视无睹、克服不力的现象，正是现在许多地方和部门的领导上软弱涣散的一种重要表现。因此，只有坚决克服“左”的思想影响，才能进一步做好侨务工作，取得新的更大的成绩，促使全党的同志自觉地重视侨务工作；也只有全党的同志更自觉地重视了侨务工作，才会更坚决地去克服“左”的思想影响。这里，我所以着重讲了克服“左”的思想影响的问题，是因为它是我们当前做好各项工作的主要障碍。这当然不是说，在我们的工作中没有右的东西，我们也要注意防止和解决好这方面的问题。

我们说侨务工作很重要，是因为这一工作是涉及现在居住在世界各地的大约三千多万华侨和外籍华人，两千多万归侨和侨眷，共约五千多万人的问题。世界上没有一个国家有这么多侨民和本国血统的人在国外生活，也没有这么多的归侨和侨眷，这是我国特有的国情。无论是华侨也好，还是已经加入外国国籍的华人也好，都是中华民族子孙。他们历来都有爱国、爱乡的思想和热情，都有支援我国革命和建设的光荣传统，都希望我国日益兴旺发达、繁荣富强。特别是党的十一届三中全会以来，他们看到我们的党和国家由于实行了富民强国的正确方针，各方面都出现了欣欣向荣的大好形势，都为此而感到欢欣鼓舞，都想为振兴中华、实现祖国的统一大业贡献自己的一份力量。

八十年代乃至九十年代，是我们党和国家历史发展上的重要年代。为了加快我国的社会主义现代化建设，我们要坚定不移地执行对外开放、对内搞活经济的政策。今年二月，邓小平同志从广东、福建两省的经济特区视察回京后，在一次谈话中指出：“我们建立经济特区，实行开放政策，有个指导思想要明确，就是不是收，而是放。”[9]为了贯彻落实邓小平同志的这一指导思想，中央书记处和国务院于三月二十六日至四月六日在北京召开了沿海部分城市座谈会，决定进一步开放十四个沿海港口城市[10]，作为我国实行对外开放的一个新的重要步骤。在这一情况下，做好侨务工作就更为重要。中央书记处认为，现在居住在世界各地的三千多万华侨和外籍华人，是一支很重要的力量。认真做好他们的工作，对我国加快四化建设、完成统一大业、扩大海外影响和争取国际友人，都有非常重要的意义和作用。

这几千万华侨和外籍华人拥有大量资金，他们之中又有许多专门人才，懂科学技术，擅长经营管理。只要我们政策正确，方法对头，审时度势，因势利导，就有可能把他们的积极性调动起来，在我国四化建设中发挥重大作用。据说，华侨和外籍华人在海外大约有两千亿美元的资金。可以设想，如果能在八十乃至九十年代吸收他们拥有资金的百分之十，即大约二百亿美元，这对我国的四化建设将是一个很大的支援和帮助。为此，中央已决定通过立法对华侨和港澳同胞、台湾同胞等在祖国大陆投资给以优惠待遇。同时，华侨和外籍华人也是我们引进人才的重点。外籍华人和我们有共同的民族感情，大多数人和我们语言、文字相通，他们来华工作有许多便利条件。我们要在完全自愿的基础上，从现在分布在世界各地的几十万华侨和外籍华人学者、专家和其他人才中，邀请其中一部分愿意回来的人来华工作。在当前，主要办法是请他们短期回国或来我国服务，如讲学、进行学术交流等。对他们要真诚相待，密切合作，提供好的工作条件，保证来去自由。

关于做好侨务工作对我国四化建设的重要性，广东等地的同志体会较深。广东省实行特殊政策以来，引进的资金和技术中的绝大部分，来自华侨和外籍华人。从全国来说，在世界各地的华侨和外籍华人，以祖籍是广东、福建两省的人最多，其他地方人的数量虽然少一些，但他们也都有爱国、爱乡之情，都愿为祖国、故土的繁荣、富裕和文明作出贡献。所以，全国各地都要重视和做好侨务工作。听说最近江苏、河南等地在这方面又探索了一些好经验。希望各地同志都能进一步解放思想，创造出更多的好经验，作出更大的成绩来。

我们还应当看到，在三千多万华侨和外籍华人中，有不少人是从台湾出去的，又有更多的人在台湾有亲戚朋友。有的人可以到台湾去，也经常到大陆来。通过他们，可以沟通大陆同台湾的联系，这是一条很自然的渠道，它对祖国统一大业的促进作用，是其他任何力量所代替不了的。

三千多万华侨和外籍华人，在他们居住的国家，又都有一定的社会联系，他们中的著名人士有更大的影响。所以，做好华侨和外籍华人的工作，使他们了解我们党和国家的方针政策，了解我国越来越好的政治、经济形势，对于扩大我国的政治影响，争取更多的国际友人，促进我国同有关国家的友好往来和经济合作，同样可以起到别的方面无法起到的作用，这个道理也是不言自明的。

从当前国内外形势看，对做好上述各项工作，我们也有比以往任何时候都更为有利的条件。我们国内政治局势日益稳定，经济建设稳步发展，人民生活明显改善；我国独立自主的外交政策和外事工作也取得了很大胜利，国际威望大为提高。特别是在我们的党和国家对台湾、香港的方针政策更加明朗、具体化的影响下，华侨和外籍华人对我们伟大祖国的向往和感情不断增强，他们希望早日实现统一大业、国家日益繁荣昌盛的心情越来越强烈。有人说，近几年，在华侨和外籍华人的心中又重新燃起了热爱我们伟大祖国的火焰。我看这种说法比较符合实际情况，我们应当努力做好他们的工作。

侨务工作的另外一个重要方面，就是要做好国内两千多万归侨和侨眷的工作。在归侨和侨眷中有一大批知识分子，其中不少人是学有专长、获有成就的高级技术人才。他们是国家的宝贵财富，是我国进行社会主义现代化建设的一支重要力量。归侨和侨眷同国外亲人有着千丝万缕的联系，如果各项侨务政策都在他们身上得到了较好的落实，就能够通过他们的切身感受，影响国外的亲人，增强国外华侨和外籍华人爱国、爱乡的思想感情。所以，做好国内归侨、侨眷的工作和做好国外华侨、外籍华人的工作，是同等重要、相辅相成的。

目前，是不是全党的同志都真正认识到侨务工作的重要性呢？我看未必。如有的地方、有的部门的领导上就不重视或不很重视侨务工作，有些同志对侨务工作存有某些偏见；违反侨务政策的情况也时有发生，有的事情简直令人难以容忍。例如：福建省仙游县林业局林科所助理工程师、归侨韦梓凯被压制歧视事件，实在欺人太甚，逼得人家只好申请出国。直到胡耀邦同志作了明确的批示，报纸、电台公开点名批评后，才获得解决。类似这样的典型事件，在其他地方也有。因此，我们希望各级党委和政府，一定要重视这个问题，并且加强领导，采取切实措施，坚决维护侨胞的合法权益，保护和发扬侨胞爱国爱乡的思想和热情。无论哪个地方损害侨胞的合法权益，挫伤或压制侨胞爱国爱乡的思想和热情，都是错误的，都是违反国家宪法和党的方针政策的。全党同志都要把是否重视侨务工作，能不能正确执行党的侨务政策，提高到是不是同中央在思想上政治上保持一致的高度来认识。

做好侨务工作，是全党的事情，光靠侨务部门的努力是不够的。只有全党认真重视，有关部门齐心协力，充分调动各方面的力量，发挥各个部门的积极性，才能把这项工作真正地做好。华侨心里有祖国，祖国心里有华侨。各级党政领导机关和领导干部，尤其是党的高级干部，一定要有华侨观念，要把侨务工作装进自己的头脑中去，定期听取汇报，检查工作，提出意见，解决问题。做好侨务工作是各级侨务部门的职责所在。他们的担子很重，工作很艰苦，要以饱满的政治热情，扎扎实实地工作，在有关部门的积极配合下，通过全党同志的共同努力，卓有成效地发展侨务工作的大好形势。

第二个问题，坚决贯彻执行党的方针政策，努力开创侨务工作的新局面

按照中央的决定，这几年先后恢复了国务院侨办、各地侨办和各级侨联的工作。在廖承志[11]同志的主持下，积极克服种种困难拨乱

反正，大力落实党的各项侨务政策，做了大量工作，取得了显著成绩。主要的是，平反纠正了大量冤假错案，初步落实了归侨知识分子政策，“文化大革命”中被侵占的华侨私房大部分已经退还本人，预计今年上半年可以全部退清；还为许多提前改变地主成分的华侨户落实了政策，安置了大批印支难侨[12]和零星回国的华侨，几十万归侨和侨眷被批准去海外探亲，等等。这几年的侨务工作，在为四化建设服务和促进祖国统一方面，也越来越发挥着重要作用，并且总结和创造了一些好的经验；在维护归侨和侨眷的合法权益，兴办、发展归侨和侨眷的经济、文化和教育事业，改善他们的物质文化生活方面，也都取得了一些新的成就。

当然，我们在充分肯定成绩的同时，也要看到我们的侨务工作还有不足的地方。我们要认真学习和坚决执行中央对新时期侨务工作的重要指示，进一步解放思想，放开手脚，抓紧时机，努力工作。下面，我对怎样开创侨务工作新局面的问题，讲几点意见。

首先，各级侨务部门的党组织，都要在上级党委领导下，严格按照中央整党决定的精神，认真做好整党工作。这是加强侨务部门的思想建设、组织建设的关键一环，只能搞好，不能走过场。根据中央整党决定的精神，结合侨务工作的实际情况，侨务部门的党组织在整党中要注意解决好三个问题：一是统一思想，明确方向。要坚信党的路线、方针和政策，包括侨务工作的方针政策是正确的。要明确在党的总任务、总目标（翻两番，两个文明建设和三大任务）下，侨务工作应该做些什么和怎样去做，从而真正做到从思想到行动都和党中央保持一致，更好地为四化建设服务。二是增强党性，转变作风。从事侨务工作的同志，经过整党要使自己的思想感情来一个大的变化，真正树立起全心全意为侨胞服务的思想。要坚决纠正官僚主义、以权谋私等不正之风，严肃查处违反党的侨务政策，侵害侨胞合法权益等违法乱纪事件。特别要注意增强党性修养，提高严格遵守纪律的自觉性。三是整顿、健全组织，逐步建立一支热心侨务工作、具有专业知识、通晓侨务政策、严格遵守纪律、密切联系侨胞的侨务干部队伍。特别要有计划、有组织地从归侨和他们的子女中培养提拔大批中青年干部，逐步达到中央书记处的要求，在侨务部门中归侨干部要占百分之七十以上。老的侨务工作干部，要把培养提拔中青年侨务干部和建立第三梯队[13]作为一项最重要的工作切实抓紧抓好，对新提上来的同志要做好传帮带工作，并支持他们大胆放手地工作。必须看到，侨务工作政策性很强，一件事办得好坏，都会产生不同的影响。所以，从事这一工作的同志更需要有坚强的党性和办事能力，党组织要加强对他们的培养教育和帮助指导。

第二，要加快落实侨务政策的步伐，凡有华侨和外籍华人的地方，党政领导机关都要认真重视和切实抓紧这一工作。要经常抓，认真抓，一抓到底，抓出结果来。我们常说做好国内工作是做好国外工作的基础，就侨务工作来说，做好国内归侨和侨眷工作，也是做好国外华侨和外籍华人工作的基础。在这方面重要的一条，就是真正落实政策。这是最好的宣传。与其口头上天天讲落实侨务政策如何重要，不如真正做几件实在的事所起的作用大；切实解决好一个人的问题，远比写多少篇宣传文章要有效得多。在抓紧贯彻执行现行各项侨务政策中要特别注意：对归侨、侨眷一定要安置好，对他们的入党、入团和参军、升学等问题，要同其他群众一样一视同仁，决不允许有任何歧视；在归侨知识分子和其他先进分子中，要重视和做好发展党员的工作;要善于发现人才,使用人才,对他们的工作分配要适当照顾,不合理的要适当调整,务求做到有职有权,人尽其才;对确有真才实学的各种专门人才,在工资待遇上可以高一些;对归侨的生活方式、生活习惯不要干预,对归侨知识分子应当给予更多的尊重和照顾。在处理历史遗留问题时,对社会主义改造中被错误改造的私房和土地改革中被错误没收的华侨房屋,以及代管的华侨房屋问题,要抓紧提出具体办法,经中央、国务院批准后,分期分批地予以解决。要坚决按照中央书记处的要求,在今后五年内,把落实侨务政策的工作真正做好,把历史上的欠账全部还清。

第三,在实际工作中,既要解放思想,放开手脚,又要谨慎稳妥,严格按照政策办事。要特别注意,在大约三千万华侨和外籍华人中,后者约占百分之八十以上。外籍华人同华侨既有相同的方面,如共同的民族感情,传统习惯和利益,以及与我们国内千丝万缕的联系等等;也有不同的方面,如从法律上讲,他们已取得住在国的国籍,是住在国的公民。因此,我们在同外籍华人交往中,一定要注意方式方法,工作要周到细致。要防止两种倾向:一是把外籍华人同华侨完全等同看待,不注意国籍界限,使外籍华人感到为难,以致引起他们住在国的疑虑和不安,给他们在当地长期生存造成困难。二是把外籍华人同一般外国人完全等同看待,因而不重视、不进行能够进行的工作,以致伤害外籍华人的民族感情和支援我国建设的积极性。我们对这两方面的问题要十分重视,在宣传工作上更要严格按照有关的方针政策办事,一定要做到内外有别。有些事情要多做少说,有些事情是只做不说。一定不能发生错误,授人以柄,被人利用。

第四,不断改进工作方法。到会同志普遍反映,侨务部门任务很重，人手不足，困难较多。这一情况我们是知道的。在坚持精简机构的原则下，如果有的地方侨务部门现有的编制名额、人员的数量和质量确实影响开展工作时，只要主动地、如实地向党和政府领导机关反映情况，提出建议，我想领导上是会予以适当考虑和解决的，起码要形成个三人小组嘛。但是从侨务部门的同志来说，更重要的是要注意组织的精干和人员的质量，注意改进自己的工作方法。上面已经说过，做好侨务工作是全党的事情，必须主动地及时地向有关党政领导机关汇报情况，请示工作；还要善于做好宣传工作，利用各种可能的机会向有关部门和同志介绍侨务工作的情况，宣传侨务工作的方针政策。有的在报刊、广播和电视上公开宣传，有的在内部刊物上宣传，以求引起大家的重视，并善于协助党政领导机关动员和组织各方面的力量，如各级人大常委、政协、统战、外事等有关部门和人民团体等协同开展工作。不解决好这个问题，恐怕再给侨务部门增加多少人也难以完全担当起这一重任。

在这方面，除了积极取得党政有关部门和人民团体的支持和帮助以外，很重要很有效的办法是充分发挥侨联组织的作用。各级侨办和侨联性质虽然有别，工作各有侧重，但总的任务则是相同的。要把这两个组织办成“侨胞之家”，通过这两个组织，动员和团结广大侨胞做好侨务工作。在这两个组织工作的同志，特别是领导同志，都要运用召开座谈会、登门拜访、深入调查、广交朋友、交心谈心等办法，了解侨胞和侨眷的思想，体察他们的情绪，听取他们的呼声，关心他们的疾苦，不断加强同他们的联系。要坚决维护侨胞的合法权益，勇于同各种歧视侨胞的现象和其他违法乱纪的行为进行斗争。要理直气壮地为侨胞说话、办事，谋福利。只要我们这样做了，就一定能够充分调动和发挥广大侨胞参加四化建设的积极性。至于同志们提到的各级侨务部门的隶属关系等问题，请国务院侨办党组负责同志同有关部门同志共同研究后，提出具体意见，报党中央和国务院审批，以求尽快地把这些问题解决好。

■ 注　释

[1]陈嘉庚(一八七四——一九六一)，福建同安县集美社(今厦门市集美镇)人。爱国华侨领袖。抗日战争时期，任南洋华侨筹赈祖国难民总会主席，积极支持国内的抗战事业。抗日战争胜利后，积极参加反蒋爱国民主运动。新中国成立后，任中央人民政府委员，全国政协副主席，全国人大常委，中华全国归国华侨联合会主席。

[2]林彪，见本书《落实知识分子政策，加强党对教育工作的领导》注[3]。

[3]江青，见本书《永远难忘的怀念》注[50]。

[4]十一届三中全会，见本书《在肇庆地委常委扩大会议上的讲话》注[2]。

[5]见本书《在各省、自治区、直辖市人大常委会负责人座谈会上的讲话要点》注[3]。

[6]胡耀邦，见本书《要把农业科学研究摆到重要的位置》注[10]。

[7]乌兰夫，见本书《用改革的精神开创政协工作新局面》注[3]。

[8]十二大，见本书《总结社会主义建设的经验和教训》注[3]。

[9]见邓小平《办好经济特区，增加对外开放城市》，《邓小平文选》第三卷，人民出版社一九九三年版，第五十一页。

[10]十四个沿海港口城市，指天津、上海、大连、秦皇岛、烟台、青岛、连云港、南通、宁波、温州、福州、广州、湛江和北海。

[11]廖承志，见本书《在暨南大学开学典礼和成立二十周年校庆大会上的讲话》注[6]。

[12]印支难侨，见本书《坚决制止偷渡外逃》注[4]。

[13]中共十一届三中全会后，为了有步骤有秩序地实现新老干部的合作与交替，邓小平、陈云等多次强调，要注意使各级领导班子形成合理的梯形结构。中共中央作出了按照干部“四化”（革命化、年轻化、知识化、专业化）标准积极选拔优秀中青年干部，建设第三梯队的战略决策。第三梯队是相对于第一、第二梯队而言，陆续走上各级领导岗位的中青年干部。

对一些保教员体罚摧残幼儿问题的批语*

（一九八四年四月二十七日）

请妇联张帼英[1]同志派人协同卫生部妇幼司把此件所反映的问题一个一个地查清核实，作严肃处理。说句老实话，这是一个带普遍性的问题，务必在整党中逐步彻底解决。

习仲勋

四月二十七日

■ 注　释

[1]张帼英，一九三七年生，广东东莞人。一九五四年加入中国共产党。曾任中共仁化县委书记，中共惠阳地委副书记。一九八三年任全国妇联副主席、党组书记、书记处第一书记。一九八九年底任

* 一九八四年四月二十六日，新华社的一个刊物刊载了《一些幼儿园托儿所的保教员体罚摧残幼儿》一文，反映部分省市幼儿园、托儿所，对保育员教育不够、管理不严，以致不断发生体罚、摧残幼儿，甚至造成幼儿死亡伤残等情况。这是习仲勋阅后所作的批语。标题为编者所加。

中共广东省委副书记、全国妇联副主席。一九九八年任广东省人大常委会副主任。二〇〇一年任广东省人大常委会主任。二〇〇三年任全国人大华侨委员会副主任委员。

发扬五四光荣传统，做最富有创造精神的新一代*

（一九八四年五月三日）

五四运动是我国历史上一个划时代的伟大壮举。六十五年前，我国人民处在封建军阀的统治之下，受尽帝国主义列强的欺辱，面临着亡国的危险。在那国难当头之时，中华爱国青年率先奋起，在沉沉的黑夜中，第一次燃起了彻底的、不妥协的反帝反封建的火炬，进行了不屈不挠的斗争。这场青年运动后来和工人运动相结合，在俄国和当时的德国、匈牙利等国的革命运动的影响之下，迅速席卷全国，有力地推动并实现了从资产阶级领导的旧民主主义革命向无产阶级领导的新民主主义革命的转变。从此，中国革命出现了新的开端，中国历史进入了新的纪元！

五四运动是在马克思主义影响下，由一大群具有报国热忱的青年学生所发起的。他们以天下兴亡为己任，四海为家，英勇地站在运动的前头，敢于蔑视反动势力的淫威，不怕坐牢杀头，把一切被压迫的群众团结到“反帝、反封建”的神圣斗争中来，决心变革社会，内除军阀官僚，外抗侵略强权，创造由劳动人民当家作主的新中华。他们是勇于牺牲奋斗和创造的一代，永远值得我们学习歌颂。他们所开

* 这是习仲勋在首都各界青年纪念五四运动六十五周年大会上的讲话。

创的事业，经历千辛万苦，到了一九四九年，终于建立了伟大的中华人民共和国。今天，我们纪念五四运动，正是要继承和发扬五四的光荣传统，把五四先烈们所不能看到的建设社会主义更艰巨的事业担当起来，做最富有创造精神的新一代。

在五四以来的三分之二的世纪中，中国共产党领导全国人民推翻了帝国主义、封建主义、官僚资本主义"三座大山"，胜利地完成了新民主主义革命，使我们这个东方大国进入了社会主义社会。当代青年正处在国家兴旺发达历史迅速前进的重要关头，五四先烈们所追求的是"发愤图强，振兴中华"。我们要建设高度民主、高度文明的社会主义现代化强国。这是一项全新的开拓性事业。要闯出有中国特色的社会主义道路，就必须在马列主义、毛泽东思想指导下，在各条战线上去改革，去创造。如今世界的科学技术事业正在突飞猛进，世界人民争取和平，反对核竞赛、核战争的广泛斗争，也日益波澜壮阔。中国的现代化事业在今天的形势下，意义格外重大。全国青年唯有急起直追，奋起改革，献身于宏伟的建设事业，才能无负于我们的时代，才能使我们十亿人口的社会主义祖国以崭新的面貌出现于亚洲和世界。我们的党和人民所殷切希望于青年的正是要有这种大无畏的创造精神。只要有了这种精神，我们的民族就大有希望，我们的事业就一定会取得胜利。

青年要富有创造精神，必须认清历史发展潮流，提高社会主义觉悟，坚持正确的方向。

在五四运动中，青年是最先觉悟的成分。他们的觉悟突出地表现于开始接受马克思主义，辨明历史发展的潮流，并自觉地为推动社会进步而献身。在今天，我们的国家已经进入历史发展的新时期。

党的十一届三中全会[1]以来，我们党在指导思想上完成了拨乱反正的艰巨任务，在经济、政治、文化等各方面制定了一系列新的正确的政策，有力地促进了我国社会主义现代化建设的蓬勃发展。党的十二大[2]明确制定了在本世纪末实现工农业年总产值翻两番的总目标，提出要加强社会主义物质文明和精神文明的建设，为在八十年代至九十年代加紧社会主义现代化建设，争取实现包括台湾在内的祖国统一、反对霸权主义、维护世界和平三大任务而奋斗。在这个新的历史时期，青年们必须树立起对马列主义、毛泽东思想的坚定信念，掌握马克思主义的基本立场、观点和方法，这样才能像我们的英勇前驱者们一样，以敏锐的目光洞察和对待历史发展、社会变革以及人生历程中的种种问题，才能自觉地贯彻执行党的路线、方针和政策，真正成为新中国的一个有理想、有道德、有文化、守纪律的光荣建设者。

马克思在论证人民创造历史的规律时指出："人们自己创造自己的历史，但是他们并不是随心所欲地创造，并不是在他们自己选定的条件下创造，而是在直接碰到的、既定的、从过去承继下来的条件下创造。"[3]青年们要成为我国社会主义现代化建设进程中最富有创造精神的一代，必须遵循马克思主义所揭示的客观规律，认清我国当前的社会历史条件，顺应历史发展的潮流，以自己的创造贡献于自己的时代。青年们只有把自己的理想建筑在客观现实的基础之上，并投身于完成党在新时期的总任务的斗争实践之中，才能够实现，才可能放出超出一般人的光彩。反之，任何背离历史潮流的"个人设计"、"个人奋斗"，终归会落空、会失败。青年们决不能求助于幻想，不能指望发达的资本主义国家的恩赐，他们每个国家内部都有大量不可克服的困难，我们要努力学习他们的科学技术和某些管理经验，但是我们切不可认为资本主义在政治上、经济上、思想上还能给我们任何出路。未来只能属于社会主义，不能属于资本主义。因此，坚持四项基本原则[4]，走改革之路，建设有中国特色的社会主义现代化强国，这就是青年们应该坚持的正确方向。

青年要富有创造精神，必须具有丰富的知识。

任何时代的伟大创造，都离不开一定的知识。五四运动，不但是一次反对帝国主义和北洋军阀[5]政府的政治运动，也是一次提倡民主与科学的文化运动。无数的事实告诉我们，具有创造精神的一代，应该是知识广博的一代。创造的过程，实际上是将知识应用于生产实践和社会实践的过程，同时也是在实践中不断发展、丰富知识的过程。知识来源于实践，反过来又是创造的向导。闭目塞听、孤陋寡闻，或单凭热情和空想的蛮干，那就根本谈不上富有创造精神了。

当今的世界，科学技术的新发现、新发明、新创造日新月异，层出不穷。人类不仅有能力向整个地球开战，而且能够离开地球去探索宇宙的奥秘，开发宇宙的资源。不断深入和扩大的社会生产和科学实验等实践活动，产生出大量的新知识。了解、学习和使用最新知识越来越成为发展经济的最重要的手段之一。无论是工业、农业还是商业、服务业，劳动生产率、产品质量和服务质量的提高，都越来越依赖于体力劳动和脑力劳动在更高水平上的结合。

随着我国社会主义现代化建设事业的不断发展，特别是在进一步执行对外开放、对内搞活经济政策的新形势下，人们对于知识和知识分子的重要性的认识，对于先进的科学技术推动生产力发展的巨大作用的认识，已经有了很大提高。从战略上讲，青年们要跟上滚滚而来的新技术革命的潮流，必须面向世界，面向未来。所谓面向世界，就是眼界要放宽，不能只看到一国一省的情况，要纵览五洲四海，时刻关心世界各国经济技术发展的动向，及时研究、分析、吸收世界最新技术成果，迅速提高我国科学技术水平。所谓面向未来，就是眼光要放远，不能只看到眼前，要想到今后十几年、几十年世界可能是什么样，我国应该是什么样；不仅要明确当前的责任，而且要看到未来的责任，从今天和未来的需要出发，不断丰富、更新自己的知识，使自己真正能够担当起现代化建设的重任。我们应该有一种紧迫感，正视新技术革命的挑战。“凡事预则立，不预则废。”如果看不到这种形势，忽视采取相应的对策，就可能贻误时机，在某些方面落后得更远。如果我们能够抓住这个时机，采取正确的对策，就可能在社会生产的某些领域跳过传统的发展阶段，直接使用最新技术。新技术革命在全世界展开，大约是今后几十年内的事情，今天的青年正有机会赶上这个浪潮。青年们要珍惜这种历史的机遇，从现在起就及时奋起，努力学习。工业战线的青年应该努力学习和掌握现代文化科学、劳动技能和企业管理的知识，广泛开展技术革新，加速产品的更新换代，为提高经济效益而努力。农业战线的青年应该积极学习和推广农林牧副渔各业的先进科技成果，学会发展商品生产的本领，尽快地勤劳致富，建设我国的新农村。科学技术战线的青年既要努力学习，刻苦钻研，不断提高、更新自己的专业理论知识，更要理论联系实际，运用自己的知识去解决四化建设中不断出现的新问题，在实践中创造新的科技成果，攀登新的科学技术的高峰。其他各条战线的青年，也都要把学习和本岗位的生产、工作紧密结合起来，不断提高文化、技术素质。非常令人高兴的是，现在全国亿万青年中，已经开始出现一个学习的热潮。无论在城市还是在农村，学近代史、学时事、学科学、学管理学，并且把这些用于实践，用于改革，都呈现出方兴未艾之势。我们希望青年们把这种可贵的热情长久地保持下去，学有所成，用有所得，不断增长科学文化之才，以成就四化建设之功。

青年要富有创造精神，就要积极投身到改革的实践中去。

创造离不开实践。五四青年的创造精神，集中地表现于变革旧社会的革命行动。当代青年的创新精神，应当集中体现在改革一切不适应新形势新任务要求的制度和办法，为推进四化建设扫除障碍、创造有利条件的实际行动之中。坐而论道地空谈创造，将一事无成。要培养创造精神，必须到实践中去，到改革中去，因为改革最需要也最能体现创造精神。

新中国成立三十五年来，我们的社会主义事业蓬勃发展，取得了辉煌的胜利，显示了社会主义制度的无可比拟的优越性。但是，我们也应该看到，在现行的一些具体体制和办法中，还存在不少的弊端；生产关系和上层建筑的某些环节还不适应生产力的发展，需要加以改革和完善。社会主义制度的性质，决定了它自身的任何弊端和缺陷都是完全可以通过改革的方式加以解决的。改革是社会主义整个发展过程中的一项经常性的任务。

党的十一届三中全会以来，我们党有计划有步骤地领导着农业、工业、商业等各条战线的改革，并且首先在农业方面取得了重大的突破，创造了具有普遍意义的丰富经验。党中央在总结了几年来农村普遍实行联产承包责任制以来的成就和经验之后，今年又发出了中央一号文件[6]，鼓励农民大力发展商品生产。我们一定要积极促进农村经济，朝着专业化、商品化的方向前进。农村经济改革的丰硕成果和成功经验，极大地启发、激励和鼓舞着城市的领导干部和职工群众加快城市经济的改革。城市经济的改革虽然比农村要复杂得多，但农村经济改革的基本原则和基本经验，如扩大企业自主权，在某些行业和企业推行权、责、利统一的多种形式的经营承包责任制；坚持社会主义按劳分配原则，打破平均主义，奖勤罚懒，多劳多得，兼顾国家、集体、个人三者的利益，等等，则是有普遍意义的，对城市也是适用的。我们要根据城市经济的特点，认真总结推广城市经济改革的典型经验，积极学习、运用农村经济改革的成功经验，看准一个问题解决一个问题，积极、稳妥地进行城市经济的改革。我们的对外开放政策，一定要继续执行，而且要继续放开。大家知道，我们不但要认真办好和大力发展已经建立的经济特区，还要进一步开放十四个沿海港口城市[7]。在这十四个城市，放宽若干政策，改革现行的某些管理体制，使这些城市及其企业增强开展对外经济活动的活力。另外，其他战线的改革也在进行。青年们要经常了解改革，议论改革，研究改革，做改革的闯将和标兵。

青年最乐于也最敢于改革，始终是党领导改革所依靠的重要力量。最近胡耀邦[8]同志在一次谈话中说，年轻同志有三条优势：第一条，知识面比较宽。第二条，年富力强，精力旺盛。第三条，框框比较少，有一股冲劲。这几年的改革，大多数是年轻同志带头干起来的。现在，各行各业都面临着改革的任务，都需要以创造精神去开创新局面。无论是科学创造、技术创造、艺术创造、体育创造，都大有作为。今日的中国，正是英雄用武之地；今日的时代，正是志士建功立业的时代。

当然，改革不是轻而易举的。要改革必须有大无畏的精神，有胆有识，破除一切因循守旧、不求进取、无所作为的思想。在我国，由于长期封建社会的影响和千百年来小农经济的局限，使得保守的惰性相沿成习，至今仍是我们民族传统道德中的消极因素。当我们进行改革时，必然会遇到种种阻碍。要改革不但要同旧传统、旧体制、旧框框作斗争，还要同自己队伍里甚至自己身上的守旧思想作斗争。

改革创新没有现成的模式可效仿，需要在实践中去探索，去开拓。这当然就有成功与失败、正确与错误两种可能。自有人类以来，每一条真确的知识，每一个成功的创造，都不知包含了多少失败的教训。鲁迅[9]曾经举过这样的例子：古人找到螃蟹这样的美味之前，一定也吃过蜘蛛，尝过其他并不好吃的东西。他称赞这样的人是勇敢的人。在改革过程中出现一些缺点或毛病是难免的，不值得大惊小怪。因为改革中出了一些问题就对改革持怀疑态度或不敢再放开手脚去干，这种因噎废食的态度是很不足取的。犯错误固然会造成一定的损失，但也是一种学习，并且“无论从哪方面学习都不如从自己所犯错误的后果中学习来得快”[10]。用积极的态度对待错误和失败，从中吸取教训，增长才干，这是每个青年人从幼稚到成熟的必由之路。总之，一个虽有某些缺点错误但力求进取、勇于创新的青年，要比一个因循守旧，唯唯诺诺，不求有功但求无过的青年强得多。没有创造精神本身就是最严重的缺点，我们事业需要的恰恰不是这样的青年。

我们希望青年们在党的马克思主义路线指引下，大胆地去想、去闯、去干，以自己的艰苦奋斗赢得事业的成功。我们也希望全社会都支持、扶植和鼓励青年去大胆创新。各级党组织和团组织应该千方百计地培养青年的创造精神。对青年的缺点、弱点要引导、要教育，但绝不要压制他们的创造性，不要有意无意地束缚他们的手脚。当前，由于官僚主义和各种不正之风还严重存在，由于长期形成的“左”的思想影响还没有肃清，在一些地方和单位，压制青年创造性的现象还时有发生，不能正确对待曾经犯过这样或那样错误的青年的问题也相当普遍。这些都应当认真重视和抓紧解决。

这里我要特别讲一讲如何对待“文化大革命”中青年犯错误的问题。列宁告诫我们：“在分析任何一个社会问题时，马克思主义理论的绝对要求，就是要把问题提到一定的历史范围之内”。[11] 大家可以回想一下，现在二十八岁以下的青年，“文化大革命”初期才十来岁，就是现在三十五六岁的人，那时也只有十七八岁。在“文化大革命”那样剧烈的动乱中，一些只有十来岁、二十来岁的青少年，做了一些错事，除了极少数情况特别严重恶劣的以外，责任主要不在他们身上。在那个特殊的环境中，一些革命多年的老同志，开始不是也没能清楚地认识到“文化大革命”的错误和危害，甚至也说过错话，做过错事吗？不少青年，虽然在“文化大革命”初期受过“左”倾错误影响，表现过狂热情绪，但实际生活使他们逐渐发生怀疑，以至认识这些错误，积极加以纠正，他们同党和人民一道向林彪[12]、“四人帮”[13]展开了针锋相对的斗争。从动乱中走过来的一代青年，受到过毒害和创伤，也得到了其他时期青年所得不到的磨炼。我们决不要看轻他们在十年动乱中所获得的经验教训。我希望全社会都能正确地看待青年，信任他们，扶植他们，放手让他们到实践中去锻炼，这样，我们青年就能更快地成长。

中国有句古话，叫做“自古英雄出少年”。你们在这英雄辈出的时代里，只要焕发出创造精神，一定能够在自己的工作岗位上作出出色的成绩，一定能够把我们伟大的祖国建设成为高度民主、高度文明的社会主义现代化强国，这是惊天动地的大事业。再过几十年，当你们进入老年的时候，如果你们留给后代的，是一个社会主义物质文明和精神文明都大大发展了的国家，你们就可以毫无愧色地面对先辈。历史将庄重地写上：你们是最富有创造精神的一代！

■ 注　释

［1］十一届三中全会，见本书《在肇庆地委常委扩大会议上的讲话》注［2］。

［2］十二大，见本书《总结社会主义建设的经验和教训》注［3］。

［3］见马克思《路易·波拿巴的雾月十八日》，《马克思恩格斯选集》第一卷，人民出版社一九九五年版，第五八五页。

［4］四项基本原则，参见本书《在中央工作会议中南组的发言》注［10］。

［5］北洋军阀，见本书《学习徐特立同志为真理而斗争的精神》注［5］。

［6］中央一号文件，指一九八四年一月一日中共中央发出的《关于一九八四年农村工作的通知》。文件强调稳定和完善生产责任制，提高生产力水平，疏理流通渠道，发展商品生产，延长土地承包期一般应在十五年以上。

［7］十四个沿海港口城市，见本书《克服“左”的思想影响，开创侨务工作新局面》注［10］。

[8]胡耀邦，见本书《要把农业科学研究摆到重要的位置》注[10]。

[9]鲁迅，见本书《彭总在西北战场》注[26]。

[10]见恩格斯《〈英国工人阶级状况〉一八九二年德文第二版序言》，《马克思恩格斯选集》第四卷，人民出版社一九九五年版，第四三二页。

[11]见列宁《论民族自决权》，《列宁选集》第二卷，人民出版社一九九五年版，第三七五页。

[12]林彪，见本书《落实知识分子政策，加强党对教育工作的领导》注[3]。

[13]“四人帮”，见本书《同心协力把广东工作做好》注[7]。

纪念王森然同志*

（一九八四年五月九日）

王森然同志是我国著名的教育家、革命思想家、社会活动家，在国内外享有很高的声誉。今年是他执教七十周年，全国政协和文化部准备召开一个座谈会，以示庆贺。时隔不久，当我去几内亚参加塞古·杜尔总统的葬礼回到北京后，却接到了他已逝世的噩耗，使我失去了一位良师益友，心里十分悲痛。王森然同志虽然不幸离开了我们，但他的革命精神、高尚的人品，他对国家、对社会所作出的光辉业绩和卓越贡献，会长留人间，值得我们永远怀念。

王森然同志的一生，是追求光明、追求进步、追求革命的一生。他从青年时代起，就投身革命，以身许国。在五四运动中，他追随李大钊[1]、邓中夏[2]、鲁迅[3]等革命先驱，提倡民主、科学，传播马克思主义，为新文化运动[4]而奔走呼号。一九二一年春，他在保定同邓中夏同志一起研究社会问题，寻找民族解放的道路。当时，他是最早传播马克思主义的同志之一，多次遭到反动军阀的通缉。一九二四年初，他接受杜斌丞[5]先生的邀请，到具有革命传统的陕北榆林中学任教，同魏野畴[6]、李子洲[7]同志一起在陕北播下了革命的火种。一九二七年，在李大钊同志被反动军阀杀害后不久，他拍案而起，发表《李

* 这是习仲勋在王森然从事教育事业七十周年纪念会上的讲话。

大钊先生评传》，横眉冷对刽子手的屠刀，一身正气，大义凛然。

在传播进步思想、动员民众的同时，王森然同志以极大的热情介绍外国革命运动和民族解放斗争的情况，求索历史的经验、教训，以供中国革命借鉴。二十年代末，他经过多年的收集、整理，写成了《世界妇女运动大系》，系统地介绍了世界各国妇女运动的概貌，对我国妇女运动的历史和当时的状况作了颇有见地的总结，对我国妇女运动与革命运动的关系、妇女运动的前景作出了积极的探讨。蔡元培[8]先生对这本书曾给以极高的评价。王森然同志对伟大的导师列宁极为推崇，称列宁是“二十世纪前半叶世界最伟大的革命人物”，是“旋乾转坤的伟大人物”。历史证明他的这个论断是完全正确的。

王森然同志对我国近代史，特别是我国近代、现代政治思想史的研究有重要的贡献。他撰写了很多史学著作，尤其是久负盛名的《近代百家评传》、《近代二十家评传》，革命激情溢于言表，力透纸背。在对历史的回溯和对先辈的追忆中，他痛斥黑暗，歌颂英烈，慷慨陈言，感人肺腑。他治学严谨，不沉溺于故纸堆中。于时代的利弊，于民族的功过，于祖国的兴衰，是他治史的准则、论人的尺度。

王森然同志还积极地投身于新文学运动，着意介绍革命文学，痛斥封建主义的腐朽文学，提倡现实主义的革命文学。他的汉学渊博，古文功底丰厚，但他摒弃旧文学，摒弃八股体，以新的形式表达新的思想，创作了大量的新诗、小说，为新文学运动推波助澜。一九二六年起，他发表和出版了大量新文学理论专著，正确地阐述了文学对社会生活的依赖性，文学的阶级性，文学的革命功利性，以及文学本身的一些特殊规律，为马克思主义文艺思想在我国的传播作出了卓越贡献，在我国现代文学史上有着重要的地位。他在讲坛上、报刊上，孜孜不倦地宣传革命的文学思想、艺术思想。教育青年和文艺工作者,使艺术为民众服务、为工农兵服务,走出象牙之塔,到民众中间去。他的革命文艺理论的观点,就是在今天,也还是应该坚持和发扬的。

王森然同志长期以来从事教育工作,功劳卓著。早在一九二七年,他在多年教学改革实践的基础上,写成《中学国文教学概要》,评述了蔡元培、鲁迅、李大钊的教育言论,提出了一套完整的教育改革思想。他提倡教育为进步事业服务,为祖国、为民族服务;提倡教育与人民大众结合,为人民大众服务;提倡教育变革;强调教育不能脱离时代;强调教师要有正直的人格和渊博的学识。这部著作是我国现代教育史上早期的一部有重要价值的教学法论著,曾产生了很大的影响。全国解放前夕,王森然同志已年过半百。他毅然接受陶铸[9]同志的邀请,随军南下,任武汉军管会顾问、中南区高等教育委员会委员。他在参与新中国的文教组织工作中,准确地体现了党的知识分子政策和教育方针,袒露了一个老教育家的赤热情怀。他提出:“过去国民党反动派的教育实施,是为反动统治阶级服务的,进步的教育界人士都受到了最严重的迫害。现在大家都是在人民政府领导之下,应该决心为人民的教育事业服务。”他希望大家努力学习,确立为人民服务的新观点,使自己成为一个真正为人民服务的教师。他从事教育事业七十年,为中华民族培养了几代优秀人才,刘志丹[10]、谢子长[11]、曹力如[12]、王子宜[13]、李培之[14]、安娥[15]、李广田[16]、赵望云[17]、张启仁[18]等同志,就都是他的学生。

王森然同志为繁荣祖国文化事业贡献了巨大的力量。他和艺术大师齐白石[19]、徐悲鸿[20]等先生一道,致力继承民族艺术传统,为当代中国艺术的创新，为打破传统花鸟画陈旧格局、创出面目一新的表现方法，付出了惊人的劳动。在他生命的最后几年中，以近九十的高龄，为人民大会堂完成了巨幅国画《松鹤朝阳》和《群鹰图》。他以苍劲的古松象征古老的中华民族，以朝阳象征我们的党，以健壮的雄鹰和高翔的白鹤象征意气风发的各族人民，笔墨雄健，气势磅礴，洋溢着我们民族、祖国、人民、时代的活力，洋溢着王森然同志盼望祖国昌盛、民族富强的赤子之情。同时，王森然同志还以他的艺术杰作，在对外友好交往中，为祖国、为人民赢得了荣誉，增进了我们人民同世界人民的友谊。

半个多世纪以来，王森然同志继承了中华民族优秀的学术传统，以博求精，几乎涉及整个社会科学范围。他在新文化传播、教育学、文学、史学、哲学、美学、语言文字学、社会学、文学教育、史学教育、艺术教育、美术理论研究和国画创作诸方面都作出了卓越的贡献。他的业绩，不仅表现在文字上、言论上，更重要的是传播在青年中的进步影响和革命意识。他不仅是一位知识渊博的理论家，而且是一位身体力行的实践家。

王森然同志作风正派，爱憎分明，艰苦奋斗，锲而不舍，心境旷达，具有高度的正义感和强烈的历史使命感。他诞生在民族衰亡的年代，生活在战火四起的岁月，他为我们东方的文明而自豪，为祖国的江山任人宰割而痛心，为民众的艰难困苦而疾呼。他为祖国的繁荣，民族的独立和人民的解放，奋斗了一生。他热爱祖国，热爱人民，热爱党。他为人民服务，鞠躬尽瘁；他为党工作，任劳任怨。“文化大革命”期间，尽管遭受了惨重的迫害，但他对党、对人民、对革命的由衷之情没有丝毫的改变。

王森然同志为人正直，生活俭朴，情操高尚。对长者，他恭之以礼，求之以学；对同辈，他热情如火，宽怀以待；对后辈，他谆谆以教，诲之不倦；对同志，他心如平镜，一片真心。在这里，我要特别提及的一件事，就是王森然同志在离开陕北时，刘志丹同志将他的怀素千字文拓片卷轴相赠，留作纪念，至今整整六十年。在这漫长的岁月中，无论在任何情况下，王森然同志一直珍藏在自己手中。直到逝世前，他在遗言中嘱咐后辈，把这个卷轴交托我保存。我衷心感谢他对我的信赖，更十分感谢他为党完整地把刘志丹同志的遗物保存下来。他对革命烈士所表现的这种无限忠诚的高尚情谊，是非常令人敬佩的。

王森然同志是一位从辛亥革命[21]起就接受民主主义思想的知识分子，经过长期的革命斗争，成长为一个共产主义战士。他九十年来走过的道路，正是我国大多数进步知识分子在为中国人民解放事业长期奋斗中共同走过的道路。他是我国知识分子的杰出代表之一。

五四运动至今六十五年以来，我国知识分子走过了一条曲折漫长的道路。在民主革命阶段，我国的知识分子是无产阶级的同盟军，他们中的先进分子起着先锋和桥梁作用；在社会主义阶段，知识分子是工人阶级的一部分，是我国四化建设的依靠力量。今天，我们纪念王森然同志，正是充分肯定知识分子在我国革命事业中的重要作用和巨大贡献，正是要在全党和全社会形成重视知识，重视知识分子的风气，进一步落实党的知识分子政策，使知识分子在四化建设中积极施展自己的才能，为把我国建设成为高度民主、高度文明的社会主义现代化强国作出最大的贡献。

■注　释

[1]李大钊(一八八九——一九二七),河北乐亭人。曾任《新青年》杂志编辑,并与陈独秀创办《每周评论》,是最早在我国传播马克思主义的先进分子之一。一九二〇年在北京发起建立共产党早期组织,是中国共产党的主要创建人之一。一九二一年任中共北京地方委员会书记。一九二三年任中共中央执行委员会委员。一九二四年在国民党一大上当选为国民党中央执行委员,同年任中共中央北方局书记。一九二五年任中共北方区执行委员会书记。一九二七年四月被军阀张作霖逮捕,二十八日就义。

[2]邓中夏,见本书《纪念杜斌丞、杨明轩同志》注[6]。

[3]鲁迅,见本书《彭总在西北战场》注[26]。

[4]新文化运动,即五四运动前后反对封建思想的启蒙运动。一九一五年九月,陈独秀在上海创办《青年杂志》。次年,该杂志更名为《新青年》。以《新青年》的出版为标志,思想文化领域掀起一场以民主和科学为旗帜,反对传统的封建思想、道德、文化的新文化运动。

[5]杜斌丞,见本书《纪念杜斌丞、杨明轩同志》注[1]。

[6]魏野畴,见本书《纪念杜斌丞、杨明轩同志》注[8]。

[7]李子洲,见本书《纪念杜斌丞、杨明轩同志》注[9]。

[8]蔡元培(一八六八——一九四〇),浙江绍兴人。一九一二年任南京临时政府教育总长,主张教育改革。一九一七年任北京大学校长,提倡“学术自由”、“兼容并包”的办学方针。同年,参与创立中华职业教育社。五四运动时期积极支持学生的爱国行动。一九二七年任国民政府大学院院长,后改任中央研究院院长。一九三一年九

一八事变后主张抗日,曾任中国民权保障同盟副主席。一九四〇年在香港病逝。

[9]陶铸(一九〇八——一九六九),湖南祁阳人。一九二六年加入中国共产党。曾任新四军豫鄂独立游击支队代理政治委员,中央军委秘书长,军委总政治部秘书长,中共辽宁、辽西、辽吉、辽北省委书记兼军区政治委员,东北野战军政治部副主任。一九四九年任第四野战军政治部副主任、南下工作团副团长。同年任中共中央华中局委员。新中国成立后,任中共中央华南分局第一书记,中共广东省委第一书记兼广州军区第一政治委员,中共中央中南局第一书记,国务院副总理,中共中央书记处常务书记兼中央宣传部部长,中共中央文化革命小组顾问、中共中央政治局常委。“文化大革命”中遭林彪、江青反革命集团迫害致死。一九七八年十二月,中共中央为其平反。

[10]刘志丹,见本书《关中党史简述》注[4]。

[11]谢子长,见本书《跟着毛泽东走就是胜利》注[4]。

[12]曹力如(一九〇二——一九四九),陕西保安(今志丹)人。一九二六年加入中国共产党。一九三五年任中共陕甘省委秘书长。一九三八年任陕甘宁边区政府秘书长。一九四六年任中共中央西北局副秘书长。一九四九年任陕北区行政公署主任,榆林军事管制委员会主任。同年十二月因车祸遇难。

[13]王子宜(一九〇八——一九八三),陕西保安(今志丹)人。一九二六年加入中国共产党。曾任陕甘宁省苏维埃政府内务部部长,陕甘宁边区政府秘书长、民政厅厅长。新中国成立后,任西北军政委员会民政部部长、人事部部长,中央人民政府内务部(国家内务部)副部长,国家民政部顾问。

[14]李培之(一九〇四——一九九四),河北龙关(今属赤城)人。王若飞的夫人。一九二四年加入中国共产党。曾任中共中央妇女运动委员会委员。新中国成立后,任华北行政委员会委员,中国人民大学副校长、党委副书记,中共中央监察委员会候补委员,中央监察委员会驻邮电部监察组组长,邮电部顾问。

[15]安娥(一九〇五——一九七六),河北获鹿县范淡村(今属石家庄)人。剧作家、诗人。《义勇军进行曲》词作者田汉的夫人。

[16]李广田(一九〇六——一九六八),山东邹平人。作家、教育家。一九四八年加入中国共产党。新中国成立后,任清华大学中文系主任,云南大学校长。

[17]赵望云(一九〇六——一九七七),河北束鹿(今辛集)人。长安画派创始人之一。抗日战争期间创办《抗战画刊》。新中国成立后,任中国美术家协会常务理事、西安分会主席,西北行政委员会文化局副局长,陕西省文化局副局长。

[18]张启仁(一九一三——一九八三),山西太谷人。一九三八年加入中国共产党。新中国成立后,任鲁迅美术学院院长兼党委书记,中央美术学院副院长,中国美术家协会理事。

[19]齐白石(一八六四——一九五七),湖南湘潭人。书画家、篆刻家。新中国成立后,任中国美术家协会主席、北京中国画院名誉院长。

[20]徐悲鸿(一八九五——一九五三),江苏宜兴人。画家。新中国成立后,任中央美术学院院长,中华全国美术工作者协会主席。

[21]辛亥革命,见本书《动员起来做好农村改革工作》注[1]。

愿职工读书活动长久地开展下去

（一九八四年五月十日）

从去年六月以来，在职工中开展的读书活动有了更广泛的发展，现已经遍及全国各个地区和各个产业系统。几十万、几百万的职工为振兴中华而发奋读书，既学习马列主义、毛泽东思想，又学习文化知识和科学技术知识，从而在思想政治水平和知识水平上有了明显的提高，原来比较后进的职工精神面貌也发生了可喜的变化。在读书活动中还涌现出大批积极分子，他们把读书与自己的工作紧密结合起来，学以致用，成为建设社会主义的物质文明和精神文明的骨干力量。这是在党的十二大[1]精神指引下，我国工人运动的一个新的发展，意义是非常重大的。

包括知识分子在内的工人阶级，是我们国家的领导阶级，是建设社会主义的物质文明和精神文明的主力军。我们实现党的十二大提出的总目标、总任务，完成四化建设大业，首先要依靠工人阶级；我们进行一系列改革，建设有中国特色的社会主义，首先要依靠工人阶级；我们建设以共产主义思想为核心的社会主义精神文明，首先也要依靠工人阶级；因此，要振兴中华，关键是要不断提高我国工人阶级本身的政治素质和文化素质。我国工人阶级是一支富有光荣革命传统的队伍，又是一支比较年轻的队伍。解放初期，全国产业工人不到一千万，现在仅国营企业职工就在八千万以上，增加了将近十倍，其中青年职工占百分之六十以上。用马列主义、毛泽东思想和科学文化知识把全体职工，特别是广大青年职工武装起来，使他们肩负起建设四化，振兴中华，实现共产主义的伟大历史使命，是我们党和工会组织的一项重大战略任务。现在有成千上万的职工参加读书活动，自觉地学政治，学理论，学文化，学科学，依靠自己的勤奋和互助互勉，来提高觉悟，丰富知识，增长才干，这实在是一件大好事，是新中国成立三十多年来我们从实践中找到的一种群众自我教育的好形式。我衷心祝愿它长久地开展下去。

举办知识竞赛，是能推动读书活动不断发展的一种有效形式，深受群众的欢迎。去年，工人日报社举办的振兴中华职工读书活动知识竞赛，参加人数达到一百多万，涌现了一大批刻苦学习、成绩优异的读书积极分子。竞赛期间，书店的好书被购买一空，图书馆的好书被借阅一空，许多职工为寻求知识而废寝忘食，读书答卷成了工厂企业、宿舍家庭、街头巷尾一时间最热烈的话题。这种盛况，是历史上少见的。这说明，读书活动需要有知识竞赛、讲演比赛等等生动活泼的形式来推动。正如有的职工说的："知识是海洋，知识竞赛是风帆。"现在，为了庆祝中华人民共和国成立三十五周年，全国总工会、工人日报社决定再次举办振兴中华职工读书活动知识竞赛，这是很有意义的。

总之，在职工中开展读书活动，举办知识竞赛，一定要有利于提高职工的政治素质和文化素质，有利于促进生产和工作，有利于建设社会主义的物质文明和精神文明。如果只是为读书而读书，为竞赛而竞赛，这种形式主义的做法是十足不可取的，必须注意防止和纠正。

■注　释

[1]十二大，见本书《总结社会主义建设的经验和教训》注[3]。

新的领导班子需要充实加强，建立第三梯队的工作必须抓紧抓好*

（一九八四年六月二十日）

我于五月二十、二十一日陪同南共联盟代表团到上海参观访问后，在上海又呆了七天。之后，还到了浙江的杭州，江苏的苏州、无锡和南京，山东的济南。

我同沪、苏、浙、鲁四省、市委常委的大部分同志见了面，集体或个别进行了交谈，还征求了一些老同志和下面同志对新班子的看法及意见。总的说，经过一年的考验，四省、市调整后的领导班子都是团结的有朝气的好班子，做了大量的卓有成效的工作。山东有的同志说，过去一年是最忙碌的一年，也是成绩最大的一年。

但是，新班子也存在不足之处，也有一些值得注意的问题。主要的是：(1)有些同志年龄偏大。四省、市的主要负责同志都已超过或接近六十五岁，有些常委同志的年龄也已过线。(2)有些新上来的同志缺乏全面工作经验和组织领导能力，工作感到为难。(3)对有些高级科研人才的任用也不尽适当。(4)有的班子成员的构成还不够全面、理想。如上海这样一个大市，现就缺主管农业和文教工作的书记。(5)文化科学知识水平仍然偏低。此外，有的还存在不够团结，

---

* 这是习仲勋给中共中央书记处的报告的一部分。

对个别人员的提拔使用不够妥当等问题。

上述问题是难以完全避免的，但我们一定要清醒地看到这些问题，抓紧做好建立第三梯队[1]的工作，有计划地对新班子进行充实、加强，并且帮助他们在实践中锻炼、提高。经与各地同志交谈，共同认为今后应当注意以下几个问题：

（一）实现干部队伍“四化”[2]，革命化是根本。领导上对人的选择、任用，一定要公道正派，决不可有亲疏之分。首先要看每个人的思想品德，在这个前提下，注重年龄，注重文化科学知识。只要思想品德不好，不管其他条件如何，都不能提拔重用。

（二）在知识分子中选拔干部，要注意有一定的实际工作经验和组织领导能力，至少在这方面要有培养前途。要注重文化，但不能只讲文凭；对于德才兼备、自学成才的工农出身的干部，同样应予以选拔重用。要强调掌握专业知识，也必须比较熟悉全面工作。有些科学文化水平较高，并且精通某一专业的同志，如本人立志钻研学问，从事科研工作，就要满足其愿望，发挥其专长，而不要轻易地、勉强地让他们担负党政工作的领导职务。

（三）要重视年龄，但也要看知识、能力、身体等条件。有些同志认为，干部到规定的年龄就要离休、退休，指出无论哪个地方哪个时候没有绝对地离不开哪一个人的道理是对的，有好处。但是，也必须承认，在一定的条件下，某个地方某个时期离开某个人，暂时或在一段时间内，那里的工作就可能受到损失。只讲一面，不讲另一面，就会使人们对某些问题难以解释，难以处理，于工作不利。

（四）要注意及早选拔年轻优秀的同志到地、县或基层锻炼、学习，掌握全面工作经验，提高组织领导能力。要把这个工作作为建立第三梯队的大事来抓。已经提到领导岗位但又缺乏实践锻炼的，应当补上这一课。

（五）继续解放思想，开阔视野，抓紧做好建立第三梯队的工作。但也不能简单急躁，不能勉强凑数。培养选拔的对象，不到条件成熟，不要告诉本人，不要向外宣布。现在，有些地方在初选过程中就告诉或泄露给本人，甚至在公众场合当面指名道姓地说某某人是“第三梯队”，是“接班人”。而少数没有选准、本人思想不健康的人，又以“第三梯队”自居，等着“上台”，为自己“接班”创造“条件”。这种做法和表现都是错误的，要坚决纠正和防止。

（六）重视和做好安置老同志、正确发挥老同志作用的工作。陈国栋[3]同志说，上海有四十年党龄以上的老党员四千多人，三八式的老干部[4]两三万人。这些老同志逐渐退出一、二线，如果都要安排到市顾委、人大常委和政协，根本不可能，也不宜于形成这样一个不成文的习惯。各地同志还建议：对进入各级顾委、人大常委和政协的人员，最好也有个一般的年龄标准。对妥善安置老同志的问题，应作进一步的研究。还有，现在普遍认为，五十五岁左右的同志“退休嫌早，提拔嫌老”。如何安定这些同志的思想情绪，充分发挥他们的积极性，也是个普遍性的问题。

（七）各省、市、区党委都需要培养一支精干的、符合“四化”要求的、能够理论联系实际和富有创造精神的理论班子，作为自己的参谋和助手。同时，也可以组织他们协助新上来的同志做好工作。

■ 注　释

［1］第三梯队，见本书《克服“左”的思想影响，开创侨务工作新局面》注［13］。

［2］“四化”，见本书《在中央办公厅颁发老干部离休荣誉证大会上的讲话要点》注［4］。

［3］陈国栋（一九一一——二〇〇五），江西南昌人。一九三二年加入中国共产党。曾任共青团江苏省委组织部部长，中共苏中区委财经委员会副书记，苏南行署副主任。新中国成立后，任华东军政委员会财政部部长，中央人民政府财政部副部长、粮食部副部长，国家粮食部代部长，中华全国供销合作总社主任，国务院财贸小组组长，国家粮食部部长，中共上海市委第一书记，中共上海市顾问委员会主任。

［4］三八式的老干部，这里泛指抗日战争初期参加革命工作的干部。

站高看远，适应形势的发展*

（一九八四年七月四日）

复印送侨办廖晖[1]同志注意，请让侨办同志都看看议议，形势在变化，一切事物都在变化，我们无时无刻都会遇到新情况，新问题，请你们放眼世界，站高看远，动脑子，想大事，议办法。要能跟上客观形势，适应形势的发展，否则就会多犯错误（犯错误是允许的，但不可多犯带政策性的错误）。建议你们在整党中当作当务之急来解决，这样才会开创新局面。

习仲勋

七月四日

---

* 一九八四年七月二日，新华社的一个刊物刊载了《美籍华人建议在沈阳建孙中山铜像，辽宁省侨联无法回答感到为难》一文，反映一位美籍华人提出由在美国的东北同乡会出资，在沈阳中山公园建立孙中山铜像，以此吸引华侨参观，有利于和平统一大业。辽宁省侨联请示国务院侨办未获答复。这是习仲勋看了该文后所作的批语。一九八六年，沈阳中山公园孙中山铜像建成。标题为编者所加。

■ 注　释

[1]廖晖，一九四二年生，广东惠阳人。一九六五年加入中国共产党。一九八三年任国务院侨务办公室副主任。一九八四年五月任国务院侨务办公室主任。一九九七年任国务院港澳事务办公室主任。二〇〇三年任全国政协副主席。

高等教育自学考试是高效益培养人才的好办法*

（一九八四年七月十四日）

北京市试行高等教育自学考试制度[1]已有六年的时间，组织了十三次考试，发放了十七万张单科合格证，已有专科、本科毕业生四千一百多人。这一期又有一千四百多人获得了高等教育学历。特别令人喜悦的是，经过北京师范大学学位委员会审查批准，有二十人获得了文学学士学位，这在全国是一个良好的开端。它有力地说明自学考试制度可以培育高质量的专门人才，是有强大生命力的。

党中央一再强调要尊重知识，尊重人才。人才可以靠学校培养，也可以走自学成长的道路。我国宪法规定要鼓励自学成才。怎么鼓励呢？北京的实践告诉我们，高等教育自学考试就是鼓励自学成才的一条重要途径，是高效益培育人才的一种好办法，也可以说是一种具有中国特色的新的教育形式，是一种新的学历考核检验制度。建立这项制度可以鼓励更多的人积极自学，掌握建设四化的知识；可以鼓励更多的机关、团体、学校开展助学活动，采用多种形式生动活泼地发展教育事业，促进精神文明建设；还可以在国家计划指导下，根

* 这是习仲勋在北京市高等教育自学考试颁发学士学位证书大会上的讲话。标题为编者所加。

据地区、专门人才的需求进行人才余缺调剂。现在全国已有二十九个省市区建立了自学考试制度，北京市开始得早一些，取得了一些经验，受到了群众欢迎和社会好评，今后一定要坚持把这项事业办下去，而且要越办越好。

北京市把确保质量视为高等教育自学考试的头等大事，这是对的，全国所有举办自学考试的省市都要保证质量。主管自学考试的部门的重要任务之一就是把好质量关，使自学考试合格的人确能学以致用，真正具备一定的水平。如果质量没有保证，又轻率地发放学历证书，那就只能助长社会上的不良风气。通过考试培育具有高校毕业水平的专门人才，不是一件容易的事情，主考学校和考试机构要紧密配合，采取群众路线的方法，不断总结经验，研究自学的规律，进而制定出既能考出水平，又能鼓励自学的考核标准和办法，使自学考试制度这一教育改革的成果更加巩固和发展。

■ 注　释

[1]高等教育自学考试制度，是中国高等教育体系的重要组成部分。一九八一年一月十三日，国务院批转教育部拟定的《关于高等教育自学考试试行办法的报告》，决定建立高等教育自学考试制度。规定凡中华人民共和国公民，不受学历、年龄限制，均可自愿申请，由各省、市、自治区根据不同情况，采取不同的方式组织考试；考试合格者，由自学考试委员会发给毕业证书或单科成绩证明书，国家承认其学历。

安全生产第一*

（一九八四年七月二十日）

内蒙古自治区某煤矿前不久也发生一次瓦斯爆炸事故，这又是一次人为的爆炸事故，情节恶劣。请告启立[1]同志注意抓一下生产安全问题，安全生产第一的口号仍是对的。对于人为的不安全事故，特别是像这次事故有关当事人，不管是谁，都必须分别情况严肃处理，并内部通报进行教育。

习仲勋

七月二十日

■ 注　释

[1]启立即胡启立，一九二九年生，陕西榆林人。一九四八年加入中国共产党。新中国成立后，任中共宁夏回族自治区委办公厅主任，清华大学党委副书记、副校长，共青团中央书记处书记，中共天津

---

* 一九八四年七月十八日，新华社的一个刊物刊载文章，反映山西阳泉市某煤矿发生瓦斯爆炸造成二十二人死亡。该文认为："这个矿的领导只管产煤，不管安全，长期违章生产，是造成瓦斯爆炸的主要原因。"这是习仲勋对该文所作的批语。标题为编者所加。

市委书记、天津市市长，中共中央办公厅主任。一九八二年后任中共中央书记处书记，中共中央政治局委员，中共中央政治局常委。一九九三年后任电子工业部部长，全国政协副主席，宋庆龄基金会主席。

关于中央和国家机关各部委整改工作的意见*

（一九八四年八月二十八日）

今天中央整党工作指导委员会召开中央和国家机关各部委整改工作经验交流会，是整党以来规模较大的一次。这次会议是在中指委做了大量工作的基础上和各部委整改工作进入关键时候召开的，开得很及时，很有必要。刚才煤炭工业部、农牧渔业部、对外经济贸易部党组从不同的角度介绍了贯彻中指委九号通知[1]的做法和取得的初步成效。他们的实践经验是好的，是成功的。我主张把这三个部的报告加以修改补充后，由中指委加按语发到各部委、各省市区，以便他们结合自己的实际加以借鉴和参考。

现在我讲几点意见。

一、要继续加强领导，提高对整改工作重要性的认识，增强搞好整改的信心和自觉性

中指委第九号通知发布近两个月来，已进入或将要转入整改阶段的各部委党委、党组普遍地组织了学习讨论，总的说工作是认真或

* 这是习仲勋在中央和国家机关各部委整改工作经验交流会上的讲话。标题为编者所加。

比较认真的,也取得了一定的效果。但是,必须看到,其中也有相当数量的整党单位,对整改工作还存在着一般化的指导和部署,对整改阶段要解决的问题不够明确,整改的决心不大,效果不够显著,群众对此很有意见。这种状况必须迅速加以改变。

必须明确指出,在第一期整党单位对照检查基本结束后要有三个月左右的整改阶段,这是中央书记处和中指委经过反复考虑后决定的。这个决定,符合整党工作自身发展的需要,符合广大党员和党外群众的愿望,是坚持高标准严要求、保证整党不走过场的一个重要步骤。事实证明,这个决定是正确的,会上三个部的经验介绍也说明了这一点。

为了使中央整党决定和中指委的九号通知贯彻得好,把整改工作扎扎实实地开展起来,必须扫除各种思想障碍,统一广大党员的思想认识。当前,值得注意的思想障碍是:

(1)一些领导干部和党员存在松劲和急躁情绪,这首先需要加以克服。有的同志说:“紧紧张张地搞完对照检查,可以松口气了!”“整党已经搞了九个月,现在又加三个月的整改,感到无事可做!”这些想法显然是不对的。我们说,三个月的整改任务是非常艰巨的,也是非常需要的。正如中指委九号通知所规定的,在这个阶段里,一要进一步端正业务工作的指导思想;二要彻底否定“文化大革命”,进行补课教育,切实消除派性,增强党性;三要深入查处造成国家经济上、政治上重大损失的严重官僚主义和利用职权谋取私利问题;四要认真解决领导班子中存在的重大问题。要切实解决好这四个方面的问题,必须做大量艰苦细致的工作。这是很不容易的。怎么能说“可以松口气”、“无事可做”呢?当然,在前一时期的整党中,由于坚持边整边改的方针,对这些问题虽然都有不同程度的触动和解决,但毕竟是初步的。现在集中一段时间深入整改，是及时检查和克服前一时期整党工作中的不足，巩固和发展对照检查成果的有力措施，是边整边改的继续，对圆满地完成整党任务有着重要的作用。有关党组织和每个党员都要有这样的认识：我们是第一期整党单位，绝大多数都是领导机关，工作做得好坏，对今后的影响很大。每一个阶段都要务必扎扎实实地打好基础，作出成效，决不可操之过急和掉以轻心，搞“夹生饭”。这样，这一期的时间虽然稍微长些，但第二期整党就可能搞得更快更好。

（2）有些党员和党外群众对整改缺乏信心。有的单位反映，前段边整边改虽然改的大多是一般性的问题，还是看到了整党的希望，提高了信心，但后来没有看到整改有大的突破，信心又不足了。这种思想情况很值得各整党单位党组织重视。产生这种情况，往往跟所在单位的领导对整改的决心不大和行动迟缓有关。确实有这样的情况，少数有严重不正之风和违法乱纪行为的人，千方百计想躲过整党的风头。这种情况不改变，党内外群众很容易对整改缺乏信心。希望各整党单位的党组织要敢于按原则办事，拿出整改的气魄和办法来，切实解决这些问题，使党员和党外群众从整改的实际效果中增强信心。应该肯定前一段许多部门和单位在统一思想，进一步端正业务工作指导方针，明确改革方向上，确实下了比较大的工夫，取得了显著效果。这是最重要的整改成果，要多做宣传教育工作，使党内外群众了解这一情况，并对它的重要意义有足够的认识。

必须指出，能否全面完成中指委九号通知中规定的各项任务，关键在领导。各有关部委的党委、党组对于做好整改阶段的工作，要下很大的决心，作出妥善安排，采取有效措施，进行精心的指导。在整党的各项工作包括整改工作中,决不允许再沿用过去在“左”的错误思想指导下大搞群众运动的一套办法,如大鸣大放,大揭发大批判、大字报大辩论等。但必须充分发扬民主,坚持群众路线,善于引导和组织广大党员共同做好整党中的每一项工作。领导上要勇于揭露和解决思想、工作、作风、组织和纪律方面存在的主要问题,要带头进行自我批评,并且创造条件让下面同志敢于给自己提出意见和批评。要抱着虚心的态度,认真听取下面同志的批评和建议,特别要注意正确对待不同意见,善于引导大家运用民主的说理的方法,分清是非,统一思想,相信并依靠党员群众共同做好整改工作。

还要强调指出的是,对待党内的是非问题,对待有不同意见的同志,对待同志之间、领导同被领导之间的关系问题,只能用我们党和毛泽东同志一贯倡导的“团结——批评——团结”的方法去解决,绝不能用强制压服的方法或其他错误的方法去解决。否则,非但不能达到分清是非、加强团结的目的,而且往往适得其反。煤炭、农牧渔业、经贸部和其他一些部委的整改工作所以做得比较好,重要的一条就是他们的决心大、领导抓得紧、方法对。而那些前一时期的整党工作包括整改工作搞得不好或不够好的单位,情况却与此相反。希望各单位都要及时地认真地总结经验教训,发扬成绩,克服缺点。我们在这次整党中,一定要恢复和发扬我们党内生活的优良传统,并且把它坚持下去。

二、要正确地处理好整改工作中的几个问题,坚决地、创造性地贯彻执行中指委的九号通知,全面地完成整改阶段的各项任务

中指委九号通知指出:“整改工作的主题,就是要在对照检查的

基础上，进一步解决党内在思想、作风、组织和纪律方面存在的主要问题，进一步提高全党的思想水平和工作水平，努力为当前的体制改革和经济发展扫除各种突出的障碍，切实有效地做到整党促进改革、促进经济建设和其他各项工作。”这段话是我们进行整改的指导思想。从中央各部委的整改工作安排看，多数单位是根据这样一个指导思想和着重要抓好的四个方面的工作去进行安排的，这是对的。有些单位在具体指导整改工作中，跟中指委的要求还有一些距离，因此有必要强调一下正确处理好整改工作中的几个问题。

（1）要正确理解和处理好整改与改革的关系。这二者互有联系，互为作用。整改是为了促进改革，有利于发展生产力；反过来，改革也是为了推动整改朝着正确的方向进行。但是，这二者又互有区别，不能互相代替。有些单位认为整改就是改革，把二者等同起来，甚至想通过三个月的整改试图解决全部的改革问题，这是不现实的。必须明确指出，这次整改的重要目的之一是为改革扫清思想障碍，为改革铺平前进的道路。当然对于那些条件已经成熟、能够马上改革的，应当迅速进行改革，不要等待。但对于那些涉及全局、一时条件还不够成熟的问题，则要通过调查研究，积极主动地拟定具体方案，为改革创造条件。这方面的任务很重，要用更长的时间有步骤地去完成，想在这三个月里做完是不可能的。总之，只有正确处理好整改与改革的关系，整党的整改阶段才能收到预期的效果。

（2）要全面完成中指委九号通知中关于整改的四项任务。从目前的整改情况看，各部委对第一项任务，即进一步端正业务工作指导思想问题，总的说抓得是认真的，也是有成绩的。这方面的工作还要继续抓紧抓好。但对九号通知的其他三项任务，特别是第三项即深入查处造成国家经济上、政治上重大损失的严重官僚主义和利用职权谋取私利的问题,则普遍重视不够。有些部门反映,他们那里没有这方面的突出问题和重大案件。实际情况真是这样吗?据经贸部介绍,他们在查处重大经济损失案件中,已查出在京系统六十一件,全国经贸系统九百九十件,共涉及金额三亿多元人民币。经贸部的情况和其他部门确实有所不同,但是不能说只有经贸部才有这类问题,其他部门就没有。像这样的问题在整改中不认真加以查处,怎么向党和人民交代!总之,各地区、各部门必须全面完成整改的四项任务,不能只抓其中的某一项,而把其他几项丢在一边。

(3)要突出整改的重点。我们上面强调要全面完成整改的四项任务,并不是说可以不顾各部门、各单位的实际情况,一般化地“照抄照转”,来个“一刀切”,平均使用力量。其结果,必然使各项整改工作都搞得不深不透。恰恰相反,我们提倡一切从实际出发,各部门、各单位可以而且应当根据自己的实际情况,突出整改要解决的重点问题,有所侧重,抓住不放,狠抓落实,取得突破,求得最好的效果。这样做,既可以带动整改阶段各项任务的全面完成,又能使广大党内外群众看到整党的实效。

三、要注意把整党工作同经济工作及其他业务工作统筹安排好,做到互相促进

目前尚未转入整改阶段的整党单位,一定要坚持高标准、严要求,善始善终地搞好集体和个人的对照检查。对于极少数在对照检查中没有认真按照中央整党决定和中指委七号通知[2]的要求去做的单位,必须认真搞好对照检查。在切实做好了对照检查之后才能转

入整改阶段。

要继续抓紧做好清理“三种人”[3]的工作。最近中央发了十七号文件[4]，对清理“三种人”的政策规定作了补充通知。希望各部委结合自己的实际认真贯彻执行。有的省市区还要根据那里的情况作些具体的规定。清理“三种人”是一项很复杂很艰苦的工作，既要严肃认真，又要防止扩大化。既要抓紧抓好，又不可简单急躁。对人的看法要有辩证的历史的观点，要看到历史情况的复杂性，要看到人的变化。要作科学的、历史的分析。比如有些人，在“文化大革命”初期曾经参加造反，犯过错误，但后来确实已经悔改了，有的还改得很好，就不要把这样的人定为“三种人”。清理“三种人”，要做到不漏不错，既解决问题，又避免波动，就要十分慎重。搞核查工作的同志千万要做细致扎实的工作，稳妥有效地解决问题，决不可草率从事，更不要虚张声势，以免引起思想波动，造成紧张气氛。其实，“三种人”不管如何伪装、隐蔽，只要我们认真清理，都是能够清查出来的。清理“三种人”，关键的是做好两件事、把住两道关：一是必须坚决地把现在仍然留在各级领导班子中的“三种人”清理出来；二是决不允许把“三种人”选进第三梯队[5]。即使是第一期整党结束了，清理“三种人”的工作也不一定能够完全结束。但只要有一个好的领导班子，心中有数，在这方面就是有点遗留问题也不难解决。进行这项工作一定要从国家的长治久安考虑，从大局出发。我们是个十亿人口的大国，今天能使十亿人有饭吃，生活能达到这样一个水平，确实来之不易！要特别珍惜安定团结的大好局面。我们一定要坚决维护这个大局。在这样一个指导思想下搞好清理“三种人”的工作。

与此同时，在整党中还要基本解决好一个大的战略问题，这就是一定要重视和抓好建立第三梯队的工作。整党三年,如果发现、培养、锻炼、选拔不出一批确实能够适应四化建设需要的、德才兼备的人才来,整党就不算成功。这点也请各整党单位引起足够重视。

为了搞好整党的各项工作,我想再强调一下,这就是必须坚决、彻底摒弃过去搞政治运动的一套做法,切实克服“左”的影响。整党实际上是一场不叫运动的运动,但决不允许采用搞运动的办法进行整党。过去有很多老框框、老办法,都是在“左”的指导思想影响下形成的。我们对这一套很熟悉、很习惯,很容易不知不觉地走老路,重犯老毛病。因此,从上到下,在整党的全过程中,始终要防止过去“左”的一套做法。在整党中,要强调自觉,要注重实效。在整党中办任何一件事、处理任何一个问题,都要有利于增强团结,有利于发展经济,有利于促进改革,有利于巩固和发展大好形势。离开了这一根本点,整党就会偏离正确方向,必定搞不好,或者会出点乱子。当然,我们也不要忽视那种不认真切实地解决思想、作风、纪律、组织上不纯的问题,使整党流于“走过场”的偏向。只有这样认识问题和指导工作,才能真正搞好整党。

■ 注　释

[1]即一九八四年六月三十日中共中央整党工作指导委员会发出的《关于各整党单位在对照检查基本完成后要有一个整改阶段的通知》。《通知》要求各整党单位在整改阶段,必须进一步端正业务工作的指导思想;切实消除派性,增强党性;深入查处造成国家经济上、

政治上重大损失的严重官僚主义和利用职权谋取私利的问题；认真解决领导班子中存在的重大问题。

[2]即一九八四年三月四日中共中央整党工作指导委员会发出的《关于对照检查阶段必须注意的若干事项的通知》。《通知》要求转入对照检查阶段后，要先领导班子、领导干部，后党员群众地进行；要开展批评和自我批评，加强上下监督；要抓紧整改工作，坚决纠正以权谋私和官僚主义的不正之风。

[3]“三种人”，见本书《对反映“三种人”掌权问题材料的批语》注[2]。

[4]即一九八四年七月三十一日中共中央发出的《关于清理“三种人”若干问题的补充通知》。通知指出：清理“三种人”要抓住重点，防止“三种人”进入各级领导班子、要害部门和第三梯队，已进入的要坚决清除出去。

[5]第三梯队，见本书《克服“左”的思想影响，开创侨务工作新局面》注[13]。

办好社会福利事业*

（一九八四年八月二十九日）

北京社会福利基金会今天宣告成立。这是首都人民的一件喜事，也是一件新事。我受大家的委托，担任北京社会福利基金会的名誉会长，感到十分荣幸和高兴。我愿尽绵薄之力，同大家一起办好首都的社会福利事业，为首都的老年人、残疾人、孤儿服务。

北京社会福利基金会担负着开发首都社会福利事业的重任。把这项工作做好了，对于我们国家的长治久安、树立良好的社会风尚、促进社会主义精神文明建设和加快社会主义现代化建设的进程都会产生积极的作用。过去北京市的社会福利工作取得了很大的成绩，但是它与首都的地位和两个文明建设的要求还不相适应，有许多工作还亟待我们去做。我相信，这个基金会成立之后，经过大家的努力和卓有成效的工作，北京的社会福利事业一定会迈出更大的步伐，呈现一个崭新的面貌。

办好社会福利事业，光靠基金会的努力不行，更重要的是要靠社会各个方面来办，才能开创新局面。我们在座的同志都是有志于社会福利事业的热心人，希望大家要为这一事业的重要意义和兴旺发达而进行广泛的宣传，争取社会各个方面的大力支持，同时也要争取

---

* 这是习仲勋在北京社会福利基金会成立大会上的讲话。标题为编者所加。

港澳同胞、海外侨胞以及国际友人的大力赞助，大家群策群力，为把首都北京建设成为世界上第一流的城市作出应有的贡献。

深切悼念李维汉同志

（一九八四年九月二十二日）

敬爱的李维汉[1]同志与我们永别已有一个多月了。他的逝世，是党和国家的重大损失，也使我失去了一位诚挚热情、诲人不倦的良师益友。每当想起他时，我的心里就非常难过。现在全国各族人民正在迎接中华人民共和国成立三十五周年的到来。这个光辉的节日，越临近，越加激起我对他的深切悼念。

李维汉同志是中国共产党的优秀党员、久经考验的共产主义忠诚战士、杰出的无产阶级革命家、党和国家在统一战线和民族问题方面的著名理论家。他将自己的一生全部地毫无保留地献给了中国共产主义事业，为党的建设和发展，为中国人民统一战线的发展壮大，为祖国的统一大业和各民族大团结，为中国人民革命的胜利和社会主义事业的发展，作出了卓越贡献。维汉同志虽然离开了我们，但是他的光辉业绩已载入史册，他的革命精神和崇高品德永远值得我们学习，并激励我们奋勇前进。

我同维汉同志相识，是在一九三五年十月，党中央和中央红军经过长征[2]实现伟大战略转移到达陕北的时候。从那时起，我和他在工作中经常接触，彼此了解越来越深，在漫长的革命岁月里建立了深厚的情谊。

维汉同志对革命有高度的事业心和责任感。他担任过党和国家的许多重要领导职务，在党的组织、宣传、教育、工运、农运、群工、统战、民族、宗教等方面都有丰富的经验。无论从事哪项工作，他都倾注全部心血，激流勇进，很快就能打开局面，有所建树。他是我们党难得的有才干的组织家。在延安时，他先后担任过中央党校校长，陕北公学副校长、校长，中央干部教育部副部长，对培养教育干部工作作出了出色的成绩。他积极贯彻毛泽东同志提出的教育与政治相结合、理论和实践相结合的教育方针，反对教条主义的学风。他参与制定教育计划，编审干部学习教材，创办《共产党人》[3]刊物。为了壮大抗日民族统一战线队伍，保证中央的政治路线的实现，他言传身教，夜以继日地辛勤工作，为党培养了一大批政治坚定，作风朴实，能为实现党的任务而艰苦奋斗的优秀干部。其中有不少同志成为党和国家各方面工作的重要骨干。维汉同志对陕甘宁边区[4]民主政权的建设有很大的贡献。一九四一年，日本帝国主义对敌后抗日根据地实行“三光”政策[5]，国民党反动派实行全面反共，疯狂叫嚣“取消边区”。当时，经毛泽东同志提议，维汉同志被派去担任陕甘宁边区政府秘书长。行前，毛泽东同志约他作了长时间的谈话，委以重任，寄予期望。到职后，他在中央西北局的领导下，勤勤恳恳，兢兢业业，协助林伯渠[6]同志，团结边区的干部、群众和党外人士，以精兵简政为中心，以建设“模范根据地”为目标，全力推进了边区的抗日民主政权建设。他亲自起草了《陕甘宁边区简政实施纲要》和《政纪总则》等一系列条例和组织措施，使得边区的精兵简政、发展生产、文化教育等各项工作取得很大成绩。他坚决贯彻执行毛主席制定的在抗日民主政权中实行共产党员、非党进步分子和开明士绅各占三分之一的“三三制”，在与非党知名人士李鼎铭[7]、贺连城[8]、霍子乐[9]等先生合作共事中起了很好的作用，为巩固和扩大抗日民族统一战线，实行政治民主，创造了经验。

维汉同志孜孜不倦地学习马列主义、毛泽东思想，认真学习中央的路线、方针和政策，并自觉地同自己的工作实际密切结合起来，创造性地贯彻执行。新中国成立以后，维汉同志长期主管党和国家的统一战线工作、民族工作和宗教工作。开国初期，随着中国人民革命战争的胜利和人民民主专政政权的建立，人民民主统一战线迅速发展，如何搞好共产党员同党外人士的合作共事，在当时是一个关系到我们党能不能牢固地掌握领导权，巩固和发展人民民主统一战线，加强全国各族人民大团结的重大问题。但是，党内有些同志对这个问题的重要性认识不足，不了解同党外人士合作共事的重大意义。针对这种状况，维汉同志在周恩来同志直接领导下，抓了两件大事。一是一九五〇年三月，他主持召开了第一次全国统战工作会议；二是一九五一年四月，他主持召开了第一次全国政府秘书长会议和省市政协秘书长会议。在这两个会上，他正确地提出和解决了党同非党人士合作共事关系的原则，明确了包括党外人士在内的政府机关工作人员的职责和权力，要求共产党员主动团结非共产党员，并把批评与自我批评作为改善党同非党合作共事关系的基本方法。这对全国政权机关和政协机关中统战工作的开展起了很大的推动作用。直到一九五四年我接替维汉同志担任政务院秘书长后，还感受到他在政务院工作期间为政权机关工作制度的建设所奠定的基础和同党外人士合作共事关系方面所作的辛勤努力，也感受到他善于抓大事和善于做组织工作的卓越才能。

维汉同志不仅善于把马克思列宁主义同中国实际相结合，创造性地贯彻执行党的统一战线政策、民族政策和宗教政策，而且在实践中一贯重视调查研究，总结经验，上升到理论，进一步发展和完善党的这些政策。他在统一战线和民族、宗教工作方面提出的许多适合中国国情的理论和政策，得到党中央和毛泽东同志的赞许和采纳。例如，我们党对资本主义工商业实行利用、限制、改造的方针和和平赎买的政策；在民族工作方面实行民族区域自治的政策，在一部分社会情况特殊的少数民族地区实行和平改革的方针；在宗教问题上长期坚持宗教信仰自由的政策，等等，就是他在理论和实践的结合上科学地总结经验而提出来的。维汉同志在统一战线问题、民族问题和宗教问题方面写了大量著作，是我们党的宝贵的理论财富。

维汉同志谦虚谨慎，襟怀坦荡，敢于坚持真理、修正错误，勇于自我批评。他的一生经历了建党以来中国革命的全过程，饱经革命的风雨，有着正反两方面丰富的经验。他曾对我说过，一个革命者最重要是不犯路线错误。特别难能可贵的是他对自己的缺点和错误从不隐讳，并且经常进行自我批评，态度诚恳。我对他这种严于律己的精神深为敬佩。他撰写的回忆录，坚持实事求是、真实第一、以集体为主、总结经验为主，反对突出个人、突出自己，并且有自我批评，读后很受教益。

在“文化大革命”中，维汉同志受尽了林彪[10]、江青[11]反革命集团的摧残和折磨。粉碎“四人帮”[12]后，他感到由衷的高兴，焕发了革命的活力。他坚决拥护实践是检验真理的唯一标准的理论，坚决拥护党的十一届三中全会[13]的路线、方针和政策，坚决反对“两个凡是”[14]，坚决维护毛泽东同志的历史地位和毛泽东思想的科学体系。他曾多次地向我讲到，没有毛泽东同志的正确领导，没有毛泽东思想,中国革命的胜利是不可能的,一定要维护毛泽东同志的历史地位和伟大功勋。

维汉同志立场坚定,旗帜鲜明,全力支持中央的领导,关心党和国家的大事。我在广东工作期间,他曾到那里休养,我们两人在一起促膝长谈,十分融洽。当时,他那忧国忧民之心溢于言表,同时又充满了信心。他对我提到,中央有几位老同志在,特别是有小平同志在,我们党和国家是大有前途的。他对某些重大问题深思熟虑,积极提出不少好的建议。例如,他针对中国封建社会历史长、封建传统影响深的特点,根据党内外的思想状况,特别是总结"文化大革命"的教训,郑重地向中央领导同志建议,在思想政治领域反对资产阶级思想的同时,要反对封建残余思想。党中央采纳了他的建议,在《关于建国以来党的若干历史问题的决议》中加以体现。中央在研究决定废除干部领导职务终身制,加强社会主义民主和法制建设等重大决策和措施时,也考虑了反对封建残余思想这一重要因素。维汉同志在党的十二大[15]的书面发言,对与会同志有很大启迪。他尖锐地指出了从各级领导岗位中彻底清除林彪、江青反革命集团的极少数残余分子的极端重要性。他说:"某些领导班子内一二个有权有势的人,结合一些沾亲带故(各种故旧关系)的、气味相投的分子,安插在所属的部门和地方,进行损害党的利益以至争权夺利的活动。"他深刻地指出,这种派性活动有更大的危害性。他的发言给我们敲了警钟,具有重要的现实意义。

粉碎"四人帮"以后,维汉同志已是耄耋之年,仍然奋不顾身地为党工作。凡是中央交托给他办的事,他都是认真负责、一丝不苟地努力完成。例如,一九八二年,维汉同志受中央委托,以他为首的五人小组，会同原陕北、陕甘边的负责干部反复座谈讨论西北党史上的路线是非争论问题。在取得统一认识的基础上，他主持起草了解决这一问题的重要文件，公正合理，符合历史，得到中央的批准，从而使西北党史上的路线是非争论在“既要弄清思想，又要团结同志”的方针下，得到了妥善解决，使西北的干部进一步团结起来，并为各地解决党史上的类似问题作出了榜样。这是维汉同志对西北人民和我们党的又一重大贡献。中央领导同志对他的身体健康非常关心，胡耀邦[16]同志一再让我转达对他的问候，并叮嘱他静心疗养，保重身体。以后，中央再也没有交给他工作。即使如此，我几次去医院看望他时，他仍然不顾身体虚弱，十分关心整党工作和干部队伍建设，与我交换意见。我为了让他少说话，少费神，好好养病，每次都不得不早点告辞，离开病房。今年七月初，我又去看望他，当时他的病情已很危重。谁想到这竟成为我和他的诀别。

维汉同志是我们党内一位德高望重的杰出的无产阶级革命家。我们悼念他，就是要学习他对革命、对党无限忠诚，极端负责的坚强党性；学习他全心全意为人民服务，鞠躬尽瘁，死而后已的献身精神；学习他遵守纪律，服从组织的高度觉悟；学习他理论联系实际，坚持实事求是，坚持调查研究的优良学风；学习他坚持真理，修正错误，严于律己，勇于自我批评的高尚品质；学习他密切联系群众、善于同党外人士合作共事广交朋友的宽阔胸怀。让我们以维汉同志为榜样，同心同德，团结一致，为建设现代化的社会主义强国，为伟大的共产主义事业而努力奋斗。

■注　释

［1］李维汉，见本书《永远难忘的怀念》注［11］。

［2］长征，见本书《红日照亮了陕甘高原》注［1］。

［3］《共产党人》，见本书《跟着毛泽东走就是胜利》注［10］。

［4］陕甘宁边区，见本书《关于关中分区的反磨擦问题》注［2］。

［5］“三光”政策，即烧光、杀光、抢光，是侵华日军为摧毁抗日根据地军民生存条件而实行的一种惨无人道的政策。

［6］林伯渠，见本书《红日照亮了陕甘高原》注［45］。

［7］李鼎铭（一八八一——一九四七），陕西米脂人。开明绅士。他在一九四一年十一月陕甘宁边区第二届参议会上提出“精兵简政”的提案，并在会上当选为陕甘宁边区政府副主席。

［8］贺连城（一八九〇——一九五八），陕西米脂人。一九四一年至一九四九年任陕甘宁边区参议员，边区政府教育厅副厅长、厅长。新中国成立后，任西北军政委员会司法部副部长，最高人民法院西北分院副院长，陕西省司法厅副厅长。

［9］霍子乐（一八九八——一九六七），陕西绥德人。一九四一年至一九四九年任陕甘宁边区参议员，边区政府建设厅副厅长、厅长，农业厅厅长。新中国成立后，任西北军政委员会畜牧部部长，陕西省政协副主席。

［10］林彪，见本书《落实知识分子政策，加强党对教育工作的领导》注［3］。

［11］江青，见本书《永远难忘的怀念》注［50］。

［12］“四人帮”，见本书《同心协力把广东工作做好》注［7］。

[13]十一届三中全会，见本书《在肇庆地委常委扩大会议上的讲话》注[2]。

[14]“两个凡是”，见本书《必须十分重视继续解决思想路线政治路线问题》注[5]。

[15]十二大，见本书《总结社会主义建设的经验和教训》注[3]。

[16]胡耀邦，见本书《要把农业科学研究摆到重要的位置》注[10]。

在中央党校一九八四年秋季开学典礼上的讲话

（一九八四年九月二十五日）

中央党校是我们党培养党政领导干部和理论骨干的高级学府，党中央历来都是非常重视的。“文化大革命”中，中央党校停办了十年，粉碎“四人帮”[1]以后，一九七七年党中央决定予以恢复。当时，在胡耀邦[2]同志的亲自主持下，使“文化大革命”中的一个重灾区很快就恢复了生机。后来，学员一期比一期多，教学一期比一期有所改进和提高，至今已连续办了七年，为党轮训和培养了大批党政领导干部和理论骨干。特别是十一届三中全会[3]以来，中央党校的教学在贯彻党的路线、方针、政策，进行拨乱反正方面起了很重要的作用。

党的十二大[4]以后，中央党校在王震[5]校长的主持下，在蒋南翔[6]等同志的协助下，为贯彻十二大精神，适应国家四化建设的需要，担负了正规化培训党政领导干部和理论骨干的新任务，做了大量的工作，为系统地进行教育改革迈出了重要的一步。加强教育正规化建设和培养第三梯队[7]后备人员，是中央党校的一个新课题，也是一个长期的战略任务，需要边设计、边实践、边总结，逐步改进和完善。中央希望同志们在党的正确路线指引下，努力工作，认真进行教学改革和创新，不断取得新的成果。

你们这一期在校学员人数是复校以来最多的,学员的平均年龄比过去降低了,文化水平比过去提高了,这反映了我们的干部队伍的年龄结构和知识结构都在发生新的变化。这是我们党的事业兴旺发达的一个很重要的标志。今天趁着新学年开始之际,我讲几点意见,供同志们参考。

第一点,大家要坚持和发扬实事求是的优良传统,学会用马列主义、毛泽东思想之“矢”,去射我国四化建设之“的”。现在,我们的国家形势大好,越来越好,比我们大家预料的好。政治上安定团结,生动活泼;经济上持续增长,均衡发展;文化上蓬勃发展,一片繁荣;人民生活显著提高,喜气洋洋,全国各条战线的改革浪潮滚滚向前,势不可当。这种大好形势是怎么来的?根本的原因是党的十一届三中全会以来,中央制定并坚持贯彻了马克思主义的正确的思想路线、政治路线和组织路线,调动了全党、全军、全国各族人民,包括工人、农民、知识分子、解放军指战员和干部的主动性和创造性;是中央把马列主义、毛泽东思想的基本原理同我国的社会主义建设实际结合起来,坚持建设有中国特色的社会主义。邓小平同志反复强调指出,社会主义历史阶段的根本任务是发展社会生产力。十二大规定到本世纪末,要使我国的工农业年总产值翻两番,要抓好两个文明建设,要完成四化建设、祖国统一大业、保卫世界和平三大任务。为了完成这些伟大而又艰巨的历史任务,最根本的就是要把马列主义、毛泽东思想同我国实际结合起来,不断研究新情况,总结新经验,解决新问题,走有中国特色的社会主义道路。最近中央为即将召开的十二届三中全会[8]拟定了一个关于经济体制改革问题的重要文件。这个文件把马克思主义的普遍原理同中国革命的具体实践相结合,密切联系我国实际，既正确地总结了历史和现实的经验教训，又科学地解答了实际工作产生的新问题，丰富了马克思主义政治经济学和科学社会主义。这个文件经过三中全会讨论通过发布后，一定会对我国的四化建设产生巨大的促进作用。

学员同志们都是党和政府的中高级领导干部和理论骨干。你们的根本任务，就是把马列主义、毛泽东思想的基本原理，把党中央的路线、方针、政策，同自己所领导的地区、部门的实际结合起来，把党的各项工作推向前进，进一步开创社会主义现代化建设的新局面。要做到这一点，一方面要努力学习马列主义、毛泽东思想的基本原理，学习党中央的路线、方针、政策，学习文化科学知识；另一方面又要善于运用马克思主义的立场、观点、方法，去认真思考总结自己的实践经验，总结我们党和国家进行四化建设的实践经验，并在理论上作出正确的论断。我们既要反对教条主义，又要反对经验主义。要坚持理论联系实际的原则，坚持和发展马列主义、毛泽东思想。

第二点，大家要积极参加整党，关心我们党的建设，并且自己带头端正党风，增强党性，严格按照共产党员的标准要求自己，牢固树立全心全意为人民服务的思想。第一期整党在中央和省、直辖市、自治区一级已经进行将近一年了，整个形势是好的，是按照中央的部署平平稳稳地向前发展的，并且创造了好多新的经验，特别是找到了通过谈心交心活动正确开展批评和自我批评的方法。这一点很值得在党校教学中运用和推广。党校在党风方面总的说是好的，但是也不要忽视十年内乱以及长期以来“左”的错误所造成的消极后果。最近，中央整党指导委员会提出要专门进行一段彻底否定“文化大革命”的学习。这是很必要的，也是很重要的。不彻底否定“文化大革命”,整党的四项任务就不能完成。特别是要通过否定“文化大革命”,认真克服派性,增强党性,加强党的团结和统一,提高我们贯彻执行党的十一届三中全会以来的路线、方针、政策和十二大精神的自觉性,提高建设有中国特色的社会主义的自觉性。对于党校来说,要实现教育正规化,也必须彻底否定“文化大革命”。希望党校的同志,无论是学员还是工作人员,都要在增强党性方面带好头,做团结的模范、端正党风的模范,做在政治上同中央保持一致的模范。我相信同志们是一定能够按照中央的要求做的。

■ 注释

[1]“四人帮”,见本书《同心协力把广东工作做好》注[7]。

[2]胡耀邦,见本书《要把农业科学研究摆到重要的位置》注[10]。

[3]十一届三中全会,见本书《在肇庆地委常委扩大会议上的讲话》注[2]。

[4]十二大,见本书《总结社会主义建设的经验和教训》注[3]。

[5]王震,见本书《红日照亮了陕甘高原》注[40]。

[6]蒋南翔(一九一三——一九八八),江苏宜兴人。一九三三年加入中国共产党。曾任中共中央青年委员会委员、中央青委宣传部部长,中共哈尔滨市委常委兼宣传部部长、中共中央东北局青年委员会书记,新民主主义青年团中央副书记。新中国成立后,任新民主主义青年团中央书记处书记,清华大学校长,教育部副部长,高等教育

部部长，中共天津市委书记、市革委会副主任，国家科学技术委员会副主任，教育部部长，中共中央党校第一副校长。

[7]第三梯队，见本书《克服“左”的思想影响，开创侨务工作新局面》注[13]。

[8]十二届三中全会，即一九八四年十月二十日在北京召开的中国共产党第十二届中央委员会第三次全体会议。会议通过了《中共中央关于经济体制改革的决定》，规定了以城市为重点的经济体制改革的任务、性质和各项方针政策；提出了社会主义经济是公有制基础上的有计划的商品经济，实现了党在经济理论上的突破。

加强公安队伍的正规化建设*

（一九八四年十月十二日）

党中央、国务院对公安工作和公安队伍的建设历来十分重视，寄予很大期望。过去，毛泽东、周恩来、刘少奇、朱德同志都直接过问公安工作，作过大量批示。党的十一届三中全会[1]以来，党中央和中央领导同志对如何加强公安工作和公安队伍的建设，也作过许多重要的指示。一九八二年和一九八三年，中央先后批转了全国政法工作会议、全国公安工作会议的文件，推动了公安工作的发展和公安队伍的建设。胡耀邦[2]同志近几年来对公安工作的重要批示，就有六十多次，其他中央领导同志的批示也有六十多次。最近，邓小平同志和彭真[3]同志又分别为你们两所大学题写了校名。这些，都充分体现了党中央、国务院和中央领导同志对公安工作和公安队伍建设的关心和重视。

我国现有公安干警六十多万人，武装警察五十多万人。这支队伍的基本素质是好的。在保卫四化建设中，涌现了一批像周怡[4]、陈鸽[5]等同志那样的模范人物。这些，都充分说明我们的公安队伍是可以信赖的。然而，我们公安队伍中也还存在着一些不容忽视的问

---

* 这是习仲勋在中国人民公安大学、中国人民警官大学开学典礼上讲话的主要部分。标题为编者所加。

题，政治素质和业务素质都有待进一步提高。在公安队伍里确实还有极少数不纯分子，其中有的属于吸收干警时没有坚持条件，考核不严；有的是经不起资本主义腐朽思想的侵蚀、经不起犯罪分子的引诱，逐渐由公安战士蜕变为人民的罪人。他们利用职权，违法乱纪，贪赃枉法，刑讯逼供，打人骂人，滥用电警棍，甚至持枪报复行凶，打死打伤无辜群众，在一些地方引起了严重恶果。有些公安干警政治思想觉悟低，工作责任感不强。还有些公安干警不熟悉业务，不懂得政策和法律，甚至执法违法，造成了政治上脱离群众的不良影响和工作上不应有的损失。现有公安干警中，文化知识水平普遍偏低，具有大专文化水平以上的只占百分之四点二，这也是公安队伍不适应现代化建设要求的一个突出问题。所有这些情况，说明公安队伍的自身建设同新形势新任务的要求之间，还有一定的差距。因此，必须采取有效措施，从正规化的教育、培训入手，加强公安队伍的革命化、现代化、正规化和军事化建设，全面提高这支队伍的素质。

为了达到这个目的，第一，要加强公安队伍的教育训练，建立公安系统的教育体系。大家知道，我们党十分关心公安队伍的建设，重视提高公安干警的素质，要求整个公安队伍不仅必须政治上绝对可靠，具有高度的政治觉悟、高尚的道德风尚、严明的组织纪律、良好的工作作风，能够全心全意为人民服务，而且要懂得现代科学技术，以便有计划地实现公安技术装备和技术手段现代化，要懂得党的政策和国家法律，具有较高的文化水平。为此，就要加快实现公安人员教育训练的正规化，积极地有计划地发展公安系统的高等和中等专业教育，建立起自己的教育体系。公安部和各省、自治区、直辖市公安厅局，都要办正规的高等警察院校，发展中专性质的警察学校。今后凡吸收人民警察和公安人员,都必须经过正规的警察院校培训,按条件招生考试,合格者才能录取;新生毕业后,还要经过一定时间的见习期。现有在职的公安干部和民警,也要在近两三年内分批进行轮训,使他们真正成为合格的公安干警。新吸收的大专毕业学生,也要进行短期的公安基础知识训练。全国县(市)以上公安机关的领导干部尤其要训练好、配备好。要建立完整的教育制度,通过多种渠道、多种形式,加速培养和造就人才。各级党政机关要大力支持公安机关办好公安、警察院校,在师资、经费和物力等方面帮助解决一些迫切的实际问题。要贯彻从严治警的方针,实行军事化管理,加强政治思想工作,严格要求,严格训练,严格管理。

第二,要以改革和创新精神办好学校。一所大学要真正办好,是一件很不容易的事。但我相信经过你们的努力,一定能把人民公安大学、人民警官大学办成第一流的大学。要实现这一奋斗目标,当前最迫切的问题,就是走改革和创新之路。学校的改革,应按照邓小平同志提出的教育要“面向现代化,面向世界,面向未来”[6]的战略思想,大胆改革现行的教育管理体制,改革教学内容和教学方法,大力编好教材,改进后勤保障工作。只有坚持改革和创新,才能充分调动教职员和学生的社会主义积极性、主动性和创造性,提高教学质量和科研水平,达到快出人才,多出人才,出好人才的目的。为此,公安警察院校教育的内容要紧密结合公安工作的性质、任务和特点,要为公安队伍的革命化、现代化、正规化和军事化建设服务,为保卫和促进社会主义现代化建设这个大目标服务。公安大学和警官大学是公安战线上的两所高等学府,是培养公安工作新型人才的摇篮,你们的教育改革工作应当走在前面,为其他公安院校作出好榜样。譬如说,从严治警，就要从你们两个学校做起，实行从严治校的方针，搞好政治、业务、军事训练，使学生养成良好的纪律和风范。这样，学员走上工作岗位，就能带动和影响整个队伍。再如，要把你们两个学校办成公安战线的教学中心和科研中心，在教学上创造符合我国实际的公安教育方法，在科研上不断出成果，对公安队伍现代化、正规化建设作出贡献。在整个改革过程中，一定要坚持实事求是的思想路线，坚持理论联系实际的优良学风，克服"左"的思想影响，破除不合时宜的老框框，学会正确认识和处理保障人民民主和实行对敌专政的关系，严格治安管理和保证搞活经济的关系，依法打击犯罪和积极预防犯罪的关系，惩办犯罪分子和对他们教育、改造、挽救的关系，以及专门工作和群众工作的关系。特别要指出的是，搞好教育改革，关键在于有一个好的领导集体。同时，也要注意在整党中通过对照检查和整改，统一思想，端正作风，要彻底否定"文化大革命"，否定"无产阶级专政下继续革命"的理论，这对改革的顺利进行是非常必要的。

第三，希望同学们刻苦学习，使自己成为新时期合格的公安人员。怎样才算合格呢？一是政治思想要合格。要坚持四项基本原则[7]，热爱祖国，关心四化建设的全局，全心全意为人民服务，廉洁奉公，不占群众的便宜，不欺压群众，不以权谋私，坚决保护人民的利益；要牢固树立献身人民公安保卫事业的思想，养成不怕任何艰难困苦的顽强斗志和崇高品质；要注重调查研究，一切从实际出发，养成严格遵纪守法、服从命令的良好作风。二是专业上要合格。通过系统学习，要懂得政策和法律，掌握扎实的基础理论、基础知识和基本技能，具有独立分析问题和解决问题的能力，使自己成为党和人民群众所需要的公安专业人才。三是军事素质要合格。要练就一副强健的体魄，比较熟练地掌握射击、驾驶、擒拿等技能，战斗中英勇、顽强，能压倒和降服凶残的犯罪分子。应当认识到，公安人员是代表国家执行法律、保卫四化建设的战士，是为人民服务的勤务员，这是一个非常光荣的职责，希望你们首先要做执法的模范，做守法的模范，要秉公办事，扶正压邪，同人民群众打成一片，要让人民群众喜欢你们、爱护你们。这样，你们才真正称得起是一个合格的公安人员。

最后，我想对教师同志们说几句话。传授知识，开发智力，当然要尽心竭力，这是你们的天职，相信你们一定能够精心培养出人民公安工作的优秀人才。这里，我要强调的是，教师是学生的导师，既要教书，又要教人。不要认为走进公安院校的学生政治素质比较好，就忽视思想政治教育工作，而应该结合教学工作，对学生大力加强政治思想教育，言传身教，为人师表，用社会主义的精神文明影响和带动青年一代，使他们成为文武双全、德才兼备的公安干部。

■ 注　释

[1]十一届三中全会，见本书《在肇庆地委常委扩大会议上的讲话》注[2]。

[2]胡耀邦，见本书《要把农业科学研究摆到重要的位置》注[10]。

[3]彭真（一九〇二——一九九七），山西曲沃人。一九二三年加入中国共产党。曾任中共中央北方局组织部部长，中共中央北方局北方分局书记，中共中央党校副校长，中共中央组织部部长，中共中

央政治局委员、中央书记处候补书记，中共中央东北局书记，东北民主联军第一政治委员。新中国成立后至“文化大革命”前，历任中共中央组织部部长，中共北京市委第一书记、北京市市长，全国人大常委会副委员长，全国政协副主席，中共中央政治局委员、中央书记处书记。一九七九年起任中共中央政治局委员，一九八三年起任全国人大常委会委员长。

[4]周怡，北京市公安局地铁分局民警。一九八二年十月九日，在地铁前门站发生的一起蓄谋杀人事件中，她从迎面开来的客车前奋不顾身地抢救出一名遇险的小学生，自己被撞成重伤，后经抢救脱险。同年十月，公安部授予她“全国公安战线一级英雄模范”光荣称号。

[5]陈鸽，吉林省吉林市公安局昌邑分局民警。一九八四年二月二十八日，在缉捕两名携带手榴弹的犯罪嫌疑人时，为保护车上乘客，用身体挡住引爆的手榴弹，壮烈牺牲。同年三月，公安部授予他“全国公安战线一级英雄模范”光荣称号。

[6]这是一九八三年十月一日邓小平给北京景山学校的题词，《邓小平文选》第三卷，人民出版社一九九三年版，第三十五页。

[7]四项基本原则，参见本书《在中央工作会议中南组的发言》注[10]。

在振兴延安经济汇报会上的讲话

（一九八四年十月二十三日）

今天延安地委、延安行署请过去在延安工作过的同志开个座谈会，这很好。我是一个老延安，从一九四九年出来，到现在没有回去过，整整三十五年，所以没有发言权。今天听了延安地委书记、专员的汇报，又看了录像，确实延安这几年有很大变化，有很大发展，看到这个情况我很高兴。延安是我的第二故乡，我虽然是个关中人，但在陕北的时间最长，从内战到抗战，一直到解放战争。一九四七年的三月十九日晚上退出延安，一九四八年的四月二十一日收复延安，整整一年一个月零三天，我们又回去了，又在延安住了一年，到一九四九年五月西安解放，到了西安，从此再没有回到延安，所以没有发言权。不过今天看到延安变化、发展的这个情况，我很高兴。我想在座的同志，在北京的老延安都很高兴。这是我说的一点。

我觉得你们还是要解放思想，肃清"左"的影响。我们在延安那个时候的思想是很解放的，毛主席那个时候的思想是很解放的。现在基本的方针是种草种树，可以种多种树木，烧柴的树，各种经济树木，还有桑树、桐树，等等。再是种草，把草种起来水土就不流失了。当然还得留些地方搞堰地。我建议你们要把这个方针摆在头里，就是种草种树。至于其他东西就随这个东西的发展而发展。因此我在这里说一句：不要等，不要靠，不要要。既然是延安人民，就应该发扬当年的延安精神。当年我们用延安精神打败了日本帝国主义，打败了武装到牙齿的国民党，解放了全中国。现在建设时期就要用延安精神搞改革。要勇于改革，锐意创新，把延安的经济发展起来。这是我说的第二点。

第三点，关于重视知识、尊重知识分子问题。在有些地方出现一种情况，就是没有知识的人往往排挤有知识的人。当年我在绥德当过三年地委书记，是西北局高干会议[1]以后去的。那里的知识分子多得很。郭洪涛[2]同志的家乡米脂是个小北京，不仅是当地的知识分子多，留洋的也多得很。阎揆要[3]同志是黄埔[4]一期的吧，也是那儿佳县人。现在小平同志讲，昨天又讲，要尊重知识，尊重人才。你们要照这两句办。据反映，延安这几年外流了技术人员一千四百九十四人。这不是他们一个地区的现象，类似这样的情况，边远地区、老区[5]都有。目前还有七百六十人要求调走，不知你们延安地委晓得不晓得。这是个很大的问题。在延安时毛主席对知识分子可重视了。延安不仅是革命圣地，也是革命的摇篮，培养出了不知多少人。凡是有志之士，要干一番事业的人，那一阵不怕杀头，都跑到延安去，自己打窑洞，住窑洞。现在要多办几所学校，要多办专业学校，没有专业学校不行。人才外流，你们先把他留住，再来引进。引进智力，引进人才，引进技术。我想，延安人还是有一股劲的。只要我们把方针搞对了，政策搞对了，事情就好办了。特别经过十二届三中全会[6]，通过了这样一个具有历史意义的纲领性文件，你们只要扎扎实实地干，不光口头上说说，光说不行，要一件事一件事把它落实，一件事一件事地制定出具体的方案来。当然，要上头帮，我们大家一定要帮。但是我希望你们不要等，不要靠，不要要，这才叫延安精神。

■注　释

［1］高干会议，见本书《贯彻边区妇女运动的正确方针》注［4］。

［2］郭洪涛（一九〇九——二〇〇四），陕西米脂人。一九二五年加入中国共产党。曾任中共陕北特委组织委员，中共陕北省委书记，中共中央组织部副部长，中共陕甘宁边区委员会书记，中共山东省委书记兼军事部部长，中共中央东北局东北铁路总局副局长。新中国成立后，任中央人民政府铁道部副部长，国务院第六办公室副主任，国家经济委员会副主任，国务院能源基地规划办公室主任，中国交通运输协会会长。

［3］阎揆要（一九〇四——一九九四），陕西佳县人。一九二四年被录取为黄埔军校第一期学员，一九二六年加入中国共产党。曾任西北工农革命军游击支队参谋长，冀鲁豫军区参谋长，陕甘宁晋绥联防军副司令员，西北野战军第四纵队副司令员兼参谋长，西北野战军（后改称第一野战军）参谋长。新中国成立后，任中央军委情报部部长，人民解放军武装力量监察部副部长，济南军区副司令员兼参谋长，军事科学院副院长。

［4］黄埔，见本书《永远难忘的怀念》注［31］。

［5］老区，见本书《按照农轻重次序调整好广东国民经济》注［7］。

［6］十二届三中全会，见本书《在中央党校一九八四年秋季开学典礼上的讲话》注［8］。

努力搞好法律咨询*

（一九八四年十一月十七日）

建立法律咨询中心，开展法律咨询服务，是为了适应四化建设的需要，也是为了适应对外开放的需要，具有重要的意义。党的十二届三中全会[1]关于经济体制改革的决定，为我们制定了建设具有中国特色的社会主义的蓝图。随着经济体制的全面改革，企业的活力将得到充分的保障，有计划的社会主义商品经济将获得巨大的发展。瞬息万变的国际国内市场，错综复杂的经济活动，将不断地出现各式各样的法律问题。法律咨询中心组织专家对这些法律问题提供咨询，找出解决的最佳方案，不仅可以避免经济损失，提高经济效益，而且可以促进社会主义经济生机勃勃地沿着法治的轨道迅速发展。对外开放，是我国长期的基本国策。只有进一步贯彻执行对外开放的方针，才能以天下之所长，为我所用，加快我国社会主义现代化经济建设。随着我国十四个沿海城市[2]的开放，外贸体制的改革，我国对外经济贸易、利用外资、引进技术，将有更大的发展。这就会越来越多地涉及国内外的有关法律问题。法律咨询中心的专家们就这些法律问题向政府机关和企事业单位提供法律咨询，消除其在法律方面的担心和障碍，必将大大促进中外经济技术合作的发展。同时，法律咨询的开展还可以帮助我国政府机关

---

* 这是习仲勋在中国法律咨询中心成立大会上的讲话。标题为编者所加。

和企事业单位把涉外经济活动建立在可靠的法律基础之上,防止由于法律上的疏漏而蒙受不应有的损失。

开展法律咨询是一件新事物,还没有多少经验,工作中难免会遇到这样或那样的困难。为了办好这项事业,我讲几点意见,供同志们参考。

第一,要有坚定的创业精神。万事开头难。你们一定要锐意进取,勇于开拓,百折不挠,克服前进中的各种困难,使法律咨询中心越办越好。

第二,要有牢固的务实精神。万丈高楼平地起。你们一定要脚踏实地,认真做好每一件咨询事项。要加强调查研究,不断提高咨询质量,尽快打开咨询工作的局面。

第三,要有实事求是的作风。理论来源于实践。在为政府机关、企事业单位提供法律咨询服务活动中,你们一定要理论联系实际,解放思想,了解新情况,研究新问题,更好地为四化建设服务。

第四,要有刚正不阿的品德。在法律面前人人平等。开展法律咨询,你们一定要知法守法,依法办事,要扶正祛邪,不徇私情,坚决维护法律的尊严,做一个公道正派的受人们信赖的法律工作者。

■ 注　释

[1]十二届三中全会,见本书《在中央党校一九八四年秋季开学典礼上的讲话》注[8]。

[2]见本书《克服“左”的思想影响,开创侨务工作新局面》注[10]。

关于参加阿尔及利亚武装革命三十周年庆祝活动的报告*

（一九八四年十一月二十三日）

这次阿庆祝武装革命三十周年的活动十分隆重，规模盛大。有一百二十个国家的一百四十八个代表团参加，其中由副总理或执政党政治局候补委员以上率领的有十多个。十一月一日，在阿尔及尔举行了声势浩大的群众游行和阅兵式，持续了两个多小时。陆、海、空三军部队（包括舰艇）接受检阅，各兵种队列整齐，先进导弹和幻影—5 型战斗机引人注目。群众队伍由老战士和工、农、青、妇各界各业组成，口号是严格管理，建设国家。整个庆典活动，展现出沙德利[1]执政五年多来阿在各条战线所取得的成就，并显示了它在经济上和军事上的实力，给人们留下了深刻的印象。

我们通过参加庆典活动和参观访问，有以下几点观感和看法：

一、阿方对我党政代表团接待规格高，态度十分友好。十月三十一日，沙德利总统接见各国代表团长时，把我安排在第四位（前面是叙利亚副总统等三个阿拉伯国家的领导人）。十一月三日，沙德利总统单独接见我代表团。我向他转达了耀邦[2]、小平、先念[3]、紫阳[4]

* 一九八四年十一月上旬，习仲勋率领中国党政代表团参加阿尔及利亚武装革命三十周年庆祝活动。这是习仲勋回国后给中共中央、国务院的报告。

同志的问候,面交了耀邦、先念、紫阳同志签署的信件和赠送的大型国画。沙对我派重要代表团参加阿庆典、带来我领导人的祝贺深表感谢,强调阿中友好历史悠久,是患难之交,阿对中国怀有特殊的友好情谊,并十分珍视它,说“阿中关系是战略关系”。我们还会见了阿民阵党常设书记处负责人迈萨迪亚和总理卜拉希米。迈说“阿尔及利亚是中国革命的学生”,阿中是“战友关系”;卜则强调两国有许多共同点,过去都是依靠农民进行解放斗争取得胜利的;现在双方都把经济和文化建设放在首位。在访问君士坦丁和奥兰两省期间,我们又受到当地党、政、军、民各界的热烈欢迎和极其友好的款待。我们在同阿各级领导和群众的接触中,他们都异口同声地感谢我国在阿抗法斗争处于最困难的时候所给予的支持,认为这一支持对阿的胜利起了关键的作用,“中国是阿信得过的真朋友”,希望在今天的建设时期,继续巩固和发展阿中人民之间这种传统友谊。我们深深感到,中阿友好有着深厚的基础。

通过参加庆典和参观访问,我们看到阿是一个很有希望的国家。阿人民经过七年半的抗法战争,牺牲了一百五十万人的生命(占当时全国人口的八分之一),依靠自己的力量,争得了民族解放。阿领导人非常珍惜这段历史,在节日游行和文艺晚会等场合,以各种方式教育人民不要忘记先烈的奋斗精神。阿民阵党经过长期武装斗争的锻炼,是个比较好的党,在各级政权和组织中起着核心领导作用。阿领导人表示尽管内外遇到困难,阿还是要坚持走社会主义道路。独立后,阿进行了大规模的经济建设。一九七九年初,沙德利执政后,开始进行调整,执行比较稳健的政策,重视发展农业、水利和中小工业,改善人民生活,较得人心。现国内比较团结,政局相对稳定,经济发展较快，平均年递增率为百分之七至八，产值达四百一十三亿（人均两千多）美元。看来，只要阿继续推行现行的政策，把各种经济关系理顺，发展潜力还是很大的。

阿在非洲、阿拉伯地区，以至整个第三世界占有重要地位。这个国家建设好了，会产生广泛的影响。因此，我们要十分重视做好阿的工作，大力开展各方面的交往和合作，使两国之间良好的关系不断巩固和发展，这在战略上具有重大的意义。

二、阿领导人同我们谈话的中心议题，是加强两国之间的经济技术合作。沙德利总统强调，阿中经济技术合作是南南合作[5]的重要组成部分，发展这种合作具有重大战略意义。沙谈到他与赵总理多次会谈，共同总结经济建设中正反两方面的经验，双方正在采取相似的改革措施，纠正自己的错误。我表示，中阿两国都在从自己的国情出发，寻找新的建设路子，有许多经验可以互相补充和借鉴。欢迎阿领导人来华了解我们的经验，特别是失败的经验。阿领导人还向我表示，他们对同中国合作感到放心，称赞我在阿承建的一些项目，如住房建设能按时竣工，交付使用。他们一致要求我参与从明年开始的阿新五年计划（投资一千二百亿美元）的建设项目，并具体提出希我承建议会大厦、中小型水坝和一些民用工业项目。沙德利总统已指示阿有关部门扩大与中国在各个领域的合作。卜拉希米总理希望尽快举行阿中经济、贸易、技术混合委员会的会议，具体商讨两国合作问题。我向他们表示，加强同第三世界各国的合作是中国的一项基本政策；对第三世界国家的建设，我愿尽力帮助。我们对中阿经济技术合作是满意的，这种合作潜力还很大，可以搞双边或多边的合作。我还建议阿派综合考察组访华，看看我国在哪些方面可以更好地向阿提供帮助。

为了进一步推动中阿经济技术合作，建议有关部门统筹安排，以改革精神，采取一些积极的步骤和灵活的做法。两国混合委员会两年没有开起来，明年初一定要开，如经贸部时间安排上有困难，可以由国务院另任命其他对口部长担任中方主席率团赴会。几年来，我对阿贸易顺差累计四亿多美元，我应以综合平衡为原则，逐步予以解决。要政企分开，有些事可以交给公司去办。搞对外经济技术合作，一定要从长远着眼，从全局出发，算大账。光看眼前利益，只考虑本部门的得失，会贻误时机，影响工作。这次阿总理以及内政、计划、住房和水利四位部长都表示接受邀请，愿于近期访华，同我商谈落实阿五年计划项目；党内第二把手迈萨迪亚已定明年初来华进行考察访问。有关部门应积极促成，并做好接待工作。

总之，做好对阿尔及利亚的经济技术合作，不仅可以收取外汇，支援我四化建设，有经济意义；而且有助于促进两国友好关系的发展，扩大我在第三世界特别是阿拉伯国家的政治影响；对于推动整个南南合作和南北对话[6]，也会有一定的作用。

■ 注　释

[1]沙德利，全名本·杰迪德·沙德利，时任阿尔及利亚民族解放阵线总书记、阿尔及利亚民主人民共和国总统。

[2]耀邦即胡耀邦，见本书《要把农业科学研究摆到重要的位置》注[10]。

[3]先念即李先念，见本书《同心协力把广东工作做好》注[5]。

[4]紫阳即赵紫阳，见本书《在全国统战工作会议上的讲话》注[19]。

[5]南南合作，即发展中国家间的经济技术合作。因大部分发展中国家分布在南半球或北半球的南部，因而发展中国家间的经济技术合作被称为“南南合作”。

[6]南北对话，即发展中国家与发达国家之间围绕改革不合理的国际经济秩序，加强南北双方的经济合作等问题所进行的谈判。因发展中国家多在南半球或北半球的南部，习惯上称之为“南方”，发达国家多在北半球，习惯上称之为“北方”。

做好沿海开放城市和经济特区的统战、政协工作*

（一九八四年十一月二十七日）

我们建立经济特区才有四五年的历史,工作进展比较快是近两年的事。中央决定开放部分沿海城市也不过半年多的时间。从沿海开放城市说,外资开始“投石问路”,我们的工作也处于准备和起步阶段。一方面要积极创造条件,一方面要积极探索前进,加快利用外资的步伐。但是,应该看到形势发展很快,我们要注意及时调查了解,总结经验,研究新情况,解决新问题,把工作不断推向前进。

下面我讲几个问题。

一、关于形势

当前,国内外形势很好。在国内,安定团结的政治局面日益巩固,一年来的整党工作发展是健康的,成绩是显著的,现正按照中央的部署顺利进行。经济调整工作取得了重大成绩,国民经济持续增长。

现在我着重讲讲经济体制改革和对外开放问题。

---

* 这是习仲勋在沿海开放城市和经济特区统战、政协工作座谈会上讲话的主要部分。标题为编者所加。

经济体制的改革，实际上是一场革命。首先，在农村采取多种形式的以家庭为经营单位的承包责任制，积极发展专业户和各种形式的经济联合体，支持农民积极扩大商品生产，几年来已经收到了很大成效，百分之九十的农民生活有了很大提高。农村经济体制改革的成功经验，为以城市为重点的整个经济体制的改革提供了极为有利的条件。全国各族人民对加快整个经济体制改革的愿望更加强烈，要求更加迫切。

实行对外开放的政策，是整个经济体制改革的重要组成部分。马克思、恩格斯早在《共产党宣言》中就指出，由于资本主义的发展开拓了世界市场，过去那种地方的和民族的自给自足的闭关自守状态已经被各民族的各方面的互相往来所代替，一切国家的生产和消费都已成为世界性的了。在当代，生产力和科学技术的发展更加迅速，尽管国际关系错综复杂，矛盾重重，但从总的方面来说，国际性的经济技术联系仍然很密切，闭关自守是不可能实现社会主义现代化的。在这方面，我们既有国际借鉴，又有自己的经验教训。

在国际上，我们国家赢得了相当高的信誉，赢得了越来越多的朋友。邓小平同志提出的、由中央决定的“一国两制”[1]的战略方针，是从我国的实际需要出发的，得到了世界范围的普遍赞扬。提出“一国两制”是为了解决中国的统一问题。这就是，在社会主义中国统一的制度下，允许一小部分地区搞资本主义。我们已用这一原则同英国达成了关于解决香港问题的协议[2]。这一原则也同样适用于台湾。同时，它也为解决国际争端提供了一种有益的方式。《中共中央关于经济体制改革的决定》公布后，在国际上也引起了强烈的反响。许多评论认为这是一个有远见的、有自己特点的社会主义的重大改革，中国将以经济腾飞的大国在国际上显示它的力量,中国经济的加快发展,对国际上有极大的吸引力。当前的国际形势为我们加紧社会主义现代化建设,提供了有利的国际条件。我们是一个有十亿人口的国家,应当对世界有较大的贡献,这就要作出更大的努力,把我国的社会主义现代化建设进行得更快些、更好些。

中央一再向我们指出,在各条战线工作的同志们要议大事,懂全局,管本行。在沿海开放城市和经济特区做统战、政协工作的党内外同志,尤其要关心国内外大事,要懂得以经济建设为中心的三大任务这个全局,放开眼界,学习社会主义现代化建设的新知识,努力做好党的统一战线工作。

二、统一战线工作要为社会主义现代化建设服务

在民主革命时期,统一战线是我国革命取得胜利的一个重要“法宝”;在建设社会主义新的历史时期,统一战线仍然是一个“法宝”。它对加紧社会主义现代化建设,争取台湾回归、实现祖国统一,反对霸权主义、维护世界和平,都在发挥着十分重大的作用。我们一定要继续清除“左”的错误思想,团结一切可以团结的力量,巩固和扩大最广泛的爱国统一战线,调动千军万马,充分发挥海内外人士的爱国热忱和聪明才智,为振兴中华,为实现党的总任务、总目标(翻两番、两个文明建设和三大任务)努力奋斗。

沿海开放城市和经济特区的统战工作,一定要紧密地结合改革和开放。这些沿海开放城市和经济特区直接对外开放,是开放的前沿地带,是国际经济、技术和人员来往比较集中、比较频繁的地区。这种情况使统战工作具有一定的新特点。一是增加了新的对象,主

要是直接来投资的“三胞”[3]和带进这些企业的管理人员和技术人员。二是增添了新的内容，主要是为对外开放服务，为搞好外资、技术、人才的引进服务。三是工作方式也有很大不同，要和进来的“三胞”直接接触，同时，要通过多种渠道，把工作做到外面去；要把统一战线工作和经济工作以及文化、科学技术的交流、人员的往来结合起来。参加座谈会的同志，对如何做好开放城市和经济特区统战、政协工作进行了认真的讨论，发表了许多很好的意见，归纳起来，我认为主要应当抓好以下几件事：

（1）要积极开展民间交往，广交海外朋友，协助引进资金、设备、技术、人才，促进经济和文化合作项目的洽谈、落实，协调合资企业、合作经营企业和其他合作项目中海外人士同有关部门、干部和职工的关系。

（2）要抓紧落实各项统战政策。切实抓好对知识分子政策的落实；抓好台湾同胞、港澳同胞和国外华侨在大陆遗留问题的政策的落实；抓好对党外人士被错戴“右派分子”、“历史反革命分子”等帽子的平反、改正工作；抓好包括海外人士在内的人事安排，搞好合作共事。同时，要注意发现、研究、解决涉及统战方面新的政策问题。

（3）民主党派和工商联、侨联、台联等有关团体，要开拓为开放服务的新路子，搞咨询服务和办学培训要更加适应对外开放的需要。

（4）要充分发挥党外人士的聪明才智，为贯彻对外开放方针献计献策，丰富政治协商、民主监督的内容。

（5）要适应对外开放的形势，加强思想政治工作，发扬自我教育和自我改造的优良传统。我们搞的是社会主义的对外开放，既要反对和抵制资本主义腐朽思想的侵蚀，又要善于把发达资本主义国家先进的经营管理方法为我所用，并且要用得更好，真正体现出社会主义的优越性。

(6)要积极协助人大常委法制工作委员会和政法等部门把立法工作搞上去。特别是要抓紧搞好经济法规的制定和修订，使之适应经济改革和对外开放的需要。要加快法制队伍的建设，大力培训法律人才，使他们能够掌握基本法、经济法、国际法，更好地为经济改革和对外开放服务。沿海开放城市和经济特区，地处祖国前沿，海内外对这些城市的形势和政策反应比较敏感。这里的统战、政协工作做好了，就会发挥党的统一战线方针政策的“窗口”作用。

三、充分发挥政协、民主党派和工商联、侨联、台联的作用

邓小平同志在谈到《中共中央关于经济体制改革的决定》时说过，决定共十条，最重要的是第九条。第九条，概括地说是“尊重知识，尊重人才”八个字。并且说，成败的关键就是这一条。我们搞四化建设，搞经济体制改革和对外开放，一定要选拔和培养一批又一批德才兼备的人才，让他们充分发挥自己的聪明才智。同时，我们也要把政协、各民主党派和工商联、侨联、台联等组织中的专门人才和仁人志士的积极性充分调动起来。这些党外人士有自己的长处，主要是：他们有爱国热忱和为社会主义现代化建设出力的强烈愿望；他们有科学、经济、贸易、医疗、教育、文化等各方面的知识，对国内外的有关情况比较熟悉；他们在海内外有广泛的社会联系和影响。因此，他们在社会主义现代化建设，在实行对内搞活经济、对外开放方针的实践中，有特殊的作用，是建设沿海开放城市和经济特区的一支重要力

量。近几年的实践,已经充分证明了这一点。但是,目前还有一些同志对这些党外人士的作用认识不足、重视不够,甚至抱有偏见,这是不对的,应当纠正。在改革和开放问题上,我们不懂得的东西要虚心向有专门知识的党外人士学习,即使我们懂得的东西,也要听取党外人士的意见,丰富我们的思想,作出正确的决策。我们要经常向他们传达、通报情况,征求他们对规划、方案、措施的意见,并形成一套协商制度。根据各个组织和个人的特点,给他们出课题,提任务,组织他们参加有关的工作。这次座谈会反映的民主党派和有关团体知情难、出力难,去港澳和国外活动难,以及办公用房紧、经费少、干部编制少等问题,应当积极地予以妥善解决。

在这里,我要讲一讲政协、民主党派能不能搞经济实体的问题。这次座谈会上有两种不同的看法。我认为,对这个问题要持慎重的态度。最近中央书记处和国务院对党政机关和党政干部经商、办企业的问题进行了研究和讨论,认为党政机关和党政干部经商、办企业,不仅不利于国家公务人员履行自己的职责,不利于干部队伍的建设,也不利于经济体制的改革。其结果难免出现以权谋私、与民争利的弊端,影响党政机关领导作用的发挥,破坏党群关系,败坏党的作风。对此,各级领导必须保持清醒头脑,采取鲜明态度,坚决予以杜绝,万不可因小失大、贻误改革的全局。根据上述精神,我认为政协和各民主党派不宜搞经济实体,因为这与它们的性质、任务和它们应起的作用,是不符合的。在沿海开放城市和经济特区,政协、民主党派要把主要精力放到开放和引进这个中心上面来,加强调查研究,积极向党委和政府提出意见和建议,在智力、技术等方面提供咨询服务(包括成立咨询服务机构)。至于支持和帮助个人或集体经营工商企业也是可以的,但不能挂政协、民主党派的牌子,也不能有行政上的隶属关系。

四、全党都要重视和加强统一战线工作

当前,我们面临着经济体制改革和对内搞活经济、对外开放的新形势。在这种新形势下,中央指出,我们一定要充分利用国内和国外两种资源,开拓国内和国外两个市场,学会组织国内建设和发展对外经济关系两套本领。适应这一形势,对沿海开放城市和经济特区来说,转变干部的思想更为重要。要把工作重点转移到经济建设上来,企业要从单一生产转变到经营、开拓上来,从面向国内市场转移到重视国际市场上来。统战、政协工作要为以经济建设为中心的三大任务服务,为改革和开放服务。要探索新的途径,开拓新的工作领域。全党要跟上新形势,学习新本领,提高对统一战线工作重要意义的认识,努力开创新局面。认为统战、政协工作"可有可无"、"多此一举"的观点是错误的。

统战部、政协、对台办、侨办等,都是做统一战线工作的,它们之间在党的统一政策指导下,应当是各有分工、各有侧重、互相协作、互相配合。统战部可以在各部门之间起联系、协调作用,但不能包办代替。总之,部门之间,党内党外,要相互支援,更好地合作,齐心协力把各项工作做好。胡耀邦[4]同志指出,要撤销门户之见,心心相通,群策群力,撤掉小篱笆,丢掉小算盘,才能把大家的聪明才智充分发挥出来。我们应该用这些精神处理好部门之间的关系和党内外的关系。

■注 释

[1]“一国两制”,指在祖国统一的前提下,国家的主体坚持社会主义制度,同时在台湾、香港、澳门保持原有的资本主义制度和生活方式长期不变。这一构想是推进祖国统一大业的基本方针。

[2]一九八四年十二月十九日,中英两国政府正式签署《中华人民共和国和大不列颠及北爱尔兰联合王国关于香港问题的联合声明》,宣布中国政府将于一九九七年七月一日对香港恢复行使主权。在对香港恢复行使主权时,根据《中华人民共和国宪法》第三十一条规定,设立香港特别行政区,保持香港原有的资本主义制度和生活方式五十年不变。

[3]“三胞”是对台湾同胞、港澳同胞、海外侨胞的简称。

[4]胡耀邦,见本书《要把农业科学研究摆到重要的位置》注[10]。

对老人遭受子女虐待一文的批语*

（一九八四年十一月二十九日）

在社会主义国家欣欣向荣的今天，竟出现这种不道德无法纪的行为，是不能允许的，有关部门对此要予以关注。否则，经济越发展，人民生活越有改善，但不注意政治思想工作，特别是社会主义的道德教育，有些人都想自己的事，甚至连父母都不顾，并与之争利，这是一股坏社会风气，务使不要扩大。

习注

十一月二十九日

---

* 一九八四年十一月二十八日，新华社的一个刊物刊载了《武汉硚口区有二十多位老人遭受子女虐待，法院干部奚后如建议各方关注老人晚年生活》一文。这是习仲勋对该文所作的批语。标题为编者所加。

向中央反映情况既要报喜又要报忧*

（一九八五年一月八日）

向中央反映情况则一定实事求是，既要报喜，又要报忧，既要登成功的经验，又要登失败的教训，既要反映正面的意见，又要反映不同的意见。这样，才能使领导同志全面了解情况，作出正确的判断。

习仲勋

元月八日

* 一九八四年十二月，中办秘书局在题为《北京市委办公厅办公室一同志谈向中央反映情况中存在的一些问题》的简报中，讲到北京市委办公厅一位同志对《北京简讯》的意见："反映的动态性东西很不够"，很多内容"一到领导那里就卡住了"。该同志建议北京市委应该"快、新、准、高"地向中央反映情况。这是习仲勋对这份简报所作的批语。标题为编者所加。

办公厅要发挥好参谋助手作用*

（一九八五年一月十四日）

这次会议研究办公厅怎样发挥参谋、助手作用，这个题目很好，对工作有好处。从全国来说，在办公厅系统工作的同志很多，是一支不可缺少的队伍。中央像首脑一样，没有脚没有手都不行，一个领导班子、领导集体，没有一批办事的人员，事情也办不成。所以，办公厅的同志可以算是一个方面军，是一支很大的、干实际工作的队伍。要是没有这支队伍，我看我们吃饭、穿衣、住房子、坐车，一切都成问题。虽然领导上作了正式的决定，没有你们去办，我看什么事情也难搞好。因此，中央和国务院向你们表示衷心的感谢！

会议已经开了六天，明天就准备结束了。你们研究、讨论了许多具体问题，当然都解决不可能，有些事情回去还要靠你们自己。中国这么大，二十九个省、自治区、直辖市，问题都不一样，情况也不一样，一个省和一个省的工作作风也不一样，做事的方法、习惯也不一样，你们回去再好好地讨论。反正现在我们中央有一条，一切都实事求是，一切都从实际出发，以这个精神来指导我们的工作。

十一届三中全会[1]到现在六年，全国呈现了一个大好的形势，特

---

* 这是习仲勋在中南海怀仁堂接见各省、自治区、直辖市党委，中央、国家机关和军委所属各部委的秘书长、办公厅主任座谈会代表时的讲话。标题为编者所加。

别在经济发展方面。这是我们过去所料想不到的。在两年之前，我们还不敢肯定十二大[2]确定的宏伟目标，即翻两番的总目标、总任务能不能实现。现在，大体上可以这样讲了。但是也还要看，要看我们还犯不犯大错误。所以，我们自己，特别是我们搞办公厅工作的同志，要不断地总结经验，这样才能跟着中央的精神，跟着领导上的意图来办事。如果做办公厅工作的同志，在这个方面办得更好一点，就可以使领导工作搞得顺当一点。当然，完全一点失误都没有是不可能的。改革本身就是个新事情。我们说创新，创新就是要否定旧的嘛，昨天做的事情今天要更新一下，那不就是改革嘛。改革就是个革命，这个革命深刻得很，涉及十亿人民，每一个人都涉及。新情况、新问题不断地出现，有些我们并没有看清楚，并没有摸准到底怎么样。所以，我们要更加深入群众，深入实际，了解情况，进行调查研究，不断地总结经验，要把中央提出的新的决策研究透，研究深一点。实践证明，十一届三中全会确定的路线、方针和政策，我们要建设一个有中国特色的社会主义的路子走对了。走对了就要走到底。为了不走弯路，既要大胆，又要细心。我们每一项工作都要这样。

今天，我想对一些问题再强调一下。

一、要端正办公厅的指导思想，坚决破除各种思想障碍

我过去总把办公厅比作花瓶的瓶口。来的东西要经过这里，加工制作一番，又从这里经过领导，在中央是经过书记处决定，更大的问题经政治局通过，然后又从这里下去。这个机关同别的机关不一样，我把它叫作是综合的机关，也算一台机器。这台机器灵活了，效率就高，起参谋、助手作用就更大。如果这台机器不灵活，那就起不

到这个作用。秘书长、办公厅主任，说有权权很大，说没权就没有一点权，都是承上启下嘛。我当过秘书长将近十年。周总理交给什么事情就办，如果总理没讲的，和决定相违背的，这个权就少用，就不能用。又主动，又被动，尽量在被动底下争取主动。这一点是很要紧的。同时，对左邻右舍要联系好。十一届三中全会以来，我们国家转入了以社会主义现代化建设为中心的新的历史时期，办公厅工作的指导思想也必须适应这种转变，使它服从和服务于十一届三中全会以来的路线、方针和政策，服从和服务于十二大提出的党的总任务、总目标，服从和服务于四化建设这个大局。办公厅要为领导工作服务，为同级和上下级机关服务，为人民群众服务。归根结底是为人民群众服务。对于这个指导思想，我们一定要十分明确，并贯彻到办公厅的各项业务工作中去。在牢固树立这个指导思想的同时，还要破除各种思想障碍。例如对"左"的影响，我们万万不可低估，一定要不断地清除；对官僚主义的积习，我们万万不可轻视，一定要坚决改正；对因循守旧的思想，我们万万不可迁就，一定要好好克服。只有破除了各种思想障碍，才能使办公厅的工作沿着正确的轨道前进，开创新局面，才能充分发挥办公厅的参谋、助手作用，为四化建设作出更大的贡献。

这里我附带说一下昨天中央领导同志同科学家见面的会。对党外人士，特别是科学家，到一定时候要和他们接触接触。特别是我们做第一线工作的人，要多和他们接触，听听他们的意见，看看他们，这有好处。今天我们要搞四个现代化，要翻两番，要到二十世纪末实现小康水平，离开了他们不行，他们起着关键性的作用。这就是十二届三中全会[3]决定第九条讲的，也是小平同志多次提出的，要尊重知识,尊重人才。所以我们去看看他们,跟他们接触接触很重要。这一点各省、自治区、直辖市也要注意。

在这里我要特别说一说,现在我们中央是集体领导,这就是个大局。要顾全这个大局。问题要解决,大局要照顾。同时,我们现在一、二、三梯队在不断地交替,一梯队,将来是要退下去的;现在是二梯队,正在第一线做实际工作;还有第三梯队[4]。我们是接第一梯队,第二梯队要叫第三梯队来接。现在我们中央又提拔了一些新的同志,在座的几位,启立[5]同志,纪云[6]同志,乔石[7]同志,兆国[8]同志都是。还有一些,今天没有来,大家都知道的了。我们还准备继续挑选一批。每个在位的同志,就拿你们来说,当办公厅主任也好,当秘书长也好,你们在位就要准备退位,要选择接你们班的人。这个很要紧。我们要退下来的同志有这个任务,要把接班人选好,一定要选得比我们还要强,比我们办事更认真,更公正,更扎实,更务实。现在不务实不行,说空话不行,搞表面文章不行,这都对我们没有好处,都会把事情搞坏。

二、要积极地参与大事,并且要做好小事

大事和小事是比较而言的。总的说来,小事是大事的基础。小事一点不办,不是很好的真正有组织能力的人。你们看看鲁迅[9]的日记,每天买了几斤菜,他都记得一清二楚,他的书,不仅自己创作,出版、发行都是他自己去搞。当然他那个情况跟我们现在的情况不一样。我们既要参与大事,也要认真把小事办好。在某种情况下,小事就是大事。要从当时的实际情况来看,要辩证地看这些问题。所以我们现在要学一点辩证唯物论和历史唯物论,学一点哲学。

办公厅为领导工作服务，主要应当办好三件事：一是参与大事的调查研究，向领导提供情况和建议，以便作出决策；二是传达和贯彻党的各项政策，并检查其落实情况，作出信息反馈；三是搞好领导同志批示的查办工作。

三、要认真管好业务工作

要及时准确地把文电处理、机要交通工作搞好，不能拖延误事。为什么要讲这个呢？有一次我批一件事，批给统战部，结果三五天收不到。像这一类事情不是一回两回。不能拖延误事，不能慢吞吞的。广东深圳不是讲了嘛，现在全国也在讲嘛，时间就是金钱，效率就是生命。不能慢，不能拖。

要加强保密工作，要从紧从严。我觉得现在保密工作确实是个大问题。我们搞的文件、报告，人家很快就知道了。要加强保密，不能说现在对外开放了就可以放松保密了。搞特务的还大有人在嘛！当然，保密也是有时间的，过了那个时间就不是秘密了。但是我们现在有的还没有动手干，刚作了决定人家就知道了。这样，人家就可以想出对策来对付我们。保守国家机密，要慎之又慎，万万不可粗心大意。要妥善保管档案资料，并积极地加以利用，使之发挥应有的作用。

要认真负责地做好人民来信来访工作，做到件件有着落，不能漠不关心，置之不理。不仅是重要案件要查办落实，作出交代；就是来访的一个人，管他反映的是事实不是事实，都要派人见一下。有些确实是冤案，在下面多年不能解决。有极少数的人是靠上访来吃饭的，但是你一查就知道了嘛。人家来到北京多次不得见，这不好。人民来信来访是测量党的各项政策的寒暑表、温度计，它可以使我们了解人民之所想、所急，倾听人民的呼声。把这项工作做好了，会更加密切党和政府与人民之间的关系，使党的各项政策真正得到落实。

要紧密依靠群众做好保卫工作。任何时候坏人都会有，狗急跳墙的事也会发生，要以防万一。我们必须提高警惕，不可麻痹大意。同时，也要反对把保卫工作孤立起来，搞神秘化，现在这方面已有很大改进，但是还需要加以注意。要进一步加强对保卫人员的培养教育，提高他们的政治、文化和军事素质，使他们耳聪目明、机智勇敢、遇事不慌、临危不乱，出色完成任务。搞保卫并不是要跟的人多，跟的人多了等于给人家送信，给坏人送信。这要改变一下，还是要依靠群众。到一个地方去，下面的同志很热情，这是好意，愿望是好的，我们是理解的，但搞得人多了不好。这样做就会脱离群众。难道不这样就不能把保卫工作搞好吗？不一定，可能搞得更好。隐蔽是最大的安全，依靠群众是最大的安全。

还有一个请吃饭问题。地方同志觉得领导同志很少来，偶然来一次，就把当地最好的东西拿出来，让领导同志尝一尝，摆了那么一桌子。领导同志要是不吃，很不礼貌；要是吃，也很难为情。我们一再批评人家如何如何，结果，所到之处却是这样，使很多领导同志感到很尴尬。地方同志的心情是可以理解的，但是在这方面还是简朴节约一点好，还是搞四菜一汤。陪同的人也要尽量减少，不要铺张浪费。现在我们在这方面花的钱可多呀！我总说，行政费再压一点。行政费少了他就干不成了。这一点你们可能会反对。反对就反对嘛。

要全心全意、任劳任怨地做好行政事务工作，想方设法改善机关的伙食、住房等生活条件，使工作人员没有后顾之忧，能够集中精力搞好本职工作。这是最好的、最有成效的思想政治工作。现在，有几个学校，如西安的，有几个学生贴标语，天津也发生过，福州也发生过，北京也发生过，最大的问题就是伙食搞得不好。现在有些学校搞伙食承包，如果把生活搞得不好，就会出问题。对这个我们要检查。承包是为了搞好伙食，结果你承包了却从学生伙食中卡了一点发奖金。这个问题有好几个人跟我讲过。本来搞企业化是很好的，自负盈亏。你这样搞反而不好了。现在我们中午只休息一个小时，食堂不搞企业化能行？食品还要工业化，做点快餐的东西，一拿到就能就餐，要不了十分钟，或者是拿了食品就上班去。这方面题目多得很，你们要千方百计地研究搞好。现在光叫人家要这样艰苦那样艰苦不行。后勤工作要抓好，各地区、各部门都要把它放在很重要的位置上来。把生活搞好一点，帮助群众解决实际困难，这比你在那里空喊半天管用得多。所以你们要任劳任怨。有时闲言很多，说你这不公平了，那不公平了。不要管这些，只要我们坚持正确的原则，把事情办好，只要办事公道，廉洁奉公，就不怕那些闲言碎语，也不要受任何干扰。

在这里，我要强调指出的是，办公厅要进一步采取有力措施，切实抓好两件事：

第一，认真解决文山会海的问题。尽管中央三令五申，至今文件、简报、材料和各种会议还是不少，一方面领导同志顾不过来，另一方面使下面疲于应付，到头来只有敷衍塞责，不了了之。这个问题如果解决得不好，会直接影响到工作效率和工作效益的提高，会使我们的同志陷入文山会海之中，不能深入实际、深入群众，不能抓好大事。长此下去是非常危险的。所以，我现在提议，各地区、各部门的办公厅好好把过去的规章制度查一下，清理一番。中央办公厅首先抓一抓，可以提出改进的意见，例如，过去出了几种东西，这些东西发生了多大效果，有几种东西是需要上报的。一定要讲求实际，宁肯少些，但要好些。解决好这个问题的关键在于中央机关能不能起模范作用。中央机关要带头精简文件、会议，凡是可发可不发的文件，坚决不发；可开可不开的会议，坚决不开。如果光靠发文件、开会来指导工作，就会流于文牍主义、形式主义。这种风气传到下面去，就会上行下效，如法炮制，所谓“上有好者，下必甚焉”，就是这个意思。结果反而使中央的精神不能很好地贯彻下去。文件发得太多，会议开得太多，形成倾盆大雨，就要成灾。这就叫作物极必反。本来是一件好事，也会走到反面，成为群众不赞成的事。办公厅一定要认真总结经验教训，勇于改革创新，严格把关，坚决把这种不良风气扭转过来。

第二，认真抓好党的各项政策的检查落实工作。这项工作，从中央到地方各级党政机关已经抓了几年，成绩不小。但是至今还有不少遗留问题解决得不彻底。有些该地方或主管部门解决的，因为没有解决，都把矛盾上交，所以，我们这些人就批得多了。但是，你不批又有什么办法呢？我们也有经验，凡是批了的，真正属实的问题，都解决了。希望各地区、各部门都要主动一点，凡是你们那里的问题，就把它挡一下，妥善加以解决。不然，还是要找你们。谁也推不了，谁也靠不了，尤其是落实政策的问题，要通过主管部门和当地的党委、政府去解决。现在不仅旧的问题没有解决完，新的问题又不断发现。这也是必然的，这叫作基本规律：旧矛盾解决了，新矛盾又出来了；把今天的问题解决了，明天又有明天的问题。对于这样一个取信于民的大事，办公厅应当积极主动地督促有关部门和地区认真抓好，不能拖延不办。例如对冤假错案，不论是什么时候的，都要彻底予以平反。这个精神是耀邦[10]同志在一九七九年信访会议上讲的。还有，对党的知识分子政策、统战政策、侨务政策，等等，凡是不落实的，就要督促有关部门和地区抓紧解决。办公厅的同志要以对党对人民负责的高度党性，实事求是地、坚定果敢地协助领导办好这件大事。书记处和耀邦同志决定搞了个落实政策小组，委托我来管，曾经开过两次会。在北京，在中央各部，还有很多不公正的事情、搞得不好的事情，没有得到解决。特别是落实知识分子政策这一条，有的硬是压了多少年就不能入党，这样的例子太多了。更奇怪的是还有知识分子压制知识分子的事情。只要政策不落实，就决不罢休，要一抓到底。

四、要加强队伍建设

十二届三中全会以来，在全国范围内掀起了以城市为中心的经济体制改革热潮。面对这种形势，办公厅作为一个承上启下的综合性的办事机构，也要进行相应的改革，以便更好地搞好“三个服务”。例如，在机构设置上，必须坚持职责明、层次少的原则，以充分发挥它的工作效能。在人员配备上，要坚持精干、“四化”[11]的原则，既要不断更新，又要相对稳定，以保证工作的连续性，提高工作质量。在工作制度上，要坚持实行岗位责任制，做到各负其责，各司其事，定期考核，奖罚分明。

我觉得办公厅还有一个好处，就是近水楼台，很多文件你们都读了，只要那些不是很机密的，给同志们讲讲，叫他们先知道，训练他们，教育他们。做秘书也是一门专业。办公厅有时可找一些秘书在一块聚会谈谈，交流情况，征求意见，非常有好处。

同志们，你们在办公厅工作，都是我们革命队伍里的无名英雄，是不可缺少的“多面手”、“螺丝钉”。你们工作的岗位是一个光荣的岗位。希望你们一定要热爱自己的本职工作，熟悉业务，在工作中坚持解放思想、实事求是、认真细致、扎扎实实的工作作风，既要积极参与大事，又要认真办好小事，为四化建设贡献自己的力量。

■ 注　释

[1]十一届三中全会，见本书《在肇庆地委常委扩大会议上的讲话》注[2]。

[2]十二大，见本书《总结社会主义建设的经验和教训》注[3]。

[3]十二届三中全会，见本书《在中央党校一九八四年秋季开学典礼上的讲话》注[8]。

[4]第三梯队，见本书《克服“左”的思想影响，开创侨务工作新局面》注[13]。

[5]启立即胡启立，见本书《安全生产第一》注[1]。

[6]纪云即田纪云，一九二九年生，山东肥城人。一九四五年加入中国共产党。曾任贵州省财政厅副厅长，四川省财政厅厅长，国务院副秘书长。一九八三年起任国务院副总理兼秘书长，中共中央政治局委员、中央书记处书记，国务院副总理，全国人大常委会副委员长。

[7]乔石，一九二四年生，浙江定海人。一九四〇年加入中国共

产党。曾任中共杭州市委青委书记，中共中央华东局青委统战部副部长，中共中央对外联络部副部长。一九八二年起任中共中央书记处候补书记，中共中央对外联络部部长，中共中央办公厅主任，中共中央组织部部长，中共中央政治局委员、中央书记处书记，国务院副总理，中共中央政法委员会书记，中共中央保密委员会主任，中共中央政治局常委，中共中央纪律检查委员会书记，全国人大常委会委员长。

[8]兆国即王兆国，一九四一年生，河北丰润人。一九六五年加入中国共产党。曾任共青团中央书记处第一书记，中共中央办公厅主任。一九八五年起任中共中央书记处书记，中共福建省委副书记，福建省省长，国务院台湾事务办公室主任，中共中央台湾工作办公室主任，中共中央统战部部长，全国政协副主席，中共中央政治局委员，中华全国总工会主席，全国人大常委会副委员长。

[9]鲁迅，见本书《彭总在西北战场》注[26]。

[10]耀邦即胡耀邦，见本书《要把农业科学研究摆到重要的位置》注[10]。

[11]“四化”，见本书《在中央办公厅颁发老干部离休荣誉证大会上的讲话要点》注[4]。

努力开创统一战线理论研究的新局面*

（一九八五年二月六日）

这次全国统一战线理论工作座谈会，是新中国成立以来中央统战部召开的第一次统战理论工作会议，也是统战理论研究工作者的第一次全国性的盛会。党内外理论工作者、统战工作者聚集一堂，总结党的十一届三中全会[1]以来统战理论研究的经验和成果，讨论在建设有中国特色的社会主义中关于统一战线的理论问题，并将正式成立自己的学术团体——全国统一战线理论研究会。这是很有意义的一次会议。我相信，经过大家的共同努力，这次会议一定能得到很大的收获，对今后开创统战理论研究的新局面将起重要作用。

从党的十一届三中全会以来的六年间，我们国家的面貌发生了巨大的深刻的变化，统一战线工作包括民族、宗教工作方面，也取得了很大的成绩。我们所取得的一切成就，都是在中国共产党的领导下，在各民族的工人、农民、知识分子，各民主党派和人民团体以及一切爱国力量共同努力下取得的。我们的成就充分证明了十一届三中全会以来的路线、方针和政策是完全正确的，是深得人心的。

目前，全国各条战线都在深入学习和贯彻执行党的十二届三中

---

* 这是习仲勋在全国统一战线理论工作座谈会上的讲话要点。标题为编者所加。

全会[2]通过的《中共中央关于经济体制改革的决定》，一个以城市为中心的全面改革正在按照党中央制定的步骤、措施慎重而稳步地展开。在这种新的形势下，统一战线一定要服从和服务于经济体制改革。服从和服务于实现社会主义现代化建设、完成祖国统一大业和反对霸权主义、保卫世界和平三大任务。统一战线过去是、现在仍然是一大法宝，具有强大的生命力。我们如果不紧紧掌握和运用这个法宝，党和国家的大事就办不成。在不同的历史时期，统一战线的任务是随着党的路线、方针和政策的改变而改变的。但我认为无论在任何时候，都会有统一战线工作；无论哪个地区、哪个党派团体、哪个机关，也都有统一战线工作。统一战线工作就是要在坚持四项基本原则[3]，在一个总的奋斗目标下，大家团结起来向前看，向前干。由此看来，新的历史时期，统一战线的作用不是不重要，而是更重要了；统一战线的范围不是缩小，而是更扩大了；统一战线工作的对象不是少了，而是更多了。因此，统一战线工作不是可以削弱，而是应该不断加强。

应当承认，尽管统战工作成绩很大，但是与它所担负的历史任务来衡量，仍然存在一定的差距，仍然有不足之处。一是在思想上，“左”的影响尚未彻底清除。这是统一战线工作中的最大弊端。特别是因为我们是执政党，更应时时事事关注这个问题。现在有不少的同志包括统战部门的同志不愿同党外人士协商办事，不听取党外人士的意见和批评，或者采取敷衍态度，不谈心，不交心，甚至称王称霸，作威作福，压制不同意见，使党外人士在四化建设和统一祖国事业中的积极性和主动性不能充分发挥。二是在落实政策上，还抓得不够得力。有的地方和单位不顾大局，不顾党的纪律，不顾党的利益和影响，对落实政策拖着不办，甚至采取抵触态度。有的领导干部存在着严重的官僚主义作风，对落实政策只停留在一般号召上，而不是亲自干预，抓住不放，切切实实地一个一个地解决问题。三是在组织上，统战部门的队伍还不适应新的历史时期的要求。有些不懂统战政策、思想僵化、愚昧无知的人仍然在其位而不谋其政，成事不足，败事有余。这些问题如不认真解决，要开创统战工作的新局面是不可能的。我们应当引起足够的重视。

现在我着重讲一讲关于统一战线理论工作的问题。

统一战线包括民族、宗教，是一门科学。它的内容极其丰富繁杂，是一座大可攀登的科学高峰。马列主义奠定了统一战线的理论基础和策略基础。我国的革命统一战线已经有六十多年的历史，经验极其丰富。我们党在长期的革命实践中，大大发展了统一战线的理论和政策，这是毛泽东思想的重要组成部分，是马列主义在中国的重大发展。在这方面，我国老一辈的无产阶级革命家毛泽东、周恩来、刘少奇、邓小平等同志都有许多精辟的论述。我们党在统战、民族工作方面的著名理论家李维汉[4]同志，也写了不少的理论著作。但是，统一战线这门科学必须随着实践的发展而继续向前发展，不能停滞和僵化，否则就没有生命力了。而我们对统一战线这门科学的理论研究，跟我们党丰富的实践经验和老一辈无产阶级革命家留给我们的大量理论财富比较起来，就显得薄弱。一方面，统一战线的历史经验有待于我们提高到理论上去总结，以资借鉴；另一方面，新的历史时期统一战线出现的大量新情况、新问题、新经验，又要求我们进行深入的调查研究和理论探讨，以指导工作。现在看来，我们在这两方面的理论研究工作都做得不够，都跟不上实践发展的需要。这种状况必须迅速改变。这是关系到党的思想理论建设的一个重要问题,是关系到统一战线工作全局的大问题,也是历史赋予我们的光荣任务。我们应当认真负责地、齐心协力地把这件大事搞好。下面我讲几点意见,供同志们参考。

第一点,要理论联系实际,有的放矢,实事求是。我们党六十多年的历史,就是经过反复实践不断地把马列主义基本原理同中国革命和建设的实际相结合,走自己的道路的历史。当我们党把这两者正确结合的时候,中国革命和建设事业就胜利,就向前发展,反之,就遭受挫折和失败。实践证明,理论研究只有结合实际,才会有活力、有创造、有发展,也才会对实际工作起指导作用。我们要不断地克服教条主义和经验主义,特别是教条主义。因为有这种思想的同志往往是理论脱离实践,并把它变成了空洞的、僵死的东西。他们只会机械背诵和简单重复马列主义的原理和字句,并拿来衡量已经发展了的实际,他们"循规蹈矩",而不敢越雷池一步。列宁说得好:"我们决不把马克思的理论看作某种一成不变的和神圣不可侵犯的东西;恰恰相反,我们深信:它只是给一种科学奠定了基础,社会党人如果不愿落后于实际生活,就应当在各方面把这门科学推向前进。"[5]理论来自实践,并为实践服务。邓小平同志指出:"理论工作要为社会主义现代化建设服务。"[6]我们的统战理论研究,要面向实际,面向群众,这是理论用之不竭、取之不尽的生命源泉;统战理论研究要面向世界,及时了解各国的信息和经验,以便从中吸取有益的营养;统战理论研究要面向以四化建设为中心的三大任务,深入调查,研究新情况,总结新经验,解决新问题。我相信,做到了这几个面向,统一战线这门科学就会不断充实和发展起来。

第二点，要解放思想，立新破旧。长期以来，在理论研究方面，“左”的思想影响很深，一些过时的旧观念、旧框框束缚着人们的思想。再加上一些违反学术民主的粗暴做法，使理论研究不能形成良好的气氛。我们正处在一个新的历史时期，处在一个社会大变革的时代。我们的思想、观念必须顺乎时代的潮流而不断更新。十一届三中全会以来，党中央遵循解放思想，实事求是的思想路线，在怎样搞好社会主义的问题上确立了一系列正确的新的思想和观念。这是马列主义、毛泽东思想在中国具体条件下的新发展。这是一个带根本性的转变，具有深远的国际影响和历史意义。应当看到，三十多年来，特别是“文化大革命”十年来，我们各个领域里一直是被“左”的思想束缚着而不自由。另外几千年封建社会遗留的观念和习惯也还在我们的头脑里发生作用。因此，现在很有必要回顾一下统战工作，通过实践的检验，树立合乎时代要求的新观念，破除已经过时的旧观念。

第三点，要团结党内外的理论工作者和统战工作者，形成一支广泛的统战理论研究队伍。发展爱国统一战线，要搞五湖四海、三教九流，要团结一切可以团结的人。推进统一战线这门科学的研究，也要发动党内外的同志共同参加，要把大家的积极性和聪明才智充分发挥出来。希望同志们迈开自己的双脚，深入到实际中去，深入到群众中去，虚心地向实际学习、向群众学习，使自己不断地增长见识，永远保持对新事物的敏感性，为发展统一战线、促进四化建设作出有益的贡献。这次会议有各民主党派、人民团体的负责人和各界非党人士一道参加，共同研究和讨论问题，这个做法很好，应当贯彻到今后的统战理论研究工作中去。

第四点，要加强领导和协作。近几年来，统战理论研究和宣传教育的开展，一条重要的经验，就是各级党委的重视和加强领导；再一条是党委统战部门出面抓好组织落实工作；第三条是加强各有关部门的协作。我相信依靠上下左右的共同努力，一定会把统战理论研究工作卓有成效地开展起来。

■ 注　释

[1]十一届三中全会，见本书《在肇庆地委常委扩大会议上的讲话》注[2]。

[2]十二届三中全会，见本书《在中央党校一九八四年秋季开学典礼上的讲话》注[8]。

[3]四项基本原则，参见本书《在中央工作会议中南组的发言》注[10]。

[4]李维汉，见本书《永远难忘的怀念》注[11]。

[5]见列宁《我们的纲领》，《列宁选集》第一卷，人民出版社一九九五年版，第二七四页。

[6]这是邓小平给《红旗》杂志的题词。一九八三年六月出版的《红旗》杂志刊登了这个题词。

加强律师工作*

（一九八五年二月十二日）

司法部门是上层建筑的一个重要组成部分，同经济体制改革有着极为密切的关系，必须积极地为社会主义现代化建设服务。在这方面，加强律师工作，搞好法律咨询，尤其重要。这对厉行社会主义法制是个有力的保障。律师工作是一种智力型的劳动，它所创造的价值是不可低估的，国家机关和经济部门一定要充分重视，发挥他们的积极作用，以促进四化建设的蓬勃开展。

第一，律师要认真负责地当好法律顾问，搞好法律咨询服务。要以法律为准绳，坚决维护委托单位和人民群众的合法权益，维护经济秩序。通过各种法律服务活动，促进工农业生产和商品经济的发展，促进对外贸易和技术的交流，促进社会的安定团结。

第二，要大力培训律师人才，提高律师队伍的素质。目前我国政法队伍，正如彭真[1]同志指出的，还存在着年龄高、文化低的问题。而律师队伍更是量少质弱，特别是熟悉经济法律事务的律师十分缺乏，远远不能适应新形势的需要，应当引起我们的注意。要采取多层次、多渠道的办法，加快培训律师的步伐，建设一支政治品质好、懂法律、通业务、有文化的律师队伍。要教育从事律师工作的同志认清自

* 这是习仲勋在中国法律事务公司开业招待会上讲话的主要部分。标题为编者所加。

己的光荣职责，努力做一个全心全意为人民服务的新型的法律工作者。

第三，要加强法制的宣传教育工作，严格依法办事。为了实现党的十二大[2]提出的社会治安和社会风气根本好转的要求，一方面要继续贯彻执行依法从重从快打击严重刑事犯罪活动和严重经济犯罪活动的方针，另一方面要切实落实综合治理的其他措施。政法、宣传等有关部门要互相配合，通力协作，利用各种形式和典型事例，在基层和广大群众中进行知法、守法的宣传教育，使每个公民都来维护法律尊严，按法律办事。政法部门办案一定要以事实为根据，以法律为准绳，深入调查研究，实事求是地秉公处理，要坚决克服粗枝大叶、不负责任的官僚主义作风。政法部门和律师都是国家法律的执行者和捍卫者，应当互相尊重，共同努力把案子办好。总之，我们一定要实行法治，进一步加强立法，特别是经济立法的工作，做到有法可循，依法办事。

■ 注　释

［1］彭真，见本书《加强公安队伍的正规化建设》注［3］。

［2］十二大，见本书《总结社会主义建设的经验和教训》注［3］。

《中国的大西北》丛书前言

（一九八五年三月六日）

西北五省（区）——甘肃、青海、宁夏、新疆和陕西的人民出版社决定联合出版一套《中国的大西北》丛书。全面介绍大西北的地理环境、自然资源、经济文化和建设成就。我觉得这是一件有重要意义的事情，它对激发各族人民热爱祖国、热爱社会主义，将会产生良好的作用。我出生在陕西，曾长期生活、工作和战斗在西北地区，对这里的一山一水、一草一木，特别是哺育我成长的勤劳勇敢的各族人民怀有无限的深情。出版社的同志要我为这套丛书写一前言，我慨然应允，欣然命笔。

中国的大西北，是祖国壮丽山河的一部分。这里地域宽广，幅员辽阔。五省（区）的总面积有三百余万平方公里，约占全国领土的三分之一。她广阔的胸襟包容了千姿百态的地貌：有直插云霄的世界屋脊，也有一望无际的坦荡平原；有绵延千里的沙漠戈壁，也有铺青叠翠的沃野绿洲；有银装素裹的峰峦，也有亚热带气候的河谷和浮光跃金的湖泊。古代诗人吟咏为“远上白云间”的黄河和“万里飘玉带”的长江，都发源于她的青藏高原，滚滚东流，哺育着伟大的神州儿女。

大西北广阔浩瀚的地域蕴藏着丰富的资源。被誉为“万宝山”的祁连山和“聚宝盆”的柴达木、塔里木、准噶尔等地，贮藏着石油、天然气、盐、煤、石棉和众多的有色金属。八百里秦川、汉江盆地、银川河套、河西走廊和新疆的块块绿洲，是五谷丰登的粮食基地。青海高原、甘肃的山川，宜草宜树，是发展畜牧业的天然牧场。新疆的哈密瓜、无核白葡萄、细毛羊，宁夏的枸杞、发菜、滩羊皮，青海的虫草、麝香，甘肃的胡麻、白兰瓜、冬果梨、河曲马，陕西的板栗、秦川牛、关中驴，等等，都各具特色，驰名中外，为繁荣祖国经济，发展对外贸易，提供了丰富多彩的珍品。

大西北又是中华各民族最早共同居住、繁衍生息的地方，是灿烂的古代东方文化的摇篮。这里有五六十万年前的旧石器时代的蓝田猿人遗址，有六千余年前的数十个新石器时代文化遗存，有炎黄子孙共同敬仰的轩辕黄帝陵，有万里长城的西端要塞嘉峪关，有以艺术宝库著称的敦煌、麦积山、柯孜克里的石窟雕塑和壁画。在著名的丝绸之路上迄今保留有交河、高昌等许多古城遗址。古称长安的西安古城，曾是周、秦、汉、隋、唐等十多代王朝的国都。千古以来，为开发大西北，各族人民英雄辈出，人才济济，立志边疆者更屡见史册。张骞[1]、班超[2]、玄奘[3]、林则徐[4]等著名人物，都在大西北留下了为人们永志不忘的足迹。在我党的历史上，长征[5]胜利结束后，延安曾成为中国革命的圣地、人民的希望和灯塔。党中央和毛泽东、周恩来、刘少奇、朱德、任弼时[6]等老一辈无产阶级革命家在这里工作和战斗了十三个年头。西北地区的各族人民，在中国共产党的领导下，为反对帝国主义的侵略和封建反动势力的压迫，保卫和建设祖国边疆，前赴后继，进行了不屈不挠的英勇斗争，涌现了无数英雄烈士，创造了可歌可泣的光辉业绩。

在解放前，大西北优越的天然条件得不到合理利用，富足的自然资源惨遭帝国主义和军阀、国民党反动派的掠夺和破坏，天灾人祸严重威胁着人民的生命安全，贫穷、落后长期笼罩着这块大地。新中国成立后，社会主义的春风吹绿了这块可爱的国土，党的阳光雨露滋润了边塞荒原。她与伟大祖国同复苏，齐振兴，共繁荣，以其崭新的雄姿巍然耸立在祖国的西北边疆。

党的十一届三中全会[7]以来，西北各族人民同心同德，团结一致，拨乱反正，艰苦奋斗，建设四化。经过几年的努力，各条战线欣欣向荣，百业兴旺，人民生活显著提高。整个大西北，从政治到经济，形势大好，可称得是新中国成立以来最好的历史时期。当然，也应看到，西北的自然条件有其不利的一面，工作中还有不少困难，需要我们努力克服。党中央指出，在本世纪和下世纪初，我国经济开拓的重点，势必要转移到大西北来。党的十二届三中全会[8]作出的关于经济体制改革的决定，为建设具有中国特色的社会主义制定了宏伟的纲领和蓝图，一个以城市为重点的全面经济体制改革正在全国兴起，这给开拓大西北，建设现代化的西北边疆，提供了极为有利的条件。西北各族人民要紧密团结起来，发扬延安革命精神，积极热情地投身到开发和建设大西北的洪流中去，为胜利完成新的历史时期赋予大西北的光荣而艰巨的战略任务作出应有的贡献。我热爱大西北，我渴望大西北的繁荣昌盛，更盼望西北各族人民早日过上富裕幸福的小康生活。而要达到这个目的，没有西北各族人民的共同努力是不可能的，没有全国各族人民的大力支援也是不可能的。因此，大西北各省（区）一定要积极贯彻落实党中央关于“对内搞活经济，对外实行开放”的方针，面向全国，面向世界，面向未来。大胆地吸收和使用各方面的人才，引进和利用先进技术和资金，把一切积极的力量调动起来，共同把大西北建设得更加美丽富饶。

“男儿西北有神州。”我希望这套丛书的出版，能鼓舞各族人民振奋精神大干四化，能促使一切热爱祖国的有志之士和青年踊跃参加大西北的社会主义现代化建设。西北各族人民在殷切期待着你们，大西北的山山水水在翘首欢迎着你们。我相信，中华民族的优秀儿女，一定会发扬勇于进取、锐意改革的精神，用自己的智慧和力量，在这块古老、广阔、富饶的土地上，创造出超过前人的业绩，谱写出新时代的伟大篇章！

■ 注　释

[1]张骞（？——前一一四），陕西城固人。西汉外交家。两次出使西域，加强了中原和西域的联系，开辟了“丝绸之路”。

[2]班超（三十二——一〇二），陕西咸阳人。东汉名将。曾出使西域，保障了西域的安全及“丝绸之路”的畅通。后任西域都护。

[3]玄奘（六〇二——六六四），河南偃师人。俗名陈祎。唐代高僧，佛经翻译家。曾赴天竺（今印度）游学。回到长安后，主持翻译经、论七十余部，共一千三百多卷。

[4]林则徐（一七八五——一八五〇），福建侯官（今福州）人。清末政治家。曾任湖广总督、两广总督等职，以查禁鸦片和在鸦片战争初期抵抗英军侵略的爱国壮举著称于世。

[5]长征，见本书《红日照亮了陕甘高原》注[1]。

[6]任弼时，见本书《关于陕甘宁边区一九四八年的土地改革和整党工作》注[12]。

[7]十一届三中全会，见本书《在肇庆地委常委扩大会议上的讲话》注[2]。

[8]十二届三中全会，见本书《在中央党校一九八四年秋季开学典礼上的讲话》注[8]。

对赵朴初关于宗教工作的意见的批语*

（一九八五年三月二十五日）

这是一篇真正懂得宗教问题和宗教政策的同志写的意见，也是一篇很有参考价值的经验总结，并切合当前各地的实际。宗教、文物和旅游这三者的管理职责，始终没有解决好，以致有损党和国家的政治影响。建议将愈明[1]等同志的调查报告[2]和赵朴初[3]同志的意见一文，一并印发有关单位看看，请兆国[4]同志商愈明等同志定个时间，在他们出去调查前（本周内）开个会，定出几条可行办法，因为有几年的经验，情况较明，是可能办到的。尔后再下去调查和落实这些“办法”，不然，还是拖着，处理不好。请兆国、周杰[5]同志商静仁[6]和有关同志一定为盼。

■ 注　释

[1]愈明即王愈明（一九二三——一九九九），山西阳城人。一九

---

* 这是习仲勋看了赵朴初于一九八四年十一月在文物工作座谈会上的发言后所写的批语。标题为编者所加。赵朴初建议作为宗教活动场所的寺院及佛教文物应当由僧人管理，认为僧人能够管理好寺庙，要合情合理地安排宗教活动场所，并就佛教活动场所数量问题提出了自己的意见。

三八年加入中国共产党。曾任中共长垣县委书记。新中国成立后，任中共中央办公厅秘书局第一副局长。一九八〇年起任中共中央书记处研究室室务委员，中央书记处办公室负责人。

[2]指一九八五年三月十一日王愈明等三人上报中央的《关于文物、旅游和宗教场所管理职责问题的调查简报》。简报提出了以下问题：(一)关于重点寺观的确定和开放问题。(二)关于重点寺观的管理问题。(三)关于重点寺观的修复和维修问题。(四)关于重点寺观接受外界捐赠问题。(五)关于重点寺观管理中有关部门的职责划分和协调配合问题。

[3]赵朴初(一九〇七——二〇〇〇)，安徽太湖人。早年从事佛教和社会救济工作。一九三六年后参加抗日救亡活动。一九四五年参与发起组建中国民主促进会。新中国成立后，任华东军政委员会民政部副部长、人事部副部长，华东生产救灾委员会副主任，中国佛教协会副会长兼秘书长。一九七九年起任中国民主促进会中央副主席、名誉主席，中国佛教协会会长，全国政协副主席。

[4]兆国即王兆国，见本书《办公厅要发挥好参谋助手作用》注[8]。

[5]周杰(一九二七——二〇〇五)，江苏阜宁人。一九四四年加入中国共产党。曾任中共中央书记处研究室室务委员。一九八三年起任中共中央办公厅副主任，中央政治体制改革研究室副主任，全国人大常委会副秘书长。

[6]静仁即杨静仁，见本书《为开创民族工作新局面贡献力量》注[3]。

一定要把落实党的宗教政策这件事抓紧抓好*

（一九八五年四月三日）

三年来，全党全国各地学习、落实中共中央一九八二年第十九号文件[1]，贯彻执行国务院一九八三年第六十号文件[2]做了大量的工作，成绩不小。我看主要有这么几条：

一是，各级党政领导机关，特别是省、区、市领导机关和领导同志，对落实党的宗教政策和做好党对宗教的工作引起了重视。广大宗教工作干部以及有关部门的同志对这个问题，在思想认识上有较大的提高，在实际工作中也有较大的进步。

二是，宗教界人士中的冤假错案基本上得到平反纠正，并且加强了对他们的思想工作和团结工作，进一步调动和发挥了他们参加四化建设的积极性。

三是，爱国宗教组织逐步得到恢复和健全，宗教活动场所有了一定的合理安排，信教群众的宗教活动基本上纳入了正常轨道。

所有这些，都在国内外宗教界人士和广大信教群众中产生了很好的影响。它有力地表明我们党的宗教政策是正确的，我们执行这一政策是言而有信、说了就办的。

---

* 这是习仲勋在全国落实宗教政策座谈会上讲话要点的一部分。

应该看到，我们的国家，是一个有十亿人口的多民族多宗教的大国。党的十一届三中全会[3]以来，我国所以能够很快形成安定团结的政治局势，这个局势之所以能够不断巩固和发展，同我们对民族、宗教问题解决得比较好是分不开的。

但是，必须清醒地看到，目前在落实党的宗教政策上仍然存在不少问题，阻力还不小。就以对中央十九号文件的学习情况来说，有些同志至今没有真正全面理解它的精神和实质，有的同志甚至连这个文件都没有认真看过。在这方面，有令不行，有禁不止，甚至违反政策规定的现象不少，有的还相当严重。有的同志说，落实政策难，落实宗教政策就更难。这个话是有一定道理的。中央发出十九号文件已经三年，国务院发出六十号文件也已两年，为什么不能完全贯彻落实？我看主要有两方面的原因：一是，"左"的思想仍然在束缚着我们不少同志的头脑。他们不认识宗教问题的长期性、复杂性、群众性和国际性，往往习惯于以简单的、行政命令的办法，而不愿意也不会以教育、引导的办法对待和处理宗教问题；他们不认识落实党的宗教政策和做好党对宗教工作的重要性和迫切性，反而把执行党的宗教政策误认为是"宣传唯心主义"，"助长宗教发展"；他们不能自觉地按照党的政策对待宗教、宗教组织、宗教界人士和信教群众，不加分析地说他们"迷信"、"落后"，有些人甚至把宗教和宗教活动同"精神污染"混为一谈。二是，不少同志在执行宗教政策上缺乏全局观点和政策观点，往往自觉不自觉地只从本部门、本单位的利害得失来考虑和处理问题，而不是首先把党的政策、党的利益放在第一位。即使是按照党的事业的需要，经党和政府明文规定必须办的事情，他们也不积极去办，甚至顶着不办。这实际上是一种无组织无纪律的行为，是党性不纯的表现。应该承认，除以上两方面的原因以外，在工作中也确实存在着一些实际问题，需要加以妥善解决。但不能以此为理由，就不执行党的有关政策和政府的有关规定。

我们的同志要明确，宗教和一部分群众信仰宗教，这是不以我们意志为转移的客观存在。对于这方面的问题，我们一定要慎重地正确对待，决不可用简单的、行政命令的办法来解决。周恩来同志在一九五〇年就讲过："谁要企图人为地把宗教消灭，那是不可能的。"他还说："如果我们不想要的东西就认为它不会存在，那是不符合客观实际的。"[4] 回顾历史，无数的事实证明，对待宗教问题，我们的政策越是搞得很紧很死，在实际生活中越是压制它，其结果总是事与愿违，适得其反，不仅不能引导它在政策、法律允许的范围内活动，反而会使它的活动脱离正常轨道，甚至为别有用心的人所利用，前几年有的地方一度出现的宗教狂热，就是明证。

我们的同志要看到，信教群众在全国的大部分地区，在通常的情况下，总是少数，而且有些宗教活动又确实同迷信活动不容易划分清楚，这就在如何正确对待宗教和信教群众，如何正确执行党的宗教政策上，往往会发生一些偏差，容易产生"左"的思想，以至犯错误，造成不好的影响。"文化大革命"十年，党的宗教政策和党对宗教的工作，是破坏和损失最大的一个方面，积存的问题很多，解决起来难度很大。所以，落实党的宗教政策，应该是落实党的各项政策中的一个重要方面，一定要以很大的决心和坚强的毅力，要舍得花力量，把这件事抓紧办好。

我们的同志还要认识到，落实党的宗教政策，做好党对宗教的工作，是发展爱国统一战线的一个重要方面。这方面工作的好坏，关系到团结千百万信教群众，充分发挥他们在四化建设中的积极作用，不断巩固和发展安定团结的政治局势；关系到争取和团结广大港澳同胞、台湾同胞和海外侨胞，实现祖国统一大业；关系到提高、扩大我国在国际上的声誉和影响。它绝不是一个孤立的、一般性的问题，而是一个重要的、政策性很强的问题，绝不可等闲视之。

我们还要针对宗教界人士和信教群众中存在着的各种思想问题，按照中央十九号文件的精神，对他们进行爱国守法的教育和党的宗教政策的教育，充分调动他们参加社会主义现代化建设的积极性。要善于引导他们根据自己的实际条件，积极参加社会公益活动，举办某些社会公益事业，例如修桥补路、植树造林、保护野生动植物、为残疾人谋福利，等等。

我要特别强调指出，中央十九号文件是认真总结新中国成立以来党在宗教问题上正反两方面的历史经验，经过深思熟虑、集思广益而形成的马克思主义的纲领性文件。实践证明，它是十分正确的。各地方、各部门、各单位都必须认真贯彻执行。中央十九号文件指出："使全体信教和不信教的群众联合起来，把他们的意志和力量集中到建设现代化的社会主义强国这个共同目标上来，这是我们贯彻执行宗教信仰自由政策，处理一切宗教问题的根本出发点和落脚点。"现在有些地方、部门和单位落实宗教政策不够好，原因就在于他们从思想到工作都离开了这一根本出发点和落脚点。我相信，只要认真地按照中央十九号文件的精神，彻底清除"左"的思想影响，统一认识，总结经验，从理论和政策上分清是非，加强组织性纪律性，宗教政策是不难落实的。

■ 注　释

[1]见本书《坚持走独立自主自办教会的道路》注[8]。

[2]即一九八三年四月九日国务院批转国务院宗教事务局《关于确定汉族地区佛道教全国重点寺观的报告》的通知。

[3]十一届三中全会,见本书《在肇庆地委常委扩大会议上的讲话》注[2]。

[4]见周恩来《关于基督教问题的四次谈话》,《周恩来统一战线文选》,人民出版社一九八四年版,第一八五页。

在中国戏剧家协会第四次会员代表大会开幕式上的讲话

（一九八五年四月十九日）

在这春光明媚、百花争妍的美好时刻，我有机会参加中国戏剧家协会第四次会员代表大会开幕式，感到非常高兴。我衷心祝贺这次大会胜利召开，同时也诚挚地向到会的同志、朋友以及整个戏剧界的同志们致以亲切的慰问。

我完全赞同曹禺[1]同志的讲话，他讲得很好。他讲了戏剧界的形势和如何进行改革等重要问题。这里我想补充讲几点意见：

第一，要统一认识。这次大会有来自全国各地的近千位戏剧界人士，大家相聚一堂，共商振兴中国戏剧的大计，是很难得的。与会的同志应该怎么统一认识，这是开好大会的一个关键问题。不久之前，胡启立[2]同志代表中共中央书记处在中国作家协会第四次会员代表大会上致了祝词。这个祝词充分体现了中央对文艺工作的指导方针，是完全正确的。你们这次大会应该把认识统一到胡启立同志祝词的精神上来，要开成大鼓励、大团结、大繁荣的大会。这是中央对你们的希望，也是人民群众对你们的希望。

第二，要充分发扬民主。既然大家来开会，就要讲话，发表意见。成熟的意见，建设性的意见，即使是不成熟的意见，错误的意见，都可以敞开来讲。你们都是来自各个不同的工作岗位，真正懂得戏剧艺术的是你们，戏剧应该怎样改革，怎样繁荣，怎样发展，也只有你们才有发言权。不要忘记了我们是十亿人口的大国，是一个古老的文明大国，我们的祖先给我们留下了光辉灿烂的文化遗产，我们一定要在这个基础上发扬光大。现在国家的形势很好，戏剧界的形势也很好，当然也有些不足之处。希望同志们畅所欲言，把意见讲出来，共商戏剧界的大事。前进的路子应该由你们提出来，由你们自己去研究，由你们自己去制定。

第三，要加强团结。要解旧疙瘩，不结新疙瘩。我们的疙瘩有一种是十年“文化大革命”造成的，给现在的工作造成了不好的影响。我们大多数同志都经过十年浩劫，受过苦，但是我们要正确认识和总结这一段时期正反两方面的经验。虽然我们受了折磨，但是也经受了锻炼，提高了认识，使我们懂得了很多革命道理。我们应该珍惜这一段经历，如果忘记了，就不好。列宁讲过，忘记过去就意味着背叛。现在越看“文化大革命”的流毒越严重。十亿人口的大国受折腾，只要有一亿人没饭吃，就要天下大乱。现在我们的国家有这样高的声望，就是我们解决了十亿人吃饭的问题。国家富强，人民富裕，这是我们最根本的任务，我们各方面的工作都围绕着这个目标而奋斗，我们的戏剧界也是为这个目标而奋斗。曹禺同志刚才在这些方面讲得很好。现在我们既不是生活在五十年代，也不是六十年代、七十年代，而是在八十年代。十一届三中全会[3]制定了一条正确的马克思主义路线，现在我们的情况很好，虽然有这样那样的问题，但比任何国家都安定。

对于“文化大革命”中的事情，过去的就过去了。有的同志可以说我曾说过什么错话，做过什么错事，表个态就了结了，别的同志也不要揪住不放。我们现在的方针就是和衷共济,顾全大局。在“文化大革命”那样特殊的历史时期,谁能不犯一点错误呢?谁能不说一些错话呢?我们也不要把错误的责任全推在毛主席他老人家身上。中国没有这位伟大的领袖,能不能推翻半殖民地、半封建的社会,而成为一个社会主义国家?毛主席把马克思列宁主义的原理与中国革命实践相结合,创建了新中国,是有不可磨灭的功绩的。我们现在进行的改革,是前人没有做过的事情,这也是把马列主义的理论与八十年代中国社会主义建设的具体实际相结合。最近邓小平同志又指出,经济体制改革走的路子是对的,要坚决走下去。其他方面的改革也势在必行。物质文明是基础,有了物质文明,才谈得上精神文明,它们是相辅相成的。建设两个文明、翻两番是我们奋斗的目标。宋任穷[4]同志向我讲过,他第一次去云南工作的时候,刘少奇同志曾指示他:你去了,团结第一、工作第二。他当时对这句话理解得还不是那么深刻,后来通过实践,就越来越感到这是一条非常宝贵的经验。团结就是力量,团结就是工作,团结就是前提,只有团结才能把工作搞好。同志们有事情都摆在桌面上讲,大家都干的是戏剧事业,为什么不能在一起谈心呢?谈心还要交心嘛!不交心怎么谈心?我觉得有必要提醒大家一下。

第四,要坚决进行改革。戏剧艺术的改革与经济体制的改革不一样,与教育体制改革也不一样。到底怎样搞?现在不是有承包制?有成功的,也有不成功的。承包本身并不能完全体现戏剧的改革,也不能完全体现戏剧艺术的提高。应该资助的还要资助,应该给的钱还要给,应该帮助的还要帮助。据我们知道的情况,有些京剧团现在几乎有许多人不能演出,也没有别的专长,可不可以把他们重新安排一下?通过各种渠道,让他们去学习,提高知识,将来分配别的工作,还可以给国家多作贡献。五十年代国家也并没有给你们多少钱，为什么各种剧种发展得那么好？现在是“大锅饭”，钱都用在人头费上，花光了。我看这是一个主要原因。

我们有一大批艺术造诣非常深、品德情操非常高尚的艺术家。这里我们应该有两个自知之明：老同志应该把丰富的艺术经验传授给年青同志，积极扶持他们，让他们多演出、多实践；年青同志艺术功底还不够扎实，表演经验还不足，要勤学苦练，要虚心向老同志求教。勤奋就是聪明，不勤奋，聪明反被聪明误。

中央书记处对你们关心太少，我们要作自我批评。最近听到你们的一些批评，不仅是批评你们的顶头上司，也是对中央书记处的批评。我们满怀热情来听取你们的意见，然后根据你们的意见再议，再商量。现在我们有一个好的中央、好的领导核心，什么话都可以讲，不是哪一个人说了算，也不是一两个人说了算，而是集体领导，实行民主集中制，最后作出决定，大家都服从。方向对了，路也还要靠我们自己走出来。走一步，看一步，走错了，停一下再走嘛！总的来说，我们在建设有中国特色的社会主义道路上，在改革的道路上，要继续前进，谁也不能阻挡，这是人民的需要，国家的需要，也是时代的需要。我们走得好，就多一份力量，党和国家的威信就更高了。通过改革，我们要把祖国光辉灿烂的文化艺术发扬光大，抱残守缺，光吃老本是没有前途的。

现在的生活是丰富多彩的，戏剧工作者应该深入到生活中去。群众需要你们，你们要依靠群众，一切都要从群众中来，离开群众，坐在办公室闭门造车，是创作不出好作品的。希望同志们按照胡耀邦[5]同志提出的大鼓励、大团结、大繁荣的要求，齐心协力，去开创戏剧工作的新局面。

最后，我衷心祝愿这次大会开成一个民主的、团结的、胜利的大会！中国的艺术，京剧话剧和其他剧种到外国去，不管是东方还是西方，都是非常受欢迎的。毛主席制定了“古为今用”的方针。曹禺同志刚才提得很好，历史题材也可以写。还有个洋为中用。现在是中为洋用了。我们的舞蹈艺术很好，唐朝的舞蹈啊，甚至于前汉时期的舞蹈啊，都不错嘛！为什么不可以吸收“洋”的优点，把它融化到我们的艺术中来，有所创新，有所发展呢？

■ 注 释

[1]曹禺（一九一〇——一九九六），湖北潜江人。戏剧家，戏剧教育家。新中国成立后，任中央戏剧学院副院长，北京人民艺术剧院院长，中国戏剧家协会主席，中国文联执行主席。其代表作有《雷雨》、《日出》、《北京人》等。

[2]胡启立，见本书《安全生产第一》注[1]。

[3]十一届三中全会，见本书《在肇庆地委常委扩大会议上的讲话》注[2]。

[4]宋任穷，见本书《群众领袖，民族英雄》注[41]。

[5]胡耀邦，见本书《要把农业科学研究摆到重要的位置》注[10]。

搞好首都的两个文明建设*

（一九八五年四月二十六日）

做文明市民、创文明单位、建文明城市是首都人民的光荣任务，关键就在于我们共产党员，特别是党员领导干部是不是认真抓。实践证明，哪个地方抓了，就搞得好，哪个地方不抓，就搞得不好。我们大家首先要明确自己的责任和任务。解放前，中国是个半封建半殖民地国家。毛泽东同志领导的中国共产党带领全国人民把三座大山[1]都推倒了，现在搞两个文明建设还有什么难的？我们应该有这个志气，有这个信心，有这个理想。我们干什么事都要有理想。建立新中国，没有理想不行，现在搞文明建设，没有理想也不行。讲理想，就是要鼓励。过去许多革命者为人民流血牺牲，现在讲为人民，不过只是流点汗。邓小平同志多次提出要有理想、有道德、有文化、有纪律，其中理想和纪律最重要。现在有些人的理想观念淡薄了，甚至没有理想、没有抱负，不想给国家作贡献，只向钱看。这不是共产党人的理想。

中国是个古老的、文明的、有光辉灿烂文化和历史的伟大国家。现在，世界各国人民来北京的络绎不绝。因此，我们一定要把首都的两个文明建设搞好，搞好了就是为国家作出重大贡献。所谓文明，范

---

* 这是习仲勋在首都文明单位代表大会上讲话的主要内容。标题为编者所加。

围广得很。要搞好首都的文明建设，就要从北京的实际情况出发，一不要搞形式主义，二不要搞浮夸，要务实，要讲究实际效果。从当前北京市的一些情况看来，要做的事情很多。当前存在的一些新的不正之风，就是最大的不文明的表现。各级领导干部要身体力行、言传身教。

北京市开展节约用水活动，实际上也是文明建设的一项工作。我作为一名中央工作人员提个建议：中央机关、驻军部队，今天受到表彰的文明单位，都要带头搞好节约用水工作。这些单位的同志还要带头不乱扔烟头，不随地吐痰。要搞好这些工作，当然要依照法令、规定办事，但法令、规定只是一种手段，不是全部手段。根本的问题是要动员群众，依靠群众互相监督、群众教育群众。另外，也不能完全靠行政干预，行政干预也只是一种手段，完全靠行政干预也解决不了全部问题，关键是教育群众，发动群众，走群众路线，做好群众工作，只有这样，才能把问题解决好。评选文明先进单位，最好的办法也是发动各个单位的群众自己去评。

中央党政军机关要带头协助搞好首都的两个文明建设，就要自觉地执行北京市作出的各项规定。不管你是军人，你是政府官员，也不管你是党内的负责同志，一律都是北京市的公民。北京市的任何号召，都应当带头执行。中央党政军机关和驻军部队在京的人数不少，其中大部分同志有文化、有技术，是搞好首都文明建设的一支生力军，建议这些单位赶快开个会，检查一下，是否自觉地带头执行北京市的所有规定。中央办公厅要首先带好这个头，建设文明首都不能光靠北京市的同志干。我们都是北京市的公民，这方面要受北京市管。我们不要忘记这一点。不管你是多大的机关，只要在北京，就都是北京市的成员，要把自己的身份搞清楚。为什么“京官”难当？就是我们这些人，他们管不了。各个机关都要好好讨论一下这个问题，订出几条措施。我们的军队是好的，在这方面是带了好头的。

邓小平同志提出的有理想、有纪律这两句话特别重要，大家要牢牢记住。还有胡耀邦[2]同志关于新闻工作的讲话，说明了党的一贯方针和原则，这些都是搞好两个文明建设的指导思想，两个文明建设一定要并举，共产党员特别是领导干部，都要带头。今天受奖的单位和同志，也要再接再厉，保持光荣，争取在社会主义的两个文明建设中作出更大的贡献。

■ 注　释

[1]三座大山，见本书《在广东省纪检干部学习班结业会上的讲话》注[6]。

[2]胡耀邦，见本书《要把农业科学研究摆到重要的位置》注[10]。

不准擅自动用公款参观游览*

（一九八五年六月四日）

这是一股不正之风[1]，群众极为不满，请省委定个办法，不准擅自动用公款参观游览，务必令行禁止。[2]

■ 注　释

[1]中共中央整党工作指导委员会这份材料反映：一九八五年四月以来，湖南省某协会、长沙市总工会某办公室各自组织三百六十多人的厂长、经理、厂矿企业的工会负责人及一部分经济管理干部，分批到深圳举办企业管理学习班和人力资源开发研讨班，涉及八十多个单位。一些不该去和可以不去的人员名义上是学习，其实是参观游览。某矿领导交叉去深圳学习期间，发生了井下工伤死亡事故。该矿党委缺乏强烈的事业心和高度的责任感，打不开工作局面，在基建投资中拨款兴建较宽敞的矿长楼，干部群众意见很大。

[2]一九八五年八月三十一日中共湖南省委办公厅报告：湖南省

* 这是习仲勋对中共中央整党工作指导委员会一份材料的批语。标题为编者所加。

委整党工作指导小组已作调查，所反映的问题与实情基本相符。经中共湖南省委同意，第一，由湖南省政府、省纪委发出《关于严格控制去深圳人员的补充通知》，对去深圳、珠海等地人员作了严格规定。第二，帮助该矿认真整党，抓好生产。第三，停建该矿矿长楼。

沉痛悼念华罗庚同志

（一九八五年六月二十一日）

全国政协副主席、著名科学家华罗庚[1]同志在日本东京因心脏病突发，不幸与我们永别了。噩耗传来，使我十分震惊和无比悲痛。多年来，华罗庚同志勤奋工作，体弱多病，曾几次患心肌梗塞住进医院，但他一再战胜病魔的侵袭而安然无恙。我在同华老日常交往中，或在他生病的时候，一再叮咛他注意保重身体，希望他延年益寿，为国家、为人民作出更多更大的贡献。万万没有想到，他这次应邀向日本数学界作学术报告时，刚讲完最后一句话，心脏病突发，抢救无效，停止了呼吸。我为全国人民和科学技术界失去一位博大精深、功绩卓著的伟大科学家而深感惋惜，也为自己失去一位真诚坦率、谦虚务实的良师益友而深感惋惜。

人所共知，华罗庚同志是一位自学成才的科学家。他在数学理论研究领域里才华横溢，造诣很深，成就突出，在国内外科学界享有很高的声誉。尤为难能可贵的是，他从五十年代末期起，把数学方法创造性地应用于国民经济领域，创建了优选法[2]、统筹法[3]，取得了显著的成绩。二十多年来，华老为了深入研究和推广“双法”，不辞劳苦，不畏艰难，不顾年老有病，深入基层，接触群众，了解情况，总结经验，做了大量的工作，倾注了很多的心血。他的辛勤劳动和光辉业绩，得到了党中央和国务院的充分肯定，得到了胡耀邦[4]、赵紫阳[5]

等中央领导同志的高度评价。我对华老在把数学理论研究和生产实践相结合方面所表现出来的锲而不舍、顽强拼搏、生命不止、奋斗不息的崇高精神更是敬佩之至。

华老多次向我提到，早在六十年代，他就对计划经济怎样运用数学方法这个课题作过研究，写出一部稿子，在一九七〇年被盗丢失了。他想在住医院治病期间，着手重新撰写一篇。他说，这一写作计划是在党的十二大[6]精神鼓舞下定下来的，它对于实现工农业年总产值翻两番或许能起到积极的作用。他表示要为四化建设鞠躬尽瘁，努力完成这一写作计划，希望能够得到中央领导同志的支持。我对华老的这一强烈愿望和要求，明确表示给予大力支持，并帮助他尽快出版这部新著。胡耀邦、赵紫阳等中央领导同志都一再表示要支持推广华老的优选法、统筹法，用于经济决策，并交代有关部门具体办理。今年一月，由华老主持的中国优选法、统筹法与经济数学研究会代表大会在郑州召开。会前，华老写了一封邀请信，并亲自送到我的家里。我对华老为四化建设奔波忙碌、事必躬亲的精神深为感动。后来我写了一封贺信寄给华老，请他转达我对大会的敬意。这次华老启程到日本以前，他对我表示，希望通过此行，加强中日两国的友好关系，进行学术交流，了解人家有什么好经验，进一步把数学为国民经济服务的工作搞好，打开一个新的局面。他一再谈到中央领导同志的有关指示，说自己年纪大了，希望助手们在业务上接好班，要严格要求青年人，带领他们做好工作，坚持为国民经济服务的方向，在解决实际问题中推动应用数学的发展。

华罗庚同志的治学态度严谨认真，联系实际，勇于探索，永远向前。他在一九八三年国际劳动节写的一封信中，强调研究学问要实事求是。他说：我的研究报告中用了“初步”及“似乎”等字，这是指虽有理论根据，但尚未经实践考验而言。但在国际上那些自诩甚高的学说面前，我们并无自卑感。他又说：即使我们有了一些水平，也千万不能托大，以为我们是“里手”了，实际上我们还是“生手”呢！不要忘记，棋高一着，摸手摸脚。至于我个人，如还有时间，能从这初立框架进入实际中、细致处，则幸甚矣。

华罗庚同志的一生，是追求真理、埋头苦干、从实以终的一生。他一生的光辉业绩，忠实地履行了自己的誓言：自然规律在，达者识死生，生时勤奋发，不负为人民。他一生的光辉业绩，生动地证明了他是一位热爱祖国、热爱党、热爱社会主义、全心全意为人民服务的杰出科学家和优秀知识分子；是一位具有崇高理想、渴望祖国统一的共产主义先锋战士和著名社会活动家；是一位培育人才、扶持新秀、甘为人梯的好导师和好楷模。我们要学习华罗庚同志的崇高精神和优良品德，奋发图强，脚踏实地，为建设社会主义的现代化、振兴中华、统一祖国贡献自己的力量。

■ 注　释

[1]华罗庚，见本书《宝地就一定要出宝》注[3]。

[2]优选法，见本书《宝地就一定要出宝》注[5]。

[3]统筹法，见本书《宝地就一定要出宝》注[4]。

[4]胡耀邦，见本书《要把农业科学研究摆到重要的位置》注

[10]。

[5]赵紫阳，见本书《在全国统战工作会议上的讲话》注[19]。

[6]十二大，见本书《总结社会主义建设的经验和教训》注[3]。

为做好秘书工作说几句话*

（一九八五年七月二十五日）

中共中央办公厅秘书局创办的《秘书工作》出版了，这对广大秘书工作人员来说是一件值得庆贺的事。趁此机会，我想就如何做好秘书工作说几句话。

秘书工作是党政机关的一项重要的、不可缺少的工作，具有很强的政治性、机密性和专业性。它在机关中起着上承下达、联系协调、沟通信息、参谋咨询的作用。从事这项工作的同志，有广大的秘书工作人员，还有各级领导干部，他们付出了辛勤的劳动和很多的心血。秘书工作的效能如何，对领导工作是有直接影响的。所以，我们必须充分重视，并且要积极认真、一丝不苟地把它做好。

党的十一届三中全会[1]以来，我们国家实现了历史性的伟大转变，进入了社会主义现代化建设的新时期。秘书工作必须适应新时期的要求，紧紧围绕着党的十二大[2]提出的总任务、总目标，围绕着四化建设这个大局，努力为领导工作服务，为同级和上下级领导机关服务，为基层服务，归根到底是为人民服务。这个指导思想，我们一定要十分明确，并贯彻到各项秘书业务工作中去。

秘书工作就其职责来说，主要应当办好三件事：一是作调查研

---

* 这是习仲勋为《秘书工作》写的发刊词。

究，向领导提供情况和建议，供领导作决策时参考；二是传达党和国家的方针、政策，检查其落实情况，作出信息反馈；三是做好领导同志指示的检查催办工作。做好这些，就可以更好地发挥秘书工作的参谋、助手作用。此外，还要做好日常的文件处理和会务工作，等等。这就是说，既要办好大事，又要办好小事，两者互相结合，互相促进，不可偏废。做好秘书工作，重要的一环就是要严格实行责任制，要提高效率、提高质量。有了责任制，有了高效率、高质量，工作才有生气，才会有所创新，有所前进。

从事秘书工作的同志是一支很大的队伍。这支队伍的素质如何是搞好秘书工作的决定因素。目前，各级党政机关的秘书工作人员正处于新老交替的状况，有许多新的、年轻的同志刚刚走上秘书工作的岗位，他们一缺业务知识，二缺实践经验。因此，通过培训或其他有效的方法，提高他们的政治、文化和业务素养，是一项刻不容缓的任务，必须统筹规划，抓紧进行。凡事预则立，如果稍有懈怠，就会贻误我们的工作。怎样才称得上是一个合格的秘书专业人才呢？我认为，他们应当具有坚强的党性，公正的品德，谦虚的态度，细致的作风；要肯于学习理论和文化，善于总结经验，勤于钻研业务，思想解放开朗，不因循守旧，不故步自封；要说实话，干实事，不尚空谈，不搞形式，有实事求是之意，无虚报浮夸之心；要有高度的组织纪律性，不该说的话不说，不该做的事不做，不图虚名，不谋私利；要有强烈的群众观点，办事情、处理问题，必须考虑周到，照顾群众利益，不能漠不关心，脱离群众。以上几点如能做到，我想也就符合邓小平同志提出的“有理想、有道德、有文化、有纪律”的要求了。广大的秘书工作人员是我们干部队伍里的无名英雄，他们为党和国家的事业默默无闻地、勤勤恳恳地工作，非常辛苦，作出了很大的成绩，是值得称赞的。我希望同志们要认清自己的光荣职责，热爱自己的工作，深入实际，联系群众，不断提高自己的政治水平和业务水平，努力做一个出色的秘书工作人员，在四化建设中，在为人民服务方面，作出应有的贡献。

我衷心祝愿《秘书工作》在各级领导和广大秘书工作人员的大力支持下，越办越好，并在传播知识、交流经验、培育人才等方面发挥积极的促进作用。

■ 注　释

[1]十一届三中全会，见本书《在肇庆地委常委扩大会议上的讲话》注[2]。

[2]十二大，见本书《总结社会主义建设的经验和教训》注[3]。

在九三学社成立四十周年纪念大会上的讲话

（一九八五年九月二日）

正当全国人民隆重纪念抗日战争和国际反法西斯战争胜利四十周年的时候，恰逢九三学社[1]成立四十周年。今天，九三学社隆重举行纪念大会，是很有意义的。我代表中共中央致以热烈的祝贺！

九三学社是我国的民主党派之一，具有爱国的进步的优良传统，四十年来一贯同我们党亲密合作，风雨同舟，并肩战斗，为我国的革命和建设事业作出了很大的贡献。我谨向同志们表示衷心的敬意！

九三学社是在中国人民取得抗日战争的伟大胜利，国家面临重大历史转折的时刻诞生的。在抗日战争胜利结束后，全国各族人民迫切要求和平、民主，建设自己的国家。但是，国民党当局却违背人民的意愿，悍然发动了内战，再一次把人民投入了苦难的深渊。在这个关键时刻，九三学社刚一建立，就坚定地和我们党站在一起，为反对独裁、争取民主，反对内战、争取和平，同国民党当局的倒行逆施进行了针锋相对的斗争。特别是在国民党统治区的爱国民主运动中，九三学社的领导人和许多有社会声望的同志，面对白色恐怖，不顾个人安危，英勇斗争，表现出了献身革命，为真理而奋斗的精神。九三学社在为争取人民革命的胜利和新中国建立的进程中，以顽强的战斗和辉煌的业绩，写下了自己的光荣的历史篇章。

新中国建立后，九三学社适应社会的发展，制定了为社会主义服务的政治路线，在参加人民政权的建设，反对国内外敌人的斗争，参加社会主义改造和社会主义建设中发挥了积极作用。特别是在创建和发展新中国的科学、教育事业，培养造就科技人才方面，作出了显著成绩。十年内乱中，九三学社的许多成员也遭到了残酷迫害。但是他们没有动摇对中国共产党、对社会主义的信心。他们在十分困难的情况下，仍然努力从事科学研究，坚持岗位，开展工作，这种精神是难能可贵的。我们国家进入新的历史时期以来，九三学社把工作重点转移到为四化建设服务上来，积极参与国家政治生活中重大问题的协商和决定，对国家经济建设，对教育体制、科技体制改革，提出了许多重要的意见和建议，并且积极协助党和政府贯彻落实知识分子政策，推动自己的成员和所联系的人们为振兴中华、发展科学事业贡献知识和才能，工作有了很大发展，并取得了显著成效。九三学社的广大成员在四化建设中表现出了很高的觉悟和积极性。他们勇攀科学技术高峰，为国家赢得了荣誉。他们深入实际，开展科技咨询和智力支边、支农等活动，以自己的知识、技术服务于基层，服务于社会，得到了人民的赞扬。在为祖国和平统一和维护世界和平的工作中，九三学社的成员也尽心竭力，作出了自己的贡献。中国共产党为有九三学社这样志同道合、患难与共、通力合作、共同致力于社会主义现代化建设事业的亲密战友，感到由衷的欣慰和高兴。

九三学社是以科学技术界知识分子为主体的民主党派，它反映了我国知识分子热爱祖国、追求进步的优良品质。九三学社的老一辈同志早在五四运动时期，为寻求救国救民的道路，举起了民主与科学的旗帜。但是在列强横行、军阀混战、政治腐败的旧中国，这两面旗帜始终受到封建主义和买办资本的无情践踏。在中国共产党领导的新民主主义革命斗争的影响下，越来越多的爱国知识分子逐步认识到，只有改变旧中国的社会制度，跟共产党走革命的道路，民族才有希望，中国才有前途。许老[2]和他的夫人劳君展同志在听到红军到达陕北的消息后，从遥远的北平给毛主席寄去慰问品[3]。已故的九三学社副主席梁希[4]同志在日寇侵略、民族危亡的时刻就指出：中国有灯塔了，中国有希望了，中国的希望在延安！这正代表了千千万万觉悟了的知识分子的心声。新中国的建立，为我国知识分子开辟了施展才能、为国效力的广阔天地。九三学社的广大成员，和一切爱国的知识分子一样，为祖国的日益繁荣昌盛而无比自豪。他们热爱党，热爱社会主义制度，以忘我的精神工作，表现出对发展社会主义事业的高度责任感和事业心。我们党历来重视知识分子，注意团结广大知识分子一道前进，但也犯过严重的"左"倾错误。十一届三中全会[5]以后，我们党总结了经验教训，在指导思想和实际工作上拨乱反正，使党的知识分子政策重新走上马克思主义的正确轨道。党中央认为，在实现社会主义现代化建设的新时期，必须尊重知识，尊重人才，充分发挥知识分子的重大作用，这是决定四化建设成败的关键。我们一定要在全社会进一步造成尊重知识、尊重人才的风尚，一定要全面做好知识分子的工作。我们希望，九三学社继续发扬我国知识分子爱国的革命的光荣传统，在所联系的知识分子中加强工作，充分发挥他们的聪明才智，为四化建设多作贡献。

统一战线是我们党的一个法宝，在革命和建设中发挥过并正在发挥着重大的作用。五十年代后期，我们在指导思想上的"左"的错误使统一战线工作遭到损害，十年内乱中我们党同民主党派的关系更受到林彪[6]、江青[7]反革命集团的严重破坏。党的十一届三中全会以后，在党中央的正确领导下，全党恢复、发扬了统一战线工作的优良传统和作风，取得了很大成绩。党中央认为，新的历史时期统一战线工作的根本目的就是为了振兴中华，实现包括台湾在内的祖国统一。当前要继续克服“左”的思想影响，依靠党内外的同志切实加强统一战线工作。各民主党派都是为社会主义服务的政党，都是进行统一战线工作的组织。因此，我认为，我们党和各民主党派现在的共同任务，是大家一起努力发展最广泛的爱国统一战线，不仅致力于国内，而且要放眼世界，开展同海外爱国人士和知识分子的联系，广交朋友。我们党的各级组织应当明确地把各民主党派当作进行统一战线工作的一支重要的依靠力量，坚持贯彻实行“长期共存、互相监督、肝胆相照、荣辱与共”的方针，大力支持各民主党派的工作。

九三学社在科学技术界有广泛的联系。我们希望九三学社充分发挥自己的特点和优势，为实现四化建设、祖国统一和维护世界和平的事业，不断作出新的贡献。让我们更加紧密地团结起来，同心协力，为完成振兴中华的伟大历史使命而共同奋斗！

■ 注　释

[1]一九四四年底，一批进步学者为争取抗战胜利和政治民主，继承和发扬五四运动的反帝爱国与民主科学精神，在重庆组织了民主科学座谈会。为纪念一九四五年九月三日抗日战争和世界反法西斯战争的伟大胜利，改建为九三学社。一九四六年五月四日，在重庆正式召开九三学社成立大会。九三学社主要由科学技术界高中级知

识分子组成。

[2]许老即许德珩，见本书《永远难忘的怀念》注[20]。

[3]一九三五年底，许德珩和夫人劳君展得悉毛泽东已到达陕北，买了三十多双布鞋、十二块怀表和十几只火腿，委托中共地下党员徐冰、张晓梅设法转送到陕北。

[4]梁希(一八八三——一九五八)，浙江吴兴(今湖州)人。林学家。参与发起组织九三学社。新中国成立后，任中央人民政府林垦部部长、林业部部长，九三学社中央副主席，中国科协副主席。

[5]十一届三中全会，见本书《在肇庆地委常委扩大会议上的讲话》注[2]。

[6]林彪，见本书《落实知识分子政策，加强党对教育工作的领导》注[3]。

[7]江青，见本书《永远难忘的怀念》注[50]。

沉痛悼念中国共产党的亲密战友——史良同志

（一九八五年九月十六日）

全国人大常委会副委员长、民盟[1]中央主席、著名的政治活动家史良[2]同志因病医治无效，不幸与我们永别了。在她去世前几天，我到北京医院去看望过，并代表胡耀邦[3]同志向她表示慰问。当时，她和我亲切握手交谈，精神尚好，我的心里暗暗庆幸。没想到那次的见面竟成了永诀。我为党和国家失去了一位杰出的爱国民主战士，失去了一位卓越的妇女领袖和法律学家而深感惋惜，也为自己失去了一位可钦可敬的良师益友而十分悲痛。

史良这个名字，从青年时代起，对于我就不陌生。风云变幻的时代，前赴后继的斗争，在中国现代史上涌现出许许多多杰出的人物。史良就是这样一个女中豪杰。她早在一九三五年起，就积极投身于抗日救亡运动和妇女运动，以救国会“七君子”[4]中唯一的女青年而扬名于世。在国民党的监狱里，史良同志与沈钧儒[5]、章乃器[6]、邹韬奋[7]、李公朴[8]、沙千里[9]、王造时[10]六位先生一起，威武不屈，富贵不淫，断然拒绝了反动派诱降的阴谋，始终坚持了爱国无罪的正义立场。他们这种大义凛然的革命正气，极大地鼓舞了全国人民的抗日救亡的热情。在国民党的法庭上，史良同志以犀利的语言，与检察官进行唇枪舌剑的斗争，充分表现了她的勇敢机智，给人们留下了深刻的印象。

史良同志出身于一个清贫的知识分子家庭，经过刻苦学习，辛勤努力，后来成为闻名全国的大律师。在二十多年的律师生涯中，她不论在多么危难的情况下，敢于挺身而出，坚持正义；敢于为受冤屈的民众、特别是妇女儿童的权益辩护；敢于冒着生命危险为受迫害的共产党员和进步人士奔走营救。我们党的邓中夏[11]、任白戈[12]等同志在遭到国民党反动派非法逮捕后，她奋不顾身，积极进行辩护和营救。当时她所表现出来的与我们党患难与共，密切合作，息息相关，英勇斗争的高尚精神，是十分难能可贵的，令人由衷地敬佩。

史良同志在抗日救亡运动和民主革命运动中，始终旗帜鲜明，主持正义。一九四一年的皖南事变[13]，国民党反动派掀起第二次反共高潮，我们党的参政员拒绝再出席国民参政会[14]。史良同志和救国会的其他同志一道，也这样做了。在斗争的关键时刻，给了我们党以很大的支持。一九四七年十月，国民党反动派悍然宣布民盟为“非法团体”，民盟被迫停止公开活动。史良在严重的白色恐怖下，一直坚持民盟的地下斗争，很好地担当起民盟华东执行部主任的重任，直到全国解放。史良同志与我们党携手战斗，为民族民主革命的胜利作出了很大的贡献，人民会永远铭记不忘。

新中国成立后，史良同志坚定不移地跟着中国共产党走，不断前进。党对她无限信任，寄予厚望。中央人民政府建立后，她担任了第一任司法部部长。当时民盟的另一位主要领导人沈钧儒同志，担任了最高人民法院院长。他们在党的领导下，兢兢业业，认真负责，为建立和发展新中国的民主与法制，为巩固人民民主专政，做了大量的奠基和开创性的工作。解放初期，天下甫定，我国的法制建设取得了很大成就，国内呈现出一派安定兴旺的景象，受到全国各族人民一致的称赞。史良同志在这方面所作出的贡献，是有口皆碑的。

我与史良同志相识，是在新中国成立以后。特别是当我在政务院、国务院工作的时候，受周恩来总理的委托，常和她联系并听取她对工作的意见。后来又和她一起在人大常委会共事，接触就越来越多了。在我的印象里，她是一位慈祥善良的长者、和蔼可亲的大姐；而作为全国人大常委会副委员长，作为民盟中央主席，作为妇女界的领袖人物，她又是一位德高望重，深受人们尊敬和爱戴的国家领导人。近几年来，虽然她已年逾八旬，在身体不支的情况下，仍然积极参与国是。许多场合，她常是从医院里抱病去参加活动；许多场合，我们不仅见到她的身影，还听到她那亲切熟悉的声音。我深深为她的顽强奋斗精神和关心国家大事的饱满政治热情所感动。记得一九八四年底，我应邀出席民盟五大[15]的开幕式，史大姐是抱病坚持来参加大会的。她坐着轮椅出现在主席台上时，全场起立，响起了长时间的极其热烈的掌声。胡愈之[16]同志宣布由史良主席致开幕词时，又是一阵经久不息的掌声。史大姐毕竟年迈了，但她坚持一口气念完了讲稿，而不要其他同志代读。众所周知，史良同志是继张澜[17]、沈钧儒、杨明轩[18]等杰出的政治家之后，在十年动乱之后，担任民盟中央主席的。民盟作为以文教界知识分子为主要成分的民主党派，在民主革命时期与我们党风雨同舟，并肩战斗，作出了重要的贡献；在进行社会主义现代化建设的新的历史时期，也发挥着重要作用。这几年来，史大姐和胡愈之同志等民盟其他领导人一起，积极团结盟内外知识分子，认真听取和反映他们的意见和要求，团结他们为发展最广泛的爱国统一战线贡献力量，推动他们积极参加四化建设。在党的"长期共存、互相监督、肝胆相照、荣辱与共"的方针和"尊重知识、尊重人才”的政策鼓舞下，民盟各方面工作都很活跃，不断开创工作新局面，在四化建设中发挥了智力集团的作用。史大姐十分关心祖国统一大业。在许多场合，她在发言中都寄语台湾同胞和海外旧友，希望共同努力促进祖国统一早日实现。我们党为民盟在新的历史时期所作出的成绩和进步感到十分高兴，也为民盟有史良同志这样卓越的领导人感到高兴。现在，我相信民盟的同志们一定会化悲痛为力量，继承史大姐的遗志，并以史大姐为榜样，认真担负起自己的历史使命。

统一战线是我们党在革命斗争中的一大法宝，同样也是社会主义现代化建设中的一大法宝。在领导全国各族人民为实现新时期的总任务而奋斗的过程中，我们党十分珍视长期与党合作共事的亲密无间的非党朋友。史良同志虽然离开我们了，但她将永远活在我们心中。

史良同志出身清贫，生于忧患。她爱祖国，爱人民，维护正义，追求真理，成为毕生为中国人民的革命和建设事业而奋斗的爱国民主战士，成为中国共产党的亲密战友。现在，我们党正高举大团结大统一的旗帜，领导全国各族人民，为实现四化、振兴中华、统一祖国而奋斗。我们要像史良同志一样，时时用“人民的事业必胜”的信念来激励自己，阔步前进。

■ 注　释

[1]民盟，见本书《纪念杜斌丞、杨明轩同志》注[13]。

[2]史良，见本书《永远难忘的怀念》注[19]。

[3]胡耀邦，见本书《要把农业科学研究摆到重要的位置》注[10]。

[4]“七君子”，指一九三六年十一月十二日，国民党当局以“危害民国”的罪名，在上海逮捕的全国各界救国联合会负责人沈钧儒、章乃器、邹韬奋、李公朴、王造时、沙千里、史良七人。全面抗战爆发后，国内政治形势有了很大变化，国民党政府不得不于一九三七年七月三十一日将“七君子”交保释放。

[5]沈钧儒（一八七五——一九六三），浙江嘉兴人。抗战前组织上海文化界救国会和全国各界救国联合会。抗战期间，倡议组织中国民主政团同盟（后改称中国民主同盟）。全国各界救国联合会“七君子”之一。抗战胜利后，任中国人民救国会主席，积极参加争取和平民主的斗争，反对国民党的内战政策。新中国成立后，任中央人民政府最高人民法院院长，全国人大常委会副委员长，全国政协副主席。中国民主同盟中央主席。

[6]章乃器，见本书《永远难忘的怀念》注[21]。

[7]邹韬奋（一八九五——一九四四），江西余江人。从一九二六年在上海主编《生活》周刊起，毕生从事新闻出版工作。一九三一年九一八事变后，反对蒋介石的不抵抗政策。一九三三年初参加中国民权保障同盟，七月被迫流亡海外。一九三五年回国，积极参加抗日救亡运动，先后在上海创办《大众生活》周刊、《生活日报》、《生活星期刊》，并担任上海各界救国会和全国各界救国联合会的领导工作。全国各界救国联合会“七君子”之一。抗日战争开始后在上海、武汉、重庆主编《抗战》、《全民抗战》等刊物，积极参加反对蒋介石反动政策的政治斗争。一九四四年病逝。中共中央接受他遗书中的申请，追

认他为中共正式党员。

[8]李公朴,见本书《纪念杜斌丞、杨明轩同志》注[18]。

[9]沙千里(一九〇一——一九八二),上海人。一九三八年加入中国共产党。抗日战争前后,积极参与共产党领导的抗日救亡运动。全国各界救国联合会“七君子”之一。新中国成立后,任中央人民政府贸易部副部长、商业部副部长,地方工业部部长,轻工业部部长,粮食部部长。中国民主建国会中央常务委员,全国政协副主席。

[10]王造时(一九〇二——一九七一),江西安福人。抗日战争前后,积极参与共产党领导的抗日救亡运动。全国各界救国联合会“七君子”之一。新中国成立后,任上海市政协常委,复旦大学教授。

[11]邓中夏,见本书《纪念杜斌丞、杨明轩同志》注[6]。

[12]任白戈(一九〇六——一九八六),四川南充人。一九二六年加入中国共产党。大革命失败后,任中共重庆临时地方执行委员会负责人。一九三三年被捕,经史良等人营救出狱,后加入并参加领导中国左翼作家联盟。后任晋冀鲁豫军区政治部宣传部部长。新中国成立后,任西南军政委员会文教部副部长,中共重庆市委常委、宣传部部长,重庆市各界人民代表会议协商委员会副主席,重庆市文学艺术工作者联合会主席,四川省人民委员会副省长,中共四川省委常委,四川省政协主席。

[13]一九四一年一月上旬,奉命北移的新四军军部及所属部队九千余人在安徽泾县突遭国民党军八万多人的包围袭击,遭受严重损失,军长叶挺被扣押,中共中央书记处书记、中央军委新四军分会书记、副军长项英遇害。史称“皖南事变”。

[14]国民参政会,是一九三八年七月国民党政府成立的一个仅

属咨询性质的机关。参政员虽也包含了一些抗日党派的代表,但都为国民党政府所指定,国民党员占大多数。一九三八年七月,第一届参政会在汉口召开,通过了《拥护抗战建国纲领案》等决议案,发表了《国民参政会首次大会宣言》,并选举张君劢、左舜生、曾琦、董必武、秦邦宪、陈绍禹等二十五人为驻会委员。国民参政会共历四届,举行大会十三次。一九四八年三月宣告结束。

[15]民盟五大,即一九八三年十二月召开的中国民主同盟第五次全国代表大会。

[16]胡愈之(一八九六——一九八六),浙江上虞人。一九三三年加入中国共产党。一九三一年九一八事变后,主编《东方杂志》,积极宣传抗日救亡主张。一九三三年加入中国民权保障同盟,任临时中央执行委员。抗日战争爆发后,在上海文化界组织抗日宣传活动。新中国成立后,任《光明日报》总编辑,中央人民政府出版总署署长,文化部副部长,全国政协副主席,全国人大常委会副委员长。中国民主同盟中央委员会副主席、代主席。

[17]张澜(一八七二——一九五五),四川南充人。一九四一年参加发起组织中国民主政团同盟,同年十月被推为主席。一九四四年民主政团同盟改名为中国民主同盟后,继续担任主席直至逝世。新中国成立后,任中央人民政府副主席,全国人大常委会副委员长,全国政协副主席。

[18]杨明轩,见本书《纪念杜斌丞、杨明轩同志》注[2]。

愿各民主党派和工商联作出新的更大贡献*

（一九八五年十月二日）

今天，各民主党派、工商联为四化服务先进集体和先进个人代表表彰大会隆重开幕了。这个大会，是各民主党派和工商联新中国成立以来第一次联合召开的盛会，是检阅各民主党派、工商联在国家进入新时期以来为四化服务的工作成果，进一步动员大家团结奋斗、再展宏图的一次盛会，是我国爱国统一战线中的一件大事，也是一件新事。我谨代表中共中央和国务院向大会致以热烈的祝贺！

各民主党派、工商联为四化服务，各项工作取得显著成果

这几年来，各民主党派、工商联把工作重点转到为社会主义现代化建设服务上来，充分发挥自身的有利条件，开拓了为四化服务的新领域。各民主党派、工商联积极帮助成员做好岗位工作，为发展科学文教事业和经济建设贡献知识和才能，积极组织成员就经济、文教建设中许多重大问题，深入实际，调查研究，提出建议；面向社会，进行

---

* 这是习仲勋在各民主党派、工商联为四化服务先进集体和先进个人代表表彰大会上的讲话。标题为编者所加。

经济、科技、医卫咨询和业余办学，支援边疆少数民族地区的建设；运用同台湾同胞、港澳同胞和海外侨胞的广泛联系，协助引进资金、技术和人才。所有这些工作都取得了显著效果，受到了社会各界的重视和支持。各民主党派、工商联的成员有一大批人才，不少人是各条战线的骨干或学科的带头人，有些并有重大的发明创造。更可贵的是，同志们在工作实践中表现了强烈的爱国热忱和为振兴中华百折不挠的献身精神，这是推动我国社会主义建设事业不断前进的重要动力。

要把各民主党派、工商联作为进行四化建设的重要依靠力量

不久以前，中国共产党召开了全国代表会议和十二届四中全会[1]、五中全会[2]，讨论通过了制定第七个五年计划的建议，提出了社会发展和经济工作的指导思想和各项方针；局部调整和增选了中央领导机构成员。它为我们国家今后的经济振兴和长治久安奠定了坚实的基础，为党的路线、方针、政策的连续性和党的集体领导的稳定性提供了可靠的保证。今后一个时期的任务，就是要组织我们在“七五”期间建设和改革的宏伟工程的施工，把规划和蓝图变成现实。

我们希望并支持各民主党派、工商联为着实现四化的共同目标，坚持四项基本原则[3]，积极对各方面工作提建议、作批评，做党的诤友。我们希望并支持各民主党派、工商联放手工作，继续开拓新的局面，为四化建设出力，为经济体制、科技体制和教育体制改革，为建设社会主义精神文明多作贡献。我们希望各民主党派、工商联充分运用各自的有利条件，放眼世界，同海外爱国人士和知识分子广交朋友，联络友谊，团结更多的人为建设四化、统一祖国贡献力量。我们

也希望各民主党派、工商联在积极开展各项活动的同时，注意加强自身的思想建设和组织建设，以适应长期共存和所肩负的任务的需要。

各级党委和有关部门要把各民主党派、工商联作为进行四化建设的重要依靠力量，要同各民主党派、工商联的同志们在政治上互相关心，互相信任，真正做到“肝胆相照，荣辱与共”。要放手支持各民主党派、工商联独立自主地开展工作和活动。要积极提供条件，帮助各民主党派、工商联的同志们能够知情、出力，使他们及时了解有关方针政策和工作情况，并切实解决他们在工作中遇到的问题和困难。

为进一步搞好社会主义的物质文明和精神文明建设继续努力

在中国共产党全国代表会议上，胡耀邦[4]、邓小平、赵紫阳[5]、李先念[6]、陈云同志都作了重要的讲话，全面、深刻地阐述了党所面临的一系列重大方针原则问题，为进一步搞好改革，繁荣经济，加强精神文明建设和党的思想作风建设，指明了继续前进的方向。邓小平同志还强调提出了加强学习马克思主义理论的重要号召，要求我们掌握马克思主义基本理论，提高我们运用马克思主义的基本原则和基本方法，来积极探索、解决新的基本问题的本领。当前，我们党和各民主党派、工商联，以及各条战线上的同志们正在组织学习党的全国代表会议的文件和中央领导同志讲话的精神，并在各自的工作中贯彻执行。

几年来我国的政治、经济形势很好，四化建设和各项改革都取得了可喜的成绩。现在我们面临的任务更加宏伟壮丽，也更加繁重艰巨。我们党愿和各民主党派、工商联的同志们一道，坚持改革，奋发进取，为进一步搞好社会主义的物质文明和精神文明建设而继续努力。我相信，经过这次表彰大会，各民主党派和工商联将进一步激发起广大成员的社会主义积极性，在四化建设中迈出更坚实的步伐，为实现统一祖国、振兴中华的伟大事业，作出新的更大贡献。

■ 注　释

［1］十二届四中全会，即一九八五年九月十六日在北京召开的中国共产党第十二届中央委员会第四次全体会议。会议决定，九月十八日召开中国共产党全国代表会议。全会原则通过《中共中央关于制定国民经济和社会发展第七个五年计划的建议（草案）》，并决定将这个文件提请党的全国代表会议审议；同意一批老同志不再担任中央委员会、中央顾问委员会、中央纪律检查委员会职务的请求。

［2］五中全会，即一九八五年九月二十四日在北京召开的中国共产党第十二届中央委员会第五次全体会议。全会对中央政治局和中央书记处成员进行了调整，进一步实现了中央领导机构成员的新老交替。

［3］四项基本原则，参见本书《在中央工作会议中南组的发言》注［10］。

［4］胡耀邦，见本书《要把农业科学研究摆到重要的位置》注［10］。

［5］赵紫阳，见本书《在全国统战工作会议上的讲话》注［19］。

［6］李先念，见本书《同心协力把广东工作做好》注［5］。

在中国致公党成立六十周年纪念大会上的讲话

（一九八五年十月五日）

今天，中国致公党[1]在首都隆重集会纪念成立六十周年，是有重要意义的。中国致公党是以归侨、侨眷为主的民主党派，有着爱国的光荣传统，在我国的革命和建设事业中，同中国共产党长期合作，共同奋斗，作出了重要贡献。我受中共中央的委托，向致公党的同志们致以热烈的祝贺和崇高的敬意！

应邀出席今天盛会的来宾，还有来自美国、加拿大、澳大利亚、牙买加、菲律宾的爱国侨领、洪门[2]爱国人士和在港澳的有关人士，我谨向你们表示热烈的欢迎，并通过你们向海外和港澳的朋友们致以亲切的问候！

致公党有着较长的历史，前期主要是在海外和港澳地区进行活动；在新民主主义革命的进程中，总的说是逐步前进的。许多爱国的致公党成员曾经对祖国的革命事业和民族解放斗争给予支持，作出了贡献。特别是九一八事变[3]后，日本帝国主义加紧侵略我国，在国家苦难深重、民族危亡的紧要关头，爱国的致公党成员和广大海外侨胞一起，积极支援了祖国的抗日战争。致公党元老司徒美堂[4]先生在美洲奔走呼号，宣传抗日救国，募捐支援祖国抗战，就是其中杰出的代表。还有不少致公党成员，与祖国人民同仇敌忾，有钱出钱，有力出力，表现了海外赤子炽热的爱国之心。致公党成员和广大海外侨胞在抗战中所表现出来的爱国主义精神和支援祖国的正义行动，在我国的近代史上增添了灿烂的光辉，给全国人民留下了深刻的印象。

抗日战争胜利后，在国民党当局违背全国人民的意愿发动内战，实行独裁的重要历史关头，陈其尤[5]、黄鼎臣[6]、伍觉天[7]、陈演生[8]诸先生在中国共产党的影响下，倡议召开了致公党第三次代表大会[9]，主张重新召开各党派政治协商会议，提出了“为中国政治真正民主化而奋斗到底”的新的政治宣言。从此，致公党走上了同中国共产党合作奋斗的道路。一九四八年，致公党响应中国共产党关于召开新政协、成立民主联合政府的号召，为新民主主义革命的胜利和新中国的建立作出了自己的贡献。

新中国成立后，致公党把工作的重点转到了国内，在参加人民政权建设、反对国内外敌人的斗争中，在参加社会主义改造和社会主义建设中，都发挥了积极的作用。一九七八年以来，随着我们国家进入新的历史时期，致公党按照为社会主义服务的政治路线，把工作重点转移到为社会主义现代化建设服务上来，积极参与国家政治生活中的重大问题的协商和决定，协助党和政府贯彻落实侨务政策，同我们党和其他民主党派一道，为巩固和扩大爱国统一战线作出了新的贡献。几年来，致公党调动成员为四化建设服务，推动成员和所联系的归侨、侨眷密切同国外亲友的联系，接待回国探亲、旅游的国外侨胞，并在协助政府引进外资、技术和人才以及促进对外贸易方面做了大量的工作。

致公党是和我们党长期合作、风雨同舟、患难与共的亲密战友，历史的实践已充分证明了这一点。我们党为有这样志同道合的友党而感到十分高兴。我们党不仅在革命年代需要加强同民主党派的合作，以共同推翻帝国主义、封建主义和官僚资本主义在中国的统治；在革命胜利、取得政权后的建设时期，同样需要同各民主党派和爱国民主人士团结合作，以建设繁荣富强的现代化的社会主义国家。在中国共产党领导下，实行多党派合作，这是我国政治制度的一个重要特点和优点，是建设有中国特色的社会主义在政治上的一个重要特征。我们党将继续坚持贯彻“长期共存、互相监督、肝胆相照、荣辱与共”的方针，加强同各民主党派的合作，全力支持各民主党派独立自主地开展各项工作和活动，以利于促进社会主义现代化事业的顺利发展。

致公党同海外侨胞、洪门人士有着久远的历史联系，致公党成员同海外亲友有着深厚的骨肉之情。多年来，致公党的同志们以及所联系的归侨、侨眷，包括洪门人士在内的广大海外侨胞，在祖国革命和建设中，在促进和平统一祖国的神圣事业中，作出了积极的贡献。祖国感谢你们，人民感谢你们。

我们党和政府历来重视团结海外华侨、维护侨胞的正当权益，积极做好归侨、侨眷工作，把加强侨务工作作为党和国家的一项重要任务。但是，在十年动乱期间，侨务工作遭到严重的破坏，挫伤了海外侨胞的爱国热情和归侨、侨眷的社会主义积极性。近几年来，我们党进行拨乱反正，纠正“左”的错误，使侨务工作重新走上了正确轨道。在新的历史时期，我们必须全面做好侨务工作，努力发展爱国统一战线，团结广大海外华侨和归侨、侨眷，激励和发扬他们爱祖国、爱家乡的热情。致公党在广泛联系海外侨胞、洪门人士，发展爱国统一战线中具有优越的条件。我们希望致公党在做好国内工作的同时，继续发展同海外侨胞、洪门人士和台湾、港澳同胞的联系，为振兴中华、统一祖国的千秋大业作出新的贡献！

■ 注　释

[1]中国致公党，简称致公党。一九二五年十月，由华侨社团发起，在美国旧金山成立。一九四七年五月，致公党在香港举行第三次代表大会，进行改组，成为一个新民主主义的政党。致公党主要由归侨侨眷中的中上层人士组成。

[2]洪门，清代初期出现的以“反清复明”为宗旨的民间秘密组织。从十八世纪起，洪门组织逐渐发展到海外。在美洲，洪门组织达二十六个之多，名称虽不一，但都是具有“华人共济会”性质的华侨华人的社会团体，即通过华人互助互济，团结起来，以解决侨胞在异国生活和工作中遇到的具体困难。后来洪门成为孙中山发动民主革命的一支重要力量。海外洪门致公堂成为中国致公党的历史渊源。

[3]九一八事变，见本书《深切怀念王泰吉同志》注[11]。

[4]司徒美堂(一八六八——一九五五)，广东开平人。爱国华侨领袖。曾任美洲致公党主席。一九三一年九一八事变后，积极领导侨胞开展抗日救亡运动，努力为祖国筹措抗战经费。解放战争时期，反对国民党发动内战，号召侨胞支持中国人民的革命斗争。一九四九年应邀回国参加中国人民政治协商会议第一届全体会议。新中国成立后，任中央人民政府委员，全国政协委员，全国人大常委，中央人

民政府华侨事务委员会委员。

[5]陈其尤(一八九二——一九七〇),广东海丰人。一九三一年加入中国致公党,同年参加致公党第二次代表大会,当选为致公党中央干事会负责人之一。一九四七年在致公党第三次代表大会上积极主张致公党加入中国共产党领导的人民民主统一战线,当选为中央副主席,主持中央党部日常工作。一九四八年在香港通电响应中国共产党的"五一"号召,拥护召开新政协会议和成立民主联合政府。新中国成立后,任全国人大常委,全国政协常委。致公党中央主席。

[6]黄鼎臣(一九〇一——一九九五),广东海丰人。一九四六年加入中国致公党。参与筹划改组致公党,加入中国共产党领导的人民民主统一战线。一九四七年在致公党第三次代表大会上被选为中央常委兼组训部部长。新中国成立后,任卫生部局长、司长,中国防痨协会理事长,全国政协常委。致公党中央主席,全国侨联副主席。

[7]伍觉天(一九一〇——二〇〇七),广东海丰人。一九四六年加入中国致公党。参与筹划改组致公党,加入中国共产党领导的人民民主统一战线。一九四七年在致公党第三次代表大会上被选为中央常委兼组训部副部长。新中国成立后,任广东省政协副主席,全国人大常委。致公党中央组织部部长,致公党中央副主席,致公党广东省委会主委。

[8]陈演生(一八七五——一九五二),广东海丰人。一九二五年任致公党中央委员。一九三一年任致公党中央秘书长。参与筹划改组致公党,加入中国共产党领导的人民民主统一战线。一九四七年在致公党第三次代表大会上被选为中央常委兼秘书长。新中国成立后,任政务院政法委员会委员。致公党中央主席团成员。

[9]致公党第三次代表大会，一九四七年四月二十九日至五月一日在香港举行。大会一致决议加入中国共产党领导的人民民主统一战线，宣布致公党从此参加中国共产党领导的新民主主义革命，并为此奋斗到底。

信访工作是光荣的事业*

（一九八五年十月八日）

我们党领导中国革命和社会主义建设事业六十多年，取得了伟大的胜利和辉煌的成绩。最根本的一条经验，就是坚决相信人民群众，依靠人民群众，全心全意地为人民群众的利益而奋斗。人民群众是一切事业的主体，我们在任何时候都不能脱离这个主体。否则，就会一事无成。

人民群众来信来访，对于我们党和国家来说，是政治生活中的一件大事。中华人民共和国的建立，使亿万受尽压迫、剥削的人民从此站立起来，掌握了国家的权力，真正成为国家的主人。在社会主义条件下，人民管理国家事务，主要是通过选举人民代表，组成权力机构——各级人民代表大会来实现的。同时，人民还通过其他形式来行使自己的民主权利。实践证明，人民群众来信来访就是发扬社会主义民主，行使人民民主权利的一种行之有效的重要方式。加强与人民的联系，经常倾听人民的呼声，接受人民的批评和监督，是各级党委和政府的职责，也是对人民民主权利的尊重。它体现了社会主义制度的优越性，体现了党和政府同人民之间的水乳交融的密切关系。

---

* 这是习仲勋为《信访工作基本知识》一书写的序言。

人民群众来信来访，又是反映社会生活和动态的一条重要渠道。我们党和政府制定实施的各项政策和法令，是不是符合人民的利益，是不是得到了落实，在一个时期内人民最关心的是什么，迫切要求解决的是什么，通过人民群众来信来访会很快地反映出来。我们从中可以了解到在决策上、工作上的得失，发现各种有益的意见和建议。无数事实证明，党和政府的任何决策和工作，如果得不到人民群众的同意和拥护，终归是搞不成的。这种来自社会的、群众亲自送上门的信息反馈，对研究和改进工作，是很有好处的，我们应当充分加以重视。信访工作是一项重要的政治工作、群众工作。我们党一贯十分重视这项工作，具有优良的传统。早在战争年代，尽管环境险恶、条件艰苦，各级党委和政府在根据地、解放区就十分注意接待和处理人民群众的来信来访，虚心听取意见，使领导机关获得了许多有益的知识，帮助群众解决了许多实际问题。我们老一辈的革命家更是身体力行，亲自处理群众来信，接待群众来访，树立了很好的典范。

在社会主义革命和社会主义建设的进程中，信访工作得到了很大发展。特别是党的十一届三中全会[1]以来，党中央、国务院采取了一系列的重要措施，进一步加强对信访工作的领导。各级党委和政府的负责同志和信访部门为拨乱反正、落实党的政策、平反冤假错案，付出了许多艰苦的劳动，解决了大量问题，在促进安定团结、密切党群关系、调动群众建设社会主义现代化的积极性等方面发挥了重要作用。

我们应当充分认识到，在新的历史时期，党对信访工作的要求更高了，任务更重了。因此，信访工作必须适应新形势的要求，进一步端正指导思想，改进工作作风，努力为四化建设服务，为经济体制改革服务，为人民服务。信访战线的同志们要认真负责地处理群众的来信，主动热情地接待来访的群众；要加强政治、业务和科学文化知识的学习，努力提高办事本领；要谦虚谨慎，任劳任怨，以实际行动把党和政府对人民的关怀带给千家万户、四面八方。

信访工作也是一门科学，有其自身的规律，我们应当结合工作实际认真总结经验，使之系统化、规范化。应该说，这方面的工作目前还很薄弱。《信访工作基本知识》的出版，只是开了个头。希望有更多的同志积极参加信访工作的研究和探讨，使之不断深化，日臻完善。

信访工作是光荣的事业，是大有可为的。我衷心祝愿信访战线的同志们当好无名英雄，为党为人民作出新的更大的贡献。

■ 注　释

[1]十一届三中全会，见本书《在肇庆地委常委扩大会议上的讲话》注[2]。

纪念张治中先生诞辰九十五周年*

（一九八五年十月二十七日）

今天是张治中[1]先生诞辰九十五周年。首先，我受邓颖超[2]同志的委托，对张治中先生表示怀念和敬意，并向他在国内和海外的亲属表示深切的慰问。我今天怀着诚挚的心情来参加这个纪念会，和大家一道，表达对我们敬爱的文白先生的深切怀念和崇高敬意。

文白先生是杰出的爱国将领，富有远见的政治家，民革[3]中央的卓越领导人，是同我们党有长期历史关系的亲密朋友。早在大革命[4]时期，他就同我们党有了接触和交往，建立了友谊。他主张国共合作，坚持正直的爱国者的立场，做了许多有利于国家、民族的好事。

文白先生一生主和，为国内和平而奔走，心诚志坚，不遗余力，西安事变[5]发生后，文白先生力主通过谈判，和平解决，坚决反对所谓“讨伐”的主张[6]，并为此作了重大的努力。在历次国共谈判中，文白先生不辞辛苦，来往斡旋，费尽了不少的心力。他虽然是国民党方面的主要代表，但能够不受国民党内顽固派责难和阻力的影响，采取比较顾全大局、通情达理的态度，争取谈判能够达成协议。

---

* 这是习仲勋在张治中诞辰九十五周年纪念会上的讲话。标题为编者所加。

重庆谈判[7]前,文白先生专程到延安迎接毛泽东同志,并让出自己在重庆的住宅供毛泽东同志会客和休息;“双十协定”[8]签订后,他又护送毛泽东同志回到延安,为确保毛泽东同志的安全,作了重大努力。签订整军方案[9]以后,他和马歇尔[10]将军在周恩来同志陪同下,再一次到达延安。“张治中三到延安”,成为文白先生一生政治经历中的重要内容,也是一段传为美谈的历史佳话。

文白先生在新疆主政期间,接受我们党的要求,营救了被盛世才[11]关押的一百三十一名共产党人,并派人护送他们平安回到延安。他妥善处理了新疆三区革命事件[12],对维护民族团结,稳定局势,发挥了重要作用。

文白先生参加了“一二八”[13]、“八一三”[14]两次淞沪抗战,并立下遗嘱,表现了誓死抗日的决心。而他不参与国民党发动的反共内战,是一位没有同共产党打过仗的国民党高级将领。在他担任国民党军事委员会政治部部长期间,把反共气息浓厚的《扫荡报》改名为《和平日报》,并下令撤销残害进步青年的綦江战干团。在当时尖锐复杂的政治局势下,以文白先生所处的地位,能够这样做,是非常难能可贵的。

文白先生始终坚持孙中山先生的革命三大政策[15],在历史的转折关头,他毅然作出正确的抉择,留在北平,发表了《对时局的声明》,应邀参加了第一届全国政协会议,并致电陶峙岳[16]将军和包尔汉[17]主席,促成了新疆的和平解放。

文白先生从黄埔[18]建军到共同建立新中国,从言到行,始终是国民党方面坚持国共合作的代表人物。他对促进国共合作,对民族、民主革命事业作出的卓越贡献,国家和人民是永远不会忘记的。

新中国成立后，文白先生担任了政府和人民政协的重要职务，在同我们党长期合作中，他以高度的爱国热忱和政治热情，为社会主义事业和爱国统一战线作出了重要贡献。他在为使国共再度合作，完成祖国统一大业方面，更是孜孜以求，念念不忘，付出了不少的心血，做了很多的工作。

文白先生一生为人正派，襟怀坦荡，同我们党真诚相处，肝胆相照，遇事直言不讳，从不隐瞒自己的观点，提出了许多中肯的批评和很好的建议。我们党为有这样一位可敬、可信的诤友、益友而十分高兴。

在同文白先生几十年的交往中，我深深感到，他态度明朗，意志坚强，不断追求真理，从不故步自封。正如他自己所说的："我不是一个顽固保守的人，在不同历史时期中，我能一本所信，以爱祖国、爱人民的思想为基础和核心，顺应世界正确思潮，跟上时代。"他衷心拥护中国共产党的领导，拥护社会主义制度。即使在十年内乱期间，他仍然丝毫不动摇对中国共产党的信念。他在政治遗嘱中，坚信祖国的前途是光明的，并以自己能在共产党领导下度过晚年而感到无限欣慰。文白先生的回忆录，是一部值得一读的好书。它使我们不仅可以了解文白先生不平凡的一生，而且可以看到一位杰出的爱国主义者的内心世界和不断前进的过程。如果在台湾的国民党人也能读一读这部书，将会从中得到启迪和教益。

文白先生离开我们十六年了。现在，我们的祖国已经揭开了历史的新页。最近召开的中国共产党全国代表会议和十二届四中全会[19]、五中全会[20]，又是一个新的里程碑，具有重大的深远意义。当前举国上下正在团结一致，振奋精神，为进一步发展社会主义的物质文明和精神文明建设而努力奋斗。在这个大好的时刻,我们特别怀念张文白先生等已故的老朋友。我们相信,他们生前朝夕盼望的统一祖国,振兴中华的伟大事业,是一定能够实现的。

■ 注　释

[1]张治中,见本书《当好西北人民的勤务员》注[3]。

[2]邓颖超,见本书《在落实政策座谈会上的讲话》注[1]。

[3]民革即中国国民党革命委员会。一九四七年十一月,中国国民党民主派和其他爱国民主人士第一次联合会议在香港举行。一九四八年一月一日,会议宣布中国国民党革命委员会正式成立。民革以同原中国国民党有关系的人士、同民革有历史联系和社会联系的人士、同台湾各界有联系的人士以及其他人士为对象,着重吸收其中有代表性的中上层人士和中高级知识分子。

[4]大革命,见本书《关中党史简述》注[1]。

[5]西安事变,见本书《关中党史简述》注[35]。

[6]西安事变发生后,南京政府军政部部长何应钦等人极力主张“讨伐”张学良、杨虎城,他们调动陕、甘、宁、绥、豫等地的中央军准备进攻西安,并派数十架飞机飞临西安上空侦察示威,准备进行轰炸。

[7]重庆谈判,见本书《彭总在西北战场》注[22]。

[8]“双十协定”,即一九四五年十月十日发表的《国共双方代表会谈纪要》。在这个纪要中,蒋介石表面上不得不同意中国共产党提出的“和平建国的基本方针”,但不久即撕毁协议,向解放区发动

进攻。

[9]整军方案，即国共双方于一九四六年二月二十五日签订的《关于军队整编及统编中共部队为国军之基本方案》。全文共八条，主要内容是规定全国陆军为一百零八个师（每师不超过一万四千人），其中中共部队十八个师；双方编余人员应在十二个月内全部复员。此外，还对国共双方部队的统帅权、统一编制的时间、地区配置以及地方部队的组织等作了规定，并确定以军事调处执行部作为实施本方案的执行机关。后因国民党破坏政协协议的实施，并于一九四六年六月底向解放区发动全面进攻，该方案没有得到贯彻执行。

[10]马歇尔（一八八〇——一九五九），美国民主党人。第二次世界大战期间，曾任美国陆军参谋长。一九四五年十二月被美国总统杜鲁门派任驻华特使，一九四六年一月同国民党代表张群（后为张治中、徐永昌）及共产党代表周恩来组成军事三人小组。他以“调处”为名，参与国共谈判。同年八月宣布“调处”失败，不久返回美国。

[11]盛世才（一八九四——一九七〇），辽宁开原人。一九三三年至一九四四年间统治新疆的军阀。曾囚禁并杀害了陈潭秋、毛泽民、林基路等大批优秀共产党员以及杜重远等爱国民主人士。一九四九年逃往台湾。

[12]新疆三区革命事件，指一九四四年秋，新疆各族人民反对盛世才和国民党反动统治的武装起义。“三区”是指当时新疆的伊犁、塔城和阿勒泰三个地区。

[13]“一二八”，即一二八事变。一九三二年一月二十八日夜，侵华日军发动对上海闸北区的进攻，以蒋光鼐为总指挥、蔡廷锴为军长的第十九路军进行了英勇抵抗。在全国各界的支持下，第十九路军

和随后参战的第五军(张治中任军长)部分官兵,不顾武器装备和兵员数量远不如日军等种种困难,发扬顽强战斗、不怕牺牲的爱国精神,坚持抵抗一个多月,最后在腹背受敌又无援军的情况下,不得已于三月一日奉命放弃前线阵地,撤出上海。

[14]“八一三”,即八一三事变。一九三七年八月十三日,侵华日军向上海大举进攻。时任京沪警备司令的张治中,率部奋起抗击。中国空军也出动参战。淞沪战役由此开始。蒋介石先后调集并指挥七十万兵力进行作战,日军先后投入兵力二十多万。淞沪会战历时三个月,中国军队共毙伤敌四万余人,打破了日军“速战速决”的计划。

[15]革命三大政策,即“联俄、联共、扶助农工”三大政策。

[16]陶峙岳(一八九二——一九八八),湖南宁乡人。一九三七年参加淞沪抗战,一九四九年九月在新疆担任国民党新疆警备总司令部总司令时与包尔汉一起通电起义。新中国成立后,任中国人民解放军新疆军区副司令员,新疆生产建设兵团司令员,新疆维吾尔自治区政协副主席,湖南省人大常委会副主任,全国政协副主席。一九八二年加入中国共产党。

[17]包尔汉(一八九四——一九八九),新疆温宿人。曾任新疆三区革命联合政府副主席,国民党新疆省政府主席。一九四九年九月,同陶峙岳一起通电起义。同年加入中国共产党。新中国成立后,任新疆省人民政府主席,中共中央新疆分局常务委员,中国伊斯兰教协会主任,新疆维吾尔自治区政协主席,全国政协副主席。

[18]黄埔,见本书《永远难忘的怀念》注[31]。

[19]十二届四中全会,见本书《愿各民主党派和工商联作出新的

更大贡献》注[1]。

[20]五中全会,即中共十二届五中全会,见本书《愿各民主党派和工商联作出新的更大贡献》注[2]。

千方百计把老区的经济搞上去，使老区人民尽快富裕起来*

（一九八五年十一月二十五日）

一、在江西，搞好老区[1]建设有特殊重要的意义。我们党领导全国人民，走农村包围城市的道路，最后夺取全国革命的胜利，是从毛泽东同志领导湘赣边界秋收起义、上井冈山建立革命根据地开始的。江西老区人民为中国革命的成功，作出了最大的牺牲和贡献，这里的经济建设搞得好坏，群众生活的状况如何，对国内国外都有很大影响。这不单是江西一省的问题，而且是关系全党全国政治声誉的大问题。这几年全国农村的面貌发生了很大的变化，广大人民的生活有了明显的改善，而江西老区还有很大一部分群众的温饱问题没有完全解决，少数群众的生活还相当贫困，我们看了心里很难过。

再从江西本身来说，据省里统计和今天的汇报，全省老区人口一千五百万，面积占全省的三分之二。现在，老区年人均收入一百二十元以下的连片贫困区还有四十个县，五百多万人口。可以这样说，老区建设上不去，人民富裕不起来，江西省的经济建设也就不可能有大的飞跃，全省人民生活水平的提高也就会受到很大影响。这同样是值得江西省委及各级党委同志认真深思和特别重视的。

---

* 这是习仲勋在听取江西省委常委汇报后讲话的一部分。

应该说，近两年来，江西省委和省政府已相当重视老区建设问题，建立了专管老区建设的组织，今年省党代会和省老区工作会确定了“三年解决温饱，五年脱离贫困”的奋斗目标，研究了许多治穷致富的办法，总的方向和原则都是对的。但还需要做深入的调查研究，狠抓贯彻落实的工作，使之更加具体，更加切实，更加有效。别人的经验可以学习，但主要还是靠自己创造。我想，你们是不是可以组织一些工作小组，其中有能够正确掌握党的方针政策的骨干，有会做群众工作的，也有搞经济和文教工作的，还可以配备几个专业技术人员，蹲到几个不同类型的点上，边调查边实践，探索出几条根据不同情况治穷致富的路子来。

二、认真总结经验，实行对症治理。全国各个革命老根据地的经济建设和群众的生产生活状况各不相同，有的工作做得比较好，进步比较快，有的工作做得比较差，进步比较慢。过去，陕北地区很贫困，经过最近几年的大力治理，现在基本上解决了温饱问题。陕北榆林还有个治沙问题，现在那里草长起来了，树也长起来了，沙漠开始变成一片片绿洲。

我们这次在遂川、瑞金、兴国那一带乡村访问农民家庭，看到群众生活的贫困状态时，有的干部对我们说，现在所看到的情况，同二十年前他在农村搞“四清”[2]的时期比较，几乎没有什么变化。这是为什么？很值得认真检查、总结一下，看真正的原因究竟在哪里。毛主席经常讲，要情况明，决心大，办法多。情况不明，决心很大，不但不会有好办法，而且还要坏事的。我感觉，党的十一届三中全会[3]以后，江西抓老区建设可能晚了一些。有的同志说晚了两年。还有些同志对我们说：领导重视不够，“左”的影响比较深，思想不够解放，许多方针政策问题也解决得不及时、不够好，这是老区建设比较落后的原因。我想这些话是有道理的。还有些什么问题，可进一步研究。我认为总结经验，找贫困原因，主要应该从近期，从十一届三中全会以后，我们的指导思想和实际工作中存在什么问题上去下工夫。我看只要坚持实事求是的精神，不护短，不回避矛盾，不怕暴露问题，有一说一，有二说二，情况自然会明，原因自然会找出来。只有情况明了，原因找准了，才能对症治理，解决问题。

我们的同志要懂得，总结经验找原因，是为了改进今后的工作，不是追究谁的责任。所以，不要因此而背包袱。回顾过去是为了今后，大家都要向前看。现在，我们的同志一谈起老区建设没搞上去的原因，往往就是说几十年以前，国民党、蒋介石如何残酷镇压苏区[4]人民，如何实行“三光”政策[5]。这都是事实，但这已是历史了。一九四九年新中国一成立，这段历史就结束了，再讲这些，对改进我们的工作没有什么实际意义。我们不能老说几十年以前的历史，我们要研究解决现实工作中的问题。

这里，我要顺便指出一个现象，就是在赣南时，看到有的干部若是向我们讲个意见，还要看领导同志的脸色。这个不好，这样就把风气败坏了，一定要改过来。不要怕揭露矛盾，揭露矛盾是为了解决矛盾，解决矛盾的过程就是前进的过程。我们就是在不断解决各种矛盾中前进的。我们共产党人从来不惧怕任何困难。但要实事求是地承认困难，认识困难，有克服困难的勇气和毅力。只有这样，才能针对实际解决问题；也只有这样解决问题，才能有利于改革，有利于搞活经济，有利于安定团结，有利于巩固和发展目前这个大好形势。

三、把党的方针政策同当地的实际情况紧密结合起来，制定治穷致富的办法和措施，创造自己的经验，走自己的路。总的原则是，进一步解放思想，坚持实事求是，一切从实际出发，充分发挥本地的优势，挖掘当地的潜力。既要千方百计想办法，千家万户齐动员，又要分析具体情况，分别轻重缓急，突出重点，稳步前进。每个地区，每个县，每个乡镇和村庄，都要根据自己的实际情况，找出一两项或两三项关键性的、切实可行的生产门路，作为重点，狠抓下去，力争尽快地收到成效。要以治穷致富的生动事实来动员群众，鼓舞群众，引导群众一步一步地战胜贫困，走上共同富裕的道路。你们提出的“减免、放宽、搞活”的六字方针，还有“一种、二养、三加工”的路子都很好，都对。但一个地区、一个县、一个乡镇和村庄如何办，还要根据当地的情况，进一步具体化。对于这方面的目标和办法，要像胡耀邦[6]同志给你们讲的那样，要提得简单明了，非常鲜明，使群众一听就懂，一说就能办，一办就能很快见效，而不要搞很多繁琐的条文，提一些不切实际的空洞口号。

四、动员和组织老区人民治穷致富，既要看到困难，又要看到有利条件。我这次到赣南的所见所闻，感到那里的困难是暂时的，有利条件是长存的。只要方针政策正确，路子办法对头，脚踏实地，努力工作，一个一个困难都能够克服，各种有利条件越来越会发挥作用。我想强调指出以下几点：

要继续抓紧粮食生产。农业是基础，是整个国民经济的基础，粮食又是基础的基础。有了粮，既有了吃的，又有了饲料。陈云同志说，“无农不稳”、“无粮则乱”嘛！所以，对粮食生产千万要抓紧，不可放松。我看老区发展粮食生产还有潜力，这主要还是靠正确的政策发挥群众的生产积极性，靠科学的办法提高单位面积产量。要调查研究老区特别是其中的山区实行家庭联产承包责任制的情况，解决存在的问题，进一步完善这一制度。例如，家庭经营自己承包的土地，有的缺少劳力，有的劳力有剩余，有的虽有劳力却不愿经营土地，而去搞别的什么了。这就需要根据实际情况，既搞好专业生产，又搞好相互协作，使每亩土地和每个劳动力都能充分发挥作用。还有，我沿途看到，过去搞的很多农田水利建设都失修了。对过去搞得好的，对发展农业生产有作用的，还要把它继承下来，维修好，保护好，改造好，使它发挥更大的作用。当然，抓紧粮食生产也好，恢复农田水利建设也好，都要按现行的方针政策办事，决不能重复过去“以粮为纲”时的一套老办法。

要发展多种经营和乡镇企业。粮食生产要抓紧，但单靠粮食生产，农民富不起来，一定要广开生产门路，发展多种经营，发展乡镇企业。江苏、浙江和广东等省的许多农村，在这方面搞得比较好。举广东一个例子，那里有些地方养鱼，在鱼池两边栽了桑树，桑叶养蚕，蚕屎用来喂鱼，而且鱼分三层，水面一层，中间一层，底下一层。上面一层鱼拉的屎，下面的鱼吃，塘泥又是最好的肥料。你们也可以试试看，也可以养蚕、养蜂，都可以搞专业化。发展乡镇企业首先要立足于本地，充分利用本地的资源，发挥本地的优势。同时，按照具体条件，发展与外地的联合和协作。多种经营和乡镇企业这两件事办好了，就能把农村的全劳力、半劳力都使用起来，使大家都有活干。这样，生产就会发展，收入就会增加，劳力也会紧张起来。

要抓紧治理荒山，种草种树，种竹子，种柑橘。特别是种草，一年就可以见效。总的说是以农为主，农林牧副渔相结合，发展多种经营。不同的地方，又可以根据具体情况，确定以牧或以林为主发展多种经营。最近来江西参加全国地区发展战略研究工作经验交流会的同志在参观了一些地方后,写了两句话:“江西佳丽地,北国旧风光”;“走尽千里有草场,遍地不见牛和羊”。我看这两句话是符合实际的。我在赣南看到一些山上没有几棵树,有的就是秃头山。至于牛和羊确实极少看得到。据说,江西全省只有八万只羊,而广丰县就有六万只。这说明:一是江西完全可以养羊,二是没有普遍养起来。牛,我们养的也不多,要大养,一个是役牛,一个是肉牛,还有一个是奶牛。猪养的多一些,也还要大发展。还有养鸡、养鸭、养鹅、养狗、养兔。还可以从人多地少的地方,动员、组织一些人,到适宜的荒山荒坡去专门种饲草,放养牛、羊嘛,这就是专业户、专业组。

要充分利用水面。江西的水源水面也比较多,要大量发展水产养殖业。我在沿途看到,很多地方稍微挖一下,把水放进去就可养鱼。除养当地传统的鱼种外,还可引进、试养新的更有经济价值的鱼种,如鳗鱼。这种鱼可大量出口,可自己孵化,就是饲料还没有过关。江苏同志给我说,他们已初步搞成功了。这次我们到江苏吃到的螃蟹,据说很多也是人工养殖的,你们这里是否也能这样搞?可不可以试一试?

要狠抓能源建设,举办小水电、小火电。这些你们已经办了,要继续办下去,要多办,办好。我想着重说的是,你们这里煤不多,要大力推广沼气。沼气原料到处有,一年四季可以用,可以照明,可以发电,可以取暖,还可以积蓄有机肥料。南城县委同志告诉我,他们县已有六千户搞了沼气池。抚州地委同志说,临川县已有三万户搞了沼气池。要总结推广他们的经验。现在多是一户一户来搞,将来也可以几家联合起来搞,联合起来搞沼气,联合起来养猪,不用两年,成本就收回来了。你们这里的条件好极了,千家万户搞起来,那就了不起，对群众发展生产和改善生活都有好处。

要积极办好农科所、试验站和各种技术开发中心。瑞金县委同志让我看了他们在绿草湖办的农林牧渔业开发中心，那里种了柑橘，养了鱼。这个开发中心的同志给我说，他们已得到多少收益，过两年还可以得到多少收益。我给他们说，你们现在办的实际上是个农场，能很快得到收益当然很好，但作为一个农林牧渔业的开发中心，就不能只想到收益，还要想到如何为群众服务，为经济建设服务，要把这几方面结合起来。要和广大农民挂起钩来，同他们建立密切的联系。无论农科所、试验站，或者农林牧渔业开发中心，都要搞多种经营和多种试验，把科学技术同生产实践结合起来，创造先进经验，引导群众科学种田。要运用先进技术为当地开辟治穷致富的道路。

在农村，特别是在老区农村，在交通不便、信息不灵的山乡，运用典型示范的方法传播科学知识和先进技术引导群众移风易俗，改变某些落后的生产和生活习惯，对于加快那里经济文化的发展有重要的意义。我在赣南看到，村庄比较分散，群众居住条件很差。胡启立[7]同志说，当地群众的房屋像个仓库，他建议你们组织一些技术力量，设计多种样式的农舍，供那里的农民选择，逐步改造旧房屋，改善群众的居住条件。我很赞成这个意见。无论生产还是生活，都要引导群众学习、推广先进的东西，不要以为过去当地没有的、从来没搞过的东西就不能搞。如果这样想，如何能学习、推广外地的先进技术和先进经验呢?！问题在于，要先搞试验，把外面的先进东西同当地的实际结合起来，创造出适合当地条件的办法来。推广好的东西，要注意运用典型示范，走群众路线，而决不可以搞强迫命令，强制群众干这干那。否则，好事也可能办成坏事。过去这方面的教训很多，要牢牢记取,不能重犯这样的错误。

要积极发展外引内联,向先进地区学习。我来时胡耀邦同志讲得很清楚,他说对江西来说,现在主要不是如何向国外开放,而是如何先向邻近的各省开放,如何向先进地区学习。有条件引进港澳、国外的资金、技术当然很好,但从江西的实际出发,当前主要是积极发展同周围省、市的经济合作和交流。耀邦同志要你们每年都组织一些同志到江苏、浙江等地参观学习。我在井冈山还向吉安地委负责同志建议,有计划地组织一些同志到浙江、江苏两省的适当地方,定期兼职学习。但去的人要少而精,而且要征得那里党委的同意。去的同志要真正学回来东西。

五、正确处理好国家支援同自力更生的关系。国家支援是必要的,中央和省都要拿出一些财物来扶持老区人民的生产和生活。但支援的财物总是有限的,一定要统一管理,集中使用,要用在刀刃上。更要明确:发展老区经济的基点是自力更生;国家的支援,是为了培养和增强群众自己发展生产、治穷致富的能力。按你们的说法是"造血",而不是单纯地靠"输血"。这两个说法的意思是一样的。在基层干部和群众中要解决好这个思想问题,决不可养成长期的依赖观念。

除了国家必要的支援,还要十分注意减轻群众的负担,让群众能够休养生息。对于这个问题,中央和省都发过文件,提出了一些措施,但落实的情况如何? 还要做深入的调查研究。根据我在赣南看到和听到的一些情况,总感觉群众的负担还很重。一个乡党委的同志告诉我,他那个乡的干部,在编的三十一个,不在编的二十三个。这还不算民办教师、敬老院,等等,这都要群众出钱。总起来算一下,一家一户负担很不轻,要认真想办法解决好这个问题。

■注　释

[1]老区，见本书《按照农轻重次序调整好广东国民经济》注[7]。

[2]“四清”，见本书《在肇庆地委常委扩大会议上的讲话》注[14]。

[3]十一届三中全会，见本书《在肇庆地委常委扩大会议上的讲话》注[2]。

[4]苏区，见本书《关中党史简述》注[13]。

[5]“三光”政策，这里指国民党军队对革命老区实行的残酷政策。

[6]胡耀邦，见本书《要把农业科学研究摆到重要的位置》注[10]。

[7]胡启立，见本书《安全生产第一》注[1]。

戏曲艺术要振兴发展*

（一九八五年十二月十五日）

戏曲是我国优秀民族文化遗产中最有民族性和群众性的传统艺术形式之一。我们党和政府正确运用马克思主义关于批判地继承民族文化遗产的理论，实行“百花齐放，推陈出新”和现代戏、传统戏、新编古代戏“三并举”的方针，有力地推动了戏曲艺术的改革和发展。现在，全国有两千多个专业戏曲剧团、近二十万人的队伍，还有更多的业余戏曲团体遍及城乡，这是加强社会主义精神文明建设的一支不可忽视的文艺大军。我希望戏曲工作者们一定要认清自己所肩负的光荣职责，努力提供高质量的、多姿多彩的精神产品，以满足广大观众精神文化的需求，并从中得到有益的启迪和教育。同时，我也希望戏曲工作者们要发挥自己的优势和特长，在联系海外同胞的民族感情和国际文化交流活动方面，发挥积极的作用。

戏曲艺术要振兴，要发展，必须紧紧跟上时代的步伐，加强同群众的密切联系，不断改革，不断创新。当前，戏曲剧团和其他戏曲事业单位，正在进行以体制改革为中心的综合治理，并从内容到形式对戏曲艺

* 这是习仲勋在一九八五年全国戏曲观摩演出闭幕发奖大会上讲话的主要部分。标题为编者所加。

术进行新的探索,这是非常好的事情。我希望戏曲工作者们要振奋精神,立志改革,百折不挠,开拓前进,努力创作和演出无愧于我们伟大时代的戏曲作品。只有坚持改革,才会促进戏曲艺术的繁荣发展;只有坚持改革,才会促进戏曲艺术的创新提高。一句话,只有坚持改革,才会使我国具有悠久历史和优良传统的戏曲艺术发扬光大,永葆青春。

戏曲艺术要振兴,要发展,必须进一步加强戏曲队伍的建设和人才培养。这是十分重要的关键一环。我希望戏曲工作者们要努力学习马克思主义理论,不断加强自身的精神文明建设和职业道德修养,自觉地抵制资产阶级腐朽思想的侵蚀和封建主义思想的遗毒,克服极端个人主义和封建行帮宗派思想的残余,真诚地搞好团结和合作,积极投身到四化建设的沸腾生活中去,深入扎根到广大群众中去。我相信戏曲艺术一定会出现百花争艳、欣欣向荣的新局面,一定会更好地为社会主义服务,为人民服务!

振兴中医，为民造福*

（一九八五年十二月十九日）

今天，中国中医研究院的同志们同来自国内外的中医药专家欢聚一堂，热烈庆祝中国中医研究院成立三十周年，我和在座的几位中央领导同志向大家表示热烈的祝贺，并向在中医药战线上辛勤工作的同志们表示亲切的慰问！

三十年前，经党中央和国务院批准，成立了中医研究院，这是发展中医事业的一项重大决定，是中医史上的一件大事。在党的中医政策的指引下，一些老中医、老专家来到中医研究院，为中医科研工作打下了良好的基础。三十年来，中医研究院的同志们艰苦创业，尽心竭力，团结协作，在继承和发扬祖国医学遗产，为人民防病治病方面做了许多工作，取得了很大的成绩，对全国中医药研究起了很好的推动作用。

中医药学在我们国家有着悠久的历史。几千年来，它为中华民族的生存繁衍，作出了宝贵的贡献。在漫长的历史进程中，我们的祖先不断地总结同疾病作斗争的经验，逐步建立了中医药学的理论体系，形成了中医所独具的特点与优势，成为人类防病、治病的重要手段，深受广大人民群众的喜爱。早在公元六世纪，中医药就传入日

* 这是习仲勋在中国中医研究院成立三十周年庆祝大会上的讲话。标题为编者所加。

本、朝鲜，以后又传到东南亚及欧洲国家。新中国成立后，随着我国人民同世界人民友好往来的发展，中医药特别是针灸已经传到世界上一百二十多个国家。有八十多个国家还派人来我国学习和进行学术交流。有些国家还建立了研究机构，投入大量人力，用现代科学技术手段，对中医药和针灸进行深入研究。这说明，中医药在我国的卫生事业中占有相当重要的地位；同时它的奇特疗效和科学价值也已被世界医药学界所公认。我希望中医药战线的同志们，要把振兴中医，为民造福的光荣任务承担起来。大家要同心同德，钻研进取，精益求精，进一步提高中医药研究水平，使它在保护我国十亿人民和世界人民的健康方面作出应有的贡献。

要振兴中医，办好中医，我们必须注意发挥它所独具的特点和优势，扬其精华，弃其糟粕，并与西医相结合，学其所长，补己所短。这就是说，既要继承和发扬优良的传统，又要坚持改革和创新。这样，发展中医的路子才会越走越广，振兴中医的事业才会保持久盛不衰。我希望中西医的同志们团结起来，互相尊重，互相学习，密切合作，共同努力，加强群众观点和医德修养，更好地为病人服务。

我要特别强调一下，全党的同志们和各界的朋友们都要关心中医工作，重视中医事业的发展。那种歧视中医、丢掉中医的思想是错误的，应当纠正。各级党委和政府一定要认真贯彻中央书记处对中医工作的指示和中共中央关于科技体制改革的决定[1]，加强对中医工作的领导，中医机构的体制改革一定要有利于中医事业的发展，有利于培养和造就有真才实学的中医工作者。希望各级领导、各个部门都要少说空话，多办实事，真心诚意地支持中医工作。

最后，我希望中国中医研究院的同志们认真总结建院三十年的经验,继续发挥全国中医药研究中心的作用,按照中医理论体系,采用现代科学技术手段,为保持我国中医药研究的领先地位作出更大的贡献。

■ 注　释

[1]一九八五年三月十三日,中共中央作出《关于科学技术体制改革的决定》,提出经济建设必须依靠科学技术、科学技术工作必须面向经济建设的方针,强调要从中国实际出发,对科学技术体制进行改革。

克服宗教工作中“左”的思想，防止右的倾向*

（一九八六年一月六日）

当前，在宗教工作中存在着一些问题，需要引起我们的重视。同时，在改革、开放的新形势下，宗教工作也面临不少新的情况和问题，需要研究解决。

在新的形势下，进一步加强党对宗教工作的首要一环，就是要坚定、正确、全面地贯彻执行中共中央一九八二年第十九号文件[1]，在工作中经常注意防止和克服“左”的思想。有“左”的思想的人，往往对党的宗教信仰自由政策实际上持怀疑、否定态度，把贯彻落实党的宗教政策同社会主义物质文明和精神文明建设对立起来；对宗教团体、信教群众及他们的正常宗教活动，采取歧视、压制甚至打击的错误做法；处理正常的宗教事务问题时，思想片面急躁，方法简单粗暴，结果造成不良的政治影响。党的十一届六中全会[2]一致通过的《关于建国以来党的若干历史问题的决议》曾明确指出：“坚持四项基本原则[3]并不要求宗教信徒放弃他们的宗教信仰，只是要求他们不得进行反对马列主义、毛泽东思想的宣传，要求宗教不得干预政治和干预教育。”这就是说，在我国现今条件下，一方面党和政府贯彻执行宗

* 这是习仲勋在全国宗教局（处）长会议上讲话的一部分。

教信仰自由政策;另一方面宗教界人士和信教群众保持自己的宗教信仰,积极为四化建设、祖国统一、世界和平服务,这是完全可以协调一致的。把两者对立起来是不对的。我们要坚信马克思主义的真理性和由此而产生的强大威力,要坚信党的宗教政策的正确性和执行这一政策是符合全国各族人民的根本利益的。如果我们在这个根本原则问题上,不能立场坚定、旗帜鲜明地在广大群众中进行广泛、深入的宣传教育工作,不敢坚持党的正确主张,那就要削弱共产主义的思想影响,降低共产党的领导作用。我们也要坚信宗教界人士和信教群众中的绝大多数是热爱祖国、热爱社会主义的,是愿意也能够为四化建设作出贡献的。如果我们只是片面地看到甚至过分地强调信教群众同不信教群众在思想信仰上存在着差异,而无视或者轻视信教群众同不信教群众在政治上、经济上根本利益的一致,不努力加强信教群众和不信教群众的团结,共同为建设现代化的社会主义强国而奋斗,那就会给我国的社会主义事业造成不应有的损失。这里要特别指出的是,克服“左”的思想,首先要从我们领导机关做起,我们做统战工作的同志不能有“左”的思想,做宗教工作的同志也一样。要充分认识社会主义条件下宗教问题的长期性,对宗教问题一定要采取“特别慎重”、“十分严谨”和“周密考虑”的态度。这些观点在中央一九八二年第十九号文件里已经作了明确的阐述。

另外,在工作中也要注意防止和克服右的倾向。有这种思想的人,往往迁就宗教界那些不明道理、不顾大局的少数人的不适当要求,忽视对他们的思想政治工作,以至对那些利用宗教进行非法违法活动的现象不闻不问,放任自流,结果造成了很大的混乱和损失。

不管是“左”,还是右,表现形式虽然不同,其实质都是削弱了党对宗教工作的领导，妨碍党的宗教政策正确、全面的落实，从而脱离了广大信教和不信教的群众，并给那些利用宗教进行非法、违法活动的人以可乘之机，给外国宗教中的敌对势力的渗透留下空隙。这是很值得我们深思的。

中共中央一九八二年第十九号文件对新中国成立以来党在宗教问题上正反两方面的经验作了系统的、科学的总结，把我们几十年宗教工作的实践提高到理论的高度，深刻阐明了社会主义时期党对宗教的基本观点和基本政策，是一个马克思主义同中国实际相结合的纲领性文件，是指导党对宗教工作的思想武器。坚定、正确、全面地贯彻执行这个文件的精神，是今后长期的任务。绝不可以为学习几次，开几个会讲一讲，宣传一下，就一劳永逸、万事大吉了。我发现有些同志学习这个文件是“一目了之”，有的甚至连中央的批语也没有好好看就过去了。这种态度是很不严肃的。做宗教工作、统战工作的同志一定要经常地、反复地认真学习，要联系实际来学，坚决按照文件的精神办事。我们贯彻执行宗教信仰自由政策，处理一切宗教问题的根本出发点和落脚点，就是要使全体信教群众和不信教的群众联合起来，把他们的意志和力量集中到建设现代化的社会主义强国这个共同目标上来。我们既不要采取行政手段，人为地去消灭宗教；也不要采取行政手段，人为地去发展宗教。因为这两种做法都是与党的宗教政策所规定的战略目标背道而驰的，也是违反宗教工作的客观规律的。我们只有不断克服“左”的和右的思想，才能使宗教工作始终沿着正确的道路前进。

■ 注　释

[1]见本书《坚持走独立自主自办教会的道路》注[8]。

[2]十一届六中全会，见本书《学校要加强思想政治教育工作》注[2]。

[3]四项基本原则，参见本书《在中央工作会议中南组的发言》注[10]。

对湖南衡阳市采取八条办法安置机关超编人员的批语*

（一九八六年一月八日）

衡阳市安置机关超编人员的八条办法值得参考。他们“消肿”工作也做得好，见了成效。这就启示我们，精简工作，先从地市县抓起，可能会见真的实效。原因之一是精简下来的人员容易安排。但又得另采取一条措施，就是党政群的各级编制又须定编定员，制定带法规性的编制方案，以免上下互相掣肘。就是中央各部门不要把下级党政的手脚捆死，放权给下面，让他们从自己的实际需要出发，安排自己的机构和人员、更不要要求上下对口，或者没有对口机构，就不拨发应得的经费来卡下面。这是一种极不可取的错误做法，但又长期沿行。在今后精简工作中，首先改革这种陈规陋习。在这方面不好的规定和做法还有许多，一搞精简都会涉及，可先将材料收集整理一下，以便讨论时参考。看了有关县以下整编和这件清样，随便讲了自

---

* 一九八六年一月七日，新华社的一个刊物刊载了《衡阳市安置机关超编人员的八条办法》一文。该文指出，湖南衡阳市采取八条办法，即：（一）充实公检法部门；（二）加强区、乡、镇的力量；（三）安排到新建行政和企事业单位做行政事务工作；（四）充实基层企事业单位的骨干力量；（五）补充加强经济监督部门；（六）兴办第三产业；（七）动员师范毕业的机关干部回教育战线；（八）及时办理离退休手续，有效安置机关超编人员。这是习仲勋对该文所作的批语。标题为编者所加。

己的意见和看法，可能有原则错误，请健行[1]、东宛[2]同志看看，准备最近开会谈谈这个问题。

习仲勋

一月八日

■ 注　释

[1]健行即尉健行，一九三一年生，浙江新昌人。一九四九年加入中国共产党。曾任中共哈尔滨市委副书记、哈尔滨市市长，全国总工会副主席、书记处书记，中共中央组织部副部长。一九八五年至一九八七年任中共中央组织部部长。后任监察部部长，中共中央政治局委员，中共中央书记处书记，中共中央纪律检查委员会书记，全国总工会主席，中共北京市委书记，中共中央政治局常委。

[2]东宛即赵东宛，一九二五年生，河南南阳人。一九四一年加入中国共产党。曾任第一机械工业部副部长，国家科学技术委员会副主任，中央财经领导小组副秘书长兼国家计划委员会副主任。一九八五年至一九八八年四月任劳动人事部部长。后任人事部部长，全国人大常委，全国人大教育科学文化卫生委员会主任委员。

培训中青年干部的重要措施*

（一九八六年一月十六日）

贵州省委决定从县级以上（含县级）抽调三千名中青年干部到基层工作，分期分批轮流培训，提高干部素质，应视为培训干部的一条重要措施。还可规定在轮训中读一两本书，缺什么补什么。号召这些同志勤奋自学成才，形成理论联系实际，密切联系群众，多给群众办实事、办好事的风气，这对端正党风具有重大意义。

---

* 一九八六年一月十四日，新华社的一个刊物刊载了《贵州省委决定从省地县抽调三千名干部加强农村基层工作，帮助贫困山区治穷致富》一文。该文指出，抽调下去的干部，原任职务不变，原则上一年轮换一次并形成制度。他们下去的主要任务是：(1)宣传党的方针政策，加强农村思想政治工作。(2)搞好农村经济体制改革，进一步调整产业结构，大力发展商品生产。(3)摸清所在地区的情况，制定发展规划，解决发展生产中的困难问题，努力改变贫困面貌。(4)调查研究，总结经验，及时准确地向上级反映农村改革中出现的新情况、新问题。这是习仲勋对该文所作的批语。标题为编者所加。

计划生育工作中的粗暴做法必须纠正*

（一九八六年一月二十四日）

王伟同志：

这份简报中反映山东省苍山县农村干部用“连坐”法搞计划生育的情况，真是骇人听闻，如果属实，必须立即纠正，并对那些明火执仗，抄家劫舍，打骂群众的干部予以严肃处理，直至绳之以法。因为他们的这种粗暴蛮横的做法，恰恰说明他们不是在搞什么计划生育，而是实实在在地破坏了计划生育，破坏了党和政府同广大群众的鱼水关系。这难道还不明显吗？希望计生委狠抓一下这方面的问题，以有利于计划生育的顺利进行。并请查询一下，其他地区有无类似情况。

习仲勋

一月二十四日

---

* 一九八六年一月十七日，中纪委信访室的一个刊物刊载了题为《用“连坐”法搞计划生育群众遭殃》的简报。这份简报指出，有人反映山东枣庄市苍山县下村乡用“五连”（一家违反规定，五门亲戚“连坐”）和“量百米”（从违反规定者家门口向周围量百米，百米内每户均交罚款）的办法搞计划生育，不少农户家产被抄，家人遭到殴打、关押，引起公愤。这是习仲勋看了这份简报后给国家计划生育委员会主任王伟的信。标题为编者所加。

在全国地方政协工作座谈会上的讲话

（一九八六年二月二十七日）

虎年的新春佳节刚过，全国政协就召开了地方政协工作座谈会，这是一个新的起步，是一个好的开端。借此机会，我向大家表示亲切的问候！

这个座谈会是在邓颖超[1]主席的亲切关怀下召开的。会前，全国政协机关派人到八个省、市的一些市县进行调查，做了许多准备工作。下面我想讲几点意见。

第一，几年来，政协工作同其他各条战线一样，发展很快，成绩很大。

这几年，我们在指导思想上完成拨乱反正这一艰巨任务的基础上，全面贯彻在爱国主义旗帜下大团结、大统一的精神，使政协工作逐步走上了为四化建设服务的正确轨道。指导思想的明确，实际工作的进步，使政协这个爱国统一战线组织充满了旺盛的生命力，在社会主义现代化建设中发挥了极大的主动性、积极性和创造性。过去地方政协的组织主要在大中城市，现在全国三千多个县及县级以上的行政单位中，已有二千八百多个单位建立起政协组织。全国各级政协委员已达三十五万多人。各地政协在继承发扬优良传统和作风的基础上不断克服“左”的思想影响，积极、主动、求实、创新，围绕四化建设，开拓新的工作领域，出现了前所未有的生动活泼的新局面，在建设具有中国特色的社会主义伟大事业中起着日益重要的作用。举其大者，有以下几个方面：

（一）行使政治协商和民主监督的职能，积极参与国家和地方大事的讨论、决策和贯彻实施。几年来，政协在这方面的活动有了不少新的发展，范围更加广泛，内容更加丰富，渠道也不断增多。除了定期召开各级政协的全体会议、常委会，讨论、研究各项重要问题以外，许多地方的政协还组织专题性调查研究和参观考察，与党政有关部门同志座谈，列席党政领导机关有关会议，定期召开有党政领导人参加的意见听取会，个别征询意见，围绕四化建设这个中心任务，向有关地方党委和政府反映了不少重要情况，提出了不少有价值的意见和建议，对党政领导作出决策和改进工作有很大帮助，受到了赞扬。

（二）在四化建设中献计出力，为对内搞活、对外开放、全面改革服务。几年来，许多地方的政协组织各种人才，在四化建设中调查研究，出谋献策，贡献力量。如协助政府研究制定社会经济发展规划，进行经济、科技、教育等体制改革的试验，并总结、推广有关的经验；向一些中小企业提供各种经济、科技信息，帮助它们进行技术改造，改善经营管理，解决产供销中的一些实际问题；协助有关部门引进技术和资金，发展横向的经济联系，以及在城市和农村开展各种咨询服务，帮助贫困地区治穷致富，等等。这样，就使政协工作越做越扎实，越做越有成效。

（三）发挥人才优势，推动社会主义精神文明建设。几年来，各地政协引导和组织委员们自觉学习马克思主义理论，学习党和国家的方针、政策，广泛进行爱国主义和统一战线的宣传教育，在积极提高自己思想政治水平的同时，充分发挥个人的专长，进行智力开发，创办各种形式和各种专业的学校、培训班和讲座，传播科学文化知识。许多地方的政协在协助有关部门加强青少年思想教育、繁荣社会文化艺术和普及法律知识等方面也做了大量工作。有些地方的政协还协助政府建设文明村，组织医务人员下乡义诊，宣传卫生常识，开展妇幼和老年保健。这些十分有益的工作，受到了群众的欢迎和称赞。

（四）调动一切积极因素，巩固和发展安定团结的政治局面。几年来，各地政协安排了大批各方面的有影响的代表人物，不断扩大团结面，以多种方式做好委员的知情出力工作，进一步调动了他们的积极性。特别是各地政协依靠党委和政府的大力支持和帮助，会同有关部门和各民主党派认真落实统战、民族、宗教政策，成绩显著，在国内外产生了良好的政治影响。

（五）加强对台湾同胞、港澳同胞和海外侨胞的工作，开展人民外交活动。祖国统一是中华民族的千秋大业，继一九八〇年全国政协发出《致台湾同胞春节慰问信》之后，各地政协利用各种途径广泛宣传了中央关于“一国两制”[2]的构想和一系列的有关方针、政策；积极为“三胞”[3]和台属落实各项政策；通过与台湾方面有联系的委员和各界人士，向他们的亲朋故旧介绍大陆社会主义建设的成就，扩大接触，广交朋友，积极开展对台工作，作出了很大的成绩。不少地方的政协还组织一些与“三胞”有联系的委员，通过走出去、请进来等方式，会见亲人，旅游参观，洽谈生意，商办公益事业，不断增进了相互了解和友好情谊，大大激发了“三胞”的爱国热情。在开展人民外交方面，全国政协遵循党和国家的外事方针，与一些国家的友好组织和友好人士建立了联系，加强了交往，增进了友谊，扩大了我国人民同各国人民的友好合作。

总之，几年来的政协工作所取得的成绩是很大的，新的局面已经打开。这一成绩的取得，是与各级政协党内外同志们的共同努力分不开的，是与各级党委的领导和有关部门的支持分不开的。特别要指出的是，许多民主党派和无党派的朋友在十年浩劫中受到严重冲击，经受了严峻的考验。他们坚定地坚持四项基本原则[4]，与党“肝胆相照，荣辱与共”，在四化建设中发挥了聪明才智，作出了重要贡献。这有力地表明党的统一战线的方针、政策是正确的，是深得人心的。

第二，要提高认识，统一思想，进一步开创政协工作的新局面。主要抓好以下几项工作：

（一）广泛、深入地进行宣传教育，提高干部和群众对人民政协重要作用的认识。在新时期，随着国内外形势的变化，统一战线的性质、方针、任务和范围都发生了新的变化，但是不少同志还没有真正认识这一点。特别是长期以来，“左”的思想影响很深，有些同志认为统战工作可有可无、没有搞头；有些同志轻视政协工作，错误地把政协说成是“大牌子、空架子、老头子、找岔子”；甚至有些做政协工作的同志自己也存在着对工作缺乏信心或妄自菲薄的思想。克服这些错误认识，是我们进一步做好政协工作的前提。以往的历史表明，我们党取得的所有重大胜利，都离不开统一战线这个法宝。在新时期，由中国共产党领导的，有各民主党派和各人民团体参加的，包括全体社会主义劳动者、拥护社会主义的爱国者和拥护祖国统一的爱国者的广泛的爱国统一战线，正在不断地巩固和发展。作为爱国统一战线组织的人民政协，坚决地为实现党的总路线总任务服务，在过去发挥了重要的历史作用，今后在国家政治生活、四化建设和统一祖国、对外友好活动中仍然会发挥它的重要作用。新时期政协工作的任务不是越来越减轻,而是越来越加重;它的范围不是越来越狭小,而是越来越宽广。政协工作不仅不能削弱,而是亟需加强;不是可有可无,而是大有可为。各级党委和它的宣传、统战等有关部门,都必须重视和加强统一战线理论和政策的再教育,广泛、深入地宣传人民政协的性质、地位和作用,提高干部和群众对新时期政协工作重要性的认识,牢固树立为四化建设服务的观念。只有进一步端正指导思想,才能积极主动地、有创造性地做好政协工作,充分发挥爱国统一战线组织的重要作用。

(二)充分发挥人民政协的职能,加强政治协商和民主监督。《中国人民政治协商会议章程》的总纲指出:“中国人民政治协商会议是我国政治生活中发扬社会主义民主的一种重要形式,根据中国共产党同各民主党派和无党派人士‘长期共存、互相监督、肝胆相照、荣辱与共’的方针,对国家的大政方针和群众生活的重要问题进行政治协商,并通过建议和批评发挥民主监督作用。”政治协商和民主监督,是我国多党合作的主要形式和实际体现,是我们在人民代表大会之外发扬民主的又一重要渠道。在我们这样一个多民族、人口众多、地域差异大、民主制度还不完善的社会主义大国,国家的大政方针、地方的重要事务和群众生活的重要问题,一方面要经过人民代表大会充分讨论,作出决定,由人民行使管理国家的权力;另一方面;还要通过政协组织进行政治协商,广泛征求、听取社会各方面代表人士的意见、建议和批评,发挥民主监督作用。这样,就能更充分地发展社会主义民主,集中人民群众的意志和智慧,更好地促使国家机关改进工作,提高效率,克服官僚主义等不良作风。新中国成立三十多年的经验表明，这是我们建设具有中国特色的社会主义，在国家政治生活方面的一个重要体现，二者缺一不可。各地党委和政府要从建设高度的社会主义民主、充分调动和发挥各方面的积极因素、巩固和发展爱国统一战线出发，来认识政协组织在政治协商和民主监督方面的重要作用，在工作中充分发挥它的这种作用，并认真总结经验，作出明确规定，形成制度，坚持下去。

（三）进一步发挥人民政协综合人才库的作用，为社会主义的物质文明和精神文明建设服务。人民政协拥有密集的、多学科的、不同专业知识的、经验丰富的人才。各地政协要充分调动和发挥他们的积极性，协助政府搞好经济、科技、教育等体制的全面改革，做好“七五”计划的制定和实施工作，为对内搞活、对外开放、发展地方经济文化事业贡献力量。同时，还要配合党政机关深入开展理想、道德、纪律教育，加强法制建设，努力活跃群众的文化生活，大力进行智力开发和支边工作。四川省凉山彝族自治州首府西昌市办了一所凉山大学，教师多数是民盟[5]的成员，他们不怕艰苦，不计报酬，甘愿到这个边远的少数民族地区，为发展民族教育事业出力，这种精神值得提倡。在少数民族地区，政协的首要的工作就是协助政府加强民族团结，努力发展经济和文化教育事业。

这里，我要特别提到的是，今年一月从中央机关开始，全党正在狠抓端正党风的工作。一个多月来，通过学习贯彻中央领导同志的讲话和中办、国办一九八五年五十七号文件[6]的精神，并组成中央机关端正党风领导小组及它的办公室，集中力量大抓不正之风和违法乱纪案件的查处工作，总的势头是好的，揭发出来的大案要案已经或正在作出处理，群众反应很好。只要我们坚决、持久地抓下去，一定会取得良好的结果。我们还要注意划清不正之风与在改革中失误的界限，划清不正之风与违法乱纪的界限，做到是非分明，既要严肃处理，又要恰如其分。政协在端正党风方面要积极地、如实地向党政领导机关反映情况，提出建议。同时，还要协助党和政府搞好革命传统教育，树立良好的道德风尚，发扬正气，祛除邪气，为实现党风和社会风气的根本好转作出贡献。

（四）继续做好落实统战、民族、宗教政策的工作。尽管几年来这方面的工作成绩很大，但是遗留的问题还不少，而且难度很大，决不能有丝毫的懈怠。各地政协要依靠党委和政府，积极督促和协助有关部门抓紧做好工作，做到善始善终，争取在党的十三大[7]召开前基本结束。另外，还要注意防止在解决历史遗留问题过程中因处理不当又遗留下新的问题。

（五）积极开展对“三胞”的联络交谊工作，大力开展人民外交活动。解决港澳问题，实现“一国两制”的构想，完成祖国统一大业，都离不开统一战线这个法宝。关键就在于我们善不善于运用它。开展对“三胞”的联络交谊工作，一定要统一思想，协调行动，互相配合，各有侧重。要注意研究新情况、新课题，从实际出发，统筹规划，稳步实施，持之以恒。要广交朋友，以诚相见，切忌急功近利，不守信义。要懂得心理学、社会学，体谅对方的处境，不要强加于人。对请进来的或回国参观旅游的客人，要热情友好，以礼相待，使他们有宾至如归之感。要善于针对不同对象的特点，采取灵活的方式，宣传党和国家的方针、政策，使他们心向祖国，热爱祖国，并通过他们的亲身感受去讲、去写，这比我们自己宣传效果要好得多。涉及敏感的问题，要谨言慎行，宁可少说不做，不要仓促行事。要坚定、正确地执行党和国家的方针、政策，加强组织纪律性，决不许擅作主张、自由行动，更不许以公谋私、假公济私，严禁向人家要这个，要那个，干有损国格人格的事。开展对“三胞”的联络交谊工作，还要把注意力放在科学技术人员的身上。为了实现四个现代化，为了在本世纪末实现工农业年总产值翻两番，达到小康水平，我们既要大力挖掘现有产业的潜力，又要积极发展高精尖科学技术。从我国目前科学技术的现状来看，除了靠我们自己积累知识，加紧培养人才以外，还需要采取各种有效措施和办法，吸引和引进一批人才。如果我们把“三胞”中科学技术界的联络交谊工作做好了，对国家的四化建设是会产生很大作用的。开展对“三胞”的联络交谊工作，还要同学术文化和经济交流结合起来，寓联络交谊工作于学术文化和经济交流之中，寓联络交谊工作于干实事之中。政协可以发挥自己独特的优势，采取灵活多样的方式，扩大与“三胞”的联系，广泛宣传中央的有关方针、政策和“一国两制”的构想，为引进技术、资金和人才，为使海峡两岸人民自由往来，为早日结束台湾与大陆分离的局面更加放手地开展工作。政协还要同外事主管部门加强联系，在统一的安排下，大力开展人民外交活动，为创造有利于我国四化建设的国际和平环境而努力。

第三，要加强和改善党对政协工作的领导。

各地党委要充分重视政协的工作，切实加强领导，将政协的工作摆到党委的议事日程上来，大力支持政协的各项活动；要指定一位副书记主管政协工作。党委领导重视是关键。现在有些地方的党委在召开重要的会议和常委会议时，邀请主持政协工作的党内主席或副主席列席，这种做法很好，其他地方也可以仿行。

要加强政协党组与统战部的密切合作。在组织上二者之间不存在谁领导谁的关系，但在工作上却又谁也离不开谁。从这次会议反映的情况来看，在一些地方，政协党组与统战部相互间在工作上的配合还不够好，个别地方甚至搞得很僵，这是不正常的。希望各地政协和统战部的同志从做好统一战线工作这一共同目标出发，经常通气，加强交流，互相商谈，互相帮助，分工合作，一致行动。全国政协和有些地方政协的做法就很好，政协的党组书记和统战部部长互相列席对方召开的重要会议，沟通情况，研究问题，交换意见，决定后分头去办。这种和衷共济的精神是值得提倡的。

加强党对政协工作的领导，还要注意发挥政协委员中共产党员的模范作用。这些党员是党派到政协工作的，必须增强党性，按照党的原则办事；要努力学习，积极宣传和贯彻党和国家的各项方针政策，工作认真负责，讲求效率，严守纪律，处处要起模范作用。这些党内同志还要谦虚谨慎，戒骄戒躁，不能高人一等，自视特殊；要善于同党外人士团结合作，协商办事，充分发扬民主，虚心倾听各方面的意见，特别是不同的意见；要充分尊重党外人士的职权，支持他们的工作，切忌采取简单的行政手段和一切包办代替的做法，使党内外合作共事的关系更加密切融洽。

第四，要加强政协机关的思想建设和组织建设。主要是：

（一）要加强学习。一是学习和掌握马克思主义的基本理论，以适应国内外日新月异的新形势；二是系统学习党的统一战线理论和有关的方针、政策，学习中国人民政治协商会议章程；三是学习经济理论和有关的方针、政策；四是学习现代的科学文化和法律知识。我们要求做统战工作和政协工作的同志，既要有正确的政治观点，又要有正确的经济观点；既要有努力做好统战工作的思想，又要树立高度的全局观点。只有这样,才能站得高,看得远,使政协工作和统战工作更好地为四化建设服务。

(二)要认真进行调查研究,不断总结经验。这是做好一切工作的基本功。通过对新时期政协工作中出现的新情况、新问题的调查研究,把感性认识提高到理性认识,用以指导工作,增强预见性和主动性。

(三)要加强领导班子的建设。目前各地市、县主持政协工作的党员正副主席,多数年龄较高,从党政机关转到政协工作不久,对情况刚刚熟悉就到了离退休年龄。这种状况不利于领导班子的稳定性,因而也不利于工作的连续性和继承性。当地党委在调整政协的领导班子时,一定要有长远的眼光,按照干部队伍"四化"[8]的要求来配备,并注意形成梯队结构,不要把年纪大、即将离退休的党员干部安排到政协领导班子。这样,才能保证政协工作的正常进行。

(四)要适当解决专职干部少的问题。许多地方的政协机关专职干部少,很多活动无法开展,是一个带有共同性的问题。当地党委对此应当予以足够的重视,要从实际出发,根据工作的需要,在总的编制内加以调剂,适当增加政协专职干部的编制。此外,政协的正副主席、供给关系在政协的委员应单列编制,以保证实际工作人员的数量。在配备干部时,还必须注意干部的质量,要有所选择,不能滥竽充数,并逐步改变目前一些地方存在的党外干部较少的状况。另外,有一些地方的政协在办公用房、用车和活动经费等方面存在不少困难,影响工作的开展,当地党委和政府要根据实际需要予以解决。

最后,我热切希望政协的同志们深入贯彻党的全国代表会议的精神,发扬政协的优良传统和作风,勤勤恳恳地、扎扎实实地做好政协工作,为建设有中国特色的社会主义,为实现祖国统一大业,为维护世界和平，作出更大的贡献。

■注　释

[1]邓颖超，见本书《在落实政策座谈会上的讲话》注[1]。

[2]“一国两制”，见本书《做好沿海开放城市和经济特区的统战、政协工作》注[1]。

[3]“三胞”，见本书《做好沿海开放城市和经济特区的统战、政协工作》注[3]。

[4]四项基本原则，参见本书《在中央工作会议中南组的发言》注[10]。

[5]民盟，见本书《纪念杜斌丞、杨明轩同志》注[13]。

[6]即一九八五年十一月二十六日《中共中央办公厅、国务院办公厅关于解决当前机关作风中几个严重问题的通知》。《通知》要求坚决刹住争相购买和更换进口小轿车、滥派人员出国的不正之风；坚决制止党政干部挥霍公款到处旅游；严禁铺张浪费、请客送礼；严禁党政干部在工资和机关集体福利以外获取不正当的收入；严加检查党政机关、领导干部及其子女、配偶利用职权违反规定经商牟利的行为。

[7]十三大，即一九八七年十月二十五日至十一月一日在北京召开的中国共产党第十三次全国代表大会。会议的中心任务是进一步加快和深化改革。大会阐述了中国社会主义初级阶段的理论，确定党在社会主义初级阶段建设有中国特色的社会主义的基本路线是：

领导和团结全国各族人民，以经济建设为中心，坚持四项基本原则，坚持改革开放，自力更生，艰苦创业，为把我国建设成为富强、民主、文明的社会主义现代化国家而奋斗。

[8]“四化”，见本书《在中央办公厅颁发老干部离休荣誉证大会上的讲话要点》注[4]。

革命长者和良师益友*

（一九八六年三月十九日）

今年三月二十日，是敬爱的林伯渠[1]同志诞辰一百周年。我以十分尊崇的心情，对这位革命长者和良师益友表示深切的怀念。

我第一次见到林老是在一九三五年十二月。当时，中共中央政治局在陕北瓦窑堡召开党的活动分子会议。林老到瓦窑堡，是我们去迎接他的。这位长征[2]的老英雄上身穿着光羊皮的坎肩，腰间系着一根皮带，脚上穿着藏族的长筒靴。他满头银发，精神矍铄，态度和蔼，给我留下了很深的印象。从此以后，由于工作关系，我和林老的接触逐渐多了起来，每次到延安，我都要去看望他，两人在一起亲切攀谈，十分和谐。林老在陕北艰苦奋战十四年，在我与他相处的日子里，亲聆教诲，耳濡目染，他的革命精神、高尚品质和优良作风，使我受到了深刻的教育，我们每一个革命同志都应该向他学习，并贯彻到实际行动中去。

（一）

我们要学习林老坚持党性，顾全大局，维护团结，严守纪律的高尚品质。

---

* 这是习仲勋为纪念林伯渠诞辰一百周年而写的文章。

林老经常说,一个领导者要有团结人的广阔胸怀。他就是这样的一个好榜样。一九三六年九月,林老和我都出席了中央政治局在保安县(今志丹县)召开的扩大会议。这次会议进一步分析了抗战时期国内矛盾的发展变化,并作出了《关于抗日救亡运动的新形势与民主共和国的决议》,提出了团结一切抗日力量,建立民主共和国的口号。在会上,毛泽东同志严肃地批判了"左"倾机会主义者的关门主义和宗派主义。其他同志也纷纷发言严厉地批评了犯错误的同志。林老在发言中完全赞同中央对形势的分析,同意中央"重提国共合作",将建立"人民共和国"改为"民主共和国",以便团结全国各党各派各个阶层共同抗日。对犯错误的同志,林老的态度是严肃的,又是亲切的。他没有斥责他们,而是着重指出:这是过去的错误,我们要从中汲取深刻的教训。我们党要讲团结,只有团结才能克服困难,才能夺取抗日战争的胜利。毛泽东同志称赞林老的讲话是顾大局的,会议的紧张气氛一下子缓和了,犯错误的同志感受到党和同志们的信任,激励了他们在中华民族的伟大解放事业中改正自己错误的决心。

一九四二年九月,李维汉[3]同志被中央派到陕甘宁边区[4]政府担任秘书长兼政策研究室主任。李到任后,康生[5]借口他在历史上犯有错误,规定不让他看机密文件,有些会议也不能参加。林老知道后提出:他是秘书长,不看文件,不参加会议,怎么搞工作呢?林老指示秘书处,凡送给他看的文件,一般都要送李维汉同志阅读。在林老主持召开的会议上,他都主动地征求李维汉同志的意见。与西北局许多干部的资历相比,林老是个老前辈,但他从不论资排辈,而是严格地按照组织纪律办事,把党政关系摆得很恰当。他对西北局很尊重，陕甘宁边区政府部署的工作，他总是要向西北局请示报告。一九四五年秋，中央调我到西北局主持工作，那时我才三十一二岁，林老极力支持我大胆工作，每逢开会时，他也是让我先讲自己的意见。他说，你是西北局的书记，应当先讲话。由于林老模范地起到了团结纽带的作用，使西北局和边区政府的关系很密切、很融洽。

（二）

我们要学习林老关心干部，爱护干部，循循善诱，平等待人的优良作风。

一九三五年十月，党中央率领红军到达陕北，及时纠正了陕北肃反扩大化的错误，挽救了陕北的党、红军和革命根据地。我们这些被关押、被迫害的同志重新回到了党的温暖怀抱。林老一见到陕北的干部便问长问短，非常关心，非常爱护。虽然过去我们都没见过他，却一见如故，亲如家人。

一九三六年初，中央为了培训东征[6]的干部，在中央党校办了三个“突击班”。当时，我也在这里学习，兼一个班的主任。董必武[7]同志是中央党校的校长，林老给我们讲过课。他经常用毛主席的教导、先烈的革命事迹，教育干部树立共产主义的远大理想，坚定革命信念。他讲课时，结合实际，提出问题，讲解理论，我们听了很受启发，获益匪浅。至今我还觉得这种理论联系实际的讲课和学习方法很好，应当大力提倡。

林老对待同志，既坚持原则，公正无私，又以诚相见，一视同仁。他同工作人员研究问题，总是用商量的口吻，让大家提出自己的看法和建议。他能耐心地听完别人的讲话，对不正确的看法及时解释、纠正,从不向人发脾气。有些干部在工作中犯了错误,林老热诚地进行教育引导,使他们认识错误,改正错误。林老在和我们谈心时,常以切身的经验教训,启发我们认识自己身上的缺点和工作中的不足。林老经常引用"谦受益,满招损"这句话来与我们共勉。他谦虚谨慎,从不居功自傲。他严于律己,宽以待人。工作中有了问题,无论是在中央的会议上,还是在边区政府工作会议上,他首先检查自己的缺点,主动承担责任。凡是和林老共过事的同志,都深深感到他既是一个忠诚正直的无产阶级政治家,又是一位可敬可爱的慈祥长者。林老言传身教,为我们党培养了一批又一批德才兼备的干部,成为革命和建设事业的骨干力量。

最令人难忘的是,林老在延安整风运动中抵制了康生搞的"抢救运动",保护了党的许多干部。一九四三年四月,党中央决定在整顿党的作风的同时,进行一次普遍的审查干部,并指出,在审干中必须实行领导和群众相结合的原则。康生却利用审干,掀起了所谓"抢救失足者运动",大搞逼、供、信。他在中央直属机关作的报告中,把整个延安和边区说得特务多如牛毛,结果一度发生了反特扩大化的严重错误。当时,国民党顽固派也极尽挑拨离间之能事,大肆造谣诽谤。林老对敌人的造谣诬蔑和康生打击陷害革命干部的言行严正地予以驳斥。他说:我们要看这些同志在对敌斗争中的表现,怎么能相信敌人的谣言呢?林老将情况报告了毛主席,其他中央领导同志也对康生的错误做法提出了严厉的批评。一九四三年八月十五日,党中央作出《关于审查干部的决定》,正确地规定了九条方针,反对逼、供、信和乱捉、乱打、乱杀等错误方针。毛主席指出:"一个不杀大部不抓是此次反特务斗争中必须坚持的政策。"[8]这样,就及时制止和纠正了反特扩大化的严重错误，并且很快对受冤屈的同志进行了甄别平反。

（三）

我们要学习林老全心全意为人民服务的革命精神。

陕甘宁边区原来是一个穷地方，地广人稀，土地瘠薄。抗日战争爆发后，边区成为全国抗战的重要根据地，部队和各种机关的人数迅速增加，从全国投奔革命圣地延安的人也愈来愈多。国民党顽固派用几十万军队对边区包围封锁。这一切使边区的经济发生了严重的困难。党中央号召边区军民自力更生，自己动手，开展大生产运动。林老领导陕甘宁边区政府把发展生产作为一切工作的中心，并采取了一系列周到细致而又行之有效的措施。这主要是实行优待移民、难民的政策，鼓励开荒；开展劳动竞赛，奖励劳动英雄；开展减租减息运动，调动农民的生产积极性；支持和支援军队实行屯田政策；适当发展工业和商业贸易。军队是大生产的一支主力军，军队实行屯垦是朱德同志提出来的，其中也渗透着林老的心血。一九四〇年春，林老带领农业技术人员到南泥湾[9]勘查，提出这里是开荒生产的好地方。王震[10]同志率领三五九旅到南泥湾垦荒，把这片荒凉的土地变成了到处是庄稼，遍地是牛羊的陕北好江南。

林老不仅是边区大生产运动的组织领导者，而且是生产劳动的参加者。他开荒种地，锄草浇水，非常勤奋。许多同志看他年纪大，工作多，便劝他不要干了。他却说：大生产运动是中央的号召，我也要积极响应，参加生产劳动。因为我也是边区的一个普通老百姓嘛！

陕甘宁边区军民经过几年的艰苦奋斗，特别是一九四三年掀起了大生产运动的高潮，使边区的农业、工业和商业都取得了巨大的成绩，使我们从几乎没有衣穿，没有油吃，没有纸，没有菜，战士没有鞋袜，工作人员冬天没有棉被盖的困难境地里摆脱出来，基本上过上了丰衣足食的好光景。陕甘宁边区由原来是全国政治上最黑暗、经济上最贫穷、文化上最落后的地区之一，建设成为模范的抗日根据地、全国人民抗战的指导中心、中华民族解放的灯塔。这是党中央和毛主席英明领导边区人民努力奋斗的结果，也是林老领导的陕甘宁边区政府正确地贯彻执行中央的路线、方针和政策的结果。陕甘宁边区建设的成就不仅表现在经济方面，同时还表现在“三三制”[11]政权的普遍建立、精兵简政方针的实施、抗日民族统一战线的进一步巩固和发展、减租减息政策的实行、文化教育事业的发展等方面。一九四五年三月，在林老虚龄六十寿辰时，党中央特致函祝贺，高度评价了他建设陕甘宁边区的丰功伟绩。吴玉章[12]同志在怀念林老的诗中也写道：

抗战中心陕甘宁，建设辉煌薄海钦。

领导全凭毛主席，伯渠协力有殊勋。

抗战胜利后，林老继续领导陕甘宁边区的建设。一九四六年五月二日，林老和我联名写信给志丹县县委书记王耀华和县长赵玉文，表彰他们很好地完成了上半年的生产任务，表扬他们深入农村的正确的工作方法与作风，同时也指出了他们在领导生产中存在的问题。这对推动和指导整个边区生产起了良好的作用。

一九四七年三月，国民党顽固派为了挽救其失败的命运，派二十多万大军进攻陕甘宁边区。党中央决定主动撤出延安，当时考虑到林老年事已高，曾提出请他撤离到河东的晋绥[13]边区。但林老决心留下来同边区军民共同战斗。他率领边区政府机关的同志们，踏上了转战陕北的征途。

林老在边区几次重大的运动中态度都是正确的,特别是在土改问题上更表现了他具有高度的政策水平和远见卓识,善于执行党的政策,使它符合当时的实际。一九四七年十月二十四日,林老出席了西北局传达贯彻中共中央颁布的《中国土地法大纲》[14]和全国土地会议精神的义合会议[15]。他完全赞同党中央关于彻底解决土地问题的方针。在执行过程中,他特别注意从实际出发,认真执行党的各项政策。在土地改革深入发展的过程中,晋绥地区和陕甘宁边区都出现了排斥中农、破坏工商业、对地主富农乱斗乱杀等现象。对于这些“左”的做法,林老是不同意的,在实际工作中尽可能地进行纠正。当时,边区参议会副议长、开明士绅安文钦也被斗了,没收了浮财,并把他“扫地出门”。林老对这一事件提出了严肃的批评,指示要按党的政策予以纠正,并向毛主席作了汇报。毛主席赞同林老的意见,指出:下级党政干部的做法过火,伤及了开明士绅,要保护他们。林老亲自找安文钦谈话,向他赔礼道歉,把没收的东西交还给他,并转达了毛主席对他的关切。以后在为边区政府副主席、开明士绅李鼎铭[16]先生举行的追悼会上,还请安文钦致了悼词。林老为李的墓碑题写了“爱国典范”四个大字,高度评价了他为边区的革命事业作出的贡献。十二月二十五日至二十八日,林老和我都出席了党中央在米脂县杨家沟召开的“十二月会议”。毛主席在会上作了著名的《目前形势和我们的任务》的报告。这个报告对革命战争转入进攻后,党需要解决的军事、土改、整党、经济政策、统一战线等一系列问题作了精辟的论述,是一个重要的、纲领性的文件。这次会议深入地批评了土改中的“左”的错误。林老在会上发言中所表现的自我批评精神与对人民负责的态度使我深为感动。毛主席在会上还指定我发言。我比较详细地总结了陕甘宁边区的工作,并对土改中出现的“左”的错误,作了批评和自我批评。

一九四八年四月二十一日,我西北人民解放军收复延安。仅一年一个月零三天,延安又回到了人民的怀抱。林老很快就率领边区政府机关的同志们胜利地返回延安城。一九四八年底,全国胜利在望,党中央电召林老去参加筹备新政协和组织中央人民政府的工作。西北局和陕甘宁边区政府的干部和林老在艰苦的岁月里风雨同舟,朝夕相处,结下了深情厚谊。十二月十二日,西北局和边区政府举行干部大会,欢送林老。我在会上致了欢送词。林老在会上也讲了话。他说:一个人民的勤务员,到哪个地方都可去工作。他语重心长地告诫我们说:全国胜利接近,这是值得我们欢欣的。因为这是我们党领导革命运动三十年所取得的胜利。但是,这个胜利也很容易冲昏头脑。我们不应该冲昏了头脑,我们要继续为将来的工作奋斗,要克服工作中的缺点。十二月十六日,林老告别了他的亲密战友和同志,带着陕北人民对党中央和毛主席的衷心问候,乘汽车离开了延安。大家望着驶去的车影,都激动地流下了热泪。

新中国成立后,林老由于积劳成疾,身体逐渐衰弱,但仍力疾从公,发奋工作,直至他逝世前的二十多天。林老生命不息、战斗不止的一生,全心全意为人民服务的革命精神赢得了干部和群众的一致称颂。他为全党树立了一个优秀共产党员的光辉榜样。我们要努力学习林伯渠同志等老一辈无产阶级革命家的革命精神、高尚品质和优良作风,为把我国建设成为现代化的、高度文明、高度民主的社会主义国家而奋斗。

■注　释

[1]林伯渠,见本书《红日照亮了陕甘高原》注[45]。

[2]长征,见本书《红日照亮了陕甘高原》注[1]。

[3]李维汉,见本书《永远难忘的怀念》注[11]。

[4]陕甘宁边区,见本书《关于关中分区的反磨擦问题》注[2]。

[5]康生,见本书《学习徐特立同志为真理而斗争的精神》注[3]。

[6]东征,见本书《红日照亮了陕甘高原》注[26]。

[7]董必武(一八八六——一九七五),湖北黄安(今红安)人。一九二〇年参与武汉地区共产主义小组的筹建工作。一九二一年出席中国共产党第一次全国代表大会。曾任中共中央党校校长,中华苏维埃人民共和国临时中央政府西北办事处主席。抗日战争爆发后,任中共中央长江沿岸委员会委员,陕甘宁边区高等法院院长,中共中央长江局委员兼民运部部长,中共中央南方局常委兼统战工作委员会书记、宣传部部长,中共中央政治局委员。抗日战争胜利后,任中共中央重庆(南方)局书记,中共中央南京局主持人,中共中央华北财经办事处主任,中共中央财政经济部部长,华北人民政府主席。新中国成立后,任政务院副总理兼政治法律委员会主任,最高人民法院院长,全国政协副主席,中共中央监察委员会书记,国家副主席,中共中央政治局常委,全国人大常委会副委员长。

[8]见《毛泽东年谱(一八九三——一九四九)》中卷,中央文献出版社二〇〇二年版,第五三五页。

[9]南泥湾,位于陕西省延安市东南部云岩河上游。

[10]王震,见本书《红日照亮了陕甘高原》注[40]。

[11]“三三制”,见本书《悼任弼时同志》注[4]。

[12]吴玉章,见本书《教育好青少年是带有战略意义的大事》注[1]。

[13]晋绥,见本书《要注意克服土地改革中“左”的情绪》注[10]。

[14]一九四七年七月十日至九月十三日,中共中央工作委员会在河北建屏西柏坡村(今属平山)召开全国土地会议,通过《中国土地法大纲》,十月十日正式颁布。《中国土地法大纲》明确规定:“废除封建性及半封建性剥削的土地制度,实行耕者有其田的土地制度”;“废除一切地主的土地所有权”;“废除一切祠堂、庙宇、寺院、学校、机关及团体的土地所有权”;“废除一切乡村中在土地制度改革以前的债务”。

[15]义合会议,见本书《要注意克服土地改革中“左”的情绪》注[9]。

[16]李鼎铭,见本书《深切悼念李维汉同志》注[7]。

对做好中共组织史资料编纂工作的几点希望*

（一九八六年三月二十九日）

我们对你们的工作表示支持，这是一件大事，是一件好事，是一个大的工程。一、要办好，要搞准确。二、要管住，要加强组织领导。现在有的地方来查材料乱得很，一个县不知来多少人。三、要分工合作。四、机构不要增加，人也不要增加得很多，要依靠老同志。五、要“抢救”，但不要急躁，不要一哄而起，不要把一些不真实的材料也收上来了。这件大事一定要搞好。祝你们在党的建设方面作出贡献。

---

* 一九八六年三月十七日至三十一日，中共中央党史资料征集委员会、中央组织部、中央档案馆在北京联合召开中共组织史资料编纂工作座谈会。这是习仲勋在接见座谈会与会代表时的讲话。标题为编者所加。

进一步发展我国的残疾人教育事业*

（一九八六年四月十八日）

今天，中国残疾人福利基金会召开一九八五年度颁发奖励基金新闻发布会，对全国从事特殊教育的先进工作者和在自学成才方面取得优异成绩的残疾人进行表彰，这是新中国成立以来的一次创举，具有深远的意义。我非常高兴来参加这个大会，并借此机会向同志们表示热烈的祝贺！向在全国特殊教育战线上辛勤工作的全体同志们致以衷心的问候！

这次受到表彰的全国从事特殊教育的同志和自学成才的残疾人所取得的成绩，是来之不易的。他们在工作和学习过程中遇到的困难比一般人要大。但是他们在困难面前不是消极畏缩、垂头丧气，而是坚毅不拔、勇往直前，努力为四化建设贡献自己的力量。这种迎难而上的精神，对促进我国特殊教育事业的发展，激励残疾人自强自立，鼓舞青年人奋发图强，是十分可贵的，也是值得我们好好学习的。

中国残疾人福利基金会设立的残疾人自学成才奖励基金、学校优秀残疾学生奖励基金和优秀特殊教育工作者奖励基金，为我国教

---

* 这是习仲勋在全国优秀特殊教育工作者和残疾人自学成才奖金颁发大会上的讲话。标题为编者所加。

育事业做了一件好事，得到了国家教育委员会和民政部的大力支持。希望你们把这项表彰活动深入扎实地开展下去，不断总结经验，不断改进完善，把物质奖励和精神奖励结合起来，使它在社会主义精神文明建设中发挥积极的作用。

前不久，刚刚闭幕的六届全国人大四次会议[1]通过了《中华人民共和国义务教育法》。它标志着我国基础教育进入了一个新阶段，是一项重大的战略措施。我们要提高全民族的素质，当然也包括提高全国两千万残疾人的素质。因此，我希望：

第一，各级领导要提高认识，切实把残疾人教育工作列入议事日程，积极创造条件，采取必要措施，保障残疾人受教育的基本权利。对一些限制残疾人的不合理的做法，政府有关部门应该实事求是地予以改正。各级政府要尽可能地为发展残疾人教育解决实际困难，少说空话，多办实事。

第二，各级教育部门在表彰教育工作者的活动中，要注意发现并奖励从事特殊教育的教师，树立从事特殊教育光荣的风尚。要鼓励青年教师从事盲、聋哑、残及弱智教育，并给予适当的待遇。

第三，要采取“两条腿走路”的方针，办好残疾人教育。除了教育部门外，要提倡工矿区、农垦区、林区，特别是提倡社会团体、集体或个人为残疾人办学，形式要灵活多样，注意发挥各自的优势。政府有关部门在加强管理的同时，要给予必要的帮助。

这些年来，我国的残疾人教育事业有了很大发展，这是不容置疑的。但是，也应当看到，与世界上发达国家相比，我们在残疾人教育方面还有一定的差距。我希望从事这方面研究和教学的同志们，发扬改革创新的精神，在实践中不断总结经验，树立和推广先进典型，同时注意学习和借鉴外国的好经验，为进一步发展我国的残疾人教育事业作出更大的贡献。

■ 注　释

[1]六届全国人大四次会议，一九八六年三月二十五日至四月二十日在北京举行。会议批准《国民经济和社会发展第七个五年计划》，通过了《中华人民共和国民法通则》、《中华人民共和国义务教育法》、《中华人民共和国外资企业法》。

我在洛阳矿山机器厂的一年*

（一九八六年四月）

今年十月，是洛矿[1]建厂三十周年。我怀着十分愉快的心情，向全厂的职工同志们表示热烈的祝贺！

一九六五年十二月，我到洛矿担任副厂长，大约一个年头。尽管时间不长，这里的一切却给我留下了深刻难忘的印象，至今回想起来，犹感振奋不已。我在洛矿的一年，也是我在生活征途中度过的一段不同寻常的经历，我要时刻珍惜它，藉以砥砺自己。

我在洛矿的一年，实际上是上了一年的工业大学。我走出厂部，直接下到车间，与工人在一起，参加生产劳动；与工程师、技术员打交道，学习求教。这使我的眼界大开，增长了许多工业生产和管理方面的知识。同时，我在工人师傅的帮助指导下，还学会掌握了一些具体的操作技术，用自己的双手参加产品的组装。通过与工人的共同劳动和交往，更使我亲身感受到工人阶级的高尚品质和优良作风。他们维护团结，遵守纪律，热情豪爽，坦率真诚，说实话，干实事，肯钻研，讲效率。他们是我的好老师、好朋友，是他们给我上了必要的一课。

洛矿自建厂以来，在各级领导干部和全体职工同志的共同努力下，积极发挥了大型骨干企业的作用，为社会主义现代化建设作出了

* 这是习仲勋为纪念洛阳矿山机器厂建厂三十周年所写的回忆文章。

很大的贡献。其所以如此，根据我在洛矿一年的体验，关键在于这个厂的各级领导班子同心同德，团结合作，工作做得扎实而有成效。我突出地感到有几点：一是重视思想政治工作，除了政工干部的努力外，主要依靠工人自己来教育自己，管理自己。二是既抓生产，又抓安全，两者相辅相成，互相促进。三是积极办好技工学校和业余学校，大力培训技工人才。四是抓好集体福利工作，活跃群众文化生活。我们现在生活在八十年代，尽管面临的形势和任务与过去的不同，但是上述的基本经验还是需要好好总结提高，并把它推广运用于社会主义的物质文明和精神文明建设之中，结出丰硕的成果。

回顾过去，展望未来，我衷心祝愿洛矿在新的历史时期，发扬愚公精神[2]，坚持改革、开放、搞活的方针，加强横向经济联系，大力开展科技培训，不断提高生产管理水平和职工素质，努力完成国家计划，在社会主义现代化建设中作出新的更大的贡献。

■ 注　释

［1］洛矿，即洛阳矿山机器厂，见本书《永远难忘的怀念》注［48］。

［2］愚公精神，比喻做事有顽强的毅力，不怕困难。愚公，是古代寓言《愚公移山》的主人公，见《列子·汤问》。

对青年的几点希望*

（一九八六年五月三日）

青年朋友们，同志们：

今天，我参加这个座谈会，同各界青年代表一起庆祝五四青年节，感到很高兴。我代表中共中央和国务院，向你们，向全国各族青年，表示热烈的祝贺！

一九一九年发生的五四运动，是我国历史上一次反帝反封建的伟大革命运动。五四革命精神，一直鼓舞着我国青年前进。什么是五四革命精神呢？概括起来就是：爱国主义的精神，倡导民主和科学的精神，青年知识分子同工农相结合的精神。我们今天纪念“五四”，就是要求广大青年结合新的历史条件，发扬光大五四革命精神，更加紧密地团结在党和政府的周围，为建设高度文明、高度民主的社会主义现代化国家作出新的贡献。为此，我们对广大青年提出几点希望：

第一，要积极参加改革。改革是我们建设有中国特色的社会主义的必由之路。当前，经济、科技和教育体制改革，正在城市和农村深入发展。广大青年工人、青年农民、青年知识分子和其他劳动青年，一定要认真学习领会改革的目的、意义、方针和政策，以主人翁态度参加各项改革。这也是新形势下发扬社会主义民主的一种要求。

---

* 这是习仲勋在纪念五四运动六十七周年座谈会上的讲话。

前几天,《工人日报》发表了鞍钢一位青年工人的万言建议书,就工厂的改革、生产、经营、管理和思想政治工作,向厂领导提出了一系列很有见地的建议。一位普通工人,这样关心改革大局,关心国家富强,关心企业命运,是难能可贵的。这种主人翁精神,应当大力提倡。广大青年职工和青年农民,处在工农业生产第一线,对搞好改革有很高的热情。应当鼓励他们解放思想,勇于探索,大胆实践。各级领导者应当重视青年人的改革建议,热情支持各种符合改革要求的创举。在改革的过程中,广大青年还要学会正确认识和处理国家、集体、个人三者利益关系,自觉地把国家利益放在首位。这样做,就会有力地促进改革的健康发展。

第二,要出色地做好本职工作。去年共青团全国代表会议的报告中有一句话,叫做“创四化大业,应当立足本职岗位,争创一流成绩”。我认为,这句话讲得很好。大家知道,六届全国人大四次会议[1]刚刚通过的“七五”计划,是个很好的计划,但是计划再好,只有经过我们在各自具体岗位上努力实践,才能把它变为现实。所以,工业、农业、科技、文教、卫生、财贸等各条战线的广大青年,一定要按照“七五”计划的要求,围绕本行业、本单位的奋斗目标,在本职岗位上创造第一流成绩。青年是各条战线建设的生力军,大家都在平凡的岗位上作出不平凡的成绩,那么,我们在“七五”期间一定会比“六五”干得更好!为完成“七五”计划和实现四化而建功立业,这就是我国当代青年应有的爱国主义壮举。

第三,要踊跃参加社会主义精神文明建设。青年人,富于理想,接受新事物快,对精神生活有多方面的需求,是建设精神文明最活跃的力量之一。近几年来,广大青年倡风气之先,例如:城市的职工读书讲演活动,农村的帮困扶贫活动,部队的英模报告团活动,学生的街头咨询服务活动等,这些都是首先由青年工人、青年农民、青年战士、青年学生干起来的,对全社会的精神文明建设起到了很好的作用。对广大青年在精神文明建设中的地位、作用和主流,必须充分肯定。同时,也必须指出,在对外开放和对内搞活的新形势下,青年在理想、纪律、道德等方面,还存在这样那样不容忽视的消极现象,要认真克服。广大青年要继续努力学习科学文化知识,熟练地掌握劳动技能,并且逐步养成文明、健康、科学的社会主义生活方式。要在青年中大力普及法律知识,做到人人学法、知法和守法;大力加强职业道德教育,增强劳动纪律,纠正带有行业特点的不正之风;大力加强婚姻家庭道德修养,提倡正确的恋爱观,发展平等和睦的家庭关系。在农村要注意破除封建迷信、买卖婚姻和红白喜事大操大办、铺张浪费等陈规陋习。我们相信,广大青年,一定会把自己锻炼成为有理想、有道德、有文化、有纪律的新一代。

第四,青年知识分子要自觉地同工农相结合。青年知识分子有较多的文化科学知识,思想敏锐,创新精神较强,弱点是缺乏实践锻炼,容易脱离实际。一切有作为的青年知识分子,应当自觉地向工农学习,同工农相结合,同实际相结合。既勇于"向上攀登",努力学习马克思主义;又勤于"向下深入",广泛联系群众和实际。只有把自己的理想和追求,同党和人民的利益紧密联系在一起,把自己的聪明才智投入到解决经济、政治、文化、社会等实际问题中去,才能使自己在更广阔的领域内经受锻炼,增长才干,成为祖国需要的合格人才。广大团干部担负着带领和组织团员、青年开展活动的光荣任务,在与工农相结合等方面,都应当走在前头。

最后，我想引用两句古诗："桐花万里丹山路，雏凤清于老凤声。"这是唐代诗人李商隐写的，说的是桐花盛开的时候，小凤凰唱出了比老凤凰更为清亮的歌声。我想借用这两句诗，寄希望于我国的年青一代。希望你们团结一致，在社会主义现代化建设中，创造出比我们老一辈更加辉煌的业绩！

■ 注　释

[1]六届全国人大四次会议，见本书《进一步发展我国的残疾人教育事业》注[1]。

努力开创藏学研究的新局面*

（一九八六年五月二十日）

今天，我们来参加这个会，主要是对中国藏学研究中心[1]的成立表示热烈的祝贺。

我国是一个统一的多民族的国家。藏族是我们中华民族大家庭的一个重要成员，对祖国的历史、文化的发展作出了重要贡献。它别具一格的独特文化，大大丰富了祖国文化宝库，在世界上也占有显著地位。成立中国藏学研究中心，不仅是藏族人民的大事，也不仅是藏、汉族专家、学者的大事，而是全国各族人民的大事，具有非常重要的意义。我们必须加强对西藏及其他藏区政治、历史、文化、社会各个方面的研究，努力开创藏学研究的新局面。现在，我讲几点意见。

第一，要努力把中国藏学研究中心办好。藏学的故乡在中国。藏学研究已发展成为一门独特的学科，研究领域正在不断扩大。我们对这项工作抓得较迟，现有的研究力量也比较分散，缺乏统一的组织与规划，因而成果还不够大。这同我国在藏学研究领域中所占的重要地位不相称。我们必须充分发挥自己的优势，加强藏学研究工作。

我国的藏学研究，要面向实际，面向西藏和其他藏区的实际，把

* 这是习仲勋在中国藏学研究中心成立大会上的讲话。标题为编者所加。

理论研究和建设繁荣、幸福的新西藏,为藏族人民造福结合起来。藏学的研究只有植根于藏区的土壤,才能根深叶茂,生机勃勃,具有强大的生命力。藏学研究要面向四化,无论对藏族历史问题的探讨和现实问题的阐述,都应该时刻想到要为维护祖国统一,增进各民族的友谊和团结服务,为祖国的两个文明建设服务。要防止那种脱离实际、脱离政治、为研究而研究的倾向。藏学研究要面向世界。藏学研究已经是国际公认的新兴学科,我们要了解国外藏学研究的信息、成果和趋向,开展中外学术交流,不断改进和加强我们的研究工作。

中国藏学研究中心的成立是一个良好的开端。希望它在领导和协调全国的藏学研究工作、发展和繁荣我国的藏学方面卓有成效地进行工作,作出应有的贡献。

第二,在加强研究工作的同时,要注重文献资料的收集。我国有大量的藏文佛典、古籍典册、档案文献、世界上没有的孤本珍本、丰富的社会调查材料,等等。这是我们进行藏学研究工作的重要基础和有利条件。我们应该大量占有资料,用马克思主义的立场、观点、方法进行分析,探索规律,作出科学的概括,写出高质量的作品。

第三,要团结藏、汉族的藏学专家、学者,抓紧培养有志于藏学研究工作的各族青年,不断扩大藏学研究队伍。我们应该认识到,藏、汉族的藏学专家、学者,各有长处和不足,双方要扬长避短,互相切磋,紧密团结,同心协力,把我国的藏学研究提高到一个新水平。我们一定要坚持"百花齐放,百家争鸣"的方针,要搞五湖四海,打破地域之隔,排除门户之见,要团结一切可以团结的人。要坚持学术研究上的开放政策,团结分散在世界各地的藏胞中的专家、学者,共同进行研究。

第四,要加强指导、协调和信息服务工作。藏学是一项多学科的研究。在这个领域里,要取得重大的研究成果,只靠一个单位的力量,少数人的努力,是不可能做到的。藏学研究中心的成立,并不排斥其他藏学研究机构,更不代替他们的工作,而是在中央统战部的领导下,同其他藏学研究机构搞好横向联系,互通信息,紧密协作,发挥指导和协调作用,依靠上下左右的共同努力,把我国的藏学研究深入扎实地开展下去,并取得丰硕的成果。

■ 注　释

[1]中国藏学研究中心,是综合性的藏学学术机构,位于北京。该中心以藏族文化和西藏自治区与甘肃、青海、四川、云南四省藏区的历史、现状和未来的发展为研究对象,致力于保护与发展藏族文化,联系国内藏学机构学者,推动学术交流合作,繁荣藏学事业。

在全国信访工作座谈会上的讲话

（一九八六年五月二十一日）

这次会议，是一个规模不小的会议。军队还参加了五十位同志。中共中央办公厅、全国人大常委会办公厅、国务院办公厅开会，军队来助威，很好。信访工作很重要，我们党历来重视信访工作。新中国成立之前，我们就把信访工作放在一个很重要的位置上。新中国成立以后，除了“文化大革命”的十年外，我们对信访工作不仅很重视，而且做得很好，很有成绩。因为我们共产党是执政的党，在这种情况下，一些干部最容易脱离群众，也最容易犯官僚主义。好像我们当官的就高人一等，共产党员就高人一等，不知不觉地犯这种毛病。防止这种毛病的重要办法之一，就是接受人民群众的监督，尊重人民群众的批评和建议。在这方面，信访工作可以发挥很好的作用。做信访工作的同志是很辛苦的，一天埋头看信件，接待群众来访，特别是有些来信，你还要会看，有些信上的字很难认，会看的就看懂了，不会看的就不知道写的是什么意思。这几年的信访工作成绩很大，周杰[1]同志的报告里已经说了，其他同志也说了。中央办公厅、人大常委办公厅、国务院办公厅，还有政协、各部门、各省区市，都作出了很大的成绩。我不说别的，就说一句话，我们今天能出现这样好的安定团结的局面，做信访工作的同志有很大的一份功劳。信访工作，处理群众来信来访，首先是平反“文化大革命”造成的冤假错案。有时解决一个问题很不容易。现在,冤假错案问题基本上解决了。我在这里代表中共中央向同志们致以亲切的慰问。希望你们在信访工作战线上,继续作出贡献。

现在讲讲如何对待群众和做好今后的信访工作问题。过去,我们没有搞经济体制改革,遇到的都是些老问题。现在,要进行改革,要对外开放、对内搞活,新的问题就来了。昨天,小平同志同澳大利亚总理霍克的谈话,讲得很清楚,中国要做的事很多,概括起来就是两个问题:一个是和平,一个是发展。我们搞信访工作的同志要看到这个形势,不能躺在功劳簿上睡大觉。改革中的新情况、新问题就更多了。信访工作任务是越来越重,不是越来越轻。对这一点要有足够的认识。为了做好工作,我们要听取各个方面的意见,特别要听取广大群众的意见,赞成我们的话要听,不同的意见更要听。群众说我们好,我们就高兴,群众说我们不好,我们就不高兴,这种态度不对。因为我们是执政的党嘛。人民来信来访是个重要的渠道,我们要通过这个渠道了解情况,听取意见,改进工作。群众来信来访,送上门来,我们还不重视?这比我们下去调查方便得多嘛。要以来信来访的人做我们的先生。从他们那里,我们可以了解到许多实际情况,学习到不少的真知灼见,从而更好地解决问题。

我们执政党,要发扬民主,健全法制。如果没有民主与法制,就不叫社会主义国家。但是,我们的民主不同于资本主义的民主,要坚持四项基本原则[2],要有法制,不然就乱了。我们是十亿人口的国家,如果没有法制行吗?群众是顾大局、识大体的,是顾全国家利益的,是愿意国家长治久安的。你再搞“文化大革命”那一套,群众是不会赞成的。现在二十多岁的青年,没有吃过“文化大革命”的苦,应当注意引导教育他们。

我们执政党，要重视群众的监督。不听群众的意见，不听不同的意见，我们就要脱离群众，什么事都办不成。我们的某一项决定或某一项政策，如果多数群众不赞成，那是办不成的。我们不能不重视群众的意见，不能不接受群众的监督。只要我们做得不对，就要改正。还是陈云同志那句话，要讲真理，不要讲面子。群众对我们的批评，我们要欢迎。

我们的政策是根据群众的意见、群众的要求制定的，不是靠几个人脑子一热想出来的。我们共产党是为人民服务的，这是我们的根本宗旨。我们端正党风也是为了解决这个问题。现在，有些地方搞“上有政策，下有对策”，这不好。我看还是具体问题具体分析。我们提倡紧密结合本地区、本单位的实际情况去贯彻上级的指示。因为中央是从全国的一般情况出发的，只能讲一般的原则，不可能把一切都想到，都安排好。现在中央书记处有个好作风，一发现问题，马上纠正。总书记胡耀邦[3]同志在这方面是咱们的模范。同志们知道，在我们党的历史上曾有一段时间是不允许人家说错话的，说了错话，就要犯错误。不仅犯错误，一言之误可能永世不得翻身。现在不同了，大家可以提意见，可以批评嘛。批评错了，你还可以反批评。只有这样，党内才能有个生动活泼的政治局面。还有人心有余悸，我觉得不应该有了。有的人怕遭到打击报复，我认为在下面的个别地方可能还有这种现象，但一经发现，我们就会严肃处理。

对于涉及地方的工作，我们要依靠当地的党委和政府去做，不能越俎代庖。有一次，我对北京门头沟一些人偷煤的问题批了两句话，很简单，后来北京市提出了四条措施，很好。因为北京的事情只有市里的同志知道得清楚，外面的人就不那么了然了。所以，做领导工作要有这么一个精神，对下面不要过细地干涉。过细地干涉，不一定能帮人家的忙。当然，有些该细的地方还是要细一些。

我们要根据党的路线、国家的任务，进一步加强信访工作的建设。首先要加强信访队伍的思想建设，要模范地执行党的路线方针和政策。搞信访工作的同志要了解社会情况，要经常看材料，要多学习。要发展经济，就要抓紧改革。我们国家已经开始了“七五”计划。“七五”计划完成了，不仅能为九十年代的发展打下基础，而且还能为下一个世纪长期、稳定地发展提供条件。“七五”计划是一个纲领性的文件，是一个关键性的计划。今年是“七五”计划的第一年，做好今年的工作很重要。要少说空话，多干实事。会议不要开得那么多、那么长，要控制一下，要多做工作嘛。做信访工作的同志要努力为“七五”计划服务，为改革服务，为人民群众服务。

信访部门是一个专门负责处理来信来访的机构。但这个机构不是孤立的，如中央办公厅、人大常委办公厅、国务院办公厅，像一部机器一样，信访机构就是其中的一个重要部件。如果它那里出了毛病，就要影响机器的正常运转。

我们对信访部门要加强领导。加强领导的一个重要方面是把党的生活健全起来，充分发挥共产党员、共青团员的模范作用。在端正党风中，我们对信访部门提出这个要求是必要的。请同志们把党的工作搞好，信访部门的共产党员、共青团员要起模范带头作用。

信访部门的同志，每天看信，接待群众来访，接触多种传染病，很辛苦，病号多。这个问题一定要解决，要关心他们的福利嘛！在这些方面，有些地方做得比较好，可以推广他们的经验。

要进一步改进处理来信来访的工作作风。要文明接待来访群众,耐心听取他们的意见,不要怕麻烦。我们要懂得,来访者基本上都是好的劳动人民。无理取闹、以上访为生、在北京逗留不走的是少数人。即使这少数人的问题,我们也要重视。要看到这不仅是个社会问题,也是个政治问题,不仅北京市有,各个大城市也都有。这些纠缠不走、露宿街头的上访人见了外国人或者旅游的人,就要东西、递信件,影响很坏。所以做信访工作不仅是简单地解决一个问题,而且涉及政治影响。对每一封信、每一个上访人,都不要看成是一个孤立的事情,一定要想想它与其他方面有什么联系,现在是个什么情形,将来又是个什么情形,想得周到一点,想得复杂一点,要辩证地看问题。有问题就要解决。天下没有不能解决的问题,只要认真对待就不难解决。现在领导同志批交下面办的信件,话也不多,如请某某同志过问一下。一过问就解决了,灵得很。这说明一个什么问题呢?说明群众的问题是可以解决的,只是要有人过问。希望各单位、各地方都主动过问群众的问题,不要只是领导同志批了才过问。要把群众的问题解决在基层。各县把群众的问题都解决了,上访的人就大大减少了。党政机关对下面来的东西要进行综合、研究、分析,哪些是好意见,哪些是不重要的或错误的,要搞清楚。正确的意见要听,错误的意见也要听,听了之后,才能有针对性地做好宣传解释工作,以教育群众,引导群众。总之,第一,不要怕群众,第二,不要怕麻烦。我们有些人别的不怕,就是怕老百姓,怕上访的。你怕什么?直接见面,直接对话,尽量把群众的问题解决在基层,这也是我们作风上的一个转变,方法上的一个改进。还请大家注意一个情况,有些事情本来是一般的很小的问题,因为解决得不及时、不好,激化了矛盾,造成恶性案件。如夫妇离婚问题,造成死人、凶杀。现在大量的是人民内部矛盾,敌我矛盾有,但很少,不少是人民内部矛盾激化了,造成恶性案件。信访部门的同志要做宣传教育工作,一定要互通情况,同心协力,把问题解决好,在作风上、方法上来一个改进。以后,转到下面处理的问题,一定要写清楚转给谁,过一段还要催问,办了没办。要解决无人负责的问题,不要转来转去,不要拖拖拉拉,不要回避矛盾,矛盾不要上交。领导干部一个月或一周抽一天接待群众,听取意见,这是联系群众、关心群众的一种好方法。我们不能脱离群众,我们第一个身份是群众中的一分子,第二是共产党员,党员要起模范作用,党员不能高人一等,盛气凌人,特别是干部,不要有官气。

今后的任务很重,要积极解决问题。但要注意,不能因为解决这个问题,又造成另一个新问题。处理问题不要马马虎虎,搞错了,你还要给人家纠正,千万不要搞这种事。信访部门的同志,负责信访工作的同志,要光明正大,按原则办事,不能搞关系学。

■ 注　释

[1]周杰,见本书《对赵朴初关于宗教工作的意见的批语》注[5]。

[2]四项基本原则,参见本书《在中央工作会议中南组的发言》注[10]。

[3]胡耀邦,见本书《要把农业科学研究摆到重要的位置》注[10]。

交朋友的真谛*

（一九八六年八月十二日）

交朋友，对我们每一个人都是非常有益的事情。“嘤其鸣矣，求其友声”[1]，“有朋自远方来，不亦乐乎”[2]，就是对交朋友的生动描述。古今中外的历史上，都有不少交朋友的佳话流传于世，令人景仰。今天我们生活在社会主义的国家里，各族人民之间形成了平等、团结、互助的关系，我们更能不拘一格地广交朋友，为四化建设这个共同目标而努力奋斗。

交朋友，要交知心朋友。在与朋友交往中，要谦虚诚恳，推心置腹，肝胆相照。如果架子很大，高人一等，不以平等相待，不以真诚相见，就不会得到知心朋友。交朋友，要相互尊重，相互信任。如果不尊重朋友，也就得不到朋友的尊重，不信任朋友，也就得不到朋友的信任。交朋友，既要广交，团结一切可以团结的人，更要深交，做到知人、知心、知音。

交朋友，还要交畏友、诤友。就是要同那些刚正不阿，直言不讳，敢于提出不同意见和批评的人做朋友。特别是身居领导岗位的共产党员，要有大海一样的胸怀和宽宏民主的风度，虚心听取各种意见，

---

* 这是习仲勋为辽宁省本溪市政协选编的《相遇贵相知——中国共产党领导人与党外人士交朋友的故事》丛书所写的序言。

尤其是不同的意见，使自己能够耳聪目明，善于辨别是非。

这套丛书如实地反映了我们党的老一辈无产阶级革命家在与党外人士交朋友、合作共事中结下的深厚情谊和感人至深的生动事迹。它为加强社会主义精神文明建设和开展统一战线工作，提供了丰富的学习资料。我相信在各有关部门、地区和各民主党派的大力支持下，这套丛书一定会精益求精，一本比一本选编得好。

■注　释

[1]见《诗经·小雅·伐木》。

[2]见《论语·学而》。

继续坚持“三自”爱国的正义立场*

（一九八六年八月二十二日）

自中国基督教第三届全国会议[1]以来，中国基督教“三自”爱国运动委员会[2]和中国基督教协会，在协助党和政府贯彻落实宗教信仰自由政策方面，在独立自主自办教会、组织正常的宗教活动方面，在恢复开办基督教神学院（校）、培养年轻一代爱国宗教职业人员方面，在团结广大基督教徒参加社会主义现代化建设方面，在开展国际间的友好往来、维护和促进世界和平方面，做了大量的工作，取得了显著的成绩。我国基督教界的朋友们在“三自”爱国的道路上迈出了新的步伐。

十一届三中全会[3]以来，党和政府重申了宗教信仰自由政策，我国宪法对宗教信仰问题作出了全面的、明确的规定，公民的宗教信仰自由权利和正常的宗教活动得到了切实的保障。这几年，各地大力进行拨乱反正，落实各项宗教政策，取得了良好的效果。当然也还存在着不平衡、不彻底、不尽如人意的情况，党和政府还需要继续作出努力。希望中国基督教“三自”爱国运动委员会和中国基督教协会继续在协助党和政府贯彻宗教信仰自由政策方面，在管好教务、把宗教活动引上正常轨道方面发挥积极作用。

---

* 这是习仲勋在中国基督教第四届全体会议上的讲话要点。标题为编者所加。

新中国成立初期,我国基督教内以吴耀宗[4]先生为首的一批爱国的有识之士总结旧中国的历史经验,倡导了基督教的"三自"爱国运动[5],提出了实行自治、自养、自传的原则,这是一个了不起的创举。三十多年来,中国基督教的"三自"爱国运动取得了巨大的成果,基督教已成为我国基督教徒自办的宗教事业。基督教内的各种不同教派在"三自"爱国的基础上,互相尊重,团结联合,改变了过去各自分立的状态。历史已经证明,中国基督教实行"三自"原则,独立自主、自办教会,是完全正确的,我国的基督教人士和信教群众可以独立自主地办好中国基督教的事情。今天,我国的国情发生了历史性的变化,但是国外敌对势力企图插手、干预我国宗教事务的活动一直没有停止过。希望我国基督教界的朋友们继续坚持"三自"爱国的正义立场,不断巩固和扩大基督教教徒在"三自"基础上的团结,为办好中国基督教自治、自养、自传的教会团体而努力。

在我国,信仰宗教的公民与不信仰宗教的公民享有同等的社会政治地位。我国的广大基督教徒中绝大多数是各条战线上的工人、农民和知识分子,他们同各族人民共同生活劳动,共同为国家的建设事业作出了贡献。在新的历史时期,我国的基督教徒同样可以为社会主义的两个文明建设作出贡献。那种把精神文明建设同公民信仰宗教对立起来的看法是不对的。希望中国基督教"三自"爱国运动委员会和中国基督教协会以多种形式,开展有益的活动,团结、教育、鼓励广大基督教徒积极参加社会主义现代化建设事业,与全国各族人民一道,坚持全面改革和对外开放,为把我国建设成为社会主义现代化的强国,为完成祖国和平统一大业,为反对霸权主义,维护世界和平而共同奋斗。

■注　释

［1］中国基督教第三届全国会议，一九八〇年八月六日至十三日在南京召开，推选吴贻芳为中国基督教“三自”爱国运动委员会名誉主席，丁光训为主席。会议决定成立中国基督教协会，会长丁光训。

［2］一九五四年七月二十二日至八月六日，中国基督教全国代表会议在北京召开。来自全国十八个省、自治区、直辖市基督教各教派和团体的二百三十二名代表参加会议，成立中国基督教“三自”爱国运动委员会，选举吴耀宗为主席。

［3］十一届三中全会，见本书《在肇庆地委常委扩大会议上的讲话》注［2］。

［4］吴耀宗（一八九三——一九七九），广东顺德人。积极拥护中国共产党领导的抗日民族统一战线和人民解放战争。新中国成立后，发起基督教“三自”爱国运动，任中国基督教“三自”爱国运动委员会主席，全国人大常委，全国政协常委。

［5］一九五〇年七月，吴耀宗等四十名基督教代表人物联名发表《中国基督教在新中国建设中努力的途径》的宣言，提出基督教的总任务是“拥护《共同纲领》，在政府领导下反对帝国主义、封建主义和官僚资本主义，为建设一个独立、民主、和平、统一和富强的新中国而奋斗”。宣言还提出要发起自治、自养、自传运动。宣言发出后，受到了广大基督教徒的热烈拥护和响应。中国基督教“三自”爱国运动在全国范围内蓬勃开展。

为形成指导精神文明建设的纲领性文件而共同努力*

（一九八六年九月一日）

中国共产党预定于今年九月下旬召开十二届六中全会[1]，议题有两项：一是讨论、通过关于精神文明建设问题的决议，一是讨论、通过关于召开党的第十三次全国代表大会[2]的决议。今天，我们党中央邀请各民主党派、全国工商联和有关人民团体负责人，无党派人士和民族、宗教界人士，以及部分中青年知识分子同志，共二百来人，举行座谈会，就是请大家对《中共中央关于精神文明建设的指导方针的决议（征求意见稿）》提出修改补充意见。

这几年，在我们党同各民主党派和各界人士的亲密合作中形成了一个习惯，就是每当我们党将要召开重要会议、作出重要决策的时候，都要召开这样的座谈会，向大家通报有关情况，并就有关问题进行讨论协商，每次大家都给我们提了许多宝贵的意见。这样做很有好处，我们要把它形成制度，不断改进完善，长期坚持下去。为了更好地听取和吸收各民主党派和各界朋友的意见，这次特在我们党召开中央全会的二十多天前就召开这个座谈会，参加会议的人员也增

* 这是习仲勋在党外人士座谈会上请与会者就《中共中央关于精神文明建设的指导方针的决议（征求意见稿）》提出意见时的讲话。标题为编者所加。

加了一批中青年同志。我们真诚地希望各位同志、各位朋友本着“知无不言，言无不尽”的精神，对这个决议稿充分发表意见。现在，我受中共中央的委托，先就起草这个文件的情况和有关问题，向大家作一些说明。然后请大家阅读文件，分组进行讨论。

大家知道，一九八二年在我们党的第十二次全国代表大会[3]上，就作了在建设高度物质文明的同时，一定要努力建设高度的社会主义精神文明的战略决策；一九八五年，党的全国代表会议又向全党提出了重视和加强精神文明建设的要求。根据这个精神，在党代会刚刚结束，即去年九月二十五日，党中央书记处就开会确定，在今年召开的十二届六中全会上，要讨论、通过一个关于加强精神文明建设的决定，之后即开始着手酝酿、组织文件的起草工作。我们中央的同志认为，自党的十二大以后的四年来，我国经济、政治形势的一个重大发展，是全面改革的逐步展开。继农村经济体制改革获得巨大成功之后，以城市为重点的整个经济体制改革和科技、教育等体制改革正顺利发展，政治体制的进一步改革又提上重要议事日程。与此同时，党和国家坚决实行对外开放的方针政策，获得越来越大的成效。改革和开放有力地促进了以经济建设为中心的社会主义现代化各项事业的前进，争取国家财政经济状况根本好转的任务已经基本实现，国民经济开始走上持续、稳定、协调发展的轨道。随着物质文明建设的发展，随着全面改革和对外开放的进展，社会主义精神文明建设同样取得了显著成就，在这方面创造了许多新鲜经验，也遇到了许多新的情况和问题。面对这一新的形势，进一步强调重视和加强精神文明建设，不但是客观的需要，而且有了比过去更好的条件。因此，在十二届六中全会上讨论、通过一个关于精神文明建设的文件，是适时的和必要的。

在新的历史时期加强精神文明建设，涉及各个方面，影响极为深远。它关系到全国各族人民的根本利益，关系到我国社会主义的兴衰成败。新中国成立以后，直到十年“文化大革命”，我们党在这方面有成功的经验，更有深刻的教训。明确地提出建设社会主义精神文明，则是党的十一届三中全会[4]以后的事情。应该看到，总的来说，我们在这方面的经验还不多，许多同志对这方面的工作还比较生疏。对于过去几年精神文明建设的成就和问题，特别是今后在经济建设、全面改革和对外开放日益发展的新形势下怎么办，是举国上下普遍关切的问题。在这种情况下，究竟写一个什么样性质的文件呢？是着重进一步明确指导方针、解决好全局性的思想认识问题好，还是着重解决实际工作如何做的问题和其他一些具体问题好？有关同志经过反复酝酿和认真考虑之后认为，写这个文件的主旨，应该是遵循党的十二大和党的全国代表会议的精神，根据新的形势的需要，在认真总结历史经验和现实经验的基础上，进一步明确精神文明建设的指导方针，解决好全局性的思想认识问题，同时也是为了更好地解决当前存在的实际问题。指导方针进一步明确了，大家的认识提高了，思想统一了，就能够充分发挥积极性和创造性，从而更有成效地研究新情况，解决新问题，总结新经验，把精神文明建设推向前进。至于工作的具体部署，决议稿已明确指出，由各地方党委、中央各部门和各人民团体，根据决议精神和实际情况作出规划和安排。事实上，现在有些地方和部门正在着手这样做。中央书记处也将一步一步地加强具体指导，坚持把精神文明建设抓下去。

各位同志看到的《中共中央关于精神文明建设的指导方针的决

议（征求意见稿）》，就是按照上述精神起草的。决议稿实事求是地回顾、总结了过去几年的工作，根据形势的发展和时代的要求，指出了加强精神文明建设的重要意义和我国社会主义现代化建设应有的总体布局，进一步阐明了精神文明建设的战略地位；强调在新的历史时期，我国的精神文明建设，必须推动社会主义现代化建设，必须促进全面改革和对外开放，必须坚持四项基本原则[5]。决议稿明确提出以“有理想、有道德、有文化、有纪律”为指针，提高整个中华民族的思想道德素质和科学文化素质，是精神文明建设的根本任务。为此，在精神文明建设问题上，全党全国要把注意力集中到团结人民、充分发挥人民的积极性和创造精神上来，集中到努力满足人民的文化和精神需要上来，集中到努力加强思想道德建设和教育科学文化建设上来。决议稿指出，到本世纪末把我国建设成小康国家，到下个世纪五十年代前后，把我国建设成为经济水平接近世界发达国家的、文明昌盛的社会主义现代化国家，是全国各族人民在政治上、道义上和精神上团结一致的最广泛的基础。一切爱国者都应当紧密地团结起来，积极地行动起来，为实现这一共同的崇高目标而奋斗。决议稿还对理想教育、道德建设、发展民主和加强法制、普及和提高教育科学文化，对在精神文明建设中马克思主义的指导作用、共产党的组织和党员的责任等问题，分别提出了基本要求和努力方向。

这里，我想特别指出，贯穿这个决议稿全文的主导思想是，整个精神文明建设工作的出发点和落脚点应当是也只能是：努力使全国各族人民最广泛最紧密地团结起来，坚持全面改革和对外开放，同心同德、群策群力地建设社会主义现代化的伟大祖国。概括地说，就是四个大字：团结、建设。这是我们党的马克思主义路线在社会主义精神文明建设中的体现。高举团结的旗帜,高举建设的旗帜,我们的民族必定兴旺发达,我们的国家必定繁荣昌盛。

今年八月上中旬,党中央书记处和政治局先后开会详细讨论并原则通过了这个决议稿,认为这个稿子已经有了比较好的基础,它的基本结构、基本内容、基本提法都可以了。为了把决议稿改得更为完善,需要充分发扬党内外民主,集中大家的智慧。根据中央政治局的决定,现在已将这个稿子印发参加十二届六中全会的同志,各省、自治区、直辖市党委常委,中央党政群各部门和解放军相应单位党组织的同志征求意见。同时,邀请党外人士座谈讨论,征求意见。

在座的各位同志对精神文明建设都很关心。老同志知识渊博,经验丰富;中青年同志思想活跃,勇于探索;许多同志长期从事教育科学文化方面的工作,对加强精神文明建设问题定有精辟的见解。我再一次希望大家畅所欲言,各抒己见。我们相信,经过大家共同努力,一定能够做到精益求精,把这个决议稿改得更好。经党的十二届六中全会讨论并通过后,将成为全党全国指导精神文明建设的纲领性文件,在工作中发挥重大作用。

■ 注　释

[1]十二届六中全会,即一九八六年九月二十八日在北京召开的中国共产党第十二届中央委员会第六次全体会议。会议通过了《中共中央关于精神文明建设指导方针的决议》和《关于召开党的第十三次全国代表大会的决议》。

［2］第十三次全国代表大会，见本书《在全国地方政协工作座谈会上的讲话》注［7］。

［3］第十二次全国代表大会，见本书《总结社会主义建设的经验和教训》注［3］。

［4］十一届三中全会，见本书《在肇庆地委常委扩大会议上的讲话》注［2］。

［5］四项基本原则，参见本书《在中央工作会议中南组的发言》注［10］。

进一步发挥参事室、文史馆的作用*

（一九八六年九月十七日）

今天我和国务院、中央统战部、全国政协的领导同志，同各位参事、馆员在一起，喜迎中秋佳节，谨向大家表示节日的祝贺！看到在座的各位老人精神矍铄，身体健康，我们心里非常高兴，衷心祝愿你们多多保重，幸福长寿！

参事室[1]、文史研究馆[2]都是新中国成立初期成立的。我们敬爱的周总理对全体参事和馆员的工作和生活非常关心，发挥大家的积极性。“文化大革命”期间，在周总理的亲切关怀下，对参事和馆员进行了保护。我在国务院工作期间，管过参事室、文史馆的工作，和同志们有过交往，有些还是老相识、老朋友。三十多年来，各位参事和馆员都经受了考验，尤其是很多党外朋友，不管是什么样的艰难和曲折，总是和中国共产党同舟共济，并肩战斗，不断地为国家的社会主义建设事业作出贡献，不愧是我们党的忠实朋友。

据了解，现在各位参事的平均年龄是七十九岁，馆员的平均年龄是八十岁。明时耆宿众，盛世寿星多。同志们不顾年老体弱，都在积极地做些力所能及的工作。有的审阅法规，有的创办学校，有的编史

---

* 这是习仲勋在国务院参事室参事、中央文史馆馆员参加的中秋茶话会上的讲话要点。标题为编者所加。

修志，有的著书立说。有些同志每年还到外地去走一走，看一看，搞一点调查研究。大家提出的一些很好的建议，有的已被有关部门采纳。现在，我们国家坚持全面改革和对外开放的方针，进行四化建设，各位参事和馆员阅历丰富，学有专长。希望大家本着“肝胆相照，荣辱与共”的精神，对国家大事和群众切身利益问题发表自己的看法，提出意见和建议，对党和政府的工作进行监督。这是实现领导决策民主化、科学化的一个必要途径。我们一定要不断地加以完善，并形成制度，坚持下去。

不久，党中央就要召开十二届六中全会[3]，讨论通过关于社会主义精神文明建设指导方针的决议。希望大家在加强精神文明建设方面多发挥作用，多做一些工作。

为了和平统一祖国，实施“一国两制”[4]，不少参事和馆员过去在开展海外统战工作方面做了许多的努力，希望大家按照“放宽视野，广交朋友，长期打算，以诚相待”的方针，继续利用各种渠道，放手工作，为祖国的统一作出有益的贡献。

希望参事室、文史馆的领导和工作人员一定要热情周到地为各位参事和馆员服务，为他们的工作和各项活动提供方便，照顾好他们的生活，既老有所养，又能老有所为。有关方面要考虑到参事室、文史馆的特点，尽量在住房、医疗、用车等方面给予适当照顾。

最后，希望各位参事和馆员善自珍摄，健康长寿，在力所能及的情况下，发挥所长，为两个文明建设贡献自己的力量。

■注　释

[1]即国务院参事室。一九四九年十一月由毛泽东、周恩来等倡议设立，具有统战性和咨询性，主要职责是调查研究、建言献策、咨询国是。国务院参事由国务院总理聘任，大多为民主党派成员、无党派民主人士以及著名专家学者。

[2]即中央文史研究馆。一九五一年七月由毛泽东倡议设立，是具有统战性、荣誉性的文史研究机构。其宗旨是敬老崇文，主要职责是弘扬中华民族优秀的传统文化。馆长、副馆长和馆员由国务院总理聘任，受聘者都是耆年硕学之士、社会名流和专家学者。

[3]十二届六中全会，见本书《为形成指导精神文明建设的纲领性文件而共同努力》注[1]。

[4]“一国两制”，见本书《做好沿海开放城市和经济特区的统战、政协工作》注[1]。

在接见中国道教协会第四届会议代表时的讲话

（一九八六年九月十七日）

中国道教协会[1]第四届全国代表会议已经开了一个多星期，快要闭幕了。今天，我们来看看大家，借此机会向你们表示诚挚的问候！

几年来，经过拨乱反正，落实政策，道教协会的各项活动已经得到恢复，道教徒正常的宗教生活受到法律保护。道教协会在组织道教界朋友们参加四化建设、宫观管理、开展道教学术研究、培养道教人才等方面做了很多的工作，取得了显著的成绩。我们相信，通过这次会议，认真总结过去的工作和经验，明确制定今后的任务，选举新的理事会，道教协会的工作一定会得到进一步的发展，取得更大的成绩。

道教是我国固有的宗教，已有一千八百多年的历史。它在长期的历史发展过程中，对我国政治、经济、文化、思想都发生过深刻的影响，积累了大量的经籍和文献资料，是我国古代文化遗产中一个重要组成部分。《道藏》[2]经历代编纂，有五千四百多卷，不仅有道教经戒、科仪、符图、炼养等类经书，也有道教哲学以及儒、墨、法诸家的书籍。道教的经籍资料对研究我国的思想史、文学史和科技史，都有重要价值。近年来，对道教的研究已引起国内外的重视，有不少国家还设立了研究机构，召开国际会议进行学术研究。希望道教协会和道教界的朋友们进一步加强对道教经籍资料的研究工作，深入钻研，努力探索，为继承和发扬祖国的优秀文化遗产作出更大的贡献。

目前，我国道教界老一辈的朋友绝大多数年事已高，很难承担教务活动和研究工作的繁重任务。培养年轻的道教人才已经刻不容缓。希望道教协会积极创造条件，采取多种形式，培养一批又一批热爱祖国、拥护党的领导和社会主义制度，又有较深造诣的年轻的宗教职业人员，使道教界后继有人。

道教在港澳、台湾同胞中，在海外华侨、华人中至今仍有相当大的影响。随着我国对外开放、对内改革的发展，前来我国旅游参观的港澳台及海外道教徒会日益增多。为适应这一形势，道教协会要在努力做好国内工作的同时，重视并积极开展对海外友好交往，为实现“一国两制”[3]、和平统一祖国贡献自己的力量。

在这里，还需要指出的是，道教在旧社会所形成的一些陈腐陋习和不属宗教范围的迷信活动，至今还时有发生，有的地方甚至还很严重。对此，我们一定要坚决反对和制止。对于那些利用宗教进行骗人诈财、危害人民身心健康的行为，必须依法予以取缔，决不能任其泛滥。希望道教界的朋友们和广大道教徒要自尊、自重、自强，认真执行宪法所规定的宗教信仰自由政策，使宗教活动正常化。

最后，希望道教协会采取多种形式开展有益的活动，团结、教育和鼓励广大道教徒积极参加两个文明建设，与全国各族人民一道，为把我国建设成为社会主义现代化强国，为完成祖国统一大业，为反对霸权主义、维护世界和平而共同努力。

■ 注 释

[1]中国道教协会，成立于一九五七年四月，是全国道教徒联合的爱国宗教团体和教务组织，会址设在北京。该协会规定每五年举行一次全国代表会议，全国代表会议选出理事会。中国道教协会第四届全国代表会议于一九八六年九月八日至十七日在北京召开。

[2]《道藏》，是道教经籍的总集，从唐朝初年开始编纂，至今已有一千三百多年历史。

[3]“一国两制”，见本书《做好沿海开放城市和经济特区的统战、政协工作》注[1]。

进一步把《陕西日报》办好*

（一九八六年九月二十五日）

欣逢《陕西日报》创刊四十五周年，我表示衷心的祝贺。

《陕西日报》的前身是《边区群众报》[1]，后改名《群众日报》，我一直是个热心的读者。新中国成立后，我调到北京工作，报纸又改名为《陕西日报》，看得就少了。在延安时期，人民群众十分喜欢《边区群众报》，说它是“咱们的报纸”。报纸来了，大家都抢着看，看新闻，看政策，看经验，学知识，还利用副刊活跃文化生活。那时《边区群众报》能及时把党的声音传达给群众，也能把群众的呼声反映上来。我和群众报社的许多同志很熟悉，他们在下边听到群众的要求，就给我反映。我也常请他们到西北局来，对一些关系到群众利益的问题发表意见。

《边区群众报》的最大特点是实事求是，说的都是真话，都是群众的心里话。不管什么事，好就好，不好就不好，不夸大，不缩小。看报就像是互相谈心。这也和报社同志踏实的工作作风分不开。那时记者背着铺盖下乡，和群众住在一起，吃在一起，很了解他们的心声。记者写下稿子念给他们听，叫他们评论写得对不对，问他们能不能听

* 这是习仲勋为纪念《陕西日报》创刊四十五周年而写的文章。

懂。当时,报纸不仅起了宣传的作用,还提高了干部群众的文化水平。

现在我们国家已经进入新的历史时期,在新的形势下,报纸宣传的任务更重了,要刊登大量新闻,要宣传党和国家重大决策,要迅速传播信息,要探讨理论和实践中的各种问题,要给人民群众各方面的新鲜知识,要为活跃商品经济服务,要为人民群众的生活、文化娱乐服务。报纸要适应形势的发展,坚持实事求是的思想路线,采取引人入胜的形式进行宣传,调动群众的积极性,自觉地为四化大业作出自己的贡献。

一九八一年十一月,我在纪念新华社五十周年大会上说过,为了适应新形势,我们的新闻要改革。我当时讲了五点:一是"真",新闻必须真实;二是"短",新闻、通讯、文章都要短;三是"快",新闻报道的时间性很强,不快就成了旧闻;四是"活",要生动活泼,不要老一套、老面孔;五是"强",要做到思想性强、政策性强、针对性强。现在形势又有发展,又提出了新的任务,新闻改革要进一步深化"真、短、快、活、强"这五个字,要在可读、可信、可亲方面多下工夫。绝不能搞"假、大、空",不能搞一哄而起、到处刮风那一套,也不能板起面孔教训人。

《陕西日报》这几年作了许多改革,受到了广大读者的欢迎。我希望认真总结一下四十五年来的办报经验,发扬优点,去掉缺点,把《陕西日报》办成陕西人民群众不可缺少的精神食粮。

最后,我向四十五年来在报社工作的同志和广大通讯员同志,表示诚挚的问候。希望同志们在新时期报纸宣传工作中齐心协力,勤奋工作,为两个文明建设作出更大的贡献。

■ 注　释

[1]《边区群众报》，见本书《庆贺〈边区群众报〉六周年》注[1]。

在全国侨联成立三十周年纪念大会上的讲话

（一九八六年十月四日）

今天，我们来参加全国侨联[1]成立三十周年纪念大会，心里十分高兴。我代表中共中央和国务院向你们表示热烈的祝贺！并通过你们向全国归侨、侨眷和海外侨胞致以亲切的问候！

侨联成立三十年来，特别是党的十一届三中全会[2]以来，在协助党和政府落实侨务政策，维护归侨、侨眷和海外侨胞的合法权益，团结归侨、侨眷和海外侨胞为祖国四化建设出力，促进祖国统一大业等方面，做了大量有益的工作。许多爱国华侨为祖国的繁荣昌盛殚心竭力，任劳任怨，令人敬佩。不少侨联工作人员长期以来全心全意为归侨、侨眷和海外侨胞服务，作出了优异的成绩。在这里，我向你们表示崇高的敬意和深切的感谢！并就今后如何进一步做好侨联工作，讲几点意见。

一、要更广泛地团结广大归侨、侨眷和海外侨胞为祖国四化建设贡献力量。以经济建设为中心，实现四个现代化，使国家富强、人民富裕，是我国新的历史时期的宏伟任务，也是广大归侨、侨眷和海外侨胞梦寐以求的共同愿望。侨联的首要任务就是协助有关地区和部门把侨乡的经济建设搞好。近几年来，各地侨乡的经济建设呈现一派欣欣向荣的景象，各项公益事业和侨属企业有很大发展，人民生活有显著提高。今后进一步加快侨乡的经济建设,主要是靠侨乡人民自力更生、艰苦奋斗,同时继续推动海外侨胞在自愿的前提下给予一定的支援。侨联要进一步贯彻执行全面改革和对外开放、对内搞活的方针,积极扶持归侨和侨眷采取多种形式兴办集体所有制企业,搞好生产和经营,争取有一个大的发展。同时,根据政策规定,要鼓励归侨和侨眷自筹资金发展个体经济,允许他们先富起来。侨联要协助有关部门认真贯彻落实中共中央和国务院关于国营华侨农场经济体制改革的决定,认真办好华侨农场,进一步改善经营管理,提高经济效益,使归侨和侨眷的生活水平不断提高。侨乡的经济建设搞好了,归侨和侨眷的生活富裕了,不仅有助于促进我国的四化建设,而且有利于扩大我国在海外的影响。海外侨胞过去和现在都为祖国和所在国作过世所公认的贡献。今天,他们在为各所在国的经济繁荣继续努力作出贡献的同时,仍然以热切的心情关注和支持祖国的四化建设和统一大业。对此,我们表示衷心的感谢。我们热烈欢迎海外侨胞在平等互利的基础上,与国内进行经济、科技的合作和交流。侨联要充分运用自己的优势,在引进工作方面协助政府为他们创造一个彼此互利的、比较优越和合理的投资环境。对华侨投资兴办的企业,要大力扶持,使之兴旺发达;同时,要坚决保护华侨的一切合法权益。要鼓励和支持华侨为祖国、为家乡办一些好事。当然,华侨爱国爱乡要量力而行,能办的就办,不要勉为其难。

二、要认真贯彻执行两个文明建设一起抓的方针,努力为社会主义精神文明建设服务。侨联要按照《中共中央关于社会主义精神文明建设指导方针的决议》的基本精神,从实际情况出发,把侨乡的精神文明建设抓好,使广大归侨、侨眷成为有理想、有道德、有文化、有纪律的社会主义公民。要根据不同层次和对象，加强对归侨和侨眷的爱国爱乡和社会主义的思想教育。要引导和支持他们移风易俗，抵制各种腐朽思想，树立和发扬社会主义的道德风尚。要鼓励和帮助他们学文化、学科学。要支持和协助华侨自愿在家乡兴办医院、学校、图书馆、科学馆以及其他文化设施，鼓励他们通过各种方式和途径介绍和传播当今世界的先进科学技术，促进祖国文化建设事业的发展。在这个问题上，我们一定要尊重他们的意愿和合理意见，绝不要强加于人。

三、要按照"一国两制"[3]的科学构想，促进祖国和平统一。实现祖国的统一，是海内外同胞的共同心愿。"一国两制"的科学构想，正是实现祖国和平统一的正确方针。按照这一方针，我们已解决了香港问题[4]。香港问题的解决，为和平解决台湾问题创造了有利的形势。现在，我们就是要团结海内外一切可能团结的力量，组成广泛的爱国统一战线，齐心协力，促进祖国的统一。侨联要通过归侨、侨眷同海外亲友，以及台湾各阶层人士的联系，介绍"一国两制"的方针，介绍这几年祖国所发生的深刻变化，使海外侨胞和台湾各阶层人士了解我们和平统一政策和四化建设的成就。要充分运用各种关系，采取多种形式开展工作，群策群力，促进海峡两岸实现通邮、通航、通商，为完成祖国统一大业作出新的贡献。

■ 注　释

[1]全国侨联，即中华全国归国华侨联合会，一九五六年十月十

二日在北京成立，是由全国归侨、侨眷组成的全国性人民团体，是党和政府联系广大归侨、侨眷和海外侨胞的桥梁和纽带。

[2]十一届三中全会，见本书《在肇庆地委常委扩大会议上的讲话》注[2]。

[3]“一国两制”，见本书《做好沿海开放城市和经济特区的统战、政协工作》注[1]。

[4]见本书《做好沿海开放城市和经济特区的统战、政协工作》注[2]。

学好精神文明建设的纲领*

（一九八六年十月十日）

中国共产党第十二届中央委员会第六次全体会议[1]通过的《中共中央关于社会主义精神文明建设指导方针的决议》，是经过充分酝酿准备，集中全党智慧，同时吸收党外同志的意见，而形成的一个极为重要的历史性文献。《决议》以马克思主义为思想武器，总结了我国社会主义精神文明建设的历史经验和现实经验，分析了当前形势和工作状况，回答了思想认识和实际工作中提出的新问题，丰富了建设有中国特色的社会主义的理论，是新的历史时期指导我国社会主义精神文明建设的纲领。

《决议》的一个重要特点，是坚持并发展了党的十二大[2]确定的关于努力建设社会主义精神文明的方针政策，进一步阐明了新的历史时期精神文明建设的战略地位、根本任务和基本指导方针，阐明了精神文明建设同全面改革和对外开放的关系。自党的十二大以后的四年来，我国经济、政治形势的一个重大发展，是全面改革的逐步展开。农村经济体制改革在获得巨大成功之后正向深入发展，以城市为重点的整个经济体制改革和科技、教育体制等全面改革在取得初战胜利之后正稳步前进，政治体制的进一步改革又提上重要日程。

---

* 这是中央人民广播电台播发的习仲勋的一篇署名文章。

与此同时,党和国家坚决实行对外开放的基本国策,也获得越来越大的成效。全面改革和对外开放有力地促进着以经济建设为中心的社会主义现代化各项事业的前进,同样有力地促进着社会主义精神文明建设的发展,并对它提出了新的更高的要求。适应新形势的需要,加强精神文明建设,就是要适应全面改革和对外开放的需要,适应发展社会主义商品经济和加强社会主义民主法制建设的需要,努力促进人们的思想意识、精神状态发生积极的深刻的变化,摆脱封建主义思想的束缚,抵御资本主义思想的侵蚀,造成更为有利的舆论力量、价值观念、文化条件和社会环境,为社会主义现代化建设服务。

以马克思主义为指导的社会主义精神文明是社会主义社会的重要特征。回顾过去,展望未来,《决议》确定我国社会主义现代化建设的总体布局是:以经济建设为中心,坚定不移地进行经济体制改革,坚定不移地进行政治体制改革,坚定不移地加强精神文明建设,并且使这几个方面互相配合,互相促进。也就是说,在这个总体布局下,经济体制、政治体制等全面改革促进两个文明建设,两个文明又互相促进、同步发展,共同决定着以经济建设为中心的整个现代化建设事业的胜利。这样,就把经济建设同全面改革和精神文明建设作为一个统一的整体紧密地联系起来,既正确反映了社会主义发展的客观规律,也充分显示了精神文明建设的战略地位。这一切都是为了加强两个文明建设,不断发展社会生产力。过去由于长期“左”的错误指导思想影响,在社会主义改造基本完成以后,仍然坚持一切都以阶级斗争为纲,结果不但破坏了物质文明建设,也破坏了精神文明建设,使我们的国家和各族人民饱尝其苦,深受其害。今后再也不能这样干了。

《决议》的另一个重要特点，是坚持党的实事求是的思想路线，把现阶段全国各族人民的共同理想同我们党的最高理想科学地结合起来，从而有利于最广泛最充分地动员最广大的群众，团结一切可以团结的力量，为建设我们伟大的祖国而努力奋斗。《决议》明确指出：建设有中国特色的社会主义，把我国建设成为高度文明、高度民主的社会主义现代化国家，是现阶段我国各族人民的共同理想。这个共同理想，是建立在正确认识和处理现阶段我国社会的主要矛盾的科学基础之上的，它充分反映了我国工人、农民、知识分子和其他劳动者、爱国者的利益和愿望，从而也最能够激励和鼓舞越来越多的人立志建设，立志改革，脚踏实地干事业。《决议》同时明确指出，我们党的最高理想，是建立各尽所能、按需分配的共产主义社会。但是，必须看到，实现共产主义最高理想是一个很长的历史过程，要经历许多革命和建设的发展阶段。每一个发展阶段都有它的具体的奋斗目标，每一个具体奋斗目标的实现，都是向共产主义最高理想前进的实际步骤。在现阶段，我们为建设有中国特色的社会主义而奋斗，也就是为党的最高理想而奋斗。忘记最高理想，就要迷失方向，就不是一个自觉的共产主义者；如果不顾社会生产力发展水平，不顾广大人民群众的不同的觉悟程度，而空谈最高理想，忽视对现实奋斗目标的努力，同样不是一个自觉的共产主义者。

党的十一届三中全会[3]以前，我们在经济建设、文化建设，以至思想政治工作方面，长期存在着不从实际出发，违反客观规律，提出过高的、不适当要求的错误，结果反而挫伤了广大人民群众的积极性。这种脱离实际、脱离群众的指导思想，对我们的革命和建设事业是非常有害的。正如《决议》所指出的：加强精神文明建设，把注意力集中到团结人民、充分发挥人民的社会主义积极性和创造精神上来，集中到满足人民的文化和精神需要上来，集中到加强思想道德建设和教育科学文化建设上来，归根结底，集中到促进社会生产力的发展上来。总之，在现阶段，只有把全国各族人民最广泛最紧密地团结起来，坚持全面改革和对外开放，同心同德、群策群力地建设四化，才是我们的国家繁荣昌盛、长治久安，我们的最高理想最终胜利实现的必由之路。

《决议》还精辟地论述了马克思主义在精神文明建设中的地位和作用，提出了共产党的组织和党员的责任。马克思主义是工人阶级的科学世界观和全人类精神文明的伟大成果，它给我们共产党人和劳动人民正确认识客观事物以强大的思想武器，为我们改造旧社会、建设新社会指明了方向。在整个精神文明的工作中，无论理想建设、道德建设，还是文化建设、民主和法制建设，都必须充分发挥马克思主义的重大指导作用。《决议》特别指出，马克思主义是在历史和科学的前进中不断丰富和发展的科学。作为党的集体智慧结晶的毛泽东思想，是马克思列宁主义在中国的运用和发展。十一届三中全会以来，党中央制定的一整套符合我国实际情况、行之有效的方针政策，中央领导同志许多重要报告、讲话，也都是马克思主义在我国新的历史时期的运用和发展。党员干部尤其是领导干部和从事意识形态工作的干部，要带头认真学习马克思列宁主义和毛泽东思想，努力掌握和运用它的基本原则和基本方法，从经济、政治、文化、社会各方面，研究社会主义现代化建设和全面改革的新情况、新经验、新问题，探索建设有中国特色的社会主义的规律，全党共同在现代化建设的伟大实践中坚持和发展马克思主义。

中国共产党是我国社会主义事业的领导核心,也是精神文明建设的组织者和领导者。作为一个执政党,党风状况如何,对整个社会风气有着决定性的影响。党的各级组织和全体党员必须首先加强自身的精神文明建设,坚持和发扬党的优良传统,建设适应现代化建设需要的更加优良的党风。在这方面,党的各级领导机关和领导干部一定要以身作则,作出表率,带领全党同志,团结广大群众,按照《决议》进一步明确的指导方针,做好加强精神文明建设的各项工作。

全党同志特别是各级领导同志都应当懂得,在新的历史时期加强精神文明建设,涉及各个方面,影响极为深远。它关系到全国各族人民的根本利益,关系到我国社会主义事业的兴衰成败。新中国成立以后,直到十年"文化大革命",我们党在这方面有成功的经验,也有深刻的教训。明确提出建设社会主义精神文明,则是党的十一届三中全会以后的事情。一九八二年党的十二大和一九八五年党的全国代表会议的召开,更使全党全国对精神文明建设逐步引起重视。随着拨乱反正的胜利和全面改革的展开,随着物质文明建设的发展,社会主义精神文明建设也取得了重大进展。但是,总的来说,我们在这方面的经验还不多,许多同志对这方面的工作还比较生疏,思想认识上和实际工作中的指导方针问题还没有完全解决。特别是今后在经济建设、全面改革和对外开放日益发展的新形势下如何加强精神文明建设,更是全党同志、举国上下普遍关切的问题。所以,这次中央会议通过的《决议》,着重进一步明确精神文明建设的指导方针和解决全局性的思想认识问题,并且在对许多重要问题的认识和提法上都有新的发展。这是《决议》不同于其他文件的又一个重要特点。

认真学好《决议》是创造性地执行《决议》和做好工作的前提。所以，各地方、各部门和各单位的同志在学习和贯彻《决议》时，一定要首先认真学习和正确掌握好它的基本精神和主要特点，弄清楚《决议》是怎样坚持又怎样发展了十二大的精神，在哪些重要问题上有什么新的认识和新的提法，为什么要这样提问题而不那样提问题，等等。要把学习同调查研究本地区、本部门、本单位的实际情况紧密结合起来，反复思考，深刻领会，在学好文件和摸准情况的基础上，积极稳步地开展工作。对《决议》的学习，对实际情况的了解，决不可蜻蜓点水，一掠而过，在似懂非懂、若明若暗的情况下，就匆匆忙忙地出主意，发号召。否则，不但不可能做好工作，甚至会发生这样或那样的偏差。在贯彻执行《决议》中，还要防止各种干扰，反对形式主义，反对搞花架子。只要经过学习，把广大党员、干部和群众的思想统一到《决议》上来，就会充分发挥大家的积极性创造性，扎扎实实地开展精神文明建设的工作，从而更有力地促进并保证改革开放和社会主义现代化事业的胜利发展。

■ 注　释

[1]中国共产党第十二届中央委员会第六次全体会议，见本书《为形成指导精神文明建设的纲领性文件而共同努力》注[1]。

[2]十二大，见本书《总结社会主义建设的经验和教训》注[3]。

[3]十一届三中全会，见本书《在肇庆地委常委扩大会议上的讲话》注[2]。

痛悼敬爱的叶帅

（一九八六年十月三十一日）

敬爱的叶剑英[1]同志和我们永别了。我为失去了一位诲人不倦、高风亮节的师长而感到万分的悲痛。

叶剑英同志的一生，是光辉的战斗的一生。他像吐丝的春蚕和燃烧的蜡烛一样，为了党和人民的事业，鞠躬尽瘁，死而后已。他立下的不朽功勋，将永垂青史。

我们永远不会忘记的是，叶剑英同志从投身革命的那一天起，就始终把党和人民的利益摆在第一位，顾全大局，严守纪律，坚决果敢，义无反顾，哪怕冒着牺牲性命的危险也在所不辞。特别是在红军长征[2]途中粉碎张国焘[3]企图危害党中央的阴谋的斗争中，以及在“文化大革命”中粉碎江青[4]反革命集团的斗争中，他所起的决定性作用，是永远铭刻在我党历史的记功碑上的。在叶剑英同志的诗作中有这样两句：“人生贵有胸中竹，经得艰难考验时。”这两句诗，正是他多次在历史的紧要关头，临危不乱，大智大勇，为了党和人民的利益勇往直前的崇高精神的写照。

我和叶剑英同志在延安相识。对他渊博的军事知识，卓越的组织和指挥才能，我是十分敬佩的。他在政治上的远见卓识，工作中的勤奋严谨，为人谦虚宽厚，生活节俭朴实，也一直是我仰慕的。但是我和叶剑英同志接触较多，亲身体察他的高尚精神和崇高品德，是在粉碎江青反革命集团之后。

在叶剑英同志的身上，我感到有一种极为宽广的襟怀和宏伟的气魄。他以党和国家的大局为前提，运筹帷幄，时时处处从国家的长治久安和党的兴旺发达来考虑问题。粉碎江青反革命集团后，他首先提出必须把追随林彪[5]、江青反革命集团干坏事的人从领导班子中清除出去，让马克思主义者掌握领导权；他衷心希望的是，全国各族人民和全党全军都能把被十年内乱所耽误的时间夺回来。他坚持我党实事求是的思想路线，坚决平反重大冤、假、错案，荐举贤能，把大批久经考验的领导干部解放出来，或者请出来工作。他从党和国家的前途着眼，多次在政治局会议上提议要尽快地请邓小平同志出来工作，并且据理力陈，反复做工作。他一再强调："小平同志具有安邦治国的卓越才能，他当全党的'军师'和全军的统帅，是当之无愧的。"在他和政治局其他同志的共同努力下，这个顺应党心、军心、民心，对拨正我国历史发展航向具有决定意义的大事终于得到实现。

由于康生[6]的诬陷和林彪、"四人帮"[7]的迫害，我十六年没有工作。在邓小平、陈云、王震[8]等老同志出来工作之后，在党中央和叶剑英同志的关怀下，我的错案也得到平反。一九七八年二月，我被特邀参加全国政协会议，从外地回到北京。当时叶剑英同志年事已高，工作日夜繁忙，还抽空接见了我。他见我身体很好，非常高兴，紧紧握着我的手，鼓励我要向前看，以后多为党做工作。他那宽广的胸怀，恢宏的气度，对同志亲切、谦和、真挚和深情厚意，使我感动得热泪盈眶。一个共产党员，还有什么比能为党多做些工作而感到幸福和自豪的呢！四月初，中央决定我到广东省工作。

广东是叶剑英同志的家乡和长期从事革命活动的地方。在大革命[9]时期,他在这里练兵从武,讨伐叛敌,指挥起义,出入于枪林弹雨。广东解放前夕,他奉中央之命担负了华南地区党政军首脑的重任,结合广东的实际情况和历史特点,坚决贯彻党中央的方针政策,提出了一系列有远见的政策措施,对加速解放华南地区,对新解放区政治局面的稳定和当时面临的种种困难的克服,以及恢复生产和各项工作的开展,起了决定性的作用。我到广东前,已经十多年没有工作了,一下子到位置重要而情况又比较复杂的地方工作,在当时难度毕竟是比较大的。在我到了广东不久,叶剑英同志来视察工作。在听我汇报了来广东工作的初步设想之后,他赠我六句话,要我在工作中注意:“深入调查研究,稳妥制定计划;及时报告中央,按步执行实施;分清轻重缓急,注意保密安全。”在广东,以至现在,我一直把叶剑英同志的这六句话作为座右铭。

在广东工作三年期间,我和省委的同志一起,抓紧揭批林彪、江青反革命集团的斗争,对帮派头头坚决进行了处理。特别是十一届三中全会[10]以后,我们按照党的实事求是的原则,清除“左”的影响,坚决拨乱反正,平反各种冤假错案,落实党的各项政策。对一些历史遗留问题,省委也根据实事求是的精神进行复查,并及时报告中央和中央纪委,得到了妥善处理。一九七八年夏天,叶剑英同志请胡耀邦[11]同志向广东省委转达他的意见,充分肯定了广东省委的工作,这给我们开展广东工作新局面带来了巨大力量。

叶剑英同志对广东、福建两省实行特殊政策、灵活措施十分关怀,大力支持,充分表现了他观察问题的高瞻远瞩,深谋远虑。一九七九年六月,他在广东视察工作时,根据中央关于批准广东、福建两省实行特殊政策、灵活措施的精神，要求广东先走一步，搞好试验。他在接见广东省各地、市、县委书记时说：“广东搞好了，可以推动全国、促进全国。搞不好，也会搞乱全国的。所以，这很重要，同志们要努力，带个好头。”七月十五日，中共中央、国务院正式发文批转了广东省委、福建省委关于对外经济活动实行特殊政策和灵活措施的两个报告。由于全省各级党委和广大人民群众的共同努力，从这以后，广东的工作有了比较大的进展，中央的决策日益转化为巨大的物质力量。实践证明，广东、福建实行特殊政策、灵活措施和创办经济特区，不但有利于加快两省经济的发展，而且有利于促进全国的经济体制改革。现在，实行对外开放和对内搞活经济，已成为我国坚定不移的国策。

叶剑英同志对正确处理外来干部和地方干部的关系，以及培养地方干部问题很关心。他对外地到广东工作的同志，总是给予极大的信任和支持，并鼓励外来干部要适应当地生活习惯，依靠当地干部和群众进行工作。他讲过一个故事：秦始皇派了一个河北人叫赵佗[12]的到广东来做官，一直在广东，做了很多好事。他鼓励外来干部像赵佗一样，在广东安家落户。他说：外省的同志来广东，做了很多工作，是有很大贡献的。广东人民会称赞你们，不会忘记你们。同时，叶剑英同志也很强调培养和使用地方干部。一九七九年六月，省委召开地、市、县委书记会议，他接见大家时要县委书记中的广东人举手，一看占多数，他很高兴，认为是可喜的现象，并要我和杨尚昆[13]同志继续注意培养地方干部。他说：这不是地方主义，这是党的事业的需要。他谆谆鼓励外来干部和本地干部要互相尊重，搞好团结，互相学习，同心同德，把工作搞好。他还多次提出外来干部、南下干部要学习本地群众语言，才能更好地接近群众，并风趣地说：语言不通，好比鸭同鸡讲话，都听不懂。同时，他还希望本地干部要学习和推广普通话。

叶剑英同志密切联系群众，他在耄耋之年，还每年都来广东指导工作。他不顾年迈体衰，有时还冒着盛夏酷暑，到工厂、农村、学校、部队视察。他到深圳、珠海经济特区和海南岛[14]检查工作。他关心南海石油开发，广东有色金属生产，以及交通、能源、侨务等工作。广东“七山一水二分田”，山地很多，这是很大资源，他提出要向山区进军，开发山区。他强调“山区要搞好造林，有了林就有水，有山必有水，无水不成山”。社会主义阶段的最根本任务就是发展生产力，叶剑英同志走到哪里，都讲：“希望你们生产一天一天发展，人民生活一年一年改善，在发展生产的基础上不断提高人民的文化科学水平。”他和人民息息相通，人民群众的切身利益问题都记挂在他的心中。他看到很多农村还是用木柴烧饭，感到是一个巨大的浪费，要求农村各级干部大力办好沼气和小水电，解决农村的能源问题。他到梅县时，了解到黄塘医院[15]房屋破旧，设备简陋，回到广州后就把卫生部的同志找来，请他们设法从北京一些大医院“退伍”的设备中，调剂一部分给黄塘医院，并派一些医务人员到北京大医院学习，用带徒弟的方法，培养提高业务水平。他对革命故旧感情极深，在视察期间，接见和慰问过许多烈士亲属，把党的关怀和温暖送进了大家的心田。他念念不忘实现祖国统一大业，常常提醒我们要做好统一战线工作，并亲自会见了很多港澳人士和归国华侨、外籍华人。他走到哪里，都受到工人、农民、学生、侨眷和解放军指战员的热烈欢迎。

叶剑英同志谦虚谨慎，平易近人，同志们都愿意接近他，把同他见面交谈，视为一件乐事。在广东的干部中，对叶剑英同志都是亲切地称呼为“老帅”，大家非常尊敬他，爱戴他，希望他健康长寿。

我调离广东到中央工作以后，同叶剑英同志直接接触和接受教益的机会更多了。他为了党和人民的事业不屈不挠，英勇奋斗的革命精神，他顾大局、守纪律、团结同志、扶植后辈的高尚品德，他渴求统一祖国、振兴中华的真诚愿望，给我留下了深刻的印象。他不愧是一位伟大的无产阶级革命家、政治家、军事家。

叶剑英同志的历史功勋和崇高精神将永远为后人所敬仰。我们要继承叶剑英同志的未竟事业和遗愿，在党中央的领导下，为建设四化、统一祖国而努力奋斗！

■ 注　释

[1]叶剑英，见本书《同心协力把广东工作做好》注[3]。

[2]长征，见本书《红日照亮了陕甘高原》注[1]。

[3]张国焘（一八九七——一九七九），江西萍乡人。一九二〇年参加北京共产主义小组。一九二一年出席中国共产党第一次全国代表大会。曾任中共中央政治局委员、政治局常委，中共鄂豫皖中央分局书记、中华苏维埃共和国中央执行委员会副主席。一九三五年六月红军第一、第四方面军在四川懋功（今小金）地区会师后，任中华苏维埃共和国中央革命军事委员会副主席、红军总政治委员。他反对中央关于红军北上的正确决定，进行分裂党和红军的活动，另立中

央。一九三六年六月被迫取消第二中央,随后与红军第二、第四方面军一起北上,十二月到达陕北。一九三七年九月起,任陕甘宁边区政府副主席、代主席。一九三八年四月,他乘祭黄帝陵之机逃出陕甘宁边区,投入国民党特务集团,成为中国革命的叛徒,随即被开除出党。一九七九年在加拿大去世。

[4]江青,见本书《永远难忘的怀念》注[50]。

[5]林彪,见本书《落实知识分子政策,加强党对教育工作的领导》注[3]。

[6]康生,见本书《学习徐特立同志为真理而斗争的精神》注[3]。

[7]“四人帮”,见本书《同心协力把广东工作做好》注[7]。

[8]王震,见本书《红日照亮了陕甘高原》注[40]。

[9]大革命,见本书《关中党史简述》注[1]。

[10]十一届三中全会,见本书《在肇庆地委常委扩大会议上的讲话》注[2]。

[11]胡耀邦,见本书《要把农业科学研究摆到重要的位置》注[10]。

[12]赵佗,秦朝时任南海郡龙川县令、南海尉。秦末兼并桂林、南海和象三郡,建立南越国。后被汉高祖刘邦封为南越王。

[13]杨尚昆,见本书《在全国来信来访工作会议上的讲话》注[1]。

[14]海南岛,见本书《同心协力把广东工作做好》注[8]。

[15]黄塘医院,即梅州市人民医院,创建于一八九六年。

少说空话，多办实事，把少数民族地区的经济文化建设搞上去*

（一九八六年十一月一日）

当前，全国各部门、各地区、各行各业都在联系自己的实际，学习和贯彻《中共中央关于社会主义精神文明建设指导方针的决议》，国家民委召开这样一次会议，联系少数民族地区和少数民族的实际，联系民族工作的实际，联系民委业务的实际，学习和贯彻《决议》，交流思想，统一认识，这对于进一步做好民族工作，是很必要的。

党中央关于新时期民族工作的总方针和指导思想是明确的，现在的问题是要从少数民族地区和少数民族的实际出发，因地制宜，因民族制宜，采取切实有效的措施予以贯彻落实。为此，也需要解决一些思想认识问题，但是最主要的还是少说空话，多办实事，把少数民族地区的经济文化建设搞上去。

一、要正确认识近几年来民族工作的成绩和存在的问题

建国以来，我们党把马列主义民族理论的基本原理同中国民族问题的实际相结合，制定了正确的民族政策，并且在实践中不断地丰富和发展这些政策，走出了一条解决国内民族问题的正确道路，取得

* 这是习仲勋在全国民委主任（扩大）会议上的讲话。

了巨大成功。这在世界上是得到公认的。当然，我们也有失误，也犯过错误。十一届三中全会[1]以来，党中央和国务院十分重视民族问题和民族工作，作出一系列重大决策和重要决定，从指导思想上进行了拨乱反正，平反了冤假错案，落实了党的政策，取得了显著的成效。根据新时期的新形势和各民族的具体情况，党中央和国务院还分别确定了许多有利于各少数民族地区经济和文化发展，有利于实现各少数民族区域自治权利，有利于加强各民族团结的政策。这些政策的贯彻执行，使民族工作重新走上了正确轨道，促进了少数民族地区和少数民族经济文化的发展，增强了民族团结。一九八五年，全国少数民族自治地方工农业总产值达到八百零一亿元，比一九八〇年增长百分之五十八点六。“六五”期间平均每年增长百分之九点七，超过了前五个五年计划期间年平均增长百分之六点六的速度；城乡居民实际消费水平每年增长百分之五至百分之八，人民生活显著改善；民族教育、科学、文化、卫生、体育等事业都有较快的发展。可以说，近几年来民族工作的成绩是很大的，是建国以来的最好时期之一。这是必须予以充分肯定的。

但是，还必须看到，在新时期，民族工作面临着许多新情况、新问题，同全国迅速发展的形势很不适应，也就是还存在着不小的差距。从这次会议的讨论中，可以归纳为四个方面的问题：一是大多数的少数民族地区的经济发展速度比较慢，同全国平均水平之间的差距逐渐扩大；二是少数民族地区和少数民族人口中的贫困面还相当大，全国大约有一千五百万少数民族人口的温饱问题没有解决；三是少数民族地区的教育、科学、文化等落后状况比较突出；四是缺乏资金和人才。这些问题在各地都不同程度地存在着。由于各少数民族地区和少数民族的情况有很大差别，解决这些问题，固然需要国家的支持和帮助，但最根本的还是要各地党委和政府从本地区、本民族的实际出发，采取切合实际的措施，依靠各民族人民群众自力更生，艰苦奋斗，去改变旧面貌，开创新局面。

现在，少数民族中还有一千五百万人口的温饱问题没有解决，在全国是个少数。但少数民族只有七千万啊！占了近四分之一。值得我们重视。国家为帮助少数民族发展拨的钱，有的地方挪作别用，不真正去帮助少数民族地区发展经济，搞教育事业。这个也不好。今后就是专款专用，拨给这个地方的钱，就要用到这个地方。这些问题要报告国务院，也可以同时抄报中央书记处。现在党政机关的职责要分开，充分发挥政府机关特别是民委这个机构的职能，把这个机器运转起来，多办点事情。小平同志在一九八〇年八月《党和国家领导制度的改革》[2]那篇文章里讲得很清楚。

这里我介绍一下内蒙古自治区党委书记张曙光同志的一段话。他说，帮助过游牧生活的少数民族，“第一，要从建设家园、料理家务、操持生活这些最基础的方面做起，引导和帮助提高少数民族的素质和自我发展的能力。第二，有计划地组织少数民族干部和党员学习社会发展史，学习现代科学技术知识，开阔视野，发展生产力。第三，住在林牧区的一些林业、矿业、铁路单位和部队，要充分发挥各自在经济、技术、人才等方面的优势，帮助当地少数民族发展生产。各级党政机关要深入基层，帮助少数民族解决生产和生活中的实际问题。特别要注意研究如何把广大牧民从繁重的放牧和家务劳动中解放出来，逐步变游牧为定居，促使他们从自然经济向商品经济过渡。”他讲的这几条意见都很好，都可以参考。

二、要从思想观念到实际工作中真正把发展少数民族的经济放在民族工作的首位

在新时期,民族工作的中心任务是加快少数民族地区经济和文化的发展,促进各民族的共同繁荣。各地党委和政府要把经济工作放在各项工作的首位,一切工作要紧紧围绕着这个中心去进行。要发展少数民族地区的经济,必须坚持对外开放,对内搞活,发展商品经济。一些少数民族没有商品经济观念,要帮助他们,就是要办些实事。民族地区必须开放,封闭了不行。这对少数民族来说尤为迫切。少数民族可以越过一个或几个社会发展阶段过渡到社会主义。但是,商品经济的发展却是社会经济发展不可逾越的阶段。我们现在搞社会主义,也还要搞商品经济。要在少数民族地区实现经济现代化,必须补上这一课。在这方面是有很多工作可做的。同时,要围绕着经济建设这个中心,搞好社会主义精神文明建设,在这方面也是有很多工作可做的。我们必须坚持两个文明建设一齐抓,把治穷和致富结合起来。各级民族事务委员会要积极参与少数民族地区的经济工作,主要是从研究发展少数民族经济的总体规划和解决实际问题两个方面去进行,并且要把解决实际问题放在重要位置。我看至少有这样一些事情可办:(1)组织专家对某一个地方,比如一个县或一个地区的开发问题进行调查研究,制定规划和实施方案,并协助当地政府组织实施。(2)就某一个地方的单项开发问题,从可行性研究到实施开发的全过程给予帮助。最近甘肃对河西问题,组织了一些专家去进行研究。还有湘西、鄂西问题,都采取了这种办法。可以组织省里的研究所去搞,各民主党派也可以参加进来搞。(3)帮助进行各

种专业人才的培训。（4）为少数民族地区同先进地区的横向联系搭桥牵线。但是要平等互利，不能你占我一点便宜，我占你一点便宜。汉族与少数民族之间要平等互助，就是少数民族与少数民族之间，也都要平等互助。搞经济、做生意都要订合同。现在有些少数民族群众，连账也不会记。有的不知道什么是商品，还有只知道以货易货的。汉族同志不要去占人家的便宜，要去帮助他们。特别是做民族工作的同志，要为少数民族服务。这只是举些例子。只要开动脑筋，可办的实事是很多的。总之，要在多办实事，多解决实际问题上想点子，下工夫，使少数民族地区的经济得到较快的发展。要拿出一定时间到一个地方去，把那个地方的经济搞上去。到那个地方，首先要进行实地调查。调查是为了什么？为了决定政策，为了解决那个地方的实际问题。调查来调查去，材料一大堆，就是不解决实际问题，我看这样的调查不必要，毫无价值。我不是反对调查，我是很注重调查的。我去广东工作时，叶剑英[3]同志对我说的头一句话就是要调查研究。

我国还有一千八百多万散居、杂居的少数民族人口，各地党委和政府在安排经济、文化建设和各项工作时，要想办法给予必要的帮助和照顾。就是要给一点偏食吃。我在一次教育会议上讲过这个问题，对一些贫穷落后的地区、学校，要给一点偏食。对少数民族要多给一些帮助，多给一些照顾，使他们和当地的汉族一起富裕。

三、要贯彻改革和开放的方针，促进少数民族的发展进步

发展经济，要贯彻改革和开放的方针。我们实行的改革，是社会主义制度的自我完善和发展。同志们学习了邓小平同志《党和国家

领导制度的改革》这篇重要文章没有？这是指导我们进行政治体制改革的纲领性文件。改革的根本目的是改善和加强党的领导，调动各方面的积极性，充分发挥社会主义制度的优越性。

随着经济体制和政治体制的全面改革，随着社会主义精神文明建设的发展，必然要求树立和发扬社会主义的道德风尚。这就带来了一系列的新问题，要求我们必须更新观念。旧的观念不适应了，要改变才能顺乎潮流。

沈阳市委扩大会议提出学习贯彻《中共中央关于社会主义精神文明建设指导方针的决议》，要树立五种新观念。很有道理。一是破除挂帅观念，树立服务观念。我们都是领导，其实领导就是服务，为人民服务，为下级服务。二是破除抽象观念，树立求实观念。三是破除封闭观念，树立开放观念。我看，这在少数民族地区很有用处。少数民族太封闭了，他们过去不愿与外边多来往，是有历史原因的，直到今天，还有人去糊弄少数民族，用些假货、不真实的东西，把人家的羊弄走了，牛也弄走了，羊毛也弄走了。我看这些问题要重视。我们要建立一个平等、团结、互助的民族关系。现在的横向经济联系也要这样。四是破除单纯“破”的观念，树立建设观念。五是破除封建观念，树立时代观念。封建观念主要指汉族，少数民族也有这类问题。我认为这五点讲得比较有道理。

《中共中央关于社会主义精神文明建设指导方针的决议》指出：“在广大城乡要积极开展移风易俗的活动，提倡文明健康科学的生活方式，克服社会风俗习惯中还存在的愚昧落后的东西。婚嫁丧葬中的陋习要改革，封建迷信要破除。”这些陋习在汉族中也很严重，例如在湖南、福建、广东、河南等地。陕西渭南有个劳动局长给儿子娶媳妇，大搞排场，光车就不知用了多少辆。现在把这个人撤职了。封建迷信不是指的宗教，按教规教义搞的宗教活动是允许的。但现在有些宗教也搞迷信。这些问题由宗教自己去解决。行政上对这些问题不要做硬性规定。《决议》中说："这种改革，要在尊重健康民俗的前提下，在自愿基础上，由群众自己来进行，共产党员、共青团员要率先倡导。"这是对全国各族人民和全社会的共同要求，少数民族也不例外。对少数民族地区那些不利于民族兴旺、群众致富，不利于两个文明建设的陈规陋习，要采取积极而又慎重的态度，通过同少数民族代表人士和广大群众充分商量后，由他们自觉自愿地加以改革。

古今中外的事实表明，一个封闭的民族是很难发展和进步的。在中国文化中，有很多的好东西是从中东、南亚的文化吸收过来的。在民族工作中，应当积极地帮助各少数民族改变封闭状态，实行开放。这种开放，包含对国外开放和对国内其他地区、其他民族开放。随着商品经济的发展，对外开放、交流是脱贫致富，吸收先进技术、人才，开阔视野、增长知识的必由之路。这一点要反复地向少数民族人民群众讲清楚，做工作。要摆些实际的例子做宣传。说得再多，没有样子看不行。这是个大舞台，就看你咋演，带个好头，群众一看就会认为这样好，进步啊！

四、要认真贯彻执行《民族区域自治法》，切实尊重和保障民族自治地方的自治权利

《民族区域自治法》是我们国家的一个基本法，是保障少数民族人民群众充分享受自治权利的法律武器。这个基本法自公布贯彻执行以来，已经取得了很好的效果。但是，也还存在不少问题，最主要

的一点是自治地方的自治权利没有得到完全的尊重和保障。各地党委和政府要充分予以重视，牢固树立明确的法制观念，对《民族区域自治法》的实施进行监督。《民族区域自治法》的核心是保障少数民族人民当家作主的自治权利，上级政府尊重和保障自治地方的自治权利。这是关键所在。各级民委有责任向党委和政府反映有关《民族区域自治法》贯彻执行的情况和存在的问题。

首先，要学习宣传好《民族区域自治法》，特别是民族工作干部，要拿出一定的时间来学，学好了就可以做好工作，少犯错误。还要向汉族同志宣传，向做经济工作、文化工作、教育工作的同志宣传。全党、全国各族人民都要重视学习《民族区域自治法》。其次，民委和统战部要认真进行调查研究，针对实际存在的主要问题，提出解决办法，使《民族区域自治法》得到全面顺利的实施。第三，要有一个总体规划，一年的、五年的、长远的，要区分轻重缓急，每年办一两件实事。

五、要加强民族政策和民族团结的教育

全国各民族的大团结，对我国这样一个多民族国家具有十分重要的意义，是关系到国家命运的重大原则问题，我们一定要提高对民族问题的认识，努力维护民族团结。

我们要相信少数民族。从总体说，我们少数民族是好的，是不愿意与祖国分离的！

《民族区域自治法》写了要反对大汉族主义，也要反对地方民族主义。今后还是有什么问题解决什么问题，不要一遇到问题就轻率地提这个主义那个主义，也不要提这个路线那个路线。一九五七年反地方民族主义搞成了运动，一运动就运动坏了。过去我们什么都

搞运动，坏就坏在这里。再不能搞运动了。现在什么事情也都不能一哄而起，扎扎实实办事就对了。不要把声势、舆论造得很大，这不好。现在地方民族主义、大汉族主义都有，但是不能搞运动。要按法律办事。法律面前人人平等，党纪面前、政纪面前也是人人平等。

不要以为我们在民族地区工作就懂得、认识和了解少数民族。一个社会复杂得很，要认识它可不容易。譬如西藏，多少年了，现在是不是都摸透了？不见得。

随着对外开放和商品经济的发展，各民族人民群众之间的直接交往和接触日益频繁，这对各民族交流感情，加深相互了解，扩大相互学习，是非常有利的，尤其是通过商品经济所形成的各民族在经济上的相互依存、相互促进关系，是民族团结的坚实基础和牢靠的纽带。我们应当鼓励、提倡这种交往。但是由于历史遗留下来的影响，对民族关系方面的问题不能低估。各民族在频繁接触中容易引起一些纠纷，尤其是地区之间、民族之间、行业之间、企业之间，以至个人之间的经济利害十分复杂，处理好这些问题，对发展民族之间的交流，增进民族团结，大有好处。最根本的一条，就是要在全国人民中加强民族政策和民族团结的教育。各级民委应当担负起广泛宣传民族政策的责任。要编写生动的材料，充分利用电视、广播、报纸等工具进行宣传。

六、要大力培养少数民族干部

这几年来，各地党委和政府在培养少数民族干部工作方面做了大量的工作，取得了很大的成绩。但是也必须看到，目前少数民族干部队伍的状况，与四化建设蓬勃发展的新形势是很不适应的。在数量上，少数民族干部不足，不少民族自治地方当地少数民族干部占干部总数的比例与当地少数民族人口所占的比例相比，有不小的差距。在素质上，少数民族干部知识化、专业化水平低，符合“四化”[4]条件的领导干部很缺。民族繁荣是我国各族人民的共同事业。我们必须从实现这个战略任务的高度来认清培养少数民族干部的重要性和迫切性，认真贯彻党的民族政策和干部政策，采取有力措施，培养少数民族干部。一是要有步骤有计划地培养少数民族的领导干部。这一点，我们要向乌兰夫[5]同志学习。当然，在党的高级领导干部中，像乌兰夫这样的少数民族马克思主义者很少。乌兰夫是我们的榜样，各级都要有这样一些马克思主义的民族干部。二是要大力培训少数民族的管理干部、技术干部和科研人员；三是要选派少数民族干部到中央和省的民族学院、党校学习进修。希望各地党委和政府对这方面的工作要给予足够的重视，并采取一些特殊政策，大力培养和造就一支具有坚强党性和开拓精神又有专业知识的少数民族干部队伍，这对发展民族地区的经济和文化建设事业，实现各民族的共同繁荣将会起到决定性的作用。

七、要进一步加强对民族工作的领导

马克思主义认为，民族是一个历史范畴，有它产生、发展、繁荣、消亡的过程。只要民族差别存在，就有民族矛盾，就有民族问题，就要做好民族工作。我国是个多民族的国家。在现阶段，建设有中国特色的社会主义，把我国建设成为高度文明、高度民主的社会主义现代化国家，是我国各族人民的共同理想，也是各族人民的共同任务。为了实现这个宏伟目标，就必须把各族人民紧密地团结起来，同心同德，努力奋斗。各地党委和政府一定要充分认识民族工作的长期性、重要性、艰巨性和复杂性，进一步加强领导，并采取有效措施，切实搞好。我们全党在民族问题上要牢固地树立一切立足于、着眼于帮助少数民族治穷致富，全心全意为少数民族服务的思想。要从本民族地区的实际出发，抓好两个文明建设，每年都能为少数民族办几件实事，尽快改变民族地区在经济、文化等方面的落后面貌。

各级民委要进一步加强自身的建设，不断提高干部的素质。在新时期，在改革和开放的形势下，对干部政治水平、政策水平和其他领导能力的要求都提高了，要能够适应。各级干部都要学习，不断提高自身的素质。

要发扬实事求是、理论联系实际、一切从实际出发的作风，反对尚空谈、不干实事的作风；要提高工作效率，克服办事拖拉、经常扯皮的官僚主义作风；要解放思想，坚持改革，勇于创新，克服"左"的、右的思想影响和因循守旧的观念。总之，民委的工作一定要适应新的形势，树立新的观念和新的作风，广大干部要加强团结，奋发努力，艰苦奋斗，为各民族的兴旺发达、共同繁荣作出贡献。

■ 注　释

[1] 十一届三中全会，见本书《在肇庆地委常委扩大会议上的讲话》注[2]。

[2]《邓小平文选》第二卷，人民出版社一九九四年版，第三二〇页。

[3]叶剑英，见本书《同心协力把广东工作做好》注[3]。

[4]“四化”，见本书《在中央办公厅颁发老干部离休荣誉证大会上的讲话要点》注[4]。

[5]乌兰夫，见本书《用改革的精神开创政协工作新局面》注[3]。

做好新形势下的统战工作*

（一九八六年十二月三日）

认清爱国统一战线面临的新形势、新特点，进一步做好统战工作

自上次全国统战工作会议后的五年来，党中央对巩固和扩大爱国统一战线作了一系列重要指示。经过各级党委和统战部门、各民主党派、有关人民团体和各界党外人士的共同努力，统战工作取得了很大成绩，爱国统一战线得到了蓬勃的发展，团结面越来越广泛，在统一祖国、振兴中华的事业中发挥的作用也越来越显著。可以说，现在的统一战线是新中国成立以来最好的时期之一。

全国形势的发展，给爱国统一战线带来了旺盛的生命力，形成了许多新的特点：（一）统一战线的范围更加广泛。它既包括了由大陆全体劳动者和爱国者组成的，以社会主义为政治基础的联盟；又包括了团结台湾同胞、港澳同胞和国外侨胞在内的，以拥护祖国统一为政治基础的联盟。这两个范围的联盟，构成爱国统一战线的整体，团聚了千千万万的劳动者和爱国者，组成了一支为统一祖国、振兴中华而奋斗的浩浩荡荡的大军。（二）统一战线的对象有了新的发展。老一

---

* 这是习仲勋在全国统战工作会议上讲话的主要部分。标题为编者所加。

辈的民主党派领导人和各界爱国人士，与我们党一道经历了各种艰难困苦的考验，长期合作，共同奋斗，对我国的革命和建设事业作出了很大贡献，是我们党真诚的战友，今天仍然起着重要的作用，我们永远不会忘记他们。随着历史的进程，新一代的各界党外代表人物在许多领域开始显示出自己的才能和作用。许多党外的中青年代表加入了各民主党派和有关人民团体，一些人进入了各级领导班子。在港澳同胞、台湾同胞和海外侨胞中，第二、第三代的新人正在政治、经济、文化各个领域中涌现出来，形成一股新的力量。在进一步做好老一代党外人士工作的同时，增强同新一代各界党外代表人物的团结与合作，将是我们今后工作的一个重要方面。（三）统一战线的内部关系呈现新的情况。随着改革、开放和社会主义商品经济的不断发展以及“一国两制”[1]的逐步实施，不同阶级、阶层、党派、集团和各种社会力量的不同利益、意见和要求，在统一战线内部日益强烈地反映出来，带来了许多新的矛盾。正确地处理和调节这些矛盾，将是我们面临的一个重要课题。

面对着新形势、新特点，当前爱国统一战线的工作布局，就是要以统一祖国、振兴中华为总目标，团结全国各族人民、各民主党派、有关人民团体和无党派人士，团结几千万海外同胞，积极推动“一国两制”的实施，为统一祖国服务；发扬爱国的传统和智力优势，为改革、开放，建设社会主义物质文明和精神文明服务；完善和发展中国共产党领导下的多党派合作，为社会主义民主和法制建设服务，并使这三者密切配合，互相促进。全党必须统一认识，振奋精神，协调各方面力量，共同努力，做好统战工作。要注意妥善处理下面两个关系：

第一，统一战线与两个文明建设的关系。统一战线作为党的总路线和总政策的重要组成部分，必须按照我国社会主义现代化建设的总体布局，团结一切可以团结的力量，调动各方面的积极性，为物质文明建设和精神文明建设服务。同时，物质文明和精神文明的协调发展，也为统一战线的发展提供了物质条件、思想保证和更加广阔的用武之地。两者密切联系，相得益彰。统一战线只有充分发挥自身的优势，紧紧地为两个文明建设服务，才会有宽广的前途。两个文明建设也只有善于运用统一战线这个法宝，才能更加蓬勃发展。

第二，大陆统战工作与海外统战工作的关系。推动“一国两制”的实施，是关系到统战工作全局的战略任务。面对新形势，统一战线工作必须立足大陆，面向台湾、面向港澳、面向海外。搞好大陆的统战工作，推动两个文明建设，促进安定团结的政治局面，逐步完善社会主义民主和法制，才会为开展海外统战工作创造有利的条件。同样，做好海外统战工作，又将有力地促进祖国的统一、振兴和繁荣。总之，大陆统战工作是海外统战工作的基础和依托，海外统战工作给大陆统战工作提出了新要求，赋予了新内容。两者根本目的一致，相互依存，又相互促进。必须指出，各地开展海外统战工作的客观条件不一样，一定要在搞好大陆统战工作的基础上，从自己的实际情况出发，实事求是地恰当地进行部署，防止“一哄而起”。

完善和发展中国共产党领导下的多党派合作，充分发挥人民政协的作用

中国共产党领导下的多党派合作和政治协商会议制度是具有中国特色的社会主义政治制度的一个特点和优点。进一步发挥各民主党派和人民政协在国家政治生活中的作用，是社会主义民主的本质

要求,也是我国政治体制改革的一个重要内容。

我国各民主党派经过长期革命和建设实践的锻炼与考验,已经成为在中国共产党领导下,以社会主义劳动者为主体,为社会主义服务的政党。他们参与国家政权,参与国家事务管理,致力于社会主义事业,为统一祖国、振兴中华作出了重大的贡献。那种认为民主党派是“摆设”和“可有可无”的思想是错误的。同时,我们应当明确,民主党派具有各自不同的特点,代表着他们所联系的社会阶层或社会集团的利益,在社会主义时期将长期存在。那种认为民主党派将“一代而亡”,或认为已经成为工人阶级政党的观点,也是不正确的,是不利于民主党派的发展和充分发挥他们的作用的。

十一届三中全会[2]以来,党中央一直十分重视民主党派和人民政协在国家政治生活中的重要地位和作用,许多大政方针的决策,都同他们认真协商,征求意见,并在贯彻过程中不断听取他们的建议和批评,为全党作出了榜样。各级党委和政府,特别是领导同志,要充分重视人民政协和民主党派在统一祖国、振兴中华的宏伟事业中的重要作用,进一步克服“左”的影响,认真贯彻“长期共存、互相监督、肝胆相照、荣辱与共”的方针,大力支持他们独立自主地开展工作,积极为他们参与国家大事创造条件,充分发挥他们的监督作用。第一,要制定相应的制度和措施,经常向政协、民主党派、有关人民团体和党外人士通报情况,定期召开座谈会或协商会,发扬民主,广开言路,使政治协商经常化、制度化。第二,有关重大决策要主动征求党外人士的意见,共同磋商,接受他们的咨询,并在执行中不断听取他们的意见,加以改进和完善。第三,对德才兼备的党外中青年干部,要大胆提拔和使用,并使他们在各自的领导岗位上真正有职有权有责,以利于充分发挥他们的聪明才智。对老一辈的党外人士要分别不同情况作出妥善的安排，使他们各得其所，继续发挥作用。第四，我们党内的领导同志要自觉接受党外同志的监督，对他们提出的批评和建议，都要认真研究，从善如流，闻过则改，并给予真诚的答复。实践证明，自觉接受党外同志的监督，虚心听取他们的意见，是防止官僚主义，端正党风、提高工作效率的重要途径。第五，要为各民主党派创造必要的工作条件，积极主动地为他们解决一些实际问题。

充分发挥人民政协、民主党派和党外人士在政治生活中的作用，关键在于创造一个民主、平等、和谐的政治环境。要真正贯彻"双百"方针，充分尊重人们发表意见的民主权利。要让人家讲话，要听取各种意见，特别是不同的意见。即使有不妥当的意见，也不要大惊小怪，要采取民主的方法、谈心的方法共同讨论解决。要切实遵照十二届六中全会[3]决议的要求，一切着眼于团结和建设，使一切有利于建设四化、振兴中华、统一祖国的积极思想和精神，一切有利于民族团结、社会进步、人民幸福的积极思想和精神，一切用诚实劳动争取美好生活的积极思想和精神，都受到尊重、保护和发扬。

加强和改善党对统战工作的领导

坚持党对统一战线工作的领导，是一项不可动摇的基本原则。全党抓统战工作是这一原则的集中体现，也是我们党在长期实践中形成的优良传统之一。周恩来同志在新中国成立初期召开的第一次全国统战工作会议上，针对党内一些同志认为统战工作只是统战部门的事情这种模糊认识，明确指出，统战工作是全党的一项重要工作，统战政策要靠全党去贯彻，"任何部门的工作都不能与统战工作相脱离"。其他中央领导同志在当时也一再强调,统一战线是党的总路线总政策的重要组成部分,必须全党上下一致努力,才能做好。以后,中央确定了在统战工作中要贯彻党的统一领导和全党做统战工作的方针。

新时期的统战工作涉及各个方面,并且从国内扩展到海外。在大陆社会主义制度范围内,共产党与各民主党派及各界党外人士的亲密合作,将长期地存在下去。推动“一国两制”的实施,既是我们党实现祖国和平统一的基本国策,也是保证祖国统一后两种不同社会制度的地区长期和平共处、和平竞赛,共同致力于祖国繁荣昌盛的百年大计。在今后很长的历史时期内,爱国统一战线对加强我国各族人民的大团结、大统一,保证我国社会的长治久安,促进社会主义现代化建设事业的顺利发展,扩大我国同各国人民的友好往来,都具有极其重要的作用。强调加强党对统战工作的领导,进一步发扬全党抓统战工作的优良传统,有着十分迫切而深远的意义。

第一,要在全党范围内大力开展统一战线理论政策的宣传和教育,提高广大干部特别是领导干部对爱国统一战线长期性与重要性的认识,增强运用统一战线这一法宝的自觉性,克服长期造成严重危害的狭隘观点。邓小平同志一九七九年就指出:在我国新的历史时期,“统一战线仍然是一个重要法宝,不是可以削弱,而是应该加强,不是可以缩小,而是应该扩大”。[4]希望各级党组织从战略的高度来重视统战工作,把它列入党委的议事日程,每年认真讨论几次。在部署和总结工作时,要将统战工作摆到应有的地位,充分发挥它的作用。建议各级党委在讨论有关统战方面的问题时,要吸收统战部长参加会议。

第二,各级党委和政府的主要负责同志要带头做好统战工作,模范地贯彻“长期共存、互相监督、肝胆相照、荣辱与共”的方针。要广交、深交党外朋友，包括老朋友、新朋友，经常听取他们对本地区政治、经济、文化发展及党风与社会风气等重大问题的意见和建议，真诚对待他们的批评和监督；经常关心他们的工作、思想和生活，扎扎实实地为他们解决一些实际问题。

第三，各级党委要加强对统战工作的协调和指导。建议各省、市、自治区党委由一位副书记或指定一位党政负责同志牵头，成立由统战部、人民政协、民委、侨办等部门负责人参加的统战工作领导小组，对有关统战方面的重大问题进行研究，妥善处理。

第四，加强统战部门与各有关部门的密切协作。统战工作是全党的工作。一方面，统战部门要发扬积极主动的精神，努力做好自己的工作；另一方面，要依靠各有关部门密切配合，加强协作，充分发挥各自的职能和优势，共同搞好统战工作。既不要一家包办，又不要各自为政。特别是开展海外统战工作，涉及面广，影响大，各有关部门之间一定要互通信息，相互配合，统一政策，协调行动。统战部门与人民政协、对台、港澳、侨务、外事、经贸、文教等工作部门之间的关系更为密切，在实际工作中更需要密切协作，相互配合，相互支持。

第五，各级统战部门要认真加强自身建设。广大统战干部要进一步解放思想，树立与改革、开放和“一国两制”新形势相适应的新观念、新作风，即：爱国主义大团结的观念和作风，社会主义民主的观念和作风，加强开放与协作的观念和作风，全心全意为人民服务的观念和作风，尊重知识、尊重人才的观念和作风。要继续克服“左”的影响和因循守旧的思想，把我们的思想和精力集中到对大政方针的研究与决策上来，高瞻远瞩，务实创新，当好党委的参谋和助手。

第六，各级统战部门要加强职业道德建设。《中共中央关于社会主义精神文明建设指导方针的决议》中，要求党和国家机关的干部“公正廉洁，忠诚积极，全心全意为人民服务，反对官僚主义、弄虚作假、利用职权谋取私利”。所有统战干部要在这方面身体力行，作出表率。

第七，各级党委要认真抓好统战部门的领导班子建设工作，要提拔一批符合干部“四化”[5]条件、富有求实创新精神的中青年干部，逐步形成比较合理的结构。要挑选一批思想素质比较好、德才兼备、有培养前途的中青年干部做统战工作，充实统战干部队伍。所需编制可以在本地区干部总编制内调剂解决。对现有统战干部要加强培训，认真学习马列主义理论，学习有关的业务知识，努力提高他们的思想政策水平和实际工作能力。

当前，统战部门的工作任务繁重，而不少地方的统战干部数量普遍不足，不能适应形势发展的需要。要改变这种状况，关键在于各级党委和政府要重视统战工作。只要思想认识提高了，统战工作就会得到顺利发展，许多具体问题也就好解决了。

在新的时期，爱国统一战线担负着更加光荣而艰巨的任务。希望广大统战干部团结一致，以愚公移山[6]、开拓前进的精神，认真贯彻执行党在新时期的统战工作方针和政策，扎扎实实、创造性地开展工作，为统一祖国、振兴中华这一宏伟事业作出新的更大的成绩。

■ 注　释

[1]“一国两制”，见本书《做好沿海开放城市和经济特区的统战、

政协工作》注[1]。

[2]十一届三中全会，见本书《在肇庆地委常委扩大会议上的讲话》注[2]。

[3]十二届六中全会，见本书《为形成指导精神文明建设的纲领性文件而共同努力》注[1]。

[4]见邓小平《各民主党派和工商联是为社会主义服务的政治力量》，《邓小平文选》第二卷，人民出版社一九九四年版，第二〇三页。

[5]"四化"，见本书《在中央办公厅颁发老干部离休荣誉证大会上的讲话要点》注[4]。

[6]愚公移山，参见本书《我在洛阳矿山机器厂的一年》注[2]。

在西安事变五十周年纪念大会上的讲话

（一九八六年十二月十二日）

今天，我们首都各界人士隆重集会，纪念西安事变五十周年。一九三六年十二月十二日，国民党爱国将领张学良[1]、杨虎城[2]发动西安事变，向国民党领袖、南京政府军事委员会委员长蒋介石进行“兵谏”，要求停止内战，联共抗日。在中国共产党和张、杨两将军以及国民党内主张以和平方式解决西安事变的一派几个方面共同努力下，蒋介石终于接受了这些正义要求，事变得以和平解决。时局由此发生了重大的转折，进而促成了以国共第二次合作为基础的抗日民族统一战线，发动了全民族的抗日战争。西安事变虽然是半个世纪以前的事，但至今仍深刻地留在中国人民的记忆中。

西安事变是在中华民族危机极端严重的形势下发生的。一九三一年发生九一八事变[3]，日本帝国主义侵占中国东北，继之又向华北大举扩张，平津告急，中华民族处在生死存亡的紧急关头。国民党政府对外一再妥协退让，多次同日本侵略者签订丧权辱国的协定，使一片片大好河山沦于敌手；对内与人民为敌，坚持进行反共反人民的内战，镇压人民的抗日爱国活动。这不能不激起全国人民的强烈不满和反抗。在上海、长城各口、察北、绥东等地区虽曾有国民党部分军队进行局部抗战，但都因国民党最高当局执行错误的内外政策而不能坚持下去。中国共产党多次发出停止内战一致抗日的呼吁，提出抗日民族统一战线的正确主张。全国各个阶级、阶层、党派和团体的爱国力量，纷纷行动起来，遍及城乡的抗日救亡群众运动风起云涌，充分表达了举国上下团结御侮的强烈愿望。国民党统治集团内部也发生剧烈分化。许多爱国的国民党官员、将领和有识之士也感奋而起，抗议最高当局所执行的错误政策，要求改弦更张。中华民族争取生存和解放的斗争已经成为不可抗拒的历史潮流。西安事变正是这个潮流的突出表现。张学良、杨虎城两将军出于民族大义，多次要求蒋介石改变“攘外必先安内”的错误政策，最后迫不得已而进行了“兵谏”。事变发生后，在全国各界要求和平解决的呼声下，张、杨两将军为实现全民族团结抗战，不惜委曲求全，作出重大的让步。中国共产党为促成抗日民族统一战线，作出停止武力推翻国民党政府、承认国民党的执政地位等重要保证。国民党主和派宋美龄[4]、宋子文[5]等，力排讨伐派的阻挠，促使和平协议得以达成。蒋介石最终也采取正视现实的态度，接受联共抗日的要求。所有这些，都充分体现了中华民族在强敌侵凌面前，“兄弟阋于墙外御其侮”的爱国主义精神。

为了说明西安事变的历史意义，可以将这个事件同红军长征[6]胜利和一二九运动[7]联系起来看一看。一九三五年十月，中央红军长征胜利到达陕北，中国共产党中央开始以西北为革命基地，发挥共产党和红军作为抗日先锋队的作用，并且积极推行抗日民族统一战线政策。同年十二月九日爆发的北平学生运动，掀起全国各阶层人民抗日救亡斗争的新高潮，为推动全民族抗战准备了强大的群众基础。在当时形势下，能否使掌握着全国政权的国民党最高领导转到团结抗日的政策上来，这对能否顺利地实现全民族抗战是关键性的问题。西安事变以独特的方式解决了这个问题。三十年代中期这两年间相继出现的这三个历史事件，都是使中国从长期内战转向全民族抗战的重要因素。西安事变是完成这一历史转变的枢纽。正是由于西安事变的发生及其和平解决，才最终结束十年内战，实现了国内和平，促成以国共合作为基础的抗日民族统一战线的建立，也才有了抗日战争。尽管在抗日战争中，由于国民党没有放弃反共政策，发生了许多矛盾和曲折，但是抗日战争终于坚持八年直至胜利。由此可见，西安事变在中国近代历史前进中起了重要作用，必须予以充分估计。

西安事变的和平解决，是有关各方照顾大局，共同努力，为民族利益而团结合作，互谅互让的结果。当年为了挽救民族危亡，国共两党能够改变十年的敌对状况，化干戈为玉帛，并肩作战。在今天，为了统一祖国，振兴中华，为什么不可以捐弃前嫌，再度携手合作呢？台湾有些人否定西安事变和平解决的历史意义，把这说成是国民党一切错误之源。这是完全不符合历史事实的。恰恰相反，国民党后来的失败，不是由于同共产党合作，而是背弃了这种合作。历史反复证明：国共两党合作，既有利于国家民族的进步，又有利于两党本身的发展。台湾的出路在于祖国统一，国共合作对于国民党的前途至关重要，这个趋向是很明显的。中国共产党已经多次提出解决这个问题的一系列方针政策，并作出了重大的努力和让步。我们真诚地希望台湾国民党当局能够以国家民族的利益为重，以自身的发展前途为重，作出积极的响应。我们也希望台湾的广大人民和各界有识之士，以及国外的侨胞，共同为促进祖国统一贡献力量。我们相信，祖国统一的千秋大业，通过中华各族儿女的积极努力，一定可以胜利实现。

在纪念西安事变五十周年的时候，我谨代表中共中央向张学良和杨虎城两位民族英雄表示崇高的敬意和深切的怀念。他们在国家多难之秋，出于一片爱国赤诚，为国家民族不计个人的毁誉安危，英勇举义。张学良将军被长期软禁以至于今，杨虎城将军一家四口惨遭杀害。这是令人十分痛心的。他们作出的巨大牺牲是光荣的、高尚的。他们为中华民族解放事业建立的丰功伟绩永垂青史。发扬他们的爱国主义精神，必能激励中华各族儿女为祖国的统一繁荣、民族的团结进步而努力奋斗。

■ 注　释

[1]张学良，见本书《红日照亮了陕甘高原》注[29]。

[2]杨虎城，见本书《关中党史简述》注[17]。

[3]九一八事变，见本书《深切怀念王泰吉同志》注[11]。

[4]宋美龄（一八九七——二〇〇三），广东文昌（今属海南）人。蒋介石的夫人和外交助手。

[5]宋子文（一八九四——一九七一），广东文昌（今属海南）人。时任国民党政府全国经济委员会主席、中国银行董事长。

[6]长征，见本书《红日照亮了陕甘高原》注[1]。

[7]一九三五年十二月九日，北平学生数千人在中国共产党领导下举行爱国示威游行，提出“停止内战，一致对外”、“打倒日本帝国主义”等口号。游行的学生遭到国民党政府的镇压。次日，北平各校学生宣布总罢课。十六日，学生和市民一万余人，再度举行示威游行，全国人民纷纷响应，形成中国人民抗日救亡运动的新高潮。

听取珠海经济特区负责人工作汇报后的讲话*

（一九八七年二月十九日）

我能够在六年之后的今天又来珠海和同志们见面，和同志们一起座谈，心里感到很高兴。

几天前在深圳市委新老同志座谈会上，我说我这次来同一九七八年五月第一次来深圳的时候比较，心情不同。那次来看到的是一片荒凉，宝安县外逃到香港的人好几万。宝安县有一个南岭村，全村有六百多人，当时跑得只剩下一百来人。这次去看到这个村不仅许多人回来了，还新来了一些人，成了个小城镇。那一次是心情沉重，感慨万千，反复想为什么香港那边是高楼大厦，人们忙忙碌碌，我们这边是一片荒凉。当时我找一些公社书记谈，问他们能不能把人留住，我给你们粮食，他们说不行，留不住。那次我也来过珠海，情况与深圳差不多。那时对偷渡是防不胜防，堵不胜堵，军民一起来设几道防线，每个县都有一个领导专管反偷渡。那时把外流的人叫“偷渡犯”，我对那个“犯”字就不赞成，因为他们都是我们的劳动人民。当时防偷渡光是堵，只是一种治标的办法，不是治本，治本还得靠发展

* 一九八七年二月十六日至二十日，习仲勋视察珠海经济特区。这是他在听取珠海市委书记、市长梁广大的工作汇报后的讲话。

生产力。这次来是另一种心情，非常高兴，这里的形势出乎意料的好，越看越高兴。这就是社会主义的优越性。我是十六日下午到你们珠海来的，三天时间看得不少，你们说的先进的东西我基本上都看了，市容也看了，总的印象是这几年变化很大，布局搞得不错，你们做了很多工作，功劳很大，包括过去在这里工作过已经离开的同志，都为珠海的建设作出了很大贡献，这个应该肯定。南大门要安定，就得靠发展生产，把经济搞上去。偷渡的问题要彻底解决，根本的办法还是要发展生产，把经济搞上去。

我这次来，原来是三句话，叫做一看，二听，三了解，后来又加了一句，四学习。我是要学习呀！没想到经济特区是这样的好，中央给了个特殊政策、灵活措施，会产生那样大的威力。对于办特区，当时有人骂是搞资本主义。几年来的实践证明，这个政策是完全正确的，南大门没有乱。不仅没有乱，而且更加安定团结了，因为生产发展了，人民生活改善了，群众看到社会主义制度的优越性了，这样边境就安定，不外流了。我们要在群众中开展四项基本原则[1]的教育，讲清保持安定团结的重要性，群众是一定赞成的。没有安定团结，什么事也办不了。安定团结是个前提。我们讲坚持四项基本原则，核心是坚持共产党的领导。几十年来，我们党领导全国各族人民把一个半殖民地半封建的国家改造过来，建设成为伟大的社会主义国家，这是一件了不起的事情。历史证明，只有我们的党能够担负起领导中国革命和建设的重任，任何削弱或取消党的领导的言行都是违背人民的根本利益的。实现党的领导，建设我们的社会主义国家，必须有正确的指导思想，这就是马列主义、毛泽东思想。为什么叫毛泽东思想？就是因为它把马列主义的原理同中国的具体实践相结合，发展了马克思列宁主义。所以,我们还是要做到两个坚持,即坚持四项基本原则,坚持改革、开放、搞活经济的方针。坚持四项基本原则,为的是正确地、全面地执行党的十一届三中全会[2]以来的路线,并不是限制、后退或者收缩。开放的门是不是要紧闭一些?不是,而是要更加开放。只有坚持四项基本原则,才能保证改革开放有个正确的方向,搞得更好。资产阶级自由化所以能抬头,主要是因为我们这几年批判资产阶级自由化思潮的旗帜不鲜明,态度不坚决。

前天发表的小平同志一九六二年在七千人大会上的讲话[3],是一篇极为重要的文献,对于指导我们的工作具有重要的现实意义和深远的历史意义。小平同志的讲话,当时是个什么背景呢?当时是三年自然灾害,搞运动,搞高指标。我们国家过去搞运动搞惯了,要说搞"左"的这一套,容易得很。运动嘛,社会现象也好,自然现象也好,一秒钟都不停,都在运动着,但过去我们搞的一些运动是人为的运动,是违反客观规律的。凡是违反客观规律的事都是不可能搞好的,要碰钉子的。社会上每一个事物都有它积极因素的一面和消极因素的一面,尽管百分之九十九是积极因素,百分之一是消极因素,但如果客观规律掌握不好,情况就会起变化,百分之一的消极因素也会成为主要的,事物的性质就变过来了。我们说对形势的估计,就是估计这个,就是要把握住这个。提出"大跃进"[4]那时就是搞高指标嘛!特别是河南省。我是一九五八年大炼钢铁定点时到河南跑了一趟。一九六一年我又去了河南,带着工作组一共到河南跑了三次。当时中央有关领导同志说,你当组长,带什么人去你自己定。当时我到河南,持的是反"左"的观点,通过调查,我弄了一本子东西给河南省委。因为这件事,我被整得好厉害!特别是长葛县,那是毛主席去过的县。他们说,是不是在北京就定了,派你到长葛县来专门反对毛主席的。我到河南以后,省委开了会,说长葛县是不好不坏的县。什么不好不坏,“左”得要命,一看就是搞浮夸,田里四周围的麦子长得很好,而中间全是茅草。所以,做事情就是要从具体情况出发,经济上不能搞高指标,不能由上面定指标,还是让下面自己提。不仅中央对省应该这样要求,省对县也应该这样要求。各个县的条件不一样,让他们根据自己的条件去定。小平同志就讲过这个问题,这就叫实事求是。实事求是是马克思主义的精髓,是个主要原则,必须坚持。我们搞社会主义四个现代化建设也必须坚持这个原则。有一分好就说一分好,有一分坏就说一分坏,要叫人敢讲实话,敢从实际出发。五十年代后期开始,人们不能讲实话呀!你讲真话,麻烦就来了,不少人被打成右派和右倾机会主义分子。结果是叫人说假话。这种情况现在有没有呢?仍然有呀!有些事情还是不敢讲真话呀!说真话的人遭到报复,说假话的人反而得到重用。当然,不是所有地方都是如此,只能说是少数或者是极少数地方,也就是说还有个别的县,个别的省,个别的部门,个别的单位存在着这些问题。所以,小平同志这个讲话讲得非常好,充满实事求是的精神。

昨天我去看你们渔民办的磁带厂,我说,你们过去搞渔业,现在办工厂,一样不一样?那个厂长说,这可不容易呀,它比搞渔业复杂得多了。我说,你这样讲就对了,如果说跟搞渔业一样,很容易管,那就不完全符合实际。所以,我们要切记不能随便给人家定指标,不能瞎指挥,要尊重群众的首创精神。我们办事要走群众路线,要依靠群众,只有靠群众才能靠得住。要牢记两条,一个靠党,一个靠群众。所以,我们的干部绝对不能脱离群众,要扎根于群众之中,扎根于实践之中。你不接触实际，不联系群众，怎么与群众结成鱼水关系呢？过去战争年代，我们是依靠群众取得胜利的，今天要建设有中国特色的社会主义，也得靠群众。凡是群众反对的事情都办不成。所以，小平同志的讲话非常有针对性。你们要结合自己的实际，结合你们地区的实际，结合每个单位的实际以及结合每个人的思想实际好好学习。

小平同志很强调集体领导，强调民主集中制。现在有些地方和单位，民主集中制搞得不好。党内把民主集中制健全了，什么问题都能解决。一个班子里十个人就是个集体，只要“班长”能够真正实行民主集中制，一个问题七个人同意，三个人不同意，不要紧嘛！小平同志就讲这个问题，过一段看一看，如果真理在那三个人手里那就把原决定改过来，按这三个人的意见办，要有这个决心。这就看是要面子还是要真理了。往往有的正确意见在一两个人手里，过去就有嘛！也有一种情况，有时少数人坚持某种意见，多数人在看风，今天这个风一来他就过去了，明天那个风一来他又过来了，这种人就是党性不纯，不按党的原则办事。实行民主集中制，在民主基础上集中，在集中指导下民主，是我们党的优良传统。我们不要求什么事情都一致。近几年来都讲与中央保持一致，口头上讲保持一致容易呀，文件上写保持一致也容易呀！问题是在实践中，在办具体事情中能否与中央保持一致。中央的文件下来了，你们也不要照抄照搬，而是要从你们的实际出发具体贯彻执行。中央的文件是对全党全国工作的一个总体安排，不管是一个战略决策也好，或者是一个重大政策决定也好，都是从全国的情况出发的，每个省怎么能照抄照搬呢？文件到省后，每个省要根据自己的实际去具体化，要根据中央的精神而不是条文，去指导地方的行动。过去说要吃透中央的精神，什么叫吃透？吃透就是消化。消化就是要根据本地区、本市、本县的实际去执行，不能照搬。各地有各地的实际情况，切记不能“一刀切”。不能要求上面定了什么东西下面都得照办。中央现在就采取一个办法，凡是边远地区，各省的事，不要管得那么具体，你一具体就把人家束缚住了，那就不可能实事求是，也就没有生动活泼，没有创造性。

小平同志是最早反对党内生活不正常的。过去，我们的党内生活就是不正常呀！许多人经常不参加党的生活会议。有事情可以摆到桌面上来嘛，没有关系，你可以批评，我可以反批评，说道理，谁的话对，真理在谁那里，我就听谁的，并不是你这个人物大，你有权，我就听你的。要鼓励人们敢讲真话。这也是个党性问题。讲党性，最根本的是坚持实事求是，切忌一好百好，一坏百坏。看人做事要公道正派，光明正大嘛！有事情不要在背后嘀嘀咕咕，要把它摆到明处，按党的原则加以处理。总的说，党内在政治上要有一个生动活泼的局面，要做到生动活泼，很不容易呀！不容易也要努力做到。特别是各级党委，一定要有正常的党内生活，健全民主集中制。做到生动活泼，既有民主，又有集中，这是个本事，是至关紧要的事。只要坚持这样做，我们的党就兴旺发达，再大的困难、挫折，也阻挡不了我们前进。小平同志讲，没有一个政党不犯错误的，没有一个领导人不犯错误的，没有一个人是一贯正确的。说一贯正确可能就是一贯不正确。一个人除非不做工作，做事的人怎么会一点缺点、错误都没有呢？比如拿我们现在的开放、改革来讲，都是新鲜事情，哪能够没有失误呢？有了失误不要紧，有了错误不要怕，问题在于要有一个清醒的头脑，认识自己错在哪里，今天错了明天就改。你们一定要很好地学习小平同志的这篇文章。同志们都生龙活虎，干劲很大，再有一个勤于学习的气氛，那就更好了。

我在深圳讲，特区已有了很好的基础，但究竟什么时候能办成个比较完善的经济特区的模式，我不敢说。我看，中央恐怕也不敢说这个时间。因为它是新鲜事物，是不断发展的。特别是进入八十年代以来，形势瞬息万变。经济方面也是一样，搞现代化建设复杂得很。你们要与兄弟市加强联系，互相学习。现在不是提倡搞横向联系吗，我看不仅在经济上，在其他方面也可以搞横向联系。比如经济特区，你们可以与深圳经常接触嘛！深圳有经验珠海可以借鉴，珠海有经验深圳也可以借鉴，大家共同研究，总结经验，看谁搞得好，来一个竞赛。

在领导班子中，你们要上下通气。我讲上下通气的意思，就是上下双方都要有搞好团结、合作共事的自觉性。你们要搞五湖四海，不管是当地人还是外来人，我们只看他的德才如何，不要看他是哪个地方的人。不管是哪个地方的人都要很好团结。陈云同志在这次政治局扩大会议上就讲，选拔干部要就地取材，要搞五湖四海。九年前，我习仲勋到广东来工作，也是外来人呀，但我和同志们的目标是一致的，就是要按中央给的特殊政策、灵活措施，把广东的改革开放搞好。广东还有个特殊情况是南下干部多。南下的同志贡献很大，与地方的同志共同努力解放了广东，并且在这样一个很特殊的地区扎扎实实工作，保持了多年的稳定。所以，不管是哪个省的人，来了这里，就要从德才方面去看他，而不是看他是哪个地方的人。

你们这里靠近香港和澳门,那里都是资本主义制度。但他们那里好的管理经验、先进的科学技术你们都可以借鉴,要与我们这个地方的实际情况结合起来加以运用。没有竞争就学不到知识,也就培养不出能干的各种人才。吃“大锅饭”就没有竞争。我在深圳也讲过,要讲宾馆服务,就全国来讲,恐怕你们这里是第一流的。但有一条你们要注意,就是有了成绩,更要谦虚谨慎。个别人在成绩面前有点骄傲了,要注意教育。既要看到自己的成绩,也要看到自己的不足,永远保持谦虚谨慎。

关于基本建设问题,这两年控制是对的。今年是“七五”计划第二年,很关键。整个“七五”期间都有个调整问题。要压缩过热的空气,否则就会大起大落。特别是在工资、奖金方面,在消费方面一定要控制,不能搞高工资、高消费那一套。还是那八个字:巩固、消化、完善、提高。现在提倡增产节约,增收节支,你们一定要本着这个精神来办。要谨慎一些。小平同志讲,质量问题是个战略问题,产品质量好了,才能打进国际市场。特别是特区,你们的经济要搞外向型的,光有入没有出怎么能行呢?你们这里的美达磁碟厂就很好,用电脑控制,设备、技术是从美国引进的,也有美国的工程师,产品主要是外销。对美国的工程师,你们要与他们搞好关系,尊重他们,发展中美两国人民之间的友谊。再一个问题,是要守信用,即使是搞错了,吃亏了,也要守信用。古人说:“人而无信,不知其可也。”不守信用,一切都会落空。有了信用,事情就好办,没有资金也会想办法搞到资金。所以,凡是我们讲过的,签过字的,一定要办。我来广东工作之前,小平同志对我讲,要大胆放手工作,搞错了不要紧,最多是交些学费。事实证明小平同志讲得很对,广东如果不是大胆而坚决地实行特殊政策和灵活措施，几个特区如果不是坚定不移地办，哪有今天的局面！所以，我说你们特区是一所实验大学，是一所如何搞好开放、改革的大学。你们要不断探讨，不断总结经验，不断前进。绝不能停止，更不能后退，只能前进。但要注意不能大起大落，每年都要稳步地有些增长。现在群众中还有人怕政策变。湾仔[5]的花农说，现在的政策是最好的，希望不要变。我对他们讲，这样好的政策为什么要变呢？党的政策不会变，你们的日子会一天比一天好，你们可以放心生产，劳动致富。我们要理直气壮地向人民讲清楚，党的政策不会变。最近谷牧[6]同志在深圳主持召开的特区工作会议也是强调特区要坚持开放、改革。你们现在有了这么个基础，有了这么个框架，也有了这么个规模，我相信，再有三年五年，珠海一定会变成一个现代化的花园式的海滨城市。你们要有信心。这次来我看得眼花缭乱。我的印象很好，非常高兴。你们做了很多工作，班子也很好，很有干劲。希望你们的工作更上一层楼，取得更大成绩。

■ 注　释

［1］四项基本原则，参见本书《在中央工作会议中南组的发言》注［10］。

［2］十一届三中全会，见本书《在肇庆地委常委扩大会议上的讲话》注［2］。

［3］指《在扩大的中央工作会议上的讲话》，《邓小平文选》第一卷，人民出版社一九九四年版，第二九七页。

[4]“大跃进”,见本书《关于长葛调查的两个报告》注[14]。

[5]湾仔,珠海市香洲区的一个镇。

[6]谷牧(一九一四——二〇〇九),山东荣成人。一九三二年加入中国共产党。曾任中共滨海地委书记兼军分区政治委员,中共中央华东分局秘书长,中共新海连特委书记兼警备区政治委员,中共鲁中区委书记兼军区副政治委员。新中国成立后,任中共济南市委书记、市长,中共上海市委副书记,国家经委副主任,国家建委主任,国务院副总理,中共中央书记处书记,国务委员,全国政协副主席。

关于广东之行的报告*

（一九八七年三月二十九日）

二月上旬至三月中旬，我到广东走了一个多月。

我在广东期间，各级党组织正在按照中央的部署，向广大党员和干部进行坚持四项基本原则[1]的教育，在政治思想领域开展反对资产阶级自由化的斗争。他们主要做了三件事：一是认真传达学习中央年初以来下达的一至六号文件；二是举办领导干部读书班；三是批判方励之[2]、王若望[3]、刘宾雁[4]的资产阶级的自由化观点。从反映的情况看，广大党员和干部普遍拥护中央的几个文件，拥护中央关于个别人事变动的决策，对坚持四项基本原则、反对资产阶级自由化的认识和态度是好的，在反对资产阶级自由化的斗争中能够严格按照中央规定的政策界限办事，发展是健康的。

我在深圳、珠海等地的讲话中，要求各级干部和广大党员认真学习、贯彻中央的几个文件的精神，严格掌握政策界限，旗帜鲜明地反对资产阶级自由化，积极维护安定团结的政治局面。我还要求大家认真结合实际，学习邓小平同志一九六二年在七千人大会上的讲话[5]，认清这篇重要讲话对指导我们工作的现实意义和历史意义。通过学习这篇讲话，各级党组织要更加健全党的政治生活制度，坚持

---

* 这是习仲勋给中共中央报告的主要部分。

民主集中制原则,加强共产党员的党性、党纪教育;每个党员都要自觉地过好党性关,正确对待名、权、位,全心全意为人民服务;广大干部要加强团结,搞五湖四海,紧密联系群众,从实际出发,艰苦奋斗,努力做好工作。

广东已连续七个月缺雨,旱情比较严重。省里的各级负责同志对抗旱抓得早,也抓得紧,收效较好。我要他们继续抓紧抗旱,抓好粮食生产,并大力培育良种,提高单位面积产量。

在广东,我首先看了深圳、珠海两个特区,然后看了中山、江门、佛山、广州、东莞、惠阳、肇庆等地方,又北上看了怀集、连县、乳源、仁化、韶关等地方,还考察了大瑶山隧道[6]工地。一共到了二十三个市、县。在这些地方,我见了一些省、市、地、县的负责同志以及一些离休、退休的老同志,看了城镇建设、工厂、农村、学校、旅游设施,还访问了一些农户。同时,还会见了港澳的知名人士霍英东[7]、马万祺[8]和胡应湘[9]等。

我离开广东已整整六年。这次重返故地,看到广东的面貌确实发生了历史性的、巨大的变化。突出的印象是:

一、深圳、珠海两个特区的建设出乎意料的好。

深圳一九七八年是"反外逃"的前沿地带,一片荒凉。经过短短几年,现在已变成崭新的、现代化的工业城市。去年深圳的工业总产值达到三十五点六亿元,比上年增长百分之三十三点三。目前出口贸易大幅度上升,外向型的经济有较大的发展。去年全市出口商品总值七点二五亿美元,比上年增长百分之二十八点八。对于外引内联的项目加强了筛选,创办的项目基本都符合外向型经济的要求。蛇口管理区的引进工作做得扎实,累计引进项目已达二百五十二项,效益也比较好。我看了蛇口的太阳油厂，技术很先进，正在兴建的浮法玻璃厂规模较大，工程进展顺利。合资经营的深圳中华自行车厂，应变能力很强，能够生产出上百种型号的自行车，产品畅销欧美市场，供不应求。

在沙头角一看，变化也相当惊人。昔日这里冷冷清清，贫穷落后，现在建成了成片的楼房，有工厂，有宾馆，有宿舍区，市场繁荣，购销两旺，明显胜过“中英街”一侧的香港地域。这个区人均住房二十五平方米，农民个人年平均纯收入已达一千四百多元。

我特意到深圳市宝安县的南岭村看了一下，因为一九七八年五月为了“反外逃”我去过这个村。这个地方原来是个水沟，荒凉得很，现在已变成漂亮的小城镇。那时全村六百来人就跑掉五百多。现在这些外流的人都回来了，还回来了一些华侨。村里办起了内联企业和来料加工厂，产品销往香港。职工的学习气氛很浓，住宿条件和伙食都不错。外省来南岭村搞劳务的有二千五百人，来自全国八十多个市、县。全村搞的是承包责任制，责任到人，坚持集体积累扩大再生产，不是分光吃光。这个村现有固定人口六百多人，党的十一届三中全会[10]前，即一九七八年人均收入只有一百元，而一九八六年人均收入达到五千元，增加到五十倍，其中分配给个人一千五百元，留三千五百元兴办教育、医疗等事业。老年人每月发给五十元退休金。适龄儿童的入学率和小学毕业生的升学率都是百分之百，中学生到镇里上学早晚有汽车接送。村里群众住的都是新房，而且很宽敞。有些房子建得很讲究，环境优美。看到这些变化，我十分高兴。

珠海特区的引进工作也在发生新的变化。一是从办旅游业发展到以办工业、农业为主；二是从港澳地区引进发展到从欧美各国引进；三是从引进单个企业发展到引进跨国公司、跨国财团；四是外商投资额从几万、几十万美元发展到几百万或几千万美元；五是从引进装配工业发展到引进系列化的生产线；六是从引进劳动密集型工业发展到引进技术密集型工业。现在珠海已有十多家当代比较先进的厂子。我看到的珠海美达磁碟厂，生产由电脑控制，非常先进，产品全部出口，职工每人每年可创产值十万美元。

目前两个特区正在按照国务院提出的抓生产、上水平、求效益、建设外向型经济的要求去奋斗，改革不断深化。

我离京前曾向中央主要负责同志报告，这次去广东的目的是一看，二听，三了解。到深圳看了后，我又加了一条“四学习”。因为那里的确有许多新事物、新经验值得学习，是过去想都没有想到的。办经济特区这个试验是成功的，其“窗口”作用将会越来越充分地显示出来。实践证明，党中央和小平同志的决策是完全正确的。

二、珠江三角洲地区特别是“小三角”地区的发展令人鼓舞。

这个地区的最大特点，一是积极进行改革，二是大胆进行开放，三是发挥自己的优势。江门市坚持把改革放在首位，在城市围绕增强企业活力这一中心环节，全面推行厂长负责制和各种经济责任制；在农村主要抓了产业调整、农业资源的开发利用和外贸工农经济体系的建立。这个市的国民经济持续、协调、稳定地发展，“六五”期间全市工农业总产值将近翻一番，每年递增百分之十四点七，去年的工农业总产值达七十三亿元。佛山市对改革、开放中出现的问题，坚持在改革、开放中解决，努力理顺各种经济关系，充分发挥政策威力，积极发展创汇的工业和农业，积极利用外资，使全市的经济建设出现了一个崭新的局面。这个市的乡镇企业产值，“六五”期间从最初的十亿元增加到五十亿元。全市去年的工农业总产值达一百二十三亿元。东莞市按照发展商品农业、生态农业、科技农业的要求，在稳定粮食的基础上，不断调整生产结构，大力发展水果，大搞农业开发；在工业方面，已从前几年的“三来一补”[11]阶段发展到引进与消化并重、上水平、上规模、上效益的阶段，初步形成了一个以轻纺业为主体的外向型工业结构。这个市去年为国家创汇二点二亿美元，比上年增长百分之三十点六，居全国前列；去年的工农业总产值二十六点四亿元，比上年增长百分之三十五点九，约占惠阳地区所辖十二个市、县工农业总产值的一半。总之，珠江三角洲地区在实施中央给予广东的特殊政策的灵活措施方面，迈出的步子是大的，经济效益是显著的。

三、粤北地区的经济建设也有不少新的起色。

近几年来，山区各县、市认真贯彻执行中央关于改革、开放、搞活经济的方针，大力调整农业生产布局，调整与生产力发展不相适应的生产关系，经济建设出现了新的局面。山区各县积极发展粮食生产，同时大抓林业、牧业等多种经营，努力兴办国营工业和乡镇企业。山区的引进工作在发展，工业基础在壮大。连县引进日本的设备，建立了花岗岩建材厂。怀集县引进西德的技术和设备，并请来西德的专家，建立了“微粒板”工厂。这两个厂利用本地资源，把储量丰富的花岗岩和不成材的木料拿来生产出销路很好的优质产品，我看后留下了深刻的印象。韶关市目前在建的中外合资合作的冶金、化工、建材等工业项目有二十四项，外商将投资二千多万美元。肇庆地区去年的工业总产值近十九亿元，比上年增长百分之二十三点八；工农业总产值四十四亿元，在一九八〇年的基础上翻了一番。肇庆、韶关两个地、市的山区，包括少数民族地区，目前尚有五十多万人年平均收入在二百元以下，口粮不足四百斤。省、市积极采取扶贫措施，放宽政策，从财力物力上给予援助，同时有重点地派去一些懂得经营管理的人员和科技人员，工作的进展比较好。

总的来说，广东全省的经济建设由南向北扩展，南北互通有无、互相支援、共同前进的态势是好的。

四、各地重视社会主义精神文明建设工作。

所到之处，各级领导在抓社会主义物质文明建设的同时，对社会主义精神文明建设做了大量工作。各地都在认真贯彻十二届六中全会[12]决议精神，积极开展创建文明单位的活动。广州市有一个卫生处理厂，专管处理死猪死狗死牛一类动物，车间的生产条件艰苦，味道难闻，职工的工资待遇也不算高。工厂党政领导一方面努力改善生产和生活条件；另一方面特别重视抓职工的思想政治教育，常常一家一户、一个人一个人地去进行工作，使全厂职工保持着旺盛的工作精神，恶臭熏不走，高薪拉不跑，爱厂如家，为清除环境污染、保证人民健康作出了贡献。这个厂称得上是广州的一枝花，我要广州市的领导同志注意宣传他们的先进事迹，并以此教育广大干部、职工和青年学生。佛山市在取缔社会丑恶现象方面态度坚决，工作抓得紧。各地社会治安秩序比较好。蛇口管理区建立以来，只发生了一起恶性刑事案件。珠江三角洲地区普遍重视发展教育文化卫生事业。江门市几年来从华侨、港澳同胞捐赠给家乡的十三亿港元中，分出一部分兴办医院、少年宫、体育馆和大中小学，修建校舍一千多间。最近还从本市所辖各县集资二千五百万元，创建五邑大学。我到这所大学看了一下，他们边建校舍边招生，领导充满信心，决心办成第一流的大学。

五、广大群众和干部的生活水平显著提高，精神状态很好。

“六五”期间，佛山市农民的人均收入从三百七十三元增至九百三十四元，平均每年增加一百一十二元。东莞市农村去年人均收入八百七十六元。珠江三角洲沿途农民几乎都修建了新的住房。惠阳、肇庆、韶关三个地、市农民的平均收入低些，去年人均有的五百一二十元，有的不足五百元，一些县有的人均二三百元，总的说，都有不同程度的提高。由于生产发展，生活改善，社会安定，人们的精神面貌确实很好。我接触到的干部和群众都称赞党的三中全会以来的路线、方针和政策。有些人还一再地说：“翻身不忘共产党，富裕不忘邓小平。”见到不少厂长、经理，都很年轻，精力充沛，思想活跃，联系群众，有较多的文化科学知识和较强的经营管理能力，工作搞得很有声色。市、地、县的领导对自己要求严格，有的还制定了端正党风、遵守党纪的一些规定。

沿途所见所闻，我感到还有一些值得注意的问题：

首先，不少人仍然担心党的基本政策发生变化。怕“变”的思想原来就有，年初中央个别人事变动后，这样的疑虑增加了。已经富起来的怕变得失掉得到的利益；尚未富起来的怕变得不能再致富。香港的胡应湘在广州当面问我：“政策会不会变，要不要继续改革？”我明确答复他说：“我们的改革、开放政策是党中央集体决定的，是正确的，不会因为中央个别人事变动而改变。我们要充分利用当前的大好形势将改革、开放进行下去。我们只能前进，不能后退。”解决怕

“变”的认识问题，除了继续从舆论上公开阐明我们的态度外，主要还是通过实际工作去体现党的基本政策不会改变。

其次，肇庆、韶关、惠阳三个地、市的资源开发工作需要加强。应当首先利用本地资源，就地取材，发展经济。这几个地方的资源都很丰富，都有自己独特的优势，潜力很大。仅建筑石料一项，肇庆地区的花岗岩、大理石藏量在七十亿立方米以上，韶关市的大理石、汉白玉藏量已查明的有十亿多立方米，可供大量开采。惠阳地区还有一千多万亩荒山需要有计划地植树造林。这个地区雨量充足，土地广，滩涂多，海岸线有五百多公里，毗邻广州、深圳和香港，交通四通八达，步子应当走得再快一些。

第三，非生产性的建设搞得多了，重复建设的问题仍需抓紧解决。深圳、珠海、广州等地建了不少高级或比较高级的宾馆。广州可接待外宾的宾馆、酒家已接近二十家、两万个床位。高级宾馆的开房率比前两年降低了。广州的白天鹅宾馆、花园酒店目前的开房率不足百分之七十，深圳、珠海、中山的高级宾馆开房率更低。游乐设施建得也偏多了。几个地方的同志都谈到，投资结构还不尽合理，重复建设的项目不少，压缩空气后，遗留的问题会逐渐暴露出来，会遇到一些新的困难。我告诉他们，要认真贯彻全国省长会议的精神，注意加强宏观控制，精心处理好这些问题。

第四，工厂和住宅的占地面积应当严格控制。我看到一些新建的工厂和住宅不适当地占用耕地，多占地，占好地，这种状况越到基层越严重。东莞有个新建的保鲜设备厂，空地很大，占去菜地十六亩。广东人多地少，“寸土寸金”，工厂和住宅多占耕地的问题必须认真解决。省里已注意到这个问题，并采取了措施，但问题还不少。我要他们对城镇的建设切实作好规划，充分发挥城镇的经济文化中心作用。另外，还要注意严格控制城市人口的增长。

第五，抓社会主义精神文明建设要防止搞形式主义。我在广州看到的精神文明建设先进单位工作非常出色，把本单位、本街道建设得经济繁荣、环境优美、治安良好、家庭和睦、邻里互助。可是他们把来参观过的领导同志的照片、题字一一不漏地陈列出来，还把一些同志的诗词刻在石碑上，或烧制在瓷砖上，立在街道的入口处和中心处供人们观赏。我告诉他们要注意勤俭节约，把钱花在有利于提高群众的物质和文化生活方面。开展建设精神文明先进单位的活动要从实际出发，不要搞一个模式，不要互相攀比。否则，不仅会造成浪费，群众也会有意见。

■ 注　释

[1]四项基本原则，参见本书《在中央工作会议中南组的发言》注[10]。

[2]方励之，一九五五年加入中国共产党。曾任中国科技大学副校长。在任期间，因在各种场合公开反对四项基本原则，鼓吹资产阶级自由化，一九八七年一月被开除党籍，撤销副校长职务。一九八九年在北京发生的政治动乱中犯有反革命宣传煽动罪，后被开除公职。

[3]王若望，一九三七年加入中国共产党。曾任中国作家协会理事、上海市作家协会理事。因在各种场合公开反对四项基本原则，鼓吹资产阶级自由化，一九八七年一月被开除党籍。

[4]刘宾雁,一九四四年加入中国共产党。曾任中国作家协会副主席、人民日报社记者。因在各种场合公开反对四项基本原则,鼓吹资产阶级自由化,一九八七年一月被开除党籍,一九八九年被取消中国作家协会会籍。

[5]见本书《听取珠海经济特区负责人工作汇报后的讲话》注[3]。

[6]大瑶山隧道,见本书《关于京广铁路南段复线和广深铁路电气化建设问题的请示报告》注[1]。

[7]霍英东(一九二二——二〇〇六),广东番禺人。爱国人士,实业家。曾任香港地产建设商会会长,香港足球总会会长,香港中华总商会会长、永远名誉会长,香港特别行政区筹备工作委员会副主任,全国人大常委,全国政协副主席。

[8]马万祺,一九一九年生,广东广州人。爱国人士,实业家。曾任澳门中华总商会会长,澳门篮排球总会、乒乓总会、象棋总会会长,全国工商联常委,澳门特别行政区基本法起草委员会副主任委员,全国人大常委,全国政协副主席。

[9]胡应湘,一九三五年生,广东花县(今广州花都区)人。爱国人士,实业家。香港合和实业有限公司主席兼董事总经理,全国政协港澳台侨委员会副主任。

[10]十一届三中全会,见本书《在肇庆地委常委扩大会议上的讲话》注[2]。

[11]"三来一补",即来料加工、来件装配、来样制作和补偿贸易。

[12]十二届六中全会,见本书《为形成指导精神文明建设的纲领性文件而共同努力》注[1]。

在中国民主促进会全国代表会议上的讲话

（一九八七年六月五日）

今天，中国民主促进会[1]全国代表会议隆重开幕了。我代表中共中央向大会表示热烈的祝贺！向民进中央的各位领导同志和与会代表，并通过你们向全体会员同志致以崇高的敬意！

中国民主促进会自一九八三年第五次全国代表大会以来，以实现我们国家在新时期的总任务为目标，发挥优势，积极开拓，奋发进取，工作有了新的发展。民主促进会积极参与国家和地方许多大政方针的协商讨论，实行民主监督；满腔热情为祖国的文化教育和出版事业的发展和改革献计出力；努力向全体成员和所联系的群众深入进行思想政治工作；主动开展海外联谊活动，为促进社会主义物质文明和精神文明建设，发扬社会主义民主，健全社会主义法制，维护安定团结的政治局面，促进祖国统一大业，作出了重要贡献。

民进这次全国代表会议，将在总结经验的基础上确定今后的工作任务，并在逐步实现领导班子的新老合作和交替方面迈出新的步子。这次会议对于民进加强自身建设和工作上继续开拓前进，必将起到有力的推动作用。民进的老一辈领导人在长期的革命斗争和社会主义建设中，同中国共产党密切合作，作出了历史性的贡献，为社会各界所敬重，是年轻一代的榜样。我们衷心希望老同志们继续发挥自己的影响和作用。已经进入和将要进入民进领导班子的新一代同志年富力强，朝气蓬勃。我们相信，他们一定能够继承和发扬民进的光荣传统，担负起历史的重任，勤奋努力，进一步开创新局面，为实现新时期的总任务贡献力量。

下面就当前工作谈一点我个人的意见供大家参考。党的十一届三中全会[2]以来，我们国家政治上安定团结，经济持续稳定发展，经济体制改革在探索中前进，社会主义民主、法制建设逐步加强，人民安居乐业，国家欣欣向荣，国际威望日益提高，形势确实很好。我们还存在不少困难，有这样那样的缺点和失误，但这是前进中的问题。只要我们进一步全面认真贯彻执行党的十一届三中全会以来的路线，就一定能够发扬成绩，克服困难，取得新的更大胜利。

今年年初以来，我们在共产党内开展坚持四项基本原则[3]的教育，反对资产阶级自由化的斗争，已经取得了很大的成绩。资产阶级自由化思潮泛滥的情况已经扭转，政治思想领域发生了很大变化，安定团结的政治局面进一步得到巩固和发展，有力地保证了改革、开放和社会主义现代化建设的顺利进行。实践证明，党中央决定开展反对资产阶级自由化的斗争是非常必要的，反对资产阶级自由化的各项政策是完全正确的，必须继续贯彻执行，把反对资产阶级自由化的斗争深入、健康、持久地进行下去。“深入”，不是搞运动，不是要人人过关，不是要把政治空气搞得很紧张，也不是要大家都去死抠某些理论概念，搞形式主义。“深入”就是要坚持正面教育，使四项基本原则深入人脑，打动人心。如何“深入”，不是靠干巴巴的党八股[4]，而是通过对话和其他多种多样的形式和方法，做艰苦细致的工作，对人们所关心的各种实际问题从理论上作出正确的回答，使广大群众确确实实认识到：四项基本原则一定要坚持，资产阶级自由化一定不能搞。

小平同志最近指出，去年发生的风波，不应该影响改革和开放，改革、开放不仅要坚持，而且要加快。党的十一届三中全会以来的路线，是建设有中国特色的社会主义的路线，是实现我国社会主义现代化建设的路线。这条路线有两个基本点，一个是坚持四项基本原则，一个是坚持改革、开放、搞活的总方针总政策。这两个基本点不是相互排斥的，而是唇齿相依的。这些论断是非常正确的，是十分重要的。我们如果不坚持四项基本原则，改革、开放、搞活就必然滑向资产阶级自由化，就搞不下去；不改革、开放、搞活，四项基本原则就会失去同实际结合的活力，也坚持不好。这两个基本点中无论缺了哪一条，都谈不上有中国特色的社会主义，我国社会主义现代化建设就没有希望。为了全面理解和贯彻执行党的十一届三中全会以来的路线，必须不断地克服和排除资产阶级自由化和僵化的影响和干扰。因为如果用僵化的观点来看待四项基本原则，就会得出否定改革、开放、搞活的结论，而不改革就必然妨碍社会生产力的发展，助长资产阶级自由化；如果用资产阶级自由化的观点来看待改革、开放、搞活，势必滑向“全盘西化”，得出否定四项基本原则的结论。我们要把两个基本点真正统一起来，在这个基础上更加亲密地团结起来，为建设有中国特色的社会主义而奋斗。

同志们，我们党的十一届三中全会以来，统一战线工作开创了新的局面，取得了很大的成绩，爱国统一战线在不断地巩固和发展。事实证明，我们党有关统一战线的各项方针政策是正确的，今后应当坚定不移地继续贯彻执行。各民主党派同我们党长期风雨同舟，患难与共。半年多以来形势的发展,再一次有力地证明,民进和其他各民主党派不仅是我国社会主义现代化建设和爱国统一战线的一支重要依靠力量,也是维护我国安定团结政治局面的一支重要依靠力量,是我们党经得住考验的亲密友党。今后,我们党将继续坚持"长期共存、互相监督、肝胆相照、荣辱与共"的方针,进一步完善和发展中国共产党领导下的多党合作,支持各民主党派独立自主地开展工作,在社会主义现代化建设和统一祖国的伟大事业中,发挥更大的作用。

中国民主促进会成员以从事文教工作的知识分子为主,在教育界和出版界有较为广泛的联系。希望你们充分发挥自己的优势,努力做好本职工作,为宣传和贯彻四项基本原则,宣传和实行改革、开放,教育培养青少年一代健康成长多作贡献。我们党的有关各级组织和各级国家机关要热情支持民进同志开展工作,为他们创造必要的条件,在学习、工作、生活等方面予以关心支持。民进具有爱国、革命的光荣传统,一贯同我们党共同致力于人民革命和社会主义事业,现在又共同担负着建设具有中国特色的社会主义的历史重任。我们衷心地希望,民进的同志们发扬光荣传统,高举爱国旗帜,在新的历史时期继续同我们党真诚合作,为建设社会主义的物质文明和精神文明,为实施"一国两制"[5]的方针,进一步发展爱国统一战线,特别是为团结海内外的广大知识分子共同建设四化,为实现统一祖国,振兴中华的宏伟目标作出新的贡献!

■ 注　释

[1]中国民主促进会，简称民进。一九四五年十二月三十日，以文化教育出版界知识分子为主，还有一部分工商界爱国人士，在上海正式宣告成立。民进主要由从事教育文化出版工作的高中级知识分子组成。

[2]十一届三中全会，见本书《在肇庆地委常委扩大会议上的讲话》注[2]。

[3]四项基本原则，参见本书《在中央工作会议中南组的发言》注[10]。

[4]八股，中国明清时期考试制度所规定的一种特殊文体。这种文体要求每一个段落都要死守在固定的格式里面，连字数都有一定的限制。党八股指在革命队伍中某些人在写文章、发表演说或者做其他宣传工作的时候，对事物不加分析，只是搬用一些名词和术语，言之无物，空话连篇。

[5]“一国两制”，见本书《做好沿海开放城市和经济特区的统战、政协工作》注[1]。

《王首道回忆录》序言

（一九八七年六月）

首道[1]同志写的回忆录，经解放军出版社编辑成书，即将问世。这是对八一建军节六十周年和抗日战争五十周年的最好的纪念，也是对广大青年进行爱国革命传统教育的生动教材。我相信这本书的出版，一定会受到读者的欢迎。

我和首道同志是在一九三五年党中央率领红军长征[2]到达陕北以后相识的。新中国成立之初，我们同在中央政府部门共过事。一九七八年四月，我到广东工作时，又和他再度共过事。通过长期的交往，我们彼此之间是互相了解的，感情是融洽相通的。

首道同志是一九二六年参加革命的老同志。他先后在湖南一带和中央苏区[3]搞过农民运动，发动过武装斗争，担任过苏区省委书记，也做过白区地下党的负责人。他在延安时，曾长时间负责党中央办公厅秘书处的工作。抗日战争后期，他与王震[4]同志一起率领八路军[5]南下支队[6]南征湘粤，后又奉命北返，加上随红军长征，他先后三次往返于广阔的中国腹地。解放战争期间，他到达东北根据地，主要是从事财政经济工作。由此可以看出，首道同志在革命斗争中的经历是多方面的，经验是相当丰富的。现在，他把自己亲身的经历写成回忆录，其中凝聚着的正是一位老同志的革命精神和实践经验。

长期的革命实践充分证明，中国各族人民只有在共产党领导之下，通过艰苦卓绝的武装斗争、曲折复杂的统一战线工作和波澜壮阔的群众运动，才能取得彻底的翻身解放，并从新民主主义革命进一步走上社会主义革命和建设的光明大道。没有共产党就没有新中国，这已经是中国革命的历史所反复证明了的颠扑不破的真理。首道同志和其他老同志的革命回忆录，都是从各个侧面反映了这一真理。我相信热情的读者会从中得到一定的教益和启示；特别是青年一代，更可以从中得到有关树立革命人生观、理论与实践相结合等一些基本问题的启发和教育。总之，这本回忆录的出版，将会收到良好的社会效果。

■ 注　释

[1] 首道即王首道，见本书《红日照亮了陕甘高原》注[21]。

[2] 长征，见本书《红日照亮了陕甘高原》注[1]。

[3] 苏区，见本书《关中党史简述》注[13]。

[4] 王震，见本书《红日照亮了陕甘高原》注[40]。

[5] 八路军，见本书《关于关中分区的反磨擦问题》注[1]。

[6] 南下支队，这里指南下支队第一支队。一九四四年九月，中共中央决定以八路军三五九旅主力四千余人组成国民革命军第十八集团军独立第一游击支队（简称南下支队第一支队），挺进湘粤边，创建以五岭山为中心的抗日根据地。第一支队辖四个大队和两个干部大队，王震任司令员，王首道任政治委员。同年十一月，第一支队南

下，一九四五年春创建湘鄂赣根据地，八月进入五岭山区。一九四五年侵华日军投降后，第一支队从湘粤边北返，恢复三五九旅番号，编入中原军区新四军第五师野战兵团序列。

推进内蒙古四化建设和各项改革事业*

（一九八七年七月三十一日）

在各族人民喜气洋洋，隆重庆祝内蒙古自治区成立四十周年，同时欢庆中国人民解放军建军六十周年之际，我们以乌兰夫[1]同志为团长的中央代表团受党中央、全国人大常委会和国务院的委托，来到大青山下古老的青城，向内蒙古自治区各族农牧民、工人、知识分子、干部、各界爱国人士，向人民解放军驻内蒙古部队和内蒙古武警部队全体指战员，致以热烈的祝贺和亲切的问候！

内蒙古地处我们伟大祖国的北部边疆，战略地位十分重要。生活在这里的蒙古族和其他各民族是勤劳、勇敢、智慧的民族，具有悠久的历史和光荣的革命传统，对我们祖国的统一和中华民族的发展有过重大贡献。中国共产党成立之后，内蒙古各民族人民在党的领导下，同全国人民一起，为推翻“三座大山”[2]，进行了不屈不挠的斗争，写下了可歌可泣的篇章。在人民解放战争的烽火中，我们党根据我国和内蒙古地区的实际情况，创造性地运用马克思主义的民族理论，建立了我国第一个民族自治区，开创了内蒙古历史的新纪元，并为我国通过民族区域自治的道路解决民族问题，树立了良好的范例。

---

* 这是习仲勋在庆祝内蒙古自治区成立四十周年干部大会上的讲话。

内蒙古自治区成立四十年来，走过了光辉的历程。新中国成立以前，自治区党委和人民政府领导各族人民，积极配合人民解放军，进行武装斗争，为取得人民解放战争的伟大胜利，建立中华人民共和国，发挥了重要作用。新中国成立以后，在实施民族区域自治，大力培养民族干部，全面贯彻党的民族政策、宗教政策、统一战线政策，建立和发展新型民族关系等方面，创造了宝贵的经验。在民主改革、社会主义改造和社会主义建设中，内蒙古自治区根据党和国家的大政方针，卓有胆识地采取了符合内蒙古地区特点和民族特点的方针、政策。在牧区民主改革中，实行“不斗、不分、不划阶级”和“牧工、牧主两利”的政策；在社会主义改造中，对牧主实行赎买政策，在牧区坚持了适当放宽、长期稳定不变的方针；在发展牧区经济中，强调“千条万条发展牲畜第一条”，等等。实践证明，这些政策和措施都是正确的、成功的，有力地促进了内蒙古地区政治、经济、文化的发展。“文化大革命”十年内乱，内蒙古同全国一样，也遭受了极大的灾害。在当时十分困难的情况下，内蒙古各族人民始终坚定不移地心向中国共产党，心向社会主义，心向伟大的祖国，为保卫边疆、建设边疆作出了艰巨的努力。党的十一届三中全会[3]以来，内蒙古自治区认真拨乱反正，平反冤假错案，落实各项政策，维护和发展了安定团结的政治局面；认真进行改革、开放，在两个文明和民主法制建设方面取得了巨大成就，各民族人民的物质文化生活水平有了显著提高。现在，内蒙古自治区进入了历史上的又一个最好时期，各民族团结奋发，正以新的风貌踏上新的征途。

发展社会生产力，是全国压倒一切的中心任务，也是内蒙古压倒一切的中心任务。内蒙古幅员辽阔，资源丰富，“南粮北牧，东林西铁,遍地是煤”,发展潜力很大;同东北、华北、西北的八个省区毗邻,紧靠经济比较发达的华北、东北两大平原,同北京、天津、沈阳、长春、哈尔滨、兰州、银川等大中城市相距不远;又是我国通往苏联、东欧的陆路通道,地理条件相当优越。在各项建设事业中,必须从这些实际情况出发,使党和国家的大政方针在内蒙古具体化,变地理、资源优势为经济优势。畜牧业和林业是蒙古族和其他一些少数民族的传统经济,是自治区的两大优势产业,在全国也占有重要地位。加快畜牧业和林业的发展,对于内蒙古各民族的繁荣,维护“三北”地区的生态平衡和加速国家的四化建设,都有重要意义。所以,必须把畜牧业和林业放在十分重要的地位。牧区要坚持以牧为主,草业先行;林区要坚持以林为主,林业要以营林为基础,实行育、采结合,把内蒙古建设成为国家重要的畜牧业、林业基地。同时,要根据实际,开展多种经营,实行综合发展。粮食生产制约着自治区的经济发展,要进一步抓紧抓好,搞好商品粮、油、糖生产基地建设。工业,要立足于本地资源,有计划地发展以林、牧、农产品为主要原料的加工业,积极发展能源、交通等基础工业和钢铁、稀土等原材料工业。要重视发展乡镇企业。注意发挥城市在商品经济发展中的重要作用,并充分利用与“三北”地区大中城市相邻的有利条件,在自愿互利的基础上发展横向经济联系,引进资金、技术、人才,搞活自治区的经济。同时,要大力发展教育、科技、文化、卫生、体育等事业,加速智力开发和人才培养,不断提高各族人民的科学文化素质。总之,要从内蒙古的实际出发,扬长避短,制定经济和社会发展战略。对不同地区、不同产业,确定各自的具体发展方针,并把各种产业合理地组合起来,互相支援,互相促进,协调发展。

加快发展社会生产力，促进各项建设事业，必须坚持四项基本原则[4]，坚持改革、开放、搞活的总方针、总政策。两个"坚持"是党的十一届三中全会以来路线的两个基本点。二者之间的关系，是唇齿相依的关系，不是互相排斥的关系。两个基本点统一起来，才是三中全会以来路线的完整内容，才是有中国特色的社会主义，才是有生命力的、有血有肉的、实践中的科学社会主义。邓小平同志指出："四项基本原则的核心，就是社会主义和党的领导，这是我们立国和团结全国人民奋斗的根本。"[5]"在中国这样一个大国，没有共产党的领导，必然四分五裂，一事无成。"[6]内蒙古革命和建设的实践，也证明了这是一条颠扑不破的真理。没有中国共产党的领导，就没有新中国，就没有内蒙古的今天；只有在党的领导下，走社会主义道路，各民族才能共同发展、共同繁荣。改革、开放、搞活，是增强活力、提高效率、调动积极性、加速社会主义生产力发展的客观需要，关系着国家、民族的兴衰和社会主义事业的成败。只有坚持改革、开放、搞活，才能充分发挥社会主义的优越性，才能建设有中国特色的社会主义。内蒙古自治区近几年所以取得这么大的成绩，就是由于坚持了改革、开放、搞活。我们热切地希望内蒙古能在深化经济体制改革和已经提上日程的政治体制改革中，结合实际，勇于探索，取得更加优异的成就。热切地希望内蒙古的蒙古族、汉族和其他民族，发扬优良传统，坚持改革的思想，增强商品经济意识，打破封闭、半封闭状态，面向全国，面向世界，吸取先进的科学技术、管理知识和其他优秀的精神财富，充实自己，武装自己，努力使自己成为开放的民族、不断奋发进取的民族。

民族区域自治是解决我国民族问题的基本政策，《民族区域自治法》是国家的一项基本法律。实行民族区域自治，就是让少数民族真正当家作主，使自治机关真正行使自治权利，充分调动人民群众和自治地方的积极性。党中央、全国人大常委会和国务院都很关心《民族区域自治法》的实施，希望内蒙古自治区在这方面能有新的建树。要把《民族区域自治法》的精神与本区的政治、经济、文化和民族特点紧密结合起来，制定自治条例和单行条例，并认真贯彻实施。实施《民族区域自治法》的一个重要方面，是解决好经济权益问题。自治区一定要热情支持和帮助中央各部门在本地区开发资源，兴办企业，组织有关方面和群众做好服务工作，积极同中央企业发展横向联系，在服务和联合中加快自己的发展。中央有关部门及其设在民族自治地方的企事业单位，都应结合民族自治地方和少数民族的特点，制定出切实执行《民族区域自治法》的办法与措施，处理好同民族自治地方的经济权益问题，并采取培训人才、技术支援等多种形式，带动地方的经济发展，帮助群众致富。实施《民族区域自治法》的另一个重要方面，在于培养民族干部，充分发挥民族干部的作用。在坚持干部"四化"[7]的前提下，既要注意培养党政管理干部，又要注意培养多学科、多层次的专业技术人才，以适应经济文化事业日益发展的需要。

不论是搞建设还是搞改革，必须有一个社会安定、民族团结的环境。内蒙古是蒙古族的聚居地区，又是多民族地区。维护祖国统一，加强民族团结，是顺利进行四化建设，实行各民族共同发展繁荣，做好一切工作的前提和保证。内蒙古各族人民热爱祖国、热爱党、热爱社会主义，具有坚持统一、反对分裂的光荣传统。过去所取得的一切胜利，都是各族人民团结奋斗的结果。我们的未来事业，更需要各族人民团结奋斗，共同努力。在新的历史时期，我们要不断巩固和发展社会主义的新型民族关系，进一步加强各族人民的团结。要在各族干部和群众中，经常地、深入地进行马克思主义民族观、民族政策、民族团结的教育，进行热爱社会主义祖国、维护祖国统一的教育。要大力表彰为民族团结进步作出贡献的先进集体和个人，认真总结和传播他们的先进事迹和经验。要实事求是、慎重合理地处理民族关系方面的问题，坚持教育和疏导的方法，及时消除一切不利于民族团结的消极因素，努力造成一种友爱、信任、民主、和谐的环境和气氛，充分调动各族人民建设内蒙古的积极性。

推进内蒙古的四化建设和各项改革事业，全区各族各级干部担负着特别重要的责任。这就要求我们广大干部必须努力提高自己的领导水平和工作水平。希望同志们更加刻苦地学习马克思列宁主义、毛泽东思想，学习邓小平同志最近的一系列重要讲话和中央的有关文件，增强全面贯彻执行党的十一届三中全会以来路线的自觉性。要紧紧掌握两个基本点，不断克服和排除资产阶级自由化和僵化的影响和干扰。要发扬理论密切联系实际的优良作风，对四化建设和改革、开放过程中出现的新问题，坚持从实际出发，实事求是地、合理地加以解决。各级党委要加强集体领导，坚持民主集中制。各个系统、各个单位都要根据自己的职责制定工作规划。在决策之前要充分发扬民主，广泛听取各方面的意见，集思广益；决策之后，要遵守纪律，认真执行。我们的干部要积极发扬党的相信群众、依靠群众、密切联系群众的优良传统。切实做到"当官不像官"，全心全意为人民服务；正确运用自己掌握的权力，为群众办实事，提高办事效率，提高工作质量，自觉接受群众的批评和监督，坚决反对以权谋私，坚决反对官僚主义。我们要坚持搞五湖四海，不管是本地的干部还是外来的干部，不管是汉族干部还是少数民族干部，不管是地方干部还是军队干部，都要加强团结。大家办事情，想问题，都要顾大局，讲风格，处处事事要想到群众的利益。只有这样，我们的事业才能兴旺发达，再大的困难、挫折，也阻挡不了我们前进；只有这样，才能更好地团结和带领群众把自治区的四化建设和各项改革事业搞得更快更好。

现在，我国的社会主义现代化建设事业蓬勃发展，改革、开放正在深入进行。中央希望，内蒙古自治区全体共产党员、共青团员、各族干部和群众、各界爱国人士和部队指战员，同心同德，再接再厉，共同奋斗，为建设团结、富裕、文明的内蒙古，为建设有中国特色的社会主义，创造更加辉煌的业绩！

■注　释

[1]乌兰夫，见本书《用改革的精神开创政协工作新局面》注[3]。

[2]“三座大山”，见本书《在广东省纪检干部学习班结业会上的讲话》注[6]。

[3]十一届三中全会，见本书《在肇庆地委常委扩大会议上的讲话》注[2]。

[4]四项基本原则，参见本书《在中央工作会议中南组的发言》注[10]。

［5］见邓小平《党在组织战线和思想战线上的迫切任务》，《邓小平文选》第三卷，人民出版社一九九四年版，第四十四页。

［6］见邓小平《贯彻调整方针，保证安定团结》，《邓小平文选》第二卷，人民出版社一九九四年版，第三五九页。

［7］“四化”，见本书《在中央办公厅颁发老干部离休荣誉证大会上的讲话要点》注［4］。

纪念黄炎培先生诞辰一百一十周年暨中华职业教育社建社七十周年*

（一九八七年九月四日）

今天，中国民主建国会[1]、中华职业教育社[2]在这里隆重举行黄炎培[3]先生诞辰一百一十周年暨中华职业教育社建社七十周年纪念会，缅怀民主建国会、中华职业教育社的创始人和领导人黄任老[4]的光辉业绩，回顾中华职业教育社七十年来的奋斗历程。我谨代表中共中央表示对黄任老的深切怀念和崇高敬意，向他在国内外的亲属致以亲切问候，向七十年来为发展中华职业教育而努力奋斗的同志们表示衷心的敬意。

黄任老是一位杰出的民主战士、忠诚的爱国主义者、著名的政治活动家和中国职业教育的先驱，是新中国德高望重的老一辈国家领导人之一，也是同中国共产党长期风雨同舟、休戚与共的亲密朋友。他一生抱定救国兴邦的理想，把个人命运和祖国的独立、自由、民主、富强紧紧联系在一起，追求真理，坚持奋斗，为争取民主革命的胜利，

* 这是习仲勋在黄炎培诞辰一百一十周年暨中华职业教育社建社七十周年纪念会上的讲话。标题为编者所加。

建立新中国,并为社会主义革命和建设事业,作出了重要贡献,博得了广大人民群众和各界爱国人士的赞扬。

黄任老一生经历了中国旧民主主义革命、新民主主义革命、社会主义革命和建设三个不同的历史阶段。青年时期,他曾师事蔡元培[5],受到资产阶级民主主义思想的启蒙,加入孙中山领导的同盟会[6],并参加了辛亥革命[7]和讨袁[8]护法[9]的斗争。他曾任江苏省教育司司长,热心于改革和发展教育事业。一九一七年,他赴美考察归来,联合蔡元培、梁启超[10]、张謇[11]等教育界、实业界知名人士创办中华职业教育社,开创了我国职业教育的先河。当时的中国,虽然已经推翻了帝制,建立了共和,但并没有摆脱半封建、半殖民地的地位,尤其是九一八事变[12]后,民族存亡危在旦夕,他从现实中领悟到"在我们中国这样一个政治上、经济上受着种种枷锁的国家,所谓社会问题的解决,必须统一于国家民族的解放","职业教育,只有在民族解放、民权平等、民生幸福的社会里,才能实现他的造福人群的理想"。于是他把主要精力投到抗日救国的活动中去。他主持创办了《救国通讯》,并同沈钧儒[13]等知名人士发起组织"国难会",发表宣言,鼓动抗日,反对国民党政府的不抵抗政策。正如他所说:"从那时起,吾们的工作便力谋与国家的需要相配合。"一九三六年,国民党当局制造了震惊中外的"七君子"[14]事件,黄任老为了抗日救国,不顾个人安危,亲自到苏州监狱,探望沈钧儒等七位爱国志士,同他们合影留念,并题诗以表达自己的敬意。

一九三七年七七事变[15]后,中国共产党通电全国号召全民族抗战。黄任老为促成国共团结救国而奔走呼号,以实际行动支持中国共产党关于建立抗日民族统一战线的政治主张。在此期间,他同共产党人有了较多的接触，开始了同共产党的亲密合作。抗日战争爆发后，他担任国民参政会参政员，与中国共产党的代表一起提出了要求国民党早日结束党治，实施宪政的提案。一九三九年，他同张澜[16]、沈钧儒、梁漱溟[17]、章伯钧[18]等人发起成立“统一建国同志会”，开展民主宪政活动。一九四一年，他代表中华职业教育社同其他政治派别一道，参加发起组织“中国民主政团同盟”（后改称“中国民主同盟[19]”），提出了抗日到底、实践民主、结束党治、建立联合政府等十条纲领。一九四五年七月，为了促进国共两党恢复和平谈判，黄任老和褚辅成[20]、冷遹[21]等一行六人到延安，与毛泽东主席等中国共产党领导人多次进行亲切会谈，并考察了解放区的政绩和人民生活情况，使他对于中国共产党的政治主张和政治实践有了深刻的了解。回渝后，他不顾国民党当局的阻挠，出版了《延安归来》一书，这标志着他的政治思想、他同中国共产党的合作，都有了进一步发展。一九四五年，抗日战争胜利结束，在中国共产党和平建国和成立联合政府号召的影响下，黄任老同一部分民族工商界、金融界及教育界人士于同年十二月发起组织民主建国会，团结爱国的工商界人士和知识分子，从事争取民主、反对内战，争取和平民主建国的斗争。他面对国民党当局的威胁利诱，立场坚定，态度鲜明，断然拒绝参加国民党一手包办的国民大会，领导民主建国会和中华职教社的同志继续向反动派进行坚决的斗争。一九四八年五月，他在上海政治压迫严重的情况下，毫不畏惧，奋不顾身，亲自主持民主建国会常务理、监事联席会，通过决议响应中国共产党的“五一”号召[22]，决心参加以中国共产党为领导的人民民主统一战线。翌年二月，黄任老毅然经香港奔赴解放了的北平，代表民主建国会参加新政协的筹备工作，并出席制定《共同纲领》[23]和选举产生新中国中央人民政府的中国人民政治协商会议第一届全体会议，为中华人民共和国的诞生立下了功绩。

新中国成立后，黄任老历任中央人民政府委员、政务院副总理兼轻工业部部长、全国政协副主席和全国人大常委会副委员长等重要领导职务。他认真贯彻党和国家的方针、政策，同党肝胆相照、密切合作，并提出了不少建议和意见，不愧为党的挚友、诤友。他努力为社会主义革命和社会主义建设勤奋工作，特别是在社会主义改造中，他不仅认真参与制定政策和指导工作，同时还带领民主建国会的同志们积极做好团结、教育工商业者的工作，推动会员和所联系的民族工商业者进行学习和自我教育，接受社会主义改造，参加社会主义建设，为顺利实现对资本主义工商业的社会主义改造起到重要的积极作用。

黄任老一生的重要成就之一，是创立并领导了中华职业教育社。它是我国致力于研究、推行职业教育历史最长的教育团体。职教社在一九一八年提出了职业教育“为个人谋生之预备、为个人服务社会之预备、为世界及国家增进生产能力之预备”的目标，在以后二三十年间兴办各种形式的职业学校，学生遍及全国各地以及国外，培养出一大批有理想、有技能的人才；他们中相当多的人后来成为新中国的经济建设骨干。党的十一届三中全会[24]以后，职教社的工作和组织有了新的发展，职教社的同志们适应现实的需要，在开展职业学校教育、职业补习教育、职业指导和职业教育之理论研究等方面，作出了新贡献。现在，发展职业教育已经载入我国宪法，成为教育体制改革的重要组成部分，职教事业出现了前所未有的好形势，这是可以告慰于黄任老的。

黄任老是中国民主同盟和民主建国会的创始人和杰出的领导人。他为中国民主同盟和民主建国会的建立、成长和壮大，对巩固和发展爱国统一战线都作出了重要贡献，受到了中国民主同盟和民主建国会广大成员和所联系的群众的尊敬和爱戴。

黄任老的一生，紧紧跟随着历史发展的脚步，不断前进。他为国为民、追求真理的崇高思想和不屈不挠的斗争精神，使他从一个科举出身的举人成为一位杰出的民主主义战士和真诚的爱国主义者，走上了与中国共产党合作的道路，献身于祖国的人民革命和社会主义事业，实现了他救国救民的夙愿。黄任老所走过的光辉道路，使我们大家受到宝贵的教益。他的高尚思想和革命情操是值得我们学习和纪念的。

在纪念黄任老诞辰一百一十周年和职教社建社七十周年的今天，我们欣喜地看到，我们的民族正处在历史上最富有活力的时期。我们坚持四项基本原则[25]，坚持改革、开放、搞活的总方针、总政策，建设有中国特色的社会主义，取得了举世瞩目的成就，前景无限光明。我们相信，经过全国各族人民和一切爱国的炎黄子孙同心协力，团结奋斗，统一祖国、振兴中华的宏伟大业一定能够实现。这也正是黄炎培先生和其他革命前辈们所衷心期待于我们的。

■注　释

[1]中国民主建国会，简称民建。由爱国的民族工商业者和有联系的知识分子发起，于一九四五年十二月十六日在重庆成立。民建

主要由经济界人士组成。

[2]中华职业教育社，简称职教社，是中国的教育团体。由伍廷芳、蔡元培、张元济、黄炎培等发起，一九一七年五月于上海成立。曾先后开办中华职业学校、中华工商专科学校、中华职业补习学校、比乐中学和职业指导所等。新中国成立后，总社设在北京，上海、昆明设有分社。创办北京函授师范学校和中华函授学校。“文化大革命”期间活动中断。一九七九年恢复上海中华职业补习学校和昆明中华业余学校。一九八二年总社及分社次第恢复。一九八三年修订和通过社章，规定以“研究和推行职业教育”为基本任务。

[3]黄炎培(一八七八——一九六五)，字任之，江苏川沙(今属上海)人。早年加入同盟会。一九一七年在上海创办中华职业教育社，任理事长。一九四一年参与组织成立中国民主政团同盟，任第一任主席。一九四五年底发起建立中国民主建国会，任主任委员。新中国成立后，任政务院副总理兼轻工业部部长，全国人大常委会副委员长，全国政协副主席。

[4]黄任老即黄炎培。

[5]蔡元培，见本书《纪念王森然同志》注[8]。

[6]同盟会，是中国资产阶级革命政党中国同盟会的简称。一九〇五年八月，兴中会与华兴会等革命团体的成员在日本东京联合组成同盟会，采用了孙中山提出的“驱除鞑虏，恢复中华，创立民国，平均地权”的资产阶级革命政纲。孙中山被推选为总理。在他的领导下，同盟会积极进行革命宣传，并联合会党、新军发动多次武装起义。一九一一年(辛亥年)十月武昌起义爆发，很快形成推翻清王朝的辛亥革命运动。在袁世凯窃取政权后，同盟会于一九一二年八

月改组为国民党。

[7]辛亥革命,见本书《动员起来做好农村改革工作》注[1]。

[8]讨袁斗争,指孙中山在辛亥革命后发动的反对袁世凯独裁统治的战争,又称“二次革命”。一九一三年二月,袁世凯派人暗杀了国民党代理理事长宋教仁,不久又向帝国主义大量借款,准备发动内战。六月,先后下令罢免了由国民党人担任的江西、广东、安徽三个省的都督,并出动军队南下。孙中山、黄兴号召南方各省力量起来反对袁世凯。七月,江西、南京分别成立讨袁军。接着,安徽、上海、广东、福建、湖南、重庆等省市相继宣告独立。但只经过两个月,讨袁战争即遭到失败。响应反袁的各省市自动取消独立,孙中山等人被迫流亡国外。

[9]护法斗争,指孙中山为反对北洋军阀、维护《临时约法》而发动的战争。一九一七年七月,重掌北京政府大权的北洋军阀首领段祺瑞拒绝恢复《临时约法》和召集国会。孙中山首先发出“护法”号召。他和在他影响下的海军从上海到达广州后,联合当时反对段祺瑞的西南军阀,组织护法军政府。九月孙中山被选为军政府大元帅,宣布出师北伐,开始了护法战争。次年五月,因西南军阀与北洋军阀妥协,孙中山被迫离职。一九二〇年,孙中山依靠陈炯明的力量回到广东,仍然在护法旗帜下成立“非常政府”,次年任“非常大总统”。不久,陈炯明勾结北洋军阀和帝国主义发动政变,孙中山被迫再次离开广州,护法斗争彻底失败。

[10]梁启超(一八七三——一九二九),广东新会人。戊戌维新运动的重要活动家。辛亥革命后组织进步党。曾任袁世凯政府司法总长,段祺瑞政府财政总长。一九一七年参与发起中华职业教育社。

晚年在清华学校、南开大学等学校执教,并到各地讲学。

[11]张謇(一八五三——一九二六),江苏南通人。清末状元。一八九五年创办大生纱厂,同时举办一系列教育、实业事业。一九〇六年参与组织预备立宪公会。一九〇九年当选为江苏咨议局议长。辛亥革命后被委任为南京临时政府实业总长。一九一三年任袁世凯政府农商总长。袁世凯称帝前,辞职返乡继续从事教育、实业事业。

[12]九一八事变,见本书《深切怀念王泰吉同志》注[11]。

[13]沈钧儒,见本书《沉痛悼念中国共产党的亲密战友——史良同志》注[5]。

[14]“七君子”,见本书《沉痛悼念中国共产党的亲密战友——史良同志》注[4]。

[15]七七事变,又称卢沟桥事变。一九三七年七月七日,日本侵略者在北平西南的卢沟桥向中国驻军发动进攻。在全国人民抗日热潮的推动和中国共产党抗日主张的影响下,中国驻军奋起抵抗。中国人民的全面抗战从此开始。

[16]张澜,见本书《沉痛悼念中国共产党的亲密战友——史良同志》注[17]。

[17]梁漱溟(一八九三——一九八八),广西桂林人。早年加入同盟会。二十世纪三十年代在山东、四川等地推行“乡村建设运动”。后参与发起组织统一建国同志会,后改称中国民主政团同盟。新中国成立后,任全国政协委员,全国政协常委。

[18]章伯钧,见本书《在全国统战工作会议上的讲话》注[11]。

[19]中国民主同盟,见本书《纪念杜斌丞、杨明轩同志》注[13]。

[20]褚辅成(一八七三——一九四八),浙江嘉兴人。早年加入

同盟会。曾长期担任上海法科大学(后改名为上海法学院)董事长兼校长,同时在家乡兴办实业。一九三八年起任国民参政会参政员。一九四五年七月,与黄炎培等以参政员身份赴西安,呼吁各党派合作。后发起组织建立九三学社。

[21]冷遹(一八八二——一九五九),江苏丹徒人。曾任孙中山护国军政府总参议,国民党山东省政府委员兼民政厅厅长。一九三八年起任国民参政会参政员。一九四五年七月,与黄炎培等以参政员身份赴西安,呼吁各党派合作。新中国成立后,任华东军政委员会委员兼水利部部长,江苏省人民政府副主席,江苏省人民委员会副省长,江苏省政协副主席。中国民主建国会中央常务委员。

[22]"五一"号召,指一九四八年四月三十日中共中央发出的纪念"五一"劳动节的口号,号召巩固和扩大反对帝国主义、封建主义、官僚资本主义的统一战线,为打倒蒋介石、建立新中国而共同奋斗;团结各民主党派、各人民团体、各社会贤达,迅速召开没有反动分子参加的新政治协商会议,讨论如何召开人民代表大会,成立民主联合政府问题。"五一"号召得到各民主党派、无党派人士、各阶层代表人士的热烈响应。

[23]《共同纲领》,见本书《坚持与党外人士合作的统一战线政策》注[1]。

[24]十一届三中全会,见本书《在肇庆地委常委扩大会议上的讲话》注[2]。

[25]四项基本原则,参见本书《在中央工作会议中南组的发言》注[10]。

政治体制改革非搞不可*

（一九八七年十月十八日）

政治体制改革非搞不可。政治体制不改，经济体制改革也要受阻。《设想》[1]要写成熟的，成熟一条，写一条，不成熟的不要写。

■ 注　释

［1］《设想》，即《政治体制改革总体设想》。

＊　这是习仲勋在中共十二届七中全会预备会中委第九组讨论《政治体制改革总体设想》时的发言。

霜叶红于二月花*

（一九八七年十月三十日）

中国国民党革命委员会[1]中央主席、九十高龄的屈武[2]同志在中国共产党十一届三中全会[3]以来九年间发表的文章、讲话，经民革中央宣传部选编成书，付印出版，作为纪念民革成立四十周年的一份礼物，这是很有意义的。对于《屈武文选》[4]的问世，我由衷地感到高兴。

屈武同志是德高望重的革命前辈、著名的政治活动家。在长达七十年的政治生涯中，他亲身经历了从旧中国到新中国、从民主革命到社会主义革命和建设的历史进程，参与了许多重大事件。他是五四运动的健将之一，曾经面聆孙中山先生的教诲。他是第一次国共合作时期的国民党第二届中央候补执行委员，积极拥护孙中山先生的三大革命政策。他是我国早期赴苏联的留学生，在那里生活了十几年，并同蒋经国[5]先生结下了深厚的友谊。他是抗日民族统一战线和第二次国共合作的忠实支持者，与王昆仑[6]、许宝驹[7]、王炳南[8]等同志秘密建立我党领导下的革命组织中国民主革命同盟[9]（即“小民革”），争取和团结国民党内的爱国民主人士，坚持团结抗战进步，反对分裂妥协倒退。他是张治中[10]先生在新疆主政时的得力

---

* 这是习仲勋为《屈武文选》所写的序言。

助手，在张先生受我党中央委托，营救被盛世才[11]囚禁的马明方[12]同志等一百多位共产党员的过程中，他参与筹划，配合工作，终于排除阻力，克服困难，使这批同志得以平安地回到延安。他是一九四九年北平和谈时国民党政府代表团的顾问，此后又协助陶峙岳[13]将军、包尔汉[14]主席实现了新疆的和平解放。他还是国民党元老于右任[15]先生的女婿，同国民党上层有广泛的交往，这就为他的革命活动带来了许多便利。他在民主革命时期的工作是成绩卓著的。

屈武同志在新中国成立后历任重要职务。在人大、政府和政协工作中多所建树。他为民革工作付出了很大的精力，对民革的成长和发展起了重要作用。十年内乱中，屈武同志遭到严重迫害，多年身幽囹圄，林彪[16]、“四人帮”[17]一再胁逼他提供伪证，企图诬陷从新疆获救归来的同志，他都严词拒绝，表现了一位坚强的革命者的凛然正气。粉碎“四人帮”后，特别是党的十一届三中全会以来，屈武同志目睹我国经过拨乱反正、经济建设和改革、开放出现的蓬勃兴旺的喜人形势，心情格外振奋。他不顾年迈，积极参加各项活动，为巩固和扩大爱国统一战线，完善和发展中国共产党领导下的多党派合作，促进祖国和平统一，开创民革工作新局面贡献力量，这种精神是十分感人的。从《屈武文选》所载的文章、讲话中，生动地反映出这位革命老人的一片爱国赤诚。

我和屈武同志都是陕西人，很早就知道他的名字，以后相识、交往，到现在已几十年了。屈武同志坚强的革命意志，鲜明的原则立场，刚正不阿的性格，丰富的政治阅历，是我一向钦佩的。特别是在几十年的风风雨雨中，尽管受到严峻的考验，屈武同志始终保持乐观的心情，对我国前途充满信心，革命热情至老不衰，更是难能可贵。

他在九年间发表这样多的文章、讲话，就是很好的证明。我相信，《屈武文选》的出版，将会使人们从中得到启迪，受到鼓舞，更加奋发地为建设有中国特色的社会主义，统一祖国、振兴中华的宏图大略贡献力量，无愧于我们所处的伟大的时代。

■ 注　释

[1]中国国民党革命委员会，见本书《纪念张治中先生诞辰九十五周年》注[3]。

[2]屈武，见本书《永远难忘的怀念》注[25]。

[3]十一届三中全会，见本书《在肇庆地委常委扩大会议上的讲话》注[2]。

[4]《屈武文选》，一九八八年一月由团结出版社出版。

[5]蒋经国(一九一〇——一九八八)，浙江奉化人。蒋介石之子。早年留学苏联。一九三七年回国后，曾任国民党三民主义青年团中央干部学校教育长。国民党到台湾后，任国民党台湾省党部主任委员，“国防部总政治作战部”主任，“国防部”部长，“行政院”院长，“总统”等职。一九七五年四月担任国民党中央主席。

[6]王昆仑(一九〇二——一九八五)，江苏无锡人。一九三三年加入中国共产党。长期从事民主运动和中国共产党的统一战线工作。一九四一年参与建立中国民主革命同盟。一九四三年，参与发起组织三民主义同志联合会。一九四八年赴美考察，曾协助冯玉祥在旅美华人中开展反内战、反独裁的民主活动。新中国成立后，任政

务院政务委员，北京市人民委员会副市长，全国政协副主席。中国国民党革命委员会中央主席。

[7]许宝驹(一八九九——一九六〇)，浙江杭州人。长期从事爱国民主运动。一九四一年参与建立中国民主革命同盟。新中国成立后，任全国人大代表、全国人大法案委员会委员。中国国民党革命委员会中央常务委员。

[8]王炳南(一九〇八——一九八八)，陕西乾县人。一九二六年加入中国共产党。一九四一年参与建立中国民主革命同盟。曾任中共中央南方局外事组组长，中共中央外事组副主任。新中国成立后，任中国驻波兰大使，外交部副部长，中国人民对外友好协会会长。

[9]中国民主革命同盟，简称"小民革"，是中国共产党领导的并有共产党人参加的革命组织。一九四一年五月秘密成立于重庆。同国民党爱国民主力量有密切联系，不少成员后来成为民革和其他一些民主党派的重要骨干。一九四九年九月十七日，中国民主革命同盟在新政协筹备会第二次全体会议上发表声明宣告结束。

[10]张治中，见本书《当好西北人民的勤务员》注[3]。

[11]盛世才，见本书《纪念张治中先生诞辰九十五周年》注[11]。

[12]马明方，见本书《要注意克服土地改革中"左"的情绪》注[6]。

[13]陶峙岳，见本书《纪念张治中先生诞辰九十五周年》注[16]。

[14]包尔汉，见本书《纪念张治中先生诞辰九十五周年》注[17]。

[15]于右任(一八七九——一九六四),陕西三原人。一九〇六年加入同盟会。曾任南京临时政府交通部次长,陕西靖国军总司令,国民军联军驻陕总司令,国民党中央执行委员会常务委员,国民政府审计院院长和监察院院长。后去台湾。

[16]林彪,见本书《落实知识分子政策,加强党对教育工作的领导》注[3]。

[17]“四人帮”,见本书《同心协力把广东工作做好》注[7]。

为纪念中国记协成立五十周年题词

（一九八七年十一月二十日）

要做一个不脱离人民群众、不脱离生活实际的优秀记者。

习仲勋

一九八七年十一月二十日

在台湾民主自治同盟四大上的贺词

（一九八七年十一月二十三日）

今天，台湾民主自治同盟[1]第四次全国代表大会开幕，同时隆重纪念台盟成立四十周年，我谨代表中共中央致以热烈的祝贺！向台盟的各位领导同志和各位代表，并向全体盟员致以崇高的敬意！

台盟是一九四七年十一月十二日由一部分从事爱国民主运动的台湾省人士发起成立的，四十年来她走过了爱国的革命的光荣历程。在解放战争时期，台盟在中国共产党的影响下，高举爱国、反帝的旗帜，团结台湾同胞，投身到全国范围的反帝、反封建、反官僚资本主义的人民大革命中，为反对帝国主义的侵略，反对把台湾从中国分裂出去的阴谋，进行了英勇不屈的斗争，为建立独立、统一、富强的新中国作出了贡献。在革命斗争中，那些为中华民族解放事业英勇献身并作出贡献的台盟盟员和台湾省的仁人志士是永远值得我们怀念的！他们是人民的英雄，应当受到人民的尊敬！

中华人民共和国成立后，台湾民主自治同盟适应形势的发展，确定了为社会主义服务的政治方向，参加人民政权和国家各项政治活动，推动盟员积极参加社会主义革命和建设实践，为祖国统一大业贡献力量。特别是进入新时期以来，台盟为社会主义现代化建设和祖国的和平统一做了多方面的工作，各级组织积极参与国家和地方的政治协商、民主监督；帮助我们党和政府做好对大陆台胞的工作，调动成员和所联系台胞的积极性，为祖国四化建设服务；加强大陆台籍同胞与岛内外台胞的友好往来，反映台胞的意见，宣传党和政府的方针政策，发展爱国统一的力量。四十年来，台盟的工作取得了显著的成绩，并将随着历史的发展，进一步在我们国家政治生活中发挥重要作用。

刚结束不久的中国共产党第十三次全国代表大会[2]，是我们党的历史上具有重大深远意义的一次大会。党的十三大和十三届一中全会从政治上、组织上、理论上保证了我们党的路线能够长期稳定地延续下去，保证了我们沿着有中国特色的社会主义道路阔步前进。我们党要同全国各族人民，同各民主党派、各人民团体，更加紧密地团结起来，在建设有中国特色的社会主义的伟大旗帜下，以经济建设为中心，坚持四项基本原则[3]，坚持改革开放，自力更生，艰苦创业，为把我国建设成为富强、民主、文明的社会主义现代化国家而奋斗。

现在，全国各族人民在胜利实现建设社会主义现代化第一步目标的基础上，为夺取第二步更大的胜利而奋勇前进[4]。为了实现经济发展第二个宏伟目标，必须加快和深化改革。要通过经济体制改革，促进社会主义商品经济的发展；要通过政治体制改革，促进社会主义民主政治的建设。为了实现历史交给我们的伟大而艰巨的任务，必须进一步发展和壮大最广泛的爱国统一战线。台盟和其他民主党派都是我们党的久经考验的亲密朋友，是发展爱国统一战线、维护安定团结、建设四化的重要依靠力量。我们党坚定不移地坚持“长期共存、互相监督、肝胆相照、荣辱与共”的方针，完善党领导下的多党合作和协商制度，支持民主党派在国家政治生活中充分发挥作用，使政治协商、民主监督制度化，努力建设社会主义民主政治。我们相信,各民主党派在建设有中国特色的社会主义道路上,将同我们党更加紧密团结在一起,夺取新的更大的胜利。

振兴中华、统一祖国是中华民族包括台湾同胞、港澳同胞、国外侨胞的共同愿望。党的十三大所确定的路线和方针政策,必将有力促进祖国统一的实现。我们争取和平统一祖国,实行"一国两制"[5]的方针和政策,已经产生巨大的影响,得到越来越多的台湾同胞的拥护。台湾同大陆的统一已是不可逆转的潮流,形势正在向着有利于祖国统一的方向发展。最近,台湾当局开始放宽台湾同胞到大陆探亲的限制,这是一个明智之举,我们表示欢迎。海峡两岸同胞互相往来,来去自由是我们的一贯政策。我们寄希望于台湾当局,更寄希望于台湾人民。历史和现实都表明,台湾人民是热爱祖国的,具有爱国的光荣传统。台湾民主自治同盟继承了台湾人民的爱国传统,同台湾人民有着血肉联系。我们希望台盟今后继续团结广大成员和所联系的台胞,为祖国大陆的社会主义现代化建设贡献力量;广泛联系台湾各界人士,反映他们对国是的意见、建议,沟通海峡两岸之间的交流往来,增进大陆同胞同台湾同胞的相互了解,高举起爱国主义的伟大旗帜,为实现祖国统一而奋斗!

■注　释

[1]台湾民主自治同盟,简称台盟。在台湾人民"二·二八"起义以后,由一部分从事爱国主义运动的台湾省人士于一九四七年十一月十二日在香港成立。台盟由台湾省人士组成。

[2]中国共产党第十三次全国代表大会，见本书《在全国地方政协工作座谈会上的讲话》注[7]。

[3]四项基本原则，参见本书《在中央工作会议中南组的发言》注[10]。

[4]一九八七年四月三十日，邓小平阐述了分三步走实现现代化的发展战略。即：第一步，到二十世纪八十年代末，实现国民生产总值比一九八〇年翻一番，解决人民的温饱问题。中共十三大召开时，第一步目标已经基本实现。第二步，到二十世纪末，使国民生产总值再增长一倍，人民生活达到小康水平。第三步，到二十一世纪中叶，人均国民生产总值达到中等发达国家水平，人民生活比较富裕，基本实现现代化。

[5]“一国两制”，见本书《做好沿海开放城市和经济特区的统战、政协工作》注[1]。

英明的决策，伟大的胜利*

（一九八八年四月）

一九八八年四月二十一日，是转战陕北胜利四十周年。四十年前的今天，革命圣地延安在被蒋胡军占领一年一个月零三天后，又重新回到人民的手中。

这一年，是最艰苦、最严峻、最困难的一年，也是我西北野战军运用“蘑菇”战术，在运动中歼敌有生力量，以少胜多，创造奇迹的一年。广大军民在党中央和毛泽东同志直接指挥下，用血与火写成的战争史诗，将载入中国革命史册，永放光辉。

每当我回忆起这段艰辛岁月，就深切怀念毛泽东、周恩来、任弼时[1]、彭德怀[2]等老一辈无产阶级革命家，怀念那些驰骋疆场，无私奉献，长眠在陕北大地的英勇将士，怀念边区勤劳勇敢，信念坚定，忘我支援战争的英雄人民。

一

一九四六年六月二十六日，国民党撕毁停战协议和政协决议，发动了全面内战。我军遵照党中央关于“以自卫战争粉碎蒋介石的进攻”的指示，经过八个月的战斗，共歼敌六十六个旅计七十一万人。

---

* 这是习仲勋为纪念转战陕北胜利四十周年而写的文章。

国民党的全面进攻计划遭到破产后,又集中兵力,向我陕甘宁边区[3]和山东解放区发动所谓重点进攻。一九四七年二月中旬,蒋介石先把西安绥靖公署主任胡宗南[4]召到南京,又于二月二十八日偕空军副司令王叔铭飞抵西安,策划进犯延安和陕甘宁边区的军事部署。国民党军集中了三十四个旅,共二十五万余人,由胡宗南集团从南线进攻,青(海)宁(夏)二马(马步芳[5]、马鸿逵[6])及邓宝珊[7]集团分别从西线、北线策应,并调集全国五分之三的空军进行配合,妄图一举占领延安,压迫我党中央和解放军总部到黄河以东,以便掩饰其全面进攻的失败,提高日益衰颓的士气,尔后再抽出胡宗南集团这支最大的战略预备队,加强华北或其他战场的进攻。

当时,我们在陕甘宁边区的部队仅有六个野战旅共二万六千余人和三个地方旅,而且装备极差,面对兵力、装备占绝对优势的敌人的进攻,党中央和毛泽东同志决定,暂时放弃延安,运用"蘑菇"战术,把敌人拖在陕北,消灭在陕北,支援其他战场我军作战。

西北野战军坚决贯彻执行党中央和毛泽东同志的战略方针,同强敌"蘑菇"周旋,艰苦奋战,一年间,经历了内线防御、内线反攻、外线进攻三个阶段,进行了大小十五个战役,共歼敌十余万人,毙、俘敌中将整编军长、师长七人,少将旅(师)长、参谋长等二十五人。而我军在战斗中迅速发展壮大到十一万余人,其中野战军近八万人。

在一九四七年三月十三日至一九四七年八月十二日的内线防御阶段,由于敌我力量异常悬殊,我军的基本作战方针是:诱敌深入,与敌在延安以北的山区周旋,陷敌于十分疲惫、十分缺粮之困境,尔后集中优势兵力,选择敌人薄弱或孤立的部分,在运动中予以各个歼灭,以逐渐削弱敌人的有生力量,求得战略形势的根本改变。

三月十三日，胡宗南以整编第一军、第二十九军等部共十五个旅十四万余人在空军配合下，由洛川、宜川之线分两路向延安进攻，我军节节抵抗，经七天激战，予敌以五千余人的杀伤，胜利完成了掩护党政军领导机关和群众安全转移、疏散的任务后，于三月十九日晨主动撤出战斗。此后，针对敌人急于寻找我军主力决战的心理状态，以独立第一旅一部，诱敌北进安塞，而主力隐蔽集结在延安东北，先后在青化砭[8]、羊马河[9]和蟠龙[10]三战三捷，全歼敌三十一旅、一三五旅和一六七旅，毙俘敌一万四千三百余人，生俘敌旅长李纪云、麦宗禹和李昆岗，大大鼓舞了边区军民战胜敌人的信心。五月十四日，在真武洞召开了五万人参加的祝捷大会。紧接着挥师西进，大战陇东，北进三边[11]，狠揍宁马，再歼青、宁马家军二千四百余人，生擒敌少将副旅长陈应权、上校团长马奠邦，收复了环县、曲子、华池、定边、安边、盐池等地。为了贯彻中央军委关于"三军（刘邓[12]、陈谢[13]、陈粟[14]）配合，两翼（陕北、胶东）牵制"的战略部署，西野[15]主力于七月三十日挥师榆林，以调动胡宗南主力北上，配合陈谢兵团迅速渡河，南进豫西。虽两次攻城未克，但却歼守敌邓宝珊部五千二百余人，达到了诱敌董钊、刘戡、钟松率十个旅北上榆林的目的。五个月的防御作战，共歼敌三个旅部、十一个团，毙伤敌二万五千余人，扭转了困难局势，打开了胜利局面，为以后转入内线反攻，奠定了基础。

一九四七年八月，我军转入内线反攻阶段。这一时期的战略方针是：继续牵制胡宗南集团于西北战场，逐渐歼灭其有生力量，收复失地，扩大与巩固解放区，为收复延安，转入外线进攻创造条件。

榆林战役后，南北我军和党中央机关到达无定河以东，黄河以西，南北约四十里，东西约五十里的狭小地区。胡宗南误认为我正东渡黄河的后方机关是我军主力，企图以七个旅南北夹击，结束陕北之战。这时，我们抓住钟松自恃援榆有功，骄狂至甚，孤军突出的有利战机，以第三纵队并指挥绥德警备第四、第六团，在乌龙铺以南地区，坚持抗击刘戡所部西援；以第一、第二纵队迅速包围并攻击沙家店之敌整编三十六师师部及一六五旅；以教导旅、新四旅对西援进至常高山之敌一二三旅发动猛攻。经十个多小时激战，即于八月二十日傍晚，全歼胡宗南三大主力之一整编三十六师师部及两个旅，取得歼敌六千余人的重大胜利，成为我军进入反攻阶段的一个重要标志。

沙家店战役[16]结束之第三天，我陈谢兵团即在晋南突破敌三百多里的黄河防线，逼近潼关。胡宗南慌忙令绥德以北八个旅南撤，保卫其西安老巢。西北我军为继续牵制胡军主力，策应陈谢兵团创建豫西根据地，于九月十四日至十六日进行了岔口、关庄追击战，给南撤之敌以四千余人的杀伤，迫敌不得不将主力暂留延安、富县地区整补。趁此机会，我以二纵和四纵（九月二十五日由警备第一、第三旅和骑六师编成）南进黄龙山区，发起黄龙战役，先后攻克白水、石堡（今黄龙县）、韩城、宜川等县城，毙、俘敌宜川中将指挥官许用修以下三千三百余人。留在内线的一、三纵队和教导旅、新四旅发起了延（延川、延长）清（涧）战役。迅速收复延川、延长县城后，于十月十一日晨，攻克清涧县城，敌整编七十六师被歼，中将师长廖昂被活捉。此后，我西野领导为了巩固后方，保障党中央安全，于十月底，率部二次攻打榆林。由于敌城防坚固，我军缺少重火器，加之准备不足，马鸿逵倾巢迅速增援，未能达到预期目的，在歼敌六千八百余人后撤出战斗，转入新式整军。

一九四八年二月至四月二十一日，是外线进攻阶段。我军的作战方案是：将战争引向国民党统治区，向延安、宜川线出击，得手后继向该线以南进攻，大量歼灭敌人有生力量，拖住胡宗南集团并调回他支援豫西之兵力，尔后收复延安，进而解放麟游山区。

针对胡宗南集团确保延安、洛川、宜川，阻我军南进的防御态势，西野指挥部经过反复比较分析，认为把突出方向选择在宜川更有利于围城打援，在运动中全歼守敌与援敌。二月十二日至十六日，野战军以五个纵队共八万余人，分别从保安（今志丹县）、绥德、米脂和晋南曲沃地区向宜川开进；二十四日至二十七日，二、六纵队完成对宜川的包围，并将敌压缩于城内。这时，胡宗南急令刘戡率两个整编师共四个旅的兵力，沿洛（川）宜（川）公路轻装驰援，二十八日进入瓦子街至任家湾的一个狭长小川道内。我军从公路两侧高地对援敌拦头截尾，形成铁桶包围之势。三月一日上午，经过新式整军运动的全体官兵，斗志昂扬、顶风冒雪发起总攻，激战至下午五时，将敌全歼，无一漏网，随即挥师东进，迅速攻克宜川。宜（川）瓦（子街）战役[17]，是西北野战军转入外线后的第一个大胜利，歼敌整编二十九军军部和整编二十七师、九十师共五个旅二万九千余人，毙、俘敌中将整编军军长刘戡、中将整编师师长严明、中将旅长张汉初等将级军官十一名，同时调回了胡宗南布防在豫西战场的五个整编师，策应了中原我军作战。

宜瓦战役大获全胜后，我军乘胜扩大战果，于三月五日分三路挥师南下，发起黄龙山麓战役。经一个多月作战，连克富县、中部（黄陵）、宜君、白水、澄城、合阳等县城，进逼蒲城、围困洛川。四月六日，正当我军向西府挺进，决心夺取胡宗南的补给基地宝鸡的时候，延安守敌整编十七师于四月二十日晚弃城南逃。被敌人侵占一年一个月零三天的革命圣地延安，二十一日宣告光复。至此，洛川以北的陕甘宁边区全无敌踪。

在艰难困苦的转战期间，西野广大指战员怀着“誓死保卫党中央，保卫毛主席”的坚强意志，万众一心，团结奋战，前赴后继，视死如归，许多团营干部始终冲杀在第一线，表现了高度的革命英雄主义气概和顽强战斗、不怕牺牲的大无畏精神，涌现了无数可歌可泣的英雄事迹。据不完全统计，先后有二十四名团以上干部和一万一千名营以下干部、战士牺牲在这块土地上，而负伤者达三万六千多人次。他们的革命精神和卓著的功绩，将永远铭记在人民心中。

二

转战陕北的胜利，是毛泽东军事思想的伟大胜利，是毛泽东主席、周恩来副主席、彭德怀司令员等同志英明指挥和领导的结果。在蒋胡军重兵压境，狂横不可一世的严重关头，毛泽东、周恩来、任弼时等中央领导同志，一直留在陕北，胸有成竹，运筹帷幄，指挥陕北和全国解放区的军民，同国民党反动派进行斗争，充分体现了无产阶级革命家敢于斗争、敢于胜利的雄伟气魄和革命胆略。

党中央从一九四七年三月十八日撤出延安，到一九四八年三月二十三日东渡黄河，在敌人眼皮下转战了十二个县，宿营居住过三十七个村镇，行程二千一百华里。在这三百七十一个艰难严峻、险象环生的日日夜夜里，中央领导同志胸怀大局，临危不惧，和边区军民同甘共苦，生死与共，历经风险，饱经艰辛，一次次在十分危急的情况下化险为夷，转危为安。这种胆略和气魄，完全基于对陕甘宁边区、对中国人民革命事业的忠诚和热爱，基于对人民群众的深切了解和无限信赖，基于对客观形势进行历史唯物主义的透彻分析。撤出延安的第二天，毛泽东同志的驻地就遭敌机扫射，汽车座位被打坏。有的领导同志从安全角度考虑，主张党中央东渡黄河，暂住山西。毛泽东同志深情地说："长征[18]后，我党像小孩子生了一场大病一样，是陕北的小米、延河的水滋养我们恢复了元气。在人民最需要我们的时候，怎么能离开他们。""陕北问题不解决，我决不过黄河。"他还说："哪里群众拥护我们，哪里就最安全。陕北人民好，地势也好，回旋余地大，安全是有保证的。"这是对人民群众何等真挚的感情！又是何等的信赖！也正是在人民群众的处处支援和保护下，尽管敌人在天上有飞机侦察，地下有重兵搜索，还有美国最新式的电台测向仪昼夜监测，却始终找不到党中央机关的踪迹。有时候彼此仅隔一道小山梁，一条小山沟，但毛泽东、周恩来等仍稳如泰山，在小小的窑洞里指挥着举世瞩目的人民战争。

毛泽东、周恩来等同志坚持留在陕北的根本出发点，就是心系人民。在转战期间，遇到危险和困难时，他们总是惦记着群众。党中央在王家湾时，数万敌人扑去。当时彭总和我正率西野主力远在陇东作战，急得坐卧不安，电令三边、绥德分区的部队，不惜任何代价顶住敌人。事后才知，敌人已进到距王家湾四五里的地方，毛泽东、周恩来、任弼时等同志还镇定自若地询问、指挥群众坚壁、转移，直到群众到达安全地带，才和警卫部队转移。沙家店战役前夕，党中央转移到佳县附近，前是滔滔黄河，后有十万追兵，情况很危急。我们立即命令三纵侧击刘戡，掩护党中央，并劝毛泽东同志暂过黄河。刘少奇、朱老总等也来电坦诚相劝。毛泽东同志深情地说："大家的心意我完全理解，可是我们共产党人不能失信于民呀！""现在是历史转折的关头，党中央要为人民赴汤蹈火，在所不辞！”“这一仗打得好，转危为安，不走了；打不好，就向西走，准备进沙漠。”他毅然同周恩来、任弼时率中央纵队，由东折向西北前进，到达梁家岔后，亲自用有线电话指挥了沙家店战役。

毛泽东、周恩来、任弼时等同志，以中国人民革命事业为重，将个人安危置之度外，始终坚持把指挥全国解放战争的帅旗举在陕北，在政治上有其重大的意义。它给全党增添了无穷无尽的力量，极大地鼓舞和增强了陕甘宁边区以及全国解放区军民的战斗意志和胜利信心。同时对敌人也是当头一棒，彻底打碎了他们企图驱逐我党中央和人民解放军总部出西北的妄想。

转战陕北的胜利，还在于中央军委和毛泽东同志为陕北战场制定了一条符合实际、克敌制胜的正确作战方针。正像彭总在一次会议上讲的：“这是毛主席‘集中优势兵力，各个歼灭敌人’的作战原则的胜利；是毛主席‘蘑菇’战术的胜利。”早在蒋介石、胡宗南策划进攻延安和陕甘宁边区军事部署时，毛泽东同志就思考着是坚守延安还是主动放弃延安，以及如何对付敌人进攻的重大战略问题。三月十八日，毛泽东、周恩来同志召集彭总、王震[19]和我，一起研究了撤离延安后我军的作战问题。毛泽东同志客观地分析了敌人的兵力、装备上的绝对优势，和陕北群众基础好，地形复杂，回旋余地大，便于我军机动作战的有利条件，胸有成竹地提出了诱敌深入，陷敌于十分疲惫、十分缺粮之困境，然后抓住有利战机，集中优势兵力，在运动中逐个加以歼灭，牵制胡宗南集团主力于陕北战场的作战方针；并且研究了兵力的具体部署和在青化砭地区打伏击战的意图。四月十五日，毛泽东同志正式向西北野战军发出了《关于西北战场的作战方针》，要求我们继续过去诱敌“游行”的老办法，在现地区再周旋一个时期，目的在使敌达到十分疲劳和十分缺粮之程度，然后寻机歼灭之。还要求我们向全体指战员说明，“这种办法叫‘蘑菇’战术”，“是最后战胜敌人的必经之路”。以后战争的整个进程，完全证实了毛泽东同志这一作战方针是完全英明正确的。敌人尽管骄横一时，侵占了我主动放弃的延安和陕甘宁边区的所有县城，但被我军用“蘑菇”战术磨得精疲力竭，断粮绝食，终于丧失大量有生力量而陷于绝境。仅仅一年多，敌人在损失兵员十万人之后，不得不狼狈逃出陕甘宁边区，落了个“人地皆失”的悲惨结局。

作为西北野战军司令员的彭德怀同志，怀着对革命事业高度负责的精神，忠心耿耿，竭诚尽智，坚定不移地贯彻执行毛泽东同志的军事思想和作战原则。他深入前线，掌握敌情，运筹帷幄，呕心沥血，机动灵活地进行指挥，为夺取转战陕北的胜利立下了卓著功勋，在边区人民心目中筑起了一座流芳千古的丰碑。

三

“战争伟力之最深厚的根源，存在于民众之中”。转战陕北的战争，是人民的战争，胜利也是人民的胜利。胡宗南对陕北的重点进攻开始后，中央西北局和边区政府立即动员和组织各级党委、政府和一百六十多万群众迅速进入战争状态，一切工作服从战争，男女老少都为战争服务。那时候，所有党、政、企业、学校的领导干部和公务人员，县不离县，区不离区，乡不离乡，就地坚持各种形式的斗争，处处都是为“保卫党中央，保卫毛主席，保卫陕甘宁边区”而战的繁忙景象。

蒋胡军进攻延安前后，全边区共组织了两万余人的游击队和十多万民兵，活跃在整个陕北的沟沟岔岔，山山峁峁，断敌交通，打敌据点，伏击车队，缉查敌特，配合主力作战，搞得敌人昼夜不宁。仅延安游击队十三个月就同敌作战一百二十八次，歼敌七百三十一人，缴获各种武器五百九十支(件)，击毁汽车两辆，破敌电线二十多公里，以至拔除了敌长官部设在枣园的特务机关。南泥湾[20]垦区游击队，在敌人攻占该地后一个多月，就在延(安)宜(川)公路两侧七战七捷，毙、俘胡军二百七十人，缴获面粉九百九十一袋，临真区政府很快恢复了工作。延川游击队在一九四七年四月至六月，共捕捉敌侦探和逃兵五百二十人，逮捕伪保长十八人，完全摧毁了敌人刚刚搞起的保甲[21]统治。沙家店大捷后，敌七个旅南逃，沿途民兵和游击队设置路障，连续出击，使敌十五日内行程不足一百公里，我追击部队迂回敌前，击溃四个整编旅，歼敌四千一百余人。在敌后游击战中，涌现了一大批英雄集体和功臣模范，许多同志光荣献身，他们被边区人民永远敬仰。

在转战陕北的日子里，边区的男女老少，都紧急动员起来，勇敢地参加担架运输、供应粮草、挑水送饭、做鞋洗衣、带路送信、救护伤员、站岗放哨、坚壁清野等支前活动。据一九四七年三月至一九四八年二月的不完全统计，全边区参加抬担架、当向导、后勤运输、看押俘虏、修筑工事的民兵民工达二百一十八万二千人次，支援牲畜一百四十七万八千头次，做军鞋九十二万九千双，筹送粮食一百二十余万石[22]、柴草一亿二千多万斤，动员了四万二千名青年参了军。

广大群众宁肯吃糠咽菜，也要把仅有一点粮食送给自己的军队。一九四七年十月间，我在绥德、米脂、清涧一带，亲眼看到许多乡亲把还未完全成熟的高粱、豇豆采收回来，连夜炒干交给部队。清涧县东区直川山，有个闹红时期的妇女模范刘大娘，听说毛主席也和大家一起吃黑豆榆树叶子面，难受得热泪直流，把坚壁在后山的五升麦种、三升豌豆种取回，连夜磨成面，擀成杂面条，托人捎给毛主席。

边区一百六十万群众都是人民军队的耳目，自动探听敌情，传递情报，敌人的一举一动我们都了如指掌；而对敌人却严密封锁消息，守口如瓶，使敌人像瞎子一样乱撞乱窜，不是跳进我伏击圈，就是被我小部队牵上到处"游行"。羊马河全歼敌一三五旅后，为了攻打蟠龙，我三五九旅诱敌北进绥德。董钊、刘戡率领的九个半旅排成纵横几十里的方阵，从我军隐蔽集结的地区通过。当时西野指挥机关就驻在一个叫新庄的小山村，敌人在山岗像放羊似地搜索前进了三四个小时，却丝毫没有察觉。

人心的向背是战争胜负的决定因素。有全边区的人民竭诚至亲地拥护我军，无私无畏地支援我军，必然陷敌于人民战争的汪洋大海之中而遭到灭亡。

■注　释

[1]任弼时，见本书《关于陕甘宁边区一九四八年的土地改革和整党工作》注[12]。

[2]彭德怀，见本书《当好西北人民的勤务员》注[2]。

[3]陕甘宁边区，见本书《关于关中分区的反磨擦问题》注[2]。

[4]胡宗南，见本书《陕甘宁边区形势及加强备战问题》注[7]。

[5]马步芳，见本书《动员一切力量，为完成甘肃全省土地改革而

斗争》注[2]。

[6]马鸿逵，见本书《动员一切力量，为完成甘肃全省土地改革而斗争》注[3]。

[7]邓宝珊（一八九四——一九六八），甘肃天水人。曾任国民军联军驻陕副总司令，国民党第二十一军团军团长兼新一军军长，国民党晋陕绥边区总司令。解放战争时期，任国民党华北“剿匪”副总司令，一九四九年初起义。新中国成立后，任西北军政委员会委员，甘肃省人民政府主席，甘肃省人民委员会省长。中国国民党革命委员会中央副主席。

[8]见本书《跟着毛泽东走就是胜利》注[14]。

[9]见本书《跟着毛泽东走就是胜利》注[15]。

[10]见本书《跟着毛泽东走就是胜利》注[16]。

[11]三边，见本书《发展陕甘宁边区的生产》注[7]。

[12]刘邓，参见本书《彭总在西北战场》注[19]。

[13]陈谢，陈指陈赓，时任晋冀鲁豫野战军第四纵队司令员；谢指谢富治，时任晋冀鲁豫野战军第四纵队政治委员。

[14]陈粟，陈指陈毅，时任华东野战军司令员兼政治委员；粟指粟裕，时任华东野战军副司令员。

[15]西野，即西北野战军。

[16]沙家店战役，见本书《跟着毛泽东走就是胜利》注[17]。

[17]宜瓦战役，又称瓦子街战役，见本书《跟着毛泽东走就是胜利》注[19]。

[18]长征，见本书《红日照亮了陕甘高原》注[1]。

[19]王震，见本书《红日照亮了陕甘高原》注[40]。

[20]南泥湾，见本书《革命长者和良师益友》注[9]。

[21]保甲，见本书《关于关中分区的反磨擦问题》注[3]。

[22]石，见本书《关于分三类地区进行土改问题给毛泽东的复电》注[9]。

学习和发扬贺龙同志的高尚品德和优良作风

（一九八八年七月）

伟大的中国人民解放军在胜利的征途上已经走过六十一个春秋了。在八一建军节来临之际，我的思绪如潮，革命战争年代的往事不断涌上心头。我敬爱的南昌起义主要领导人之一、对人民军队的创建发展具有伟功殊勋的贺龙[1]同志又栩栩如生地浮现在我的眼前。

我第一次见到贺总，是一九三七年一月在陕西泾阳县云阳镇。那时我任关中特委书记，还是一个青年，对贺龙这位“两把菜刀闹革命”的民军领袖、南昌起义军总指挥、赫赫有名的红军统帅仰慕已久。我同他会面是在红二方面军总部，关向应[2]、甘泗淇[3]等同志当时也在那里。我们一见如故，十分亲切。贺总那堂堂的仪表、潇洒的气度、如火的豪情和爽朗诙谐的音容笑貌，给我留下了深刻的印象。从那时起，我几度在贺总的领导下工作，有段时间曾随他之后共负一个方面和地区的领导之责。长期的相处，贺总的优良品德和作风使我深受教育，值得大家学习。

（一）

贺总党性坚强，一切服从党的利益，视党为第一生命。而作为一个长期独当一面的军队高级将领，又体现为他始终把军队置于党的领导之下，坚守党指挥枪的原则。至于个人，他也是党叫干啥就干啥，不计名利进退，勇挑革命重担，心悦诚服地听从党的调动和安排。

记得一九三七年春，为支援充实正在改编的红二方面军，我从关中游击队中挑选出五百名训练有素的老战士组成一个补训团，由郭炳坤[4]同志带到贺总那里。可在后来召开的洛川会议[5]上，熟谙兵员就是战斗力的贺总却积极支持毛泽东关于留兵保卫党中央和陕甘宁边区[6]的意见，主动把占一二〇师近三分之一的兵力留在了边区，自己仅率八千余人出兵山西。以后他又带领和教育指战员模范执行中央部署，吃黑豆，穿粗布，安心扎根晋西北，硬是把这个地瘠人稀，不利部队发展的地区建设成了保卫陕甘宁的屏障、各个抗日根据地联结党中央的通道。贺总所表现的共产党人大公无私、顾全大局的品格，使我十分敬佩。

一九四二年六月，贺总奉中央之命回到延安任陕甘宁晋绥联防军司令员，兼任西北局常委。不久，他把独立一旅、三五八旅相继调到陕北。这样，加上已经调来的三五九旅，一二〇师已有三个主力旅加入到直接保卫党中央和陕甘宁边区的行列。差不多与此同时，我由关中调任西北党校校长。从此，离贺总近了，聆教的机会也就多了。这年十月开始，我出席了在中共中央直接领导下，由贺总等西北局领导同志主持召开的陕甘宁边区高干会[7]，直接听取了他的三次重要报告和讲话，受益殊深。这次会议的一个重要议题是反对当时边区党、政、军中普遍存在的闹独立性问题。记得贺总在一次讲话中严厉抨击了这种不良倾向。他说："军队、政府、民众团体都不能闹独立性。我们边区只有一个党。如果西北局的决议可以不执行，中央的政策可以不执行，这个党还像什么样子嘛！我当个师长，带一二〇师，如果我在那里时部队很好，我走了部队就不好了，这样，我们的党性还有没有呢？没有了。是不是一个好干部？不是的。”这些话旗帜鲜明，鞭辟入里，充分反映了贺总坚强的党性原则，使我们与会干部受到一次深刻的教育。

西北解放战争时期，贺总的坚强党性又一次光辉地展现在我们的面前。一九四五年八月，贺总率师赴晋绥[8]对日反攻。这期间，我接任了西北局书记兼联防军政委。当时，陕甘宁和晋绥虽然变为两个战略区，但贺总还兼任联防军司令员。一九四七年蒋胡军重点进攻陕北后，他奉命把晋绥军区的三个主力纵队相继调归西北野战兵团，受彭总[9]和我指挥，自己仅以少量兵力支撑晋绥战局，担负起同时对山西、绥远[10]两个方向进攻之敌的作战，保证陕甘宁东翼安全的战略任务。同时，他还要以极大精力协助叶剑英[11]、杨尚昆[12]等同志安置、转移中央机关大批撤退人员，支援陕北作战。大家都知道西北解放战争初期有“三战三捷”。可不知三战过程中，都是贺总在前线最急需的时候，将弹药、枪械等物资由晋西北组织运过黄河，才保证了战争的胜利，在内线作战阶段歼敌两万多人，稳定了战局。为此，彭总和我曾在前线专门致电贺总，表示我们的“甚感激”之情。同年七月，贺总和我都应党中央电召至靖边县小河村参加会议，战火中重逢，相谈甚欢。小河会议除对全国战略大反攻作了进一步组织和筹划外，还从加强后方建设出发，对西北战场的领导人员作出了重大战略性决策，即西北战场由彭总在前线指挥，贺总主持后方，在党中央直接领导下共同经略西北。对中央的这一重大决策，贺总坚决拥护，无条件服从。会议还在进行期间，贺总就和我对陕甘宁、晋绥两个边区的统一问题进行了磋商，并在会上提出不少具体建议，得到了毛泽东、周恩来等同志的赞同。当时，贺总针对个别同志不解中央意图，看不到建设西北战场巩固后方的特殊重要性而产生的模糊认识，严肃地指出："军队是党的，不是哪个人的，要听党的调动。我带过的部队，别人也能指挥。如果不听别人指挥，那就说明我贺龙党性不强！"

战争年代，贺总的坚强党性还表现在他一向尊重地方党的领导，重视军队党团组织和政治工作机关的建设，严守党的集体领导原则，是与党的工作者亲密合作的模范。一九四三年二月，我调任绥德地委书记，同时兼任了在绥德担任警备任务的独一旅政委。贺总每次来视察工作，总忘不了嘱咐高士一[13]和王尚荣[14]等同志：一定要服从地委的统一领导，要经常请示报告习政委。一九四七年贺总和我自小河返回后方后，他在工作中，对我言传身教，诱掖提挈，注意培养，重大事情总是提到西北局会议上讨论决定，一般工作也是事前协商，事后通气，听取我的意见，从不因我年轻资浅而敷衍塞责。特别是涉及地方工作，每当发生意见分歧时，他总是嘱咐同志们：习政委熟悉情况，照他的意见办。

贺总为人平易，当时我们不仅在工作中配合默契，生活中也情意浃洽。他带警卫员打到几只石鸡后，总忘不了邀我打上一顿牙祭。我知道他爱吃陕西的面疙瘩，每当做好后便请他来共餐。外出开会、检查工作，我们常是顶风冒雨并辔而行，隆然大炕同被而眠，这些情景至今仍然历历在目，念念在心。

疾风知劲草，板荡识坚贞。在长期革命斗争的考验中，贺总通身闪耀着党性的光芒，表现了对党对革命事业的无限忠诚。毛泽东同志高度评价他“忠于党，忠于人民，对敌斗争狠，能联系群众”，确是十分精当的。

（二）

贺总作为卓越的马克思主义军事家，不仅具有高超的指挥艺术，而且还长于建军治军，重视教育训练。一九四二年他担任了联防军司令员以后，在高干会上提出要整编、整训，反对形式主义，刷新政治工作。尔后在党中央和毛泽东同志的支持下，首先从统一整顿编制入手逐步实现了陕甘宁、晋绥边区军队的统一指挥，继之又从统一思想入手实现了两区部队的统一训练，使西北部队在西北局和联司[15]的一元化领导下走上了发展新阶段。在这一工作过程中，贺总晓谕全体官兵“我们是革命军队，不懂革命道理，没有打仗的本领，就不可能战胜敌人”。他号召“各级军政领导都要把干部和连队的教育训练经常抓起来，抓住不放”，并在一九四三年六月主持召开陕甘宁和晋绥军区团以上参谋长会议，强调训练要为战争服务，加强学校与部队的联系，使学校教育赶上部队的需要，提出“熟练军事技术、使用武器，达到精兵的目的”。三个月后，贺总又在陕甘宁边区军事高干会上提出了“以兵为主，人人皆兵，个个都练，士兵教育应以技术为主”的练兵方针。同时把到会的高级干部编成班排，学习单兵技术，统一训练动作，他自己也带头摸爬滚打。在贺总的领导主持下，陕甘宁部队在学文化、学政治、学军事的群众性大练兵运动中涌现出许多英雄模范，联司于一九四四年九月召开了模范学习者大会，毛泽东同志在会上不断为战士们的精彩表演喝彩，还兴高采烈地赞誉贺总说：“贺老总，你练的兵不错嘛！”贺总一九四七年夏重新回到联司上任后，尤为关心西北野战军的建设。他指示要加强政治思想工作,减少非战斗减员。一九四八年春他到晋西南视察工作时,曾专程到二纵召集党委扩大会,领导总结新式整军经验,整饬纪律,强调外线作战要特别注意提高政策、纪律观念。延安收复后,他驱车黄龙山区看望三纵指战员,并在该部党委扩大会上讲话,指出军队建设中思想建设是最重要的。要培养树立起无产阶级的思想领导,就要广泛发扬民主,拿起批评与自我批评这个最好的武器。部队的发展,一靠干部,二靠教育,选择干部要大胆提拔有朝气的青年知识分子,政治教育要不断发现新问题,创造新形式。不久,贺总又和林老[16]及我一起出席了西北野战军前委土基会议[17]。他在这次会议上介绍后方情况,并就西府战役[18]后的整训提出了许多具体意见。在彭总、贺总的协力领导下,西北野战军整训后如虎添翼,再次出师,连连告捷。与此同时,贺总对联司直属的地方部队建设更是倾注了心血,他连续主持召开了联司的参谋、机要、政工、供卫等会议,以扭转战争爆发后部队组织、思想上的混乱,克服游击习气,加强对敌斗争,并提出"加强党的一元化领导,实行军民一致,贯彻三大任务,这是加强地武建设的重要环节"。他还和我及王维舟[19]、张经武[20]等同志连续签发了关于民兵工作的几个指示,要求各级整顿组织,训练骨干,充分发展民兵建设。由于贺总领导有方,指挥若定,联防军区所属地方武装在解放西北和华北的战火锻炼中不断壮大发展,成为一支拥有十万之众且具一定攻坚、野战能力的劲旅。

西北解放战争时期,贺总还肩负着征兵扩军,不断壮大西北人民解放军的重担,为动员后方广大翻身农民参军,编组后备兵团、调配干部、教育训练而忙碌操劳。贺总在这一工作中创造性地把动员参军和拥军优属结合起来，亲自抓典型，广泛宣传晋绥边区河曲县一村长帮助复员军人成家的事迹，在后方掀起大规模的拥军优属运动，直接推动了扩军工作的开展。在贺总领导下，地广人稀、兵员匮乏的陕甘宁、晋绥两区有十数万农民涌进人民解放军，整个解放战争时期，仅西北地方武装发展及补充一野者就有十个师，还拨给华北两个步兵师、一个骑兵师。贺总为人民军队的发展壮大所建立的丰功伟绩，永彪中国人民解放军的光辉史册。

（三）

贺总不仅是革命家、军事家，而且懂经济，善理财，会建设。一九四二年他首任联防军司令员时，还兼任陕甘宁晋绥财经委员会的副主任及财经办事处的主任，直接参与了对两区财经工作的领导。当时，林老和陈云同志对这一工作多有建树，贺总也颇费心血。我至今还记得他在边区高干会上传达毛泽东同志《经济问题与财政问题》时的情景。他把这一历史性文件的中心思想准确地归结为“发展经济，保障供给是财经工作的总方针”和“发展生产是解决一切问题的中心环节”，并饶有风趣地说：“如果不生产，靠天上往下落，天上落不下来，落下来的是雨，而雨有时也不落。靠我们的国家，国家一个钱也不发，子弹也不发，什么也不发，那么靠什么呢？就靠自己！”诙谐的语言，引起会场一片笑声。在传达中，贺总还明确提出反对财经工作中的官僚主义，并结合三五九旅的生产经验对毛泽东同志提出的公私兼顾，军民兼顾，集体生产，集中领导、分散经营等发展生产的四条原则作了说明。高干会后，贺总和陈云等同志通力合作，推动轰轰烈烈的大生产运动，统一两边区的财政经济。为此，又成立了由贺总任主任的晋西北财委会。同时还采取加重军队负担，独立解决财政；成立物资局，统一贸易；整顿金融，正确使用有限资金等办法，扭转了财政入不敷出的困难局面。一九四四年三月间，贺总在西北局高干会上作财经工作总结报告，着重提出了“生产节约是解决财经的基本方针”和实行管理外贸；建立健全财政预决算制度，开源节流，量入为出；巩固边币，稳定金融等具体措施。还强调要贯彻领导一元化，加强调查研究，搜集金融情报，克服主观主义，改进领导作风。这对促进边区生产的发展和经济繁荣起了重大的作用。

贺总一九四七年夏复出主持西北财经工作后，针对陕甘宁十年和平建设的丰衣足食被“胡祸”天灾破坏殆尽、晋绥边区由于连年战争也濒临经济枯竭的现实，在小河会议上就提出要“大大精简、统一财政”。在他的推动下，西北局提出了“一切为了战争胜利”的口号，并迅速采取了一系列重大措施。为了集中人力、物力、财力，贺总率西北财委的干部从总结历史经验入手，对陕甘宁、晋绥两边区的农、工、商、财税、金融等工作进行广泛调查研究，并同林老和我等西北局领导赴兴县蔡家崖和晋绥边区领导人举行会议，将两边区的贸易公司合并为西北贸易公司，银行合并为西北农业银行，实现了自一九四二年后两区财政经济的真正统一。为适应战争需要，实现财供统一、收支统筹，完善保障体制，贺总还领导建立起两区党政军民一体化的后勤保障机构，西北财委行使财经建设、生产支前的最高职权，同时将陕甘宁边区政府财政厅和联防军后勤部合并，明确其为西北战场后方支前的指挥所。贺总还领导制定了军勤动员的一系列法令规定，以期节约人力、物力、财力。由此使西北战场的后方工作很快完成了平战转变，在兄弟解放区的支援下，逐步做到了兵马未动，粮草先行，保障了各次重大战役的胜利。一九四八年春西北野战军转入外线作战后,贺总把注意力逐渐转移到医治战争创伤,恢复发展生产上来,他多次主持召开会议,指示要减轻群众负担,以利休养生息,促进生产发展;批评片面财政观点,提出靠发展生产,解决财政,保障供给,稳定金融;生产要全面,使农、林、工、副各业互相促进共同发展。贺总还创办了西北军政大学、西北人民工业学校、西北剧校等院校,为当时乃至以后的建设事业培养了大批人才。当时,毛泽东同志曾以西汉名相萧何作比,高度赞誉了贺总在西北战场后方建设中的勋绩。

新中国成立后,贺总作为党和国家的领导人,更加显示了他左宜右有,资兼文武的才干。一九五二年十一月,他衔命主管国家体育事业,创造性地贯彻"发展体育运动,增强人民体质"的方针,培养了一批冲出亚洲走向世界的体育人才,推动了群众性体育活动的蓬勃开展,使中国人民一洗"东亚病夫"的耻辱。六十年代初,国家困难,他出主国防工业,跋山涉水,调查研究,有针对性地提出了军工生产要"质量第一",并制定了关于国防工业建设的十七条方针,促进国防工业走自己发展的新道路。他还参与了大量的外交活动,是和陈总[21]的风格同中见异的又一个"元帅外交家",为争取和平正义,发展中国人民同世界人民的友好事业,也作出了很大贡献。可以说,今天我们国家在上述这些战线所取得的巨大成就,无不凝结着贺总的心血和智慧。

"南昌起义诞新军,喜庆工农始有兵。"贺总作为中国人民解放军的缔造者之一,对人民军队充满无限深情。薛明[22]同志曾对我讲,建军四十周年那天,当时身陷囹圄的贺总突然兴奋起来,他以少有的激情向她讲起了军史,并豪迈地说:"这个军队太可爱了,这样的军队,有人想利用它搞阴谋,那是办不到的,是要倒霉的!”四年后林彪[23]的折戟沉沙,九年后江青[24]反革命集团的覆灭,恰恰证明了贺总生前的远见卓识。

现在我们国家还处在社会主义初级阶段,以经济建设为中心,以改革总揽全局,大力发展社会生产力,是摆在全国各族人民面前的艰巨任务。在新的历史时期,我们要学习和发扬贺总的高尚品德、坚强的党性、大公无私的革命精神、兢兢业业的优良作风,为实现四化、振兴中华的宏伟目标,建设有中国特色的社会主义而努力奋斗。

■注　释

[1]贺龙,见本书《彭总在西北战场》注[8]。

[2]关向应(一九〇二——一九四六),辽宁金县人。一九二五年加入中国共产党。曾任中共中央政治局委员,中华苏维埃共和国中央执委会委员、中共中央革命军事委员会委员。一九三六年起任红二方面军副政治委员、政治委员,八路军一二〇师政治委员兼晋西北军区政治委员、晋绥军区政治委员,陕甘宁晋绥联防军政治委员,中共中央晋绥分局书记。一九四六年在延安病逝。

[3]甘泗淇(一九〇四——一九六四),湖南宁乡人。一九二六年加入中国共产党。曾任红六军团政治部主任,红二军团政治部主任,一九三六年起任红二方面军政治部主任,一二〇师政治部主任兼晋西北军区政治部主任,晋绥军区政治部主任,陕甘宁晋绥联防军政治

部主任，西北野战军政治部主任，西北军区副政治委员兼政治部主任，第一野战军政治部主任。新中国成立后，任西北军区、第一野战军副政治委员兼政治部主任，中国人民志愿军副政治委员兼政治部主任，中国人民解放军总政治部副主任。

［4］郭炳坤，见本书《关中党史简述》注［34］。

［5］洛川会议，指一九三七年八月在陕北洛川举行的中共中央政治局扩大会议。会议通过了《关于目前形势与党的任务的决定》和《抗日救国十大纲领》。会议分析了抗战爆发后的政治形势，指出共产党同国民党的争论已经不是应否抗战的问题，而是如何争取抗战胜利的问题，而争取抗战胜利的关键是实行共产党的全面抗战路线，反对国民党的片面抗战路线。为此，会议决定，在敌人后方放手发动独立自主的游击战争，建立敌后抗日根据地；在国民党统治区放手发动抗日的群众运动，争取全国人民应有的政治经济权利；以减租减息作为抗日战争时期解决农民土地问题的基本政策。

［6］陕甘宁边区，见本书《关于关中分区的反磨擦问题》注［2］。

［7］高干会，见本书《贯彻边区妇女运动的正确方针》注［4］。

［8］晋绥，见本书《要注意克服土地改革中“左”的情绪》注［10］。

［9］彭总即彭德怀，见本书《当好西北人民的勤务员》注［2］。

［10］绥远，见本书《为绿化西北而努力》注［2］。

［11］叶剑英，见本书《同心协力把广东工作做好》注［3］。

［12］杨尚昆，见本书《在全国来信来访工作会议上的讲话》注［1］。

［13］高士一（一八九三——一九六八），河北任丘人。一九三八年加入中国共产党。曾任八路军第一二〇师独立第一旅旅长，晋绥

军区独立第一旅旅长，晋绥军区后勤部部长，陕甘宁边区交通厅厅长。新中国成立后，任西北军政委员会财政经济委员会副秘书长，国务院参事。

[14]王尚荣（一九一五——二〇〇〇），湖北石首人。一九三二年加入中国共产党。曾任八路军第一二〇师独立第一旅副旅长兼西北军区第四军分区司令员，晋绥野战军独立第一旅旅长，第一野战军第一兵团第一军第二师师长、第一军副军长。新中国成立后，任中共中央军委作战部部长，解放军副总参谋长，中共中央军委委员。

[15]联司，即陕甘宁晋绥联防军司令部。

[16]林老即林伯渠，见本书《红日照亮了陕甘高原》注[45]。

[17]土基会议，指一九四八年五月二十六日至六月一日在陕西洛川县土基镇召开的中共西北野战军第二次前委扩大会议。会议的主题是总结西府战役的经验教训。

[18]西府战役，见本书《关于新解放区的工作问题》注[9]。

[19]王维舟（一八八七——一九七〇），四川宣汉人。一九二七年加入中国共产党。曾任八路军一二九师三八五旅副旅长，陕甘宁晋绥联防军副司令员，西北军区副司令员。新中国成立后，任中共中央西南局常委，西南军政委员会副主席，中共中央监察委员会常委。

[20]张经武（一九〇六——一九七一），湖南酃县（今炎陵）人。一九三〇年加入中国共产党。曾任陕甘宁留守兵团副司令员，陕甘宁晋绥联防军参谋长，西北军区参谋长。新中国成立后，任中共中央军委办公厅主任兼中央军委人民武装部部长，中共西藏工作委员会书记，中共中央西南局书记处书记，中共中央统战部副部长。

[21]陈总即陈毅，见本书《关于全国招待工作会议的报告》

注[3]。

[22]薛明(一九一六——二〇一一),河北霸县人。贺龙的夫人。新中国成立后,任全国妇联西南区工委福利部部长,贺龙办公室主任,解放军总参谋部军事检察院检察长。

[23]林彪,见本书《落实知识分子政策,加强党对教育工作的领导》注[3]。

[24]江青,见本书《永远难忘的怀念》注[50]。

对地方虚报粮食产量的批语*

（一九八八年十月十日）

说假话的风气一定要治一治才好，不然会坏大事。

十月十日

* 一九八八年十月十日，新华社的一个刊物刊载了《河南省今年粮食产量有多少？——对一些上报数字的调查与分析》一文。文章指出，通过实地调查、走访，发现河南各地存在着夏粮多报、秋粮少报的现象。原因主要有：（一）受责任目标左右，为了完成夏粮“目标”，不得不加点虚数。（二）今年河南有些县级班子换届，刚上任为了面子，硬撑着报产量。（三）秋季大家普遍吵着受灾减产，趁机少报，既可弥补夏粮虚数，又不丢人。（四）市场粮价一涨再涨，粮食不好收购，报秋粮减产一是想减少定购任务，二是想向上边要救济。这是习仲勋对该文所作的批语。标题为编者所加。

深切怀念中国共产党的忠诚朋友班禅大师

（一九八九年二月二十日）

班禅额尔德尼·确吉坚赞[1]大师因心脏病突发，溘然长逝，中国共产党失去了一位忠诚朋友，我失去了一位合作共事四十个春秋的知心朋友。

四十年来，我和大师建立了深厚的友情。就在这次他去西藏主持班禅东陵扎什南捷[2]开光典礼前，还在百忙中来向我告别并献了哈达[3]。出门要告别，回来要谈心，这是他长期同我交往的一个老习惯了。我了解他的性格，热情高，爱激动，工作起来控制不住自己。我对他说，这个季节西藏缺氧严重，你要注意自己的身体，不要性急，要劳逸结合。他说，这件事办完遂了我最大的心愿，就是死了也瞑目。我说，佛不要你走，马克思也不要你走。谁知大师一走，竟成永诀。我捧着他临行前赠我的洁白的哈达，遥望西天，悲恸万分。

班禅大师生前一再说，他从幼年起就热爱共产党，对党怀有深厚的感情。他说，没有中国共产党的领导，就没有今天的西藏。从我同他长期的交往中，深深感到，他的这种感情是非常诚挚的，他一生的实践也充分说明了这一点。

班禅大师作为藏民族的优秀代表和藏传佛教[4]的杰出领袖，始终把藏民族的命运和前途同祖国的命运和前途联系在一起，同中国共产党的领导联系在一起。从中国人民解放战争取得胜利的前夜到新中国成立以来的各个历史时期，班禅大师都竭诚地拥护中国共产党在许多重大问题上的正确主张。

一九四九年九月西宁解放后，班禅大师即派人同中国共产党联系。当时彭德怀[5]副总司令和我负责西北局的工作，同班禅大师有了联系。一九四九年十月一日，中华人民共和国成立，班禅大师致电毛泽东主席和朱德总司令，欢呼新中国的诞生，满腔热情地表示对中国共产党的"拥护爱戴之忱"，拥护中国共产党废除民族压迫制度，实行民族平等的政策，坚信在中国共产党的领导下，"西藏解放，指日可待"。毛泽东主席和朱德总司令复电勉慰班禅大师，希望大师和西藏爱国人士一致努力，为西藏的解放和汉藏民族的团结而奋斗。一九五〇年六月，班禅大师派他的代表计晋美[6]等专程来西安见彭总，提出有关解放西藏办法的建议。当时我陪彭总会见了计晋美一行，热情支持班禅大师的爱国义举，感谢他对我们党的信赖。我们还致函班禅大师，希望"西藏人民早日回到中华人民共和国友爱合作的大家庭，享受平等、安乐、幸福的新生活"。党中央和毛主席十分重视班禅大师关于解放西藏办法的建议，认为很好，是合乎爱国与团结精神的。

我第一次与班禅大师见面是一九五一年四月中旬的一天。那时他率领班禅堪布会议厅[7]官员赴京途经西安，我代表西北局和西北军政委员会到机场迎接。当他走下飞机时，一个活脱脱的英俊藏族少年活佛形象出现在我的眼前。在飞机舷梯下，他紧紧握住我的手，心情激动地对我说：我们是专程去北京向毛主席致敬的！我要把藏族人民对中央人民政府和毛主席的良好祝愿亲口转达给毛主席。在欢迎会上，他表示坚决拥护中央人民政府，决心与西藏各界爱国人士一道为西藏的解放和藏族人民的团结努力奋斗。“有志不在年高”，他的爱国热情和坦诚豪爽的性格给我留下了深刻的印象。

一九五一年春，亲帝国主义分子大扎摄政下台，达赖喇嘛[8]亲政。一月二十七日，达赖喇嘛致信中央，报告他亲政情况，并表达谋求和平的愿望。中央复电祝贺他亲政，欢迎他速派代表来京和谈。四月二十二日，达赖喇嘛派出的以阿沛·阿旺晋美[9]为首席全权代表的和谈代表到达北京。四月二十七日，班禅大师率领的致敬团到达北京。班禅大师真诚拥护中央和平解放西藏的方针，并表示要团结藏族各方力量，推动这一方针的实现。经过中央人民政府全权代表李维汉[10]等同西藏地方政府代表的多次谈判，在达赖喇嘛、班禅大师的响应和努力下，具有重大历史意义的《关于和平解放西藏办法的协议》于一九五一年五月二十三日在北京签字。协议签字的第二天下午，班禅大师率领班禅堪厅主要负责官员，向毛主席和中央人民政府致敬，献给毛主席一面用藏汉两种文字写的“中国各民族人民的大救星”的锦旗。当晚，毛主席为庆祝协议签订设宴，并讲了话。五月二十八日，班禅大师及堪厅人员以“难以言喻的兴奋”心情发表声明，说协议的签订“宣告了帝国主义对于西藏侵略的失败，西藏民族与中国各民族团结起来，西藏民族内部团结起来，从此西藏民族开始了自己历史的新纪元”。声明对达赖喇嘛响应中央号召，派代表来京和谈并签订协议的举动表示“深为敬重”。在此期间，班禅大师还致电达赖喇嘛，“愿竭绵薄”和达赖喇嘛“精诚团结”，协助他和西藏地方政府彻底实行和平解放西藏的协议。与此同时，班禅大师致电西藏扎什伦布寺[11]政教官员和僧俗民众，希望他们在中央人民政府和毛主席的领导下团结一致,“彻底实现这个协议,积极地援助人民解放军入藏部队,驱逐帝国主义在西藏的侵略势力”。

一九五一年十二月十五日,班禅大师自青海西宁返藏前夕,我受中央委托,代表毛主席、中央人民政府和西北军政委员会,专程赴西宁为他送行。班禅大师及其堪厅派了喇嘛仪仗队欢迎我。在各族各界一千多人的欢迎大会上,班禅大师发表了热情洋溢的讲话。他激动地说:“如果没有中国共产党和毛主席的正确领导,与中国各兄弟民族的热诚帮助,西藏和平解放是根本不可能的,我们返回西藏亦是不可能的。因此,我们说中国共产党和毛主席是西藏人民的大救星,是我们的大恩人。我们只有跟着共产党和毛主席走,只有同祖国各兄弟民族紧密地团结起来,我们西藏民族才能得到彻底的解放,别的道路是没有的。”班禅大师这段话情真意切。他的前世即第九世班禅曲吉尼玛,由于同十三世达赖喇嘛失和,被迫离开西藏,长期流落内地达二十六年,直到圆寂时也没能回到西藏。如今,返藏回寺的愿望终于由十世班禅额尔德尼·确吉坚赞实现了。他高兴、激动是很自然的。

这次见面,我们进行了亲切的交谈。我说:你回西藏后不要急,要照顾全局,首先要做好藏族内部的团结,这样西藏各方面的工作才有希望。我还根据中央的精神,向我们派去陪同班禅大师进藏的负责同志交代了两条:一是西藏一切工作都要贯彻慎重稳进的方针,条件不成熟的事不要办,上层爱国人士和领袖人物不同意的事不要办。二是西藏工作要以反帝爱国统一战线为主。回想起来,中央的这些精神直到现在仍然是有意义的。

一九五二年四月间,当班禅大师返藏到达藏北重镇那曲时,由西藏地方政府两个代理司伦[12]鲁康娃和洛桑扎西等人在拉萨策动了反对和平解放西藏协议的伪人民会议事件。班禅大师甚为愤慨,致电达赖喇嘛,要求达赖喇嘛“以大智大勇之精神,大慈大悲之佛光”严肃处理这一破坏祖国统一,破坏藏族内部团结,尤其是破坏达赖喇嘛政教威信的严重事件。终于,达赖喇嘛出布告解散了伪人民会议,并撤销了鲁康娃和洛桑扎西的代理司伦职务。四月二十八日,班禅抵达拉萨。到拉萨后,他同达赖喇嘛达成谅解,互换了哈达。

一九五四年九月,班禅大师与达赖喇嘛联袂赴京参加第一届全国人民代表大会第一次会议。那时,我已在中央工作。自那以后到一九六二年,我受中央委托,一直负责同班禅大师联系,我们之间的关系越来越密切,友情越来越深厚。

班禅大师作为我们党的忠诚朋友,突出地表现在能主动地向党提出中肯的意见、建议乃至尖锐的批评。他刚直、豪爽,知无不言,言无不尽。这一点我颇为了解,而且认为甚为难得。我总感到,能交上这样的诤友可谓幸事。由于有这样的了解,所以我对他也是以心换心,坦诚相见的。我常对他说:为了党和人民的事业,为了国家的统一和团结,我们两个人什么话都可以说,我有错误你批评,你有错误我批评,实事求是。我知道他遇事爱性急,甚至动气,但并不是一个固执己见的人。他一生追求真理,弃恶扬善,对正确的意见总是听的,听得真切,做得也认真。我常对他说:直言不讳是对的,但不能急,好事一下做不完,更不要动气。他说:你是我的老朋友、好朋友,你了解我,你是为我好才这样说、这样做,我很高兴。

班禅大师一生关心西藏社会的发展和进步,积极拥护西藏的民主改革。一九五六年西藏自治区筹委会成立时,即提出在班禅堪布会议厅管辖的地区率先进行民主改革试点，以取得经验，然后推广到全区。中央根据西藏的实际情况，认为民主改革的条件不成熟，宣布“六年不改”的方针，班禅大师听从了中央的意见，没有进行试点。一九五九年三月十日，西藏上层反动集团为了维护封建农奴制度，反对改革，公然撕毁十七条协议，发动了全面的武装叛乱。鉴于这种情况，国务院下令解散了原西藏地方政府，由西藏自治区筹委会行使地方政府职权，任命班禅大师为筹委会代理主任委员，并确定边平叛边改革的方针。班禅大师致电毛主席、周总理，表示拥护国务院的命令和决定，同时复电西藏工委和军区，说“我已指示堪厅，现在更应继续和分工委、解放军加强团结，密切合作，做好准备，确保日喀则市的安全，共同粉碎和镇压叛乱”。四月八日，班禅大师主持筹委会，号召平息叛乱。一九六〇年四月二十二日，筹委会召开第四次会议，班禅大师在总结报告中高度评价平叛、改革的重大意义，指出：一九五九年是“西藏人民取得决定性胜利的一年”。

西藏的平叛、改革是西藏社会进步和人民翻身的伟大革命。但是在后期出现了“左”的偏差。班禅大师对此是很不满意的，他到北京向中央反映情况。毛主席、周总理和李维汉等同志都分别听取了大师的意见。毛主席称赞大师敢于讲真话的好作风，并对他提出的一些好意见给予了肯定和鼓励。这期间，中央派杨静仁[13]同志去西藏调查。一九六一年一月五日，小平同志在听取了杨静仁同志的汇报后，指示西藏民主改革后要防“左”、防急，并且确定西藏稳定发展、五年不办合作社的方针。一月二十四日，周总理在同班禅大师和张经武[14]同志谈话时指出：“西藏的方针政策概括起来就是，土地所有制是农民个体所有制，这个制度要继续好多年，中心是增加生产，这条要坚定不移地执行下去。”此后，班禅大师回西藏主持工作，并到其他藏区视察，一九六二年五月向国务院呈送了一份《七万言书》，系统地提出了他对西藏和其他藏区工作的批评和建议。中央、国务院对此十分重视，认为大师的大部分意见和建议是好的，但也有一些是过头的。我受周总理的委托多次去看望大师并同他交谈。他火气很大，说了些激烈的话。我充分肯定了他敢于向党直言不讳地提意见的可贵精神，同时劝他不要动气，不要说气话。过了一会儿，他消了气说：你讲的我接受，你从小看着我长大，从一开始就帮助我，你是代表党的，作为个人又是朋友。你是为我好，我感激，但有些不该说的气话已经说出去了，我今后注意就是了，但我说明，我是真心为党好的。班禅就是这样一位心底透亮的大师。后来我和李维汉、阿沛副委员长等同大师又坦诚地交换意见，经过共同研究产生了旨在西藏工作中纠“左”防急的四个好文件[15]，并报经国务院批准。遗憾的是，一九六二年八届十中全会[16]后，由于“左”的指导思想的影响，这四个文件没能贯彻执行下去。班禅大师和李维汉等，也包括我在内，都因此被批判。从此我和班禅大师的交往中断了十几年。“文化大革命”中班禅大师与许多党和国家领导人一样受到严重迫害，虽然如此，班禅大师仍没有动摇过对党和祖国的坚定的信念。

党的十一届三中全会[17]后，我和班禅大师又得以重逢。老友相见，感慨万端。大师见到我时很不安地说：因为我的《七万言书》，把你给连累了，真对不起。我说：这不是谁连累谁的问题，我们都受到了锻炼和考验，增长了见识，党对你是了解的。

党的十一届三中全会后，班禅大师坚决拥护党中央拨乱反正，不遗余力地协助党中央落实各项政策。党中央对班禅大师也给予充分的信任。一九八〇年班禅大师去藏区视察前,小平同志约他到家里,亲切地对他说:“你是我们国家最好的爱国者”,“你自己的活动,可以放手,不要顾虑”,“你在这次下去的时候可以说:‘文化革命’中那些事情都错了。你不要怕,就说这是中央领导同志讲的。”班禅大师听后受到很大鼓舞,对党更加信赖。为了把失去的时间抢回来,他常常是夜以继日地工作和学习。

一九八〇年底,我从广东回到中央后又分管民族、宗教、统战工作,我们接触的机会更多,友谊更加牢固。班禅大师作为国家领导人和宗教领袖,他在这个时期的任务更繁重,工作更繁忙。尽管如此,我们见面交往的时间并没有减少,我们坦诚相见的习惯一如既往。每当他视察、出国和进行其他重大活动时,我总是劝告他:一要注意身体、安全;二遇事要冷静,不要动气。他每次回来总是来找我谈谈心,什么话都谈。对他的每一次成功我都由衷地感到高兴,毫不含糊地给予支持。当然对我觉得他还不足的地方,我也是毫不客气地指出来,他认为我说的不对时也同我争辩,或表示保留自己的意见。一九八五年,班禅大师对河南省把少林寺交给嵩山管理局一事提出了强烈批评,并要“就这件事闹到底,不搞个水落石出决不撒手”。我见了这份材料,立即指出:“抓政策落实,精神可嘉,但不要火气太大”,“少林寺由僧尼管理为宜”,“如拖着不办,再派大员去查明原因何在?或请大师亲临督促”。最后这件事得到妥善解决,班禅大师很高兴。

班禅大师作为藏传佛教的杰出领袖,他热爱自己信仰的宗教;作为藏民族的优秀代表,他热爱自己的民族;作为伟大的爱国主义者,他热爱祖国;作为党的忠诚朋友,他热爱中国共产党。把爱教、爱民族和爱国、爱党完美地统一起来,这正是班禅大师一生的写照。

班禅大师热爱中国共产党，成为党的忠诚朋友，出自对自己民族命运和前途的深入思考，出自对党的方针、政策的深切理解，出自对历史和现实的深刻研究。一九八二年他在西藏拉萨干部大会上作了一次长篇报告，系统地叙述了西藏和祖国关系的历史，雄辩地得出结论说："西藏成为伟大祖国不可分割的一部分，是长期历史发展的必然结果，是无法否认的历史事实。现实来说，西藏和平解放后的三十年的发展和进步，超过了历史上的几百年或上千年，这又是一个不可否认的事实。历史和现实告诉我们，西藏只有在中国共产党领导下的社会主义祖国大家庭中，才有光辉灿烂的前途，才有民族的兴旺发达；西藏人民只有维护祖国的统一，加强汉藏民族之间以及祖国各民族之间的大团结，在中国共产党的领导下，坚定地走社会主义道路，才有真正幸福美满的未来。""历史的教训使我们懂得，爱祖国同爱民族是统一的，二者不可分割，更不应对立起来。现在有人企图利用历史上遗留下来的民族隔阂的残余，用爱民族来否定爱祖国，打着民族的旗号来反对祖国。对此应保持高度警惕，并及时揭穿他们所谓爱民族的虚伪性。"他还说："坚持民族利益同国家利益的一致性，坚持爱祖国爱民族的立场，才是唯一正确的立场，才能成为光明正大的、无私无畏的有益于人民的人。"对于宗教，班禅大师继承黄教始祖宗喀巴[18]大师的传统，坚持改革，兴利除弊，从有益于人民利益出发，研究探索宗教与社会主义相适应的经验，把佛教"庄严国土，利乐有情"的教义同爱国主义结合起来，把"普度众生"同为人民服务的宗旨协调起来，鼓励信教徒团结在党的周围，为建设四化，振兴中华而共同奋斗。

从这几年的接触中，我深深感到我这位亲密的朋友班禅越发成熟了。去年我们曾为大师的“知天命”[19]之年祝贺，祈愿大师为祖国为民族作出更辉煌的业绩。正如小平同志对他说的：“你还是有思考的，有分析、有能力，希望你对祖国多作一些贡献。”然而我们的大师去矣！这个损失确是难以弥补的。

悲大师之示寂，冀乘愿之再来。我们要完成班禅大师未竟的事业，为维护祖国统一和民族团结，为建设团结、富裕、文明的社会主义新西藏，为促进各民族的共同繁荣，作出新的贡献。

我们党的忠诚朋友班禅大师永垂不朽！

■ 注　释

[1]班禅额尔德尼·确吉坚赞，见本书《对西藏工作的几点意见》注[2]。

[2]扎什南捷，是五世至九世班禅大师的合葬灵塔殿。

[3]哈达，藏语音译，藏族、门巴族和部分蒙古族在迎送、馈赠、敬神以及日常交往礼节上使用的丝巾，表示敬意和祝贺。

[4]藏传佛教，俗称“喇嘛教”。公元七世纪，印度佛教的密语和汉语系佛教相继传入藏族地区，并同当地的苯教相互影响，形成了藏语系佛教。主要有噶当派、宁玛派（红教）、噶举派（白教）、萨迦派（花教）、格鲁派（黄教）等几大宗派。藏语系佛教对中国藏族的历史、政治、经济、文化和风俗习惯都有很深的影响，后又传入中国的蒙古族、裕固族、门巴族、珞巴族和土族等少数民族中。主要分布于西藏、四川、云南、甘肃、青海、新疆、内蒙古七省区。

[5]彭德怀,见本书《当好西北人民的勤务员》注[2]。

[6]计晋美即詹东·计晋美(一九一〇——一九七八),西藏谢通门人。藏族。曾任十世班禅堪布会议厅委员会主任委员,西藏自治区筹备委员会副主任委员,全国人大常委。

[7]堪布会议厅,原西藏班禅系统管理政教事务的机构。由班禅所属重要堪布组成。藏语称“囊马岗”,意为“内政处”。一九二三年班禅九世来内地后,改称堪布会议厅,简称“堪厅”。一九五三年经中央政务院批准,成立班禅堪布会议厅委员会。一九六一年七月,国务院批准该委员会的申请,宣布结束。堪布,藏语音译,意为“寺院或扎仓的宗教首领”。

[8]达赖喇嘛,见本书《对西藏工作的几点意见》注[1]。

[9]阿沛·阿旺晋美(一九一〇——二〇〇九),西藏拉萨人。藏族。原任西藏地方政府增额噶伦兼昌都总管,后任昌都地区人民解放委员会副主任。一九五一年任西藏地方政府赴北京谈判和平解放西藏问题的全权代表。西藏和平解放后,任全国政协副主席,西藏自治区筹备委员会代理主任委员,西藏自治区人民委员会主席,全国人大常委会副委员长,西藏军区副司令员,西藏自治区人大常委会主任,西藏自治区人民政府主席。

[10]李维汉,见本书《永远难忘的怀念》注[11]。

[11]扎什伦布寺,藏传佛教格鲁派(黄教)寺院之一,在西藏日喀则尼色日山下。一四四七年由宗喀巴弟子根敦主(后被追认为达赖一世)主持兴建。清初起为历世班禅额尔德尼驻锡寺院。

[12]司伦,藏语音译,原西藏地方政府官职名。达赖十三世于一九一二年始设,任以亲信,位在噶伦之上。一九三三年达赖十三世圆

寂后，此职形同虚设，实权仍由噶伦掌握。

[13]杨静仁，见本书《为开创民族工作新局面贡献力量》注[3]。

[14]张经武，见本书《学习和发扬贺龙同志的高尚品德和优良作风》注[20]。

[15]即《加强自治区筹委会工作，改进合作共事关系》、《培养和教育干部》、《关于继续贯彻执行宗教信仰自由政策的几项规定》、《继续贯彻执行处理反、叛分子规定的意见》。

[16]八届十中全会，见本书《永远难忘的怀念》注[42]。

[17]十一届三中全会，见本书《在肇庆地委常委扩大会议上的讲话》注[2]。

[18]宗喀巴（一三五七——一四一九），青海湟中人。倡导宗教改革，要求喇嘛重苦行，持戒律，禁娶妻。他以噶当派教义为基础，吸收其他教派的一些内容，创建格鲁派。因该派僧人戴黄色僧帽，又称黄帽派，俗称黄教。

[19]“知天命”，引自《论语·为政》“五十而知天命”。这里指人活过了五十岁。

一生爱国爱人民*

（一九八九年三月十九日）

三月三日，中国共产党优秀党员、著名爱国将领董其武[1]同志与世长辞了。噩耗传来，我深感悲痛。在他逝世的前几天，我还去医院看望过他，期望他能转危为安，不料这次一面竟成永诀！

我和董其武同志相识于全国解放初期。其后，由于工作关系，我们交往颇多，相知日深。回想他那爱国爱人民的生平往事和高尚品德，深感敬佩。

一

董其武同志是位伟大的爱国者，他把自己的一生始终维系在中华民族的安危兴衰上。每当祖国危难之际，他总是挺身而出，投入到卫国卫民的正义斗争中去。早在青少年时期，他受资产阶级民主革命思想的影响，就立志救国救民做一个爱国军人。一九二四年参加国民二军[2]。一九二七年参加了北伐[3]。九一八事变[4]后，他面对东北大好河山惨遭日寇践踏的局面，向傅作义[5]将军上书，请缨抗战。一九三三年五月，他率部参加长城抗战，在怀柔一线打退日寇十

* 这是习仲勋为悼念董其武逝世而写的回忆文章。

多次猖狂进攻；一九三六年，在绥远[6]抗战中，他身为少将旅长率部浴血奋战，一举歼灭驻红格尔图的日伪军，为著名的百灵庙战役的胜利奠定了基础。七七事变[7]后，他升任中将师长，率部转战平绥一线，并与八路军紧密配合，参加了令敌丧胆的平型关战役、忻口会战，曾亲率三千精兵，深入日军腹地，奇袭板垣师团前线指挥所，取得了辉煌战果。此后，他率部参加了包头战役、绥西战役、五原战役，三战三捷，沉重打击了日寇的嚣张气焰。从一九三三年长城抗战到一九四五年日寇投降，董其武将军身经百战，建立了不朽功勋，成为当时万众敬仰的爱国将领。

新中国诞生不久，美帝出兵侵略朝鲜，并把战火烧到鸭绿江边。在这祖国和人民又一次面临战争威胁的时刻，绥远省主席董其武当即在《绥远日报》发表声明，坚决拥护中央人民政府关于抗美援朝的伟大决策，号召全省各族军民为维护和平和祖国安全的正义事业，作英勇的斗争。不久，他又志愿赴朝，担任了中国人民志愿军二十三兵团司令员，率部与朝鲜军民并肩作战。记得他凯旋时，我去迎接他，看着年过半百的老将军一身征尘，和那老当益壮的英雄气概，我们都深受感动。

二

董其武同志一向追求光明、追求进步。他在人世生活了九十个春秋，戎马生涯六十余载，亲身经历了中华民族近一个世纪的光明与黑暗、进步与反动的激烈搏斗。每当历史大转变关头，他总是尽力冲破迷惘，追求进步，投向光明。他一生中最光荣的选择，是一九四九年九月十九日响应党中央、毛主席的伟大号召，在傅作义将军影响和帮助下，毅然摆脱国民党反动派的羁绊，率领所部官兵，通电起义，为和平解放绥远和迅速解放全国作出重大贡献。一九五〇年四月，毛主席在中南海两次接见董其武将军，向他表示祝贺。毛主席说："起义是一件好事，给你的复电[8]是我亲笔写的，希望你们团结一致力求进步。"

中华人民共和国成立以后，董其武同志先后担任了绥远省军政领导、中国人民志愿军二十三兵团司令员和中国人民解放军六十九军军长等要职，他殚精竭虑，奋发工作，为实现起义部队的解放军化、绥远地方的解放区化以及军队的现代化、正规化建设作出了积极的贡献。他在担任全国人大代表、人大常委会委员、全国政协副主席期间，始终与共产党荣辱与共，肝胆相照，为党和人民事业的胜利而喜，也为党的某些失误和挫折而忧。党的十一届三中全会[9]以后，他受到巨大鼓舞，不顾七八十岁的高龄，多次深入工厂、农村，调查研究，参观视察，为改革开放、建设四化献计献策。一九八四年底，他带领政协赴粤参观考察团，对深圳、珠海特区和广州、中山等地进行考察，深深被改革、开放给当地带来的繁荣所鼓舞，同时也对加强特区精神文明建设、重视科研和教育以及搞好货币管理等问题，提出了十项积极的建议。此外，他还为落实党的起义投诚人员政策做了大量工作。他满腔热情地接待来访起义投诚人员，积极地向中央和有关部门反映他们的困难和问题，使这些问题得到了较妥善的解决。董其武同志对祖国的统一大业一直十分关心，他说，几乎每掀一页日历，都会牵动一次对台湾新朋故旧的思念之情。他经常写文章、写信或发表谈话，向台湾故旧介绍大陆四化建设的新成就，希望他们为祖国的和平统一作出贡献。

三

董其武同志在与中国共产党的交往和合作共事中，逐步加深了对党的认识，萌发了加入党，为共产主义事业奋斗终身的愿望，从一个爱国军人转变为共产主义战士。

早在一九五〇年，他亲耳聆听了毛主席向他讲述的中国共产党的性质、宗旨和党员应具有的高尚品德，就对共产党人的博大胸襟和伟大使命产生了由衷的敬仰。从此，他默默地以一个共产党员的标准严格要求自己。他努力学习马列主义毛泽东思想，多次通读了《毛泽东选集》；他作风正派，工作勤奋，艰苦朴素，为官清廉，从不以权谋私。他每次外出视察，总是严格要求自己和工作人员，不吃请不受礼，坚持生活低标准，不给地方添麻烦。一九八一年，上级领导同志多次决定批拨专款为他修缮住房，都被他拒绝了。他给后勤部长写信说，现在我国经济处于困难时期，"我们大家应该共济时艰，决不要贪图个人方便，浪费国家资财"。他关心群众疾苦，密切联系群众。有位工人，家里人病故经济困难，他主动解囊相助；邻居小孩偶尔患病，他也要让家人送药上门。

十一届三中全会以后，党实事求是地总结了历史的经验教训，为振兴中华制定了正确的路线、方针和政策，给实现四化大业带来了希望，董其武同志深受鼓舞。他深有感慨地写道：我戎马一生，积八十余年之经验，"得出的一条明确结论是：回首昨日，没有共产党就没有新中国；纵观今朝，没有共产党就不可能实现四化，振兴中华；展望明天，没有共产党就不可能实现具有中国特色的社会主义，进而迈向人类最美好的共产主义社会"。他要求入党的心情更加迫切，在和我交谈中曾多次表达这个愿望。一九八〇年初，他又一次向党组织递交了入党申请书。根据他的申请和一贯表现，党支部认为他已符合党员标准，一致通过了他的入党请求。当他获悉上级党委批准他成为一名中国共产党党员时，激动得热泪盈眶，庆幸自己晚年有了光荣的归宿。他挥笔写下一首《入党感怀》：

欣逢盛世开太平，愿为苍生献此生。

行见华夏乐小康，更期世界跻大同。

安息吧，董其武同志，您的建设四化、振兴中华的夙愿一定会在党的正确领导下，经过亿万人民的共同奋斗得到实现。

■ 注　释

[1]董其武（一八九九——一九八九），山西河津人。曾任国民党军二一八旅少将旅长，一〇一师中将师长，三十五军军长，第十二战区政治部主任兼晋陕绥边区副总司令，国民党绥远省政府主席兼绥远省保安司令，国民党西北军政长官公署副长官。一九四九年九月十九日率绥远军政人员通电起义。新中国成立后，任绥远军政委员会副主席，绥远省人民政府主席，中国人民解放军绥远军区副司令员，中国人民解放军第二十三兵团司令员，中国人民解放军陆军第六十九军军长，全国政协副主席。一九八〇年加入中国共产党。

[2]即中华民国国民军第二军。一九二四年十月，冯玉祥、胡景翼、孙岳等发动北京政变，将所辖各部改编为中华民国国民军。冯玉祥任国民军总司令兼第一军军长，胡景翼任国民军副总司令兼第二

军军长,孙岳任国民军副总司令兼第三军军长。

[3]北伐,是国共两党共同进行的反对帝国主义、反对封建军阀的革命战争。一九二四年,孙中山在中国共产党的帮助下召开了有共产党人参加的国民党第一次全国代表大会,确定了联俄、联共、扶助农工的三大政策,改组了国民党,实现了国共合作,并组织了革命军队。一九二六年五月,中国共产党直接领导的叶挺独立团作为北伐军的先遣军向湖南挺进。七月九日,国民革命军正式出师北伐。八月在湖北击溃军阀吴佩孚的主力,十一月在江西歼灭军阀孙传芳的主力,十二月占领福建、浙江,一九二七年三月进入南京、上海。由于中国共产党人在战斗中发挥了骨干作用,并组织广大工农群众积极支援北伐,所以革命势力迅速发展到长江、黄河流域。一九二七年四月十二日和七月十五日,蒋介石、汪精卫先后在上海、武汉发动反革命政变,北伐战争的胜利果实被篡夺。

[4]九一八事变,见本书《深切怀念王泰吉同志》注[11]。

[5]傅作义,见本书《陕甘宁边区形势及加强备战问题》注[8]。

[6]绥远,见本书《为绿化西北而努力》注[2]。

[7]七七事变,见本书《纪念黄炎培先生诞辰一百一十周年暨中华职业教育社建社七十周年》注[15]。

[8]指一九四九年九月二十日毛泽东、朱德对董其武等九月十九日起义通电的复电:"董其武将军及在贵将军领导下的绥远军队全体官兵、政府工作人员和各界同胞们:看了你们九月十九日的声明,你们的立场是正确的。自从傅作义将军领导北平和平解放后,人民表示欢迎,反动派表示反对。反动派还企图破坏绥远军民和平解放的努力,但是终归失败,你们已经率部起义,脱离反动派,站在人民方面

了。希望你们团结一致,力求进步,改革旧制度,实行新政策,为建设人民的新绥远而奋斗。”

[9]十一届三中全会,见本书《在肇庆地委常委扩大会议上的讲话》注[2]。

中国知识分子的光辉道路*

（一九八九年十一月二十三日）

今天民盟[1]中央在这里集会，纪念邓初民[2]同志诞辰一百周年，缅怀他一生所走过的道路和对中国新民主主义革命、社会主义革命和建设所作出的贡献。我代表中共中央向邓初民同志表示深切的怀念和敬意，向邓初民同志的亲属表示亲切的问候！

邓初民同志是中国民主同盟的一位卓越的领导人、中国共产党优秀党员、著名的社会科学家和教育家，终身为我国新民主主义革命、社会主义革命和建设事业，特别是为在我国传播马克思主义作出了杰出的贡献。

邓初民同志一生坚持不渝地宣传和传播马克思主义。一九一三年他在日本接触到马克思主义著作后，很快从中得到启示和教育，又受到李大钊[3]同志影响，一九一七年回国后立志把传播马克思主义作为自己的终身事业。此后，无论是在学校讲坛上，或是在学术论著中，他都十分注重学习马克思主义的基本理论，并以此指导自己的研究和教育工作。他留下了数以百万字的著作。在他的著作中，首先十分注意传播科学的社会主义理论，在这方面他主要是通过以马克思主义观点编写的社会发展史来进行的。其次，他十分重视传播马

---

* 这是习仲勋在邓初民诞辰一百周年纪念会上的讲话。

克思主义的哲学观点，这方面主要是讲授和宣传辩证唯物主义和历史唯物主义的基本知识，他著述的《社会科学常识讲话》中就用了很大的篇幅论述马克思主义哲学。第三，他为在我国建立马克思主义政治学作出了巨大努力。一九二九年和一九三二年他分别出版了《政治科学大纲》和《政治学》两部书，都力图以马克思主义观点建立新型的政治学，并对当时在我国流行的为反动统治者服务和宣扬虚伪民主制度的资产阶级政治学进行了批判，这种精神是极为难能可贵的。

邓初民同志是一位马克思主义理论家，也是一位著名的民主革命活动家。他努力以马克思主义理论为指导，进行革命实践活动。在大革命[4]期间，他在武汉革命政府[5]任职，就坚决地支持各界打倒军阀、反对劣绅的斗争。三十年代初期，他主持“社联”[6]的工作，和鲁迅[7]先生主持的“左联”[8]一起，在文化战线开展了反“围剿”的斗争。他是全国知名的“民主教授”之一。四十年代他到了重庆之后，先后参加了三民主义革命同志会[9]和中国民主同盟，更加全力投入到爱国民主运动中去。他慷慨激昂的反内战演说和锋快如刃的反独裁檄文，鼓舞过无数群众的斗争意志。

邓初民同志传播、实践马克思主义，是和他在思想上接受中国共产党的领导紧密联系在一起的。他最早结识的共产党人是李大钊，以后在武汉又和共产党人董必武[10]、陈潭秋[11]、吴德峰[12]、李哲时（李文宜[13]）等一起战斗。在广西大学任教时，他深得张云逸[14]同志的帮助。在成都，他又和车耀先[15]同志取得联系，到了重庆，则在周恩来、董必武、吴玉章[16]等同志指导下进行工作。他一直把自己的理想和希望寄托在中国共产党人身上，他的革命实践活动又都是接受共产党人的指导。邓初民同志是一九六二年加入中国共产党的,时已七十三岁,实现了他多年的夙愿。他九十高龄时说:“知识分子只有依靠共产党,依靠集体,依靠人民,才能找到前进的方向,获得前进的勇气,也才能在革命和建设中贡献自己的力量。”这是他一生经历过四个不同历史时代的经验总结,也是我国广大知识分子前进的方向。邓初民同志的一生,是从一名爱国主义者转变为共产主义者的一生;邓初民同志所走过的道路,是中国知识分子追求真理、追求进步、献身人民、献身社会、不断努力、不断前进的光辉道路。他为我国广大知识分子树立了可贵的榜样。

同志们、朋友们,当我们今天集会纪念邓初民同志百岁诞辰、缅怀他走过的光辉道路的时候,我们要紧密地团结在以江泽民同志为核心的中国共产党中央周围,振奋精神,齐心协力,满怀信心,艰苦奋斗,为贯彻党的十三届五中全会[17]确定的进一步治理整顿和深化改革的方针,为坚持和完善共产党领导的多党合作和政治协商制度,为推进社会主义现代化建设和改革开放的伟大事业而努力奋斗。

■ 注　释

[1]民盟,即中国民主同盟,见本书《纪念杜斌丞、杨明轩同志》注[13]。

[2]邓初民(一八八九——一九八一),湖北石首人。社会科学家、教育家。大革命期间,任武汉法科大学教务长,国民党湖北省党部执行委员兼青年部部长。后任中国社会科学家联盟主席,中国国

民党革命委员会中央常委。新中国成立后，任山西省人民政府副主席，山西大学校长，全国人大常委，全国政协常委，中国民主同盟中央副主席，中国政治学会名誉会长。一九六二年加入中国共产党。

[3]李大钊，见本书《纪念王森然同志》注[1]。

[4]大革命，见本书《关中党史简述》注[1]。

[5]武汉革命政府，即大革命失败前的中华民国国民政府。在国共合作的推动下，一九二五年七月一日，原名为孙中山陆海军大元帅府的广州革命政府改组为中华民国国民政府。一九二七年一月，随着北伐战争的胜利发展，国民政府迁至武汉，通称武汉政府。同年四月十二日蒋介石发动反革命政变，十八日在南京另立国民政府。七月十五日以汪精卫为首的武汉政府宣布反共，叛变革命，与南京政府合流。

[6]“社联”，中国社会科学家联盟的简称。中国共产党领导的革命文化团体，一九三〇年五月在上海成立。主要活动是团结进步知识分子，出版刊物，宣传马列主义，并在学生、职工中开展业余的文化教育活动。一九三五年一二九运动后，其成员大多参加各界救国会，社联停止活动。

[7]鲁迅，见本书《彭总在西北战场》注[26]。

[8]“左联”，中国左翼作家联盟的简称。中国共产党领导的革命文学团体，一九三〇年三月在上海成立。根据“五四”以来新文学发展的经验，提倡文艺大众化，开展工农兵通讯员运动，建立马克思主义文艺理论研究会等组织，创办刊物，宣传无产阶级文艺思想；提倡革命文艺创作。一九三六年初，为了建立文艺界抗日民族统一战线而自动解散。

[9]即三民主义同志联合会，一九四五年十月二十八日成立。一九四八年一月参加中国国民党革命委员会，但仍保留独立组织。一九四九年十一月国民党各民主派统一会议后，该组织不再单独存在。

[10]董必武，见本书《革命长者和良师益友》注[7]。

[11]陈潭秋（一八九六——一九四三），湖北黄冈人。一九二〇年参与武汉地区共产党早期组织的筹建工作。一九二一年出席中国共产党第一次全国代表大会。曾任中共武昌地方执行委员会委员长，中共武汉地方执行委员会书记，中共湖北地方执行委员会书记，中华苏维埃共和国临时中央政府粮食部部长。一九三九年任中共驻新疆代表和八路军驻新疆办事处主任。一九四二年被军阀盛世才逮捕，次年遇害。

[12]吴德峰（一八九六——一九七六），湖北保康人。一九二四年加入中国共产党。曾任中共湖北省执行委员会军委常委，中共鄂南区特别委员会书记，中共郑州市委书记，武汉市市长。新中国成立后，任国务院第一办公室副主任，最高人民法院副院长。

[13]李文宜（一九〇三——一九九七），原名李哲时，湖北武汉人。一九二六年加入中国共产党。曾任湖北省妇女协会负责人，中共中央妇女运动委员会主任。新中国成立后，任全国妇联副主席，中国民主同盟中央副主席。

[14]张云逸（一八九二——一九七四），广东文昌（今属海南）人。一九二六年加入中国共产党。曾任红军第七军军长，中华苏维埃中央革命军事委员会副总参谋长，粤赣军区司令员，新四军参谋长兼第三支队司令员，新四军副军长兼第二师师长，新四军代军长，新四军军部兼山东军区副司令员，华东军区副司令员。新中国成立后，

任中共中央华南分局第二书记，中共广西省委书记、广西省人民政府主席、广西军区司令员兼政治委员，中南行政委员会副主席，中共中央监委副书记。

[15]车耀先（一八九四——一九四六），四川大邑人。一九二九年加入中国共产党。此后长期在成都做地下工作。一九三七年在成都创办《大声报》，宣传抗日救国。一九四〇年遭到国民党特务逮捕。一九四六年被国民党反动派杀害。

[16]吴玉章，见本书《教育好青少年是带有战略意义的大事》注[1]。

[17]十三届五中全会，即一九八九年十一月六日至九日在北京召开的中国共产党第十三届中央委员会第五次全体会议。全会审议并通过《中共中央关于进一步治理整顿和深化改革的决定》。全会高度评价邓小平对党和国家的历史贡献，强调他是中国改革开放和现代化建设"当之无愧的总设计师"，同意邓小平辞去中共中央军委主席职务，决定江泽民任中共中央军委主席。

乌兰夫同志永远活在全国各族人民心中

（一九八九年十二月七日）

一九八八年十二月，我去广东考察工作。行前，到医院看望乌兰夫[1]同志。他刚动了手术，但精神很好，准备不久出院。我劝他安心治疗，等健康完全恢复再出院工作。他也要我多保重。不料在广东期间，传来乌兰夫同志溘然谢世的消息，我顿时沉浸在十分震惊和哀思之中，即刻发出唁电悼念这位久经考验的共产主义战士，卓越的民族工作领导人，同时也为失去一位最亲密的老战友而悲痛不已。

我与乌兰夫同志的交往在抗日战争以前就开始了。一九四一年八月，组织决定他到延安工作，先在民族学院，后到边区民委，主要做民族工作。我和他的接触更多了，友谊更深了。新中国成立后，我们先后在中央人民政府和国务院共事。“文化大革命”后，我从广东调回中央，和他共同主管统一战线工作和民族工作。在人大常委会，我们又一起任职。几十年来长期相处，无论在任何时候、任何情况下，我们对国家和民族的重大问题，对贯彻党的路线、方针、政策的问题，都能坦诚交换意见，互相帮助，密切合作。他为人宽厚，谦虚谨慎，襟怀坦白，肝胆照人，十分珍重革命友情。他顾全大局，坚持党性原则，从不计较个人得失，党分配什么工作就做什么工作。他是我深为敬佩的良师益友。

（一）

乌兰夫同志是党和国家民族工作的卓越领导人之一。他一贯坚持马克思主义理论和实际相结合，创造性地开展民族工作，在实践和理论上都有许多重要建树。

抗战胜利后，党中央提出在中国共产党领导下，在内蒙古开展自治运动，以内蒙古自治运动联合会的形式，团结各阶层，广泛发动群众，待条件成熟时建立民族区域自治政权的方针。乌兰夫同志奉命由延安去内蒙古，主持其事。一九四五年十一月二十五日，乌兰夫同志根据党中央的指示，在张家口召开内蒙古各盟、旗代表大会，成立了内蒙古自治运动联合会，成为中国共产党领导的团结内蒙古各民族各阶层的统一战线性质的、有一定政权职能的革命群众团体。这时，由原伪蒙疆法院院长补英达赖为首，在西苏尼特旗建立了所谓“内蒙古共和国临时政府”[2]。乌兰夫同志不顾个人安危，带几名干部赴西苏尼特旗了解情况，宣传党的政策和解决内蒙古问题的方针，揭露了少数人分裂祖国的企图，争取了多数，把进步分子吸收到内蒙古自治运动联合会中来，使这个“临时政府”解体。周恩来总理称赞乌兰夫同志此行是“单刀赴会”。

以后不久，乌兰夫同志又遵照中央指示，解决内蒙古东部的“内蒙古人民革命党”和“东蒙自治政府”[3]的问题。早在大革命[4]时期，在我党支持下，就建立了内蒙古国民革命党，一九二七年改为内蒙古人民革命党，后被第三国际[5]宣布解散。日本投降后，内蒙古东部少数参加过内蒙古人民革命党的人，又重新建立了内蒙古人民革命党。参加这个党的有不少是追求民族解放和社会进步的蒙古族青年，也有一些伪满兴安总省[6]的高级官员。一九四六年初又建立了由该党领导的“东蒙自治政府”,基本上控制了内蒙古东部地区,虽然对稳定当地局势起了积极作用,也提出反对国民党大汉族主义,但主张“高度自治”、“独立自治”。为贯彻我党解决内蒙古问题的方针,争取这支力量,中共中央西满分局李富春[7]同志派人做了大量工作,还在王爷庙(乌兰浩特)建立了八路军[8]办事处,但未能改变少数人搞“独立自治”的想法。为解决东部问题,乌兰夫同志先派出了一个内蒙古自治运动联合会东部工作团,随后又亲自赶赴承德主持内蒙古自治运动联合会代表和“东蒙自治政府”代表的谈判,这就是著名的“四三会议”。这次谈判,主要解决内蒙古革命由谁领导和实行什么样自治的问题。乌兰夫同志分析了国内国际形势和内蒙古所处环境,阐述各民族相互依存的关系和内蒙古革命斗争的历史,说明内蒙古革命是中国革命的一部分,只有在中国共产党领导下,随着全国革命的发展而发展,才能取得胜利。他并指出,在当时条件下,必须先以内蒙古自治运动联合会的组织形式开展工作,待时机成熟,再建立区域性的自治政府。在乌兰夫同志带领下,经过我党同志深入细致的耐心工作,他们接受了我党解决内蒙古问题的方针。双方代表协商一致,内蒙古自治运动联合会领导机关增加东部地区的代表,同时建立东部总分会,由我党领导的内蒙古自治运动联合会统一领导内蒙古的自治运动和革命斗争,撤销“东蒙自治政府”,宣布解散内蒙古人民革命党。乌兰夫同志坚决贯彻中央指示,成功地解决了这一问题,广泛地团结了蒙古族各阶层人民,使长期分裂的内蒙古实现了统一,为建立内蒙古自治区奠定了基础。乌兰夫同志的这一卓越功绩受到党中央、毛主席和周恩来同志的高度评价。内蒙古人民革命党和东蒙自治政府中的一些代表人物和不少进步青年加入了共产党，他们在创建内蒙古自治区，夺取内蒙古民主革命的胜利，及以后的社会主义革命和建设中，都发挥了重要作用。

一九四七年五月一日，在乌兰浩特举行的内蒙古人民代表会议，通过了《内蒙古自治政府施政纲领》和《内蒙古自治政府暂行组织大纲》，选出临时参议会与内蒙古自治政府，选举乌兰夫同志为自治政府主席。“五一”大会宣告了我国第一个民族自治区的诞生，为尔后中华人民共和国正确解决民族问题创造了一个范例。

从一九四七年到一九六六年期间，内蒙古自治区的民主革命、社会主义改造和建设，都是在乌兰夫同志为首的自治区党委领导下，根据党中央的方针政策进行的。周恩来总理赞扬内蒙古自治区为全国的模范自治区，为全国民族工作和实行民族区域自治的地方提供了丰富的经验。

乌兰夫同志始终如一地坚持祖国统一，民族平等，民族团结，民族区域自治和各民族互相帮助，共同繁荣，共同发展，并善于把党中央的方针政策同民族地区的具体特点结合起来，在多项工作中，贯彻慎重稳进的方针。乌兰夫同志在内蒙古牧区的民主改革中，提出“不斗、不分、不划阶级”，“牧工牧主两利”等一系列适合少数民族地区特点的政策，团结了少数民族各阶层，保证了民主改革的顺利进行。在社会主义改造中，他又提出对牧主实行如同对民族资产阶级一样的赎买政策。他还提出：要大力培养使用少数民族干部，也要注意培养使用汉族干部；努力发展少数民族地区的经济和文化；组织医务力量消灭旧社会遗留下来的传染病，保证内蒙古人民的健康；有效地发展畜牧业和农业经济，禁止开垦牧场，保护畜牧业；建立以包头工业基地为主的内蒙古工业体系。这一系列政策的贯彻执行，加强了蒙古、汉和各民族间的团结，使内蒙古由贫困落后开始走上繁荣昌盛、逐步实现民族间事实上平等的道路。

在十年动乱中，党的民族工作遭到了严重的破坏，党的民族政策受到了粗暴践踏。为了恢复和落实党的民族政策，在党的十一届三中全会[9]开过不久，乌兰夫同志主持召开了全国边防工作会议，并在会上作了重要报告。这次会议，实际上是一次全国民族工作会议，是在民族工作方面全面、系统拨乱反正的重要会议。会议重申了党的各项民族政策特别是民族区域自治政策，强调国家大力帮助和自力更生相结合，加速发展少数民族地区经济文化事业，不断增强民族团结，维护祖国统一。这次会议，对新时期民族工作起了重要指导作用。

乌兰夫同志特别重视民族区域自治的法制建设。他认为，没有完善而健全的社会主义法制的保障，民族区域自治政策难于落实，必须用法律来确保民族区域自治政策的贯彻执行。为此，他向党中央和全国人大常委会建议制定《中华人民共和国民族区域自治法》。自一九八一年到一九八四年，乌兰夫同志根据中央决定，主持民族区域自治法起草小组，进行了紧张的工作。民族区域自治法草案易稿十七次，每一稿都经过乌兰夫同志逐条逐句推敲，并与有关方面多次商议。经历将近四个寒暑，凝结乌兰夫同志心血的《中华人民共和国民族区域自治法》终于由六届全国人大二次会议通过实施了。

乌兰夫同志晚年依然关心全国民族工作，特别关心《民族区域自治法》的贯彻执行，连续几年他都在全国人民代表大会上讲这个问题。前年八月，乌兰夫同志和我率领中央代表团参加内蒙古自治区成立四十周年庆祝活动时，他反复强调贯彻执行《民族区域自治法》，保障民族自治地方充分享受法律赋予的自治权利。乌兰夫同志为我国民族工作倾注了毕生精力，他的卓越贡献将永垂青史。

（二）

粉碎“四人帮”[10]后，党中央任命中共中央政治局委员乌兰夫同志兼任中共中央统战部部长。十年动乱中，党的统一战线政策受到严重摧残，统战系统领导干部和长期同我党合作的党外朋友大都遭到诬陷和迫害，中国人民政治协商会议、各民主党派和有关人民团体被迫停止活动。党的十一届三中全会后，统一战线工作同全国各条战线的工作一样，百废待举，迫切需要拨乱反正。

乌兰夫同志担任中央统战部部长后，根据中央的指示，为恢复和发展统一战线做了大量艰苦细致的工作。

适应新的历史时期发展的要求，中央统战部于一九七九年八月召开了中断十六年之久的全国统战工作会议。乌兰夫同志根据中央政治局讨论的意见和邓小平同志在政治局会议上讲话的精神，在会上作了总结，全面分析了我国阶级状况的根本变化和新时期统一战线的性质、任务、方针和基本政策，他明确指出：我国资本家阶级已经不再存在；新时期的统一战线，已经发展成为在中国共产党领导下的全体社会主义劳动者和一切爱国者的广泛联盟，担负着为四个现代化建设服务和统一祖国的双重任务；新时期统一战线的基本政策应当摒弃阶级斗争为纲的“左”的做法，把正确处理人民内部矛盾作为总题目，按照“团结——批评——团结”的公式，严格遵照社会主义民主和社会主义法制，正确处理统一战线的内部关系，充分调动各方面党外人士的积极性，为实现统一祖国和四化建设而奋斗。邓小平同志的讲话和这次全国统战会议制定的文件，对于纠正长期存在的“左”的思想，拨乱反正，继往开来，全面恢复和发展统一战线，有着重要的指导意义。

乌兰夫同志很重视对民主党派和工商联的工作，亲自主持草拟报告，向党中央建议恢复各民主党派和工商联的活动。中央批准后，他邀请各民主党派负责人举行座谈，充分肯定各民主党派的历史功绩和积极作用，希望他们尽快恢复工作。一九七九年各民主党派和全国工商联分别召开中断了十多年的全国代表大会，确定方针任务，把工作重点转移到为社会主义现代化建设服务的轨道上来。各民主党派和全国工商联大力开展工作，在国家的政治、经济、文化、教育工作中发挥了重要作用。

乌兰夫同志根据党中央指示，积极参加第五届全国政协筹备工作，恢复和重建政协组织，团结各民主党派和各界人士，开展政治协商、民主监督，为社会主义祖国贡献力量。

一九七八年下半年，中央统战部派专门小组到各地调查研究，提出落实民族资产阶级政策的意见。以后，乌兰夫同志亲自去上海调查，和市委负责同志交换意见后，又向党中央写了关于落实对民族资产阶级若干政策的报告。中央批准了中央统战部的报告，并电示各省、自治区、直辖市切实贯彻落实。原工商业者闻讯奔走相告，热烈拥护，赞扬中国共产党对民族资产阶级的赎买政策说到做到，从而大大调动了他们为社会主义现代化建设服务的积极性。

乌兰夫同志很重视对错划右派分子的平反改正工作。根据中央彻底改正错划右派分子的文件，在中央统战部设立由有关部门组成的联合办公机构，处理此事，比较圆满地解决了这个问题。

一九七九年八月，在乌兰夫同志主持下，中央统战部向党中央报告，经中央批准，正式宣布为李维汉[11]等同志平反，摘掉强加给统战、民族、宗教等工作部门“执行投降主义路线”的帽子，极大地调动了这些部门广大干部的积极性，对恢复和发展统一战线和民族、宗教工作，起了重要的推动作用。

（三）

在与乌兰夫同志长期共事和交往中，我对他一贯坚持实事求是的精神是深有体会的。不论在顺利情况下还是处在逆境中，乌兰夫同志从不放弃从实际出发贯彻党的路线、方针、政策的立场。

一九五八年“大跃进”[12]和人民公社化，使浮夸风、“共产风”等“左”的错误泛滥开来。此后又错误地开展了“反右倾”斗争[13]，党内民主生活受到严重损害。加上自然灾害等原因，从一九五九年到一九六一年我国国民经济发生严重困难。由于乌兰夫同志坚持从实际出发，内蒙古自治区受“左”的危害较轻，日子比较好过。但是乌兰夫同志却因此遭受一些人的指责，说他不执行中央的路线。就是在这一时期，我于一九五八年和一九六一年两次奉周恩来总理之命到内蒙古调查研究，了解情况。当时，乌兰夫同志在困难的情况下仍坚持实事求是的精神，给我留下了深刻的印象。“大跃进”开始以后，全国各地农村刮“共产风”，大办公共食堂，在不少地方一度造成了饥荒。但乌兰夫同志和自治区党委坚持在牧区不能搞公共食堂，农村也很快纠正停办了。同时，在内蒙古农村、牧区保留了原有的自留地和自留畜。大炼钢铁时，一些轻率上马的钢铁企业亏损比较严重，乌兰夫同志说:“社会主义不姓‘赔’,赔钱的要退下来”,并决定新建的呼和浩特钢铁厂下马。由于乌兰夫同志比较及时地纠正了一些“左”的做法,那几年内蒙古经济保持了稳定发展。一九六一年,我到内蒙古看到一片欣欣向荣的兴旺景象,正如郭沫若[14]同志在诗中所说:“民族埙篪真协睦,农田禾黍好收成”[15]。我回来向周总理如实作了汇报,并告诉了李维汉同志,他们听了都十分高兴。

后来在社教运动[16]中,由于阶级斗争扩大化思想的影响,有些人出来否定牧区民主改革时“不斗、不分、不划阶级”的政策,提出在牧区重新划定阶级成分,并在一些地区大张旗鼓地搞了起来。乌兰夫同志虽然受到很大压力,但仍不随风倒。他主持召开了自治区党委常委扩大会议,为期一个月的时间,大家都未同意重划阶级。直到一九六六年“文化大革命”开始,乌兰夫同志受到不公正的批判,自治区党委也没有发出在牧区重新划分阶级成分的文件。

乌兰夫同志的一生是革命的一生,他为祖国的解放和统一,为民族工作和统战工作,为社会主义现代化建设和改革开放事业,为各民族的平等、团结和共同繁荣,呕心沥血,奋斗了一生。他的一生与祖国革命和建设的历史联系在一起,特别是与内蒙古革命和建设的历史紧密地联系在一起。他是我们党卓越的民族工作领导人,内蒙古人民共产主义运动的先驱和领袖。李维汉同志生前曾对他说:“你一定要写回忆录,记下战斗的一生,否则党史关于民族工作部分就少了重要的一环。”这时,李维汉同志带领几个助手在写回忆录,可惜没有完成就逝世了。乌兰夫同志把李维汉同志的话记在心里。他在繁忙的公务中,赶写了新中国成立前的部分回忆录,还没有来得及全部完成,也离开我们而去了。

乌兰夫同志逝世是我们党和国家不可弥补的重大损失。他虽然和我们永别了,但是他的崇高革命精神和优秀的思想品质永远活在全国各族人民心中。我们要以乌兰夫同志为榜样,在中国共产党的领导下,坚决贯彻党的“一个中心、两个基本点”[17]的基本路线,进一步增强各族人民的大团结,齐心协力、艰苦奋斗,为巩固和发展全国的稳定局面,为治理整顿、深化改革,建设有中国特色的社会主义作出更多的贡献。

■注 释

[1]乌兰夫,见本书《用改革的精神开创政协工作新局面》注[3]。

[2]“内蒙古共和国临时政府”,一九四五年九月由内蒙古少数封建上层人物于锡林郭勒盟苏尼特旗(今苏尼特右旗)成立的政权。十月,乌兰夫等人受党的委派去该旗开展工作,在宣传教育和争取团结群众的基础上召开会议,改组“临时政府”,并将政府迁至今河北省张北县。十一月,内蒙古自治运动联合会成立后,该“临时政府”即行解散。

[3]“东蒙自治政府”,内蒙古东部地区蒙古族封建上层分子博彦满都、玛尼巴达拉等组建的自治政权。一九四六年一月十六日在兴安盟的葛根庙(今乌兰浩特附近)成立,并建立了东蒙古人民自卫军。该政府组成人员复杂,政治上主张实行独立自治。后接受中共解决内蒙古问题的方针,在内蒙古自治运动联合会东部总分会建立后,宣

布撤销。

[4]大革命,见本书《关中党史简述》注[1]。

[5]第三国际,即共产国际。全世界共产党和共产主义组织的国际联合组织。一九一九年三月在列宁领导下成立。总部设在莫斯科。凡参加共产国际的各国共产党都是它的支部。一九二二年中国共产党参加共产国际。以后随着国际共产主义运动的发展,原有组织形式不能适应新形势的要求,共产国际执行委员会主席团于一九四三年五月通过决定,提议解散共产国际。同年六月共产国际正式解散。

[6]伪满兴安总省,九一八事变后日伪在内蒙古东部地区设立的一个行省。

[7]李富春,见本书《红日照亮了陕甘高原》注[28]。

[8]八路军,见本书《关于关中分区的反磨擦问题》注[1]。

[9]十一届三中全会,见本书《在肇庆地委常委扩大会议上的讲话》注[2]。

[10]"四人帮",见本书《同心协力把广东工作做好》注[7]。

[11]李维汉,见本书《永远难忘的怀念》注[11]。

[12]"大跃进",见本书《关于长葛调查的两个报告》注[14]。

[13]"反右倾"斗争,指一九五九年对彭德怀等同志展开的斗争。一九五九年七月二日至八月一日,中共中央政治局扩大会议在庐山举行,原定议题是总结"大跃进"以来的经验教训,纠正"左"的错误,但会议后期错误地发动了对彭德怀等人的批判。八月二日至八月十六日,中共八届八中全会在庐山召开,通过《为保卫党的总路线、反对右倾机会主义而斗争》的决议、《关于以彭德怀同志为首的反党集团

的错误的决议》。会后，在全党错误地开展“反右倾”斗争，并继续盲目“跃进”。一九七八年十二月，中共十一届三中全会决定纠正过去对彭德怀所作的错误结论，肯定了他对党和人民的巨大贡献。

[14]郭沫若(一八九二——一九七八)，四川乐山人。历史学家、文学家和革命活动家。一九二七年加入中国共产党。五四运动时期建立文学团体创造社。抗日战争时期，在周恩来任副部长的国民政府军事委员会政治部任第三厅厅长、文化工作委员会主任，在国民党统治区组织进步文化人士从事抗日宣传工作。抗日战争胜利后，继续参与领导文化界反对内战、反对蒋介石独裁统治的斗争。新中国成立后，任中国文联主席，政务院副总理兼文化教育委员会主任，全国政协副主席，中国科学院院长，中国人民保卫世界和平委员会主席，全国人大常委会副委员长。

[15]见郭沫若《七律·宿楚雄》。

[16]社教运动，即社会主义教育运动，也称“四清”运动，见本书《在肇庆地委常委扩大会议上的讲话》注[14]。

[17]“一个中心、两个基本点”，即以经济建设为中心，坚持四项基本原则，坚持改革开放。

稳定是国家的最高利益*

（一九九〇年三月二十六日）

中国，是一个人口众多、幅员广阔的大国，要想发展经济，提高人民的物质生活和文化生活水平，最重要的一条，就是要保持安定团结的政治局面，保持全国的稳定。这是国家的最高利益，也是全国各族人民的根本利益。没有稳定的局势，治理整顿和深化改革、社会主义物质文明和精神文明的建设，都无从谈起。新中国成立四十年来的实践证明，我们的国家什么时候安定团结，各项事业就顺利发展；什么时候发生动乱，各项事业就停滞不前。所以，我们要十分珍惜来之不易的安定团结局面，千方百计维护国家的稳定和社会的稳定。

全国的稳定，以各地方的稳定为基础。保持各级干部之间的团结是稳定的首要条件。我参加革命六十余年来，深深懂得这一点。过去战争游击时期，团结就胜利，不团结就失败，甚至全军覆没。一个省要团结，一个县，一个乡镇，团结都很重要。不团结，优势就从内部抵消了。我们都是来自五湖四海，来自各个地方、各种职业，有共产党员、非共产党员，有民主党派成员和无党派人士，大家都要以国家和人民的根本利益为重，紧密地团结在一起，为建设有中国特色的

---

* 这是习仲勋在参加七届全国人大三次会议的陕西代表团全体会议上讲话的主要部分。

社会主义而奋斗。

要稳定局势,还必须发扬社会主义民主与加强法制建设。这是我们国家长治久安、繁荣昌盛的重要保证,也是治理整顿、深化改革的重要保证。江泽民同志在庆祝中华人民共和国成立四十周年大会上的讲话中指出,没有民主就没有社会主义,社会主义法制是社会主义民主的体现和保障,破坏社会主义法制必然危害社会主义民主。邓小平同志早在一九八〇年就指出,真正要巩固安定团结,主要地当然还是要依靠积极的、根本的措施,还是要依靠发展经济、发展教育,同时也要依靠完备法制。经济搞好了,教育搞好了,同时将法制完备起来了,可以在很大程度上保障整个社会有秩序地向前发展。我们一定要牢记邓小平同志的教导,集中力量把经济建设搞上去。经济的稳定发展是国家稳定的物质基础。要把教育这个战略重点搞好,培养"四有"新人,这是国家稳定的思想基础。在我国,资产阶级自由化思潮的影响还将长期存在,极端民主化和无政府主义思潮还有比较广泛的社会基础。当前有法不依、执法不严、违法不究的现象也比较突出,还有不学法、不懂法的问题。今后,一定要注意抓好社会主义民主与法制建设,既要充分发扬民主,广泛听取各方面的意见,做到决策民主化、科学化、法制化,调动一切积极因素;又要严格按照法制程序行事,全面、坚决贯彻实施宪法,坚持在法律面前人人平等的原则。要继续完善人民代表大会制度和共产党领导的多党合作与政治协商制度。在国家的政治生活、经济生活和社会生活各个方面,都要有法可依、有法必依、执法必严、违法必究。同时,还要进一步制定出一批相应的法律和规章制度。

要稳定局势,还必须发挥共产党员和干部的模范带头作用。以江泽民同志为核心的党中央召开了十三届四中全会[1]、五中全会[2]、六中全会[3]，开得很好，意义重大。六中全会通过的《关于加强党同人民群众联系的决定》，是非常重要的文件，要结合实际认真学习，解决实践中的问题。要把加强党同人民群众密切联系的问题，当作贯彻党的群众路线的大事来抓，当作推动社会主义民主与法制建设的大事来抓，这是稳定国家、稳定社会的重要措施。我们的干部要坚持密切联系群众的作风，深入基层，调查研究。切实为群众办实事，增强同人民群众的血肉联系。在共产党员和干部中要提倡延安精神。延安精神就是实事求是，自力更生，艰苦奋斗，全心全意为人民服务，同群众同甘共苦。这是我们党的优良传统和优良作风。实践证明，只要我们在革命和建设事业中，保持和发扬延安精神，就无往而不胜。焦裕禄[4]和雷锋[5]精神是延安精神的继承和发展，这就是模范带头、以身作则和无私奉献精神。我们一定要大力发扬延安精神，发扬焦裕禄和雷锋精神，为建设四化和改革开放，为统一祖国大业作出更大的贡献。

稳定是国家的最高利益，党、政、军、群各方面，社会各部门一切企事业单位，每一个共产党员、干部，每一位公民，都应该自觉地维护我国的政治、经济和社会的稳定，都应该自觉地为稳定作出自己的努力。尽管我们的队伍里还存在着一些腐败现象，但只要大家坚持四项基本原则[6]，坚持改革开放，坚定不移地团结在以江泽民同志为核心的党中央周围，认真贯彻中共十三届四中全会精神，社会主义现代化建设就一定会取得更加光辉灿烂的成就。

■注　释

[1]十三届四中全会,即一九八九年六月二十三日至二十四日在北京召开的中国共产党第十三届中央委员会第四次全体会议。全会分析了国内发生政治风波的性质及原因,初步总结了经验教训,明确了当前和今后一个时期党的方针和任务。全会选举江泽民为中共中央总书记。中共中央政治局常委会由江泽民、李鹏、乔石、姚依林、宋平、李瑞环组成。全会明确宣告,党的十一届三中全会以来的路线和基本政策必须贯彻执行。

[2]五中全会,即中共十三届五中全会,见本书《中国知识分子的光辉道路》注[17]。

[3]六中全会,即一九九〇年三月九日至十二日在北京召开的中国共产党第十三届中央委员会第六次全体会议。全会审议并通过了《中共中央关于加强党同人民群众联系的决定》。

[4]焦裕禄(一九二二——一九六四),山东淄博人。一九四六年加入中国共产党。曾任中共兰考县委第二书记、书记。他带领全县人民治理内涝、风沙和盐碱,努力改变兰考县面貌。虽身患肝癌,仍坚持工作,直到逝世,被群众誉为"党的好干部"。一九六六年二月,《人民日报》发表社论《向毛泽东同志的好学生——焦裕禄同志学习》,引起强烈反响,全国掀起了广泛的学习运动。

[5]雷锋,见本书《在肇庆地委常委扩大会议上的讲话》注[7]。

[6]四项基本原则,参见本书《在中央工作会议中南组的发言》注[10]。

《陕甘宁边区抗日民主根据地》序言

（一九九〇年十一月二十日）

《陕甘宁边区[1]抗日民主根据地》一书的出版，是一件是很有意义的事。在这部党史资料书里，收录了从抗日民族统一战线政策的制定到抗日战争胜利这一历史时期中共中央、陕甘宁边区党委、陕甘宁边区中央局、西北中央局、边区政府的重要文献、中央负责同志的讲话、文稿和部分老同志的回忆录，内容丰富，史料翔实。这不仅对于了解和研究陕甘宁边区的历史有很大的价值，而且对于继承和发扬延安革命精神，促进社会主义现代化建设，也具有现实意义。

陕甘宁边区是党中央到达陕北以后，在西北革命根据地的基础上扩大、巩固和发展起来的。从一九三五年十月到一九四八年三月的十三年中，它是党中央的所在地，是全国革命的指挥中心，是中国人民进行革命斗争的总后方。党中央在延安和陕甘宁边区制定了引导中国革命走向胜利的正确路线和一系列方针政策；马克思列宁主义同中国革命的实践相结合的毛泽东思想是在延安时期全面形成和成熟起来的；党中央在延安培养了大批干部，成为各条战线上的骨干力量；伟大的整风运动和大生产运动也是党中央和毛泽东同志在延安倡导，总结了成功经验，然后普及到各抗日根据地，使全党在思想上、政治上、组织上达到了空前的统一和团结，在革命军民的精神生活和物质生活两方面都产生了巨大的作用。在党中央的直接领导下，陕甘宁边区成为全国的模范抗日民主根据地，在国内产生了重大影响，在国外也产生了很好的影响。

在抗日战争时期，陕甘宁边区最突出的成就和贡献，就是在党中央领导下，在政治上、经济上、文化上全面地实施了新民主主义革命的纲领和政策，取得了极大的成功和丰富的经验，为中国革命的胜利和新中国的建设，奠定了坚实的基础。毛泽东同志的《新民主主义论》是一部划时代的著作，全面、深刻地阐明了新民主主义基本理论和基本纲领，阐明了新民主主义的政治、经济、文化的基本内容，明确地回答了“中国向何处去”的问题。新民主主义革命的基本理论和基本纲领武装了全党。全党同志在理论和实践的结合上，极大地提高了执行党的路线、方针、政策的自觉性。全党上下一心，团结一致，艰苦奋斗，在抗日战争胜利后取得了全国解放战争的伟大胜利，建立了新中国。

我过去长期在陕甘宁边区工作，直接得到党中央的指示和毛泽东同志的教诲，受益很多，重温那个时期的历史文献和历史经验，仿佛置身于当年的火热斗争中，心潮澎湃，感奋不已！

党的十三大[2]提出了我国社会主义初级阶段基本理论和基本路线。全国各族人民在党中央的领导下，牢牢掌握社会主义初级阶段的基本路线，坚持“一个中心、两个基本点”[3]，同心同德，奋发图强，一定会把我国建设成为现代化的有中国特色的社会主义强国。历史经验是很宝贵的。延安时期那种对于共产主义伟大理想的忠贞不渝的坚定信念，广大党员同心同德、严守纪律和坚决执行党的路线、方针、政策的高度自觉性，自力更生、艰苦奋斗、全心全意为人民服务的革命献身精神，实事求是、理论联系实际、批评与自我批评、密切联系群众的优良作风，我们一定要继承和发扬。要把延安的革命精神在社会主义现代化建设和改革开放的新的历史时期中发扬光大，结出丰硕的成果。

■ 注　释

[1]陕甘宁边区，见本书《关于关中分区的反磨擦问题》注[2]。

[2]十三大，见本书《在全国地方政协工作座谈会上的讲话》注[7]。

[3]“一个中心、两个基本点”，见本书《乌兰夫同志永远活在全国各族人民心中》注[17]。

新式整军与西北大捷*

（一九九四年五月）

我们西北野战军于一九四七年冬至一九四八年春，利用战斗间隙，开展了以“诉苦”和“三查”为中心的新式整军运动。“诉苦”是诉旧社会和国民党反动派给予劳动人民之苦；“三查”是查阶级、查工作、查斗志。通过这一运动，使广大指战员激发出无穷的精神力量。他们纷纷要求为亲人报仇，为整个劳动阶级报仇；普遍表示决心：为了推翻帝国主义、封建主义和官僚资本主义三座大山，消灭国民党反动派，解放全中国，而不惜流血牺牲。杀敌立功的呼声充满了每一个军营，响彻在整个西北战场。运动刚刚结束，西北野战军就在彭德怀[1]等同志的领导下，遵照中央军委和毛泽东主席的指示，积极转入外线作战，于二月下旬进行宜川、瓦子街战役[2]，一举歼敌五个旅近三万人，创造了“影响中原形势的西北空前大捷”。毛泽东主席为此曾于一九四八年三月七日以中国人民解放军总部发言人的名义，写了一篇热情洋溢的评论，即《评西北大捷兼论解放军的新式整军运动》，高度赞扬了用“诉苦”和“三查”的方法进行的新式整军运动，对提高我军战斗力所产生的巨大作用。战争的实践充分证明，这一运

* 这是习仲勋就西北野战军在解放战争时期开展的新式整军运动所写的回忆文章。

动是对我军政治工作的一个重要发展,也是我军建军史上的一个创举,具有伟大而深远的意义。

(一)

一九四七年是不平凡的一年,是我军实行战略转变的一年。新式整军运动与实现这一战略转变是紧密相关的。那年春天,从全国来说,敌人虽然已经损兵折将几十个旅,对解放区的全面进攻遭到失败,但仍然十分嚣张,对我山东解放区和陕甘宁边区[3]实行重点进攻。在西北战场上,蒋介石纠集了包括他的战略预备队在内的三十四个旅二十三万兵力,并由他的嫡系干将胡宗南[4]指挥,于三月十三日大举进攻陕北,分兵两路向延安推进,其企图是攻占延安,摧毁我方党、政、军神经中枢,动摇我军心,瓦解我意志,削弱我国际地位。那时我西北野战部队和地方部队加在一起不过四万多人,敌我力量对比异常悬殊,且我们的装备差,弹药也少,还缺粮食,困难颇多。西北战场形势是十分严峻的。党中央和毛主席本着集中优势兵力消灭敌人有生力量的积极防御战略方针,决定主动撤出延安。延安是革命圣地,把它让给敌人,很多人思想不通。毛主席胸怀战略全局,当时曾经有针对性地指出:存人失地,人地皆存,存地失人,人地皆失。胡宗南占领延安,就背上一个沉重的包袱。毛主席还预言,少则一年,多则两年,延安必定回到人民手中。党中央和军委总部撤出延安时,贺龙[5]同志还在晋绥[6]。西北的部队需要有人直接指挥。担任军委副主席兼总参谋长和人民解放军副总司令的彭德怀同志,不畏艰难,勇挑重担,毅然向毛主席请示,陕北的部队由他暂时指挥与敌作战。毛主席当即同意了彭总的意见。我当时任中共中央西北局书记兼陕甘宁野战集团军政治委员，正同张宗逊[7]司令员在前线指挥作战。三月十六日我接到中央急电，急速赶回延安去见彭总。彭总一边向我询问前线战况，一边把毛主席请他捎给我的一封亲笔信交给我。中央军委已决定将边区部队分编为野战军和地方部队。以第一、第二纵队和教导旅、新四旅，共六个旅二万七千人，编成野战兵团；以警一、警三旅，新十一旅和骑兵六师，共一万六千余人，编为地方部队。中央决定让我协助彭总指挥西北野战兵团及边区一切部队。彭总同我说，中央决定撤出延安，目的是让敌人背上这个包袱。我们按照毛主席提出的战略方针，以歼灭敌人有生力量为原则，采取"蘑菇"战术，一个月消灭敌人一个团，逐渐削弱它，各个歼灭它，把几十万敌人拖到边区，一直把它拖垮。后来为了加强西北部队的统一领导，成立西北野战军，中央任命彭总为司令员兼政治委员，我为副政治委员。

敌人于三月十九日侵占延安后，更加得意忘形，十分骄狂，仗恃其兵力优势，急于寻找我主力决战。毛主席高瞻远瞩，审时度势，根据敌人作战企图和骄横急躁的心理，决心将计就计，诱敌就范。我西北野战军于三月二十五日至五月四日，在延安东北地区连续进行了青化砭、羊马河两次伏击战[8]和蟠龙攻坚战[9]，取得了三战三捷的重大胜利。狠狠打击了胡宗南集团的嚣张气焰，稳定了西北战局，增强了陕甘宁边区军民的胜利信心，为粉碎敌人对陕北的重点进攻奠定了基础。接着，我军挥师向西，突袭陇东。六月底，歼灭宁夏马鸿逵[10]部四千四百余人。后乘胜北上，收复三边（安边、定边、靖边）地区。八月，我军继续向东进攻榆林，歼灭榆林外围守敌五千余人。胡宗南气急败坏，立即派出九个半旅增援榆林，蒋介石也飞抵延安亲自督战。敌集十万之众于米脂县沙家店，妄图一战结束陕北战争。沙家店一战[11]，我军又歼敌一万余人，把敌人的锐气基本打掉了。蒋介石对陕北的重点进攻计划遂成泡影。

我西北野战军越战越勇，越战越强，经过连续作战，共毙、伤、俘敌六万余人。本身由原来的两个纵队六个野战旅，计二万五千多人，发展到五个纵队十四个野战旅，共七万五千多人，地方部队发展到三万四千多人。敌人不断削弱，解放军不断壮大，解放战争的形势越来越向有利于人民的方面发展。

（二）

随着解放战争形势的发展，我西北野战军在战斗中迅速成长壮大。但在节节胜利面前，部队中的各种问题也不断地暴露出来。

一是由于战斗频繁，环境艰苦，少数干部和一部分老战士，对长期的战斗生活产生厌倦情绪。有的想到后方工作；有的想脱离部队到地方工作；有的想跳出西北这个苦圈子，到环境好的地方去。干部思想中产生的错误倾向，直接影响着带兵打仗和对部队的管理教育，致使部队的政策观念淡薄，纪律松弛，违反政策纪律的行为日渐增多。

二是由于部队中俘虏兵成分的比重增大，给部队教育带来了新的问题。在西北野战军转入战略反攻的前后，部队的俘虏兵成分不断增多，多数单位占一半以上，有的连队竟达百分之八十。当时，补充到部队的俘虏兵，经过教育都能调转枪口杀敌立功。但是，战斗频繁，部队没有时间进行大的休整，教育跟不上形势的发展；大量的解放战士的阶级觉悟还很低，不知道为谁当兵，为谁打仗，当兵“吃粮”

的雇佣思想相当普遍，他们还不懂得革命军队与反动军队的根本区别，不习惯人民军队的作风纪律。相当一部分人染有兵痞流氓习气，部队中发生打骂群众，乘群众逃离村庄之机，挖窑倒柜、捉鸡宰鸭的，不少都是这些人干的。当然也有子弟兵违犯纪律的。不管是子弟兵还是解放兵，在生活比较艰苦，物质条件极端困难时，在打了胜仗产生骄傲情绪时，在连续作战部队比较疲劳、伤亡较大时，都较多地发生了违犯纪律的现象。

部队中存在的这些问题，严重影响着部队的战斗力，同我军即将实施的转入蒋管区，在广阔的战场上寻歼更多敌人，以彻底改变西北战局的战略任务，是很不适应的。这些问题不解决，我军将难于达到外线作战，将战争引向国民党统治区的要求，难以胜利完成“打倒蒋介石，解放全中国”的历史使命。

（三）

一九四七年十月，毛泽东主席为人民解放军总部起草并发布了政治宣言，庄严发出了“打倒蒋介石，解放全中国”的伟大号召，我人民解放军实行全国性战略进攻。为了从根本上动摇国民党的反动统治，党中央、毛主席在领导全国解放战争的同时，继发出一九四六年关于土改的五四指示[12]之后，又委托中央工委[13]、刘少奇、朱德同志于一九四七年七月十七日至九月十三日召开了全国土地会议，制定并发布了《中国土地法大纲》[14]。陕甘宁边区同全国各解放区一样，根据党中央指示精神，在原有土地工作的基础上，进一步发动群众，全面展开土地改革运动，消灭地主阶级在农村的封建统治和剥削，使贫苦农民从政治上、经济上得到解放，根本改变农村的阶级关系，促进解放区经济的发展，使解放区更加巩固和扩大，广大农民支援解放战争的热情更加高涨，使我党领导的新民主主义革命具有更加坚实的群众基础。

解放战争出现的伟大转折和轰轰烈烈的土地改革运动，对我军指战员的政治素质提出了更高的要求。我军指战员绝大部分来自农村，出身贫苦，他们对进行土地改革有强烈的要求，也是他们心中所关心的一件大事。但由于我军经常处于紧张频繁的战斗环境，缺少进行以土地革命为中心的民主革命问题的教育条件，广大指战员对阶级、阶级斗争、阶级剥削这些根本问题的认识，还很模糊，对党所领导的新民主主义革命的性质、任务、对象，以及人民解放军的宗旨与使命，了解甚少。当时，部队战士包括部分基层干部的成分主要由老八路、根据地入伍的子弟兵、解放战士三部分组成。不仅新战士和大量解放战士对阶级界限分不清楚，就连部分老八路尚未从抗战时期的统一战线、团结抗日的思想中转变过来。阶级观念的普遍缺乏，是当时部队中存在诸多问题原由的根本所在。因此，结合土地改革运动，搞好以阶级教育为中心的思想政治教育，提高指战员的阶级觉悟，清洗内部的不纯分子，增强部队战斗力，乃是当务之急。

革命形势的发展，军事上的胜利，土改运动和整党运动的开展，为部队进行整顿提供了良好的条件。但怎样才能把部队整顿同土改、整党结合起来，如何在环境艰苦、战斗频繁的情况下，提高部队的政治觉悟、加强组织纪律性、增强战斗力，如何教育改造大批解放战士成为名副其实的人民战士，等等。针对这些问题，彭总同我们曾经多次议论、探讨解决的办法。就在这时，毛主席为我们指明了方向，及时发出了开展“诉苦”、“三查”运动的指示，并批转了经他亲自修改的辽东三纵队诉苦教育的经验。当时我们西北野战军第二次打榆林刚刚结束，即于十一月二十九日召开参加榆林战役的十一纵、二纵、六纵的旅以上干部会议，传达学习毛主席关于开展“诉苦”、“三查”运动的指示，总结第二次打榆林的经验教训，重点部署了整训。

（四）

西北野战军的“诉苦”、“三查”运动，是从一九四七年十二月起陆续展开的。原计划搞二十天，实际进行了两个来月。首先轮训各级干部。营以上干部由纵队负责，连、排干部由旅负责，班长由团负责。组织干部认真学习土地改革政策，以阶级教育为中心检查整顿纪律，提高阶级觉悟，增强组织纪律观念。在干部对“诉苦”、“三查”运动有了初步认识的基础上，再普遍展开，使运动在各级党委领导下有秩序地进行。

运动先从“诉苦”开始。“诉苦”的具体方法各单位不尽相同，有的是在讲解土地法大纲后，以座谈讨论土地法大纲开始的；有的是对土改有不同看法引起争论开始的；有的是从讨论为什么有穷有富开始的。经过群众的酝酿，漫谈讨论，发现苦大仇深的典型人物，即在不同范围内组织诉苦，尔后发展到群众性诉苦；由部队自己诉苦，发展到军民共同诉苦。从而加深指战员们对旧社会制度和封建剥削阶级的反动、没落与黑暗的认识。

典型的力量是无穷的。给广大指战员教育最深的还是苦大仇深的同志的典型控诉。这个问题抓得好的是一纵三五八旅。该旅七一四团早在一九四六年集宁战役[15]后，就针对部队中补入较多的俘虏兵的情况，开展过新旧军队对比活动，由解放战士控诉在国民党军队里所遭受欺压凌辱和非人的待遇，讲述在解放军中所享受的政治、军事、经济三大民主和官兵亲如兄弟的阶级友爱之情，对加强官兵之间、子弟兵与解放战士之间的团结，对巩固部队，曾收到良好的效果。这次运动刚一开始，该旅政委余秋里[16]同志就带领工作组深入团蹲点，摸索新的经验，运用典型引路的办法，指导运动。发现七一四团六连有位苦大仇深的战士刘四虎，是原绥远[17]省丰镇人，家有十二亩地，父亲是个泥瓦匠，农忙时干家里的农活，农闲时帮人修房子，生活还过得去。后来一个姓马的地主想夺走刘家的好地，就设圈套雇四虎爹打一堵土墙，工资八点七元。当土墙快要打好时，地主暗中使人把墙推倒，地主既不给工钱，还逼四虎爹重新打墙或赔钱。四虎爹去官府讲理告状。那时的“衙门口冲南开，有理无钱别进来”。地主买通官府，判四虎爹赔地主八亩好地，还得设宴赔礼。四虎爹咽不下这口气，撇下妻子儿女，上吊而死。四虎为养家糊口，到银匠铺去学徒。他起五更爬半夜，为店老板打水、做饭、扫地、抱孩子、洗尿布，什么活都干，结果干了六年没挣到一文钱。第六年腊月他跟店老板要几个工钱给母亲过年，老板非但不给，还要他交饭钱。四虎不服，店老板即把他狠狠地打了一顿。在诉苦大会上，刘四虎摘下帽子，指着自己头上的伤疤：“这就是老板给我的工钱！”

刘四虎同志对旧社会的控诉，很快在全团乃至全旅引起了强烈反响。该旅七一六团通信连有一个叫于得水的解放战士，他深夜一人到野地里，为母亲立起了一个灵牌，哭诉他母亲是怎样被恶霸地主折磨而死的，地主阶级、国民党反动派是穷人不共戴天的敌人，立誓在解放军里好好干，为自己的母亲报仇。他的倾诉被他们连也有类似苦难的指导员刘传藏悄悄在旁听着了，一对阶级兄弟紧紧地拥抱在一起，相诉相哭。于是，全连开起了诉苦大会，收到了很好的效果。

六纵教导旅三团二营通信员刘德和同志，他家祖孙三代给地主当长工。爷爷在给地主烧砖瓦时，因窑顶塌陷，被活活烧死在窑里。爸爸为了埋葬爷爷，向地主借了五斗小米换钱买棺材，可是第二年地主硬逼他还两石[18]小米。那时他家连吃的都没有，哪来的粮去还债？狠心的地主便抢了他的姐姐去抵债，姐姐因受污辱被逼疯癫了，妈妈饮恨上吊身亡。他的爸爸气不过，去找东家评理，却被狗腿子打得口吐鲜血，死在大路旁。当刘德和在全营诉苦大会上讲完苦难家史时，全营指战员悲愤交加，声泪俱下，共同高呼："坚决打倒地主阶级，打倒蒋介石反动派，解放全中国劳苦大众，为刘德和一家报仇！为苦难的阶级兄弟报仇！"

在我们的指战员中，许多同志受尽了阶级剥削和阶级压迫，几乎每个人都有本血泪账。通过充分的动员酝酿，漫谈比苦，访苦谈心，以苦引苦，干部战士共同诉苦，很快在部队中掀起了全面的诉苦运动。有的诉旧社会地主阶级对穷苦农民剥削压迫的苦；有的诉国民党征粮抓丁，特务横行，民不聊生的苦；有的诉反动军队内部黑暗，吃空额喝兵血，官长打骂侮辱士兵的苦；有的诉厂主、老财剥削工人压榨工人血汗的苦，等等。这些真实、生动、具体的控诉，在会上勾发了每个同志的回忆，激起大家无比痛恨半殖民地半封建的旧中国，痛恨国民党反动派给中国人民带来的深重灾难。

为了使大家认清剥削阶级的反动本质，在全面诉苦的基础上，引导指战员进一步挖苦根算细账，重点解决"是富人养活穷人，还是穷人养活富人"、"穷人为什么穷，富人为什么富"、"苦从何来，仇向谁报"的问题。刚开始，有不少战士，特别是中农出身的战士，对这个根本性的问题并不是很清楚的。有的说："穷富在命，富是命好，穷是命不好”；有的讲，“富人能算计，会过日子”；也有的认为，“地主出地，就应该多得”；还有的说，“穷人租地主的地，是借了地主的光，如果不种地主的地，穷人吃啥呀”。对澄清这些模糊认识，一般不是采取领导讲课的办法加以解答，而是让群众用自己的切身经历，通过算细账的方法说明问题，让群众自己教育自己。凡是当过长工的雇农或租种过地主土地的贫农，心里都有一笔挨剥削的账，稍加引导就接二连三地算了起来。七一六团通信连战士李占银给地主当过长工，他给地主种了三十五亩地，每年种两季，年收十七石五斗粮。其中，工钱二石，加上人吃马喂、种子、工具，共用八石一斗粮，余下的九石四斗粮被地主不劳而获剥削去了。地主还搞大斗进小斗出的名堂，收佃农的地租时用大斗量，付给长工的工粮时用小斗量，这一大一小又被赚取了好多粮。这还不算，地主又拿剥削来的粮食，在青黄不接的时候放高利贷，一石粮一年就得一石或两石利，不用几年，这息滚利，利滚息，穷人哪能还得起，于是几亩命根子地也就被地主夺去了。就是这个地主从三十亩地起家，几年的工夫就有三百多亩地了，这不是因为他命好，而是他利用土地剥削压榨穷人，并以狠心毒辣的手段从贫苦农民手中掠夺去的。这样一算，就使大家真正懂得了只有人们劳动才能创造价值创造财富，地主不劳动却占有穷人劳动的大部分财富，他们靠的是不合理的剥削制度和国民党反动政权为他们撑腰的道理。

为了使大家从感性认识上升到理性认识，许多部队还把全连、全营有多少亲人因遭凌辱而被逼死，有多少亲人被打伤残，有多少亲人被抓丁拉夫，有多少家庭因活不下去而卖儿卖女统计出来，让大家认识到我们受的苦不是一个人的苦，我们受的剥削也不是一家一户的事,是整个劳苦大众的阶级苦难。为什么刘四虎家有理而打不赢官司?为什么路新理家破人亡还要被国民党抓兵?为什么同志们不论来自南北和东西,都受着同样的苦?大家通过深思推理,深入刨根,认识到就是因为有一个剥削制度存在。国民党反动派的政府、军队、法院,就是维护这种剥削制度的总台柱,蒋介石就是这个台柱的头目。从而觉悟到:天下穷人一样苦,四海穷人是一家。要彻底翻身解放,就必须消灭反动军队,推翻国民党反动统治。特别是解放战士,他们绝大多数都有一本不同程度的血泪账,通过挖苦根、算剥削账,使他们真正认识到国民党反动派的反动本质,异口同声地说:“这回我可懂得了我手中的枪该瞄准谁了。”有的连队还专门召开了公祭大会,设置死亡亲人的灵牌,来祭奠在反动派统治下被迫害致死的亲人。指战员们在灵牌前纷纷表示杀敌立功的决心。

“三查”是“诉苦”的深入,是有领导有秩序地发动群众,用发扬民主,开展批评与自我批评的方法,进行群众性的检查。目的是查清每个同志的阶级成分和态度,并针对个人在思想、工作和战斗中的表现进行整顿。

“三查”首先是查阶级。当时部队处于大发展时期,确实存在一些不纯成分。一是混进来部分坚持反动立场的敌伪军官,这些人为数不多,但往往破坏性很大;二是地富分子或地富子弟,有些是为了逃避土改运动而跑到部队中来的;三是有政治历史问题的人,如隐瞒国民党员、三青团[19]员身份,也有个别敌特分子或变节分子。经过发动群众检举揭发和一个一个地清查,整个西北野战军部队共查出暗藏的敌伪军官和密谋组织投敌的奸细分子一百余人;撤换了少数未改造好的地富出身的干部;清除了一批不可救药的兵痞流氓分子。

由此可以看出，认真清查阶级成分，对纯洁革命队伍确实起了很大作用，这在当时是非常必要的。

“三查”一经开始，就突破查阶级、查工作、查斗志的范围，广泛涉及部队存在的许多问题，如提出要查思想、查经济、查纪律、查领导、查支部、查党员作用，等等。彭总在同我们研究如何把运动引向深入时，有一个明确的思想：不要单纯地去查阶级成分，更重要的是把查阶级同查思想联系起来，帮助每个同志弄清思想上的阶级界限，站稳无产阶级立场。即使是贫农出身的同志，也应教育他们不要把出身好当作金元宝，还要经常克服某些落后的农民意识；对中农出身的同志要他们打破中立思想，向贫雇农靠拢，坚决拥护党的土地改革；对地富家庭出身的同志要教育他们不背包袱，决心与封建家庭决裂，站稳革命立场。要让所有的同志认清我们党的阶级路线，是有成分论，又不唯成分论，重在现实表现。在此基础上，进一步针对个人在“三查”中反映出来的现实问题，用批评与自我批评的方法，开展了一场自上而下，自下而上，从党内到党外的群众性思想斗争。如有的干部产生厌倦情绪，斗志不强，甚至贪生怕死；有的居功骄傲，滋长了军阀习气，打人骂人；在战斗中不讲战术，只顾冲杀，不爱护战士；有的贪污腐化，严重违犯群众纪律。据一个团的检查统计，有不同程度的违纪现象者竟达四百余人。对这些问题，在“三查”中都作了严肃处理。对犯有错误的同志普遍进行了严厉的批评教育，某些蜕化变质分子也受到了纪律制裁。

在“诉苦”、“三查”运动的最后阶段，各部队普遍召开了团结大会。强调团结就是力量，团结就是取得革命胜利的保证。部队中的团结空气更加浓厚了。军民之间、官兵之间、军政之间的团结，子弟兵与解放战士之间的团结更加紧密了。广大指战员在运动中激发起来的革命热情，很快转向了军事练兵和杀敌立功中去，写请战书、订立功计划遍布机关和连队。战士们反映，干部的作风变好了，待我们像亲兄弟，我们一定要练好本领，迎接新的战斗。干部们反映这回兵好带了，过去总担心解放兵成分太多，怕打不好仗，现在心中有底了。一个新的练兵高潮应运而生。各部队结合战斗经验，组织干部学习毛主席在党中央十二月会议所作的《目前形势和我们的任务》的报告中提出的“十大军事原则”[20]，认真研究运动战、攻坚战和围城打援等各种战术和五大技术，研究和推广了迫击炮抵近射击、连续爆破、挖雷等多种劣势装备战胜优势装备敌人的方法。我们西北野战军经过两个多月的整训，取得了很大的成绩，部队面貌焕然一新，广大指战员的军政素质空前提高，以新的姿态迎接战略反攻的作战任务。

（五）

西北野战军以“诉苦”、“三查”为中心的新式整军运动刚刚结束，即根据中央军委指示，于一九四八年二月下旬展开春季攻势，转入外线作战，向南进攻，首先歼灭咸阳、延安公路两侧敌人的有生力量，打击胡宗南集团，粉碎其机动防御部署，解放黄龙山区，以此为依托，乘胜向南发展，威胁西安，策应中原我军作战。为此，决定以围城打援的战法，发起宜川、瓦子街战役。当时我们估计在我军围攻宜川后，敌人必调兵增援，其增援道路可能有三条：一是由洛川经瓦子街至宜川，此系公路，便于大部队机动，距离又近，增援快。但敌人可能顾虑瓦子街以东一段咽喉狭道易遭我军伏击；二是由洛川、黄陵经黄龙（石堡）至宜川，路程较前远两倍；三是由洛川、黄陵沿第一条路以北的进士庙梁至宜川。此路虽不易遭我军伏击，但山高坡陡，重装备行动困难，路程亦远。这三条道路，我们判断敌走第一条路的可能性最大。因为胡宗南主观成性，盲目骄横，总是过低估计我军实力，更不知我军经新式整军后战斗力空前增强，企图全歼其援军与守军。他为速解宜川之围，必令整编第二十九军军长刘戡从第一条道路驰援。而刘戡个人英雄劲十足，上次增援清涧因行动迟缓受到了处分，这次增援宜川必然力争先机到达。据此，我军作出了立足于敌人走第一条道路、并兼顾其他两路的灵活机动的作战部署。

二月二十日，我西北野战军前委决定，战役第一步以夺取宜川、韩城、石堡、合阳四城，并准备各个歼灭可能增援之敌整编第二十七师及整编第九十师。我第三、第六纵队于二十二日向宜川攻击前进，二十四日包围宜川城，二十七日即突破敌人外围防御，占领外围诸要点，将敌人压缩于城内。与此同时，我第一、第四纵队于二十三日由禹门口强渡黄河后，向宜川以南之乾台街地区前进。

宜川守敌突然被围，屡电告急。胡宗南一面严令守军坚守待援，一面急令刘戡率部火速救援。刘戡率两个师四个旅八个团的兵力，于二十六日出发，取道瓦子街轻装驰援。

我军获悉刘戡果然走了第一条路，便立即按预定作战方案行动，以五个团继续围攻宜川，诱使敌深入就范；并集中主力九个旅，迅速隐蔽进入设伏地区，待机歼敌。正当刘戡率部到瓦子街以西，尚未进入我伏击地区时，我三纵二旅四、六两团从西北两面突破宜川城垣，并迅速占领一些房院。彭总担心一旦攻下宜川，援敌即可能中途撤退，失去战机，遂令攻城部队立即撤出城外。我阻援部队，以运动防御边打边退，诱敌深入。打援部队，这时正忍受着风雨严寒，隐蔽在伏击区两侧高山已经三天,他们纪律严明,没有一人暴露目标,时刻严阵以待。刘戡部于二十八日通过瓦子街以东的沟底公路,由于队形拥挤,前进困难,即就地宿营,占领附近高地,构成环形防御,但因当夜大雪,未认真构筑工事。我第一纵队乘机攻击瓦子街,切断了敌人的退路。这时,刘戡方才醒悟到前进道路被堵死,后退道路被切断,全军已陷入包围之中。慌乱之下急令部队夺回瓦子街,抢占要地,企图控制南逃道路。我第一纵队发现第二纵队因行军路远雪滑,尚未到达和占领瓦子街南山高地。为防敌突围逃走,遂当机立断,命令三五八旅主力迅猛占领该高地,封死了敌人可能突围逃走的唯一缺口。我第二纵队赶到后,即迅速加入战斗。此时,敌人像只烂头苍蝇,到处乱撞,均被我军堵住不放。是日黄昏前,我军紧缩包围圈,将敌人压缩于宜川、瓦子街之间的狭小地域。三月一日上午,我各打援纵队由不同方向向心突击,敌混乱不堪。到十七时,援敌二万四千余人即被我军全部歼灭,无一漏网。

三月二日,我攻城部队在打援部队全歼援敌的胜利鼓舞下,再次强攻宜川城,守军动摇。我军一面猛攻,一面利用俘虏喊话,展开政治攻势,战斗发展迅速,至三日晨,将宜川守敌整编七十六师二十四旅(欠七十二团)五百余人全部歼灭,战役胜利结束。

我军经过三天三夜艰苦战斗,全歼了胡宗南主力整编二十九军军部及两个整编师五个旅十个团,毙、伤、俘敌近三万人。这是我军在西北战场上歼敌最多的第一个大胜仗,改变了西北战场上的攻防形势,打开了向渭北进军的大门,创造了“影响中原形势的西北空前大捷”。

我西北野战军能获得如此巨大的胜利,原因是多方面的,诸如战役指挥正确，决心与部署得当，各部队的主动配合，广大人民群众的努力协助和后勤保障得力，加上选择的地形比较好，以及敌军比较孤立，等等。但是最值得注意的是，各部队在冬季两个多月中用“诉苦”和“三查”方法进行了新式整军运动，极大地提高了广大指战员的阶级觉悟，增强了团结，纯洁了队伍，加强了纪律，发扬了我军的政治、经济、军事三大民主的优良传统，开展了群众性的练兵活动，我军的战斗力得到空前的大提高，从而使部队万众一心，群策群力，不怕牺牲，战胜各种困难，群威群胆，在异常残酷的战斗中，各纵队都涌现了许多可歌可泣的英雄模范事迹。在这里特别值得提出的是：担任打援任务的七一四团全体官兵，他们连续打退敌人二十多次的反冲击，毙敌千余人，顽强守住了阵地，切断了敌人的退路，为全歼援敌起了关键作用。该团团长任世鸿、参谋长武治安在战斗中英勇牺牲，政委徐方礼负了重伤。该团二营全营只剩下一百余人，尖刀连（即硬骨头六连）只剩下十三个人，但始终未让敌人前进一步。该连诉苦典型刘四虎带领全班冲到敌阵时，只剩他一人，子弹和手榴弹打光了，就用刺刀和敌人展开白刃战斗，他一连刺倒四个敌人，自己也负伤十一处，倒在血泊中。后来他被评为全国战斗英雄。四连的诉苦典型路新理，在战斗中勇猛顽强，冲锋在前，杀敌十余人，最后壮烈牺牲，战后追记了特等功。教导旅一团二连连长胡青山是屡建战功的英雄，在三月二日的战斗中，面对垂死挣扎的敌人，心急如焚，在敌碉堡火力杀伤我多人、挡住前进道路时，他凭着自己的战斗经验和一股英勇顽强不怕死的劲头，迅速跃到敌碉堡跟前，向射孔内投进两枚手榴弹，使这个碉堡里的敌人全部报销，接着又迅速越过外壕，对另一个碉堡内的敌人喊话，展开政治攻势，迫使一个连的敌人缴枪投降。战后授予胡青山特级战斗英雄称号。十五团一营三连班长杨世德,战斗中被敌火烧伤面部,他忍受满脸水泡的灼痛,带领全班坚守阵地,并及时反击,打垮了敌人的反扑,被誉为西北的“钢铁战士”。在战斗中,还有很多刚入伍不久的解放战士表现很好,受到部队领导的嘉奖,有些还立了战功。如五旅十四团一营三连战士兰海荣,在诉苦运动中受到了深刻的阶级教育,决心为亲人和所有受苦受难的穷人报仇,杀敌立功。他在战斗中勇猛顽强,不怕牺牲,只身夺取敌人机枪一挺,并用夺取敌人的机枪消灭了十多名敌人,战后立功受奖,在部队中传为佳话。

(六)

新式整军运动,在我军建军史上占有重要地位,留下了光辉的一页。这一运动是对古田会议[21](红四军第九次党代表大会)决议在新的历史时期的具体贯彻与发展,它所创造的经验,至今仍具有伟大而深远的历史意义和现实的指导意义。

就整军运动所取得的经验而言,这是在党的统一领导下,全军各兄弟部队努力实践的结果。按照彭总的话说,我们西北野战军不是新式整军运动的唯一创造者,“我们只是给新式整军运动充实和增加了内容”。从西野[22]各部队的整军运动来看,之所以能够始终沿着正确方向健康发展,并获得巨大成果,我觉得首先是坚持了党委对运动的领导,使运动在党委(支部)的掌握下,有领导、有秩序地开展。因此,各部队在运动中都创造了不少好的经验和做法,但运动的发展是不平衡的,也曾产生了某些错误和偏差。我们前委领导和政治部门注意了推广好的经验和做法,及时发现和纠正某些错误和偏差。在这个问题上，彭总和甘泗淇[23]同志都曾亲自深入部队进行调查研究，亲自听取各团政委、主任汇报，找干部战士座谈，参加诉苦大会，总结推广典型经验。当发现三五八旅七一四团诉苦搞得好，就召开旅、团干部会，请三五八旅政委余秋里同志介绍该旅七一四团（重点是六连）运用诉苦典型引路的经验，各部队领导结合本部实际情况，学习运用这一经验，很快使诉苦运动打开了局面。

二是，以“诉苦”和“三查”为中心的新式整军运动，是在党领导下的群众性的民主运动，始终坚持群众路线，从群众中来，到群众中去，让群众自己教育自己。诉苦运动是群众性的教育运动，是当时提高阶级觉悟最生动、最有效的办法。大家根据切身体会来诉旧社会的苦，诉遭受剥削压迫之苦，以提高大家的阶级觉悟，自觉地去奋勇杀敌。这是用领导讲课等抽象说教的办法所不能奏效的，必须用群众中涌现出来的诉苦典型，启发教育群众，使他们普遍自觉地参加诉苦，才能达到诉苦教育的目的。“三查”主要对象是干部，其目的是纯洁内部，增强斗志，弄清思想，改进作风，加强团结，共同对敌。在当时特定的历史条件下，虽然采取了发动群众来参加“三查”的办法，但主要的还是号召干部自觉地进行“三查”，除了清除混进队伍的敌人和阶级异己分子外，绝大多数均在教育之列。运用了延安整风的经验，打通思想，轻装前进，惩前毖后，治病救人。运动初期曾发现有的单位忽略了我军是在党的绝对领导下的武装集团的特点，把地方土改的某些办法搬来，建立以贫雇农出身的同志组成“三查”委员会，搞唯成分论，形成了一部分人是“三查”者，另一部分人是被“三查”者，把两者对立起来。这不仅削弱了党的领导，也使相当一部分同志对“三查”产生了抵触情绪，客观上给运动的深入发展设置了障碍。一经纠正，大家心情舒畅了，愉快投入到运动中来，积极参加“三查”，本着实事求是的原则分清是非，自觉认识和改正错误。

三是，不断地进行思想政治教育，是我军的性质和宗旨所决定的。“诉苦”、“三查”运动，虽然取得了巨大的成绩，但就运动本身来说，发展是不平衡的，有的单位搞得好一些，有的单位一般化，有的单位搞得比较差；就问题来说，一次运动不可能把所有的问题都能解决得很好，解决了的，还会产生反复，特别是思想问题，不能一劳永逸。“诉苦”、“三查”对广大指战员普遍有教育作用，但重心是战士和下层干部，对中高级领导干部的问题接触尚少。西野前委分析，在中高级干部当中存在的斗志不强，责任心不高，官僚主义、命令主义、军阀残余作风、自由主义严重等倾向，在胜利中常被暂时地淹没着，不易暴露出来，但一遇到特别艰难困苦或敌情意外紧张时，便明显地暴露出来，经不起残酷战争的考验。如不及时克服这种严重的思想倾向，就难以取得今后更大的胜利。因此，西野前委在“诉苦”、“三查”运动之后，于五月下旬召开扩大会议，研究了夏季整训，要求各部队利用战斗空隙时间，进行了“整党三评（评斗志、评智慧、评政策）运动”，也称“以查斗志为中心的整党运动”。这是新式整军运动的继续，也可以说是新式整军运动的一个组成部分。运动的重点是解决领导干部的问题。用当时群众的话来说，“查查你的斗志强不强”，“评评你会不会动脑筋（即指挥问题）”，“看看你会不会贯彻政策”。这一整党、“三评”运动，因有“诉苦”、“三查”运动的经验，避免了各种“左”的偏向。在各级党委的领导下，以支部为核心，贯彻群众路线、民主方式，采取实事求是的说理方法，以自我反省为主，大家批评帮助为辅，避免所谓群众要怎么干就怎么办的放任自流的偏向。对查出的问题，在处理上又以积极的思想教育为主，组织处理为次。对评出的许多斗志坚强、指挥好、执行政策坚决、英勇杀敌的好同志，就进行表扬。这种奖功评过的办法，使干部们心悦诚服，调动了广大干部的积极因素，练兵打仗就有了新的起色。

无数事实证明，加强思想政治教育，不断提高指战员的政治觉悟，是保证我军战斗力不断提高诸因素当中的最重要的因素，任何时候都不能放松。无论是在艰难困苦、物质条件低下或环境优越、物质条件大为改善的情况下，都要根据当时的实际情况，进行强有力的思想政治教育，发挥革命精神的巨大威力。尽管时代在不断地发展变化，但加强思想政治工作的这一革命传统永远不能丢，而且应该很好地继承和发扬，使我军的思想政治工作在新时期不断升华。

回顾西北野战军的新式整军运动，特别使我难以忘怀的是，当年对我们的工作直接给予亲切关怀和及时指示的党中央前委的领导同志。当时陕北的形势十分险恶，毛泽东主席、周恩来副主席和任弼时[24]等同志，在战斗频繁、敌军不断进逼的情况下，为了坚持在陕北指挥我军在全国各大战场的作战行动，经常转移驻地，历时一年整，行程两千余里，先后经过十二个县，在三十七个村庄战斗和生活过。在艰苦的战争岁月，始终和群众在一起，同甘共苦，终于战胜了敌人。我们西北野战军靠近中央前委，得天独厚，中央前委召开的一些会议，我们时常参加或列席。特别值得我们骄傲的是一九四八年一月上旬，西野前委召开扩大会议，中央领导能在百忙之中亲自参加，并给予了很多重要指示。毛主席在听到彭总的介绍之后，还亲自听取了余秋里同志关于三五八旅“诉苦”、“三查”运动的汇报，给予了热情鼓励。当听到有关俘虏兵的情况时，毛主席兴致勃勃地说：我们从中央苏区[25]起，就想找到一个教育俘虏兵的好形式，这次“诉苦”、“三查”的办法，把这个问题解决了。周副主席在大会上作了“关于全国战争形势的报告”，分析了我军转入战略进攻以来的革命形势，号召西野部队坚决打到外线去；充分肯定了“诉苦”、“三查”运动的做法，并作了高度的概括：壮大军队，我们有两大法宝，一是扩兵、爱兵，一是放手发扬民主，实行诉苦运动，放手发动群众，高度发扬民主的“诉苦”、“三查”运动是有成绩的，是整军与土改结合起来的一种群众性的政治工作，应该受到称赞。

时间虽已过去四十多年了，但几位领袖们的谆谆教诲和音容笑貌，仍然深深地印在我的记忆里，铭刻在我的心中。

■ 注　释

[1]彭德怀，见本书《当好西北人民的勤务员》注[2]。

[2]宜川、瓦子街战役，见本书《跟着毛泽东走就是胜利》注[19]。

[3]陕甘宁边区，见本书《关于关中分区的反磨擦问题》注[2]。

[4]胡宗南，见本书《陕甘宁边区形势及加强备战问题》注[7]。

[5]贺龙，见本书《彭总在西北战场》注[8]。

[6]晋绥，见本书《要注意克服土地改革中“左”的情绪》注[10]。

[7]张宗逊（一九〇八——一九九八），陕西渭南人。一九二六年加入中国共产党。曾任红十二军三十六师师长，红一方面军十二军军长，中央革命军事委员会第一局（作战局）局长，八路军一二〇师三

五八旅旅长,吕梁军区司令员兼政治委员,晋绥野战军副司令员,陕甘宁野战集团军司令员,西北野战军第一副司令员。新中国成立后,任解放军副总参谋长,济南军区副司令员,总后勤部部长。

[8]青化砭、羊马河两次伏击战,见本书《跟着毛泽东走就是胜利》注[14]、[15]。

[9]蟠龙攻坚战,见本书《跟着毛泽东走就是胜利》注[16]。

[10]马鸿逵,见本书《动员一切力量,为完成甘肃全省土地改革而斗争》注[3]。

[11]沙家店一战,见本书《跟着毛泽东走就是胜利》注[17]。

[12]五四指示,见本书《关于陕甘宁边区一九四八年的土地改革和整党工作》注[8]。

[13]中央工委,即中共中央工作委员会。一九四七年三月二十九日晚至三十日,中共中央在陕西清涧县枣林沟召开会议,会议决定毛泽东、周恩来、任弼时率中央机关和人民解放军总部留在陕北,主持中央工作;刘少奇、朱德、董必武组成中央工作委员会,以刘少奇为书记,前往晋西北或者其他适当地点,进行中央委托的工作。

[14]《中国土地法大纲》,见本书《革命长者和良师益友》注[14]。

[15]一九四六年七月至九月,晋察冀军区主力和晋绥军区部队发起大同、集宁战役。九月三日,傅作义指挥主力进攻集宁,增援大同。我军调转主力迎击傅作义部。因各种原因,集宁失守,大同也难再攻。大同、集宁战役共歼敌一万二千人。

[16]余秋里(一九一四——一九九九),江西吉安人。一九三一年加入中国共产党。曾任红二军团第六师十八团政治委员,八路军

第一二〇师干部大队政治委员、三五八旅政治委员，第一野战军第一军副政治委员。新中国成立后，任第二高级步兵学校校长兼政治委员，西南军区后勤部部长兼政治委员，解放军总财务部部长、总后勤部政治委员，国家石油工业部部长，国家计划委员会主任，国务院副总理，中共中央政治局委员，中共中央书记处书记，国家能源委员会主任，国务委员，解放军总政治部主任、中共中央军委副秘书长，中共中央顾问委员会常委。

[17]绥远，见本书《为绿化西北而努力》注[2]。

[18]石，见本书《关于分三类地区进行土改问题给毛泽东的复电》注[9]。

[19]三青团，见本书《关于新解放区的工作问题》注[14]。

[20]“十大军事原则”，见本书《跟着毛泽东走就是胜利》注[24]。

[21]古田会议，见本书《群众领袖，民族英雄》注[9]。

[22]西野，见本书《英明的决策，伟大的胜利》注[15]。

[23]甘泗淇，见本书《学习和发扬贺龙同志的高尚品德和优良作风》注[3]。

[24]任弼时，见本书《关于陕甘宁边区一九四八年的土地改革和整党工作》注[12]。

[25]苏区，见本书《关中党史简述》注[13]。

缅怀革命烈士杜重远

（一九九八年四月一日）

今年是我国近代史上著名的爱国民主人士、中国共产党的忠诚朋友杜重远先生诞辰一百周年。当我们在祖国面貌发生翻天覆地重大变化的大好形势下，在改革开放的高潮中，满怀信心地迎接新世纪到来的时刻，永远不能忘记这位在我党处于艰苦环境下，同我们并肩战斗的战友，无私无畏地为民族解放事业而献身的革命烈士。

杜重远先生原是东北的一位实业家。早在二十年代，他就在沈阳创办了肇新窑业公司。他运用在日本留学期间学到的先进技术知识及管理经验，把它建设成为我国第一家现代化工厂。他的事业取得了很大成功，不到三十岁，就被推举为沈阳市商会副会长，成为东北工商界的著名人士。

杜重远先生又是一个爱国者。他以天下为己任，不能容忍国家的领土主权受到损害，民族尊严遭到侵犯。在中学时代，他就投身于反对“二十一条”[1]卖国条约的斗争。在日本留学时又被推选为代表，回国参加反对日本侵犯旅顺、大连的活动。一九三一年九一八事变[2]，日本帝国主义的铁蹄不但摧毁了他辛苦创建的事业，而且也击碎了他曾经抱有的“实业救国”的梦想。在国土沦丧、家园破碎的悲凉情况下，他只身流亡关内，义无反顾地投入火热的抗日救亡斗争中。他利用自己的地位和影响，在北平参加了东北民众抗日救国会，被选为执行委员兼宣传部长,走遍华北各地,到处讲演,鼓励抗日。后来,他来到上海,结识了邹韬奋[3]、沈钧儒[4]、胡愈之[5]等革命知识分子,形势的发展把他推到了文化斗争的第一线。

当时,邹韬奋先生在上海创办《生活》周刊,宣传抗日救国,不但在上海而且在全国都有很大的影响。一九三三年底,国民党反动政府借口该刊支持福建的反蒋斗争[6],将《生活》周刊查封,邹韬奋被迫流亡国外。杜重远认为抗日斗争不能失去这一阵地,全国同胞不能中断这一精神食粮,毅然决定接办《生活》周刊。他利用自己同国民党上层的关系,在两个月内办好了各种手续,于一九三四年二月正式创办了《新生》周刊。邹韬奋对此给予很高评价。他说:"这好像我手上撑着的火炬被迫放下,同时即有一个好友不畏环境的艰苦而抢前一步,重新把这火炬撑着,继续在黑暗中燃烧着向前迈进。"一九三五年五月,《新生》周刊刊载了一篇《闲话皇帝》的短文,该文从学术角度泛论各国君主制度,提到"日本天皇是一位生物学家,如果他不做傀儡天皇,继续研究生物,必有很多成就"。日本领馆利用此文大做文章,胁迫当时的上海市长立即封闭《新生》周刊,"严惩"编者和作者。在审判中,杜重远严词责问爱国何罪,他大声疾呼:"中国法律被日本人征服了! 我不相信中国还有什么法律!"最后《新生》周刊被勒令停刊,杜重远被判处一年零两个月徒刑。国民党反动政府对日本的奴颜婢膝和杜重远的刚正不阿、大义凛然,形成了鲜明对照,在社会上引起强烈反响。广大学生和市民群众群情激愤,举行了声势浩大的抗议示威游行,把上海乃至全国人民的抗日斗争推向一个新的高潮。

《新生》事件充分暴露了国民党当局的反动嘴脸,也进一步教育了杜重远。同国民党形成对照的是,中共中央在一九三五年《八一宣言》中十分鲜明地表明了谴责国民党政府和支持杜重远的态度。宣言说:“日寇要求惩办《新生》杂志主笔和新闻记者,《新生》主笔和许多记者便立刻被逮捕监禁了”,“杜重远等爱国志士为抗日而入狱”,这是在“中日亲善等口号下所作的降日活动之露骨无耻行为,简直是古今中外少有的奇闻”。杜重远认识到只有共产党才能把抗日斗争进行到底,只有共产党才能救中国。

杜重远早就同共产党有接触。一九三一年十一月底,他通过夏衍[7]在上海第一次会见了周恩来。周恩来向他介绍了中共坚决抗日的主张,对东北民众的抗日运动和杜重远的爱国热情表示了坚定的支持,给他留下了深刻的印象。在狱中,他利用国民党被迫给予的“优待”,大量阅读了周恩来通过地下党员孙达生送去的马列主义刊物,并同前来探望的地下党员胡愈之、孙达生等结合时局的发展进行了深入的讨论,从此杜重远的世界观发生了根本的变化。

邹韬奋称杜重远是一个“疾恶如仇,从善如流”的人。一旦从共产党人身上看到了希望,他便毅然听从,把自己个人的抗日努力,纳入到共产党领导的民族解放斗争中来。在这里,我们应该特别强调他根据周恩来的指示,在推动张学良[8]转变对共产党的态度,发动西安事变[9],促成国共第二次合作方面所作的重大贡献。

杜重远是张学良十分敬重的幕僚和挚友。早在九一八事变前,杜重远就曾做过张学良的秘书,他帮助张学良组织“东北国民外交协会”,是张学良外交工作上的得力助手。杜重远在创办肇新窑业公司期间,则得到了张学良的大量资助。流亡到关内以后,杜重远又是张学良在北平成立的智囊核心组成员之一。这个小组专门在重大问题上给张学良出谋划策。张学良一九三四年从海外考察回国后,曾追随蒋介石打内战。当时,他的观点是:国家不统一,无法抗日。杜重远不同意他的观点和做法,曾多次向他提出批评意见。杜说:“不能对蒋介石抱幻想,不能继续打红军,消耗实力,应当对内联合各抗日力量,对外联合苏联、外蒙,举起抗日的旗帜,打回老家去!”一九三五年,东北军在“围剿”红军中遭到惨败,一个师被歼,对张学良震动很大。与此同时,作为东北著名抗日人士的杜重远因“《新生》事件”被捕下狱也在东北军中引起强烈反响。一九三五年七月,张学良给狱中的杜重远发信慰问,信中有这样几句话:“几年来教训颇多,特别是一年来,由于认识上的错误,一误再误。决心改弦更张,希望老朋友不要摒弃我。”杜重远根据周恩来的指示,不断从狱中写信,并通过友人去西安向张学良做联合西北军[10]、联合共产党的思想工作。张学良深受感动,接受了这些意见,同杨虎城[11]消除了误会,与地下党也取得了联系。

一九三六年四月,张学良趁去南京开会之机,转道上海,会见当时尚在服刑,但已转移到虹桥疗养院的杜重远。为保守秘密,这次历史性会见由地下党员孙达生安排在疗养院外的一片小树林里。杜重远精辟地分析了当时的抗日形势,明确指出联合抗日是中国唯一的出路。张学良告诉杜重远,通过杜以及其他友人的努力,他已经同陕北红军达成合作抗日的秘密协议。一九三六年九月,杜重远刑满出狱后,于十一月二十九日,冒着国民党特务严密监视的危险,来到西安,再度做张学良的工作,坚定其联共抗日的决心。这时距离西安事变的爆发还不到两个星期的时间。中共中央当时对杜重远这次西安之行极为重视,叶剑英[12]曾为此向周恩来和张闻天[13]专门发了电报,对此次行动作了报告。

西安事变和平解决后，蒋介石被迫放弃“剿共”政策，实行第二次国共合作，从而形成全民抗日的大好局面。从我党的情况来看，中国工农红军经历二万五千里长征[14]，革命力量遭到了百分之九十以上的损失；刚到陕北，又遇到根据蒋介石命令驻扎在潼关以西的张学良的东北军和原来驻在陕西的杨虎城的西北军的围堵，我军的困难是可以想见的。张杨的义举彻底扭转了对我党、我军的不利形势，从被动变为主动，为我党我军团结广大群众，发展壮大革命力量实行抗日创造了极其有利的条件。世人对张学良、杨虎城的这次具有历史意义的爱国行动都给予高度评价。在这里应当记住，杜重远是促使张学良与东北军转变的最初推动者。正是他根据周恩来的指示，对张学良反复做了大量的工作，才会有以后发生的事情。杜重远功不可没。蒋介石在西安事变中被扣，正在江西景德镇的杜重远也被国民党软禁，直到张学良送蒋介石回南京被蒋扣留后，对杜重远的软禁才解除。由于杜重远的声望和影响，在有宋子文[15]、宋美龄[16]、周恩来、张学良、杨虎城参加的和平解决西安事变、改组南京政府的谈判中，周、张、杨曾联合推荐杜重远同宋庆龄[17]、沈钧儒、章乃器[18]等人入行政院，以宋为领导人，杜、沈、章为次长，但这一方案后来没能实行。

七七抗战[19]爆发后，杜重远更加积极地奔走于抗日的各个战场，为抗日军队筹募武器给养，鼓舞军民士气，并不时访问八路军[20]驻太原和西安的办事处，曾先后会见周恩来、彭德怀[21]、徐向前[22]以及林伯渠[23]等中央领导人，听取共产党人对时局的分析和评论。

杜重远根据亲身的实践，不相信蒋介石政权能够把抗战进行到底，因而拒绝在国民党政府做官。为了抗日，他不愿留在上海办实业。虽然他为振兴江西景德镇的陶瓷工业和创办重庆的光华瓷厂耗费了许多心血，但为了国家社稷，他不安于重返瓷业。国外友人劝他去美国，也被他婉言谢绝。为了进一步发挥自己在抗日斗争中的作用，他分析当时的形势，看中了新疆。他想帮助他的留日同学、当时担任新疆省督办的盛世才[24]，把新疆建设成抗日基地。这个时期盛世才高举抗日旗帜，伪装进步，提出联共联苏的口号，吸引了不少革命青年前去新疆。杜重远去新疆考察并于一九三八年在武汉征得周恩来的同意后，在一九三九年一月，毅然放弃大城市的优越生活条件，携带家属前往经济落后、生活艰苦、交通闭塞的新疆，接任新疆学院院长。他把学校当作培养人才、训练抗日干部的基地，组织学员到群众中去宣传抗日，学校办得生动活泼、有声有色，却遭到盛世才的忌恨。在希特勒[25]向苏联发动进攻之后，盛世才以为共产党大势已去，便露出反动的原形。为了投靠蒋介石，他捏造种种罪名，疯狂迫害在新疆工作的共产党员和进步人士，杜重远首当其冲。从一九三九年底被停职、软禁起，杜重远经历监禁拷打，严刑逼供，始终坚贞不屈，直至被秘密处死。到现在他具体牺牲的时间也没弄清楚，尸骨也未能找到。他的家属子女也遭到残酷迫害，一家人被关在结核传染病院里，从此罹下各种疾病，遭受终身痛苦。

杜重远不是共产党员，但是他一身正气，刚直不阿，为国家的独立、民族的解放追求真理，在中国共产党最困难的时候认识共产党，并毅然接受共产党的领导，为实现第二次国共合作作出了重要贡献。为了抗日的需要，他甘愿远赴边陲，从事艰苦的、默默无闻的教育工作，最后壮烈牺牲在这块土地上。杜重远的一生是短暂的，也是辉煌的。他是我们民族的骄傲。他用自己的生命谱写了一曲我们时代的凯歌。他英勇奋斗的顽强精神，无私无畏的高尚品质，为中国的知识分子树立了一个光辉的榜样，永远值得我们纪念和学习。

■ 注　释

[1]“二十一条”，是日本帝国主义利用第一次世界大战的时机在一九一五年一月十八日向袁世凯政府提出的旨在独占中国的秘密条款。这些条款共有五号，分为二十一条。主要内容是：一、由日本接管德国在山东所掠夺的权利，并加以扩大；二、承认日本在南满洲和内蒙古东部享有特权；三、将汉冶萍公司改为中日合办；四、中国沿海港湾岛屿概不让予或租予第三国；五、由日本控制中国的政治、财政、警察、军事大权，允许日本在湖北、江西、浙江、广东各省之间修筑重要铁路，并承认日本在福建享有投资修筑铁路、开采矿山、整顿海口等优先权。五月七日，日本提出最后通牒。五月九日，袁世凯政府对日本的这些要求，除声明第五号要求的一部分“容日后协商”外，一概加以承认。后来因全中国人民的一致反对及各帝国主义国家在华利益存在矛盾，日本的这些要求没有全部实现。

[2]九一八事变，见本书《深切怀念王泰吉同志》注[11]。

[3]邹韬奋，见本书《沉痛悼念中国共产党的亲密战友——史良同志》注[7]。

[4]沈钧儒，见本书《沉痛悼念中国共产党的亲密战友——史良同志》注[5]。

[5]胡愈之，见本书《沉痛悼念中国共产党的亲密战友——史良

同志》注[16]。

[6]在中国共产党抗日主张影响下，一九三三年十一月二十日，国民党十九路军将领蔡廷锴、陈铭枢、蒋光鼐等联合国民党内李济深等一部分反蒋势力发动事变，在福州成立中华共和国人民革命政府，李济深任主席。该政府宣布抗日反蒋，同红军签订《抗日停战协定》。一九三四年一月在蒋介石的进攻下失败。

[7]夏衍(一九〇〇——一九九五)，浙江杭州人。革命文艺家。一九二七年加入中国共产党。一九二九年在上海参加筹备左翼作家联盟，次年当选左联执行委员。后任中共中央文化工作委员会委员，上海市军管会文管会副主任。新中国成立后，任中共中央华东局宣传部副部长，中共上海市委宣传部部长，文化部副部长，中国文联副主席，中国电影家协会主席，中共中央顾问委员会委员。

[8]张学良，见本书《红日照亮了陕甘高原》注[29]。

[9]西安事变，见本书《关中党史简述》注[35]。

[10]西北军，见本书《跟着毛泽东走就是胜利》注[7]。

[11]杨虎城，见本书《关中党史简述》注[17]。

[12]叶剑英，见本书《同心协力把广东工作做好》注[3]。

[13]张闻天，见本书《红日照亮了陕甘高原》注[31]。

[14]长征，见本书《红日照亮了陕甘高原》注[1]。

[15]宋子文，见本书《在西安事变五十周年纪念大会上的讲话》注[5]。

[16]宋美龄，见本书《在西安事变五十周年纪念大会上的讲话》注[4]。

[17]宋庆龄(一八九三——一九八一)，广东文昌(今属海南)

人。孙中山的夫人。孙中山逝世后,坚决执行孙中山的三大政策,同中国共产党人紧密合作,对国民党右派进行斗争。一九二九年被选为世界第二次反帝同盟大会名誉主席。二十世纪三十年代,在上海从事革命活动,组织中国民权保障同盟。抗日战争期间,先后在广州和香港组织"保卫中国大同盟"。抗日战争胜利前后,在上海创建中国福利基金会。新中国成立后,任中央人民政府副主席,全国人大常委会副委员长,国家副主席。一九八一年加入中国共产党,并被全国人大常委会授予国家名誉主席。

[18]章乃器,见本书《永远难忘的怀念》注[21]。

[19]七七抗战,见本书《纪念黄炎培先生诞辰一百一十周年暨中华职业教育社建社七十周年》注[15]。

[20]八路军,见本书《关于关中分区的反磨擦问题》注[1]。

[21]彭德怀,见本书《当好西北人民的勤务员》注[2]。

[22]徐向前(一九〇一——一九九〇),山西五台人。一九二七年加入中国共产党。曾任鄂豫边革命军事委员会主席,红四军军长,红四方面军总指挥,红军西路军军政委员会副主席兼西路军总指挥,八路军一二九师副师长,八路军第一纵队司令员,陕甘宁晋绥联防军副司令员,晋冀鲁豫军区第一副司令员,华北军区第一副司令员兼第一兵团(后改称第十八兵团)司令员兼政治委员。新中国成立后,任解放军总参谋长,中央人民政府人民革命军事委员会副主席,全国人大常委会副委员长,中共中央军委副主席,中共中央政治局委员,国务院副总理兼国防部部长。

[23]林伯渠,见本书《红日照亮了陕甘高原》注[45]。

[24]盛世才,见本书《纪念张治中先生诞辰九十五周年》注[11]。

[25]希特勒(一八八九——一九四五),德国法西斯首领。一九一九年参加德国工人党(次年改为国家社会主义德国工人党,即纳粹党),后成为该党党魁。一九三三年,在德国垄断资产阶级支持下出任总理。次年总统兴登堡死后,自称国家元首,实行法西斯统治,积极扩军备战。一九三九年九月,派德军入侵波兰,挑起第二次世界大战。一九四一年六月,大举进攻苏联。一九四五年四月在苏军解放柏林时自杀。

怀念张秀山同志*

（二〇〇二年五月十日）

我和张秀山[1]同志是老战友。

我们一起参加了陕甘边革命根据地的创建工作。我是在两当革命兵变[2]后，一九三二年七月到耀县杨柳坪刘志丹[3]同志领导的陕甘游击队。秀山同志此前在宁夏、甘肃军阀部队做兵运工作两年多时间。一九三二年五月，在甘肃领导靖远兵变后，中共陕西省委派他到上海党中央受训，学习毛泽东同志游击战争的战略战术思想，以及北方地区开展游击战争问题。秀山是一九三二年十一月间来到陕甘游击队。我们在工作中有过多次交接，一九三三年六月，我任陕甘边游击队总指挥部政委，在陈家坡战斗中负伤后，秀山接替我任政委。一九四一年秀山任绥德地委书记，他因肺病回延安休养，我接替他的职务。革命生涯将我们紧紧地连系到了一起。

在长期的革命岁月中，秀山同志无论在西北，还是以后在东北，都担负过重要的负责工作，为党为人民忠心耿耿，作出了重大贡献。在他去世一周年时，我与伍修权[4]、马文瑞[5]、张策[6]、张邦英[7]、马洪[8]同志在《人民日报》写了《浴血奋战陕甘，呕心沥血松辽》纪念文

---

* 这是习仲勋为张秀山《我的八十五年——从西北到东北》一书所作的序言。标题为编者所加。

章，对秀山同志的一生作了回顾。

在此，我想说以下几个问题：

一、西北革命根据地（即陕甘边根据地和陕北根据地）为什么能成为中央红军长征[9]的落脚点和八路军抗日的出发点，党的正确领导是关键。党中央一九四五年四月在《关于若干历史问题的决议》中指出：土地革命战争的这十年内，我党不仅有了伟大的成就，而且在某些时期中也犯过一些错误。从六届四中全会到一九三五年一月这个时期内所犯的政治路线、军事路线和组织路线上的“左”倾错误，给中国革命造成的破坏最为严重，使苏区[10]损失百分之九十，白区损失百分之百。陕甘边革命根据地同样也遭受到了王明[11]“左”倾教条主义的严重破坏。一九三三年六月，“左”倾分子杜衡[12]（后叛变）来到陕甘边，强令刚组建不久的红二十六军红二团（仅有一个团），撤出陕甘边根据地，南下渭华。我和秀山以及其他留下来的同志，还有率西北军骑兵团起义的王泰吉同志继续坚持游击战争，不但保住了陕甘边根据地，而且还发展和扩大了革命武装力量。红二团南下失败后，刘志丹、王世泰[13]等同志突破重围，回到了陕甘边根据地。我们又重新组建了红二十六军，将各路游击队编为红二十六军四十二师。经过红军和游击队的努力作战，不到一年时间，武装力量发展到二千多人，解放了陕甘边地区十多个县的广大农村，拔掉了上百个敌人据点，摧毁了敌人的保甲[14]制度。一九三四年初，在荔园堡成立了陕甘边苏维埃[15]政府，建立了陕甘边革命军事委员会，恢复了中共陕甘边特委。刘志丹同志任军委主席，张秀山同志任特委书记，我任苏维埃政府主席。

为什么这个时期陕甘边根据地能够快速壮大发展呢？一是这个

时期执行王明“左”倾路线的陕西省委遭到破坏，在客观上使王明“左”倾教条主义不能对陕甘边根据地继续发生影响；二是陕甘边根据地的党组织经过革命斗争的锤炼，在政治上、思想上、组织上有了很大提高，在与上级党组织失去联系的情况下，能够坚持马克思主义的原则和斗争方向，按照毛泽东同志游击战争的军事思想，进行顽强卓绝的斗争。

但是，就在陕甘边革命斗争蓬勃发展的时候，王明“左”倾教条主义终于还是进入了陕甘边。一九三四年七月，中央北方代表派人在阎家洼子会议[16]上，对红二十六军坚持游击战争、开辟根据地的斗争，进行了无端污蔑，挑起矛盾。一九三五年秋，“左”倾分子在西北根据地制造了骇人听闻的肃反，把我们这些根据地的领导同志诬陷为“右派”、“反革命”，抓了起来，并欲杀害。此时，西北根据地处于严重的危机中。遵义会议确立了以毛泽东同志为代表的党的正确路线的领导地位。在关键时刻党中央、中央红军来到了陕北，并及时制止了“左”倾分子制造的肃反，因此，才保住了西北根据地和西北红军。

二、在土地革命极为艰苦的年月，陕甘边根据地和红二十六军之所以能够在险峻的环境下发展和壮大，与陕甘边党政军有一个坚强的领导集体是分不开的。这个领导集体的核心是刘志丹同志。他具有高超的政治组织和军事指挥才能，因此我们都很信任他。我们这个领导集体为发展红军和革命根据地这一共同目标，紧密地团结在一起，共同战斗。

三、陕甘边根据地所以能迅速发展，与陕甘边的党组织和红军紧紧扎根于人民群众之中是分不开的。在建立陕甘边根据地的斗争中，我和秀山同志在战场上都负过重伤，是老百姓冒着生命危险保护我们、抢救我们。使我们深深体会到共产党革命所以胜利，人民的拥护与支持最重要，这也是我们这些人在以后的工作中不能忘记人民疾苦的根本原因。

四、我要说，秀山同志是一位正直的人。战争时期的情况书中已经讲述，我仅说解放后的两件事：一九五九年庐山会议发生了众所周知的“彭[17]、黄[18]反党集团”问题，秀山同志被接到北京参加揭发彭德怀同志的会议，在会上，他没有发言；“文化大革命”期间，造反派要他参加造反，他俨然拒绝。他说：“要说造反，我三十多年前就造反了，不过那是造旧社会的反，我不能参加你们这种造反。”从秀山身上清楚地看到他光明磊落、为人质朴的可贵品格。

秀山回忆了他的革命经历，比较全面、真实地反映了各个时期一些重大情况，对此我十分欣慰。我们国家现在正处在社会主义改革和建设的新时期，社会发生了翻天覆地的变化，虽然时代不同了，但是老一代共产党人的革命精神和革命风格，对后人仍有重大的启迪作用。

■ 注　释

[1]张秀山，见本书《关中党史简述》注[22]。

[2]即两当兵变，见本书《红日照亮了陕甘高原》注[8]。

[3]刘志丹，见本书《关中党史简述》注[4]。

[4]伍修权（一九〇八——一九九七），湖北武昌人。一九三一年加入中国共产党。曾任红一军团三师政治委员，红三军团副参谋长，

红十五军团七十三师参谋长，中央军委总参谋部第一局局长，东北军区参谋长。新中国成立后，任外交部副部长，中国驻南斯拉夫大使，中共中央对外联络部副部长，解放军副总参谋长，中共中央顾问委员会常委。

[5]马文瑞，见本书《要注意克服土地改革中“左”的情绪》注[7]。

[6]张策(一九一一——一九九九)，陕西高陵人。一九三二年加入中国共产党。曾任中共关中特委常委兼宣传部部长，兴安省人民政府副主席，东北民主联军骑兵司令部政治委员，中共松江省委书记兼哈尔滨市委书记、松江军区政治委员。新中国成立后，任交通部副部长，国务院副秘书长，中共陕西省委书记处书记兼西安市委第一书记，中共中央纪律检查委员会副书记，中共中央顾问委员会委员。

[7]张邦英，见本书《关中党史简述》注[23]。

[8]马洪(一九二〇——二〇〇七)，山西定襄人。一九三七年加入中国共产党。延安时期在中央党校和马列学院(后改为中央研究院)学习和工作，担任中央研究院政治研究室研究员、学术秘书。后任热河省平泉县县长，中共宁城县委书记。新中国成立后，任中共中央东北局委员兼副秘书长，中国社会科学院工业经济研究所所长，中国社会科学院院长，国务院副秘书长，国务院发展研究中心主任。

[9]长征，见本书《红日照亮了陕甘高原》注[1]。

[10]苏区，见本书《关中党史简述》注[13]。

[11]王明，见本书《红日照亮了陕甘高原》注[3]。

[12]杜衡，见本书《关中党史简述》注[14]。

[13]王世泰，见本书《红日照亮了陕甘高原》注[41]。

[14]保甲,见本书《关于关中分区的反磨擦问题》注[3]。

[15]苏维埃,见本书《关中党史简述》注[6]。

[16]阎家洼子会议,指一九三四年七月在陕甘边革命根据地的阎家洼子召开的陕甘边根据地与陕北根据地领导人联席会议。会议宣读了上海临时中央局和中央驻北方代表通过陕北特委转交陕甘边根据地的两封指示信。这两封信指责红二十六军是“一贯的右倾机会主义领导”、“梢山主义”、“枪杆子万能”、“浓厚的土匪色彩”等。

[17]彭即彭德怀,见本书《当好西北人民的勤务员》注[2]。

[18]黄即黄克诚,见本书《紧密结合实际,认真贯彻十一届五中全会精神》注[8]。

总结经验，继续前进*

（一九九二年十月十二日）

广东的改革开放，是与我们党和国家的命运紧密地联系在一起的。

一九七八年末，党中央召开的中央工作会议[1]和紧接着举行的十一届三中全会[2]，是一个伟大的历史性转折。三中全会关于解放思想，开动机器，发扬民主，实事求是，团结一致向前看的方针和把党的工作着重点转到经济建设上来的重大决策，为我们展现了广阔的前景，同时又促使我们认真思考，如何按照实事求是的思想路线，从广东的实际出发，把广东的四化建设搞得快一些，如何充分发挥广东的特点和优势，使广东在全国的改革开放中先走一步。当时广东省委的同志分头到各地去调查研究，深感三中全会精神传达贯彻后，农村形势一片大好，广大干部、群众心情舒畅，“稳定，高兴，充满希望”——这就是当时形势的概括。从调查研究中，我们又深感广东的经济有它的长处和优势，又有它的短处和弱点。我们的农业，不论从农、林、牧、副、渔五业来说，还是从农业内部的粮食和经济作物来说，都是门类众多，潜力很大。但是，我们人口多、耕地少的矛盾比全国更突出，平均每人只有八分多耕地，六分多粮田，而且自然灾害也多，

* 这是习仲勋为《改革开放在广东——先走一步的实践与思考》一书所写的序言。

所以粮食问题很尖锐，牵制了农业各业的发展。我们的加工工业有一定的基础，潜力也很大，但我们缺乏自己的基础工业，能源、交通问题十分突出。我们的商品经济在珠江三角洲地区有一定的基础，加上毗邻港澳，华侨众多，搞外贸和引进，条件比国内哪一个省都好。但是由于旧的经济体制把我们的手脚捆得紧紧的，使我们不能发挥自己的长处和优势，同时也无力克服自己的短处和弱点，困难很多。因此，广东的经济究竟应当怎样搞？应当搞成一个什么样的经济？怎样才能发挥广东的优势，怎样才能克服或避开广东的弱点？我们调整经济应当往哪里使劲？所有这些，都必须很好加以解决。我和杨尚昆[3]同志以及省委其他同志经过认真讨论，确认根本的出路还是希望中央给广东放权，抓紧当前有利的国际形势，让广东充分发挥自己的优势，在四化建设中先走一步。

正是带着这个迫切的要求，在一九七九年四月的中央工作会议[4]期间，我和当时一起赴京参加会议的王全国[5]同志，在小组会上多次讲了广东的情况和经济工作中存在的问题：农业发展缓慢的问题；电力、燃料、运输紧张的问题；市场供应紧张的问题；如何利用广东的有利条件为国家多创外汇的问题。在政治局听取各组召集人汇报时，我又直接向中央领导同志作了汇报。我说，我们省委讨论过，这次开会，希望中央给点权，让广东能够充分利用自己的有利条件在四个现代化中先走一步。我还讲，如果给广东更多一些自主权，可能几年就搞上去了，但是在现在的体制下，就不容易上去。我这话，中央领导同志很重视。党中央对广东的工作极为关心和支持，批准了广东省委关于在改革经济管理体制方面让广东先走一步的要求，同意广东搞一个新的体制。在这次会议上，我知道邓小平同志对搞改革开放的决心很大，说这次“要杀出一条血路来”，充分表达了我们党搞中国式的社会主义现代化的坚强决心。这次中央工作会议之后，党中央便派谷牧[6]同志率领一个强有力的工作组到广东来，进一步作细致的调查、研究、算账，并帮助省委起草一个文件报中央，不久中央正式批转了这个文件，这就是在当年七月下发的具有重要历史意义的中共中央、国务院关于批准广东、福建两省实行特殊政策、灵活措施的文件。

这里说说我当时的心情。对广东来说，中央这个决策，是关系重大的事，但毕竟又是全新的责任重大的事。我的心情是“一则以喜，一则以惧”。喜的是，我们在中央的统一领导和大力支持下，能充分利用广东的有利条件，发挥广东的优势，在改革经济管理体制方面先走一步，为全国摸索一点经验，这个任务很光荣；惧的是，我们的担子很重，任务很艰巨，又没有经验，困难不少，怎样搞好，能否搞好，我是有些担心的，因为党中央这样关心和支持我们，这就给了我们巨大的力量。省委强调要团结一致，兢兢业业，埋头苦干，谦虚谨慎，大胆探索，千方百计把事情办好。当然，完全不出一点乱子是不可能的，出点问题不要怕，但一定要避免出大乱子；工作中不可能不犯错误，能改正错误就好。我们确信“路是人走出来的”，只要我们团结战斗，就总会有办法。

从这以后，广东根据中央的方针，实行特殊政策、灵活措施，创办经济特区，踏上了光荣而又艰难的历程，至今整整十三年了。我和尚昆同志离开广东后，以任仲夷[7]、林若[8]、谢非[9]同志为代表的历届广东省委，一直坚定不移地贯彻执行中央关于广东实行特殊政策、灵活措施的决策。当然，好事多磨，一个新生事物，在发展成长的过程中，总免不了会碰到这样那样的困难，会经受这样那样的挫折。十多年的道路是不平坦的。最可贵的是，广东的各级党组织，广大共产党员和人民群众，本着实事求是的科学精神，大胆实践，勇于探索，克服了主观和客观的种种困难，并且虚心听取各方面的批评建议，争取各方面的支持，使广东这个综合改革试验区日益充满生机和活力，就像一颗熠熠发光的明珠，在社会主义祖国的南方放射出夺目的光辉。广东人民用自己的聪明才智和求实精神，实践了党的十一届三中全会以来的路线、方针和政策，坚决贯彻执行党的“一个中心、两个基本点”[10]的基本路线，再次证明了这条路线所体现的马克思主义的一个颠扑不破的真理——实事求是。只要我们坚持实事求是，就会从似乎困难重重当中找到战胜困难的办法和力量。正因为这样，我认为也可以说，广东人民是用顽强的努力和拼搏的精神，用实际行动来捍卫党的十一届三中全会以来的路线的。三中全会精神在广东人民中深深扎根，改革开放意识在广东人民中深深扎根，建设有中国特色的社会主义的历史使命感在广东人民中深深扎根。

今年一月，小平同志再一次南巡广东，亲自考察了广东的工作，接触了许多干部、群众，发表了极为重要的谈话。我相信，这给广东人民的鼓舞力量是难以估量的。我也相信，在今后的岁月中，广东一定会加快改革开放的步伐，坚持两个文明一起抓，把工作做得更好。

在这个时候，回顾十多年来改革开放的历程，总结实践经验，并对今后如何继续前进加以思考和探索，无疑很有必要。正因为这样，《改革开放在广东——先走一步的实践与思考》这本书的出版，是一件很有意义的事。我讲的以上这番话，就作为本书的序言吧。

■注　释

[1]中央工作会议，见本书《在肇庆地委常委扩大会议上的讲话》注[1]。

[2]十一届三中全会，见本书《在肇庆地委常委扩大会议上的讲话》注[2]。

[3]杨尚昆，见本书《在全国来信来访工作会议上的讲话》注[1]。

[4]见本书《在中央工作会议中南组的发言》注[1]。

[5]王全国，见本书《在中央工作会议中南组的发言》注[2]。

[6]谷牧，见本书《听取珠海经济特区负责人工作汇报后的讲话》注[6]。

[7]任仲夷(一九一四——二〇〇五)，河北威县人。一九三六年加入中国共产党。曾任冀南区第五行政督察专员公署专员，中共大连市委副书记，旅大区行政公署秘书长。新中国成立后，任中共旅大市委常委兼秘书长，中共哈尔滨市委第一书记，中共黑龙江省委书记处书记，中共辽宁省委第一书记。一九八〇年十一月至一九八五年七月任中共广东省委第一书记。

[8]林若(一九二四——二〇一二)，广东潮安人。一九四五年加入中国共产党。曾任中共东莞县委书记，中共湛江地委第一副书记，南方日报社党委副书记、革委会副主任，中共广东省委运动办副主任，中共广州市委书记，中共湛江地委书记，中共广东省委书记(当时设有第一书记)。一九八五年七月至一九九一年一月任中共广东省委书记。后任广东省人大常委会主任。

[9]谢非(一九三二——一九九九)，广东陆丰人。一九四九年加入中国共产党。曾任中共陆丰县委书记，广东省文教办公室副主任，中共广东省委副秘书长兼办公厅主任，中共广东省委书记(当时设有第一书记)兼省委秘书长，中共广东省委副书记兼广州市委书记。一九九一年一月至一九九八年三月任中共广东省委书记。一九九二年起任中共中央政治局委员。一九九八年起任全国人大常委会副委员长。

[10]“一个中心、两个基本点”，见本书《乌兰夫同志永远活在全国各族人民心中》注[17]。

后　　记

为纪念习仲勋同志诞辰一百周年，根据统一安排，中共中央党史研究室编辑了《习仲勋文集》。本文集在中央党史研究室室务委员会领导下，由第二研究部承担编辑工作。

在编辑文集的过程中，我们得到习仲勋同志夫人齐心同志和其他亲属，以及身边工作人员的悉心指导、热情帮助和全力支持。

陕西省委习仲勋丛书编辑委员会于一九九五年编辑出版的《习仲勋文选》，为我们提供了一批珍贵的文稿。中央办公厅、中央组织部、中央档案馆、广东省委办公厅、广东省委党史研究室、陕西省委党史研究室、河南省委党史研究室、广州军区司令部、河南长葛县委等单位也提供了习仲勋同志的大量文字资料。

在文集编辑过程中，我们还得到中央办公厅、中央宣传部、中央统战部、中央文献研究室、中国社会科学院、陕西省委党史研究室、广东省委党史研究室、上海市委党史研究室等单位诸多同志的帮助与支持。中央组织部、中央统战部、中央对外联络部、中央台湾工作办公室、国家民族事务委员会、国务院侨务办公室、国务院港澳事务办公室审阅了有关文稿。

在《习仲勋文集》出版之际，我们谨向对文集编辑工作给以帮助和支持的所有单位和个人表示衷心感谢！

由于编者水平有限,文集存在不当不周之处在所难免,欢迎广大读者提出宝贵意见。

编　者

二〇一三年十月